Histoire De Bretagne, Volume 1...

Arthur Le Moyne de La Borderie, Barthélemy Pocquet

AVERTISSEMENT.

'OBJET de cet Avertissement est d'indiquer en quelques mots le contenu et la méthode du présent volume.

Sur l'époque préhistorique on n'y trouvera rien. La pré-histoire, c'est l'histoire avant l'histoire, c'est-à-dire l'histoire en préparation, en hypothèse, qui n'est pas encore fixée : terrain de recherches très intéressant mais jusqu'ici trop mouvant pour qu'on y puisse asseoir une construction historique solide.

L'histoire, comme nous entendons la faire, commence avec le premier texte historique concernant un peuple ou un pays, c'est-à-dire, pour les Armoricains, avec la guerre contre César.

La première époque de nos annales, c'est celle des Gaulois et des Romains dans la péninsule armoricaine.

Les Gaulois indépendants ont là une grande journée, la lutte héroïque des Vénètes contre le conquérant des Gaules, puis ils cèdent la place aux Gallo-Romains, c'est-à-dire aux Gaulois romanisés. Le règne de ceux-ci dure près de cinq siècles, mais ne se révèle guère à nous que par les monuments qu'ils ont laissés sur notre sol. Nous avons donné à cette époque une place plus considérable que celle qui lui est accordée dans toutes les Histoires de Bretagne publiées jusqu'à ce jour. Nous avons essayé de présenter un résumé méthodique, éclairé par les renseignements de l'histoire, des nombreuses fouilles, découvertes, recherches de toute nature relatives à l'ère gallo-romaine faites en Bretagne depuis soixante ans.

HISTOIRE

DE

BRETAGNE

PAR

ARTHUR LE MOYNE DE LA BORDERIE,

MEMBRE DE L'INSTITUT.

TOME PREMIER.

RENNES,

J. PLIHON & L. HERVÉ,

Libraires-Éditeurs,

5, rue Motte-Fablet.

PARIS,

ALPHONSE PICARD,

Libraire-Éditeur,

84, rue Bonaparte.

IMPRIMERIE H. VATAR.

MDCCCXCVI.

HISTOIRE

DE

BRETAGNE.

Ce résumé est forcément très sommaire, donc très incomplet. Néanmoins il donne, croyons-nous, de l'occupation et de la domination romaine dans notre région une vue d'ensemble que l'on chercherait vainement ailleurs. Notre désir serait de voir cet essai sommaire inspirer à quelqu'un des laborieux romanistes de notre province l'idée de faire de l'époque gallo-romaine dans la péninsule armorique un tableau complet, comprenant l'analyse de toutes les fouilles et découvertes depuis le XVIII° siècle jusqu'à nos jours.

La fin du paganisme et les commencements du christianisme dans notre pays font aussi partie de cette première époque.

La seconde époque traitée dans ce volume est celle de l'émigration des Bretons insulaires sur le continent et de leur établissement dans la péninsule armoricaine. C'est là réellement la création de la Bretagne continentale et de la nation bretonne d'Armorique. Ces questions d'origines ont la réputation d'être arides et ténébreuses. Je me suis efforcé de les clarifier autant que possible et d'en tempérer la sévérité ici par des récits, là par des descriptions de monuments, qui montrent dans un jour vrai et pittoresque à la fois la physionomie de ces âges lointains. Je me suis gardé toutefois de sacrifier le fond à la forme. Voici, sinon ce que j'ai fait, du moins ce que j'ai voulu faire : un texte d'une lecture courante, ayant pour appui des notes critiques, chronologiques, et des citations de documents rejetées au bas des pages et à la fin du volume.

Il a paru nécessaire de placer en tête de l'ouvrage une esquisse topographique de la Bretagne, et de joindre au volume quelques cartes géographiques représentant : 1o la péninsule armoricaine à l'époque gallo-romaine ; 2o l'île de Bretagne pendant les émigrations des Bretons insulaires en Armorique ; 3o la Bretagne armoricaine à l'époque mérovingienne ; 4o le plan des ruines du plus ancien monastère de Bretagne, à l'île Lavré près de Bréhat ; 5o les divisions ecclésiastiques de la Bretagne au moyen-âge. En tête de ces cartes, réunies à la fin du volume, on trouvera quelques observations propres à en faciliter l'usage et l'intelligence.

J'ai prononcé un peu plus haut le mot de « critique ; » il est bon de s'expliquer à cet égard.

Il existe une critique négative, tout occupée d'attaquer, de rejeter les documents anciens, qui pour cela emploie sans y regarder tous les moyens, y compris les hypothèses les plus hasardées, les objections très superficielles, souvent même les plus futiles prétextes, et qui, après avoir ainsi fait le vide, fabrique de toutes pièces des théories historiques purement arbitraires, imaginaires, et les met, ou du moins prétend les mettre à la place des documents et des traditions dont elle a fait table rase.

En revanche, il y a un autre genre de critique qui admet tout. Du moment qu'on trouve dans un document, même de basse époque, XVe, XVIe siècle, une prétendue tradition quelconque sur les temps les plus reculés, même sur les premiers siècles du christianisme, pour cette critique-là tout cela est vrai, tout cela est bon, défense d'y toucher, d'en contester un mot, sous peine d'être accusé d'odieux scepticisme et, s'il s'agit d'histoire religieuse, de sacrilège.

On a appelé la première de ces méthodes l'*hypercritique,* la seconde l'*hypocritique,* ce qui veut dire que ni l'une ni l'autre n'est la critique : l'une va au-delà, l'autre reste en deçà ; l'une est excessive et abusive, l'autre est infirme, aveugle, insuffisante. Entre les deux est la vraie critique, c'est-à-dire le discernement éclairé et équitable des éléments constitutifs de la vérité historique.

Ces éléments qui forment la base de l'histoire sont de deux sortes. Il y a les documents contemporains ou quasi-contemporains, ce sont évidemment les plus sûrs.

Il y a les documents de la tradition. Tous les grands critiques français à commencer par Mabillon, les Bénédictins, les Bollandistes, ont admis l'autorité historique de la tradition, non sur le même pied que celle des documents contemporains, mais dans un rang encore très important, très utile ; tous ont pensé que la rejeter est un procédé antihistorique, anticritique. Il y a, il est vrai, tradition et tradition ; avant de donner créance à une tradition, il faut l'examiner, la contrôler avec soin (ce qui est également indispensable vis-à-vis des documents contemporains), et quand, loin de contredire les faits certains de l'histoire, la tradition s'accorde avec eux et avec toutes les vraisemblances, quand elle est attestée par des documents anciens écrits avec gravité et bonne foi, la critique prescrit de l'admettre, sinon dans tous ses détails, au moins dans tous ses points essentiels.

En ce qui touche les premiers siècles de l'histoire de Bretagne, nous avons, pour en soutenir les fondements, des témoignages contemporains et quasi-contemporains. Mais d'importants documents, utiles pour établir les développements de cette histoire, plusieurs des Vies de nos vieux saints du VIe siècle, par exemple, ont été rédigées à nouveau au IXe siècle dans les monastères mêmes où ces saints avaient vécu, d'après des traditions encore vivantes, d'après des monuments écrits des temps primitifs encore subsistants, — *ex veterum cartis,* disent les hagiographes. Dans ces conditions, les traditions ainsi attestées sont certainement un écho puissant et généralement fidèle de la vérité. On a pu ajouter certains détails, les prodiges surnaturels surtout, dont le moyen-âge était très friand, ont pu être amplifiés. Mais les faits de l'ordre naturel, conformes aux données et aux vraisemblances de l'histoire, auxquels on ne peut objecter aucune difficulté précise, sérieuse, fondée sur des documents certains, — ces faits doivent être acceptés; le bon sens le dit et la saine critique l'ordonne.

Pour avoir suivi cette règle à l'exemple des autorités citées plus haut, — on m'a reproché parfois d'être beaucoup trop confiant dans les traditions historiques bretonnes. A ceux qui m'ont fait ce reproche je répondrais volontiers que je les trouve, eux, beaucoup trop confiants en leur propre judiciaire, en leurs inductions et leurs imaginations. Si profonde que soit leur érudition, dans les hardies constructions de leur cerveau il y aura toujours une part de vérité beaucoup moindre que dans les documents rejetés par eux sans raison, lesquels sont l'écho des événements, conservé par la mémoire populaire et par la tradition liturgique, recueilli par l'écriture à une date relativement assez rapprochée des faits, sur les lieux mêmes où ces faits se sont accomplis.

Voilà pourquoi nous restons fidèle à la méthode des érudits français, des Bollandistes, des Bénédictins, en particulier des dom Lobineau, des dom Audren et des autres savants Bretons qui ont fondé au XVIIᵉ siècle la science historique bretonne.

Topographie Générale

DE LA

Bretagne.

TOPOGRAPHIE GÉNÉRALE

DE LA BRETAGNE.

A province de Bretagne — souvent nommée « péninsule armoricaine » — est la région la plus occidentale de la France. Elle s'élance dans l'Océan comme un immense éperon triangulaire, dont la base tournée vers l'Est se développe de la baie de Bourgneuf à Saint-Malo sur une hauteur de quarante et quelques lieues, projetant sa pointe — cap Finistère ou cap Saint-Mathieu près Brest — à soixante-dix lieues au delà vers l'Occident.

Sur trois faces elle a pour toute frontière la mer — au Sud et à l'Ouest, le grand, le sauvage Océan ; au Nord, la Manche jadis nommée la mer de Bretagne, *Mare Britannicum*. Le développement de son littoral — sans tenir compte des cent mille baies, anses, criques, anfractuosités de toute sorte qui le mordent et le déchirent à chaque pas — mesure une ligne d'environ cent cinquante lieues ; avec toutes ces découpures, cela passe deux cents.

Ligne continue de rochers et de falaises ; véritable et immense ligne de défense, hérissée de remparts et de citadelles, de forts et de bastions de toute forme et de tout aspect ; blindage colossal et pittoresque de granit dur comme l'acier, soutenant d'une part cette pointe extrême du vieux continent, et de l'autre brisant depuis des siècles, avec un mépris sublime, l'assaut affolé des vagues.

Mais cette vieille péninsule, si furieusement assaillie et si énergiquement protégée, est-elle un prix digne d'un tel effort, digne de cette lutte éternelle livrée pour sa défense ?

Oui certes !

Ce n'est point une contrée plate, monotone et prosaïque. C'est, au contraire, une région pleine de contrastes, de grâces variées, imprévues et attirantes, et aussi de grandes harmonies, là riantes et radieuses, ici graves et solennelles, ailleurs mystérieuses et sombres. De son sol émane une vertu vivifiante, une poésie douce et forte montant vers le ciel comme un encens, et dont quiconque foule ce sol — étranger ou indigène — subit le charme pénétrant.

Pour peuple cette terre n'eut jamais que des races à l'âme forte, au bras vaillant, au cœur franc et généreux. L'histoire de ces races est l'objet du présent livre; mais avant de dire les péripéties, les nombreuses vicissitudes de leurs destinées, au moins faut-il parler du théâtre sur lequel se déroula ce long drame et peindre à grands traits l'état physique de la péninsule brito-armoricaine.

I.

LE LITTORAL BRETON.

A première et peut-être sa plus belle parure, notre péninsule la doit à son éternel et implacable ennemi, l'Océan, qui ne cesse de la battre de ses vagues, de l'étreindre en ses bras infinis, et si dure est cette étreinte, qu'elle a creusé sur ses flancs mille larges baies, mille golfes profondément enfoncés. Sur la côte nord, ce sont de grandes entailles amplement ouvertes, qui découpent le littoral en une suite d'immenses festons, entre autres : la baie de Cancale jusqu'à la pointe du Grouin; de cette pointe au promontoire-pyramide du cap Fréhel, la rade de Saint-Malo; entre cette pyramide — plus haute que toutes celles d'Égypte — et le plat sillon de Talber, l'immense baie de Saint-Brieuc; plus loin, de Trébeurden à Locquirec, celle de Lannion, au fond de laquelle s'allonge brillante la Lieue de Grève, qui vit le combat d'Arthur contre le dragon. Plus loin encore, la rade de Morlaix, les anses de Goulven, de Guisseni, d'Aber-Vrac'h, d'Aber-Benoit, et au point où la côte tourne décidément vers le Sud, la curieuse anse de Porsal, semée de roches blanchissantes, que surveille comme une vigie l'antique donjon de Trémazan.

Contre le littoral ouest de la Bretagne, les grandes vagues venant directement d'Amérique en Europe et traversant l'Océan au galop comme des chevaux affolés, ces vagues furieuses, terribles, ont tellement travaillé qu'elles ont creusé là deux véritables mers intérieures, la rade de Brest et la baie de Douarnenez, et déchiqueté toute la côte en trois péninsules : le Cap-Sizun, terminé par la pointe du Raz, un amoncellement de roches gigantesque, bien plus élevé encore que Fréhel, lancé à un quart de lieue en mer; — Crozon, trifurquée elle-même en trois petites presqu'îles (la Chèvre, Camaret, Roscanvel); — et enfin la pointe du Bas-Léon armée de cet éperon rocheux que les Bretons nomment en leur langue *Pen ar Bed* (le Bout du Monde), sur lequel nos pères avaient placé l'antique monastère de Saint-Mathieu suspendu sur l'abîme, sentinelle de la prière aux dernières limites de la terre et de la mer, du temps et de l'éternité.

Sur la côte méridionale, le flot s'est plu à creuser des lacs intérieurs semés de petites îles, communiquant par des goulets et d'étroits passages avec l'Océan, en un mot de vraies lagunes. La plus importante, la plus célèbre est le golfe du Morbihan avec ses soixante îles. De là en allant vers l'Ouest, la lagune d'Etel et celle de Riantec, le hâvre de Blavet (aujourd'hui rade de Lorient), l'embouchure de la rivière de Pont-l'Abbé, sont autant de petits Morbihans. Et à l'Est du Morbihan véritable, se découpe encore une autre lagune profonde, sinueuse, curieusement tourmentée, celle de Penerf. Enfin, à l'embouchure de la Loire, sur la rive droite, entre Donge et Saint-Nazaire, la *Brière,* qui n'est plus aujourd'hui qu'un marécage hivernal, fut longtemps une petite mer intérieure en relation constante avec le fleuve, peuplée d'îles nombreuses, quelques-unes même d'une importance historique, à ce point que des archéologues trop ingénieux ont voulu tout récemment substituer, dans l'histoire des Venètes, cette petite mer au véritable Morbihan.

Le littoral sud de la péninsule brito-armoricaine est en outre largement entaillé, *vers l'Ouest,* par la baie d'Audierne qui déploie sa courbe immense entre cette prodigieuse pointe du Raz et la torche mugissante de Penmarc'h; par l'anse si pittoresque de Benodet et la charmante baie de la Forêt (près Concarneau), qui s'enfonce dans les terres entre des rives chargées de grands chênes dont le pied trempe dans la mer; — *vers l'Est,* par la large et vaste baie de Quiberon, les hàvres des embouchures de la Vilaine et de la Loire, enfin par la baie de Bourgneuf limitrophe du Poitou.

Avec une côte aussi découpée que celle de notre péninsule, les presqu'îles, les hardis promontoires doivent être nombreux. Nous en avons déjà signalé plusieurs, des plus notables : nommer tout ne finirait pas. Notons encore pourtant la belle péninsule de Ruis, jadis couverte de bois et célèbre dans notre histoire, qui se développe largement au Sud-Est de Vannes entre le Morbihan, l'Océan, la lagune de Penerf, et ne tient au continent que par un isthme étroit; — un peu plus loin vers l'Ouest, toujours sur la côte vénétique, la presqu'île de Quiberon, long et mince sillon de sable terminé par un plateau de roches gigantesques, au-delà duquel s'étend, dans l'Ouest, à perte de vue, la « mer sauvage, » lançant contre cette digue ses lames énormes, qui accourent du Nouveau-Monde s'y briser en bonds terribles, avec des éclats de tonnerre et des cris enragés. N'oublions pas non plus, de l'autre côté de la Bretagne, à l'angle Nord-Ouest du pays de Léon, la curieuse langue de terre, dite au moyen-âge *Plouédiner* et aujourd'hui Lannilis, noyée entre les deux estuaires d'Aber-Vrac'h et d'Aber-Benoît; — la pointe historique des Espagnols, cent cinquante pieds à pic au-dessus de la mer, à Roscanvel-Crozon, — et enfin, au Sud de Pont-l'Abbé, la pointe de Penmarc'h, qui arme l'angle Nord-Ouest de la péninsule armorique d'un énorme entassement de roches cyclopéennes, contre lesquelles la vague exaspérée tire nuit et jour d'effroyables coups de canon (1).

Des presqu'îles nous passons naturellement aux îles.

Autour de notre péninsule, à petite distance des côtes, elles émergent en

---

(1) « Au milieu de ces rochers se fait remarquer la fameuse *Torche de Penmarc'h,* roche creuse séparée de la terre par un intervalle nommé le *Saut du Moine.* La mer se précipite contre cette masse, qui l'arrête, la repousse et la disperse autour d'elle en écume blanche, en faisant entendre un bruit énorme et sourd, qui envoie jusqu'aux environs de Quimper sa détonation prolongée, semblable à une artillerie lointaine. En entendant ce bruit, on dit : « C'est la Torche de Penmarc'h qui prédit des orages. » (La Monneraye, *Géographie ancienne de la péninsule armoricaine* (1884), p. 180).

foule, grandes et petites, comme une ligne de sentinelles vigilantes gardant les abords du littoral.

Voyez, devant Saint-Malo, la Conchée et son fort, Césembre découpant dans le bleu du ciel ses rochers aux lignes monumentales, vingt autres *caillous* qui émaillent la rade malouine, entre lesquels nous nommerons seulement le Grand-Bé, portant à son flanc la tombe glorieuse du plus grand poète de la race celtique — Châteaubriand.

Devant l'embouchure de l'Arguenon, l'île Agot, l'île des Ebihens et sa tour au profil pittoresque.

Dans la baie de Saint-Brieuc, rien.

Mais la presqu'île de Tréguer-Lannion est soigneusement défendue à l'Est par l'île de Bréhat hérissée de roches tranchantes et par l'île bénie de saint Maudez *[Enez Modez]*, au Nord par les Sept-Iles, à l'Ouest par l'Ile Grande et son groupe; la rade de Morlaix, par l'île de Callot et le célèbre rocher du Taureau, la pointe de Roscoff par l'île de Batz.

En regard du cap Saint-Mathieu, l'île Biniguet, Molène et son archipel, la grande et brumeuse Ouessant. En face de la pointe du Raz, la mystérieuse et désolée île de Sein.

Les plus grandes îles bretonnes sont celles de la côte Sud. Là, après le rocheux archipel des Glénans, marchent en file Groie, Belle-Ile la plus vaste de toutes, traînant à sa suite la *Cane* et le *Petit Canard* (Houat et Hoadic); puis, dans la lagune d'Etel, l'île Locoal découpée en feuille de vigne, la curieuse île Saint-Cado et son *pont du Diable;* dans le golfe du Morbihan, l'Ile aux Moines, l'île d'Arz, l'île de Gavrinis et sa grotte mégalithique aux sigles mystérieux, etc.

II.

L'AFFAISSEMENT DU LITTORAL.

CE littoral, qu'on vient de décrire comme il est aujourd'hui, existait-il déjà quand la lumière de l'histoire luit pour la première fois sur la péninsule armoricaine, c'est-à-dire lors de l'expédition de César dans la Gaule (an 58 avant Jésus-Christ), ou a-t-il subi depuis lors des changements, des révolutions notables?

Qu'il y ait eu un affaissement plus ou moins considérable des côtes de la péninsule, et par conséquent une submersion plus ou moins étendue, plus ou moins profonde, de certaines parties de la zône littorale, cela est incontestable. Dans son excellent ouvrage sur la géographie ancienne de la péninsule armoricaine, M. de la Monneraye a rassemblé à cet égard un grand nombre de faits (1); tous ne sont pas également certains, quelques-uns même appellent le doute; en dehors de ceux-là il en reste encore assez pour rendre incontestable le phénomène de l'affaissement et de l'immersion du continent, sur beaucoup de points du littoral armoricain.

Mais à quelle époque se produisit cette immersion? Dans les preuves qu'on en allègue, il y a deux ordres de faits : le plus souvent, ce sont des arbres, des débris de forêts sous-marines, exhumés des sables dans les grandes marées à d'assez grandes profondeurs; quelquefois ce sont des monuments mégalithiques, cromlec'hs ou allées couvertes, dont la moitié se dresse au bord du rivage et le reste s'enfonce sous les flots. Beaucoup plus rarement, ce sont des ruines de constructions gallo-romaines, que la mer à marée haute couvre aujourd'hui.

De l'existence d'arbres et de débris de forêts sous-marines, on n'a nullement le droit de conclure que l'immersion est postérieure à l'occupation romaine : le silence gardé par l'histoire sur ces cataclysmes donne lieu au contraire de les croire antérieurs à la période historique.

Des monuments mégalithiques immergés en tout ou en partie, même conclusion à tirer : car, comme le dit fort bien M. Ernest Desjardins, ces monuments, longtemps qualifiés à tort monuments druidiques, sont reconnus aujourd'hui pour n'avoir aucun rapport avec le druidisme, et pour être des « vestiges d'une civili-

_____

(1) Voir l'excellent livre de M. de la Monneraye intitulé *Géographie ancienne et historique de la péninsule armoricaine* (St-Brieuc, Prud'homme, 1884) p. 168 à 188. Nous écartons seulement quelques renseignements mal appuyés ou trop vagues, par exemple ce qui concerne la pointe du Raz, les Glénans (p. 179, 181).

» sation grossière et inconnue, *qui a précédé de longs siècles les âges historiques* (1). »

C'est donc à tort que, de l'immersion d'un cromlec'h à 6 mètres sous le flot au bord d'une petite île du Morbihan (2), M. Desjardins conclut qu'au temps de César le fond du Morbihan était plus élevé qu'aujourd'hui de 6 mètres, et que, par suite, loin d'être couvert d'eau et de former un golfe, ce sol était une terre ferme, traversée seulement par trois rivières, celles de Noyalo, de Vannes et d'Aurai, qui se réunissaient pour s'emboucher ensemble dans la mer devant Port-Navalo.

C'était bien là l'état des lieux lorsqu'avait été élevé le cromlec'h en question (cromlec'h d'Er Lanic); mais quand César parut dans les Gaules, cette construction datait au moins de cinq ou six cents ans; et pendant ces six siècles l'affaissement progressif du continent avait eu le temps de se produire avec toutes ses consé-quences, c'est-à-dire avec l'immersion de cette terre ferme, qui ainsi était devenue un golfe semé d'îles, à peu près comme il est aujourd'hui, dont le niveau était pourtant un peu moins élevé, puisqu'au siècle dernier le président de Robien trouva dans la grève devant Locmariaker quelques substructions romaines que la mer couvrait aux grandes marées.

Mais on n'a nullement le droit de dire que le golfe du Morbihan n'existait pas au temps de César; il y a tout lieu de croire, au contraire, qu'il existait et qu'il offrait un aspect sensiblement pareil à celui qu'il présente de nos jours.

Du midi montons au nord, du Morbihan allons à cette fameuse baie de Cancale et du Mont Saint-Michel, sur laquelle certains érudits ont entassé tant d'extravagances.

Suivant l'un d'eux (3), dont l'opinion a été longtemps en grand crédit, ni la baie de Cancale ni la rade de Saint-Malo n'existaient encore au commencement du VIII⁰ siècle de l'ère chrétienne. A l'en croire, du cap Fréhel au Grouin de Cancale la côte suivait alors une ligne beaucoup plus avancée au Nord qu'aujourd'hui, descendant directement de Fréhel aux Ebihens, de là remontant par l'île Agot jusqu'à Césembre et à la Conchée (4), pour s'en aller finir au Grouin : soit une zone littorale de plus d'une lieue de profondeur en avant du continent actuel. A partir du Grouin c'est mieux encore : la côte se serait élevée vers le Nord presque en ligne droite jusqu'aux îles Chausei, et de là, tournant à l'Est, aurait rejoint le littoral actuel du département de la Manche au-dessus de Granville, vers la pointe de Saint-Martin le Vieux.

Ces auteurs tracent de ce continent imaginaire un plan précis, détaillé, comme s'ils l'avaient vu. Toute la baie de Cancale, disent-ils, et toute cette zone littorale

---

(1) Ernest Desjardins, *Géographie de la Gaule romaine*, II, p. 517.

(2) L'îlot Er Lanic, situé entre l'île Longue et l'île Er Gazec ou île de la Jument. Voir, sur la découverte de ce cromlec'h, le curieux mémoire de M. le Dʳ de Closmadeuc, dans le *Bulletin de la Société Polymathique du Morbihan*, année 1882, p. 15 à 20.

(3) L'abbé Manet (de Pontorson), dans son livre intitulé : *De l'état ancien et de l'état actuel de la baie du Mont Saint-Michel et de Cancale*, Saint-Malo, 1829, in-8⁰. — Il ne fait que développer là une idée formulée au siècle précédent par un autre Normand, l'abbé Trigan, dans son *Histoire ecclésias-tique* de Normandie, t. II, p. 17. Chez Trigan ce n'était qu'un germe; fécondé par l'imagination de Manet, ce germe est devenu un arbre touffu, énorme, encombrant.

(4) Ajoutons, pour bien préciser, que, de la Conchée, ce littoral imaginaire se serait dirigé vers l'Est en s'appuyant sur les rochers dits aujourd'hui la Plate, le Grand et le Petit Pointu, Rochefort, les Quintias (ou Tintiaux) et les Minguis, pour venir de là rejoindre un moment la côte actuelle dans l'anse du Verger, très voisine de la pointe du Grouin. Voir Manet, ouvrage cité à la note précédente, p. 2, et la première des trois cartes jointes à cet ouvrage.

comprise entre le Grouin, Chausei, Saint-Martin le Vieux, la pointe de Carolles, étaient couvertes de bois épais, qu'ils nomment la forêt de Scisci. Mais à l'équinoxe du printemps de l'an 709, une marée d'une hauteur extraordinaire, poussée par une terrible tempête, aurait envahi tout ce continent, renversé la forêt et creusé d'un coup la baie de Cancale et la rade de Saint-Malo. Ils décrivent cette prétendue catastrophe avec des détails navrants, circonstanciés, que seuls auraient pu connaître des témoins oculaires.....

Si ce système était vrai, le littoral de la péninsule armoricaine aurait eu dans ces parages, au temps de César, pendant toute l'occupation gallo-romaine et longtemps après, une configuration tout autre qu'aujourd'hui.

Mais ce système est un pur roman. Un tel cataclysme accompli en un jour est de soi parfaitement invraisemblable. De plus, il est prouvé aujourd'hui que le choix de l'année 709 pour y mettre cette catastrophe, tient uniquement à un contre-sens certain dans l'interprétation du très ancien récit de la fondation du Mont Saint-Michel (1).

On a trouvé, il est vrai, en assez grand nombre, aux basses marées d'équinoxe, des troncs d'arbres enfouis plus ou moins profondément dans les grèves du Mont Saint-Michel et d'une partie de la baie de Cancale (2) : preuve certaine que le sol de ces baies, aujourd'hui couvert d'eau, fit jadis partie du continent. Là-dessus pas de difficulté. A quelle époque fut-il immergé ? Là est la question.

A défaut de la date parfaitement fabuleuse de 709, on s'est efforcé de prouver que la baie de Cancale ou au moins celle du Mont Saint-Michel était terre ferme à l'époque gallo-romaine ; on a dit et répété qu'une ou plusieurs voies romaines la traversaient. On l'a dit, mais on n'en a donné aucune preuve sérieuse. Prétendre, comme on l'a fait, qu'on peut retrouver dans la baie quelque trace de cette voie, quand on sait comme les courants bouleversent tous les sables à chaque marée, comme les sables *enlisent*, absorbent profondément tous les corps pesants, — prétendre cela est ridicule; d'ailleurs qu'on les montre, ces traces! on ne l'a jamais fait, la chose étant impossible. — Mais ce qui eût été possible, c'était de montrer quelque part, vers Roz sur Coësnon ou Saint-Marcan, un tronçon de

_____

(1) *Apparitio S. Michaëlis in monte Tumba*, Boll. Sept. VIII, p. 76-78 (édit. de Paris). — Ce document, qui doit être du milieu du VIIIᵉ siècle, nous apprend ce que les hommes de ce temps croyaient et savaient de la submersion de la baie : « Qui primùm locus (i. e. mons Tumba) opacissima silva claudebatur, longe ab Oceani, ut æstimatur, æstu milibus distans sex... Sed quia hic locus, Dei nutu, *futuro parabatur miraculo* sanctitue sui archangeli venerationi, mare quod longe distabat, *paulatim adsurgens*, omnem silvæ magnitudinem sua virtute complanavit et in arenæ suæ formam cuncta redegit, præbens iter populo terræ ut enarrent mirabilia Dei » (*Ibid.* p. 77). Ce texte exclut nettement l'idée d'un cataclysme soudain : *mare paulatim adsurgens*, c'est l'immersion lente et successive produite par un affaissement du sol lent et continu, cela ne peut être le cataclysme soudain et rapide rêvé par les deux abbés normands. Et d'ailleurs, d'après l'interprétation de Manet (*Ibid.* p. 78, 99), l'immersion de 709 n'aurait pu avoir lieu qu'après l'apparition de S. Michel au mont Tombe, tandis que suivant le texte ci-dessus, elle fut certainement antérieure à cette apparition, puisque, selon ce texte, la submersion de la forêt, sa conversion en grève douce et plane, fut une préparation voulue de Dieu au futur miracle : « Quia hic locus Dei nutu futuro parabatur miraculo. » — Pour comble d'incohérence, Manet s'est avisé de donner à la forêt (anté-historique) qui avait couvert le sol de la baie le nom de forêt de *Scisci*, alors que ce nom *(Sesciacus)*, qui ne figure que dans la Vie de S. Paterne d'Avranches par Fortunat (Boll. April. II, 424-26), y désigne incontestablement le lieu dit aujourd'hui Saint-Pair près Granville — et peut-être aussi une île voisine, mais rien de plus : île qui ne peut être que Chausei, déjà séparée du continent au temps de Paterne et de Fortunat, c'est-à-dire au VIᵉ siècle, ce qui renverse absolument le système de Manet, Trigan, Déric, etc.

(2) Voir Manet, *État ancien et actuel de la baie du Mont Saint-Michel*, p. 53.

voie romaine, se dirigeant résolument du Sud au Nord jusqu'à la grève et ne pouvant continuer sa marche en ligne droite qu'en entrant dans la mer ; ce serait une preuve cela, mais personne ne l'a fournie. Un savant normand très distingué (1), à défaut de traces matérielles, a cherché de l'aide dans les textes ; il a prouvé simplement qu'au moyen-âge il existait à travers la baie des itinéraires suivis de préférence par les pèlerins, et dont la direction était indiquée par des monuments tels que des croix ou des monceaux de pierre, que la mer détruisait souvent (2).

Donc, nulle preuve que la baie du Mont Saint-Michel ni celle de Cancale aient été traversées par une voie romaine ; nulle preuve que l'immersion du sol et la formation de ces baies soit postérieure au début de la période historique. Dès lors il y a lieu de la croire antérieure à cette période, et par conséquent la baie de Cancale, la rade de Saint-Malo, tout comme le Morbihan, offraient à peu de chose près, au temps de César, le même aspect qu'aujourd'hui.

Continuons, au point de vue qui nous occupe, le tour de la péninsule armoricaine.

Sous la côte allant du Grouin de Cancale au cap Fréhel, des troncs d'arbres dont l'aspect, la couleur, la consistance attestaient un long séjour sous les flots ou sous les sables marins, ont été retirés des grèves en nombre assez notable, à diverses époques, en divers lieux, notamment, en la paroisse Saint-Coulomb près de la pointe du Meingar, — devant l'embouchure de la Rance dans l'anse de Dinard, et dans la Rance même vers Saint-Suliac, — dans les anses qui découpent le littoral de Saint-Lunaire et de Saint-Briac (3), — dans les grèves de Saint-Jacut et de Saint-Cast (4).

A Plancoët, à l'embouchure de l'Arguenon, on a aussi exhumé des arbres enfouis dans les vases ; à Saint-Michel en Grève, à l'ouest de Lannion, sous la célèbre Lieue de Grève, les débris d'une forêt sous-marine.

Pareils débris sur la côte nord du Léon, — dans la rade de Morlaix (5), — à Kernic dans l'anse de Goulven, — et de même sur la côte occidentale du Léon dans l'anse des Blancs-Sablons (*Gwen-Tréaz*) au nord du Conquet, et dans la baie de Sainte-Anne à l'ouest de la pointe du Portzic, rive nord du goulet de Brest (6).

Sur la côte de la Cornouaille, dans l'anse de Benodet, on a retrouvé sur les grèves une sorte d'avenue d'arbres immergés se dirigeant de Loctudi ou de Plonivel vers les Glénans. — De là, nous revenons au Morbihan, dont nous avons parlé tout d'abord.

Sur tous ces points il y a eu affaissement, immersion du littoral, mais nulle preuve que cette immersion soit postérieure au début de la période historique.

Pour tenter d'établir cette postériorité, recourra-t-on à ces légendes, plus ou

(1) Feu M. de Gerville, auteur d'un mémoire sur les *Voies romaines du Cotentin* et l'initiateur du maître actuel de l'érudition française, l'illustre directeur de la Bibliothèque Nationale, M. Léopold Delisle ; ce qui, malgré son grand mérite personnel, restera encore le plus beau titre de M. de Gerville.

(2) Sur cette question de l'immersion de la baie de Cancale et du Mont Saint-Michel, nous donnerons dans nos *Eclaircissements* des détails et documents qui ne peuvent trouver place ici, entre autres le texte d'une curieuse charte de 1249.

(3) Dans les anses du Port-Blanc, de la Garde-Guérin, de la Fosse-aux-Veaux, en Saint-Lunaire ; du Port-Hue en Saint-Briac. Voir Manet, *Etat anc. et act. de la baie du Mont Saint-Michel*, p. 90.

(4) Voir Manet, *Ibid.*, p. 7, 10, 60, 90.

(5) (6) A. de Lapparent, *Traité de géologie* (1883), p. 520-521. Pour tous les autres faits, voir le chapitre de M. de la Monneraye cité plus haut p. 6, sous la réserve que nous avons indiquée.

moins anciennes, plus ou moins populaires, de villes fabuleuses noyées sous les
flots, dont on n'a jamais vu la moindre trace, comme *Nasado* à Erqui (1), Tolente
dans l'Aber-Vrac'h, Is à la pointe du Raz? Cela ne serait guère sérieux. Partout
l'imagination populaire s'est complue à ces contes.

Restent donc quelques substructions romaines enfouies dans les grèves, qui
découvrent à marée basse et que la marée haute recouvre à son tour. Il y en a de
telles (je l'ai déjà dit) à Locmariaker; à Camaret et vers la pointe de la Chèvre
dans la presqu'île de Crozon; dans l'anse de Porscaf près de Douarnenez.

Ces ruines romaines se trouvent placées aujourd'hui à la limite commune de
la mer et du continent; elles n'indiquent pas — au contraire — que depuis
l'époque romaine la mer ait fait sur le continent des conquêtes considérables.
Elles appuient donc, loin d'y faire obstacle, cette conclusion :

C'est que sur presque toutes les côtes de la péninsule armoricaine on trouve
des indices de l'affaissement, de l'immersion plus ou moins considérable du
littoral; mais cette immersion, l'histoire en ignore l'époque et les circonstances,
attendu qu'elle précéda la période historique : donc à l'ouverture de cette période,
lors de la venue de César dans les Gaules, le littoral de la péninsule ressemblait,
à peu de chose près, à celui d'aujourd'hui.

Outre l'immersion du littoral par l'affaissement spontané du continent, il y a
aussi « *l'érosion* des côtes » par l'agression perpétuelle des vagues, qui n'est point
partout, il faut l'avouer, aussi impuissante qu'on se plaît à le dire. A force de
battre chaque jour, même deux fois par jour, la rive avec la colère, l'obstination
d'un bélier acharné contre une muraille, le flot finit, sur certains points où
la résistance est moindre, par entamer peu à peu la côte, la ronger (c'est
« l'érosion »), la manger, la démolir, et par conséquent détruire, couvrir,
inonder, à une profondeur plus ou moins grande, le littoral. Ce phénomène, acci-
dentel de sa nature et beaucoup moins fréquent sur nos côtes que celui de l'immersion par affaissement du sol, n'a pu manquer cependant de s'y produire en
divers lieux, entre autres dans la baie de Cancale. On peut citer deux petites
paroisses de l'ancien diocèse de Dol, qui existaient au moyen-âge, qui sont encore
citées au XVᵉ siècle, et dont le territoire, au moins la plus grande partie, a disparu
depuis lors : l'une, appelée Paluel, est encore représentée par un village de ce
nom sur la digue des marais de Dol, au nord de Roz sur Coësnon; de l'autre,
nommée Toumen, qui était fort exigüe, il ne reste qu'un rocher en mer devant le
bourg de Cancale (2).

Mais, en face du phénomène d'immersion si fréquent sur nos côtes, il importe
de signaler, sur deux points, le phénomène contraire. D'abord, l'archipel de la
Brière, vers l'embouchure de la Loire, dont il a été question plus haut (page 4
ci-dessus) : par suite des alluvions apportées, d'un côté par la Loire, de l'autre par

---

(1) Voir Habasque, *Notions sur le littoral des Côtes-du-Nord*, III, p. 116.
(2) Outre ces deux paroisses, Manet et Déric veulent qu'il en soit disparu quatre autres; assertion
très contestable, sur laquelle nous reviendrons dans nos *Eclaircissements*, ainsi que sur Césembre et
ses *prairies*, dont on a singulièrement abusé.

la rivière du Brivé qui le traverse, cet archipel a vu son sol s'exhausser, de façon qu'aujourd'hui à la belle saison il est parfaitement sec et qu'il faut les pluies d'hiver pour en faire pendant quelques mois, non une mer, mais un simple marécage.

Il y a aussi les marais de Dol. Sans nul doute, quand par suite de l'affaissement du sol la mer envahit la baie de Cancale, elle pénétra dans les terres jusque sous l'emplacement actuel de la ville de Dol, faisant du Montdol une île et dans les hautes marées inondant tout ce qu'on appelle aujourd'hui le Marais. Mais comme elle avait peu de force dans ce fond reculé et qu'elle n'y pénétrait pas tous les jours, il se forma bientôt, à la limite habituelle des marées ordinaires, un cordon de sable littoral, qui grossissant forma une digue naturelle, laquelle fortifiée par les gens du voisinage devint ce que l'on appelle aujourd'hui la digue du marais de Dol et mit ce marais à l'abri de toute invasion de la mer.

Dans l'histoire, dans les chroniques, quoi qu'on en ait dit, on ne trouve absolument rien sur l'époque ni sur l'érection de cette digue. Sous sa forme primitive, que le temps perfectionna, elle remonte à une date immémoriale. Comme cordon littoral plus ou moins fort, plus ou moins fortifié par la main des hommes, elle devait exister dès le milieu du VIe siècle, et le port Viviau, à l'embouchure du Guioul, où aborda vers 550 saint Samson, premier évêque de Dol, ne devait guère différer du port actuel du Vivier.

III.

LES MONTAGNES.

Si l'on entend réserver le nom de montagnes aux sommets atteignant des altitudes de 800 à 900 mètres au minimum, en ce cas la Bretagne n'a pas de montagnes. Elle a pourtant mieux que des collines, car un spécialiste habile, géologue très compétent (1), dit en propres termes : « Les *montagnes de » la Bretagne*, quelque faible que soit leur hauteur, *sont remarquables* par la » rapidité de leur élévation et par l'aspérité de leur forme, » c'est-à-dire par leurs escarpements et leurs ravins. Ce sont donc au moins des « montagnettes, » qui, nous le verrons, atteignent souvent une altitude de 300 à 400 mètres au-dessus du niveau de la mer.

Le sol de la péninsule se partage en trois bassins : celui du Nord, celui du Sud, celui de l'Ouest. Tous les cours d'eau du premier se déversent dans la Manche, ceux du second dans l'Océan, ceux du troisième dans la rade de Brest.

Une ligne de hautes collines, venant de la Normandie et du Maine, franchit la frontière bretonne par les communes de la Chapelle-Janson (238 mètres d'altitude) et de Dompierre-du-Chemin (altitude 172ᵐ); elle traverse sinueusement le département d'Ille-et-Vilaine pour aboutir à Bécherel (altit. 190ᵐ au château de Caradeuc); elle sépare dans ce département le bassin de la Manche de celui de l'Océan.

§ 1. — La chaîne du Mené (2).

De Bécherel, cette ligne de collines tend vers le Sud-Ouest, en diminuant de hauteur jusqu'à la forêt de la Hardouinaie en *Saint-Launeuc.* Là elle commence à se relever (altitude 152ᵐ au Chêne de la Lande) et à remonter vers le Nord en se dirigeant vers Moncontour, avec des altitudes de plus en plus considérables, par les communes de *Saint-Vran* (altit. à la Ville d'Anne 222ᵐ, aux sources du Livet (3) 276ᵐ, à la Croix-Bouillard 304ᵐ), — de *Saint-Gilles-du-Mené* (alt. 290ᵐ, signal des

---

(1) Puillon de Boblaye, *Description physique et géologique de la Bretagne.*

(2) Sur les chaînes montagneuses de la Bretagne, tout ce qu'on a dit jusqu'à présent est très vague, presque toutes les cartes très inexactes : nous avons cru nécessaire de préciser et d'en indiquer le tracé commune par commune; toutes les altitudes marquées par nous ont été relevées sur la carte de France de l'État-Major ou dans l'excellente *Géographie des Côtes-du-Nord* de M. Gaultier du Mottay. D'ailleurs, pour que le lecteur puisse facilement suivre, avec une simple carte de Bretagne, le tracé des chaînes montagneuses indiqué ci-dessous, nous avons imprimé en *italique* les noms des communes par lesquelles passe ce tracé et qui se suivent de proche en proche.

(3) Ainsi écrivent les cartes; il faut lire, comme on le verra plus loin, « sources de *l'Ivel.* »

ingénieurs), — de *Saint-Jacut-du-Mené*, alt. 295^m à la Hutte à l'Anguille, point central des immenses landes du Mené, — de *Saint-Gouéno*, où l'on trouve le Placis-Vert alt. 301^m, Saint-Thia 292^m, — du *Gourai*, alt. 282^m au Maupas, etc.

On arrive alors à ce groupe situé un peu au Sud de la ville de Moncontour, où la chaîne prend définitivement le nom de *montagne du Mené*, et où se dressent, entre autres, les hauts sommets des Trois-Croix en *Saint-Glen*, alt. 316^m, — de Tombalon 314^m (1), — de Belair en *Trébri*, 340^m, — de la Cuve ou Belorient en *Trédaniel*, 320^m, etc. Ces montagnes groupées sur un petit espace se suivent en file, pour ainsi dire, dans la direction du Sud-Est au Nord-Ouest, sur la route de Collinée à Moncontour.

La chaîne s'abaisse ensuite quelque peu, traversant les communes de *Plessala* (alt. à la Coudre 301^m), — de *Plouguenast* (255^m aux landes de Fanton), — de *Gausson* (au Mottai 269^m), — de *L'Hermitage*, 286^m dans la pointe Sud de la forêt de Lorge, — d'*Allineuc*, alt. 270^m à la Porte-Dohin, — de *Saint-Martin-des-Prés*, où le sommet en pyramide du mont Saint-Michel, près du village de la Porte-au-Moine, atteint 320^m.

De là un chaînon détaché vers le Sud, dans les communes de *Merléac, Saint-Mayeuc, le Quilio*, fournit les altitudes de 293^m à Toubernoué (en Merléac), de 298^m sur la lande de Lorette (en le Quilio), de 316^m à Saint-Mayeuc (signal des ingénieurs).

La ligne principale de la chaîne du Mené remonte au contraire vers le Nord dans la direction de Quintin et reprend, un peu au Sud de cette ville, ses premières altitudes, entre autres : sur les landes de *Lanfains* 325^m, et en cette même commune à Merboux 310^m, Bout du Bois 302^m; — en *Saint-Bihi*, à Porte-Allinto, source du Gouët 315^m; — en *la Harmoie*, 320^m à l'arbre de Kercoant, au lieu qu'on appelait autrefois montagne du Feu-Busquet (2); — en *Vieuxbourg de Quintin*, Kerdalniez 308^m, Kerolivier 300^m, Bourgogne 299^m. — La chaîne projette même au Nord de Quintin quelques soulèvements d'altitude moindre, mais dont le relief et l'aspect sont très notables, comme la montagne du Marhallac'h en *Bocquého*, alt. 283^m; la tour Fromentel en *Lanrodec*, 262^m, etc.

Après le Vieuxbourg de Quintin, le Mené poursuit sa direction principale vers l'Ouest à travers les communes de *Saint-Gilles-Pligeau* (alt. 299^m à Goarem-Chevance), — de *Kerpert* (arbre de S. Urnan, alt. 300^m), — de *Magoar* (Kerriou, 298^m), — de *Kerien* (arbre et menhir près Cosquer-Jehan, alt. 307^m; Kereven 302^m, Saint-Jean 303^m), — jusqu'à la commune de *Pestivien* où l'on rencontre des altitudes de 300^m à Kermarch et de 309^m au Stanqué.

De là, la chaîne du Mené lance vers le Nord un chaînon, dont on trouve les principaux sommets en *Bourbriac*, aux lieux dits Guerguiniou (alt. 314^m), Keraufredou (313^m) Kerdavidou (312^m), Landévet, source du Blavet (306^m), etc. (3); —

---

(1) **Tombalon** est en *Saint-Gouéno*, mais tout à fait au nord de cette commune, sur la limite de Trébri.

(2) Un *feu*, un *fou*, du latin *fagus*, c'est un hêtre, en vieux français; *Busquet* est vraisemblablement un nom d'homme. Ce nom de Feu-Busquet, qu'on trouve sur quelques vieilles cartes, n'étant plus compris, a subi dans l'usage populaire une métamorphose des plus bizarres : il est devenu *le Flibustier*. La carte de l'État-Major n'a guère mieux traité le nom breton de *Ker-Coant* (Ville-Jolie) : elle en a fait *Ker-Chouan*.

(3) On trouve encore dans la commune de Bourbriac les sommets de Crec'h Craviou 308^m, de Kerhellec 303^m, de Coëtandraël 302^m, etc.

dans la forêt de Coatannoz en *Bellisle en Terre* (alt. 275ᵐ); — aux villages du Fau près le bourg de *Gurunhuel* (alt. 291ᵐ) et de Pors En Dréo, même commune (alt. 305ᵐ) : chaînon qui se termine superbement par la fameuse montagne du Menez-Bré en *Pédernec* (alt. 302ᵐ), du haut de laquelle, comme d'une gigantesque échauguette, la chapelle du béni saint Hervé domine, surveille, protège tout le pays de Guingamp, de Lannion et de Tréguer.

A Pestivien, la chaîne du Mené se divise en deux branches, dont l'une, tout en s'élevant un peu vers le Nord, continue la direction vers l'Ouest, c'est la montagne d'Arez ; pendant que l'autre descend nettement vers le Sud, ce sont les Montagnes Noires.

§ 2. — MONTAGNES D'AREZ.

La chaîne d'Arez se développe de Pestivien jusque vers le Faou sur une longueur de 17 à 18 lieues. La première partie de cette ligne, de Pestivien à Lannéanou (environ 30 kilomètres), se dirige vers l'Ouest-Nord-Ouest ; à Lannéanou la chaîne fait un angle prononcé ouvert au midi, et de là jusqu'au Cranou et au Faou (40 kilomètres), suit nettement la direction de l'Ouest-Sud-Ouest. Cette chaîne, surtout dans sa seconde direction, forme une arête saillante bien détachée du terrain adjacent et dont le faîte se soutient généralement à une hauteur moyenne d'environ 280 à 290 mètres ; mais, nous le verrons tout à l'heure, beaucoup des pics que présente sa crête dépassent 300ᵐ, quelques-uns même 350.

En sortant de Pestivien dans la direction de l'Ouest-Nord-Ouest, la montagne d'Arez se dessine et s'accentue fortement par des sommets de grande altitude : dans la partie sud de la commune de *Plougonver*, c'est Menez-Kerspers alt. 321ᵐ, et Menez-Fauten 314ᵐ ; en *Loguivi-Plougras*, dans la forêt de Beffou 326ᵐ ; tout près de cette forêt, au sud, mais en *Lohuec*, le Gollo ou Gouëlou 316ᵐ, Landeven 311ᵐ, et à petite distance vers l'Ouest, en la commune de *Plougras*, le village de Goariva aussi 316ᵐ. — De là, en s'abaissant un peu mais conservant toutefois un très fort relief et se dirigeant toujours vers l'Ouest-Nord-Ouest, la chaîne gagne *Lannéanou*. Là elle tourne vers l'Ouest-Sud-Ouest, elle commence à regagner ses premières altitudes et se prépare à prendre des allures de vraie montagne, avec des pics, des abrupts, de gros rochers tourmentés, étranges, de grands terrains nus, stériles, désolés.

Près de Lannéanou, à l'Ouest, et cependant en *Plougonven*, se dresse le sommet de Pen ar Stang 295ᵐ, plus loin à l'Ouest le signal dit de Lannéanou 309ᵐ, Ti-Avellec 294ᵐ, toujours en Plougonven. Sur la limite de cette commune et de celle du Cloître sont les farouches rochers du Cragou 268ᵐ ; en *le Cloître* la roche de Saint-Barnabé 295ᵐ. En *Berrien*, Tredudon-le-Moine avec un sommet de 295ᵐ et un autre plus au Nord, de 309ᵐ. En *Plounéour-Menez*, sur la limite de la Feuillée, le premier grand pic d'Arez, Roch ar Feunten 364ᵐ. La paroisse de *la Feuillée* est tout entière dans la montagne d'Arez, les pics et les hauts sommets y abondent : au Sud de Roch ar Feunten, autre sommet de 302ᵐ, puis en allant vers l'Ouest un second Roch Tredudon (tout différent de Tredudon-le-Moine) avec deux sommets, l'un de 368ᵐ, l'autre de 371ᵐ ; enfin le Roch Trevezel, le plus célèbre de tous ces pics, quoique non le plus élevé (354ᵐ), mais l'un des plus élancés, des plus sauvages, des plus abrupts, et qui a l'avantage de se dresser juste à l'intersection de la route de Carhais à Brest et de celle de Quimper à Morlaix.

En continuant, après Roch Trevezel, de suivre vers l'Ouest la ligne principale des montagnes d'Arez, on trouve en la commune de *Comanna* un sommet de 324ᵐ voisin de la limite de Botmeur ; un peu au sud, en *Botmeur* même, Balanecver 300ᵐ ; et un quart de lieue plus loin toujours au Sud, sur la limite de l'immense paroisse de Braspartz et de celle de Sizun, le plus élevé des pics bretons que nous ayons jusqu'ici rencontrés, Toussaines (signal) 384ᵐ : et pourtant jamais, je crois, il n'a été cité. C'est qu'à ce point de la chaîne, l'attention, la vue même est forcément absorbée par le roi de ces montagnes, le prodigieux mont Saint-Michel (aussi en Braspartz), détaché un peu au Sud de la ligne principale, et qui, du fond d'un marécage, s'élançant à 391ᵐ d'altitude couronné de sa chapelle, semble le dominateur du cirque immense formé par la chaîne d'Arez et celle des Montagnes Noires. De ce pic on ne voit guère la mer (1) ; mais vers la terre, sur toutes ces croupes montagneuses, leurs forêts, leurs rochers, leurs bruyères, sur le marais du Yeun-Elez d'où émerge le mont Saint-Michel, la vue est unique, d'une ampleur, d'une variété, d'une originalité incomparable. C'est le point le plus élevé de toute la Bretagne.

Après cela, Arez ne peut plus que décliner. On trouve encore sur la ligne principale, en *Sizun*, près du point de rencontre des limites de cinq communes (Sizun, Saint-Eloi, Hanvec, Lopérec et Braspartz), le rocher de Caranoët alt. 300ᵐ, et plus bas sur la limite d'*Hanvec* et de *Lopérec*, en face du village de Kerdrouaguez, un sommet de 304ᵐ. Puis la chaîne d'Arez entre dans la forêt du Cranou (en *Hanvec*), au village de Labou 292ᵐ. Au sortir de la forêt elle trouve encore, près du bourg de *Quimerc'h*, Roch Huella 238ᵐ. Après quoi, avec des altitudes de plus en plus déclinantes, 140ᵐ, 100ᵐ, 80ᵐ, etc., elle s'affaisse et vient mourir en Rumengol au bord de la rivière du Faou.

J'ai dû, dans cette esquisse orographique de la Bretagne, insister sur les détails et les bien préciser. Car toutes les cartes de cette province figurent très mal ces chaînes montagneuses, particulièrement les montagnes d'Arez (2). Convaincus *à priori* que le cours de l'Elorn doit être contenu dans le bassin occidental formé par cette chaîne et celle des Montagnes Noires, les auteurs de ces cartes, à partir de Comanna, font monter la chaîne d'Arez en plein Nord jusqu'à Landivisiau, d'où ils la conduisent ensuite vers le Sud-Ouest en passant au Nord de Landerneau et de Brest, puis la font mourir doucement dans le bas Léon, sauf quelques-uns qui prolongent son arête jusqu'au cap Saint-Mathieu. Ce tracé est complètement chimérique. Après Comanna la chaîne continue à descendre vers le Nord-Ouest

---

(1) Cambry *(Voyage dans le Finistère*, I, 240) dit qu'on ne l'aperçoit que dans les beaux jours, bornée par « les terres prolongées de Crozon. »

(2) A l'exception bien entendu des cartes de Cassini et de l'Etat-Major. Quant à la grande carte de Bretagne d'Ogée, elle donne le vrai tracé de l'Arez de Lannéanou jusqu'au Cranou et omet absolument la chaîne imaginaire de Landivisiau et Landerneau. Elle figure aussi à peu près bien les Montagnes Noires de Rostrenen au Mené-Hom. En revanche, de Lannéanou à Pestivien et même jusqu'au massif de Moncontour, lacune complète ; on dirait, d'après cette carte, que dans toute cette région de la Bretagne il n'y a pas une taupinière.

par la Feuillée, Sizun, Braspartz, Lopérec, Quimerc'h et la forêt du Cranou, puis s'affaisse vers Rumengol et le Faou. L'Elorn coule au pied du versant extérieur de cette chaîne, en dehors du bassin occidental de la Bretagne, et au Nord de cette rivière il n'y a aucune montagne, mais des pentes légèrement inclinées au midi, qui atteignent rarement une altitude supérieure ou même égale à 110 ou 120^m. — Quelques cartes donnent à la fois le tracé vrai de la chaîne d'Arez par Sizun et le Cranou, et le tracé faux par Landivisiau et Landernau ; cette fantaisie est encore plus drôle que l'autre, puisqu'elle constitue à l'usage exclusif de l'Elorn, un petit bassin privatif, dont il n'y a pas trace dans la nature.

§ 3. — MONTAGNES NOIRES.

La chaîne des Montagnes Noires a un plus long parcours que celle d'Arez ; son développement est d'environ vingt-cinq lieues métriques de Pestivien au Menez-Hom, à l'entrée de la presqu'île de Crozon. De Pestivien à Glomel, pendant sept lieues environ, elle descend droit vers le Sud ; passé Glomel, elle tourne vers l'Ouest et suit treize lieues durant cette direction jusqu'après Briec ; de là au Menez-Hom elle achève son cours en remontant pendant cinq lieues vers le Nord-Ouest. — Les Montagnes Noires ont en général une allure moins franche, moins caractérisée que celles d'Arez ; elles sont aussi en général moins élevées, et l'on estime leur hauteur moyenne à 250 mètres d'altitude seulement ; toutefois beaucoup de leurs sommets dépassent cette moyenne ; plusieurs atteignent 300 mètres ou plus.

Ainsi, dans la commune de *Maël-Pestivien*, où entre cette chaîne en se détachant de celle du Mené, on trouve (au Nord de la commune) Kerbrat altit. 291^m, chapelle Saint-Pierre 287^m, puis successivement (en descendant vers le Sud) Croashent 295^m, Kerbars 289 et 291, Kernavalen 298, et Coz-Liorzou 303. Le relief de la chaîne est ici fortement accentué par de nombreux sommets d'une belle altitude. En *Duaut*, nommons ceux de Quenquistillis 288^m, Guerlévanou 296, le menhir de la forêt de Duaut 294, Crec'h an Bars 292, Kervenal 289 ; — en *Locarn*, le Follezou 282^m, — en *Kergrist-Moëlou*, Kerlopin 301^m, Belair 302, Crec'h Moëlou, 303, Penester 286. La chaîne s'abaisse en *Maël-Carhais*, dont le seul point culminant est la Forêt 222^m. Elle se relève en *Glomel* avec les altitudes de Kersainteloi 255^m, la Garenne du Loch 259, Kerenoué 258.

Dans la commune de *Paule*, limitrophe de Glomel, les Montagnes Noires, en quittant la direction du Sud pour prendre celle de l'Ouest, nous offrent les sommets de Toulhallec 296^m et 298^m, Kersac'hcoat 276, Rufiliou 275, Kerlescouarn 264. En *Plévin*, le Mont-Noir s'élève à 304^m. En *Langonnet*, dans la forêt de Convau le roc de la Madeleine 266^m ; la Trinité 209^m (1) ; en *Gourin*, Penguili 268^m. — Tout contre la limite commune des départements du Morbihan et du Finistère, du côté du Finistère, en *Saint-Hernin*, Ti-Coz (signal des ingénieurs) 300^m, Goarem an Boulch 294^m ; en *Spézet*, dans le bois de Toul-Laëron un pic de 326^m d'altitude, le plus élevé de toute la chaîne après le Menez-Hom. — Dans la commune de

_____

(1) Altitude au village de Botqueloez, près de la Trinité-Langonnet.

Saint-Goazec : le Combout 290ᵐ ; un peu plus loin à l'Ouest, un sommet anonyme de 250ᵐ ; à l'extrémité Sud-Ouest de la commune, sur la limite de celle de Laz, dans le bois de Laz, le signal dit signal de Laz, 305ᵐ d'altitude.

La commune de *Laz,* qui suit vers l'Ouest celle de Saint-Goazec, nous offre encore le Menez Branquet 266ᵐ, et tout près un autre sommet de 250ᵐ. Mais passé Laz, la chaine s'abaisse notablement, et les points culminants à signaler sont tous au-dessous de la moyenne. C'est, en *Edern,* la chapelle Saint-Jean 226ᵐ, Kersuguel 223 ; — en *Gouézec,* Kernevez-Haut 229ᵐ ; — en *Briec,* Roch Veur (signal) 231ᵐ ; — en *Cast,* Menez Kerqué (signal) 252ᵐ ; c'est là que la chaine quitte la direction de l'Ouest pour celle du Nord-Ouest ; — en *Dinéault,* Menez Bras 236ᵐ, Kervarvaill 237 ; — en *Plomodiern,* tout à fait dans le Nord de ce territoire, série de sommets anonymes échelonnés de l'Est à l'Ouest, de 235, 225, 201, 248ᵐ ; en cette commune est le sanctuaire de Sainte-Marie du Menez-Hom, mais cette chapelle, assise sur le premier degré de la montagne, n'a que 96ᵐ d'altitude. — En *Saint-Nic,* deux sommets anonymes de 246 et 299ᵐ semblent, le dernier surtout, faire effort pour remonter aux premières altitudes de la chaine. Puis tout à coup, sans autre préparation, à l'extrémité Ouest de la commune de *Dinéault,* se dresse à une hauteur de 330ᵐ l'énorme Menez-Hom, pyramide aux larges flancs, qui termine et couronne majestueusement la chaine des Montagnes Noires. Car il n'est pas bien sérieux d'en donner comme la continuation la ligne de petites collines qui rampent dans la presqu'île de Crozon.

Le mont Saint-Michel l'emporte en élévation sur le Menez-Hom ; mais celui-ci se relève par la beauté de son panorama, presque aussi vaste et aussi varié que celui du Saint-Michel du côté de la terre, splendide du côté de la mer, puisque le Menez-Hom domine toute l'admirable baie de Douarnenez (1).

De la forêt du Cranou, où expire la chaine d'Arez, au Menez-Hom, point final des Montagnes Noires, tout au plus y a-t-il quatre lieues de distance ; les deux chaines se rejoignent presque ; peu s'en faut qu'elles ne constituent un cercle complet.

(1) Voir la relation intéressante d'un voyage au Menez-Hom par M. A. Riou, *Promenades dans le Finistère* (s. d. vers 1876), p. 351-367.

IV.

LES RIVIÈRES.

DANS l'indication des fleuves et des rivières de la Bretagne armoricaine nous suivrons — tout naturellement — la division en bassins que nous venons d'exposer, commençant par le Nord-Est et faisant le tour de la péninsule.

§ 1. — BASSIN DE LA MANCHE.

Versant septentrional de la Bretagne.

La chaîne du Mené, qui traverse la péninsule de l'Est à l'Ouest et y opère le partage des eaux, est — on l'a vu par la description ci-dessus — sensiblement plus voisine de la côte Nord que de la côte Sud ; par suite, les rivières du versant septentrional de la Bretagne, tombant dans la Manche, ont un cours beaucoup moins long et en général moins d'importance que celles du versant méridional : ainsi le Coësnon, la Rance, le Trieu, les trois plus grosses, restent bien au-dessous du Blavet et ne dépassent guère l'Ellé. Par contre, le nombre de celles qui s'embouchent dans la mer est plus considérable au Nord qu'au Sud, parce que, le trajet de leur source au littoral étant plus court, les vallées descendent vivement à la côte et ont moins de chance de se croiser.

Les cours d'eau de ce versant septentrional dignes d'être mentionnés sont (en partant de l'Est) le *Coësnon*, la *Rance*, l'*Arguenon*, le *Gouët*, le *Trieu* et le *Leff*, le *Jaudi* et le *Guindi*, le *Léguer*, l'*Elorn*. Toutes ces rivières ont un parcours de 40 à 80 et même 90 kilomètres. Outre celles-là il en est d'autres que nous pourrons nommer en passant ; qui comme celles-là se déchargent dans la mer, mais cependant fort inférieures.

Le Coësnon part de l'Est, de la frontière du Maine (commune de Saint-Pierre-des-Landes, Mayenne), entre en Bretagne par la commune de Luitré, pour venir se jeter dans la baie du Mont Saint-Michel en décrivant une grande courbe, largement ouverte vers le Nord-Est. Presque tout son bassin est renfermé dans le pays de Fougères ; pourtant ce n'est pas lui qui baigne cette ville, c'est un de ses affluents, le Nançon, un ruisseau rapide et frétillant, galopant au fond de cette gorge abrupte où on le força longtemps de s'épandre en étangs, en marécages, pour défendre le rocher sur lequel s'élevait le donjon de Fougères. — Le Coësnon a deux autres affluents, la Loisance qui baigne Antrain, et la Minette, que l'art de l'ingénieur a ravie depuis quelques années à ses destinées champêtres pour lui conférer l'honneur de laver les pavés et les gosiers des Rennais.

Le bas cours du Coësnon constitue, du côté de l'Est, la limite de la Bretagne, et cette limite passe immédiatement à l'Ouest du Mont Saint-Michel. Très vexés, avec raison, de ne pas posséder chez eux cette merveille de la mer, les Bretons reprochent au Coësnon de les en avoir frustrés par les caprices de son courant vagabond, d'où ce vieux dicton :

> Si (1) Coësnon a fait folie,
> Si est le Mont en Normandie.

Je crois ce reproche injuste : jamais, du moins aux temps historiques, le Coësnon n'a coulé à l'Est du Mont.

Les marais de Dol, grasse conquête faite sur la mer, déchargent leurs eaux par des ruisseaux ou rigoles, dont la principale, appelée *le Guioul*, forme à son embouchure un petit port appelé jadis *Porz Wiviau*, où nous verrons débarquer au VIe siècle, venant de la Grande-Bretagne, le premier évêque de Dol, saint Samson.

La Rance prend sa source à l'Ouest, dans la chaîne du Mené, tout près du bourg de Collinée (2) et se jette dans la rade de Saint-Malo entre le vieux donjon tréflé de Solidor et le promontoire où s'éleva jadis la cité gallo-romaine d'Aleth. Son cours décrit une vaste courbe, précisément opposée dans sa direction à celle du Coësnon, c'est-à-dire ouverte vers le Nord-Ouest. Après avoir longtemps coulé de l'Ouest à l'Est, elle tourne à Saint-Jouan-de-l'Isle, vers le Nord-Est, puis à Evran vers le Nord. Son bas cours est célèbre par la beauté de ses rives. A Dinan, à Lehon et au-dessus, le vallon de la Rance, encaissé entre deux pentes très élevées, parées de fraîche verdure et de profonds ombrages, est un vrai paysage d'Arcadie. Au-dessous de Dinan le fleuve s'élargit par le flux de la mer, et en changeant de caractère ses rives ne perdent rien de leur beauté ; les plaines d'eau de Mordreuc, de la Ville-ès-Nonnais, de Saint-Suliac, où le fleuve s'étale à plaisir en découpant gracieusement ses bords, forment une suite de lacs, autour desquels s'étagent des collines chargées d'arbres, de villas, de flèches rustiques.

L'Arguenon a sa source, comme la Rance, près de Collinée (3). Au lieu de se contourner comme celle-ci, elle marche droit au but, suivant la direction du Nord-Nord-Est, traversant les grands étangs de Jugon, entre lesquels se dressait jadis, sur une colline longue, mince, escarpée, rendue plus abrupte encore par la main des hommes, le plus fort donjon de Bretagne dont il ne reste pas pierre sur pierre, et qui avait au moyen-âge donné lieu à ce dicton :

> Qui a Bretagne sans Jugon
> A chape sans chaperon.

(1) Si, *sic*, ainsi.
(2) Selon M. Gaultier du Mottay, la source de la Rance serait au village dit le Cas de la Plesse, en Collinée *(Géogr. des Côtes-du-Nord*, p. 8). La carte de l'Etat-Major (n° 74) la place à la *Fontaine de Rance*, entre le village de la Croix-Duret alt. 269^m et celui des Mentes ou Mintes 301^m : situation très voisine de Collinée, mais sur le territoire de la commune de Saint-Gouéno. Cf. *Dictionnaire de Bretagne* d'Ogée, nouv. édit., articles *Collinée* et *Saint-Gouéno*, aux notes.
(3) Près du village du Bourgneuf, à 300^m environ à l'ouest du bourg de Collinée, altit. 231^m.

De Jugon, l'Arguenon va former le petit port de Plancoët ; son lit s'élargit beaucoup, et après avoir baigné les belles ruines du château du Guildo, elle tombe dans la mer en face de la tour des Ebihens, entre la plage historique de Saint-Cast et la longue presqu'île de Saint-Jacut, illustrée par une antique abbaye.

Entre l'Arguenon et le Gouët, faut-il nommer *la Frémur* (1) ou *Portaladuc* (anciennement *Port-Aradur)*, qui s'embouche dans la baie de la Fresnaie, non loin du fort la Latte dont le nom véritable et historique est la Roche-Goion ; — *le Gouëssan* (2), qui passe à Lamballe, antique capitale du comté de Penthièvre, et tombe dans la baie de Saint-Brieuc aux grèves de Morieuc ; — *l'Urne* (3) qui se jette dans la mer à travers celles d'Iffiniac et qui jadis était la limite de la seigneurie épiscopale de Saint-Brieuc ?

Quant au *Gouët*, il descend des hauts sommets du Mené vers Vieuxbourg et Saint-Bihi (4) ; ses eaux roulent sur des cailloux rougeâtres qui lui ont valu son nom breton *(Goat,* sang). Après avoir lavé de son flot vif la petite ville de Quintin et arrosé les belles prairies de Ploufragan, il se dirige vers l'Est et se rapproche de la baie de Saint-Brieuc ; il forme le port de cette ville appelé le Légué, puis tombe dans la mer sous cette pointe escarpée que couronne la ruine hautaine de la tour de Cesson.

La belle et féconde presqu'île de Tréguer se partage en trois bassins : le *Trieu* à l'Est, le *Jaudi* au centre, le *Léguer* à l'Ouest. Chacun de ces bassins a une ville, qui en est comme le chef-lieu, le centre d'attraction : Guingamp pour le Trieu, Tréguer pour le Jaudi, et pour le Léguer Lannion. Deux de ces bassins se dédoublent, pour ainsi dire, par l'existence d'un gros affluent, presque aussi important que le fleuve principal : le *Leff* qui tombe dans le Trieu, et le *Guindi* dans le Jaudi. — Tous ces cours d'eau viennent de la partie occidentale de la chaine du Mené : le Trieu a ses sources en Kerper et en Saint-Gilles-Pligeau (5), le Jaudi prend la sienne en Gurunhuel, le Léguer en Bourbriac au village de Pen-Léguer (6), à 1,500 mètres tout au plus de celui de Landévet, où est la source du Blavet : mais pendant que le Léguer s'achemine vers le Nord, le Blavet se précipite vers le Sud. Comme deux sœurs qui ne pourraient pas se souffrir, ces deux naïades, filles de la même montagne, se tournent le dos à peine nées, pour ne jamais se revoir. — Le Leff sort des étangs de Beaumanoir en la commune du Leslai près Quintin, et le Guindi du pied du Menez-Bré (commune de Louargat).

(1) Source en la commune de Saint-Denoual, 2 kilomètres au sud du bourg, près du village de la Pâquerie, à quelques centaines de mètres de la forêt de la Hunaudaie.

(2) Le Gouëssan « sort du Chauchix-Vert, en Trébri » (G. du Mottay, *Géog. des Côtes-du-Nord*, p. 8). Dans l'État-Major (carte 59) pas de Chauchix-Vert, mais fort au sud de Trébri un village de Gouëssan où passe la rivière de ce nom, et 2 kilomètres plus haut au Sud (carte 74) un village dit Bréha, où elle finit, c'est-à-dire, où elle commence, tout près du sommet des Trois-Croix (en Saint-Glen), altitude 316ᵐ.

(3) L'Urne « prend sa source dans l'étang du Plessis, en Saint-Careuc » (G. du Mottay, *Ibid.).* Dans l'État-Major (nᵒ 59), l'Urne remonte au Sud-Est, 1 kilomètre au-dessus du Plessis, avec une source à 400ᵐ sud du bourg, une autre plus à l'ouest près du village dit la Ville-ès-Demandes.

(4) Il a une source à Porte-Allinto en Saint-Bihi (alt. 315ᵐ), une autre peu éloignée à Kerrio, on plutôt à Kerhars, très près de la montagne du Feu-Busquet (alt. 326ᵐ).

(5) A 1,500 mètres environ au sud de ce bourg.

(6) Ce nom, qui signifie *Tête du Léguer*, prouve clairement que le vrai nom de cette rivière est *Léguer* et non, comme certains le prétendent, *le Guer* ou *Guer.*

Le Trieu marche droit devant lui, presque sans détours, toujours du Sud au Nord. A Guingamp il est déjà imposant, il tranche le velours des prairies avec sa large lame de cristal où se mirent les grises murailles de la vieille ville. A Pontrieu il fait un bon port. Un peu plus loin, en Quemper-Guézennec, il reçoit *le Leff*, qui vient peu auparavant de baigner deux des plus curieux monuments de Bretagne : les ruines du château de Coëtmen (en Tréméven) et le temple de Lanleff ; la pointe formée par le confluent du Leff et du Trieu se nomme *Frinandour*, en breton *le Nez dans l'eau*. A Lézardrieu, le Trieu est un bras de mer, au-dessus duquel se balance une passerelle aérienne des plus hardies. Six kilomètres plus bas, son embouchure présente un curieux phénomène ; ce fleuve en effet « pro- » longe son lit jusqu'à près de 10 kilomètres en mer par un estuaire immergé qui, » sur 30 ou 40 mètres de profondeur, entame le fond plat de la Manche, » entre l'île de Bréhat et l'île Modez : nouvelle preuve, sur ce point, de l'affaissement du littoral (1).

Le Jaudi coule aussi droit que le Trieu jusqu'à la Roche-Derien, où le flux fait de lui un vrai fleuve, avec un joli port, jadis avec un château très fort et très disputé. Là il tourne un peu vers le Nord-Nord-Est, puis entre majestueusement dans la vallée de Tréguer, où il reçoit le *Guindi*, sous la haute flèche de la vieille cathédrale trégoroise qui garde le chef béni de saint Yves et qui a vu récemment un évêque d'un grand cœur, d'une âme toute bretonne (2), rendre à cet illustre patron de la Bretagne son splendide tombeau. Après ce confluent il prend le nom de *rivière de Tréguer* et se perd, deux lieues au-dessous, dans la mer, entre l'île Loaven et le Porz Biniguet.

Le Léguer, dans son haut cours, traverse la forêt de Coatannoz, passe à Belle-Isle en Terre, puis se dirigeant vers le Nord, sa vallée boisée et pittoresque se décore successivement, sur l'une et l'autre rive, du beau château de Kergrist, des magnifiques ruines de Tonquédec, de la vieille tour de Coëtfrec. Après avoir fait le port de Lannion, il tourne droit à l'Ouest, et une lieue plus loin tombe dans la mer sous un promontoire abrupt (rive gauche) qui porte les ruines de l'antique *castellum* gallo-romain du Iaudet (3).

Du Léguer à l'Elorn pas un cours d'eau important, mais une bande de petites rivières qui ont au plus quatre ou cinq lieues de parcours, qui toutes cependant peuvent se parer du nom de fleuve, car elles tombent toutes dans la mer ; mais voici la condition commune de ces fluvioles : depuis leur source jusqu'au point où la mer monte dans leur lit, ce sont des ruisseaux de quelques pieds d'eau et de quelques pieds de large ; à partir de ce point, tant que la marée est haute, ils se donnent des airs de fleuves respectables ; à marée basse, c'est encore des fleuves, mais des fleuves de vase ou de sable avec un filet d'eau au milieu. En réalité ce ne sont que des estuaires, qui entrent plus ou moins avant dans les terres. Aussi suffit-il de dire le nom et de marquer l'embouchure des principaux d'entre eux. Nommons donc le *Douron*, limite commune des départements des Côtes-du-

---

(1) Lapparent, *Traité de Géologie* (1883), p. 520.
(2) Mgr Bouché, évêque de Saint-Brieuc et de Tréguer.
(3) Nommé sur la carte de l'État-Major (n° 41) *le Griaudet*, sans doute par faute du graveur pour *Guiaudet*. On écrit aussi *Coz-Guéodet, Coz-Iaudet ;* dans le pays on dit simplement *Iaudet*.

Nord et du Finistère ; source en Lannéanou, embouchure dans la Manche entre Plestin et Locquirec, au hâvre de Toul an Herri ;

Le *Kefleut* et le *Jarlo*, qui s'unissent au beau milieu de la ville de Morlaix pour former la *rivière de Morlaix*, laquelle après un cours de trois lieues, du Sud au Nord, se jette dans la mer entre Carantec et Plouézoch, en face du célèbre château du Taureau ;

La *Penzé*, source en Comanna, embouchure dans l'avant-rade de Morlaix, entre Saint-Pol de Léon et l'île Callot ;

La *Flèche,* source sur la limite de Plougar et Bodilis, embouchure sur la grève de Goulven, un peu au nord de ce bourg ;

Le *Rouhoudin* ou *Kilimadec*, source en Plouneventer, embouchure dans l'anse de Guisseni, entre Guisseni et Kerlouan ;

L'*Aber-Vrac'h* et l'*Aber-Biniguet* (ou *Aber-Benoît*), deux estuaires énormes, ouverts par de larges baies, et qui s'enfoncent dans les terres jusqu'à près de 10 kilomètres sur une largeur moyenne de 500 à 1,000 mètres ; enfermant entre eux une fertile péninsule de même longueur (10 kilom.), large de 3 à 6 kilomètres, renfermant les communes de Lannilis et de Landéda. Les cours d'eaux qui prolongent ces estuaires ou plutôt qui s'y jettent sont insignifiants. Cependant, dès une époque très ancienne ils avaient des noms spéciaux s'appliquant aux estuaires eux-mêmes : dans un document latin des premières années du XIᵉ siècle, l'Aber-Vrac'h se nomme *Doënna* (1) et l'Aber-Benoît *Bazlananda;* sur le principal affluent de cette dernière rivière il y a encore aujourd'hui un village de Balanant (anciennement Saint-Jean *de Bazlanant);* la péninsule enfermée entre les deux estuaires formait un seul *plou* (ou paroisse), appelé au XIᵉ siècle et pendant tout le moyen-âge Ploué-Diner *[Plebs Denarii].*

L'*Aber-Ildut*, autre estuaire du genre des deux précédents, ainsi que son nom l'indique, s'enfonce pourtant moins loin dans les terres (une lieue environ) et s'ouvre dans la mer entre Lan-Ildut et Lampaul-Plouarzel ; la *rivière de Saint-Renan* (2) s'y décharge.

Le port du Conquet est encore un estuaire du même genre, à peu près de même longueur que le précédent, mais avec beaucoup plus de fond, ayant pour queue, lui aussi, un médiocre ruisseau nommé *Prat-Seach* (Pré-Sec).

Il en est de même de *la Penfell*, qui forme le port de Brest. On a élargi, creusé, *enquaissé*, civilisé son estuaire naturel, qui pénètre aujourd'hui à plus de six kilomètres dans les terres et suffit à tous les besoins de la métropole maritime de l'Ouest ; cet estuaire — je veux dire ce port admirable — reçoit deux pauvres petits ruisseaux, l'un qui monte vers Guiler, l'autre vers Gouesnou. Le cours complet de la Penfell mesure, dit-on, 10 kilomètres, dont 6 pour l'estuaire.

Bien que s'embouchant dans la rade de Brest, la Penfell se trouve en dehors

---

(1) Ou *Douenna*, du breton *doun*, profond, et *Bazlananda* du breton *bazlan*, genêt. J'insiste sur ce point parce que ce « fleuve Doenna, » qui est ainsi nommé dans Le Baud (p. 40) sans aucune explication, a torturé l'imagination de bien des auteurs, aucun n'a deviné ce que c'était, quelques-uns même en ont fait la Vilaine. Voir nos preuves dans A. de la Borderie, L'HISTORIA BRITONUM *de Nennius* et l'HISTORIA BRITANNICA *avant Geofroi de Monmouth*, Paris, Champion (1883), p. **124-125**.

(2) Formée de deux gros ruisseaux qui viennent, l'un de Plousané, l'autre de Saint-Pierre-Quilbignon.

du bassin que nous avons appelé « Bassin de la rade de Brest, » c'est-à-dire de celui qui est formé par les deux chaînes combinées d'Arez et des Montagnes Noires. Nous allons voir tout à l'heure qu'il en est de même de l'Elorn. Notre dénomination n'est donc pas absolument exacte; mieux peut-être eût-il valu dire : « Bassin occidental de la Bretagne, » mais à ce nom aussi il y aurait des objections; c'est pourquoi, sous le bénéfice de l'observation ci-dessus, nous gardons l'autre.

L'*Elorn* tire sa source des monts Arez, mais au lieu de couler à l'intérieur du cirque compris entre cette chaîne et les Montagnes Noires, elle coule en dehors, elle descend du versant nord de l'Arez. Sa source se trouve située entre deux des principaux pics, le sommet de 324ᵐ de Comanna et celui de Toussaines, de 384ᵐ, situé sur la limite de Braspartz et de Sizun (1). La première partie de son cours, dirigée vers le Sud-Ouest, sert de limite aux paroisses de Comanna et de Sizun ; puis remontant vers le Nord-Ouest, elle enveloppe ce dernier territoire dans un arc largement ouvert du côté de l'Est; vers Locmélar elle dessine une contre-courbe ouverte au contraire vers l'Ouest; enfin sous Landivisiau elle fait volte-face, prend résolument sa course vers le Sud-Ouest et ne quitte plus cette direction jusqu'à ce qu'elle se soit perdue dans la rade de Brest, entre le territoire de Guipavas et celui de Plougastel-Daoulas. — L'Elorn est un petit fleuve, mais c'est une très belle rivière, qui coule dans un pays pittoresque aux aspects les plus variés, sauvage ici, ailleurs frais et riant, toujours superbe; le plus souvent elle promène son onde à travers de belles prairies ou entre des bois profonds, parmi des monuments et des ruines historiques ; la partie de sa vallée qui va de la chapelle de Pontchrist et du vieux moulin de Brézal au rocher gigantesque couronné par les ruines du donjon de la Roche-Maurice, est un enchantement. L'Elorn a de nombreuses légendes; notre naïf hagiographe Albert Legrand y a prodigué ses couleurs les plus fantastiques : selon lui c'est un prince païen qui donna son nom au fleuve, dans lequel il s'était précipité du haut de son château :

Elhorn Elhornis nomina fecit aquis.

Mais l'histoire vaut encore mieux que la légende : la grande guerre de Blois et de Montfort a semé ici ses exploits, ses coups d'épée, dont les témoins demeurent encore sous forme de ruines au bord de l'Elorn, par exemple, celles du château de Goëlet-Forest (ou Goi-la-Forêt) si souvent mentionné dans Froissart. A Landernau, l'Elorn passe sous un pont du XVᵉ siècle et fait tourner un moulin gothique construit par les Rohan. Quatre lieues plus bas, elle achève sa destinée dans la rade de Brest.

§ 2. — Bassin de la Rade de Brest.

Versant occidental de la Bretagne.

Le bassin formé par la chaîne d'Arez et par celle des Montagnes Noires a des dimensions assez restreintes : 40 kilomètres environ en largeur du Sud au Nord,

_____

(1) Voir ci-dessus, p. 15.

de Gourin à Lannéanou ; 72 kilomètres en longueur de l'Est à l'Ouest, de Pestivien au Menez-Hom, abstraction faite de la presqu'île de Crozon.

Tout ce bassin est rempli, on peut le dire, par un seul fleuve et ses affluents, mais ici c'est un vrai fleuve, c'est l'*Aune* dont le cours a plus de 30 lieues de développement (environ 130 kilomètres). L'Aune a sa principale source en Lohuec, non loin de la montagne de Landeven (altitude 311ᵐ) et de la forêt de Beffou ; une autre branche, promptement réunie à la première, descend des hauteurs de Goariva (316ᵐ) en Plougras. De là jusqu'à Landéleau, l'Aune, malgré quelques sinuosités inséparables du cours d'un fleuve, suit très décidément la direction du Nord au Sud. A Landéleau elle incline vers le Sud-Ouest et continue de même jusqu'à Châteauneuf-du-Fou, où elle tourne franchement vers l'Ouest et poursuit cette direction jusqu'à Châteaulin. Là elle se relève vivement vers le Nord-Ouest et va se jeter dans la rade de Brest, en enveloppant dans son cours l'île Terenès et contournant la pointe verdoyante où s'élevait jadis le plus ancien monastère de la Bretagne, l'abbaye de Landevennec. Depuis Landéleau, le cours de l'Aune est une perpétuelle succession de sinuosités, de méandres, de boucles et de replis serpentins : la Seine au-dessous de Rouen, la Marne près de Paris ne fait pas mieux.

Dans la première partie de son cours, l'Aune arrose une région très boisée : bois du Fréau, de Lemézec, de Beurchoat, de Botvarec, du Timeur, etc. ; elle traverse aussi le terrain minier (plomb argentifère) du Huelgoat et de Poullaouen ; c'est même là qu'elle reçoit, sur sa droite, son premier affluent un peu notable, la rivière de *Pont-Pierre* venant du bel étang du Huelgoat, près duquel, dans un site doux et sauvage, entre son petit lac et sa petite forêt, vit la petite ville de ce nom.

Un peu plus loin, sur la même rive de l'Aune (rive droite), un autre affluent vient grossir le fleuve. C'est la rivière d'*Elez*, qui a sa source au pied du mont Saint-Michel et qui même, autour de ce pied, épand le prestigieux marais du Gunelé ou Yunelé, dont on dit tant de merveilles (1) : le nom correctement écrit est *Yeun-Elez,* ce qui veut dire Marais de l'Elez (2). — Près du manoir du Rusquec, en Locqueffret, cette rivière forme la renommée et pittoresque cascade de Saint-Herbot, non loin de la belle chapelle du même nom. L'Elez se jette dans l'Aune entre le territoire de la paroisse de Plouié et celui de Plounevez du Fou, auxquels elle sert de limite commune.

En face de Landéleau, mais sur sa rive gauche, l'Aune reçoit son plus gros affluent, la rivière d'*Hierre,* que quelques-uns (à tort, je crois) nomment *Aven.* L'Hierre prend sa source dans la chaîne d'Arez, en Plougonver, au pied du mont dit Menez-Fauten, de 314ᵐ d'altitude. De là à Carhais, elle court droit vers le Sud-Ouest ; depuis Carhais jusqu'à sa chute dans l'Aune, elle traverse un territoire boisé et décrit un arc gracieux ouvert du côté du Nord-Ouest. Ce qui caractérise l'Hierre, c'est d'être là rivière de Carhais, cette ville bien déchue de nos jours, mais qui joua jadis un très grand rôle et qui, par sa situation, est vraiment la capitale naturelle du bassin occidental de la péninsule armoricaine, de ce rude pays de

---

(1) Voir la description très pittoresque du Yeun-Elez par M. Le Braz *(Les Saints bretons d'après la tradition populaire),* dans les *Annales de Bretagne,* revue de la Faculté des Lettres de Rennes, t. VIII, Janvier 1893, p. 224-230. Cf. Cambry, *Voyage dans le Finistère,* édit. originale, I, 240-242.

(2) *Geun (g* dur) ou *yeun,* marais, en breton.

Poher dont les habitants semblèrent souvent emprunter à leurs bois, à leurs rocs, à leurs montagnes, une énergie farouche. — L'Hierre est le seul affluent de quelque importance que l'Aune ait sur sa rive gauche (1); car, depuis Landéleau, l'Aune coule si près du pied des Montagnes Noires qu'entre cette chaine et le fleuve il ne peut plus se former de cours d'eau un peu fort.

De Landélau l'Aune se rend à Châteauneuf du Faou, petite ville très pittoresque, connue par le beau porche et par les naïves légendes de Notre-Dame-des-Portes. Puis, en Lennon, elle se grossit sur sa rive gauche d'un affluent assez important, le *Steir-Goanez*, qui vient de Locqueffret. Elle traverse le territoire de Pleyben, célèbre par son calvaire monumental. Enfin, après une série de boucles et de replis sinueux des plus pittoresques sur les territoires de Lothei et de Saint-Coulitz, elle arrive à Châteaulin, aujourd'hui la capitale de ce bassin, et où la pêcherie de ce fleuve est si productive, surtout en saumons, qu'avant l'établissement du chemin de fer qui en rend aujourd'hui le transport facile, les domestiques de cette ville stipulaient pour condition, en entrant au service, qu'on ne leur en ferait pas manger plus de trois fois la semaine.

A l'Ouest de Châteaulin, l'Aune reprend ses gambades circulaires, et dans une de ses courbes elle reçoit sur la rive droite un dernier affluent, la *Doufine* ou *rivière du Pont de Buis*, qui au-dessus de Lopérec se divise en deux branches, dont l'une descend de Locqueffret et l'autre prend sa source au pied du mont Saint-Michel. Rien de plus abrupt que la vallée du Pont de Buis, sur la route de Châteaulin à Landernau; rien de plus pittoresque que les collines qui l'environnent, « couvertes au printemps de fleurs et de verdure, où chaque métairie » est comme enveloppée d'un petit bois de cerisiers, émaillé de fleurs blanches et » roses (2). »

Au-dessous de Châteaulin, avant de se déverser dans la rade de Brest vis-à-vis de la rivière du Faou, l'Aune a encore un développement de 27 kilomètres; dans cette partie de son cours on l'appelle officiellement *rivière de Châteaulin*. Après son confluent avec la Doufine, son lit s'élargit bientôt jusqu'à cent mètres; quand elle entre dans la rade de Brest, il en a quatre fois autant.

Outre l'Aune et ses affluents, se jettent encore dans la rade de Brest la *rivière de Daoulas*, — la *rivière de l'Hôpital*, — la *rivière du Faou*; estuaires notables, dans lesquels se déchargent des ruisseaux sans importance.

Il y a enfin dans la presqu'île de Crozon deux petites rivières, qui ne se jettent ni l'une ni l'autre dans la rade de Brest. La plus petite, appelée l'*Aber*, vient d'Argol, passe au Nord de Telgruc et tombe dans la baie de Douarnenez, en faisant la petite anse de l'Aber et la presqu'île de Rosan où fut le primitif château de Rosmadec. — L'autre (3) part du Nord-Est de la presqu'île de Crozon, qu'elle traverse tout entière en passant au Nord du bourg de ce nom, et vient tomber au Sud-Ouest, en formant un assez fort estuaire, dans l'anse de Dinan, qui sépare la pointe de la Chèvre de celle de Camaret.

---

(1) Sur sa rive droite elle en a quatre notables, que nous décrivons : Pont-Pierre, Elez, Steir-Goanez et Doufine.
(2) Pol de Courcy, *Guide de Nantes à Brest* (1865), p. 311.
(3) Je n'ai pu découvrir son nom.

§ 3. — BASSIN DE L'OCÉAN.

Versant méridional de la Bretagne.

Les principales rivières du versant méridional, ou bassin de l'Océan, sont, en partant de l'Ouest, le *Goayen*, l'*Odet* et le *Steir*, l'*Aven*, l'*Isole* et l'*Ellé*, le *Scorf* et le *Blavet*, le *Loch* ou *rivière d'Aurai*, la *Vilaine* et l'*Out*. Nous parlerons à part de la Loire.

Le *Goayen* est un fleuve microscopique, comprimé entre la baie d'Audierne et la ligne de petites collines qui forme l'arète du Cap-Sizun; à peine mériterait-il d'être nommé s'il ne faisait à son embouchure le port d'Audierne; sa source est en Plonéis près du bourg (altitude 155ᵐ), et son estuaire qui s'enfonce à 6 kilomètres dans les terres forme un second port, celui de Pont-Croix, vieille ville féodale et ecclésiastique, qui a gardé une très belle église gothique couronnée d'une flèche charmante, chef-d'œuvre de grâce et d'harmonieuses proportions.

Le *Steir* et l'*Odet* descendent l'un et l'autre des Montagnes Noires, — celui-ci de Saint-Goazec, du pied du mont Combout (altit. 290ᵐ), celui-là du Menez-Kerqué en Cast (252ᵐ). Ils se joignent au beau milieu de la ville de Quimper, bâtie à leur confluent et qui en a tiré son nom : *Kemper* en ancien breton, *Kymmer* ou *Kemmer* en gallois, signifie confluent. La plus grosse des deux rivières, c'est-à-dire l'Odet, absorbe l'autre et a l'honneur de donner son nom au beau fleuve, majestueux et pittoresque, qui descend de Quimper à l'Océan, en élargissant son lit pour y recevoir la mer, où lui-même enfin va se perdre dans l'anse de Benodet, après plusieurs lieues d'un cours splendide, accompli entre des rives chargées de bois, de châteaux, de prairies et de cultures magnifiques. — Une demi-lieue avant d'entrer à Quimper, l'Odet s'était déjà grossi d'un affluent, le *Ged*, dont le tracé mérite d'être noté. Parti des hauteurs de Corai (près du village de Coatspern, alt. 209ᵐ), il descend d'abord sans trop se presser vers le Sud-Ouest jusqu'à une demi-lieue au-dessous d'Elliant : là il tourne brusquement à l'Ouest et suit cette direction sans broncher jusqu'à Quimper pendant 13 kilomètres, presque aussi rectiligne qu'une voie romaine ou que le chemin de fer qui a emprunté sa vallée pour y mettre ses rails.

La jolie rivière d'*Aven* sort aussi des Montagnes Noires, en la paroisse de Leuhan (1) et descend en droite ligne, du Nord au Sud, vers Rosporden; elle entre dans le bel étang qui baigne cette paisible petite ville, elle réfléchit la belle flèche gothique qui la domine. « C'est en miniature, dit M. de Courcy, le Rhône » se perdant dans le lac de Genève et le quittant plus profond et plus rapide. » Elle sort de là, se dirigeant vers le Sud-Est, pour aller faire le charmant vallon de Pontaven, tout encombré d'énormes rochers, d'arbres de toute sorte, au milieu desquels court la rivière entre les maisons étagées sur les deux versants et les moulins chantant leur joyeux tictac, car le proverbe dit :

> Pontaven ville de renom,
> Quinze moulins, quatorze maisons.

_____

(1) Au village de Guenguerzet, près Balan ar Goff, alt. 242ᵐ.

Une lieue et demie au Sud, l'Aven dont la marée fait un fleuve portant de grosses barques, tombe dans la mer entre le territoire de Riec et celui de Nevez.

Quimperlé ou, suivant son étymologie, Kemper-Ellé, c'est le confluent de l'*Ellé* et de l'*Isole,* comme Quimper, que les Bretons nomment parfois Kemper-Odet, est celui de l'Odet et du Steir. L'Isole et l'Ellé unissent leurs eaux au centre de la ville de Quimperlé, presque sous les murailles de l'antique abbaye de Sainte-Croix. De leur union naît un fleuve le plus aimable du monde, le *Léta* ou la *Laita,* qui s'étend comme un grand lac en face de l'abbaye de Saint-Maurice et coule doucement entre les vieux arbres de la forêt ducale de Carnoët (1), pour aboutir à l'anse du Pouldu.

Au-dessus de Quimperlé, le cours de l'Ellé n'est pas moins pittoresque, quoique d'un autre genre : c'est elle qui, près du Faouet, murmure au fond de la sauvage vallée de Sainte-Barbe dont les rochers touchent le ciel ; un peu plus haut elle anime la solitude fraiche et triste où se cache l'abbaye de Langonnet. Parmi ces sites agrestes, originaux, elle remonte jusqu'à sa source au pied des Montagnes Noires, en la paroisse de Glomel, au Sud-Est de l'étang du Coronq (2).

De ces mêmes montagnes naît l'Isole, un peu plus à l'Est, sous le mont Combout, à une demi-lieue de la source de l'Odet (3). C'est de là que descend cette aimable Isole pour arroser, entre autres, la paroisse de Scaër, où la Muse bretonne pleure encore la mort de son grand poète Brizeux, dont les chants ont fait la gloire et de l'Isole et de Scaër.

Plus nous nous rapprochons de l'Est, plus les rivières du versant méridional grossissent. L'Odet est bien plus important que le Goayen, l'Ellé a plus de développement que l'Odet, tous ensemble ne sauraient égaler le *Blavet.*

Ce fleuve a sa source très haut vers le Nord, dans la partie septentrionale de la chaîne du Mené, en la commune de Bourbriac, sous le sommet de Landévet (alt. 306m) dont on a déjà parlé (4) : lieu beaucoup plus rapproché de la côte nord de Bretagne que de la côte sud. De Landévet à Goarec, le jeune Blavet court en droite ligne vers le Sud. Là il tourne nettement vers l'Est, coule pendant deux lieues, avec la rapidité d'un torrent, dans une gorge profonde de 200 mètres, où il lave les jardins dévastés et les ruines toutes fraiches de l'abbaye de Bonrepos, s'enfonce entre des croupes rocheuses hautes comme des montagnes, sur lesquelles des bois antiques, notamment la forêt de Quénécan, étalent leur verdure comme un manteau sur les épaules d'un vieux roi. A la montagne de Castel-Finans (en Saint-Aignan), l'une des plus abruptes et des plus élevées de ces croupes, toute cernée d'une vieille muraille mérovingienne, là même le Blavet reprend la direction Sud qu'il suit jusqu'à Pontivi, la ville de la cavalerie, mais à

---

(1) Rien ne trouble ta paix, ô doux Léta ! Le monde
En vain s'agite et pousse une plainte profonde ;
Tu n'as point entendu ce long gémissement,
Et ton eau vers la mer coule aussi mollement.
BRIZEUX, Marie.

(2) Près du village de Kerviguen, altitude 232m.

(3) Sur la limite de Roudouallec et de Saint-Goazec, entre le village le Queldel, en Roudouallec, et Leign-Halec en Saint-Goazec ; cf. sur le mont Combout p. 17 et 26 ci-dessus.

(4) Voir ci-dessus, p. 13.

qui toutes ses casernes ne rendront pas la prospérité et l'importance que lui valait jadis son titre de capitale du duché de Rohan.

A Pontivi, le cours du Blavet s'infléchit vers le Sud-Sud-Ouest et garde assez fidèlement cette direction jusqu'à son embouchure. A trois lieues au-dessous de cette ville, le fleuve se roulant, se repliant sur lui-même en forme de poire à poudre, enveloppe de toutes parts l'abrupte montagne de Castennec, jadis trône d'une idole païenne, station d'une voie romaine, assiette d'un *castellum* romain, plus tard ermitage des saints de Bretagne, prieuré bénédictin, forteresse féodale et premier siège des Rohan : de toutes ces grandeurs passées, rien ne reste qu'une masure et un site d'une grandeur, d'une sauvagerie majestueuse. Quelques lieues encore, et le Blavet baigne l'abbaye de la Joie, fondée par une duchesse de Bretagne, traverse la ville d'Hennebont, théâtre des exploits incomparables d'une autre duchesse (Jeanne de Montfort); et enfin, s'élargissant de plus en plus au point de devenir un vrai bras de mer, il va former le hàvre de Blavet, dit aujourd'hui la rade de Lorient, dans laquelle d'un autre côté vient s'emboucher un autre fleuve, dont nous parlerons tout à l'heure, le Scorff.

Le Blavet a de nombreux affluents, dont quatre dignes d'être notés :

1o Un seul sur la rive droite, le *Sar*, qui a ses sources en Langoélan et en Silfiac (1) et conflue au Blavet en la commune de Melrand, près de la grotte d'un anachorète breton des temps antiques, le bon saint Riwalen ;

2o Trois sur la rive gauche : le *Sulon*, qui naît en pleine chaîne du Menez, à l'Ouest du bourg de Vieuxbourg-Quintin (2), et se dirige vers le Sud-Ouest, traversant le grand étang du Pélinec qui baigne une belle vieille motte féodale, recevant plus loin la rivière de Corlai issue de l'étang de cette petite ville, et tombe dans le Blavet un peu au-dessus de Goarec (3) : on voit qu'il appartient tout à fait au haut cours de ce fleuve ;

3o Le *Signan*, source en Croixanvec, aux Trois-Fontaines (4) ; court vers le Sud-Ouest, s'embouche dans le Blavet 1,500 mètres environ au-dessous de Pontivi, entre la jolie chapelle gothique de la Houssaie et le village de Signan, qui donne son nom à ce cours d'eau ;

4o L'*Evel*, rivière assez importante, qui se perd dans le Blavet au Pont-Augan en Languidic, sur la limite de cette commune et de celle de Baud. Elle a sa source en Radenac (à Codeven, alt. 109m); mais son bassin s'étend beaucoup plus au Nord par deux de ses affluents, les gros ruisseaux de *Kerollet* et du *Runio* qui confluent avec elle en Naizin et ont leurs sources en Gueltas dans le sud de la forêt de Branguili.

Par le développement de son cours et la largeur de son lit, par l'abondance de ses eaux et l'infinie variété des sites à travers lesquels il coule, majestueux, sauvage, en s'amusant à décrire les plus capricieux méandres, le Blavet est l'un des plus beaux fleuves de Bretagne et peut-être le plus pittoresque.

(1) En Langoélan, au village de Restermen, alt. 241m ; en Silfiac, village de Guervézo, 239m.
(2) Près du village de Bourgogne, altitude 299m.
(3) Au village de Couplandour, sur la limite des communes de Sainte-Tréfine et de Laniscat.
(4) Sur la limite des trois communes de Croixanvec, Kergrist et Hémonstoir, tout près de Trabouet alt. 162m, en Hémonstoir.

Et pourtant, que de lieux charmants, que de noms historiques ne trouvons-nous pas encore en suivant les pas de son frère puîné, de ce frais et modeste *Scorff*, au cours agile, né en la commune de Lescouët (1), qui roule en courbes onduleuses du Nord au Sud, qui refléchit tour à tour dans ses eaux limpides le vaste château de Guemené et ses tours massives contre lesquelles s'est acharnée la *bande noire*, la forêt du Pontcallec aux profonds ombrages et aux souvenirs émouvants, les ruines du donjon de la Roche-Moisan dans la poétique paroisse d'Arzano, la jolie ville de Pontscorff, et se perd enfin dans la rade de Lorient en face du vieux château de Treizfaven.

Le *Loch* ou *rivière d'Aurai*, auprès du Blavet, n'est qu'un ruisseau. Il s'embouche par un large estuaire dans le golfe du Morbihan, après avoir reçu, à la pointe très pittoresque de Kerisper, la rivière de Pontsal. En amont d'Aurai il coule à travers un marécage au pied du plateau de la Chartreuse, théâtre de la célèbre bataille de 1364, où périt Charles de Blois; puis (nous continuons à remonter son cours) il s'enfonce dans le charmant vallon de Tréaurai et suit la direction septentrionale pendant environ quatre lieues jusqu'auprès de la forêt et de l'antique abbaye de Lanvaux (2). Là, au lieu de continuer, comme les autres fleuves dont nous venons de parler, à remonter vers le Nord pour aller prendre son origine dans la chaîne du Mené ou dans les collines qui en dépendent, il tourne brusquement vers l'Est et persiste dans cette direction pendant un peu plus de quatre lieues, jusqu'à sa source située en la paroisse de Plaudren (3). Pourquoi ce changement de direction subit et insolite?

C'est qu'il existe dans le pays de Vannes un plateau transversal dirigé de l'Ouest-Nord-Ouest à l'Est-Sud-Est, distant des côtes en moyenne de six à huit lieues, et qui intercepte la communication fluviale entre la chaîne du Mené et le littoral.

Ce plateau s'étend du bas cours du Blavet (à partir du confluent de l'Evel à Pont-Augan) jusqu'à l'Out dans la partie de son cours comprise entre la Claie et l'Arz. Il occupe une bande de terrain large de six à huit kilomètres, enfermée entre deux lignes de cours d'eau qui se succèdent et se rejoignent, pour ainsi dire, de façon à former deux *fossés* rectilignes et parallèles, bordant au Nord et Sud chacun des flancs du plateau. — Au Sud, deux rivières suffisent à constituer ce fossé : 1° le *haut cours du Loch*, depuis Lanvaux jusqu'à sa source en Plaudren ; 2° l'*Arz*, qui a aussi sa source en Plaudren (4) et de là descend jusqu'à Saint-Perreux, auprès de Redon, où elle s'unit à l'Out. — Le *fossé* septentrional est plus compliqué, il est formé : 1° depuis le Blavet jusqu'à Moustoirac, par l'*Evel*, par le *Tarun*, affluent de l'Evel, par le *Pontuel*, affluent du Tarun dont la source

(1) On met d'ordinaire la source du Scorff dans l'étang du Dourdu en Langoëlan; mais le ruisseau qui alimente cet étang et qui est le commencement du Scorff, remonte au Nord un peu au-dessus de la limite de Lescouët. Le Scorff a de plus une autre source en Mellionec, près du village de Saint-Auni et d'un sommet de 268ᵐ d'altitude (Lescouët et Mellionec, communes du canton de Gouarec, Côtes-du-Nord).

(2) En la commune de Grandchamp.

(3) A l'ouest de ce bourg, près du château ou manoir de Kergurion, nommé à tort *Kerguillion* sur la carte de l'Etat-major. Il a une autre source sur la lande de Lanvaux, au nord de Coëtcandec par 118ᵐ d'altitude.

(4) Entre les villages de Guerno ou Guernoy et de Moustoiric (101ᵐ d'altitude).

se trouve en Moustoirac, cours d'eau qui coulent tous de l'Est à l'Ouest ; 2° de Moustoirac à l'Out, par deux cours d'eau coulant de l'Ouest à l'Est, savoir, par le ruisseau de *Quenhouët* qui a sa source en Moustoirac et se jette dans la Claie sur le territoire de Saint-Jean Brevelei (1), puis par *la Claie* elle-même depuis Saint-Jean Brevelei jusqu'à son confluent avec l'Out en la commune de Saint-Congar (2).

Dans cette bande de terre allant du Blavet à l'Out, bordée par les cours d'eau qu'on vient de nommer, le plateau proprement dit, caractérisé par une altitude de 100 à 150 mètres environ, s'accuse surtout sur une longueur d'environ treize lieues, de l'abbaye de Lanvaux, et même des bois de Florange, à Saint-Gravé. Au moyen-âge (XI° siècle), tout cet espace était couvert d'une végétation arborescente, plus ou moins fournie ; on appelait ce pays *Lanvas saltus,* le bois de Lanvaux, et Saint-Gravé en marquait aussi le terme du côté de l'Est (3). Mais le mot *saltus* n'a peut-être pas ici tout à fait le sens de forêt ; c'est plutôt ce qu'on nomme en Afrique « la brousse, » grands terrains incultes où croissent par places des buissons, des halliers, des arbres de haute futaie plus ou moins clairsemés. Les populations limitrophes de ce désert vinrent à bout depuis le XI° siècle de le déboiser complètement, et aujourd'hui le *Lanvas saltus* est devenu cette immense *lande de Lanvaux,* zone stérile, pelée et désolée qui s'étend sur douze à treize lieues de longueur dans le département du Morbihan, à travers les communes de Pluvigner, Plumelin, Grandchamp, Moustoirac, Bignan, Plaudren, Saint-Jean Brevelei, Trédion, Molac, Pleucadeuc, Pluherlin, Saint-Congar et Saint-Gravé (4). Il reste seulement, en Molac, Trédion, Grandchamp, Plumelin, quelques bois et petites forêts, derniers débris du *Lanvas saltus.*

L'existence du plateau qu'on vient de décrire, bizarrement interposé entre la mer et la chaîne montagneuse centrale de la péninsule, arrête, entre le Blavet et la Vilaine, le développement de tout cours d'eau, et réduit les rivières de Muzillac, de Penerf, de Vannes, d'Aurai, à la condition de fluvioles sans importance, on pourrait presque dire, de ruisseaux. Le Loch est de beaucoup le plus considérable de ces fleuves-nains ; on a vu pourtant qu'il ne l'est guère ; inutile de s'occuper des autres. Passons au bassin de l'Out (5).

(1) Près du château de Quenhouët, nommé à tort *Quesnoët* dans la carte de l'Etat-major.

(2) A Saint-Jean Brevelei, la Claie remonte vers le Nord ; sa source est en Saint-Allouestre, à la chapelle Sainte-Anne et au village le Conroi, altitude 144ᵐ.

(3) « Illum locum qui vocatur Treduihon, *in Lanvas saltu situm...* usque ad silvam quæ tendit *ad Sanctum Gravium.* » (Biblioth. Nat. ms. lat. 5441, 3, p. 211).

(4) Voir Rosenzweig, *Dictionnaire topographique du Morbihan,* p. 157 ; voir aussi la description pittoresque de la lande de Lanvaux par M. Pol de Courcy dans son *Itinéraire de Nantes à Brest* (1865), p. 29 : description que M. Ad. Joanne a d'abord citée avec le nom de l'auteur dans son *Dictionn. géographique de la France* (1869), p. 1519, mais qu'il s'est ensuite appropriée absolument comme s'il en était l'inventeur, et sans même nommer M. de Courcy, dans son *Itinéraire de la France, Bretagne* (1880) p. 244. Mais (ce qui rend le cas très original), M. de Courcy avait lui-même, sans en révéler l'auteur, emprunté cette description au joli volume *Légendes du Morbihan* (p. 28), publié à Vannes en 1857 par M. le docteur Fouquet.

(5) Nous écrivons *Out* et non *Oust,* orthographe officielle cependant, qui n'en vaut pas mieux pour cela. La forme primitive est *Uld* ou *Ult,* qui ne peut donner en français qu'*Out* sans *s* : *Ulda fluvius* dans Grégoire de Tours (X, 9) ; *Ult, Ulto, Ultum* dans le Cartulaire de Redon, p. 2, 11, 58, etc., et dans toutes les chartes antérieures au XIV° siècle, sauf une seule dans D. Morice où une faute d'impression a altéré *Olt* en *Ost (Preuves de l'histoire de Bretagne* I, 800). Mais ce nom *Out* se prononçant exactement comme celui du mois d'août (*oût*), le XV° siècle, grand amateur de calembourgs, ne pouvait manquer celui-là. Comme le nom du mois, tout en se prononçant *oût* s'écrivait alors *aougst, aoust,* et se disait en latin *Augustus,* on appela en latin la rivière *Augusta riparia* (en 1454), et en français

Quoique l'*Out* soit un affluent de la Vilaine, l'importance de son bassin est si grande que j'en parlerai à part et même avant de parler de la Vilaine : dans notre marche de l'Ouest à l'Est nous rencontrons forcément celle-là avant celle-ci. car, née au centre de la péninsule armoricaine, l'Out court du Nord-Ouest au Sud-Est, tandis que la Vilaine, entrant dans notre province par sa frontière orientale, coule du Nord-Est au Sud-Ouest. Ces deux rivières se rencontrent, il est vrai, mais non sans avoir fait l'une et l'autre beaucoup de chemin : de Rennes, où passe la Vilaine, à la source de l'Out, il y a plus de vingt-cinq lieues.

Cette source de l'Out est située au centre de la chaîne du Mené, dans le territoire du Haut-Corlai, sur la limite de cette commune et de celle de la Harmoie, au Sud et très près de la montagne du Feu-Busquet d'une altitude de 320ᵐ (1). De là, sans hésiter, sans s'attarder un instant, l'Out descend d'un cours rapide et presque en ligne droite jusqu'à Redon. La partie supérieure de son bassin est très boisée : on y trouve, entre autres, (sur la rive droite) les grandes forêts de Quintin (Lorges), de Loudéac, de la Nouée. Autrefois c'était bien mieux : elle traversait de part en part l'immense forêt du centre-Armorique dont nous parlerons bientôt, qui couvrait le quart de la péninsule et qui imposa au territoire occupé par elle, le nom de « Pays à travers bois » ou « Pays dans le bois, » en breton *Pou-tré-Coët :* nom adouci, contracté ensuite en *Porhoët*, qui devint à la fin du Xᵉ siècle celui d'un fief immense s'étendant de la forêt de Penpont aux Montagnes Noires, de la chaîne du Mené au *Lanvas saltus :* fief subdivisé au XIIᵉ siècle en deux seigneuries encore très vastes, vicomté de Porhoët à l'Est, vicomté de Rohan à l'Ouest : c'est l'Out qui, d'un bout à l'autre, depuis sa source jusqu'aux environs de Malestroit, leur servait de limite commune.

Elle baigne encore aujourd'hui les deux anciennes capitales de ces deux pays, Rohan et Josselin. A Rohan, sous le rocher qui porta le château de ce nom, elle s'épanche en un bassin circulaire d'une fraîcheur et d'une pureté sans pareille, mais ce beau miroir ne réfléchit plus l'antique forteresse féodale, pas même ses ruines, car il n'en reste pas pierre sur pierre : *etiam periere ruinæ.* A Josselin, au contraire, la façade la plus ancienne du château mire dans l'Out ses belles tours du XIIIᵉ siècle toujours debout. Puis, sortant du Porhoët, cette rivière va arroser Malestroit, vieille baronie, petite ville aux maisons de bois chargées de sculptures bizarres; elle caresse ensuite le pied de la montagne de Roga, chargée encore des cellules ruinées d'un petit établissement d'ermites Camaldules. Et de là, entre deux rangs de grosses collines rocheuses aux formes les plus variées, l'Out poursuit sa route jusqu'à Redon, où elle joint la Vilaine, non dans cette ville mais un peu au Sud, au lieu appelé Goule-d'Eau.

L'Out a quelques affluents dignes d'être notés : d'abord, sur sa rive droite *la Claie* et *l'Arz* dont on a déjà parlé à propos du plateau transversal du Morbihan. Ajoutons ici que l'Arz passe à très peu de distance au Nord de la tour d'Elven, fier donjon féodal regardant du haut de sa grandeur les petits hommes et

(en 1417 et 1433) *Aougst* et *Aoust* (voir Rosenzweig, *Dictionn. topograph. du Morbihan*, p. 193). C'est de ce ridicule jeu de mots, ou si l'on veut, de cette méprise grotesque, qu'est venu *Oust*, qui mériterait pour ce seul motif d'être rejeté et remplacé par la seule forme raisonnable qui est *Out*.

(1) Voir ce que nous disons de cette montagne ci-dessus, p. 13.

les petites choses d'aujourd'hui, — pendant qu'un autre château baronal, mais tout ruiné, celui de Rochefort, se plaît à voir couler cette petite rivière à travers une brèche pratiquée (on le dirait) d'un coup de glaive gigantesque dans les collines d'ardoise qui bordent son cours, déchiquetées, tourmentées en ce vallon de Rochefort comme une Suisse en miniature.

Les trois principaux affluents de l'Out, sur sa rive gauche, sont le *Lié*, le *Ninian* et l'*Aff*.

Le *Lié*, le plus occidental des trois, sort de la chaîne du Mené et de la forêt de Lorges, vers Plœuc (1) ; il borde la forêt de Loudéac, arrose les prairies où s'élevait jadis l'abbaye de Lantenac, traverse la petite ville de La Chèze dont le château fut l'une des forteresses principales du Porhoët (2), entoure de ses eaux le château du Gué de l'Ile, type curieux d'un grand manoir fortifié du XVᵉ siècle, particulièrement intéressant comme berceau de l'imprimerie en Bretagne. Le Lié tombe dans l'Out en Bréhant-Loudéac près du manoir de Camper (3).

Le *Ninian* a ses sources en la commune de Laurenan, au nord de ce bourg, sur les landes du Mené, non loin de Saint-Gilles du Mené et de la Hutte à l'Anguille, alt. 295ᵐ (4). Cette rivière baigne la petite ville de la Trinité-Porhoët, très vieille paroisse avec une église romane des plus curieuses, elle borde du côté de l'Est la forêt de la Nouée ; traverse la route de Ploërmel à Josselin tout près du lieu de la bataille des Trente (5), et après avoir reçu la rivière de l'Etang au Duc, elle se jette dans l'Out en la commune de Guillac, un peu au-dessus du bourg de Montertelot.

L'Etang au Duc est une magnifique nappe d'eau, à demi-lieue ouest de Ploërmel, d'une largeur médiocre, longue de plus d'une lieue, bordée de châteaux anciens et modernes Mais le cours d'eau qui en sort et tombe dans le Ninian, ne s'appelle point la Duc, ni le Livet, comme beaucoup le prétendent ; il se nomme en réalité l'*Ivel* (6). La source de cette rivière, en la commune de Saint-Vran, sur les landes du Mené (au pied de la montagne de la Croix-Bouillard, alt. 304ᵐ), n'est pas à plus de 500ᵐ de celles du Ninian. Elle se dirige d'abord vers le Sud-Est jusqu'à Mauron, où elle reçoit un petit affluent appelé *la Doueff* (7) qui vient de Saint-Léri, digne d'être noté parce qu'on le trouve dès le VIIᵉ siècle dans l'histoire du roi Judicaël. A Mauron, l'Ivel tourne vers le Sud-Ouest ; dix kilomètres plus bas, elle entre dans l'Etang au Duc, et une lieue environ après en être sortie elle

(1) Source touchant l'extrémité Nord de la forêt de Lorges, vers le village de la Fosse-Maçon en Plœuc, alt. 225ᵐ.

(2) Il en restait encore, il y a quelques années, une tour hexagonale très curieuse, qui pouvait être du XIIIᵉ siècle.

(3) Sur l'autre rive, en face, en Pleugriffet, est le village et ancien château de Griffet ; un peu plus bas sur l'Out, le moulin de Cadoret.

(4) Le Ninian a trois petites sources sur la lande du Mené entre le lieu dit Mare aux Anes, alt. 265ᵐ, et la Hutte à l'Anguille (voir ci-dessus p. 12 et carte de l'État-Major n° 74). — Nous préférons *Ninian* à *Niniam*, la forme ancienne, en 1164, étant *Nenian* (Voir D. Morice, *Preuves* I, 654).

(5) A 1,800 mètres environ à l'Est de la Pyramide ou obélisque qui marque le lieu de ce combat.

(6) Voir Rosenzweig, *Dictionn. topograph. du Morbihan*, p. 100 et 296. Seulement, cet auteur préfère, on ne sait pourquoi, l'orthographe *Yvel* par un *y* grec : que peut-il y avoir de grec dans cette rivière bretonne ? — La carte de l'Etat-Major écrit l'*Hivet*, variante de *Livet*, et qui est aussi à rejeter.

(7) Du vieux breton et gallois *dwfn, doumn, doun*, profond. M. Rosenzweig, qui constate la forme *Doueff* au XVIᵉ siècle, a eu le tort d'adopter dans son *Dictionnaire topographique du Morbihan* le nom cacographique officiel *Doift*, qui est absurde.

conflue avec le Ninian, au lieu appelé Belle-Ile, en Taupont. — Le Ninian a encore un affluent dit *Léverin*, qui a sa source tout près et au sud du bourg de Ménéac (1) et qui tombe dans le Ninian aussi en Taupont près du village de Bodiel. Je le note parce qu'on l'a parfois appelé rivière de la Trinité-Porhoët, nom auquel il n'a pas droit ; parfois aussi on l'a confondu avec le Ninian, dont il est très différent. Il traverse en Guillier l'étang de Château-Tro, près duquel existent encore (je crois) les restes de la première forteresse féodale premier chef-lieu du Porhoët avant Josselin (X° siècle).

L'Aff, qui coule constamment du Nord au Sud, tire ses sources de la forêt de Penpont ; la plus haute vient du plateau de Haute-Forêt, près du signal de 255ᵐ d'altitude (2). Sur la lisière de cette forêt, près du village du Gué de Plélan, l'Aff baigne une butte factice, fortification en terre dite château du roi Salomon (IX° siècle) ; elle sert de limite à Comblessac, vieille paroisse existant dès le V° siècle, au IX° patrie de saint Convoïon ; puis à Carentoir, *plou* breton fort important du Cartulaire de Redon ; quelques lieues plus bas, elle conflue avec l'Out, un peu au sud du bourg de Glénac (3).

§ 4. — BASSIN DE LA VILAINE.

La *Vilaine* (4) est de beaucoup le cours d'eau le plus important du versant méridional de la Bretagne, même de la Bretagne entière après la Loire. Ses sources sont dans le Maine, tout à fait sur la frontière bretonne. On considère son haut cours comme formé de deux rameaux fort inégaux. Le principal sort de l'étang de l'Eperonnière en Juvigné (Mayenne), reçoit plusieurs gros ruisseaux venant de la Croixille et de Bourgon (Mayenne), forme pendant trois lieues environ la limite commune du Maine et de la Bretagne, jusqu'à ce qu'il pénètre dans cette dernière province entre les communes de Saint-Mhervé et de la Chapelle-Erbrée, d'où il coule droit à Vitré où il fait déjà une honnête rivière, et 5 à 6 kilomètres au-dessous de cette ville, il reçoit l'accolade de son frère cadet — dit *rameau méridional de la Vilaine*, — qui lui aussi vient du Maine, du bois des Effretais (commune de Saint-Pierre la Cour) où il a deux sources, dont les ruisseaux se réunissent au village des Feux-Vilaine (même commune), nom significatif : car, en vieux français, le mot *fau, fou, feu*, tiré du *fagus* latin, signifie hêtre, fouteau. Il y avait donc là jadis un bouquet de hêtres qui couvrait une fontaine

(1) Autre source, aussi en Ménéac, près du village de Launai-Lanoue, alt. 155ᵐ ; parcours sur les communes de Ménéac, Evriguet, Guillier, Saint-Malo des Trois Fontaines, Loyat et Taupont.

(2) Une autre source vient de l'étang de Penpont et de celui des Forges.

(3) Affluents de l'Aff. Sur la rive droite : 1° l'*Oyon* ou *Croix-Lucas*, source en Campénéac sur la limite de cette commune et de Tréhorenteuc, près du moulin du Ronquan, alt. 130ᵐ ; confluent en Guer, au Sud de ce bourg, près du village de la Touche ; — 2° le *Rahun*, source en Reminiac, à l'extrémité sud du bois de la Grée de Callac, confluent en Carentoir près de la Chapelle-Gaceline ; — 3° sur la rive gauche : la *rivière de Combs*, sources aux landes de Bovel et de Maxent, au chêne de la Pimorais (en Campel) et au village de Laimeheuc, alt. 130ᵐ (en Maxent), confluent sur la limite de Saint-Séglin et de Bruc, près du village de la Chapalais.

(4) Nom primitif dans Grégoire de Tours : *Vicenonia* (lib. X, 9). De là à *Vilaine* il semble qu'il y a bien loin. Moins qu'on ne pense. Voici les formes intermédiaires : *Vicenongne* ou *Visnongne*, *Visnogne*, *Visnègne*, *Vislègne*, *Vislène* et *Vilaine*. On trouve toutes ces formes dans les textes.

dite *fontaine de Vilaine,* d'où le ruisseau tirant de nouvelles forces s'élance presque aussitôt en Bretagne par la commune d'Erbrée, puis tournant vers le Sud, décrit une grande courbe (ouverte au Nord) tout exprès pour aller laver le pied des *Rochers* sur lesquels se dresse le château de même nom tant illustré par Mme de Sévigné, et de là remontant vers le Nord va se réunir à son frère aîné au lieu de la Charonnière en Saint-Aubin des Landes. Le cours de la Vilaine a un développement total d'environ 50 lieues. Abstraction faite du rameau méridional dont on vient de parler, on peut, quant à sa direction générale, partager ce cours en quatre sections :

1º De la source jusqu'au lieu dit la Clairie en Bourgon (Mayenne), au-dessous duquel la Vilaine entre en Bretagne, direction du Nord au Sud ;

2º De la Clairie jusqu'à Rennes, direction de l'Est à l'Ouest ;

3º De Rennes jusqu'au confluent de la Vilaine et de la Chère, un peu au-dessous du bourg de Langon, le fleuve reprend la direction du Nord au Sud ;

4º De ce confluent jusqu'à l'embouchure de la Vilaine, direction générale du Nord-Est au Sud-Ouest.

Le premier lieu notable rencontré par la Vilaine est Vitré, vieille baronie, la plus grande seigneurie de Bretagne avec Rohan, vieux château triangulaire planté sur un roc abrupt au pied duquel la Vilaine faisait autrefois un marécage qui couvrait la place. A Rennes, la Vilaine reçoit la rivière d'Ille, circonstance topographique d'où la ville tira son premier nom, *Condate,* c'est-à-dire, en langue celtique, *confluent.* Au sortir de Rennes, le fleuve arrose et féconde les beaux herbages de la Prévalaie, dont le beurre a une renommée européenne ; puis il se promène entre un double rang de châteaux de grand style construits au XVIIᵉ siècle, Laillé, le Boschet dont Le Nôtre dessina les jardins, la Molière, etc. A Langon — contraste — il rencontre un *sacellum* de la plus haute antiquité dédié à Vénus, dont le culte païen fut habilement détourné, masqué, par celui d'un saint breton homonyme (1) ; — à Redon, la vieille abbaye bretonne et patriotique de saint Convoïon et du roi Nominoë (IXᵉ siècle), etc.

Au Sud-Ouest de Redon s'étend une large plaine basse, en été toute verdoyante avec des milliers de points blancs courant sur cette verdure et qui sont des troupeaux d'oies. Dans cette plaine encadrée au loin par une ligne de collines très accentuée, après avoir serpenté longuement à peu de distance l'une de l'autre, la Vilaine et l'Out confondent leurs cours. En hiver, souvent dès la fin de l'automne si elle est pluvieuse, tout ce plat-fond se couvre d'eau ; quelques lignes blanchâtres tracées par des routes en chaussée coupent seules cette grande nappe, et Redon, comme Venise — sans comparaison — semble assis au fond d'un golfe.

Après Redon, la Vilaine passe, à Rieux, devant le dernier reste d'un château fondé par le roi breton Alan ar Bras (en 888) ; — à la Roche, devant le roc qui porta le donjon féodal primitif du rude baron Bernard (XIᵉ siècle) et qui contemple aujourd'hui les fils de fer d'un pont merveilleux ; — à l'Isle, sous les ruines d'un

---

(1) On en fit une *ecclesia sancti Veneris* (D. Morice, *Preuves,* I, 272), c'est-à-dire une chapelle de saint Venier, Vigner, Guigner ou Guiner ; patron de Plu-Vigner ; voir Lobineau *Vies des Saints de Bretagne,* in-fol., p. 23-24.

autre donjon cher aux ducs bretons du XIVe siècle... Parmi ces ruines, ces merveilles, ces grands souvenirs, la Vilaine entre dans l'Océan sous Bilier, entre la pointe de Penestin et celle de Penlan.

La Vilaine a de nombreux affluents, entre lesquels une dizaine dignes d'être notés, entre autres, sur la rive droite et en suivant le cours du fleuve : la *Cantache*, la *Vouvre* ou *Veuvre*, l'*Ille*, le *Meu*, l'*Out*.

1º La *Cantache* (1) a sa source en Saint-Pierre des Landes (Mayenne) à l'étang de Champlain ; elle entre en Bretagne par Dompierre du Chemin, traverse le lac de Châtillon en Vendelais, gracieusement découpé en feuille de chêne, près duquel les barons de Vitré avaient jadis une forteresse dont il reste encore de curieuses ruines. Après quelques lieues d'un cours dirigé du Nord-Est au Sud-Ouest, la Cantache conflue avec la Vilaine sur la limite des communes de Pocé et de Saint-Jean sur Vilaine (2).

2º La *Veuvre* ou *Vouvre* (3) a deux sources : l'une en Mecé (entre la Léziardière et Malenoë, altitude 140m), l'autre en Saint-Christophe des Bois, au bois de Beaufeu (près la Villemorel 125m). Ces deux ruisseaux se réunissent en Dourdain (à la Provotais), et le cours d'eau issu de cette réunion alimente l'étang de Chevré, qui a encore une pêcherie à arcades gothiques (4) et qui était dominé par un autre donjon des sires de Vitré (le château de Chevré) dont il ne reste plus qu'un pan de mur perché sur une moitié de motte féodale. Au-dessous de l'étang de Chevré, on donne quelquefois à la Veuvre le nom de *rivière de Chevré*. Elle traverse encore l'étang des forges de la Vallée, puis va en Acigné se jeter dans la Vilaine un peu au-dessous de ce bourg (5).

3º L'*Ille* naît en la commune de Dingé, au lieu dit Butte d'Ille, une demi-lieue environ au Nord du Plessix au Chat. A 6 kilomètres au Sud de sa source, l'Ille reçoit, à la Pigeonnière, le ruisseau venant de l'étang du Boulet (en Feins). De là elle descend tout droit du Nord au Sud pendant cinq à six lieues, prêtant durant tout ce trajet très complaisamment son eau et souvent son lit au canal d'Ille-et-Rance ; enfin elle arrive à Rennes, où elle s'unit à la Vilaine au bout de la belle promenade du Mail. — Jadis, à ce confluent, elle se partageait en plusieurs bras et faisait une île enfermant les belles prairies, dont le vert tapis aujourd'hui encore baise les pieds du monastère de Saint-Cyr ; de là tout naturellement le nom de l'*Ile* fut donné à ce territoire : *Omne territorium quod Insula dicitur*, dit une charte de l'an 1037 (6), et ce nom, tout naturellement aussi, passa à la rivière.

Deux grosses lieues au Nord de Rennes, au lieu de la Robinais en la commune de Betton, l'Ille reçoit un affluent dont le nom indique sa parenté avec elle, un fils ou une fille, comme on voudra, car on l'appelle indifféremment l'*Ilet* ou l'*Ilette*. Il part de la lande de Livré, au village des Vallées en Saint-Aubin du Cormier ; il reçoit tous les ruisseaux forestiers de la contrée, celui de l'étang et de

---

(1) Qui, quoi qu'on en ait dit, ne s'est jamais appelée la *Calanche*; au XIe siècle *Cantoschia* et *Cantuschia* (D. Morice, *Preuves* I, 416).
(2) A l'Ouest du village de l'Angelerie, en Pocé.
(3) Au XIe siècle, *Vozoura* ou *Vozovra* (D. Morice, *Preuves* I, 462).
(4) Construite, j'en ai la preuve, en l'an 1309 ou 1310.
(5) Entre ce bourg au Nord-Est et les Onglées au Sud-Ouest.
(6) D. Morice, *Preuves* I, 374.

la lande d'Ouée qui vient du bois de la Chaîne près Saint-Aubin du Cormier, celui de Riquelon qui contourne vers le Nord toute la forêt de Haute-Sève ; il passe en Ercé au château du Bordage, et de là descend sinueusement jusqu'à Betton. — Le territoire compris entre la Vilaine d'une part, et d'autre l'Ille et l'Ilette, était couvert autrefois par l'antique forêt rennaise, qui allait des portes de Rennes à Saint-Aubin du Cormier, et dont la forêt de Rennes actuelle, les bois de Saint-Pierre de Chevré, de Sévaille, de Haute-Sève, et quelques autres encore subsistants, ne sont que de faibles restes.

4° Le *Meu* a un cours très développé, mais encombré de sable et peu profond. Il naît sur les landes du Mené en Saint-Vran (Côtes-du-Nord) près d'un sommet de 276^m d'altitude et du village du Haut-Breil-Pignard. Il traverse la forêt et les étangs de la Hardouinaie en Saint-Launeuc. Il baigne le territoire de Gaël, l'une des plus vieilles paroisses de Bretagne, où vit le souvenir béni du vieux moine saint Méen et du roi Judicaël ; il arrose la petite ville de Montfort, antique baronie bretonne, qui tire son nom (*Mons forlis*) de la plus haute, de la plus étonnante motte féodale de toute la Bretagne, sottement détruite il y a quarante ans. La direction général du Meu est du Nord-Ouest au Sud-Est. Dix-sept kilomètres au-dessous de Montfort, au milieu de vastes prairies, en Goven, il s'unit à la Vilaine en face du château de Blossac.

5° L'*Out*, le plus considérable de tous les affluents de la Vilaine, — et dont nous avons déjà parlé (p. 30-31 ci-dessus).

La Vilaine, sur sa rive gauche, reçoit aussi cinq affluents importants, qui sont, en partant du Nord, la *Seiche*, le *Semnon* ou *Samnon*, la *Chère*, le *Don*, l'*Isac*. Les quatre premiers courent de l'Est à l'Ouest, le dernier du Sud-Est au Nord-Ouest.

6° La *Seiche*, qui s'appelait *Sipia* aux temps antiques et dont le nom moderne (*Sicca*) semble un calembourg du moyen-âge, car elle n'est pas plus sèche qu'une autre rivière, — la Seiche naît à 100^m Sud-Ouest du clocher du Pertre d'un vivier appelé Ponceau ; et son cours, qui descend tout droit du Nord au Sud pendant 5 kilomètres, traversait autrefois dans ce court trajet cinq étangs échelonnés les uns au-dessous des autres, dont le dernier, celui de la Roche de Bretagne, en Brielles, était le plus considérable, et en en sortant la Seiche prenait la direction de l'Ouest. La rivière ne se joue plus en ces étangs, aujourd'hui tous desséchés ; mais il lui en reste deux autres très notables, celui de Carcraon en Moutiers, et celui de Marcillé-Robert, lac étrange, à trois queues comme un pacha, et que la Seiche alimente concurremment avec le ruisseau d'Ardenne qui vient de la forêt de La Guerche. Elle arrose aussi la patrie des grasses poulardes, Janzé, Amanlis, s'attarde dans les belles prairies de Saint-Erblon, traverse le terrain minier (plomb argentifère) de Pontpéan, en Bruz, et conflue à la Vilaine en cette même commune près du village de Carrouge.

7° C'est au cours d'eau qui sort de l'étang de Martigné-Ferchaud que l'on commence, semble-t-il, à appliquer le nom de *Samnon* ou *Semnon* (2) ; celui qui alimente cet étang, bien que désigné sur les cartes (3) sous le nom de ruisseau du

(1) Près du lieu de l'Epine-Ouget, non loin du village de Druble, altitude 184^m.
(2) *Semnon* est la forme la plus ancienne : « *inter Cheram et Semenonem* » lit-on dans un acte de 1062 du Cartulaire de Redon, p. 381. La forme *Samnon* prévaut aujourd'hui.
(3) Voir, entre autres, celle de l'Etat-Major, n° 91 (*Châteaugontier*).

Gravier, n'en est pas moins en réalité le commencement du Samnon ; il vient de la commune de Senones (Mayenne) et entre en Bretagne par celle d'Eancé ; avant d'arriver à Martigné, il se grossit du ruisseau des Caves venant de la Rouaudière (Mayenne) et de celui de Roche qui descend de l'étang de Roche en Chelun, sur la lisière Sud de la forêt de La Guerche. — De Martigné-Ferchaud à Pléchàtel, où il s'embouche dans la Vilaine très près de ce bourg (1), le Samnon tout en décrivant de nombreux et gracieux festons, observe très nettement la direction de l'Est à l'Ouest.

8º La *Chère* (2) a sa source en la commune de Soudan, fort au Sud de ce bourg, au village de la Corbière, sur le bord de la forêt de Juigné. Faible encore, elle traverse la ville de Châteaubriant, dans laquelle, jusqu'à ces derniers temps elle était retenue de façon à former un étang dit étang de la Torche (aujourd'hui supprimé), juste au pied de ce château si curieux, où l'on voit les élégances du XVIᵉ siècle se mesurer, pour ainsi dire, corps à corps avec la puissante et forte architecture des temps féodaux. Elle traverse ensuite, en Saint-Aubin des Châteaux et en Sion, l'étang de la Hunaudière. En Mouais, elle reçoit le ruisseau d'Aron qui vient de la forêt de Teillai. Puis, entrée en l'antique et vaste paroisse de Fougerai, la Chère va se perdre dans la Vilaine sur la limite de Fougerai et de la commune de Pierric (3), 1,500 mètres environ au-dessous du bourg de Langon placé sur l'autre rive.

9º Le *Don* (4) a deux sources : une en la Chapelle-Glain, près du village de la Salmonnaie, au bord du bois de Chanveaux (5), sur la limite de l'Anjou et de la Bretagne ; l'autre, plus méridionale, au village du Tilleul en la commune de Vritz, également sur la frontière brito-angevine. Les deux ruisseaux sortis de ces deux sources marchent l'un vers l'autre en bordant l'un et l'autre cette frontière ; ils s'unissent au village de la Maussionnaie, où ils entrent en Bretagne par la commune de la Chapelle-Glain, et le cours d'eau formé de leur union reçoit d'abord le ruisseau du bel étang du Pin (commune du Pin), puis il traverse l'étang de la Motte-Glain au pied du charmant château gothique de ce nom. Partant de là et marchant toujours de l'Est à l'Ouest, le Don traverse dans toute sa largeur la partie nord du département de la Loire-Inférieure. Il alimente le curieux étang des forges d'Auverné, il arrose le sanglant champ de bataille des landes de Conquereuil (6) ; il arrive enfin à Massérac et s'en va chercher le lit de la Vilaine à travers cette grande plaine aquatique qu'on appelle le lac Murin. Au

(1) Au Nord-Ouest de ce bourg, sur la limite des communes de Pléchàtel et de Bourg-des-Comptes, un peu au-dessous du château de la Molière qui est sur l'autre rive de la Vilaine, en Saint-Senoux.
(2) Et non le Chère ou le Cher, comme disent quelques-uns, car le nom primitif, dans le latin du XIᵉ siècle, était *Chera* ; voir ci-dessus p. 36 note 2. — Toutefois, au IXᵉ siècle, on disait *Kaer*, voir cartulaire de Redon, p. 45, 167, 367.
(3) Entre le village de Gourdain en Pierric et celui de la Saunerie en Fougerai. — Il y a en Fougerai, au Sud-Sud-Est de ce bourg, sur le bord de la Chère, un village *de Chère*, qui pourrait bien être la paroisse de *Caër* de l'évêché de Nantes mentionnée dans un acte de 859 du Cartulaire de Redon, p. 55. Peut-être serait-ce cette paroisse (disparue en tant que paroisse au Xᵉ siècle) qui aurait donné son nom à la rivière ??
(4) Le nom primitif est Oudon, *Uldonem fluvium*, dit un acte de l'an 868 ou 869, du Cartulaire de Redon, p. 193.
(5) En la commune de Saint-Michel-et-Chanveaux (Maine-et-Loire).
(6) Batailles de Conquereuil en 982 et 992, dans la seconde desquelles périt Conan le Tort, comte de Rennes, duc de Bretagne.

IXᵉ siècle, depuis Brain jusqu'au Don, la Vilaine se partageant en plusieurs bras faisait un grand nombre d'îles, et probablement alors, l'eau s'évacuant par tous ces canaux, le lac Murin n'existait pas (1) ;

10° *L'Isac* ou plutôt *l'Isar* (car c'est là la meilleure forme de ce nom, quoique tombée aujourd'hui en désuétude) — l'Isac sort de l'extrémité ouest de la forêt de l'Arche, en Abbaretz, près du village de la Duchetais (2). Suivant la direction du Sud-Ouest, elle passe à Saffré et descend au-dessous de ce bourg jusqu'au village de la Pommais : là elle tourne vers l'Ouest, s'en va chercher les ombrages de la forêt de la Groulais et un peu plus loin laver les murs du château de Blain, immense et somptueuse forteresse féodale, séjour de Clisson et des Rohan, dont elle eut jadis l'honneur de remplir les douves. Puis l'Isac remonte vers le Nord-Ouest, arrose en Guenrouët le beau parc du château moderne de Carheil, et enfin en Fégréac, faussant compagnie au canal de Bretagne à qui depuis la Pommais elle avait prêté son lit, elle se jette dans la Vilaine tout près et un peu au Nord du petit bourg de Téhillac situé sur la même rive.

§ 5. — BASSIN DE LA LOIRE.

Le bassin de la Loire appartient à l'hydrographie générale de la France, qui est hors de notre sujet. Aussi nous bornerons-nous à quelques notions sommaires sur le cours de ce fleuve en Bretagne, c'est-à-dire dans le département de la Loire-Inférieure.

La *Loire* entre en Bretagne après avoir passé la ville d'Ingrande, ou pour parler plus exactement, c'est là que la terre bretonne commence à border la droite du puissant fleuve, qui ne coule entre deux rives bretonnes que beaucoup plus bas, à partir de la commune de la Chapelle-Bassemer (rive gauche) et de l'embouchure de la Divatte, limite de cette commune vers l'Est. La Loire se jette dans la mer à Saint-Nazaire ; entre cette ville et celle d'Ingrande, le fleuve a un développement de vingt-six lieues environ. Les lieux les plus notables placés en terre bretonne sur sa rive droite sont Varade, Ancenis, Oudon, Mauve, Nantes, Coëron, Donge, Saint-Nazaire, — et sur la rive gauche, Goulaine, Saint-Sébastien, Rezé, le Pelerin, Frossai, Paimbeuf.

Les deux rives de la Loire offrent un aspect à la fois plantureux et pittoresque : coteaux ombreux, campagnes fertiles, prairies verdoyantes, dans ce beau paysage force châteaux et maisons de plaisance, nombre d'îles surgissant du sein du fleuve. Malheureusement cette belle Loire a des caprices, trop funestes parfois pour ses riverains, entre autres, des débordements terribles, puis des sables

---

(1) Le n° CCXLII du Cartulaire de Redon (p. 193), de l'an 868 ou 869, porte : « *Insulam Ambon, partem ex altera insula quæ vocatur Plaz, quam undique commanentes alio nomine Venezia appellant, cum silva et omnibus insulis ei adjacentibus, sicut vetus Visnonicum terminat usque ad Uldonem fluvium.* » — Plaz, c'est Placet, aujourd'hui la Blandinaie, village voisin de Brain. Il y a encore vis-à-vis de ce bourg quelques îles formées par des dérivations de la Vilaine (carte Etat-Major n° 90), mais elles sont loin de s'étendre jusqu'à l'embouchure du Don.

(2) Voir carte de France de Cassini, n° 130.

dont elle s'encombre, qu'elle charrie capricieusement tantôt ici, tantôt là, de façon à rendre souvent sa navigation très difficile.

La Loire reçoit en Bretagne de nombreux affluents, entre lesquels on peut noter, — sur la rive gauche :

1º Le *Hâvre*, aussi appelé *Donneau* (primitivement, je crois, *Oudonneau)*, a sa source à l'extrémité Est de la commune de Pannecé, sur le bord du bois de Maumusson, entre les villages de Beauchêne et de Bellefontaine ; il se dirige d'abord vers le Sud-Ouest par Pannecé et Teillé, puis de Teillé se précipite droit au Sud jusqu'à ce qu'il rencontre la Loire, où il se jette sous la fameuse tour d'Oudon.

2º *L'Erdre* a sa source en Anjou, trois lieues environ au delà de Candé ; elle entre en Bretagne par la commune de Saint-Mars la Jaille, et se dirigeant vers l'Ouest-Sud-Ouest, elle baigne vers Bonnœuvre la lisière méridionale de la forêt d'Ancenis, reçoit en Riaillé les eaux sorties des grands étangs de la Poitevinière et de la Provotière, et un peu plus loin, en Joué, celles qui viennent des vastes étangs de Vioreau. Alors, en face du château de Lucinière (en Joué), elle change de direction et précipite vers le Sud son onde grossie, qui de Nort à Nantes coule entre deux rives délicieuses et s'épanche en une suite de lacs (plaines d'eau de la Poupinière, de Mazerolles, de la Chapelle-sur-Erdre) entourés de bois et de châteaux d'un aspect grandiose et pittoresque. En entrant à Nantes, elle est retenue par la chaussée de Barbin, construite (croit-on) dès le VIᵉ siècle par saint Félix, et se jette dans la Loire en face de l'île Feydeau (jadis grève de la Sauzaie), entre le Bouffai et la Bourse.

3º *La Chézine* n'est, à vrai dire, qu'un ruisseau, né en la commune de Saint-Etienne-de-Montluc (1) et qui, après un cours de deux lieues et demie du Nord-Ouest au Sud-Est, se jette, à Nantes, au bas de la Fosse, dans la Loire qui ne s'en aperçoit guère. En revanche, ce joli cours d'eau fait la joie et l'ornement des parcs de plusieurs habitations de la banlieue nantaise.

4º Le *Brivé* ou *Brivet*, petite rivière très intéressante pour l'histoire, a ses sources en Guenrouët, au nord du village de Brivé ou Brivet, qui donne son nom au cours d'eau (2). Il traverse les marais de Saint-Gildas des Bois, contourne la colline sur laquelle est bâti le féodal Pontchâteau *(Pontis Castrum)*, vieille baronie de Bretagne, embrasse le territoire de Besné, se plonge dans la Grande Brière sous le nom d'*étier de Méan*, et se perd définitivement dans la Loire au village de Méan, d'où il tire son dernier nom. Le port formé dans le fleuve par son embouchure, non pas Méan mais plutôt le port actuel de Saint-Nazaire où il débouchait jadis, n'est rien moins que le *Brivates portus* (Βριουάτης λίμην) mentionné au IIᵉ siècle de notre ère par le géographe Ptolémée comme un des lieux notables de la péninsule armoricaine. Le Brivé *(aqua Briva, Brivata flumen)* est mentionné aussi dans divers actes des XIᵉ et XIIᵉ siècles (3).

Sur la rive gauche de la Loire, depuis son entrée en Bretagne, nous notons trois principaux affluents :

5º La *Divatte* dont la source est en Anjou, en la commune de Saint-Christophe

(1) Près des villages de la Piletterie et de Tournebride, altit. 78ᵐ.
(2) La plus haute de ces sources est près du Moulin-Rialland, alt. 57ᵐ.
(3) Voir D. Morice, *Preuves de l'histoire de Bretagne*, I, 473, 548.

la Couperie (Maine-et-Loire), entre en Bretagne par la commune de la Boissière du Doré et sert de limite aux deux provinces jusqu'à sa chute dans la Loire au lieu dit le Retz-Courant ou Borne d'Anjou, en la Chapelle-Bassemer. Le 13 février 1420, au pont de la Tourbade, sur lequel la route du Loroux-Boutereau à Châteauceaux franchissait cette rivière, le duc de Bretagne Jean V fut traîtreusement arrêté et emprisonné par les princes de Penthièvre qui l'avaient invité à des fêtes. La Divatte est, par cette trahison, célèbre dans notre histoire.

6° La *Sèvre Nantaise* naît dans le département des Deux-Sèvres et ne consacre à la Bretagne que le septième de son cours total, soit environ 16 kilomètres. Elle entre dans cette province par la commune de Gétigné, va à Clisson servir de miroir à l'admirable château du grand connétable, arrose le monastère mérovingien de Vertou, puis se jette dans la Loire tout à côté de la ville gallo-romaine de *Ratiatum* (Rezé). Les bois, les prés, les rocs qui décorent sa vallée en font un paysage admirable.

7° Le *Tenu* et l'*Achenau*. On dit habituellement que l'Achenau se jette dans la Loire, et le Tenu dans l'Achenau. En réalité c'est le contraire. L'Achenau est simplement le canal de décharge du lac de Grandlieu, canal qui tombe dans le Tenu. Le Tenu, lui, est une vraie rivière qui vient de la limite du Poitou et de la Bretagne, de la commune de Touvoie (1), et qui a un cours de 48 kilomètres montant du Sud au Nord en courbes gracieuses, allant de sa source à la commune de Marne et arrosant au passage la forêt de Machecoul, de là à Sainte-Pazanne, à Port Saint-Père, et de Port Saint-Père par une nouvelle courbe à Rouans, enfin tombant dans la Loire près de l'abbaye de Buzai. Dans une de ses courbes il se rapproche beaucoup du lac de Grandlieu, la distance est seulement de deux kilomètres. Quand on voulut créer un débouché à ce lac qui n'en avait point, on l'établit tout naturellement par là puisque la distance était si courte, et on le jeta dans le Tenu. Le nom indique d'ailleurs qu'il s'agit d'un canal artificiel, car c'est là précisément ce que veut dire dans la langue du moyen-âge le mot *achenau* (2). Il arriva ensuite que, pour favoriser le commerce, pour faciliter l'écoulement par la Loire des produits des diverses paroisses riveraines du lac de Grandlieu, on canalisa au-dessous de l'Achenau le bas cours du Tenu jusqu'à la Loire, et comme il s'agissait d'une canalisation en partie artificielle, on étendit le nom d'Achenau à ce bas cours du Tenu et l'on restreignit ce dernier nom à la partie de la rivière sise en amont du véritable Achenau. Sans prétendre revenir sur cet usage, il nous a semblé bon d'établir ici que ce prétendu Achenau n'est que le Tenu canalisé.

Pour achever ce qui concerne l'hydrographie de la Bretagne, il reste à dire quelques mots du *lac de Grandlieu*, cuvette centrale de l'outre-Loire breton ou ancien pays de Retz *(pagus Ratiatensis)*. Il est situé à environ quatre lieues Sud-Ouest de Nantes ; sa forme générale est celle d'un losange à angles émoussés. C'est le plus grand lac de France : il a environ 8 kilomètres de longueur du Nord

(1) Sa source est près du village de la Rivière de la Forêt, en Touvoie.
(2) Voir ce mot dans Godefroy, *Dict. de l'ancienne langue française*, — et le mot *Chenalis* dans Du Cange.

au Sud, 6 kilomètres de largeur de l'Est à l'Ouest, et 3.894 hectares de superficie. Dans certaines parties, il ne mesure guère qu'un mètre d'eau, dans d'autres il atteint une profondeur considérable; ses poissons sont estimés. On trouve là, comme en beaucoup d'autres lieux, la banale légende d'une ville maudite submergée en punition de ses maléfices. Cette ville se serait nommée *Herbadilla*; elle aurait été punie de la sorte pour avoir chassé saint Martin de Vertou, chargé par saint Félix, évêque de Nantes, de la convertir à l'Évangile. Cela semble une pure fable.

Les communes riveraines de ce lac sont, au Nord, Bouaye; au Sud, Saint-Philbert de Grandlieu; à l'Est, Saint-Aignan, Pont Saint-Martin, la Chevrolière; à l'Ouest, Saint-Léger, Saint-Mars de Coutais et Saint-Lumine de Coutais.

Ce lac reçoit deux rivières de quelque importance : l'*Ognon* qui vient de Vieillevigne et tombe dans le lac à l'Est, au Pont Saint-Martin; *la Boulogne*, née en Poitou, qui entre en Bretagne par Saint-Etienne de Corcoué, qui se grossit, en Saint-Philbert de Grandlieu, d'un affluent dit *la Logne* (1), et se perd dans le lac, au Sud, en cette même commune.

(1) **Source de la Logne en la commune de Legé**, près du village de la Bezillère, sur l'extrême limite de la Bretagne et du Poitou.

V.

LES FORÊTS.

OTRE objet n'est pas ici de décrire l'état forestier *actuel* de la Bretagne. Une telle étude, quel qu'en pût être l'intérêt, n'aurait pas une grande utilité au point de vue historique. Il en serait tout autrement s'il était possible de faire l'histoire de cet état forestier en remontant aux premiers siècles. Malheureusement, les documents font défaut. On sait d'une façon générale que les forêts abondaient en Gaule; on peut faire à ce sujet, pour les diverses parties de la péninsule armoricaine, certaines conjectures qui ne seraient pas sans intérêt, nous nous y essaierons peut-être un peu plus loin en parlant des diverses peuplades gauloises de l'Armorique; mais ce ne sera jamais que des conjectures.

Il est un point toutefois dans l'état forestier ancien, primitif, de la péninsule armoricaine, sur lequel il nous paraît possible d'arriver à mieux qu'une simple conjecture, d'atteindre même à une certitude. Ce point, très important à nos yeux, nous allons essayer de le préciser. — Entendez pourtant que, quand nous parlons ici d'état primitif, il ne s'agit pas de remonter à ce qu'on appelle aujourd'hui les temps préhistoriques, mais au contraire à l'époque où la lumière historique pénètre pour la première fois en Armorique, c'est-à-dire au milieu du premier siècle avant Jésus-Christ.

De tout temps, la partie de la péninsule la plus habitée, la plus cultivée, a dû être et a été la zone du littoral : résultat inévitable des avantages naturels assurés à cette zone par les ressources de la pêche maritime, les facilités de la navigation et des relations commerciales, la fertilité du sol, l'abondance des engrais de mer, etc. Si à toute époque la population a dû se porter de préférence vers le littoral, ce n'est pas là que devaient se trouver les forêts, les célèbres forêts gauloises des premiers temps historiques. Ce devait être au contraire dans l'intérieur.

En effet, des inductions sérieuses, fondées sur des témoignages fort anciens, attestent l'existence, dans la partie centrale de la péninsule armoricaine, d'une vaste région forestière dirigée de l'Est à l'Ouest, interposée comme une barrière naturelle entre le Sud et le Nord, et qui a subsisté depuis l'époque gauloise jusqu'au XIe ou au XIIe siècle de notre ère.

Divers documents relatifs au VIe siècle constatent l'existence de cette grande forêt centrale, et si elle subsistait à cette époque, à plus forte raison existait-elle avant la conquête romaine, puisque la civilisation, propagée par les Romains jusqu'aux extrémités de l'Armorique, dut tendre nécessairement, sinon à anéantir cette région forestière, du moins à en réduire de plus en plus l'étendue.

Au IXᵉ siècle, dans le Cartulaire de Redon, ce pays de forêt est nommé en breton *Poutrecoët* ou *Poutrocoët*, nom breton traduit en latin par *Pagus trans Silvam* (1) : Pou *(Pagus)*, tré *(trans)* coët *(silvam)*; mais ici le sens précis de *trans* n'est pas *au delà*; c'est *à travers* (2). Ce nom signifie donc *Pays à travers bois*, Pays sous bois. Au IXᵉ siècle, il est vrai, cette grande forêt avait déjà été défrichée en partie, surtout vers l'Est, et de ce côté se trouvent les *plous* (ou paroisses bretonnes) mentionnés dans le Cartulaire comme sis dans le « Pou-*tro*-Coët; » variante qui est peut-être intentionnelle : *tro* breton ne répond pas à *trans* mais à *circa* : Pou-*tro*-coët désignerait donc spécialement le pays situé à cette époque « autour et sur la lisière de la forêt. » Mais la traduction latine *Pagus trans Silvam* fixe nettement comme nous l'avons établie la signification réelle et primitive du nom breton. Nous rechercherons tout à l'heure s'il est possible de retrouver approximativement l'étendue de ce *Pays à travers bois*. Mais peut-être avant de porter ce nom, que les Bretons lui donnèrent, en avait-il eu déjà un autre, car dans un récit relatif à des faits du VIᵉ siècle il est ainsi désigné : *In* PAGO PLACATO, *qui* TRANSILVA *dicebatur* (3) : « le *Pays* TRANQUILLE » (par excellence, à cause de sa profonde solitude), « qu'on appelait aussi *Tré-Coët* (A travers Bois). » Peut-être *Pagus Placatus* était-il son premier nom, avant les Bretons. Simple conjecture.

Le nom breton de *Poutrecoët* donné à la région forestière centrale de la péninsule se conserva pendant tout le moyen-âge sous la forme adoucie de *Porhoët* (4) et fut appliqué à trois circonscriptions importantes formées sur le territoire qui avait porté la forêt. L'une de ces circonscriptions était féodale, les deux autres ecclésiastiques. Du comté de Rennes dépendait alors le territoire du Poutrecoët, qui était encore, à la fin du Xᵉ siècle et après les invasions normandes, en majeure partie inculte et inhabité. Le comte de Rennes y tailla un fief immense confinant vers l'Est à la forêt actuelle de Penpont et vers l'Ouest aux Montagnes Noires du côté de Glomel et de Rostrenen, montant au Nord jusqu'à la chaîne du Mené, vers Corlai et Saint-Martin-des-Prés (altitude 320ᵐ), descendant au Midi jusqu'au *Lanvas saltus* et à la forêt actuelle de Camors : vingt lieues de longueur de l'Est à l'Ouest, douze ou treize en hauteur du Sud au Nord. Vers la fin du Xᵉ siècle, certainement avant l'année 1008, le comte de Rennes donna à l'un de ses plus rudes guerriers, nommé Guéthenoc, ce vaste fief, qu'on

(1) Voir Cartulaire de Redon, p. 6, 20 et 159, 21, 31, 61, 77 et 197, 83, 89, 154, 189, 192, 218, 362. — Tous les actes concernant le *Poutrecoet*, *Poutrocoet* ou *Pagus Trans Silvam* sont enfermés dans une période allant de l'an 833 à l'année 878.

(2) *Trans* est souvent employé dans ce dernier sens en latin et en français. Ainsi *transigo*, *transadigo*, c'est pousser à travers, faire pénétrer dans, — *transcursus*, action de traverser, passage, — *transcendere flumen*, passer, traverser un fleuve, — *transcindo*, couper à travers (la peau, la chair), — *transfigo*, percer à travers, de part en part, *transpercer*, etc.

(3) *Vita S. Mevenni*, document très sérieux dont la rédaction est du IXᵉ siècle. La copie des Blancs-Manteaux (vol. xxxviii, p. 658) et, d'après cette copie, les *Vies des SS. de Bretagne* de Lobineau (édit. 1725 p. 139) portent « in pago *Pacata*, » mais à tort, car le ms. lat. 9889 (f. 112) de la Bibliothèque Nationale, le seul qui fournisse cette Vie, porte *Placato*, comme l'a imprimé D. Plaine dans les *Analecta Bollandiana*, t. III, p. 145.

(4) Formes intermédiaires : *Potrcoët*, *Podrcoët*, *Podrhoët*, *Porhoët*.

appela modestement la *vicomté de Porhoët*, et qui plus tard fut scindé en trois morceaux par la constitution de la vicomté de Rohan et de la châtellenie de Kemenet-Guégan.

Si vaste qu'elle fût, la vicomté de Porhoët était loin de représenter tout le territoire du Poutrecoët ancien, tel qu'il était, par exemple, au IXe siècle. La partie orientale de cette région forestière ayant été dès cette époque défrichée, cultivée et peuplée, avait été divisée par le comte de Rennes en plusieurs fiefs, moins étendus mais plus productifs que la vicomté de Porhoët, entre autres, les baronies de Gaël-Montfort, Lohéac, Maure, Malestroit, Ploërmel. Ce territoire constituait la partie méridionale de l'évêché d'Aleth ou Saint-Malo dite *archidiaconé de Porhoël*, composée de quatre doyennés ecclésiastiques — Lanouée, Montfort, Beignon, Lohéac, — dont le premier seul faisait partie de la vicomté de Porhoët, tandis que les trois autres, qui comptaient ensemble 74 paroisses, s'avançant vers l'Est jusqu'à Guichen, Montfort, Clais, au Sud jusqu'à Saint-Ganton, étendaient le territoire du Poutrecoët de sept lieues dans le sens de sa longueur (de l'Est à l'Ouest) et de deux ou trois dans celui de sa hauteur (du Sud au Nord).

La troisième circonscription ancienne portant le nom de Porhoët parce qu'elle était formée sur le territoire du Poutrecoët, c'était le *doyenné de Porhoët* au diocèse de Vannes, borné à l'Est par l'Out, à l'Ouest par le Blavet, au Sud par la Claie et le Loch, comprenant une grande partie du *Lanvas saltus*. Mais, à part cinq petites trèves ou paroisses, ce doyenné était entièrement compris dans le territoire de la vicomté de Rohan ou dans celui de la vicomté de Porhoët.

Il existe encore, sur l'étendue primitive de la grande forêt centrale de la péninsule armoricaine, quelques autres indices caractéristiques qu'on ne doit pas négliger. Le nom de cette forêt, au moins à l'époque bretonne, était *Brecilien* ou *Brecelien*, dont les poètes français du moyen-âge firent *Broceliande* (1).

Jusqu'à la Révolution, Brecilien fut le nom officiel de la forêt de Penpont actuelle ; on l'a quelquefois donné à celle de Loudéac, sise dans la vicomté de Porhoët. Mais, ce qui est surtout remarquable, c'est qu'on le rencontre aussi en dehors des trois circonscriptions décorées du nom de Porhoët dont nous venons de parler. — Des traditions locales anciennes et très persistantes regardent comme ayant fait partie de l'antique Broceliande la forêt de Quintin ou de l'Hermitage, dite aujourd'hui forêt de Lorges (2), qui se développe, on le sait, sur les croupes de la chaîne du Mené entre Quintin et Moncontour. — Sur le versant intérieur des Montagnes Noires, en la commune de Paul où elles commencent à tourner vers l'Ouest, à 1,500^m au Sud de ce bourg, existe encore.

---

(1) Wace (*Roman de Rou*) écrit *Brecheliant* ; chez d'autres poètes ce nom devient *Breseliand*, *Bersillant*, et même *Berthelien* (voir Baron du Taya, *Brocéliande et ses chevaliers*, p. 6). L'un d'eux en donne cette explication :

E ce fu en *Broceliande*,
Une *broce* [une forêt] en une *lande*.

Le *Chronicon Britannicum*, sous la date de 1145, porte *Brescelien* et non *Brefrelien*, faute d'impression de dom Morice, *Preuves* I, 5. Guillaume le Breton appelle la fontaine de Barenton *fons Brecelianensis*. La charte des usements de Penpont, de 1467, écrit *Brecelien* (*Cartulaire de Redon*, Prolégomènes p. CCCLXXII et CCCLXXXVII).

(2) Voir Habasque, *Notions sur les Côtes-du-Nord*, t. III, *Supplément*, p. 59 ; Manet, *Histoire de Bretagne* I, p. 203 à la note.

la base d'une vieille motte féodale datant tout au moins du XIe siècle, et auprès un bois, le tout s'appelant *Brecilien,* — avec une altitude de 214^m (1). — Dans la même région, quatre à cinq lieues au Sud, à un kilomètre ouest du bourg de Priziac, il y avait jadis une seigneurie, aujourd'hui il y a encore un village du nom de *Brecelien* (2). Ici, il est vrai, nous sommes au Sud et à quelque distance des Montagnes Noires, quoique encore sur le haut cours de l'Ellé ; nous sommes en la principauté de Guemené, c'est-à-dire dans un territoire dépendant primitivement de la vicomté de Porhoët. Il n'en est pas moins curieux et très caractéristique de voir surgir à de telles distances, aux quatre coins de la Bretagne pour ainsi dire, en dehors ou sur les extrêmes limites du Poutrecoët, le même nom exactement qui est resté attaché à la forêt de Penpont, de tout temps considérée comme le principal débris de la forêt primitive (3). Sur tous ces indices, on ne peut douter de l'existence, aux temps antiques, d'une forêt immense ou, si l'on veut, d'une grande région forestière couvrant pendant trente lieues tout le centre de la péninsule et portant d'un bout à l'autre ce nom fameux de Broceliande, Brecelien ou Brecilien.

Notons encore que le Cartulaire de Redon met dans le Poutrecoët la paroisse de Ruffiac (4), quoiqu'elle n'ait jamais fait partie ni de la vicomté, ni du doyenné, ni de l'archidiaconé de Porhoët : preuve que le Poutrecoët primitif dépassait en étendue le territoire des trois circonscriptions héritières de son nom, et que dès lors, en cherchant à reconstituer la grande forêt centrale de la péninsule armoricaine, on est en droit d'en étendre le territoire quelque peu au delà de celui de ces trois circonscriptions.

Avec ces divers éléments, voici comme il me semble possible de tracer les limites de cette grande forêt aux temps anciens, c'est-à-dire au siècle qui précéda immédiatement l'ère chrétienne.

Partant de *l'angle Nord-Est,* qui se confond avec l'angle Nord-Est de l'archidiaconé de Porhoët, la limite Nord de la grande forêt commence vers les paroisses de Saint-Gondran et de la Chapelle-Chaussée, et tirant vers l'Ouest passe très près de Bécherel (au Sud) et se rend directement à Saint-Launeuc et à la forêt de la Hardouinaie, d'où sort, nous l'avons vu, la chaîne du Mené (5). A ce point, si l'on considère la limite Nord de la vicomté de Porhoët (y compris Rohan, bien entendu), on la voit suivre assez fidèlement le versant méridional de cette chaîne jusqu'à Corlai, d'où cette limite descend tout à coup vers le Sud-Ouest jusqu'à Plouguernevel. — La forêt centrale devait déborder un peu plus au Nord, pour couvrir les deux versants des montagnes du Mené et comprendre sur son front septentrional les forêts actuelles de Boquien et de l'Hermitage, puis de là, suivant

(1) La déclaration de la seigneurie de Paul, fournie au roi en 1682, mentionne cette vieille forteresse féodale avec son dernier lambeau de la grande forêt armoricaine, en ces termes : « Le chasteau de *Brecilien,* à présent sous bois de haute fustaie, l'emplacement duquel est aussi entouré de fossés en son cerne » (Chambre des comptes de Nantes, *Déclarations, Domaine de Carhaix,* vol. III, f. 332). La carte de l'État-Major (feuille 73) écrit à tort *Bressillien.*
(2) La carte de l'État-Major (même feuille) répète ici sa mauvaise orthographe, *Bresselien.*
(3) Selon la charte des usements de Penpont de 1467, on l'appelait communément la *mère forest* (Cartul. de Redon, Prolég. CCCLXXXVI).
(4) Cartul. de Redon, p. 30-31.
(5) Voir ci-dessus, p. 12.

toujours la chaine du Mené, elle montait probablement au Nord par Bourbriac jusqu'à la forêt de Coatannoz en Belle-Isle et à celle de Beffou en Loguivi-Plougras,
qui flanquait, comme un bastion, *l'angle Nord-Ouest* de la grande forêt centrale.

Là, la limite extérieure de cette forêt tournait au Sud ; la forêt pénétrait dans
le bassin de la rade de Brest et couvrait le versant intérieur des Montagnes Noires,
descendant vers le Midi par Callac, par Duaut dont elle englobait les bois sur son
front Ouest ; par Locarn, par Paul, où, comme nous venons de le voir, subsiste
encore son nom ; et de là franchissant au Sud les Montagnes Noires, elle allait
appuyer son *angle Sud-Ouest* sur la forêt de Convau.

A ce point la limite forestière, s'infléchissant vers le Sud-Est, suivait le haut
cours de l'Ellé jusqu'à la hauteur du Faouët, et de là continuant dans la même
direction, elle gagnait d'abord le haut cours du Scorff au-dessous de la forêt du
Pontcallec, puis le bas cours du Blavet vers son confluent avec l'Evel. La limite
courant ensuite vers l'Ouest-Sud-Ouest, la forêt, depuis l'Evel jusqu'à l'Out,
faisait du *Lanvas saltus* son front méridional, dont quelques débris notables
subsistent encore sur le plateau transversal du Morbihan dans les forêts de
Camors, de Florange et de Lanvaux, les bois de Plaudren et de Trédion, la
forêt de Molac, etc.

La forêt centrale devait dans l'origine appuyer son *angle Sud-Est* au confluent
de l'Out et de la Vilaine ; là commençait son front oriental, qui montant vers le
Nord suivait le cours de la Vilaine jusqu'à son confluent avec le Meu, puis le Meu
jusqu'à Mordelles, et de ce point allait regagner le territoire de la Chapelle-
Chaussée — d'où nous sommes partis — par une ligne suivant à peu près
l'ancienne limite des diocèses de Rennes et de Saint-Malo ou, si l'on veut, la
limite actuelle des arrondissements de Montfort et de Rennes.

Pour apprécier l'étendue de cette région forestière, notons que la hauteur
moyenne du Nord au Sud, par exemple, de la forêt de Coatannoz à celle du
Pontcallec, est de quinze lieues environ (60 kilomètres) ; la longueur moyenne
de l'Est à l'Ouest, soit de la chute du Meu dans la Vilaine à la paroisse de Paul,
trente et quelques lieues (135 kilomètres).

Dans le tracé ci-dessus, nous avons pris pour base le territoire combiné des
trois circonscriptions portant au moyen-âge le nom de Porhoët (1), territoire qui
représentait, sinon la totalité, au moins la plus grande partie de l'antique
Poutrecoët, et par conséquent aussi de l'antique forêt centrale de la péninsule
armoricaine. Toutefois, comme il est prouvé que l'étendue de cette forêt dépassait
sur plusieurs points celle des trois Porhoët, j'ai cru devoir aussi, sur certains
points, porter un peu au delà des limites des trois Porhoët celles de la forêt,
pour les faire coïncider avec les limites naturelles du centre de la péninsule, qui
sont : au Nord, la chaîne du Mené ; — à l'Ouest, celle des Montagnes Noires ; —
au Sud, le haut cours de l'Ellé et du Scorff, le plateau transversal du pays de
Vannes couvert du *Lanvas saltus* ou lande de Lanvaux ; — à l'Est, le cours de
la Vilaine, celui du Meu et ses affluents jusqu'à la rencontre de la chaîne de
collines qui va de Bécherel à la forêt de la Hardouinaie et fait (en cette région) le
partage des eaux entre le Nord et le Sud de la péninsule.

(1) Vicomté de Porhoët, archidiaconé de Porhoët, doyenné de Porhoët.

Tel était le cadre de cette énorme forêt. Mais d'elle-même que reste-t-il ? Peu de chose sans doute, et c'est de ses débris que l'on peut dire : *Apparent rari...* Si l'on avait devant les yeux une carte de Bretagne de bonnes dimensions, teintée en couleurs, on distinguerait encore, dans le cadre que nous venons de tracer, une trentaine de taches vertes plus ou moins grosses, marquant les dernières épaves de l'immense Brecilien celtique, qui jadis couvrit plus de trente lieues de pays et dont le nom, par un curieux hasard, subsiste encore aux deux extrémités de son antique domaine, à Penpont tout près du Meu, à Paul dans la Montagne Noire. Indiquons brièvement ces reliques silvestres, en partant, comme plus haut, de l'angle Nord-Est.

Là, et en suivant de là vers l'Ouest le front nord de la grande forêt centrale, nous trouvons la forêt de *Montauban*, — la forêt de *Saint-Méen*, celle de *l'Ajeu* (en Saint-Méen) et le bois de *Penguili*, — la forêt de *la Hardouinaie*, — celle de *Boquien* en Saint-Aubin des Bois, — la forêt de *Loudéac*, — celle de *l'Hermitage* (ou de Lorges) près Quintin, — les bois d'*Avaugour* en Saint-Pever et de *Coat-Lion* en Bourbriac, — les forêts de *Coatanhay* et de *Coatannoz* en Belle-Isle en Terre, — la forêt de *Beffou* près Lohuec (mais en Loguivi-Plougras), qui marque l'angle Nord-Ouest de Brecilien.

De là en descendant vers le Sud, sur le front Ouest nous rencontrons la forêt de *Duaut*, — les bois de *Paul*, — la forêt de *Convau* en Gourin, qui marque l'angle Sud-Ouest ;

Puis, sur le front sud, la forêt de *Pontcallec* en Berné, — celles de *Camors* et de *Florange*, — de *Lanvaux* (en Grandchamp), — les bois de *Trédion*, — la forêt de *Molac*, — la *Forêt-Neuve* en Glénac, — celle de *la Gacilli* (très réduite). Nous sommes ici à l'angle Sud-Est.

Remontant du Sud au Nord, suivant la limite Est de la forêt et les bords de la Vilaine, nous ne trouvons à peu près rien. Tout a été très bien cultivé dans ces parages et les forêts défrichées depuis longtemps. A peine si l'on peut noter par là le bois de *Piriou* en Saint-Malo de Fili. Sur le Meu, la forêt de *Montfort* ou de *Coulon*, — le bois de *Tremelin* avec son bel étang, en Iffendic. Et de ce côté c'est tout.

Entrons maintenant dans l'intérieur du quadrilatère. Dès l'entrée nous rencontrons devant nous le débris le plus imposant de la grande forêt centrale, qui retient encore le nom antique de Brecilien ou Broceliande, la vaste, pittoresque et poétique *forêt de Penpont*. Autour d'elle, au Sud, faibles rejetons détachés de cette mère-forêt, verdoient sur la rive gauche de l'Aff le bois de *Maxent*, — le bois de *la Chaise* en Plélan, — sur l'autre rive, les bois de *la Grée de Callac* en Augan, — de *la Bourdonnaie* (autrefois de *la Bouëxière*) en Carentoir. Débris minuscules. Mais en se dirigeant de Penpont vers l'Ouest, ou trouve mieux : on rencontre encore, à l'heure qu'il est, trois gros bastions de l'antique Brecilien, plus ou moins ébréchés il est vrai, mais encore très respectables : les forêts de *Lanouée* (1), de *Branguili* en Gueltas près Pontivi, — et celle de *Quénécan* en Perret.

---

(1) *Lanoës* en 820, *Lannois* au XI⁰ siècle, *Cartulaire de Redon*, p. 127, 128, 242. Il faut donc écrire *Lanoée* ou *Lanouée* d'un mot; c'est par erreur qu'on a coupé ce nom en deux mots, ci-dessus p. 31 ligne 15, et p. 32 ligne 19.

Je tenais à bien établir l'existence de la grande forêt centrale, à en indiquer, autant que possible, la situation, l'étendue, l'importance.

D'abord, cet énorme bloc silvestre occupant toute la région médiane de la presqu'île, formant dans le principe un fourré, un désert quasi-impénétrable, donne à la topographie ancienne de la péninsule armorique un caractère particulier très original, jusqu'ici inaperçu et qui méritait d'être signalé.

Puis, cette muraille de la Chine, verdoyante, arborescente, longue de trente lieues, large de quinze, isolant le Nord du Sud, l'Est de l'Ouest, empêchant la communication par l'intérieur entre les diverses peuplades, les diverses principautés, les divers fiefs qui ont successivement occupé la péninsule, offrant d'autre part à la liberté, à la résistance des indigènes contre l'invasion étrangère, un refuge inviolable, oui, cette héroïque et légendaire Broceliande, a joué dans notre histoire, surtout aux premiers âges, un rôle de grande importance. On l'a attaquée d'assez bonne heure, elle s'est défendue longtemps; à la fin du XIe siècle seulement, on est parvenu à la percer à jour. Nous suivrons les diverses phases de son existence, elles sont intéressantes (1).

Juste au moment où elle allait disparaître du sol, elle reprit (au XIIe siècle), dans les poèmes des trouvères, une vie nouvelle, faite de mystère et d'effroi.

Quand parfois, du VIe au XIIe siècle, il avait pris fantaisie aux Franks, aux Normands ou aux Anglais de se lancer sous les ombrages de Brecilien pour guerroyer contre les Bretons, bien peu des envahisseurs en étaient revenus, la forêt les avait dévorés; les rares survivants rentrés chez eux s'étaient plu à raconter — non sans exagération — les pièges, les embuscades, les dangers de toute sorte auxquels leurs compagnons avaient succombé. La poésie des Bretons de Galles et celle des trouvères s'empara de ce thème et fit de Broceliande la forêt aux aventures terribles et merveilleuses. Le roi de cet immense domaine était, disait-on, un affreux géant tout noir, n'ayant qu'un pied et qu'un œil, auquel obéissaient docilement toutes les bêtes de la forêt; d'un cri il les rassemblait près de lui et les lançait, s'il voulait, sur ses ennemis. Une goutte d'eau versée d'une fontaine (2) sur un rocher soulevait des orages épouvantables et faisait surgir des spectres noirs, qui venaient châtier l'imprudent. Et bien d'autres imaginations de ce genre. Ce que les poètes du temps résument ainsi :

> Emmi une forest espesse (3)
> Molt i ot voie felonesse
> De verts raims et d'espine pleine...
> E ce fu en Broceliande,
> Une forest en un lande....
> Une forest mult lunge e lée
> Ki en Bretaigne est mult loée.
> La fonteine de Berenton

(1) Comme complément sur les forêts de Bretagne, voir ce que nous en disons plus loin au Chapitre Ier de la *Première époque*, intitulé *Les Gaulois dans la péninsule armoricaine* p. 65 et suiv.

(2) La célèbre fontaine de Baranton.

(3) « Il est une forêt épaisse, où courent maints sentiers perfides fermés d'épines et de branches vertes. C'est Broceliande, une forêt en une lande : une forêt et longue et large et très célèbre en Bretagne. Là coule près d'un rocher la fontaine de Baranton. Là on voit se promener les fées, et bien d'autres merveilles ; là se livrent de violents combats et s'ébattent de nombreux troupeaux de cerfs. » Voir Baron du Taya, *Broceliande et ses chevaliers*, p. 166 à 169.

Sort d'une part lez le perron...
Là solt l'en les fées véir
E altres merveilles plusors.
Aigres solt avéir destors ,
E de grans cerfs mult grant plenté.

. . . .

Les merveilles de la fontaine de Baranton étaient connues , célébrées partout. En été (dit Wace, le trouvère normand), quand les chasseurs lancés à la poursuite des cerfs de Brecilien se sentent accablés par la chaleur, ils vont à la fontaine puiser de l'eau dans leurs cors, la versent sur le rocher voisin : aussitôt la pluie inonde la forêt. Wace, il est vrai, tenta l'expérience et ne réussit pas (1). Quoi d'étonnant si les fées bretonnes de Baranton se plurent à mystifier cet Anglo-Normand, dont les compatriotes faisaient en ce temps (seconde moitié du XIIᵉ siècle) une guerre odieuse aux Bretons ? Au commencement du siècle suivant, un Breton du Léon, secrétaire et favori du roi Philippe-Auguste, Guillaume *l'Armoricain*, ou *le Breton*, chanoine de Saint-Pol et de Senlis, fut plus heureux. Dans son poème la *Philippide*, consacré à l'histoire du grand prince son patron, il atteste formellement le fait des formidables orages suscités par l'arrosement du *perron*, c'est-à-dire du rocher de la fontaine de Baranton :

« O prodige admirable de la fontaine de Brecelien ! s'écrie-t-il (2). Si l'on y prend un peu d'eau, si l'on en arrose certain rocher qui touche la fontaine, aussitôt l'onde de cette source changée en vapeurs forme des nuages énormes mêlés de grêle ; aussitôt l'air se voile d'épaisses ténèbres et retentit des mugissements du tonnerre. Les curieux venus là pour contempler ce prodige voudraient alors ne l'avoir jamais vu, tant l'effroi remplit leurs cœurs, tant la stupeur paralyse leurs membres. Si incroyable que soit cette merveille, les preuves de son existence et de sa réalité abondent. »

La charte des usements de Penpont, au XVᵉ siècle, confirme en ces termes les dires des trouvères :

« Joignant ladite fontaine, y a une grosse pierre qu'on nomme *le perron de Bellenton* (de Baranton); et toutes les foiz que le seigneur de Montfort vient à la fontaine et de l'eau d'icelle mouille le perron, quelque chaleur et temps assuré de pluie (qu'il fasse), quelque part que soit le vent, — tantost en peu d'espace, aultres foiz plus tard, — que que soit, avant la fin d'icelui jour, pleut ou pays très abondamment. (3). »

Le grand poète breton de notre siècle ne pouvait manquer de célébrer la grande forêt bretonne et sa source merveilleuse :

Est-ce vous, Baranton ? Sur sa pelouse verte
Que la fontaine sainte est aujourd'hui déserte !
Les plantes ont fendu les pierres de ses murs,
Et les joncs, les glaïeuls et les chardons impurs
Entouré son bassin, d'où ses eaux étouffées
De ravins en ravins coulent au Val des Fées...

(1) Baron du Taya, *Broceliande et ses chevaliers*, p. 166-167.
(2) « *Brecelianensis* monstrum admirabile fontis. » (*Pilippidos* lib. VI, vers 536 à 545, dans les *Œuvres de Rigord et de Guillaume le Breton*, édit. Delaborde (1885), t. II, p. 172-173).
(3) C'est M. Baron du Taya qui a le premier publié ce texte, si souvent cité depuis lors ; voir *Broceliande et ses chevaliers* (Rennes, Vatar, 1839), p. 174

> O bois d'enchantements ! forêt de Brecilien !
> Où dans son fol amour s'est endormi Merlin ;
> Où rois et chevaliers, sur leurs bonnes montures,
> Venaient de tout pays tenter les aventures,
> Bravant les nains hideux, les spectres, les serpents,
> Tous les monstres ailés, tous les monstres rampants ;
> Bravant — autre péril — les doux regards des fées
> Qui, leurs voiles au vent, leurs robes dégrafées,
> Suivaient dans le vallon les sons errants du cor
> Et peignaient leurs cheveux autour du perron d'or.
> O bois d'enchantements ! vallon, source féconde,
> Où se sont abreuvés tous les bardes du monde !
>
> (BRIZEUX, *Les Bretons,* chant XIV).

Grâce aux bardes gallois, aux trouvères de France, au poète dont on vient de lire les beaux vers, la renommée de la grande forêt armoricaine, répandue avec leurs poèmes dans toute l'Europe, est devenue universelle, immortelle.

Histoire de Bretagne

DIVISION GÉNÉRALE
DE L'HISTOIRE DE BRETAGNE.

———

L A Bretagne armoricaine est la plus longue, la plus complète des existences provinciales, qui ont fini par verser leur flot dans le fleuve immense et splendide de l'histoire de France. La Bretagne est même mieux qu'une province; elle est un peuple, une nation véritable et une société à part, sinon étrangère à la nation, à la société française, du moins entièrement distincte dans ses origines, entièrement originale dans ses éléments constitutifs.

La vie de l'homme se partage naturellement en trois périodes : jeunesse, âge mûr, et vieillesse. Toute société, toute nation dont l'existence est complète et qui en épuise le cycle, a pareillement ses trois âges : période de formation et de croissance, période d'épanouissement et de maturité, période de décroissance et de déclin. Appliquée à notre histoire provinciale, cette idée nous en fournit la division la plus simple et la plus naturelle à la fois. La période d'épanouissement, pour la Bretagne, c'est celle où, sous le titre de *duché* et sous la condition d'un hommage purement nominal envers la France, elle jouit en réalité d'une existence nationale respectée de tous et d'une indépendance politique aussi entière que possible. Après cette période, la Bretagne, comme vie nationale et politique, décroît, puisqu'elle tombe au rang de province; avant, elle n'est encore sûre ni de son indépendance politique ni même de son existence nationale; elle lutte péniblement pour conquérir l'une et l'autre.

Ainsi se dessine d'elle-même la division de toute notre histoire en trois grandes périodes :

1º LES ORIGINES BRETONNES;

2º LA BRETAGNE DUCHÉ;

3º LA BRETAGNE PROVINCE.

La première période s'étend depuis l'aurore des temps historiques jusqu'à l'expulsion des envahisseurs normands hors de notre péninsule et à la constitution définitive du duché de Bretagne, c'est-à-dire depuis César jusqu'à Alain Barbe-torte, depuis l'an 57 avant Jésus-Christ jusqu'à l'an 938 de l'ère chrétienne.

La seconde embrasse cinq siècles et demi, de 938 à 1491, date où commence l'union de la Bretagne à la France, par le mariage de la duchesse Anne avec le roi Charles VIII.

La troisième et la plus courte commence en 1491, pour finir dans la célèbre nuit du 4 août 1789. — Chacune de ces trois grandes périodes se subdivise également d'une façon toute naturelle en trois époques : division tripartite, chère aux vieux chroniqueurs et aux vieux bardes de la race bretonne, qui se produit ici spontanément.

PREMIÈRE PÉRIODE. — LES ORIGINES BRETONNES.

(DE L'AN 57 AV. J.-C. A L'AN 938 DE J.-C.).

Il semblerait que l'histoire de Bretagne ne peut commencer avant que les Bretons — c'est-à-dire les indigènes de la Grande-Bretagne, — chassés de leur île par la guerre et contraints de chercher un refuge en Gaule, n'aient mis pour la première fois le pied sur notre sol, ce qui eut lieu de 455 à 460 après J.-C. Toutefois il est nécessaire de savoir quel était, à ce moment, l'état de la péninsule armoricaine. Ne sommes-nous pas en effet les Bretons *Armoricains?* Si dans la nation que ce nom désigne les Bretons prédominent sans conteste, pourtant ils ne sont pas seuls, il y a aussi les Armoricains, c'est-à-dire la population plus ou moins nombreuse, plus ou moins mêlée de Gaulois et de Romains, qui habitait notre péninsule quand les émigrés de l'île de Bretagne y vinrent aborder, au milieu du Ve siècle.

PREMIÈRE ÉPOQUE (57 av. J.-C. a 460 de J.-C.).

Les Gaulois et les Romains dans la péninsule armoricaine.

L'histoire de notre pays s'ouvre par la lutte contre César et par la défaite des peuplades gauloises de l'Armorique, dont la conquête fait des cités gallo-romaines, où plus tard les missionnaires chrétiens, Gallo-Romains aussi, s'efforcent d'implanter le Christianisme. Mais bientôt l'invasion des barbares brûle tout, tue tout, détruit tout, et ménage pour les émigrés, qui tout à l'heure vont venir de la Grande-Bretagne, une large place.

DEUXIÈME ÉPOQUE (460 a 753).

Établissement des Bretons en Armorique.

Chassés de leur île par les Saxons, les émigrés bretons débarquent dans la péninsule armoricaine et s'y établissent, comblant les vides et réparant les désastres faits par l'invasion barbare, prêchant l'Evangile, organisant les églises, fondant plusieurs petits royaumes ou principautés, imposant au pays le nom de Bretagne, repoussant les attaques des Franks, — jusqu'au moment où, leur établissement en Armorique étant achevé, ces Bretons du continent voient tout à coup se dresser contre eux la redoutable puissance des Carolingiens.

TROISIÈME ÉPOQUE (753 à 938).

Fondation de la monarchie bretonne.

Les Bretons conquis par Charlemagne reconquièrent leur liberté sous Charles le Chauve. Divisés jusque-là en plusieurs principautés, ils s'unissent sous un seul chef, et pour maintenir l'unité de la nation fondent la monarchie bretonne, qui se soutient glorieuse, florissante, du milieu du IX° siècle au commencement du X°. Alors fond sur la Bretagne, comme sur tout le littoral des Gaules, l'ouragan des invasions normandes. Les Bretons émigrent vers l'intérieur, laissant pendant trente années leur terre en proie au fléau. Au bout de ce temps, un vaillant jeune prince chasse les Normands et rétablit sur le sol breton la nation, la liberté, la monarchie bretonne.

DEUXIÈME PÉRIODE. — LA BRETAGNE DUCHÉ.

(938-1491)

L'existence de la Bretagne sous la forme et sous le titre de Duché, — principauté parfaitement indépendante ne devant à la couronne de France qu'un hommage honorifique et nominal, — cette existence se partage en trois époques dont chacune est marquée, d'abord, par un fait historique tangible et officiel, par la succession de trois dynasties ducales, et en même temps par des changements essentiels dans les institutions.

QUATRIÈME ÉPOQUE (938 à 1213).

Dynastie bretonne. — Gouvernement féodal.

Durant cette époque, la Bretagne est gouvernée tour à tour par des princes de la maison de Nantes, de la maison de Rennes, de la maison de Cornouaille, de la maison de Penthièvre; mais tous ces princes ont un trait commun : tous sont d'origine bretonne. Quant aux institutions, cette époque s'ouvre par l'avènement en Bretagne de la féodalité territoriale; c'est le règne du régime féodal pur. Politiquement les seigneurs sont tout, le duc, comme souverain, n'est rien.

CINQUIÈME ÉPOQUE (1213 à 1364).

Dynastie française. — Développement de l'autorité ducale.

Le trône ducal est occupé par une dynastie ayant pour chef Pierre de Dreux, prince capétien, arrière-petit-fils de Louis le Gros, roi de France. Ce Pierre et ses successeurs, habiles, avides de pouvoir, développent peu à peu leur autorité, de façon à dominer et à brider définitivement l'aristocratie féodale bretonne. Les vingt-trois dernières années de cette période sont agitées par une guerre civile, la fameuse guerre de Blois et de Montfort, qui a pour résultat de porter au trône de Bretagne une branche cadette de la maison de Dreux.

SIXIÈME ÉPOQUE (1364 à 1491).

Maison de Montfort. — Avènement du tiers-état ; gouvernement représentatif.

Sur le trône breton siège la maison de Montfort, branche cadette de la dynastie française de Dreux, mais de cœur toute bretonne. Plus de lutte entre le duc et les barons, mais des troubles déplorables dans la famille ducale, fruit naturel des ferments de discorde semés par la longue guerre civile du XIVe siècle. A la faveur de ces divisions, l'influence française fait — plus ou moins loyalement — de grands progrès en Bretagne. Résultat : Anne de Bretagne, héritière du duché, épouse en 1491 le roi de France, première étape, mais très décisive, de l'union du duché au royaume. — Pendant ce temps, progrès continu des institutions administratives, développement du tiers-état, de l'industrie et du commerce, formation d'un véritable gouvernement représentatif.

TROISIÈME PÉRIODE. — LA BRETAGNE PROVINCE.

(1491-1789)

La Bretagne a abdiqué son indépendance nationale vis-à-vis de l'étranger, mais elle garde intactes ses libertés civiles et politiques, son autonomie administrative et gouvernementale, qui lui est garantie comme condition synallagmatique du contrat qui l'a unie à la France. — Avant d'en venir à ce contrat, la Bretagne traverse, de 1491 à 1532, un régime de transition, sous lequel elle est de fait, non de droit, unie à la France : union qui devient définitive en 1532.

SEPTIÈME ÉPOQUE (1532 à 1661).

Guerres de religion. — Gouvernement modéré.

La première époque de *la Bretagne province* (7e époque de l'histoire de Bretagne) comprend toute la fin du XVIe siècle et la première moitié du XVIIe, depuis l'an 1532 jusqu'au début du gouvernement personnel de Louis XIV en 1661. Elle est caractérisée par les troubles religieux, les guerres de la Ligue au XVIe siècle, et de la part de l'autorité royale, par une politique modérée, généralement respectueuse des franchises bretonnes et du contrat d'union.

HUITIÈME ÉPOQUE (1661 à 1715).

Avènement du pouvoir absolu.

La seconde époque de l'existence provinciale de la Bretagne (la 8e de notre histoire) embrasse la fin du règne de Louis XIV jusqu'en 1715. Elle est marquée par l'avènement du pouvoir absolu qui, sans porter atteinte aux formes extérieures de la constitution bretonne, s'efforce dans la pratique d'annuler ses privilèges et soulève en Bretagne une formidable insurrection (révolte du Papier Timbré), trop cruellement réprimée.

NEUVIÈME ÉPOQUE (1715 à 1789).

Lutte de la Bretagne contre le despotisme.

La dernière époque de notre histoire voit la Bretagne se redresser et repousser vaillamment les entreprises ouvertes ou cachées du despotisme : États, Parlements, noblesse, bourgeoisie, opinion publique, tout le monde est debout, tout le monde combat à l'envi pour le maintien de la constitution bretonne — jusqu'au jour final, 4 août 1789, où cette constitution est reniée, sacrifiée par ceux-là mêmes qui avaient accepté le mandat de la défendre... et même de l'améliorer.

LES ORIGINES BRETONNES

(DE L'AN 57 avant J.-C. A L'AN 938 de J.-C.).

ETTE période, très complexe en apparence comme toutes les périodes d'origines, a cependant une unité certaine, incontestable. Cette unité, c'est la fondation de la nation bretonne du continent.

Dans cette période nous allons voir se manifester, se former, se développer les divers éléments dont le concours est nécessaire à cette fondation ; nous allons les voir agir et pâtir, se reconnaître, se mêler, se combiner ; le résultat de leur travail sera l'établissement, on peut dire la construction d'une société nouvelle, la nation, la société armorico-bretonne.

La solidité d'un édifice dépend essentiellement de l'état et de la consistance du sol dans lequel il enfonce ses racines ; notre société nouvelle se fonde dans la péninsule armoricaine ; il faut donc connaître d'abord l'état, les conditions, la population de ce pays au moment où s'opère cette fondation. C'est pourquoi nous commencerons par étudier les Gaulois et les Gallo-Romains qui habitaient cette péninsule avant la venue des Bretons.

Mais il faut connaître aussi le facteur principal, l'agent le plus efficace de cette fondation nouvelle, celui qui donnera son nom à l'édifice, c'est-à-dire la population bretonne émigrée de l'île de Bretagne sur le continent. Il faut savoir dans quelles conditions, dans quelles circonstances, sous le coup de quels événements elle se décida à accomplir cet exode ; quel était à ce moment son état social, politique et religieux, comparé à celui de la péninsule armoricaine. Rien de plus nécessaire à éclaircir si l'on veut apprécier avec vérité, avec justesse, le caractère de l'établissement des Bretons en Armorique.

Pendant longtemps, même jusqu'au milieu de notre siècle, on y a voulu voir une conquête violente, accomplie à la pointe de l'épée, drapeaux au vent et trompettes sonnantes, par les Bretons triomphants sur les pauvres Gaulois armoricains (1), quelque chose comme la victoire de Guillaume le Conquérant, à Hastings, sur les Anglo-Saxons. C'est tout le contraire de la vérité. Les Bretons, quand ils passèrent sur le continent, étaient chassés de leur île par une invasion sauvage, ils ne cherchaient pas en Gaule un triomphe mais un abri ; leur établissement dans la péninsule armoricaine fut tout pacifique ; ils s'unirent aux indigènes, victimes du même fléau qu'eux, pour relever sur cette terre désolée une société celto-bretonne et chrétienne. Tableau touchant, curieux, pittoresque, beaucoup plus intéressant qu'une fabuleuse conquête, et qui lui seul constitue toute notre seconde époque.

Mais, à peine cette société sortie des ruines entassées par les barbares, encore assez mal organisée, ses murailles mal alignées, mal plantées dans le sol, veuves même du toit protecteur qui les devait abriter, — voici qu'elle a à subir les plus rudes assauts. Contre elle l'empereur Charlemagne et ses successeurs lancent comme un bélier énorme toutes les forces de l'empire d'Occident. Ensuite, par les brèches mal réparées se ruent à leur tour les pirates normands avec cette férocité brutale, cette cruauté du chat-tigre, qui semait partout l'épouvante, fascinant et terrifiant leurs victimes. Devant ces terribles attaques que va devenir l'édifice brito-armoricain, si péniblement relevé ? N'est-il pas clair qu'il doit être pulvérisé, emporté par la tourmente, subir un effondrement, une ruine définitive ?

A cette question l'histoire de notre troisième époque répondra.

(1) L'idée de cette fabuleuse conquête est très bien rendue par la vignette placée en tête de l'*Histoire de Bretagne* de dom Morice, représentant le *Passage du tyran Maxime dans l'Armorique*, en compagnie de Conan Mériadec, prétendu conquérant et premier roi de Bretagne, qui chevauche à la tête des troupes avec une cotte d'armes semée de mouchetures d'hermine sur son armure, et qui charge impétueusement l'armée des Armoricains. Cette vignette reproduit, à peu de chose près, une belle peinture du manuscrit latin 8266 de la Bibliothèque Nationale, écrit vers 1480, et qui est la première version (inédite) de l'*Histoire de Bretagne* de Pierre Le Baud.

PREMIÈRE ÉPOQUE

LES GAULOIS ET LES ROMAINS

DANS LA PÉNINSULE ARMORICAINE

(57 AV. J.-C. A 460 DE J.-C.).

OTRE Histoire commence au moment où pour les habitants de la péninsule armoricaine commence l'histoire, c'est-à-dire en l'an 57 avant l'ère chrétienne. En cette année-là, pour la première fois leur nom paraît dans un document historique, au livre II, chapitre 34, des *Commentaires* de César.

Ces habitants étaient des Gaulois et appartenaient à la race celtique. Cette race se partageait à ce moment en trois rameaux : l'un établi sur le continent, en Gaule, les *Gaulois*; l'autre, les *Brythons* ou *Bretons*, dans l'île de Bretagne, aujourd'hui la Grande-Bretagne; le troisième dans une autre île, l'Irlande, dont les habitants étaient appelés *Goidels*, *Gaidels*, on dit maintenant le plus souvent *Gaëls*.

Le rameau breton était-il plus rapproché du rameau gaulois que du rameau goidélique? Les celtistes ne le pensent pas. C'est par la comparaison, par le rapprochement des langues que cette question pourrait être résolue. Si aujourd'hui entre le breton et le gaélique la différence est profonde, « au IXᵉ siècle la parenté » du goidélique et du britonnique était très frappante (1). » Quant à la langue gauloise, il en reste trop peu pour qu'on en juge. Mais Tacite au premier siècle constate la différence existant entre le gaulois et le breton : « elle n'est pas très grande, dit-il, cette différence (2); » et cependant, pour pouvoir être saisie par les étrangers, elle devait être fort apparente. Puis, Tacite parle seulement des Bretons du littoral voisin de la Gaule, qui étaient pour la plupart d'origine belge,

---

(1) J. Loth, L'*Emigration bretonne en Armorique* (1883), p. 86.
(2) « Sermo haud multum diversus. » Tacite, *Vie d'Agricola*, chap. XI.

c'est-à-dire gauloise : entre la langue des Bretons de l'intérieur et celle des Gaulois la différence ne pouvait manquer d'être beaucoup plus profonde.

Au Iᵉʳ siècle avant l'ère chrétienne et au rapport de César, les Gaulois se trouvaient partagés en un grand nombre de petits peuples indépendants, que le conquérant appelle des *cités* et que l'on nommerait aussi bien tribus ou peuplades. Presque toutes ces peuplades formaient de petites républiques dirigées par une aristocratie assez nombreuse, qui élisait les chefs temporaires de la cité et de concert avec eux exerçait le gouvernement dans l'assemblée du sénat. Toutefois la principale influence, même en matière politique, appartenait aux chefs de la religion, aux druides.

Cependant — cela semble bien établi — le druidisme n'était point la religion primitive ni la religion nationale de la Gaule. Cette religion primitive — qui d'ailleurs continua d'exister avec le druidisme — était, ce semble, une divinisation des forces de la nature, un polythéisme assez grossier, dont les écrivains latins se sont efforcés, à tort ou à raison, d'assimiler les divinités, Teutatès, Esus, Taranis, Belen, Ogmios, etc., à leurs propres dieux Mercure, Mars, Jupiter, Apollon, Hercule, etc. — La doctrine des druides était plus haute : ils ne rejetaient pas, comme on l'a dit quelquefois, le polythéisme, mais leur dogme principal était l'immortalité de l'âme (1) et, comme conséquence, l'existence de peines et de récompenses dans l'autre vie, surtout de récompenses pour les braves, dogme qui inspirait à leurs adeptes un complet mépris de la mort.

La religion druidique, née dans l'île de Bretagne, transplantée de là sur le continent, s'était propagée, non dans toute la Gaule, mais dans une portion considérable de ce pays, particulièrement dans l'Ouest. Là où elle était admise, les druides exerçaient seuls le sacerdoce et offraient les sacrifices, seuls ils rendaient la justice et exerçaient le ministère de l'éducation. Seuls maîtres de la jeunesse, seuls juges, seuls prêtres, ils avaient dans la cité ou tribu gauloise un énorme pouvoir.

(1) « Imprimis druides hoc volunt persuadere non interire animas, sed ab aliis post mortem transire ad alios; atque hoc maxime ad virtutem excitari putant, metu mortis neglecto. » (César liv. VI, ch. 11). Voir aussi Ernest Desjardins, *Géographie de la Gaule romaine* II, p. 514-538, spécialement p. 521 : bon résumé de l'état actuel des connaissances historiques concernant le druidisme et les druides.

I.

LES TRIBUS GAULOISES
DE LA PÉNINSULE ARMORICAINE.

§ 1. — *Les tribus armoricaines.*

OUTES les tribus qui occupaient, lors de la venue de César, le sol de la Gaule (1) étaient loin, on le sait, de vivre entre elles sur le pied de l'égalité. Toutes les principales peuplades, toutes celles que nomme César (au nombre de quarante-quatre), même les soixante dont Auguste fit plus tard des cités gallo-romaines, prétendaient à l'autonomie et à l'indépendance; cependant plusieurs d'entre elles reconnaissaient la suprématie d'autres peuplades plus riches, plus puissantes; et outre ces clientèles avouées, il se formait souvent entre certaines tribus des ligues, des fédérations particulières, dans lesquelles il arrivait parfois qu'un des peuples confédérés prenait sur les autres la prépondérance et une certaine supériorité de commandement.

Une association de ce genre paraît avoir lié au temps de César les peuplades établies au bord de la mer, depuis l'embouchure de la Loire jusqu'à celle de la Seine. Des mots celtiques : *mor* qui veut dire mer, et *ar* ou plutôt *are*, autour, auprès, sur le bord (2), on les nommait « cités *armoricaines*, » c'est-à-dire maritimes. Les travaux les plus récents sur la géographie de la Gaule en comptent neuf, savoir :

Les *Namnetes*,   Les *Ambivariti* ou *Abrincatui*
    Veneti,   (peuple d'Avranches),
    Osismii,   *Unelli* (Coutances),
    Curiosolitæ,   *Esuvii* (Bessin et pays de Séez),
    Redones,   *Caletes* (pays de Caux) (3).

Les cinq premières de ces tribus occupaient le sol de la péninsule armoricaine; on peut même dire d'une façon générale que le territoire de chacune d'elles répondait *plus ou moins exactement* à nos cinq départements actuels, savoir, les *Namnètes* à la partie du département de la Loire-Inférieure située au Nord de la

---

(1) Il y en avait, dit-on, tant grandes que petites, *trois cent cinq.*

(2) Voir J. Loth, *De vocis Aremoricæ, usque ad VI^{um} post Christum natum sæculum, forma atque significatione.* Rennes, 1883.

(3) César, *de Bello Gallico*, lib. II, cap. 34 et VII, 75. Voir Ernest Desjardins, *Géographie de la Gaule romaine*, II, 488-493. On devrait, ce semble, joindre à ces neuf tribus armoricaines les *Lexovii* (peuple de Lisieux), placés sur la côte entre les *Esuvii* et les *Caletes*, et qui furent les alliés des Venètes dans leur guerre contre César. Les *Ambivariti* ou *Abrincatui* doivent être (M. Desjardins le prouve) la même tribu que les *Aulerci* placés par César (II, 34) au nombre des cités armoricaines.

Loire, — les *Venètes* au Morbihan, — les *Osismes* au Finistère, — les *Curiosolites* aux Côtes-du-Nord, et les *Redons* à l'Ille-et-Vilaine. Il ne s'agit ici bien entendu que d'une similitude largement approximative, ayant surtout pour but de marquer la situation respective des cinq peuplades.

Tracer des limites précises entre elles est impossible. La plupart du temps, à l'époque gauloise il n'y en avait guère : pour en créer et pour en maintenir de telles, il fallait l'existence de frontières naturelles très accentuées, comme un fleuve, une grosse rivière, des forêts impénétrables ou des montagnes inaccessibles.

La Loire est une de ces frontières, et même pour ce temps-là on pourrait y mettre aussi la Vilaine; les *Namnètes* devaient être bornés par ces deux cours d'eau; au Nord, nous le verrons tout à l'heure, une série de forêts couvrant les bassins du Samnon, de la Chère, du Don, de l'Isac, les séparait des Redons; à l'Est, leurs plus proches voisins étaient les *Andes* ou *Andicaves* (Angevins), tribu non armoricaine.

Les *Venètes* du côté de l'Est — quoi qu'on en ait pu dire — ne devaient point passer la Vilaine; ils avaient au Sud la mer, au Nord la grande forêt centrale dans laquelle ils plongeaient plus ou moins; mais, à l'Ouest, entre eux et les Osismes où était la limite? Nous l'ignorons.

Des *Osismes* nous savons qu'ils avaient sur leur territoire le cap Gobæum qui est la pointe du Raz, en face de leurs côtes l'île de Sein, et qu'ils montaient au Nord jusqu'à la Manche. Mais où était la limite qui, vers l'Est, les séparait des Curiosolites? Nul ne le peut dire.

Quant aux *Curiosolites*, ils occupaient la côte nord de la péninsule armoricaine entre les Osismes à l'Ouest, et les Redons à l'Est; du côté de l'Est, ils ne passaient pas la Rance, car César place les Redons parmi les peuples maritimes « qui touchent l'Océan (1), » et le moindre littoral qu'on leur puisse donner est celui du Coësnon à la Rance.

Les *Redons* avaient au Nord la mer, de l'embouchure de la Rance à celle du Coësnon, — à l'Ouest, les Curiosolites et la grande forêt centrale de la péninsule armoricaine, — à l'Est, les Diablintes, tribu non armoricaine, — au Sud, les Namnètes.

Trois autres des tribus ci-dessus, savoir les Curiosolites, les Osismes et les Venètes, confinaient comme les Redons à la forêt centrale; chacun de ces peuples avait dû s'approprier, à une profondeur plus ou moins grande, le bord de cette forêt qui le touchait; mais entre eux il existait encore certainement un vaste désert sylvestre, neutre, inculte, impénétrable.

Quand nous viendrons à l'époque gallo-romaine, peut-être y aura-t-il lieu de préciser davantage les limites des cités; pour l'époque gauloise on n'en peut dire davantage.

Ces peuplades gauloises possédaient des *oppida*, c'est-à-dire des forteresses sur des promontoires hérissés de roches, entourés par la mer, coupés d'un profond fossé à la gorge; — en terre ferme, sur des sommets abrupts au milieu des bois ou au confluent des fleuves, des enceintes remparées de douves, de retranchements en

---

(1) « Venetos, Unellos, Osismios, Curiosolitas, Esuvios, Aulercos, Redones, quæ sunt maritimæ civitates, Oceanumque attingunt. » (César, II, 34).

terre et de grands abattis d'arbres, places de refuge en cas de guerre pour les gens de la tribu, leurs biens, leurs troupeaux. De villes proprement dites, ils n'en avaient guère, tout au plus quelque grande bourgade fortifiée pour servir de centre à la peuplade (1). La capitale des Redons, *Condate,* et celle des Namnètes *Condevincum* ou *Condivicnum,* à cause de leur nom gaulois qui exprime leur situation (2), l'une au confluent de la Vilaine et de l'Ille, l'autre à la jonction de l'Erdre et de la Loire, — ces deux capitales doivent remonter à l'époque gauloise. Aux Venètes, puissants marins (comme on le verra tout à l'heure) il fallait un centre pour leurs navigations, un port principal, un *emporium* pour leur marine et pour leur commerce. Était-il situé à Vannes, ou à Locmariaker? Là-dessus il y a doute. Au point de vue maritime, cette dernière situation est de beaucoup la plus favorable. — Quand nous arriverons à l'époque romaine, nous parlerons de la capitale des Osismes et de celle des Curiosolites.

§ 2. — *Les forêts gauloises.*

Sur les territoires de ces diverses tribus les forêts abondaient. Les faibles et rares débris qui en restent peuvent dans une certaine mesure servir d'indices, de jalons, pour reconstruire par conjecture l'état primitif : ce que nous allons tenter.

A cette époque, chaque tribu gauloise, désireuse de s'isoler de ses voisins comme toutes les populations semi-barbares, se plaisait à fortifier ses frontières d'un épais rideau de bois.

Sur la limite Est de la péninsule, confinant aux tribus qui ne faisaient point partie de la fédération armoricaine, on devait tenir tout particulièrement à dresser, à entretenir avec soin ce genre de rempart. Suivons cette limite chez les *Redons* (dans le département d'Ille-et-Vilaine); nous trouverons cette défense encore indiquée par quelques bastions silvestres restés debout jusqu'à nos jours, par exemple, au Nord, la forêt de Ville-Cartier près Antrain, les bois de Gâtine et de Blanchelande au Nord de Saint-Brice en Coglais, plus bas la forêt de Fougères, et en descendant au Sud le bois de Beaufeu, la forêt du Pertre et le bois de la Branchette (en Argentré), la forêt de La Guerche, la forêt d'Araise (près Martigné-Ferchaud). — Les Redons avaient aussi protégé leur capitale Condate par une immense forêt couvrant un grand territoire de forme triangulaire compris entre le cours de l'Ille depuis sa source jusqu'à son confluent avec la Vilaine, et le cours de la Vilaine depuis Rennes jusque vers Châteaubourg. Les débris qui en restent sont : (de Rennes à Saint-Aubin du Cormier) les forêts de Rennes, de Chevré, de Haute-Sève, de Sévaille, les bois d'Uzel et de la Chaîne, des Pruniers (en Izé), etc.; puis, le long du cours de l'Ille, du Nord au Sud, la forêt de

---

(1) Nous parlons ici surtout de ce qui existait dans la péninsule armoricaine. Dans quelques autres contrées de la Gaule, outre les *oppida* pures forteresses, César mentionne certains *oppida* qu'il appelle aussi *urbes,* et qui étaient de véritables villes fortifiées, avec des espaces vides dans leur enceinte pour recevoir, en cas de guerre, la population de la tribu.

(2) *Conda, condi, condé, condate,* angle, *cuneus,* et par suite confluent; voir Roger de Belloguet Glossaire gaulois n° 171 dans *Ethnogénie gauloise* I, p. 141; Zeuss-Ebel, *Grammatica Celtica,* p. 998 note 16; *Dictionnaire archéologique de la Gaule* (1875), p. 302.

Tanouarn et le bois de Bourgouet (en Dingé) ; les bois de Soubon et de Chambellé près Feins ; bois du Fertai et de Born en Andouillé ; de Chinsève près Saint-Aubin d'Aubigné, etc.

Le territoire des *Namnètes,* surtout dans sa partie septentrionale, était traversé de l'Est à l'Ouest par plusieurs lignes forestières, couvrant les collines interposées entre les petites rivières (Samnon, Chère, Don, Isac) qui arrosent abondamment ce pays. Entre le Samnon et la Chère nous trouvons une première ligne représentée aujourd'hui vers l'Est, par trois pièces importantes, la forêt d'Araise (1), le bois de Javardan (en Fercé), la forêt de Teillai ; et vers l'Ouest par des débris médiocres, les bois de Pont-Meniac en Bain, du Plessix-Bardoul en Pléchâtel. — Deuxième ligne, entre la Chère et le Don, ayant sa tête vers l'Est (sur la frontière d'Anjou) formée par la grande et belle forêt de Juigné, et se continuant vers l'Ouest par la forêt Pavée (au Sud de Châteaubriant), la forêt de Domenesche en Lusanger, les bois de la Garelaye, du Lurion, en Derval, etc. — Troisième ligne transversale, entre le Don au Nord, et au Sud l'Erdre et l'Isac. Cette ligne, qui est la plus considérable, part (à l'Est) de Saint-Mars la Jaille et aboutit à la Vilaine vers la Roche-Bernard ; elle est représentée encore aujourd'hui par une série de grandes et belles forêts, savoir, allant de l'Est à l'Ouest, la forêt d'Ancenis, celle de Vioreau (en Joué), la forêt de l'Arche (en Abbaretz) et celle de Saffré, la magnifique forêt du Gâvre ; sur la rive gauche de l'Isac, par la forêt de Saint-Gildas, reconstituée assez récemment mais qui existait au XIe siècle puisqu'elle donna à l'abbaye fondée là en 1026 son surnom de Saint-Gildas des Bois ou de la Forêt *(abbatia S. Gildæ de Nemore)* ; enfin par la forêt de la Roche-Bernard, dite aujourd'hui de la Bretesche.

La capitale des Namnètes était, comme celle des Redons, protégée par un rideau de forêts échelonnées le long du principal affluent de la Loire, — l'Erdre — (comme chez les Redons le long de l'Ille). Sur la rive gauche de cette rivière s'étendait la forêt de Petit-Mars, transformée aujourd'hui en marais, autrefois dite *forêt de Mars,* allant de Nort à Carquefou (2). Sur l'autre rive c'était la forêt d'Héric, occupant tout l'espace compris entre les bourgs d'Héric, de Grandchamp et de Casson, descendant ensuite entre Vigneu et Trelières, au point de rejoindre une autre grande forêt dite forêt de Sautron, laquelle à son tour s'étendait de là jusqu'aux portes de Nantes ; ces deux grandes forêts ont disparu, mais il nous reste leur histoire (3). Sur la rive gauche de l'Erdre, dans son bas cours, une autre ligne forestière, dirigée du Nord-Est au Sud-Ouest, partait de la frontière d'Anjou pour aboutir à Condevincum ; on la reconnaît aujourd'hui encore dans le bois de Maumusson, le bois de Trans en Mouzeil, la grande forêt du Cellier, les bois de la Seilleraie et de Maubreuil en Carquefou, et en la même paroisse dans la forêt de Puits-Arlèse (de *Puteo Arlesii*) mentionnée au XIIe siècle et depuis lors transformée en un domaine dit la Magdeleine *en Bois.*

---

(1) Limitrophe des Redons et des Namnètes, et qui semble cependant avoir plutôt appartenu à ceux-ci.

(2) Léon Maître, *Les villes disparues des Namnètes* p. 21-22.

(3) Voir le mémoire de feu M. Bizeul intitulé : *Des Namnètes aux époques celtique et romaine,* dans la *Revue des provinces de l'Ouest* publiée à Nantes de 1853 à 1859, t. I, p. 395-397 et 403.

Le territoire des *Venètes* et celui des *Curiosolites* étaient l'un et l'autre dominés par la grande forêt centrale, au point de ne pouvoir produire aucun système forestier qui en fût indépendant; tout au plus peut-on citer aujourd'hui sur l'ancien terroir curiosolite, en dehors des bornes de l'antique Brecilien, deux forêts de quelque importance : une très belle, la Hunaudaie en Plédéliac, une autre de second ordre, Malaunai entre Guingamp et Châtelaudren. — Sur le sol vénétique, en dehors de la grande forêt centrale rien à noter.

Restent les *Osismiens* (département actuel du Finistère). Nul doute que chez eux, au Ier siècle avant l'ère chrétienne et longtemps encore depuis, toutes ces pentes, tous ces pics, tous ces sommets aujourd'hui pelés d'Arez et des Montagnes Noires ne fussent couverts d'une verte et abondante frondaison. Il n'en reste plus guère. C'est pourtant dans le bassin de la rade de Brest qu'on trouve encore le plus de bois : beaucoup de bouquets de moyenne étendue, peu ou point de grandes forêts. Ces bois, au lieu de couvrir les montagnes, s'attachent le plus souvent au cours des fleuves et descendent dans les vallons. L'Aune surtout, dans son haut cours, vers Huelgoat et Poullaouen, entraîne à sa suite toute une série, dont les uns se pressent contre ses rives, tandis que les autres se développent en éventail dans son bassin. — Voici ceux que nous connaissons : sur la rive gauche, d'abord, le bois de Fréau qui est une vraie forêt, puis en descendant, sur la même rive, les bois de la Motte, de Nargoat, de Lemezec, de la Salle, du Timeur, de Kergloff; — sur la rive gauche, les bois du Guernaou, de Beurc'hoat, de Lestrezec, du Hellas, de Meinguen, de Boudoudrein, les trois membres de la forêt du Huelgoat (Huelgoat, Coz-Huelgoat, Roche-Cintrée), puis encore la forêt de Botvarec, etc. Plus bas, les bois abandonnent le fleuve pendant quelque temps; bientôt ils reviennent parer ses bords ou son bassin, moins nombreux peut-être mais plus importants, par exemple, (sur la rive gauche), le bois de Toul-Laëron en Spézet, la forêt de Laz en Saint-Goazec, celle de Guili dans l'une des boucles de l'Aune (rive droite) en face de Lothei; au-dessous de Châteaulin (rive gauche) les bois de Kergabel, de Rosarnou, le bois du Folgoët près de l'abbaye de Landevennec (1).

Jadis les pentes inférieures du Menez-Hom, Runbras et Runbihan, étaient couvertes par la forêt de Plomodiern, où vécut solitaire saint Corentin, où il reçut la visite du roi Gradlon, dont la chasse s'était égarée dans ces grands bois et qui tira l'ermite de sa solitude pour le sacrer évêque de Quimper. De cette forêt il ne reste rien. Mais de Châteaulin les Montagnes Noires dirigent vers le Sud-Ouest un chaînon qui va faire, à quelques lieues de là, la montagne de Loc-Ronan (altitude 245m); le territoire de figure triangulaire compris entre ce chaînon et la chaîne du Menez-Hom était jadis tout couvert de bois, il formait une seigneurie féodale qu'on appela *Porz-Coët,* la Cour du Bois, devenu plus

(1) Sur des raisons qui ne sont pas mauvaises, ce bois du Folgoët près Landevennec revendique l'honneur d'avoir été la véritable retraite du pauvre et innocent Salaün, dont la piété fit germer après sa mort ce lis incomparable, la merveilleuse église du Folgoët. Outre ce bois, la presqu'île de Crozon en a deux autres sur sa côte nord : celui du Loch tout près de Landevennec et celui de Poulmic, un peu à l'Ouest.

tard par adoucissement *Porzoed* et *Porzai;* aujourd'hui l'on y trouve encore deux jolies forêts : celle de Nevet mentionnée dans la Vie de saint Ronan *[silva Nemea]*, située à l'Ouest de Loc-Ronan, et le Bois du Duc à l'Est.

Du milieu du cirque formé par les Montagnes Noires et la chaîne d'Arez, mais plus près de celle-ci que de l'autre, un peu à l'Ouest du Huelgoat, une ligne forestière se dirige de l'Est à l'Ouest jusqu'à la rade de Brest, partant du bois du Rusquec (en Locqueffret) où bondit la cascade de Saint-Herbot, jalonnée ensuite par les bois de Bodriec au-dessus de Lannédern, du Nivot, (en Lopérec), par la pittoresque forêt du Cranou (en Hanvec et Rumengol), enfin par le bois du Garz (en l'Hôpital-Camfrout) qui touche la mer.

La rivière d'Elorn dépend aussi du bassin de la rade de Brest ; si elle n'est pas renfermée dans l'intérieur de ce bassin, elle tire ses eaux de la chaîne d'Arez et coule au pied de son versant extérieur. C'est, comme l'Aune, une rivière très forestière, mais plutôt dans la seconde partie de son cours, depuis le point où elle prend résolument la direction du Sud-Ouest (1). Là même, à peu de distance de sa rive droite le grand bois de Coatmeur (en Landivisiau) décore sa vallée, tandis que, sur sa rive gauche, à toucher son onde et à y verser leur ombre, se succèdent le bois de Pernaman (en Loc Eguiner), la belle forêt de Brézal (en Ploudiri) qui déborde sur la rive droite, et un peu plus loin du lit de la rivière, au Sud, le bois de Pencran, celui de Lesquivit en Dirinon ; enfin en revenant, pour finir, sur la rive droite, la forêt de Landernau, un peu au-dessous de cette ville, forêt célébrée comme son château dans diverses légendes du moyen-âge sous le nom de Joyeuse-Garde.

Dans le reste du territoire des Osismes (département actuel du Finistère) il existe encore quelques bois et forêts notables, par exemple, celle de Coat-Loc'h (en Scaër) illustrée par Brizeux, celle de Carnoët sur la Léta, chère aux ducs de Bretagne ; quelques autres encore. Mais outre qu'elles sont peu nombreuses, étant isolées, éloignées les unes des autres, elles ne peuvent servir d'indices, de jalons, pour reconstituer l'état forestier ancien, ce qui est notre objet : il n'y a donc pas lieu d'en parler ici.

Ainsi, indépendamment de la grande forêt centrale décrite plus haut (p. 42 à 50), le territoire des tribus gauloises de la péninsule armoricaine était encore très couvert de bois. Mais ces refuges, ces retraites, ces remparts silvestres ne purent hélas ! les préserver de la conquête romaine.

(1) Voir ci-dessus p. 23.

II.

LUTTE CONTRE JULES CÉSAR.

(57-56 avant J.-C.).

ules César acheva son premier consulat le 31 décembre de l'an 59 avant Jésus-Christ. Mais, au cours de cette magistrature, le peuple lui avait donné pour cinq ans (bientôt après prorogés à dix) le gouvernement de l'Illyrie et des deux Gaules soumises dès lors aux Romains, la Cisalpine et la Transalpine (1), avec sept légions. Le Sénat y ajouta, pour la conquérir ou au moins pour la surveiller de près, la *Gallia Comata* (2), c'est-à-dire la Gaule indépendante.

L'état des choses en ce dernier pays était fait pour attirer l'attention de Rome. Tout récemment 100 à 150,000 Germains, sous Arioviste, y avaient fait irruption et s'étaient malgré les habitants établis à demeure dans la Séquanie. Dès la première année du gouvernement de César, toute la nation des Helvètes, à l'étroit chez elle et se sentant pressée par le flot montant des barbares germains, résolut de déménager en bloc, hommes, femmes, enfants et voisins, au nombre de 368,000 personnes, d'entrer de gré ou de force en Gaule et de s'y établir. — Evidemment si cette poussée formidable de la barbarie germanique n'eût été arrêtée de suite, elle aurait bientôt menacé, non seulement la Gaule, mais l'Italie.

César, dès la première année de son gouvernement (58 avant J.-C.), fut appelé par les Gaulois indépendants à leur secours pour aider à les débarrasser des Germains d'Arioviste et à les préserver de l'invasion helvétique. Ayant pleinement réussi dans cette double entreprise, beaucoup de tribus de la *Gallia Comata* virent en lui, non un ennemi et un conquérant, mais un ami, un allié. Toutefois les peuplades établies dans la partie septentrionale de la Gaule appelée *Belgium* (Belgique) virent pour la plupart d'un mauvais œil l'entrée de César et des Romains dans les Gaules, même pour prêter secours aux indigènes contre les envahisseurs, et elles firent une ligue entre elles dans le but de chasser les Romains. Prévenu à temps, César détacha de la ligue plusieurs des confédérés et infligea aux autres (notamment aux Nerviens et aux Atuates), non sans peine, une sanglante défaite. En même temps, voulant être renseigné sur les dispositions des autres peuples du

(1) Gaule *Cisalpine* — c'est l'Italie septentrionale habitée par beaucoup de peuples d'origine gauloise. La Gaule *Transalpine* ou *Province romaine* de la Gaule, s'étendait de la Garonne au lac Léman, par le Tarn, les Cévennes, le Rhône, et des Alpes aux Pyrénées.

(2) *Gaule Chevelue;* c'était toute la Gaule, moins la Province romaine, dont on vient d'indiquer l'étendue.

Nord de la Gaule, il envoya l'un de ses lieutenants, Publius Crassus, avec la septième légion dans la région du Nord-Ouest, pour s'en assurer.

Bientôt il reçut de Crassus la nouvelle que « les *Veneti*, les *Unelli*, les *Osismii*, » les *Curiosolitæ*, les *Esuvii* ou *Sesuvii*, les *Aulerci* (1) et les *Redons*, — peuplades » maritimes, c'est-à-dire *armoricaines*, touchant à l'Océan » — avaient reconnu la puissance romaine (2), et donné des ôtages (an 57 av. J.-C.).

C'est là la première mention, inscrite dans un document historique, des habitants de la péninsule armoricaine; c'est l'entrée de notre pays dans l'histoire.

L'information donnée à César par son lieutenant était-elle exacte? Il y a lieu d'en douter. Bien probablement, cette prétendue soumission des peuplades armoricaines impliquait seulement de leur part l'engagement de garder la paix avec les Romains. Aussi, quand à quelques mois de là ils entendirent ceux-ci leur parler en maîtres, les Armoricains furent très surpris.

Crassus, le lieutenant de César, avait pris ses quartiers d'hiver avec sa légion dans le pays des Andes (Anjou). Il y avait eu en ce pays mauvaise récolte, d'où vint une disette *(inopia frumenti)*. Crassus envoya des officiers de sa légion demander aux peuplades voisines de lui envoyer des subsistances. Ces hommes s'acquittèrent sans doute de leur mission avec l'arrogance assez familière aux agents du peuple-roi. Choqués du procédé, les Armoriques répondirent aux Romains que s'ils voulaient avoir d'eux quelque chose, il fallait d'abord leur rendre leurs ôtages. Et comme on ne les rendait point, ils retinrent les envoyés de Crassus. Ainsi en fut-il du moins de Silius et de Velanius, de Terrasidius et de Trébius Gallus, retenus, les deux premiers par les Venètes, le troisième par les *Unelli*, le dernier par les Curiosolites. Quant aux autres, César n'en parle pas, ils trouvèrent apparemment moyen de s'échapper (César III, 8).

Y avait-il là vraiment un cas de guerre? Cela ne semble pas évident. On ne dit point que les Armoricains eussent maltraité les envoyés de Crassus ni même refusé les vivres demandés, mais seulement qu'ils réclamaient leurs ôtages. Il y avait là, ce semble, avant de dégainer, matière à négocier.

César, qui en ce moment était allé faire un tour en Illyric, n'en jugea pas ainsi, et saisit avec empressement cette occasion de rouvrir la guerre des Gaules. La puissance des Venètes consistant surtout dans leur marine, César voulut s'en faire une pour les combattre. Il expédia aussitôt l'ordre à Crassus « de construire des » galères sur la Loire, de lever des rameurs dans la Province romaine, de » rassembler des matelots et des pilotes, » et dès que la saison le permit, il revint en Gaule près de son armée (César III, 9).

Malgré la supériorité incontestable de la discipline, de l'armement, de la science militaire des Romains, la guerre où César s'engageait d'un cœur si prompt.n'était point sans péril. « Parmi les peuples de cette région maritime, » c'est-à-dire, du littoral occupé par les tribus armoricaines, les Venètes étaient le plus puissant de tous : puissance fondée, dit César, sur le grand nombre de leurs vaisseaux, leur commerce florissant avec l'île de Bretagne, leur science dans la

(1) C'est-à-dire, selon M. Desjardins, les *Ambivariti* ou *Abrincatui*, qui sont à ses yeux une des divisions de la nation des *Aulerci*.
(2) César, II, 34.

navigation, et la possession des meilleurs ports de cette côte. Leur influence devait entraîner dans leur cause bon nombre de peuples voisins, et en effet César sut bientôt qu'outre les *Unelli* et les Curiosolites compromis avec eux, les Venètes avaient engagé dans leur alliance les Namnètes, les Osismiens, les Diabintes, les Lexoviens, les Ambiliates, les Morins, les Ménapiens. Pour mettre obstacle à cette propagande et aux secours que les Venètes en pouvaient tirer, César chargea Labiénus d'aller vers le Rhin contenir les Germains et les peuples du *Belgium ;* il expédia Crassus en Aquitaine, avec de la cavalerie et douze cohortes qui devaient tenir ce pays en respect, et envoya Titurius Sabinus à la tête de trois légions chez les Curiosolites et les *Unelli* pour les empêcher de bouger. En attendant la flotte qu'il faisait construire, il obligea les Pictons et les Santons à lui fournir des navires, dont il donna le commandement à Décimus Brutus en lui prescrivant de se diriger ver le pays des Venètes, et « il y marcha lui-même avec les troupes de terre. »

Ces renseignements sont tirés littéralement de César (III, 11). D'où partit-il pour se rendre en Vénétie? Quelle route suivit-il? Combien avait-il de troupes avec lui ? Il n'en dit rien. Probablement il venait d'Angers, il dut éviter la rive droite de la Loire possédée par les Namnètes alliés des Venètes, et suivre la rive gauche, où il rencontra au contraire les Pictons ses alliés, qui lui fournirent des vaisseaux — vaisseaux de charge et non de guerre — pour passer, vers l'embouchure de la Loire, son armée sur l'autre bord, et ensuite pour traverser la Vilaine.

Voilà César dans la Vénétie? qu'y fit-il? Il s'est donné beaucoup de peine pour nous expliquer qu'il n'y fit rien. Les Venètes s'étaient retirés, avec leurs grains et leurs biens, dans leurs places fortes. Ces forteresses ou *oppida* étaient situées à l'extrémité de langues de terre ou de promontoires très avancés dans la mer, coupés à la gorge par des retranchements et de profonds fossés. A mer haute, les gens de pied n'en pouvaient approcher; si on les mettait sur des vaisseaux, le reflux survenant laissait les vaisseaux à sec sur la plage. César s'ingénia alors à faire construire avec beaucoup de peine des chaussées qui, dominant le niveau de la mer et les murailles de la place, devaient permettre aux assiégeants d'attaquer les assiégés avec avantage. Mais quand ceux-ci craignaient d'être pris, ils faisaient approcher de l'autre côté de la place bon nombre de vaisseaux, s'y embarquaient tous avec toutes leurs provisions, ne laissant aux Romains que des pierres, et allaient un peu plus loin se réfugier dans un autre *oppidum*, devant lequel il fallait recommencer un nouveau siège, destiné à aboutir, après de nouvelles fatigues, à un nouvel échec.

Les archéologues vannetais signalent, dans la presqu'île de Ruis et aux environs, nombre de promontoires dont le site et la configuration physique offrent tous les caractères attribués par César aux *oppida* vénétiques, contre lesquels, durant l'été de l'an 58 av. J.-C. il s'escrima si péniblement en pure perte. On cite, entre autres, « les promontoires de Penlan, de Penerf, de Penvins, de Kercambre et de Saint-Gildas, du Petit-Mont et de Port-Navalo ; les estuaires de Bilier remontant presque jusqu'à Muzillac, de Penerf presque jusqu'à Ambon, de Kerfontaine et d'Arzon (1), » etc.

(1) Alfred Lallemand, *Campagne de César en l'an 56 av. J.-C.*, p. 42.

César finit par comprendre qu'il ne pouvait rien contre les Venètes tant qu'il n'aurait pas de vaisseaux de guerre à opposer aux leurs, et que s'il continuait d'imposer à son armée d'énormes fatigues absolument inutiles, il risquait de la démoraliser. Il s'arrêta. Cette campagne manquée fut pour lui un grave échec, Dion Cassius le constate nettement : « César, dit-il, passa presque toute la belle saison sans rien faire... et *il était tout à fait en peine* (1) » jusqu'à l'arrivée de sa flotte.

Dans cet embarras, puisqu'il ne pouvait agir sans sa flotte, il dut se rapprocher du lieu où il espérait la voir paraître. Puisqu'elle était, en partie du moins, construite sur la Loire, elle devait venir déboucher de ce fleuve dans l'Océan. Il alla donc se poster pour l'attendre près de l'embouchure de la Loire, probablement dans la presqu'île de Guérande (2).

César, qui se donne volontiers comme ayant tout improvisé par son génie dans la guerre des Gaules, n'indique pas d'autre origine de sa flotte que l'ordre donné par lui à Crassus, dès le commencement de la campagne, de construire des vaisseaux sur la Loire. Dion Cassius, résumant tous les historiens romains qui avaient parlé de cette guerre et qu'on possédait encore à son époque, est plus complet (3) : nous savons par lui que César avait envoyé Décimus Brutus chercher dans la Méditerranée un supplément à la flotte construite en Loire : « César, dit-il, était tout à fait en peine, lorsqu'enfin Décimus Brutus *lui arriva de la Mer Intérieure avec des vaisseaux rapides* (4). » Le lieu forcément marqué pour la jonction des deux parties de la flotte, c'était encore l'embouchure de la Loire; sans doute les vaisseaux construits par Crassus étaient mouillés dans le bas du fleuve pour attendre la division venant de la Méditerranée ; dès qu'elle parut, ils allèrent la joindre devant la côte guérandaise. Les sentinelles gauloises placées sur tous les points dominants du littoral vénétique la signalèrent dans leur capitale ; aussitôt la flotte des Venètes sortant du port où elle s'abritait, c'est-à-dire du golfe du Morbihan, forte, selon César, de 220 voiles ou environ, courut sur la flotte romaine encore au mouillage et se mit devant elle en ligne de bataille (5).

Avant de raconter cette bataille, César a bien soin de faire, pour sa plus grande gloire, une description comparative des deux flottes :

« Les vaisseaux des ennemis (dit-il) avaient la carène plus plate que les nôtres ; aussi redoutaient-ils moins les bas-fonds et le reflux. Leurs proues étaient très hautes, leurs poupes plus propres à résister aux vagues et aux tempêtes ; les navires tout entiers de chêne, pouvant soutenir le choc le plus rude ; les bancs faits de poutres d'un pied d'épaisseur, attachés par des clous de fer de la grosseur d'un pouce ; les ancres retenues par des chaînes de fer au lieu de cordages ; les voiles faites de peaux souples bien apprêtées (au lieu de toile). Dans l'action, notre seul avantage était de les surpasser par l'agilité et la vitesse de nos rames ; ils étaient d'ailleurs bien plus en état de lutter contre la violence des tempêtes dans

(1) Dans Cougny, *Auteurs grecs concernant l'histoire des Gaules* (publiés par la Société de l'Histoire de France), t. IV, p. 272-273.
(2) Voir La Monneraye, *Géographie ancienne de la péninsule armoricaine*, p. 148-150.
(3) Né l'an 155 de J.-C., écrivait vers 220-230.
(4) Dans Cougny, *Ibid.*
(5) « Quæ (classis Cæsaris) ubi convenit ac primum ab hostibus visa est, circiter ccxx naves eorum paratissimæ, profectæ ex portu, nostris adversæ constiterunt. » (César III, 14).

ces parages. Les nôtres avec leurs éperons ne pouvaient entamer des masses aussi solides, et leur hauteur les mettait presque à l'abri de nos traits. Les écueils leur faisaient moins de mal qu'à nous ; quand le vent s'élevait et qu'ils s'y abandonnaient, ils résistaient aisément à la tempête, ne redoutant ni les bas-fonds ni, dans le reflux, les pointes et les rochers : tous périls, au contraire, fort à craindre pour nos vaisseaux. » (César III, 13).

A en juger par cette description, les vaisseaux romains auprès des géants gaulois étaient des nains. Comment donc ces coques de noix purent-elles venir à bout de ces forteresses ? César va nous le dire, il faut de toute nécessité citer son récit. On fera bien toutefois de ne l'accepter que sous bénéfice d'inventaire, car sur un point important il donne (nous le prouverons) habilement, mais traitreusement une forte entorse à la vérité. Il avoue que devant ces grandes machines vénétiques, ses marins furent d'abord embarrassés :

« Décimus Brutus, chef de la flotte romaine, les tribuns et centurions commandant chaque vaisseau, ne savaient trop comment s'y prendre pour engager avantageusement le combat. Ils savaient que l'éperon de nos galères serait impuissant, les tours de nos vaisseaux trop basses pour atteindre la poupe de ceux des barbares ; que nos traits lancés d'en bas seraient sans effet, ceux des Gaulois, au contraire, terribles pour nous. Un seul des engins préparés par les nôtres fut d'un grand secours. C'était une espèce de faux extrêmement tranchante, emmanchée d'une longue perche, assez semblable à celles qu'on emploie dans les siéges. Au moyen de ces faux on accrochait, on tirait à soi les cordages qui attachent les vergues aux mâts ; on les rompait en faisant force de rames ; les vergues tombaient nécessairement, et les vaisseaux gaulois, perdant ainsi les voiles et les agrès qui faisaient toute leur force, se trouvaient réduits à l'impuissance.

» Le reste ne dépendait que du courage, et en cela nos soldats avaient facilement l'avantage, surtout dans une bataille livrée sous les yeux de César et de toute l'armée, où aucun exploit ne pouvait demeurer inconnu, l'armée occupant toutes les collines et les hauteurs d'alentour, d'où la vue s'étendait sur la mer.

» Dès qu'un navire gaulois (continue César) était ainsi privé de ses vergues et de ses voiles, deux ou trois de nos vaisseaux l'entouraient, et nos soldats s'efforçaient vivement de monter à l'abordage. Les barbares ayant ainsi perdu beaucoup de leurs navires et ne sachant que faire contre cette manœuvre, voulurent chercher leur salut dans la fuite. Déjà ils avaient viré de bord pour profiter du vent, quand tout à coup survint un calme plat, qui leur rendit tout mouvement impossible. Circonstance qui compléta la victoire : les nôtres attaquèrent leurs navires et les prirent l'un après l'autre ; fort peu purent regagner la terre à la faveur de la nuit. La bataille avait duré depuis la quatrième heure du jour (1) jusqu'au coucher du soleil. » (César III, 14 et 15).

Dans cette narration artistement composée il y a cependant, quand on y regarde de près, de fortes invraisemblances. Comment ! les Vénètes, si habiles marins au dire de César, montant des navires d'une force double ou triple de celle des vaisseaux romains, n'auraient pu trouver aucun moyen pour résister à

_____

(1) Dix heures du matin.

la manœuvre de l'accrochement des vergues ! D'abord, puisque les tours des vaisseaux romains étaient plus basses que la proue des vaisseaux gaulois, il eût fallu à ces fameuses faux des manches furieusement longs pour qu'elles pussent d'en bas, de dessus les vaisseaux romains, atteindre les vergues des vaisseaux gaulois ; cela devait être bien difficile à manier, et si les Venètes eussent vu au-dessus de leur bord s'allonger ces affreuses faux avec leur terrible manche, il leur aurait été bien facile de trancher ce manche à coups de hache et de démolir ainsi toute la machine.

Et d'ailleurs, tant que dura le vent et que grâce à lui les navires vénétiques conservèrent la faculté de locomotion, qui donc les eût empêchés, s'ils avaient vu l'un d'entre eux attaqué par les *faucheurs* romains, de venir à son secours, de jeter sur son pont une partie de leurs équipages pour résister à l'attaque des deux ou trois vaisseaux césariens acharnés contre lui? Qui les eût empêchés de lancer leurs proues contre ces bateaux minuscules qu'elles eussent écrasés sans peine ? Mieux encore : n'est-il pas évident qu'en face d'une pareille manœuvre réussissant par surprise contre un ou deux navires gaulois, toute la ligne de bataille vénétique se serait élancée sur la ligne romaine et, le vent gonflant, poussant leurs voiles puissantes, ces vaisseaux aux proues géantes décrites par César auraient bousculé, broyé comme des coquilles de noix les petits bateaux de Décimus Brutus? S'ils n'eussent pas fait cela, si au moins ils ne l'eussent pas tenté, si même ils n'y avaient pas songé, ces Venètes eussent été évidemment de purs imbéciles, — et César, on le sait, les vante comme très habiles marins.

Le récit de César est donc manifestement invraisemblable, les choses n'ont pu avoir lieu ainsi. Comme elles se sont réellement passées, nous allons le voir dans le récit d'un auteur déjà cité par nous, qui n'avait point comme César le souci discret mais constant de son panégyrique personnel ; qui au contraire portait dans l'histoire une grande conscience, qui a consulté, résumé sur cette époque tous les historiens dont les œuvres existaient de son temps, même ceux dont le témoignage contredisait, rectifiait celui de César. C'est le récit de Dion Cassius ; le voici (1) :

« En équipant ces navires (les navires de Décimus Brutus), on n'avait eu en vue que la légèreté pour une navigation rapide, selon la manière de naviguer usitée chez nous. Ceux des barbares (des Venètes) qui devaient souvent, dans la continuité du flux et du reflux de l'Océan, rester à sec et être assez forts contre le flot montant ou descendant, surpassaient de beaucoup les nôtres par leur grandeur et l'épaisseur de leur bois. Aussi les barbares, qui n'avaient pas encore fait connaissance avec une marine comme la nôtre, en voyant nos navires, ne firent nul cas de leur service et se portèrent contre eux, pendant qu'ils étaient encore au mouillage, comme si en un instant ils allaient les couler bas avec leurs avirons (2). Les leurs étaient portés par un vent abondant et rapide, grâce à des

_____

(1) Dion, *Histoire romaine*, livre XXXIX, chapitres 41, 42, 43. Nous nous servons de la traduction de M. Cougny *(Auteurs grecs concernant l'histoire des Gaules*, IV, p. 274 à 279), combinée avec celle du *Recueil des historiens des Gaules et de la France*, t. I, p. 498, 499.

(2) On a aussi traduit le dernier membre de cette phrase par : « *espérant* les couler bas, sans la moindre peine, par le choc de leurs avirons. » La traduction que nous donnons d'après M. Cougny est plus exacte et n'attribue pas sérieusement aux Venètes un espoir qui serait un peu gascon.

voiles de peau qui recevaient, sans jamais en avoir trop, toute la force de son souffle.

» Or *Brutus, tant que régna ce vent, n'osa point s'avancer contre les Vénètes*, à cause du nombre et de la grandeur de leurs navires, de la force du vent et du choc [qu'il redoutait]. Bien plus, *il prenait ses mesures pour se défendre* contre leurs attaques *sur terre et abandonner complètement ses bateaux. Mais le vent tout à coup tomba*, le flot s'aplanit; les vaisseaux des Vénètes, ne pouvant être mis en mouvement par les rames en raison de leur pesanteur, restèrent sur place. *Brutus alors prend courage*, se porte à leur rencontre, tombe dessus, voguant à l'entour, voguant au travers, tantôt se jetant sur l'un d'eux, tantôt reculant; *il multiplie impunément où et autant qu'il veut ces redoutables manœuvres*. Ici il *se porte avec plusieurs vaisseaux contre un seul* (1), ailleurs il les attaque à force égale, parfois il leur laisse l'avantage du nombre, et toujours sans danger. Là où il a la supériorité, il s'attache à eux, coule bas les uns en les brisant, *monte à l'abordage des autres de plusieurs côtés*, en vient aux mains avec les hommes qui s'y trouvent et en massacre un grand nombre. S'il avait le dessous quelque part, *il se retirerait aisément*, si bien que même en pareil cas *il gagnait toujours quelque chose*. »

Il résulte clairement de ce passage que, tant que le vent souffla et maintint aux vaisseaux vénétiques la faculté de se mouvoir, non seulement Décimus Brutus ne les attaqua pas, ne bougea pas et se tint coi au mouillage le plus près de terre possible pour éviter leur attaque, mais encore, prévoyant que malgré toutes ses précautions il viendrait à être forcé par l'ennemi, et trop sûr, en cas de choc, de l'écrasement complet de ses vaisseaux, il fit ses dispositions pour mettre ses hommes à terre et lâcher ses bateaux. Donc, si le vent n'eût pas tombé, c'était la déroute et la destruction complète de la flotte césarienne, un vrai désastre. Et César a le front de nous dire qu'avant la chute du vent, quand les Vénètes conservaient encore la liberté de leurs mouvements, Brutus avait déjà commencé sur une grande échelle la manœuvre de l'accrochement des voiles et pris à l'ennemi beaucoup de vaisseaux : c'est là, on le voit, un insigne mensonge.

Dans la description, par Dion Cassius, des manœuvres de Brutus après la chûte du vent qui cloua sur place tous les navires gaulois, il y a beaucoup de phraséologie. Brutus n'avait sans doute qu'une manœuvre, qui consistait à se mettre dix contre un pour écraser sous le nombre, l'un après l'autre, chaque navire ennemi. César lui-même ne lui en attribue pas d'autre (2). Dion a d'ailleurs la bonne foi de dire que, quelles que fussent les manœuvres de Brutus, même là où il « laissait aux Gaulois l'avantage du nombre, » même quand « il avait le dessous » et était obligé de se retirer, c'était « *toujours sans danger* » et « *il y gagnait toujours quelque chose*. » Je crois bien : cette bataille des Romains contre les Vénètes, c'était le loyal combat d'un solide gaillard ayant complète liberté de tous ses membres contre un pauvre diable ligotté des pieds à la tête, qui ne peut remuer, comme on dit, ni bras ni jambe. Voilà cette grande, cette glorieuse victoire! Ce qui passe tout, c'est l'impudence de César, osant attribuer le gain de la bataille à la supériorité du courage de ses soldats sur celui des Vénètes! L'insulte aux

(1) C'est la seule manœuvre que César attribue à ses vaisseaux.
(2) Il est vrai qu'il ne parle que de trois contre un, c'est déjà de sa part un fort aveu.

vaincus — qu'il n'a pas vaincus — voilà la générosité de ce grand homme ! Dion, qui n'était qu'un petit homme, mais un historien consciencieux, a rendu justice à la résistance, à la vaillance des pauvres Gaulois. Voici ce qu'il en dit :

« Les barbares (les Venètes), qui ne connaissaient pas l'usage de l'arc et qui n'avaient pas fait provision de pierres, pensant ne pas en avoir besoin, — si quelqu'un de leurs adversaires marchait jusqu'à eux, le repoussaient assez bien en combattant ; mais ceux qui les attaquaient d'un peu loin, ils n'avaient moyen de rien faire contre eux. Ainsi ils étaient blessés, ils mouraient, et cela *sans pouvoir nullement se défendre*. Et leurs vaisseaux étaient assaillis, brisés, ou bien on y mettait le feu et ils brûlaient ; quelques-uns, se trouvant sans hommes, furent amarrés à ceux de l'ennemi et remorqués. En voyant cela, des hommes qui restaient encore sur les navires les uns se tuèrent pour n'être pas pris vivants, les autres sautèrent dans la mer, soit pour escalader les vaisseaux ennemis, soit pour périr dans les flots plutôt que sous les coups des Romains. *Ils ne différaient de ceux-ci ni par le courage ni par l'audace;* mais trahis par l'immobilité de leurs vaisseaux, ils subirent un terrible désastre (1). En même temps, dans la crainte que quelque souffle, rencontrant les navires des Venètes, ne les mît en mouvement, *les Romains dirigeaient de loin contre eux des faux à longue hampe* dont ils coupaient leurs cordages et déchiraient leurs voiles.

» Forcés de combattre sur leurs vaisseaux comme s'ils eussent été à terre, contre un ennemi ayant l'avantage du combat naval (2), les Venètes en très grand nombre y périrent, et tous ceux qui survécurent furent pris. César, ayant fait égorger les plus considérables, vendit les autres. »

Nous retrouvons ici, mais dans des circonstances très différentes et beaucoup plus vraisemblables, l'histoire des faux emmanchées et de l'accrochement des voiles. C'est après la chute du vent, alors que ces braves Romains se mettaient dix contre un pour brûler les uns après les autres les navires gaulois et pour massacrer leurs équipages, c'est alors que ces intrépides Césariens, craignant de voir le vent se relever et leur ravir peut-être leurs victimes, s'amusèrent à décrocher leurs vergues et à déchirer leurs voiles, ce à quoi les pauvres Venètes n'avaient plus aucun moyen de s'opposer. Comme cela, cette opération rentre tout à fait dans la vraisemblance ; c'est une précaution effarée et lâche, digne de la générosité des vainqueurs. Dans le récit de César, elle était impossible et absurde.

Quelle sombre et tragique grandeur dans cette peinture de la sanglante destruction du peuple vénétique ! Ces vaisseaux où il ne reste pas un homme parce que tous leurs défenseurs ont péri ; ces autres qui flambent comme les torches funéraires de cette malheureuse nation ; ces hommes frappés à distance par les généreux Romains sans pouvoir se défendre ; ces guerriers qui se percent eux-mêmes ou se jettent dans la mer pour ne pas tomber vivants aux mains de l'ennemi, et ces autres qui se précipitent affolés à l'assaut des navires des vainqueurs pour recevoir la mort plus tôt !

Auprès de ces héroïques Venètes et de leur grandiose désespoir, ils sont bien

---

(1) Ἀεινῶς ἤσχαλλον, in summam perniciem devenerunt *(Rec. des histor. des Gaules*, I, 499).

(2) « Ita Veneti, quasi terrestre prælium in navibus contra pugnantes in mari Romanos coacti sustinere, plerique in ipso prælio perierunt » *Ibid.*

dégoûtants ces Romains, prêts tout à l'heure à fuir devant les Gaulois, et qui maintenant férocement impitoyables se font les bouchers d'un peuple que les éléments leur livrent à égorger sans aucun péril.

Et ce César! S'il avait eu quelque chose d'humain dans la poitrine, n'eût-il pas été ému de cette ruine fatale, imméritée de tout un peuple, consommée en quelques heures?

On sait comme son émotion se fit jour. Après le désastre, les Venètes s'étaient rendus à lui corps et biens. Il fit égorger tout le sénat, vendit le reste de la nation à l'encan — et s'en vante dans ses mémoires.

Voilà un grand homme qui ressemble beaucoup au dernier des misérables!

La destruction des Venètes fut un coup terrible pour toutes les peuplades armoricaines. On les retrouve cependant encore une fois au moins dans la guerre des Gaules. En l'an 52 avant J.-C., lorsque Vercingétorix, assiégé par César dans Alesia, lança un suprême appel aux patriotes gaulois, chacune des tribus armoricaines fournit à l'armée de secours un contingent de 3,000 hommes (César, VII, 75). Les Venètes seuls, encore tout affaissés sous leur ruine, ne purent rien fournir.

III.

LES CITÉS GALLO-ROMAINES
DE LA PÉNINSULE ARMORICAINE.

§ 1. — *Organisation des cités gallo-romaines.*

A romanisation de la Gaule fut, on le sait, beaucoup plus complète, et même beaucoup plus prompte que nos historiens ne l'ont cru pendant longtemps.

Après avoir opposé au conquérant la vaillante résistance qu'il a lui-même célébrée, la nation gauloise ne semble pas avoir longtemps gardé rancune à son vainqueur. Celui-ci d'ailleurs, une fois la guerre finie, se plut à ménager cette opime conquête, la source la plus éclatante de sa gloire, et à se faire en quelque sorte pardonner sa victoire. Non seulement il donna à beaucoup de Gaulois le droit de cité romaine et même une place au Sénat (Suétone, *Cæsar*, 76, 80), mais il leva et entretint à ses frais la fameuse légion de l'*Alouette*, composée exclusivement de Gaulois, devenue grâce à lui la 5e légion de la République romaine *(Quinta Alaudæ)*, qu'il garda toujours près de lui et dont tous les soldats furent faits citoyens romains. Aussi dans la guerre civile, non seulement la Gaule soutint constamment le parti de César, mais elle lui offrit pour défendre sa cause un corps de 10.000 fantassins et de 6.000 cavaliers (1).

En retour de l'indépendance qu'ils enlevaient aux peuples conquis, les Romains leur laissaient une large autonomie administrative. Il en fut de même pour la Gaule. Auguste, à qui incomba le soin d'organiser la conquête de César, conserva à toutes les peuplades gauloises de quelque importance avant la conquête leur existence propre et la régularisa en donnant à chacune d'elles une vie municipale, qui reliait à la ville chef-lieu tout le territoire de la peuplade. Dans les trois provinces — *Lyonnaise, Aquitaine, Belgique* — entre lesquelles il avait partagé le territoire de la *Gallia Comata* ou *Gallia Nova*, c'est-à-dire de la conquête de César, il y avait soixante peuplades gauloises, « à chacune desquelles, » dit M. Léon Renier, Auguste attribua une administration composée d'un conseil » de *décurions* (au nombre de cent), de deux *duumvirs* (2), de deux *édiles* et de

---

(1) Voir Ernest Desjardins, *Géogr. hist de la Gaule*, III, p. 48 et note 4.
(2) Les *duumvirs* présidaient le conseil des décurions, dirigeaient l'administration et rendaient la justice dans les petites causes. Les *édiles* étaient chargés de la police, les *questeurs* des finances ; il y eut quelques variations dans ces titres, par exemple, *curateur* au lieu de *questeur*.

» deux *questeurs* (élus par la curie ou l'assemblée du peuple et pris parmi les
» décurions). Il donna à ces municipalités le titre général de cités *(civitates)*, en
» laissant à chacune d'elles le nom particulier de la peuplade gauloise dont elle
» avait été formée. Les territoires des *cités* étaient divisés en cantons *(pagi)* et en
» bourgs *(vici)*, lesquels étaient administrés par des « maîtres » *(magistri pagani*
» ou *vicani)* nommés par les décurions (1). »

Les cinq peuples gaulois de la péninsule armoricaine formèrent donc chacun
avec son territoire une municipalité gallo-romaine. — Parmi les cités ou
municipalités ainsi créées par Auguste, quelques-unes dites *alliées* du peuple
romain *(civitates fœderatæ)*, d'autres cités *libres (civitates liberæ)*, jouissaient de
certains privilèges, notamment de l'exemption du tribut *(stipendium)* ou impôt
direct exigé de la Gaule conquise, et auquel le reste des cités, appelées *tributaires*
(civitates stipendiariæ), étaient astreintes. Toutes les cités de la péninsule
armoricaine appartenaient à cette dernière classe. Ce tribut d'ailleurs n'était pas
fort lourd ; César l'avait fixé à quarante millions de sesterces, soit huit à dix
millions de notre monnaie. Plus tard la prospérité de la Gaule se développant,
cet impôt fut augmenté, mais ne paraît pas, sous le haut Empire, avoir dépassé
environ 75 millions de notre monnaie (2) ce qui était certainement fort modéré.

Auguste avait partagé la Gaule conquise par son oncle en trois provinces :
Lyonnaise, Aquitaine, Belgique. La Lyonnaise *(Lugdunensis)* répondait à la
Celtique de César, moins douze peuples situés au sud de la Loire sur la rive
gauche, qu'Auguste avait joints à l'Aquitaine pour mieux égaliser ses trois
provinces. La Lyonnaise d'Auguste commençait à la source de la Loire, et
la rive droite de ce fleuve lui servait de limite, à l'Ouest et au Sud, jusqu'à son
embouchure ; sa limite Est suivait le haut cours de la Saône et finissait au bord
de la Manche, à l'Est de l'embouchure de la Seine, de façon à envelopper entre
elle et ce fleuve le peuple des *Caletes* ou pays de Caux : de la Seine à l'embouchure
de la Loire, la Lyonnaise était bordée par la mer. C'était une province impériale,
c'est-à-dire gouvernée par un lieutenant de l'empereur, qui prenait le titre de
legatus Augusti pro prætore et était de rang prétorien ; il avait près de lui un
procurateur impérial (*procurator Augusti*) chargé de l'administration des finances.

Sous Dioclétien, vers l'an 297, la Lyonnaise fut scindée en deux provinces :
Lyonnaise Iᵉ, comprenant le Sud et le centre ; Lyonnaise IIᵉ embrassant le Nord-
Est, c'est-à-dire tout le littoral et même la rive droite de la Loire depuis son
embouchure jusqu'à Angers (3) : la péninsule armorique en faisait partie. Enfin,
sous l'empereur Gratien ou sous son successeur Valentinien II, entre l'an 369 et 385,
la Lyonnaise fut encore remaniée et partagée cette fois en quatre provinces ; la
Lyonnaise IIᵉ fut restreinte au littoral allant du pays de Caux à l'embouchure du
Coësnon ; la Lyonnaise IIIᵉ, située au sud de la précédente, comprit toute la
péninsule armoricaine et l'intérieur du pays au Nord de la Loire jusqu'à Tours (4).

---

(1) Leçons de M. Léon Renier au Collège de France, dans E. Desjardins, *Géogr. de la Gaule* III,
p. 378-379 ; cf. p. 375 et 377 ; et encore p. 415-416.
(2) Voir Fustel de Coulanges, *La Gaule romaine*, p. 275.
(3) Voir E. Desjardins, *Géogr. de la Gaule*, III, p. 462 à 464, et la carte de la Gaule planche XIX
(4) Id. *Ibid.* p. 463-464.

§ 2. — *Limites des cités de la péninsule armoricaine.*

Comme nous l'avons annoncé, nous allons revenir sur les limites des cités gallo-romaines qui continuèrent, dans la péninsule armoricaine, les peuplades gauloises dont il a été question plus haut. Ici en effet, pour arriver à un résultat, nous possédons certains renseignements sérieux qui pour l'époque gauloise nous faisaient défaut.

Aux premiers siècles de l'Eglise, il était dans l'esprit de la législation canonique de modeler les circonscriptions religieuses, c'est-à-dire, les diocèses, sur les circonscriptions civiles préexistantes. Pousser ce principe à l'extrême, à l'absolu; dire par exemple (comme quelques-uns l'ont fait) que toute cité gallo-romaine, inscrite dans la *Notice des Gaules* du Ve siècle, a nécessairement donné naissance à un diocèse chrétien et était même dès lors un diocèse, dont les limites se superposaient exactement à celles de la cité, — ce serait soutenir une thèse fausse, quelque peu en dehors du sens commun, qui n'admet point de règle sans exception. Ce qui est vrai, c'est qu'en effet cette conformité des limites ecclésiastiques et des limites civiles était la règle, et que là où rien ne s'y oppose, il y a lieu de croire que cette règle a été suivie.

Trois des diocèses de la péninsule armorique remontent à l'époque romaine : ceux de Nantes, de Vannes et de Rennes. Donc il y a lieu de croire que les limites de ces trois diocèses représentent celles des cités qui les ont précédés.

Le diocèse de Nantes, avant le IXe siècle, avait pour bornes au Sud la Loire, au Nord le Samnon, à l'Ouest la Vilaine : ce devait être aussi celles de la cité des Namnètes.

Le diocèse de Vannes, ayant été fondé avant la venue des émigrés bretons en Armorique, dut adopter également les limites de la cité gallo-romaine des Vénètes : donc celle-ci avait, comme le diocèse, la Vilaine pour borne à l'Est, et à l'Ouest la rivière d'Ellé. Il est plus difficile d'indiquer la limite Nord, car de ce côté s'étendait la grande forêt centrale, dont la cité s'était déjà sans doute approprié une partie, mais aux dépens de laquelle le diocèse s'agrandit de plus en plus. Au IXe siècle, d'après le Cartulaire de Redon, la limite Nord du diocèse enveloppait, à partir de la Vilaine, en tirant vers l'Ouest, les territoires de Langon, de Renac, de Sixt, de Carantoir, de Tréal, de Ruflac, de Sérent (1). Mais Comblessac limitrophe de Carentoir, qui au Ve siècle, au temps de saint Melaine, faisait partie du pays de Vannes, n'en dépendait plus au IXe siècle ; il avait dû en être distrait par les Bretons émigrés, qui rattachèrent cette paroisse au diocèse d'Aleth.

Le diocèse de Rennes date aussi de l'époque romaine ; mais l'émigration bretonne lui enleva, au Nord, une portion considérable de son territoire où elle fonda les deux sièges épiscopaux de Dol et d'Aleth, et le priva ainsi de tout contact avec la mer. Or, je l'ai déjà remarqué, César met formellement la cité des Rédons au nombre de celles qui touchent l'Océan (2). Donc si par

---

(1) Voir *Cartulaire de Redon*, p. 355, 357, 157, 16, 10, 213-214.
(2) Voir ci-dessus, p. 64, note 1.

ailleurs, c'est-à-dire au Sud, à l'Est et à l'Ouest, cette cité avait les mêmes limites que le diocèse de Rennes avant 1789, du côté du Nord elle montait jusqu'à la mer et possédait tout au moins, comme on l'a dit plus haut, le littoral compris entre la Rance et le Coësnon.

En dehors de ces trois diocèses, le reste de la péninsule armoricaine fut, on le verra, occupé aux Ve et VIe siècles par les émigrés venus de la Grande-Bretagne qui, dans l'établissement des circonscriptions religieuses, ne tinrent nul compte des limites des cités gallo-romaines qu'ils ne connaissaient même pas. Donc sur les Osismes et les Curiosolites il n'y a rien à ajouter à ce qui en a été dit plus haut (p. 64).

En somme, la limite de la Rance entre les Redons et les Curiosolites pouvant être considérée comme certaine, reste à découvrir seulement celle qui séparait les Curiosolites des Osismes. C'était sans doute, soit l'une des rivières de la presqu'île de Tréguer (le Trieu, le Jaudi, le Léguer), soit la rivière de Morlaix. Laquelle? Nous l'ignorons; je pencherais toutefois pour la dernière (1).

Nous ne pouvons nous dispenser de dire quelques mots de certains systèmes vivement, habilement soutenus dans les vingt dernières années au sujet des cités gauloises et gallo-romaines de la péninsule armoricaine : systèmes qui ne nous semblent pas fondés. Sans pouvoir ici les discuter à fond, encore est-il nécessaire de dire pourquoi nous les rejetons.

Le point le plus important de ces systèmes concerne les Venètes. César, parlant des peuplades armoricaines, *Unelli*, Curiosolites et autres, dit : « Les Venètes sont » le peuple qui a de beaucoup le plus d'autorité sur toute cette côte maritime. » De là on conclut que le territoire des Venètes, assimilé, comme il l'était par la plupart des auteurs, à celui du diocèse de Vannes borné par l'Ellé et la Vilaine, aurait été beaucoup trop restreint pour justifier la suprématie que César accorde à ce peuple, et en conséquence on s'ingénia à en étendre les limites. On ne prit pas garde que César indique nettement les causes de la puissance des Venètes : « C'est, dit-il, qu'ils ont un grand nombre de vaisseaux au moyen desquels ils » trafiquent avec l'île de Bretagne; c'est qu'ils surpassent leurs voisins dans l'art » de la navigation; c'est que, sur cette mer vaste et orageuse, ils possèdent le » peu de ports qui soient sûrs, de façon à obliger presque tous ceux qui naviguent » en ces parages d'être leurs tributaires (2). » César, on le voit, parmi les causes de la puissance des Venètes, ne met nullement l'étendue de leur territoire. Et de fait, il serait facile de citer, à toutes les époques de l'histoire, nombre de puissances maritimes considérables ayant un territoire très restreint. Donc la base du système manque, ce n'est plus qu'une imagination sans fondement.

(1) Dans l'*Annuaire historique de Bretagne* (année 1861), j'avais indiqué, comme limite probable entre ces deux cités ou peuplades, le cours du Léguer. Mais tous les textes anciens relatifs aux Osismes s'accordant à les montrer établis à l'extrémité tout à fait occidentale de la péninsule armoricaine, il convient d'étendre leur territoire le moins possible du côté de l'Est, par conséquent, de lui donner pour borne celle des quatre rivières ci-dessus nommées la plus avancée vers l'Ouest, — laquelle, on le sait, est celle de Morlaix.

(2) *De Bello Gallico*, lib. III, cap. 8.

Néanmoins on persista, on octroya aux Venètes toute l'étendue comprise entre la Vilaine et la Loire jusqu'à Nantes, et l'on refoula du même coup les malheureux Namnètes loin de la mer (1).

Mais les Namnètes, étant certainement l'une des tribus gauloises armoricaines, devaient, comme le dit César, toucher l'Océan (2); d'autre part, Strabon affirme nettement que la Loire a son embouchure entre les Pictons et les Namnètes (3). Donc Strabon et César sont d'accord pour attribuer à ceux-ci l'embouchure de la Loire et le littoral situé entre ce fleuve et la Vilaine, — tandis qu'il est impossible de trouver un seul texte qui donne ce littoral aux Venètes (4).

On ne s'en est pas tenu là : on a voulu mettre une allonge au pays des Venètes du côté de l'Ouest comme du côté de l'Est. Pour cela on a enlevé aux Osismes plus de la moitié de leur territoire, c'est-à-dire toutes la région comprise entre les montagnes d'Arez et la côte Sud, et l'on en a fait cadeau à un prétendu peuple baptisé du nom de *Corisopites-Venètes*, pour indiquer apparemment un lien de sujétion entre les premiers et les seconds. Ce lien est une invention moderne. Et les *Corisopites*, en tant que peuple, sont aussi une invention, quoique plus ancienne. *Corisopitum* est textuellement le nom d'une ville de la Grande-Bretagne, apporté en Armorique sur la fin du Ve siècle par les Bretons émigrés, et devenu le nom ecclésiastique de la ville bâtie par ces émigrés au confluent de l'Odet et du Steir, dont la dénomination vulgaire (*Kemper*, confluent) a fini par l'emporter sur l'autre. Vers la fin du VIe siècle, un moine mérovingien qui transcrivait la *Notice des cités de la Gaule*, y rencontrant la *civitas Coriosolitum* et n'ayant aucune notion des Curiosolites alors bien déprimés, familier au contraire avec le *Corisopitum* de l'Odet à cause des démêlés des Bretons et des Franks, ce moine substitua *Coriosopitum* à *Coriosolitum* qui était dans l'original, où d'autres transcripteurs, plus savants et plus exacts, l'ont retrouvé au IXe siècle et soigneusement conservé dans leurs transcriptions.

---

(1) On a livré, il est vrai, le pays d'entre Loire et Vilaine à une prétendue tribu gauloise, soi-disant cliente des Venètes, et qu'on appelle les *Samnites*. Or dans Ptolémée, où l'on veut les trouver, ces Samnites sont placés entre la Loire et les Andegaves (peuple d'Anjou), c'est-à-dire qu'ils occupent exactement la place des Namnites ou Namnètes. Aussi sont-ils la même chose. Ces Samnites ne doivent leur existence qu'à la maladresse de quelques scribes, qui ont incliné presque horizontalement l'N initiale de Namnites de façon à lui donner cet aspect : Z, qui est dans certains manuscrits celui du *sigma* grec : ce qui le prouve, c'est que, dans le passage de Ptolémée où, de l'aveu de tous, il doit y avoir Ναμνῆται ou Ναμνίται (liv. II, chap. 8 [ou 7], § 9), quelques manuscrits se sont encore trompés par suite de la ressemblance des lettres et portent là même Σαμνῖται (voir Cougny, *Auteurs grecs concernant les Gaules*, I, p. 260). Mais dans tous ces passages il suffit de redresser la lettre pour rétablir le vrai nom, — et c'est ce qu'ont fait à peu près unanimement tous les érudits qui ont touché à cette question.

(2) « Universis civitatibus *quæ Oceanum attingunt, quæque eorum consuetudine Armoricæ appellantur*, quo sunt in numero Curiosolites, Redones, Ambivareti, Caletes, Osismii, Namnetes, Unelli. » (César, VII, 75.) La plupart des critiques de notre temps sont d'accord pour remplacer dans ce texte par *Namnetes* la leçon inacceptable *Lemovices* de certains manuscrits. Quand même on n'adopterait pas cette correction, le dévouement des Namnètes aux Venètes dans la lutte de ceux-ci contre César ne permet pas de contester leur qualité de membre de la confédération des cités armoricaines.

(3) Ὁ δὲ Λίγηρ μεταξὺ Πιχτόνων τε καὶ Ναμνιτῶν ἐκβάλλει. (Strabon, livre IV, chap. II, § 1). Ἐκβάλλω, parlant d'un fleuve, veut dire précisément se décharger, se jeter dans la mer, et exprime nettement que l'embouchure de la Loire, sur l'une de ses rives, était possédée par les Namnètes.

(4) On a aussi invoqué certains textes du moyen-âge ; nous les examinerons dans nos *Eclaircissements* ; et nous verrons que tous les textes de quelque valeur sont formellement contraires à ce système.

On reste véritablement stupéfait en songeant qu'un très estimable érudit est venu présenter comme une précieuse découverte cet informe *Coriosopotum* (c'est l'orthographe du moine mérovingien) et s'est efforcé de donner à ce prétendu peuple une place sur la carte au détriment des Osismes très authentiques et au mépris de l'autorité irrécusable de deux géographes anciens, Pomponius Méla et Ptolémée : le premier affirmant que le littoral opposé à l'île de Sein appartient aux Osismes, le second qui place chez les Osismes le promontoire Gobæum, dans lequel tous les érudits s'accordent à reconnaître la pointe du Raz. Double témoignage, qui ne permet pas d'enlever aux Osismes (comme on a prétendu le faire) le territoire de la Cornouaille pour en doter les chimériques Corisopites, et qui ne laisse à ceux-ci aucune place.

Les erreurs s'enchaînent. En adoptant la mauvaise version *Coriosopotum*, on s'est condamné à rejeter de la *Notice des cités* les Curiosolites, et alors, sans s'informer davantage, on a prononcé la mort de cette cité, défunte (prétend-on) avant la rédaction de la *Notice*, c'est-à-dire avant la fin du IVe siècle, alors qu'il est constant, par le témoignage de Lobineau, qu'on y a trouvé des médailles du VIe siècle (monnaies *du plus bas Empire* et monnaies gothiques), et que la Vie de saint Malo (écrite au commencement du VIIIe siècle) nous montre cette ville encore importante et séjour des princes bretons vers l'an 550 (1).

Mais puisqu'à tort ou raison on juge à propos d'exterminer ces infortunés Curiosolites, il faut bien les remplacer et, pour remplir ce vide (qui en réalité n'existe pas), on est réduit à ramener dans notre péninsule les Diablintes, qui, depuis les découvertes de l'abbé Lebœuf et des ruines de Jublains, avaient été poliment reconduits hors de Bretagne et unanimement fixés dans le Maine, au pays de Laval. Après les lumineuses dissertations de M. Bizeul, en particulier, nul doute n'existait plus à ce sujet. On n'en a pas moins tenté de remettre à flot la vieille erreur démodée des Diablintes cantonnés autour d'Aleth transformé en Dialet ou Diablet (??), sans préjudice des arguments topiques tirés de la terre des *Diablères* (en Bonnemain) et même, je crois, de la recommandation au prône du curé facétieux : « Prions pour *M. Le Diable*, seigneur de cette paroisse. »

Tout cela n'a pas réussi ; cette opinion est de nouveau abandonnée. Mais n'est-il pas triste de voir la passion de faire du nouveau, parfois seulement du vieux-neuf, condamner la science au sort d'un écureuil en cage, tournant sa roue à perpétuité sans avancer ?

A l'époque gauloise, les villes fort rares n'étaient guère que de grands postes retranchés, où s'entassait en cas de guerre la population. Après la conquête, sous l'influence de la civilisation romaine, il s'éleva de vraies villes ; entre ces villes

---

(1) « Erat autem sanctus Machu (S. Malo) in ecclesia quæ vocatur *Corsult*, et *innumerabiles populi* erant expectantes missarum solemnia... Dum populus expectabat, comes advenit nomine Cunmor, *qui tunc dux erat Domnonicæ regionis.* » *(Bulletin de la Société archéologique d'Ille-et-Vilaine*, t. XVI (1883-1884), p. 213-214.) Ces faits devaient se passer vers le milieu du VIe siècle. Ils prouvent que Corseul n'était point ruiné à cette époque, puisqu'il était fréquenté par d'*innumerabiles populi*. Cette Vie de S. Malo a été récrite au IXe siècle par Bili, diacre d'Aleth ; mais il a beaucoup gardé de la Vie antérieure, qu'il fait profession de suivre.

l'Empire construisit de belles et solides routes en chaussée, garnies de stations et de postes *(mansiones)* pour en assurer la sécurité. Bientôt enfin, sur les collines bien exposées et dans les vallons plaisants, au bord des jolies rivières et au fond des anses bien abritées, les Gallo-Romains, c'est-à-dire les Gaulois civilisés semèrent des villas, grandes ou petites, avec des salles de bains et d'étuves et toutes les dépendances nécessaires aux maisons de plaisance et aux exploitations rurales.

Nous allons passer en revue les villes et les principaux établissements existant sur le sol de la péninsule armorique à l'époque gallo-romaine.

Les documents historiques et géographiques de cette époque (1) n'en mentionnent pas plus de seize ou dix-sept. Les fouilles exécutées en divers temps, surtout depuis un demi-siècle, en ont fait découvrir beaucoup plus. La plupart, il est vrai, sont de simples villas, résidences d'été ou centres d'exploitations rurales; il serait trop long et très inutile pour l'objet de cet ouvrage de les énumérer toutes. Nous joindrons seulement aux noms donnés par les documents anciens l'indication des localités actuelles où l'étendue, la nature des ruines mises à découvert, révèlent l'existence d'une agglomération d'habitants ou d'un établissement de quelque importance au temps de la domination romaine.

Pour cadre de cette nomenclature nous prenons naturellement le partage de la péninsule armoricaine entre les cinq cités dont nous avons indiqué plus haut la situation et, autant que possible, les limites respectives.

§ 3. — *Les Namnètes.*

1. — Condevincum et Portus Namnetum. — Selon Ptolémée, la capitale des Namnètes s'appelait Condevincum ou Condivicnum (2). Que cette ville ait occupé la situation actuelle de Nantes, cela n'est pas douteux. Mais la Table Théodosienne, dans le tracé qu'elle donne de la grande voie allant de Tours à l'extrémité de la péninsule armorique, porte, en place du nom de Condevincum, et au lieu qu'il aurait dû occuper, celui de Portus Namnetum, Port des Namnètes, ou, si l'on veut, Port de Nantes. On a fait là-dessus divers systèmes. L'explication de ce double nom est bien simple. La ville, la capitale primitive, était Condevincum, bâtie au confluent *(Condé)* de la Loire et de l'Erdre. *Portus Namnetum* fut le quartier commerçant, construit depuis l'occupation romaine tout au bord de

---

(1) Ces documents sont : la Géographie de Claude Ptolémée, lequel écrivait de l'an 128 à l'an 168 de J.-C. environ ; — l'Itinéraire dit Itinéraire d'Antonin, avec l'Itinéraire Maritime, rédigé vers la fin du IIIᵉ siècle (vers 280-290) ; — la carte Itinéraire de l'Empire romain dite Table Théodosienne ou Carte de Peutinger, dressée au IVᵉ siècle et dont on ne possède qu'une copie faite au XIIIᵉ siècle ; — la *Notice des provinces et des cités de la Gaule,* — et la *Notice des dignités de l'Empire,* écrites l'une et l'autre au commencement du Vᵉ siècle. — Sur la composition, les diverses éditions et additions de la Carte de Peutinger, voir E. Desjardins, *Géogr. de la Gaule romaine,* IV, surtout p. 79 à 83.

(2) Κονδηούιγχον, var. Κονδιούιχνον. Ptolémée, liv. II, chap. 7 (ou 8), dans l'excellente édition des chapitres de Ptolémée sur la Gaule, donnée par M. Léon Renier, *Annuaire de la Société des Antiquaires de France* de l'an 1848 (p. 264). Cougny *(Auteurs grecs concernant les Gaules,* I, p. 260, note 2) fournit la variante Κονδιούιγχον.

la Loire, peut-être même au-dessous du confluent, vers le lieu du port actuel de la Fosse (1), et devenu si important qu'il formait presque à lui seul une nouvelle ville, ayant son organisation et ses monuments spéciaux, comme le prouve la célèbre inscription découverte en 1580 « dans les décombres d'une » ancienne tour située derrière le palais épiscopal près de la Porte Saint-» Pierre (2), » aujourd'hui encastrée dans la galerie de l'hôtel de ville de Nantes et ainsi conçue :

NVMINIB. AVGVSTOR.

DEO VOLKANO

M. GEMEL. SECVNDVS ET C. SEDATVS FLORVS

ACTOR. VICANOR. PORTENS. TRIBVNAL CM

LOCIS EX STIPE CONLATA POSVERVNT.

Aux Divins Empereurs et au dieu Vulcain. M. Gemellus Secundus et C. Sedatus Florus, agents des habitants du VICUS PORTENSIS *(du quartier* DU PORT*), ont bâti ce tribunal et ses dépendances avec l'argent fourni par le public.*

Cette inscription atteste la construction d'un tribunal aux frais des habitants du *Portus Namnetum* et à leur usage, c'est-à-dire à l'usage des négociants namnètes. Une autre, du même style et du même temps, nous montre deux importants personnages, vraisemblablement enrichis par le négoce (L. Martinus et Lucceius Genialis), concédant aux habitants du quartier du Port *(vicanis Porten-sibus)* la jouissance d'une galerie et d'une salle *(porticum cum camera)* sans doute pour y traiter de leurs affaires, — donc une sorte de Bourse. Une troisième inscription consacre la mémoire d'un vœu fait au dieu Vulcain pour la sûreté des mêmes *vicani Portenses* et des mariniers de la Loire (3) :

DEO VOL.

PRO SALVTE

VIC. POR. ET NAV.

LIG.

Ces inscriptions prouvent la grande prospérité du commerce de Nantes et doivent être rapportées à la seconde moitié du IIe siècle, l'époque la plus florissante de la Gaule romaine. Un siècle et demi plus tard, quand les principales cités gauloises, terrifiées par les premières invasions des Barbares d'outre Rhin, s'entourèrent de murailles avec une précipitation effarée, sacrifiant, pour asseoir plus solidement la base de leurs remparts, les plus beaux blocs, les pierres de

---

(1) C'est là aussi, ce semble, l'opinion de M. Desjardins, *Géogr. de la Gaule romaine*, III, 439. Dans son étude sur *Nantes avant les Normands*, M. Maitre, absorbé par l'importance de la banlieue nantaise du côté de l'Est, s'est peu occupé du côté de l'Ouest. Il constate toutefois l'existence de « constructions romaines qui s'élevaient dans l'espace compris entre la rue Jean-Jacques et la » place Royale, » c'est-à-dire précisément à l'Ouest du confluent de l'Erdre et de la Loire; voir Maitre, *Les villes disparues des Namnètes* (1893), p. 457.

(2) D. Morice, *Histoire de Bretagne*, I, 859.

(3) D'après Léon Renier, *Annuaire de la Soc. des Antiq. de France* pour 1850, p. 290. Dans la seconde inscription, relative à la galerie et à la salle, M. Renier écrit *Lucceius*; M. Maitre dans sa planche d'inscriptions, *Lucclius* (p. 514) et *Lucilius* dans son texte (p. 511).

choix de leurs anciens édifices, — à ce moment ces inscriptions furent jetées, enfouies, dans les fondements de l'enceinte urbaine, d'où on les retira à la fin du XVIᵉ siècle.

Elles sont donc à un double titre le monument le plus curieux et le plus ancien de l'histoire de Nantes. Mais la première surtout est célèbre en raison de sa seconde ligne et de la discussion parfaitement vaine, mais fort longue, fort animée, à laquelle avait donné lieu une faute commise dans la lecture du second mot. Au lieu de DEO VOLKANO, qui ne laisse place à aucun doute, on s'est long-temps obstiné à lire DEO VOLIANO (1). De là l'invention du dieu *Volianus*, prétendue divinité topique des Namnètes pour les antiquaires les plus retenus; quant aux autres (dont quelques-uns décomposaient le mot et en faisaient VOLENTE IANO), ils y virent longtemps le prétendu fondateur de Nantes, c'est-à-dire Noë, ni plus ni moins. — Cette opinion, développée avec chaleur en 1580, dès la découverte de l'inscription, dans l'*Episémasie* (2) de Pierre Biré, existait, paraît-il, dès le XIIᵉ siècle (3). Elle n'en était pas pour cela moins extravagante.

On a découvert à Nantes tout ce qui atteste l'existence d'une ville importante de l'époque gallo-romaine : non seulement une enceinte fortifiée d'une étendue relativement considérable (4); mais des colonnes, des bas-reliefs, des conduites d'eau ou aqueducs, des inscriptions, des statues, des tombeaux en grand nombre, etc. On ne voit donc pas pourquoi quelques antiquaires ont voulu contester à cette ville l'honneur d'avoir été de tout temps la capitale des Namnètes. Peut-être aujourd'hui, par une réaction d'ailleurs assez naturelle, quelques autres s'efforcent-ils de grossir un peu trop son importance.

2. — BRIVATES PORTUS, le port Brivatès (5). — Ptolémée, parlant de la limite de la Lyonnaise, dit que du côté du couchant elle est (dans sa partie extrême) « formée par l'océan aquitanien, qui, à partir de l'embouchure du fleuve Liger » (la Loire), offre les points suivants, savoir : port *Brivates*, — embouchure du » fleuve *Herius*, — port *Vindana*, — promontoire *Gobæum*. »

Le géographe, en nommant ainsi le port Brivatès, désigne peut-être moins

(1) La méprise séculaire qui a fait lire à tant d'auteurs VOLIANO au lieu de VOLKANO, vient de ce que, dans cette inscription (comme dans plusieurs autres du même temps), le K est formé d'une tige ou haste et d'une seule branche oblique à droite de cette haste, la branche supérieure. L'autre branche oblique n'existe pas, mais celle qui existe se distingue par un point très bien marqué (voir la planche des inscriptions de Nantes dans *les Villes disparues*, de M. Maître, en regard de la p. 514). Du reste, dès le XVIIᵉ siècle, d'après une note manuscrite émanant du célèbre jurisconsulte Pierre Hévin et que j'ai entre les mains, cet excellent érudit lisait correctement VOLKANO.

(2) Ce titre rébarbatif est un mot franco-grec, qui veut dire dissertation *sur une inscription*, du grec ἐπι, sur, touchant, et σημεῖον, inscription.

(3) Conrad ou Conradin, archidiacre de Salisburi dans la seconde moitié du XIIᵉ siècle, auquel on attribue un ouvrage latin intitulé *Descriptio utriusque Britanniæ*, ouvrage qui n'existe plus ni imprimé (quoiqu'il semble l'avoir été) ni manuscrit, — ce Conrad aurait écrit au livre II de cette *Description* : « Namnetis vero ad Ligerim, *Noe sub Voliani nomine* in famosissimo apud Gallos » templo advectus et adhibitus fertur. » (D. Morice, *Hist. de Bret.* I, 860, d'après Moreau de Mautour, qui a lui-même pris ce texte dans l'*Episémasie* de Pierre Biré, art. XCI, édit. de 1882, p. 71). Mais au XIIᵉ siècle, l'inscription du prétendu Volianus était enterrée sous les fondements de la muraille romaine, cela rend ce texte fort suspect : d'autant que l'existence du livre d'où on le dit extrait est elle-même problématique.

(4) Contenance 16 hectares ; périmètre 1665 mètres.

(5) Βριουάτης λιμήν, Ptolémée, II, 7, *Annuaire de la Soc. des Ant. de Fr.*, 1848, p. 258.

une ville qu'une situation maritime. Il est vrai que l'une n'exclut pas l'autre, et en tout cas nous ne sommes pas embarrassés pour trouver cette situation. Aujourd'hui ce nom de *Brivates*, qui a traversé le moyen-âge, existe encore sous la forme française *Brivet* ou *Brivé*; nous avons vu plus haut (p. 39 ci-dessus) que la rivière ainsi nommée se jette dans la Loire près de Saint-Nazaire, par l'étier de Méan, en traversant les marais de la Brière qui naguère bordaient ce fleuve de Saint-Nazaire à Donge, et qui à l'époque romaine formaient un golfe semé d'îles beaucoup plus étendu, ouvert sur la Loire jusqu'à Lavau, s'enfonçant dans les terres jusqu'à Pontchâteau et Saint-Liphard (1). Ce profond golfe était donc placé justement à l'embouchure de la Loire, situation bien concordante avec le texte de Ptolémée : c'est ce golfe qui est le *Brivates portus*. César, dans ses *Commentaires* (III, 14) n'appelle-t-il pas le golfe du Morbihan « le *port* des Vénètes, » d'où sortit leur flotte pour s'élancer sur la flotte romaine. Si l'on hésite à appliquer le nom de port à une étendue d'eau aussi considérable que la Brière, alors on devra le restreindre au port formé par le débouché du *flumen Brivates* dans la Loire, c'est-à-dire (aux temps anciens) à l'anse de Penhoët, aujourd'hui comprise dans les bassins de Saint-Nazaire, et qui se confond tout à fait avec l'embouchure même de la Loire (2).

3. — GRANNONA. — La *Notice des dignités de l'Empire* mentionne l'existence d'un poste militaire formé de la première cohorte de la légion « Armoricaine nouvelle, » et placé sur le rivage Saxonique, à *Grannona* (3). On a voulu placer Grannona à Guérande. Malheureusement il est impossible de fournir la moindre preuve de l'existence de cette ville avant le IXᵉ siècle. Malgré des recherches très assidues, on n'a pu y découvrir aucune trace de l'occupation romaine (4); dans les villages autour de Guérande on en a trouvé quelques-unes, dans la ville non. Cette ville date seulement du IXᵉ siècle, c'est une fondation des Bretons, qui sous Nominoë débordèrent au Sud de la Vilaine et s'établirent dans l'espèce de péninsule comprise entre cette rivière, le bas cours de la Loire et la mer : limites dans lesquelles se concentra leur occupation (5). A cette ville fondée par eux les Bretons donnèrent un nom breton, *Wen-Ran*, qui se traduit littéralement par Blanche-Part (blanche région), à cause du blanc sel de ses salines. Jamais, quoi qu'on en ait dit, cette ville n'eut d'autre nom (6). Et si ce nom eût existé au Vᵉ siècle (à l'époque de la Notice de l'Empire), sa forme eût été *Vindoranna*, qui

(1) E. Desjardins, *Géographie de la Gaule romaine*, I, p. 279. La Monneraye, *Géogr. anc. de la péninsule armoricaine*, p. 200.

(2) Dans ses études très intéressantes sur la géographie ancienne des Namnètes, M. Léon Maître a eu l'idée singulière de transférer le *Brivates portus* au Croisic, en dépit de ce nom de *Brivat*, *Brivet* ou *Brivé*, identique au nom inscrit dans Ptolémée et resté évidemment attaché à la situation qu'indique ce géographe.

(3) « Tribunus cohortis primæ Novæ Armoricæ, *Grannona* in littore Saxonico. »

(4) Voir L. Maître, *Les villes disparues des Namnètes*, p. 185-186.

(5) On a dit que les Bretons s'étaient établis dans le pays de Nantes dès le VIᵉ siècle; à l'appui de cette assertion il n'y a pas une preuve. Les Bretons du Vannetais firent des courses et des ravages dans le Nantais vers la fin du VIᵉ siècle, mais ne cherchèrent pas alors à s'y établir.

(6) M. Léon Maître prouve fort bien que l'auteur de la *Chronique de Nantes* s'est mépris en plaçant à Guérande l'*aula Quiriaca*, qui doit être cherchée vers Pen-*Kiriac*, c'est-à-dire Piriac; voir *Les villes disparues*, p. 203-205.

ne ressemble guère à Grannona (1). Il n'y a donc aucune raison de mettre ce poste
à Guérande.

Mais si l'on trouvait quelque part encore existant le nom de *Grannone* ou
Grannon, s'il s'appliquait à un lieu abondant en ruines romaines, n'est-il pas
évident qu'il faudrait placer là, sans hésiter, le poste de Grannona? Or ce
lieu existe, il se nomme *Château-Grannon*, il est situé à une lieue Nord-
Ouest de Guérande, au village de Clis. Là, dans une pièce de terre dite les
Grands-Jardins, les fouilles ont mis à découvert les murailles d'un vaste édifice
de 66ᵐ 60 sur 49ᵐ 50, avec aqueduc, près duquel s'étendent les lignes de fondations d'autres bâtiments considérables, et en outre, sur le flanc du coteau dans les
champs d'alentour, les substructions de nombreuses dépendances. Des bas-reliefs
en marbre blanc sont sortis des ruines du principal édifice, dont l'importance
dépasse de beaucoup les proportions d'une villa ordinaire et mériterait presque le
titre de palais. Or les vieillards, quand on leur demande le nom de ce palais ruiné,
répondent que les « anciens » l'appelaient le Château-Grannon (2). Ce nom, gardé
par la tradition orale, en dehors de toute supercherie littéraire, est décisif. Je
n'hésite pas à voir là le poste de Grannona.

On objecte « qu'aucune muraille de Clis ne peut être assimilée à celle des
» camps fortifiés, qu'on ne peut par conséquent y placer la forteresse de Grannona. »
Mais où a-t-on vu que Grannona fût une forteresse ceinte de murs de pierre? La
ville des Osismes (Carhais), où la *Notice* met un préfet militaire, n'a jamais eu
d'enceinte. A Grannona il n'y avait qu'une cohorte ; autour du logis du commandant et de la demeure des soldats, c'était assez d'un gros retranchement en terre
qui, dans ce sol très remué, très cultivé, a disparu depuis longtemps.

Quant à la mention du *littus Saxonicum*, on n'en saurait faire une objection.
On appelait ainsi les côtes de la Gaule fréquemment infestées par les pirates
saxons ; or tout le littoral gallique septentrional, de l'Escaut à la Loire, était
alors (au début du Vᵉ siècle) sujet à ce fléau. La *Notice de l'Empire* marque le
commencement du *littus Saxonicum* sur la côte de la Belgique seconde, entre la
Somme et l'Escaut, à *Marcis* (3), et la fin près de l'embouchure de la Loire, à
Grannona.

4. — BLAIN. — Il y avait à Blain, à l'époque gallo-romaine, une agglomération
d'habitants qui semble avoir été assez importante et dont on ignore le nom ancien.
On y a trouvé beaucoup de débris antiques de toute sorte répandus, dit-on, sur
un espace de 70 hectares. N'entendez pas par là que ces 70 hectares aient été
couverts d'habitations, il s'en faut de beaucoup. Si une ferme de nos jours était
démolie, si les pierres de ses murs, les ardoises de son toit étaient semées, promenées
à travers champs par la culture et cependant au bout de quinze siècles encore

---

(1) Voir Loth, *L'Emigration bretonne en Armorique*, p. 68 note.
(2) Léon Maître, *Les villes disparues*, p. 197 à 200, notamment p. 199.
(3) « Sub dispositione ducis *Belgicæ secundæ* : equites Dalmatæ, *Marcis, in littore Saxonico*. »
Notitia dignitat. in partib. Occident. cap. 62 édit. Labbe, 37 édit. Böcking, 38 édit. Seeck. — *Marcis* ou
plutôt *Marci* (prononcez *Marki)* est Mardick (Mark-dick) près de Dunkerque ou Marck près de Calais,
selon Bocking, *Notit. Occid.*, p. 836-837.

reconnaissables comme le sont les matériaux des habitations gallo-romaines, les débris de cette seule ferme seraient répandus certainement sur plus d'un hectare. Ces 70 hectares peuvent donc représenter au plus une centaine de maisons; encore est-ce beaucoup, car on n'a pas trouvé en substruction beaucoup de lignes de murs indiquant des fondements d'habitation. Sur plusieurs points on a noté des traces d'incendie. Peu d'objets d'art; cependant, un beau vase en terre cuite représentant les exploits du règne de Trajan, avec une inscription; une bague d'or à chaton en pierre gravée; 15 ou 20 Vénus anadyomènes de divers types, figurines en pâte blanche; des fragments de vases en verre brun avec des dessins en relief : tous ces derniers objets (1) découverts dans le jardin de feu M. Bizeul et malheureusement après la mort de ce savant archéologue si connu en Bretagne par son zèle pour les antiquités romaines, lequel ne se serait pas tenu de joie à l'idée d'habiter une maison construite sur l'emplacement d'un magasin de statuettes antiques et de vases gallo-romains.

M. Bizeul, trop bon patriote, voulait faire de Blain, au détriment de Nantes, le chef-lieu de la cité des Namnètes; aujourd'hui les plus bienveillants se bornent à y voir une agglomération assez importante de comptoirs, de magasins, un marché bien placé au centre du territoire namnétique : marché où, en raison même de sa situation, les négociants de cette cité affluaient pour s'approvisionner ou pour vendre leurs produits (2).

5. — MAUVE — sur la rive droite de la Loire, à 15 kilomètres Nord-Est de Nantes, semble, au contraire, avoir été la « ville de plaisance » des Namnètes, où les négociants du *Portus Namnetum* venaient, à petite distance de leurs comptoirs, se reposer de leurs soucis et de leurs affaires, respirer du haut de ces roches élevées l'air frais du grand fleuve et contempler son admirable vallée. — On y a découvert les ruines, encore très reconnaissables, d'un temple, d'un théâtre, d'un établissement balnéaire, taillés dans d'assez grandes dimensions (3), par conséquent à l'usage d'une agglomération assez importante. Ces constructions étaient très soignées, avec beaux dallages et beaux enduits, ornées de peintures, de marbres blancs, verts, noirs, de colonnes, de statues, dont on a recueilli divers fragments. Autour, on trouve aussi des traces de murs, beaucoup de débris antiques de toutes sortes. Donc il doit avoir existé là, sinon une ville, au moins une réunion de belles villas, de maisons de plaisance, dont les possesseurs, riches Gallo-Romains, entendaient s'entourer dans ce séjour champêtre d'autant de luxe et de plaisirs que dans leur ville, sinon davantage : car à Nantes, parmi les reliques de l'ère gallo-romaine, jusqu'à présent point de théâtre. — On ignore le nom ancien de l'établissement gallo-romain de Mauve.

(1) Depuis les Vénus anadyomènes.
(2) Léon Maître, *Les villes disparues des Namnètes*, p. 342 à 357 et aussi p. 359 et 541.
(3) Dans le théâtre de Mauve, l'ouverture de la scène là où elle touchait à l'hémicycle destiné aux spectateurs avait 54ᵐ50 de longueur, et l'hémicycle 40ᵐ de profondeur. Une des salles des thermes était longue de 31ᵐ30 sur 12ᵐ de large, une autre de 31ᵐ sur 17; voir L. Maître, *Ibid.* p. 29 à 52, notamment p. 48 et les planches. — On a trouvé à Mauve des monnaies de Nîmes, et de divers empereurs du IIIᵉ et du IVᵉ siècle : Philippe, Tétricus, Aurélien, Constantin.

6. — LA VALLÉE DE LA LOIRE. — On a cherché dans la vallée de la Loire, au-dessus de Mauve, des vestiges de l'époque gallo-romaine; voici jusqu'ici ce qu'on a trouvé : à *Saint-Géréon*, près Ancenis et en la commune de *Mézangé*, quelques lignes de substructions mal déterminées.

En *Pannecé*, dans un champ dit Saint-Saulni, dépendant de la ferme de la Bussonnière, substructions, tuiles à rebord, fragments de poteries, un trésor contenant 80 kilogrammes de monnaies du III° siècle et aussi des fers de lance, un génie ailé, un petit bouc, une boucle de ceinturon, le tout en bronze, certainement de l'époque romaine.

A *Anetz*, dans les maisons et jardins de la rue qui mène à l'église, plusieurs lignes de murs en pierre dans différentes directions, où la brique est prodiguée ; places bien carrelées, emplacements de foyers, sur tout cela une épaisse couche de cendre; enfin une trentaine de tombeaux, « le fond de la tombe bien carrelé, » et muré de tous côtés (1). »

Y a-t-il là de quoi conclure à l'intensité de l'occupation gallo-romaine dans la vallée de la Loire? Cela ne nous semble pas certain.

7. — L'EMBOUCHURE DE LA LOIRE. — Sous ce nom nous entendons ici le curieux littoral qui va du Croisic à Saint-Nazaire. Au Croisic jusqu'à présent rien de romain ; mais non loin du *Bourg de Batz*, très curieux monument de construction gallo-romaine, dit les *citernes de Tremondet* : « Qu'on se figure trois » cylindres de maçonnerie placés debout et coiffés d'une calotte hémisphérique, » percés d'un regard au sommet et pourvus de rigoles (et avant-becs) à la partie » inférieure pour faire le vide, et on aura l'aspect primitif. » Le but de ces citernes était de maintenir l'eau à l'état de fraîcheur et (par un système fort ingénieux, trop long à décrire ici) de la purifier soigneusement de tout sédiment vaseux. Raffinement d'une civilisation très avancée. Hauteur de chaque cylindre 2ᵐ, diamètre 2ᵐ 50, le tout tenant environ 80 hectolitres.

A l'Ouest de l'île ou presqu'île de Saillé, dans les *marais salans de Guérande*, substructions d'une villa gallo-romaine dans le clos de la Pierre (la Pierre Levée), dont on a pu reconnaître plusieurs chambres. A l'Est de la même presqu'île substructions d'une autre villa dans les champs du *Diaulet* (du Diable).

En *Escoublac*, substructions importantes au vieux Pornichet, bases d'une tour octogone; — entre les villages de Kerquesso et de Brivin, débris antiques répandus sur plusieurs hectares, entre autres un très beau carrelage de dalles rectangulaires noires et blanches, de diverses tailles, formant des dessins géométriques.

Enfin, à *Saint-Nazaire*, sur la place Marceau, on a découvert des lignes de murs construits en petit appareil mélangé de briques, au lieu même où l'on avait exhumé, en 1836, des fûts de colonnes antiques. Seul vestige de l'époque gallo-romaine trouvé jusqu'ici à Saint-Nazaire (2).

Il existe encore de cette époque, sur l'ancien territoire des Namnètes, quelques

---

(1) L. Maître, *Les villes disparues des Namnètes*, p. 225-227, 232, 239-241, 244-246.
(2) Id. *Ibid.*, p. 144 à 146, 147, 159 à 161.

autres traces intéressantes; nous en parlerons au chapitre suivant, à l'article de l'industrie des Gallo-Romains en Armorique.

— Mais, dira-t-on, et la fameuse ville de *Corbilon,* sur laquelle on a écrit des volumes, vous n'en parlez donc pas?

Soit, parlons-en. Citons de suite le texte ancien et unique où il en est question. C'est au livre IV, chapitre II, de la *Géographie* de Strabon, un passage dont voici la traduction exacte :

« Quant au Liger (la Loire), c'est entre les Pictons et les Namnites (ou Namnètes) qu'il débouche dans la mer. On voyait autrefois sur les bords de ce fleuve un *emporium* (port de commerce) du nom de *Corbilon.* Polybe en parle dans un passage où il rappelle toutes les fables débitées par Pythéas au sujet de la Bretagne (Grande-Bretagne) : « Scipion, dit-il, ayant appelé les Massaliotes en » conférence pour les interroger au sujet de la Bretagne, aucun d'eux ne put le » renseigner sur cette contrée d'une façon tant soit peu satisfaisante, les négo- » ciants de Narbonne et de *Corbilon* pas davantage ; et *c'étaient là pourtant les deux* » *principales villes de commerce de la Gaule;* on peut juger par là de l'effronterie » avec laquelle Pythéas a menti (1). »

Pythéas (de Marseille) qui vivait au IVᵉ siècle avant Jésus-Christ, débitait (dans un ouvrage que nous n'avons plus) des merveilles sur l'île de Bretagne. Polybe (qui vécut de 200 à 122 avant J.-C.) se moque de Pythéas à ce propos et le traite de menteur, parce que au temps de Publius Scipion, c'est-à-dire 220 ans environ avant J.-C., les négociants de Marseille, de Narbonne et de Corbilon ne savaient encore rien de la Bretagne, bien qu'en ce temps-là les deux villes les plus commerçantes de la Gaule fussent Corbilon et Narbonne. L'importance de Corbilon était-elle la même au temps de Polybe, environ 150 ans avant J.-C.? Ce n'est pas sûr, car Polybe, en relatant le fait, le met au passé. Mais à l'époque de Strabon, c'est-à-dire un peu avant l'ère chrétienne (2), Corbilon avait absolument disparu, il n'en restait qu'un souvenir, et même un souvenir très vague, puisque, sauf la position de cette ville sur la Loire, cet auteur ne savait rien de sa situation géographique. Etait-elle à l'embouchure du fleuve ou dans l'intérieur des terres? sur la rive droite ou sur la rive gauche? Il l'ignore et nous l'ignorons, comme lui, absolument. La plupart des auteurs modernes, surtout des auteurs bretons, la placent sans hésiter chez les Namnètes et partent de là pour en rechercher la place. C'est une hypothèse gratuite ; elle pouvait tout aussi bien être sur la rive gauche, c'est-à-dire chez les Pictons, et dès lors on n'a même pas le droit de l'attribuer aux Namnètes. Cependant, pour que les recherches faites en vue de découvrir son gîte eussent quelque chance de réussir, et même, on peut le dire, pour qu'elles eussent un caractère sérieux, la première et nécessaire condition serait de savoir sur quelle rive de la Loire on doit les faire. Or, on n'en sait abso- lument rien. Donc, si ingénieuses et si développées qu'elles soient, ces recherches ne peuvent être qu'un jeu d'esprit, sans valeur sérieuse, auquel il n'y a pas lieu de s'arrêter. Car ni leurs auteurs ni personne au monde ne peut prouver que Corbilon

(1) *Géographie de Strabon,* traduction nouvelle par Amédée Tardieu, bibliothécaire de la Sorbonne, (Paris, Hachette, 1867), t. I, p. 313-314.

(2) Strabon, né à Amasée (Cappadoce) vers l'an 50 avant J.-C., vécut jusque sous Tibère, qui fut empereur de l'an 14 à l'an 37 de J.-C.

fût sur le territoire des Namnètes. Donc il faut savoir s'en taire : c'est le seul parti à prendre.

Disons un mot pour mémoire d'une ville dont au contraire la situation est certaine, celle de *Ratiatum*, mentionnée par Ptolémée, très voisine de Nantes, et dont l'importance est attestée par les nombreuses découvertes de ruines et d'antiquités romaines faites au bourg de Rezé, bâti sur l'emplacement de *Ratiatum*. Mais cette ville était située sur la rive gauche de la Loire, c'est-à-dire chez les Pictons, Ptolémée le dit formellement, et ce n'est qu'au IX° siècle qu'elle entra avec son territoire (*pagus Ratiatensis*) dans la dépendance de Nantes.

§ 4. — *Les Venètes.*

Les documents anciens fournissent les noms de trois villes ou stations galloromaines, d'un fleuve et de trois îles qui dépendaient de la cité des Venètes.

1. — DARIORITUM. — C'était la capitale de cette cité au témoignage de Ptolémée, dont quelques manuscrits portent *Dariorigum* (1), mais l'autre leçon est préférable, puisqu'elle concorde presque exactement avec la Table Théodosienne, qui écrit *Darioritum* (2). Dans la Notice des Gaules la capitale des Venètes s'appelle *civitas Venetum* (pour *Venetorum)*, dans la Notice de l'Empire *Veneti*. C'est incontestablement Vannes; les portions considérables de l'enceinte murale gallo-romaine de cette ville encore subsistantes ne permettent pas d'en douter(3). En dehors de cette enceinte, la ville se prolongeait au Nord pendant plus d'un kilomètre jusqu'au village de Saint-Guen : entre ce village, l'Etang au Duc, l'église Saint-Patern, tout le terrain est couvert de substructions, de débris romains de toute sorte ; on a même constaté dans cette région l'existence d'un cirque (4). Comme on a trouvé aussi au Sud des débris romains dans le port de Vannes, on voit que la surface occupée par la ville gallo-romaine était fort considérable (5).

C'est donc à Vannes que s'applique le nom *Darioritum* de la Table Théodosienne et de la Géographie de Ptolémée, puisque, selon cet auteur, Dariorit était le chef-lieu de la cité des Venètes.

Mais la capitale des Venètes, au temps de l'indépendance gauloise et avant César, occupait-elle l'emplacement du Dariorit de Ptolémée et de la Table Théodosienne, c'est-à-dire du Vannes actuel ? Je ne le pense pas. Cette situation reculée, sur une petite rivière, n'eût été nullement appropriée à la capitale, à l'*emporium* d'un peuple avant tout navigateur et commerçant. Celle de Locmariaker à l'entrée du golfe du Morbihan, dont elle tient la clef, est au contraire

(1) Δαριόριγον, var. Δαριόριτον, ms. de Pic de la Mirandole, dans *Annuaire de la Soc. des Antiq. de Fr.* pour 1848, p. 264.
(2) On peut même dire que c'est exactement le même nom ; il y a tout lieu de croire que la Table Théodosienne portait *Darioritum*, car le moine du XIII° siècle qui a copié cette pièce, ayant affaire à des noms qui lui étaient pour la plupart — celui-ci entre autres — absolument inconnus, n'a pu manquer de commettre de nombreuses méprises.
(3) Voir Alfred Lallemand, *Les origines historiques de Vannes* (1858), p. 25 et 90 ; et Fouquet, *Monuments celtiques et ruines romaines du Morbihan* (1853), p. 70.
(4) Près du village de Saint-Symphorien; Fouquet, *Ibid.* p. 70 et 93.
(5) Voir Cayot-Delandre, *Le Morbihan*, p. 546 ; *Catalogue des monum. histor. du Morbihan* (1856). p. 3 et 4 ; Rosenzweig, *Répertoire archéologique du Morbihan* (1863) col. 226.

excellente pour cela. Cette capitale gauloise, dont nous ignorons le nom, devait donc être située à Locmariaker ; mais César, vainqueur implacable, qui eût voulu arracher du sol la tribu des Venètes, qui égorgea tout le Sénat et vendit à l'encan la moitié du peuple, César ne pouvait pas pardonner à la capitale d'où étaient sortis les 200 vaisseaux qui, sans la trahison des éléments, auraient mis toute sa flotte en cannelle et lui auraient à lui-même infligé une humiliante défaite. Par cette raison et pour faire obstacle au futur relèvement de la puissance maritime des Venètes, il transporta le chef-lieu de la cité gallo-romaine formée des débris de ce peuple tout au fond du golfe, sur un étier incapable à cette époque de porter ces puissants navires vénétiques que le conquérant nous a décrits. Il mit ce chef-lieu à Dariorit, aujourd'hui Vannes.

Mais la belle situation maritime de Locmariaker, les souvenirs patriotiques qui y étaient attachés, conservèrent à l'ancienne capitale gauloise, même après sa déchéance et en face de sa rivale ou plutôt de son héritière, une prospérité relative que nous indiquerons plus loin, et qui ne peut guère s'expliquer que par son rôle et son importance passée.

Les deux capitales vécurent donc ainsi pacifiquement l'une auprès de l'autre. Mais le chef-lieu officiel, le siège du municipe et du gouvernement de la cité, ce fut Dariorit ou Vannes. Témoin cet officier de la municipalité vénétique dont le père mourut à Sens, et qui lui consacra un monument attesté par l'inscription suivante, retrouvée dans les fondements de l'enceinte gallo-romaine de cette ville (1) :

C. DECIMIVS
C. DECIMI SE
VERI FIL. SABI
NIANVS OM
NIB. HONORIB.
APVD S. FVNCT.
CVRATOR R. P.
CIVIT. VENET.
AB IMPP. SEVE
RO ET ANTONIN.
ORDINAT. P.

(Traduction) *Caius Decimius Sabinianus, fils de Caius Decimius Severus, après avoir été honoré successivement de toutes les magistratures dans sa patrie, nommé curateur du domaine de la cité des Venètes par les deux empereurs Sévère et Antonin, a élevé ce monument* (2).

D'après M. Léon Renier, ce curateur du domaine des Venètes était un magistrat extraordinaire chargé par l'empereur de surveiller l'administration financière de leur cité.

(1) Voici ce texte dont les abréviations sont remplies par les lettres entre parenthèses :
C. Decimius C. Decimi Severi fil(ius) *Sabinianus*, omnib(us) honorib(us) apud s(uos) funct(us), curator r(ei) p(ublicæ) civit(atis) Venet(orum) ab imp(eratoribus) Severo et Antonin(o) ordinat(us), p(osuit).
(2) Julliot, *Catalogue des inscriptions du Musée gallo-romain de Sens*, p. 14-15. Septime Sévère, empereur de l'an 193 à l'an 211. Antonin, c'est son fils plus connu sous le nom de Caracalla.

2. — Locmariaker. — En face de la capitale romaine il est juste de placer la capitale gauloise, de dire ce qu'elle devint après la conquête. On y a trouvé sur une grande étendue des ruines d'habitations gallo-romaines. Ce n'est pas notre objet de les décrire; cette description a été faite et bien faite depuis longtemps (1). Je n'y prendrai qu'un trait : c'est que le terrain où l'on rencontre ces ruines denses, pressées, presque contiguës, forme une aire de 600 mètres de long sur 220 de large, aussi étendue, même un peu plus que celle de l'enceinte murale gallo-romaine de Vannes (480ᵐ sur 320). Et parmi ces ruines on trouve celles d'un édifice, presque unique en son genre jusqu'à présent dans la péninsule armoricaine, — un théâtre, situé au Nord-Nord-Ouest de l'agglomération d'habitants, et dont l'amphithéâtre en hémicycle, d'un diamètre de 66 à 67 mètres de longueur, se développait sur le flanc d'une colline en pente douce favorisant par sa courbe la disposition des gradins : en face des spectateurs, pour fond de tableau un décor splendide, les flots du Morbihan, ses îles, ses rivages. — Enfin, si la ville gallo-romaine de Locmariaker n'avait pas d'enceinte murale, elle était munie pour sa défense d'une forteresse : au Sud de la chapelle Saint-Michel on voit les assises d'une tour carrée, et au Sud-Est du bourg, des lignes de forte maçonnerie, dites encore aujourd'hui *Er Castel*, le *castellum*, le château (2).

Si l'on admet que Locmariaker ait préexisté à Vannes comme capitale des Venètes, son importance primitive explique naturellement celle qu'elle conserva, quoique déchue, pendant la période gallo-romaine. Dans le cas contraire, impossible d'expliquer comment une agglomération aussi considérable put naître, vivre, prospérer à deux pas de la capitale Dariorit et en rivalité avec elle.

3. — Duretie (3). — La Table Théodosienne, traçant la grande voie romaine qui allait de Tours à l'extrémité de la péninsule armorique, y marque, après *Portus Namnetum*, les trois stations suivantes : *Duretie, Dartoritum, Sulim*, qui toutes trois devaient être sur le territoire des Venètes.

Plusieurs savants fort autorisés (4) placent la première à Rieux, un peu au-dessous de Redon, sur la rive droite de la Vilaine. Ce n'est pas qu'il y ait grand rapport entre les deux noms; l'ancienne forme de Rieux est *Reus*, et cela ne revient guère à Duretie. Mais d'une part la distance marquée par la Table Théodosienne entre *Portus Namnetum* et *Duretie* se trouve exactement entre Nantes et Rieux (5); d'autre part, on a découvert à Rieux et près de Rieux les restes d'une importante station romaine et la preuve non équivoque que la voie de Portus Namnetum à Darioritum traversait en ce lieu même la Vilaine.

(1) Entre autres, au dernier siècle par le président de Robien dans sa *Description de la Bretagne* (manuscrit de la bibliothèque de Rennes); et aussi par M. Charles Gaillard, dans l'*Annuaire du Morbihan* de 1844.

(2) Voir sur Locmariaker Cayot-Delandre, *Le Morbihan*, p. 163-166; Fouquet, p. 65-90; *Catalogue*, p. 36; Rosenzweig, *Répertoire archéol.*, col. 7.

(3) On prononce habituellement *Durecié*.

(4) Entre autres, d'Anville, Bizeul, M. de la Monneraye.

(5) La Table Théodosienne marque, entre *Portus Namnetum* et *Duretie*, 29 lieues gauloises de 2.222ᵐ, soit 64.438ᵐ. Or entre Nantes et Rieux, en mesurant sur la carte moderne, on trouve plus de 63 kilomètres, et si l'on ajoute les pentes, cela va largement à 64.

La station de Duretie occupait les deux bords de cette rivière. Les restes qu'on en a retrouvés s'échelonnent sur une longueur d'environ deux kilomètres depuis le village de la Rochelle en Fégréac (rive gauche de la Vilaine) jusqu'au moulin Saint-Léger (rive droite), au Nord du bourg actuel de Rieux.

Sur la rive gauche, on a découvert au village de la Rochelle des restes considérables d'un établissement de bains; sur la butte Saint-Jacques, la plate-forme cailloutée d'un poste d'observation et sur les flancs de la butte les ruines de la maison des gardes et des vedettes. Sur la rive droite, un kilomètre environ au Nord de l'ancien château de Rieux, au lieu dit Château-Merlet, on a mis au jour un édifice important qui doit être un temple (1). — Il y a des débris antiques un peu partout, au point qu'en souvenir d'une découverte notable faite il y a trente ans, on voit une ligne de pommiers plantés à cette époque appelés encore aujourd'hui *Pommiers romains*.

L'importance des édifices ci-dessus mentionnés atteste celle de la station gallo-romaine au service de laquelle ils étaient destinés. De l'établissement de bains on a exhumé jusqu'à six salles, dont une, de 20^m de côté, devait mesurer plus de 100 mètres carrés. — Les bâtiments du poste de la butte Saint-Jacques ont une façade, à l'Est, de 45^m de développement et un enclos de 50 à 60^m de côté. — Le temple était construit avec luxe, orné d'enduits polychromes, de bordures à enroulements verts et jaunes, avec points blancs sur fond rouge.

On a trouvé dans ces ruines des objets intéressants : le torse d'un guerrier sculpté en pierre de crazanne mesurant 20 centim. des cuisses au cou ; un buste de Vénus en terre cuite, des bustes grotesques du Dieu *Risus,* une Vénus anadyomène et une déesse-mère, en même matière; enfin une statuette d'une pâte semblable à la terre de pipe, qualifiée *Vénus gauloise,* qui n'est point un modèle de beauté, mais porte sur le dos, en relief et en langue gauloise, le nom de son fabricant gaulois : REXTVGENOS SVLLIAS AVVOT — *Rextugenos du pays de Sulli* (dans l'Orléanais) *a fait.*

Quant à la voie romaine de la Table Théodosienne, M. Bizeul en avait signalé « le bel empierrement » venant de Rozet en Plessé jusqu'à la chapelle Saint-Jacques près la butte de ce nom, et plus récemment les ingénieurs en brisèrent la chaussée pour creuser une rigole d'alimentation au canal de Bretagne. De l'autre côté de la Vilaine, elle a été longtemps l'unique rue du bourg (ou ville) de Rieux, et malgré les changements survenus par suite de la construction de la nouvelle route, elle a laissé un témoin irrécusable de son existence, une borne antique de granit à l'extrémité ouest du bourg. Au-delà du bourg elle se poursuit, « connue dans le pays (dit le président de Robien) sous le nom de *la Chaussée.* » Dans la Vilaine, en face du promontoire de Rieux et de la chaussée du bac, le lit de la rivière, mouvant et vaseux, devient tout à coup solide, par suite d'une accumu-

---

(1) Ces découvertes très intéressantes sont le résultat des fouilles faites par M. Léon Maître, qui en a rendu compte dans *Les Villes disparues des Namnètes,* p. 53 à 78. Mais la présence de quelques briques romaines dans les murs en ruine du château de Rieux ne saurait, à mon avis, *obliger* qui que ce soit à conclure « que les sires de Rieux n'ont fait que remplacer une forteresse gallo-romaine en élevant leur château » *(Ibid.* p. 68). Puisqu'il y a à Rieux des briques romaines semées partout sur le sol, comme le dit M. Maître, il serait fort étonnant qu'il ne s'en fût pas mêlé quelques-unes dans la maçonnerie du donjon de Rieux. Pour prouver que la forteresse du roi breton Alain le Grand, construite vers 888, succédait à un *castellum* romain, il faudrait autre chose que cela.

lation de gravier et de pierres plates, formant une sorte de barre très sensible à mer basse : restes du gué artificiel construit par les Romains pour le passage de la voie (1).

Donc rien de mieux établi que le passage de la voie romaine à Rieux, et que l'existence, à Rieux et à la butte Saint-Jacques, en Fégréac, d'une station gallo-romaine importante, juste à la distance marquée par la Table Théodosienne entre *Portus Namnetum* et Duretie. Impossible donc de contester sérieusement l'identification de Duretie avec cette station.

4. — SULIM. — A trois lieues au Sud de Pontivi, le Blavet, en se repliant sur lui-même comme un serpent qui voudrait se mordre la queue, noue une boucle en forme de poire à poudre (nulle image n'en exprime mieux la forme) et enferme dans cette boucle une véritable presqu'île appelée au moyen-âge Castel Noëc et aujourd'hui Castennec, dont l'étroite ouverture est au Nord, l'épanouissement au Midi. Cette péninsule, montagne escarpée, domine le fleuve d'une centaine de mètres. L'isthme qui lui sert d'entrée, supporté par les deux pentes abruptes, avait tout au plus, à son sommet, dix ou douze mètres de largeur avant qu'on l'eût aplani en ce siècle pour faire passer une route.

Cet isthme était coupé par trois fossés très profonds, l'un au Nord revêtu intérieurement de maçonnerie ; les deux autres beaucoup plus au Midi, à cent pas l'un de l'autre, creusés dans l'endroit où la presqu'île commence à s'élargir. Entre ces deux derniers fossés et celui du Nord, le point le plus étroit de l'isthme était entièrement occupé et barré par une forteresse, dont il restait au commencement de notre siècle un énorme monceau de ruines, lequel ayant été déblayé pour ouvrir la route (vers 1840) offrit, parmi ses décombres, un carré de 8 mètres de côté formé de murailles de granit épaisses de deux mètres, et qui étaient évidemment la base d'une tour (2), mais peut-être pas une tour romaine, car sur la forteresse antique s'était greffé, au commencement du XIIᵉ siècle, un donjon féodal. Alain, cadet de Porhoët, ayant reçu de son aîné l'immense apanage qui s'appela un peu plus tard la vicomté de Rohan, avant de bâtir le château de Rohan s'installa pendant quelques années dans la forteresse romaine plus ou moins ébréchée de *Castel-Noëc* (forme primitive de Castennec), et à peine y était-il que (vers 1120) il parle dans une charte du « vieux fossé du château (3). » Il existait donc là, avant lui, un vieux château et un vieux fossé, c'est-à-dire une forteresse importante remontant évidemment à l'époque gallo-romaine.

Là aussi passait une voie romaine (celle de la Table Théodosienne) : à telles enseignes qu'on y a relevé une borne milliaire (4) avec inscription dédicatoire à l'empereur Trebonianus Gallus (251-253). Cette borne a été trouvée dans la partie

(1) L. Maître, *Ibid.* p. 54 à 56, 66, 69, 70.
(2) Voir Bizeul, *Voies romaines du Morbihan* (1841), p. 131-132 ; Cayot-Delandre, *Le Morbihan* (1847), p. 409.
(3) « Terram in Castro Noioci (Castel Noëc)... *a veteri fossato castri*... et duas partes molendini quod est situm *sub turre castri* » (D. Morice, *Preuves de l'hist. de Bret.* I, 552-553), D. Morice, traduit *Castrum Noioci* ou *Noïci* par Lanouée : erreur complète.
(4) Voir Penhouët, *Antiquités égyptiennes dans le dép. du Morbihan* (1812), p. 28-29 ; et Bizeul, *Voies romaines du Morbihan*, p. 133-135.

déclive de la péninsule, vers le Sud, près d'une ferme appelée dès le XII⁰ siècle la
Coarde (c'est-à-dire la *Gwarde* ou la *Garde*), nom significatif, et autour de laquelle
on rencontre à foison les débris romains, briques à rebord, monnaies, fers de
lance (1).

Bien plus, cette presqu'île était pendant l'époque romaine le siège d'un culte
idolàtrique certainement fort populaire, puisqu'il survécut au paganisme sous
forme de croyances et de pratiques superstitieuses très antipathiques au christianisme jusqu'au XVII⁰ siècle (2). L'objet de ce culte était une forte statue de
femme représentant Vénus plus peut-être à la manière des Gaulois qu'à celle des
Romains, puisque ses attributs féminins étaient si hardiment exprimés par le
sculpteur que, pour la rendre supportable au XVII⁰ siècle, on fut obligé de la
mutiler ou du moins de lui ràcler, de lui raboter certaines parties du corps (3).
En outre, cette statue qui existe encore, mais non à Castennec, porte au front un
bandeau, sur lequel sont inscrites les trois lettres I I T. Or M. de la Monneraye
a constaté « que les monnaies de la famille Julia, frappées en mémoire des
» conquêtes de Jules César portaient, derrière la tête de Vénus, ces trois mêmes
» lettres (4). » Vénus était, on le sait, la protectrice de la *gens* Julia, qui prétendait
tirer d'elle son origine. La forte Vénus de Castennec serait donc un hommage
rendu, probablement par des mains gauloises, non sans doute au conquérant des
Gaules, mais à quelqu'un des premiers empereurs.

Impossible, après tout ce qui précède, de douter que la presqu'île de Castennec
n'ait été pendant la domination romaine le siège d'un établissement gallo-romain
de notable importance.

D'autre part, dans le tracé de la grande voie déjà mentionnée, allant de Tours
à l'extrémité de la péninsule armorique, la Table Théodosienne indique après
Duretie trois stations successives, savoir : *Dartoritum* ou *Darioritum, Sulim,
Vorgium.* M. de la Monneraye a démontré que les distances indiquées par cette
Table entre Dariorit et Sulim d'une part (soit 24 lieues gauloises), et d'autre
part entre Sulim et Vorgium qui est certainement Carhais (20 lieues gauloises),
répondent très bien aux distances actuelles de Castennec à Carhais et de Castennec
à Vannes. Conclusion nécessaire : le Sulim de la Table Théodosienne était à
Castennec. Le nom même existe encore dans le pays ; on trouve non loin de
Castennec des villages qui s'appellent Ker-*Sulan*, Coët-*Sulan*, etc (5).

---

(1) L'aveu de la vicomté de Rohan, rendu au duc de Bretagne en 1471, parle ainsi de Castel-Noëc :
« En la paroesse de Bieuxi (Bieuzi) est le bourg de Chasteau Noëc, qui autresfoiz fut ville close, et
encore y a apparoissance de murailles, closture et douves, avecques, de chasteau et forteresse » (Arch.
de la Loire-Inférieure, Ch. des Comptes de Bretagne, *Domaine de Ploërmel*, n° 144, f. 87). Les vicomtes
de Rohan, passé le XII⁰ siècle, ayant complètement délaissé Castel-Noëc supplanté par Rohan et Pontivi,
il est tout à fait invraisemblable qu'ils aient construit et entretenu autour de ce village une enceinte
murale urbaine ; les murailles dont parle l'aveu ne peuvent être autre chose que les ruines de la
station gallo-romaine qui avait existé au lieu de la Coarde.
(2) Cette statue, qui a été transportée près de Baud, est connue sous le nom de *Vénus de Quinipili;*
voir Bizeul, *Voies rom. du Morbihan* p. 141 ; Cayot-Delandre, *Le Morbihan*, 390.
(3) Cayot-Delandre, *Le Morbihan*, p. 401.
(4) La Monneraye, *Géographie ancienne de la péninsule armoricaine*, p. 38, d'après J.-L. Schulz,
Histoire romaine éclaircie par les médailles.
(5) Voir La Monneraye, *Ibid.* p. 39.

5. — BLABIA. — La *Notice des dignités de l'Empire* place à Blabia un préfet des soldats Carroniens (1). Mais où était située la Blabia de la *Notice?* Les uns la mettent à Blaye près Bordeaux, les autres (2) dans la péninsule armoricaine au hâvre de Blavet, c'est-à-dire à Port-Louis, qui ne porte, on le sait, ce dernier nom que depuis le XVIIe siècle et s'appelait précédemment Blavet. La ressemblance avec le nom de la Notice est à peu près égale de part et d'autre, car si Blaye s'appelait *Blavia*, le nom du Blavet semble tiré de *Blabia* directement : soit, en latin vulgaire, *riparia Blabita* ou *Blavita*, c'est-à-dire « la rivière de Blabia (3). » Ce n'est donc pas par là qu'on peut résoudre le différend.

En faveur de Blaye on fait remarquer que si l'on n'y plaçait pas cette garnison, il n'y aurait pas eu un seul poste militaire sur les côtes de la Gaule depuis la Loire jusqu'aux Pyrénées ; et d'autre part, on rappelle le vers d'Ausone où il nomme cette ville « *Blavia militaris* (4), » épithète qui indique, ce semble, l'existence à cette époque (IVe siècle) d'une garnison dans cette place. — Ces arguments ne sont peut-être pas très décisifs. Car si les côtes de la Gaule, de la Loire aux Pyrénées, avaient été à cette époque menacées sérieusement par les pirates, l'unique poste militaire de Blaye, qui ne contenait même pas une légion entière, ne les eût guère protégées. Si au contraire, comme il semble, les pirates Saxons ne descendaient pas encore au Sud plus bas que la Loire, il était très naturel de dégarnir les deux Aquitaines pour renforcer la défense de la péninsule armorique et des côtes septentrionales de la Gaule, beaucoup plus exposées aux attaques des barbares ; et c'est cet état que représente la *Notice de l'Empire.*

En faveur de Blavet on invoque une clause assez singulière de ce document. Le chapitre dont nous nous occupons est intitulé : *Sous les ordres du respectable duc du district Armoricain et Nervien* (5), et effectivement il énumère dix commandements militaires placés sous la direction de ce personnage, et qui tous les dix (sauf celui de Blabia si on le met à Blaye) sont compris dans les Lyonnaises IIe et IIIe. Puis le chapitre est clos par cette remarque : « *Cependant,* le district » Armoricain et Nervien s'étend dans *cinq provinces,* savoir : l'Aquitaine première » et deuxième, la Sénonaise, la deuxième et la troisième Lyonnaise (6). » Selon les partisans de Blabia-Blavet, cela veut dire : « Quoique les dix commandements militaires ci-dessus énumérés soient tous situés dans les Lyonnaises IIe et IIIe, *toutefois* l'autorité du duc Armorico-Nervien s'étend sur trois autres provinces, les deux Aquitaines et la Sénonaise : « *Extenditur* TAMEN *per quinque provincias* etc. » Cette interprétation du *tamen,* qui exclut Blaye, est très vraisemblable, et cependant ce *tamen* tout seul semble une base un peu étroite pour y asseoir une certitude décisive.

(1) « Præfectus militum Carronensium, Blabia. » *Notit. Occ.* XXXVII, édit. Seeck, p. 204.

(2) Entre autres, Adrien de Valois, d'Anville, Caylus, La Sauvagère.

(3) La plus ancienne mention du Blavet est de l'an 890, dans la *Chronique* de Réginon, où il est nommé *Blavita ;* voir *Chronicor. Reginonis* lib. II, dans *Germanicar. rerum IV vetustiores Chronograph.* (Francfort, 1566), f. 49.

(4) Ausone. *Epistolarum liber,* X, v. 16.

(5) « Sub dispositione viri spectabilis ducis tractus Armoricani et Nervicani » *Notit. dignit. in vartib. Occidentis,* cap. XXXVII, édit. Seeck, p. 204.

(6) « Extenditur TAMEN Tractus Armoricani et Nervicani limitis per provincias quinque : per Aquitaniam primam et secundam, Senoniam, secundam Lugdunensem et tertiam » *Not. dignit.* Ibid. p. 205.

On peut y joindre, il est vrai, la considération, invoquée plus haut, qui obligeait alors les Romains à porter toutes leurs forces sur le littoral nord et nord-ouest de la Gaule, et aussi ce fait certain, c'est que, contrairement aux assertions de plusieurs auteurs, on a trouvé au Port-Louis ou très près de cette ville nombre d'antiquités romaines, entre autres (en 1851) 300 monnaies de divers empereurs depuis Sévère (mort en 211) jusqu'à Constantin (337) ; un grand nombre de vases en terre cuite, des statuettes de même matière, etc., tous objets qui révèlent en ce lieu l'existence d'un établissement romain assez important, dont on rencontre d'ailleurs des traces à Penrun-Locmalo, faubourg de Port-Louis (1).

Pour ces raisons, nous sommes portés à y mettre la Blabia de la Notice de l'Empire, — sans nous dissimuler cependant que le vers d'Ausone invoqué en faveur de Blaye laisse quelque doute sur cette identification.

Après les villes et stations romaines mentionnées dans les documents antiques, nous indiquerons les établissements gallo-romains de quelque importance situés sur le territoire des Venètes, desquels on ignore le nom ancien, mais qui ont été manifestés par les fouilles et découvertes modernes.

6. — NOSTANG. — Le premier qui s'offre à nous, très voisin de Blabia ou Blavet, était situé sur le territoire d'une très ancienne paroisse bordant l'extrémité septentrionale de la lagune d'Etel et qui dut à cette circonstance son nom breton, *Lost-Stanc,* la Queue de l'Etang, devenu plus tard, par altération, Laustanc, Naustanc et Nostang. Dans cette commune, les débris, les ruines romaines se trouvent un peu partout, elles abondent surtout au Vieux-Bourg ou Vieux-Nostang, situé un peu au Sud du nouveau ; au village de Portanguen un kilomètre dans le Sud-Ouest du Vieux-Bourg, et sur tout le terrain qui sépare ces deux villages. — Le Vieux-Bourg est assis tout entier sur des substructions antiques. A Portanguen, les briques et les substructions gallo-romaines couvrent un très grand espace ; les fouilles faites dans ces substructions y ont fait découvrir, entre autres, beaucoup de débris de vases anciens de formes diverses et des tuyaux d'hypocauste (2). — Ce qui prouve encore l'importance des établissements romains dans ces parages, c'est l'existence, au XIe siècle, sur la rivière d'Etel, d'un lieu appelé village des Romains, *Villa Romanorum,* en breton Kerroman (3).

7. — ARADON. — Comme les bords de la lagune d'Etel, ceux du Morbihan furent, sur bien des points, très fréquentés, très habités par les Gallo-Romains. L'angle sud-est de la commune d'Aradon semble avoir été pour les habitants de Dariorit ou Vannes ce qu'était pour ceux de Nantes la station de Mauve, une

---

(1) La Monneraye, *Géographie anc. de la pénins. armoricaine,* p. 87 ; Rosenzweig, *Répert. archéol.* col. 62.

(2) Voir pour Portanguen une note de M. de la Monneraye sur les fouilles faites par lui, et pour Vieux-Nostang, Cayot-Delandre (p. 496), qui parle aussi d'un système de fortifications aquatiques du côté de Kerfrézec, dont l'attribution aux Romains me laisse quelques doutes.

(3) D. Morice, *Preuves de l'Hist. de Bret.,* I, 361.

sorte de ville de plaisance où on allait prendre du repos, repaître ses poumons d'air marin et ses yeux du gai spectacle de la *petite mer* vénétique aux aspects si plaisants et si variés. Un coin d'Aradon, entre le goulet de Conlô et l'anse de Penboch, est pavé de débris romains et de ruines de villas : cela commence au village de Roguédas et cela continue par Kervoyer, Penboch, le Lodo, Bourgerel, Mané-Bourgerel, Truhélin, Saint-Galles, etc. A l'autre bout de la commune (angle Sud-Ouest) on en retrouve au château de Kerran (ou château d'Aradon), et d'autres encore non loin de là en Baden, à Penmern (ou Pen er Men), à Bourgerel de Baden, et en face de l'Ile aux Moines à la pointe de Toulindac (1).

8. — SAINT-NOLF. — En cette commune, à deux lieues Nord-Est de Vannes, beaucoup de débris et de substructions antiques, surtout au village de Saint-Colombier, où existait, dit un archéologue vannetais, « une vraie station romaine. » Ruines et débris importants aux villages du Bezit et de Lambouisse (2).

9. — PLUHERLIN. — Très vieille paroisse où abondent les restes d'établissements romains. D'abord quatre ou cinq villas : — au champ Metenno, à 100ᵐ au Sud du bourg ; aux villages de Carevin ou Kerevin (à l'Ouest du bourg), de Carnoguen, de la Ville-Julo ; et, ce qui est plus curieux, découverte au village de la Grée-Mahé (au Nord de Carnoguen) « d'une construction romaine de petit appareil » figurant deux hexagones réguliers concentriques, l'hexagone intérieur ayant » 3ᵐ par chaque côté, séparé de l'autre par une distance de 3ᵐ 50 » (3) : forme qui rappelle le temple du Haut-Bécherel, dont nous parlerons plus loin, à l'article des Curiosolites.

10. — GOH-ILIS ou COZ-ILIS (français, *Vieille-Eglise).* — Station romaine située en la commune de Plaudren, à la jonction de la voie de Vannes à Corseul et de celle de Vannes ou Dariorit à Sulim. Cette station est représentée aujourd'hui par un espace de 8 à 10 hectares jonché de tuiles à rebord, tessons de poterie antique et autres débris gallo-romains; sillonné çà et là de substructions; appuyé à une enceinte de terre carrée de 104ᵐ de côté dite Castel-Floch, et qui semble bien être un camp romain (4).

Sur les dix stations gallo-romaines ci-dessus décrites et comprises dans le territoire des Venètes, deux seulement, Goh-Ilis et Sulim, se trouvaient incluses dans les limites de la grande forêt centrale de la péninsule armoricaine.

---

(1) Voir Cayot-Delandre, p. 153 ; Fouquet, *Monum. celt. et ruines romaines*, 68, 92 ; *Catalogue du Morbihan*, 5 ; Rosenzweig, *Répertoire archéol.* 231 ; E. Rialan, *Découvertes archéol. dans le Morbihan*, 3, 22, 24-25.
(2) Fouquet, p. 76, 96 ; cf. *Catalogue*, 11 ; Rosenzweig, 176 ; Rialan, 7-8.
(3) Rosenzweig, *Répertoire*, col. 212 ; cf. Cayot-Delandre, p. 290 ; Fouquet, p. 106 ; *Catalogue*, p. 13.
(4) Voir Bizeul, dans *Bulletin de l'Association Bretonne*, I (1847), p. 38-39 ; Cayot-Delandre, p. 101-102 et 210 ; Fouquet, 74, 102 ; *Catalogue*, 15 ; Rosenzweig, col. 187.

11. — Les Iles. — Les autres noms géographiques appartenant à la cité des Venètes sont des noms d'île et de fleuve.

Sur les iles — *Vindilis, Siata, Arica*, — nommées par l'Itinéraire Maritime d'Antonin, il n'y a pas de difficulté. — *Vindilis*, c'est Belle-Ile, nommée dans les textes des XIᵉ et XIIᵉ siècles *Guedel* ou *Guidel* (1). — *Siata*, que quelques critiques proposent de corriger en *Huata* ou *Hoiata*, c'est Houat. — *Arica*, pour laquelle on demande la correction *Atica* (2), c'est Adic, Hadic, Hedic.

Ces iles et sans doute aussi celles du Morbihan sont désignées par Pline sous le nom d'*Insulæ Veneticæ*, les Iles Vénétiques : dénomination que, par un étrange caprice fondé sur rien de positif et par conséquent inacceptable, on a prétendu ces temps derniers transporter à l'archipel de la Brière (voir p. 4 et 10 ci-dessus).

12. — Le fleuve Herius. — Quant au fleuve, sa situation est beaucoup plus contestée. Il s'agit des embouchures du fleuve *Herius* ('Ηρίου ποταμοῦ ἐκϐολαί), indiquées par Ptolémée comme un lieu notable sur la côte allant de la Loire au promontoire *Gobæum* (pointe du Raz). Ce malheureux fleuve Herius s'est vu promené par les géographes un peu dans tous les coins de la Bretagne. Beaucoup en font la Vilaine. Dans ce cas l'*Herius* serait bien voisin du *Brivates portus;* or Ptolémée, ne nommant que trois points notables (Brivatès, Herius et Vindana) entre la Loire et Gobæum, a dû, ce semble, les espacer davantage.

Un autre (3) veut voir dans l'*Herius* la rivière d'Hierre, en appliquant ce nom d'Hierre non seulement à l'affluent de l'Aune qui passe à Carhais, mais à l'Aune elle-même : opinion inacceptable, car Ptolémée place l'embouchure de l'Herius entre la Loire et Gobæum, et l'embouchure de l'Aune est *au delà* de Gobæum.

Une troisième opinion identifie l'Herius avec le Loch ou rivière d'Aurai. Motifs à l'appui : 1° l'espacement entre les lieux notables indiqués par Ptolémée se trouve ainsi mieux ménagé; — 2° la latitude indiquée par Ptolémée pour l'Herius convient à la rivière d'Aurai; — 3° on concevrait difficilement que Ptolémée eût pu passer sous silence le Morbihan, ce vaste port des Venètes, capable, selon César, de contenir 220 vaisseaux de haut bord; la rivière d'Aurai étant le seul cours d'eau de quelque importance qui se décharge dans le Morbihan, il est naturel que Ptolémée ait désigné ce golfe comme l'embouchure du fleuve Herius, dont il conduit les eaux dans la mer.

Nous inclinons vers cette dernière solution, qui nous semble bien appuyée; nous ne la regardons pas toutefois comme certaine.

§ 5. — *Les Osismes ou Osismiens.*

Dans les documents anciens on trouve les noms de quatre villes, ports ou stations gallo-romaines, de trois îles et d'un promontoire appartenant à la cité des Osismes.

---

(1) D. Morice, *Preuves de l'hist. de Bret.* I, 356, 365.
(2) Loth, *Les Mots latins dans les langues brittoniques* (1892), p. 25.
(3) Feu M. Le Men, archiviste du départ. du Finistère. Sur l'Hierre et l'Aune voir plus haut p. 24-25.

1. — VORGANIUM, VORGONIUM ou VORGIUM. — C'était la capitale de cette cité. Ptolémée dit : « La côte septentrionale (de la Gaule), à partir du fleuve Sequana » (la Seine), est occupée par les Calètes, — les Lexobiens, — les *Veneli*, — les » Biducasses (1), — et enfin les *Osismii*, dont le territoire s'étend jusqu'au promon-» toire Gobæum et qui ont pour ville (c'est-à-dire pour chef-lieu) *Vorganium* (2). » — La Table Théodosienne, dans le tracé de la voie allant de Tours à l'extrémité de la péninsule armoricaine, indique après Sulim deux stations, savoir *Vorgium* (3) et *Gesocribate* placé à l'extrémité de la voie au bord de la mer. Quant à Vorgium, jusqu'à ces derniers temps on n'hésitait point à identifier ce nom avec Vorganium ; et de fait, le moine du XIII⁰ siècle copiste de la Table Théodosienne devait être, selon l'usage de son temps, fort coutumier des abréviations (4) ; pour lui évi-demment *Vorganium, Vorgonium, Vorg'nium* étaient exactement le même mot que *Vorgium*.

Il y a une vingtaine d'années, tout le monde était d'accord pour placer Vorganium-Vorgium, capitale des Osismes, à Carhais. Aujourd'hui, quelques archéologues distinguent les deux noms et y veulent voir deux villes. On laisse Vorgium à Carhais et l'on transporte Vorganium vingt lieues plus loin dans le Nord-Ouest, au bord de la mer, en Plouguerneau, tout contre l'embouchure de l'Aber-Vrac'h.

Quelle est la cause de ce déménagement? C'est une borne milliaire existant au village de Kerscao, au Nord du bourg de Kernilis, sur la limite de cette commune et de celle de Plouguerneau, borne signalée dès 1837 et portant une inscription très fruste, que beaucoup d'antiquaires s'étaient efforcés, plus ou moins heureusement, de déchiffrer et où ils étaient parvenus à reconnaître que cette borne avait été dédiée à l'empereur Claude, en l'an 43 ou en l'an 46 de J.-C. Mais sur la dernière ligne, qui devait dire le nom de la ville vers laquelle se dirigeait la voie où était plantée la borne et aussi la distance entre cette borne et cette ville, — tous avaient échoué. M. Le Men, archiviste du département du Finistère, s'était dès 1865 exercé contre cette malheureuse ligne ; il y revint à plusieurs fois sans plus de succès. Enfin, en 1873, on tira la borne du village de Kerscao, on la fit voyager aux frais de l'État, on la logea en grande pompe au Musée de Quimper, et là M. Le Men, ayant repris à loisir ses études, finit par déchiffrer la dernière ligne ainsi :

VORGAN MP VIII.

Cette lecture signifie que de la ville de Vorganium jusqu'au lieu où se trouvait placée la borne il y avait huit milles romains *(Millia Passuum VIII)*, c'est-à-dire 11.848 mètres — le mille romain répondant à 1.481ᵐ. Donc, au bout de 11.800 mètres en partant de la borne on devait rencontrer Vorganium, — un Vorganium qui

---

(1) Savoir, les peuples du pays de Caux, — du pays de Lisieux, — du pays de Coutances (les *Veneli),* — du pays de Vieux près Baïeux.

(2) Οὐοργάνιον; variante du ms. de Pic de la Mirandole, Οὐοργόνιον. (Edit. Léon Renier dans l'*Annuaire des Antiquaires de France* de 1848, p. 262.)

(3) Prononcez le *g* dur, *Vorghium.*

(4) Ce n'est pas la seule abréviation qu'on trouve dans cette carte; on y voit *Portu Namnetu* pour *Portus Namnetum*, — *Aug. Viromuduor.* pour *Angusta Viromanduorum*, Vermand près Saint-Quentin (Aisne), et quelques autres de ce genre.

ne pouvait être Carhais puisque Carhais se trouve situé à 70 kilomètres de Kerscao, mais toutefois un Vorganium qui était tenu de remplir les conditions imposées à cette ville par la mention géographique de Ptolémée. Or qu'était-ce que le Vorganium de Ptolémée? C'était la capitale d'une cité gallo-romaine au milieu du IIᵉ siècle de l'ère chrétienne, c'est-à-dire une ville importante, une ville municipale chargée de régir tout le territoire de la cité et nécessairement pourvue de toutes les conditions et de tous les édifices indispensables à l'accomplissement de sa mission, entre autres, une maison municipale pour réunir ses magistrats, son sénat; un tribunal, un temple, un établissement de bains publics, des magasins à blé *(horrea)*, peut-être un théâtre. Sur l'emplacement de cette ville on doit donc aujourd'hui découvrir, non-seulement quelques restes de ces édifices, mais les substructions de nombreuses demeures où logeaient les habitants, des briques, des poteries samiennes, des statuettes, des débris antiques de toute espèce — comme à Nantes, ou tout au moins comme à Duretie, station d'ordre secondaire.

Toutes ces ruines, ces substructions, ces débris antiques, on les a trouvés, nous le verrons, on les trouve encore en abondance à Carhais; c'est pour cela qu'on y avait mis Vorganium. Le nouveau Vorganium, annoncé comme existant à 8 milles de Kerscao mais dont nul jusqu'à ce moment n'avait ouï parler, devait donc en offrir au moins l'équivalent.

M. Le Men partit de Kerscao pour le chercher, en se dirigeant vers le Nord-Ouest; après avoir parcouru 11.780 mètres il arriva au bord de la mer, et voici ce qu'il y trouva, voici ce qu'il eut le courage de présenter sous le nom de Vorganium:

« C'est, dit-il, un promontoire ou presqu'île dépendant du village du Run et qui » s'avance dans la mer à l'entrée de l'Aber-Vrac'h, entre le Port-Malo au Nord et » la petite anse de Porz-Cre'ach, marquée anse de Kervenny sur la carte de l'État-» Major, au Sud. » L'isthme qui relie ce promontoire au continent est coupé dans toute sa largeur par deux murailles en pierre sèche épaisses d'un mètre dont il ne reste que les substructions, contre lesquelles sont accotées deux petites constructions carrées, « qui (dit M. Le Men) étaient évidemment des tours » (??) Derrière ces murailles on trouve encore les substructions de quelques petites enceintes rectangulaires dans le genre des cahutes des Gaulois. Puis un énorme retranchement couvert de gazon coupant la presqu'île dans toute sa largeur; et dans ce retranchement des trous carrés que M. Le Men décore du nom de tours. Enfin, au delà de ce retranchement, « une éminence factice qui ressemble à un tumulus » recouvrant une allée couverte (un dolmen), mais qui a peut-être été formée par » les ruines de l'habitation principale ou du donjon de la forteresse (1). » Tout cela s'appelle Coz Castel-Ac'h, ou simplement Castel-Ac'h.

Et c'est tout... Mais, direz-vous, rien de romain là-dedans, même pas une brique. L'auteur en convient : « Ce n'est pas là, dit-il, une ville romaine, mais » un *oppidum* gaulois (2). » La conclusion se tire d'elle-même : comme le Vorganium de Ptolémée n'était pas un *oppidum* gaulois mais une ville gallo-romaine, Castel-Ac'h n'a rien de commun avec Vorganium, et il a fallu beaucoup

(1) et (2) Voir *Bulletin de la Société archéologique du Finistère*, t. II, 1874-1875, p. 30-31.

d'audace pour présenter sous ce nom au monde savant ces terrassements grossiers.

Malgré les illusions de l'esprit de système, l'auteur lui-même sentit ce qu'il y avait d'énorme dans la prétention de transformer un *oppidum* gaulois d'avant la conquête en cité municipale gallo-romaine du second siècle de l'ère chrétienne; pour sauver, atténuer au moins cette énormité, voici ce qu'il trouva :

« Je suis loin de prétendre (dit-il) que la ville de Vorganium fût restreinte aux limites de l'*oppidum* (de Castel-Ac'h). Je suis très porté à croire, au contraire, que la capitale des *Osismii* se composait de l'ensemble des îlots et des promontoires ou presqu'îles qui sont si nombreux à l'embouchure de l'Aber-Vrac'h ; et je ne puis à ce propos m'empêcher de faire ressortir l'analogie qui existe entre la situation topographique de Vorganium et celle de Dariorigum, capitale des Vénètes, que je considère aussi comme formée de l'ensemble des petites forteresses disséminées dans les îles et dans les presqu'îles du Morbihan (1). »

Cette prétendue analogie, maladroitement invoquée, est particulièrement propre à confondre l'opinion qui veut identifier l'*oppidum* de Castel-Ac'h avec le Vorganium de Ptolémée. Jusqu'ici personne n'a eu l'idée de voir la capitale des Vénètes (avant ou depuis la conquête) dans « l'ensemble des petites forteresses » (quelles forteresses ?) disséminées dans les îles et presqu'îles du Morbihan ; » c'est là une invention pure. Quant au Dariorigum ou Darioritum de Ptolémée, c'est Vannes, nous le savons ; son assiette n'est ni une île ni une presqu'île, elle est située en terre-ferme ; ce n'est pas un *oppidum* gaulois qu'on y trouve, mais une enceinte murale gallo-romaine très caractérisée et, sur une grande étendue, les substructions, les ruines, les débris d'une ville gallo-romaine importante. A Castel-Ac'h, rien de romain, et sauf quelques grossiers retranchements en terre, rien du tout. Voilà ce qu'on nomme une analogie ; c'est une antithèse.

Quelques érudits, d'abord très partisans du système de M. Le Men, reconnurent bientôt pour impossible de voir dans les terrassements de Castel-Ac'h la cité gallo-romaine chef-lieu des Osismes mentionnée par Ptolémée. Voulant toutefois retenir quelque chose de la prétendue découverte de Vorganium, ils firent de Vorgium et de Vorganium deux villes différentes et ils dirent : « Le texte de Ptolémée » démontre que *Vorgium* (Carhais) était bien le chef-lieu des Osismes. *Vorganium* » (Castel-Ac'h) était simplement une position maritime (2). »

Cet essai de conciliation ou d'atténuation du système primitif est insoutenable. *Vorgium*, si on le distingue de *Vorganium*, n'est nulle part qualifié « chef-lieu des Osismes » ; Ptolémée n'en parle pas (3) ; il parle uniquement de Vorganium et uniquement pour dire que c'était la capitale des Osismes. Donc, si l'on admet l'interprétation donnée par M. Le Men à la dernière ligne de l'inscription de Kerscao, on est absolument condamné à reconnaître, dans un médiocre *oppidum*

(1) Voir *Bulletin de la Société archéologique du Finistère*, t. II, 1874-1875, p. 31.
(2) E. Desjardins, *Géographie de la Gaule romaine* t. III (1885), p. 438. — Cependant, en 1876, le même auteur avait dit : « VORGANIUM, *ancienne capitale des* OSISMII, aux bouches de l'Aber-Vrac'h, » à Coz-Castel-Ac'h, emplacement déterminé par la découverte de la borne milliaire de Kerscao... » *qui ne peut laisser aucun doute sur l'emplacement de cette ville.* » *(Ibid.* t. I, p. 473 et 317).
(3) Vorgium ne figure, sous cette forme, que dans la Table Théodosienne, où il n'a même pas les deux tours dont sont décorées plusieurs autres villes chefs-lieux de cité.

gaulois antérieur à la conquête romaine, une ville gallo-romaine municipale du IIᵉ siècle, chef-lieu d'une cité ou peuplade considérable : ce qui est une absurdité manifeste.

Mais comment interpréter autrement cette ligne *(Vorgan millia passuum VIII)*, avec le chiffre VIII qui la termine ?

La question devient un peu délicate ; cependant il faut bien le dire : ce chiffre, résolument affirmé par M. Le Men et fondement de tout son système, n'existe pas sur la borne. Pour s'en convaincre, nul besoin d'aller jusqu'à Quimper déchiffrer l'inscription originale. Il en existe une très fidèle reproduction photographique au tome IV (p. 178) de la *Géographie de la Gaule* de M. Desjardins. On n'a qu'à l'examiner. A la dernière ligne, on déchiffre péniblement VORGAN, plus aisément M P ; puis on distingue tellement quellement une lettre ou fragment de lettre, où M. Le Men a vu un V, mais qui n'en est pas un, car elle répond seulement à la partie supérieure des lettres précédentes, à peu près ainsi : M P ᵛ ; donc ce n'est qu'une demi-lettre, c'est la partie supérieure d'une X, dont la partie inférieure a disparu. Après cela on ne déchiffre plus absolument rien, tant la pierre est fruste ; les trois I I I sont entièrement imaginaires — et cela est si vrai qu'à la p. 179 note 1, M. Desjardins, reproduisant le texte de l'inscription en caractères typographiques, figure ainsi ce chiffre : V [I I I] ; ce qui veut dire que les trois I I I sont purement hypothétiques. Le V n'existe pas davantage, c'est (on vient de le dire) la partie supérieure d'une X. Donc la dernière ligne se doit lire ainsi :

VORGAN MP X....

Après la demi X, je le répète, plus rien ne se lit sur la pierre fruste, piquée, martelée ; mais à la droite de ce caractère il reste assez de place pour y graver aisément quatre ou cinq lettres. Le chiffre exprimé là commençant par une X, rien n'empêche d'admettre que ce chiffre était XLVII. Or 47 milles romains = 69 kilomètres 607 mètres, et la distance de Kerscao à Carhais est de 70 kilomètres. De l'aveu de M. Desjardins, la capitale des Osismes ne pouvait être qu'à Carhais, et au témoignage de Ptolémée elle s'appelait Vorganium. Donc la lecture que nous proposons pour compléter le chiffre des milles de la dernière ligne, est la seule admissible.

Mais comment M. Le Men avait-il pu arriver à lire VIII, alors que les trois derniers caractères formant ce chiffre n'existent certainement pas, et que la pointe du premier ne descend point assez sur la ligne pour qu'on en puisse faire un V (1) ?

L'explication est simple. Aux yeux de M. Le Men, le nom *Vorgan* exprimait une situation maritime, il y voyait, moyennant permutation de l'initiale, le mot gallois *morgant*, bord de la mer (2). C'est là une erreur complète, le mot celtobreton *mor* (mer) n'entre pour rien dans la composition de Vorgan (3). Mais féru

<hr>

(1) J'ai vu, j'ai examiné la borne originale, ainsi que l'excellent moulage qui en a été fait et qui est aujourd'hui au Musée de Rennes : dans l'un et dans l'autre, tout comme dans la photographie de M. Desjardins, impossible de voir après M P autre chose que ce prétendu V trop court qui est en réalité la moitié d'une X ; après quoi plus rien, pas trace d'un caractère quelconque. — M. de la Monneraye fait la même déclaration dans sa *Géographie anc. de la pénins. armor.*, p. 36, note.

(2) Voir *Bulletin de la Société archéologique du Finistère*, t. II (1874-1875), p. 25.

(3) Le savant doyen de la Faculté des Lettres de Rennes, M. Loth, l'a démontré dans *L'Emigration bretonne en Armorique*, p. 68-69.

de cette erreur, M. Le Men devait nécessairement chercher Vorganium sur le littoral le plus voisin de la borne. Cela le mena à Castel-Ac'h, qu'il n'hésita pas, à défaut de mieux et contre toute vraisemblance, à baptiser du nom de Vorganium.

Dès lors il lui était bien facile de compléter la lecture de la dernière ligne de l'inscription. Il lui suffisait de connaître la distance qui sépare Kerscao de Castel-Ac'h. Cette distance se trouva être de 11,783 mètres. Restait à calculer le nombre de milles romains le plus rapproché de cette distance : c'est huit milles, qui font 11,848^m, différence insignifiante 65^m. Donc, plus d'hésitation, c'était VIII qu'il fallait lire sur la borne. — On conçoit que l'obsession d'une idée préconçue ait pu transformer en V une demi X; mais affirmer après le V la lecture de caractères qui positivement n'existent pas, cela devient un peu étrange; plus étrange encore peut-être l'aplomb avec lequel on notifia *urbi et orbi* qu'on venait de découvrir une ville romaine, alors qu'on n'avait trouvé qu'un assez maigre *oppidum* gaulois.

Ces derniers traits donnent un peu, il faut l'avouer, à cette fameuse soi-disant découverte de Vorganium l'aspect d'une mystification scientifique. Hâtons-nous d'ajouter que le mystificateur était de bonne foi et se mystifia lui-même, emporté, comme il arrive souvent, par la force de l'idée préconçue et l'attachement passionné à son système.

Revenons au véritable Vorganium, c'est-à-dire, à Carhais. Tout le monde aujourd'hui est d'accord pour y reconnaître le *Vorgium* (1) de la Table Théodosienne, et en même temps (avec M. Desjardins) la ville chef-lieu des Osismes, c'est-à-dire le *Vorganium* de Ptolémée; l'on revient ainsi — forcément pour ainsi dire — à la synonymie longtemps incontestée de Vorganium et de Vorgium.

Depuis un siècle et demi, la plupart des antiquaires bretons, entre autres le président de Robien, La Tour d'Auvergne, Cambry, M. Bizeul, se sont occupés de Carhais. On n'y a jamais fait toutefois de fouilles systématiques, ce qui n'empêche pas les débris romains d'émerger de toute part et de couvrir le sol. La vieille ville actuelle est bâtie tout entière sur la ville gallo-romaine, qui manifeste son existence, à chaque coup de pioche qu'on donne, en montrant partout presque à fleur de terre ses substructions. A noter, entre autres, un bel aqueduc en béton présentant une voûte cintrée d'une hauteur approximative de 55 centimètres sur 50 de largeur; une belle mosaïque multicolore, faite de cubes d'un centimètre de côté, formant l'aire d'une habitation gallo-romaine; des débris de colonnes, des vases, des bronzes antiques; des fragments de statues, des fourneaux d'hypocauste et des tuyaux en terre cuite pour distribuer la chaleur dans un grand établissement thermal; de nombreux débris d'amphores et de poteries samiennes; des blocs de béton taillés, encastrés depuis le XVIe siècle dans les murs de l'église Saint-Tromeur; des monnaies de toute date, de l'empereur Claude jusqu'à Constantin le Grand; enfin un cimetière gallo-romain découvert en 1867, d'où plusieurs centaines d'urnes funéraires, en terre et en verre, ont été exhumées, etc.

(1) Une inscription du règne de Septime Sévère tracée sur une borne milliaire actuellement dressée dans le cimetière de Maël-Carhaix, mais qui était jadis un peu plus loin vers l'Est sur la voie de Carhais à Corseul, cette inscription porte que le milliaire sur lequel elle est gravée était à 6 lieues gauloises (13,332 mètres) de Vorgium ou Vorganium : A VORG. LEVG. VI. (*Bull. de la Soc. arch. du Finistère*, II, 1874-1875, p. 43.)

Tout récemment (1890), un propriétaire veut améliorer un de ses champs dit *Parc ar Frout*, voisin de Carhais, mais où l'on ne soupçonnait pas la moindre construction ancienne ou moderne. A peine a-t-on donné quelques coups de pioche, les constructions sortent de terre : pans de mur, briques, tessons de poteries, tout cela mêlé dans des quantités de charbon et de cendre noire (preuve évidente d'incendie), et reposant sur une aire de terre glaise battue, pilonnée, bien unie, qui avait servi de plancher à l'édifice. On continue, et dans les nouvelles substructions que l'on découvre, parmi les débris romains remués à la pelle, on trouve une quarantaine de monnaies impériales (de Vespasien à Aurélien); puis trois plats de bronze doublés à l'intérieur de plaques d'argent; enfin, trois belles coupes d'argent plein, munies d'anses attenant au bord supérieur et pesant, l'une 318 grammes, la seconde 390, l'autre 575. Voilà ce qu'on trouve à Carhais quand on remue la terre sans rien chercher. Le champ en question est hors de la ville, à 100 mètres de l'extrémité de la rue de l'Église; l'étendue de Vorganium devait donc notablement dépasser celle du Carhais actuel (1).

Ajoutons que ce point était incontestablement le centre principal d'où rayonnaient la plupart des voies romaines établies dans l'Ouest de la péninsule armoricaine (2).

Voilà des témoins nombreux, irrécusables, de l'importance de la ville antique à laquelle a succédé Carhais; des preuves certaines, évidentes, de sa qualité de chef-lieu de la cité des Osismes, et par conséquent de son droit à conserver le nom de Vorganium, qu'on lui a bien à tort contesté.

Comparez un peu cette ville antique dont les débris jonchent le sol, le remplissent et, on peut dire, en jaillissent dès qu'on y jette la sonde, — comparez-la avec ce maigre oppidum de Castel-Ac'h — et dites où est Vorganium.

2. — VINDANA ou VIDANA PORTUS, le port Vindana. — Ptolémée, nous l'avons vu plus haut (p. 86), en indiquant les principaux points de la côte armoricaine entre l'embouchure de la Loire et le cap Gobæum, nomme le port Vindana ou Vidana (3), et le place entre le fleuve Herius et Gobæum. On a mis ce Vindana un peu partout, entre autres, à Locmariaker, à Benodet. Le fleuve Herius étant pour nous la rivière d'Aurai (ci-dessus p. 101), nous devons placer Vindana entre cette rivière et la pointe du Raz. Suivant M. de la Monneraye, si l'on assimile cette pointe à Gobæum, la latitude donnée à Vindana par Ptolémée tombe sur Audierne : c'est là qu'il place Vindana, et nous avec lui. Malheureusement il y a bien peu de ruines romaines à Audierne, où il s'en trouve cependant encore plus qu'à Castel-Ac'h : dans la colline qui domine l'entrée de la rivière le Goayen, il existe une construction gallo-romaine, en petit appareil, aire en béton, épaisse

(1) *Bulletin de la Soc. archéol. d'Ille-et-Vil.*, t. XX, p. 135-137.
(2) Sur les antiquités de Carhais, voir, entre autres, Bizeul, *Voies romaines sortant de Carhaix*, dans le *Bulletin archéologique de l'Association Bretonne*, tome Ier, Congrès de Quimper de 1847, *Mémoires*, p. 18 à 28 ; Pol de Courcy, dans *La Bretagne Contemporaine, Finistère*, p. 52; Flagelle, *Statistique monumentale du Finistère, époque romaine*, dans *Bulletin de la Soc. archéol. du Finistère*, t. II (1874-1875) p. 124, etc.
(3) Ούιδάνα λιμήν, var. Ούίνδανα. Ptolémée livre II, chap. 7 (ou 8), § 1, *Ann. de la Soc. des antiq. de France* pour 1848, p. 358.

couche de ciment rouge sur les murs, sorte d'observatoire d'où on peut inspecter tous les mouvements de la baie d'Audierne (1).

3. — SALIOCANUS PORTUS, le port Saliocan. — Après avoir nommé le cap Gobæum, Ptolémée continue : « La limite septentrionale (de la Lyonnaise), formée » par l'Océan britannique, se présente ainsi après le promontoire Gobæum : — » le port Saliocan (2), — l'embouchure du fleuve Titus... » Ce qui suit ne concerne plus la péninsule armorique. Nul embarras pour retrouver le port indiqué ici par Ptolémée, car le nom subsiste encore dans une baie située à l'extrémité Ouest de la Bretagne entre le cap Saint-Mathieu et le Conquet, dite baie de *Porsliogan*. Les deux mots se sont soudés; sauf la chute de l'*a* et l'adoucissement du *c* en *g*, c'est exactement le même nom. Il a existé là des constructions romaines importantes, dont il restait des traces très reconnaissables à la fin du XVIIᵉ siècle, comme le constate Lobineau (en 1707) : « Pour *Staliocan*, dit-il, on en trouve » encore des restes à *Portzliocan*, rade auprès de Saint-Mahé (Saint-Mathieu), où » il y a eu autrefois un port bâti de briques et de ciment, comme on en peut juger » encore par les vestiges (3). » En 1694, les « vieilles gens du pays » affirmaient avoir vu là « un quai maçonné et cimenté, » avec « des anneaux pour attacher des navires » et l'on voyait même encore la place d'un de ces anneaux (4).

4. — GESOCRIBATE. — Dans le tracé de la grande voie qui va de Tours à l'extrémité de la péninsule armorique, la Table Théodosienne, après *Vorgium* ou *Vorganium*, c'est-à-dire Carhais, n'indique plus qu'une station placée à l'extrémité de la voie, au bord de la mer, et qui a pour nom *Gesocribate*. De Vorgium à cette dernière station, la Table indique une distance de 45 lieues gauloises, c'est-à-dire 100 kilomètres (5). Mais cette indication ne peut aider à découvrir la situation de Gesocribate, car sur quelque point des côtes occidentales de la péninsule armorique qu'on porte le compas en partant de Carhais, on trouve toujours une distance notablement inférieure à 100 kilomètres. Si l'on suit, par exemple, la voie dont nous parlions tout à l'heure, qui passe à Kerscao et aboutit à la mer près de Castel-Ac'h, la distance de Castel-Ac'h à Vorgium est de 82 kilomètres seulement, soit 37 lieues gauloises au lieu de 45; d'ailleurs, bien que Gesocribate n'eût pas l'importance de Vorganium, encore était-ce une station romaine, non un *oppidum* gaulois; on ne peut donc le placer à Castel-Ac'h (6).

(1) *Statistique monumentale du Finistère, Époque romaine* par MM. Flagelle et Le Men, dans le *Bulletin de la Soc. archéol. du Finistère*, t. II (1874-1875) p. 122.

(2) Σαλιόχανος λιμήν; **var.** Σαλιόχαννος, Σταλιοχανός λιμήν Ptolémée, liv. II, ch. 7 (ou 8), § 2, dans *Annuaire de la Soc. des Antiq. de Fr.* de 1848, p. 259.

(3) Dom Lobineau, *Histoire de Bretagne*, tome I, p. 2.

(4) Dom Le Pelletier, *Dictionnaire de la langue bretonne* (1752), col. 538.

(5) Exactement 99.990 mètres, la lieue gauloise étant de 2.222 mètres.

(6) M. de la Monneraye ne met pas Gesocribate à Castel-Ac'h, mais il le place au bout de la voie de Kerscao, dans la mer, où cette ville aurait disparu depuis le IVᵉ siècle par suite de l'affaissement du sol. Pour être logique, il faudrait mettre Gesocribate au bout des 45 lieues gauloises, c'est-à-dire à 18 kilomètres en mer au delà de Castel-Ac'h et croire que ces 18 kilomètres auraient été immergés par suite de l'affaissement du sol depuis l'époque de la Table Théodosienne, c'est-à-dire depuis le IVᵉ siècle. Malgré l'habileté mise au service de cette thèse, elle nous semble tout à fait inadmissible.

Puisque la distance portée par la Table ne peut s'appliquer nulle part, c'est qu'elle est erronée ; sans doute, le copiste du XIIIᵉ siècle a mal lu le chiffre de l'original. Donc il n'y a pas lieu de tenir compte de ce chiffre ; il faut se borner à chercher, sur le littoral Ouest de la péninsule armoricaine, un lieu qui par son importance et sa situation réponde aux indications de la Table. La plupart des géographes ont choisi Brest, qui a été de tout temps la plus belle, la plus forte station maritime de la Gaule occidentale, et que les Romains, du moment où ils songèrent à la défense des côtes, ne purent manquer de fortifier et de relier par une voie au chef-lieu de la cité dont elle dépendait.

Il est certain que le château actuel de Brest est bâti sur les fondements d'une forteresse gallo-romaine. A la base des courtines qui défendent l'entrée du château, sur toute la face qui regarde la ville, se montre l'appareil romain, tranché horizontalement de distance en distance par des cordons de briques. Dans cette partie des murailles, on distingue en outre certaines coupures verticales d'une maçonnerie moderne, où l'on a reconnu les arrachements de tours hémi-cylindriques supprimées par Vauban au XVIIᵉ siècle, et dont le faible diamètre (4ᵐ40) ne permet pas d'en méconnaître l'origine antique (1). — Laissons de côté la *tour de César* et la soi-disant médaille de cet empereur trouvée, dit-on, en 1597 dans ce château ; mais du moins est-il certain (au témoignage de Caylus) qu'en 1762 on découvrit aux environs de Brest, dans des vases de terre, 30.000 deniers d'argent des divers empereurs depuis Alexandre Sévère jusqu'à Postume.

Donc, au cours du IIIᵉ siècle, Brest devint le siège d'une citadelle importante, qui ne put manquer d'être reliée par une voie publique au chef-lieu des Osismes. S'il n'y a pas là une preuve sans réplique de la situation de Gesocribate à Brest, il en ressort toutefois une forte probabilité, à laquelle, croyons-nous, il convient jusqu'à nouvel ordre de s'arrêter.

Les quatre établissements romains dont nous venons de parler sont les seuls mentionnés dans les documents antiques que l'on puisse placer sur le territoire des Osismes ; les fouilles modernes en ont fait connaître beaucoup d'autres, dont quelques-uns dignes par leur importance d'être signalés ici.

5. — AQUILONIA CIVITAS. — C'est le nom d'une ville ou station gallo-romaine qui occupait l'emplacement du faubourg de Locmaria, sur la rive gauche de l'Odet, un demi-quart de lieue au Sud de la ville de Quimper. Le texte le plus ancien où ce nom figure se réfère à des évènements du premier quart du XIᵉ siècle ; l'église de Locmaria y est nommée *Sancta Maria in Aquilonia civitate* (2). Quimper,

---

(1) C'est l'Association Bretonne, dans son Congrès tenu à Brest en 1855, qui découvrit et constata les parties gallo-romaines des murailles du château de Brest ; voir le procès-verbal de ce Congrès, et aussi La Monneraye, *Géogr. anc. de la péninsule armoricaine*, p. 59, note 1.

(2) « Benedictus episcopus atque comes » [évêque et comte de Cornouaille, mort, croit-on, en 1022] « dedit terciam partem æcclesiæ Guorleisan in hereditate perpetua Sanctæ Mariæ *in Aquilonia civitate* » (Dans A. de la Borderie, *Actes inédits des ducs de Bretagne*, p. 17). D. Morice a imprimé cet acte (*Preuves* I, 390), mais tronqué et avec fautes, par exemple *Kernorlizan* au lieu de *Guorleisan* qui est *Gourlison*, ancienne trève de Ploaré. — Un acte de 1124 porte : « Monasterium Sanctæ Mariæ *in Aquilone* quod britannice Loc Maria vocatur » (Biblioth. Nat. Bl. Manteaux XLI, p. 189) ; un autre de 1172 : « Ecclesia S. M. *de Aquilone* » (D. Morice, *Preuves* I, 667). — On a dit que le Martyrologe d'Usuard (IXᵉ siècle) portait au 1ᵉʳ mai : « S. Chorentini episcopi *in civitate Aquilæ*. » Cette mention ne fait pas partie du texte d'Usuard, c'est une addition d'une date très postérieure.

c'est la ville nouvelle fondée par les Bretons émigrés, vers la fin du Ve siècle, au confluent de l'Odet et du Steir. *Aquilonia,* c'était la ville antique, gallo-romaine. Aussi, tandis qu'on ne trouve rien de romain à Quimper, le faubourg de Locmaria est jonché de tuiles, de tessons de poterie et de débris gallo-romains de toute sorte. Dans les murs de l'église de Locmaria, construite au XIe siècle, on voit, non sans surprise, reparaître le petit appareil romain à assises et à cubes réguliers : c'est qu'elle a été bâtie avec les pierres des maisons gallo-romaines tombées en ruine. *Aquilonia* comme *Duretie,* se composait de deux agglomérations ou, si l'on veut, de deux quartiers séparés par le fleuve : sur la rive droite de l'Odet, en face du gué de Locmaria, se voient en effet les ruines d'une importante station gallo-romaine (1).

6. — LE CAP-CAVAL. — Les rives de l'Odet et toute cette presqu'île comprise entre le fleuve et la mer connue sous le nom de Cap-Caval, recèlent partout des traces de l'époque gallo-romaine. Dans les communes de *Combrit,* de *Plonéour-Lanvern,* de *Pont-l'Abbé,* on rencontre les substructions de nombreuses habitations antiques ; dans *Plomelin,* la belle villa du Pérennou tout au bord de l'Odet ; dans *Penmarch* et *Plomeur,* des sépultures, des urnes funéraires ; en *Saint-Jean Trolimon,* aux environs de la chapelle de Tronoan, tuiles, poteries, substructions avec traces d'incendie ; dans *Peumerit* et *Tréguennec,* des fours à briques et à poteries, entre autres, dans la dernière de ces communes, près de la chapelle Saint-Julien, un four qui, lorsqu'on l'a découvert, contenait encore toute sa fournée, soit quatre-vingts statuettes en terre de Vénus anadyomènes et de déesses-mères, rangées en bel ordre pour la cuisson. Tout à l'embouchure de l'Odet, sur la rive gauche, à la pointe de Saint-Gildas *en Perguet,* les ruines d'un village considérable, avec établissement balnéaire comprenant au moins douze chambres. Enfin, dans *Ergué-Armel,* à toucher la ville Aquilonia et toujours sur les bords de l'Odet, toute une tribu de potiers et de fabricants de briques, entre autres, au Parc an Groas, un groupe de sept ou huit habitations avec les produits de leur métier : quantité de figurines de Vénus, de déesses-mères, de petits chevaux en terre cuite, etc. (2).

7. — LA BAIE DE DOUARNENEZ. — Cette belle baie, lac immense et splendide, est aussi tout entourée de vestiges notables d'établissements gallo-romains.

Sur *Ploaré* on rencontre partout des murs, des substructions, des ruines d'habitations antiques, entre autres près du ruisseau du Riz, où l'on a trouvé des thermes, de belles mosaïques, des poteries samiennes. En *Poullan* et *Pouldergat,*

---

(1) Flagelle, *Statistique gallo-romaine du Finistère,* Bulletin de la Soc. archéol. du Finistère, II, p. 140. Cf. La Monneraye, *Essai sur l'architecture romane en Bretagne,* dans *Bull. archéol. de l'Association Bretonne,* t. I (1847) p. 60 ; et Mérimée, *Notes d'un voyage dans l'Ouest de la France,* p. 198.
(2) Flagelle, *Statist. gallo-romaine du Finistère,* dans le Bulletin de la Soc. archéol. t. II. Cette Statistique étant disposée par ordre alphabétique des communes, inutile d'indiquer la page ; elle figure dans ce Bulletin de la p. 122 à la p. 147.

qui touchent Ploaré, substructions, tuiles, poteries dans beaucoup de villages, fours, urnes cinéraires, etc. (1).

Vers la pointe du Raz, en *Cléden Cap-Sizun*, « au village de Troguer, poste » militaire dont les ruines couvrent plusieurs hectares, à l'extrémité d'une voie » romaine et sur une pointe très élevée au Nord de la baie des Trépassés. Au » XVIᵉ siècle (selon le chanoine Moreau), on y trouvait beaucoup d'urnes et de » monnaies; on y voit encore des pans de murs élevés de plus d'un mètre » au-dessus du sol (2). »

En remontant vers le Nord, toujours le long de la baie, traces d'une occupation intense en *Plounevez-Porzai* : substructions, piliers d'hypocauste, poste d'observation, construction carrée tout près de la mer, sur la rive droite du ruisseau du Riz.

Dans la presqu'île de *Crozon* aussi, nombreux vestiges de l'époque gallo-romaine, notamment au fond de l'anse de Dinan, au village de Kervian où l'on a trouvé, dans une sorte de marmite de bronze, mille deniers d'argent comprenant la suite des empereurs et impératrices de Vitellius à Géta. — Trouvaille du même genre dans l'anse de Locmarc'h, au Nord-Ouest de la pointe de la Chèvre, 300 monnaies, substructions, poteries samiennes, et de plus un vrai cimetière, plus d'une centaine de squelettes. En *Telgruc*, des thermes (3).

8. — LE LITTORAL NORD. — Dans le Nord du territoire des Osismes, plusieurs établissements gallo-romains très considérables, entre autres, Kerilien, Kerradenec, Roscoff.

Kerilien. Dans la commune de *Plounéventer*, vaste établissement gallo-romain (découvert en 1829 par M. de Kerdanet), dont les ruines s'étendent entre les villages de Kerilien, de Kergroas et de Kerporziou, sur un espace de près de 100 hectares, mais avec de nombreuses lacunes, comme les restes de plusieurs villas situées à peu de distance les unes des autres. On a trouvé, entre autres, dans ces ruines, une statuette de bronze, une colonne cannelée, plus de six cents fragments de poterie samienne, de nombreuses monnaies romaines d'or, d'argent et de bronze, depuis l'empereur Auguste jusqu'à Honorius (4).

Kerradenec, village en *Saint-Frégant*, sur le bord de la voie qui va de Carhais à Plouguerneau. On y a trouvé des substructions gallo-romaines importantes tout près du château de Penmarc'h, occupant, entre ce château et l'étang du même nom, un espace de quatre hectares; de ces substructions sont sorties, entre autres, des poteries samiennes, des urnes funéraires en terre et en verre (dont une fort belle en verre bleu), une pierre gravée antique, de petits chevaux en terre cuite, plus de 500 monnaies romaines (5).

Roscoff. A la pointe Sainte-Barbe près du fort Bloscon, substructions et tuiles; en Santec, aux villages de la Bastille et de Menroignant, nombreuses

(1) et (3) Flagelle, *Statistique.*
(2) *Bulletin archéol. du Finistère,* II (1874-75) p. 124.
(4) *Bull. de la Soc. arch. du Finistère,* t. II, p. 28, 138.
(5) *Ibid.* p. 28 et 143.

substructions, nombreuses médailles, de Trajan à Claude le Gothique (1).

9. — LES ILES. — A la fin de l'Itinéraire Maritime d'Antonin existe un article intitulé : *Iles situées dans l'Océan qui baigne les côtes des Gaules et celles des Bretagnes.* Suivent quinze noms d'îles, commençant par les Orcades, et dont six sont très voisines du littoral de la péninsule armoricaine, savoir : *Barsa. Uxantis. Sina. Vindilis. Siata. Arica* (2).

Nous avons parlé ci-dessus (p. 101) des trois dernières, dépendantes du territoire des Venètes. Les trois précédentes relevaient de celui des Osismes. *Barsa,* c'est Batz au Nord de Roscoff ; *Uxantis,* Ouèssant ; et *Sina* est l'île de Sein devant la pointe du Raz. Cette dernière est la *Sena* du géographe Pomponius Méla (3) qui la place expressément en face du littoral osismien (4), et nous fait connaître la cause de sa célébrité :

« Cette île est renommée (dit-il) à cause de son oracle gaulois, dont les prêtresses, sanctifiées par une virginité perpétuelle, sont au nombre de neuf. On les appelle Gallicènes, et on leur attribue le pouvoir extraordinaire de déchaîner par leurs chants les flots et les tempêtes, de se changer en animaux comme il leur plaît, de guérir les maladies incurables, de connaître et de prédire l'avenir ; mais elles usent de ces pouvoirs merveilleux en faveur seulement de ceux qui se sont mis en mer dans le but unique de les consulter. »

10. — LE PROMONTOIRE GOBÆUM (5). — Ce promontoire est formellement attribué au territoire des Osismes et par Ptolémée (voir ci-dessus, p. 102), et par Strabon (6). Quelques géographes ont voulu le placer au cap Saint-Mathieu ; mais les auteurs modernes les plus autorisés l'identifient avec la pointe du Raz, et M. Desjardins a récemment établi cette opinion d'une façon très solide (7). Aussi, malgré le nouveau système sur les Venètes, fort en vogue lorsque parut sa *Géographie de la Gaule* (1876), n'hésite-t-il pas à affirmer que « le territoire des » Osismes s'avançait au Ier siècle jusqu'à l'extrémité méridionale du département » du Finistère (8). »

_____

(1) *Bulletin de la Société archéol. du Finistère,* t. II, p. 141.
(2) « *Insulœ in mari Oceano quod Gallias et Britannias interluit.* — Orcades numero III. Insula Clota in Hiverione. Vecta (Wight). Riduna (Aurigni). Sarmia (Guernesei). Cæsarea (Jersei). *Barsa.* Lisia. Andium. Sicdelis. *Uxantis. Sina. Vindilis. Siata. Arica.* » *(Recueil des historiens des Gaules et de la France,* I, p. 110).
(3) Contemporain des empereurs Tibère et Claude, écrivait vers l'an 43 de J.-C.
(4) « *Sena in Britannico mari Osismicis adversa littoribus.* » Le texte que nous traduisons suit immédiatement cette ligne de Pomponius Méla, *De Situ orbis,* lib. III, cap. 6. — Le système qui veut attribuer aux Venètes l'ancien évêché de Quimper et réduire les Osismes au diocèse de Léon (voir ci-dessus, p. 82) a prétendu que le nom de *Sena* ne devait pas s'appliquer à l'île de Sein. M. Loth a fait justice de ces fantaisies, dans *L'Emigration bretonne en Armorique,* p. 53-55.
(5) Γόϐαιον ἄϰρον, Γόϐαιον ἀϰρωτηρίον (Ptolémée, liv. II, chap. 7 (ou 8), § 1, 2, 5).
(6) « Entre autres caps, celui qui se trouve chez les Ostimiens (Osismiens) est appelé *Cabœum,* Ϗάϐαιον, » variante de *Gobœum.* (Strabon I, *Prolegom.* II, 5 ; et Desjardins ; *Géogr. de la Gaule rom.* I, 311-312.)
(7) E. Desjardins, *Ibid.* p. 309-312.
(8) Id. *Ibid.* p. 306 note 3, et p. 310.

§ 6. — *Les Curiosolites.*

Ce peuple est nommé quatre fois dans les Commentaires de César (1), deux fois très explicitement comme faisant partie des cités armoricaines dont le territoire touchait l'Océan. Il est nommé, nous le verrons, dans des inscriptions de la fin du III° siècle et aussi dans la *Notice des Gaules* de la fin du IV°; mais, par la faute sans doute de quelque ancien scribe, il est entièrement omis dans la Géographie de Ptolémée. De là quelque difficulté, non pas pour découvrir son chef-lieu — nous verrons qu'il s'est manifesté par une éclatante résurrection, — mais pour retrouver son nom primitif.

Le bourg actuel de Corseul ou Corseult (ancienne orthographe), au moyen-âge *Corsult* et *Corsolt*, dans les chartines latines du XII° siècle *parochia, ecclesia Corsoltensis* (2), — ce bourg est certainement l'ancienne ville des Curiosolites, qui comme les autres chefs-lieux des cités de la Gaule, prit au III° ou au IV° siècle le nom du peuple dont il était la capitale. Mais avant cette révolution onomastique, chacune de ces villes avait un nom distinct de celui du peuple : les chefs-lieux des Namnètes, des Vénètes, des Osismes, s'appelaient, suivant Ptolémée, Condevinc, Dariorit, Vorgan. Pour les Curiosolites Ptolémée nous fait défaut, mais grâce à la Table Théodosienne on peut combler cette lacune et connaître au moins les noms de deux villes anciennes comprises dans le territoire de cette cité.

1. — FANUM MARTIS. — La Table Théodosienne offre le tracé d'une voie antique allant de *Condate* (Rennes) à *Fano Martis (sic)*, et de là à une autre station au bord de la mer appelée *Reginea*. De Condate à Fanum Martis, la Table marque une distance de XXV lieues gauloises (soit 55.550 mètres), et de Fanum Martis à Reginea XIIII (31.108 mètres). Or de Rennes à Corseul il y a 57 kilomètres, moins de 26 lieues gauloises, par conséquent 25 lieues pleines seulement, ce qui concorde

(1) Livre II, chap. 34; III, 7 et 11; VII, 75. — César appelle ce peuple, tantôt *Curiosolitæ*, tantôt *Curiosolites*. — Pline (mort en 79 de J.-C.), *Histoire naturelle*, liv. IV, ch. 32, dans l'énumération des peuples de la Lyonnaise, écrit ce nom *Cariosuelites*. — Les manuscrits de la *Notice des provinces et des cités de la Gaule* sont, on le sait, partagés en deux classes, ceux qui portent *Corisopitum* ou une version analogue avec un *p*; ceux qui remplacent ce *p* par une *l*; voici les diverses leçons que présentent ces derniers : *Civitas Coriosolitum, Corisulitum, Corisuletum,* — et encore *Consultum, Conisolitum, Consolitum,* qui équivalent à *Corisulitum* et *Corisolitum*, l'*n* étant un lapsus manifeste pour *r* ou *ri* (Guérard, *Essai sur les divisions territoriales de la Gaule*, p. 15; et Bizeul, *Alet et les Curisolites*, dans le *Bulletin archéol. de l'Assoc. bret.*, 1° série t. IV (1852), 2° partie, p. 55).

(2) On cite d'habitude comme le plus ancien texte du moyen-âge relatif à Corseul une charte de 1184, où cette paroisse est appelée *Corsot* (D. Morice, *Preuves*, I, 701, et Geslin, *Anc. Evêchés de Bret.*, IV, p. 360). Il y en a de beaucoup antérieurs : d'abord, au VIII° siècle, celui de la Vie de S. Malo mentionnant l'*ecclesia Corsult*; au IX°, les Annales d'Eginard où on retrouve la forme ancienne *Coriosolitæ* (*Rec. des Histor. des Gaules et de la Fr.*, V, p. 207); plusieurs actes du XII° siècle antérieurs à 1184, entre autres une charte de 1123 pour le prieuré de Saint-Malo de Dinan, mentionnant la *villa Corsolt* et l'*ecclesia S. Petri Corsoltensis* (Geslin, *Anc. Evêchés de Bret.*, IV, 395). — Quant aux formes *Corsilium, Corsubium*, qu'on trouve chez certains auteurs modernes (entre autres, Ruffelet, Habasque), ce sont de pures inventions, elles n'existent dans aucun texte ni de l'antiquité ni du moyen-âge.

avec la Table Théodosienne. Et de Corseul, prolongeant la ligne droit sur Erqui, on trouve pour distance à vol d'oiseau 28 kilomètres, c'est-à-dire près de 13 lieues gauloises : faible différence, très facilement explicable par les pentes du terrain qui augmentent nécessairement la distance itinéraire et dont on ne peut tenir compte quand on prend une mesure à vol d'oiseau sur une carte moderne. Il y a donc lieu de placer Reginea à Erqui, Fanum Martis à Corseul, surtout s'il existe dans ces deux localités des ruines, des débris de l'époque gallo-romaine assez considérables pour justifier l'attribution à Erqui d'une station importante, à Corseul d'une ville chef-lieu.

Et certes, ce ne sont pas les ruines romaines qui manquent à Corseul, on n'a que l'embarras du choix ; la difficulté est au contraire, parmi tant de découvertes, de signaler, de grouper ce qu'il y a de plus caractéristique et de plus important. Avant de l'essayer, signalons une circonstance curieuse.

Corseul a été, ce semble, le premier champ des premières explorations archéologiques tentées en Bretagne, et celui qui les a tentées n'est rien moins que le père de l'histoire de Bretagne — de l'histoire vraie et sérieuse, — dom Lobineau. Nous l'avons déjà vu à Porsliogan relevant les vestiges d'un « port basti de brique et de ciment (1). » A la même page (page 2 de son *Histoire de Bretagne* publiée en 1707) il dit :

« Les Curiosolites occupoient les environs de Dinan, et l'on ne peut douter que *les masures d'une ville que l'on trouve en fouillant la terre à Corseult*, qui n'est qu'à une lieue de Dinan, ne soient les restes de la ville des Curiosolites, dont le nom s'y est conservé presque entier depuis tant de siècles. »

Ainsi c'est dom Lobineau qui a découvert et fouillé le premier les ruines de Corseul ; c'est lui le véritable résurrecteur de cette cité, d'autant que ces recherches ne furent pas un caprice passager ; il s'y attacha longtemps, il y revint à plusieurs reprises, il en constata avec une autorité indiscutable les premiers résultats. En 1708, à un ami qui se trouvait à Rome et qui lui avait parlé d'antiquités découvertes dans la ville éternelle, il écrivait :

« En contr'échange de vos nouvelles des cendres de Néron, je vous dirai que *j'ai déterré ici les vestiges de trois villes anciennes (2), où j'ai trouvé inscriptions, monumens, temples, sepulcres et medailles de toutes sortes*. Je suis entré en goust de l'antiquité, et je crois que je deviendrai medailliste et antiquaire (3). »

Il le devint en effet, nous en aurons la preuve. En attendant, nous pouvons dès à présent conclure que les fouilles et les investigations de dom Lobineau avaient devancé celles de l'ingénieur dont on cite partout la lettre de 1709 comme datant le premier coup de pioche donné dans les ruines de Corseul. Au contraire, ce fut la pioche de Lobineau, les résultats curieux déjà obtenus par elle, qui signalèrent l'importance de ce gisement antique et déterminèrent l'envoi sur place d'un agent chargé de faire à l'Académie des Inscriptions un rapport plus étendu et en quelque sorte officiel.

(1) Ci-dessus, p. 107.
(2) Il y a lieu de croire que les deux autres villes, dont (avec Corseul) Lobineau entend ici parler, étaient Erqui et Aleth (Saint-Servan).
(3) Lettre de Lobineau à l'abbé Chotard, datée de Rennes 24 juin 1708, dans *Correspondance des Bénédictins bretons* publiée par A. de la Borderie (1880), p. 141-142.

Le premier bulletin des fouilles de Corseul — la lettre de l'Ingénieur de Saint-Malo (1) adressée à l'Académie des Inscriptions en 1709 — donne déjà une grande idée de la cité enfouie dans ce sol : « Ce village (dit-il) est certainement bâti sur les ruines d'une ville considérable, comme il paraît par la grande quantité de restes de murailles que l'on trouve dans les jardins et dans les champs à quatre ou cinq pieds de profondeur dans la terre. Son église a sans doute été bâtie du débris de quelque grand édifice, car on voit en différents endroits des tambours de colonnes de même grosseur que ceux des piliers du chœur, entre autres, à 300 pas de l'église, sur le grand chemin de Dinan, une base de profil atticurge de 3 pieds 6 pouces de diamètre, avec environ un pied de fût cannelé en spirale. »

Paraît ensuite — pour la première fois — la fameuse inscription funéraire de SILICIA NAMGIDDE. Puis un mur de 2 pieds 4 pouces d'épaisseur « continué en ligne droite du Sud de l'église vers le Nord, sur la longueur d'environ 200 toises » (soit 400 mètres), bordant évidemment toute une longue rue de l'ancienne ville. Puis un établissement balnéaire comprenant, entre autres, une chambre de 12 pieds carrés enduite de ciment avec une cheminée de 5 pieds de large « qui exhaloit la fumée par deux canaux de tuile d'une pièce; » un corridor pavé de pierres carrées de couleur verdâtre; un canal voûté « de 2 pieds de large et de 2 pieds 1/2 de haut, avec de petits piliers de brique de 9 pouces en carré dans le milieu (2). » C'est enfin, à un quart de lieue de la ville, le fameux temple du Haut-Bécherel avec sa tour octogone « de 31 pieds de haut, revêtue par dedans et par dehors de petites pierres de 4 pouces en carré, taillées proprement et posées par assises réglées, » etc.

L'Ingénieur de Saint-Malo ne parle point des curiosités, médailles, statuettes, trouvées parmi ces ruines. Dom Lobineau supplée à ce silence; dans ses *Vies des Saints de Bretagne*, à propos des prédications de saint Melaine vers la fin du Vᵉ siècle, il dit :

« Il n'est pas impossible qu'il soit resté (au commencement du VIᵉ siècle) quelques idoles sur pied dans les contrées de l'Armorique : ce qui est confirmé par les figures en relief de Vénus et de Cupidon trouvées l'an 1709 dans les ruines d'une ville du païs de Dinan (*en marge*, Corseult) qui a subsisté jusqu'à la ruine de l'Empire Romain dans les Gaules, *comme il paroît par les medailles du plus bas Empire et par les medailles des Goths, que l'on y a aussi trouvées* (3). »

Et ailleurs, dans la vie de saint Turiau, évêque de Dol, il ajoute :

« Il y a à 3 ou 4 lieues de Dinan un petit bourg nommé Corseult, illustre par les antiquités que l'on y voit. Auprès de ce bourg, sur une hauteur du côté de l'Orient appelée le Petit-Bécherel [aujourd'hui Haut-Bécherel], il y avoit autrefois une tour de figure octogone ou hexagone, bâtie de petites pierres de trois à quatre pouces en carré... Au milieu du temple, qui n'étoit pas d'une grande étendue, on voit les vestiges d'une base qui doit avoir soutenu une statue; et

---

(1) *Histoire de l'Académie des Inscriptions et Belles-Lettres*, édition in-12, tome I (1718), p. 402 à 407. Cet ingénieur, appelé Simon de Garangeau, était alors employé aux fortifications de Saint-Malo. C'est Michel Le Peletier de Sousy, directeur général des fortifications du royaume et membre de l'Académie des Inscriptions qui, à la demande des académiciens ses confrères, envoya Garangeau à Corseul; voir *Hist. de l'Acad. des Inscriptions*, édit. in-12, t. II, p. 127 et 131; et le Moréri de 1759, VIII, p. 164-165.

(2) Ces dernières ruines découvertes près du village de l'Hôtellerie, sur la route de Dinan, à 400ᵐ environ dans l'Est de l'église de Corseul.

(3) *Vies des SS. de Bretagne*, édit. in-fol. 1725, p. 36.

au-devant du temple il y avoit une place très spacieuse du côté de l'Orient, bordée d'une levée dressée avec soin. Il ne reste plus que trois pans du temple, et nous n'en parlons ici parce que cela s'appelle *la Tour de S. Turia.* Ce temple doit avoir subsisté jusqu'au temps des Goths, puisque *nous y avons trouvé, dans les masures, des médailles gothiques d'or de mauvais aloi.* On pourroit croire que saint Turiau auroit utilement travaillé à déraciner quelques restes de superstition dans ce lieu, et que ce seroit ce qui auroit fait donner son nom à cette espèce de tour (1). »

Voilà les statuettes païennes de Cupidon et de Vénus, les médailles jusqu'à celles du plus bas Empire, jusqu'aux monnaies gothiques des V⁰ et VI⁰ siècles; voilà le temple fort bien décrit dans son ensemble, avec l'indication de son nom populaire au XVII⁰ siècle et une conjecture très vraisemblable sur l'origine de ce nom. Lobineau, on le voit, savait Corseul sur le bout du doigt.

Après lui, au XVIII⁰ siècle, le père de l'archéologie bretonne, le président de Robien vint visiter Corseul et fit déblayer une construction comportant cinq voûtes superposées, dont les cintres étaient noircis par la fumée, évidemment une partie des anciens thermes. Il en rapporta aussi des curiosités très intéressantes, entre autres, des statuettes de Pallas, de Mercure, d'un Lare-Auguste, d'une jeune femme très élégante, une main de commandement, le tout en bronze (2), etc.

En 1771, dans un petit volume composé et imprimé avec grand soin, intitulé *Annales Briochines,* l'abbé Ruffelet consacre deux pages à Corseul (qu'il a le tort d'appeler *Corsilium,* nom imaginaire) et il constate à son tour « qu'on a trouvé » dans ses ruines des médailles du plus bas Empire et même des Goths (3). »

« En 1775, un cultivateur de Corseul trouva près du bourg dans un champ nommé le Ré, une ancienne construction où étaient une quantité de médailles, des vases, des bustes et de petites statues. » On prétendit plus tard (4) qu'un ingénieur envoyé par le gouvernement s'était emparé de cette trouvaille, sauf une statuette de bronze, femme assise tenant sur ses genoux un enfant (type des déesses-mères), qui resta à Corseul. Plus probablement, les objets trouvés alors furent dispersés puis perdus parmi les habitants du pays, car si un ingénieur avait été officiellement chargé de les recueillir, il serait resté quelque trace de cette mission. Il y a eu apparemment confusion avec une commission officielle, nommée en 1802 par le Préfet des Côtes-du-Nord sur l'ordre du Ministre de l'Intérieur et « chargée de » faire un rapport sur l'opinion la plus probable touchant l'origine de cette ville, » l'époque de sa destruction, les lieux où des fouilles nouvelles devraient être » tentées, » etc. — commission qui ne se réunit pas et qui « par suite (comme » l'a écrit un émule de Lapalisse) ne répondit pas à l'intention qu'on avait eue » en la formant (5). »

(1) *Vies des SS. de Bretagne,* édition in-fol. 1725, p. 178. Quelques auteurs modernes ont confondu S. Turia ou Turiau dont il est ici question avec S. Tual ou Tudual; ces deux personnages sont entièrement distincts. Tudual était abbé-évêque à Tréguer au VI⁰ siècle, S. Turiau évêque-abbé de Dol au VII⁰.

(2) Aujourd'hui au Musée de Rennes; voir le Catalogue édit. 1876, aux n⁰ˢ 533, 539, 546, 547, 561, 570 bis.

(3) Annales Briochines, Note II, *Sur les anciennes capitales du diocèse de Saint-Brieuc.*

(4) Ce bruit est rapporté dans l'*Annuaire dinannais de 1836,* p. 109-110.

(5) Voir Habasque, *Notions sur le littoral des Côtes-du-Nord,* III, p. 249-250.

Vers 1820-1823, M. du Breil de Pontbriand, dont la propriété (qu'on appelle aujourd'hui le Château) est très voisine du bourg, y découvrit, entre autres, une construction gallo-romaine de forme rectangulaire ayant cent pieds de long, divisée en cinq chambres, l'enduit des murailles peint en losanges de diverses couleurs, — puis un peu plus loin (1), des substructions fort importantes au milieu desquelles trois puits à margelles circulaires monolithes, dans l'un desquels on trouva un sphinx de granit (2). Ces curieuses reliques d'antiquité ne furent pas conservées, sauf le sphinx. Au lieu de faire de ce bel édifice antique long de cent pieds l'ornement de son parc, le propriétaire « le détruisit, des pierres qui le composaient il fit l'un des murs de son jardin, *construit absolument de la manière dont étaient faits les murs de la maison romaine démolie* (3). » (Étrange idée de sacrifier l'original pour fabriquer un misérable pastiche).

En 1836, mémoire fort intéressant de M. Le Court de la Villethassetz sur Corseul, où ce laborieux érudit résume, constate l'état des principaux objets découverts à ce moment, dont plusieurs ont disparu depuis. Ainsi, en ce qui concerne les collections d'objets antiques formées par quelques habitants du pays, M. Le Court sans hésiter dit : « Les médailles, qui forment la principale partie » de ces collections, représentent la suite des empereurs et des principaux » personnages de l'Empire jusqu'à Constantin III ; *on y voit aussi un grand nombre* » *de médailles gothiques* et quelques médailles grecques (4). » Témoignage qui confirme pleinement les dires de Lobineau et de l'abbé Ruffelet et sur les monnaies gothiques de Corseul et sur celles « du plus bas Empire, » car l'empereur ou tyran Constantin III, qui régna de 407 à 411, justifie amplement cette expression. Mais bientôt, tombées en mains indifférentes, négligentes, plusieurs de ces monnaies disparurent ; il y a quelques années, la série des médailles de Corseul n'allait plus qu'à Valentinien II (5), et quant aux monnaies gothiques, on ne les retrouve plus.

Ce mémoire de 1836 signale encore, parmi les objets recueillis à Corseul, un buste de femme (probablement Diane) en bronze, très élégant, haut de 16 centimètres ; — une statue en albâtre de 9 centim. ; — une tête en bronze du plus beau vert antique, sauf les yeux qui sont d'argent ; — un sceau d'or pesant plus d'une once, en forme d'anneau à la chevalière, monté d'un lapis ovale large d'un centimètre, sur lequel sont gravés très finement deux guerriers nus enlacés, luttant l'un contre l'autre ; — un bouclier de bronze de forme circulaire, diamètre de 75 centimètres, un peu bombé, décoré d'une tête hideuse (Méduse probablement) entourée des traits de la foudre ou peut-être de serpents, etc.

Sur l'étendue des ruines de Corseul, sur l'aspect général des substructions, ce mémoire bien informé dit :

« On ne peut encore aujourd'hui, dans un rayon d'un kilomètre autour du

---

(1) Entre l'Essart et le Vaurieu.

(2) Cf. Habasque, *Notions sur les Côtes-du-Nord* III, 254-255 et Gaultier du Mottay, *Répertoire archéologique des Côtes-du-Nord* (1883), p. 452.

(3) Habasque, *Ibid.* 254.

(4) *Annuaire dinannais de 1836*, p. 108-109. Le mémoire en question est signé L. D. L'auteur était, je le sais, M. Le Court de la Villethassez, qui signait souvent de ces deux initiales.

(5) Empereur d'Occident de 375 à 392. Voir G. du Mottay, *Répertoire archéol. des Côtes-du-Nord*, p. 453.

bourg de Corseul, creuser plus profondément que pour les labours ordinaires sans trouver des murs d'une solidité extraordinaire, construits en pierre du pays de forme cubique, présentant un décimètre sur chaque face; ces pierres sont réunies par une couche de chaux et sable et rejointoyées extérieurement en ciment aussi dur que les pierres mêmes. On a déblayé quelques-unes de ces constructions pour reconnaître le plan de l'ensemble de l'édifice. J'en ai vu moi-même plusieurs; elles sont en général peu étendues, et les plus grandes pièces sont à peine de la grandeur des cabinets actuels. Les parois intérieures des murs sont revêtues d'une espèce de stuc, quelquefois peintes de couleurs assez bien conservées. Le sol est pavé de pierres brutes très rapprochées, recouvertes d'une forte couche de chaux et sable, quelquefois de ciment. Il n'est pas rare de rencontrer des parquets peints comme les murailles (1). »

On a aussi trouvé plusieurs fois des pavés en mosaïque (2), de nombreux fragments de colonnes et même une colonne entière en granit, à chapiteau, haute d'environ 3 mètres, qu'on voit encore dans un jardin de Corseul (3).

En fait de produits céramiques, notons de nombreux débris de poterie samienne, même quelques vases complets, des Vénus anadyomènes et des déesses-mères en terre cuite, une Vénus gauloise de même matière et de même genre que celle de Duretie, offrant aussi la signature du potier REXTVGENOS (4); une déesse-mère portant les lettres SRANAV : le mot (gaulois) AV ou AVOT répond, on le sait, au latin *fecit*, SRAN serait ainsi le nom, peut-être un peu abrégé, d'un autre fabricant (5).

Une étude sur Corseul publiée récemment, et qui résume fidèlement toutes les découvertes importantes en substructions, édifices, objets d'art, curiosités, etc., va jusqu'à essayer de restituer le plan de cette ville; dans cet essai il y a beaucoup d'imagination et de conjectures, mais plus d'une conjecture assez heureuse, et à travers ses conjectures plus ou moins solides, ce plan donne assez bien l'idée de ce que la ville pouvait être (6).

Elle devait être, on le voit, une des plus importantes et des plus florissantes cités de la péninsule armorique : dans quelles circonstances, à quelle époque s'accomplit sa ruine? Rien d'étonnant que les esprits curieux, érudits ou non, se soient posé ces deux questions. Sur la première il n'y a pas de difficulté, les laboureurs du pays sont les mieux informés, et leur opinion est unanime : en cultivant leurs champs, en bêchant et retournant leurs sillons, à chaque pas ils rencontrent des cendres, des masses de charbons, des pierres calcinées, des terres

(1) *Annuaire dinannais de 1836*, p. 112-113.
(2) G. du Mottay, *Répertoire archéol.*, p. 452.
(3) Habasque, *Notions sur les Côtes-du-Nord*, III, p. 251.
(4) On a lu par erreur, par suite du mauvais état des caractères, REXSVSEVIOS et RETVSEVIOS ; voir *Bulletin hist. et archéol. de la Mayenne* 2ᵉ série, tome X (1895), p. 191 et 198. — Cf. page 95 ci-dessus.
(5) On a vu, à tort ce semble, dans cette inscription la déesse SIRONA. *Bull. de la Mayenne*, ibid. p. 190.
(6) Voir *Bull. hist. et arch. de la Mayenne*, ibid., p. 24 et 26 à 33. — Selon l'auteur de cet article, la ville gallo-romaine de Corseul aurait « couvert 110 hectares *à l'état compact.* » Si par *état compact* on entend une surface couverte d'habitations contiguës, c'est assurément exagéré; puis il est bien difficile d'établir, en ce sens, l'existence de « l'état compact » sur toute cette surface. — Cet article, qui a pour auteur M. Liger, architecte, est la seconde partie d'un travail de longue haleine, intitulé : *Les Coriosolites, Reginea, Fano-Martis et Coriallo*, récemment publié en quatre articles du *Bulletin hist. et arch. de la Mayenne*, 1894 et 1895.

à demi-brûlées, et ils disent : C'est le feu qui a détruit Corseul. Vérité évidente (1).
Et quand a eu lieu cette destruction? La réponse naturelle, c'est que là, comme
dans le reste de la péninsule armorique, cet incendie fut allumé par les barbares
lors des grandes invasions du V⁰ siècle. Mais les érudits qui ont inventé le système
de l'extension indéfinie du territoire vénétique et des Corisopites-Venètes (2),
admettant ces fabuleux Corisopites dans la *Notice des Gaules,* sont contraints,
pour leur faire place, d'en expulser les Curiosolites. Et comme il faut un prétexte,
ils déclarent que ce peuple n'existait plus, par suite de la ruine de sa ville
survenue avant la rédaction de la *Notice,* c'est-à-dire avant la fin du IV⁰ siècle.

L'histoire n'ayant gardé nul souvenir de cette prétendue ruine purement
hypothétique, on est obligé de chercher parmi les événements généraux celui ou
ceux auxquels il serait possible de la rattacher. On ne trouve autre chose que les
invasions des barbares d'outre-Rhin (Franks, Allemands, Saxons et autres) qui,
au III⁰ siècle, de 234 à 280 environ, se produisirent à diverses reprises (3) et dont
plusieurs semèrent la Gaule de désastres. Deux monuments matériels encore
subsistants et d'un témoignage irrécusable prouvent que Corseul ne fut point
atteint par ces désastres et subsistait, toujours très vivant, à la fin du III⁰ siècle.

Ce sont deux bornes milliaires, l'une placée au bourg de Saint-Méloir près
Bourseul, c'est-à-dire très près de Corseul, sur la voie allant de cette cité à Vannes,
et qui porte cette inscription (4) :

> IMP CA[ES] M PI
> AVONIO VIC
> TORINO P F AVG
> PT... C COR
> LEVG...

C'est-à-dire : *A l'empereur César Marcus Piavonius Victorinus, pieux, heureux,
auguste, revêtu de la puissance tribunicienne* — La CITÉ des CORIOSOLITES à... *lieues.*

Piavonius ou Piauvonius Victorinus, auquel est dédié ce milliaire, fut associé
à l'Empire par Postume en 264 et mourut en 268.

L'autre milliaire, bien plus éloigné, placé sur la voie de Corseul au Mans,
trouvé près du bourg du Genest à 12 kilomètres de Laval, colonne élégante déposée
aujourd'hui au Musée de cette ville, offre une inscription du même genre (5) :

> NOBILISSIMO
> CAESARI FLA
> VIO VALERIO
> CONSTANTIO
> P F INVICTO
> C COR

(Traduction) *Au très-noble César Flavius Valérius Constantius, pieux, heureux,
invaincu* — La CITÉ des CORIOSOLITES [à... *lieues*].

(1) Voir Habasque, *Notions sur les Côtes-du-Nord,* III, p. 248 et la note.
(2) Voir p. 81 et 82 ci-dessus.
(3) Notamment aux années 241, 253-254, 257-260, 275 à 278.
(4) *Bulletin historique et archéologique de la Mayenne,* 2⁰ série, t. VIII, année 1894, p. 165.
(5) *Ibid.* p. 166 et 167.

Le prince dont le nom figure sur cette borne n'est autre que Constance Chlore, qui gouverna la Gaule en qualité de César de 292 à 305.

Corseul existait donc encore à cette dernière date, c'est-à-dire après toutes les invasions du IIIᵉ siècle, et sans doute aussi prospère que jamais, puisqu'on faisait ou l'on entretenait des voies importantes venant de très loin pour s'y rendre (1).

La suite des médailles trouvées à Corseul en si grand nombre prouve d'ailleurs que cette ville survécut au IIIᵉ siècle et même au IVᵉ. On ne peut juger par les collections actuelles de la quantité innombrable de monnaies antiques trouvées dans cette ancienne ville, car les premières collections formées se sont dispersées depuis longtemps ou ont sombré pendant la Révolution; plusieurs même existant au commencement de ce siècle se sont depuis lors dissipées.

Dans l'état actuel la suite des empereurs existe suffisamment nombreuse d'Auguste à Valentinien II, c'est-à-dire jusqu'en 392 (2), ce qui exclut déjà la prétendue destruction de la ville avant la rédaction de la *Notice des Gaules*. En 1836 les collections allaient jusqu'à Constantin III (407-411). Aujourd'hui on a encore quelques médailles d'empereurs du Vᵉ siècle recueillies à Corseul ou aux environs, par exemple de Marcien (450, Orient) et de Sévère III (465), mais en très petit nombre (3). Dans les trouvailles de Corseul, et assez longtemps aussi dans les collections, ce qui pour le Vᵉ siècle abondait, c'était des monnaies gothiques. Lobineau affirme positivement *en avoir trouvé lui-même* « dans les masures de la tour de S. Turia » (ci-dessus p. 116); l'abbé Ruffelet, en 1771, confirme l'existence de ces médailles gothiques, et en 1836 M. Le Court de la Villethassetz déclare formellement que « *l'on en voit un grand nombre* » dans les collections visitées par lui et dont il énumère les objets les plus curieux (4). Dans les collections actuelles on n'en trouve plus, mais leur existence, leur abondance sont bien prouvées par ce triple témoignage, d'autant que les monnaies wisigothiques se distinguent par un caractère particulier, qui ne permet point de les confondre avec d'autres : elles portent deux têtes, celle du roi, celle de l'empereur (5). Les Wisigoths établis à Toulouse et à Bordeaux dès 419, et qui ne cessèrent d'accroître leur territoire jusqu'à toucher la Loire, furent au Vᵉ siècle et jusqu'à la défaite d'Alaric II par Clovis (en 507) la principale puissance de la Gaule; leur monnaie tendit à remplacer dans ce pays la monnaie romaine, comme leur domination remplaçait l'autorité impériale. Il est donc naturel de voir cette monnaie parvenir jusqu'à Corseul, mais c'est une preuve évidente que Corseul au Vᵉ siècle

(1) On objecte, il est vrai, que dans ces inscriptions les lettres C O R ne peuvent désigner Corseul, parce que, dit-on, au IIIᵉ siècle les villes chefs-lieux ne portaient pas encore le nom de leur peuple; qu'il faudrait par conséquent F M c'est-à-dire *Fanum Martis* au lieu de C O R. Mais, quoi qu'on en dise, il y a au IIIᵉ siècle beaucoup d'exemples de villes chefs-lieux désignées par le nom de leur peuple; l'auteur de l'objection en admet déjà six exemples, et il y en a bien d'autres; ainsi dans les milliaires exhumés en 1890 des murailles de Rennes, cette ville est exclusivement désignée, et cela jusqu'à huit fois, par les initiales C. R. (*Civitas Redonum*). Une prétendue règle minée par tant d'exceptions n'est plus une règle, et l'objection alléguée n'a aucune valeur. Voir *Bulletin de la Mayenne*, VIII (1894), p. 168, 169; et *Bull. de la Soc. archéol. d'Ille-et-Vilaine*, t. XX (1891), pl. IX à XIII et p. 100 à 121.

(2) G. du Mottay, *Répert. archéol. des C.-du-N.*, p. 453.

(3) *Bull. archéol. de la Mayenne*, 2ᵉ série, X (1895), p. 194.

(4) Voir ci-dessus p. 117. On ne comprend guère qu'en face de témoignages aussi formels et ainsi formulés, un auteur sérieux puisse dire : « Les pièces des Vᵉ et VIᵉ siècles, qu'on dit *sans preuve* y avoir rencontrées *en petit nombre*, » etc. (*Bulletin hist. de la Mayenne*, 2ᵉ série, X (1895), p. 34 note 1.)

(5) *Dictionnaire de numismatique et de sigillographie religieuse* (1852), col. 530.

existait encore et même conservait un commerce et des relations assez étendues.

C'est cependant en ce siècle qu'elle eut à subir, de la main des barbares envahisseurs de la Gaule, probablement de celle des Saxons, cet incendie dont on trouve tant de traces et qui lui porta un coup dont elle ne put se relever. Toutefois elle ne succomba pas complètement. Au milieu du VI⁰ siècle, elle gardait encore quelque reste de son importance. C'est à Corseul, qualifié, il est vrai, non de cité mais simplement d'église, *in ecclesia quæ vocatur* CORSULT, c'est là que la très ancienne Vie de S. Malo place les trois principaux miracles du saint et nous montre un peuple innombrable *(innumerabiles populi)* et le comte même de Domnonée, c'est-à-dire le chef de la plus considérable des principautés fondées en Armorique par les émigrés bretons, — elle nous les montre tous là rassemblés, vers l'an 550, pour voir le pieux moine (car il n'était pas encore évêque) et assister à sa messe (1), — moins par piété, pour beaucoup sans doute, que par curiosité, car le paganisme semble avoir été alors encore très fort à Corseul, et Malo se vit obligé de s'arrêter au milieu de la cérémonie, parce qu'on ne put ou plutôt qu'on ne voulut lui fournir pour la consécration ni vin ni calice (2) : il dut pour s'en procurer faire un double miracle.

C'est la dernière circonstance où Corseul paraît comme ayant encore quelque importance. Son obstination païenne acheva sa ruine. Pour se relever du coup qui l'avait frappée au V⁰ siècle, pour pouvoir reprendre une vie nouvelle, il lui eût fallu devenir au siècle suivant le siège d'un monastère; saint Malo, qui semait si volontiers des établissements de ce genre dans le pays d'Aleth, n'en voulut pas mettre au lieu où on lui avait refusé du vin pour la messe. L'ancienne cité, deshéritée de tout ce qui pouvait être aux VI⁰ et VII⁰ siècles un principe de vie, se dépeupla de plus en plus et finit par tomber au rang de chétive bourgade.

Au IX⁰ siècle, toutefois, le nom des Curiosolites était connu d'Eginhard, mais Eginhard était un savant. On a aussi trouvé parmi les ruines de Corseul une ou deux monnaies de ce siècle, de Charlemagne ou de Charles le Chauve, frappées à Melle *(Metullo)* (3), mais deux médailles isolées ne prouvent rien, même pas le passage en ce lieu de quelques soudards des armées frankes qui guerroyèrent en Bretagne sous les deux Charles.

A la fin du XI⁰ siècle, il y avait là encore des ruines importantes et de grands souvenirs, comme en témoigne Garin Trossebof, le ménestrel de l'archevêque de Dol, dans son poème de la *Conquête de la Bretagne par Charlemagne*. Le grand empereur après avoir pris Aleth marche sur Carhais, en passant par Corseul :

> Droit à Corsout s'estoit l'ost aroté (4) :
> Cité fut riche, ville d'antiquité,
> Mais gaste (5) estoit, long temps avoit passé,
> Et mort le sire (6) et à sa fin alé.

(1) « Multo magis ex ore ejus missam audire desiderabant » *Vit. S. Machutis*, I, cap. 74 dans *Bull. de la Soc. Archéol. d'Ille-et-Vil.*, XVI, p. 213. Cf. ci-dessus p. 83 note 1.

(2) « Et quando post Evangelium, sicut mos est, vinum et calix quærebantur, vinum non est inventum nec calix inveriri potuit. » *Vita S. Machut.* I, cap. 76, Ibid. p. 215.

(3) Voir *Annuaire dinannais* de 1836, p. 95.

(4) Voir l'édition Jouon des Longrais, p. 108 et 174. — *Aroté*, et non *arrêté* comme beaucoup l'impriment, cela veut dire que l'armée prit sa route droit vers Corseul.

(5) Vide, dépeuplée.

(6) On croyait la ruine de Corseul causée par la mort de son seigneur.

Quant au nom, nous l'avons vu plus haut, il traversa presque sans changement (*Corsolt, Corsult, Corseult)* tout le moyen-âge.

De tous les faits que nous venons de rappeler ou d'établir résulte la certitude complète que la ville chef-lieu des Curiosolites n'était nullement détruite lors de la rédaction de la *Notice des Gaules* (fin du IVᵉ siècle), qu'elle doit donc nécessairement figurer dans cette *Notice*, que dès lors dans la liste des cités de la Lyonnaise IIIᵉ la bonne leçon est certainement *Civitas Corisolitum* ou *Coriosolitum*; d'autant que les Curiosolites se trouvent dans les documents et monuments authentiques de l'histoire depuis César jusqu'au VIᵉ siècle — tandis que le nom de *Corisopitum* appliqué à Quimper, qu'on veut substituer au leur, ne se trouve avant le IXᵉ siècle dans aucun texte certain.

2. — REGINEA. — J'ai indiqué plus haut les motifs qui portent forcément sur Erqui la station *Reginea* de la Table Théodosienne. Pour confirmer cette identification, il suffit d'indiquer brièvement les antiquités gallo-romaines trouvées à Erqui depuis le commencement du XVIIIᵉ siècle.

« Dans la partie Est du bourg (surtout au village du Pussoir — qui en est comme un faubourg) substructions nombreuses se croisant en tous sens; briques sans nombre de toutes formes; carrelages, aqueducs, revêtements en lames schisteuses, enduits polychromes, blocs de ciment, etc., mis à jour sur une superficie de cent hectares, indiquent une ancienne agglomération d'habitants » (1).

A ce tableau général on peut ajouter quelques traits, entre autres, deux pavés en mosaïque découverts, l'un au temps d'Ogée (vers 1775-1779), l'autre en 1832 (2); une maison antique présentant 20 pieds de muraille « en ciment rouge, » de nombreuses médailles dont la série s'étendait jusqu'au milieu du IVᵉ siècle (3).

La plus curieuse découverte, due encore à Lobineau, est celle d'un temple, actuellement disparu, mais dont l'existence n'est pas douteuse puisque dom Montfaucon l'a décrit d'après une notice de Lobineau, et que le président de Robien constata plus tard personnellement l'exactitude de cette description. Il était de forme octogone comme le temple du Haut-Bécherel, et comme celui-ci attenant à une enceinte qui pouvait à certains jours recevoir la foule des assistants. Il avait double muraille formant deux octogones concentriques, l'octogone extérieur séparé de l'autre par une sorte de couloir large d'un mètre; le diamètre total, c'est-à-dire celui du grand octogone était de 5 toises 1/2 soit 10 à 11 mètres. Cet octogone se trouvait placé en saillie sur l'un des angles de l'enceinte extérieure à laquelle il attenait. A l'angle opposé de cette enceinte, mais intérieurement, existait un autre temple de forme circulaire, plus petit, de 3 toises de diamètre seulement. L'enceinte extérieure, moins vaste que celle du Haut-Bécherel, était cependant de belles dimensions, 24 toises sur 17 (46ᵐ78 sur 33ᵐ33). — Le président de Robien

(1) Gaultier du Mottay, *Répert. archéol. des C.-du-N.* p. 242.
(2) Ogée, *Dict. de Bret.* au mot *Erqui*, nouv. édit. I, p. 268; et Habasque, *Notions sur les Côtes-du-Nord*, III, p. 118.
(3) Habasque, *Ibid.* p. 117, 118.

ajoute que le temple était pavé d'une mosaïque, dont il fit lui-même la découverte (1).

Conclusion : les ruines, substructions et débris romains d'Erqui répondent tout à fait à l'idée qu'on peut se faire d'une station telle que Reginea.

3. — LE YAUDET. — A une lieue et demie dans l'Ouest de Lannion, à l'embouchure du Leguer, sur sa rive gauche, un promontoire se dresse à 150 pieds au-dessus des flots, la pointe dirigée vers le Nord-Ouest comme pour barrer la rivière, le flanc Sud tranché par un vallon encaissé profondément où coule un ruisseau que la mer remplit à chaque marée (2). Pointe bordée de toute part de pentes abruptes, sauf du côté de l'Est ; mais là un *vallum* ou rempart d'un énorme relief doublé d'un large fossé coupe la base d'un bord à l'autre et sépare le promontoire de la terre ferme. Ce rempart a tout l'air de dénoter un *oppidum* gaulois. Position si bonne, si sûre, si commode pour le commerce, que les Gallo-Romains s'y établirent de bonne heure à l'abri du *vallum*, et plus tard l'autorité impériale planta là une forte citadelle. Une enceinte murale, dont on distingue çà et là des restes, suit la crête des pentes rapides du promontoire dont elle circonscrit l'aire intérieure. En 1778, alors que cette enceinte était moins ruinée, un témoin oculaire en parle ainsi :

« Parcourant les rebords du Yaudet, en commençant par la maison la plus voisine de la mer, on découvre parmi les épines et les ronces les restes d'un épais rempart dont l'assise fondamentale est formée de briques. Le mur de pierres qu'elle portoit est lié par un ciment partout très-compact, rouge dans la partie extérieure et blanc dans le côté intérieur de la même muraille. — La maçonnerie est en dedans composée de pierres assez petites jetées en tout sens et noyées dans le ciment ; mais le dehors présente un revêtement de pierres dures d'une surface d'un pied en quarré. L'on vérifie la solidité de l'ouvrage par l'inspection d'un grand pan de mur que la mer a renversé en avant de la rive sur laquelle il posoit. Battu des flots, lavé chaque jour par le flux et le reflux, il se conserve dans son intégrité depuis sa chûte ; le ciment semble même en avoir acquis plus de ténacité. »

Vers le centre de l'enceinte murée, « on remarque, dit le même témoin, une fontaine, qui d'une excavation horizontale coule dans un bassin de pierres de taille. Le creux du rocher est voûté de pierres taillées en arc de cercle, rangées sans mortier ni ciment parallèlement l'une à côté de l'autre : des connaisseurs prétendent y reconnaître la manière romaine (3). » Il y avait dans l'intérieur de l'enceinte des monceaux formés de débris d'édifices anciens. On y a trouvé des meules de moulins à bras, des fragments de vases, des briques, des monnaies celtiques, des monnaies romaines, etc.

(1) Voir La Monneraye, *Géogr. anc. de la péninsule armoric.* p. 74-75. — M. G. du Mottay (*Voies romaines des C.-du-N.* p. 135) dit que le temple décrit par Montfaucon et Robien lui semble « n'être qu'une habitation gallo-romaine *ordinaire*. » Ce n'est pourtant pas, ce semble, l'habitude des habitations gallo-romaines de n'avoir que deux pièces, l'une ronde et l'autre octogone, car ici il n'y a que cela ; la grande enceinte était une sorte de cour à ciel ouvert.

(2) Carte de France de l'État-Major, feuille 41. Le nom de Yaudet est écrit là *Griaudet*, faute d'impression pour *Gaiaudet*.

(3) *Lettres d'un prêtre Trécorois à l'abbé Deric* en 1778, dans A. de la Borderie, *Etudes historiques bretonnes* (1884), p. 5-6. Cf. La Monneraye, *Géogr. anc. de la pénins. armor.* p. 93.

En dehors de la forteresse, sous sa protection, s'étaient groupées en assez grand nombre des maisons, représentées par un village encore subsistant. « Les champs qui entourent ce village, les jardins qui séparent ses maisons, les chemins mèmes sont jonchés de mille débris de pierres, de briques, de tuiles, de poterie, de charbons, etc., traces d'une antique existence, d'une prospérité depuis longtemps disparue, mais dont le souvenir est resté chez les habitants. Cette agglomération peut avoir une superficie d'environ 30 hectares (1). »

On a trouvé au Yaudet des médailles romaines d'Auguste à Aurélien, de Dioclétien à Théodose (en moindre nombre), et ce qui est plus curieux, quelques monnaies phéniciennes antérieures à l'ère chrétienne (2) : preuve des anciennes relations commerciales dont ce lieu a été le théâtre. A l'époque romaine aussi, il s'y trouvait des établissements d'un autre genre que la forteresse : au XIIe siècle sous les ruines de cette forteresse, on voyait encore, dans le lit du Léguer une pêcherie close de murs bâtis *en pierres carrées*, c'est-à-dire de murs gallo-romains (3).

Il y a donc eu là un établissement romain de grande importance. Son nom antique, on l'ignore (4). Le peuple d'alentour l'appelle de temps immémorial *Yaudet* ou *le Yaudet*. La circonscription secondaire ou *pagus* dont il était le chef-lieu s'appelait *Pou-Hastel* ou *Pou-Gastel*, traduction bretonne de *Pagus Castelli*, Pays du Château, de la forteresse : nom qui paraît dès le VIe ou VIIe siècle dans la plus ancienne Vie de S. Tudual, et qui a persisté jusqu'en 1789 pour désigner un archidiaconé (du diocèse de Tréguer) compris entre la rivière de Lannion, la rivière de Morlaix, la Cornouaille et la mer.

L'établissement du Yaudet avait donc au VIe siècle pour caractère propre d'être ou d'avoir été une forteresse, *Castellum*, la forteresse par excellence de cette région, sans aucun attribut ni prérogative ecclésiastique. Mais au XIe siècle, l'auteur de la troisième Vie de S. Tudual s'avisa, pour illustrer son pays et son héros, de faire de ce *Castellum* une ville épiscopale, une *cité*; même pour lui donner un nom, il l'appela la cité de Lexobie */civitas Lexobiensis/* par confusion avec les Lexoviens de César que l'on tenait pour un peuple d'Armorique et que l'on plaçait comme tels en Bretagne. Inutile d'insister sur cette fable (5). Mais voici ce qui en résulta pour le Yaudet. Au XIIe et XIIIe siècle, si c'était une cité, c'était une cité très vieille, une cité ruinée; au XIIIe siècle, dans une charte de 1267 (6), pour la première fois, on la nomme *Vetus Civitas*, Vieille Cité; cela, c'était pour les clercs; pour le peuple on fit de ce nom un calque à forme bretonne : *Coz-Guéodet* ou *Quéodet*. Le premier mot est de bon breton */Coz*, vieux); mais l'autre n'est pas breton, c'est un calque assez gauche du latin *Kiuitat*, et s'il a

____

(1) Gaultier du Mottay, *Voies romaines des Côtes-du-Nord*, p. 137.
(2) Voir La Monneraye, *Géogr. anc. de la pénins. armor.* p. 93; et G. du Mottay, *Voies rom. des C.-du-N.*, p. 140.
(3) Ce curieux renseignement est fourni par la Vie latine de S. Efflam, écrite au XIIe siècle, où on lit : « *Sub civitate quæ est supra Leguer, claustrum quoddam ex quadris lapidibus in mari compositum fuerat. Custos claustri illius singulis diebus piscium quoddam genus solitus erat illic invenire.* » *Vit. S. Euflami*, publiée par A. de la Borderie dans les *Annales de Bretagne* t. VII (1891), p. 15, 16, 32.
(4) Nous verrons, au chapitre suivant, s'il n'est pas possible de le découvrir.
(5) J'ai étudié l'origine, les circonstances de cette fabuleuse métamorphose du Yaudet en « cité de Lexobie » dans *Les trois Vies de S. Tudual*, p. 102-109.
(6) D. Morice, *Preuves* I, 1006.

tourné en *Guéodet*, c'est pour le rapprocher du nom réel, sincère, populaire, *Yaudet*, qui n'a nul rapport à *Civitas*, car les gens du pays ne disent jamais Coz-Guéodet, pas même Coz-Yaudet, mais simplement Yaudet.

4. — LES ENVIRONS DE CORSEUL. — J'ai parlé plus haut de la borne milliaire de *Saint-Méloir près Bourseul* et de son inscription (ci-dessus p. 119). Ce n'est pas seulement une colonne itinéraire qu'on voit en cette commune, c'est quatre; mais les trois autres n'ont pas d'inscription, et peut-être n'ont-elles jamais eu d'autre destination que d'accompagner la colonne inscrite. Elles étaient jadis, dit-on, en un village dit la Barbotaie, sur la voie de Corseul à Vannes. En 1825, on les transporta au bourg de Saint-Méloir, pour entrer sous une forme quelconque dans la construction de l'église. Cela aurait pu leur coûter la vie. Heureusement, on s'est contenté de les ranger toutes quatre en ligne, à 2ᵐ 50 l'une de l'autre, en face de cet édifice, sur la petite place qui le précède. — Cette petite colonnade gallo-romaine dans un pauvre petit bourg ne laisse pas d'avoir son prix, son originalité. La colonne inscrite a pour hauteur, y compris la partie de son fût cachée en terre, 1ᵐ 70, et pour diamètre 0ᵐ 54ᶜ. La hauteur des autres au-dessus de terre, en partant du Nord, est pour la première 0ᵐ 90, et pour les deux suivantes 1ᵐ 10 et 1ᵐ 20; leurs diamètres respectifs mesurent 45, 60 et 58 centimètres. La première au Nord est couronnée d'un chapiteau très orné, portant à chacun de ses angles un mascaron (1).

Autour du bourg de *Taden*, nombreuses substructions gallo-romaines; station importante, chargée de garder le passage de la Rance, qu'une voie antique franchissait 200 mètres plus bas, sur un pont dont on découvre encore quelques vestiges au Sud d'une digue également ruinée, mais plus moderne, dite la « muraille de l'Œuvre. » — Sur le bord même de la Rance, dans le champ des Boissières où les gens du pays voient un ancien cimetière, et sur un autre point de la commune, à la Grandville, existent aussi des substructions, des amas de briques à crochet et autres débris antiques.

Le bourg de *Languénan*, à 5.000 mètres Nord-Ouest de Corseul, sur l'ancienne voie romaine allant de cette ville à Aleth, possédait au siècle dernier un curieux monument. Sur un piédestal unique se dressaient deux fûts de colonne très rapprochés, de 9 pieds de hauteur l'un et l'autre, couronnés l'un et l'autre par une sorte de dé ou de chapiteau cubique haut de 2 pieds, portant sur deux de ses faces une tête d'homme (à droite), une tête de femme (à gauche), et sur les deux autres faces des inscriptions. C'était là évidemment un tombeau, de forme très originale et couvrant probablement deux corps ou contenant deux urnes cinéraires. Il fut renversé en 1769 par un ouragan, et ses débris dispersés, détruits. Déric en a conservé la description, faite huit ans plus tard (en 1777) d'après le témoignage des habitants (2).

(1) G. du Mottay, *Répertoire archéologique du dép. des Côtes-du-Nord*, p. 471-472, et *Voies romaines des C.-du-N.* p. 112-115.
(2) Déric, *Histoire ecclésiastique de Bretagne*, édit. in-12, I, p. 46; cf. G. du Mottay, *Voies rom. des C.-du-N.*, p. 89-90.

En *La Bouillie,* au village du Chemin-Chaussée (nom bien significatif), la voie romaine de Carhais à Aleth coupait celle de Corseul à Erqui. Il y avait là une station de quelque importance, attestée par de nombreuses substructions antiques et, pendant longtemps, par des fragments de maçonnerie en petit appareil gallo-romain plaqués sur la façade des maisons. Tout par là est encore plein de briques et de débris anciens. Il en est sorti aussi beaucoup de monnaies, surtout du grand Constantin (1).

En *Pléboulle,* sur la rivière de Frémur, près de la tour de Montbran (très curieuse, mais qui n'est pas romaine) existait jadis un pont réputé antique, pour le passage de la voie de Corseul à Aleth. Dans l'église de cette paroisse, le président de Robien avait signalé un buste en terre cuite et des colonnes qu'il croyait de l'époque romaine. Tout cela a disparu (2).

En *Plévenon,* sur les bords d'une petite anse de la baie de la Fresnaie, dite anse de la Saudraie, près de la pointe du Muret, on exhuma en 1829 des murailles de construction romaine, d'où entre autres débris sortirent en grande quantité des morceaux de marbre provenant de mosaïques. Par suite de nouvelles fouilles faites au même lieu en 1836 et 1837, découverte de nouveaux morceaux de mosaïque et d'un pavé formé de carreaux alternatifs de marbre blanc d'Italie et de schiste noir posés sur une épaisse couche de ciment. Il s'agit là, on le voit, d'une habitation de plaisance construite avec luxe (3).

A l'embouchure de l'Arguenon, rive gauche, dans l'anse de *Quatrevaux* dépendante aujourd'hui de la paroisse de *Notre-Dame du Guildo,* fut remise au jour en 1850 une villa gallo-romaine beaucoup moins ruinée que celle du Muret et construite, ce semble, dans les mêmes conditions. On déblaya jusqu'à dix ou douze pièces de petites dimensions et une assez longue galerie. Mosaïques, panneaux de marbre, peintures à fresque, plaques de revêtement en coquillages incrustés, etc., on n'avait rien épargné pour décorer cette demeure (4).

5. — LA BAIE DE SAINT-BRIEUC. — Les Gallo-Romains avaient semé sur les bords de la baie de Saint-Brieuc un assez grand nombre d'établissements plus ou moins considérables. Le fond de la baie semble surtout avoir été fortement occupé.

Sur le promontoire qui porte la tour de Cesson et domine la mer d'une élévation de 75 mètres, ils avaient placé — comme la sentinelle qui devait garder tous ces rivages — non un simple camp à remparts de terre, mais une véritable citadelle à murailles de pierre, dont on voit encore, au Nord de la tour actuelle, l'enceinte dessinant un trapèze irrégulier dont le développement atteint près de 500 mètres (5).

De Cesson marchant vers l'Est et suivant toujours le fond de la baie, on a

(1) G. du Mottay, *Voies rom. des C.-du-N.* p. 95 et 133-134.
(2) G. du Mottay, *Répert. archéol.* p. 440.
(3) *Annuaire des Côtes-du-Nord* pour 1837, p. 147-148.
(4) Voir *Monument gallo-romain de Quatrevaux,* rapport au préfet des Côtes-du-Nord, par M. Cunat (1850), in-4°, avec plan.
(5) *Mémoires de la Société archéologique des Côtes-du-Nord,* t. I (1852) p. 290-291.

trouvé dans la commune de *Langueux*, près du village des Grèves, de nombreuses substructions et des carrelages de marbre ; — en *Trégueux*, au Pré-Orain substructions, débris romains répandus sur un hectare ; près du village Sainte-Marie autres substructions, sépultures, borne milliaire ; statuette d'Hercule en bronze de 8 centim. de hauteur ; — en *Iffiniac*, constructions en pierres sèches près de la rivière en un lieu où la tradition place une ancienne ville détruite, poteries, tuiles, monnaies, lieu de sépulture ; l'ensemble de ces constructions paraît avoir péri par le feu ; plus, dans la même commune, une statuette de bronze et 800 monnaies du bas Empire, de Constantin à Valentinien ; — en *Hillion*, près de la Grandville, sur la côte, dans un lieu où la tradition met un ancien temple, substructions considérables portant des traces d'incendie, d'où l'on a tiré pavés de marbres très variés, fragments de mosaïques, enduits peints à fresque, sculptures sur marbre représentant des monstres marins ; ailleurs encore, dans cette commune, 4 kilogrammes de monnaies du bas Empire ; — en *Pléneuf*, substructions gallo-romaines près Dahouët, et sur la falaise du Val-André (1).

Remontant de Cesson vers le Nord-Ouest, on rencontre d'abord en la commune de *Plérin*, au bord de la mer, non loin de l'embouchure du Gouët, les ruines curieuses de la villa de Port-Aurèle (jadis, je crois, Port-Thorel) avec hypocauste, mosaïque, enduits polychrômes, placages en schiste vert, poteries samiennes, traces de feu, car, dit le rapporteur des fouilles, « l'édifice a été dévasté, puis » incendié, *comme toutes les constructions romaines de l'Armorique* (2). » On a trouvé encore, en Plérin, des substructions antiques au village de Peignard, des briques, des poteries samiennes et divers débris gallo-romains sur deux ou trois autres points de la commune.

En *Binic*, sur la grève de la Banche, substructions gallo-romaines assez étendues, avec hypocauste.

En *Pordic*, en regard de la côte de Binic, non loin de la Banche, sur la butte de Bernin, camp romain de forme triangulaire ou plutôt forteresse, puisque l'un de ses angles au moins était armé d'une tour cylindrique en maçonnerie ; — substructions gallo-romaines à la pointe de l'Ermo, débris antiques de diverse nature répandus sur près de 10 hectares ; traces d'incendie (3).

6. — LA PRESQU'ÎLE DE TRÉGUER. — A l'angle Nord-Est de cette presqu'île, en *Lanmodez*, substructions antiques à *Castel an Iar* (le Château de la Poule) sur la baie de Saint-Oudelin, poteries fines, ciment, tuiles à rebord, monnaies.

A *la Roche-Derien*, substructions au lieu dit Bouret, briques et autres débris romains répandus sur 6 hectares ; autres substructions à Parc ar Chastel, avec urnes cinéraires. Dans les fondements du donjon (détruit) de la Roche-Derien, substructions réputées gallo-romaines, formées de plusieurs couches de petites pierres noyées dans un mortier de chaux et de sable.

---

(1) Gaultier du Mottay, *Répertoire archéol. des C.-du-N.* p. 169, 174, 175, 168, 24 ; *Annuaire des C.-du-N.* pour 1838, p. 95-99 et 102-103.

(2) M. Geslin de Bourgogne dans *Mém. de la Soc. archéol. des Côtes-du-Nord*, I (1852) p. 294. Le rapport occupe les p. 293 à 308.

(3) G. du Mottay, *Répert. archéol.* p. 147, 215, 152.

Sur plusieurs points du littoral de la presqu'île de Tréguer on retrouve de ces fondations par couches de béton très résistant, débris probables de petites fortifications gallo-romaines, d'autant que ces ruines sont presque toujours liées au nom de *Castel*, par exemple, en *Plougrescant*, à la pointe du Chastel ; — au Port-Blanc, en *Penvénan*, à Castel-Bras ; — en *Perros-Guirec*, ruines du château de Poulmanach ; — en *Trégastel*, au lieu dit Ar-Hastel.

Il y avait pourtant aussi dans ces parages des ruines d'un autre caractère, des ruines civiles ; entre autres, en *Penvénan* substructions au Port-Blanc, à la Saudraie avec mosaïque ; — à *Lannion*, où passait la voie de Carhais au Yaudet, pont antique sur le Léguer, dont les substructions existent dans les fondations du pont actuel de Kermaria ; aqueduc ou conduite d'eau en ciment ; urne en bronze ; briques, et autres débris romains près du cimetière, près de l'enclos des anciennes Ursulines, au Petit et au Grand Forlac'h.

En *Plouzelambre*, près de l'ancien château de Kerveguen, ruines d'une villa gallo-romaine, restes d'aqueduc, de mosaïque, d'enduits polychrômes.

En *Plestin*, près du bourg, à la maison des Frères, ruines d'une villa ; — au port de Toul an Herri, vastes substructions, enduits polychrômes, fragments de poteries ; — à Ranvollan, tombe antique, urne cinéraire, épée de bronze (1).

7. — DANS LA FORÊT CENTRALE. — Les traces de l'époque gallo-romaine sont rares dans la grande forêt centrale de la péninsule armoricaine. Tout se réduit presque à quelques tronçons de voies romaines et à quelques enceintes de terre qualifiées camps romains, mais dont l'origine souvent est bien douteuse. Les établissements dont nous allons parler sont plutôt sur la lisière que dans l'intérieur de la forêt — sauf un ou deux, d'autant plus intéressants à cause de leur rareté.

Ce qu'on a signalé de romain en Pestivien, en Kergrist-Moëlou est insignifiant : quelques briques à l'Ile, en cette dernière commune, mais pas de substructions, donc pas de trace d'un établissement durable et sérieux.

A *Gouarec*, c'est mieux : près de la chapelle Saint-Gilles, on a découvert des substructions et un canal ou aqueduc construit avec soin, incontestablement romain, et bien conservé : preuve certaine de l'existence d'une villa, d'une exploitation rurale, — un essai de défrichement d'un coin de la forêt dans la vallée du Blavet.

A *Merdrignac*, mieux encore. Il y a là des substructions gallo-romaines au lieu de la Chaussée (nom significatif), au moulin du Plessix et au village des Châtelets, dont les environs sont couverts de tuiles, briques et autres débris antiques « sur une superficie de *plus de 200 hectares*. » On est là en présence d'une station importante de la voie de Carhais à Rennes (2).

Ces deux établissements romains étaient l'un et l'autre en pleine forêt centrale armoricaine ; ceux qui suivent sont seulement sur la lisière septentrionale.

D'abord, en *Plougonver*, substructions au village de Bourgerel, près du château

(1) Voir G. du Mottay, *Répert. archéologique des Côtes-du-Nord*, p. 287, 343, 360, 359, 297, 305, 275, 312, 309.
(2) G. du Mottay, *Voies rom. des C.-du-N.*, p. 65 et 70.

du Cludon ; puits funéraire gallo-romain au sommet du Menez-Kersperz (1), 321 mètres au-dessus du niveau de la mer (p. 14 ci-dessus).

En *Vieux-Bourg-Quintin*, nombreuses traces d'habitations gallo-romaines en ou près de cinq ou six villages de la commune, notamment deux habitations au Colédic, et la plus considérable de toutes dans un champ dit Parc-*Pilate* à 400^m du bourg, où on a trouvé la statuette d'une déesse-mère, des fragments de poterie samienne, etc., le tout couvert d'une épaisse couche de cendre noirâtre mêlée de charbon. A toucher le bourg, au clos du Vieux-Châtel, traces d'une forge antique dont nous parlerons dans le chapitre suivant, à l'article de l'industrie gallo-romaine dans la péninsule armoricaine (2).

En *Saint-Brandan*, le village du Rillan situé à la limite de cette commune et de celle de Plaintel, tout près de la route de Quintin à Saint-Brieuc, a été très vraisemblablement une station importante de la voie romaine allant de Carhais à Aleth. La tradition du pays place là une ville détruite à une époque inconnue. Au commencement du XVIIIᵉ siècle (vers 1716), on enleva de ce côté beaucoup de terres pour aplanir et élargir la route de Saint-Brieuc à Quintin ; dans ces travaux (dit une relation du temps) « les ouvriers trouvèrent plusieurs morceaux de poterie, même des vaisselles entières et de petites statues de terre, des puits non comblés mais couverts de leurs meules (margelles) fort grandes et d'une pièce, des fours, des traces de pavés faits de pierres posées debout, et divers fondements de bâtiments à chaux et à sable, le tout à plus de six pieds de profondeur... Le lieu où se trouvent ces débris se nomme présentement le pont *du Rillan* ou peut-être *d'Aurélian*. Il y a en effet un pont composé d'arcades si bien travaillées qu'on n'en voit point de pareilles dans le pays. Les paysans du lieu tiennent d'ancienne tradition qu'en cet endroit il y a eu autrefois une ville qui fut abîmée et détruite, mais ils ne savent de quelle manière (3). » On déterra aussi à cette époque parmi ces débris une curieuse statue, sur laquelle nous reviendrons plus tard, parce que quelques antiquaires la croient plus gauloise que romaine. Aujourd'hui encore, aux environs du Rillan abondent briques, tuiles, débris de poteries antiques; une fouille faite vers 1842 y fit découvrir une statuette, quelques vases et un grand nombre de médailles.

Près du clocher de *Saint-Julien de la Côte*, non loin du Rillan, on découvrit en 1845 un curieux four antique à cuire les briques, sur lequel nous reviendrons à l'article de l'industrie gallo-romaine (4).

En *Plénée-Jugon*, au village de la Mare-Pilais, substructions gallo-romaines en petit appareil, indiquant des bâtiments assez importants, découvertes en 1865; entre autres débris antiques, cette fouille mit au jour deux lames de pierre schis-

---

(1) G. du Mottay, *Répert. arch.*, p. 34.

(2) Les autres traces d'habitations gallo-romaines de cette commune ont été trouvées aux ou près des villages du Bourgblanc, du Colledoc, de Troubardou et Coq-Chaussé (ou mieux Coz-Chaussée). — Dans les dépendances d'une dizaine de villages de cette paroisse et de ses trèves (Le Leslay et Saint-Gildas) il y a « des champs, des prés, des coteaux qui portent le nom de Pilate ; voir notice sur *Vieux-Bourg-Quintin et ses trèves* par l'abbé Audo, dans *Annuaire des Côtes-du-Nord* de 1862, p. 10 à 20.

(3) Cette relation fut rédigée en 1736 par des témoins oculaires des travaux et fouilles de 1716 ; elle a été publiée par M. G. du Mottay, qui a écrit diverses notices sur le Rillan, voir *Annuaire des C.-du-N.* 1862, p. 80 ; *Voies rom. des C.-du-N.* p. 47 ; *Rép. archéol.* p. 267.

(4) *Bibliothèque bretonne* publiée par M. Le Maout (1851) II, p. 266.

teuse d'environ 60 centimètres de long sur 30 de large et 6 d'épaisseur, ornées de sculptures d'un faible relief et figurant des dauphins jouant avec des monstres marins : fragments détachés de la frise de quelqu'une des pièces de l'habitation gallo-romaine ainsi exhumée (1).

En la commune de *Caune,* on a mis à jour des substructions gallo-romaines sur plusieurs points : d'abord, au village du Chênai-Langourou (3 kilomètres au Nord du bourg) on a reconnu un hypocauste. — En 1862, l'établissement de la gare du chemin de fer de l'Ouest a amené des découvertes plus considérables : plusieurs chambres de petite dimension et encore un hypocauste, ce qui a tout de suite fait assigner à ces constructions le caractère d'un établissement de bains ; mais rien n'est moins sûr, car dans toutes les habitations gallo-romaines un peu aisées, il y avait un hypocauste remplissant, pour l'échauffement des principales pièces, la fonction de calorifère. Parmi les masses de débris antiques sortis de ces fouilles, beaucoup de fragments de poterie mais en général assez grossière, toutefois quelques objets d'art ou de luxe : plusieurs fragments de statuettes en pierre blanche, et une presque intacte (cavalier à demi-nu sur son cheval) de 12 centimètres de hauteur ; plusieurs lames de schiste sculpté dont on décorait les parois intérieures des appartements ; fibule et épingles de bronze ornées ; un certain nombre de médailles des II⁰ et III⁰ siècles (2), etc.

8. — LE FLEUVE TITUS (3). — Voici un pauvre fleuve encore plus malheureux que l'Herius (ci-dessus p. 101), car celui-ci ne flotte qu'entre deux identifications raisonnables : la Vilaine ou la rivière d'Aurai. Mais le Titus ne sait vraiment à quelle situation se vouer. La plupart des géographes inclinent à en faire le Trieu ; toutefois d'Anville veut y voir (Dieu sait pourquoi) l'embouchure commune de la Sée et de la Sélune en face du Mont Saint-Michel ; M. Desjardins déclare que c'est peut-être le Trieu, mais que c'est tout aussi bien la Rance (4) : sur quoi un autre survenant, pour dire du neuf, en fait le Gouët (5).

Le Gouët, la Sée et la Sélune, qui ne sont que de petits cours d'eau, doivent être écartés. Les larges estuaires de la Rance et du Trieu sont des situations géographiques propres à frapper les regards des navigateurs. Si j'incline pour le Trieu, c'est que la Rance, au-dessus du point où la mer monte dans son lit, n'est presque plus qu'un ruisseau, tandis que le Trieu, au-delà du lieu où s'arrête le flux,

(1) Ces bas-reliefs, découverts par M. Ch. de Lorgeril, conseiller-général d'Ille-et-Vilaine, furent dessinés par M. Alfred Ramé et gravés dans la *Revue archéologique* livraison d'avril 1866 ; voir G. du Mottay, *Voies romaines des C.-du-N.* p. 117, et *Répert. archéol. des C.-du-N.* p. 426. — L'an dernier (1894) il fut question de ces bas-reliefs dans une revue historique et archéologique publiée hors de Bretagne, qui annonça en même temps la découverte récente d'un prétendu temple en la commune de Plenée-Jugon, mais avec des circonstances propres à inspirer des doutes sur l'exactitude de cette nouvelle.

(2) Voir G. du Mottay, *Voies rom. des C.-du-N.* p. 106-107 ; Id., *Répert. arch. des C.-du-N.* p. 403-404 ; — *Collectionneur breton,* IV, p. 79-84.

(3) Τίτου ποταμοῦ ἐκϐολαί. Ptolémée, *Géogr.,* liv. II, ch. 7 (ou 8) § 2, dans *Annuaire de la Soc. des Antiq. de Fr.* pour 1848, p. 259. Quelques éditions portent Τήτου, mais la leçon Τίτου est celle de la plupart des manuscrits, et particulièrement des meilleurs.

(4) E. Desjardins, *Géogr. de la Gaule rom.* I, 141 et 324.

(5) Id. *Ibid.* III, p. 350, note 6.

est encore un fleuve. Il n'y a là toutefois rien de bien certain, mais seulement des probabilités.

Selon quelques auteurs, Ptolémée nommerait après le Titus un autre fleuve, l'*Arigenus* ('Αριγένους), qu'ils identifient naturellement avec l'Arguenon. En réalité, dans tous les manuscrits de Ptolémée, Arigenus n'est pas un fleuve, mais une ville et le chef-lieu des Biducasses (1), peuple qui habitait certainement en dehors de la péninsule armoricaine. Nous ne devons pas nous en occuper.

§ 7. — *Les Redons.*

Les Redons sont mentionnés deux fois par César, et deux fois comme peuplade armoricaine dont le territoire touche la mer. Ils sont nommés par Pline, par Ptolémée qui les place fort mal, de façon toutefois qu'on ne saurait les méconnaître (2); ils figurent dans la *Notice des Gaules*. Très vraisemblablement, à l'époque gallo-romaine, leur territoire était relativement aussi peuplé que celui des autres cités de la péninsule armorique. Mais après cette époque, il resta pendant trois siècles pays de marche entre les Franks et les Bretons et eut à subir d'une façon particulière les incursions ravageuses de ces derniers. Est-ce pour ce motif? est-ce défaut de recherches suffisantes? Toujours est-il qu'en dehors des lieux indiqués par les documents antiques, on n'a signalé chez les Redons aucune station romaine, aucun établissement de quelque importance.

Les documents antiques en mentionnent trois : deux villes fortifiées, *Condate Redonum* et *Aletum*, et une simple station, *Sipia*. — Nous commencerons par celle-ci, en réservant pour la fin l'article très considérable de Condate.

1. — SIPIA. — Cette station figure dans la Table Théodosienne sur la voie de *Juliomagus* (Angers) à *Condate* (Rennes). Entre ces deux villes la Table indique seulement deux stations, *Combaristum* et *Sipia*. La première est en dehors de la péninsule armoricaine. L'autre, tous les auteurs s'accordent à la mettre à Visseiche *(Vicus Sipia)* près de La Guerche. Le moyen-âge a trouvé là l'occasion de placer un de ces calembourgs onomastiques dont il était friand; de *Sipia* il a fait *Sicca* (la Seiche) et appliqué ce nom à la rivière passant à Visseiche, laquelle n'est pas en réalité plus sèche qu'une autre. D'ailleurs la distance convient. De Sipia à Condate la Table marque XVI lieues gauloises (35.552^m); de Visseiche à Rennes d'après la carte moderne, il y a un peu plus de 33 kilomètres, soit XV lieues gauloises. La différence provient, comme je l'ai déjà dit, des pentes du terrain qui allongent le

---

(1) 'Αριγένους Βιδουκασίων. Ptolémée, *Géogr.*, liv. II, ch. 7 (ou 8) § 2, *Ann. de la Soc. des Antiq. de Fr.* pour 1848, p. 259. C'est une vieille traduction latine de Ptolémée qui fait d'*Arigenus* un fleuve, et de là certaines éditions modernes ont eu le tort de transporter ce prétendu fleuve dans le texte grec, ce qui est une vraie interpolation.

(2) César II, 34 et VII, 75. Pline IV, 32, édit. Hardouin. — Ptolémée II, chap. 8 (ou 7), § 12, les place entre les Eburovices (peuple d'Evreux) et les Sénonais ; variantes du nom des Redons dans les divers manuscrits de Ptolémée : 'Ρήδονες, 'Ρηδόνες, 'Ριδόνες, 'Ρηδόνες, dans *Annuaire de la Soc. des Antiq. de Fr.* pour 1848, p. 264-265.

chemin réel et sont comprises dans le chiffre de la Table Théodosienne, tandis qu'en mesurant la distance à vol d'oiseau sur nos cartes modernes, on n'en peut tenir compte.

« Des vestiges romains abondants confirment l'identification de Sipia avec Visseiche ; on a souvent trouvé dans ce bourg ou ses environs des cercueils en calcaire coquillier ; dans le cimetière actuel, entre le bourg et la rivière on rencontre parfois des substructions appareillées et cimentées à la romaine. » On y a même signalé des hypocaustes (1).

2. — ALETH. — Cette ville est nommée dans la *Notice des dignités de l'Empire*, qui y place un officier militaire et un corps de troupes (2). Elle occupait, au Nord de la ville de Saint-Servan, toute la pointe dite de la Cité, à partir de l'isthme étroit étranglé entre le port Solidor et l'anse des Bas-Sablons (3). Le nom d'Aleth est encore aujourd'hui attaché à une rue de Saint-Servan et à la chapelle Saint-Pierre d'Aleth, débris de l'ancienne cathédrale du X° siècle.

Cette ville reçut une enceinte murale, qui contournait toute la pointe de la Cité ; on en voit encore çà et là quelques vestiges sur les rochers et même un petit pan de mur de deux mètres de hauteur dont l'appareil romain est très caractérisé, près d'une cabane de douanier sur la rive Est qui regarde Saint-Malo. — Le mur du bailé ou enceinte extérieure du donjon de Solidor est zébré de briques, sans présenter cependant un appareil régulier ; peut-être est-il, non de l'époque romaine, mais des premiers siècles du moyen-âge, du VI° ou du VII° par exemple. Vers la fin du XVI° siècle et le commencement du suivant, l'enceinte murale d'Aleth était beaucoup plus apparente qu'aujourd'hui, en voici la description par un homme de ce temps :

« Les murs d'icelle ville, dont nous voyons partie à present renversée et l'autre partie debout à quelque mediocre hauteur, n'ont aucun rapport ni ressemblance aux murs des autres villes de la province... En ces murs se voient les pierres du bastiment arrangées en assez belle disposition et ordonnance, et au lieu de tours rondes ou en forme ovale, on void encore autour de ces murailles de petites tours en forme carrée. — De nostre temps, environ l'an 1580 et en deçà, nous avons vu bastir quelques maisons et autres edifices en la cité de Quidalet (d'Aleth) : prenant les fondements desquels se trouvoient des vestiges et ruines de vieux bastimens, qui avoient esté de bricque rouge, de laquelle on se servoit et on se sert encore pour faire du ciment. Et en plusieurs endroits, fouillant en terre on trouvoit des pots de cuivre pleins de vieilles pièces de monnoie d'or, d'argent et de cuivre et autres divers metaux. Entre plusieurs de ces pièces m'est tombée en main une medaille de cuivre du poids d'environ 30 escus, à l'entour et sur les bords de laquelle se void une telle inscription : ADVENTVI AVGVSTI FŒLICISSIMO. — Hors ladite cité, dans le voisinage du bourg et fontaine de Saint-Servan, en des terres au-dessus de cette fontaine, du costé du Nord, où sont à present des jardins, on

(1) La Monneraye, *Géogr. anc. de la pénins. armoric.* p. 79.
(2) « Præfectus militum Martensium, Aleto. » *Notit. dignit. Occid.* édit. Seeck, cap. 37, p. 205.
(3) Isthme situé au bas de la rue Beaurivage.

a trouvé, en fouillant et fossoiant, plusieurs sepultures et tombeaux faits de bricques ; en ces tombeaux des cadavres, et sous la teste de chascun de ces corps y avoit une grosse bricque comme pour servir de chevet (1). »

Cet auteur nous apprend même une curieuse particularité : « Faisant bescher et fouiller sous des murs de cette cité à present renversez, nous trouvasmes sous ces ruines et fondemens grande quantité de charbon bruslé. » Cette couche de charbon représentait, selon lui, le bois des pilotis « desquels on se sert ordinairement pour soutenir les murs que l'on sape : pilotis qu'on brusle après pour faire tomber et renverser les murailles, comme on a fait sans doute sous toute cette ceinture de l'ancienne cité, pour la demanteler, ainsi que nous la voions de present (2). »

Destruction accomplie au V⁰ siècle par les barbares Saxons, qui ruina Aleth. Quand S. Malo y aborda au siècle suivant (vers 550), elle était entièrement déserte et reprit vie seulement par l'action des monastères que le saint y fonda (3).

3. — RENNES. — Selon Ptolémée, la ville, c'est-à-dire le chef-lieu des Redons, était CONDATE (4), — que l'on trouve sous ce nom dans l'Itinéraire d'Antonin et dans la Table Théodosienne, — sous celui de *Civitas Redonum* dans la Notice des Gaules, — sous la forme *Redonas* dans la Notice de l'Empire.

Le Condate gallo-romain s'étendait du Sud au Nord depuis la Vilaine jusqu'à la ruelle Saint-Martin, ce qui donnait un développement d'au moins 1,200 mètres. Des bords de la Vilaine vers le quai Saint-Yves, il se répandait le long de l'Ille en suivant la rue Basse ; puis, à travers la rue d'Echange, la Manutention (ancien couvent de Bonne-Nouvelle), la rue Haute (rue Saint-Malo), il allait, par l'enclos de la pension Saint-Martin, par les Petites-Ursulines, la ruelle de la Cochardière et la ruelle Saint-Martin, s'épanouir sur les coteaux qui dominaient le cours de la petite rivière, dont le confluent avec la Vilaine donna son nom à la ville.

Dans le principe probablement, ce coteau de l'Ille fut la plus belle partie de Condate, plutôt peut-être une réunion d'élégantes villas qu'un quartier d'habitation dense et serré, car les riches Gallo-Romains se plaisaient dans ces sites bien aérés. Mais les invasions barbares du III⁰ siècle imposèrent à Condate l'obligation de se mettre sous la protection d'une forteresse, de se créer une défense, une enceinte murale, qui naturellement, nécessairement, dut venir s'appuyer sur la Vilaine.

Cette enceinte, figurant un pentagone irrégulier à angles arrondis, ne renfermait pas plus de neuf hectares (5). La muraille dont elle était formée et qu'on a

(1) Mémoires de Frotet de la Landelle publiés par M. Jouon des Longrais (1886), p. 7-8.
(2) *Ibid.* p. 12.
(3) « Ad civitatem quæ vocatur Alet, quæ est super ripam fluminis Renc, S. Machu perrexit, *quæ a longo jam tempore habitatoribus erat derelicta.* » *Vita S. Machutis auctore Bili*, lib. I, cap. 40, dans *Bulletin de la Soc. archéol. d'Ille-et-Vilaine*, t. XVI (1883), p. 195.
(4) Ῥήδονες, ὧν πόλις Κονδάτε. Variantes des manuscrits : Κοντάδε, Κονδάται. *Ann. de la Soc. des Antiq. de Fr.* pour 1848, p. 264-265.
(5) Sa face méridionale suivait la Vilaine du bas de la rue de Rohan (environ) à la place de la Mission ; de là elle montait vers le Nord-Ouest jusque derrière l'Ecole d'artillerie ; tournait là vers le Nord-Est embrassant la porte Mordelaise, les Lices ; puis, vers la porte Saint-Michel, se rabattait au Sud-Ouest, traversant le massif qui sépare la rue Rallier de la rue Châteaurenault, pour aboutir à l'angle de cette dernière rue et de la rue La Fayette ; et de là enfin, courant droit du Nord au Sud, regagnait la Vilaine en suivant les rues actuelles Châteaurenault, Horloge, Rohan.

pu étudier très complètement en diverses circonstances et sur divers points de son périmètre, est d'une construction curieuse. Les fondations enfoncées dans le sol formaient une masse de blocs de schiste placés confusément, liés par un mortier jaune fort dur : masse haute de 2ᵐ 40. Au-dessus, émergeant du sol, une couche de blocs de granit placés en recouvrement l'un sur l'autre constituant la base apparente de la muraille, base haute de près d'un mètre, formée en certains endroits de blocs taillés, moulurés, de chapiteaux et de fûts de colonnes, arrachés évidemment à d'importants édifices de la cité (1). Sur cette base, un massif haut de 2 mètres, tout composé de grandes briques dont l'origine romaine est facilement reconnaissable à leur forme, à leur belle couleur rouge, au ciment de même couleur qui les lie et en fait un bloc indestructible.

Au-dessus de ce massif de briques commence la muraille en petit appareil cubique régulier, si caractéristique de l'époque romaine, et qu'on trouve dans les autres enceintes urbaines, coupé d'habitude dans sa hauteur par deux ou trois cordons de briques horizontaux. Ici c'est mieux : toute la muraille est formée de zônes alternatives de pierre et de brique à peu près de même hauteur, de telle sorte qu'à trois assises de pierre en petit appareil succèdent trois assises de brique, puis une triple assise de pierre surmontée d'une triple assise de brique, et ainsi de suite jusqu'en haut. Ces nombreux cordons de brique d'un ton très vif, donnaient de loin à la muraille l'aspect d'une surface complètement rouge : de là le surnom de *Ville Rouge* appliqué à Rennes aux siècles du moyen-âge, suivant nos plus anciens chroniqueurs (Le Baud, Bouchart, d'Argentré) (2).

Aux époques mérovingienne et carolingienne, cette enceinte eut à souffrir plus d'une fois des attaques des Bretons. En 850, entre autres, pour ôter aux Franks le point d'appui qu'ils trouvaient en cette ville, le roi breton Nominoë, l'ayant prise, en fit abattre les portes et démolir les murailles sur plusieurs points (3). Quand il en fut devenu maître définitivement, soit lui soit son fils répara l'enceinte ainsi démantelée, mais en œuvre d'une maçonnerie fort inférieure, dont on a découvert çà et là des échantillons, notamment près d'une poterne antique voisine de la porte Saint-Michel, où la réparation due aux Bretons, tout en imitant l'appareil romain, s'en distingue par son caractère très défectueux, — et ailleurs encore, près de la Vilaine (au bas de la rue du Cartage), où la réfection bretonne, renonçant à imiter le petit appareil romain, usa d'une disposition en feuille de fougère passablement négligée (4).

(1) Voir *Bulletin de la Soc. archéol. d'Ille-et-Vilaine*, t. XV (1882), p. 321, 322, et ce que nous disons plus loin des bornes milliaires entassées dans la poterne de la rue Rallier.

(2) « Aucuns l'appelèrent *Rubea*, pour les rouges tuiles dont elle estoit fermée » Le Baud, p. 11 ; cf. Bouchart édit. 1514, f. 45 vᵒ ; d'Argentré édit. 1618, p. 39. — Pour la description de l'enceinte gallo-romaine de Rennes et les recherches qui en déterminent avec certitude le périmètre, voir l'excellent *Rapport au Maire de Rennes* (en 1846) par M. Hipp. Vatar, réimprimé à la suite de *Hippolyte Vatar* par A. de la Borderie (1894), surtout p. 60 et 63. Cf. L. Decombe, dans *Bull. de la Soc. archéol. d'Ille-et-Vil.*, XV, p. 322.

(3) « Anno 850. Nomenolus, Redonas et Nannetas capiens, partem murorum portasque earum destruxit. » *Chronic. Aquitan.* dans *Rec. des histor. de France*, VII, 223.

(4) En 1846, M. Toulmouche, auteur du volume *Histoire de l'époque gallo-romaine de la ville de Rennes*, ayant fait faire des fouilles pour connaître le mode de construction de la muraille romaine de Rennes, eut le malheur de tomber sur ce pan de mur refait au IXᵉ siècle, qu'il prit pour une maçonnerie romaine et décrivit comme tel ; voir l'ouvrage ci-dessus, p. 205-211, planche XIII ; et cf. Hipp. Vatar, *Rapport au Maire de Rennes*, p. 73-74.

Le creusement d'une cave dans la rue Rallier ayant mis au jour (en 1890) la poterne susdite (voisine de l'ancienne porte Saint-Michel), on fut assez étonné de trouver entassées sous le seuil de cette poterne et dans ses parois jusqu'à seize ou dix-huit bornes milliaires plus ou moins tronquées, brisées, mutilées, mais très reconnaissables, formant encore de gros blocs et ornées d'inscriptions. Il est habituel, je l'ai dit, de trouver dans les fondements d'enceintes murales des villes de la Gaule des blocs considérables, taillés, sculptés, travaillés, jetés là pour asseoir plus solidement le mur de défense. La singularité ici, c'est que ces blocs, ne servant point de base à la muraille, ne remplissent pas l'objet pour lequel on les employait habituellement dans la construction des enceintes urbaines. La raison de cette singularité, c'est la démolition, puis la reconstruction, au IXᵉ siècle, de cette partie de la muraille par les Bretons. En la rétablissant ils trouvèrent ces bornes milliaires dispersées en grand désordre par suite de la destruction violente du rempart, et ne se rendant pas compte de leur emploi primitif, ils s'avisèrent de les entasser les unes sur les autres autour de la poterne pour la consolider.

Mais d'où venaient primitivement ces milliaires? Ils étaient évidemment placés sur les voies aboutissant à Rennes, à peu de distance de cette ville ; lors de la construction de la muraille, au IIIᵉ siècle, le directeur de ce travail, ne trouvant pas assez de gros blocs dans les édifices de Condate, fit faire, pour s'en procurer, une sorte de razzia dans un rayon de quatre lieues gauloises (8,888 mètres) autour de la ville (1), et cette expédition lui procura, entre autres, cette curieuse collection de colonnes itinéraires, qui aujourd'hui nous permet de dater, à quelques années près, l'établissement de l'enceinte gallo-romaine de Rennes.

Les inscriptions gravées sur ces bornes indiquent l'époque de treize ou quatorze d'entre elles. — La plus ancienne est dédiée à l'empereur Septime Sévère et à ses deux fils Caracalla et Géta, ce qui place son érection de l'an 198 à l'an 201. Deux sont communes à l'empereur Maximin et au césar Maxime (an 236 ou 237). Trois mentionnent l'empereur gaulois Postume (258 à 268) ; quatre, son associé Piavonius Victorinus (265-268) ; et trois Tetricus le père, successeur de ce dernier, (268 à 273).

D'après cela, l'enceinte murale de Rennes ne peut avoir été construite qu'après l'avènement de Tetricus en 268 ; et de 268 à 275-278, les barbares Germains ayant renouvelé à diverses reprises leurs incursions et leurs ravages dans la Gaule, c'est là, on n'en peut douter, l'époque de la construction de cette enceinte.

On a fait à Rennes, en divers temps, des découvertes importantes concernant l'époque gallo-romaine, mais aucune n'a porté, malheureusement, sur aucun des principaux édifices de l'ancienne cité : on n'a exhumé ni temples, ni thermes ou bains publics, ni basilique (tribunal), ni palais municipal, encore bien que la ville fût certainement pourvue de tous ces organes.

(1) Les bornes dont l'inscription a conservé l'indication de la distance vers Rennes portent en effet quatre lieues gauloises (C. R. L. IIII) ; une seule porte onze lieues (22,442 mètres), mais l'inscription n'indique pas si c'est la distance vers Rennes ou vers une autre ville. — Sur cette curieuse découverte des *Milliaires de Rennes*, voir le *Bull. de la Soc. arch. d'Ille-et-Vilaine*, XX, p. 76 à 133 et planches I à XIV.

Pourtant, en ce qui touche les temples, certains auteurs soi-disant sérieux (1) nous en offrent à choisir : temple d'Isis à l'Est de la ville ; à l'Ouest, temple de Thétis (ou selon d'autres de Minerve) et temple de *Juno Moneta*; au centre de la cité, tour de *la Vision des Dieux* (2). On ne nous laisse même pas le choix, il faut tout prendre en bloc. Or tout cela n'émane même pas de traditions populaires plus ou moins confuses; tout cela n'est que pédantesques inventions de clercs et de lettrés, indignes de toute créance. Pourtant, en y regardant de près, il est un fait propre à fournir quelque lumière sur l'emplacement du principal temple païen de Condate, et ce fait, c'est la découverte d'une des plus splendides pièces d'orfèvrerie antique que l'on connaisse, dite *la Patère de Rennes*.

Ce fut le 26 mars 1774 que l'on trouva ce précieux vase, contre une maison appartenant au chapitre de la cathédrale de Rennes, presque en face de l'extrémité sud de l'ancien hôtel-de-ville (aujourd'hui l'École d'artillerie). En creusant au pied des murs de cette maison pour en consolider les fondements, les ouvriers rencontrèrent à cinq à six pieds sous terre, et deux pieds en dehors de la muraille, un véritable trésor, savoir, un grand vase très large en forme de soucoupe (c'est la patère), — dans ce vase 94 médailles d'empereurs romains de Néron à Aurélien, — 4 médailles de Postume entourées de cadres en filigrane et garnies d'anneaux ou bélières pour les suspendre, — une chaîne rompue en deux morceaux mesurant ensemble 1ᵐ30 de longueur, destinée évidemment à former le collier portant originairement les 4 médailles, — enfin une belle agrafe ou fibule. Fibule, chaîne, filigrane, médailles, patère, le tout d'or massif très pur, pesant 8 marcs 6 onces, autrement 2 kilogrammes 141 grammes 5 décigrammes d'or.

La patère avait — ou plutôt elle a encore, car elle existe toujours (3) — 25 centimètres de diamètre, 75 de circonférence, 4 de profondeur, et pèse à elle seule 1,310 grammes 5 décigrammes. Intérieurement on y distingue deux parties : le fond, la partie plane, de 15 centimètres de diamètre, couverte d'un riche bas-relief mythologique dont nous parlerons tout à l'heure ; le pourtour recourbé formant le bord du vase, et dans lequel sont encastrées 16 médailles ou plutôt 16 monnaies d'or *(aurei, nummi aurei)* de divers empereurs et impératrices depuis Hadrien jusqu'à Septime Sévère et ses deux fils, Géta et Caracalla. — Le bas-relief du fond représente, au centre, la victoire de Bacchus sur Hercule, victoire remportée, non l'épée, mais la bouteille à la main. Remplacez bien entendu *bouteille* par *canthare* et *rhyton*, deux vases à boire des anciens. Dans ce combat, le pauvre Hercule est complètement battu, il lâche sa massue, à peine s'il peut tenir son canthare, il a l'air tout à fait ahuri, tandis que le jeune Bacchus, frais et gaillard, brandit allègrement son rhyton, prêt à continuer la lutte. Autour de lui Pan, Silène, un joueur de flûte et trois nymphes semblent le féliciter de sa victoire et le pressent

---

(1) Entre autres, l'*Histoire de Rennes* de Ducrest et Maillet, p. 20-21. Les trente à quarante premières pages de cet ouvrage sont une pure fantaisie de l'imagination des auteurs.

(2) « *Visionis Veterum Deorum turris*. » Dans Albert Legrand, *Vies des SS. de Bret.* édit. de 1680, Catal. des Evêques, p. 6; cf. Ogée, *Diction. histor. de Bretagne*, 2ᵉ édit. II, p. 447.

(3) Le chapitre de Rennes l'offrit au roi qui la fit déposer au Cabinet des médailles dépendant de la Bibliothèque Royale, aujourd'hui Bibliothèque Nationale, où elle est encore avec tout le reste du trésor de 1774. Dans la nuit du 6 au 7 novembre 1831, elle fut volée avec beaucoup d'autres pièces précieuses du Cabinet des médailles; mais on la repêcha intacte, le 29 juillet suivant, dans la Seine, où les voleurs, traqués par la police, l'avaient jetée.

de la célébrer avec pompe. Dans une zône circulaire de 3 centimètres de hauteur, enveloppant le tableau qu'on vient de décrire et formant la partie extérieure du bas-relief, se déroule le triomphe de Bacchus, longue procession de bacchantes et de bacchants, de nymphes et de satyres dans les attitudes les plus variées, dansant, chantant, entassant du raisin dans des corbeilles, Silène ivre sur son dromadaire, Hercule bien plus ivre encore soutenu ou plutôt porté par deux bacchants ; enfin, à demi-couché dans un char traîné par des panthères, précédé de Pan son héraut, entouré de nymphes et de joueurs de flûte, Bacchus radieux clôt la marche. Cette procession, bêtes et gens, ne compte pas moins de 35 figures de 2 centimètres 1/2 de hauteur (1).

Quelle date, quelle destination peut-on assigner à cette patère ?

Les personnages impériaux effigiés sur les médailles incrustées dans ce vase appartiennent tous à la famille de Septime Sévère (y compris cet empereur lui-même) ou à celle des Antonins, à laquelle Sévère tenait fort à se rattacher : ce monument se rapporte donc au règne de ce prince (198-211), et la plus récente de ces médailles mentionnant le second consulat de Géta, qui est de l'an 209 de J.-C., la patère a dû être exécutée en 209, 210 ou 211 (2).

Quant à sa destination, d'après ce nom de patère qu'on lui donne habituellement et qui lui convient, d'après sa forme générale, ce beau vase semblerait naturellement avoir dû servir à faire des libations aux autels des dieux. L'examinant de près, on voit qu'il n'a pu avoir cet emploi. Le bas-relief que nous venons de décrire ne fait point corps avec la patère, il forme comme un double fond, rapporté, encastré dans le vase, mais de façon pourtant qu'à la jonction il reste des interstices. Il en est de même pour les seize médailles incrustées au pourtour. Le liquide versé en ce vase, glissant par ces interstices, serait resté dans le double fond et l'eût détérioré. La richesse métallique et artistique ici déployée, peu compatible avec l'usage habituel d'un vase à libations, nous en indique la destination réelle : c'est une offrande à quelqu'un des immortels, pour orner le trésor de son temple et être appendue aux jours de fête devant son image. A quel dieu cet hommage, sinon à celui dont le triomphe y est splendidement représenté ? Donc la patère de Rennes vient d'un temple de Bacchus.

En raison du choix des personnages impériaux représentés sur les monnaies encastrées dans le vase et aussi de la dévotion spéciale (attestée par l'histoire) de l'empereur Sévère pour Hercule et pour Bacchus, il y a lieu de voir dans cette riche offrande un don, sinon de ce prince, du moins de quelque Gallo-Romain gratifié par lui de grandes faveurs, jaloux de témoigner sa reconnaissance et de faire habilement sa cour en honorant d'une façon spéciale les dieux chéris de l'empereur.

Quel temple reçut ce don splendide ? Si ce temple n'avait pas été à Rennes, impossible d'expliquer la présence de la patère en cette ville, moins encore peut-être son enfouissement. Donc il y avait à Rennes un temple de Bacchus, et

(1) Sur la découverte et la description de la patère et du trésor de 1774, voir Cointreau, *Dissertation sur le vase d'or trouvé à Rennes le 26 mars 1774*, Paris 1802, in-4° de 64 p. avec planches ; — Millin, *Monuments inédits ou nouvellement expliqués*, Paris 1802, I, p. 225, 230 et suiv. et pl. 24 à 27 ; — L. Decombe, *La patère de Rennes*, dans le *Bull. de la Soc. archéol. d'Ille-et-Vil.* XIII (1879), p. 113-167.

(2) *Bulletin de la Soc. archéol. d'Ille-et-Vil.* XIII, p. 159.

si nous observons avec soin les circonstances de la découverte, si nous mettons ces circonstances en rapport avec les événements qui amenèrent en Gaule la chute du paganisme, il ne sera peut-être pas impossible d'indiquer approximativement la place de ce sanctuaire.

Le règne du grand Théodose et, plus encore peut-être pour la Gaule, celui d'Honorius son fils, portèrent au paganisme des coups terribles et amenèrent la destruction et la fermeture d'un grand nombre de temples. Honorius, en l'an 399, prescrivit, particulièrement en Afrique et en Gaule, de briser les idoles, d'enlever leurs trésors, d'attribuer les temples eux-mêmes, les enclos qui y attenaient et en dépendaient, aux églises les plus voisines (1). Or, quoique le plus ancien évêque de Rennes authentique soit Athenius (ou Arthemius) qui assista au concile de Tours en 461, on ne peut douter que, par suite des prédications de saint Martin et de ses disciples répandues dans toute la Gaule, particulièrement dans l'Ouest, l'église de Rennes ne se soit constituée vers la fin du IV⁰ siècle, c'est-à-dire juste au moment où Honorius attribuait aux églises les édifices, les enclos, les possessions, les trésors des temples païens. Mesure qui fut exécutée à Rennes comme ailleurs, peut-être plus vite et plus strictement qu'ailleurs, parce que la nouvelle église, fraîchement organisée, et par suite encore mal installée, dut avoir hâte de se mettre au large dans l'établissement beaucoup plus confortable du culte païen.

Les prêtres païens de leur côté s'ingénièrent à sauver ce qu'ils purent de leurs richesses ou du moins, quand ils ne pouvaient faire mieux, à les soustraire aux mains de leurs rivaux triomphants. Il n'y avait aucune sûreté à les garder chez eux, leurs domiciles personnels étant nécessairement fort suspects : leur seule ressource fut donc de les enfouir avec soin, dans l'espoir de trouver ultérieurement une circonstance favorable pour les exhumer et en reprendre possession. Du soin apporté à l'enfouissement du trésor découvert en 1774 on peut juger par l'état dans lequel il fut retrouvé au bout de quatorze siècles. « Le vase étoit *sur son assiette, posé horizontalement;* la plupart des médailles *étoient dans le vase avec une des chaînes et sa médaille.* Le reste (c'est-à-dire, l'autre morceau de chaîne et quelques médailles) étoit dessus ou en côté, mais à très peu de distance. » Le tout « dans une terre jaunâtre provenant de décombres et mêlée de débris d'anciens édifices (2). » Probablement, pour protéger ce dépôt on l'avait entouré de briques ou de pierres, qui finirent par se mêler aux nouvelles ruines accumulées sur ce sol. Il n'en est pas moins remarquable de retrouver, après tant de siècles, le trésor presque dans le même état où il avait été enfoui.

La main qui l'avait caché n'était sans doute pas loin de lui. Car à peu de distance du trésor, du côté du midi, on découvrit « une aire ou plafond de plus de 30 pieds de long et environ 30 de large, composé d'une couche de ciment de chaux mêlée avec du gros sable, recouverte de carreaux de terre cuite de différentes grandeurs (3). » C'était une habitation antique importante, probablement

(1) Voir Tillemont, *Histoire des Empereurs,* V, p. 513-515.
(2) C'est un chanoine de Rennes témoin oculaire qui parle ainsi ; voir *Bull. de la Soc. archéol. d'Ille-et-Vil.* XIII (1879), p. 129, 130.
(3) *Ibid.* p. 129.

celle de l'un des gardiens du temple qui, ne pouvant garder ses richesses chez lui sans les compromettre, les avait déposées avec grand soin dans le sol à quelques pas de sa porte, de façon à pouvoir encore les surveiller.

Le trésor de 1774 contenait autre chose que la patère : il y avait encore cette grande chaîne d'or de plus d'un mètre, les quatre médailles qui en formaient les pendants et portaient l'effigie de l'empereur Postume (258-268), et 94 médailles d'or des divers empereurs de Néron à Aurélien c'est-à-dire jusqu'en 275 ; ainsi pendant tout le IVe siècle, le sanctuaire de Bacchus à Condate avait été richement honoré, et sans doute sa prospérité se maintint au siècle suivant, jusqu'au triomphe définitif du christianisme amené par les prédications martiniennes. Aussi, pour soustraire aux chrétiens les richesses de ce temple fallut-il les diviser, les partager entre plusieurs cachettes.

Un autre trésor fut enfoui au lieu sur lequel s'éleva plus tard le chevet de la cathédrale, et vers 1180, Philippe évêque de Rennes ayant démoli ce chevet qui n'était pas solide, trouva dans les fondements un trésor dont nous ignorons le contenu, mais qui devait être considérable, puisqu'il permit de reconstruire le chevet de la cathédrale sur un meilleur plan (1).

Notons enfin que les prescriptions d'Honorius, attribuant aux églises non seulement les temples païens supprimés, mais aussi le territoire qui les entourait et en dépendait, — ces prescriptions furent bien obéies à Rennes, car (comme nous le verrons plus tard) le fief temporel de l'évêque et celui du chapitre comprenaient toutes les rues qui entouraient la cathédrale.

Des faits qui précèdent on peut, croyons-nous, conclure avec une probabilité approchant beaucoup de la certitude :

1o Que le principal temple païen de Condate occupait plus ou moins exactement la place de la cathédrale ;

2o Que ce temple était dédié à Bacchus ;

3o Qu'il était très vénéré et très riche.

La patère de Rennes est certainement la plus belle et la plus riche pièce de l'art gallo-romain que l'on ait rencontrée dans la péninsule armoricaine ; les circonstances que nous venons de relever en font de plus un document précieux pour l'histoire antique de la cité rennaise ; on ne s'étonnera donc pas que nous en ayons parlé avec quelque détail. Maintenant, du temple de Condate passons à son cimetière.

Ce cimetière était situé sur la colline qui domine la ville du côté du Sud-Est et que couronne aujourd'hui la belle promenade du Thabor. Il occupait la partie de cette promenade dite actuellement le carré Du Guesclin où s'élevait avant 1789 l'église paroissiale de Saint-Jean, et en outre la place Saint-Melaine et le jardin de la Préfecture. Il est maheureusement impossible, pour plus d'une raison, de faire des fouilles dans tout cet espace ; mais les déblaiements exécutés en 1881 dans la partie Nord-Est du jardin préfectoral pour construire le dépôt des Archives du

---

(1) « An. 1182. Obiit Philippus, episcopus Redonensis ; hic per revelationem caput ecclesiæ Redonensis solo diruit, et in ea diruptione multas pecunias invenit, de quibus cepit reædificare caput præfatæ ecclesiæ meliori schemate. » (Chronique de Robert du Mont, dans D. Morice Preuves I, 136)

département ont mis hors de doute l'existence en ce lieu d'un cimetière antique considérable, que les documents historiques permettent ou plutôt obligent d'étendre à tout le terrain ci-dessus indiqué.

Dans le coin assez restreint qui a été fouillé on a trouvé peu de sépultures intactes, mais partout des débris attestant l'usage auquel ce terrain était affecté, sous les deux formes usitées à l'époque gallo-romaine, l'incinération et l'inhumation; beaucoup de cendres, de charbon, d'os calcinés, de débris d'urnes cinéraires; beaucoup de morceaux de calcaire coquillier provenant de sarcophages et beaucoup d'ossements humains non incinérés. On est parvenu à exhumer une vingtaine d'urnes cinéraires à peu près intactes, dont une ou deux en verre curieuses par leur rareté. On a pu aussi recueillir, de quatre sarcophages et des ossements qu'ils contenaient, des fragments assez considérables pour constater que les morts ainsi inhumés étaient tous placés la tête à l'Ouest et les pieds vers l'Est, orientation caractéristique des sépultures chrétiennes. Car à l'époque romaine l'inhumation fut pratiquée, même chez les païens, concurremment avec l'incinération; mais les païens étaient toujours inhumés tête au Nord et pieds au Sud. Les chrétiens au contraire repoussaient absolument l'incinération, et leurs corps reposaient constamment, comme on vient de le dire, tête à l'Ouest, pieds à l'Est. Il y avait donc dans le cimetière de Condate des païens et des chrétiens.

Il s'y trouvait encore autre chose. On déterra en ce même lieu deux grandes amphores contenant un certain nombre de bijoux d'argent et de bronze (1), plus, 16.300 monnaies romaines de divers empereurs, depuis Titus (79 de J.-C.) jusqu'à Probus (276-282), presque toutes en bronze, quelques-unes seulement en argent. La très grande majorité de ces monnaies sont du IIIᵉ siècle, particulièrement des empereurs Gallien, Postume, Victorin, Claude le Gothique. Celles de Probus, les plus récentes, sont en petit nombre et toutes neuves : preuve que ce trésor fut enfoui au début du règne de ce prince, probablement en 276 ou 277, alors que les barbares d'outre-Rhin épouvantaient la Gaule de leurs ravages, auxquels mirent fin les grandes victoires remportées par cet empereur en 278. On peut voir plus haut (p. 135) que la construction de l'enceinte murale de Rennes doit remonter à peu près au même temps.

S'il est aisé de dater l'enfouissement de ce trésor, il en va autrement des sépultures au milieu desquelles on l'a trouvé : entre elles et le trésor nul lien chronologique. Longtemps avant, longtemps après l'enfouissement de ces deux amphores, on inhuma en ce lieu soit des corps humains soit des urnes cinéraires. Il n'y a donc aucune raison de dater les sépultures chrétiennes découvertes en ce lieu de la fin du IIIᵉ siècle de notre ère, plutôt que du IVᵉ ou du Vᵉ siècle, et l'on n'en peut tirer aucun renseignement sur la date de l'introduction du christianisme à Rennes (2).

(1) Savoir 4 *ligulæ* ou cuillers d'argent et 1 de bronze; 2 bracelets d'argent, 1 de bronze; une dizaine de bagues d'argent à chatons gravés enfilées dans un des bracelets. *(Bull. de la Soc. archéol. d'Ille-et-Vilaine*, t. XV (1882), p. 347).

(2) Sur les découvertes d'antiquités gallo-romaines faites en 1881 dans le jardin de la Préfecture de Rennes, voir l'excellent travail de M. L. Decombe, dans le *Bull. de la Soc. archéol. d'Ille-et-Vilaine*, t. XV (1882), p. 331 et suivantes.

Nous n'énumérerons pas toutes les curiosités et antiquités gallo-romaines découvertes à Rennes en divers temps : tuiles à rebords, poteries ordinaires, poteries samiennes, statuettes de Vénus anadyomènes et de déesses-mères; broches, figurines, bijoux de bronze, etc. (1). Mentionnons pourtant cet aqueduc ou conduite d'eau, si soigneusement faite de gros tuyaux de terre cuite enveloppés d'une épaisse couche de ciment et de béton, et qu'on a retrouvée à tous les coins de la ville (2), où elle allait distribuant partout, avec ses embranchements, l'onde cueillie sur les coteaux qui dominent Rennes au Nord-Est.

Ce qu'on ne peut surtout passer sous silence, c'est cet énorme entassement de monnaies antiques découvertes dans le lit de la Vilaine de 1841 à 1846, au cours des travaux faits pour creuser et redresser le lit de ce fleuve, en lui donnant la direction rectiligne qu'il suit aujourd'hui entre les quais de la ville. On retira de là à cette époque, — de l'argile et de la vase où elles étaient plus ou moins enfouies, — environ trente mille monnaies romaines débutant par des pièces consulaires et offrant au grand complet toute la série impériale, d'Auguste jusqu'à Valentinien II (375-392). Rien que des bronzes de petit module, et toute cette immense cueillette exécutée dans un espace relativement très restreint au-dessus et au-dessous du pont de Berlin actuel. Il y avait là sur le fleuve, à l'époque gallo-romaine, un bac ou passage très fréquenté, celui de la voie se dirigeant sur Juliomagus (Angers) en passant par Sipia, comme on l'a dit plus haut. Les Gaulois et après eux les Gallo-Romains leurs descendants honoraient volontiers les divinités des eaux en y jetant quelque offrande. Ici il y avait un motif spécial, pressant, de cette dévote pratique, puisque ceux qui traversaient la Vilaine avaient à demander au dieu du fleuve de vouloir bien favoriser leur passage. L'énorme quantité de ces offrandes, du moins de ce qu'on en a pu retrouver, prouve la fréquence des relations entre Juliomagus et Condate et, d'une façon générale, la prospérité de cette dernière ville (3).

Un mot enfin des inscriptions de Rennes.

La plus célèbre, l'inscription de Gordien, était, il y a vingt ans, encastrée verticalement dans le jambage oriental de la porte Mordelaise, pièce de fortification construite au XVe siècle. Evidemment ce n'était pas là sa place primitive. La pierre qui la porte, qui est un beau bloc quadrangulaire bien taillé haut de 50 centimètres, large de 56, aura dû être enfouie, vers 275, avec beaucoup d'autres du même genre, dans les fondements de l'enceinte gallo-romaine, où le moyen-âge, démolissant cette muraille pour y substituer un autre système de défenses, l'aura découvert, puis — par respect pour cette belle pierre et pour

(1) On trouvera un excellent résumé de ces diverses trouvailles en tête de l'étude de M. L. Decombe sur les fouilles du jardin de la Préfecture, dans *Bull. de la Soc. archéol. d'Ille-et-Vilaine*, XV (1882), p. 317 à 331.

(2) Entre autres, dans les rues Saint-François, — des Dames, — du Four du Chapitre, — rue d'Echange, — rue Basse, etc. *Ibid.* p. 324, 325, 326.

(3) Voir, sur les trouvailles de la Vilaine de 1841 à 1845, l'ouvrage de M. Toulmouche intitulé : *Histoire de l'époque gallo-romaine de la ville de Rennes* (1847) in-4° avec 23 planches. Dans ce livre beaucoup de renseignements, mais aussi pas mal d'erreurs et de conjectures mal appuyées, notamment en ce qui touche les voies, dont l'auteur s'est cru, on ne voit pas très bien pourquoi, obligé de s'occuper.

ces beaux caractères — il aura tenu à la mettre en belle place, en pleine lumière. Voici cette inscription (1) :

```
          I M P     C A E S
          M  A N T O N I O
          GORDIANO PIO
          FEL AVG PM TR
          P  COS  O  R.
```

Les deux dernières lettres O R, sur lesquelles on a beaucoup disserté et même divagué, sont reconnues aujourd'hui pour signifier *Ordo (decurionum) Redonum*, l'Ordre décurional des Redons, en d'autres termes, le Sénat de la ville de Rennes, et ce texte doit se traduire :

A l'Empereur César Marc Antoine Gordien, pieux, heureux, auguste, grand pontife, investi de la puissance tribunitienne et de la puissance consulaire — le Sénat des Redons.

Il s'agit ici de Gordien III, qui régna de 237 à 244.

Dans la démolition d'une autre porte rennaise du XVe siècle, la porte Saint-Michel, on trouva en 1868 les fragments de deux inscriptions de l'époque romaine trop mutilées pour qu'on en puisse restituer le texte. L'une d'elles est curieuse par cette circonstance, que la cité des Redons y est désignée sous le nom de [CIV]ITAS RIED[ONVM]. Ce qui prouve que la variante Ῥιήδονες *(Riedones)* d'un des manuscrits de Ptolémée (ci-dessus p. 131 note 1) n'est pas la fantaisie d'un copiste, mais une forme véritable du nom des *Redones*, renseignement qui intéresse la philologie (2).

Les autres inscriptions antiques où il est question de Rennes sont toutes des inscriptions itinéraires, d'abord celles des quatorze bornes milliaires de la rue Rallier ci-dessus mentionnées (p. 134-135), puis une autre tracée sur un autre milliaire dédié à Tétricus (268-273), qui existait jadis au bourg de Saint-Gondran, sur la voie de Rennes à Corseul, et est aujourd'hui recueilli au Musée de Rennes.

Sur ces milliaires le nom de la ville de Rennes est constamment exprimé par ces deux initiales C R, *Civitas Redonum :* preuve que dès le IIIe siècle les chefs-lieux des cités gallo-romaines étaient souvent désignés par le nom de leur peuple.

Le plus ancien des milliaires trouvés dans la poterne de la rue Rallier est dédié à l'empereur Septime Sévère et à ses deux fils (de 198 à 201). — L'inscription dédicatoire prodigue à Sévère les épithètes triomphales et les rappels de sa prétendue parenté avec les Antonins, excellent moyen, on le sait, de lui être agréable ; ainsi l'on dit :

A l'Empereur César Lucius Septime Sévère, pieux, Pertinax, Auguste, Arabique, Adiabénique, Parthique..... fils du divin Marc-Aurèle-Antonin, frère du divin

_____

(1) La porte Mordelaise étant aujourd'hui une propriété particulière, le propriétaire M. du Châtellier voulut bien, en 1874, donner à la ville de Rennes la pierre portant l'inscription de Gordien, qui est actuellement au Musée municipal.

(2) Sur les deux fragments de la porte Saint-Michel, particulièrement sur la lecture CIVITAS RIEDONVM, voir l'intéressant mémoire du commandant Mowat, dans *Bull. de la Soc. archéol. d'Ille-et-Vil.* VII (1876), p. 291-315.

Commode, *petit-fils du divin Antonin le Pieux*, *arrière-petit-fils du divin Hadrien*, etc.

En lisant ces expressions d'un zèle et d'un dévouement plus qu'ordinaire, on se rappelle nécessairement la splendide patère d'or, dédiée elle aussi à Septime Sévère, rappelant elle aussi la filiation antonine par le choix des *aurei* qui couronnent le bas-relief, — et l'on est naturellement amené à croire que les Redons avaient dû recevoir des faveurs particulières de ce prince, dont le règne semble marquer l'époque la plus prospère de leur cité.

LA DOMINATION ROMAINE
DANS LA PÉNINSULE ARMORICAINE.

§ 1. — *La péninsule armoricaine sous le haut Empire.*

A domination romaine dans la Gaule, et par conséquent dans la péninsule armoricaine, a eu deux phases successives non pas seulement
distinctes, mais contradictoires et opposées dans leur caractère et dans
leurs effets : la première, le haut Empire s'étendant jusqu'au milieu
du IIIe siècle, phase de bien-être et de prospérité ; — la seconde, le bas Empire,
commençant vers l'an 250, phase de souffrances, d'anxiété, d'oppression, aboutissant à la misère, à la ruine.

La plupart des historiens, particulièrement les historiens bretons, se plaisent
à nous peindre, plusieurs siècles durant après la conquête des Gaules, un état de
lutte sourde, latente, mais continuelle, tenace, dans les cœurs toujours vivante,
entre les vainqueurs et les vaincus. On nous montre ceux-là donnant à leur occupation dans la péninsule armoricaine un caractère exclusivement militaire,
couvrant le pays de postes et de camps retranchés soigneusement et savamment
combinés pour tenir en bride les indigènes. D'autre part on nous peint ceux-ci
frémissant sous le joug, toujours prêts à s'insurger : vrai est-il qu'ils ne s'insurgent
pas, mais toujours, nous assure-t-on, ils ne rêvent qu'à le faire, et si le poids de
ces camps, de ces forts, de ces garnisons romaines, entassés en quelque sorte sur
leur poitrine, se fût allégé un instant, immédiatement contre le joug romain eût
éclaté, assure-t-on, une explosion immense, universelle.

C'est là une pure fantasmagorie. La Gaule se réconcilia de bonne heure avec
Rome ; elle ne tint même pas rancune, on l'a vu, à Jules César. S'il y eut des
troubles en Gaule sous le haut Empire, ils furent causés par l'ambition de quelques
hommes, non par un soulèvement de l'esprit national. Un jour même (en 71,
lors de la révolte de Civilis), on vit les cités gauloises tenir à Reims une grande
assemblée, où leurs députés discutèrent solennellement la question de savoir si
la Gaule devait chercher à se détacher de l'Empire romain (ce qui semblait alors
possible) ou continuer à vivre sous ses lois. Sauf la cité des Trévires et celle des
Lingons (pays de Langres), le dernier parti l'emporta à l'unanimité (1).

(1) Tacite, *Histoires* IV, chap. 67, 68, 69 ; cf. Fustel de Coulanges, *La Gaule romaine*, p. 81.

Il ne faut pas s'étonner de la facile résignation des Gaulois. Non seulement Rome leur apporta les dons d'une civilisation supérieure, dont ils sentaient d'autant mieux le mérite qu'avant la conquête ils y aspiraient déjà et étaient loin d'être des barbares; Rome en outre les délivra des mille divisions, des mille rivalités qui déchiraient les tribus gauloises, des factions qui dans chaque peuple, dans chaque tribu, mettaient presque constamment en lutte les diverses classes, les divers partis. Rome laissant, nous l'avons vu, à chacun de ces peuples une large autonomie, n'exigeant d'eux sous le haut Empire que des impôts modérés, leur donna la paix, l'union, le droit, les bienfaits de la vie civile. On comprend dès lors sans peine que la romanisation de la Gaule ait été relativement prompte et aisée.

Il existe d'ailleurs une preuve certaine, très frappante, de cette prompte conciliation des Gaulois avec l'Empire. C'est qu'après la conquête et jusqu'au milieu du IIIe siècle, l'Empire n'eut de troupes dans les Gaules que ce qu'il fallait pour en défendre la frontière contre les Germains. Sur le Rhin, dans les deux provinces de Germanie, il y avait huit légions, soit 48.000 hommes, et avec les corps auxiliaires un peu plus du double; mais ces forces, loin d'être braquées contre les Gaulois, avaient tout au contraire pour mission de les protéger, eux et l'Empire, contre les barbares : mission urgente, impérieuse, qui ne permettait de les déplacer sous aucun prétexte.

Dans le reste de la Gaule, savez-vous ce qu'il y avait de troupes? Cinq cohortes en tout, une auprès de chacun des gouverneurs des *Cinq provinces*, la Narbonnaise, les Alpes-Maritimes, l'Aquitaine, la Lyonnaise et la Belgique : total, 3.000 hommes (1). Et ces cohortes étaient là, bien entendu, pour faire aux gouverneurs une escorte d'honneur, non pour tenir en respect la population indigène qui ne bougeait pas. Souvent même ce chiffre de 3.000 soldats n'était pas atteint, car un historien du Ier siècle dit : « La Gaule entière, qui n'est pourtant ni amollie ni dégénérée, obéit volontairement à 1.200 soldats romains (2). »

C'est donc faire absolument fausse route que de se représenter les Gaulois toujours frémissants, toujours prêts à s'insurger, et les Romains presque uniquement occupés d'étendre sur la Gaule, particulièrement sur la péninsule armoricaine, un réseau de postes militaires, de forteresses, de garnisons, destiné à étouffer sous ses mailles pesantes, serrées, la révolte qu'ils attendaient à tout instant.

—Mais, dira-t-on, elles existent pourtant ces forteresses, ils existent ces postes militaires, et ces milliers de « camps romains, » qu'on signale partout.

Ces fameux camps sont, je crois, moins nombreux qu'on ne dit, enfin il y en a; il y a dans la péninsule armoricaine cinq ou six enceintes de villes ou de forteresses gallo-romaines; il y a, dans les documents et sur le sol, les traces, les témoins d'une occupation militaire du pays par les Romains; — mais à quelle date, dans quel but cette occupation? C'est seulement dans la seconde phase de la domination romaine, pas avant le milieu du IIIe siècle : quand? comment? pourquoi? Nous le dirons en parlant de cette seconde phase.

(1) E. Desjardins, *Géographie de la Gaule romaine*, III, p. 402-403.
(2) Flavius Josèphe, *Guerre des Juifs*, II, 16. Cf. Fustel de Coulanges, *La Gaule romaine*, 77.

Dans la première, les travaux, les monuments, les édifices de l'époque romaine en Armorique sont les produits, les témoins et les ornements de la paix.

Et de qui étaient-ils l'œuvre? Des Gallo-Romains sans doute. Mais qu'était-ce que les Gallo-Romains? En général, on se représente volontiers la Gaule — après la conquête — envahie par des nuées d'Italiens accourant, les uns d'au-delà des monts, les autres de la Province romaine (la Narbonnaise), et se jetant sur notre pays comme sur une proie, s'installant dans les beaux sites et dans les spéculations lucratives, refoulant, écartant, annulant, exploitant la masse des indigènes.

C'est encore là un préjugé mal fondé, surtout en ce qui regarde l'Ouest de la Gaule, spécialement la péninsule armorique. Les Italiens n'étaient guère tentés par nos brumes. Evidemment, de l'Italie ou de la Narbonnaise il nous vint un certain nombre de marchands, d'ouvriers, d'artistes qui, mal en point chez eux, essayèrent de faire fortune au loin et sans doute y réussirent, en communiquant aux indigènes les arts, les œuvres, les méthodes, les produits de la civilisation romaine, objet d'attraction pour les Gaulois. Mais en somme ces colons italiens ne furent jamais qu'une très petite minorité, et quand on parle des Gallo-Romains dans notre pays, ce qu'il faut entendre ce sont les Gaulois romanisés, conquis par la *paix* et la civilisation romaines.

Cette romanisation commença par les villes, mais elle s'étendit bientôt de proche en proche dans les campagnes, et enfin elle devint si complète, qu'au Ve siècle la langue gauloise avait fini par disparaître tout à fait pour faire place à cette langue un peu hybride, mais dans tous ses caractères fondamentaux essentiellement romaine, le latin rustique, la langue romane comme on l'appela ensuite, qui a fini par devenir le français.

Et de même, pour les noms propres. Pour la Gaule en général, il est prouvé que très peu de temps après la conquête les noms romains pullulent de toutes parts chez les indigènes, tandis que les noms gaulois sont réduits à une infime minorité. La chose est vraie également pour la péninsule armoricaine, et elle est sensible à Nantes surtout, où abondent plus qu'ailleurs les monuments de l'épigraphie locale. Quels noms nous offrent ces monuments? Pour les hommes, c'est Félix, Romulus, Servandus, Julianus, Sabinus, Magnus, Lelius, Verecundus, Florinus, Donatianus, Rogatianus, Martinus, Lucilius Genialis, Gemellus Secundus, Sedatius Florus, etc.; pour les femmes, Hermantia, Prestina, Priscilla, Decimina, Lucilla, etc. tous noms parfaitement latins, et si nous voulons dans cette foule tâcher de découvrir des noms gaulois, nous n'en trouvons que deux : un d'homme, Agédovir ; un de femme, Toutilla fille d'Agédovir — et c'est tout (1). Comme si, dans toute la cité des Namnètes, une seule famille, du moins entre celles de quelque importance, n'eût pas rougi de proclamer hautement dans son nom son origine et sa nationalité gauloise.

L'œuvre qui a probablement le plus contribué à hâter la romanisation de la

---

(1) Voir Léon Maître, *Les Villes disparues des Namnètes*, p. 511. — C'est tout dans les inscriptions recueillies à Nantes ; mais voici encore deux noms gaulois provenant de la même ville : ARGIOTALVS SMERTVLITANI F(ilius), NAMNIS, dans une inscription de Manheim, publiée par Orelli n. 188 et citée par Böcking dans son édition de la *Notice des dignités de l'Empire*, II, p. 829.

Gaule, en raison de son utilité suprême et de son efficacité sans égale pour mêler, unir entre eux les divers éléments existant dans ce pays avant et depuis la conquête, — c'est la construction des voies romaines, chaussées solidement construites, assises sur un lit de larges pierres lié par un mélange de chaux et de briques à une assise supérieure, tantôt un pavé, tantôt une couche de gros cailloux roulés — le tout ayant environ un mètre de hauteur sur 8 à 10 mètres de largeur, courant droit devant soi, non absolument sans quelques angles, quelques légères courbes imposées par la nature du terrain, mais suivant généralement la direction rectiligne, et reliant entre elles les villes chefs-lieux des cités et les principales stations de l'époque gallo-romaine.

Les voies romaines de la péninsule armoricaine ont donné lieu dans notre siècle à de nombreux travaux, qui tous témoignent d'un grand zèle, mais n'inspirent pas une égale confiance (1). Ils ne sont pas de nature, d'ailleurs, à pouvoir être résumés ici. Je me bornerai à esquisser le système général des voies romaines ouvertes dans la péninsule armorique.

La plus certaine, la plus importante de toutes ces routes, c'est celle indiquée par la Table Théodosienne, allant de Tours à l'extrémité de l'Armorique, et dont nous avons ci-dessus suivi les principales stations, d'après la Table elle-même, savoir *Portus Namnetum* (Nantes), *Duretie* (Rieux), *Dartoritum* (Vannes), *Sulim* (Castennec), *Vorgium-Vorganium* (Carhais), et *Gesocribate* (Brest) (2). — Plaçons à côté de celle-ci la ligne, également donnée par la Table Théodosienne, de *Juliomagus* (Angers) à *Condate* (Rennes) par *Sipia*, se poursuivant au-delà de Rennes par *Fanum Martis* (Corseul) pour aboutir à *Reginea* (Erqui) (3). La Table trace aussi, à partir de Rennes, une autre continuation de cette ligne passant à *Legedia* (Avranches) et aboutissant à *Cosedia* (Coutances). — Enfin l'Itinéraire d'Antonin marque une voie de *Condate* (Rennes) à *Alauna* (Valogne), mais dont les stations intermédiaires sont jusqu'ici mal déterminées.

En dehors de ces voies, dont l'existence est attestée par des documents certains, il y en avait sans doute beaucoup d'autres. M. Kerviler (en 1873) a dressé un tableau où il en compte 43 ; M. Bizeul (en 1841) allait jusqu'à 50 ; mais quelques années plus tard, en 1847, il retombait au chiffre de 38. Dans ces tableaux, outre les notions précises, il entre un peu d'imagination, beaucoup de conjectures et de renseignements de seconde main non vérifiés. On doit les considérer comme des programmes d'études, mais non comme des résultats acquis (4).

(1) Parmi ces travaux les plus estimés sont les *Recherches sur les voies romaines des Côtes-du-Nord* de M. Gaultier du Mottay et plusieurs études de M. Bizeul. A noter aussi les notices de Cayot-Delandre sur les voies du Morbihan dans son volume intitulé *Le Morbihan*. L'étude de M. Toulmouche sur les voies sortant de Condate (dans son *Histoire gallo-romaine de la ville de Rennes*) est faite très légèrement.
(2) Voir ci-dessus p. 84, 94-95, 96-97, 108-109.
(3) Voir ci-dessus p. 113-114, 122, 131, 141.
(4) Le travail de M. Kerviler est dans le *Bulletin de l'Assoc. Bret.* Session de Quimper de 1873, p. 84 à 134. — Pour ceux de M. Bizeul, voir ses *Voies romaines du Morbihan* (1841) p. 8 à 10 ; et *Bull. de l'Assoc. Bret.* Congrès de Quimper en 1847, *Mémoires* p. 5-7. — M. de la Monneraye n'a rien écrit sur les voies romaines, mais il s'en est beaucoup occupé ; dans une note manuscrite que j'ai sous les yeux. il n'en indique pour toute notre péninsule qu'une trentaine. M. G. du Mottay, pour les Côtes-du-Nord, en donne 17 (plus les voies dites *traditionnelles*, qu'il mentionne pour mémoire) ; mais la plupart de ces 17 voies se prolongent sur les départements voisins et appartiennent en réalité à toute la péninsule.

Ce qu'on peut tenir pour certain, c'est que des routes reliaient entre elles les principales stations gallo-romaines décrites au chapitre précédent, spécialement les cinq chefs-lieux des cités de la péninsule armorique. Rennes et Carhais durent être les deux principaux centres du système de voies qui la sillonnaient. « On est frappé, dit M. de la Monneraye (1), de l'heureuse position centrale de Rennes et de Carhais, placés, pour ainsi dire, aux deux foyers d'une ellipse enveloppant le littoral de notre péninsule. On ne peut s'empêcher de croire à priori que, de ces deux villes, jointes d'abord entre elles par une voie directe formant l'axe de l'ellipse, durent rayonner des routes dirigées vers les points importants du littoral ou de l'intérieur, tandis que d'autres voies, suivant le périmètre de l'ellipse, c'est-à-dire la zone du littoral, reliaient entre elles les villes de Nantes, Brivatès, Vannes, Locmariaker, Blabia, Aquilonia, Gesocribate, le Yaudet, Erqui, Aleth, etc. »

Dans les voies jusqu'à présent signalées et décrites (plus ou moins bien), ce plan itinéraire semble en effet avoir été suivi. La forêt centrale de la péninsule armoricaine fut percée d'un bout à l'autre par la voie de Rennes à Carhais ; trois autres lignes l'entamèrent, celle de *Darioritum* (Vannes) à *Sulim* (Castennec) et à *Vorganium* (Carhais) tracée sur la Table Théodosienne ; puis deux autres voies, reconnues plus ou moins complètement par les explorateurs, partant de Vannes toutes deux et allant l'une à Corseul, l'autre à Rennes. Néanmoins les Gallo-Romains se soucièrent peu de s'installer dans la grande forêt centrale : sur le bord, sur la lisière, on trouve çà et là quelques établissements dignes d'être notés ; dans l'intérieur une seule station importante, celle de Castennec.

Notons enfin que les débris de voies romaines en bon état, rencontrés çà et là en Bretagne, n'offrent nulle part le système de construction parfaite recommandé par Vitruve, les quatre couches bien alignées, bien distinctes, régulièrement superposées l'une à l'autre : (1°) *statumen*, la base, la première assise formée de grosses et fortes pierres ; (2°) *ruderatio*, la seconde couche faite de pierres moins grosses et mieux tassées ; (3°) *nucleus*, lit de chaux et de sable ou de brique pilée, reliant les deux assises inférieures à la couche supérieure, qui forme (4°) le pavé de la voie /*summa crusta* ou *pavimentum*/.

Les voies de la péninsule armorique avaient tout au plus trois couches de construction, et souvent rien que deux. Voici la description de l'une des mieux conservées, celle de Corseul à Vannes, dans la traverse de la commune de Saint-Jacut du Mené (2) :

« Sa chaussée (dit un excellent observateur) est formée de trois couches régulières : 1° des pierres plates en schiste couvrant le sol naturel comme une espèce de fondation, ayant une épaisseur d'environ 20 centimètres ; 2° sur cette couche, une aggrégation de cailloux de moyenne grosseur placés avec une certaine symétrie, formant un lit de 25 centimètres d'épaisseur ; 3° enfin une troisième couche constituant le *pavimentum* ou la surface de la voie, formée de cailloux plus gros, et encaissés dans une large bordure de pierres plates sem-

---

(1) Note manuscrite.
(2) Entre les villages du Gué-Georges et du Pont-Hingant. Voir Gaultier du Mottay, *Voies romaines des C.-du-N.*, p. 121, et *Répert. archéol. des C.-du-N.* p. 493.

blables à celles qui forment le fond de la chaussée, son épaisseur est de 20 à 25 centimètres. »

Réduite à ces trois assises, même à deux, solidement établies et liées entre elles, la voie romaine n'en formait pas moins une « chaussée » ferme, sèche, en tout temps facile à parcourir. Aussi ce nom de chaussée lui est-il resté par tradition en Haute-Bretagne; tous ces noms de *la Chaussée* et *le Chemin-Chaussée*, qu'on y rencontre fréquemment attachés à des villages ou à des routes, marquent le passage de quelque voie antique. En Basse-Bretagne on dit *Hent-Ahès, Hent-Braz, Hent-Coz* (Chemin d'Ahès, Grand Chemin, Vieux Chemin).

Les nombreuses voies romaines qui sillonnaient la péninsule armorique franchissaient fréquemment des rivières, parfois au moyen de gués factices comme à Duretie (p. 95-96 ci-dessus), souvent aussi sur des ponts. De ces ponts gallo-romains, — sauf quelques assises douteuses perdues dans les fondations de deux ou trois de nos ponts modernes et trop peu importantes pour qu'on s'y arrête, — il n'est rien venu jusqu'à nous.

Mais nous avons en Bretagne un monument peu connu, découvert depuis vingt ans à peine, bien plus curieux que tous ces ponts et qui peut — ou qui pouvait — le disputer aux plus hardies et plus grandioses constructions de l'époque romaine dans la Gaule. C'est l'aqueduc de Rosnarho sur la rivière d'Aurai, à une demi-lieue au-dessous de cette ville; non une conduite d'eau plus ou moins soignée comme celles dont nous avons plusieurs fois parlé dans le chapitre précédent, mais un vrai aqueduc celui-ci, qui, entre la pointe de Rosnarho et celle de Kerisper, traversait un bras de mer large de plus de 200 mètres, où l'on reconnaît encore sept des piles ou culées qui le portaient dans ce trajet — piles épaisses chacune d'onze mètres, séparées entre elles par un intervalle d'onze mètres aussi, et qu'on a prises longtemps pour les culées d'un pont, — appelé d'abord pont des Espagnols, puis *Pont de César* — nom qui mit, comme on le pense bien, en émoi tous les fureteurs de voies romaines dans l'espoir de trouver celle qui devait passer sur ce pont. Mais — sort étrange! — on ne découvrit aucune route ancienne, romaine ou autre, se dirigeant vers ce point. — En 1874, le propriétaire de Rosnarho voulut faire aplanir une butte dans le bois qui couvre la pointe de ce nom. De cette butte démolie sortit tout à coup une série de grosses piles carrées construites en appareil romain très régulier, continuant exactement la ligne des piles actuellement cachées sous l'eau de la rivière d'Aurai. Toutefois, les piles construites sur terre sont moins énormes que les immergées; elles ont 2^{m}30 de côté; mais elles sont beaucoup plus rapprochées, étant séparées seulement par un intervalle de 2^{m}50. Sur une longueur de 125^m à partir de la pointe, cette énorme colonnade, composée de 24 piles, se déploie sur terre dans le bois de Rosnarho, de l'Est à l'Ouest, en s'infléchissant un peu vers le Sud. A cette distance de 125 mètres, en raison de l'élévation du terrain, les piles sont remplacées par une maçonnerie pleine formée de deux murs parallèles, réunis par une voûte ou dallage en grandes briques couvertes de ciment et qui se creuse en rigole pour recevoir et conduire l'eau. Une rigole pareille, faite également de briques garnies d'une couche de ciment, courait jadis d'une pile à l'autre jusqu'à la pointe de Rosnarho et là traversait le bras de mer, portée sur les piles énormes dont les bases seules subsistent actuellement cachées au fond de la rivière d'Aurai.

Quant aux 24 piles du bois de Rosnarho, si heureusement exhumées, elles sont loin d'être entières ; toutes sont découronnées de leur sommet et plus ou moins réduites dans leur hauteur ; plusieurs atteignent encore 2ᵐ50, les moindres 1ᵐ70. A leurs pieds, quand on les découvrit, on trouva les grandes briques cimentées qui les avaient reliées les unes aux autres et qui avaient porté la rigole où coulait l'eau de l'aqueduc ; on trouva aussi en quantité de grandes plaques de ciment poli comme du marbre sur l'un de ses côtés, gardant des traces évidentes du passage de l'eau.

Des recherches faites de l'autre côté de la rivière sur la pointe de Kerisper ont amené la découverte de constructions en ruines analogues à celles de Rosnarho : briques, petit appareil, béton et ciment, rien n'y manquait (1).

Ainsi, l'existence de cet immense et prodigieux monument est incontestable. Quel effet devait produire ce canal de pierre, lancé à une grande hauteur dans les airs, porté sur ses énormes piles, traversant le bras de mer !... Nul monument plus admirable, plus grandiose.

Dans quel but avait-il été construit ? A qui portait-il cette eau ainsi promenée entre le ciel et la mer ?

Il n'est pas très difficile de le deviner. L'aqueduc, après avoir traversé la mer et une partie du bois de Rosnarho, tournait vers le Sud. Dans ces parages et au Sud de Rosnarho, pas d'autre ville que Locmariaker, située seulement à 8 kilomètres. Cette eau cueillie sur les coteaux qui dominent la pointe de Kerisper, c'est donc à Locmariaker qu'elle était destinée.

Le chapitre précédent nous a montré, dans les villes gallo-romaines de la péninsule armorique, des édifices et établissements de toute sorte, temples, tribunaux, cimetières, thermes et bains publics, théâtres, maisons particulières, le tout construit non seulement avec soin, mais avec luxe, marbres, mosaïques, sculptures en pierre, en bronze (2), même en métaux précieux, — en un mot tout ce qui atteste la prospérité d'un peuple et le développement de la civilisation.

Les campagnes offrent le même caractère : nous avons mentionné de nombreuses villas, dont plusieurs malgré leur ruine montrent les traces de belles constructions et de riches ornementations, entre autres, Saint-Christophe en Elven, le Lodo près Vannes, le Pérennou près Quimper, Port-Aurèle près Saint-Brieuc, Quatrevaux près Dinan (3), etc. — On a consacré tout un volume in-quarto,

(1) Sur l'aqueduc de Rosnarho, voir *Le pont de César sur la rivière d'Auray*, par le Dʳ de Closmadeuc, dans le *Bull. de la Société polymathique du Morbihan*, année 1874, p. 124 à 130 ; et G. de Cadoudal, *Excursion aux fouilles gallo-romaines de Rosnarho*, dans *Association Bretonne*, 21ᵉ session tenue à Auray en 1878, p. 178 à 187.
(2) Entre autres, à Nantes, les belles sculptures sur pierre trouvées au Bouffai qui semblent provenir d'un palais, les statuettes en bronze de l'Automne, du Sommeil, etc.
(3) Voir sur *Saint-Christophe*, en Elven, Cayot-Delandre, *Le Morbihan*, p. 249-253, et l'atlas pl. X, 1, 2, 3. — *Bulletin de la Société Polym. du Morbihan*, Année 1857, p. 51 (planches). — *Le Lodo*, en Aradon, voir *Bull. de la Soc. Polym. du Morbihan*, 1857, p. 52 à 67 (planches) ; Alf. Lallemand, *Ann. du Morb.* pour 1857, p. 111-167 ; Caumont, *Abécédaire d'Archéologie, Ère gallo-romaine*, p. 334 (plan). —— *Le Perennou*, en Plomelin, voir *Bulletin de l'Association Bretonne*, t. Iᵉʳ. Congrès de Quimper en 1847, 1ʳᵉ partie, p. 104 à 107, avec plan (Rapport de M. Alfred Ramé). — *Quatrevaux* et *Port-Aurèle*, ci-dessus p. 126, 127.

avec planches nombreuses, à la description des ruines d'une autre villa située au bord de la mer près de Carnac et qui, du nom des pièces de terre d'où elle a été exhumée, a reçu celui de villa des Bossenno. Rien de plus intéressant que la lecture de ce volume fort bien fait, dû à un Anglais (sir James Miln); rien qui puisse mieux faire connaître ce qu'était, aux IIe et IIIe siècles de notre ère, une villa gallo-romaine en Armorique (1).

Les ruines fouillées par James Miln étaient cachées, enfouies sous cinq ou six buttes de terre disséminées dans des champs auxquels ces buttes avaient fait donner le nom d'*Er Bossenno* (les Bosses). Ces buttes recélaient, si l'on peut parler ainsi, le cadavre très mutilé mais encore très reconnaissable d'une villa gallo-romaine complète (2).

Une villa de ce genre n'était pas seulement une maison de plaisance, c'était aussi le chef-lieu d'un *fundus*, d'un domaine rural plus ou moins étendu; outre le logement du maître, les édifices à son usage personnel, elle devait comprendre des bâtiments pour l'exploitation de ce domaine. Columelle *(De Re rustica)* a bien soin de distinguer trois parties dans une villa complète et bien ordonnée : 1o la *villa urbana*, c'est-à-dire l'habitation du maître; 2o la *villa agraria*, destinée aux laboureurs, aux animaux, au matériel nécessaire à l'exploitation; 3o la *villa fructuaria*, où l'on déposait et conservait les grains, les fruits, tous les produits du domaine. — M. Miln, aux Bossenno, a retrouvé tout cela sous ses six buttes, que j'indiquerai ici par les lettres dont il les a marquées sur son plan.

La butte la plus étendue (butte B) était le logement du maître proprement dit : grand bâtiment divisé en onze pièces très soigneusement construites, avec un grand luxe d'enduits et de fresques coloriées; on y a trouvé des poteries extrêmement fines, des fragments de verre également très fin, des objets en bronze (anneaux, petite rosace, fibule, monnaies romaines, etc.). Le site de cette habitation était très bien choisi; l'énorme tumulus de Carnac dit Mont Saint-Michel, l'abritait contre les vents d'Ouest. La façade regardait l'Est, et des appartements supérieurs ou de la terrasse de la villa on voyait la mer; tout près coulait une source abondante, et un peu plus loin passait une voie allant vers Carnac.

Tout contre cette première butte, une seconde s'étendait transversalement (butte C). C'était un bâtiment long de 25 mètres, composé de dix pièces dont plusieurs salles très belles, uniquement consacré aux bains de la villa; les Romains et les Gallo-Romains en usaient, on le sait, abondamment. On avait déployé dans ces thermes un luxe particulier; les murs étaient revêtus d'enduits de couleurs vives; les plafonds, peints aussi de bandes coloriées formant des compartiments variés fort élégants, étaient incrustés de brillants coquillages.

Le bâtiment des bains communiquait, par une galerie couverte, avec un autre

(1) On y a trouvé assez peu de monnaies, parmi lesquelles des médailles de Marc-Aurèle (161-180) et de sa fille Lucille ; des monnaies de Gallien, de Claude II, de Victorinus, de Tetricus (253 à 273), et quelques-unes du IVe siècle, de Constantin le Grand, Constant, le tyran Magnence (306 à 353). Voir Miln, *Fouilles de Carnac, Les Bossenno*, p. 66, 72, 77, 84, 123, 129, 151, 152, 153.

(2) Pour tout ce qui suit voir : *Fouilles faites à Carnac — Les Bossenno et le Mont Saint-Michel*, par James Miln. Paris, Didier, 1877, in-8o jésus de 253 pages, orné de 80 planches, dont 42 hors texte et 10 chromolithographies. Très belle publication.

édifice carré de 10ᵐ de côté (butte D), dans l'intérieur duquel s'élevait une seconde construction de même forme de 4ᵐ 68 sur 4ᵐ 50 : c'était le *laraire* ou temple domestique de la villa. Tous les Romains, on le sait, avaient chez eux leurs dieux lares, gardiens de la maison, et les images des divinités auxquelles ils avaient plus de dévotion ; mais d'ordinaire on les plaçait au foyer ou dans la grande salle du logis. Seuls les gens fort riches accordaient à leurs dieux lares le luxe d'un temple spécial séparé de l'habitation. Dans le temple des Bossenno un socle en tuffeau, orné de moulures, dont la base était scellée dans du ciment, se dressait près du mur nord. La statue qui jadis y trôna était détruite, mais on trouva dans cette pièce quantité de statuettes de Vénus anadyomènes et de déesses-mères en terre cuite. — Ces trois premiers édifices constituaient la *villa urbana*, composée de la maison d'habitation, des thermes et du temple, lesquels se touchaient pour ainsi dire et communiquaient entre eux.

Les bâtiments découverts sous les trois autres buttes, un peu écartées (à 50ᵐ environ) des trois premières, étaient consacrés à l'exploitation rurale.

A l'Ouest de la *villa urbana* s'élevait la *villa agraria* (butte E), c'est-à-dire l'habitation des esclaves ou des colons chargés d'exploiter le domaine rural. Cette habitation, qui ne put être fouillée que partiellement, avait un développement de de 20 à 30 mètres ; on en découvrit sept pièces, dont plusieurs d'assez grandes dimensions, moins soigneusement construites que la *villa urbana*, solidement toutefois, et dans ce qu'on put retrouver du mobilier je note des poteries samiennes et d'autres presque aussi fines à figures et ornements en relief ; une coupe de verre irisé (objet de luxe) ; une lame d'épée en fer ; un morceau de cristal de roche travaillé provenant d'un objet de toilette ; une bague de bronze, chaton en pierre bleue avec ornement gravé ; une agrafe de bronze d'un dessin très compliqué et très élégant ; enfin une statuette du bœuf Apis, en bronze d'une très belle patine. Tous détails intéressants à recueillir : ils montrent que les colons qui cultivaient ce domaine n'étaient pas très malheureux.

Un bâtiment en carré de 10 mètres de côté (butte A) devait être l'un des magasins de la *villa fructuaria* (dépôt des grains et des fruits) ; il était divisé en quatre pièces, une très grande et trois petites, construction solide, très simple : on n'y trouva que quelques vases de terre.

Enfin, au Sud de la *villa agraria* (butte E ci-dessus), on exhuma les ruines fort incomplètes de quelques petits bâtiments qui en dépendaient (buttes F, G), entre autres, un atelier de forgeron dont le foyer était couvert de charbon et de scories de fer, et dans une des ruines voisines un fer de bœuf armé de six clous (1).

Aucun document, ce semble, plus propre que cette description des Bossenno à nous édifier sur la situation des campagnes dans la péninsule armoricaine pendant la durée du haut Empire. Non seulement le maître est riche, logé avec luxe, élégance et confort ; mais ceux qui exploitent son domaine sont dans l'aisance : sûrs indices d'une prospérité générale et d'un régime bienfaisant. — D'autant que si l'on étudiait de près les autres établissements du même genre découverts dans la péninsule armorique, on arriverait à des résultats analogues (2).

(1) Dont M. Miln donne le dessin, p. 190.
(2) Voir dans M. Maître, *Villes disparues des Namnètes*, p. 362 à 370, la description de la somp-

Pour compléter ce tableau disons un mot de l'industrie, ou plutôt des industries qui s'exerçaient dans les campagnes de la péninsule armorique à l'époque gallo-romaine.

Ce sujet trop négligé a été récemment l'objet de recherches intéressantes, particulièrement dans la région des Namnètes. Outre la culture des marais salans qui a toujours été en pratique dans le pays du Croisic et de Guérande, deux autres industries paraissent avoir été florissantes chez les Namnètes aux temps les plus anciens, entre autres à l'époque gallo-romaine : d'abord celle de la poterie, de la fabrication des tuiles et de la vaisselle de terre, fort répandue autour de Saint-Nazaire et de Guérande et aussi vers Guenrouet et Saint-Gildas des Bois; puis l'industrie du fer, des forges, de la fonte et du travail des métaux, dont on trouve des traces dans la Brière (à Crossac) et dans la région située entre la Vilaine et la Loire (1), mais qui aurait surtout prospéré aux environs de Blain et dans la région de Châteaubriant.

En étudiant le développement de l'industrie métallurgique dans ces deux derniers pays, on a proposé d'attribuer, sous le nom de *châtelliers,* aux ouvriers et aux établissements métallurgiques certains retranchements en terre jusqu'ici qualifiés camps romains. On a remarqué que ces enceintes, tantôt circulaires, tantôt rectangulaires, ne sont ni assez spacieuses pour contenir un corps de troupes, ni dressées dans des situations stratégiques. Donc, elles n'avaient ni une origine ni une destination militaire; leur objet véritable était de protéger contre une surprise, un coup de main, contre la convoitise des bandits, les ouvriers métallurgistes et même les potiers, leurs ateliers, leurs ustensiles et les produits de leur travail : d'autant que dans ces enceintes et dans leur voisinage on trouve plus ou moins abondamment, tantôt des déchets de minerai, des scories de fer, du charbon, tantôt des briques de diverses formes, des tuiles à rebord et parmi celles-ci beaucoup de pièces de rebut.

La théorie des *châtelliers industriels* a été présentée par son auteur avec beaucoup de développements, mais sous une forme un peu flottante, sans serrer peut-être suffisamment les preuves qui en doivent être la base. Il faut en effet établir d'abord par des exemples certains la protection que les châtelliers donnaient aux exploitations industrielles; ce qu'il y a de plus probant en ce genre, ce sont les enceintes dans lesquelles on trouve encore des fours ou des foyers de forge. La Butte du Châtel, près du village de la Farinelaie, en Blain, est à ce point de vue l'une des plus curieuses; on y a trouvé enfoui sous terre un édicule contenant un foyer fait de pierres plates avec des parois de granit rougies par le feu, des scories de fer, etc. — Dans une autre enceinte, aujourd'hui détruite, à Raimefort en Pierric, on découvrit, en nivelant le terrain, des tables d'ardoise, des cendres, du charbon, de la crasse de forge. Cela ressemble encore bien aux restes d'un fourneau. — Entre Pierric et Blain, en la commune de Vai, autre

.

tueuse villa de Curin dans la forêt du Gâvre. Mais Curin n'était pas une villa au vrai sens de ce mot, on n'y voit pas trace d'exploitation rurale ; il semble même que c'était un établissement thermal ouvert au public, où on recevait pour leur argent ceux qui y allaient en villégiature ou en partie de plaisir.

(1) L. Maître, *Villes disparues des Namnètes,* p. 95, 102, 103, 150-153, 156-159.

enceinte dite le Château des Douves, située dans un territoire qui gardait, au XV° siècle, le nom significatif de *Fief aux Fèvres*, c'est-à-dire, *Fief aux Forgerons*.

Le vaste enclos de Mysti-Courtin, dans la forêt de la Bretesche, a un autre caractère : sorte de cité ouvrière sous la feuillée, dans laquelle les travailleurs des industries rurales semblent s'être succédé depuis les temps les plus reculés jusque fort avant dans le moyen-âge.

La forge gallo-romaine de Saffré n'avait pas de châtellier; mais on y a découvert deux foyers ou fourneaux, un cimetière et des substructions considérables, attestant l'existence en ce lieu d'un établissement industriel statif et important (1).

Revenant aux châtelliers, l'auteur de cette théorie dit avec raison : « Les ouvriers qui travaillaient les métaux avaient plus d'un motif pour habiter ailleurs que dans des huttes de branchages et de terre; ils avaient des instruments, un matériel et des produits à mettre en sûreté; il n'est donc pas étonnant qu'ils aient pris l'habitude de se retrancher derrière de hauts talus (2). » Idée ingénieuse, très acceptable, — à une condition pourtant, c'est qu'une fois le principe posé on n'en abuse pas dans l'application. En restreignant la qualification de *châtellier* ou de fortification industrielle aux retranchements où l'on trouvera des débris métallurgiques ou des traces de l'industrie de la terre cuite, on restera dans le vrai et l'on rendra un réel service à l'archéologie; car l'origine et la destination des retranchements en terre, questions lestement tranchées par les esprits à systèmes et les archéologues superficiels, sont souvent pour ceux qui réfléchissent des problèmes très difficiles à résoudre (3).

Au reste, ni les châtelliers industriels ni les industries dont on vient de parler — celle des métaux et celle de la terre cuite — n'étaient chose particulière aux Namnètes. Ainsi, chez les Curiosolites, à Vieux-Bourg-Quintin, « on voit près du bourg les restes d'une ancienne forteresse qui semble avoir été circulaire. La terre est couverte, aux alentours, de scories ou laves de diverses espèces. A deux cents pas plus loin dans le Sud, l'on retrouve encore ces scories sur une assez grande étendue de terrain; au fond du vallon l'on en voit une couche sous l'humus. Des pierres brûlées se trouvent mêlées avec ces scories. On les rencontre

---

(1) Voir L. Maître, *Villes disparues des Namnètes*, p. 259-260, 269-270, 277, 312-313, 329-330.
(2) Id. *Ibid.* p. 306. Sur les châtelliers et sur l'industrie métallurgique dans les pays de Blain et de Châteaubriant, voir L. Maître, *Villes disparues*, p. 251 à 332.
(3) Dans un mémoire très intéressant intitulé : *La grande ligne des mardelles gauloises de la Loire-Inférieure* (publié par le *Bulletin archéologique de l'Association Bretonne, Congrès de Châteaubriant* de 1882, p. 39 à 77), M. René Kerviler a étudié les traces laissées sur le sol par l'antique industrie et exploitation métallurgique, surtout dans les arrondissements de Châteaubriant et de Saint-Nazaire, depuis la forêt du Gâvre jusqu'à celle d'Ancenis, sur une ligne de sept à huit lieues de longueur marquée, entre autres, par les enceintes fortifiées (en terre) de la Butte du Trésor en Auverné, du Vieux-Château en Abbaretz, du Bé en Nozai, des Fosses-Rouges en Vai, etc. D'accord avec M. Maître, M. Kerviler regarde ces enceintes comme destinées à la protection des ouvriers et des ateliers métallurgiques, et il signale en outre toute une ligne d'excavations artificielles (les *mardelles*) creusées originairement pour la quête du minerai de fer et ensuite utilisées comme habitations ou comme magasins. Il rapporte surtout cette exploitation métallurgique à l'époque gauloise, tandis que M. Maître la montre se continuant et se développant à l'époque gallo-romaine. En somme, les recherches de ces deux savants archéologues sur cette matière fort curieuse sont très concordantes et se confirment réciproquement en tous les points essentiels.

à Kerarmel, à Troubardou, au Coz-Chaussée ; là elles sont mêlées à des briques romaines » etc. (1). Impossible de douter qu'à l'époque gallo-romaine il existait au Vieux-Bourg-Quintin un atelier d'ouvriers métallurgistes très actif, très productif, ayant pour centre la « vieille forteresse circulaire » ci-dessus mentionnée, qui était essentiellement un refuge ou un châtellier industriel.

A Plémi près Moncontour, non loin de la montagne de Belair (340ᵐ d'altitude, ci-dessus p. 13), autre châtellier industriel : c'est une enceinte rectangulaire dite aujourd'hui la Cour-Durand, longue de 120ᵐ, large de 80ᵐ, superficie intérieure 46 ares, fossés de 11ᵐ de large et 2ᵐ de profondeur ; on a trouvé dans et près cette enceinte des amas de scories et de crasse de fer, débris évidents d'anciennes forges.

En la commune de Kermoroch, on découvrit (en 1866), sous une butte aplanie par la culture, une sorte de talus en pierre sèche et une niche formée de pierres plates verdâtres, portant traces d'un feu violent ; dans ce four étaient entassés des scories de fer, des charbons et des cendres, même des ossements calcinés.

En Bréhant-Moncontour, sur le bord de la voie (supposée) de Lamballe à Loudéac, débris de forge et scories de fer dans la lande Saint-Malo.

On voit par là combien l'industrie métallurgique était cultivée dans la péninsule armoricaine. Celle de la poterie et de la terre cuite, florissante aussi chez les Namnètes, ne l'était pas moins chez les autres peuples de la péninsule.

En Saint-André des Eaux (canton d'Evran), près du village et ancien château du Besso, on découvrit en 1867 une cavité en forme de four remplie de tuiles romaines à rebord (2).

Vingt ans auparavant (1845), en Saint-Julien de la Côte (près Quintin), on avait exhumé intact, sauf un coin de sa couverture, un four à briques encore tout plein de briques et de tuiles à la façon romaine, où l'on en trouva de parfaitement reconnaissables de toutes les espèces (3) : grands carreaux épais de 7 centimètres *[lateres]* et d'autres moitié moins épais, des tuiles à crochet ou à rebord *[tegulæ hamatæ]*, d'autres tuiles recourbées en forme d'enfaiteaux *[imbrices]*, des carreaux pour les pavés *[tesseræ]*. Ce four était une petite construction longue de 3ᵐ80, large de 1ᵐ80 et de hauteur proportionnée, construite et couverte en briques, mais ces briques enveloppées d'un second mur ou revêtement de pierres de granit. L'intérieur de ce four était divisé en six compartiments par des demi-cloisons en briques destinées à soutenir les pièces que l'on y mettait cuire, et le mur de fond avait une niche à même destination haute de 50 centimètres.

Ce four formait un véritable petit caveau, tout entier enfoui en terre à 15 ou 20 centimètres seulement au-dessous du sol dans le bois des Jars, à un kilomètre Est de Saint-Julien de la Côte. Le fond de ce caveau était entièrement couvert d'une sorte de ciment noirâtre scorifié ou vitrifié par le feu, qui avait aussi vitrifié

---

(1) Abbé Audo, *Notice sur Vieux-Bourg-Quintin*, dans *Annuaire des Côtes-du-Nord* pour 1862, p. 10-11.

(2) G. du Mottay, *Répert. archéol. des C.-du-N.* p. 537, 20, 196, 415 ; *Voies rom. des C.-du-N.* p. 177.

(3) Mais, par suite de la nature de la terre employée pour faire ces briques, beaucoup d'entre elles, au lieu d'être d'un beau rouge, étaient d'un brun violacé et, ce qui est assez curieux, c'est que dans les murs de l'enceinte gallo-romaine placée en avant de la tour de Cesson (voir p. 126 ci-dessus), beaucoup aussi sont de cette teinte et ont dû sortir de cet atelier.

les briques des cloisons et teint en rouge l'argile servant de ciment aux murs latéraux (1).

L'industrie de la poterie et de la terre cuite semble avoir été en grande faveur particulièrement chez les Osismes. On se rappelle ce four de la commune de Tréguennec, plein encore après quinze siècles de sa fournée de statuettes d'argile n'attendant que la cuisson, et ce village de potiers à Parc an Groas en Ergué-Armel (ci-dessus p. 110). Dans cette dernière commune on a encore trouvé trois fours à tuiles avec leurs produits ; autres fours encore à tuiles et à poterie autour de Quimper, en Perguet, en Peumerit, en Poullan, — et dans le Nord du Finistère, en Guisseni, Landernau, Landivisiau (2). On a signalé aussi en Langonnet, sur la rive gauche de l'Ellé, c'est-à-dire toujours chez les Osismes, une enceinte rectangulaire dite Vieux-Castel, au milieu de laquelle s'élevait un gros monceau de briques et de tuiles semi-circulaires, non des débris de constructions mais un tas de produits rebutés ; c'était donc là un châtellier industriel (3).

Nous pourrions ajouter d'autres faits du même genre. Nous en avons dit assez pour bien caractériser la situation de la péninsule armoricaine pendant la durée du haut Empire, jusque vers le milieu du III° siècle ; pour montrer la paix, l'activité, la prospérité régnant dans les campagnes comme dans les villes et rattachant de plus en plus les indigènes aux mœurs et aux idées de leurs vainqueurs, de façon à transformer définitivement les fils et petits-fils des vieux Gaulois en Gallo-Romains.

§ 2. — *Invasions barbares du III° siècle et leurs suites.*

Le moment approchait où cette ère de prospérité allait s'obscurcir d'abord de plus en plus, puis s'abîmer dans des catastrophes.

Après les sanglantes défaites éprouvées par eux aux premiers temps de l'Empire, les barbares germains domptés par la crainte, par l'épouvante respectueuse que leur causait la puissance romaine, étaient restés longtemps sans bouger. Mais aux mains de fous criminels tels que les Commode, les Caracalla, les Héliogabale, l'admirable organisation de cette puissance ne pouvait manquer de subir bien des désordres, l'impeccable discipline des légions bien des relâchements. Le prestige de l'Empire commençant de s'affaiblir au-dedans et au-dehors, les hordes de la Germanie sentirent s'affaiblir aussi leur crainte révérentielle et renaître en leur âme le désir de tâter cette fameuse barrière du Rhin, dont les rudes gardiens avaient si violemment repoussé et meurtri leurs ancêtres. Il leur semblait que cette barrière n'était plus aussi bien gardée. Un jour qu'elle l'était mal, en l'an 234, ils saisirent le joint, ils la franchirent et firent une désastreuse invasion dans la

(1) Sur le four à briques du bois des Jars, voir la notice de M. Bachelot de la Pylaie, dans *Bibliothèque Bretonne* publiée par Le Maout (Saint-Brieuc 1851), II, p. 266 à 272. Cf. G. du Mottay, *Répert. archéol. des C.-du-N.*, p. 173.

(2) Voir Flagelle, *Statistique du Finistère à l'époque romaine*, aux noms des communes ici nommées, dans *Bull. de la Soc. Archéol. du Finistère*, II, p. 127 à 144.

(3) Voir Maître, *Villes disparues des Namnètes*, p. 306.

Gaule romaine. Alexandre Sévère qui régnait alors, un des meilleurs empereurs, accourut de suite et les rejeta aussitôt dans leurs forêts. Il fut tué là même peu de temps après, par ses propres soldats indignés de la stricte discipline, si nécessaire en un pareil temps, qu'il leur imposait (1).

En 241, les Franks, qui formaient en Germanie une sorte de confédération militaire, franchirent de nouveau le Rhin et se répandirent au loin dans la Gaule (2); Aurélien le futur empereur, alors jeune tribun dans la VIe légion Gallicane, se lança à leur poursuite et dans une simple rencontre leur tua 700 hommes, leur fit 300 prisonniers, si bien que ses soldats fiers d'un tel exploit et qui devaient ensuite aller combattre les Perses, en firent une chanson avec ce refrain : « Nous avons en un seul jour tué mille Franks et mille Sarmates; il nous faut maintenant mille, mille, mille, mille et mille Perses ! »

L'empereur Gallus Trebonianus, qui régna de 251 à 253, eut à réprimer beaucoup d'incursions ravageuses faites sur le territoire de l'Empire par diverses nations d'outre-Rhin, entre lesquelles on nomme les Goths, les Burgondes, etc. (3). Deux ans après (en 255) le mal devint si grand qu'il fallut pour y remédier une expédition en règle, dirigée par Aurélien devenu alors général, et si importante que l'empereur Valérien (en 256) donne au vainqueur le titre glorieux de « restaurateur des Gaules, » *ille Galliarum restitutor* (4). Malgré ces victoires, les Germains revinrent à la charge et recommencèrent dès l'année suivante (257) leurs courses sur la rive gauche du Rhin. Ils ne trouvèrent plus pour adversaire que Gallien, le fils de l'empereur, qui d'abord, parait-il, batailla contre eux d'assez bon cœur; mais bientôt, à bout d'efforts, craignant d'être débordé, il n'imagina rien de mieux que de faire alliance avec une partie des barbares, auxquels il accorda de grands avantages sous la condition de défendre la Gaule contre les autres hordes transrhénanes (5). C'était donner la brebis à garder au loup. Aussi les Gaulois, se voyant si mal défendus ou plutôt livrés à leurs ennemis, résolurent de se garder eux-mêmes.

Valérien leur avait donné pour gouverneur (6) un homme dont il faisait le plus grand éloge : « Postume (leur écrivait-il en l'envoyant parmi eux) est parfaitement digne de commander aux Gaulois; sa présence assurera la discipline dans les camps, la justice au forum et dans les tribunaux, la dignité dans la cité, le droit et le bien de chacun. C'est un homme que j'admire par dessus tous les autres et qui mériterait d'être prince. » — Les Gaulois prirent Valérien au mot. Postume avait entre les mains toutes les forces nécessaires pour les défendre, car l'empereur lui avait donné, avec le gouvernement de la Gaule, le commandement de toutes les forces romaines établies des deux côtés du Rhin pour protéger cette

---

(1) Sext. Aurel. Victor, *De Cæsaribus*, c. 24; Lamprid. *in Alex. Severo*, c. 59 : « Erat gravissimum reipublicæ et ipsi (Alexandro Severo) *quod Germanorum vastationibus Gallia diripiebatur* » (Dans D. Bouquet I, 558 et 563). Cf. Tillemont : *Hist. des Empereurs* III, p. 206-209.

(2) Flav. Vopisci. *Aurelianus*, cap. 7 : « Francos irruentes, *cum vagarentur per totam Galliam*, sic afflixit... » Tillemont, *Ibid.* p. 299.

(3) Tillemont, *Ibid.* 289-290.

(4) Flav. Vopisc. *Aurelianus* cap. 9; Tillemont, *Ibid.* p. 302.

(5) Zosime, *Histoires*, liv. I, dans D. Bouquet, I, 575; Tillemont, *Ibid.* 302-303.

(6) « Transrhenani limitis ducem et Galliæ præsidem Postumium fecimus, » dit l'empereur Valérien dans Trebellius Pollion, *XXX Tyranni* cap. 3 *(de Postumio)*; Tillemont, *Ibid.* p. 325.

frontière, c'est-à-dire, toute une armée. D'accord avec les Gaulois, cette armée
éleva Postume à l'Empire en 257 ou 258. Probablement, jusqu'au jour où Valérien,
devenu prisonnier des Perses, disparut de la scène en l'an 260, Postume garda
envers lui des ménagements, car plusieurs historiens font partir de cette dernière
date seulement son règne ou, si l'on préfère, sa « tyrannie, » — car l'histoire
officielle l'a mis au nombre des *Trente tyrans*, encore bien qu'au point de vue de
l'origine et des services rendus à la chose publique, son autorité fût beaucoup
plus légitime que celle du prince qui trônait à Rome, l'imbécile Gallien.

L'admirable diplomatie de ce dernier vis-à-vis des Germains avait porté ses
fruits inévitables : les barbares chargés par lui de garder contre les autres barbares la frontière du Rhin, l'avaient bientôt livrée grand ouverte, et en 258-259,
la Gaule était de toutes parts sillonnée, ravagée et torturée par les hordes
les plus féroces de la Germanie. C'est pour se débarrasser de cette vermine
épouvantable, que la Gaule avait appelé Postume à son aide et en avait fait son
chef.

Il s'acquitta vaillamment de cette tâche ; se jetant à travers ces masses sinistres,
il en repoussa une partie dans leurs tanières et refoula les autres hors des limites
de la Gaule, en Espagne, où après avoir fait beaucoup de maux elles finirent par
être détruites. Cette délivrance de la Gaule s'accomplit en 259-260.

La Gaule et l'armée ne ménagèrent pas à Postume les marques de leur
reconnaissance, de leur confiance et de leur admiration. Les médailles frappées
à son effigie en rendent témoignage. Sur les unes l'armée dit : *Fides militum —
Fides equitum — Fides exercitus*. Sur les autres sont gravées ces acclamations :
Victoria Germanica — Victor Germanicus — Germanicus Maximus V (cinquième
grande victoire remportée sur les Germains) (1). Et les historiens nous disent
que « tous les peuples de la Gaule portaient à Postume une ardente affection,
parce qu'il en avait chassé toutes les hordes germaniques, qu'il y avait rétabli
l'antique sécurité de l'Empire romain, qu'en sept années il avait réussi à relever
la Gaule, pendant que l'empereur Gallien s'abrutissait dans la débauche,
l'ivrognerie et l'amour d'une femme barbare » (2).

Voici qui est plus remarquable encore peut-être. Après la mort de Postume (267),
grâce aux efforts d'une femme haute de cœur et de tête, une riche et généreuse
dame gallo-romaine, Victorina ou Victoria, à laquelle on décerna les titres
d'*Augusta* et de *Mater castrorum ;* grâce à elle surtout, l'œuvre libératrice de
Postume, l'œuvre de la paix et du relèvement de la Gaule, fut maintenue et
poursuivie par la main d'empereurs gaulois, entre autres Lollien (ou Lælien),
Victorinus, Tétricus. Aussi tout en les qualifiant de tyrans, les historiens officiels
de l'Empire chantent en leur honneur un véritable cantique d'actions de grâces :
« Pendant que Gallien perdait la république, on vit (disent-ils) dans la Gaule
Postume d'abord, puis Lollien, Victorin et Tétricus, se faire les défenseurs du
nom romain ; ils furent, je le crois, envoyés du ciel pour suppléer à l'inertie de

---

(1) Voir l'excellente étude de M. V. Rabillon sur *Les empereurs provinciaux des Gaules et les
invasions du III* siècle*, dans le *Bulletin de la Soc. archéol. d'Ille-et-Vilaine*, t. XX (1891), p. 23 et 47.
(2) Trebell. Pollion. *XXX Tyranni*, cap. 3, *de Postumio*. Pollion est de ceux qui comptent le règne
de Postume de 260 seulement.

ce fléau public (Gallien) absorbé dans la débauche et empêcher les Germains d'occuper la terre romaine ; car s'ils y étaient parvenus de concert avec les Goths et les Perses, c'en était fait du nom et de l'Empire romain jusque-là si respectés (1). »

En fait, les empereurs gaulois n'avaient nullement l'intention de se séparer de l'Empire ni de démembrer son territoire : leur but était, au contraire, de préserver ce territoire des souillures et des désastres de l'invasion, et de le garder intact à l'Empire. Aussi, quand Rome se fut donné un empereur capable de défendre l'Empire contre tous ses agresseurs, notamment contre les Germains ; quand Aurélien, qui de vieille date avait contre eux fait ses preuves, eut revêtu la pourpre, l'empereur gaulois Tétricus, sans nulle coaction, abdiqua entre ses mains son autorité en 273. Et d'ailleurs, jusqu'à la mort d'Aurélien (275) les barbares ne bougèrent pas.

Mais après cette mort, l'élection du nouvel empereur ayant traîné pendant près de neuf mois, les liens de l'autorité s'étant relâchés dans ce long interrègne, les Germains affamés par un long jeûne se jetèrent avec furie sur la Gaule, et le 25 septembre 275, le Sénat romain entendit retentir cette sinistre nouvelle :
— « Les Germains ont violé la frontière du Rhin ; plusieurs villes de la Gaule fortes, nobles, riches, puissantes, sont tombées en leur pouvoir (2). »

Le bon et vénérable Tacite, issu enfin de cette longue gestation impériale, était trop vieux pour rien faire, d'ailleurs il mourut au bout de six mois (avril 276). Son successeur Probus, l'un des plus grands princes qui aient porté la pourpre, se vit d'abord empêché par les compétitions, puis retenu à Rome par diverses affaires urgentes pendant la fin de 276. Ne s'étant rendu en Gaule qu'en l'année 277 déjà avancée, il ne put entamer sérieusement la campagne contre les barbares qu'en 278. Ainsi pendant deux années entières la Gaule resta livrée à la fureur des hordes d'outre-Rhin, qui la pillèrent, la saccagèrent à plaisir. Aucune invasion n'avait encore été aussi désastreuse. « Après la mort de Postume, disent les historiens, les Germains avaient semé le trouble dans la Gaule ; après celle d'Aurélien ils en firent la conquête. » Ils prirent, pillèrent, ruinèrent plus ou moins soixante-dix villes importantes.

Il fallut les attaquer avec une grande armée *(cum ingenti exercitu)* et leur livrer plusieurs grandes batailles ; mais Probus les écrasa, leur tua quarante mille hommes, les chassa absolument de la Gaule, les suivit sur la rive droite du Rhin où il continua de leur faire une guerre d'extermination ; neuf de leurs rois vinrent se jeter à ses pieds implorant la paix, qu'il leur accorda enfin à des conditions fort dures, entre autres de lui fournir 16.000 guerriers pour incorporer dans ses propres troupes. Sur la rive droite du Rhin, du côté de la Germanie, il installa des colonies militaires bien fortifiées, bien approvisionnées, pour surveiller de près les Germains, les attaquer chez eux, envahir leur territoire au premier mouvement suspect.

Moyennant ces précautions énergiques, bien conçues et bien exécutées, la

---

(1) Trebell. Pollion. *Ibid.* cap. 5, *de Lolliano.*
(2) Flav. Vopisc. *Tacitus imperator,* cap. 3.

Gaule se vit délivrée des invasions barbares pour un demi-siècle (1), — mais seulement des invasions arrivant par voie de terre; car celles qui venaient par la mer, en particulier celles des pirates saxons (ils s'étaient montrés dès le temps de Postume) (2), celles-là, se riant de la barrière du Rhin, se renouvelèrent après le triomphe de Probus; même, vers 280-285, elles abîmèrent de leurs ravages les côtes de la Gaule et de l'île de Bretagne, surtout celles qui forment de part et d'autre le littoral de la Manche. Maximien Hercule, associé à l'Empire par Dioclétien, étant venu en Gaule en 286, crut nécessaire de prendre des mesures pour protéger ce littoral; il créa dans ce but un commandement maritime spécial, avec mission de nettoyer la mer battant les côtes belgiques et armoricaines et d'y maintenir la sécurité. Ce commandement fut confié à un habile et hardi marin du pays des Bataves, appelé Carausius, qui infligea d'abord aux pirates de rudes défaites. Mais sa tactique contre eux était étrange : il les laissait débarquer sans les inquiéter beaucoup et ne les attaquait qu'au retour alors qu'ils étaient chargés de butin, dont il les soulageait soigneusement, non pour le restituer aux particuliers ou le déposer dans le trésor public, mais pour le mettre dans sa poche. Trahison compliquée de vol. Le fait ayant été bien vérifié, Maximien Hercule donna l'ordre de tuer le traître.

Celui-ci ayant éventé la mèche se sauva sur sa flotte dont il était adoré, passa avec elle dans l'île de Bretagne où il se fit proclamer empereur (en 287). Après avoir essayé en vain de le réduire, Dioclétien et Maximien Hercule firent la paix avec lui, et alors la mer fut bien gardée. Il fut tué en 293 par un de ses affidés, Allectus, qui prit la pourpre et périt lui-même trois ans après (en 296) vaincu par le césar Constance Chlore. La Grande-Bretagne rentra alors sous les lois de l'Empire, dont elle avait été dix ans séparée (3). Mais les Saxons reprirent et continuèrent si assidûment leurs descentes sur les côtes de cette île et sur celles de la Gaule, que ce double littoral en prit bientôt, comme nous l'avons déjà vu (ci-dessus p. 87-88), le nom de *Rivage Saxonique*, c'est-à-dire, non pas habité mais au contraire dévasté par les Saxons.

La première conséquence de ces cruelles invasions barbares, fut d'imposer au gouvernement impérial l'obligation d'organiser dans l'intérieur des provinces une défense militaire capable de résister à ces agressions, de les vaincre, ou tout au moins de donner au pouvoir central le temps d'envoyer des secours à la région attaquée. Jusque-là, en ce qui concerne la Gaule, on avait concentré toutes les forces de la défense sur le Rhin; dans le reste du pays il n'y avait pas de troupes, 3.000 hommes à peine, et pour ainsi dire pas de fortifications, tant on se fiait à la solidité de la barrière du Rhin, plus encore peut-être au prestige du nom romain.

(1) Il y eut cependant un dernier effort des barbares, écrasé par Maximien Hercule en 287, et plus tard, sous Constantin, des courses des Franks sur les bords du Rhin, sévèrement réprimées.
(2) « Une médaille de Postume avec la devise *Neptuno reduci* semble indiquer qu'il en avait déjà fallu purger la mer, » dit très bien M. Rabillon, dans son excellente étude, *Bull. de la Soc. archéol. d'Ille-et-Vilaine*, t. XX (1891), p. 54.
(3) Sur Carausius voir Eutrope, liv. ix ch. 13; Sexte Aurèle Victor, *De Cæsaribus*, cap. 39; Tillemont, *Hist. des Emp.* IV, p. 12, 13, 15, 27, 32, 601.

Cette barrière étant devenue très insuffisante, il fallut créer dans l'intérieur des forteresses et y mettre des garnisons. A cette époque — à cette époque seulement — se rapporte la création de ces postes militaires, entre autres de ces camps romains dont on parle si souvent, et qui furent installés, non pour surveiller, dompter, les Gaulois indigènes frémissants et récalcitrants au joug romain, mais pour défendre les Gaulois romanisés, les Gallo-Romains dociles aux lois de l'Empire, contre les agressions des barbares.

En ce qui touche la péninsule armorique, nous pouvons dater, à un an près en quelque sorte, le début de cette occupation militaire. Nous trouvons cette date dans l'inscription de la borne milliaire mentionnée plus haut (p. 96) découverte dans la station romaine de Sulim, c'est-à-dire au village de Castennec. Avant d'être mutilée comme aujourd'hui, cette inscription avait fourni la lecture suivante, incomplète encore mais suffisamment intelligible (1) :

IMP

CAES

C VIBIO

TREBO

NIANO C XII

V F AVGVS

IMP CAES C XIII

T D V MOROR

... ANO III AUG

C'est-à-dire : *Les cohortes XII et XIII des* MAURES *ont dédié le Vᵉ terme [de cette voie] à l'empereur César Caius Vibius Trébonianus, victorieux, heureux, auguste, et à l'empereur César Volusien trois fois auguste.*

Il s'agit de Gallus Trébonianus, qui fut empereur de 251 à 253 et qui s'était associé son fils Volusien. Les cohortes ici mentionnées, et qui avaient apparemment travaillé à l'établissement de la voie passant à Sulim, dépendaient de cette légion des Maures que nous retrouverons dans la *Notice de l'Empire* (fin du IVᵉ siècle) installée chez les Venètes et chez les Osismes. C'est la première troupe romaine qui ait tenu garnison dans la péninsule armoricaine.

Quant aux fortifications dont ce pays fut armé, notons d'abord les enceintes murales de quatre de ses villes : Nantes, Vannes, Aleth et Rennes (voir ci-dessus p. 86, 92, 132 et 133-135); puis, trois puissantes citadelles : sur les côtes Gesocribate (Brest) et le Yaudet, et dans l'intérieur Sulim (ci-dessus p. 108, 123, 96). Locmariaker, qui n'avait pas d'enceinte urbaine, fut protégée par une forteresse (p. 94); et de même sans aucun doute les autres villes, notamment Corseul et Vorganium. Sur les points les plus avantageux ou les plus menacés, soit du littoral soit de l'intérieur, on éleva des forts en pierre plus ou moins considérables, entre autres, celui de la pointe de Cesson, dont il reste encore une grande enceinte (ci-dessus p. 126); celui qu'on nomme, en Pordic, le camp de Bernin,

---

(1) Inscription découverte et lue par M. de Penhouët ; voir sa notice intitulée : *Antiquités égyptiennes dans le Morbihan* (1812, pet. in-fol.) et sa lettre à la *Gazette de Bretagne* du 6 nov. 1834 ; cf. Bizeul, *Voies romaines du Morbihan*, p. 133-135.

qui avait des tours en maçonnerie (p. 127); les petits *Castel* antiques de la presqu'île de Tréguer (p. 128). On a signalé aussi chez les Osismes (Finistère) plusieurs camps romains défendus par des tours, qui à ce compte étaient de vrais forts, par exemple, en la commune d'Elliant, « dans le bois d'Elliant, camp romain de forme trapézoïdale, défendu *par des murs en pierre sèche et par des tours rondes;* » — en Saint-Yvi, « dans le bois de Pleuven, camp romain de forme rectangulaire défendu par de forts retranchements et *par des tours rondes.* » De même encore dans les communes de Melgven, de Trégunc (près Concarneau), et de Sizun, non loin de Brest (1).

Nous ne voulons pas en ce moment parler des enceintes formées exclusivement de retranchements en terre, désignées habituellement sous le nom de **camps romains,** nous y viendrons plus tard. Nous en signalerons ici une seule d'une importance exceptionnelle, qui d'ailleurs n'existe plus depuis longtemps et nous est connue par un document ancien. Elle occupait l'emplacement de la ville actuelle de Saint-Pol de Léon, et la Vie de S. Paul Aurélien écrite au IX⁰ siècle la qualifie de place forte *(oppidum),* ayant à l'époque du saint, c'est-à-dire au VI⁰ siècle, une porte qui s'ouvrait vers l'Ouest et une enceinte « close de murs de terre construits au temps antique et d'une merveilleuse élévation. » Le biographe ajoute qu'au moment où il écrivait (en 884), la plus grande partie de cette enceinte était en pierre (2). On ne peut douter, d'après cela, de l'importance de ce *castellum* à l'époque romaine.

Telles étaient les principales places fortes érigées pour la défense de la péninsule armoricaine. Mais quelles forces avait-on pour les défendre? Comment étaient réparties ces forces?

Pour répondre à cette double question nous n'avons que la *Notice des dignités de l'Empire d'Occident,* rédigée à la fin du IV⁰ siècle ou tout aux premières années du V⁰; mais dans ses traits essentiels, l'état qu'elle indique devait être ancien et remonter au moins à un siècle en arrière, c'est-à-dire à la fin du III⁰.

Cette Notice est une sorte d'*Almanach impérial,* donnant la liste de tous les principaux dignitaires et fonctionnaires de l'Empire rangés hiérarchiquement.

En ce qui touche l'armée, le commandement de l'infanterie et celui de la cavalerie étaient séparés. Celui des troupes de pied de tout l'Empire d'Occident était exercé par un généralissime portant le titre de « Maître de l'infanterie présent près de l'Empereur *(Magister peditum præsentalis).* »

Sous ce chef suprême l'infanterie cantonnée dans la Gaule était divisée en six grands commandements ayant pour titulaires un comte et cinq ducs, savoir:

1⁰ Le comte du pays d'*Argentoratum* (Strasbourg),

2⁰ Le duc de la Séquanaise,

3⁰ Le duc du pays Armoricain et Nervien,

4⁰ Le duc de la Belgique Seconde,

---

(1) Voir Flagelle, *Statistique du Finistère à l'époque gallo-romaine,* dans *Bull. de la Soc.* archéol. *du Finistère* II, p. 146. 144, 133, 145, 142.

(2) « Introgressus (S. Paulus) portam prædicti oppidi ad occidentalem ejus plagam, fontem benedixit. Oppidum autem tunc temporis per circuitum erat muris terreis tempore prisco mira proceritate constructis circumseptum. Nunc vero muris lapideis eminentiori altitudine fabricatis magna ex parte invenitur communitum. » *Vita S. Pauli Aureliani,* cap. xv, Biblioth. Nat. ms. lat. f. 123 vᵒ et 124 rᵒ.

5° Le duc de la Germanie première,

6° Le duc de Mayence.

Le généralissime de la cavalerie s'appelait le « Maitre de la cavalerie présent près de l'Empereur *(Magister equitum præsentalis)*. » Mais les corps de cavalerie stationnés en Gaule ne relevaient pas de lui ; ils avaient un chef spécial dit le « Maître de la cavalerie des Gaules *(Magister equitum Galliarum* ou *per Gallias)*. »

Les limites du commandement Armorico-Nervien *(Tractus Armoricanus et Nervicanus)* sont explicitement marquées dans une clause de la *Notice* citée plus haut (p. 98 note 6), d'après laquelle il comprenait cinq des dix-sept provinces de la Gaule, savoir, l'Aquitaine Iʳᵉ et l'Aquitaine IIᵉ, les Lyonnaises IIᵉ, IIIᵉ et Lyonnaise IVᵉ ou Sénonaise. Sous ce duc étaient placés en sous-ordre, selon la *Notice*, dix chefs militaires dont voici le tableau complet, textuellement traduit :

« *Sous les ordres du respectable duc du pays Armoricain et Nervien :*

» Le tribun de la cohorte première Nouvelle-Armoricaine, à Grannona *(Château Grannon)*, sur le rivage Saxonique.

Le préfet des soldats Carroniens, à Blabia *(Blavet)*.

Le préfet des soldats Maures Venètes, à Vannes.

Le préfet des soldats Maures Osismiens, à Osismes.

Le préfet des soldats de la Réserve *(Superventores)*, à Mannatias.

Le préfet des soldats de Mars *(Martenses)*, à Aleth.

Le préfet des soldats de la Première [légion] Flavienne, à Coutances.

Le préfet des soldats Ursariens, à Rouen.

Le préfet des soldats Dalmates, à Avranches.

Le préfet des soldats Grannoniens, à Grannonum *(Grannono)* (1). »

Il y avait en outre à Rennes un « préfet des Lètes Franks. » Ces Lètes étaient des troupes d'origine barbare, passées de façon ou d'autre, c'est-à-dire de gré ou de force au service de l'Empire, qui formaient sur divers points des colonies militaires. Ils relevaient directement du « Maître de l'infanterie de l'empire d'Occident (2). »

On trouve aussi un préfet des Lètes Suèves au Mans (Lyonnaise IIIᵉ), — un préfet des Lètes Bataves et des Lètes Suèves ayant partie de ses soldats à Baïeux, partie à Coutances (Lyonnaise IIᵉ).

J'ai indiqué ici non seulement les commandements militaires qui avaient leurs sièges dans la Lyonnaise IIIᵉ, mais aussi ceux de la Lyonnaise IIᵉ (aujourd'hui la Normandie), parce que, en cas d'attaque du dehors, plusieurs de ces derniers devaient évidemment concourir à la défense de la péninsule armoricaine, entre autres, les troupes d'Avranches et de Coutances.

Ce qui précède concerne exclusivement l'infanterie. Quant aux troupes montées relevant du Maître de la cavalerie des Gaules, la *Notice* en donne la liste sans

---

(1) *Notit. Occidentis,* cap. XXXVII, édit. Seeck, p. 204-205. Nous croyons utile de donner le texte même de ce chapitre de la *Notice de l'Empire,* avec quelques explications; pour ne pas encombrer le bas de la page, nous rejetons cette note à la fin de ce chapitre.

(2) « *Præpositura Magistri militum præsentalis a parte peditum...* Præfectus Lætorum Francorum, Redonas Lugdunensis tertiæ. » (*Notit. Occid.* cap. XLII, édit. Seeck, p. 215 et 217).

indiquer le lieu du stationnement de chaque corps ; mais quand elles portent le même nom que des corps d'infanterie, elles étaient évidemment liées à ces corps et résidaient au même lieu. D'après cela, sur les indications de la *Notice*, nous placerons dans la Lyonnaise III° :

Les cavaliers Carroniens, à Blabia.

Les cavaliers *Superventores*, à Mannatias.

Les cavaliers Maures-Osismiens, à Osismes.

Les cavaliers *Martenses*, à Aleth.

Dans la Lyonnaise II° nous trouvons aussi les cavaliers de la I° légion Flavienne, à Coutances, — les cavaliers Avranchins (*Abrincateni*), à Avranches, — les cavaliers Ursariens, à Rouen (1).

Dans la liste donnée ci-dessus des postes militaires dépendant du duc d'Armorique, il y a encore quelques situations à préciser.

Grannono qui clôt ce chapitre doit-il être identifié à *Grannona* qui l'ouvre, — l'*a* de Grannona ou l'*o* de Grannono étant tenu, l'un ou l'autre, pour un lapsus du scribe ? C'est l'avis de la plupart des commentateurs, et je le crois bon (2). Je me suis expliqué plus haut (p. 98) sur *Blabia* qui peut très bien être Blavet, aujourd'hui Port-Louis. Restent *Osismi* et *Mannatias*.

Pour Osismes, il ne devrait pas y avoir de difficulté. Osismes, c'est la ville chef-lieu des *Osismes*, qui, comme tous les chefs-lieux, au III° ou au IV° siècle a quitté son nom propre, son nom *urbain*, pour prendre celui de son peuple. Or le chef-lieu des Osismes, sous son nom *urbain*, c'est Vorganium, aujourd'hui Carhais ; donc Osismes ou *Osismi*, qui est Vorganium, ne peut être aussi que Carhais. — On a prétendu qu'à la fin du III° siècle, pour pourvoir à la défense du littoral septentrional contre les pirates saxons, la dignité de chef-lieu des Osismes aurait été transférée de Vorganium-Carhais « à une ville de ce littoral située vers » Saint-Pol de Léon ou Roscoff, » à laquelle, dit-on, doit répondre l'*Osismi* de la *Notice des Dignités* (3). Cette conjecture, purement hypothétique et dénuée de toute preuve, se fonde sur une idée très contestable, à savoir, que pour défendre un littoral il faut que le chef militaire dont le commandement renferme ce littoral y ait sa résidence habituelle, officielle et personnelle. Mais en réalité, la résidence la plus favorable d'un chef pour pourvoir à la défense du territoire dont il est chargé, c'est le centre de ce territoire, d'où il peut se rendre plus vite

---

(1) « *Intra Gallias, cum viro illustri Magistro equitum Galliarum... Ursarienses. Prima Flavia Gallicana. Martenses. Abrincateni. Mauri Osismiaci. Superventores juniores. Garronenses /pour Carronenses). /Notit. Occid.* cap. VII, édit. Seeck, p. 135, 136, 137). — La légion stationnée à Avranches, appelée Dalmatique *(militum Dalmatarum)* dans le chap. XXXVII, est désignée, comme ici, sous le nom d'*Abrincateni* au chap. V de la *Notice d'Occident*, dans la liste générale des légions *pseudo-comitatenses,* édit. Seeck p. 127. On ne peut donc douter que le corps de cavalerie mentionné au chap. VII en dépendît.

(2) Pour expliquer que l'on ait fait deux articles séparés des deux officiers stationnés à Grannon, Böcking remarque que, dans chacun de ses chapitres, la *Notice* a l'habitude d'énumérer de suite tous les officiers du même grade avant de passer à un autre, par exemple, tous les tribuns, ensuite tous les préfets militaires, ou réciproquement mais sans les mêler ensemble, ou le moins possible. Ici il n'y a qu'un tribun ; après l'avoir nommé, la *Notice* passe aux préfets et retrouve dans cette série celui de Grannon qui avait été omis et qui revient à la fin ; voir Böcking *Notitia dignitatum,* Occident, p. 823.

(3) Voir La Monneraye, *Géogr. anc. de la pénins. armoric.,* p. 86.

et plus aisément partout où sa présence est utile. Le préfet des Maures-Osismes avait la garde de toute la cité osismienne, c'est-à-dire d'un littoral très étendu. Il distribuait ses soldats en plusieurs postes, et lui, du centre, c'est-à-dire de Carhais, il veillait pour se porter à temps au lieu du danger. Supposez sa résidence sur la côte nord; en cas d'attaque de la côte sud il serait arrivé trop tard. Les nécessités de la défense du littoral osismien lui imposaient donc une résidence centrale. — Puis, sur le littoral nord, vers Saint-Pol et Roscoff, on a trouvé quelques débris romains (voir ci-dessus p. 111), mais rien qui ressemble à une ville, surtout à une ville chef-lieu.

La question de Mannatias est plus difficile. De voir Nantes en Mannatias la tentation est forte, car entre *Mannatias* et *Namnetes* ou, si l'on veut, *Namnetas*, la distance d'abord semble assez faible. Pourtant, à y regarder de près, par l'allure, la physionomie, l'accentuation, ces deux noms diffèrent notablement. Puis, la défense de la Loire étant assurée par les deux corps de troupes postés à Grannon (Château-Grannon, ci-dessus, p. 87-88), une garnison à Nantes, beaucoup moins bien placée pour défendre la côte, aurait fait double emploi.

En revanche, si l'on identifie Mannatias avec Nantes, si par conséquent l'on place à Nantes le corps des *Superventores,* c'est le contraire qui se serait produit dans le Nord de la péninsule : entre la garnison d'Aleth tout à fait à l'Est, et les troupes placées, à l'Ouest, chez les Osismes et chargées de la garde d'un territoire fort étendu, en un mot entre la Rance et la rivière de Morlaix, sur tout le littoral si développé des Curiosolites, il n'y aurait pas eu un homme, pas un soldat, — et cependant il s'y dresse, nous l'avons vu, une citadelle admirablement posée, inexpugnable, la forteresse du Yaudet. L'identification de Mannatias avec le Yaudet, proposée par M. de la Monneraye, me semble donc excellente (1); je la tiens même pour nécessaire et forcée. Sans elle, il y aurait un *trou* immense dans la défense de la péninsule armoricaine ; on aurait abandonné complètement aux attaques des pirates la partie du littoral qui, par sa situation géographique, y était le plus exposée.

Et au contraire, la distribution des postes militaires dans la péninsule semble avoir été fort bien entendue au point de vue de la défense.

De l'embouchure de la Loire à celle de la Vilaine cette défense est assurée par le poste militaire de Château-Grannon. — De l'embouchure de la Vilaine à celle du Blavet, les Maures-Venètes cantonnés à Vannes s'en chargent. — Les Carroniens, garnison de Blabia, étendent leur surveillance sur le littoral sud des Osismes, au moins jusqu'à la ville Aquilonia (Locmaria de Quimper), peut-être jusqu'au cap Gobæum. — De Vorganium, le préfet des Maures-Osismes lance des détachements sur les côtes osismiennes du Nord et de l'Ouest, là où il en est besoin, notamment dans la forteresse de Gesocribate (Brest), dans l'oppidum de Castel-Ach, dans le vaste camp retranché de Saint-Pol de Léon. — Le préfet des *Superventores,* de son nid d'aigle du Yaudet (ou Mannatias), inspecte et parcourt sans cesse la longue ligne qui lui est confiée, de la rivière de Morlaix à Reginea (Erqui), et qui est armée çà et là de petits forts de pierre semés autour de la

---

(1) Voir La Monneraye, *Géogr. anc. de la péninsule armor.* p. 92-94.

presqu'île de Tréguier et de la baie de Saint-Brieuc dominée elle-même par la grande enceinte de la pointe de Cesson, une vraie forteresse. — La garnison d'Aleth, les enfants de Mars (*Martenses*), couvrent les embouchures de l'Arguenon, de la Rance et tout le littoral jusqu'au Coësnon. — Enfin, si le péril vient de l'intérieur, apporté par les hordes d'outre Rhin, les Lètes de Rennes sont là pour lui opposer un premier rempart et donner le temps aux autres troupes armoricaines d'organiser la résistance en se groupant derrière les enceintes de Vannes, de Nantes et d'Aleth. Ou si l'intérieur est calme et le danger sur la côte, les Lètes volent au Nord, au Sud, là où l'on a le plus besoin de leur secours.

A quel chiffre montaient les forces romaines chargées de défendre la péninsule armoricaine dans les conditions indiquées par la *Notice de l'Empire?* Question délicate et difficile. Réponse précise et certaine, impossible. Mais du moins peut-on, je le crois, arriver par approximation à des chiffres très probables.

Les nombreux corps d'infanterie qu'énumère la Notice peuvent être partagés en deux catégories. Les uns sont qualifiés *légions* ou *cohortes* (subdivison de la légion). Les autres ne reçoivent pas cette qualification et sont appelés *auxilia* (corps auxiliaires) ou simplement *numeri*, mot parfaitement vague qui peut s'appliquer à tout corps de troupes, de quelque nombre et de quelque nature qu'il soit. En un mot, on trouve dans la Notice des corps *extra-légionnaires*, mais on y trouve aussi des *légions*.

Sans doute, à cette époque (fin du IVe siècle), l'institution de la légion romaine avait subi de graves atteintes dans sa force, sa discipline et son organisation; toutefois, les linéaments, les traits principaux de cette organisation subsistaient encore : il y avait des cohortes et des tribuns de cohortes, des centuries et des centurions qu'on appelait centeniers, et beaucoup d'autres officiers nommés soit dans la *Notice de l'Empire*, soit dans le traité de *l'Art militaire* de Végèce, qui sait fort bien distinguer l'état ancien de l'état présent (1).

Le chapitre V, consacré au Maître de l'infanterie de l'Empire, énumère les officiers et les corps de troupes relevant de lui directement; on y trouve 62 légions : 12 qualifiées légions *palatines* parce qu'elles restaient près de l'Empereur; 32 dites *legiones comitatenses*, et 18 *legiones pseudo-comitatenses* : ces 50 dernières légions étaient réparties dans les provinces.

Parmi les 18 légions *pseudo-comitatenses*, six étaient placées sous les ordres du duc d'Armorique, savoir, trois dans la Lyonnaise IIIe :

La légion des *Martenses*, à Aleth ;

Celle des *Maurosismiaci*, à Osismes ;

Celle des *Superventores juniores*, à Mannatias.

Trois dans la Lyonnaise IIe :

La légion *Prima Flavia Gallicana*, à Coutances ;

Celle des *Abrincateni*, à Avranches ;

Celle des *Ursarienses*, à Rouen (2).

---

(1) Il vivait sous l'empereur Valentinien II (375 à 392) et était par conséquent contemporain de la *Notice*. Au livre II, chap. 7, il dit : « *Antiqua ordinatione legionis exposita*, principalium militum et (ut proprio utar vocabulo) principiorum nomina et dignitates, *secundum præsentes matriculas*, indicabo. »

(2) Les *Ursarienses* sont placés dans les *legiones comitatenses*.

Aux beaux jours de l'Empire, la légion comptait 6,000 fantassins et 720 cavaliers. Végèce le rappelle, mais en avouant que de son temps la légion est notablement affaiblie ; toutefois il la traite encore comme un corps militaire important. Ce n'est donc pas une estimation trop haute de réduire ces chiffres de moitié, et de croire que les légions de la Notice avaient environ 3,000 fantassins et 400 cavaliers.

En feuilletant cette Notice, on ne trouve nulle part aucune mention de la légion des *Mauri Osismiaci* ailleurs que chez les Osismes, ni de celle des *Superventores* ailleurs qu'à Mannatias. Chacune de ces deux légions se trouvait donc tout entière — et comme nous l'avons dit, avec sa cavalerie — dans chacune de ces deux stations. — Il en était autrement de celle des *Martenses* ; elle était coupée en deux, une moitié à Aleth, l'autre dans la seconde Germanie, à *Alta Ripa* aujourd'hui Altrip sur le Rhin, un peu au-dessous de Spire (1). Compte aussi dans les corps légionnaires la cohorte I° Nouvelle-Armoricaine de Grannon, c'est-à-dire le dixième d'une légion (soit 300 hommes). Tout cela fait en infanterie 7,800 hommes, plus 1,000 cavaliers.

Restent les corps extra-légionnaires. Les commentateurs de la Notice les plus modérés dans leurs appréciations, quelques-uns même trop modérés (2), accordent à ces corps (infanterie) en moyenne un millier d'hommes ; et de fait avec les noms pompeux que portent beaucoup d'entre eux, ce chiffre est un minimum.

Nous avons dans la péninsule armoricaine quatre corps extra-légionnaires d'infanterie : les soldats Grannoniens de Grannon, les Maures-Vénètes de Vannes, les Carroniens de Blabia et les Lètes de Rennes, soit ensemble 4,000 hommes d'infanterie ; plus, un corps de cavalerie attaché aux Carroniens de Blabia, et que nous mettrons, comme les autres corps de cavalerie, à 400 hommes.

Donc, tout compté, les troupes stationnées dans la péninsule armoricaine pouvaient monter à 11,800 hommes d'infanterie et 1,400 cavaliers (ensemble 13,200).

Cette petite armée suffisait pour défendre les côtes et assurer la sécurité de l'intérieur contre les coups de main, les attaques habituelles des bandes piratiques. Contre une expédition fortement organisée par les barbares, cette armée réduite à ses propres forces eût été trop faible. Mais le duc d'Armorique n'eût pas manqué dans ce cas de porter à son aide les deux grosses garnisons de Coutances et d'Avranches placées sur la frontière commune des Lyonnaise II° et III°, tout exprès pour pouvoir secourir, selon les cas, l'une ou l'autre province. Et ces deux garnisons, fortes chacune d'une légion complète avec sa cavalerie, faisant ensemble 6,000 fantassins et 800 cavaliers, portaient le total des troupes chargées de défendre la péninsule à 20,000 hommes, armée sérieuse et capable, bien employée, de parer à toutes les éventualités.

La force respective des diverses garnisons ou stations militaires de la péninsule

---

(1) *Not. dig. Occid.* édit. Seeck, cap. 41 ; édit. Böcking, cap. 39, et *Commentaire*, t. II, p. 966. — Les deux chefs commandant les *Martenses* d'Altrip et ceux d'Aleth avaient tous les deux le même titre, *Præfectus militum* ; d'où on doit conclure que la légion se trouvait partagée en deux corps d'égale force, 1,500 fantassins et 200 cavaliers dans chacune des deux stations.

(2) Entre autres Pancirole, suivant lequel *toutes* les forces de l'Empire d'Occident n'auraient pas dépassé 108,000 hommes, — alors que, sous le haut Empire, l'armée chargée de garder la frontière du Rhin comptait à elle seule près de 100,000 hommes.

armoricaine avait été calculée d'une façon très judicieuse en raison de la tâche plus ou moins lourde confiée à chacune d'elles. Les deux plus chargées de beaucoup étaient celles des Osismes et de la place de Mannatias (le Yaudet), qui ensemble devaient veiller à la défense de tout le littoral depuis Reginea jusqu'au cap Gobæum ; aussi chacune d'elles avait une légion complète, 3.400 hommes (fantassins et cavaliers). — Les autres postes, dont le rayon d'action était bien moins étendu, avaient aussi des forces moindres : Aleth, 1.700 hommes, Blabia 1.400, Grannon 1.300 ; Vannes et Rennes, un millier chaque.

Pour terminer cette esquisse de l'occupation militaire de la péninsule armoricaine, il reste à parler des camps romains.

Ils sont abondants, foisonnants, encombrants, ces camps. A en croire les archéologues locaux, pas de commune qui n'en ait au moins un ; si par grand hasard quelqu'une en manque, sa voisine en possède en revanche trois ou quatre. A faire le compte de tous les camps romains signalés par les archéologues romanistes, on arriverait certainement à plus de mille, peut-être au double, pour toute la péninsule.

Or nous venons de voir que l'armée d'occupation n'atteignait pas le chiffre de 14.000 hommes. Avec mille camps *seulement*, cela ferait 14 hommes par poste, c'est-à-dire un véritable émiettement de la force militaire chargée de défendre la péninsule, — et puis plus rien pour garder les places et les côtes, car notez que presque tous ces camps ou soi-disant tels sont situés dans l'intérieur des terres.

Il y en a évidemment beaucoup trop ; beaucoup de ces prétendus camps romains n'en sont pas du tout. Certains archéologues se sont plu à les multiplier indéfiniment ; dès qu'ils avisent un fossé, un rejet de terre, sans rien examiner ils crient : Camp romain !

La moindre taupinée est un *camp* à leurs yeux.

Et pourquoi, à quoi bon cette avalanche de camps dans l'intérieur de la péninsule ? On ne le voit pas du tout.

Sur les côtes c'est différent. L'objectif de l'armée d'occupation, c'était la défense du littoral contre les pirates barbares, surtout contre les descentes des flottes saxonnes dont les ravages imprimèrent sur ce littoral, en lettres de sang et de feu, leur nom détesté : *Littus Saxonicum*. Il fallait donc vers la mer de nombreuses vedettes, de nombreux postes d'observation, prêts à donner l'alarme à la première voile suspecte et à provoquer une assemblée de troupes aux lieux où l'on pouvait craindre un débarquement.

Mais à l'intérieur, après la conquête de la péninsule consommée d'un coup par la terrible défaite des Vénètes, les troupes romaines n'eurent jamais de campagne à faire contre les indigènes. En ce qui touche les barbares, on dut, il est vrai, prévoir le cas où des bandes de pirates, par une descente de nuit ou quelque autre stratagème, forceraient les défenses de la côte et se répandraient dans l'intérieur. Pour parer à cette éventualité, les Romains durent établir sur des points élevés, à portée des voies, surtout au croisement des voies entre elles, des postes gardés par de petits corps chargés de donner l'alarme et même d'opposer aux agresseurs une résistance sérieuse. Par raison d'économie on ne pouvait multiplier les forteresses de pierre, on y suppléa par des retranchements de terre. Il ne s'agissait pas là de camps temporaires, mais de camps statifs, permanents et d'une étendue considérable. Bien souvent, les troupes qui y stationnaient substituèrent aux tentes, surtout pour l'hiver, des baraquements ou des loges de briques; en tout cas, il est difficile que le long séjour des soldats romains dans ces postes militaires n'y ait pas laissé quelque trace, tuiles, monnaies, poteries, armes, ustensiles, etc. Il serait donc prudent, à mon avis, de se borner à tenir pour camps romains les enceintes fortifiées en terre où l'on découvrirait quelques objets, tout au moins quelques débris caractéristiques de l'époque romaine.

Mais, dira-t-on peut-être, que faire alors des enceintes fortifiées où l'on ne trouvera rien de romain?

La question des fortifications en terre, de leurs espèces, de leurs origines, de leurs destinations diverses, est une des plus difficiles de l'archéologie, et qui malheureusement n'a jamais été étudiée de haut, en procédant par comparaison, avec des vues d'ensemble et en mettant à profit toutes les sources d'information.

Nous ne pouvons évidemment la traiter ici. Nous ferons observer toutefois que les origines de ces fortifications sont multiples et extrêmement variées : outre les camps romains il y a les oppidums ou *oppida* gaulois, les retranchements des époques mérovingienne, carolingienne, normande, féodale, etc. Voilà déjà, pour ces enceintes fortifiées, bien des origines et bien des destinations possibles en dehors de la castramétation romaine. Tout récemment, on l'a vu plus haut (p. 153 à 155), on vient d'y ajouter encore une nouvelle catégorie qui promet d'être très nombreuse, celle des châtelliers industriels : catégorie dans laquelle devront rentrer, je le crois, tôt ou tard grand nombre des prétendus camps romains.

En attendant que cette question soit complètement élucidée, il convient d'être très réservé sur cette dernière qualification.

Les changements amenés dans la Gaule et dans l'Empire par les invasions barbares du IIIe siècle ne se bornèrent pas à l'occupation militaire du pays; ou plutôt cette occupation militaire, les soins, les dépenses qu'elle exigeait, les complications administratives produites par les onéreuses nécessités de la défense de l'Empire, tout cela créa une situation nouvelle, bientôt manifestée par de profonds changements dans l'organisation du gouvernement impérial.

Dioclétien, dans ces circonstances critiques, trouva trop lourde pour un seul la tâche de gouverner, d'administrer, de défendre contre les périls nouveaux cet immense Empire. Il s'associa trois collègues, un sous le titre d'Auguste, deux autres sous celui de César; il partagea l'Empire en quatre grandes dominations, administrées souverainement par les quatre personnages impériaux, unis entre eux par un concert préalable et permanent sur les principes et les bases de leur gouvernement.

Cela fit, sinon quatre Empires, du moins quatre gouvernements impériaux :

et dans chacun de ces gouvernements on augmenta, on multiplia le personnel administratif dans des proportions extraordinaires. En même temps — nécessité inéluctable — il fallut renforcer et développer beaucoup les armées.

Dépenses administratives plus que quadruplées, dépenses militaires doublées, de tous côtés s'accrurent, dans une progression croissante, les besoins du trésor.

D'où un accroissement correspondant de l'impôt, qui, comme nous le dirons plus loin, devint au IVe siècle pour les sujets de l'Empire une charge insupportable, et finit par engendrer la plus lourde, la plus ruineuse des tyrannies.

Sous le poids de cette tyrannie, sous le désastre des invasions barbares qu'elle ne parvint pas à arrêter, — nous verrons la péninsule armorique ruinée, dépeuplée, agonisante.

Auparavant nous allons recueillir, dans ses forêts et sur ses rivages, les premiers sons de la grande parole qui avait déjà commencé à régénérer le monde, l'écho des premières prédications chrétiennes sur les bords armoricains.

Extrait de la NOTICE DES DIGNITÉS DE L'EMPIRE D'OCCIDENT

(Voir ci-dessus p. 163 note 1).

« XXXVII. Dvx Tractus Armoricani.

Sub dispositione viri spectabilis ducis Tractus Armoricani et Nervicani :

1. Tribunus cohortis primæ Novæ Armoricanæ, Grannona in litore Saxonico.
2. Præfectus militum Carronensium, Blabia.
3. Præfectus militum Maurorum Venetorum, Venetis.
4. Præfectus militum Maurorum Osismiacorum, Osismiis.
5. Præfectus militum Superventorum, Mannatias.
6. Præfectus militum Martensium, Aleto.
7. Præfectus militum prime Flaviæ, Constantia.
8. Præfectus militum Ursariensium, Rotomago.
9. Præfectus militum Dalmatorum, Abrincatis.
10. Præfectus militum Grannonensium, Grannono.

« Extenditur tamen Tractus Armoricanus et Nervicanus per provincias quinque : per Aquitaniam primam et secundam, Senoniam, secundam Lugdunensem et tertiam. » (Edition Seeck, p. 204-205).

Dans la liste des légions de l'Empire d'Occident donnée au chap. V de la Notice, les *Ursarienses* figurent parmi les légions dites *comitatenses*, — et parmi les légions *pseudo-comitatenses* on trouve les *Mauri Osismiaci*, les *Superventores*, les *Martenses*, la *Prima Flavia Gallicana Constantia*, et enfin les Dalmates d'Avranches désignés sous le nom d'*Abrincateni*. (Edit. Seeck, p. 126, 127). Les corps de troupes étaient en effet désignés par le nom du pays où ils tenaient garnison, ou de celui où ils avaient d'abord été formés. Ainsi le nom de *Carronenses* (n° 2 ci-dessus), contraction de *Carrodunenses*, désigne un corps formé dans le pays de *Carrodunum*, ville de la Pannonie supérieure mentionnée par Ptolémée, et peu éloignée de Stridon la patrie de S. Jérôme (voir Böcking, *Not. Occ.* p. 281). Quant aux *Ursarienses* de Rouen (n° 8), ils devaient venir d'une île *Ursaria*, voisine de la ville de Pola près Trieste, et d'un bourg d'Istrie aussi appelé *Ursaria* (Böcking, *Ibid.* p. 247).

Un mot enfin sur le titre de *Præfectus militum* qui revient neuf fois dans le chap. xxxvii ci-dessus. En fait de préfets militaires, la *Notice de l'Empire d'Occident* mentionne les suivants :

« **Præfectus** *legionis,* — *cohortis,* — *alæ* (corps de cavalerie), — *numeri* (corps d'infanterie), — *classis,* **Præfectus** *equitum,* » et enfin « **Præfectus** *militum.* » Sauf les deux derniers, la nature du commandement des autres préfets est assez bien indiquée par leur titre. Mais *Præfectus militum* est aussi vague que possible; comme on le trouve opposé à *Præfectus equitum,* il faut seulement conclure que le *Præfectus militum* ne commandait d'habitude qu'à des gens de pied. Ce titre peut d'ailleurs être donné à tout officier commandant un corps de troupes pédestres, quel que soit ce corps, aussi bien une légion ou une fraction de légion qu'un détachement extra-légionnaire. Il y avait certainement des *præfecti militum* à la tête de beaucoup de légions; car la *Notice d'Occident* énumère 62 légions, et l'on n'y trouve que 22 officiers qualifiés *Præfectus legionis;* encore la plupart d'entre eux ne commandent que des fractions de légions puisque sous ces 22 *præfecti legionis* on ne trouve, de compte fait, que 12 légions. (Voir *Notice d'Occ.* édit. Seeck, cap. XXVIII, n° 19; XXXII, 46 à 48; XXXIII, 53 à 56, et 65; XXXIV, 25, 27, 37-39, 41; XXXV, 17-19, 21, 22; XL, 18; XLII, 26). — Il y avait donc 50 légions qui, n'ayant point de *præfectus legionis,* devaient être commandées par des *præfecti militum,* et il n'est pas douteux, par exemple, que les légions nommées aux n°⁵ 4, 5, 6, 7, 8, 9 du chapitre XXXVII ci-dessus ne fussent dans ce cas. Voir au reste ce que nous en avons dit plus haut, p. 166 et 167.

V

COMMENCEMENTS DU CHRISTIANISME
DANS LA PÉNINSULE ARMORICAINE.

§ 1er. — *La religion des Gaulois et des Gallo-Romains après la conquête.*

ES druides conservèrent leur influence en Gaule longtemps après la conquête romaine. Beaucoup d'entre eux pendant la guerre n'avaient pas montré une haine féroce contre les conquérants. L'un des principaux, le druide Divitiacus avait même été le conseiller, le familier de Jules César.

Néanmoins les empereurs les traitèrent durement. Auguste (mort en l'an 14 de J.-C.) interdit aux citoyens romains de pratiquer « la cruelle religion des Druides, *Druidarum religionem diræ immanitatis,* » et Claude (empereur de 41 à 54) étendit cette défense à tout le monde (1). L'expression employée en cette double circonstance permet, il est vrai, de faire porter exclusivement la défense sur les sacrifices humains. Mais ce qui est singulier, c'est qu'entre ces deux interdictions, Tibère (empereur de 14 à 37) avait par un sénatus-consulte supprimé les druides (2). S'il n'y avait plus de druides depuis Tibère, la seconde interdiction, portée par Claude, était bien superflue.

En réalité, après le sénatus-consulte de Tibère comme après les édits d'Auguste et de Claude, les druides continuèrent de subsister. Le motif de ces édits n'était qu'un prétexte, car au temps de Claude, même dès le règne d'Auguste, les sacrifices humains étaient tombés en désuétude (3). Mais entre les institutions romaines et le druidisme la conciliation était difficile. Les druides étaient avant tout un collège de savants, de philosophes, comme les appelle Diodore de Sicile. Leur science, leur philosophie, les connaissances supérieures qu'ils s'attribuaient, étaient la base de la confiance, du respect extraordinaire professé pour eux par les Gaulois. Ceux-ci leur confiaient l'éducation de leurs enfants, le jugement de toutes leurs contestations et le jugement sans appel, car quiconque n'acceptait pas leur sentence était frappé par les druides d'un interdit qui (dit César) le mettait dans l'opinion publique au rang des impies et des scélérats; chacun le fuyait, lui refusait tout service, toute relation. Le droit de jeter un tel interdit sur quiconque

(1) Suétone, *Claude,* cap. 25.
(2) Pline, édit. Hardouin livre XXX, chap. 4.
(3) Voir E. Desjardins, *Géogr. de la Gaule romaine,* III, p. 294.

n'acceptait pas leur autorité, c'était le fondement le plus assuré de leur puissance : droit incompatible avec l'organisation apportée en Gaule par les Romains,
qui avaient créé des juges auxquels il était loisible à chacun de s'adresser plutôt
qu'aux druides pour avoir justice, et des magistrats capables de réprimer les
vexations exercées, sous le nom d'interdit, contre les contempteurs de l'autorité
druidique. Les druides donc, voyant le principe de leur puissance battu en brèche
par les institutions romaines, ne pouvaient manquer de leur faire une guerre
tenace, plus ou moins vive, à laquelle les empereurs répondaient par leurs édits
de proscription. Là dedans point de querelle religieuse, point de lutte entre les
dieux de Rome et ceux de la Gaule, car sous ce rapport les druides semblent
avoir été aussi conciliants que le reste des Gaulois.

Ils se défendirent d'ailleurs vaillamment et conservèrent longtemps dans la
Gaule une grande autorité. Après la mort d'Auguste, Strabon (écrivant en l'an 19
de J.-C.) les montre jugeant encore, par voie d'arbitrage, tous les procès civils
des Gaulois, mais privés de la juridiction criminelle (1). Au lendemain de l'édit
de Claude, Pomponius Méla (en l'an 43), après une allusion évidente à cet édit,
fait l'éloge de la sagesse et de la science des druides, qui, dit-il, « enseignent
» une quantité de connaissances aux plus nobles de la nation gauloise, enseigne-
» ment donné en secret, pendant longtemps, jusqu'à vingt ans quelquefois, dans
» des cavernes ou dans les profondeurs des forêts (2). » Il n'est plus question ici
de leur juridiction, mais ils gardent la confiance de l'aristocratie gauloise et le
privilège d'élever la jeunesse. Méla vante aussi, nous l'avons vu, le collège des
druidesses de l'île de Sein et le crédit accordé à leurs oracles par les Gaulois
(ci-dessus p. 112).

Lucain, en l'an 65, nous peint les druides vivant sous les grands arbres de
leurs bois sacrés et y célébrant leurs sacrifices (3). Six ans plus tard, ils en sortent
pour se mêler aux agitations de la Gaule pendant la guerre civile qui donna
l'empire à Vespasien ; dans cette guerre le Capitole de Rome brûle, aussitôt les
Druides agitent l'opinion publique en persuadant au peuple que cet incendie,
signe de la colère céleste, annonce la translation de l'empire du monde à la
Gaule transalpine (4).

Pline, dans son *Histoire naturelle*, écrite l'an 77 de J.-C., dissertant sur les herbes
et les plantes, parle à ce propos des Druides qui attribuaient à certaines d'entre
elles des vertus extraordinaires, auxquelles l'auteur n'a pas grande confiance ; on
conclut de là qu'à cette époque les druides étaient réduits pour vivre à la médecine
empirique et à l'art vétérinaire, et l'on s'écrie aussitôt : Quelle décadence ! — Si
l'on avait lu Pline avec plus d'attention, on se serait épargné ce cri ; il a un passage
où les druides figurent sous un tout autre aspect. C'est la description de la célèbre
cueillette du gui sacré :

« Aux yeux des druides (ainsi les Gaulois appellent leurs mages) rien n'est
plus sacré que le gui et l'arbre qui le porte, pourvu que ce soit un chêne rouvre,

(1) Strabon liv. IV, ch. 4, § 4.
(2) *De Situ Orbis*, lib. III, cap. 2.
(3) *La Pharsale*, livre I, vers 450-465.
(4) Tacite, *Histoire*, livre IV, ch. 54.

car pour bois sacrés ils veulent aussi des bois de chênes rouvres. Tout gui poussant sur le chêne rouvre est regardé par eux comme venant directement du ciel. Et le gui sur le rouvre étant extrêmement rare, quand on en trouve, on le cueille avec un très grand appareil religieux. Avant tout, il faut que ce soit le 6e jour de la lune, commencement de leurs mois, de leurs années et de leur cycle qui dure trente ans... Dans leur langue, ils nomment le gui *Celui qui guérit tout*. Après avoir, selon les rites, préparé sous l'arbre des sacrifices et un repas, ils font approcher deux taureaux blancs dont les cornes sont liées au joug pour la première fois. Un prêtre vêtu de blanc monte sur l'arbre, et coupe, avec une serpe d'or, le gui qui est reçu sur une saie blanche. Puis on immole les deux taureaux, et l'on prie Dieu de rendre le don qu'il a fait (c'est-à-dire le gui) propice à tous ceux auxquels il l'accorde (1). »

Les druides sont ici autre chose que des vétérinaires ou des médecins empiriques. Dans une cérémonie solennelle, avec sacrifices, victimes de choix, repas sacré, vêtements de fête, instruments précieux, rehaussée en un mot de toutes les pompes religieuses, les druides jouent le premier rôle et un rôle hautement sacerdotal. Les hommes qui président à de telles fêtes ne se cachent pas, comme on le prétend, dans leurs bois sacrés ; ils y vont célébrer leurs mystères, mais ils marchent la tête haute, sans avoir l'air de se soucier des édits des empereurs.

Pline écrivait en 77 de J.-C. Comme après cette date il n'est plus nulle part (dit-on) question de druides en Gaule, on conclut qu'ils ne survécurent point à cette année-là. Conclusion un peu trop précipitée. Une institution entourée d'un tel éclat ne meurt pas du jour au lendemain ; elle peut être en décadence, mais sa décadence dure longtemps. Ainsi en fut-il de celle des druides. Les trois ou quatre femmes qualifiées druidesses, qu'on rencontre dans l'histoire du IIIe siècle, ont assez l'air, j'en conviens, de diseuses de bonne aventure, mais le titre qu'on leur donne prouve du moins la persistance du druidisme. Et en effet on en retrouve au IVe siècle un témoignage dont on ne saurait méconnaître la signification.

Le poète Ausone (qui fut consul en 379) parle de deux professeurs de l'école de Bordeaux, l'un son contemporain, l'autre plus ancien, mort, ce semble, dans la première moitié du IVe siècle, qui tous deux se vantaient de descendre de familles de druides. Le premier appelé Phœbitius, de race armoricaine sans autre désignation plus précise, avait été gardien d'un temple de Belenus (2). L'autre nommé Attius *Patera* était issu, dit Ausone, d'une race de druides de Baïeux, consacrée elle aussi au service d'un temple de Belenus. Ausone appelle ce dieu gaulois « le mystérieux *Apollinaire* » parce qu'il était à ses yeux frère ou cousin de l'Apollon des Romains, et il nous apprend que les prêtres gaulois de cet Apollinaire portaient le nom spécial de *Patera*, dont, pour cette raison même, Attius avait fait son surnom (3). Attius Patera célébré par Ausone touchait donc à l'époque où le culte de Belen était encore tout gaulois et devait être par conséquent confié à un druide : d'où l'on peut induire la persistance du druidisme en Gaule au moins jusqu'à la fin du IIIe siècle.

(1) Pline, *Hist. natur.* édit. Hardouin, livre XVI, ch. 95.
(2) « Stirpe satus Druidum gentis Aremoricæ. » Ausonii *Commemoratio professorum Burdigalensium*, x, vers. 18-24.
(3) Id. *Ibid.* iv, vers. 7-14. On trouvera ce passage plus loin, p. 185.

De ce que les deux professeurs Attius et Phœbitius se vantaient de leur descendance druidique, on peut conclure aussi que ce nom de druides était très connu en Gaule au IVᵉ siècle et y avait un bon renom : preuve que si le druidisme n'y existait plus, il n'était pas éteint depuis longtemps.

Les druides méritaient cette bonne renommée. Leur médecine laissait peut-être à désirer, mais dans leur philosophie il y avait un point dont on ne leur peut savoir trop de gré : c'est leur fidélité, leur zèle à défendre, à propager le dogme de l'immortalité de l'âme, des peines et des récompenses dans l'autre vie : zèle attesté par tous les auteurs anciens qui ont parlé des druides. C'est donc à eux que la Gaule dut de connaître, avant le christianisme, ce principe supérieur, véritable générateur de toute justice, de toute grandeur, de toute générosité dans les sociétés humaines.

Mais, nous l'avons vu (p. 62 ci-dessus), il ne faut pas confondre le druidisme avec la religion primitive et nationale de la Gaule. Le druidisme était surtout une philosophie, une doctrine supérieure qui dans toute son étendue n'était communiquée qu'aux adeptes. Ceux-ci formaient entre eux une association puissante, directrice de la nation, qui instruisait la jeunesse, rendait la justice, présidait aux sacrifices, mais ne semble pas être beaucoup intervenue dans le choix des divinités auxquelles on les offrait, dans la constitution de ce qu'on pourrait appeler l'Olympe gaulois, — d'autant que cet Olympe étant déjà constitué avant l'entrée du druidisme dans les Gaules, il eût été maladroit et dangereux de ne pas l'accepter tel quel.

Quant aux divinités primordiales des Gaulois, toutes les recherches auxquelles on s'est livré jusqu'ici n'ont guère abouti qu'à des systèmes, très profonds sans doute mais passablement obscurs et plus riches en conjectures qu'en preuves. Le plus sûr est de partir de l'idée générale énoncée par César, qui après tout en savait à cet égard beaucoup plus que n'en peuvent découvrir aujourd'hui toutes nos recherches; le malheur est qu'il en a trop peu dit.

Cette idée, c'est que les dieux gaulois, surtout les plus importants, avec leurs noms, leurs caractères originaux et leur physionomie nationale, avaient aux yeux de leurs adorateurs un genre de puissance et d'attributions sensiblement analogues à celles des principaux dieux des autres nations. Il cite en particulier Mercure, Apollon, Mars, Jupiter et Minerve (1), — auxquels correspondent, on le sait, les dieux Gaulois Teutatès, Belen, Esus, Taranis, Belisama. Après la conquête romaine, la tendance naturelle des Romains et même celle des Gaulois fut de multiplier les rapprochements, les alliances, les rencontres entre les dieux des deux peuples. Il en existe une preuve éclatante dans les autels païens découverts (en 1710) sous le chœur de Notre-Dame de Paris, où l'on voit sculptés sur deux des faces deux dieux gaulois, sur les deux autres deux divinités romaines (2).

(1) « De his (diis) eamdem fere quam reliquæ gentes (Galli) habent opinionem » (Cæsar, lib. VI, 17).
(2) Dans deux de ces autels surtout l'intention d'alliance entre les deux cultes est évidente : l'un d'eux porte sur deux faces Jupiter et Vulcain ; sur les deux autres *Esus* et *Tarvos Trigaranus*. L'autre : sur deux faces, Castor et Pollux ; sur les deux autres le dieu *Cernunnos* (dieu cornu) et l'Hercule Gaulois.

Il existe en Bretagne un monument analogue, plus curieux encore peut-être, car on dirait une réponse faite par les Gaulois aux avances émanant des Romains, exprimées dans les monuments que l'on vient de rappeler. Ce monument, découvert il y a quelques années par l'un des plus éminents archéologues de notre province, M. Paul du Châtellier, est un menhir ou plutôt un lec'h de granit en forme de cône tronqué, de 3 mètres de haut (1), sur le pourtour duquel sont sculptées six figures humaines d'une hauteur moyenne de 1ᵐ 30.

Deux des figures reproduisent si exactement les attributs de Mercure et de Mars comme les Romains les représentaient, qu'on ne peut douter de l'intention du sculpteur. Ces deux figures sont nues comme la plupart du temps celles du Mars et du Mercure des Romains. L'une d'elles est coiffée d'un pétase ailé, tient une bourse de la main droite, de la gauche un caducée de la forme la plus classique ; un personnage plus petit, dont la tête atteint seulement la ceinture du dieu, lie sa main droite à la main gauche de Mercure qui semble lui servir de guide. D'après César, en effet, les Gaulois, entre autres attributions, donnent à leur Mercure le soin de guider les voyageurs. Le personnage homme est ici, selon la tradition classique, de taille beaucoup moindre que le dieu. C'est on peut dire une fusion complète de Mercure et de Teutatès.

Un peu plus loin une autre figure nue, fortement râblée tient de la main droite une lance la pointe en bas, et appuie la gauche sur un grand bouclier ovale. De chaque côté de sa tête retombent deux appendices un peu recourbés, où l'on ne peut guère voir des cornes analogues à celles du dieu Cernunnos, car celles-ci dressent fièrement leurs pointes vers le ciel. On a plutôt eu l'idée, ce semble, de coiffer la tête de Mars d'une sorte de casque (de forme très primitive), comme on le fait d'habitude dans ses représentations classiques.

Entre ce Mars et le Mercure qui précède, est sculptée une autre figure nue, s'appuyant de la main gauche sur une massue dont l'extrémité taillée en pointe triangulaire porte sur le sol, et tenant de la main droite, élevée à la hauteur de la tête, un objet de forme allongée qu'on ne peut guère déterminer. M. du Châtellier voit dans ce personnage Taranis, le dieu de la foudre ou le Jupiter gaulois. Cette figure ne ressemble guère au Jupiter romain.

Les deux dernières figures sont malheureusement très frustes ; l'une, vue de face et nue, est celle d'un homme, dont le bras gauche pend le long de la cuisse et dont la main droite, levée à la hauteur de la tête, touche un objet allongé qui dépasse l'épaule droite et semble descendre derrière le dos (peut-être un carquois?) Contre la jambe gauche de ce personnage se dresse une masse allongée, informe, où l'on croit reconnaître un animal. — L'autre figure, figure de femme drapée d'une sorte de tunique à grands plis, est placée tout près de la figure d'homme et semble toucher son bras droit. — Dans ces deux derniers personnages, M. du Châtellier voit Belen et Belisama, l'Apollon et la Minerve des Gaulois.

(1) Ce monument a été exhumé, en 1878, d'un champ où il était enfoui, lequel dépend du village de Kervadel, en Plobanalec (canton de Pont-l'Abbé, arrondissement de Quimper, Finistère). M. du Châtellier l'a fait transporter à son château de Kernuz près Pont-l'Abbé. En 1879 il rendit compte de cette belle découverte dans la *Revue archéologique* ; il en a donné aussi une description avec trois planches en héliogravure dans *Paysages et monuments de la Bretagne, canton de Pont-l'Abbé*, p. 5 à 7.

Rien de romain dans ces deux figures ni dans celle de Taranis; les deux autres au contraire sont la reproduction exacte de Mars et Mercure à la mode romaine. Ce monument très curieux est donc conçu exactement dans le système des autels du chœur de Notre-Dame : les Gaulois y ont leur part, trois personnages; les Romains trois personnages aussi, puisque le Mercure en comporte deux.

On a cru voir encore une divinité gauloise dans une statue de granit exhumée au XVIIIᵉ siècle près du village du Rillan en Saint-Brandan, découverte parmi une grande quantité de débris de l'époque romaine dont on a parlé plus haut (p. 129). Cette statue, qui a perdu sa tête, est engagée par le dos dans un jambage ou pilastre carré, en sorte qu'elle offre seulement la partie antérieure du corps. Elle est haute de 1ᵐ 65ᶜ des pieds au cou; le corps très large offre un développement de 0ᵐ 85ᶜ d'un coude à l'autre. Le personnage est vêtu d'une blouse ou tunique qui du col descend un peu au-dessus du genou, et tellement juste qu'elle dessine le relief de la poitrine; une ceinture haute de six doigts soutient cette tunique à la hauteur de la taille. Les jambes, assez grossièrement modelées sont tout d'une venue, ainsi que les pieds. Le bras droit est allongé contre le corps jusqu'au dessous de la ceinture et la main porte une boule semblable à une balle de paume. L'autre bras est légèrement recourbé, la main gauche, aux cinq doigts très distincts, descend un peu au-dessous de la ceinture et tient une massue dont l'extrémité supérieure s'épanouit à la hauteur de l'épaule comme la masse qui, dans le jeu de la paume, est destinée à recevoir la balle.

Le costume étant assez celui des paysans des XIIᵉ et XIIIᵉ siècles, on serait tenté de voir dans cette statue un joueur de paume. Mais le style, quoique rude, n'est pas celui du moyen-âge. Puis il faut tenir compte du milieu tout gallo-romain où on a trouvé cette effigie. M. G. du Mottay, qui l'a signalée le premier, « croit y voir l'Hercule Gaulois (1). » Bien qu'elle ne porte aucune inscription, tous les gens du pays (je l'ai constaté) l'appellent *saint Auron* ou *saint Tauron*, on ne peut trop dire lequel, la prononciation étant la même. Il n'y a aucun saint de ce nom; mais aux yeux des paysans bretons toute statue ancienne ne peut être que celle d'un saint. Même en écrivant *Tauron, Toron,* on ne peut guère ramener cela à *Taran* (Taranis); puis dans cette corpulente effigie d'aspect assez débonnaire il n'y a rien du dieu de la foudre. Si l'on y doit voir un dieu gaulois — et je n'y fais nulle objection, — ce doit être un dieu local, *Auronus.*

Nous trouvons en Bretagne, à Montafilant près de Corseul, le culte d'une autre divinité gauloise presque aussi peu connue qu'Auronus, la déesse gauloise *Sirona,* à qui est dédiée cette inscription (2) :

NVM. AVG. DE

SIRONA. CA ··

MAGIVSA. LIB.

V. S. L. M.

(1) Voir *Voies romaines des Côtes-du-Nord,* p. 47-48; *Annuaire des C.-du-N.* de 1875, p. 60-63 et une double planche au trait en tête de l'Annuaire; *Répert. archéol. des C.-du-N.* p. 267.
(2) Gaultier du Mottay, *Rép. archéol. des Côtes-du-Nord,* p. 453, d'après M. Mowat.

On a trouvé le nom de Sirona dans quelques autres inscriptions, à Rome, aux bords du Rhin, à Bordeaux. On la regarde comme une divinité gauloise ayant la garde des eaux minérales (1).

Les autres divinités dont le culte dans la péninsule armoricaine nous est connu, soit par des textes écrits soit par des monuments figurés, portent toutes des noms célèbres dans l'Olympe gréco-romain. Les principales sont Mars, Bacchus, Vénus, Vulcain, Lucine ou les déesses-mères.

Mars, d'après les notions venues jusqu'à nous, semble avoir été le plus honoré. La capitale des Curiosolites était en quelque sorte son sanctuaire, puisqu'elle se nommait *Fanum Martis*; il y possédait un temple grandiose, cette tour octogone du Haut-Bécherel, qui réduite aujourd'hui à trois pans de mur, lève encore son front à 30 mètres de hauteur, domine majestueusement tout le pays et reste l'une des belles ruines gallo-romaines du Nord-Ouest de la France. Ce sanctuaire était entouré de vastes dépendances, dont les substructions existent encore : d'abord se développait à droite et à gauche du temple une spacieuse galerie large de 7m50, longue de 85m, orientée du Nord au Sud, au point milieu de laquelle s'ouvrait le sanctuaire octogone, placé un peu en arrière, à l'Ouest. Devant cette galerie (à l'Est) s'étendait un ample *atrium* ou cour d'honneur de forme rectangulaire, bordée au Nord et Sud par deux autres galeries, et à l'Est par un portique. L'aire de cette cour mesurait en largeur du Nord au Sud 65m, et en profondeur, de l'Est à l'Ouest, c'est-à-dire, du portique à la galerie sur laquelle s'ouvrait le temple, environ 70 mètres. A l'entrée de la cour, les deux angles Nord-Est et Sud-Est étaient occupés par deux grands pavillons, qui avec quelques autres constructions s'ouvrant sur les galeries, servaient à loger les prêtres, les gardiens du temple, en un mot, le personnel des serviteurs du dieu. Le sanctuaire et ses dépendances occupaient au moins un hectare de terrain (2). C'était là, on le voit, un établissement religieux de haute importance, et dont l'action, grande dans la contrée, explique bien la persistance (signalée plus haut, p. 121) du paganisme à Corseul.

Il y a lieu de croire, avec M. Desjardins (3), que la légion qui tenait garnison à Aleth s'était recrutée principalement chez les Curiosolites et avait pris le nom de *Martenses* (enfants de Mars) en l'honneur du dieu chéri de ce peuple.

Mars était aussi fort honoré chez les Namnètes, mais c'était une variété de Mars plus gauloise peut-être que romaine, à en juger par le surnom *Mogon* qu'on lui donne, et par le nom du dévot qui éleva un temple à ce *Mars Mogon* : c'est

(1) Voir E. Desjardins, *Géogr. de la Gaule*, II, 461, 514 ; et Mathiæ, *De Sirona dea prolusio.* — La prétendue statuette de *Sirona* de Corseul est simplement celle d'une déesse-mère (voir *Bull. archéol. de la Mayenne*, 2e série, t. X (1895) p. 190-191). Le nom sranav inscrit sur la base est celui d'un potier du Mans un peu altéré par le déplacement d'une syllabe, mais facile à rétablir. Son nom figure sur une liste de potiers gallo-romains publiée par M. de Caumont dans son *Abécédaire archéologique, Ere gallo-romaine* (édit. 1862, p. 399) ; ce nom est savranus ou savran ; sur la statuette de Corseul, les 2e et 3e lettres de ce nom ont été par erreur transposées à la fin ce qui a donné sranav ; pour obtenir le vrai nom il suffit de les remettre à leur place ; les erreurs de ce genre sont fréquentes. Il faut modifier en ce sens ce que nous avons dit ci-dessus p. 118, lignes 20-21.

(2) Voir *Rapport sur les fouilles pratiquées en 1868 et 1869 au Haut-Bécherel, en Corseul*, par le président Fornier, dans *Mémoires de la Société d'émulation des Côtes-du-Nord*, t. VIII, p. 3 à 18 (avec plan) ; et Liger, *Les Coriosolites*, dans *Bull. archéol. de la Mayenne*, 2e série t. X (1895) p. 203 à 210 (plan).

(3) E. Desjardins, *Géogr. de la Gaule romaine* I, p. 324 ; II, 486-487 ; III, 491.

ce Namnète unique en son genre, le seul qui eût gardé son nom celtique, c'est Agedovir avec sa fille Toutilla, voici leur inscription trouvée dans les fouilles du chœur de Saint-Pierre de Nantes et conservée aujourd'hui au Musée de la ville :

```
A V G   M A R T I   M.
. . O N I   S I G N V M
CM  SVO  TEMPLO
ET  ORNAMENTIS
OMNIB. SVO ET TOVTIL
LAE FILIÆ NOMINE
AGEDOVIRVS  MO.
.RIC FIL V. S. L. M.
```

(Traduction) *A l'auguste Mars Mogon* ou *Mars Mulion* [en lui consacrant] *cette statue avec son temple et tous ses ornements, en son nom et celui de sa fille Toutilla, Agedovir, fils de Mo..ric, a payé son vœu de bon cœur et à bon titre* (1).

Il y avait chez les Namnètes, sur la rive gauche de l'Erdre, une grande forêt dite *forêt de Mars* parce qu'elle était dédiée à ce dieu, et qui est aujourd'hui représentée par les marais de Petit-Mars. Sur le bord de ces marais, au Nord, on a découvert deux monuments fort étranges dans un pays où jusqu'à présent on ne connait pas trace d'habitations antiques, à savoir, un théâtre et un cirque, tous deux en la commune de Petit-Mars et au Sud de ce bourg (2). Le théâtre est très primitif, très simple dans sa construction, mais son enceinte est très vaste : l'axe de l'hémicycle a de longueur 53 mètres et son ouverture 74. — Le cirque aussi est immense ; c'est une sorte d'ellipsoïde dont le grand axe dirigé du Nord-Ouest au Sud-Est se termine (au Sud-Est) par une pointe dessinant une sorte d'ogive ; ce grand axe a de longueur 223^m, l'axe transversal 173. Aux temps antiques, ces deux monuments devaient se trouver dans la forêt. Au printemps, les Namnètes, gens de la ville et de la campagne, Gallo-Romains et Gaulois, s'y rassemblaient pour fêter le dieu auquel la forêt était dédiée. Dans le cirque galopaient des bandes de chevaux se disputant le prix de la course. Sur le théâtre se développaient des luttes athlétiques et des exercices d'adresse — car dans un hémicycle aussi vaste des acteurs dramatiques n'auraient pu se faire entendre.

Telle était vraisemblablement la destination de ces curieux monuments. Telle était chez les Namnètes la popularité du culte de Mars.

(1) *Catalogue du Musée archéologique de Nantes* par M. Parenteau, Nantes, 1869, p. 30 et planche VII. La traduction de M. Parenteau porte : « ... *Agedovir, fils de Moderic.* » Mais sur la planche, qui reproduit une photographie, les 3e et 4e lettres du nom lu *Modéric* par M. Parenteau sont, par usure et mutilation de la pierre, entièrement disparues. On a donc toute liberté de les restituer autrement, de façon à former un nom plus gaulois que *Moderic*. — A la fin de la 1re ligne de cette inscription il reste un espace fruste assez grand pour y loger une lettre, et au commencement de la 2e ligne un autre espace fruste où il en pourrait tenir deux ; aussi, au lieu de la lecture MOGONI adoptée par M. Parenteau, M. le commandant Mowat propose de lire MVLIONI. Une inscription découverte à Craon (Mayenne) offre très lisiblement cette épithète donnée à Mars, tandis que l'on n'a trouvé nulle part, lisible et certaine, l'épithète *Mogon* ou *Mogoni*; MVLIONI semblerait donc préférable; voir Maître, *Villes disparues*, p. 507.

(2) Le théâtre dans le pré, autrefois lande de Coussol ; le cirque dans un terrain dépendant du village du Breil. Voir, sur ces monuments, *Les Villes disparues des Namnètes* de M. Maître, p. 3 à 16, 21-22, 25-26.

Quant à Bacchus, il possédait à Rennes, on l'a vu, un temple important, fort honoré et fort riche. Nous ne pouvons rien ajouter à ce que nous en avons dit plus haut (p. 137-139).

Dans cette grosse et forte statue de femme aujourd'hui reléguée au château de Quinipili près Baud, mais qui trôna longtemps sur la montagne de Castennec près du prieuré de la Couarde, c'est-à-dire au beau milieu de la station gallo-romaine de Sulim (voir ci-dessus p. 97), quelques-uns ont voulu voir une déesse égyptienne, une Isis, et prétendu que c'était le comte Pierre de Lannion qui l'avait baptisée du nom de Vénus en 1696, quand il la transporta à Quinipili (1). Cette opinion ne nous semble pas fondée : ni dans le style, ni dans les attributs, cette statue n'a rien d'Isis; il serait facile de montrer qu'elle diffère beaucoup des représentations habituelles de cette déesse. Aussi, longtemps avant 1696, la tenait-on communément pour une Vénus. Le peuple, qui actuellement ne connaît plus le nom de Vénus, l'appelait, à cause du lieu où elle était plantée, *Er Groach Houard*, la Vieille de la Couarde ou, par abréviation, *la Vieille Couarde;* mais le culte superstitieux qu'on lui rendait, la façon dont elle était représentée, décelaient infailliblement Aphrodite.

Elle était dressée sur une butte de gazon, en guise de socle. Non seulement les goutteux, catharreux, rhumatisés, allaient frotter leurs membres contre cette statue en lui faisant des offrandes; mais les femmes après leurs couches se baignaient dans une vaste cuve de pierre placée près d'elle; les jeunes gens et spécialement « les jeunes filles qui avaient envie de se marier lui faisaient leurs » offrandes d'une manière indécente, pour obtenir leurs souhaits (2). » — Quant à l'idée du sculpteur, elle se trahissait par l'exagération intentionnelle de toutes les rondeurs féminines de la statue, au point qu'en 1668, trente ans avant le comte Pierre de Lannion, un auteur la qualifiait de Vénus *Callipyge* (3), et quand Lannion voulut en orner son château, il fut obligé de « la faire retailler et ôter » *ce qu'elle avoit d'indécent dans sa forme* (4). » Pas d'autre déesse que Vénus à qui tout cela puisse convenir.

Il ne faut pas oublier non plus les trois lettres I I T (5) sculptées en relief sur le bandeau frontal de la statue et qui figuraient aussi sur la tête de Vénus décorant les monnaies de la *gens* Julia (voir ci-dessus p. 97).

La *retaille* prescrite par Lannion fut d'ailleurs exécutée consciencieusement, nous en pouvons juger aujourd'hui : la statue est toujours forte et mafflue, haute

---

(1) Cayot-Delandre, *Le Morbihan*, p. 392.
(2) Relation écrite vers 1701, dans Bizeul, *Voies romaines du Morbihan* p. 141 ; cf. Cayot-Delandre, p. 390.
(3) Voir *Hist. de S. Gildas et de l'abbaye de Saint-Gildas de Ruis*, Biblioth. Nat. ms. fr. 16.822, p. 257.
(4) Relation de 1701, dans Bizeul, *Ibid.* p. 142.
(5) Dans le *Dictionnaire de Bretagne* d'Ogée (nouv. édit. I, 72) M. Moët de la Fortemaison (qui veut faire de la statue une divinité arabe du nom de *Lit/* prétend que le bandeau porte LIT et non IIT, que le crochet de l'L a été cassé, etc. Mais M. Mérimée, bien plus versé dans la lecture des inscriptions, déclare formellement que « l'on a cru y voir LIT, mais c'est bien IIT. » Telle est en effet la vraie lecture. Voir Mérimée, *Notes d'un voyage dans l'Ouest de la France*, p. 226 ; et La Monneraye, *Géogr. anc. de la pénins. armor.*, p. 38.

de 6 pieds 1/2, avec 4 pieds 1/2 de tour d'épaules, face longue d'un pied et le reste à l'avenant (1); mais devant et derrière, ses « avantages » sont réduits à un relief très modeste.

Elle est entièrement nue, sauf une bandelette autour de la tête pour retenir ses cheveux et une sorte d'étole descendant du col jusqu'à mi-cuisses. Elle est debout, les jambes engagées dans le bloc où on l'a taillée; les bras très grêles (ils ont dû être retaillés) pliés à angle droit, les mains posées sur le ventre, l'une au-dessus de l'autre; les yeux à fleur de tête faiblement marqués, sans expression, le nez aplati, la bouche indiquée d'un coup de ciseau. — Près de la statue et comme elle en granit gris, était une grande cuve ou bassin extrêmement lourd de forme rectangulaire, terminé circulairement à l'une de ses extrémités (2).

Par quelle aventure cette Vénus gauloise fut-elle renversée de son trône de Castennec pour aller orner le château de Quinipili? L'histoire n'en est pas sans intérêt.

Le clergé du pays tonnait depuis longtemps sans résultat contre le culte superstitieux agrémenté d'indécences rendu à la Vieille Couarde. En 1660, Charles de Rosmadec, évêque de Vannes, en faisant sa visite pastorale, ordonna de détruire l'idole. L'année suivante, une mission ayant eu lieu à Baud qui n'est guère qu'à deux lieues de Castennec, Claude comte de Lannion, seigneur de Quinipili, sur la demande des missionnaires, envoya ses gens qui renversèrent la statue et « la firent rouler du haut en bas du rocher dans la rivière. » Sur la butte où elle avait longtemps trôné on érigea une croix. En cette année 1661, il y eut beaucoup de pluie et fort peu de blé. Les paysans attribuèrent cette disette au bain forcé infligé à la Vieille de la Couarde et s'agitèrent pour qu'on y mit fin.

« En l'an 1664, l'agent de la maison de Kervent (qui est une seigneurie sur la limite des paroisses de Melrand et de Bieuzi) fit tirer la statue de la rivière avec grande peine et à force de plusieurs paires de bœufs, et la fit mettre sur la terre, où elle est pour le jour d'huy couchée sur le dos (dit une relation de 1668), et se voit sur le bord de la rivière, mais mutilée en plusieurs parties de son corps, car on lui a cassé les joues, les mamelles et autres endroits du corps à coups de marteau, et neantmoins peut-on encore aisément connoître que c'étoit véritablement la figure de Vénus, par l'épithète de *Callipyga* que les poètes lui ont attribuée (3). »

Ainsi couchée sur le dos au bord du Blavet dans une position fort incommode, la Vieille de la Couarde n'en vit pas moins ses fidèles revenir vers elle et lui rendre les hommages accoutumés. Aussi, quelques années après, en 1670, l'évêque de Vannes Rosmadec, pour en finir, pria de nouveau le comte de Lannion de faire briser la statue; le comte chargea de cette mission des ouvriers qui se contentèrent de lui entailler un bras, l'un des seins, et de la replonger dans le Blavet. Ce nouveau bain se prolongea beaucoup plus que l'autre; c'est seulement en 1696 que Pierre de Lannion, fils et héritier de Claude, la fit repêcher et

(1) Mesures données par Penhouët, *Antiq. égypt. du Morbihan*, p. 3.
(2) Longueur 2ᵐ 10, largeur 1ᵐ 78, profondeur 1ᵐ 08, contenance 33 hectolitres 43 litres.
(3) Relation inédite dans l'*Histoire de S. Gildas et de l'abbaye de Saint-Gildas de Ruis*, Biblioth. Nat. ms. fr. 16822, p. 257.

placer dans la cour de son château de Quinipili sur un piédestal à quatre faces chargées d'inscriptions apocryphes en latin pseudo-classique, racontant que cette *Venus Victrix,* l'oracle des Armoricains *[Venus Armoricorum oraculum]* avait été érigée pour accomplir un vœu de Jules César, en l'an de Rome 705. Ayant aussi acquis (en 1698) le grand bassin de granit gris, Pierre de Lannion le fit transporter de Castennec à Quinipili sur des rouleaux par 40 paires de bœufs, le plaça dans la cour de son château à une trentaine de pieds au-dessous de la statue, et y fit tomber, par des tuyaux, un courant d'eau qui tenait la cuve toujours pleine (1).

Indignés de voir l'idole soustraite à leur culte par le comte de Lannion qui la tenait renfermée à huis clos, les paysans excitèrent les hommes d'affaires du duc de Rohan, seigneur supérieur de Castennec, à faire un procès au comte, qui le gagna non sans peine au bout de trois ans (en 1701). Mais les obstinés dévots de la Vieille Couarde continuèrent de protester à leur manière : plus d'une fois ils forcèrent l'enclos de Quinipili pour aller rendre hommage à leur déité ; Ogée (2) nous apprend qu'en 1773 et années voisines, on trouvait souvent des pièces de monnaie jetées dans le bassin comme offrandes à la Vénus gauloise.

Un autre monument encore existant sur le territoire des Venètes offre un second et curieux témoignage du culte de Vénus dans la péninsule armoricaine. C'est la chapelle dite aujourd'hui de Sainte-Agathe, au bourg de Langon, près Redon.

Cette chapelle était dans l'origine un monument funéraire gallo-romain, composé de deux parties fort distinctes, séparées l'une de l'autre, qui ont été réunies à une époque relativement récente.

Il y a d'abord une petite abside voûtée en cul de four, tournée vers l'Orient, profonde de 2 mètres et s'ouvrant par une arcade en briques tombant sur des pieds-droits à assises alternatives de pierre et de brique. En face de cette arcade, mais séparée d'elle par un espace vide de 3^m 60 (3), se dresse une construction de forme rectangulaire, longue de 5 mètres, haute de 3^m 67, de même largeur que l'arcade, ouverte du côté de cette arcade, fermée des trois autres côtés, toute bâtie en petit appareil romain très régulier coupé de distance en distance par cinq cordons de briques. — Ce rectangle, c'est la *cella memoriæ* destinée à renfermer le corps du défunt ; l'abside est l'*exedra* ou édicule érigé en l'honneur du dieu ou des dieux auxquels le défunt avait une dévotion particulière ; dans la zone ou intervalle vide et déclos de 3 mètres de large séparant primitivement la *cella* de l'*exedra*, devait être dressé l'autel sur lequel on sacrifiait aux dieux.

Sur la voûte en cul de four de l'abside ou *exedra*, on découvrit en 1839 une peinture à fresque qui semblait être de l'époque romane (XIIe siècle), et cette peinture s'écaillant, on trouva dessous une autre fresque, celle-là parfaitement

---

(1) Pour tous ces faits, outre la relation de 1668, voir Bizeul et Cayot-Delandre, aux lieux indiqués ci-dessus et aux pages suivantes ; voir aussi Penhouët, *Antiq. égyptiennes du Morbihan,* qui, dans ses planches 2e, 3e, 4e, 6e, nous montre non seulement le bassin, la statue sous tous ses aspects et son installation à Quinipili, mais aussi la montagne de Castennec et l'ancienne chapelle du prieuré de la Couarde près de laquelle la statue se trouvait primitivement.

(2) Ancienne édition, au mot *Bieuzy.*

(3) Cet espace était vide dans la construction primitive gallo-romaine ; il est aujourd'hui clos par un mur qui semble du XIIe siècle.

païenne et gallo-romaine représentant le triomphe de Vénus sortant des ondes et régnant sur l'Océan, accompagnée de l'Amour monté sur un dauphin et environné de poissons et monstres marins de toute sorte. Les figures étaient dessinées par des lignes brunes sur un fond jaunâtre, et c'était — on pouvait le dire alors — la plus ancienne peinture païenne de France demeurée à sa place primitive. Aujourd'hui, par suite de l'incurie des gardiens naturels de ce monument si curieux, à peine en distingue-t-on les principaux traits.

Malgré sa destination funéraire, ce petit édifice, avec son autel et son triomphe de Vénus, devint bientôt un *sacellum* ou petit temple rustique dédié à cette déesse, et il eût sans doute subi le sort fatal réservé à tous les temples païens, s'il n'eût été sauvé au VIe siècle par un expédient fort ingénieux que nous ferons connaître plus tard en parlant de la conversion des Armoricains (1).

Un fait qui montre bien l'expansion du culte de Vénus dans la péninsule armoricaine, c'est cette masse de statuettes de Vénus anadyomènes (2) qui nous montrent la déesse au moment où elle vient de sortir de l'onde, pressant de la main droite sa belle chevelure pour en exprimer l'eau de mer qui la charge : type gracieux toujours le même, fourni par l'art romain, mais plus ou moins bien exécuté (3).

Il y a un autre type cependant, dont on a trouvé, dans notre péninsule et sur divers points de la Gaule, vingt à trente exemplaires ; c'est celui qui porte la signature gauloise du fabricant *Rextugenos* et qu'on pourrait appeler le type gaulois (4) ; par malheur, il n'est pas beau : même raideur que dans la Vénus de Castennec, avec des formes aussi étriquées qu'étaient opulentes, avant la *retaille*, celles de la Vieille Couarde.

De la Vénus impudique on n'a trouvé jusqu'ici en Bretagne qu'un seul exemplaire ; il est de bronze et ne laisse en fait de cynisme rien à désirer (5) ; un exemplaire unique n'indique pas un culte, mais seulement la fantaisie maladive de quelque vieux libertin.

On a vu avec quelle fierté les habitants du quartier commerçant de Nantes, du *Portus Namnetum*, les *Vicani Portenses*, affichaient leur vénération pour le dieu *Volkanus* (6). On ne peut donc douter que Vulcain n'eût là un temple. Et d'ailleurs

---

(1) Sur la chapelle Sainte-Agathe de Langon, voir *Revue archéologique de 1866*, t. I, p. 250-257 (article de A. Ramé) ; et Guillotin de Corson, *Pouillé historique du diocèse de Rennes*, V, p. 42-45.

(2) Vénus anadyomène (ἀναδυομένα), au sens littéral, c'est Vénus, non pas *sortant*, mais *sortie* de l'onde, au moment même où elle vient d'en sortir, Venus *emersa* et non *emergens*.

(3) C'est le type gravé par M. de Caumont dans son *Abécédaire d'archéologie, Ere gallo-romaine* (édit. 1862), p. 423, mais d'après un exemplaire médiocre. Les *anadyomènes* données par M. Miln dans sa monographie de la villa des Bossenno (p. 147 et 149) sont beaucoup plus élégantes. Voir aussi Toulmouche, *Epoque gallo-rom. de la ville de Rennes*, pl. XVII no 2 ; et Maître, *Villes disparues*, 3e pl. de *Duretie* (p. 65).

(4) Voir Maître, *Ibid.* p. 63-64 et la planche citée à la note précédente ; voir aussi p. 95 et 118 ci-dessus.

(5) C'est le Musée de Nantes qui a le privilège peu enviable de posséder cet exemplaire. M. Maître (*Villes disparues*, p. 520) en signale deux autres en terre cuite, trouvés, l'un à Fégréac, l'autre à Sion ; mais je doute qu'ils vaillent le bronze comme cynisme.

(6) Voir ci-dessus p. 85-86.

comment admettre que le dieu des forges, le patron des forgerons, n'eût pas reçu des honneurs particuliers chez un peuple foncièrement voué aux industries du fer et des métaux comme l'étaient les Namnètes? Malheureusement sur ce temple nous n'avons aucun détail.

A propos de Nantes, il convient de noter aussi que, d'après les Actes des SS. Donatien et Rogatien, les païens de cette ville dénoncèrent ces deux jeunes chrétiens comme refusant leurs hommages à Jupiter et à Apollon (1). On n'a jusqu'à présent signalé à Nantes aucun indice de temple dédié à l'un ou à l'autre de ces dieux. Mais l'accusation portée par les païens n'implique pas nécessairement l'existence de temples spéciaux pour ces deux divinités.

Un culte fort répandu dans la péninsule armoricaine, c'était celui des *Déesses-mères*. On appelait ainsi dans l'origine des divinités secondaires chargées de procurer en chaque lieu l'abondance et la prospérité ; on les représentait assises, portant dans leur giron des fruits et une corne d'abondance ; on leur mettait parfois sur les genoux un ou deux petits enfants, car la prospérité qu'on leur demandait comprenait aussi la fécondité des femmes et la bonne santé de leurs nourrissons.

En Armorique elles sont toujours ainsi représentées, ce qui peut faire confondre leur culte avec celui de Lucine, spécialement préposée aux accouchements ; toutefois — cela semble certain — il s'agit des déités chargées de procurer en toutes choses l'abondance et la fécondité. La figure sous laquelle on les représente ne varie guère : c'est celle d'une femme d'un âge grave portant dans son giron un ou deux poupons qu'elle dorlote ou qu'elle allaite, et assise dans un grand fauteuil d'osier clissé, qui lui couvre entièrement le dos et monte jusqu'au cou. Dans presque toutes les découvertes de débris romains faites en Bretagne, on a trouvé force statuettes de ce type, en terre cuite, autant à peu près que de Vénus ana-dyomènes ; on en peut voir la représentation dans *l'Ere gallo-romaine* de M. de Caumont (p. 424, 430) et dans presque toutes les planches relatives aux découvertes faites en la péninsule armorique (2). — En 1849, dans les fouilles du chœur de la cathédrale de Nantes, on trouva la statuette d'une déesse-mère en pierre blanche très lourde, décapitée, haute encore (sans la tête) de 0m 79c ; drapée « comme Cybèle, » vêtue d'une grande robe à plis nombreux, assise dans un grand fauteuil à bras et à dossier très élevé, tenant d'une main une corne d'abondance et de l'autre un objet indéterminé ; un voile, dont il reste un fragment sur la poitrine, devait lui couvrir la tête (3).

Si nous avions la liste complète de toutes les statues ou statuettes découvertes

(1) « Jovem vel Apollinem (disent les païens), quos invictissimi Imperatores venerantur et ab orbe terrarum adorari providi censuerunt, contemnunt. » Cf. p. 188 ci-dessous.
(2) Voir, entre autres, Toulmouche, *Epoque gallo-rom. de Rennes*, pl. xvii, 1 et 1bis ; Maître, *Villes disparues*, pl. en regard de la p. 450 ; Miln, *Les Bossenno*, pl. v. p. 148 ; *Bull. archéol. de la Mayenne*, 2e série t. X (1895), p. 190-191 (la prétendue Sirona de Corseul).
(3) Voir *Catal. du Musée d'archéologie de Nantes* par M. Parenteau, 1869, p. 35 no 30 ; et Maître, *Villes disparues* p. 412.

dans les ruines gallo-romaines de la péninsule armorique, cette liste embrasserait probablement la plupart des noms connus de l'Olympe gréco-romain. Nous nous bornerons à en ajouter ici trois ou quatre, d'après le Catalogue du Musée de Rennes.

D'abord, une statuette d'or d'*Harpocrate*, dieu du Silence, le doigt sur la bouche, sur la tête le fruit de la perséa; la main gauche appuyée sur une corne d'abondance, autour de laquelle s'enroule le serpent Agathodæmon; sur les épaules le carquois de l'Amour; — figure panthée, c'est-à-dire réunissant les symboles de plusieurs divinités; haute de deux pouces (5 centim. 1/2); faisant autrefois partie de la collection de Robien; trouvée par des pêcheurs à la pointe de Locmariaker (1).

Le Musée de Rennes possède encore les statuettes de Pallas (ou Minerve) et de Mercure recueillies par le président de Robien dans les ruines de Corseul (2). — La déesse est coiffée d'un casque ayant pour cimier un quadrupède accroupi, elle porte sur la poitrine l'égide où grimace la tête de la Gorgone, et est vêtue de la tunique talaire sur laquelle est jetée le *peplus*; la main droite s'appuyait sur la lance, la droite sur le bouclier. — Mercure nu, debout, le pétase ailé sur la tête, une bourse dans la main droite, dans la gauche le caducée, ressemblait fort au Mercure-Teutatès du menhir de Kernuz (voir ci-dessus p. 176). On n'a pas retrouvé les statuettes de Vénus et de Cupidon recueillies aussi à Corseul par dom Lobineau.

Dans un pays comme la péninsule armoricaine, cerné de tous côtés par la mer, les divinités maritimes ne pouvaient manquer d'être honorées; cependant on n'a trouvé jusqu'ici que de faibles vestiges de leur culte, savoir, deux bas-reliefs sculptés sur deux lames de pierre schisteuse longues chacune de 60 centimètres, larges de 30, épaisses de 6, et représentant, l'un un cheval marin ou hippocampe jouant avec un dauphin, l'autre un monstre marin, taureau par devant, poisson par derrière, dirigé, ce semble, par un autre dauphin dont la tête est bridée comme celle d'un cheval; difficile de dire toutefois si c'est le monstre qui retient le dauphin ou le dauphin qui tient et entraîne le monstre. Ces bas-reliefs furent découverts en 1865 dans les substructions d'une villa gallo-romaine en Plenée-Jugon (3). Il y a aussi au Musée de Dinan un bas-relief sur lame de schiste ou de pierre basaltique représentant un triton, un bâton dans la main droite, et de la gauche guidant, au moyen d'une bride, un hippocampe (4). De nouvelles découvertes viendront, espérons-le, fournir des renseignements plus explicites sur le culte des Gallo-Armoricains pour les dieux de la mer.

De tous les renseignements qui précèdent il résulte clairement que la romani-

(1) Catal. du Musée de Rennes (édit. 1876) p. 121, n° 531. Cf. Robien *Hist. ms. de Bretagne* I, p. 9; *Journal de Trévoux*, juillet 1749; Caylus, *Recueil d'antiq.* VI, p. 235.

(2) Catalogue de 1876, p. 123, n° 533; p. 125, n° 539.

(3) Voir ci-dessus p. 129-130; G. du Mottay *Voies romaines des C.-du-N.* p. 117; et *Revue Archéologique*, 1866, t. I, 257-259 (article de M. Ramé).

(4) Sculpture trouvée avant 1864 entre Broons et le château de Brondineuf *(Revue archéol.*, 1864, II, p. 1 à 3, article de M. de Barthélemy).

sation progressive de la péninsule armoricaine amena entre le polythéisme romain et le polythéisme gaulois une fusion presque complète, qui n'excluait pas cependant les divinités topiques ou locales ni certaines variétés de rites et de noms, Belenus, par exemple, au lieu d'Apollon, comme nous l'avons vu dans Ausone. Mais dans Ausone (1) nous voyons aussi combien ces différences étaient faibles, même aux yeux des prêtres de Belen, même pour ceux qui se vantaient d'appartenir à une race de druides, comme Attius de Baïeux, cité plus haut (p. 174 ci-dessus). Il avait lui le surnom de Patera, titre gaulois des prêtres de Belen; mais son père et son frère tiraient leur surnom du nom de Phébus *(Phœbœüs, Phœbidius* ou autre de ce genre), et son fils de celui de la ville de Delphes, il s'appelait *Delphidius.* On voit que le Belen des Gaulois, le Phébus des Romains, l'Apollon des Grecs vivaient là en fort bonne intelligence, et que les descendants des druides, loin de protester contre cette fusion ou cette confusion mythologique, s'y prêtaient de bonne grâce.

Ces druides ou rejetons des druides, tout en se glorifiant de leur sang druidique, tout en encensant le Belen gaulois, faisaient bon ménage avec le polythéisme gréco-romain; entre les deux cultes il y avait alliance, similitude à peu près complète, tellement qu'il était parfois difficile de distinguer entre l'un et l'autre. Les Gaulois, aux premiers temps de la domination romaine, adoraient Teutatès, Esus, Taranis, Belen, Belisama; en se romanisant, ils s'aperçurent que ces dieux ressemblaient beaucoup à Mercure, Mars, Jupiter, Apollon, Minerve, et sans abjurer tout à fait les noms anciens ils s'accoutumèrent à les honorer à la mode romaine, — adoptant de plus, comme nous l'avons vu plus haut, Bacchus, Vénus, Vulcain, Cupidon, les Déesses-mères, et autres.

A côté de ces druides ou descendants des druides prêts à toute conciliation, n'y en eut-il donc point d'autres qui, au lieu de faire la roue dans les écoles et les chaires de rhétorique gallo-romaines, continuèrent de vivre obscurément au fond des campagnes et des forêts, protestant à leur pouvoir contre l'ordre de choses qui avait ruiné l'importance de la caste druidique, essayant tellement quellement de retenir quelque reste de cette importance par des pratiques plus ou moins prestigieuses de divination, de médecine et de sorcellerie?

Sans doute il y en eut de cette sorte dans la péninsule armoricaine; l'histoire, beaucoup trop discrète à cette époque, a dédaigné de les nommer; mais

---

(1) Voici ce curieux passage d'Ausone, dans sa *Commémoration des professeurs de l'école de Bordeaux,* vers 7-14 de la pièce IV adressée à Attius Patera :

> Tu Baiocassis stirpe Druidarum satus,
> Si fama non fallit fidem,
> Beleni sacratum ducis templo genus.
> En inde vobis nomina :
> Tibi *Paterœ* (sic ministros nuncupant
> Apollinaris mystici) ;
> Fratri patrique nomen a *Phœbo* datum,
> Natoque de *Delphis* tuo.

La pièce suivante est adressée à Attius Tiro *Delphidius,* fils d'Attius Patera. — Aux 5ᵉ et 6ᵉ vers ci-dessus, certaines éditions portent, en variante : « Sic ministros nuncupant *Apollinares* mystici » — au lieu de *Apollinaris.* Ce qui voudrait dire que les initiés *(mystici)* donnent aux prêtres d'Apollon le nom de *patera.* Mais la leçon *Apollinaris* se trouvant dans d'excellentes éditions, il y a lieu de s'y tenir et au sens qu'elle comporte, indiqué ci-dessus p. 174.

ils ont laissé leur trace dans des traditions d'un caractère ancien dont nous parlerons plus loin, et qui sans cela seraient inexplicables. Leur influence toutefois ne dut s'exercer que sur les classes populaires et surtout dans les campagnes.

Quand les apôtres de l'Evangile entrèrent dans la péninsule armoricaine, ils ne trouvèrent devant eux, comme culte public, que le polythéisme gréco-romain, mêlé à une religion gauloise qui s'en rapprochait beaucoup. Mais le druidisme, tout mort qu'il était, avait laissé derrière lui un épais réseau de pratiques et de croyances superstitieuses extrêmement tenaces, qui durent être le principal obstacle au progrès de la foi chrétienne dans le peuple.

§ 2. — *Les premiers chrétiens de la péninsule armoricaine.*

Au mois de mai 288 (1), la ville de *Condevincum*, chef-lieu des Namnètes, que l'on appelait déjà *Namnetes* ou Nantes, vit entrer dans ses murs un personnage de haute importance. Était-ce le *président* ou gouverneur *(prœses)* de la II* Lyonnaise, laquelle comprenait à ce moment les 16 cités divisées plus tard en deux provinces (Lyonnaise II* et III*) (2)? n'était-ce pas plutôt le préfet du prétoire des Gaules, dont l'autorité s'étendait sur ce qu'on appelait alors le « diocèse des Gaules, » formé de huit provinces comprenant plus de la moitié de cette vaste contrée (3)? Il est difficile d'en décider ; c'était assurément l'un ou l'autre. Peu de temps avant, l'empereur Maximien Hercule, associé à l'empire par Dioclétien et païen zélé, avait adressé à ce préfet un rescrit lui ordonnant de veiller à ce que les puissants dieux Jupiter et Apollon fussent honorés par tous les sujets de l'Empire, sous peine de mort pour qui s'y refuserait, c'est-à-dire pour les chrétiens, et promesse de récompense pour ceux qui consentiraient à retourner aux idoles. Le préfet des Gaules dut mettre en mouvement, pour l'exécution de cet ordre, les gouverneurs des diverses provinces sous son autorité. C'est pour remplir cette mission que le *prœses* ou gouverneur de la seconde Lyonnaise se rendit à Nantes. Tous ceux qui voulaient plaire à l'empereur — ils étaient légion — lui firent grand accueil ; comme il s'enquérait de l'état de la ville, un païen zélé lui dit :

— Juge très sage, rien de plus opportun que ta venue à Nantes pour ramener au culte des dieux les malheureux égarés à la suite de l'homme que les Juifs ont crucifié. Nous avons ici un adepte de cette secte appelé Donatien ; c'est contre lui

(1) Il y a entre les auteurs quelque divergence sur la date. Celle de 288 a été établie par D. Lobineau, *Vies des SS. de Bretagne,* édit. 1725, p. 3 à 5.

(2) Savoir : 1º Lyonnaise II* ayant pour métropole Rouen, et comprenant les cités des Baïocasses (Baïeux), des Abrincates (Avranches), des Ebroïciens (Evreux) des *Sagii* (Séez), des Lexoviens (Lisieux) et des Constantiens (Coutances) ; 2º Lyonnaise III*, métropole Tours et sous cette métropole les cités des Cénomans (Le Mans), des Andecaves (Angers), des Namnètes (Nantes), des Redons (Rennes), des Vénètes (Vannes), des Osismes (Vorganium), des Curiosolites (Corseul), des Diablintes (Jublains). Ce démembrement de la Lyonnaise II* en deux provinces n'eut lieu que vers 370-380, voir ci-dessus p. 79.

(3) C'était les deux Belgiques, les deux Germanies, la Séquanaise, les deux Lyonnaises, les Alpes Grées et Pennines. L'autre partie des Gaules formait alors le *diocèse de Vienne* comprenant sept provinces : la Viennoise, les Alpes Maritimes, les deux Narbonnaises, les deux Aquitaines, la Novempopulanie. Le préfet du prétoire des Gaules résidait à Trèves, le vicaire des *Sept Provinces* à Vienne (voir E. Desjardins, *Géogr. rom. de la Gaule* (III, p. 462).

que tu dois sévir d'abord. Non seulement il refuse aux dieux tout hommage, mais à force de répéter ses mensonges à son frère, il est parvenu à le pervertir : aujourd'hui, Jupiter et Apollon, objet de la vénération des invincibles empereurs qui veulent les voir adorés dans tout l'univers, Jupiter et Apollon sont reniés, méprisés par les deux frères gagnés à la nouvelle religion. Si tu veux te convaincre du fait, tu n'as qu'à les faire venir et les interroger.

Fort ému de cette révélation, le président ordonna d'aller chercher les deux frères. Entre temps, on dressa une estrade sur la principale place de la ville, probablement vers le confluent de l'Erdre et de la Loire, aux environs du lieu où fut plus tard le Bouffai ; là le *Præses* installa son tribunal, en face duquel s'amassa bien vite la foule tenue à distance par des barrières.

Escorté par les licteurs, Donatien parut d'abord seul devant le *Præses*, et l'interrogatoire commença (1) :

PRÆSES. — Donatien, d'après un bruit venu jusqu'à nous, tu refuses obstinément d'adorer Jupiter et Apollon, auteurs et conservateurs de notre vie ; bien plus, on t'accuse de te plaire à les irriter, à les couvrir d'injures et de blasphèmes, et enfin de tenir aux gens des discours absurdes pour leur persuader que le peuple doit être sauvé par la mort d'un malheureux qui a été crucifié (2).

DONATIEN. — Tu as dit la vérité malgré toi. Oui, je voudrais ramener toutes les victimes de l'erreur au culte de Celui qui seul mérite d'être servi par tous.

PRÆSES. — Cesse tes ridicules prédications, ou je te ferai mettre à mort sans tarder.

DONATIEN. — Les menaces que tu m'adresses retomberont sur toi, la corde que tu me promets te serrera le cou. Tu préfères à la lumière les ténèbres de l'iniquité ; tu ne verras pas la lumière de la justice du Christ, tu mourras dans tes ténèbres.

Cette fière réponse mit en fureur le *Præses*, qui sans doute n'en comprit pas le sens véritable. Excita-t-elle dans la foule quelque mouvement de sympathie pour Donatien ? Cela n'est pas probable, car les Actes de celui-ci n'en disent rien. Mais le juge le craignant un peu, résolut d'y couper court par la terreur. Donatien fut chargé de chaînes et plongé dans un cachot ; peut-être la violence des tourments aurait-elle raison de sa foi ; en tous cas elle empêcherait les assistants, spectateurs de cette scène, de songer à l'imiter. Donatien sorti, le *Præses* ordonna d'amener son frère Rogatien.

Avant d'entendre ce second interrogatoire, disons ce qu'on sait des deux martyrs. Donatien et Rogatien appartenaient à l'aristocratie gallo-romaine (3). On a même depuis quelques années découvert, à la porte de Nantes, vers l'Est, les ruines d'une importante villa qu'on croit avoir été celle de leur famille. En

---

(1) Ici et dans tous les autres dialogues entre le *Præses* et les deux martyrs, sans nous astreindre à une traduction littérale qui serait à peine française, nous reproduisons fidèlement le tour et les idées de l'original, dont on trouvera le texte dans Ruinart, *Acta martyrum sincera*, édit. 1689, p. 294-298 ; et dans Boll. Maii V, p. 282-284, édit. de Paris.

(2) Le texte latin publié par dom Ruinart (p. 297) est ici très défectueux ; en voici une version plus claire et plus correcte fournie par les variantes de divers manuscrits de la Bibliothèque Nationale. Le *præses* dit à Donatien : « Comperimus quod... prædicatione inani, dum populum salvari commemores in interitum crucifixi, credere diversos compellas. »

(3) « Donatianus clarus genere » *Passio SS. Donat. et Rogat.* cap. II, Ruinart, p. 296.

construisant (en 1874) la nouvelle église de Saint-Donatien, on trouva les substructions de murs très considérables qui se croisaient sous le chevet de l'ancienne église, qui se poursuivaient avec plusieurs retours dans le cimetière jusqu'à une petite chapelle dédiée à Saint-Etienne, dont les murailles dans leur partie inférieure sont elles-mêmes gallo-romaines et se relient aux autres murs. De ces substructions on retira des bases de colonnes, des fûts cannelés, enfin les indices d'une luxueuse construction. Pourquoi serait-on venu élever la basilique dédiée aux deux martyrs sur ces substructions, sinon parce que c'était là leur demeure? Autour de cette demeure il avait existé un cimetière païen, et les chrétiens qui n'aimaient pas mêler leurs sépultures à celles des idolâtres, y ont pourtant entassé leurs sarcophages : pourquoi cette infraction à leurs habitudes, sinon à cause du souvenir toujours vivant du séjour des deux martyrs en ce lieu et de leur sépulture probable dans leur domaine (1)?

Derniers rejetons d'une vieille race, ils vivaient là libres, fiers, isolés, comme deux jeunes chênes, dernier reste d'une grande forêt. Auprès d'eux plus de parents, car leurs Actes n'ont pas un mot, pas une allusion à l'existence de leur père, de leur mère, ni de qui que ce soit de leur famille.

Donatien était le plus jeune des deux frères, mais un esprit plus grave, plus curieux, un cœur plus profond. Plein de mépris pour les puérilités et les turpitudes du paganisme (2), il fut aisément conquis par une doctrine qui donnait une signification et un but sérieux à la vie, à l'existence humaine en ce monde et en l'autre, et qui par la pureté de sa morale maintenait l'âme dans une sphère élevée et généreuse. Chrétien enthousiaste, à peine baptisé il se fit apôtre. « Intrépide soldat du Christ (disent ses Actes), d'une voix inaccessible à la crainte » et qui sonnait dans la foule comme une trompette, il célébrait les triomphes du » Christ ; laboureur infatigable, il jetait dans les âmes des païens les semences » de la foi (3). » Lui-même, nous l'avons vu, le dit au juge : il eût voulu gagner à la vérité évangélique toutes les victimes de l'erreur. — A quoi aboutit tant de zèle, tant de flamme, tant d'efforts? A la conquête de son frère Rogatien : conquête opime mais unique. Si Donatien eût converti d'autres païens, ses Actes ne manqueraient pas de le dire, de lui en faire un titre de gloire; la foule des païens (gentilium turba) qui le dénonce au Præses et le Præses ensuite lui en feraient un crime; lui en face du Præses s'en vanterait hautement. Dans les Actes rien de tel : on le loue et on l'accuse uniquement de la conversion de Rogatien ; dans toute l'histoire de leur passion, il n'est pas question d'un seul chrétien à Nantes en dehors des deux martyrs et du sacerdos dont nous parlerons tout à l'heure. Donc

---

(1) **On a voulu** aller plus loin et voir dans la chapelle Saint-Etienne le sanctuaire domestique où Donatien aurait reçu le baptême. Sans doute ce n'est pas impossible, mais il n'y a là qu'une simple hypothèse. — Voir au reste sur la chapelle Saint-Etienne et les découvertes faites à Saint-Donatien, M. Maître, *Villes disparues des Namnètes*, p. 459 à 462, 487 à 497, et la planche en regard de la p. 482 représentant cette chapelle.

(2) Pour avoir idée de ces turpitudes, justement dans la région nantaise, il suffit de voir la Vénus impudique du Musée de Nantes (Maître, *Villes disparues*, pl. en regard de la p. 450) et la hideuse pierre phallique de Rezé (Parenteau, *Catal. du Musée archéol. de Nantes*, 1869, p. 35-36 et pl. 10).

(3) « Sine metu aliquo triumphos Christi oris sui buccina miles fortissimus in populum decantabat... Quasi bonus agricola, in gentilium pectora fruges beatæ fidei seminavit. » (*Passio SS. Donatiani et Rogatiani*, cap. II, dans Ruinart, p. 296.)

la chrétienté nantaise à ce moment tenait tout entière en ces trois personnes. Tout au plus pourrait-on supposer qu'elle comprenait aussi quelques membres de la domesticité des deux frères.

Récemment converti par Donatien, Rogatien était encore catéchumène quand le bruit se répandit des nouvelles rigueurs ordonnées contre les chrétiens par Maximien Hercule et de la prochaine venue d'un agent de l'autorité impériale chargé de les exercer à Nantes. Pour soutenir cette prochaine lutte, Rogatien désirait vivement être fortifié, régénéré par l'onde baptismale. Dans la discipline de ce temps, l'évêque était le seul ministre régulier du sacrement de baptême ; aussi un évêque était venu à Nantes baptiser Donatien, il avait séjourné quelque temps près de lui, travaillant avec lui à étendre la petite chrétienté nantaise. Mais suivant les habitudes de cette époque, établies pour éviter la désorganisation des églises par la mort de leurs pasteurs, à l'annonce de la persécution l'évêque avait quitté Nantes pour chercher ailleurs une sûre retraite. Le désir de Rogatien ne put donc être exaucé (1). Ce lui fut une douleur vivement ressentie, mais qui le rendit d'autant plus ferme dans l'expression de sa foi, d'autant plus prompt à la confesser hautement avec énergie et même avec une sorte d'âpreté.

Sachant que Rogatien n'était pas baptisé, le juge (*præses*), pour cette raison, le crut ancré dans sa foi moins solidement que son frère et plus accessible aux voies de douceur. Il prit vis-à-vis de lui un ton très bienveillant :

PRÆSES. — Tu veux donc, Rogatien, du moins on me l'a dit, — tu veux sans grande réflexion abandonner le culte des dieux, — de ces dieux qui t'ont prodigué les biens de la vie et les dons d'une haute intelligence... Vrai ! après tant de preuves de talent que tu as données, j'aurais honte pour toi si tu faisais la folie de te jeter dans la nouvelle secte. Tu ne veux plus reconnaître qu'un seul Dieu ? Songes-y donc : cela t'attirerait tout de suite, et pour ton plus grand malheur, la colère d'une foule de dieux... Mais, puisque tu n'as pas reçu la souillure de je ne sais quel baptême, ne t'entête pas dans une voie mauvaise, et profite de l'indulgence des divinités : le palais des empereurs, la cour des dieux combleront le reste de ta vie de dignités nouvelles.

Dans l'état d'esprit de Rogatien, rien de plus propre à l'exaspérer que cet essai de corruption par un appel nullement déguisé à l'intérêt personnel. Aussi sa réponse au juge fut-elle bien plus dure que celle de Donatien :

ROGATIEN. — Dans ton esprit tout est perverti, ainsi que dans tes promesses : tu mets la faveur des princes avant celle des dieux. Comment veux-tu qu'on adore à titre de divinités ceux-là que tu places toi-même après les hommes ? Vous et vos dieux vous partagez, il est vrai, la même misère : ils sont sourds parce qu'ils sont de bronze, et vous, vous êtes sourds aussi à la voix de la vérité. Ils n'ont point de vie, et vous, vous n'avez pas de sens. Ceux qui adorent des pierres ne sauraient différer de l'objet de leur culte.

Voyant combien il s'était trompé sur les dispositions de Rogatien, le juge s'écria :

— Réunissez cet insensé à son maitre en folie ; jetez-le avec lui en prison.

_____

(1) « Quod ad præsens ne susciperet baptisma, audita persecutione, fecit *sacerdotis* absentia fugitiva. » *(Pass. SS. Don. et Rog.* Ibid.) A cette époque, l'évêque est souvent appelé *sacerdos.*

Demain, à la vue de tout le peuple, le glaive vengera sur l'un et l'autre l'injure faite par eux à la majesté des dieux et des princes.

Les deux frères passèrent la nuit ensemble dans leur cachot, en effusions affectueuses, en ardentes prières. Rogatien, se désolant toujours d'être privé du baptême, demanda à son frère d'y suppléer en lui donnant le baiser de paix usité alors entre les fidèles, et Donatien, dans une touchante prière, supplia Dieu d'accorder le lendemain à son frère, par le baptême du sang, les mêmes grâces que lui aurait values le baptême de l'eau.

Le lendemain matin, le *Præses* étant remonté sur son tribunal fit en présence de tout le peuple amener les deux frères tout chargés de chaînes :

Præses. — Désormais (leur dit-il) je dois user envers vous de sévérité. Si je continuais de vous traiter avec ménagement, l'autorité de la loi serait brisée, car vos offenses contre les dieux doivent être punies quelle qu'en soit la cause, ou l'ignorance, ou, ce qui est plus grave encore, la rébellion. —

Le juge, on le voit, semble s'excuser des rigueurs qu'il annonce, il laisse même encore une porte ouverte au retour des coupables qu'il va frapper. Loin d'en vouloir profiter, ceux-ci ne cherchent qu'à aggraver leur crime, à presser l'exécution de la peine dont on les menace ; d'une voix enthousiaste ils disent au *Præses* :

Donatien et Rogatien. — Ta science à toi est pire que toute ignorance ; elle ressemble à vos dieux, métal inerte, insensible, que vous adorez. Nous, nous sommes prêts à souffrir tout ce que pourra inventer un bourreau en colère. Nous ne perdrons pas la vie en la donnant pour Celui duquel nous l'avons reçue, et qui saura nous la rendre avec usure dans la lumière de sa gloire.

Outré de dépit, le *Præses* les fait lier sur le chevalet pour rompre leurs membres et briser leurs corps puisque l'on ne pouvait fléchir leurs cœurs, et ordonne de leur trancher la tête après la torture. Le licteur enragé, pour faire du zèle, pour complaire mieux encore, croyait-il, à la cruauté du juge, leur enfonça sa lance dans la gorge avant de les décapiter.

La foule contemple, impassible, ce spectacle d'une cruauté sauvage. Et ce qui est plus notable encore, les Actes des deux martyrs ne font nulle mention de leur sépulture : pourtant, on le sait, partout où il y avait des chrétiens, leur premier souci était de recueillir, d'ensevelir, d'honorer les restes de leurs martyrs. Ce silence semble prouver qu'après la mort des deux frères il ne restait plus de chrétiens à Nantes (1).

Par ce glorieux combat s'ouvre l'histoire du christianisme dans la péninsule armoricaine. Avant cet événement inutile d'y chercher aucune trace authentique de l'Evangile. On y trouve pourtant, je le sais, comme en d'autres pays, quelques

---

(1) La tradition constante de l'église de Nantes met au 24 mai la fête des deux frères, connus à Nantes sous le nom populaire d'*Enfants Nantais*. Cela suppose que leur martyre eut lieu ce jour ; toutefois leur Passion n'en dit rien. Cette Passion est un document grave, simple, sérieux. Les critiques, sans déduire leurs motifs, en placent la rédaction au V* siècle ; elle doit être plus voisine de l'événement ; on y trouve tout à fait le sentiment simple et fort de celui qui a vu et entendu ce qu'il raconte.

légendes ou plutôt quelques prétentions d'origines apostoliques. En Tréguer, ces prétentions réclament pour fondateur du siège Drennalus, soi-disant disciple de Joseph d'Arimathie en l'an 72 de Notre-Seigneur; à Rennes Maximin, contemporain de Lazare et de Marie-Madeleine, qui serait mort l'an 67; à Nantes saint Clair, le plus récent des trois, puisqu'on place son décès en l'an 96 seulement.

Saint Clair a une réalité historique comme premier évêque de Nantes. A l'appui de sa prétendue qualité de contemporain et compagnon des apôtres *(consortia consecutus apostolorum)* (1), impossible de trouver un texte, un témoignage quelconque antérieur au XVe siècle. Prétendue qualité, au XIIIe siècle, entièrement ignorée de la tradition officielle de l'église de Nantes, à ce point qu'un dignitaire du chapitre, le chantre Hélias, formulant cette tradition en 1263 dans un livre *(Ordinarius)* destiné à régler la liturgie diocésaine et ayant à parler de saint Clair, se garde avec soin de le mettre à l'époque apostolique. Ainsi cette prétendue tradition n'a été inventée que depuis cette date (2).

Maximin et Drennalus n'ont aujourd'hui pour caution que le bon Père Albert Legrand, mort de 1640 à 1644, ce qui est un peu tard pour servir de garant aux choses du Ier siècle de notre ère; la plus haute autorité qu'il invoque au sujet de Drennalus serait un auteur du XIIe siècle (Conrad de Salisburi), dont le soi-disant livre — qu'on n'a jamais vu, dont on se borne à citer cinq ou six lignes — doit être, s'il a existé, un apocryphe du XVIe siècle. Et quand il serait du XIIe, n'est-il pas ridicule de prétendre fonder sur des textes de cette date des faits qui se rapporteraient aux temps apostoliques!

Tout cela est au-dessous de la discussion. Mais voici qu'à la légende fondée sur des textes de basse époque sans valeur historique, on essaie de substituer la légende archéologique — dont il faut dire deux mots.

A Anetz sur la Loire, en 1811, dans le voisinage de ruines gallo-romaines, on trouva vingt à trente tombeaux ou sarcophages formés de briques contenant des squelettes, plusieurs même en contenant deux placés « bout-ci bout-là, » c'est-à-dire la tête de l'un contre les pieds de l'autre, et réciproquement. Sauf les squelettes, rien dans ces sarcophages; mais dans un autre sarcophage assez différent d'aspect et de contenu, on trouva, entre autres choses, une poignée de sabre, un mors de bride, un certain nombre de monnaies d'argent et de cuivre, dont une partie dataient, « autant qu'on put lire, du règne des Antonins, de l'impératrice Faustine (3). »

---

(1) Telle est l'expression très vague d'un bréviaire du XVe siècle, sur laquelle on édifie la prétendue origine apostolique de l'église de Nantes.

(2) Voici, en regard l'un de l'autre, le texte de 1263 et celui de 1400 :

Ordinaire de 1263.	*Bréviaire de 1400.*
Iste Clarus fuit primus episcopus ecclesiæ Nannetensis : qui missus a Romano pontifice, ad eamdem ecclesiam clavum quem beatus Petrus ad dexteram habuit in passione secum detulit, quem in maxima veneratione habemus.	Hic (Clarus), *sanctorum apostolorum consortia consecutus*, a Romano pontifice ad Galliæ partes missus est... Qui, secum clavum deferens B. Petri pendentis in cruce dexteram perforantem, in Britanniam pervenit. Urbis Nanneticæ primus pontifex est effectus.

La comparaison de ces deux textes prouve que le second est une simple paraphrase, c'est-à-dire une copie un peu délayée du premier, sauf les quatre mots en italique, ignorés en 1263, ajoutés en 1400, et qui sont par conséquent une évidente interpolation du XVe siècle.

(3) Femme d'Antonin le Pieux, empereur de l'an 138 à 161.

Là-dessus on prononce que les corps trouvés dans ces sépultures, uniquement parce qu'ils sont inhumés et non incinérés, appartiennent à des chrétiens. On considère ces sépultures comme datées par la monnaie de Faustine sus-mentionnée. Et comme Anetz, ainsi que quelques autres paroisses des bords de la Loire, a pour patron saint Clément (1), on assure que les apôtres de la foi durent descendre la Loire « en propageant le culte de ce grand pontife dans les stations romaines (entre autres à Anetz) *qu'ils évangélisèrent dans le courant du IIe siècle* (2). » On arrive ainsi, par un argument archéologique, à relever la thèse de l'apostolicité de saint Clair et de l'église de Nantes ; car si les apôtres de la foi se montraient si empressés à propager le culte de saint Clément, c'est que son souvenir était encore vivant et sa mort bien proche ; c'est qu'on était encore, par conséquent, au début du IIe siècle, ce qui s'accorderait bien avec l'épithète *consecutus consortia apostolorum* appliquée à saint Clair et soutiendrait fort à point cette légende décriée.

Construction ingénieuse mais bien fragile. Chez les païens romains et gallo-romains des deux premiers siècles de notre ère, l'usage de l'incinération des corps a, il est vrai, dominé ; mais celui de l'inhumation, quoique moins fréquent, était aussi pratiqué ; à partir du IIIe siècle, même chez les païens, c'est l'inhumation qui domine (3). De ce qu'un corps est inhumé, non incinéré, même au Ier et au IIe siècle, on n'a donc pas le droit de conclure que ce corps fut celui d'un chrétien.

Mais un trait, facile à constater dans les inhumations, permet de distinguer aisément les sépultures chrétiennes des païennes, aux cinq ou six premiers siècles de notre ère : les chrétiens sont toujours inhumés pieds à l'Est, tête à l'Ouest ; les païens tête au Sud, pieds au Nord (4). A Anetz, l'usage chrétien n'est pas observé ; car dans les tombes qui contiennent deux corps placés *bout-ci bout-là*, si l'un des corps était orienté Ouest et Est, l'autre l'était tout le contraire, c'est-à-dire en opposition directe avec l'usage chrétien. Prenons-les malgré cela pour des sépultures chrétiennes : est-on autorisé à les dater par cette médaille de Faustine provenant d'une tombe d'un caractère tout spécial, et dont le sabre et le mors de bride accusent nettement l'origine païenne ? Non évidemment ; ces sépultures peuvent donc être fort bien du IVe ou du Ve siècle et dès lors ne prouvent absolument rien en faveur de l'apostolicité de l'église de Nantes. Reste donc uniquement la dédicace de la paroisse d'Anetz à S. Clément ; mais s'il est permis maintenant de dater la fondation d'une paroisse par la date de son patron, la question de l'apostolicité des diocèses de France sera aisément résolue, car il n'en est pas un seul où on ne trouve, en grand nombre, des églises et des paroisses sous le patronage de saint Pierre.

En réalité, rien de moins prouvé que l'origine chrétienne des sépultures

---

(1) Pape de l'an 91 à l'an 100.
(2) On ajoute il est vrai : « Ou au plus tard au IIIe siècle » — concession qui semble détruire toute la thèse, mais qui n'empêche pas cette thèse de l'évangélisation au IIe siècle d'être formellement posée. Voir Maître, *Villes disparues des Namnètes*, p. 243 à 245.
(3) Voir L. Decombe, *Trouvailles du jardin de la préfecture à Rennes*, dans *Bull. de la Soc. archéol. d'Ille-et-Vilaine*, t. XV, p. 339.
(4) Id. *Ibid.* p. 337 et 340.

d'Anetz ; fussent-elles chrétiennes, on n'en pourrait tirer aucun indice sur la date des premières prédications chrétiennes dans le pays nantais.

Mais à quelle époque placer saint Clair, admis par une tradition qui semble fort ancienne comme premier évêque de Nantes ? La réponse est aisée. Point de chrétiens (nous l'avons dit) dans le pays nantais avant Donatien et Rogatien ; donc le *sacerdos*, c'est-à-dire l'évêque mentionné dans les Actes de ces martyrs est le premier évêque de Nantes ; donc c'est saint Clair.

Une fois la persécution passée, il revint à Nantes et s'efforça d'y propager l'Evangile. Il vint à bout de constituer un petit troupeau de fidèles, peu nombreux et surtout très défectueux comme organisation, et qui semble après saint Clair être resté assez longtemps privé d'évêque. Vers le milieu du IV° siècle (certainement après 340), un missionnaire ou apôtre itinérant appelé Béatus (saint Bié) visita cette petite chrétienté, et voici, d'après ses Actes, l'état où il la trouva :

« Béatus, ayant passé d'Orient dans le pays de Rome et parcouru les régions occidentales, arriva jusqu'à la cité de Nantes, que le lit de la Loire décore en y portant un grand nombre de navires et de poissons. Là, comme une poignée de brebis au milieu d'une foule de loups, il trouva un tout petit troupeau d'excellents chrétiens (1). Mais, privées depuis longtemps de toute prédication, leurs âmes étaient desséchées. Méprisés des païens, ils menaient une existence des plus tristes. Béatus, leur prodiguant ses exhortations, ses enseignements, releva leur courage, absolument comme la pluie tombant sur la surface de la terre ranime toutes les plantes épuisées par la sécheresse et les fait reverdir. Il convertit aussi, nous dit-on, beaucoup de païens (2). Il resta à Nantes quelque temps, enflammant tous les cœurs par sa divine éloquence. Il affermit solidement dans la foi plusieurs d'entre eux et les chargea de maintenir en ces lieux les enseignements de l'Eglise. Puis il partit, cherchant une retraite cachée, bien éloignée des hommes, où il pût vaquer exclusivement à la contemplation des choses divines. »

Qu'était-ce donc que la chrétienté nantaise jusque vers 360-370 ? Un groupe de fidèles très peu nombreux, sans évêque à poste fixe, même sans prêtre, visité de temps à autre par des missionnaires itinérants, soit prêtres comme Béatus, soit évêques comme le *sacerdos* des Actes des deux frères martyrs, lequel prolongea apparemment son séjour à Nantes assez longtemps pour en être considéré comme le premier pasteur.

Le bon Père Albert Legrand a fait de saint Clair le héros d'un roman apostolique très complet. Selon lui, il fut ordonné évêque en l'an 69 par le pape saint Lin, successeur de saint Pierre, qui lui donna pour compagnon le diacre Adeodatus et les envoya tous deux évangéliser les Gaules. Clair s'arrêta à Nantes et prêcha la foi chez les Namnètes et chez les Redons ; il détruisit à Vitré deux temples dédiés l'un à Pan, l'autre à Cérès, et en fit deux églises ; il y établit même, « ès grottes qui sont près la rivière, » une sorte de petite communauté composée de trois

---

(1) In qua (civitate Nannetica), velut pauculas oves in medio luporum multorum, pusillum christianissimorum gregem repperit. » *Vita inedita S. Beati*, ms. n° 167 de la bibliothèque d'Avranches, f. 197 verso, écriture du XIII° siècle.

(2) Jusqu'ici nous avons traduit la Vie de S. Béatus du ms. d'Avranches ; ce qui suit est tiré de celle qu'ont publiée les Bollandistes, tome II du mois de Mai, p. 364, édit. de Paris. — Les Bollandistes ont très bien déterminé la véritable époque de ce saint, Ibid. p. 363.

ermites (1). On lui donne parfois pour disciple un prétendu S. Juste ou S. Justin qui aurait été évêque de Rennes. Pendant qu'il travaillait de ce côté, son compagnon le diacre Adeodatus semait la bonne parole « au pays de Vennes et de Cornouaille. Dieu leur envoya de l'aide (continue Albert Legrand), car Drennalus, disciple de Joseph d'Arimathie, ayant passé de la grande en la petite Bretagne, descendit à Morlaix, convertit ce peuple, édifia une église, passa plus avant jusqu'à la ville de Lexobie ou le Coz-Guéaudet (le Yaudet) sur la rivière de Leguer, où il établit son siège, et donna commencement au siège épiscopal de Treguer. Ayant esté averti que saint Clair estoit à Nantes, il envoya son archidiacre Cogalus le visiter de sa part et conférer avec lui. » A ce moment aussi, « le diacre Adeodatus arriva à Nantes, rendit raison à saint Clair du fruit qu'il avoit fait ès *comtez* de Vennes et de Cornouaille (*sic*), le suppliant d'y vouloir faire un voyage pour confirmer les nouveaux convertis, consacrer des prêtres et autres ministres et donner l'ordre nécessaire aux affaires de la religion. Saint Clair, laissant Adeodatus à Nantes, visita tout son diocèse, qui s'étendoit depuis Nantes jusqu'au Cap Sizun, contenant les *comtez* de Nantes, Vennes et Cornouaille (*sic*). Enfin après avoir travaillé 26 ans en la vigne du Seigneur, il deceda au bourg de Reguini au diocese de Vennes le 10 octobre, l'an 96. Dans la cathédrale de *Nantes* ils ont *le crâne de saint Clair* enchâssé en un chef d'argent (2)... La tradition tient qu'il deceda en la paroisse de *Reguini, où se monstre encore à present* son sepulcre et *son chef* (3). »

Rien de vrai en tout cela; tout cela sort de l'imagination de l'auteur. J'ai cité cette pieuse mythologie afin de montrer, une fois pour toutes, avec quelle désinvolture, avant l'âge de la critique, on fabriquait des origines ecclésiastiques, — que quelques-uns voudraient nous imposer encore aujourd'hui. Le bon Père ne s'aperçoit même pas qu'il donne deux têtes à saint Clair; savoir, un crâne à Nantes — dont l'existence est d'ailleurs très bien prouvée par les documents du XVIIIe siècle (4), — un autre crâne à Réguini, où l'on peut le voir encore tous les jours. A l'appui de la sépulture de saint Clair à Réguini, c'est-à-dire de l'identité du saint Clair de Réguini et du saint Clair de Nantes, Albert Legrand atteste « *la tradition :* » si cette tradition eût existé avant lui, elle aurait laissé quelques traces soit dans les archives de Réguini, de Nantes ou du diocèse de Vannes, soit dans les historiens bretons qui ont parlé de saint Clair : Le Baud, Bouchart, d'Argentré, Du Paz (1620). Nulle part on n'en trouve la moindre trace. Avant 1637, cette prétendue identité, cette prétendue sépulture sont ignorées de tous (5); la tradition ne commence qu'à Albert Legrand. Et elle a contre elle d'ailleurs une preuve irrécusable de la dualité des deux personnages : ce sont leurs deux crânes.

(1) Albert Legrand, *Vie des SS. de Bret.* 3e édit. (1680) p. 489-490 et p. 3 du *Catal. des Evesques.*
(2) Albert Legrand, *Vie des SS. de Bret.* édit. 1680, p. 490-491.
(3) Albert Legrand, *Ibid.* édit. 1680, *Catalogue des Evesques* (à la suite de la *Vie des SS. de Bret.)* p. 59.
(4) Entre autres, le Propre nantais de 1782 et un inventaire de la cathédrale : tous deux pour indiquer cette relique emploient le mot *calvaria* qui a le sens précis de crâne; voir *Missæ et officia propria diœcesis Nannetensis* (1857, in-4o), p. 196-197.
(5) Certains auteurs, après avoir reconnu eux-mêmes ce silence de tous les historiens et de tous les documents antérieurs à Albert Legrand, persistent à affirmer « *l'unanimité* des auteurs et des historiens à mettre le tombeau de S. Clair à Réguini » — je ne vois pas bien où ils peuvent prendre cette unanimité.

De saint Clair, en somme, on ne sait qu'une chose : c'est que la tradition de Nantes, attestée par des catalogues épiscopaux remontant au milieu du XI° siècle, voit en lui le premier évêque de cette église. Ces catalogues récemment publiés (1) ne sont pas — même le plus ancien — d'une grande autorité. Le seul nom historique antérieur au V° siècle qu'on y trouve après saint Clair est celui de saint Similien qualifié grand confesseur (*magnus confessor*) par Grégoire de Tours (*De gloria Martyrum* cap. LX) et qui semble avoir vécu dans la seconde moitié du IV° siècle.

L'église de Rennes est plus pauvre encore en souvenirs antiques. Elle ne semble pas avoir eu d'ancien catalogue de ses évêques — ce qui du reste n'est peut-être pas vis à vis de celle de Nantes une grande infériorité. Mais Nantes met en tête de ses annales un nom salué par une tradition ancienne et constante comme celui du premier évêque du lieu. Rennes n'a pas cela. Son pasteur authentique le plus ancien est Athenius qui vivait en 461, mais qui n'a jamais passé pour le fondateur du siège. Nos vieux historiens (D'Argentré, Du Paz) produisent toutefois cinq ou six noms d'évêques antérieurs au sien, qui malheureusement ne s'appuient ni sur une tradition ni sur un culte. Je ne parle pas ici, bien entendu, de cette pièce grossièrement apocryphe, qui attribue la fondation du siège de Rennes à un Maximin contemporain de Lazare, de Marthe et de Magdeleine (2). Je parle de cinq noms placés par le P. Du Paz en tête de son Catalogue des évêques de Rennes, immédiatement avant celui d'Athenius (qu'il nomme Arthemius ou Anthemius). Ces noms sont :

1. *S. Mederan.* — 2. *S. Justin, martyr.* — 3. *S. Riotisme.* — 4. *S. Electran.* — 5. *S. Jean surnommé le Blanc.*

Du Paz les fait suivre de cette note : « J'ay appris les noms des cinq susdits evesques d'un memoire que j'ay trouvé à la fin d'un vieil et fort ancien breviaire manuscrit sur parchemin, en la bibliothèque de l'eglise cathedrale de Sainct-Pierre » (Du Paz, *Hist. généalog.* p. 839.) Ce « fort ancien bréviaire » représente

---

(1) Par M. l'abbé Duchesne, *Catalogues épiscopaux de la province de Tours*, p. 65-69. Le savant éditeur reproche à la Vie de S. Melaine d'avoir pris dans ce Catalogue un *Marcius* ou *Marsus* évêque de Nantes, et d'en avoir fait par anachronisme un contemporain de S. Melaine. Mais le *Marsus* de cette Vie n'est point qualifié évêque de Nantes, et la tradition liturgique de Rennes, où sa fête a été longtemps célébrée le 21 juin, en fait simplement un *presbyter*. Si donc il y a eu emprunt entre ces deux documents, c'est manifestement le Catalogue qui a pris dans la Vie de S. Melaine ce Marsus sans qualification, pour en faire indûment un évêque de Nantes.

(2) Cette pièce, imprimée par Albert Legrand dans le *Catalogue des Evêques* placé à la suite de sa *Vie des SS. de Bretagne*, est une note informe, que le P. Du Paz aurait trouvée en 1625 inscrite sur un feuillet de garde d'un manuscrit de la bibliothèque du chapitre de Rennes, et dont il donna copie au P. Albert. Mais Du Paz s'en méfiait; quoi qu'il ait vécu six ans après cette trouvaille (il mourut en 1631), il ne l'a point publiée et n'en a jamais parlé. Ce ne pouvait être qu'une mystification exécutée par un clerc gouailleur et facétieux, qui voyant les deux Dominicains (Du Paz et Albert Legrand) ardemment préoccupés de trouver des documents sur les origines de l'église de Rennes, fabriqua à leur usage cet apocryphe. Si cette pièce eût existé au temps de d'Argentré, comment eût-elle échappé aux recherches très soigneuses que fit ce grand historien pour dresser son Catalogue des évêques de Rennes? Pourquoi eût-elle absolument disparu après 1625, de telle sorte qu'Albert Legrand lui-même n'en put voir l'original et que, à la fin du XVII° siècle, toutes les recherches des Bénédictins, auteurs de l'*Histoire de Bretagne*, ne parvinrent pas à la découvrir? — parce que sans doute quelque grave et sérieux membre du chapitre, ayant éventé cette mauvaise plaisanterie, s'était empressé d'en faire disparaître la trace en rasant et brûlant le malencontreux feuillet.

sans doute un manuscrit du XV⁰ ou du XIV⁰ siècle. D'Argentré avant Du Paz avait découvert ce manuscrit, car son Catalogue des évêques de Rennes (en 1588) contient ces cinq noms avec quelques faibles différences d'orthographe, savoir : *Mederanus*, — *S. Justin* (auquel d'Argentré ne donne pas le titre de martyr), — *S. Riotismus*, —' *S. Elerannius*, — *S. Jean surnommé l'Abbé*. (*Hist. de Bret.* édit. de 1588, f. 45 ; édit. de 1618, p. 40).

Le mémoire du « vieil bréviaire » contenant cette petite liste n'assignait à ces évêques aucune date : cela résulte des contradictions de Du Paz et de d'Argentré. Le premier fait vivre *Mederan* « du temps des apostres, » et *Riotisme* sous le « roy Conan Meriadec, l'an de grace 383 ; » pour les trois autres (Justin, Electran, Jean) pas d'indications chronologiques; après Jean vient immédiatement Arthemius, que Du Paz place en 453. Avant Riotisme cette liste, on le voit, est bien vide, n'ayant que deux noms depuis le temps des apôtres jusqu'en 383. Mais Du Paz tenait évidemment à donner au siège de Rennes une origine apostolique.

La chronologie de d'Argentré est tout autre. Dans son édition de 1588 il place *Mederanus* « en l'an ccc de nostre salut ; » mais ensuite il se ravise, et dans celle de 1618, *Moderanus* (ainsi est-il nommé) descend à l'an 388. Après lui, sans aucune indication chronologique, viennent *S. Justin* et *S. Riotisme,* immédiatement suivis d'*Artemius* ou *Antemius* (dont il met l'épiscopat de 440 à 461), de *S. Amand,* de *S. Melaine ;* et après S. Melaine paraissent enfin *Elerannius* et *Jean* surnommé l'Abbé (1), qui se trouveraient ainsi appartenir au milieu du VI⁰ siècle. Dans cette façon d'employer les cinq noms épiscopaux fournis par le « fort ancien breviaire » se révèle le sens historique de d'Argentré, cet arrangement chronologique étant du moins au point de vue de l'histoire très vraisemblable : car, nous le verrons tout à l'heure, l'église de Rennes a dû être fondée dans les dernières années du IV⁰ siècle, c'est-à-dire, si on le veut, vers 388, et l'intervalle entre cette date et l'an 440 est suffisamment rempli par trois évêques, Modéran, Justin, Riotisme.

Mais de la vraisemblance, de la possibilité à la réalité il y a encore loin, et aucune tradition ancienne, aucun monument du culte ou de la liturgie ne vient appuyer l'existence présumée de ces trois évêques. Toutefois, dans les dépendances de l'abbaye de Saint-Melaine de Rennes, à l'entrée du faubourg de Fougères il y eut jadis une chapelle dédiée à S. Juste, qui donnait son nom à une petite rue voisine dite ruelle Saint-Juste, à une barrière de la ville dite barre Saint-Juste. On a prétendu voir dans le S. Juste patron de cette chapelle un évêque de Rennes et le même que S. Justin (2). Outre que Juste et Justin ne sont pas le même nom, une circonstance s'oppose à cette assimilation : c'est que l'ancien bréviaire de l'abbaye de Saint-Melaine (3), qui donne à ce S. Juste le titre d'évêque et non celui de martyr, en marque la fête, non pas au 2 juin comme on l'a dit, mais au 2 septembre, — jour propre de la fête de S. Juste, évêque de Lyon au IV⁰ siècle,

---

(1) C'est le Jean le Blanc de Du Paz, celui-ci ayant lu *Albus* où d'Argentré avait lu *Abbas.*

(2) M. Guillotin de Corson dans son bel ouvrage *Pouillé de Rennes* (I, 36) assimile le S. Juste de la barre Saint-Juste de Rennes au S. Juste de la pièce apocryphe de 1625, mais cette pièce est indigne d'être citée, et dès lors, le seul nom rennais qu'on puisse rapprocher de ce nom de S. Juste serait celui du S. Justin cité par d'Argentré, par Du Paz, et même, sous le nom de « S. Just ou Justin, » par D. Morice, *Hist. de Bret.*, t. Iᵉʳ, 933.

(3) Voir *Anciens Calendriers bretons* imprimés par Lobineau en tête de ses *Vies des SS. de Bret.* in-folio, p. 4.

dont le culte se répandit au siècle suivant dans toute la Gaule : c'est de lui qu'il s'agit ici, on n'en saurait douter.

Il n'y a donc rien d'authentique, on peut même dire rien de sérieux dans les noms épiscopaux attribués au siége de Rennes avant le V⁰ siècle. Et en dehors de Rennes et de Nantes on ne trouve, dans toute la péninsule armoricaine, à la même époque, aucun nom, aucun souvenir de ce genre.

Nous arrivons ainsi à la dernière moitié du IV⁰ siècle. Là devant nous surgit un homme, un des plus grands de l'histoire de l'Église, dont le zèle et le génie, l'action incessante, la prédication et la charité infatigables, vont opérer dans l'état religieux de la Gaule une véritable révolution : c'est l'illustre, l'admirable évêque de Tours, saint Martin (372-397).

Saint Martin, nul ne l'ignore, est le véritable apôtre des Gaules. Il fut en particulier l'apôtre de la partie des Gaules dévolue plus spécialement à sa garde pastorale, c'est-à-dire de la région Nord-Ouest qui, depuis 380 au moins, forma sous le nom de Lyonnaise III⁰ une province séparée soumise à la métropole de Tours (voir ci-dessus p. 79 et 187). Sur la situation religieuse de cette région à cette époque voici le témoignage du célèbre biographe de S. Martin. Contemporain, disciple, commensal de ce grand apôtre, Sulpice Sévère dit :

« Véritablement, *avant Martin il n'y avait dans ces contrées que fort peu de chrétiens, ou pour mieux dire à peu près aucun.* Grâce à lui, grâce à son exemple et à ses vertus, on y trouve aujourd'hui de tous côtés églises et monastères, car là où il détruisait un temple païen il s'empressait de construire soit un monastère soit une église (1). »

Puisqu'il existait si peu de chrétiens dans le Nord-Ouest de la Gaule avant l'apostolat de saint Martin, nous n'avons plus à nous étonner de ne pas trouver avant lui d'églises constituées, organisées, dans la péninsule armoricaine. En revanche, nous ne pouvons douter que cette région et son peuple, portion si importante du troupeau confié immédiatement à la garde de l'évêque de Tours (2), n'aient été évangélisés soit par S. Martin lui-même, soit par des missionnaires sous ses ordres envoyés dans toute la péninsule.

Toutefois, disons-le de suite, il n'existe dans les documents historiques aucune preuve directe de cette mission. Mais, un siècle et demi environ après la mort de S. Martin, quand le souvenir de l'évangélisation des peuples de l'Armorique était encore vivant, on voit les évêques de ce pays, du moins plusieurs d'entre eux, rapporter dans un document solennel le premier mérite de cette évangélisation à l'apostolat de S. Martin. Il faut citer textuellement une pièce si importante.

C'était en 567 ; la pieuse reine sainte Radegonde, qui avait fondé à Poitiers un célèbre monastère de filles, voyant quelques-unes de ses religieuses contester sur

---

(1) « Et vere ante Martinum pauci admodum, imo pene nulli, in illis regionibus Christi nomen receperant : quod adeo virtutibus illius exemploque convaluit, ut jam ibi nullus locus sit qui non aut ecclesiis frequentissimis aut monasteriis sit repletus. Nam ubi fana destruxerat, statim ibi aut ecclesias aut monasteria construebat. » (*Vit. S. Martini*, cap. x.)

(2) Notez en effet que tous les territoires de la III⁰ Lyonnaise où il n'existait pas d'évêchés organisés dépendaient non pas seulement de la métropole mais de l'évêque de Tours directement.

certains points la discipline qu'elle y avait établie, invoqua l'autorité des prélats aux diocèses desquels appartenaient les récalcitrantes. C'était le métropolitain de Rouen appelé Prétextat, l'évêque de Paris S. Germain, puis cinq évêques de la III° Lyonnaise, savoir, Euphrone métropolitain de Tours, S. Félix évêque de Nantes, Domitien d'Angers, Victorius de Rennes, Domnole du Mans. Ces prélats adressèrent à Radegonde une réponse collective très développée, dont l'exorde contient, au sujet des origines chrétiennes de la Gaule, la déclaration suivante :

« A la bienheureuse dame Radegonde, fille de l'Eglise en Jésus-Christ, les évêques Euphrone, Prétextat, Germain, Félix, Domitien, Victorius et Domnole.

» La divine Providence, dans sa prévoyante sollicitude, veille sans cesse sur le genre humain ; tous les temps et tous les lieux éprouvent continuellement ses bienfaits ; car, dans le patrimoine confié à la culture de l'Eglise, le divin Maître de toutes choses répand partout des personnes qui, s'appliquant soigneusement à retourner ce sol avec le fer de la foi, y multiplient au centuple, grâce à l'influence divine, la récolte du Christ. *C'est pourquoi, au début de la religion catholique* (1), *lorsque les germes de la vraie foi avaient commencé à circuler dans les Gaules, lorsque les ineffables mystères de la sainte Trinité n'étaient encore parvenus à la connaissance que d'un petit nombre, ce divin Maître des choses, voulant faire en ce pays un gain égal à celui que lui procuraient, dans le reste du monde, les prédications des apôtres, daigna par sa miséricorde envoyer le bienheureux Martin, né d'une race étrangère, porter la lumière dans cette région.* Quoiqu'il n'appartînt pas à l'époque des apôtres, la grâce apostolique ne lui fit pas défaut, car ce qui lui manquait dans l'ordre [des temps] fut compensé par les dons d'en haut, et celui qui l'emporte en mérites ne perd rien à venir après les autres (2). »

Cette solennelle déclaration est fort claire et toutes les arguties par lesquelles on essaierait d'en obscurcir, d'en altérer la signification, tombent devant la clarté de ce langage. — En Gaule, tout au moins dans les diocèses gouvernés par les auteurs de cette lettre, c'est-à-dire dans toute la région nord-ouest, le rôle joué ailleurs dès le Ier siècle par les apôtres, l'a été au IV° par saint Martin (évêque de Tours de 370 ou 372 à 397). C'est lui qui a éclairé, c'est-à-dire évangélisé ce pays, où avant lui circulaient à peine quelques germes chrétiens — par exemple ce que nous avons vu à Nantes au III° et au IV° siècles, — et où le nom de la Trinité était presque inconnu.

(1) Il s'agit du début de la religion spécialement dans la région Nord-Ouest de la Gaule, c'est-à-dire des temps antérieurs à S. Martin.

(2) Nous croyons nécessaire de citer ici ce texte essentiel :

« *Dominæ beatissimæ et in Christo Ecclesiæ filiæ Radegundi, Eufronius, Prætextatus, Germanus, Felix, Domitianus, Victorius et Domnolus episcopi.*

» *Sollicita sunt jugiter circa genus humanum immensæ Divinitatis provisura remedia, nec ab assiduitate beneficiorum suorum quocumque loco vel tempore videntur aliquando sejuncta, cum pius rerum Arbiter tales in hæreditate culturæ ecclesiasticæ personas ubique disseminat, quibus agrum ejus intenta operatione fidei rastro colentibus ad felicem centeni numeri reditum divina temperie Christi seges valeat pervenire... Itaque, cum, ipso catholicæ religionis exortu, cœpissent Gallicanis in finibus venerandæ fidei primordia respirare et adhuc ad paucorum notitiam tunc ineffabilia pervenissent Trinitatis dominicæ sacramenta, — ne quid hic minus adquireret quam in orbis circulo, prædicantibus apostolis, obtineret, — beatum Martinum peregrina de stirpe ad inluminationem patriæ dignatus est dirigere, misericordia consulente. Qui, licet apostolorum tempore non fuerit, tamen apostolicam gratiam non effugit; nam quod defuit in ordine suppletum est in mercede, quoniam sequens gradus illi nihil subtrahit qui meritis antecellit.* » (Dans Grégoire de Tours, *Hist. eccl. des Franks*, liv. IX, chap. 39.)

Telle est la doctrine des sept évêques de 567, entre lesquels figure le plus illustre des pontifes nantais, S. Félix, et à côté de lui l'évêque de Rennes. Doctrine incompatible avec le système moderne qui soutient l'*apostolicité* des églises des Gaules, c'est-à-dire la conversion de ce pays et l'organisation de ses évêchés dès le Ier siècle, système bien nettement rejeté ici par S. Félix : preuve évidente que l'église de Nantes, en ce temps, ne réclamait point une telle origine, à laquelle au reste elle ne songeait pas encore au XIIIᵉ siècle (voir ci-dessus p. 192).

D'autre part, l'importance attribuée par la lettre des sept évêques à la mission de S. Martin ne permet pas de douter que les prédications de cet apôtre ou de ses auxiliaires ne se soient étendues à toute la IIIᵉ Lyonnaise, et par suite à toute la péninsule armorique.

Mais quel en fut le résultat ? C'est très difficile à dire. La Vie de S. Martin de Sulpice Sévère ni les quatre livres de ses Miracles écrits par Grégoire de Tours ne contiennent aucune allusion à l'action exercée par le grand apôtre à l'Ouest de Tours, spécialement dans la presqu'île armoricaine. Dans le tableau des paroisses qui aujourd'hui ont pour patron S. Martin (1), le diocèse actuel de Rennes compte pour 54 paroisses, celui de Nantes pour 23, Vannes pour 4, Saint-Brieuc et Quimper, chacun pour 2, soit 85, dans toute la Bretagne. Pour que ces chiffres puissent avoir, dans la question qui nous occupe, une valeur sérieuse, il faut les répartir, non entre les cinq diocèses bretons *actuels*, mais entre les neufs *anciens* diocèses antérieurs à 1789. Voici cette répartition des 85 paroisses bretonnes placées sous le patronage de saint Martin :

Ancien diocèse de Rennes......	46 paroisses.
— de Nantes......	24 —
— de Dol........	4 —
— de Saint-Malo..	4 —
— de Vannes.....	3 —
— de Léon.......	2 —
— de Saint-Brieuc.	2 —
— de Quimper....	0 —
— de Tréguer.....	0 —

En ce qui concerne l'évêché de Nantes, 7 des 24 paroisses dédiées à saint Martin sont situées dans l'outre-Loire ou *pagus Ratiatensis,* qui n'a pas fait partie de ce diocèse avant le IXᵉ siècle.

Les 4 paroisses martiniennes de l'évêché de Dol (Meillac, Plesder, Cuguen', Pleinefougère) sont toutes quatre à l'Est de la Rance; les 4 de Saint-Malo (Bréal, Goven, Lassi, Guichen) touchent le Meu. — Bref, sur les 85 paroisses de Bretagne dédiées à saint Martin, 78 sont situées à l'Est d'une limite qui serait formée par la Rance, le Meu et la Vilaine ; à l'Ouest de cette limite il n'y en a que 7, savoir : Ploëren, Landévant, Saint-Martin sur Out, en Vannes ; Lamballe et Saint-Martin des Prés, en Saint-Brieuc ; Saint-Martin des Champs et Saint-Martin de Brest, en Léon. — Donc 78 paroisses martiniennes sur le territoire des Redons et des

(1) Lecoy de la Marche, *Saint Martin,* appendice.

Namnètes, 7 seulement chez les Venètes, les Curiosolites et les Osismes : — contraste frappant et très significatif.

Bien que le plus ancien évêque de Rennes authentique, Athenius, se montre seulement en 461 au premier concile de Tours (1), on ne peut guère douter — surtout en face des nombreuses paroisses de ce diocèse dédiées à saint Martin — que la mission martinienne n'ait fondé régulièrement cet évêché vers la fin du IVᵉ siècle, et définitivement organisé dans le même temps celui de Nantes.

Mais dans les trois autres cités de la péninsule, les Venètes, les Osismes, les Curiosolites, — quel succès eut la mission martinienne ?

L'évêché de Vannes (nous y viendrons bientôt) ne fut fondé qu'après 461, vers l'an 465. Mais, d'évêque ou d'évêché, soit osismien soit curiosolite, dans le IVᵉ siècle ni dans le Vᵉ, nulle trace. Sur la fin du Vᵉ siècle et au VIᵉ, quand arrivent en Armorique les émigrés bretons, ils ne trouvent là en exercice aucune institution ecclésiastique, mais beaucoup de païens à convertir. Comment expliquer ces faits ?

En face des affirmations si péremptoires de Sulpice Sévère sur les succès obtenus par les prédications de S. Martin, il n'est guère possible d'admettre que soit lui soit ses disciples aient subi, dans l'Ouest de la péninsule armoricaine, un échec complet. Mais, par suite de circonstances assez aisées à concevoir, peut-être le succès fut-il là moins facile et moins complet qu'ailleurs ; peut-être y trouvat-on plus d'obstacles pour constituer régulièrement, solidement, des églises et des évêchés : si bien que, quand, au Vᵉ siècle, tomba sur la péninsule la grande invasion barbare dont les désastres, nous le verrons, y furent effroyables, cette organisation ecclésiastique, fragile, incomplète, ne put résister et fut emportée dans la tempête : ce qui entraîna le retour au paganisme des débris de la population indigène survivant au fléau de l'invasion.

Cependant quelques écrivains se flattent d'avoir découvert dans l'histoire ecclésiastique du Vᵉ siècle, par des procédés subtils, ces évêques des Osismes et des Curiosolites que nous n'y pouvons apercevoir. Tâchons de profiter de leurs découvertes.

Ils opèrent sur trois documents du Vᵉ siècle : 1º le concile d'Angers de l'an 453 ; — 2º une lettre adressée vers la même date à trois évêques « *de la troisième province*, » dénomination sous laquelle on croit reconnaître la troisième Lyonnaise ; — 3º le concile de Vannes, que l'on s'accorde à placer vers 465.

Au concile d'Angers assistent sept évêques : Léon évêque de *Bourges*, —

---

(1) « Athenius, episcopus Redonicæ civitatis, interfui et subscripsi. » (Sirmond, *Concil. antiq. Gall.* I, 126). — C'est par une méprise inexplicable que D. Morice (ou peut-être D. Taillandier) met en tête du catalogue des évêques de Rennes un *Febediolus* premier du nom, qui aurait assisté à un concile de Fréjus tenu vers 439 (D. Morice, *Hist. de Bret.* t. II, Catal. des évêques et abbés de Bret. p. III). On renvoie, pour la preuve de ce fait, à D. Martène, *Thesaur. anecdot.* IV, col. 57. Dom Martène publie bien, en ce lieu, un canon isolé d'un concile de Fréjus de date incertaine, mais il n'indique aucun des évêques qui auraient assisté à ce concile. Dans le commentaire dont il accompagne ce canon, il mentionne incidemment un Febediolus, évêque de Rennes, mais c'est celui qui assista au 5ᵉ concile d'Orléans en 549, et que le Catalogue de D. Morice appelle *Febediolus II*. En réalité il n'y en a pas d'autre que celui-ci ; le prétendu Febediolus de 439 ne se trouve nulle part, n'a jamais existé, et doit être supprimé.

Eustochius évêque de *Tours* (1), — Victorius évêque du *Mans*, — Talasius évêque d'*Angers*, — et trois autres dont les sièges ne sont point indiqués, savoir *Chariaton, Rumoride, Viventius*. Prenez garde à ces trois derniers noms, en eux gît tout le secret de l'opération.

La lettre aux trois évêques de la *troisième province* (si l'on veut, III⁰ Lyonnaise) leur fut adressée par trois autres évêques dont nous connaissons les sièges et que nous venons de voir tout à l'heure au concile d'Angers : Léon évêque de Bourges, Eustochius évêque de Tours, Victorius ou Victurius évêque du Mans. Quant aux destinataires de la lettre, on se borne à les nommer sans marquer leurs sièges ; ce sont *Sarmation, Chariaton, Desiderius* (2). Dans ce dernier on croit reconnaître un évêque de Nantes du même nom, inscrit au Catalogue épiscopal de cette église en un rang qui peut convenir à cette date. Chariaton figure déjà dans le concile d'Angers. Nous n'avons donc ici qu'un seul nouveau nom épiscopal sans désignation de siège (Sarmation). Cela en fait quatre : *Chariaton, Rumoride, Viventius* et *Sarmation*. En eux, assure-t-on, il faut voir *nécessairement* les évêques de Rennes, de Vannes, des Osismes et des Curiosolites (3) qui siégeaient en 453. En réalité, nous allons le voir, il n'y a nulle preuve qu'aucun d'eux ait siégé dans l'une ou l'autre des trois dernières cités (Vannes, Osismes, Curiosolites).

En effet, dans le système que nous exposons ici sans l'admettre (4), chaque cité de la *Notice des Gaules* doit posséder en 450, et même dès 400, un évêché. La III⁰ Lyonnaise comprend neuf cités :

1. *Tours*,	4. *Angers*,	7. *Curiosolites*,
2. *Le Mans*,	5. *Nantes*,	8. *Osismes*,
3. *Rennes*,	6. *Vannes*,	9. *Diablintes*.

D'après ce système, ces neuf cités sont neuf évêchés, donc il leur faut neuf évêques. A la date de 453, nous connaissons les titulaires de quatre de ces cités ou évêchés, savoir, Eustochius évêque de *Tours*, Victorius du *Mans*, Talasius d'*Angers*, Desiderius de *Nantes*. Restent cinq cités à pourvoir, sans titulaires connus, savoir : *Rennes, Vannes, Curiosolites, Osismes, Diablintes*. Car dans le système en question, *Diablintes* (Jublains) a tout autant droit à un évêque que Rennes et les autres. Si dans la lettre ci-dessus (de Léon, Eustochius et Victorius) les mots *III⁰ Province* signifient *III⁰ Lyonnaise*, Chariaton et Sarmation devaient être évêques de deux de ces cinq dernières cités, mais desquelles ? Nous avons parfaitement le droit d'attribuer Chariaton à Rennes et Sarmation aux Diablintes ; donc nulle preuve qu'ils aient été évêques de Vannes, des Osismes ou des Curiosolites.

(1) Le titre d'archevêque était alors inconnu.
(2) Voici la suscription de cette lettre, dans Sirmond, *Concil. Galliæ* : « Dominis fratribus in Christo venerabilibus Sarmationi, Chariatoni, Desiderio, episcopis, et presbyteris omnium ecclesiarum quæ sunt *intra Provinciam tertiam* constitutæ, Leo, Victurius et Eustochius, episcopi. » — Il serait d'ailleurs difficile d'établir d'une façon certaine l'identité de cette *Provincia tertia* et de la III⁰ Lyonnaise, mais nous l'acceptons provisoirement.
(3) Nous ne pouvons tenir compte de l'opinion qui remplace ici *Curiosolites* par *Corisopites*, car en 453, le nom de *Corisopitum*, qui n'a jamais été un nom de peuple, n'existait en Gaule à aucun titre.
(4) Système longuement exposé au XVIII⁰ siècle par l'ennuyeux dom Liron dans son *Apologie pour les Armoricains* (Paris, 1708, in-12), et heureusement abrégé de nos jours par M. l'abbé Duchesne. *Anciens catalogues épiscopaux de la province de Tours* (1890), p. 83-84 et note.

Quant à Rumoride et Viventius, on a toute liberté de voir en eux des évêques étrangers à la province de Tours, car dans les conciles provinciaux du Vᵉ siècle figurent très fréquemment des évêques extra-provinciaux. A Angers, en 453, c'était certainement le cas de Léon de Bourges; et au concile de Tours de 461, où Mansuetus qualifié évêque des Bretons *(Mansuetus episcopus Britannorum)* siégeait avec Athenius évêque de Rennes et Eusèbe évêque de Nantes, près de la moitié des pères du concile, soit quatre sur dix, étaient extra-provinciaux (1).

Au concile de Vannes (vers 465) ne purent assister Victorius évêque du Mans, Talasius évêque d'Angers. Y prirent part quatre évêques de la IIIᵉ Lyonnaise, savoir : Perpetuus évêque de Tours, Paternus évêque de Vannes consacré dans ce concile, Athenius évêque de Rennes, Nunechius de Nantes, et enfin deux évêques — *Albinus, Liberalis* — sans désignation de siège. On s'empresse, bien entendu, d'attribuer ces deux derniers aux Osismes et aux Curiosolites; c'est là encore une hypothèse toute gratuite, puisqu'ils peuvent tout aussi bien, et même mieux, être des évêques extra-provinciaux. Je dis mieux, car ce serait vraiment un cas étrange, celui de ces prétendus évêques d'Osismes et de Corseul assistant, affirme-t-on, à tous les conciles de leur province, mais ayant fait vœu apparemment de ne jamais y révéler le nom de leurs sièges.

Conclusion : impossible de trouver au Vᵉ siècle aucun évêque des Osismes ou des Curiosolites, les attributions à ces cités de tel ou tel nom épiscopal étant de pures conjectures plus ou moins fantaisistes. Pour asseoir des affirmations sérieuses, il faudrait au moins quelque preuve — qui manque.

Venons à la fondation de l'évêché de Vannes.

C'est ici un cas assez curieux. D'ordinaire, la critique reproche aux traditions concernant les origines des églises, des villes, des seigneuries, des familles nobiliaires, du moins à beaucoup d'entre elles, de vouloir faire remonter ces origines à une antiquité exagérée. La source de ces traditions et prétentions fabuleuses est facile à découvrir, elle est aussi évidente qu'universelle, elle s'appelle la vanité. Pour Vannes c'est le contraire. Un critique a reproché à cette église de se contenter pour son origine d'une antiquité insuffisante. Reproche étrange, extraordinaire, qui suppose les Vannetais faits tout au rebours des autres hommes; partout ailleurs, ceux qui donnent des entorses à la vérité historique le font au profit de leur vanité, de leur gloriole, c'est-à-dire en matière ecclésiastique, au profit de ce qu'on appelle l'illustration, l'antiquité des églises. Les Vannetais eux se seraient plu à fabriquer de fausses légendes pour diminuer l'illustration et l'antiquité de la leur! Cela semble vraiment incroyable; pour établir un tel fait, il faut des preuves précises et solides. Examinons.

Peu de temps après le concile de Tours de 461, il y eut à Vannes un concile provincial dont on ne connaît pas la date précise, mais antérieur à 470 et qu'on s'accorde généralement à placer vers 465. Dans ce concile S. Patern fut consacré

(1) Savoir, Léon évêque de Bourges, Amandinus évêque de Châlons, Germain évêque de Rouen, Venerandus sans siège déterminé.

évêque de Vannes (1) par le métropolitain de Tours assisté de quatre autres évêques,
comme nous venons de le dire ici, à la page précédente. La tradition ancienne,
constante, de l'église de Vannes (dont on trouve des preuves dès le IX⁰ siècle)
reconnaît pour premier évêque de ce siège saint Patern, et ce ne peut être que
celui-ci, car d'après un document autorisé de cette tradition, ce Patern premier
évêque de Vannes aurait eu des relations avec le roi Clovis, circonstance qui
ne peut se rapporter qu'au Patern de 465 et s'y rapporte aisément, pourvu qu'on
lui accorde un épiscopat de trente et quelques années, durée qui n'a rien d'extraordinaire. Le document en question n'attribue nullement à Clovis la fondation de
l'évêché de Vannes ; il place formellement cette fondation *(fundationem, imo
primam creationem)* avant les relations du prince et de l'évêque, et la distingue
nettement de la période où ces relations se produisent, laquelle est simplement
indiquée comme appartenant aux « commencements de la nouvelle église » *(circa
initia hujus nascentis ecclesiæ)*. Ainsi l'intervalle qui sépare la consécration de
Patern du règne de Clovis est bien marqué et la chronologie bien observée.
Quant aux relations entre l'évêque et le roi, il s'agit de reliques insignes données
par ce dernier à l'église de Vannes : donation où il faut voir simplement le
souvenir traditionnel des bons rapports qui existèrent entre Patern et Clovis (2).

   Telle est la tradition, ancienne, constante, immémoriale de l'église de Vannes
sur son origine (3) : tradition qui, dans ces termes, n'est contredite par aucun

   (1) Les éditions actuelles et les manuscrits aujourd'hui connus assignent pour cause au concile
l'ordination d'un évêque, *causa ordinandi episcopi*. Mais, comme dom Lobineau et dom Le Gallois
l'avaient remarqué (Lobineau, *Vies des SS. de Bret.* édit. 1725 p. 11, et *Hist. de Bret.* t. II, col. 15), les
anciennes éditions portent : *causa ordinandi episcopatus*, entre autres, celle de Venise de 1585 (t. II,
f. 408 v⁰) et celle de Bini de 1606 (II, p. 191), laquelle déclare formellement être *ex manuscriptis
codicibus aucta eorumque collatione recognita* : preuve qu'il existait alors des manuscrits, aujour-
d'hui perdus, qui donnaient cette version.
   (2) Le document dont nous parlons ici est un sermon prêché dans la cathédrale de Vannes vers la
fin du XII⁰ siècle, à l'occasion de la translation des reliques de cette église dans une nouvelle châsse
ou grand reliquaire d'argent donné par l'évêque Guéthenoc. Cette pièce est intitulée *Descriptio
reliquiarum et notabilis recommendatio ecclesiæ Venetensis* (Bibl. Nat. ms. lat. 9093). La partie
historique de cette pièce débute ainsi : « *Circa hujus (ecclesiæ) fundationem, imo, ut ita dicam, primam
creationem*, major cumulus divinæ gratiæ in hoc apparuit, quod beatus Paternus » etc. Suit le récit
des relations de S. Patern avec un prince breton appelé Caradauc, sur lesquelles nous nous expliquerons dans notre *Deuxième Epoque*, quand nous exposerons l'histoire de l'émigration bretonne en
Armorique. Après cet épisode de la fondation, la *Descriptio* continue : « *Circa initia etiam hujus
nascentis ecclesiæ*, divinæ misericordiæ dulcor in hoc se aperuit, quod Clodoveus rex Francorum
illustrissimus per beatum Paternum patronum nostrum transmisit huic ecclesiæ desiderabilem
thesaurum, videlicet » etc. Suit une énumération de reliques, et rien de plus. — On a prétendu que
la chronologie de cette pièce « est en défaut, » parce que, en 511, année de la mort de Clovis, le
siège de Vannes était occupé, non par S. Patern, mais par Modestus qui assista au premier concile
d'Orléans. Or la *Descriptio reliquiarum* ne contient pas un mot d'où l'on puisse inférer que S. Patern
fût encore vivant en 511. Ce n'est donc pas cette pièce qui « est en défaut, » c'est la critique qu'on
en fait.
   (3) La tradition de l'église de Vannes qui reconnaît pour son premier évêque le Patern en relations
avec Caradauc et Clovis, c'est-à-dire le Patern de 465, cette tradition existait au IX⁰ siècle, avant que
les reliques de ce Patern eussent quitté Vannes pour fuir l'invasion normande (voir *Lives of the
Cambro-British Saints*, p. 196). — Je ne compte pas parmi les monuments de la tradition de l'église
de Vannes le Catalogue des évêques de ce siège existant dans le Cartulaire de Quimperlé. Dans une
étude sur S. Patern publiée en 1892 j'avais signalé ce Catalogue comme très défectueux et j'avais
relevé dès lors sa contradiction formelle avec la *Descriptio reliquiarum* quant à l'époque de S. Patern,
que la *Descriptio*, on l'a vu, place *sous le roi Clovis*, et le Catalogue au contraire *après la mort
de Clovis* en termes formels, ainsi conçus : « SANCTUS PATERNUS, tempore Hildeberti regis Francorum,
qui cepit regnare anno 677⁰, *quo obiit Clodoveus ejus pater.* » Quant à la date de 677 assignée à la
mort de Clovis, et sur laquelle quelques critiques se sont beaucoup récriés, il n'y a pas lieu de s'y
arrêter, car elle est en *chiffres arabes* dans le ms. original du XII⁰ siècle comme dans la copie de la

document de l'histoire sérieuse, et contre laquelle cependant on s'est lancé avec une vivacité au moins singulière (1). Mais quelles preuves donne-t-on de sa fausseté? A-t-on découvert un évêque de Vannes antérieur à 465? Nullement. On dit seulement que cette tradition « se heurte à de grosses invraisemblances, qu'*elle ne tient pas assez compte des raisons qui interdisent d'admettre en Gaule au milieu du V* siècle une cité sans évêque.* » Quelles sont ces invraisemblances? Quelles sont ces raisons? On n'en dit rien, ou plutôt on n'en dit qu'une : c'est que « l'évêque d'Angers Talasius ordonné en 453 ayant déjà eu quatre prédécesseurs, pourquoi l'évêque ordonné à Vannes vers 465 aurait-il été le premier de sa série? »

Pourquoi? Mais parce que les quatre prédécesseurs de Talasius existent, nous les connaissons, et les quatre prétendus prédécesseurs de Patern n'existent pas, il faut les inventer — et donner en même temps un démenti passablement osé à une tradition locale, immémoriale, à laquelle on ne peut opposer aucun document sérieux. Est-ce que Vannes d'ailleurs est la seule église qui n'ait point d'évêque connu avant le milieu du V* siècle? Qu'on tâche donc de trouver ceux qui gouvernaient alors les églises d'Avranches, de Coutances, de Lisieux, de Séez, d'Evreux — pour nous borner à celles-là.

Allons au fond de l'objection. Ou elle ne signifie rien, ou elle veut dire qu'Angers et quelques autres cités ayant eu des évêques vers 370, *toutes* les cités de la Gaule en avaient *nécessairement* à cette date et ne pouvaient pas ne pas en avoir, quand même on n'en trouverait trace nulle part : en d'autres termes, cela veut dire que l'évangélisation et l'organisation des églises se serait faite en Gaule partout à peu près de la même façon et à la même date. Conception, ce semble, un peu naïve, mais peu historique et peu vraisemblable, puisqu'elle suppose partout uniformité de mœurs, de dispositions, de sentiments, et parité de circonstances, tandis que dans cette Gaule si mobile, si impressionnable et si diverse, coupée en tant de peuples qui communiquaient entre eux difficilement, ce n'est pas l'unité, c'est la variété qui était la loi. En réalité, chez ces divers peuples, nombre de causes diverses, soit favorables soit défavorables, activèrent ou retardèrent la propagation de l'Evangile.

Quel rapport, par exemple, entre ces molles populations de l'Anjou, devenues si facilement sujettes et même auxiliaires de la conquête romaine, et ces enragés Venètes si obstinés dans leur résistance contre César qu'ils y périrent tous jusqu'au dernier? Croyez-vous pas que des hommes de cette trempe durent être un peu plus durs à convertir que les Andegaves? Quel rapport entre les belles, planes, fertiles campagnes de la Loire, et la péninsule armoricaine toute hérissée de rochers et de forêts? Et notez que, dans cette péninsule, surtout dans l'Ouest, la romanisation, si entière qu'elle fût, se montre sous un aspect assez rude et ne déploie nulle part les mollesses, les merveilles d'art qu'on rencontre ailleurs : à peine y trouve-t-on deux théâtres, qui ne sont pas dans des chefs-lieux de cité; dans ces chefs-lieux nulle trace de palais, de grands édifices, de grandes œuvres

---

Bibliothèque Nationale ; c'est par conséquent une interpolation qui ne peut remonter au-dessus du XVI* siècle et qui remplace un nombre en chiffres romains déjà illisible à cette époque et que nous ne pouvons connaître. Aussi dans mon étude sur S. Patern j'avais omis cette date ridicule ; mais si je l'avais imprimée, je l'aurais donnée telle qu'elle est, je ne l'aurais pas habillée en chiffres romains.

(1) Voir *Revue Celtique*, XIV (1893), p. 238-240, article de M. l'abbé Duchesne.

de sculpture ; les principales ruines sont celles des forteresses, des enceintes murales, des temples païens. Dans l'Ouest de la péninsule plus longtemps que partout ailleurs se sont conservées les superstitions issues du druidisme ; on y trouve encore de vieilles chansons où il est question de la cueillette du gui, de l'herbe d'or, de l'œuf de serpent, d'autres où retentissent les terribles malédictions du barde païen Gwenklan contre les missionnaires chrétiens. Nous verrons enfin bientôt que dans la péninsule les désastres des invasions barbares furent épouvantables et durent retarder, empêcher, détruire les œuvres apostoliques. Voilà, ce semble, assez de motifs — sans parler de ceux que nous ne pouvons plus saisir aujourd'hui — pour expliquer le retard si vivement reproché à l'église de Vannes.

Entre ce reproche, fondé uniquement sur un système d'érudition plus ou moins ingénieux mais purement conjectural, — et la tradition immémoriale d'une église à laquelle on ne peut opposer aucun document sérieux et précis, — le choix de la critique n'est point douteux.

En somme, avant l'arrivée des émigrés bretons on ne trouve dans la péninsule armoricaine que trois évêchés fondés par les missionnaires gallo-romains : Nantes, Rennes et Vannes. S'ils en établirent d'autres — ce qu'on ne peut ni nier ni affirmer, — ils furent balayés par les invasions du V° siècle et il n'en resta pas trace.

VI

RUINE DE LA PÉNINSULE ARMORICAINE.

A péninsule armorique, paisible et prospère sous le haut Empire, avait vu depuis le milieu du IIIᵉ siècle les invasions barbares, promenant leurs ravages dans toute la Gaule, ébranler fortement cette prospérité. Pressentant avec raison que ces invasions, si elles n'étaient enrayées, amèneraient la perte des provinces, spécialement des Gaules, l'Empire s'efforça d'y organiser une défense militaire capable de les protéger contre ces ravages : d'où un considérable accroissement de dépenses. — L'Empire en même temps, pour mieux se défendre, s'étant partagé en quatre souverainetés impériales, les frais de l'administration furent quadruplés et au delà, par suite du développement de la bureaucratie, qui monta de suite à l'excès. — Résultat : la tyrannie fiscale, première cause de ruine pour les provinces et, entre autres, pour l'Armorique.

Si encore cette tyrannie, instituée en vue de protéger l'Empire contre les barbares, avait atteint son but : mais il n'en fut rien. Les barbares renversèrent toutes les barrières, se répandirent dans toute la Gaule, et par le fer, par le feu, leurs terribles ravages achevèrent de ruiner la pauvre péninsule armoricaine.

Tableau sombre, angoisseux, lamentable, qui nous reste à retracer, et qu'en raison de sa tristesse profonde il convient de restreindre en d'étroites limites.

§ 1ᵉʳ. — *La tyrannie fiscale de l'Empire.*

Voyons d'abord cette administration impériale et pourquoi elle pesait si lourdement sur le monde.

Son centre, son principe, c'était le *sacrum Palatium*, le sacré Palais, non pas l'édifice où vivait l'empereur, mais l'ensemble des hommes qui l'entouraient, le servaient, travaillaient avec lui ou près de lui.

Et d'abord, ceux qui servaient la personne même du prince, — la foule des chambellans, *cubicularii ;* des surveillants, *silentiarii ;* des employés de la garde-robe, *sacræ vestis ;* des gens de l'office, *cellarii ;* des courriers, *mensores ;* des pages, *pædagogium ;* — tous services placés sous les ordres du *primicerius sacri cubiculi* (premier chambellan), du *comes castrensis* ou maréchal du palais ; des comtes de l'écurie, *comites stabuli,* du surveillant du palais, *curator palatii :* hauts dignitaires au-dessus desquels était encore le prévôt de la chambre ou grand-chambellan, *præpositus sacri cubiculi*.

Puis, ceux qui entouraient le prince dans l'exercice de ses fonctions, l'*auditorium* qui l'assistait quand il rendait la justice ; le *consistorium* ou conseil d'Etat dont il s'entourait, ou était censé s'entourer pour faire des lois. — Puis encore un régiment de *notarii*, non de ces modestes notaires qu'on a vus depuis et que nous connaissons, mais de véritables secrétaires d'Etat, qui entraient dans tous les conseils du prince, rédigeaient les délibérations, préparaient les travaux, faisaient en réalité marcher toutes les affaires : fonctionnaires de très haut rang partagés en trois classes, et d'où l'on tirait les gouverneurs des plus grandes provinces. — Joignez aux notaires les référendaires (*referendarii*) et les chanceliers (*cancellarii*), deux autres tribus de fonctionnaires non moins nombreux, non moins importants.

Nommons ensuite le *magister officiorum*, qui jouait le rôle de premier ministre ; le *comes sacrarum largitionum*, ministre des finances, et le *comes rerum privatarum*, administrateur du domaine impérial ; enfin les chefs de l'armée, dont on a parlé plus haut (voir p. 162 ci-dessus).

Le *magister officiorum* commandait à tous les employés de la poste impériale (*cursus publicus*), rouage très important du gouvernement ; à tous ceux de la police (*curiosi*), des fabriques d'armes, etc. Il avait sous lui des interprètes de toutes les langues et de toutes les nations ; des agents à toute fin (*agentes in rebus*) qu'on employait aux missions les plus délicates.

Chacun des ministres, civils ou militaires, était entouré de ses bureaux, *scrinia*, avec chefs, sous-chefs, employés, auxiliaires, etc., tout aussi nombreux que ceux d'aujourd'hui, et de plus avec des agents ou correspondants (*rationales, procuratores*) dans les provinces : ces bureaux à eux seuls formaient une armée.

Voilà ce qu'était l'administration centrale de l'Empire, le *sacrum Palatium*. Et depuis qu'on avait coupé l'Empire en quatre, il y avait nécessairement quatre *sacra Palatia* et quatre administrations centrales. Multipliez donc mentalement par quatre l'immense collection de sangsues que nous venons d'énumérer.

L'administration provinciale s'exerçait par six préfets du prétoire et de très nombreux gouverneurs de province. Chacun de ces fonctionnaires avait sous lui un conseil (*consilium*) et un secrétariat (*secretarium*), réductions du *consistorium* et de l'*auditorium* de l'empereur, et avec cela des bureaux (*officia*) qui ne le cédaient en rien à ceux des ministres ; on y voyait, entre autres, un *princeps*, chef de tout l'*officium* ; un *cornicularius*, sorte de greffier en chef ; un *adjutor* ou premier commis ; un *commentariensis* chargé de la rédaction et de la garde de toutes les notes administratives ; un *ab actis*, secrétaire des actes judiciaires ; puis, en nombre indéterminé mais très considérable, des agents comptables, *numerarii* ; des rédacteurs de lettres ou circulaires administratives, dits *ab epistolis* ou *cura epistolarum* ; d'autres rédacteurs dits *regendarii*, chargés de tenir les registres ; d'autres encore (*exceptores*) employés spécialement au tribunal pour recueillir les dires des témoins ; des agents appelés *singulares* ou *singularii*, auxquels on donnait toute sorte de missions. Outre ce personnel déjà très nombreux, imaginez encore au-dessous de lui une foule d'appariteurs ou licteurs (*apparitores, lictores*), de crieurs (*præcones*), de messagers (*viatores*) etc. Il y avait en Gaule dix-sept et même dix-neuf armées administratives de ce genre — sans compter le reste — dans cette Gaule administrée jadis, au temps d'Auguste, par cinq gouverneurs assistés chacun d'une dizaine d'employés (1).

Bornons-nous à cette esquisse : elle prouve que le fonctionnarisme, qui ruine aujourd'hui la France et la mène grand train à la banqueroute, était déjà aussi développé au IVe siècle, — plaie saignante ouverte au flanc de l'Empire, par où s'écoulait sans cesse et en pure perte le meilleur de sa vie, de sa force, de sa substance.

Notons encore que tous ces fonctionnaires étaient, ainsi que l'armée, exempts de l'impôt; qu'il en était de même de toute l'aristocratie, c'est-à-dire de tous les hommes riches et puissants, répandus dans tout l'Empire, auxquels le prince avait conféré, souvent à prix d'argent, le titre de *sénateur*, dont le principal bénéfice était de les mettre dans la classe des privilégiés, — et voyons maintenant de quel poids cet impôt, chargé de nourrir tant de monde et de subvenir à tant de dépenses, pesait sur ceux qui le payaient.

Sur ce sujet nous emprunterons les paroles mêmes des contemporains, témoins oculaires des événements, et les commentaires d'un historien breton, Le Huërou, qui a étudié cette époque avec une rare vigueur de talent et une merveilleuse pénétration. D'abord les contemporains :

« Dioclétien, cet inventeur de crimes (dit Lactance), ce perfide auteur de maux inconnus avant lui, a ruiné l'univers à la fois par son avarice et par sa timidité. En se donnant trois collègues à l'Empire, il a divisé l'univers romain en quatre parts et a multiplié les armées dans la même proportion; car chacun des nouveaux princes prétendait avoir beaucoup plus de soldats que n'en avaient les anciens, lorsqu'un seul était chargé du fardeau de la République. *Le nombre de ceux qui recevaient était devenu tellement supérieur au nombre de ceux qui payaient, que les colons, écrasés par l'énormité des impôts, abandonnaient leurs terres, et les cultures se changeaient en forêts* (2). Et pour que la terreur se répandit partout, les provinces aussi furent coupées par lambeaux, une nuée de gouverneurs et d'officiers subalternes vint s'abattre sur chaque contrée et presque sur chaque ville. Ce ne fut partout que procureurs du fisc (*rationales multi*), que maitres des finances (*magistri*), que vicaires des préfets (*vicarii præfectorum*), tous hommes à qui la modération d'un gouvernement juste était inconnue, qui ne savaient que condamner et proscrire, qui extorquaient, je ne dirai pas souvent, mais toujours, non pas une chose mais toutes choses, et dont les extorsions étaient accompagnées d'injures intolérables. »

L'historien a donc bien raison de dire : « Le système financier des empereurs depuis Dioclétien a été la principale cause de la ruine de l'empire d'Occident. C'est par là que s'est écoulée la fortune de Rome; c'est au fisc que venaient aboutir

_____

(1) Pour ce tableau de l'administration impériale, voir *Notice des dignités de l'Empire*, et Fustel de Coulanges, *L'invasion germanique et la fin de l'Empire*, p. 12 à 17 et 20 à 22.

(2) « Adeo major esse cœperat numerus accipientium quam dantium, ut enormitate indictionum consumptis viribus colonorum, desererentur agri et culturæ verterentur in silvam. » (Lactantii *de Mortibus persecutorum*, VII, trad. de Le Huërou, *Hist. des institutions mérovingiennes*, p. 115-116).

les mille conduits de cette machine meurtrière que les publicains avaient placée à toutes les sources de la richesse publique, et qui la versait à flots dans le trésor du prince. Rien aujourd'hui ne saurait donner idée des ravages d'un tel fléau (1). »
Voyons le détail de ces extorsions fiscales :

« Les champs (reprend Lactance) étaient mesurés jusqu'à la dernière motte; les ceps de vigne et les pieds d'arbres étaient comptés; les animaux de toute espèce inscrits; chaque tête d'homme était marquée. Le pauvre peuple des villes et des campagnes était rassemblé dans les villes, pendant qu'au dehors se pressaient d'innombrables troupeaux d'esclaves. Chaque propriétaire était là avec ses hommes libres et ses serfs; la torture et le fouet retentissaient de tous côtés. Les fils, appelés à déposer contre leurs pères, étaient appliqués au chevalet; les esclaves les plus fidèles étaient contraints par les tourments de témoigner contre leurs maîtres, les femmes contre leurs maris. S'ils n'avaient ni esclaves ni proches, ils étaient eux-mêmes torturés contre eux-mêmes; et lorsqu'ils étaient enfin vaincus par la douleur, on les inscrivait pour des biens qu'ils ne possédaient pas. Nulle excuse pour l'âge, nulle pour les infirmités : les malades et les infirmes n'en étaient pas moins portés sur les registres... Et pourtant on n'avait pas foi entière dans les premiers opérateurs (censitores); on en faisait partir d'autres après ceux-là, pour tâcher de trouver plus de matière imposable. Et chaque fois l'impôt était augmenté, non qu'on eût trouvé quelque chose qui n'eût pas encore été imposé, mais les nouveaux agents ajoutaient toujours, pour éviter le reproche d'avoir été envoyés inutilement. Cependant les animaux diminuaient, les hommes mouraient; on n'en payait pas moins le tribut pour les morts; en sorte qu'on ne pouvait plus sans payer ni vivre ni mourir (2). »

Tout cela n'était que la préparation, toutes ces opérations tortionnaires n'avaient pour objet que d'établir, au chiffre le plus élevé, l'assiette de l'impôt (3). L'important était de cueillir cet impôt, de le verser au trésor : opération dure et difficile pour qui en serait chargé.

Au IV⁰ siècle il y avait dans l'Empire trois classes d'hommes : le menu peuple, la plèbe, qui n'ayant rien ne payait rien; la classe des privilégiés, sénateurs, fonctionnaires, armée, qui se retranchait dans son exemption et ne payait encore rien ou très peu de chose; la classe moyenne des petits et moyens propriétaires, qui devait payer pour tous. Cette dernière classe comprenait quiconque possédait plus de 25 *jugera* ou arpents de terre; on appelait ces possesseurs des *curiales,* parce que tous ils composaient l'assemblée municipale appelée *curie,* et étaient tenus d'en remplir et d'en supporter à tour de rôle les charges, qui étaient devenues fort lourdes : aussi la classe privilégiée (sénateurs, fonctionnaires) avait-elle eu soin de s'en faire exempter.

---

(1) Le Huërou, *Hist. des instit. mérov.,* p. 116, 121.
(2) Lactantii *de Mortibus persecutorum,* cap. xxiii, trad. Le Huërou, *Ibid.,* p. 134-135.
(3) Quant au chiffre de cet impôt, il est difficile à déterminer. Outre les douanes et certaines taxes sur le commerce, M. Fustel de Coulanges — d'après un passage d'Ammien Marcellin (xvi, 5) — estime que l'impôt direct en Gaule, au IV⁰ siècle, aurait été, au plus haut, de 25 pour 1.000 du capital immeuble imposé; et, au plus bas, de 7 pour 1.000. La moyenne serait 16 pour 1.000 du capital. En admettant que ce capital produisît un revenu annuel de 5 pour 100, c'est-à-dire de 50 pour 1.000, cet impôt monte presque au tiers du revenu : ce qui est énorme et ruineux. Voir Fustel de Coulanges, *L'Invasion germanique et la fin de l'Empire,* p. 50.

C'est à la curie et aux curiales, déjà très chargés, que l'on imposa la tâche si lourde et si difficile de lever l'impôt, avec obligation pour eux de le fournir intégralement sur leur fortune personnelle, s'ils ne parvenaient pas à faire payer exactement tous les contribuables.

Une telle obligation fut la ruine des malheureux à qui on l'imposait, la ruine des curies et des curiales, la ruine de la classe moyenne et de la propriété foncière dans l'empire d'Occident. Ecoutons les historiens décrire cette ruine :

« L'impôt chez les Romains, comme chez tous les peuples de l'antiquité, s'adressait plus particulièrement à la terre : la loi prit le parti d'identifier la terre et l'homme, et de les rendre solidaires l'un de l'autre. Elle constitua en un corps et réunit comme en un faisceau les propriétaires fonciers sous le nom de *curiales,* en faisant porter à chacun individuellement la responsabilité de toutes les charges qui pesaient sur la propriété même. C'étaient les curiales qui levaient au profit du fisc impérial toutes les contributions dont elle était frappée ; ils répondaient dans tous les cas de la totalité de l'impôt, et leur fortune personnelle réparait les non-valeurs. Leur part dans les charges communes s'accroissait ainsi de tous les ravages exercés par la dépopulation, par la misère publique, par l'invasion des barbares, par la ruine des institutions sociales (1). »

Cette dignité de curiale, recherchée jadis comme un honneur, devint bientôt le plus accablant des fardeaux ; on chercha à s'y soustraire par tous les moyens, même en abandonnant tous ses biens, — les constitutions impériales l'avouent :

« Les villes (dit l'empereur Majorien), dépouillées par les injustices des agents du fisc, ne peuvent plus trouver de curiales, parce que les possesseurs (c'est-à-dire les curiales), intimidés par la puissance de leurs oppresseurs, abandonnent leurs champs, craignant non plus de perdre leur fortune mais de subir les angoisses et les tortures de la prison, au gré de l'avarice et de la cruauté d'un exacteur sans entrailles et d'une soldatesque sans pitié (2). »

Ces malheureux curiales avaient beau s'enfuir et abandonner leurs biens, la loi fiscale sous peine des plus durs supplices les ramenait de force à leur glèbe pour les pressurer, sucer leur bien et leur sang, jusqu'à ruine complète.

« Cela dura (continuent les historiens) aussi longtemps qu'il exista des propriétaires dans l'Empire. Mais depuis cette réforme générale de l'administration civile si malheureusement essayée par Dioclétien, la dépopulation faisait des progrès effrayants. Les campagnes étaient presque désertes, et le vide commençait à se faire sentir jusque dans l'enceinte de ces villes gauloises qui eurent longtemps la prétention de rivaliser avec Rome de magnificence et de profusion. La masse des impôts, de jour en jour plus écrasante, retombait de jour en jour sur un moins grand nombre de têtes. L'empereur Valentinien Ier ayant un jour ordonné dans sa colère de faire mourir *trois* curiales dans un certain nombre de villes qu'il désigna, Florent, préfet du prétoire des Gaules, s'écria : « Eh! que faudra-t-il faire s'il ne s'en trouve pas trois? (3) »

Le fisc affolé redoublait de rigueurs. « Les contribuables retardataires étaient

(1) Le Huërou, *Institutions mérov.* p. 146.
(2) Majoriani *Novell.* IV, *De indulgentiis reliquorum.*
(3) Le Huërou, *Ibid.*

entassés dans les prisons, où ils finissaient le plus souvent par se pendre de désespoir ; quelquefois on abrégeait, et l'on commençait par les faire mourir. Le
nombre des libres possesseurs (propriétaires et curiales) diminuait de jour en
jour avec une effrayante rapidité... Le monde, en effet, fut témoin alors d'un
étrange spectacle : la terre pour la première fois se vit répudiée par son possesseur,
et ce fut à qui ne posséderait rien pour n'avoir rien à payer. A chacune des pages
du Code il est question de terres qui n'ont point de maître. C'est en vain que
l'empereur les offre, tantôt aux Romains, tantôt aux barbares ; elles restent
désertes et sans culture entre les mains du fisc ; personne ne veut de ces largesses
intéressées. Une ruine certaine et de cruelles tortures attendent l'imprudent qui
les accepterait (1). »

Voilà le résultat définitif du despotisme fiscal, mangeur et rapace, du bas
Empire : la misère et la dépopulation des provinces. Fléaux que dut subir, entre
toutes les autres, la péninsule armorique, sol plus pauvre, moins favorisé que les
grasses plaines du centre de la Gaule, et où par conséquent, pour s'assouvir, le
fisc fut obligé d'enfoncer plus avant ses griffes impitoyables et de multiplier ses
sévices. Dès avant les invasions barbares du Vᵉ siècle, la péninsule avait çà et là
de grands vagues déserts, créés par le fisc romain.

§ 2. — *Les Barbares.*

Le but en vue duquel on avait doublé les forteresses et les armées, quadruplé
l'organisation administrative et défensive de l'Empire, mis en branle cette affreuse
machine aspirante et foulante, homicide et meurtrière, de la tyrannie fiscale ; ce
but qui était de rendre aux provinces la paix, la sécurité, en les débarrassant des
barbares, — nous l'avons déjà dit — ce but ne fut pas atteint.

Après la mort du grand Constantin les invasions reprirent ; on vit de nouveau
à des intervalles assez rapprochés des hordes de barbares franchir le Rhin,
chevaucher à travers la Gaule en y semant le pillage, le meurtre, l'incendie, puis
leur razzia exécutée au galop de leurs petits chevaux rapides, rentrer chargées de
butin dans leurs tanières, non sans perte parfois assez large de leur personnel,
néanmoins toutes prêtes à recommencer. Dans une société exposée à des violences
de cette sorte et qui ne sait plus comment s'en défendre, au bout d'un certain
temps le développement de la civilisation s'arrête, les citoyens tremblant pour
leur sûreté personnelle s'affaissent dans l'inertie, les institutions se détraquent,
se désorganisent, la ruine définitive est proche.

Dès l'année 341, les Franks courent les Gaules, il faut traiter avec eux,
probablement leur donner de l'argent pour leur faire repasser le Rhin (2).
Pendant la guerre entre Constance et Magnence, de 351 à 353, les barbares voyant
le passage du fleuve sans défense se précipitent à l'envi sur la rive gauche :
Franks, Alamans, Saxons, etc. prennent et saccagent quarante villes dont ils

(1) Le Huërou, *Institutions mérov.* p. 126.
(2) Tillemont, *Hist. des Emp.* IV, 332, 335.

emmènent la population captive, et ravagent la Gaule entière, dont toutes les forces militaires sont absorbées dans la guerre civile (1).

En 355, ils prennent Cologne et s'y établissent. Constance, effrayé de leurs ravages et ne pouvant aller en Gaule, y envoie pour les combattre son cousin Julien (plus tard Julien l'Apostat) avec le titre de César; les barbares évacuent Cologne mais non la Gaule; en 356 et 357 ils s'y promènent en maîtres, renouvelant leurs ravages, mettant le siège devant les principales villes, comme Autun, Lyon, Sens où ils tiennent Julien lui-même assiégé tout un mois. Enfin étant parvenu à faire une petite armée de 13.000 hommes, ce prince se jette sur eux (en 357), et quoiqu'ils soient près de 40.000, il leur tue 6.000 hommes et leur inflige près de Strasbourg une défaite honteuse qui les fait tenir tranquilles jusqu'à sa mort (363).

En 365, 366, 367, nouvelles courses des Alamans dans la Gaule; ils prennent, pillent, occupent Mayence; il faut pour les en chasser (en 368) une grande expédition de l'empereur Valentinien Iᵉʳ. En 370, ce sont les pirates saxons qui couvrent la mer de leurs flottes, jettent une armée sur le littoral gaulois, battent les troupes romaines : on n'en peut venir à bout que par un traité renforcé d'une odieuse trahison. Les années suivantes jusqu'à 378 ne valent pas mieux; cette année-là, l'empereur Gratien attaque près d'*Argentaria* (Colmar) un amas énorme de barbares, leur tue 30.000 hommes, anéantit leur armée dans une immense déroute; mais au premier choc les Romains avaient plié et failli être engloutis par ces masses.

Sous le règne du grand Théodose (379-395) il y eut relâche, la Gaule respira un peu, si ce n'est en 388, que les Franks et les Saxons, malgré tous les efforts du tyran Maxime alors établi à Trèves, se permirent de nouvelles courses qui ne purent être réprimées et qui se renouvelèrent l'année suivante (2).

Après Théodose, sous le faible Honorius, l'Empire d'Occident est aux mains du maître de la milice Stilicon, demi-Romain, demi-barbare, qui se lance dans de tortueuses négociations avec les Franks, les Alamans et autres nations germaniques, dont il veut faire des alliés, et même des soutiens de l'Empire.

Enfin, en 405, fond sur l'Italie une effroyable avalanche de barbares, Goths, Alains, Vandales, etc. au nombre de 400.000, sous les ordres d'un chef d'une férocité exceptionnelle, Radagaise, tuant et brûlant tout sur son passage. Ce torrent inonde en 406 jusqu'au cœur de l'Italie; Florence assiégée résiste, elle était sur le point de se rendre quand Stilicon, avec une armée faite en grande partie de barbares, bat Radagaise, le tue, détruit la moitié de ses hordes, force le reste à évacuer l'Italie, leur indiquant lui-même, paraît-il, pour objectif la terre des Gaules. Ce qui est sûr, c'est que, sous prétexte de protéger Rome contre une nouvelle attaque des barbares, il rappela toutes les troupes qui gardaient le Rhin et laissa le sol gaulois sans aucune défense.

Sur la rive droite du Rhin les bandes survivantes de Radagaise trouvent

---

(1) Zosimi III, 1.
(2) Sur les invasions barbares du IVᵉ siècle voir Tillemont, *Hist. des Empereurs* t. IV, p. 332-335, 360, 370, 393, 406 à 413, 413, 416, 423-425; t. V, p. 30, 31, 38, 48, 52, 149-150, 296, 309; Fustel de Coulanges, *L'Invasion germanique* p. 340, 342-346.

d'épaisses colonnes d'autres barbares, au nombre de plusieurs centaines de
mille, les yeux, les bras avidement tendus vers la Gaule, cherchant le point où
elles pourraient forcer la frontière romaine. Dans cette innombrable fourmilière
quatre nations dominent, Vandales, Suèves, Alains, Burgondes ; mais une foule
d'autres hordes grouillent, Quades, Hérules, Gépides, Saxons etc. Quand elles
apprennent l'abandon de la frontière du Rhin par les troupes romaines, toutes
s'élancent vers le fleuve. Les plus pressés, les Vandales se font battre à plates
coutures par un corps de troupes frankes alliées de l'Empire ; mais à la vue de
l'énorme, incommensurable marée humaine qui suit de près ce premier flot, les
Franks s'écartent et laissent passer le fléau.

C'est le 31 décembre de l'an 406 que cette innombrable armée barbare
franchit le Rhin. Ils entrent par Mayence qu'ils ruinent, traversent les deux
provinces de Germanie qui leur étaient bien connues, puis de proche en proche
s'étendent dans la Belgique, couvrent les Lyonnaises, les Aquitaines ne s'arrêtant
qu'à la barrière des Pyrénées. La Gaule entière en fut inondée. Qu'y firent-ils ?
Si vous voulez le savoir, voyez ce tableau des Gaules de l'an 406 à 409, rapidement
tracé sous cette dernière date par saint Jérôme :

« Des nations innombrables d'une férocité inouïe ont occupé la Gaule tout
entière, depuis les Alpes jusqu'aux Pyrénées, et de l'Océan au Rhin. Le Quade,
le Vandale, le Sarmate, les Alains, les Gépides, les Hérules, les Saxons, les
Burgondes, les Alamans, les Pannoniens ont tout dévasté. Mayence noble cité a
été prise et renversée, la ville des Vangions (Worms) a été détruite par un long
siége ; Reims, Amiens, Arras, Térouanne, Tournai, Spire, Strasbourg sont sous
le joug des Germains. L'Aquitaine et la Novempopulanie, la Lyonnaise, la
Narbonnaise sont entièrement dévastées, sauf quelques villes qui résistent encore,
pressées au dehors par le glaive, exténuées au dedans par la famine. Je ne puis
retenir mes larmes en songeant à Toulouse, qui serait ruinée, elle aussi, sans le
mérite de son saint évêque Exupère (1). »

Ainsi toute la Gaule fut broyée, moulue sous cette affreuse invasion, aussi bien
la péninsule armorique que les provinces qui touchaient le Rhin : rien n'échappa
au fléau. Et de la part du gouvernement impérial ni de ses légions de fonctionnaires nul secours, nul essai de secours ne vint. La multitude des barbares
foisonnait tellement, qu'un bloc détaché de cette masse alla s'abattre sur l'île de
Bretagne. Les Bretons, abandonnés de l'empereur Honorius tout comme les
Gaulois, prirent le parti de se défendre eux-mêmes et mirent à leur tête (en 407)
un empereur sorti d'assez bas, qu'à Rome on appela tyran, que les troupes
qui l'avaient élu nommèrent Constantin III, et qui ne manquait point de quelque
énergie. Il passa en Gaule, se fraya un chemin à travers ces foules féroces de
barbares qui ravageaient tout, établit sa domination en Espagne ; mais n'ayant
pas su tenir bien close la barrière des Pyrénées, il laissa passer en ce pays
(en 409) une grande partie des barbares qui ravageaient la Gaule, notamment les
Vandales et les Suèves.

(1) S. Hieronymi *Epistol. XCI,* ad Ageruchiam.

Selon quelques auteurs, le passage de ces barbares en Espagne à la suite de Constantin aurait mis fin au supplice de la Gaule décrit par saint Jérôme. Il n'en fut rien, car beaucoup de barbares restèrent dans ce dernier pays, beaucoup d'autres y entrèrent à nouveau venant de l'autre côté du Rhin, et il en fut de même d'ailleurs pendant tout le Vᵉ siècle, car la barrière militaire appuyée sur le fleuve n'existant plus, l'inépuisable Germanie poussant toujours vers l'Ouest de nouvelles hordes, celles-ci entraient dans la Gaule comme dans leur chambre et continuaient de la ravager à plaisir.

Toutefois, le nouveau désordre causé par l'usurpation du tyran Constantin amena un événement, qui aurait pu tourner au profit du Nord-Ouest de la Gaule. Les cités armoricaines, c'est-à-dire les villes et les peuples compris entre la Seine, la Loire et l'Océan, du moins la plupart d'entre eux, se voyant abandonnés par l'Empire, essayèrent de se défendre eux-mêmes, et se trouvant plutôt gênés qu'aidés par les lâches et idiots fonctionnaires d'Honorius (1), leur premier soin fut de s'en débarrasser (409). Quel fut le résultat de cette tentative ? Il est difficile de le dire. Nous avons grand peine à croire (comme l'ont soutenu pourtant plusieurs historiens d'un grand mérite) qu'il soit sorti de là une république ou confédération permanente des cités armoricaines, qui aurait maintenu son autonomie en face de l'Empire, tantôt son alliée et tantôt son adversaire, pendant tout le Vᵉ siècle. Ce qui est incontestable, c'est que la tentative de ces cités pour se défendre par leurs propres forces est le seul acte d'énergie et de résistance patriotique qu'on puisse signaler parmi ces terribles désastres ; et de cette patriotique énergie nous verrons l'Armorique donner, au cours du Vᵉ siècle, de nouvelles preuves.

En dehors de ces cités, la résistance aux barbares fut presque nulle — au témoignage du contemporain Salvien qui, après avoir raconté le sac de Trèves, ajoute :

« Que dirai-je de toutes les autres villes de la Gaule, qui abandonnées aux mêmes vices ont péri de la même manière ? Leurs peuples se voyaient sur le point d'être réduits en esclavage, les barbares étaient déjà presque à leur vue, sans qu'ils bougeassent, sans qu'ils songeassent à se fortifier contre eux. Personne ne voulait périr, personne ne cherchait les moyens de ne pas périr. On ne songeait qu'à boire, à manger et à dormir : de sorte qu'on pouvait dire d'eux ce qui est dans l'Écriture, qu'un assoupissement envoyé de Dieu s'est répandu sur eux. Mais cet assoupissement léthargique fut bientôt suivi de la mort (2). »

Le supplice de la Gaule, commencé en 406, dura dix ans ; nous en trouvons la preuve dans un poème attribué à Prosper d'Aquitaine, et dont l'auteur quel qu'il soit, certainement contemporain, retrace ainsi la catastrophe qu'il a sous les yeux :

« Quand tout l'Océan aurait inondé les Gaules, il y aurait fait moins de ruines. On a enlevé nos bestiaux, nos fruits, nos grains, on a détruit nos vignes, nos oliviers, ruiné nos villas par l'eau ou par le feu ; le peu qui en reste sont désertes,

_____

(1) Les fonctionnaires chassés par les cités armoricaines étaient peut-être moins ceux d'Honorius que de Constantin le tyran ; mais cela importe assez peu, puisque Honorius avait fini par associer à l'Empire ce Constantin, fondé ainsi à s'appeler Constantin III.

(2) Salvien, trad. de Tillemont, *Hist. des Empereurs* V, p. 548.

abandonnées. Mais cela, c'est nos moindres maux. *Depuis dix ans hélas ! les Goths et les Vandales font de nous une boucherie horrible.* Les châteaux bâtis sur des rochers, les bourgades défendues par des montagnes, les villes couvertes par des rivières n'ont pu garantir leurs habitants de la fureur de ces barbares : tous ont été exposés aux dernières extrémités. Dans ces tueries, plusieurs victimes peuvent avoir reçu, je le sais, la juste punition de leurs crimes. Mais qu'avaient fait tant de jeunes enfants enveloppés dans ce carnage ? La sainteté des vierges, la religion des veuves, les austérités des solitaires uniquement occupés à louer Dieu jour et nuit dans leurs grottes et leurs cavernes, ne les ont pas sauvés du massacre. Les prêtres ont souffert les mêmes indignités, les mêmes supplices que la plèbe : ils ont été enchaînés, déchirés à coups de fouet, condamnés au feu comme les derniers des hommes. C'est une tempête qui a emporté indifféremment et les innocents et les coupables (1). »

Tels furent donc aussi pendant dix ans les désastres épouvantables, les ruines entassées dans la péninsule armoricaine.

Les succès du général de l'Empire (maître de la milice) Constantius, qui finit par prendre Constantin le tyran et battit plusieurs bandes de barbares, ces succès remirent après ces dix années un peu d'ordre dans la Gaule ; et en effet, en l'an 416, nous voyons les cités armoricaines, qui sans doute n'avaient jamais songé à une sécession définitive, rentrées dans le giron de l'Empire sous un gouverneur appelé Exuperantius qui s'attachait à rétablir chez elles l'ordre, la paix, à réparer autant que possible les ruines faites par l'invasion (2).

Mais on ne peut trop le répéter : les désastres de la grande invasion se prolongèrent tantôt sur un point, tantôt sur un autre, pendant tout le Vᵉ siècle. Il était resté en Gaule beaucoup de hordes, il y en entra encore beaucoup d'autres qui, partout où n'étaient pas les troupes romaines, agissaient comme en pays conquis.

Bien plus, certains généraux de l'Empire ne rougissaient point de traiter avec ces hordes et de s'en approprier les services, tantôt tirant d'elles des corps de troupes plus ou moins réguliers et disciplinés, tantôt lançant les hordes elles-mêmes, dans toute leur férocité native, même contre des adversaires qui faisaient partie du monde romain.

Le célèbre général Aëtius, élevé chez les Huns, très ami de cette nation, s'en servait souvent, en avait toujours autour de lui. Il traitait avec une faveur au moins égale une autre nation barbare apparentée aux Huns et fort répandue en Gaule, les Alains. On peut juger si ces barbares, soutenus par une telle faveur, devaient se gêner avec les Gallo-Romains. Contre ces mauvais traitements les cités armoricaines protestèrent : Aëtius, pour les punir, envoya son lieutenant Litorius faire une razzia sur leur territoire (en 436) à la tête de sa cavalerie hunnique, qui passant ensuite dans le pays des Arvernes, entièrement soumis,

(1) Prosperi *Carmen de Providentia*, cf. Tillemont V, p. 549.
(2) « .... Aremoricas Exuperantius oras
      Nunc postliminium pacis amare docet ;
Leges restituit libertatemque reducit,
      Et servos famulis non sinit esse suis.
           (Rutilii Numatiani *Itinerar.*)

parfaitement obéissant à l'Empire, le pillèrent et dévastèrent comme une terre ennemie, avec la dernière férocité (1).

Les protestations des cités armoricaines augmentèrent, loin de diminuer, après cette chevauchée. Litorius et ses cavaliers se firent tailler en pièces par les Wisigoths en 439; mais le traité de paix qui suivit, peu honorable pour les Romains, donna le loisir à Aëtius d'assouvir ses rancunes contre l'Armorique. En 441, il livra aux féroces Alains une partie du territoire de la *Gaule ultérieure*, les autorisant à partager ces terres par moitié avec les habitants, c'est-à-dire à s'emparer de la moitié des héritages dont jouissait jusque-là en entier et en toute propriété chacun des légitimes possesseurs gallo-romains. C'était là un vol abominable, une odieuse spoliation des sujets romains au profit de ces hideux bourreaux de la Gaule.

Quelles furent les victimes de cette trahison?

La signification de *Gallia ulterior* n'est pas douteuse; c'est la partie de la Gaule la plus éloignée de l'Italie et de la Province romaine, par conséquent, la région du Nord-Ouest située au-delà de la Loire, en d'autres termes, c'est le territoire des cités armoricaines. Mais, pour mille raisons aisées à concevoir, Aëtius ne pouvait livrer à ses barbares les campagnes fertiles d'où dépendait l'alimentation des Gaules; ç'aurait été les stériliser et affamer le pays. Donc ce ne fut ni les grasses plaines de la Beauce et de l'Orléanais, ni les belles prairies de la Loire ni les fécondes plages de la IIe Lyonnaise, qu'il livra aux Alains. Mais, cette péninsule obscure, reculée, perdue dans les brumes de l'Océan, couverte de bois, de roches et de marais bien plus que de moissons, et dont les habitants avaient hérité le sang fier, le cœur obstiné des vieux Venètes, c'est la péninsule armoricaine qui fut sacrifiée : Aëtius résolut froidement sa perte pour engraisser les Alains.

Les Armoricains se défendirent bravement; il y eut guerre, guerre acharnée qui dura dix ans, qui couvrit de nouvelles ruines les ruines déjà si nombreuses faites dans la péninsule, mais qui sauva l'honneur de la race. Nous avons peu de détails sur cette lutte. Une chronique contemporaine, sous l'an 442, dit ceci :

« *Le patrice Aëtius avait donné aux Alains des terres à partager avec les habitants de la Gaule ultérieure; les habitants résistent à ce partage; les Alains prennent les armes contre eux, chassent les propriétaires de leurs héritages et s'y installent par la force* (2). »

Voilà comme l'éhonté despotisme du bas Empire protégeait ses sujets!

Les pauvres indigènes volés, chassés de leurs champs et de leurs toits, se réfugièrent dans les forêts, d'où ils continuèrent rudement la lutte contre cette truandaille barbare gorgée des faveurs impériales. Aëtius s'indigna de cette résistance à ses ordres et à ses protégés. Il n'avait pu vaincre les Wisigoths, il

---

(1) « Litorius *Scythicos equites* tum forte, *subacto*
   Celsus *Aremorico*, Geticum rapiebat in agmen
   Per terras, Arverne, tuas : qui *proxima quæque*
   Discursu, flammis, ferro, feritate, rapinis,
   Delebant, pacis fallentes nomen inane »
                        (Sidon. Apollin. *Panegyr. Aviti*, V. 246-250.)

(2) « Alani, quibus terræ Galliæ ulterioris cum incolis dividendæ a patricio Aëtio traditæ fuerant, resistentes armis subigunt et, expulsis dominis, terræ possessiones vi adipiscuntur. » (Prosperi Aquit. Chronic., Valentiniani III anno XIX, A. D. 442).

voulut se venger sur les Armoricains; il ordonna, prépara contre eux une expédition en règle, dont il donna le commandement à un roi des Alains, Eocaric (443 à 445). — Ce chef barbare s'empressa d'obéir aux ordres du patrice; déjà il était à cheval, et il avait lancé en avant sa cavalerie bardée de fer....

Sur la voie remplie par ces cavaliers, tout à coup s'avance vers eux marchant en sens inverse et remontant péniblement leurs rangs, un vieillard armé de la croix, portant les insignes des évêques chrétiens. C'était Germain, évêque d'Auxerre, célèbre, vénéré dans toute la Gaule. Il cherchait Eocaric. Il le trouve enfin chevauchant un peu en arrière de ce premier escadron. Il va droit à lui et le prie humblement, par interprète, d'arrêter sa marche et celle de sa troupe. Le païen refuse. L'évêque insiste; au lieu de prier, maintenant il ordonne, il réprimande. Même refus du barbare qui pousse son cheval en avant. D'un bras vigoureux saisissant la bride, l'évêque l'arrête. Frappé d'étonnement, d'admiration, Eocaric fait faire halte à sa troupe, met pied à terre, entre en conférence avec l'évêque. Il consent à ajourner son expédition, pendant que Germain s'en ira en Italie, trouver l'empereur et obtenir de lui ou d'Aëtius le pardon (*venia*) des «rebelles. »

L'évêque en effet se rendit à Ravenne, résidence d'Honorius, et ce voyage donna du moins aux Armoricains un petit intervalle de paix. Quelles conditions obtint-il pour eux? On ne le sait pas explicitement; rien autre chose sans doute que leur pardon, leur grâce (*venia*), comme on disait, sous l'obligation d'accepter, de tolérer le vol de leurs biens par les Alains, comme l'avait décrété Aëtius. Les Armoricains ne voulaient de cette honte à aucun prix, ils préféraient continuer la lutte avec toutes ses conséquences. La guerre recommença (1) et se poursuivit jusqu'en 451.

Cette année-là, Attila roi des Huns, entra en Gaule avec une armée de 500,000 hommes, pour tout soumettre, tout abattre et ruiner tout ce qui restait encore debout en ce pays. Aëtius s'ingénia à rassembler un bloc de troupes capable de résister à cette avalanche; il le fallait gros, très gros : pour le grossir il chercha des alliés de tous côtés; jaloux d'obtenir de la part des cités armoricaines un concours énergique, il les réconcilia avec l'Empire, ce qui ne se pouvait sans faire disparaître leur principal grief, l'odieux abandon d'une partie de leur territoire aux barbares. A la grande bataille des Champs Catalanniques (en 451), où Attila fut vaincu, combattait au premier rang de l'armée d'Aëtius un corps de troupes armoricaines. Les Alains y figuraient aussi, non sous les ordres d'Eocaric, mais sous un autre de leurs rois appelé Sangiban. Ils y firent un rôle très humiliant : on avait découvert de perfides intelligences entre Sangiban et Attila; on prit soin d'encadrer les Alains dans des corps d'armée solides et de les surveiller comme suspects de trahison (2). On devine qu'Aëtius n'insista pas après la bataille pour les renvoyer dans la péninsule armoricaine. Mais les ruines, les ravages qu'ils y avaient faits pendant dix ans (442 à 451) restèrent, sombre et sanglante trace de leur passage.

(1) Sur tout cet épisode, voir la Vie originale et contemporaine de S. Germain d'Auxerre par le prêtre Constance dans les Bollandistes, au 31 juillet, et l'extrait donné par D. Morice, *Preuves de l'hist. de Bret.* 1, 179-180.

(2) Jornand. *de Rebus Geticis*, dans Du Chesne, *Histor. Francor. scriptores* I, 227.

Pourtant, ce n'est pas aux Alains qu'il faut imputer dans la dévastation de la péninsule armoricaine la principale part ; pendant les dix années qu'ils l'ont ravagée, ils y firent assurément bien des ruines ; mais puisqu'ils avaient, dit-on, quelque idée de s'y installer eux-mêmes, ils durent, en vue de cette installation, ménager une partie des établissements gallo-romains encore subsistants.

Il est une autre race qui pendant près de deux siècles harcela, fatigua de ses attaques la péninsule sans jamais avoir l'idée d'y former aucun établissement, sans autre but dans toutes ses incursions que de commettre le plus de mal, le plus de destructions possible. C'est la race pillarde, voleuse et malfaisante des Saxons, renommés d'ailleurs pour leur bravoure, leur audace, leur cruauté et l'extrême agilité de leurs mouvements. Ils avaient leur patrie sur les bords de l'Elbe, vers son embouchure ou plutôt dans le fleuve même, car ils étaient amphibies, plus pirates que cavaliers, plus aquatiques, plus maritimes que terriens. Ces sinistres oiseaux de mer faisaient leurs nids et leurs plus féroces couvées dans les îles qui avoisinent l'Elbe, Nordstrand, Heligoland, etc. De là s'élançaient à chaque printemps des flotilles d'aventuriers d'une audace extraordinaire, qui bondissant sur les vagues dans leurs barques d'osier couvertes de cuir, allaient infester, terroriser de leurs descentes, de leurs ravages, de leurs tueries rapides, les côtes est et sud de l'île de Bretagne, et le littoral nord de la Gaule jusqu'à la Loire.

C'est dans les vingt dernières années du III⁰ siècle qu'ils se manifestent, et depuis lors, malgré tous les efforts des défenseurs de la Gaule qui leur infligèrent plus d'une défaite, battants ou battus ils reparaissent toujours. Ce sont leurs courses et leurs ravages du IV⁰ siècle qui imprimèrent au double littoral britannique et gaulois ce néfaste et sanglant surnom, rappelé par nous plus d'une fois, de *Rivage Saxonique*. Dans la seconde moitié de ce siècle surtout, leurs attaques furent incessantes. Nous n'entreprendrons pas de les relever toutes, ce serait long et fastidieux. Les historiens notent, entre autres, leurs attaques contre la Gaule, soit par terre soit par mer, aux années 351-353, 358, 368, 370 ; contre l'île de Bretagne en 361-364, 367-369 et jusque vers 380, 393, etc. (1). Du reste entre les attaques dirigées contre la Bretagne et celles contre la Gaule, contre le littoral armorique, il n'y a pas lieu de distinguer : avec leur merveilleuse agilité ces pirates, dans toutes leurs expéditions, allaient incessamment de l'un à l'autre.

S'ils insultaient fréquemment les côtes de la Gaule dans le cours du IV⁰ siècle, alors que la défense militaire de la péninsule armoricaine, telle que nous l'a décrite la *Notice de l'Empire* (ci-dessus p. 161-169) était dans toute sa force, ce fut bien pis au V⁰. Les désastres de la grande invasion barbare de 406 à 416 désorganisèrent partout cette défense d'une façon irréparable. Les garnisons furent massacrées par les envahisseurs ou rappelées dans l'intérieur pour la guerre de Constantin III (le tyran) contre Honorius. Les forteresses cessant d'être gardées et entretenues, tombèrent en ruines. Dans le grand camp retranché dont nous avons parlé (ci-dessus p. 162) et qui devait défendre la côte nord des Osismes, savez-vous quelle garnison trouva, au commencement du VI⁰ siècle, saint Paul Aurélien ?

_____

(1) Voir Zozime, Ammien Marcellin, Claudien.

Des bêtes fauves et des essaims d'abeilles. Un littoral de 150 lieues sans défense, pour des pirates c'est une incessante provocation. Les Saxons n'avaient garde d'y résister. Aussi un auteur du V⁰ siècle qui a bien connu toutes ces races barbares et la misérable situation de la Gaule foulée par elles, Sidoine Apollinaire, nous peint la péninsule armorique toujours tremblante dans la crainte de voir paraître le pirate Saxon « dont le jeu favori consiste à sillonner sur une peau les » eaux de la Bretagne et à courir la mer glauque dans des barques de cuir » cousu (1). » Il fait un grand mérite à l'empereur Avitus d'avoir délivré de cette crainte (pas pour longtemps) les campagnes de la Belgique et le littoral armoricain (2).

Pour pousser plus avant et plus aisément leur guerre piratique, ces Saxons en vinrent même à établir quelques colonies, ou plutôt quelques postes de guerre sur les côtes du *Tractus Armoricanus*, l'un au pays de Baïeux, l'autre plus important et plus étendu dans les îles qui émaillent le cours de la Loire depuis Angers jusqu'à la mer, et qui devinrent une longue file de nids de brigands d'où ces affreux pirates s'élançaient pour désoler les pays environnants, spécialement la péninsule armorique (3).

Dans une lettre à l'un de ses amis, Gallo-Romain mais officier des rois wisigoths et chargé de la garde des côtes d'Aquitaine, Sidoine nous montre les pirates saxons étendant leurs courses au Sud de l'Armorique jusqu'en Saintonge, et nous trace de ces barbares, qu'il vit de près en diverses circonstances, notamment à la cour wisigothique de Bordeaux, un portrait très caractérisé :

« J'allais clore cette lettre (dit-il à son ami Nammatius), lorsqu'est arrivé tout à coup un messager de Saintes. J'ai causé longtemps avec lui pour avoir de tes nouvelles. J'ai su par lui que tu viens de donner à ta flotte le signal du départ, et que, alternativement marin et soldat, tu poursuis sur les côtes sinueuses de l'Océan les esquifs recourbés des Saxons, — tous bons rameurs, tous pirates fieffés. Les uns commandent, les autres obéissent, ceux-ci donnent des leçons, ceux-là en reçoivent, tous dans le même but, qui est de voler. Tiens-toi sur tes gardes, car de tous les ennemis le Saxon est le plus cruel. Il attaque à l'improviste, et lui si on l'attend, il se dérobe. Il méprise ceux qu'on envoie le combattre, ceux qui ne se gardent pas de lui il les massacre. Il atteint toujours ceux qu'il poursuit, et ceux qui le poursuivent il leur échappe. Les naufrages ne les effraient nullement, c'est pour eux un exercice; les périls de la mer non seulement ils les connaissent, mais ils vivent familièrement avec eux. La tempête est leur amie : elle ôte aux gens de la côte la crainte d'être attaqués par mer, et elle les empêche de voir les pirates qui au même instant vont fondre sur eux; aussi parmi le fracas des vagues se brisant sur les rochers, les Saxons bravent joyeusement le danger dans l'espoir du butin. — Avant de mettre à la voile pour regagner leur patrie, leur usage

(1) « Quin et Aremoricus piratam Saxona Tractus
    Sperabat, cui pelle salum sulcare Britannum
    Ludus, et assuto glaucum mare findere lembo. »
                                        (Sidon. Apoll. *Panegyr. Avit.* vers 370.)
(2) Id. *Ibid.* vers 548-550.
(3) Greg. Turon. *Hist. eccl. Franc.*, lib. II, cap. 18, 19; V, 27 et X, 9.

est de tuer la dixième partie de leurs prisonniers : coutume d'autant plus odieuse qu'elle vient de leur cruauté plutôt que de leur superstition. Souillés de sacrilèges, ils croient faire acte de religion en torturant et massacrant leurs captifs, au lieu d'en tirer rançon (1). »

Donc les plus cruels, les plus rusés des barbares, vraies bandes de chats-tigres fluviatiles et maritimes — ce sont eux surtout qui dévastèrent, qui ruinèrent la péninsule armorique.

§ 3. — L'incendie.

Borner les désastres de la Gaule provenant de la grande invasion de 406 aux ravages, aux ruines, aux massacres, qui pendant dix ans, comme nous l'avons vu plus haut, suivirent cette catastrophe, ce serait se tromper de beaucoup. Vers 416, il y eut une accalmie relative ; mais la barrière du Rhin n'ayant pu être relevée, le désordre étant partout, sans cesse de nouvelles bandes de barbares entraient en Gaule et, sans qu'on pût s'y opposer en raison de l'anarchie générale, commettaient çà et là de nouveaux ravages. Cela dura pendant tout le Ve siècle ; aussi, parlant de ce qu'il avait vu depuis l'avènement de Valentinien III (en 424), Sidoine Apollinaire disait, en 456, à l'empereur Avitus :

« Les maux de toute sorte que nous avons endurés sous un prince enfant (Valentinien), les calamités que nous a infligées la fortune cruelle, il serait trop long, illustre chef, de les rappeler ici. Tu les as ressentis plus que nous, et pleurant sur les blessures de la patrie (la Gaule), tu étais la proie de chagrins amers. *Au milieu de tels désastres, au milieu de ces funérailles du monde, vivre c'était mourir* (2). »

La péninsule armoricaine partagea tous ces désastres et, malgré les lacunes des documents historiques, nous avons pu signaler en outre deux formes spéciales du fléau dont elle souffrit beaucoup plus que les autres régions : la féroce invasion des Alains lancée sur elle par Aëtius, et les continuelles descentes des Saxons, les plus pillards, les plus cruels de tous ces brigands. Ces deux races malfaisantes avaient un trait commun : car, bien que les Alains eussent semblé d'abord disposés à former dans nos parages un établissement, ils ne donnèrent pas suite à cette idée, — et les Saxons n'y songèrent jamais. Or les envahisseurs qui veulent s'installer dans le pays envahi tuent et volent, mais s'attachent à ménager les villes, les villas, les cultures, les établissements existants qu'ils prétendent s'approprier, et font beaucoup moins de ruines que ceux qui, songeant seulement et avant tout à se gorger de sang et de butin, à faire à leurs ennemis le plus de mal possible, tuent tout, détruisent tout, brûlent tout, sans rien réserver.

Dans cette dernière catégorie doivent être classées les deux races qui exercèrent plus spécialement leur fureur sur la péninsule armoricaine, les Alains et les Saxons ; les traces qu'ils nous ont laissées de leurs exploits ne le prouvent que trop :

(1) Sidon. Apollin. *Epistol.* lib. VIII, 6 ; édit. Baret *Epist.* 37.
(2) *Panegyr. Aviti,* vers 532-538.

car dans toutes les ruines gallo-romaines de la péninsule, partout on trouve des traces d'incendie; partout d'épaisses couches de cendre couvrent le sol, des masses de charbons, de pierres calcinées, brûlées, rougies par la flamme prouvent que ces établissements ont péri par le feu.

Nous avons déjà, sans les rechercher, rencontré sur notre route bien des faits de ce genre :

A Carhais, cendre noire et charbon (ci-dessus p. 107);

A Corseul et aux environs, dans tous les sillons, tant de cendres, tant de charbons, tant de pierres calcinées et à demi-brûlées, que tous les paysans s'écrient sans hésitation : C'est le feu qui a détruit Corseul! (ci-dessus p. 118-119);

A Aleth, les barbares avaient sapé l'enceinte fortifiée et placé à la base des pièces de bois qu'ils brûlèrent pour faire crouler les murailles (ci-dessus p. 133).

A Nantes, « l'architecte-voyer qui a le plus soigneusement observé le sous-sol de la cité (dit M. Maître) est Fournier, qui vivait dans les premières années de notre siècle, de 1796 à 1812. » Chargé de construire le réseau des petits égouts destinés à conduire les eaux pluviales et ménagères de la ville dans l'Erdre et dans la Loire, il lui fallut sillonner, défoncer le terrain de l'ancien Condevincum parfois jusqu'à 2ᵐ 50 et 3ᵐ. Ses rapports nous apprennent que, dans ces opérations, « les ruines qu'il a aperçues ont *toujours* la couleur que l'incendie imprime » à toutes ses destructions (1). »

S'il en est ainsi dans les cités, à plus forte raison dans les campagnes. Dans toutes les ruines de villas on rencontre des couches de cendre et de charbon; c'est là un fait tellement habituel, tellement normal, que souvent les explorateurs ne prennent même pas la peine de le noter; ce qu'ils notent au contraire, c'est l'exception, car il y a des exceptions sans doute quoique fort rares. Ainsi, rendant compte d'une visite aux ruines de la villa du Perennou (en Plomelin, ci-dessus p. 110), M. Alfred Ramé a bien soin de dire : « Nulle part on ne retrouve ici ces » traces d'incendie *si fréquentes dans les villas romaines, et qui annoncent que* » *ces habitations ont été détruites par le feu* (2). »

Mais dans les autres, les Bossenno, le Lodo, Port-Aurèle, Quatrevaux, etc., partout on trouve la cendre, le charbon, les pierres brûlées, partout les traces d'incendie.

Pour Port-Aurèle, près Saint-Brieuc, par exemple, après avoir signalé les traces de feu empreintes sur les ruines de la villa, le rapporteur des fouilles dit : « L'édifice a été dévasté, puis incendié, *comme toutes les constructions romaines* » *de l'Armorique* (3). » Déclaration d'autant plus remarquable, qu'elle émane de l'un des savants bretons les plus distingués de notre temps, M. Geslin de Bourgogne, auteur de ce bel et consciencieux ouvrage : *Anciens Evêchés de Bretagne.*

Pour lui faire écho, de l'autre côté de la Bretagne, s'élève la voix d'un explorateur infatigable des antiquités gallo-romaines du Morbihan, M. Ernest Rialan,

---

(1) L. Maître, *Villes disparues des Namnètes*, p. 391, 392.
(2) *Bulletin archéol. de l'Assoc. Bret.* Congrès de Quimper de 1847. Procès-verbaux p. 107.
(3) *Mémoires de la Soc. archéol. des Côtes-du-Nord*, t. I (1852) p. 294.

trop tôt enlevé à la science, qui parlant de ruines situées aux environs de Vannes, s'exprime ainsi :

« A propos de cet établissement (Pen er Men, en la commune d'Aradon), il convient de constater dans l'intérêt de la vérité historique — contrairement à certaines assertions — que les pierres fortement brûlées, dont on pourrait faire beaucoup de mètres cubes et qu'on voit partout dans le talus formé entièrement de ces ruines sur une longueur d'au moins 150^m et une hauteur de 1^m20, prouvent de toute évidence la destruction de cet établissement par le feu. — *La destruction par l'incendie des établissements romains en Bretagne est générale, c'est la règle.* Celui de Pen er Men n'est pas une exception à cette règle ; au contraire il la confirme. »

Un peu plus loin, résumant les nombreuses observations faites par lui, M. Rialan ajoute :

« Les habitations dont j'ai signalé les vestiges sont romaines. *Toutes ont été détruites par le feu ;* la quantité de pierres brûlées que tous leurs vestiges recèlent en est la preuve irrécusable. *Cette règle est générale ;* quand on n'en apporte pas la preuve matérielle, c'est faute de recherches suffisantes ou parce que le temps a détruit cette preuve (1). »

Tous les explorateurs locaux soigneux et attentifs s'accordent en ce point. M. l'abbé Audo, auteur de nombreuses notices historiques et descriptives sur les plus anciennes paroisses des Côtes-du-Nord, après avoir constaté, dans celle du Vieux-Bourg-Quintin (dont il était recteur) de nombreuses ruines romaines mêlées de cendres, et même l'existence de traditions rappelant la défaite d'une *armée romaine* dans ces parages par la trahison d'un des combattants : « On se demande, dit-il, en considérant tous ces vestiges d'habitations, en se rappelant ces traditions de combat, comment et en quel temps ces habitations ont dû être dévastées. Serait-ce à l'époque où les Alains, poussés par Aëtius maître de la milice, vinrent fondre sur l'Armorique ? L'histoire de notre pays pendant la période gallo-romaine est muette. Cependant on pourrait penser, avec M. Gaultier du Mottay, que tous ces débris sont la dernière page de cette histoire ; il est remarquable en effet que *partout ces ruines sont couvertes d'une épaisse couche de cendre et de matières carbonisées* (2). »

Mais il faut entendre M. du Mottay lui-même ; sur la question qui nous occupe, c'est un témoin de première importance. Dans une excellente notice concernant l'ancienne paroisse de Saint-Pôtan, après avoir décrit les ruines de la villa de Quatrevaux sise à l'embouchure de l'Arguenon (3) et que nous avons déjà nommée plusieurs fois (p. 126 ci-dessus), il s'exprime en ces termes :

« On se demande naturellement, en considérant les restes de cet édifice, comment et en quel temps il a dû être dévasté. Malheureusement, l'histoire de notre pays à l'époque gallo-romaine est muette. Cependant, en examinant l'état de ces constructions avant leur entier déblaiement, en les rapprochant de plusieurs

---

(1) E. Rialan, *Découvertes archéologiques dans le Morbihan* (Vannes, 1885), p. 3 et 32.
(2) Audo, *Le Vieux-Bourg-Quintin, notes sur cette ancienne paroisse et ses trèves,* dans Annuaire des Côtes-du-Nord, année 1862, p. 19.
(3) Quatrevaux est aujourd'hui dans la paroisse de Notre-Dame de l'Arguenon ou N.-D. du Guildo, démembrée vers 1840 de la commune et paroisse de Saint-Pôtan.

découvertes de ce genre faites depuis plusieurs années sur notre littoral, on pourrait, nous semble-t-il, lire au moins la dernière page de cette histoire.

« Il est remarquable, en effet, que *presque partout* ces ruines sont couvertes, comme d'un linceul, par une épaisse couche de cendre et de matières carbonisées, et *il nous paraît hors de doute que l'incendie, allumé par les barbares envahisseurs de notre pays au V° siècle, a dévoré toutes les demeures*, en même temps que leur fureur sauvage détruisait les habitants et *faisait de l'Armorique une immense solitude couverte de sang et de débris* (1). »

Nous pourrions citer d'autres témoignages dans le même sens, mais à quoi bon? Dans ceux qu'on vient de lire, qui émanent de tous les points de la Bretagne, nous avons le témoignage unanime de l'archéologie contemporaine sur la dernière page de l'histoire de la péninsule armorique à l'époque gallo-romaine, et pour couronnement cette déclaration si nette, si explicite d'un des plus éminents archéologues de Bretagne en notre siècle, celui-là même, on peut le dire, qui, par la sûreté, l'exactitude, l'abondance de ses informations, est dans les questions gallo-romaines le plus autorisé de tous.

Donc, par le témoignage des fouilles archéologiques il est établi que toutes les villas, stations et établissements gallo-romains de la péninsule, à très peu d'exceptions près, ont fini par le feu, par une série d'incendies dûs aux féroces dévastateurs de l'Armorique, entre autres, nous l'avons vu, aux Alains et aux Saxons. A ceux-ci, je l'ai déjà dit, j'attribuerais volontiers la plus grande part dans cette œuvre, affreuse et bestiale, de destruction. On serait porté à croire que venant par mer ils ne pouvaient atteindre que le littoral ; on se tromperait. C'est par là qu'ils commencèrent sans doute, d'autant que le littoral était la région la plus peuplée, la plus prospère de la péninsule. Peut-être les gens de la côte tentèrent-ils çà et là quelque résistance, là du moins où il pouvait rester encore quelque débris isolé des troupes romaines. Mais ces résistances partielles n'eurent pas de succès. On en peut voir la preuve — une preuve curieuse — à quelques lieues de Saint-Brieuc, en la commune de Plédran. Là existait un camp romain important (2), statif, entouré de murailles de pierre revêtues extérieurement de terre et de gazon. Contre ces murailles on avait élevé des baraquements, où logeait la garnison, où l'on serrait les provisions de bois, de grain, de fourrage, etc. Les Saxons forcèrent le camp, mirent le feu partout : les baraquements appliqués contre les murailles brûlèrent celles-ci qui, maintenues par le revêtement extérieur, restèrent debout quoique brûlées et subsistent encore à la hauteur de deux ou trois mètres. Leurs pierres ne sont point vitrifiées, comme on l'a dit, mais ardemment rougies par la flamme, brûlées, calcinées et, là où il s'est trouvé quelque veine quartzeuse, légèrement soudées entre elles.

Devant les descentes répétées des Saxons, dans l'impossibilité de toute défense après le retrait ou la dispersion des garnisons romaines, les Gallo-Armoricains du littoral durent chercher un refuge dans l'intérieur. Mais les pirates les y poursuivirent, car avec leurs légères barques d'osier et de cuir ils pouvaient remonter

(1) Gaultier du Mottay, *Saint-Potan, notes sur cette commune*, dans Annuaire des Côtes-du-Nord, année 1855, p. 8.
(2) Dit aujourd'hui *camp de Péran*, du nom du village près duquel il est situé.

très haut les petits fleuves, même les rivières de la péninsule, et porter le meurtre, la dévastation, l'incendie très-avant dans les terres. Toutefois, en ayant soin de se cacher sous l'abri des forêts, de se retirer sur les plateaux, dans les cantons écartés et éloignés des eaux navigables, ce qui restait de la population put échapper au massacre et soutenir sa misérable existence dans l'intérieur de la péninsule, n'osant revenir sur la côte crainte des pirates. Ceux-ci cependant, leur œuvre de destruction achevée, ne trouvant plus rien à prendre, rien à voler, — rien à *gratter* — sur cette zone littorale dévastée, brûlée, anéantie, finirent (vers 460-470) par cesser leurs courses et abandonner ce rivage sans habitants, sans habitations et sans cultures, devenu par eux un désert.

Ce fait de la dévastation, de la dépopulation de la péninsule armoricaine à la fin du V⁰ siècle, attesté par les fouilles archéologiques mais longtemps nié par l'école systématique ultra-romaine, ce fait est confirmé par un témoignage historique contemporain.

La péninsule armorique — nous le verrons tout à l'heure dans la *Deuxième Époque* de la présente *Histoire de Bretagne* — reçut à la fin du V⁰ siècle et dans le courant du VI⁰ de nombreuses colonies venues de l'île de Bretagne. Or au commencement du VI⁰ siècle les Franks, qui alors régnaient en Gaule, qui étaient en relation avec ces colonies bretonnes, qui prétendaient même avoir sur elles une certaine suprématie, affirmaient que la région occupée par ces Bretons était *la partie la plus déserte de leur territoire, c'est-à-dire de toute la Gaule* (1), — et cependant la Gaule à cette époque, nous l'avons vu, par suite des ravages combinés du fisc impérial et des invasions barbares, avait bien des vides et des solitudes dans ses campagnes.

Nous reviendrons ultérieurement sur ce témoignage, qui donne sur l'émigration bretonne des notions précieuses. Nous avons tenu à le produire de suite, afin de confirmer par là les résultats de nos fouilles et les conclusions de nos archéologues, et aussi pour montrer par avance que quand les exilés de l'île de Bretagne viendront chercher un refuge dans la péninsule armoricaine, ils trouveront aisément où s'établir.

(1) Ἐς γῆς τῆς σφετέρας τὴν ἐρημοτέραν δοκοῦσαν εἶναι. Procope, *Guerre des Goths*, liv. IV, ch. 20.

ÉTABLISSEMENT DES BRETONS

DANS LA PÉNINSULE ARMORICAINE

(460 A 753).

A deuxième époque de l'Histoire de Bretagne est consacrée tout entière à l'établissement des Bretons insulaires dans la péninsule armoricaine.

C'est là, à proprement parler, la fondation de la nation bretonne du continent, du peuple breton-armoricain auquel nous appartenons et qui occupe encore aujourd'hui cette péninsule. Donc rien de plus curieux, rien de plus intéressant pour nous que cette époque : non seulement elle nous met sous les yeux les éléments primordiaux qui ont concouru à former la race et la société bretonne dont nous sommes les descendants ; mais nous y voyons ces éléments agir les uns sur les autres, s'amalgamer, se combiner, se fondre, de manière à révéler dès le principe les traits essentiels, qui se développant à travers les âges caractériseront de plus en plus cette société nouvelle.

Dans cette origine des Bretons armoricains, nous l'avons déjà dit (ci-dessus p. 60), on ne trouvera ni victoires ni conquêtes. Le nom du conquérant légendaire Conan Mériadec n'aura même pas de place dans notre récit. Tout ce que nous pourrons faire pour lui sera de consacrer à sa fabuleuse personne et à sa chimérique dynastie, dans le présent volume ou dans le suivant, une note critique, non pour réfuter (ce n'est plus la peine) mais pour retracer cette fable insigne, dont l'exposé constitue la plus décisive réfutation.

Les Bretons qui vinrent de la Grande-Bretagne en Armorique fonder la Petite-Bretagne étaient des exilés, chassés de leur pays par les événements que nous ferons connaître tout d'abord. Nous exposerons ensuite les preuves formelles, évidentes, de leur établissement dans la péninsule armoricaine commencé dans la seconde moitié du Ve siècle et de l'importance des émigrations qu'ils y amenèrent. — Nous décrirons la situation morale et matérielle de la péninsule à ce moment et dans la première moitié du VIe siècle. — Nous montrerons en quoi les émigrants venus de l'île de Bretagne se distinguaient des indigènes gallo-romains ou gallo-armoricains; quelles idées, quelles institutions, quels éléments nouveaux ils apportaient. — Enfin nous indiquerons les traits principaux et essentiels de l'établissement formé par eux sur le continent.

Ce cadre bien établi, nous y placerons le tableau complet des émigrations, des colonies, des principautés bretonnes fondées dans la péninsule du Ve au VIIIe siècle : tableau très pittoresque, très varié, parfois très dramatique, qui présentera au vif, je le répète, toute l'histoire de la fondation de la société brito-armoricaine. — L'élément religieux tenant dans cette fondation une grande place, nous étudierons avec un soin spécial la forme et le rôle des institutions religieuses apportées ou développées en Armorique par les Bretons.

En tenant compte du caractère des faits et des personnages qui remplissent cette deuxième époque, des documents et des traditions qui en ont conservé le souvenir, on y peut voir comme le cycle héroïque et légendaire de la Bretagne. Dans ses dates et dans ses traits essentiels, l'histoire de cette époque s'appuie sur des textes dont l'autorité ne peut être récusée par la critique, les uns contemporains ou quasi-contemporains des événements, les autres tracés au VIIIe siècle ou au IXe sur des textes plus antiques, alors que tous les anciens écrits et les souvenirs primitifs étaient encore conservés sur place, avant les dispersions et les destructions causées par les invasions normandes. — Malgré tout, sur des points secondaires certaines dates restent un peu flottantes; et l'on est réduit parfois à chercher quelques renseignements complémentaires dans des textes rédigés seulement aux XIe et XIIe siècle, consultés avec grande précaution, et dont nous aurons soin d'ailleurs d'indiquer, quand il faudra, l'âge et la provenance.

I.

INVASION DE L'ILE DE BRETAGNE
PAR LES ANGLO-SAXONS.

OTRE objet n'est point d'écrire l'histoire de l'île de Bretagne depuis le premier passage de Jules César en ce pays (an 55 av. J.-C.), ni même de retracer les diverses expéditions, les nombreux combats dont le résultat fut de soumettre à l'Empire romain, sinon cette contrée entière, du moins la plus grande partie allant des rives de la Manche jusqu'à l'isthme étranglé entre l'embouchure de la Clyde et le golfe d'Edimbourg.

Nous ne faisons point l'histoire de la Grande-Bretagne, mais celle de la Petite. Nous devons donc nous borner à retracer les événements qui amenèrent un nombre considérable des Bretons de l'île à venir chercher un asile sur le continent.

Notons seulement dès maintenant que l'île de Bretagne subit la domination romaine beaucoup moins longtemps que la Gaule. Car on ne peut compter le triomphe des Romains sur les Bretons pour assuré qu'après la mort de la reine Boadicée (an 61 de J.-C.) et la soumission de l'île pour accomplie qu'à partir du gouvernement d'Agricola (78 à 84 de J.-C.). A ce moment la Gaule, conquise depuis plus d'un siècle, était déjà presque complètement romanisée.

Les derniers à subir le joug romain, les Bretons furent les premiers à s'en défaire ; ou plutôt l'Empire se retira d'eux et les laissa exposés sans protection aux insultes des barbares, par le départ général de toutes les garnisons de l'île qui passèrent en 407 dans les Gaules pour y soutenir Constantin le tyran, qu'elles venaient de saluer empereur (1). Ainsi délaissés des troupes romaines, les Bretons au bout de deux ans jugèrent que c'était une duperie de rendre impôt et obéissance à un pouvoir incapable de les protéger ; en conséquence, ils chassèrent les magistrats romains en l'an 409, revinrent à leurs vieilles coutumes nationales (2), et reprenant leur division antique par tribus, se partagèrent de nouveau entre une foule de petits rois, au-dessus desquels ils élevaient parfois, sous le coup de la nécessité, un chef suprême et universel, sorte de dictateur temporaire qui avait d'ailleurs bien moins le caractère d'un roi que celui d'un généralissime.

Depuis le milieu du IVe siècle, trois races barbares fatiguaient la Bretagne de leurs ravages : les Pictes, les Scots, les Saxons. Les Scots occupaient l'Irlande et

---

(1) Zozime, *Hist. Nov.* VI, 2 ; Sozomène, *Hist. Eccles.* IX, 11 ; Olympiodore cité par Photius, dans *Photii Bibliotheca*, édit. de Rouen, 1653, p. 179.
(2) Zozime, *Ibid.* VI, 5.

une partie du Nord de l'île de Bretagne, dont le reste était tenu par les Pictes : car la Bretagne romaine, dans sa plus grande extension, n'avait jamais dépassé, au Nord, les golfes du Forth et de la Clyde. Les Scots étaient de race celtique, comme les Bretons, mais ils appartenaient au rameau goidélique. Quoiqu'on ait attribué aux Pictes une origine germanique, il est bien à croire qu'ils étaient Celtes, mais on ne sait trop à quelle branche de la race les rattacher. Quant aux Saxons, nous les connaissons de vieille date ; ce que nous en avons dit plus haut (p. 219-220) nous dispense d'y revenir. Nous allons bientôt les voir développer sinistrement dans l'île de Bretagne leur rôle et leur importance.

Les Bretons repoussèrent d'abord pendant plusieurs années les barbares ; mais leur discipline et leur organisation laissaient à désirer ; et surtout, possédés de la passion du particularisme, divisés en mille tribus et entre mille petits chefs jaloux de leur indépendance au point de pouvoir s'unir contre l'ennemi commun, ils furent bientôt, par suite de leur émiettement, incapables de résister aux attaques des barbares. Deux fois (entre 417 et 423), se voyant inondés par ce torrent, ils implorèrent et obtinrent de Rome un secours efficace mais passager. Dans ces deux expéditions, les troupes impériales, ayant mis en pièces les Pictes et les Scots, aidèrent les Bretons à réparer le grand mur autrefois construit à travers l'île pour lui servir de défense, du golfe de Solway à l'embouchure de la Tyne, par deux empereurs Hadrien et Sévère. Les Romains relevèrent aussi les forteresses (turres) construites jadis par l'Empire, de place en place, sur la côte méridionale de l'île pour la garder contre les descentes des Saxons ; ils donnèrent aux insulaires des armes, des instructions militaires et sans doute aussi le conseil de rester fermement unis contre le péril commun ; puis leur ayant déclaré l'impossibilité où ils étaient de revenir jamais les secourir, ils quittèrent l'île sans retour (1).

Peu de temps après leur départ, malgré le mur d'Hadrien et de Sévère, les Barbares envahirent et dévastèrent de nouveau l'ancienne province romaine. Les Bretons éperdus étaient sans espoir, quand le ciel leur envoya un auxiliaire sur lequel ils n'avaient nullement compté. C'était un évêque.

Le christianisme était répandu dans l'île de Bretagne dès le milieu du IIIe siècle. Grâce à la tolérance de Constance Chlore, qui eut cette île dans son gouvernement d'abord comme César puis comme Auguste de 292 à 306, elle échappa à la persécution de Dioclétien, et depuis la conversion de Constantin la foi chrétienne se développant sans entraves semble y avoir été très florissante. Mais là comme ailleurs, les hérésies plus funestes que les bourreaux l'atteignirent : en premier lieu l'arianisme, puis le pélagianisme qui s'y enracina très fortement (2). Ce fut au point que les orthodoxes, incapables de soutenir la discussion contre les beaux parleurs de l'hérésie, durent demander du renfort aux évêques de la Gaule et au

(1) Gildas, *De excidio Britanniæ, Historia*, §§ 14 à 18, édit. Stevenson ; xi à xiv, édit. Gale et Petrie ; Bède, *Hist. eccles. gentis Anglorum* I, 12, et *Chronicon de Sex ætatibus mundi* dans Petrie, *Monumenta Historica Britannica*, t. I, p. 93 et note c ; — *Chronicon Saxonicum*, an. 418.

(2) Gildas, *Hist.* § 12 édit. Stev., ix édit. Petrie ; Bède, *Hist.* I, 10.

souverain pontife. Vers la fin de l'année 429, on leur envoya deux illustres évêques gallo-romains, saint Germain d'Auxerre, et saint Loup de Troyes.

Saint Germain par sa logique éloquente réduisit les hérétiques au silence, et prêchant partout la saine doctrine rétablit la foi dans sa pureté (1). Son séjour dans l'île dut se prolonger jusqu'en 431. Pendant qu'il y était, les Pictes et les Saxons, associés à la mode des bons larrons, continuaient leurs dévastations habituelles. Quelques jours avant la Pâque de l'an 430, ils vinrent même narguer les deux évêques en attaquant une tribu bretonne chez laquelle ceux-ci portaient la parole divine, et dont ils venaient de régénérer tous les membres dans l'onde baptismale : soit qu'il s'agît d'une tribu du Nord de l'île où il restait encore des païens, soit que l'on fût alors dans l'usage de rebaptiser les hérétiques. Or avant de devenir évêque Germain avait été comte, il avait exercé le métier des armes : il s'en souvint tout à point, disposa habilement l'armée bretonne dans une situation avantageuse pour recevoir les barbares, et quand le jour même de Pâques ceux-ci commencèrent l'attaque, les Bretons se jetant sur eux de toutes parts en poussant unanimement le cri de joie de cette grande fête, *Alleluia!* mirent les Saxons et les Pictes en complète déroute (2).

Ce n'est pas le lieu de nous étendre sur la mission de saint Germain. Notons seulement qu'elle fut le point de départ d'une ère nouvelle dans l'histoire ecclésiastique de l'île de Bretagne. Saint Germain releva la discipline en même temps qu'il épura la doctrine. Tous les documents, toutes les traditions proclament en lui le régénérateur de l'église bretonne, et dont l'œuvre survécut à sa mission grâce à ses disciples, entre autres, saint Dubrice et saint Iltud, qui formèrent à leur école toute une génération de saints que nous retrouverons plus d'une fois dans notre histoire.

Onze ans après la victoire de l'Alleluia, la Bretagne eut à subir, de la part des pirates saxons, un nouvel assaut des plus furieux; on la crut, en Gaule, devenue définitivement la proie de ces brigands (3). Pour cette fois du moins c'était une erreur, l'heure de cette catastrophe n'avait pas encore sonné; et après s'être gorgés de sang et de pillage les Saxons remontèrent dans leurs navires. Ils furent presque aussitôt remplacés par les Pictes et les Scots, jaloux d'égaler la férocité saxonne; les Bretons réduits au désespoir (4) se tournèrent encore une fois vers Rome, et en 446 envoyèrent à Aétius une supplique résumée dans cette phrase célèbre :

« *A Aétius, trois fois consul, les gémissements des Bretons.* — Les barbares nous
» repoussent vers la mer, et la mer vers les barbares; il ne nous reste que le choix
» entre deux genres de mort, ou le fer ou les flots. »

Rome, menacée elle-même plus que jamais, fut sourde à ce cri navrant. Bientôt une atroce famine tourmenta les Bretons. Alors au dernier degré du désespoir, ne voyant que mort de toutes parts, ceux-ci se jettent sur les barbares, les mettent en déroute et s'en délivrent (5).

---

(1) *Prosperi Aquitani Chronic.* an. 429; — Constance, *Vita S. Germani Antisiodor.*, I, 19, 23, 24; — Bède, *Hist.* I, 17, 18.
(2) Constance, *Ibid.* I, 28; — Bède, *Hist.* I, 20.
(3) *Prosperi Tyronis Chronicon*, an. 441.
(4) Gildas, *Hist.* § 19 édit. Stevenson, XV et XVI édit. Petrie.
(5) Id., *Ibid.* § 20 édit. Stev., XVII et XVIII édit. Petrie.

L'an qui suivit cette victoire (447) fut marqué par une prodigieuse abondance des biens de la terre. Les Bretons, selon Gildas, abusèrent de cette abondance pour lâcher plus librement la bride à leurs vices : querelles sanglantes, meurtres de rois, guerres civiles désolèrent l'île de nouveau (1). En vain, au plus fort de ces excès, le grand saint Germain reparut en Bretagne et y passa quelques mois (447-448) pour essayer d'imposer par sa présence un frein à ce désordre (2). Il ne réussit qu'à demi et ne put détourner le châtiment terrible qui menaçait ce peuple.

A cette prospérité éphémère succèdent coup sur coup les catastrophes. D'abord, un bruit se répand que les Pictes et les Scots préparent contre les Bretons une nouvelle invasion, plus redoutable que toutes les précédentes. Pendant que l'île est tout entière sous le poids de cette terreur, une épidémie terrible éclate et fait tant de victimes que les vivants ne peuvent suffire à ensevelir les morts. Cette peste durait encore, que déjà les Pictes et les Scots, on le croit du moins, commencent d'envahir le Nord de l'ancienne province romaine (3).

Alors tous les chefs bretons s'assemblent, proclament au-dessus d'eux un roi suprême, nommé Vortigern (4) dans les traditions anciennes et que l'on croit avoir été souverain particulier des Silures. Sous sa direction s'ouvre une grande délibération, pour découvrir le meilleur moyen d'arrêter le fléau terrible de ces invasions chroniques. Le résultat en fut lamentable. Ces rois, ces chefs, ces guerriers, qui tous portaient un glaive au côté, ce n'est point sur le tranchant de leurs glaives, sur la force de leurs bras ni sur l'union de leurs cœurs qu'ils comptèrent pour délivrer la patrie; ce fut sur les étrangers. On leur persuada sans doute que c'était une idée de génie d'opposer leurs ennemis les uns aux autres : ils résolurent d'appeler dans l'île les Saxons et de s'assurer leur alliance par des dons de terres et d'argent, en leur imposant pour condition de combattre les Scots et les Pictes. Inspiration déplorable, présage assuré d'une ruine prochaine : une nation qui met son indépendance sous la garde d'étrangers mercenaires, ne peut manquer de voir ses gardiens s'ériger en maîtres.

Sur l'invitation du roi Vortigern, un premier corps de Saxons commandé par deux frères, Hengist et Horsa — dont le nom est resté célèbre — accourut immédiatement sur ces longues barques qu'ils appelaient des chioules (ciulæ), et s'établit, du consentement des Bretons, au Nord-Ouest du Cantium (pays de Kent), dans l'île de Tanet, où ne tardèrent pas de les rejoindre, mandés par eux, un grand nombre de leurs compatriotes. Cet établissement est de l'an 449 ou plutôt de 450 (5).

Les Saxons semblèrent d'abord prendre au sérieux leurs engagements envers

(1) Gildas, *Hist.* § 21 édit. Stevenson, xix édit. Petrie.
(2) Constance, *Vit. S. Germani*, II, 1 ; — Bède, *Hist.* I, 21.
(3) Gildas, *Hist.* § 22 édit. Stev., xx, xxi et xxii édit. Petrie.
(4) Dans les noms bretons et les noms anglo-saxons qui vont suivre, le *g* et le *c* sont toujours durs même devant les voyelles *e, i, y.*
(5) Gildas, *Hist.* § 23 édit. Stev., xxiii éd. Petrie; — Bède, *Hist.* I, 15 ; — *Chronic. Saxon.*, an. 449; — Nennius, *Historia Britonum*, § 31 édit. Stev., xxviii et xxix édit. Petrie. — Selon Nennius (édit. Stevenson § 31) Horsa et Hengist chassés, exilés de la Germanie, étaient venus spontanément sur les côtes de Bretagne, quand Vortigern leur donna l'île de Tanet et fit appel à eux pour défendre l'île de Bretagne contre ses ennemis, c'est-à-dire contre les Pictes et les Scots (*Ibid.*, § 36).

les Bretons. Le torrent scoto-pictique s'était déjà répandu au Sud de l'Humber ; ils s'élancèrent hardiment à sa rencontre, joignirent les envahisseurs dans le lieu où se trouve maintenant la ville de Stanford (comté de Lincoln) sur la rivière de Welland, leur livrèrent à cette place même une grande bataille, les défirent et les chassèrent entièrement de l'ancienne province romaine (1). Après ce premier succès, les Saxons restèrent encore plusieurs années (*multo tempore*, dit Gildas) assez fidèles à leur rôle de défenseurs des Bretons ; mais enfin ils s'en lassèrent. Leur nombre s'était grossi outre mesure par des recrues incessantes venues de Germanie, et dont Vortigern lui-même, aveuglé par l'astucieux Hengist, avait favorisé l'arrivée avec une imprudence sans égale. Un jour donc, se comptant, ils se jugèrent assez forts pour faire la loi à leurs hôtes et pour dominer en maîtres dans cette grande île où ils étaient venus en serviteurs. A peine prirent-ils la peine de pallier leur trahison : ils se feignirent mécontents de la solde et des avantages que les Bretons leurs faisaient ; ils élevèrent des prétentions impossibles à satisfaire, et sur le rejet de leurs demandes ils s'allièrent aussitôt aux barbares qu'ils avaient mission de combattre (2).

Ainsi au lieu d'auxiliaires, les Bretons s'étaient créé de nouveaux ennemis plus redoutables que leurs premiers adversaires, et qu'ils avaient fait l'insigne folie d'introduire comme par la main au cœur de la place. Ce coup était bien propre, ce semble, à éteindre les derniers restes de leur courage, — et pourtant il n'en fut rien. Par une réaction singulière, assez naturelle toutefois au génie des races celtiques, en face de ce péril suprême une suprême énergie se réveilla dans l'âme de la nation ; le vieux sang breton frémit comme aux jours glorieux de la lutte contre Rome, comme aux temps de Cassivellaun, de Caractac et de Boadicée. Au lieu de courber passivement la tête sous le joug, ce peuple en proie à tant d'extrêmes infortunes reprit d'une main vigoureuse l'épée et le bouclier, résolu, si c'était là sa dernière lutte, de la soutenir avec l'énergie du désespoir ; si la mort était au bout, de mourir glorieusement.

La première attaque sérieuse des Saxons contre les Bretons eut lieu en 455, à Ailesford, aujourd'hui petite ville du comté de Kent. Les Saxons avaient pour chefs Hengist et Horsa, et, selon une tradition ancienne, les Bretons étaient conduits par Vortigern, assisté de deux de ses fils, Vortemir et Catigern (3). Au commencement de l'action, Horsa chargeant avec impétuosité le corps commandé par Catigern, le mit en complète déroute et tua ce prince ; mais au milieu de son triomphe il se vit lui-même surpris et attaqué de flanc par Vortemir, qui vengea son frère en tuant Horsa et mettant sa troupe en pièces ; puis se retournant avec toute l'armée bretonne contre Hengist il le contraignit à fuir après un combat

_____

(1) Bède, *Hist.* I, 15 ; — Henri de Huntingdon, *Historia Anglorum*, lib. II, dans *Monumenta historica Britannica*, p. 707.

(2) Gildas, *Hist.* § 23 éd. Stevenson, XXIII éd. Petrie ; — Bède, *Hist.* I, 15 ; — *Chron. Sax.* an. 449.

(3) Henri de Huntingdon (*M. H. B.* p. 708) remplace Vortigern par Ambroise Aurélien, mais c'est une erreur complète ; la *Chronique Saxonne* dit formellement : « An. 455. Hengestus et Horsa præliati sunt *cum Wyrtgeorno rege* in loco qui appellatur Egelesford ; et frater ejus Horsa occisus est. » Trad. Gibson, p. 13.

des plus acharnés (1). Ainsi cette première journée fut pour les Bretons, grâce à la résolution de Vortemir, qui à partir de ce moment devint le véritable chef de la défense nationale.

Malheureusement il mourut l'année suivante, et les Saxons regagnèrent du terrain. Chaque jour leur amenait de Germanie de nouvelles recrues, si bien que, forts de leur nombre, ils vinrent de nouveau, en l'an 457, présenter le combat aux Bretons sur les bords de la rivière de Craye, au lieu dit maintenant Craiford, toujours dans le comté de Kent, mais à l'ouest d'Ailesford. — Les Bretons de leur côté avaient assemblé pour les recevoir une armée considérable, divisée en quatre corps conduits par quatre chefs illustres. Mais l'avantage du nombre restait aux Saxons, qui comptaient de plus parmi eux force guerriers d'élite venus récemment de Germanie, habiles à manier ces lourdes haches et ces longs glaives à deux mains dont un seul coup suffisait pour abattre un homme. Dès le commencement de la bataille l'infériorité des Bretons se manifesta ; toutefois, tant que leurs chefs furent là pour soutenir leur résistance, ils tinrent bon ; mais leurs chefs tués, ils s'enfuirent. Ce fut d'abord une déroute, puis un massacre : quatre mille Bretons, dit-on, tombèrent sur le champ de bataille. Ce qui échappa alla s'enfermer dans les murs de Londres, et le Cantium resta acquis aux barbares. Hengist se décora du titre de roi, et de ce jour le premier royaume saxon de l'île de Bretagne, le royaume de *Kent* fut fondé (2).

Mais le Cantium ne suffisait point aux Saxons, ils s'étaient promis pour proie l'île de Bretagne, et l'armée bretonne détruite, ne voyant plus devant eux aucune résistance organisée, ils se lancèrent à travers l'île comme un torrent, brûlant, tuant tout ce qui se trouvait sur leur passage. Il semble qu'Hengist poussa cette course effrénée d'une mer à l'autre, car on trouve aujourd'hui encore dans le comté de Cornwall, non loin du cap Land's End, des lieux et des monuments qui gardent son nom (3). Toutefois, si profitant de la panique et du désarroi universel, il lui était possible de dévaster au pas de course tout le Sud de la Bretagne, il ne pouvait songer à s'y maintenir, et après avoir couvert ce pays de ruines il rentra avec ses bandes dans le Cantium.

Cette leçon terrible profita pendant quelque temps aux Bretons. Toutes les tribus, tous les chefs comprirent l'immensité du péril, l'urgente nécessité d'unir contre lui toutes leurs forces : sans quoi c'en était fait de la nation. Il fallait un chef suprême ; on choisit un homme de race romaine, Ambroise Aurélien, « le seul Romain, dit Gildas — du moins le seul Romain d'importance — qui fût demeuré en Bretagne, » et dont les parents, jadis honorés de la pourpre consulaire, venaient d'être tous massacrés par les bandes d'Hengist. Pour lui, ajoute Gildas, il était modeste, affable, sincère, fidèle à sa parole, et d'une bravoure héroïque. Son énergique résolution releva le courage des Bretons ; il eut bientôt une armée nombreuse, avide de se battre. Audacieux et habile, au lieu d'attendre l'attaque des Saxons il résolut d'aller les chercher et les attaquer dans leur

---

(1) H. de Hunt., l. II, dans *M. H. B.* p. 708. Huntingdon nomme le lieu de cette bataille *Aeillestreu* ; mais c'est certainement le même que l'*Egelesford* de la *Chronique Saxonne*, auj. Ailesford.
(2) *Chron. Saxon.* an. 457, et Henr. de Huntingdon, lib. II, dans *M. H. B.* p. 708-709.
(3) Entre autres, Hengenstune, anciennement *Hengestesdune*, Montagne d'Hengist.

Cantium à l'improviste, quand ils croyaient encore les Bretons attérés de leurs désastres. Ce plan réussit et les Saxons furent vaincus (1). Par malheur nous ignorons le détail de cette guerre. On sait seulement qu'en l'an 465, huit ans après la journée de Craiford, les Saxons chassés du territoire continental du pays de Kent, avaient été refoulés dans leur tanière primitive, l'ile de Tanet, où les Bretons pénétrèrent pour leur livrer un dernier combat.

Ce fut une grande journée. Les Bretons étaient partagés en douze corps d'armée sous douze chefs illustres. Les Saxons qui venaient de recevoir de nombreux renforts mandés par eux de Germanie, avaient comblé leurs vides. La bataille fut longue, dure, sanglante. Les Bretons auraient été vainqueurs, mais leurs chefs s'exposant trop se firent tous tuer, y compris Ambrosius Aurelianus ; leur armée ainsi décapitée quitta en désordre le champ de bataille. Les Saxons ne purent la poursuivre, tant leurs pertes étaient graves ; beaucoup de leurs chefs aussi y avaient péri, entre autres, un des plus vaillants appelé Wypped, d'où le théâtre de cette sanglante journée prit le nom de *Wyppedsfleet*, qu'il garde encore (2).

Les Saxons sortirent de là si affaiblis qu'ils restèrent assez longtemps sans bouger. Mais la mort d'Ambroise Aurélien fut pour les Bretons un vrai désastre, car après lui leur union se rompit ; encouragés par l'inaction des Saxons, ils recommencèrent à se diviser, se quereller, s'éparpiller. Les Saxons, eux, ne cessèrent de se préparer à la reprise de la lutte ; la mère-patrie ne se fit guère prier pour leur expédier de nouvelles bandes de forbans. Huit ans après Wyppedsfleet, Hengist tomba tout à coup sur les Bretons au moment où ils s'y attendaient le moins et broya toute résistance, si bien que les chroniques disent :

« En l'an 473, *les Bretons s'enfuyaient devant les Anglo-Saxons comme devant* » *le feu !* (3) »

C'est alors sans doute qu'eut lieu cette effroyable désolation de la Bretagne dont Gildas, l'historien et le prophète des Bretons en cette sombre époque, a rassemblé les principaux traits dans une peinture d'une énergie admirable et qu'il faut citer — malgré la difficulté de la traduire :

« Juste vengeance, s'écrie-t-il, juste vengeance des crimes récents des Bretons ! » La main impie des Saxons propage d'une mer à l'autre un vaste incendie, dont » la flamme, partie de la côte orientale, après avoir ravagé les villes et les champs » les plus voisins, dévore de proche en proche et presque en entier la surface de » l'ile, pour s'éteindre alors seulement que sa langue rouge et terrible vient lécher » les premiers flots de l'Océan occidental. Cette invasion, comparable à celle des » Assyriens en Judée, a réalisé chez nous les lamentables paroles du Prophète » quand il dit : *Seigneur, ils ont brûlé votre sanctuaire et souillé votre tabernacle,* » et ailleurs : *Les nations ont envahi notre héritage, ô mon Dieu, et profané votre* » *saint temple !* En effet, toutes les cités cédant aux coups redoublés du bélier, » tous les citoyens, les prêtres, les évêques, le peuple entier, enveloppés dans un

---

(1) Gildas, édit. Stevenson et édit. Petrie, § 25.

(2) *Chron. Saxon.* an. 465 ; H. de Huntingdon, dans *Mon. Hist. Brit.* p. 709.

(3) « An. cccclxxiii. Hoc anno, Hengestus et Æsca, cum Britannis prælio congressi, spolia ceperunt innumera ; ac Walli ab Anglis diffugiebant *tanquam ibi ignis fuisset.* » (Chronic. Saxon. édit. et trad. Gibson (Oxford, 1692), p. 14.

» cercle de glaives étincelants et de flammes crépitantes, se voyaient frappés
» ensemble, ensemble couchés sur le sol. Et spectacle affreux ! ce n'était plus
» sur toutes les places publiques qu'un amas de tours arrachées de leurs bases,
» de quartiers de murs renversés, de saints autels brisés, de cadavres coupés en
» pièces tout couverts de larges croûtes d'un sang purpurin à demi-durci : le tout
» pêle-mêle entassé comme en un pressoir épouvantable ! Pour ces cadavres nulle
» sépulture que ces ruines horribles, ou le ventre des bêtes féroces et des oiseaux
» de proie. Ce que je dis ici, toutefois, sans vouloir manquer de respect envers
» les âmes saintes, que les anges en ces temps-là purent enlever de la terre aux
» cieux, bien que je doute fort qu'il s'en soit trouvé beaucoup ; car cette vigne
» jadis féconde avait tellement dégénéré et tourné à l'amertume, qu'à peine
» y pouvait-on encore rencontrer, comme dit le prophète, une grappe ou un épi
» échappé aux vendangeurs ou aux moissonneurs (1).

» Quant aux malheureux Bretons épargnés par ces désastres, une partie
» d'entre eux, surpris dans les montagnes par les Saxons, y furent égorgés en
» masse. Il y en eut aussi qui vinrent d'eux-mêmes rongés de faim tendre les
» mains aux barbares, dont ils n'avaient à attendre qu'une servitude éternelle,
» à moins toutefois que ceux-ci ne les massacrassent sur le champ, la plus haute
» grâce qu'ils pussent faire. D'autres se rendaient aux pays d'outre-mer avec de
» grands gémissements, et sous leurs voiles gonflées, en place de la chanson
» des rameurs, ils chantaient ce psaume : *Seigneur, votre main nous a livrés*
» *comme des agneaux à la boucherie, et elle nous a dispersés parmi les nations !*
» D'autres enfin se retranchaient derrière des cîmes escarpées et des précipices
» affreux, confiaient leur vie aux forêts les plus épaisses, aux roches les mieux
» défendues par la mer, et bien que toujours inquiets, toujours tremblants au
» fond de leurs asiles, ils persistaient à rester sur le sol de la patrie (2). »

J'ai tenu à produire ici ce tableau peint par un contemporain : vivante,
sanglante, horrible image de cette horrible invasion, et dont la fidélité est
irrécusable.

En 477, une nouvelle armée d'Anglo-Saxons, conduite par Ella et ses trois fils,
Cymen, Wlenking et Cissa, débarque sur la côte méridionale de l'île de Bretagne,
en un lieu qui, du premier de ces fils, prit le nom de *Cymenes-Ora* ou Cymen-
shore (3). Sur la nouvelle de ce débarquement les Bretons d'alentour accoururent
pour les attaquer, les contraindre à se rembarquer et à évacuer le terrain. Mais
il y avait là plusieurs chefs bretons ; au lieu de combiner ensemble leur attaque,
chacun d'eux n'en voulut faire qu'à sa tête, ils assaillirent à la débandade les
Saxons qui les mirent en déroute les uns après les autres (4). Toujours ce défaut
d'ensemble, d'unité de plan et de commandement, qui dans cette lutte perdit
les Bretons.

(1) Gildas, *Hist.* § 24 édit. Stevenson, xxiv éd. Petrie.
(2) Id., *Ibid.* § 25 éd. Stev., xxv, éd. Petrie.
(3) Près d'une bourgade aujourd'hui appelée Wittering, dans l'angle Sud-Ouest du présent comté
de Sussex.
(4) *Chron. Saxon.* an. 477 ; H. de Huntingdon, dans *M. H. B.* p. 710.

Poursuivis à leur tour par les Saxons, les chefs bretons n'eurent bientôt plus de refuge que la forêt et la ville d'Andérida : la ville, forte citadelle bâtie par les Romains ; la forêt, immense place d'armes créée par la nature, encore plus sûre, plus impénétrable que la citadelle ; appelée par les Bretons *Coit Andred* (Bois d'Andérida), longue encore, à la fin du IX° siècle, de 120 milles sur 30 de largeur, couvrant toute la partie orientale du comté de Sussex et une partie de celui de Kent. — Les Bretons, occupant la ville et la forêt, harcelaient les Saxons maîtres des côtes et du plat pays, et les tenaient sérieusement en échec. Les Saxons appelèrent de la Germanie des recrues, et avec une grosse armée assiégèrent la ville. Mais les Bretons s'élançaient de la forêt sur l'armée assiégeante, la garnison en même temps faisait des sorties et se ravitaillait : les Saxons étaient en mauvaise passe. Mais de l'inépuisable Germanie de nouvelles hordes affluèrent ; ils firent alors deux armées, l'une contre les Bretons de la forêt, l'autre contre Andérida qui résistant à tous les assauts vit le siège changé en blocus. La garnison morte de faim, ne voulant pas se rendre, ne pouvant plus défendre ses murailles, les Saxons forcèrent les portes, massacrèrent tout ce qu'ils trouvèrent vivant dans la ville et la renversèrent de fond en comble, en 490 ou 491 (1).

Ce succès exalta les Saxons. Non seulement Ella se fit couronner roi de *South-Sex;* mais tous les barbares, aussi bien ceux de Kent que ceux de Sussex, se lançant encore une fois à travers l'île, renouvelèrent ces courses terribles qui passant comme une trombe à travers les tribus et les petits royaumes bretons divisés, déchirés entre eux, surpris, incapables de s'unir contre l'ennemi, détruisaient tout, hommes et choses, poussaient devant eux les populations affolées et de proche en proche déterminaient le départ de ces bans successifs d'émigrants qui allaient chercher un refuge au delà des mers. — Cette fois les Bretons, la première surprise passée, eurent le bon esprit de se concerter pour la résistance commune. Si bien qu'un jour (en 493 ou 494), les hordes saxonnes occupées à dévaster les pays fertiles qui bordent vers le midi l'embouchure de la Saverne virent tout à coup surgir devant elles une grande armée bretonne. Surprise, pressée de combattre, l'armée des brigands courut se réfugier dans une forte position où elle se couvrit de formidables retranchements. Gildas appelle ce lieu le mont Badon, on le nomme aujourd'hui Bannesdowne, il est à peu de distance de la ville actuelle de Bath. Les Bretons cernèrent ce camp retranché, l'enlevèrent de vive force et firent des bandits un grand massacre (2). Cette leçon les fit tenir tranquilles quelque temps.

Mais hélas ! plus on en tuait, plus il en revenait. La Germanie et la Saxe, fabriques inépuisables de pirates, brigands, voleurs de toute sorte, en vomissaient à chaque instant des flottes, qui alléchées par les succès de leurs congénères, Hengist, Horsa, Ella, se donnaient comme un rendez-vous fatal sur les côtes de l'île de Bretagne.

---

(1) *Chron. Saxon.* an. 490 [vel 491]. « Hoc anno, Ælla et Cissa obsederunt Andredes-ceaster, et interfecerunt omnes qui id incolerent, *adeo ut ne unus Brito ibi superstes fuerit.* » Trad. Gibson. *Andredes-ceaster* c'est Anderida, que les Bretons appelaient Andred, et que parmi les historiens modernes les uns placent à Pemsey sur la côte sud du Sussex, les autres à Newenden sur la limite des comtés de Sussex et de Kent.

(2) Gildas, édit. Stevenson et édit. Petrie, § 26 ; — Bède, *Hist.* I, 16, qui place formellement cette bataille en 493 ou 494.

Deux ans à peine après la bataille du mont Badon, voici qu'une grande flotte saxonne, aux ordres de deux vaillants chefs, Cerdic et Cynric son fils, aborde (en 495) sur la côte sud de la Grande-Bretagne mais en un point bien plus avancé vers l'Ouest que les invasions précédentes, à *Cerdices-Ora* ou Rivage de Cerdic (1). Les Bretons vinrent assaillir ces nouveaux débarqués, qui formés en bataillon carré les repoussèrent et se mirent à courir le pays. Six ans après (en l'an 501), les bandes de Cerdic sont renforcées par une grosse armée saxonne qui débarque à Portsmouth, commandée par Porta et ses deux fils Biéda et Mégla. Malgré ce renfort, Cerdic fut assez longtemps sans faire de progrès, parce que les Bretons après la victoire du mont Badon avaient eu le bon esprit de maintenir leur ligue sous les ordres d'un chef brave et habile appelé Natan-Léod, qui tenait les Saxons et leurs frères les Angles en respect. En 508, Porta et Cerdic n'avaient pas encore quitté les bords de la baie de Southampton. Natan-Léod vint les y chercher et leur livra bataille en un lieu appelé Natley (2). Il trouva là tous les Saxons réunis : non seulement ceux de Cerdic et de Porta, mais aussi ceux de Kent et de Sussex. Cerdic commandait en chef, il se mit à la tête de l'aile droite et Cynric son fils à la tête de l'aile gauche. Natan-Léod, remarquant la supériorité de l'aile droite des Saxons sur leur aile gauche, porta tous ses coups contre la première, comptant, s'il parvenait à la rompre, la bataille gagnée. Il réussit trop, car les Bretons se débandèrent à la poursuite de Cerdic mis en déroute, et Cynric alors se jetant sur eux les atteignit dans ce désordre et en fit un grand massacre, dans lequel périt Natan-Léod (3). Mort et défaite qui amenèrent la dislocation de la ligue bretonne et livrèrent encore une fois la Bretagne sans défense organisée à la férocité des Saxons (4).

Cerdic appela auprès de lui pour partager cette aubaine les membres de sa famille restés sur le continent. Deux de ses neveux, Stuf et Whitgar lui amenèrent de nouvelles hordes et vinrent en 514 débarquer, comme leur oncle vingt ans plus tôt, à Cerdices-Ora. Contre cette dernière invasion les Bretons de toute la contrée firent un grand effort. Suivant un ancien chroniqueur qui semble traduire en cet endroit un vieux chant bardique, ils formèrent leurs troupes en très bel ordre :

« Une partie de l'armée bretonne (dit-il) s'avançait par les hauteurs, une autre par les vallées. Et comme ils marchaient ainsi avec adresse et prudence, le soleil levant parut : ses rayons vinrent frapper les boucliers dorés des Bretons, les collines en resplendirent et tout l'air environnant brilla d'une lumière plus vive. Les Saxons à cette vue tremblèrent et marchèrent au combat la crainte dans le cœur. Mais quand ces deux armées intrépides vinrent à se briser l'une contre

---

(1) Selon les uns c'est Charmouth, dans le Sud-Ouest du Dorsetshire, non loin de la limite du comté de Devon ; d'autres disent Caldshore dans la baie de Southampton en face de l'île de Wight. Voir *Chron. Saxon.* an. 495, et H. de Huntingdon, II, dans *M. H. B.* p. 710.

(2) Natley (anciennement *Natan-Leag*, Champ de Natan) est situé sur la baie de Southampton, un peu au sud-est de cette ville, pas bien loin par conséquent de Portsmouth et de Caldshore, où étaient débarqués Porta et Cerdic.

(3) *Chron. Saxon.* an. 501 et 508 ; H. de Huntingdon dans *M. H. B.* p. 711.

(4) « Anno 511, Saxones qui inhabitant Britanniam convenerunt in unum.... Perlustrantes itaque quasque provincias, cum neminem sibi resistere cognovissent, totam fere insulam a mari usque ad mare devastare cœperunt. » (Matthæi Westmonasteriensis *Flores histor.*)

l'autre, la vaillance des Bretons s'évanouit soudain par la volonté de Dieu qui les avait condamnés, et leurs ennemis obtinrent une grande victoire » (1).

Cerdic se trouva ainsi à la tête de forces très imposantes qui lui permirent d'étendre beaucoup les bornes de sa domination. A la suite d'une autre bataille importante gagnée en 519 à *Cerdices-Ford* (aujourd'hui Charford sur la petite rivière d'Aven, à la limite des comtés de Wiltshire et de Hampshire), il prit le titre de roi (2) : son royaume de *West-Sex* ou des Saxons de l'Ouest, beaucoup plus important que ceux de Kent et de South-Sex, s'étendait aussi beaucoup plus vers l'Ouest et vers le Nord. Mais quand il voulut poursuivre ses conquêtes du côté de l'Ouest, il trouva chez les *Damnonii* ou *Dumnonii* (peuple breton établi sur le territoire des comtés actuels de Devon et de Cornwall) une vive résistance. Il se tourna alors vers le Nord et paraît y avoir fait des progrès rapides. En 527, il était au Nord de la Tamise à *Cerdices-Leag* (Champ de Cerdic), aujourd'hui Chardslei (3). Les Bretons lui livrèrent là une grande bataille, très sanglante, restée indécise, mais qui affaiblit beaucoup Cerdic et le força de s'arrêter. Revenu vers le Sud, il s'empara de l'île de Wight en 530 et mourut quatre ans après (4).

De la position de Chardslei, atteinte par Cerdic, la Cambrie (ou pays de Galles), c'est-à-dire le principal refuge des Bretons restés indépendants était fortement menacé, et les pirates commencèrent d'y faire des courses assez fréquentes, d'autant que l'île de Bretagne reçut, de 527 à 530, une fourmillante affluence de nouvelles bandes piratiques, les unes saxonnes, les autres de la tribu des Jutes (5), la plupart de celle des Angles, prochement apparentés aux Saxons, d'où vint le nom d'Anglo-Saxons donné à tous ces barbares.

Les uns fondèrent (en 530) au nord du royaume de Kent, entre la Tamise et la rivière de Stoure, un petit royaume dit *Est-Sex*, c'est-à-dire des Saxons de l'Est, dont le territoire répondait aux comtés actuels d'Essex et de Midlesex.

Les autres, Angles ou Jutes, s'établirent d'abord sur la côte orientale, entre le Stoure et le golfe profond qui sépare les comtés actuels de Lincoln et de Norfolk; puis bientôt, tout en laissant là des colonies qui devinrent plus tard le royaume d'*Est-Anglie* (c'est-à-dire des Angles de l'Est), ils poussèrent plus avant vers l'Ouest à travers toute l'île, dans la vaste région comprise entre la Tamise, l'Humber, la Dee et la Saverne; qui va du comté actuel de Lincoln à ceux de Chester, Shropshire, Hereford, Glocester, et borde de ce côté immédiatement le pays de Galles. Ils n'y établirent pas une domination continue, mais y semèrent des postes qui ne cessèrent de harceler les Bretons, et finirent en se multipliant par

---

(1) *Chron. Saxon.* an. 514; H. Huntingdon, dans *M. H. B.* p. 711.
(2) *Chron. Saxon.* an. 519; H. Huntingdon, *Ibid.*
(3) *Chron. Saxon.* an. 527; H. Huntingdon, *Ibid.* p. 712.
(4) *Chron. Saxon.* an. 530 et 534; H. Huntingd. *Ibid.*, qui porte par erreur *Certicesford* au lieu de *Certicesleag.*
(5) Selon Bède *(Hist. eccles. Anglor.*, I, 15), les *Jutes* auraient occupé le *Cantium* (royaume de Kent), l'île de Wight et le littoral qui regarde cette île. Cela s'accorde mal avec Gildas et avec la *Chronique Saxonne.* Suivant Gildas les premiers barbares dont les Bretons demandèrent le secours contre les Scots et les Pictes étaient des *Saxons;* or il est certain par la *Chronique Saxonne* que ce sont eux qui fondèrent le royaume de Kent. Suivant la même chronique, l'île de Wight fut occupée par Stuf et Whitgar neveux de Cerdic; or Cerdic était certainement, non un Jute, mais un Saxon, puisque l'état fondé par lui s'appela le royaume des Saxons de l'Ouest, *West-Sex.* Bref, parmi les envahisseurs de la Grande-Bretagne, les Jutes semblent avoir été assez peu nombreux; la plus grande partie d'entre eux restèrent dans la presqu'île qui a gardé leur nom, le *Jutland.*

former l'un des plus puissants états de l'heptarchie anglo-saxonne, le royaume de *Mercie*, ce qui n'eut lieu, il est vrai, que vers la fin du VIe siècle (1).

Menacés de plus en plus par ces nouvelles invasions, les Bretons parvinrent à instituer une nouvelle ligue dont le chef, d'abord un tout petit roitelet, s'éleva jusqu'au premier rang par son génie, et dont le nom est devenu dans l'imagination des peuples merveilleusement légendaire. C'est le fameux Arthur, dont l'existence est certaine malgré tant de fable et de poésie amassée sur son nom, et qui pendant une vingtaine d'années (de 530 à 550 environ) arrêta victorieusement les progrès de l'invasion saxonne (2).

La mort d'Arthur peut être placée vers 545 ; mais plusieurs années encore, la ligue bretonne formée par lui se maintint au Sud de l'Humber et continua de tenir en échec les envahisseurs.

Il en alla autrement chez les Bretons du Nord. Sous ce nom je comprends toutes les tribus bretonnes établies dans le territoire borné au Nord par l'ancien mur d'Antonin allant de la Clyde au Forth (ou golfe d'Edimbourg) et au Sud par les deux fleuves la Dee et l'Humber, ou plus exactement la Dee et la Trent, l'Humber n'étant qu'un estuaire.

Cette partie de l'île avait reçu dès l'origine de grosses bandes saxonnes. Car le but poursuivi par Vortigern dans son alliance avec les Saxons, c'était de faire de ceux-ci une barrière contre les Scots et les Pictes, dont les attaques venaient presque toujours du Nord de l'île où les Pictes et une partie des Scots avaient leurs repaires. Selon une tradition ancienne très vraisemblable, Hengist, dès les premiers temps de son arrivée en Bretagne, fit venir de Germanie une nombreuse horde commandée par Ochta et Ebissa, son fils et son neveu, laquelle, avec l'assentiment de Vortigern, fut préposée à la garde du mur de Sévère (du golfe de Solway à la Tyne) et occupa de là de grands territoires jusqu'à la frontière des Pictes (3).

Quand les Saxons traîtres à leurs promesses tournèrent leurs armes contre les Bretons, Ochta et Ebissa de concert avec les Pictes dévastèrent affreusement, de l'Humber au Forth, le territoire confié à leur garde. Plus tard, en 527, quand de nombreuses bandes de la tribu des Angles envahirent le centre de la Bretagne (Estanglie et Mercie), une partie de ces envahisseurs ne put manquer de se répandre au Nord de l'Humber et de renforcer les établissements fondés par Ochta et Ebissa. Sur les douze ou treize grandes batailles attribuées par la tradition

---

(1) Sur l'arrivée des nouvelles bandes anglo-saxonnes de 527 à 530, voir Henri de Huntingdon, dans *Mon. Hist. Brit.* p. 712. C'est lui aussi *(Ibid.* p. 714) qui place l'établissement définitif du royaume d'Estanglie de 571 à 577, et celui du royaume de Mercie de 584 à 591.

(2) Voir A. de la Borderie, *Les Bretons et les Anglo-Saxons du Ve au VIIe siècle* (1873), p. 65 à 86.

(3) *L'Historia Britonum*, compilation légendaire écrite en 822 et attribuée à Nennius, porte : « Dixit Hengistus ad Guorthigirnum : Invitabo filium meum cum fratruele suo ut dimicent contra Scotos, et da illis regiones quæ sunt in Aquilone juxta murum qui vocatur Guaul. — Et invitati sunt Ochta et Ebissa cum quadraginta ciulis, et venerunt, et occupaverunt regiones plurimas ultra mare Frenessicum usque ad confinium Pictorum. » (Nennius, édit. Stevenson et édit. Petri [dans *Mon. Hist. Brit.*], § 38.) — *Guaul*, calque breton du latin *Vallum*, est le mur de Sévère ; *mare Frenessicum* l'estuaire de l'Humber.

bretonne au roi Arthur, dix ont pour théâtre la Bretagne du Nord (1), ce qui montre comme les Anglo-Saxons y étaient forts.

Après la mort du héros, les Bretons du Nord, s'étant séparés de ceux du Sud, formèrent entre eux une ligue sous un chef appelé Dutigern. Presque en même temps, de nouvelles bandes anglo-saxonnes abordaient à l'embouchure de la Tweed sous les ordres d'un vaillant chef, Ida, qui bâtit un peu plus bas sur la côte la forte citadelle de Bebbanburh (du nom de sa femme Bebban) et fut, en l'an 547, proclamé roi de *Northumbrie* (2) par tous les Anglo-Saxons établis entre l'Humber et le mur d'Antonin. Restait à Ida de conquérir son royaume, dont plus des deux tiers était détenu par les indigènes très résolus à se défendre énergiquement; aussi son règne, qui dura douze ans (547-559), ne fut qu'une longue bataille contre Dutigern (3). Les fils d'Ida au nombre de trois (559-572) et ses petits-fils en même nombre (572-592), qui après lui continuèrent cette bataille, trouvèrent devant eux comme principaux adversaires quatre rois bretons de ces petits royaumes occupant toute la zone occidentale de la Bretagne du Nord (4); rudes champions de la liberté bretonne dont les noms méritent d'être inscrits ici, savoir : Riderch-Hen (c'est-à-dire Riderch l'Ancien), Gwallauc, Morcant, et le chef suprême de cette guerre, le plus habile et le plus vaillant de tous, Urbien ou Urien, célèbre sous le titre de roi de Reghed dans les vieilles poésies bardiques, qui fut tué en trahison et dont les fils continuèrent longtemps et intrépidement cette indomptable résistance (5). Ce fut seulement en 590, après une longue bataille des Bretons contre les Anglo-Pictes livrée sur les bords de la Clyde, dans les ruines et les retranchements de l'ancien mur d'Antonin, que le royaume de Northumbrie put être considéré comme solidement fondé (6).

(1) Voir A. de la Borderie, *Les Bretons insulaires et les Anglo-Saxons,* p. 81-82.
(2) *Chron. Saxon.* an. 547 ; H. de Huntingdon dans *M. H. B.* p. 712-713. Bebbanburh est aujourd'hui Banborrow dans le comté de Northumberland, sur le bord de la mer, un peu au Sud de la petite rivière de Warne, en face de l'île de Farne.
(3) *Genealogiæ regum Saxonum,* à la suite de Nennius, édit. Stevenson p. 52 ; édit. Petrie, p. 75.
(4) Indiquons au moins les noms de ces petits royaumes bretons du Nord qui défendirent si vaillamment leur indépendance. Les chroniques, les vieilles poésies attribuées à Aneurin, Taliésin, Liwarc'h-Hen, bardes célèbres de l'île de Bretagne au VIe siècle, en mentionnent jusqu'à six, dont quatre entre le mur de Sévère et celui d'Antonin, savoir : 1° le plus septentrional dit *Strat-Clugd* ou Vallée de la Clyde (répondant à la province d'Ecosse appelée Clydesdale) ayant pour capitale Arcluyd, dite plus tard Dunbritton et aujourd'hui Dumbarton ; — 2° au Sud de Strat-Clugd, le long de la côte de Gallowai, *Reivonioc* ayant pour centre la ville de *Religonium* mentionnée dans Ptolémée ; — 3° à l'Est de Reivonioc, *Argoëd* ou le Pays des Bois, occupé par la tribu des *Selgovæ,* au VIe siècle *Selloir* (provinces d'Annandale et de Nithesdale) ; — 4° à l'Est du précédent, s'étendant jusqu'à la côte orientale de l'île, les anciennes tribus des *Gadeni* et des *Otadeni* ou *Otodeni,* réunies et formant le royaume de *Gododin* (provinces de Tweedale, Teviotdale, des Marches, partie du Northumberland). — Au Sud du mur de Sévère, entre le golfe de Solway et la rivière de Dee qui se jette dans la mer à Chester, occupant le territoire des comtés actuels de Chester, Lancastre, Westmoreland et Cumberland, on ne mentionne que deux royaumes bretons (il devait y en avoir davantage) tous deux appuyés sur la côte occidentale de l'île, savoir : 5° le royaume de *Reghed* ou *Rhigod* (*Rigodunum* de Ptolémée) répondant au comté actuel de Lancastre ; — 6° royaume d'*Eiden,* du nom de la rivière *Ituna* qui se jette dans le golfe de Solway *(Itunæ æstuarium)* occupant tout ou partie des comtés actuels de Cumberland et Westmoreland. — Les chroniques et autres documents historiques appliquent souvent à l'ensemble des tribus et des principautés bretonnes comprises entre la Dee et le mur d'Antonin le nom générique de Cumbrie *(Cumbria).*
(5) « Urbgen cum filiis dimicabat fortiter... quia in ipso præ omnibus regibus virtus maxima erat in instauratione belli. » *Genealog. reg. Saxonum* à la suite de Nennius, édit. Stevenson § 63, cf. A. de la Borderie, *Les Bretons insul. et les Anglo-Saxons,* chap. VIII, p. 130-146. — Voir sur les fils d'Ida la note finale d'un ms. de l'*Histoire* de Bède de l'an 735, dans *M. H. B.* p. 104 et 290; et A. de la Borderie, *Ibid.,* chap. VIII.
(6) Voir A. de la Borderie, *Ibid.,* chap. IX.

Encore ne comprenait-il que la partie orientale de l'île entre l'Humber et le Forth ; l'autre moitié, du côté de l'Ouest, entre la Dee et la Clyde restait aux Bretons qui la conservèrent encore longtemps.

Au Sud de la Dee, la mort d'Arthur eut aussi de fâcheuses conséquences, d'autant que le chef choisi pour lui succéder par les Bretons du Sud et qui n'était pas complètement indigne d'un tel héritage, le roi Maglocun, mourut enlevé par la peste jaune vers 550 (1). Deux ans plus tard, les Saxons, commandés par Cynric fils de Cerdic, remportèrent une grande victoire sur les Bretons à Searobyrig, aujourd'hui Salisburi (2), et bientôt après coururent sur les frontières de Cambrie dans les pays de Gwent et d'Ergyng (3), puis (vers 554-555) jusque dans le pays de Powys, où ils furent battus et mis en déroute par les Bretons qui les poursuivirent ensuite et leur livrèrent en 556, à Beranbyrig (aujourd'hui Banburie, petite ville de l'Oxfordshire), une bataille demeurée indécise mais où les Saxons firent de telles pertes qu'ils restèrent ensuite tranquilles pendant quinze ans (4).

En 571, les Bretons attaquant à leur tour s'avancèrent dans l'Est jusqu'à Bedicanford (aujourd'hui Bedford), où ils trouvèrent une formidable armée coalisée des Angles et des Saxons. Les Bretons furent battus, leur défaite livra définitivement aux Angles un vaste territoire dont la possession leur permit de fonder solidement peu de temps après (de 571 à 575) le royaume d'Estanglie (5).

Les Saxons renouvelèrent alors leurs incursions en Cambrie, jusque dans le Glamorgan (6) d'où ils furent chassés (vers 575). Mais les Bretons, les ayant poursuivis sur la rive gauche de la Saverne, essuyèrent à quelques années de distance deux grandes défaites, l'une en 577 à Deorham dans le comté de Glocester, l'autre en 584 à Fethenbeag même comté (7). Ces deux victoires des Saxons leur livrèrent de grands territoires jusque-là disputés et étendirent notablement les frontières du royaume de West-Sex. — La fondation définitive du royaume de Mercie (de 584 à 591) fut aussi l'une des conséquences de ces batailles.

Et néanmoins, après cette double défaite, les Bretons ne perdirent pas courage. S'acharnant contre leur mauvaise fortune ils renouvelèrent vaillamment la lutte, envahirent le territoire de West-Sex jusqu'à Wodenesbeorge (aujourd'hui Wodnesburg dans le Wiltshire), et là ayant rencontré Céaulin, roi de West-Sex, petit-fils de Cerdic, ils mirent son armée en complète déroute et en firent un grand carnage (8), au point que ses sujets furieux chassèrent ce roi et le remplacèrent par un autre. Cette belle victoire des Bretons eut pour résultat de forcer

(1) *Annales Cambriæ* an. 547 et *Annal. Tigernac.* an. 550, dans *M. H. B.* p. 831 et note *b*.
(2) *Chron. Saxon.* an. 552, et H. de Huntingdon, dans *M. H. B.* p. 713.
(3) *Liber Landavensis* 1ᵉ édit. p. 152 et 406 ; et A. de la Borderie, *Les Bretons insul. et les Anglo-Saxons,* p. 92-97.
(4) *Chron. Saxon.* an. 556 ; H. de Huntingdon, *Ibid.*
(5) *Chron. Saxon.* an. 571 ; H. de Hunt., *Ibid.* p. 714.
(6) *Liber Landavensis,* p. 133-134 ; et A. de la Borderie, *Ibid.,* p. 100 à 103.
(7) *Chron. Saxon.* an. 577 et 584 ; H. de Huntingdon dans *M. H. B.* p. 714. — Deorham est aujourd'hui Durham ou Derham, bourgade du Glocestershire, à l'extrémité sud de ce comté, vers le point où sa limite rencontre à la fois celles du Wiltshire et du Somersetshire. — Fethanleag ou Frethenleag est le village de Frethern dans le même comté, plus au Nord que Derham et tout contre la Saverne.
(8) *Chron. Saxon.* an. 591 ; H. de Huntingdon, *Ibid.*

les Saxons à rester désormais dans leurs frontières et à respecter celles de la Cambrie.

Le péril ne venait plus du Sud, il vint du Nord.

Après le désastre des Bretons du Nord dans la grande lutte livrée sur le mur d'Antonin vers 590, ils avaient trouvé aide et confort chez leurs frères de Cambrie. Pour punir les Cambriens de cette assistance, le roi de Northumbrie Ethelfrid, le dernier des petits-fils d'Ida, fondit sur leur pays comme un torrent avec une grande armée; il rencontra la leur près de Cairlion ou Chester sur la Dee en 607, et voyant une troupe de 200 moines bretons du monastère de Bangôr qui priaient sur une colline près du champ de bataille pour leurs compatriotes, il les fit tous massacrer, circonstance qui rendit particulièrement célèbre cette défaite des Bretons sous le nom de « la Journée où les saints furent égorgés » (1).

Ethelfrid, jusqu'à sa mort advenue en 617, ravagea très cruellement la Bretagne du Nord, qui de nouveau implora le secours des Cambriens. Aussi le successeur d'Ethelfrid appelé Edwin reprit-il la lutte contre la Cambrie; mais en Cadwallon, roi de Gwyned, chef de la confédération cambrienne, il trouva un redoutable adversaire. D'abord vaincu par Edwin qui en 629 parcourut, dévasta toute la Cambrie (2), Cadwallon pour se relever et se venger eut une idée politique, qui fut de combattre les Anglo-Saxons par les Anglo-Saxons. Son voisin Penda roi de Mercie encore païen voyait en Edwin, converti au christianisme en 627, un apostat. Cadwallon, exploitant ce ressentiment, s'allia avec Penda contre Edwin. La campagne, ouverte en 633, se termina le 12 octobre de la même année par une grande bataille livrée à Haethfeld aujourd'hui Hatfield, au sud d'York sur la rivière du Don, dans laquelle Edwin fut tué et son armée entièrement défaite (3). A la suite de cette bataille, pendant deux ans les deux rois vainqueurs ravagèrent, dépeuplèrent la Northumbrie sans miséricorde par le fer et le feu : « Cadwallon, dit Bède, avait résolu d'extirper du sol de l'île de Bretagne la race entière des » Anglo-Saxons » (4). En 634, il vainquit et tua deux princes des Angles, successeurs d'Edwin. Mais l'année suivante (635), ils furent vengés par un jeune roi leur héritier appelé Oswald, qui rencontra Cadwallon aux environs d'Hexham, au pied du mur de Sévère, le vainquit, le tua, poursuivit les Bretons Cambriens jusque sur la Saverne, où il leur infligea une seconde défaite en 636 (5).

Penda n'avait point pris part à cette dernière lutte. Mais en se rapprochant de la Saverne, Oswald envahit forcément la Mercie. Penda furieux se réveilla, s'allia de nouveau avec les Bretons commandés par le roi Cadwalar fils de Cadwallon, et après une lutte très rude qui dura six ans, il vainquit et tua Oswald dans une

(1) *Chron. Saxon.* an. 607; Bède, *Hist.* II, 2; *Annal. Cambriæ*, an. 614; *Annal. Tigernac.* an. 606 et 613, dans *M. H. B.* p. 832.

(2) *Annal. Cambriæ* an. 629, dans *M. H. B.* p. 832; et A. de la Borderie, *Les Bretons insul. et les Anglo-Saxons*, p. 192-193.

(3) Bède, *Hist.* II, 20; *Chron. Saxon.* an. 633; — *Genealog. reg. Saxon.* dans le Nennius de Stevenson § 61, et dans *M. H. B.* p. 75; *Annal. Cambr.* an. 630 (date erronée) dans *M. H. B.* p. 832.

(4) « Totum genus Anglorum Britanniæ finibus erasurum se esse deliberans. » Bède, *Hist.* II, 20.

(5) Bède, *Hist.* III, 1, 2; — *Genealog. reg. Saxon.* dans le Nennius de Stevenson, § 64 et *M. H. B.* p. 76; — *Annal. Cambr.* an. 631, 632 (dates erronées) dans *M. H. B.* p. 832.

grande bataille le 5 août 642 (1). Pendant treize ans la Northumbrie fut de nouveau brûlée et dévastée par les Bretons et les Angles de Mercie. Oswi, frère et successeur d'Oswald, constamment battu, obligé de se cacher dans ses forteresses, livra des trésors pour garder sa liberté et en offrit d'autres pour obtenir la paix. Penda acharné à la ruine des Northumbres refusa tout; sa présomption, son mépris pour ses ennemis le perdit. Le désespoir les souleva; Oswi fit une armée et vint présenter la bataille à Penda non loin de la ville actuelle de Leeds (Yorkshire) en un lieu dit Winwidfeld du nom du fleuve Winvaëd (aujourd'hui l'Are) qui bordait au Midi le théâtre de la lutte. Penda avait avec lui une très grosse armée et de nombreux alliés bretons. Il fut tué et son armée détruite, probablement par suite de quelque trahison, le 15 novembre 655 (2).

Ce fut là, on peut le dire, le dernier acte de la lutte engagée deux siècles plus tôt à Ailesford entre les Saxons et les Bretons, en 455. L'alliance de Cadwallon, de Cadwalar et de Penda contre la Northumbrie fut la dernière tentative — et non la moins vigoureuse — accomplie par les Bretons avec chance de réussite contre la conquête anglo-saxonne. Si la coalition de la Cambrie et de la Mercie avait abouti à la ruine complète du royaume des Northumbres, il n'eût pas été difficile aux Cambriens d'entraîner les Merciens dans une lutte contre les royaumes anglo-saxons du Sud et de l'Est, puisque ces royaumes étaient chrétiens et que Penda dans cette guerre avait pour mobile sa haine contre les transfuges du culte d'Odin. Forte de son triomphe dans le Nord, la coalition aurait eu grande chance de réussir dans le Sud, et c'était là évidemment la fin de la domination anglo-saxonne. La bataille du Winvaëd, en la sauvant de ce danger, la consolida d'une façon définitive.

Les succès d'Oswi, qui pour compléter sa victoire du Winvaëd vint dévaster la Cambrie, poussèrent les Saxons du West-Sex à recommencer (en 658) la lutte contre les Bretons Damnoniens qui furent bientôt réduits à cette pointe extrême et exiguë formant le comté actuel de *Cornwall* (3).

D'autre part, les royaumes bretons situés au Nord de la Dee sur les territoires actuels des comtés de Chester, de Lancastre et de Westmoreland, furent balayés après la bataille du Winvaëd et pour toujours occupés par les Northumbres. Mais il en fut autrement des tribus bretonnes situées entre les deux murs d'Antonin et de Sévère et même, au Sud de ce dernier, dans un canton assez vaste compris entre la rivière d'Eden (l'*Ituna* des Romains) et le golfe de Solway. La limite northumbrienne vers le Nord fut fixée sur une ligne allant de l'embouchure de la Tweed au golfe de Solway, limite actuelle de l'Angleterre et de l'Ecosse. Entre cette ligne et le mur d'Antonin, les tribus bretonnes se groupèrent en un royaume ayant pour capitale Arcluyd ou Dunbritton (aujourd'hui Dumbarton), et qui retint le nom déjà célèbre de *Strat-Cluyd* ou Vallée de la Clyde. Quant aux Bretons indigènes restés indépendants au Sud du mur de Sévère, entre le golfe de

---

(1) Bède, *Hist. III*, 9 ; — *Genealog. Sax.* dans le Nennius de Stevenson § 65, et *M. H. B.* p. 76 ; *Annal. Cambr.* an. 644 (date erronée) dans *M. H. B.* p. 832.

(2) Bède, *Hist. III*, 16 et 24 ; — *Genealog. Saxon.* dans le Nennius de Stevenson, § 64, 65, et dans *M. H. B.* p. 76 et notes *g*, *h*; — *Annal. Cambr.* an. 656, 657 (dates erronées) dans *M. H. B.* p. 832 ; — *Chron. Saxon.* an. 655.

(3) *Annal. Cambr.* an. 658, dans *M. H. B.* p. 833 ; — *Chron. Saxon.* an. 658 et 681 ; — Henr. Huntingdon, dans *M. H. B.* p. 717.

Solway et les grands lacs qui l'avoisinent, ils gardèrent exclusivement le nom de *Cumbriens*, appliqué naguère à tous les Bretons jusqu'à la Dee, et ils formèrent le royaume de *Cumbrie* (aujourd'hui Cumbra-Land ou Cumberland).

Les Bretons du Cornwall disputèrent quelque temps encore le comté de Devon à leurs vainqueurs ; mais Egbert, roi de West-Sex, le leur enleva définitivement vers 813 et fit d'eux ses tributaires, sans toutefois détruire leur langue, qui se conserva sous le nom de dialecte cornique jusqu'au milieu du siècle dernier.

Les Bretons de la Cumbrie et du Strat-Cluyd maintinrent leur indépendance jusque vers la fin du X⁰ siècle. Au siècle suivant, ils devinrent tributaires, puis vassaux, ceux-ci de la couronne d'Ecosse, ceux-là de celle d'Angleterre, sans avoir la consolation de garder, comme les Bretons de Cornwall, leur langue nationale.

Mais la portion la plus résistante de la race bretonne, c'est ce groupe intermédiaire de tribus et de petits royaumes (1) désignés sous le nom de *Cambrie* et que représente encore maintenant dans la monarchie anglaise la principauté de Galles. Formés en masse compacte, protégés de trois côtés par la mer et du quatrième par la Saverne, ces Bretons défendirent intrépidement, pendant plus de six cents ans après la bataille du Winvaëd, leur fière indépendance, qui vit tomber la puissance, même l'existence nationale des Anglo-Saxons, et ne succomba qu'au XIII⁰ siècle sous les coups irrésistibles de la monarchie anglo-normande. — Toutefois, dans les limites où elle fut constituée alors et où elle l'est encore aujourd'hui, la principauté de Galles ne représente pas complètement l'ancienne Cambrie : il y manque les territoires des comtés actuels de Monmouth, d'Hereford et de Shropshire. Mais la langue s'est conservée dans l'étendue presque entière des anciennes limites.

Si maintenant l'on se retourne pour embrasser d'un coup d'œil l'ensemble de cette longue lutte, on y reconnaît aisément quatre époques successives : 1⁰ l'époque antérieure au roi Arthur, de 455 à 520 ou 525 environ; 2⁰ l'époque d'Arthur, de 525 à 550; 3⁰ l'époque immédiatement postérieure au roi Arthur, comprenant la seconde moitié du VI⁰ siècle, de 550 à 591 ou 592; 4⁰ l'époque de Cadwallon, finissant en 655.

Dans la première époque, le Sud de l'île semble avoir été le principal théâtre de la lutte; le Nord toutefois se vit dès lors cruellement foulé par de nombreuses bandes saxonnes, entre autres, par celles d'Ochta et d'Ebissa, mais les envahisseurs n'y fondèrent pas de domination stable.

Durant la seconde époque, Arthur (2) à force de génie étant parvenu à former

(1) Entre autres, les royaumes de *Gwent* (Monmouthshire), de *Morgannuc* (Glamorgan), de *Démétie* (comté de Pembroke), de *Powys* (Montgomery et Merioneth), *Vénédotie* ou *Gwyned* (Carnavon, North-Wales), etc.

(2) Nous nous sommes abstenu plus haut (p. 240) de tout détail sur l'histoire d'Arthur dans la crainte d'être entraîné trop loin ; il faut au moins nommer ici les douze grandes victoires que Nennius au IX⁰ siècle lui attribue, savoir : 1⁰ sur la rivière de Glen, affluent de la Tweed (Northumberland) ; 2⁰, 3⁰, 4⁰, 5⁰, sur les bords du fleuve Douglas dans le Sud du comté de Lancastre; 6⁰ près de la rivière et de la ville de Bassas, aujourd'hui Basingstoke (Hampshire) ; 7⁰ dans la forêt de Kelydon près de Cair Lindcoit, aujourd'hui Lincoln ; 8⁰ près de Guinniou, le *Vinnovium* de Ptolémée, aujourd'hui Binchester (évêché de Durham) ; 9⁰ aux environs de Cair Lion (Chester) ; 10⁰ sur un petit fleuve dit Trahturoit, aujourd'hui l'Esk qui se jette dans le golfe de Solway ; 11⁰ près d'*Agned*, qui est le nom d'Edimbourg dans Nennius ; 12⁰ la bataille du mont Badon, très faussement attribuée à Arthur.

une ligue compacte de toutes les tribus bretonnes, fit reculer les barbares tout à la fois dans le Nord et dans le Sud. Au Sud, il refoula la conquête derrière la limite du Hampshire. Au Nord, il écrasa en dix grandes batailles les masses toujours grossissantes de l'invasion, qu'il empêcha de s'installer de ce côté sur le sol breton.

Après sa mort, la division survenue dans la ligue bretonne ne permit pas de soutenir longtemps ces succès. Au Sud, les Angles de Mercie, les Saxons de West-Sex reprirent l'offensive, s'avançant de plus en plus vers l'Ouest. Dans le Nord, Ida se crut assez fort pour fonder le royaume de Northumbrie. Dans le Nord comme dans le Sud, les Bretons résistèrent vigoureusement; ceux du Sud terminèrent cette nouvelle lutte par une victoire (Wodnesburg, 591) qui réduisit pour longtemps les Saxons à l'impuissance; ceux du Nord au contraire aboutirent à un cruel désastre, la sanglante lutte du mur d'Antonin (ci-dessus, p. 241), dont les conséquences se développèrent dans la quatrième époque de l'invasion.

Les Bretons du Nord cherchant à s'appuyer sur la Cambrie attirent de ce côté l'effort des Northumbriens; les Cambriens à leur tour sont battus et saccagés (607 à 630). Heureusement du milieu d'eux un héros se lève pour ramener une fois encore la Bretagne au combat, et ce héros, Cadwallon, engage la lutte avec tant d'habileté politique que sa mort même n'en arrête pas le succès. Pendant vingt ans à leur tour les Anglo-Saxons tremblent sous la menace d'une ruine complète. Mais enfin un désastre irréparable (Winvaëd, 655) engloutit ce dernier retour de fortune et met le sceau à la domination anglo-saxonne, contre laquelle seuls protestent — avec une obstination égale à leur impuissance — les trois groupes de Bretons, désormais isolés les uns des autres sur la côte occidentale de l'île, savoir :

1º Au Sud, les Bretons de Cornwall ;

2º Au Nord, les Bretons de la Cumbrie et du Strat-Cluyd;

3º Entre ces deux groupes, les Bretons de la Cambrie, aujourd'hui Pays de Galles.

Il existait toutefois un quatrième groupe de Bretons indépendants, mais hors de l'île de Bretagne, en Armorique, — et c'est de lui désormais que nous nous occuperons exclusivement.

II.

LES ÉMIGRATIONS BRETONNES.

'INVASION de l'île de Bretagne par les Anglo-Saxons et l'émigration des Bretons insulaires dans la péninsule armoricaine sont deux événements placés vis à vis l'un de l'autre dans une étroite relation de cause et d'effet. C'est l'invasion anglo-saxonne qui força une partie des insulaires à quitter leur île pour aller chercher un refuge sur le continent; c'est elle aussi qui, partie de l'Est et poussant les indigènes bretons vers l'Ouest, obligea ceux d'entre eux qui voulaient s'expatrier à s'embarquer sur la côte occidentale de l'île, d'où leur navigation se dirigeant vers le Midi pour gagner le continent au plus court, la première terre rencontrée par eux se trouva être la péninsule armoricaine, où naturellement ils débarquèrent et tentèrent un nouvel établissement.

Quelle fut l'importance de cet établissement et des émigrations qui le formèrent?

A quelle date commencèrent ces émigrations?

Quelles en furent la forme, la durée, les principales circonstances?

C'est là ce que nous allons examiner.

Les systèmes présentés jusqu'à présent sur l'établissement des Bretons insulaires en Armorique peuvent se réduire à trois :

1º Le système légendaire ultra-breton : conquête violente de la péninsule armoricaine en 383 par les Bretons du tyran Maxime, destruction des indigènes, transformation instantanée du pays en royaume de Petite Bretagne sous le sceptre de Conan Mériadec et de sa glorieuse dynastie. Ce système, qui ne supporte pas la discussion, est aujourd'hui entièrement abandonné.

2º Le système critique breton : établissement en Armorique de nombreuses bandes émigrées chassées de l'île de Bretagne par l'invasion saxonne, émigration dont le point de départ est fixé par les premières victoires des Anglo-Saxons sur les Bretons vers 455. Cette opinion est la nôtre, c'est celle que nous allons développer.

3º Le système anti-breton : diminuant autant que possible l'importance de l'émigration bretonne en Armorique, la retardant jusqu'au VIᵉ siècle, la réduisant à un groupe insignifiant noyé dans la population indigène (gallo-romaine), incapable dès lors d'imprimer à la péninsule le caractère breton et de l'empêcher de subir, comme le reste de la Gaule, la domination des Franks. Ce système vise à effacer tout ce qu'il y a d'original dans notre histoire.

Contre ce dernier système se dressent deux faits patents, éclatants, irrécusables, d'une signification indiscutable, accablante :

1° Le changement de nom de la péninsule armoricaine à la fin du V⁰ siècle ;
2° Le changement de langue survenu dans le même pays à la même époque.

César et tous les auteurs anciens mentionnent la péninsule comme une partie de cette Armorique gauloise, qui renfermait, on le sait, tous les peuples compris entre la Loire, la Seine et l'Océan ; ils y placent les cinq tribus, les cinq cités que nous avons étudiées dans notre Première Époque : Namnètes, Venètes, Osismes, Curiosolites et Redons. — Au V⁰ siècle encore, jusque vers 460-470, dans nombre de documents le pays est désigné sous le nom d'Armorique, et ses habitants dits eux-mêmes Armoricains sont partagés en Venètes, Osismes, Curiosolites, etc. Jusque-là nulle mention dans ces parages de Bretagne ni de Bretons (1). — Passé 460 c'est le contraire ; le nom d'Armorique et ceux des anciennes cités (surtout des Osismes et des Curiosolites) disparaissent presque entièrement de l'histoire : le nom de *Bretagne* et de *Bretons* surgit et se montre de plus en plus. En 461, on trouve au concile de Tours Mansuet *évêque des Bretons* ; en 469 et 470, dans Sidoine Apollinaire et dans Jornandès, les *Bretons établis au-dessus de la Loire,* dont nous parlerons tout à l'heure. Au VI⁰ siècle, le changement de nom est un fait accompli, les chroniqueurs et les hagiographes, entre autres Grégoire de Tours, avant lui Marius d'Avenches et le continuateur du comte Marcellin (2), ne se servent plus que des mots *Britannia, Britanniæ, Britanni* ou *Britones,* pour désigner la péninsule armorique et ses habitants, abstraction faite (on verra bientôt pourquoi) des Namnètes et des Redons.

Voilà donc, pour la plus grande partie de la péninsule, le nom national du pays changé ; voilà l'Armorique devenue Bretagne.

En ce qui touche la langue, notons d'abord, avec les celtistes les plus compétents, qu'aux XI⁰ et XII⁰ siècles de notre ère « le breton armoricain n'était pas seulement très rapproché du breton insulaire (ou breton gallois) ; *il lui était identique* (3). » Cependant, dès le I⁰ʳ siècle, entre la langue des indigènes armoricains, c'est-à-dire le gaulois, et celle des Bretons de l'île on constatait des différences sensibles (voir ci-dessus p. 61). Si donc le breton armoricain s'était formé par la fusion du gaulois avec la langue de l'île de Bretagne apportée aux V⁰ et VI⁰ siècles par les émigrés, on y retrouverait au XI⁰, notablement accrues, ces différences déjà sensibles au I⁰ʳ entre les deux idiomes : au XI⁰ siècle, le breton armoricain et le breton gallois seraient deux langues distinctes. Au contraire

---

(1) Voir la *Notice de l'Empire d'Occident* (ci-dessus p. 170) et la *Notice des Gaules* ; Zozime, *Hist.* VI, 5 ; *Itinéraire* de Rutilius Numatianus, liv. I, vers 213 ; Sidoine Apollinaire, *Panégyrique d'Avitus,* vers 247, 369, 548 ; Constance, *Vie de saint Germain d'Auxerre* dans D. Morice, *Preuves,* I, 179-180 ; etc.

(2) Gregor. Turon. *Hist. eccl. Franc.* IV, 4, 20 ; V, 16, 27, 30, 32 ; IX, 18, 24 ; X, 9, 11, etc. — *Marii Avent. Chron.* an. 560, et *Append. chron. Marcell. com.,* dans Du Chesne, *Hist. Franc. Script.* I, 214, 218.

(3) J. Loth, doyen de la Faculté des Lettres de Rennes, *L'Émigration bretonne en Armorique,* p. 92, cf. p. 84-86.

c'est une seule langue ; c'est la langue des émigrés venus de la Grande-Bretagne aux V⁰ et VI⁰ siècles ; c'est elle qui a évincé, supprimé la langue des indigènes armoricains, même en admettant que cette langue indigène fût un dialecte celtique, c'est-à-dire le gaulois, essentiellement distinct du breton des émigrés.

Mais, en l'état actuel de la science philologique, il est certain que le langage parlé vers 460 dans la péninsule armoricaine n'était ni le gaulois ni un dialecte celtique quelconque ; c'était, comme par toute la Gaule, un latin plus ou moins déformé dit latin rustique ou langue romane, première étape de la transformation du latin en français. « Le pays occupé (en Armorique) par les Bretons était tout » entier de langue romane (dit un des maîtres de la philologie celtique) ; *il ne* » *peut rester sur ce point important le plus léger doute.* Bon nombre de noms de » lieux, en effet, répandus par toute la Bretagne armoricaine et incontestablement » d'origine gallo-romaine, présentent, à l'époque où ils ont été adoptés par les » Bretons, les caractères spécifiques du roman, caractères totalement étrangers » au celtique, notamment au breton (1). »

Donc la révolution linguistique opérée par les émigrations bretonnes dans la péninsule armoricaine ne fut pas seulement la substitution d'un dialecte à un autre dialecte de la même langue, ce qui serait déjà très significatif ; ce fut la substitution d'un idiome à un autre idiome qui n'était pas de la même famille, de la langue celto-bretonne à la langue latine ou néo-latine : révolution beaucoup plus profonde et plus décisive.

Ainsi, l'établissement des Bretons en Armorique changea la langue du pays ; la langue des indigènes disparut, remplacée par celle des émigrants ; voilà ce qui est certain, incontestable, le fait subsiste encore aujourd'hui. Mais pour opérer un tel changement, il faut autre chose qu'un groupe insignifiant d'insulaires versé dans la masse gallo-armoricaine, comme le veut le système anti-breton. Il faut même autre chose qu'une conquête : ni les Franks de Clovis ni les Normands de Guillaume le Conquérant ne purent imposer leur langue ni à la Gaule ni à l'Angleterre. Pour annihiler l'idiome d'un pays et le remplacer de toutes pièces par un autre, il faut dans ce pays la survenance, l'établissement d'une population nouvelle, capable par sa supériorité numérique de fondre en elle la race indigène, et par là même d'absorber sa langue. Ce fait à lui seul suffirait pour détruire la thèse du système anti-breton.

A plus forte raison quand vient s'y joindre, dans le même temps, au même moment et par la même cause, le changement du nom national du pays. Le nom d'un pays ne peut être changé que de deux façons, ou par la force c'est-à-dire par la conquête — or ici, nous l'avons dit, nous le démontrerons, il n'y a pas eu de conquête, — ou par l'arrivée d'une population nouvelle beaucoup plus nombreuse que la population indigène, dans la proportion au moins de trois contre un, de telle façon que la minorité indigène se trouve bientôt noyée, absorbée dans la masse des nouveaux venus dont le nom s'impose naturellement, forcément, à la nation issue de ce mélange.

Ces deux faits — le changement de nom et le changement de langue —

(1) J. Loth, *Les Mots latins dans les langues brittoniques,* p. 22.

prouvent donc d'une façon incontestable que l'émigration bretonne en Armorique fut très nombreuse, bien plus nombreuse que la population indigène, et l'absorba dans sa masse.

Aussi les auteurs les plus voisins du moment où la fusion des deux éléments se trouva consommée ne voient plus dans le peuple formé de ce mélange que des Bretons. Selon Eginhard dans ses *Annales* (sous l'an 786), la Bretagne continentale *(Britannia cismarina)* avait pour population les descendants d'un grand nombre des habitants de la Grande-Bretagne *(magna pars incolarum)* chassés de leur île par l'invasion saxonne. Et au IXᵉ siècle, Wrdisten abbé de Landevenec, l'un des hommes considérables de l'église bretonne, écrit :

« Selon l'opinion générale, notre race (la race qui occupait alors la Bretagne continentale) notre race tire son origine de l'île de Bretagne. *Elle est la fille, la progéniture chérie de la race insulaire;* elle fut jadis amenée dans des barques sur nos bords à travers l'océan britannique, au temps même où le territoire de sa mère tomba en la possession de la race saxonne, connue par sa barbarie, redoutable par ses exploits et ses mœurs farouches. Venue ici accablée de fatigue, cette fille chérie s'enferma dans cet asile, où se voyant en sûreté elle s'établit tranquillement sans guerre sur le rivage (1). »

Voilà ce qu'on pensait au IXᵉ siècle sur l'origine de la population qui occupait alors la Bretagne continentale; on ne voyait en elle autre chose que la fille, la progéniture des Bretons de l'île; les Gallo-Armoricains, on ne s'en souvenait plus. Ce n'était pas seulement là l'opinion de l'auteur, c'était celle de tout le monde : *ut vulgo refertur.* D'où il faut conclure la complète absorption des Armoricains par les Bretons émigrés, résultant de la prépondérance numérique considérable de ceux-ci sur ceux-là.

Tout prouve donc que ces émigrations furent très nombreuses. Quand commencèrent-elles?

D'après le témoignage de Gildas (ci-dessus p. 236), elles commencèrent aussitôt que l'île de Bretagne vit se déchaîner les infernales razzias des Saxons, dont les premières durent suivre immédiatement les premiers succès notables de ces bandits, c'est-à-dire leur victoire de Craiford remportée en 457 (ci-dessus p. 234). Quatre ans après cette bataille, nous voyons en Gaule, au premier concile de Tours en 461, siéger un évêque appelé Mansuetus se qualifiant *évêque des Bretons* (ci-dessus p. 203). Donc il existait alors dans la IIIᵉ Lyonnaise un groupe de Bretons assez nombreux pour former une église et pour avoir un évêque. Une telle correspondance entre les événements de l'île et ceux du continent ne peut être l'effet du hasard; ces Bretons de Mansuet sont le premier ban d'émigrés chassés de l'île par l'invasion saxonne, le premier germe, ou mieux, la première assise de la nation bretonne du continent : tel est le sentiment formel de tous les grands critiques des derniers siècles, Tillemont, Valois, Vignier, etc.

---

(1) Britannia insula, *de qua stirpis nostræ, ut vulgo refertur, processit...* Longe ab hujus moribus parvam distasse *sobolem suam* non opinor, *quæ quondam ratibus ad istam devecta est, citra mare Britannicum, terram, tempore non alio quo gens* — barbara dudum, aspera jam armis, moribus indiscreta — *Saxonum maternum possedit cespitem.* Hinc se *cara soboles* in istum conclusit sinum, quo se tuta loco, magnis laboribus fessa, ad oram concessit sine bello quieta. » *(Vita S. Uinualoëi,* I, 1, dans Cartulaire de Landevenec, édit. A. de la Borderie, p. 7-8).

Quelques années après, l'émigration bretonne tenait déjà dans les Gaules une place qui n'était point sans importance. En 468 Arvandus, personnage considérable et préfet des Gaules mais ruiné, perdu de dettes, prêt à tout tenter même les aventures les plus sinistres pour se maintenir et se relever, ce personnage noua une intrigue avec Euric roi des Wisigoths contre les intérêts de l'Empire, et se vit l'année suivante (469) poursuivi pour crime d'Etat. Au cours de ce procès on produisit une lettre d'Arvandus, dans laquelle ce singulier préfet remontrait à Euric que « selon le droit des gens » la Gaule devait être partagée entre les Wisigoths et les Burgondes, en d'autres termes, ces deux nations devaient s'entendre pour dévaliser l'Empire du territoire qui lui restait en ce pays depuis la Loire jusqu'aux Belgiques. Il exhortait donc Euric à ne pas faire de paix avec l'empereur Anthémius, et voyant dans « les Bretons établis au-dessus de la Loire » les plus utiles auxiliaires de l'Empire pour défendre cette frontière, il conseillait à Euric de commencer par les attaquer pour se débarrasser de leur incommode intervention (1).

Donc en 468 il existait en Gaule un groupe d'émigrés bretons capable d'opposer aux projets du puissant roi des Wisigoths une résistance sérieuse : ce qui montre l'importance, dès cette date, des émigrations venues de l'île de Bretagne sur le continent. Mais en quelle partie de la Gaule était établi ce groupe d'émigrés? Sidoine Apollinaire, de qui l'on tient tous ces détails, nous apprend que leur établissement se trouvait placé au-dessus de la Loire *(Britannos supra Ligerim sitos)*, ce qui ne veut point dire qu'il en bordait immédiatement le cours, mais que par rapport à Sidoine, habitant de Clermont, il était situé au-delà, au Nord de la Loire. Dans ce groupe d'émigrés de 468 il est naturel de voir le troupeau dont Mansuetus, du concile de Tours de 461, était l'évêque, troupeau relevant comme son pasteur de la métropole de la III° Lyonnaise. Ainsi il y a tout lieu de croire les Bretons de Sidoine établis en 468 dans la péninsule armoricaine, probablement vers l'Ouest. C'est tout ce qu'on en peut dire — sauf ce qui va suivre.

Arvandus ne s'était pas trompé sur les services que pouvaient rendre ces Bretons à l'Empire.

L'année où l'on faisait le procès du préfet des Gaules (469), l'empereur eut la certitude qu'Euric préparait une guerre dont l'objectif devait être la première Aquitaine jusqu'à la Loire, particulièrement le pays des Bituriges (Bourges et le Berri). Il était urgent de couvrir le point menacé d'une troupe solide, d'une bravoure et d'un dévouement certains, derrière laquelle on réunirait pour la soutenir un second corps d'armée. C'est aux Bretons, à ces Bretons établis au-dessus de la Loire, qu'Anthémius demanda des secours *(solatia Britonum postulavit)*. Riothime leur roi vint aussitôt avec une armée de douze mille hommes jusqu'à Bourges où il fut reçu et où il devait être rejoint par un autre corps de troupes romaines que le comte Paul avait mission de rassembler dans le Nord de la Gaule (2). Il

(1) « Hæc charta (la lettre d'Arvandus) ad regem Gothorum videbatur emitti, pacem cum Græco imperatore (Anthémius) dissuadens, *Britannos supra Ligerim sitos impugnari oportere demonstrans*, cum Burgundionibus jure gentium Gallias dividi debere confirmans, et in hunc ferme modum plurima insana. » (Sidon. Apollin. *Epistol.* I, 7 ; édit. Baret, n° 20).

(2) Voir Pétigny, *Etudes sur l'époque mérovingienne*, II, p. 225-226. Tillemont dit aussi que Riothime vint à Bourges « pour joindre les troupes romaines » (*Hist. des Empereurs*, VI, p. 353).

resta dans ces quartiers environ un an, pendant lequel Sidoine Apollinaire lui écrivit plusieurs fois pour appuyer auprès de lui les réclamations des habitants contre ses Bretons qui se conduisaient là un peu comme en pays conquis, ce qui faisait grand honte à Riothime, dont Sidoine loue les sentiments d'honneur et de délicatesse (1).

L'ennemi étant entré dans le Berri, Riothime alla au-devant de lui et descendit au midi jusqu'à Déols (2), où il devait faire sa jonction avec le comte Paul. Mais avant l'arrivée de ce second corps, Euric avec une immense armée se jeta sur celle de Riothime qui résista longtemps, mais enfin ayant perdu beaucoup de monde et n'étant point secouru, il fut contraint de se réfugier avec ce qui lui restait de troupes sur le territoire, assez voisin, des Burgondes, alors alliés de l'Empire (3). L'histoire ne reparle plus de Riothime. Mais évidemment il ne put rester chez les Burgondes et dut rejoindre avec les débris de son armée l'établissement des Bretons fixés au Nord de la Loire *(Britannos supra Ligerim sitos)*, d'où il était sorti. Dans tous les cas, si cet établissement pouvait dès lors fournir une armée de 12,000 hommes et jouer dans les événements un tel rôle, c'est la preuve — répétons-le — que l'émigration bretonne en Armorique avait dès cette époque une notable importance.

Quelques auteurs, il est vrai, interprètent autrement le texte de Jornandès contenant l'histoire de Riothime. Après avoir dit que l'empereur Anthémius, dès qu'il eut pénétré les projets d'Euric, avait *de suite (protinus)* demandé des secours aux Bretons, ce texte ajoute : « Leur roi Riothime *venant par l'Océan* avec 12,000 » hommes *et étant sorti de ses navires,* fut reçu dans la cité de Bourges » (4). On conclut de là que l'empereur s'était adressé aux Bretons insulaires, que le secours de 12,000 hommes vint directement de l'île de Bretagne et non des émigrants établis en Armorique.

Cette interprétation, uniquement fondée sur la navigation des troupes de Riothime, ne laisse pas de présenter de grosses difficultés. On ne conçoit guère l'empereur pressé de se procurer un corps d'armée pour couvrir Bourges et allant s'adresser au-delà des mers, dans cette Bretagne avec laquelle l'Empire depuis un demi-siècle n'avait aucune relation, sur laquelle il n'avait plus aucun droit, et qui depuis l'invasion saxonne était en proie à l'anarchie et à la misère. La seule hypothèse un peu vraisemblable dans cet ordre d'idées serait que l'empereur, voyant

(1) Sid. Apoll. *Epist.* III, 9. Il s'agit dans cette lettre de quelques esclaves qui auraient été emmenés par les Bretons : « Mancipia, Britannis clam sollicitantibus, abducta. »
(2) « Apud Dolensem vicum » (Greg. Turon. *Hist.* II, 18). Déols ou Bourgdieu, à la porte de Châteauroux, chef-lieu du département de l'Indre.
(3) « ... Rex Vesegothorum *innumerum ductans exercitum* advenit, *diuque pugnans* Riothimum, Britonum regem, antequam Romani in ejus societatem conjungerentur, superavit. Qui *ampla parte exercitus amissa,* cum quibus potuit fugiens » etc. (Jornandès, *De rebus Geticis,* XLV). Un critique fantaisiste, pour ôter l'évêque Mansuet de la IIIe Lyonnaise et de la péninsule armoricaine, a imaginé d'en faire exclusivement l'aumônier du corps d'armée de Riothime et d'enfermer son ministère dans le Berri ; mais Riothime n'ayant pu se rendre dans le Berri avant 469 (certainement pas avant 466, date de l'avènement d'Euric) et Mansuet paraissant dès 461, cette imagination n'est pas heureuse.
(4) « Euricus, rex Vesegothorum, crebram mutationem Romanorum principum cernens, Gallias suo jure nisus est occupare. Quod comperiens Anthemius imperator protinus solatia Britonum postulavit. Quorum rex Riothimus cum XII millibus veniens, in Biturigas civitatem, *Oceano e navibus egressus,* susceptus est. Rex Veregothorum, innumerum ductans exercitum » etc. Voir la note précédente (Jornand. *Ibid.*).

un puissant courant d'émigration se diriger de l'île de Bretagne vers l'Armorique, en eût fait dériver une partie, soit une douzaine de mille hommes, pour l'amener directement au centre de la Gaule. Dans ces conditions, nul fait ne serait plus propre à prouver l'importance de l'émigration bretonne dans le dernier tiers du Vᵉ siècle; mais cette interprétation a le tort d'attribuer au secours prêté à l'Empire par les Bretons un caractère purement fortuit nettement démenti par Jornandès, suivant lequel l'envoi des troupes de Riothime fut précédé d'une négociation en règle, comme il y en a entre alliés dont l'un demande à l'autre le secours d'un corps d'armée *[solatia postulavit]*. Aussi la plupart des historiens ont-ils rejeté cette dernière interprétation et expliqué la navigation de Riothime en disant que ce chef porta ses troupes en Berri dans des bateaux par l'Océan et la Loire, voie plus sûre et plus prompte que la route de terre, « longue, fatigante, semée de dangers » (1).

Enfin, si l'on fait venir Riothime directement de l'île de Bretagne, cela ne nuit en aucune façon à l'établissement breton *au-dessus* de la Loire dont parle Sidoine : car l'établissement au-dessus de la Loire est mentionné dès 468, Riothime paraît au plus tôt l'année suivante, et de plus, si on le loge tout de suite à Bourges, il n'est pas *au-dessus* mais tout au contraire *au-dessous* de la Loire. Donc la colonie bretonne *supra Ligerim sita* subsisterait toujours, quand même Riothime n'en serait pas sorti. Cela ferait seulement deux groupes d'émigrants bretons en Gaule avant 470, au lieu d'un.

Il était nécessaire d'étudier de près ces trois textes (2) pour bien établir — contre les négations de l'école fantaisiste — que les émigrations bretonnes en Gaule et en Armorique ont commencé dans le dernier tiers du Vᵉ siècle (vers 460-470) et ont eu dès lors une importance sérieuse. Dans les documents hagiographiques nous trouverons plus loin d'autres faits du même genre à peu près à la même époque, mais qui manquent de dates précises. Ceux-ci, mentionnés dans des textes classiques et authentiques avec des dates certaines, sont pour notre histoire une base inébranlable.

Voilà donc l'époque initiale des émigrations : reste à en déterminer la durée et le mode d'exécution.

On connaît l'émigration des Helvètes au temps de César, — décidée deux ans d'avance dans une grande assemblée nationale et qui devait être à jour fixe exécutée par toute la nation. Ici rien de pareil, d'abord parce que le particularisme si cher aux Bretons se fût révolté contre l'idée d'imposer à l'indépendance individuelle une coaction de ce genre; ensuite parce que la force des choses, la nature des événements ne le comportait pas.

Les Bretons ne quittèrent leur île natale que contraints et forcés par la violence, par la misère, par les désastres de l'invasion anglo-saxonne. Cette invasion ne s'accomplit pas en un jour ni en un an; elle fut progressive et mit près de deux siècles à atteindre son développement; donc l'émigration bretonne dut être successive. Beaucoup de tribus bretonnes, on le sait, restèrent dans

---

(1) Pétigny, *Etudes sur l'époque mérov.* II, 222. — Tillemont *(Hist. des Emp.* V, 353) et Loth *(Emigration bretonne,* p. 155), sont du même avis.

(2) Concile de Tours de 461; Sidoine Apollinaire, *Epist.* I, 7; Jornandès (ou Jordanès), *De reb. Get.,* XLV.

l'île. Celles qui émigrèrent le firent à mesure qu'elles y furent poussées par les atroces calamités de l'invasion. Encore les Bretons émigrèrent-ils souvent clan par clan, famille par famille, plutôt que par tribus entières. Dans ces conditions, l'ère des émigrations bretonnes dut se prolonger aussi longtemps que la conquête anglo-saxonne, c'est-à-dire cent cinquante à deux cents ans, tout au moins de 460 environ à la fin du VIe siècle.

Mais on se tromperait beaucoup si l'on prétendait régler exactement la chronologie des émigrations sur celle des victoires et des conquêtes des Saxons. Outre que la *Chronique Saxonne*, principal et presque seul guide en cette matière, a de nombreuses lacunes, elle ne note que les batailles importantes, les conquêtes définitives, les résultats acquis. En dehors de ces événements, en dehors de la grande guerre, il y avait ces courses terribles des envahisseurs se lançant tout à coup hors des limites de leurs possessions, poussant devant eux les populations surprises, éperdues, et traçant à travers l'île des sillons de feu, de sang et de ruines, pour rentrer ensuite chargés de butin, dans leurs établissements, leurs places fortes, leurs camps retranchés. Ces razzias affreuses, dont fort peu ont laissé trace dans les documents, causèrent assurément plus d'émigrations que les batailles rangées et les conquêtes définitives. Quand on veut se rendre un compte exact des établissements formés en Armorique par les Bretons insulaires, c'est un point qu'il ne faut pas oublier.

Si d'ailleurs on veut avoir, dans un cadre restreint, une vue juste et générale des émigrations bretonnes, on ne peut, je crois, mieux faire que de lire le passage suivant, très judicieux et trop peu connu, de l'un des Bénédictins collaborateurs de Lobineau à l'*Histoire de Bretagne* :

« Ce ne fut point (dit-il) par une délibération générale de la nation entière, ni par une résolution concertée dans un conseil commun de tous les cantons de la Grande-Bretagne, que les peuples quittèrent ainsi leur île pour passer dans les Gaules. Contraints par les cruels ennemis qui ravageaient leur pays, et qui en désolaient successivement les différentes contrées, les habitants des lieux les plus exposés à leur furie et à leurs courses ne prenaient conseil que de leur péril et de leur crainte ; ils s'embarquaient *tumultuairement* sous la conduite de leurs principaux seigneurs, les uns plus tôt, les autres plus tard, selon qu'ils étaient plus ou moins pressés ou épouvantés. — Le progrès des Saxons, des Jutes et des Angles, ne fut pas sans résistance ; il leur fallut du temps pour pousser et pour assurer leurs conquêtes ; et toutes les histoires témoignent qu'ils y employèrent effectivement un bon nombre d'années. On peut juger sur ce pied-là de la fuite des peuples qu'ils chassaient des lieux dont ils s'emparaient par force ; et l'on doit croire que, comme on ne poussait les Bretons que les uns après les autres, ils ne vinrent aussi que les uns après les autres chercher deçà la mer le repos, la paix, l'exercice libre de la religion chrétienne, et la sécurité, qu'ils ne pouvaient plus avoir dans leur patrie (1) ».

A ce tableau si juste et si exact je n'ajouterai qu'un mot. C'est que les diverses bandes d'émigrants ne prirent pas toujours pour chefs des guerriers et des

_____

(1) Dom Le Gallois, *Mémoires inédits sur les origines bretonnes*, Blancs-Manteaux, vol. XLIV, p. 95.

princes, mais souvent aussi des moines et des évêques. L'Eglise bretonne s'était associée énergiquement à la résistance des indigènes contre les envahisseurs, et l'on a vu, entre autres (ci-dessus p. 243), l'histoire touchante des moines de Bangôr, priant sur une colline avant la bataille pour le succès de leurs compatriotes, et tous égorgés jusqu'au dernier par ordre du roi Saxon (1). Cet héroïque patriotisme du clergé breton se renouvela souvent; dès lors, rien de plus naturel que de voir des moines et des prêtres pris pour chefs d'émigration. Et, en effet, presque tous les saints qui vinrent de l'île de Bretagne en Armorique, aux Ve et VIe siècles, étaient accompagnés de bandes nombreuses, non-seulement de moines et de clercs, mais de laïques, d'hommes et de femmes, de nobles et d'esclaves. Nous avons le premier signalé ce fait, il y a longtemps. Nous en avons même tiré cette conséquence aujourd'hui généralement admise : quand un saint parti de la Grande-Bretagne débarque en Armorique, c'est presque toujours une nouvelle bande d'émigrés bretons qui débarque avec lui.

Terminons cette esquisse générale des émigrations bretonnes par un témoignage curieux, important et peu connu, partant d'un contemporain et qui montre bien quelle était au VIe siècle la fréquence, l'abondance, l'intensité de ces émigrations. Ce contemporain, c'est le célèbre historien Procope de Césarée, qui après avoir rempli à la cour de Byzance des charges fort importantes mourut en l'an 565. Au livre IV (chap. 20) de sa *Guerre des Goths,* on lit ce passage — que je traduis :

« L'île de Bretagne est habitée par trois nations très nombreuses, ayant chacune
» leur souverain particulier, savoir, les Angles, les Frisons (2) et les Bretons, qui
» portent le même nom que l'île. Ces nations ont une telle abondance d'hommes,
» que tous les ans (ἀνὰ πᾶν ἔτος) un grand nombre d'entre eux (κατὰ πολλοὺς) quittent
» l'île avec leurs femmes et leurs enfants et émigrent chez les Franks, qui leur
» assignent pour demeure la partie la plus déserte (ἐρημοτέραν) de leur empire : d'où
» vient, dit-on, que les Franks prétendent sur l'île elle-même une certaine
» suprématie. Et, en effet, il n'y a pas longtemps, le roi des Franks ayant envoyé
» des personnages de sa cour en ambassade à Constantinople auprès de
» l'empereur Justinien, eut soin de leur adjoindre des Angles, pour faire croire
» qu'il régnait aussi sur l'île (3). »

Grégoire de Tours parle de cette ambassade envoyée par Théodebert, roi d'Austrasie, entre l'époque de son avènement et son expédition en Italie, c'està-dire de 534 à 539 (4). Procope, en raison de ses fonctions, ne put manquer de s'entretenir avec les ambassadeurs, c'est de leurs récits qu'il a pris ce qu'on vient de lire. A peine est-il besoin de relever la principale erreur de ce passage : si les Bretons quittaient l'île, ce n'était point pour éviter l'inconvénient d'un

---

(1) Bède, *Hist. eccl. Angl.,* l. II, c. 2.; *Chronicon Saxonicum* ad an. 607.
(2) Ce sont les Saxons, qui se rattachaient aux Frisons par des liens étroits d'origine; voir Bède, *Hist. Eccl.,* V, 9, et Usher, *Brit. Eccl. Ant.,* p. 214-215.
(3) Voir aux *Eclaircissements* le texte de ce passage.
(4) Vers 535, dit le P. Daniel dans son *Histoire de France.* Voyez Grégoire de Tours, *Gloria Martyrum,* liv. I, ch. 31.

excès de population, mais les désastres d'une guerre terrible. Les émigrés n'allaient point non plus s'adresser aux Franks pour savoir où s'établir; ils s'installaient librement d'eux-mêmes; mais depuis Clovis les Franks, se regardant comme substitués aux droits de l'Empire sur l'universalité du territoire de la Gaule, devaient tenir notre péninsule pour une partie de leur royaume; et sous les fils de Clovis, les petits princes bretons du continent reconnaissaient au moins de nom la suzeraineté des rois franks.

Ces erreurs évidentes, dues à la vanité de ces derniers, importent peu. Ce qui importe, c'est de connaître par Procope ce qu'on savait en Gaule, au VIᵉ siècle, de l'importance des émigrations bretonnes, au moment même où elles continuaient de s'y produire tous les ans.

Or, ce témoignage irrécusable des contemporains, transmis par Procope, déclare formellement :

1° Qu'il vient chaque année (ἀνὰ πᾶν ἔτος) de l'île de Bretagne en Gaule un grand nombre d'émigrés (κατὰ πολλοὺς) avec femmes, enfants, toute leur famille.

2° Que la terre où s'installent ces émigrés, c'est-à-dire la péninsule armoricaine, est la contrée la plus déserte (ἐρημοτέραν) du pays soumis aux Franks, c'est-à-dire de toute la Gaule.

Quand nous n'aurions que ce texte à opposer au système ultra-romain et anti-breton, qui prétend annihiler l'importance des émigrations bretonnes en Armorique par cette raison, dit-on, qu'il n'y avait pas où loger ces émigrés, tout étant prospère, peuplé, plein comme l'œuf dans la péninsule armoricaine même après les désastres du Vᵉ siècle; quand nous n'aurions que ce texte contre un tel système, cela suffirait amplement à le démolir.

Il en résulte en effet qu'au commencement du VIᵉ siècle la péninsule armorique est encore déserte et désolée, ne gardant qu'une petite partie de sa population normale, offrant par conséquent de grands espaces vides, stériles, incultes, qui n'attendent que des colons.

Et (comme on nous le dit aussi très formellement) ces colons viennent; ils viennent de la Grande Bretagne, ils viennent tous les ans et en grand nombre; ils s'établissent tranquillement dans ces terres désertes, domaine acquis sans obstacle au premier occupant.

A force de se renouveler, ces recrues annuelles finiront par combler les vides; les émigrés, les colons seront bientôt dans le pays en grande majorité, soit trois ou quatre contre un indigène; dès lors, par le seul fait de son infériorité numérique, sans conquête, sans violence, la minorité armoricaine sera graduellement absorbée par la masse bretonne venue de l'île; et dans la nouvelle nation formée du mélange, de la fusion des deux peuples, l'élément breton, sans effacer tout à fait l'élément armoricain ou gallo-romain, dominera hautement.

Tel fut le résultat final des émigrations bretonnes. Mais il importe de savoir exactement sur quelle partie de la péninsule elles s'étendirent et en quel état elles la trouvèrent.

III.

ÉTAT DE LA PÉNINSULE ARMORICAINE
AU MOMENT DES ÉMIGRATIONS BRETONNES.

ES émigrés bretons, aux V° et VI° siècles et pendant toute l'époque mérovingienne, n'occupèrent pas en entier le sol de la Bretagne dans les limites qu'il a encore de nos jours. Avec une carte des évêchés antérieurs à 1789 on peut aisément se faire idée du territoire sur lequel les Bretons s'étendirent : excluez l'ancien diocèse de Rennes, l'ancien diocèse de Nantes, la partie orientale de l'ancien diocèse de Vannes comprise entre cette ville et la Vilaine (1), l'occupation bretonne antérieure au IX° siècle commencera à l'Ouest de Vannes, serrant cette ville de très près, et embrassera tout le reste de la péninsule. Nous ne donnons pas ici les preuves de cette délimitation; à mesure que nous les rencontrerons dans notre Deuxième Époque, nous les signalerons à l'attention du lecteur. — Au IX° siècle seulement, dans la Troisième Époque de notre Histoire, nous verrons la domination bretonne atteindre les limites qui sont demeurées jusqu'aujourd'hui celles de la Bretagne.

Dans les bornes tracées ci-dessus voici, d'après les documents relatifs au VI° siècle, l'aspect et l'état du territoire sur lequel chaque année venaient se déposer de nouveaux flots de population bretonne.

Ce qui frappait d'abord ces exilés quand leurs barques arrivaient en vue de l'Armorique, c'était l'épaisse couronne de forêts dont partout les côtes étaient chargées. Ce littoral naturellement si fertile, si bien cultivé à la belle époque romaine, les persécutions du fisc, les ravages et les torches des barbares l'avaient stérilisé et livré à la forêt, toujours pressée de croître, de verdoyer, de monter et foisonner avidement sur tout terrain qu'on lui abandonne.

Dans l'intérieur du pays la forêt tenait aussi une large place; entre les forêts la vue courait sur de grands espaces vides, incultes, pleins de lianes et de ronces;

(1) La limite de l'occupation bretonne vers l'Est serait assez fidèlement marquée par une ligne partant du Coësnon au Sud de la commune de Pleinefougère et descendant au Midi avec quelques ondulations jusqu'à Talensac; suivant de là le cours du Meu, puis celui de la Vilaine jusque vers Guipri : là tournant vers l'Ouest, passant au Nord de Pipriac, Comblessac, Malestroit, remontant le cours de la Claie jusqu'à Plumelec; puis descendant au Midi jusqu'au golfe du Morbihan en laissant à l'Est Vannes et sa banlieue. La presqu'île de Ruis, située au Sud-Est de Vannes fut dès le VI° siècle occupée par une colonie monastique bretonne.

le vaste et profond silence régnant dans ces campagnes nues, autour de ces bois épais, étonnait les émigrants (1).

L'habitation humaine à ce moment, dans la péninsule, est devenue un accident; la règle, c'est la ronce, le buisson, la forêt et son hôte la bête féroce. Les indigènes épars dans ces solitudes ne forment plus ni peuple ni société; trop faibles et trop isolés les uns des autres pour se prêter dans le besoin mutuelle et efficace assistance, ils attendent plutôt secours de ces émigrés bretons envoyés là par la Providence pour être le ciment, le lien, la pierre angulaire du nouvel édifice social qu'elle a dessein de relever sur notre sol.

Avant de pénétrer dans l'intérieur suivons le littoral : les Actes des saints bretons nous serviront de guide. Partant du Nord-Est, ils nous montrent, entre autres, saint Suliau (ou Suliac) s'installant dans une forêt au bord de la Rance; saint Lunaire dans une forêt de l'autre côté de ce fleuve au bord de la mer; saint Brieuc dans une forêt au fond de la baie qui porte aujourd'hui son nom; Fracan, l'un des chefs bretons père de saint Gwennolé un peu plus haut sur le Gouët dans une forêt; saint Briac dans une forêt aux sources du Trieu. Quand saint Efflam aborda sur la Lieue de Grève un peu au sud de l'embouchure du Léguer, il vit tout le rivage couvert d'une vaste forêt.

La côte nord du Léon n'était que bois, depuis le lieu actuel de Saint-Pol jusqu'à l'angle Nord-Ouest de la péninsule : forêts entre autres à Goulven, à Ploudalmézau, dont nous conterons tout à l'heure de curieuses histoires; en Plouvien la forêt *Douna* (la forêt Profonde) qui fut habitée par saint Hervé et son cousin saint Urfoëd. Non loin de Brest, dans la forêt de Land, saint Gouëznou avait son monastère; saint Tenenan sur la rive droite de l'Elorn dans la forêt de Beuzit, dont le développement sur la rive gauche formait la forêt de Talamon.

En Cornouaille, saint Ronan, saint Corentin, saint Primel se sanctifièrent tour à tour dans la grande forêt de Nemet ou Nevet, qui ombrageait les pentes du Méné-Hom et couvrait à cette époque (V⁶-VI⁶ siècles) tout le pays de Porzai (*Porz-Coet*, la Cour du Bois), pendant que saint Hernin et saint Herbot cachaient leurs vertus et leurs prodigieuses macérations au fond des forêts rocheuses du pays de Poher. Quand saint Gwennolé se fixa à l'entrée de la presqu'île de Crozon, tout ce territoire était plein de bois.

Il en était de même du littoral vannetais. La côte de Plœmeur, par exemple, où sainte Ninnoc mit son monastère, c'était le quartier des grandes chasses au cerf du comte Ueroc. Et Quiberon et Ruis, toutes ces pointes, toutes ces presqu'îles, émergeaient des flots décorées de lourdes frondaisons silvestres.

Prenons quelques traits pour exprimer, animer cette situation. Voici un couple de Bretons insulaires, mari et femme, Glaudan et Gologuen, dont la barque, séparée par un coup de vent de la flotille dont elle faisait partie, vient s'échouer au fond d'une anse bordant le territoire de Plouïder (2) (aujourd'hui l'anse de Goulven). Tout le rivage est couvert d'une épaisse forêt et tout le pays est désert; une seule chaumière, embusquée sous les grands arbres à la

---

(1) « Armoricam, ubi tunc opacum audiebatur siluisse terræ spatium. » *Vita S. Uinualoei*, lib. I, cap. 2.

(2) Aujourd'hui commune du canton de Lesneven, arrondissement de Brest, Finistère.

lisière du bois, regarde la mer. Elle abrite une sorte de sauvage, craintif et dur, qui refuse l'hospitalité aux deux émigrés, qui leur refuse même de l'eau, quoique la pauvre jeune femme accablée de fatigue vienne de mettre au monde un nouveau-né qui sera saint Goulven. Tout ce que ce sauvage daigne faire pour eux, c'est de montrer au mari le sentier sous bois qui mène à un ruisseau assez éloigné et de lui prêter un vase pour puiser de l'eau. Mais si épaisse et si sombre est la forêt que bientôt le sentier s'efface, Glaudan s'égare, erre tout le jour dans les fourrés sans découvrir le ruisseau, et le soir se retrouve au point d'où il était parti, y retrouve aussi en détresse sous l'abri où il l'avait laissée la pauvre Gologuen, pour qui Dieu, à la prière de Glaudan, fait sourdre à un jet de pierre une fontaine dite encore aujourd'hui *Fontaine de saint Goulven* (1).

Vers le même temps (premier quart du VIᵉ siècle) saint Paul Aurélien (qu'on nomme aujourd'hui saint Pol de Léon) vint aborder à l'extrémité Nord-Ouest du pays de Léon en un territoire appelé Telmedou. Il avait avec lui des prêtres, des moines. Sur ce territoire était une forêt. A la mode des cénobites bretons, les moines se dispersent dans le bois et à petite distance les uns des autres construisent chacun sa cellule. Un d'entre eux, Johevius ou Jaoua, avait installé la sienne près d'une claire fontaine dont l'eau fraîche et limpide l'avait séduit. Malheureusement cette naïade avait un autre amateur, un vieil hôte de la forêt, un taureau retourné à la sauvagerie que la Vie de S. Paul appelle un buffle *(bubalus)*, et cet amateur très jaloux ne put souffrir la concurrence du moine. La cellule de cet intrus le mit en fureur. Pendant que Jaoua était allé chanter, prier avec ses confrères, le buffle se jette sur la logette monastique faite de gazon et de branchages, et la met en pièces. Le moine la rétablit; le buffle avec un redoublement de fureur la redémolit. Bretons tous deux, ni l'un ni l'autre ne voulait céder. Quand ce jeu se fut renouvelé quatre fois, Jaoua appela saint Paul à son aide : — Cède-moi ta cabane, dit le saint, et prends la mienne. — Le soir, quand elle vit l'homme de Dieu à genoux devant l'ermitage, la bête se jeta à ses pieds honteuse, la queue basse, saint Paul avec un grand signe de croix la relégua au fond de la forêt, on ne la revit plus (2).

Après avoir séjourné quelque temps en ce lieu qui en a gardé le nom de Lampaul (3), c'est-à-dire Monastère de Paul (*Lanna Pauli*), le saint se remit en marche avec ses disciples, cherchant le prince ou le magistrat chargé de gouverner ce pays, sans doute pour concerter avec lui quelque entreprise de religion. Il va avec sa troupe se dirigeant vers l'Est, suivant le littoral à travers les bois et les halliers dont il est couvert. Il marche longtemps ainsi, il arrive à l'extrémité Est du Léon sans voir à peu près personne et sans avoir aucun renseignement. Là enfin dans la forêt il rencontre un pauvre homme (*homunculus*); il lui demande qui il est, et où il pourra trouver le comte du pays :

— Certes je vous mènerai vers lui, répond l'*homunculus*, car je suis à son

---

(1) Voir *Vita S. Golveni*, nᵒˢ 1, 2, 3, dans *Mém. de la Soc. d'émulation des Côtes-du-Nord*, XXIX, p. 216-218.

(2) *Vit. S. Pauli Aurel.* auctore Wrmonoco, lib. II, cap. 13, dans *Revue Celtique*, t. V, p. 439-440.

(3) Aujourd'hui Lampaul-Ploudalmézau, commune du canton de Ploudalmézau, arrondissement de Brest, Finistère.

service, au service du comte Withur qui est un fort bon chrétien ; je suis l'un des porchers chargé de garder ses troupeaux de porcs (1).

Trait caractéristique : dans les documents relatifs à l'histoire de la Bretagne armorique vers la fin du V⁰ siècle et le commencement du VI⁰, il est fort peu question de laboureurs, beaucoup de bergers, de porchers, de troupeaux. La culture de la terre n'est pas encore rétablie, l'industrie pastorale est la principale ressource. Les porchers surtout semblent avoir joué un rôle important. Quand saint Hervé, avec les disciples qu'il a enseignés pendant trois ans sous les arbres de la forêt Douna, la sillonne en tous sens à la recherche de l'ermitage de son cousin Urfoëd sans pouvoir se reconnaître et vraiment perdu dans ce labyrinthe, qui le tire d'embarras ? qui le renseigne, qui le mène au but tant cherché et si vainement poursuivi ? Des porchers (2). Dans ces forêts infinies, sombres, inextricables, ce sont les seuls guides. Menant leurs troupeaux à la glandée par ces chênaies immenses, inépuisables, eux seuls en connaissent les routes et en savent les nouvelles.

Le porcher si à propos rencontré par saint Paul Aurélien lui apprend que le comte son maître résidait alors dans l'île de Batz et le conduit au rivage voisin de cette île. Le saint trouve là un oppidum remparé de murs de terre d'une très grande hauteur très bien construits, un château d'antique structure (*castellum antiquæ structuræ*). Impossible de méconnaître la forteresse gallo-romaine dont il a été question ci-dessus (p. 162). Mais devinez quelle sorte de garnison occupait cette place. Il y avait d'abord une laie allaitant ses marcassins, un essaim d'abeilles dans le creux d'un arbre, un buffle ou taureau sauvage, un ours et divers hôtes de ce genre (3). Tels étaient alors les habitants des villes gallo-romaines. — Sauf Nantes, Rennes et Vannes, toutes celles de la péninsule armoricaine étaient ruinées ; Corseul et Carhais, tombées à l'état de bourgades ; les forteresses, comme Mannatias et Gesocribate, réduites à quelques tours ébréchées, à quelques pans de murs ; *Saliocanus portus, civitas Aquilonia*, Locmariaker, à quelques tas de briques, quelques masures branlantes, — et les autres à rien, y compris Aleth qui, depuis longtemps quand saint Malo y aborda vers 550, n'avait plus un habitant (4).

Puisque nous sommes à Aleth, profitons-en pour franchir la Rance et voir ce qui se passait vers le même temps à l'embouchure du Guioul, sur le rivage où allait bientôt s'élever le monastère-évêché de Dol.

Quand l'évêque Samson vint de la Grande-Bretagne débarquer en ce lieu (vers 548), il ne vit sur le rivage d'autre habitation qu'une maisonnette, presque une chaumière *(tuguriolum)*, et devant cette maison un homme perdu de désespoir, les yeux sur la mer. Dans la maison deux femmes se tordaient en d'affreuses

---

(1) « Viri christianissimi nomine Withuris inter alios pastores porcos pascendo pascor. » *Vita S. Pauli Aurel.* II, 15, Ibid. p. 442.

(2) « Cumque vastitatem eremi cum suis sociis Hoarveus errabundus pervagaretur quærendo ubi Urfoedus habitaret, a porcariis didicit quod dudum defunctus et ab heremitis in suo oratorio fuisset sepultus ». *Vit. S. Hoarvei*, n⁰ 15, dans *Mém. de la Soc. d'émulation des C.-du-N. XXIX*, p. 265.

(3) *Vita S. Pauli Aurel.* auctore Wrmonoco, II, cap. 20, dans *Revue Celtique*, V, p. 442-443.

(4) « Exinde ad civitatem quæ vocatur Alet, quæ est super ripam fluminis Renc (Machutus) perrexit, quæ a longo jam tempore habitatoribus erat derelicta ». *Vita S. Machuti vel Maclovii*, auctore Bili, I, cap. 40, dans *Bull. de la Soc. archéol. d'Ille-et-Vil.* XVI, p. 195.

souffrances. L'homme, époux de l'une, père de l'autre, n'avait point cherché de secours autour de lui, il n'en aurait pas trouvé, il était le seul habitant de ce rivage. Le secours, il l'attendait de ces barques bretonnes qui apportaient tous les ans des hôtes, par lesquels la péninsule armorique peu à peu se relevait. L'espoir de ce malheureux ne fut point trompé, lui de son côté ne fut point ingrat. Quand saint Samson eut guéri sa femme et sa fille :

— « Tout ce que tu vois devant toi, lui dit-il, est mon patrimoine. Va donc, parcours, examine, choisis pour t'y établir le lieu qui te paraîtra le meilleur, je te le donne d'avance. »

Le patrimoine de cet homme logé dans une petite cabane, il n'était pas de petite étendue : Samson et ses compagnons passent toute une première journée à le parcourir, sans rencontrer de lieu qui leur agrée, sans trouver non plus dans tout cet espace trace d'homme ni rien à manger : aussi reviennent-ils le soir chez leur hôte recrus de fatigue. Le lendemain ils recommencent leurs pérégrinations dans ce *désert*, — c'est la Vie ancienne du saint qui a ce mot. Après y avoir encore erré quelques heures, ils rencontrent, au milieu d'un sol aride peuplé de sauterelles, les restes d'un puits antique comblé de terre et tapissé de broussailles (1). C'est là que Samson s'établit et bâtit son monastère.

Telle était avant lui cette région. Où trouver plus forte image, plus expressive peinture de la dépopulation, de la désolation d'un pays ?

L'intérieur n'était pas plus peuplé que le littoral. Suivant la Vie de saint Meuen (saint Méen), compagnon et disciple de saint Samson, ces pieux personnages choisirent la péninsule armoricaine pour retraite parce qu'elle était déserte *(quia deserta erat)*. Quand Meuen la traverse du Nord au Sud (vers 550) pour porter dans le pays de Vannes un message de son maître, il trouve parmi les forêts sur les bords du Meu un Breton établi dans ces solitudes qui fait de grandes instances pour le retenir : — « J'ai ici, lui dit-il, *un vaste territoire entièrement désert* (2), tu l'habiteras avec moi pendant ma vie et tu en hériteras après ma mort. » Le saint pressé accepte, cherche un site commode pour planter son monastère, et n'a que l'embarras du choix, « car (dit sa Vie) *le pays était désert et n'avait pour habitants que les bêtes sauvages* (3). »

Voulez-vous savoir à quelle misère se trouvaient réduits, sur la fin du Vᵉ siècle, les pauvres indigènes gallo-romains ? Voici à cet égard un fait curieux.

Dans la paroisse de Ploufragan près Saint-Brieuc les traces de l'époque gallo-romaine sont rares ; on trouve cependant non loin du bourg, à proximité de la ligne que devait suivre la voie romaine de Corseul à Carhaix, un gisement de tuiles à crochet, débris de quelque villa détruite par les invasions barbares. Puis, outre plusieurs autres monuments mégalithiques, près du village de la Couette situé environ un kilomètre Sud-Sud-Est du bourg paroissial, on découvrit en 1854 une « grotte aux fées » de 15 mètres de long sur 2ᵐ 50 de

---

(1) « S. Samson, cum duobus ex discipulis *per desertum ambulans*, circa horam tertiam puteum antiquissimum invenit plenum pulvere et vepribus, et locustæ erant circa illum. » *Vit. S. Samsonis* lib. II, cap. 1, Ms. de la Biblioth. Nat., Bl.-Mant. XXXVIII, p. 827; Biblioth. d'Angers, ms. n° 719, f. 94 v°.

(2) et (3) « Habeo *latam terram et spatiosam, desertam quoque.* » — « *Desertus quippe erat locus et ferarum habitatio tantum* » (*Vit. S. Mevenni*, Biblioth. Nat. ms. lat. 9889, f. 112 v° et 113 v°).

large, enveloppée en partie d'une couche de terre chargée d'arbres et de halliers, c'est-à-dire un grand dolmen, une allée couverte, encore à demi ensevelie sous son tumulus primitif. Voici le résultat de la fouille, raconté par un de ses auteurs :

« Les blocs de pierre (1) formaient un caveau partagé en trois chambres à l'intérieur. La cellule la plus voisine du chevet (c'est-à-dire de l'Est) paraissait n'avoir jamais été ouverte ; nous y trouvâmes un vase fabriqué à la main d'une terre séchée au soleil et contenant des os calcinés ; autour étaient rangées quelques petites haches en silex, quelques instruments en arêtes de poisson, des débris de colliers en os et en pierres opaques.

» Dans la chambre du milieu, sur un dallage en briques, nous reconnûmes les restes d'un foyer, avec de la cendre, du charbon et des débris de poterie fine. *Un Gallo-Romain s'était glissé là*, dérangeant une des pierres de la couverture, en partie brisée ; il s'était construit une chambre de 5 mètres carrés environ et y avait porté quelques ustensiles d'un mobilier assez riche. Sous le dallage (œuvre du Gallo-Romain) nous remarquâmes des terres rapportées, dans lesquelles nous trouvâmes un fragment de lance en bronze, des pierres de diverses couleurs qui avaient été taillées pour ornements, et des tessons moins fins d'un travail moins fini que ceux de la couche supérieure : le Gallo-Romain s'était donc installé sur des restes celtiques du second âge (2). »

Ce Gallo-Romain n'était point un indigent, puisqu'il garnissait son domicile improvisé des restes d'un mobilier assez riche. Mais par suite de l'incendie impitoyable, de la destruction générale de toutes les habitations par les barbares, il n'avait plus d'asile ; par suite de la dépopulation il n'avait plus le moyen ni peut-être le désir de se construire une nouvelle demeure ; il était réduit à se cacher misérablement dans un terrier. — Quand les indigènes en étaient là, le repeuplement de cette terre par les émigrés bretons était pour les Armoricains eux-mêmes un bienfait de premier ordre, et l'on conçoit parfaitement qu'ils n'aient ni pu ni voulu opposer à cette colonisation aucun obstacle.

Telle était, au point de vue de la civilisation matérielle, l'état de la péninsule à la fin du V⁰ siècle et au commencement du VI⁰. Voyons ce qui touche la civilisation morale et la situation religieuse.

D'abord, dans les limites de l'occupation bretonne comme on les a indiquées plus haut, en dehors de l'évêché de Vannes, au commencement du VI⁰ siècle avant la venue des Bretons, pas trace d'évêché ni d'église organisée. Rien de ce genre par conséquent chez les Curiosolites ni chez les Osismes. On a voulu faire, je le sais, cadeau à ceux-ci d'un évêque Litharedus, qui figure au concile d'Orléans de l'an 511 avec le titre d'*episcopus Oxomensis* ou *episcopus de Uxuma* (singulière forme du nom *Osismii*). Malheureusement cet évêque a été de tout temps réclamé par le diocèse de Séez, qui contient un territoire important connu sous le nom de

(1) Vingt-deux blocs composent cette allée couverte : 7 supports du côté sud, 8 du côté nord. 7 tables ou linteaux ; voir Gaultier du Mottay, *Répert. archéol. des Côtes-du-Nord*, p. 149.
(2) Geslin de Bourgogne et Barthélemy, *Anciens Evêchés de Bretagne*, II, p. 263-264.

pagus Oximensis, Oxomensis (1), *Exomensis* (l'Hiémois), d'où les évêques de ce diocèse se sont dits tantôt *episcopus Sagiensis*, tantôt *episcopus Oximensis*, comme ceux de Poitiers s'intitulaient parfois *episcopus de Ratiate* (de Rezé), ceux de Coutances *episcopus Brioverensis* (de *Brivodurum*, Saint-Lô). — Il y a en outre plusieurs raisons pour exclure de la Bretagne armoricaine cet évêque d'*Uxuma*. D'après le témoignage formel de Grégoire de Tours, les Bretons du continent n'ont reconnu la suprématie des rois mérovingiens *qu'après la mort de Clovis* (2). Or, les évêques du concile d'Orléans de l'an 511 déclarent formellement s'être assemblés pour obéir *aux volontés, aux ordres de Clovis*, ils le proclament comme *leur seigneur leur roi très glorieux* (3). Que les évêques de Rennes, de Nantes, de Vannes, de Séez, prissent part à ces manifestations d'obéissance ardemment dévouée, rien de plus naturel puisque ces cités faisaient partie du royaume de Clovis; mais les Bretons, qui en étaient indépendants et fort jaloux de leur indépendance, ne pouvaient permettre à un évêque de leur territoire de se rendre à une assemblée réunie en de pareilles conditions. — Puis encore cet évêque prétendu breton d'*Uxuma*, où aurait-il eu son siège? Pas à *Corisopitum* (Quimper) puisqu'il y avait là en 511 (nous le verrons) un évêque (saint Corentin) dont la juridiction embrassait toute la Cornouaille. Il faudrait donc reléguer le pontife d'*Uxuma* dans le Nord, dans ce qui a fait plus tard l'évêché de Léon, mais ou la ville qui devint le siège de cet évêché n'existait pas ou n'existait plus. Pas d'autre asile pour ce pauvre prélat que le prétendu *Vorganium* de l'Aber-Vrac'h, le fameux *oppidum* de Castel Ac'h (ci-dessus p. 103), siège épiscopal un peu grotesque. — Et d'ailleurs pourquoi le mettre dans le Léon, quand aucun évêque de ce siège n'a jamais pris dans aucun acte authentique le titre d'*Oxomensis, Oximensis* ou *de Uxuma*?

Il n'y a donc pas de place en Bretagne pour ce Litharedus, il faut le laisser à Séez qui le réclame. D'autant plus que le territoire où on veut l'implanter est une des régions de la péninsule armoricaine où le paganisme, lors de la venue des missionnaires sortis de l'île de Bretagne, semble avoir eu le plus de force. Paul Aurélien, leur chef dans le Léon, débarqué d'abord (vers 525) à l'île d'Ouessant, voulait s'y installer à demeure; mais une voix d'en haut lui crie:

— « Ce n'est point là le lieu que la Providence t'a destiné. Un autre pays t'attend, et dans ce pays tout un peuple qui par toi doit être instruit, par toi conquis à la foi du Christ, et enfin sauvé par toi (4). » Il passe dans le Léon et son biographe ajoute que, grâce à lui, « en ce pays et dans toute la Bretagne les temples des idoles furent détruits (5). »

---

(1) Dans les Capitulaires de Charlemagne; voir Valois, *Notit. Gall.*, p. 395; cf. Guérard, *Polypt. d'Irminon* I, p. 54 note 57. L'évêque de Séez prenait encore au XI* siècle le titre de *præsul Oximorum*; voir Expilly. *Dict. des Gaules et de la France*, III, p. 759.

(2) Greg. Tur. *Hist. eccl. Franc.* IV, 4.

(3) « *Epistola synodi ad Clodoveum regem. Domino suo* Chlodovecho, *gloriosissimo regi*, omnes sacerdotes quos ad concilium *venire jussistis... Secundum voluntatis vestræ consultationem respondimus* » (Sirmond, *Concil. antiq. Galliæ*, I, p. 177).

(4) « *Alia tellus te expectat. Est enim in illa terra populus multus per te docendus, per te crediturus, per te salvandus.* » *Vit. S. Pauli Aurel.* II, cap. 12, *Revue Celtique* V, p. 438.

(5) « *Destructa sunt igitur templa idolorum, Paulo doctore, per totam Britanniam.* » *Vita S. Pauli Aurel.* cap. 46, dans Boll. Mars, p. 119, cf. *Revue Celtique* V, p. 452.

Les moines de l'île de Bretagne, fort au courant de la situation de la presqu'île armoricaine, la savaient très infectée encore de paganisme, et le désir d'y répandre l'Evangile n'était pas le moindre motif qui les jetait dans le courant de l'émigration. Exemples :

« Dans la nuit de la Pentecôte, Brioc (saint Brieuc) après avoir terminé l'office fut pris d'un léger sommeil, durant lequel un ange lui apparaissant lui dit : — « Homme de Dieu, il te faut maintenant passer sur le continent pour enseigner à d'autres peuples la religion divine (1). »

« Un jour qu'on lisait devant Leonorius (saint Lunaire) l'Evangile où le Seigneur dit : *Si vous ne quittez votre père et votre mère, vous ne jouirez point du royaume des cieux*, le saint se prit à songer aux moyens de se rendre réellement disciple du Christ ; alors une voix venant à lui : — « Lunaire, dit-elle, tes pensées sont bonnes ; hâte-toi de traverser la mer, là-bas des peuples t'attendent pour sortir, à ta parole, de la nuit du paganisme (2). »

Dans le Nord-Est de la péninsule, au milieu du VI⁰ siècle, il y avait encore beaucoup de païens ; l'une des Vies anciennes de saint Samson (venu en Armorique vers 548) dit formellement :

« Dieu avait envoyé des docteurs apostoliques répandre en divers lieux et en divers siècles les semences de la vie éternelle. *Mais aucun d'eux, nous l'avouons, n'avait encore porté ses pas vers nous, quand par l'ordre du Seigneur Samson vint enfin nous visiter. La savante Gaule n'avait point cherché à nous instruire et à dissiper notre ignorance : c'est l'arrivée de Samson qui fit briller la lumière sur notre pays* (3). »

La plus ancienne Vie de saint Malo, parlant à peu près de la même époque, dit que saint Malo convertit à la foi chrétienne « une innombrable quantité de païens » (4). Nous avons vu plus haut (p. 121) qu'à Corseul, quand ce saint y était venu dire la messe, personne n'avait voulu lui fournir pour le saint sacrifice ni vin ni calice, tant le paganisme y était fort.

Il en était de même à peu près dans toute la péninsule, sauf les pays de Rennes et de Nantes. En Cornouaille, la légende de saint Ronan nous montre ce pieux ermite s'attachant à convertir les païens qui l'entourent et, malgré toute sa

---

(1) « Angelus Domini apparuit illi, dicens : « Oportet te, vir sacer, usque *Latium* trans mare peregrinationis laborem arripere, *ut et aliis sacræ religionis ritum* et bonæ conversationis *ostendas* exemplum.* » (*Vit. S. Brioci* (rédigée avant 850) § 35, dans *Analecta Bollandiana* II, p. 177). Le *Latium*, c'est le continent, le pays où on parle le latin ou le néo-latin, le latin rustique, en particulier la Gaule, tandis que dans l'île de Bretagne depuis le départ des Romains le latin a disparu, voir ci-dessous p. 269-271.

(2) *Vit. S. Leonor.* Boll. Juillet I, p. 125 ; et Boll. *Catalogue des mss. hagiogr. de la Bibl. Nat.* t. II, p. 154.

(3) Jam Dominus misit patriarchas atque prophetas,
     Misit apostolicos doctores semina vitæ
     Spargere perpetuæ passim per sæcula cuncta.
     Ex ipsis nobis nullum venisse fatemur,
     Ni Domini jussu venisset denique Samson.
     Gallia nondum nos stolidos doctrix docuisset :
     Adventu regio Samsonis nostra refulget.
     (*Vita ms. S. Samsonis*, Bl.-Mant. XXXVIII, p. 850 ; Bibl. Nat. ms. lat. 5323, f. 124.)
Cette Vie de S. Samson est antérieure aux invasions normandes.

(4) « Qui (Machutus) *innumerabiles homines ab errore et profana idolorum cultura... in sacris* baptismatis fontibus ad novitatem perfectæ vitæ perduxit. » (*Vit. S. Machutis seu Maclovii*, auctore Bili, lib. I, cap. 91, dans *Mém. de la Soc. archéol. d'Ille-et-Vil.* XVI, p. 225.)

douceur, une sorte de sorcière païenne (Kéban) ameutant contre lui par ses mensonges toute la population, qui veut le tuer (1).

Pour se soustraire aux atteintes des barbares du V⁰ siècle, un certain nombre d'indigènes s'étaient réfugiés dans la grande forêt centrale de la péninsule, qui avec eux avait abrité leur paganisme; on l'y retrouve encore vivant au siècle suivant. Sur la montagne de Sulim (aujourd'hui Castennec) trône, toujours honorée, l'énorme Vénus gauloise (ci-dessus p. 97 et 180-182). — Un peu au Nord, dans le territoire de *Noala* (Noïal-Pontivi) nous voyons un chef païen et armoricain, Alvandus, persécuter, rouer de coups un pauvre moine breton, Gonéri, vivant en anachorète dans les profondeurs de Brecilien (2). — Un autre chef païen encore plus enragé va jusqu'à massacrer saint Bieuzi, compagnon de saint Gildas en son humble ermitage du Blavet (3). — Dans un autre canton de la forêt où il s'établit, où il mourut et où s'éleva plus tard sur son tombeau la ville de Ploërmel, saint Arthmaël (Armel) trouve aussi des idoles et des païens (4).

Mais voici, dans la Vie très ancienne de saint Melaine un fait particulièrement remarquable. Le saint était né dans l'évêché de Vannes, au bord de la Vilaine, à Plaz (aujourd'hui en la paroisse de Brain), sur la limite des diocèses de Vannes et Rennes. Là, dans son domaine patrimonial il avait établi un monastère, où même quand il fut devenu évêque de Rennes il se retirait souvent, et par ce monastère il s'efforçait d'évangéliser la région environnante du Vannetais qui en était la partie orientale, la plus rapprochée de Rennes et de Nantes, et qu'on serait porté à croire dès lors entièrement chrétienne. Cependant, vers la fin du V⁰ siècle ou le commencement du VI⁰, voici ce qui s'y passait.

Un vieillard du pays de Vannes ayant perdu son fils dit à ses amis : — « Portez le corps de cet enfant au bienheureux Melanius (saint Melaine), j'ai confiance qu'il pourra le rendre à la vie, lui qui prêche le Dieu vivant. » Le cadavre est présenté au saint, le père vient lui-même, criant avec larmes et sanglots : — « Homme de Dieu, je crois que tu as le pouvoir de ressusciter mon fils d'entre les morts. » Autour du groupe composé de Melanius, du défunt et de son père, s'était amassée une grosse foule, haletante d'émotion, de curiosité, qui demandait elle aussi un miracle. Saint Melaine se tournant vers elle

— « O Venètes, leur dit-il, à quoi bon faire des miracles devant vous au nom du Christ, puisque vous refusez obstinément de recevoir sa foi ? »

« *Car alors* (dit l'auteur de la Vie de saint Melaine) *les Venètes étaient encore presque tous païens* (5). » Or la foule ainsi interpellée répond : — « Si tu ressuscites

_____

(1) « Mulier illa nomine Keban per totam vulgavit provinciam virum sanctum (Ronanum) per interlunia transformari in lupum, et subinde non solum illum stragem dare pecorum, verum etiam hominum... Vivum aiebat debere illum exuri... Quæ vox dira idiotas in dubium sollicitavit et sevæ mulieris ad credendum dictis pene persuasit. » *Vit. S. Ronani*, dans Bollandistes, *Catalogue des mss. hagiogr. de la Biblioth. Nat.* tome I, p. 440.

(2) *Vit. ms. S. Gonerii*, Bl.-Mant. XXXVIII, p. 745 à 748.

(3) Vieille légende de S. Bieuzi conservée dans l'église de Bieuzi, voir Albert Legrand, édit. de 1680, p. 749.

(4) « Antiqua paganorum commenta idolorumque figmenta. » *Vit. S. Armagili* dans Bl.-Mant. XXXVIII, et Ropartz, *Notice sur Ploërmel*, p. 173.

(5) « Conversus autem beatus Melanius ad populum qui convenerat, dixit : « O Venetenses, quid » prodest vobis quod hæc et cæteras virtutes videatis fieri in nomine Domini nostri Jesu Christi, » *cum tantopere recusetis fidem et credulitatem ejusdem Domini nostri recipere?* » *Erant enim tunc temporis Venetenses pene omnes gentiles.* » *(Vit. S. Melanii*, § 23, dans Boll. Jan. I, p. 331. — II

cet enfant, sois-en sûr, homme de Dieu, le Dieu que tu prêches, nous y croirons tous ! » Alors Melanius fit une prière, posa une croix sur la poitrine de l'enfant, et l'enfant revint à la vie. Et toute la foule stupéfaite de s'écrier : — « C'est assez ! Nous croyons tous au Dieu de Melanius ! » En effet, peu de temps après, saint Melaine eut la joie de baptiser tous les témoins de cette scène, « à très peu d'exceptions près, » dit l'hagiographe.—Encore y eut-il quelques exceptions.

La conséquence de ces faits est assez claire. Quand les émigrés bretons s'établirent en Armorique, il n'existait sur les territoires précédemment occupés par les Osismes et par les Curiosolites aucune organisation ecclésiastique ; et dans toute la péninsule, sauf les pays de Rennes et de Nantes, il restait encore beaucoup de païens. Pour achever la conversion et la christianisation de la péninsule, il fallait baptiser ces païens, fonder des évêchés, des paroisses, des monastères, en un mot des institutions religieuses, toute une organisation ecclésiastique.

Nous verrons quel fut dans cet ordre de choses le rôle des émigrés bretons.

existe trois versions de la Vie latine de saint Melaine. La phrase « Erant enim » etc. n'existe que dans celle publiée par Bolland au 6 janvier et qui, malgré l'opinion très peu justifiée de certains critiques, est la plus ancienne des trois. De l'absence de cette phrase dans les deux autres on a voulu tirer parti pour nier le paganisme des Venètes ; mais ces deux autres versions contiennent l'apostrophe de saint Melaine aux Venètes qui est tout aussi explicite. Ainsi, la version abrégée publiée par les modernes Bollandistes dans leur *Catalogue des manuscrits hagiographiques de la Bibliothèque Nationale* (I, p. 75-76) porte : « Conversus beatus Melanius *ad populum* dixit : Quid vobis proderit, Venetenses, cum hæc fieri videtis et cæteras virtutes in nomine Domini nostri Jesu Christi, *et indubitanter non creditis ?* » Et après le miracle : « Stupefactus *omnis populus* clamabat dicens : Sufficit ; *nunc* credimus cuncti Deo quem prædicat Melanius. » — Et la version du ms. lat. 5666 de la Biblioth. Nat. qui est la plus récente, dit (f. 201 v°) : « Conversus *ad populum adhuc incredulum* (S. Melanius) ait : Quid vobis prodest, ô Venetenses, cum videtis hujusce modi et simillima a Domino fieri miracula, *semperque lapidea corda gerentes nequaquam in Domino creditis ?* » — Les trois versions sont donc parfaitement d'accord, et ce témoignage (nous le prouverons) est très voisin de l'époque de saint Melaine.

IV.

LES ÉMIGRANTS BRETONS.

§ 1er. — *Langue, mœurs et institutions civiles.*

OURNONS-NOUS maintenant vers les nouveaux hôtes qui arrivent en Armorique, voyons ce qu'ils sont, ce qu'ils apportent, en quoi ils ressemblent aux Gallo-Armoricains et en quoi ils en diffèrent.

Bretons insulaires et Armoricains sortent les uns et les autres du tronc celtique, mais ce sont deux rameaux divers.

Les uns et les autres viennent d'être pendant plusieurs siècles soumis à l'occupation romaine, et si Rome, la grande éducatrice des nations, a aussi bien réussi dans l'île de Bretagne qu'en Gaule, si les Bretons ont été romanisés comme les Gaulois, alors — en vertu de cet axiome que deux quantités égales à une troisième sont égales entre elles — nous devrons trouver peu de différences entre les Gallo-Romains et les *Brito-Romains*.

Mais en réalité il n'y eut point de Brito-Romains, les Bretons ne furent jamais romanisés comme les Gaulois. C'est là ce qu'il faut bien marquer.

En Gaule, nous l'avons vu, après la terrible lutte décennale contre César, presque aussitôt la conciliation se fit avec Rome, la race gauloise accepta promptement, sans résistance sérieuse, la civilisation, la domination romaine.

Il en alla autrement en Grande-Bretagne. La conquête fut longue, difficile, jamais complète, non seulement au point de vue territorial mais surtout en ce qui touche la soumission des cœurs. Dans l'Est et dans le Sud de l'île, où étaient les principales villes, ces cités pouvaient offrir l'aspect d'une romanisation plus apparente que profonde ; mais chez les Bretons de l'Ouest et du Nord il y eut toujours dans les âmes contre la domination romaine un sentiment de haine et de résistance, maintenu à l'état latent par la présence des légions mais prêt à saisir pour éclater l'occasion favorable. C'est pour cela que les Romains ne se lancèrent pas à entreprendre la conquête de la partie septentrionale de l'île, entreprise qui par elle-même n'était pas pour eux chose bien ardue ; mais mal assurés de la soumission de la Bretagne romaine, ils craignaient, pendant cette guerre dans le Nord calédonien, de voir le Sud brito-romain se soulever contre eux, et de perdre ainsi l'île entière. C'est pour cela qu'ils s'arrêtèrent à mi-chemin, s'imposant eux-mêmes une borne par la création du mur d'Hadrien et de Sévère, traversant l'île de l'embouchure de la Tyne au golfe de Solway. C'est pour cela enfin que l'occupation romaine en Bretagne eut toujours à peu près exclusivement un caractère militaire, toujours tournée contre le dedans plus que contre le dehors. En Gaule il y avait 100,000 hommes contre les Germains sur la frontière du Rhin, et dans le reste du pays 1,200 soldats. En Bretagne sur le mur d'Hadrien *(per lineam Valli)* on comptait sans doute de nombreux postes militaires; mais le siège principal des cinq, puis des trois légions qui occupèrent l'île fut toujours au beau milieu du pays, entre autres, dans les villes d'*Eburacum* (York), de *Deva* (Chester), d'*Isca Silurum* (Caer-Léon sur Wsk). Et ce n'était point une précaution inutile, car en plein IVe siècle, en 367-368, on voit les Bretons s'unir aux barbares envahisseurs, Pictes, Scots, Attacots, etc., contre la puissance romaine; on voit le comte Théodose, envoyé avec des forces considérables pour rétablir dans l'île l'autorité de l'Empire, contraint de livrer bataille pour arriver à Londres et de promettre l'impunité aux déserteurs de la cause romaine s'ils rentrent dans le devoir (1).

Donc, s'ils vécurent pendant trois siècles et demi sous le gouvernement, sous les institutions, sous la domination des Romains, si pendant tout ce temps la langue officielle chez eux fut celle des Romains, les Bretons néanmoins ne furent point assimilés, gagnés, conquis aux mœurs, à la langue, aux institutions romaines, et le jour où les soldats romains quittèrent l'île, où il devint évident qu'ils n'y reviendraient plus (407-410), les Bretons rejetèrent résolument le régime longtemps imposé par Rome et reprirent aussitôt leurs institutions, leurs mœurs, leur langue nationale.

Est-ce à dire pourtant que cette longue cohabitation avec les conquérants, cette soumission plus ou moins contrainte à leur gouvernement, à leur civilisation, n'eussent exercé aucune influence sur les Bretons ? — Non assurément.

« Au point de vue de la civilisation matérielle, l'île de Bretagne du IVe-Ve siècle paraît assez différente de la Bretagne du temps de la conquête. Avant l'arrivée des Romains, les Bretons n'avaient pas de villes; leurs *oppida* étaient de simples fourrés défendus par un fossé et des retranchements. Ceux de l'intérieur ne cultivaient pas le blé; ils vivaient de viande et de lait et ne connaissaient pas le fromage. Tous se tatouaient. Ils étaient vêtus de peaux. La polyandrie était chez eux en vigueur. Leur commerce consistait en échange de bétail, de peaux, d'esclaves, de métaux, or, argent, fer, contre des bracelets d'ivoire, des colliers, du verre, et autres objets de peu de valeur. Ils connaissaient cependant l'usage de la monnaie. — Au IVe siècle, on vante la fertilité et la richesse de la Bretagne; elle se nourrit elle-même et fournit à d'autres provinces. Pline constatait déjà que les Bretons étaient assez avancés en agriculture pour se servir de la marne comme engrais (2). »

Inutile de dire que la polyandrie, le tatouage, les vêtements de peaux, toutes les marques de la primitive sauvagerie ont disparu depuis longtemps. En Bretagne maintenant il y a bon nombre de villas, des villes aussi, non pas en grande quantité mais une trentaine plus ou moins importantes, et dans quelques-unes de beaux édifices; enfin beaucoup de voies romaines. Mais qui a bâti ces villes, ces villas, ces édifices? qui les entretient, qui les habite? Partout ou presque

(1) Ammien Marcellin, lib. XXVII cap. VIII, 9.
(2) J. Loth, *Les Mots latins dans les langues brittoniques* (1892), p. 32.

partout des Romains, des colons venus de Gaule ou d'Italie, presque nulle part des Bretons romanisés, car cette espèce, je l'ai déjà dit, est des plus rares. Agricola cependant vers la fin du Ier siècle avait, ce semble, essayé de gagner, d'assimiler les Bretons; il les poussait à construire des temples, des édifices; il faisait instruire à la romaine les enfants de l'aristocratie bretonne pour les amener ensuite aux mœurs romaines. Cet essai, qui ne paraît pas avoir réussi, ne fut pas poursuivi. Malgré ce qu'en ont dit deux poètes célèbres, Martial et Juvénal (1), la Bretagne resta très réfractaire aux lettres latines et ne prit aucune part au mouvement littéraire romain sous l'Empire, qui au contraire fut très remarquable en Gaule.

La civilisation romaine en Bretagne, vernis brillant appliqué à la surface, ne pénétra point la nation bretonne; les Romains partis (en 407-410), il s'écailla et tomba. — « Des monuments, quelques mots latins dans le langage du peuple breton, voilà tout ce que les Romains laissent après eux; ni les mœurs ni la langue ne sont sérieusement modifiées. Au Ve siècle comme au Ier, la Bretagne insulaire est celtique. Quelques grandes villes romaines émergent çà et là, comme des îlots battus de tous côtés par les flots des populations bretonnes (2). »

Quelque influence qu'ait pu exercer sur les Bretons dans l'ordre matériel le contact de la civilisation romaine, deux points, nous allons le montrer, sont incontestables : c'est que les Bretons insulaires n'ont jamais adopté la langue latine, la langue des vainqueurs, et ont toujours conservé leur langue nationale; c'est qu'ils ont rejeté aussi la forme de gouvernement local et les institutions politiques que Rome leur avait imposées.

La langue d'abord. Par l'exemple toujours vivant des Bretons de Galles, par ce que nous savons de ceux du Cornwall, de la *Cumbria* et du Strat-Cluyd, il n'y a pas à douter que, dans tout l'Ouest de la Bretagne le latin, sitôt les Romains partis, n'ait disparu. Qu'il en ait été de même dans le reste de l'île, même dans les régions où domina davantage l'influence et la colonisation romaine, c'est-à-dire dans le Sud-Est, c'est là ce que l'un de nos meilleurs celtistes, le savant doyen de la Faculté de Rennes, vient de démontrer au point de vue philologique avec une haute compétence et une science irréfutable (3). De cette démonstration définitive il résulte que le latin a été en Bretagne pendant la domination romaine la langue administrative, officielle, et depuis la conversion de l'île au christianisme la langue ecclésiastique, la langue du clergé, mais jamais la langue de la nation; que la nation au contraire a toujours et partout continué de parler la langue celto-bretonne, dans laquelle la longue cohabitation avec les Romains a versé seulement un petit nombre de mots latins, l'idiome national restant d'ailleurs intact, très vivant et très vivace, si bien qu'après le départ des Romains il a été

(1) Gallia causidicos docuit facunda Britannos...
De conducendo loquitur jam rhetore Thule.
(Juvenal, *Sat. XV.*)
Dicitur et nostros cantare Britannia versus.
(Martial, *Epigr. XI*, 3.)

(2) J. Loth, *L'Émigration bretonne en Armorique*, p. 102-103.

(3) Dans son savant travail intitulé : *Les Mots latins dans les langues brittoniques* (Paris, Émile Bouillon 1892, in-8°).

seul parlé dans tout ce qu'on appelait la veille la Bretagne romaine, et le latin réduit exclusivement à l'usage ecclésiastique. Voilà ce qui ressort nettement du livre de M. Loth.

Cependant un maître de la science historique allemande (1) a cru depuis lors trouver dans le *De Excidio Britanniæ* de Gildas la preuve que le latin était non pas seulement la langue de Gildas mais aussi celle des concitoyens *(cives)* auxquels son œuvre s'adresse, c'est-à-dire, des Bretons du VIe siècle. On appuie cela de deux passages, d'abord celui où Gildas dit que les premières bandes saxonnes appelées par Vortigern abordèrent l'île de Bretagne dans trois vaisseaux : *tribus, ut lingua ejus (leœnœ barbarœ, id est, Saxoniœ) exprimitur, cyulis,* NOSTRA *longis navibus* (2) ; c'est-à-dire : « Sur trois navires qui, dans la langue de cette race » barbare s'appellent *cyulœ*, et EN LA NOTRE *longœ naves* (longs navires). » — Dans l'autre passage Gildas apostrophe ainsi un des rois de l'île de Bretagne : « Pourquoi continues-tu de te vautrer depuis ton adolescence dans l'ordure envieillie de ta méchanceté, ô *Cuneglas*, dont le nom en langue romaine veut dire Boucher fauve *(Cuneglase,* ROMANA LINGUA *Lanio fulve)*? (3). » Le premier passage est spécieux : Gildas dit de deux mots latins *(longis navibus)* qu'ils appartiennent à *notre langue*, ce qui pourrait signifier « la langue de notre nation, » c'est-à-dire de la Bretagne. Mais Gildas n'est pas seulement Breton, il est moine, prêtre, homme d'église ; l'Église est sa patrie autant que la Bretagne ; *notre langue* ici dans sa bouche, c'est la langue habituelle des gens d'église. Le second passage le prouve bien, il bat carrément en brèche la thèse qu'il est convié à soutenir. Si le peuple de Cuneglas parlait le latin, le roi aurait eu un nom latin ; or ce nom est tout breton ; donc les sujets de Cuneglas, qui sont Bretons, parlent breton. Aussi Gildas se garde bien de dire à ce prince que les deux mots *lanio fulve* appartiennent à *notre langue;* Cuneglas lui eût répondu : A *notre langue*, jamais ! notre langue est le breton, ceci est de *la langue des Romains,* — comme Gildas le dit lui-même, car le *Romana lingua* du second passage explique et rectifie le *nostra lingua* du premier.

Donc rien à tirer de Gildas en faveur de la prétendue persistance du latin en Bretagne après le départ des Romains. D'ailleurs si le latin eût été parlé en Bretagne au temps de Gildas (mort en 570), il l'aurait été de même dans la première moitié du VIIe siècle. On sait par Bède qu'il n'en était rien et que sous le règne d'Oswald roi de Northumbrie (635-642) on parlait dans l'île de Bretagne « quatre langues, celle des Bretons, celle des Pictes, celle des Scots, celle des Angles (4) » — et rien de plus. Ailleurs, en parlant de son propre temps (VIIIe siècle), Bède reproduit cette division de l'île en quatre langues, mais en y joignant le latin : « D'après le nombre des livres dans lesquels la loi divine a été écrite, l'île de Bretagne étudie et confesse la science de la vérité suprême en cinq langues : celle des Angles, celle des Bretons, celle des Scots, celle des Pictes, et celle des Latins,

---

(1) Voir Gildas édit. Mommsen, dans *Monum. German. Histor. Auctor. Antiquiss.* XIII, p. 9 (Berlin, 1894, in-4°).
(2) Gildas, *De Excidio*, édit. Stevenson et Petrie § 23.
(3) Gildas, *Epistola* édit. Stevenson § 32.
(4) « Omnes nationes et provincias Britanniæ quæ in quatuor linguas, id est, Britonum, Pictorum, Scotorum, Anglorum, divisæ sunt, Oswaldus in ditione accepit. » (Bède, *Hist.* liv. III, ch. 6).

qui est devenue commune à tous les autres par la méditation des Écritures (1). »

Rien de plus clair : le latin n'existe plus comme langue vulgaire, il persiste uniquement comme langue ecclésiastique ; sous cette forme il est commun aux quatre peuples dont les idiomes se partagent l'ile, et c'est en ce sens seulement que Gildas peut l'appeler *lingua nostra*. Mais au contraire les Bretons insulaires de la fin du Vᵉ siècle (nous l'avons vu plus haut, p. 264 note 1) donnent au continent le nom de *Latium* — Pays où l'on parle le latin, — par opposition à leur ile où on ne le parle plus.

Donc, la persistance de la langue bretonne en Grande-Bretagne pendant et après la domination romaine ; la chute du latin suivant immédiatement celle de cette domination : voilà deux points des plus importants, très bien établis, incontestables.

Notons toutefois que les Bretons, même ceux de pure race les plus attachés à leur nationalité, se laissaient parfois séduire à l'harmonie des noms romains, et s'en ornaient assez volontiers eux et leurs enfants. Sans parler d'*Ambrosius Aurelianus*, Romain de race selon Gildas, on peut citer comme Bretons porteurs de noms romains le grand apôtre de l'Irlande *Patricius*, son père *Calpurnius* et son aïeul *Potitus*, l'hérésiarque *Pelagius*, l'évêque des Bretons du continent en 461 *Mansuetus*, le premier évêque de Léon *Paulus Aurelianus* et l'un de ses disciples *Herculanus*, le petit roi *Marcus* qui fut aussi en relation avec saint Paul Aurélien, l'évêque cambrien *Paternus* (ou Padarn) très différent du Patern de Vannes, *Constantinus* roi des Damnoniens insulaires rudement invectivé par Gildas, un collègue du précédent, roi comme lui, invectivé comme lui, et qui se donnait le luxe de deux noms en deux langues diverses, *Aurelius Conan* ; luxe imité par un simple particulier répondant au nom pompeux de *Pompeius Carantorius*. Il y en a bien d'autres. (2) Il ne faut donc pas trop se hâter de conclure, en voyant un nom romain, que son possesseur n'était pas Breton.

Quant aux institutions, quant à l'organisation politique et administrative des pays conquis, on sait quelle était la méthode romaine. Rome, qui ne fut pendant longtemps qu'une grande municipalité, propageait partout une organisation analogue, créait partout, tant qu'elle le pouvait, des municipalités. Ces municipalités étaient de diverses sortes, toutes n'avaient pas les mêmes privilèges, les mêmes pouvoirs, les mêmes formes. Mais l'idée fondamentale de Rome, c'était, en se réservant la direction politique, la disposition des forces militaires, de confier l'administration, la gestion des intérêts locaux aux hommes du pays représentés par un conseil local et des magistrats urbains, car dans les idées romaines, la ville, *urbs,* était essentiellement le siége de l'institution municipale, qui d'ailleurs pouvait avoir dans sa dépendance, outre la ville, un district rural souvent assez étendu. En Gaule, les soixante à quatre-vingts tribus gauloises les

---

(1) « Quinque gentium linguis, Anglorum videlicet, Britonum, Scotorum, Pictorum, et Latinorum quæ meditatione Scripturarum cæteris omnibus est facta communis. » (Bède, *Hist.* I, 1.)

(2) J. Loth, *Les Mots latins dans les langues brittoniques,* p. 45, et Hübner, *Inscriptiones Britanniæ christianæ,* p. xiii.

plus importantes avaient été transformées en autant de *cités* gallo-romaines comprenant chacune le territoire de l'ancienne tribu et une ville principale (*urbs, civitas*) dont la municipalité régissait et cette ville et le territoire. Cette organisation avait si bien réussi en Gaule qu'elle survécut aux persécutions de la tyrannie fiscale de l'Empire, traversa, bien que déprimée par l'oppression des Franks, la période mérovingienne et ne succomba que devant l'avénement définitif de la féodalité.

Dans l'île de Bretagne aussi les Romains implantèrent sous diverses formes l'organisation municipale, mais elle n'y réussit pas. On constate l'existence d'un « municipe, » de quatre « colonies, » d'une vingtaine de cités ou villes municipales. Les Bretons portaient fort peu d'intérêt à ces institutions : les inscriptions antiques trouvées dans l'île parlent rarement des corporations, des honneurs municipaux ; les traces de la vie municipale, si fréquentes en d'autres pays, y sont fort rares. En Bretagne les municipalités n'exerçaient leur pouvoir que dans les villes ; les anciennes tribus celtiques n'avaient point été, comme dans les Gaules, transformées en cités municipales. A vrai dire, entre le génie breton et le système municipal romain il y avait incompatibilité d'humeur. Le régime municipal, urbain par essence, impliquait nécessairement la supériorité des villes sur les campagnes ; or les Bretons n'aimaient pas le séjour des villes et lui préféraient beaucoup celui des champs et des bois. Ce régime créait des corporations, des magistratures, des liens de sujétion et de dépendance résultant uniquement de la loi civile ; or pour les Bretons, voués au régime du clan et de la tribu, toute hiérarchie sociale devait dériver des liens du sang. Aussi la persistance dans l'île de Bretagne de la tribu et du clan en dépit de la domination romaine n'est-elle pas douteuse ; à la chute de cette domination, pendant que le régime municipal presque partout s'effondrait, le clan et la tribu plus vivants que jamais devenaient, pour ainsi parler, « le régime légal, » et les chefs des principales tribus reprenaient avec le pouvoir souverain le titre de rois.

Que le régime du clan et de la tribu ait régné hautement chez les Bretons du Ve siècle, en voici la preuve certaine. C'est qu'on le trouve, très caractérisé, dans les lois galloises du Xe siècle. Il ne régit plus absolument l'ordre politique ; mais il règle toujours la famille et les relations sociales. Le clan (*kenedl* en gallois) se montre encore, dans ces lois, fortement constitué : il s'étend jusqu'au neuvième degré dans les deux lignes ; il a un chef (*pen-kenedl*) qui doit être le plus ancien des hommes valides et capables de toute la parenté ; qui est le patron, le protecteur-né de tous les hommes du clan près des assemblées et des chefs de la nation ; aussi tous les hommes du clan lui doivent respect, obéissance, assistance. Il a pour l'aider dans sa mission deux adjoints choisis par la parenté : le vengeur (*dialwr*) de la *kenedl*, officier de guerre et de police ; et le représentant (*teisbantyle*) de la *kenedl*, négociateur, homme de loi (1), etc. — Si une institution de ce genre, remontant essentiellement aux âges primitifs, tient encore au Xe siècle une telle place, elle devait être au Ve pleine de vie et de force.

Quant à aller plus avant et essayer de restituer le détail des institutions et des

_____

(1) *Ancient laws and institutes, of Wales*, liv. XIII, § 88 (édit. de 1841, tome I, p. 516-517).

mœurs bretonnes du Vᵉ siècle avec des traits empruntés à ces mêmes lois galloises du Xᵉ, aux relations du XIIᵉ siècle de Giraud de Barri, aux usements ruraux de la Basse-Bretagne d'une rédaction encore plus moderne, et à d'autres sources du même genre, ce serait là nous ne dirons pas une recherche vaine, mais bien difficile, bien délicate, bien conjecturale et, pour des résultats souvent contestables, entraînant des discussions dont la place n'est pas ici.

Nous n'insisterons donc pas. Mais il reste à éclaircir un point important, la situation religieuse des Bretons insulaires au moment où ils passèrent en Armorique.

§ 2. — *Le Christianisme dans l'île de Bretagne.*

Nous ne nous arrêterons pas aux légendes enfantines qui attribuent l'évangélisation de l'île de Bretagne à Joseph d'Arimathie et à l'apôtre Philippe (1). L'histoire du petit roi breton Lucius demandant au pape saint Eleuthère (175 à 189) des missionnaires pour convertir la Bretagne, cette histoire contée par Bède d'après une relation du VIᵉ siècle (2) mais entièrement ignorée de Gildas, est également apocryphe. La première manifestation authentique du christianisme dans la Grande-Bretagne, c'est le triple martyre, rapporté par Gildas, de saint Alban de Vérulam, de saint Aaron et saint Julien de Caer-Léon.

Tous les auteurs placent ce martyre sous la persécution dioclétienne (303 à 312), en s'appuyant du dire de Gildas ; quand on l'examine de près on le trouve très peu concluant, et il devient évident que Gildas place l'événement sous cette date uniquement par conjecture, d'ailleurs il le dit lui-même : « *supradicto*, UT CONJICIMUS, *persecutionis (Diocletiani) tempore* (3). » Conjecture défectueuse. L'île de Bretagne n'a pu éprouver sous le règne de Dioclétien aucune persécution, ni partielle comme celle suscitée en Gaule vers 287-291 par le fanatisme païen de Maximien Hercule (ci-dessus p. 187), ni générale comme celle qui, de 303 à 312, désola la plus grande partie de l'Empire par suite des terribles édits de 303 et 304. Car, de 286 à 296, l'île de Bretagne fut sous le gouvernement de deux tyrans ou empereurs irréguliers, Carausius et Allectus, auxquels on n'a jamais reproché nulle persécution contre les chrétiens. En 296 Constance Chlore, adjoint à l'Empire comme César par Dioclétien depuis 292, vainquit Allectus et reprit le gouvernement de l'île de Bretagne qu'il garda jusqu'à sa mort en 306. Mais ce prince, tout le monde le sait, se fit un devoir de protéger les chrétiens et, malgré les édits de Dioclétien, d'empêcher dans les provinces de son gouvernement toutes violences contre les personnes. Autant en fit son successeur et fils le grand Constantin, qui en 313 donna définitivement la paix à l'Église.

(1) Divers auteurs ont, sans plus de fondement, envoyé presque tous les apôtres prêcher en Bretagne, entre autres, saint Pierre, saint Paul, saint Simon, saint Jacques le Majeur qui aurait aussi par occasion évangélisé la ville de Vannes ! (Usher, *Britannicarum ecclesiarum antiquitates*, p. 3, 4, 7.)

(2) *Deuxième Catalogue des pontifes romains* rédigé en 530, publié par Henschen en tête du t. I d'Avril des *Acta SS.* p. xxiii ; cf. Bède, *Hist. I*, cap. 4.

(3) Gildas, § 10 édit. Stevenson, 8 édit. Petrie. — Les plus anciens manuscrits de Gildas portent *conjicimus*, un seul a *cognoscimus*, version erronée, adoptée à tort dans l'édition de Gildas de Stevenson.

Les martyres des saints Alban, Aaron, Julius de Caër-Léon ne peuvent donc avoir eu lieu sous la persécution dioclétienne, et comme c'est la dernière, ils sont nécessairement antérieurs à Dioclétien et doivent appartenir à l'une des deux cruelles persécutions du IIIe siècle, celle de Déce (249-251) ou celle de Valérien (257-260). Par la situation des deux villes — Vérulam peu éloignée de Londres, Caer-Léon située vers l'embouchure de la Saverne rive droite — on peut juger que le christianisme était dès lors assez répandu dans le Sud de l'île de Bretagne. — Au commencement du siècle suivant il était établi au Nord de l'Humber : le premier des trois évêques que l'église bretonne envoya en 314 au concile d'Arles est Eborius évêque d'*Eboracum* (York); les deux autres, Restitutus de *Londinium* (Londres) et Adelfius de *Colonia Londiniensium* (1). Il y avait même vers cette époque des chrétiens plus ou moins clairsemés jusque contre la ligne du mur d'Antonin, car l'illustre saint Patrice né vers 380 avait pour *aïeul* un prêtre appelé Potitus, établi à Banaven qu'on assimile généralement à Kill-Patrick près Dumbarton sur la Clyde.

Au concile de Rimini en 359, où l'empereur Constance avait convoqué tous les évêques d'Occident, il devait s'en trouver au moins sept ou huit de l'île de Bretagne. Sulpice Sévère rapporte que l'empereur s'étant chargé de pourvoir à l'entretien de tous les pères du concile, les évêques d'Aquitaine, de Gaule et de Bretagne avaient repoussé cette offre préférant vivre de leur propre fonds, à l'exception de trois pauvres évêques bretons n'ayant aucune ressource personnelle. Leurs collègues ne demandaient pas mieux que de se charger de leur subsistance ; mais ils préférèrent grever le fisc plutôt que leurs compatriotes et acceptèrent la provende impériale. Sulpice Sévère les en loue, il les loue surtout de leur pauvreté (2). Mais puisque, d'après cet historien, les évêques de Bretagne s'étaient associés aux Aquitains et aux Gaulois pour décliner les offres de l'empereur, les trois qui les acceptèrent n'étaient qu'une minorité et le nombre des évêques bretons présents au concile de Rimini devait monter, comme nous le disions, à huit ou dix. Encore doit-on croire, malgré l'universalité de la convocation impériale, qu'il était resté dans l'île de Bretagne quelques pasteurs pour veiller sur le troupeau.

Les progrès du christianisme chez les Bretons insulaires étaient donc considérables ; comparée à la péninsule armoricaine qui possédait tout au plus à la même époque un seul évêché organisé (celui de Nantes), l'île de Bretagne au point de vue du développement religieux avait une avance considérable.

A la suite du concile de Rimini, fort agité par les discussions relatives à l'arianisme, cette hérésie, selon les affirmations de Gildas, aurait produit quelques troubles en Bretagne et frayé le chemin à d'autres erreurs (3). Cependant le christianisme continua de s'étendre et de se fortifier dans l'île : aux dernières années du IVe siècle, un Breton saint Ninian, instruit à Rome (dit Bède), évangélisa

---

(1) M. Hubner corrige ce nom en *Colonia Lindensium*, Lincoln (*Inscriptiones Britanniæ christianæ.* 1876, p. VII note). Haddan et Stubbs (*Councils and ecclesiastical documents relating to Great Britain and Ireland*, I, p. 7) proposent la correction *Colonia Legionensium*, qui serait selon eux Caer-Léon sur Wsk ; mais cette dernière ville ne peut convenir, n'ayant jamais été « colonie. »

(2) Sulpit. Sever. *Hist. Sacr.* lib. II, cap. 55.

(3) Gildas, *Hist.* § 12 édit. Stevenson, 9 édit. Petrie.

la côte septentrionale de la Bretagne entre le mur de Sévère et le mur d'Antonin, fonda à Whithern (Gallowai) une église épiscopale dédiée à saint Martin de Tours dont il passe pour avoir été le disciple, et de là étendit même son apostolat aux Pictes établis dans le Sud du pays appelé aujourd'hui l'Ecosse entre le mur d'Antonin et les monts Grampians (1). Mais dans la première moitié du Vᵉ siècle, les incursions des Scots et des Pictes, qui après le départ des Romains dévastèrent l'île de Bretagne et surtout la province *Valentia* située entre les deux murs, durent ruiner presque entièrement l'église de Ninian.

Dans le même temps, une autre cause de trouble et de ruine agitait, au Sud du mur de Sévère, l'église bretonne. L'hérésie pélagienne, qui éclata vers 412 et dont l'inventeur Pélage était Breton, avait dû nécessairement par suite de cette circonstance trouver des partisans en Bretagne. Cependant ce n'est pas Pélage qui l'y propagea, ce n'est même qu'après sa mort ou du moins après sa disparition (vers 417) que son hérésie y fut portée, probablement de 420 à 425, par Agricola fils d'un évêque pélagien de race bretonne appelé Sévérien. Sous de tels auspices elle y fit de rapides progrès; les orthodoxes effrayés, qui avaient peine à soutenir le combat, demandèrent secours à Rome et en Gaule. Le pape saint Célestin (422-432), d'accord avec les évêques gallo-romains, envoya dans l'île en 429 saint Germain évêque d'Auxerre et saint Loup de Troyes. Ils durent y passer deux ans (430-431); au cours de la lutte qui fut sérieuse, Germain aida les Bretons à repousser victorieusement une incursion piratique des Saxons (ci-dessus p. 231); cette victoire sur les barbares ne lui fut point inutile pour venir à bout des hérétiques qu'il finit par mettre en complète déroute (2).

Il fit en 447 un second voyage dans l'île de Bretagne, causé, dit-on, par un retour offensif du pélagianisme; mieux vaudrait dire du semi-pélagianisme qui seul survivait. Cette fois la lutte ne fut pas longue, et Germain rentra en Gaule au bout de quelques mois (3). Mais ce second voyage lui donna le moyen de vérifier par lui-même, au besoin de compléter et de consolider, les résultats de sa première mission. Car en 430, pour mieux assurer la défaite de l'hérésie, il s'était aussi fort occupé de relever dans l'église bretonne la piété, la discipline, et pour cela d'y introduire l'institution monastique. Les plus anciens et plus célèbres monastères de la Cambrie, Lan-Iltud et Nant-Carban (ou Lancarvan) dans le Glamorgan, Ti-Gwen sur le Tav dans le pays de Caer-Mardin, Bangor Iscoëd sur la Dee non loin de Chester (4), durent leur origine sinon à l'évêque d'Auxerre du moins au mouvement de réforme suscité par lui. Le fondateur du premier, nommé Iltud (5), l'un des plus célèbres et des plus zélés disciples de saint Germain qui à son second voyage lui conféra la prêtrise, doit être considéré comme l'un des premiers initiateurs, et certainement le plus actif, de la vie monastique dans l'île

(1) Bède, *Hist.* III, 4.

(2) « Agricola pelagianus, Severiani episcopi pelagiani filius, ecclesias Britanniæ dogmatis sui insinuatione corrupit; sed actione Palladii diaconi, papa Cælestinus Germanum Autisiodorensem episcopum vice sua mittit, et deturbatis hæreticis, Britannos ad catholicam fidem redigit. » Prosp. Aquitan. *Chronic.* ad ann. 429. Cf. Constantii *Vit. S. Germani Autisiod.* lib. I cap. 5, 6, dans Boll. Jul. VII, au 31 juillet; et Bède, *Hist.* I, 17 20.

(3) Constantii *Vita S. Germani* lib. II cap. 1; Bède, *Hist.* I, 21.

(4) Sur la rive droite de la Dee, dans le Flintshire, sur la limite du comté de Chester.

(5) *Lan* ou *lann*, monastère ou église, en ancien breton. *Iltud, Ildut, Idult, Ideult* et même *Ideuc;* forme latine, *Iltutus, Eltutus,* patron de Lanildut près Brest et de Saint-Ideuc près Saint-Malo.

de Bretagne. Sa maison n'était pas moins renommée comme école de lettres que comme monastère ; les petits rois bretons tenaient à honneur d'y envoyer leurs fils. Pas un personnage notable de l'église bretonne au Vᵉ ou VIᵉ siècle qui n'y ait puisé les principes de la vie religieuse. Nommons seulement quelques-uns de ses principaux disciples :

Par exemple, saint Dewi ou David, évêque de Ménévie dans la Cambrie, qui fut avec saint Dubrice évêque de Landaf un zélé propagateur et digne continuateur des réformes inaugurées par saint Germain ; saint Gildas, saint Leonorius (Lunaire), saint Paul Aurélien, saint Samson, qui tous quatre émigrèrent en Armorique et y finirent leurs jours ; le premier, le docteur et l'historien des Bretons, tant invoqué par nous dans ces pages et sans lequel l'histoire de l'émigration bretonne n'existerait pas ; les trois autres, à la fois évêques et abbés, déjà nommés par nous et dont nous retrouverons encore les grandes figures.

Sur l'exemple et l'exhortation d'Iltud, grand nombre de monastères surgirent en Grande-Bretagne dans toutes les contrées non encore occupées par les Saxons ; le clergé séculier peu édifiant se fit de plus en plus rare ; l'église bretonne presque tout entière revêtit la forme monastique. C'est sous cette forme qu'elle prit part à l'émigration en Armorique.

Dans ces monastères bretons fort curieux — que nous étudierons plus tard de près — on ne se bornait point à apprendre les lettres divines et humaines, la religion, les maximes de la piété et de la vie ascétique. Le travail manuel y était assidûment pratiqué. Ainsi, pendant que David, Gildas, Samson et Paul Aurélien étaient sous la discipline d'Iltud, ils vinrent ensemble un beau jour lui présenter une requête. Le monastère était situé au bord du bras de mer qui sert d'embouchure à la Saverne, juste à la pointe Sud-Ouest du Glamorgan. Le courant poussé d'une grande violence par le fleuve donnait des assauts furieux au rivage, dont il avait déjà dévoré, englouti une bonne part, si bien qu'à mer haute une bande de terre fort étroite séparait seule désormais le monastère du flot envahisseur. Et encore pour combien de temps ? car ce flot insatiable menaçait toujours. La situation du monastère ainsi menacé, ainsi assiégé, était fort incommode, fort dangereuse : une tempête, et il était inondé. Les disciples de saint Iltud vinrent donc prier le maître de pourvoir à ce danger et de faire reculer la mer. Un jour de grande marée, le flot s'étant retiré à mille pas environ du monastère, Iltud prit avec lui son bâton et ses disciples, descendit tout au bord de la mer et avec son bâton creusa un fossé pour lui servir de limite. Ses disciples, qui voulaient collaborer à cette œuvre, dressèrent contre ce fossé une levée de terre. Le maître dans une fervente prière supplia Dieu d'imposer à la mer le respect de cet obstacle, que depuis lors elle n'a jamais franchi. Le monastère eut désormais devant lui 1,500 mètres de terre ferme que les disciples d'Iltud labourèrent et qui portèrent les plus belles moissons (1). — Voilà donc des ouvriers agricoles tout prêts, quand ils passeront sur le continent, pour défricher les forêts et les landes de la péninsule armoricaine.

---

(1) « Ipsa vero tellus, quam diximus marinis ereptam æstibus, in opus agriculturæ ipsius monasterii valde fertilis permansit, magnamque triticeæ messis segetem per unumquemque annum non desinit fructificare. » *Vit. S. Pauli Aurel.* lib. I, cap. 3, dans *Revue Celtique*, V, p. 423.

Quant à l'organisation épiscopale, on commença sans doute, en Grande Bretagne comme ailleurs, par mettre un évêque dans chacune des principales villes ou cités où les chrétiens se trouvaient assez nombreux pour former une église. Mais les limites des diocèses durent être plus ou moins arbitraires, car les villes et cités de Bretagne n'avaient point, comme celles des Gaules, chacune sous sa dépendance le territoire d'une ancienne peuplade celtique; les limites des diocèses fondés à l'époque romaine eurent donc assez peu de rapport avec celles des anciennes tribus bretonnes. D'ailleurs ce premier état des évêchés de l'île de Bretagne ne survécut guère à la domination romaine; il fut bouleversé, emporté par l'invasion saxonne qui envahit, ravagea les provinces chrétiennes et ruina les villes. En même temps, après le départ des Romains s'était réveillé avec énergie l'esprit des institutions nationales bretonnes, chaque tribu prétendait à l'autonomie, à l'indépendance et voulait avoir son roi, qui lui à son tour voulait régler à sa guise le service religieux de son petit royaume.

Ainsi, la Vie de saint Paul Aurélien nous montre un roitelet de la Cambrie, du nom de Marc Conomor (1), appelant chez lui ce pieux personnage fort jeune encore mais déjà chef d'une communauté monastique, et lui confiant le gouvernement spirituel de son peuple, gouvernement si profitable à tout le monde que Marc Conomor veut absolument compléter les pouvoirs de son apôtre et en faire l'évêque, le pasteur suprême de son petit état (2). Paul Aurélien s'y refuse, non pour protester contre l'usurpation anti-canonique de ce prince qui de sa propre autorité veut créer un siège épiscopal, mais par pur sentiment d'humilité.

Si la multiplication des petites royautés locales tendait à celle des évêchés ou au moins des évêques, il en était de même de la réforme ecclésiastique qui en Grande-Bretagne, aux Ve et VIe siècles, fit de plus en plus prévaloir le clergé régulier et l'institut monastique. Les chefs des grandes abbayes, dont la mission était impossible sans une pleine autorité sur leur monastère principal et sur ses dépendances, éprouvaient évidemment le besoin d'y exercer l'autorité épiscopale par eux-mêmes ou par des prélats faisant partie de leur communauté. — Dans la Vie de saint Samson, nous voyons en Grande-Bretagne ce pieux personnage mis par une assemblée ecclésiastique désignée sous le nom de *synode* à la tête d'un grand monastère regardé comme une fondation de l'illustre saint Germain (3); et peu de temps après, les mêmes évêques qui figuraient dans ce synode lui confèrent l'onction épiscopale sans lui assigner aucun diocèse ni lui donner aucune nouvelle dignité, — uniquement, ce semble, pour lui rendre plus aisé l'exercice de sa charge en complétant son autorité sur sa famille monastique.

L'ordination épiscopale de saint Samson nous révèle un autre trait curieux des mœurs ecclésiastiques de l'île de Bretagne. Les évêques du pays s'assemblent, le jour de la Chaire de saint Pierre (22 février) dans ce monastère de saint Germain

---

(1) « Fama ejus (Pauli Aureliani) pervolat ad aures regis Marci, quem alio nomine Quonomorium vocant. » *Vita S. Paul. Aurel.* auctore Wrmonoco, dans *Revue Celtique* V, p. 431.

(2) « Videns illum (Paulum) tanta Dei gratia repletum, Marcus multis ab eo vicibus expetivit ut pontificatum suæ regionis acciperet. » *Id. Ibid.* p. 432.

(3) « *Facta synodo* et percunctantibus *majoribus* ubinam S. Samson latitaverit... *Majores* autem S. Samsonem *abbatem* in monasterio quod (ut aiunt) a S. Germano fuerat constructum, *constitue-runt.* » *Vit. S. Samsonis* (VII^mi sæculi), dans Mabillon, *Acta SS. Ord. S. Benedicti,* Sæc. I, p. 176.

pour consacrer deux évêques ; mais, dit le biographe du saint, « *selon l'antique coutume,* » ils en devaient ordonner trois à la fois (1). Ils en cherchent donc un troisième, qui fut saint Samson. — D'où venait cet usage ? dans quel but ?

Peut-être en pourra-t-on découvrir le motif dans la Vie de saint Teliau, qui avait succédé à saint Dubrice comme chef de toutes les églises de la Cambrie méridionale (2) — encore bien que Dubrice ait eu son siège épiscopal à Caer-Léon sur Wsk, et Teliau le sien à Landaf. Au milieu du VIe siècle, après les ravages de la peste jaune, il releva son église, dit son biographe, « en rassemblant autour » de lui les anciens disciples de saint Dubrice et avec eux beaucoup d'autres » jaloux d'imiter ses mœurs et de suivre sa doctrine. Il mit l'un de ces disciples » (Ismaël) sur le siège de Ménévie, et donna l'ordre épiscopal à plusieurs d'entre » eux qu'il envoya en divers lieux du pays, leur attribuant des diocèses » *(parochias)* selon les nécessités du peuple et du clergé (3). »

Voici donc, d'après ces documents, l'idée qu'on peut se faire de l'organisation religieuse de la Cambrie méridionale au cours du VIe siècle : au sommet un évêque principal, dont la primatie (si le mot n'était pas bien gros pour la chose, disons seulement la supériorité) n'est point attachée à un siège mais ambulatoire (4), de façon à se fixer toujours sur la tête du plus digne. Cet évêque principal est en même temps le chef d'un monastère, la Vie de saint Teliau parle à chaque instant des frères et des disciples qui l'entourent. — Pour l'assister, l'éclairer dans son gouvernement épiscopal, il y a près de lui une assemblée, le *synode,* dont les membres sont désignés sous le nom de *majores,* ce qui embrasse les évêques et les abbés et en général tous les personnages notables de l'ordre ecclésiastique. Ce synode délibère sur toutes les affaires importantes de la région. Il va même jusqu'à donner parfois des abbés aux monastères ; il concourt avec l'évêque principal à former ces arrondissements épiscopaux, variables « selon les besoins du clergé et du peuple, » qui étaient, on l'a vu plus haut, confiés à des évêques auxiliaires, souvent sans doute à des abbés-évêques comme Samson (5).

Tout cela compose une organisation ecclésiastique passablement différente de ce qui existait en Gaule et dont nous devrons retrouver la trace dans les établissements formés sur la terre armoricaine par les émigrés de l'île de Bretagne.

(1) « Venientibus illis episcopis (les évêques consécrateurs) duos apud illos ad ordinandum deferentibus, *tertium, secundum morem antiquitus traditum, ordinare volentibus...* » *Ibid.* p. 176.

(2) « Sanctus vir (Teliavus) repetivit sedem suam (Landavensem) et habitavit ibi, tenens principatum super omnes ecclesias dextralis Britanniæ. » *(Lib. Landav.* ou *Book of Lan-Dâv,* édit. 1893, p. 115; édit. 1840, p. 108).

(3) « Sancta ecclesia quæ multo tempore fuerat dispersa, interveniente Teliavo, fuit exaltata, ad quem convenerunt discipuli qui fuerant beati Dubricii, Lunapeius, Gurmaet, Cynmur, Toulidauc, Juhil, Fidelis, Hismael, Tyfhei, Oudoceus, et multi alii discipuli. De quibus Hismaelem consecravit in episcopum, mittens illum ad ecclesiam Minuensem (Ménévie, aujourd'hui Saint-David). Et *multos alios ejusdem ordinis viros similiter sublimavit in episcopium, mittens illos per patriam dividensque parrochias sibi ad opportunitatem cleri et populi.* » (Vit. S. Teliavi, dans *Lib. Landav.* édit. 1840, p. 108-109 ; édit. 1893, p. 115).

(4) On voit cet évêque principal siéger successivement à Caerléon sur Wsk, à Landaf, à Miniu ou Ménévie.

(5) On a signalé, au VIe siècle, jusqu'à six ou sept diocèses dans la Cambrie ; mais leurs limites sont si incertaines, leur existence si mal définie, qu'ils donnent tout à fait l'idée de ces arrondissements épiscopaux toujours modifiables, confiés à des évêques auxiliaires. Aussi Haddan et Stubbs reconnaissent-ils au VIe siècle, dans la Cambrie, l'existence d'évêques-abbés exerçant leur pouvoir épiscopal sans diocèse à limites fixes *(bishops not diocesans),* dans *Councils and eccles. docum. relat. to Great Britain,* I, 142-143.

Quant aux dissidences entre l'église bretonne et l'église romaine qui furent plus tard dénoncées par les Anglo-Saxons presque comme un schisme (quoiqu'elles portassent uniquement sur quelques points de liturgie assez secondaires), elles n'avaient point encore éclaté quand les Bretons émigrèrent en Armorique : ce n'est donc pas le lieu d'en parler, nous y viendrons plus tard.

Bref, si nous examinons après la chute de l'Empire les Armoricains — j'entends les Gallo-Romains établis dans la partie de la péninsule armorique qui ne fut point occupée par les Bretons avant le IXe siècle, — voici ce que nous trouvons :

Ces Armoricains parlent une langue néo-latine (latin rustique, langue romane). — Formés par une longue pratique à la soumission envers l'autorité impériale, ils acceptent avec la même facilité et la même patience la domination des Franks, dont les rois se portent, à tort ou à raison, pour héritiers de l'Empire. — Ils restent groupés dans leurs villes, autour de leurs municipes en décadence, sans chercher à les relever ou à inaugurer d'autres institutions. — Dans l'ordre ecclésiastique, ils ne s'écartent en rien de la discipline de l'église des Gaules, mais ne s'inquiètent guère de convertir les païens encore nombreux dans l'Ouest de la péninsule.

Dans la région de cette péninsule où les émigrés bretons s'établissent, bientôt la face des choses change.

Ces Bretons se sont exilés de leur patrie pour sauvegarder leur indépendance; ils la défendent bravement contre les Franks. — Ils ont gardé dans leur île leur vieille langue nationale à travers les humiliations et les embûches de la domination romaine; ils l'installent triomphalement avec eux sur le sol armoricain, d'où elle chasse bientôt le latin rustique. — Ils ne vont point habiter, relever les villes gallo-romaines ruinées par les barbares, ils ne restaurent point les municipes. Mais ils se répandent dans les campagnes, dans les forêts, ils y rétablissent leurs clans sous une nouvelle forme; ils se groupent ou, si l'on veut, se divisent en plusieurs principautés indépendantes, dont les chefs souvent hélas! tout comme dans l'île, ne s'accordent guère. — Ils amènent sur leurs barques de nombreuses troupes de moines, qui couvrent la péninsule de monastères grands et petits, défrichent les landes, les forêts, extirpent le paganisme, et fondent sur le roc la foi et l'organisation religieuse de la nouvelle Bretagne.

Sans l'émigration bretonne, la péninsule armorique aurait été pays de langue latine, province banale du royaume des Franks, languissante, inculte, désolée, longtemps encore souillée de paganisme.

L'émigration bretonne lui a donné un peuple nouveau, de race et de langue celtique, peuple fier, énergique, indépendant, qui l'a défrichée, fécondée, christianisée — en un mot qui en a fait la BRETAGNE.

Voilà ce que les émigrés ont apporté en ce pays, voilà ce que ce pays leur doit; voilà ce que nous verrons dans les pages suivantes se développer à nos yeux.

V.

IDÉE GÉNÉRALE DE L'ÉTABLISSEMENT DES BRETONS

DANS LA PÉNINSULE ARMORICAINE.

ES émigrations bretonnes, nous l'avons vu plus haut (p. 253-254), s'accomplirent sans concert préalable, par bandes successives isolées les unes des autres, et dont chacune prise à part était la plupart du temps assez peu nombreuse. Ces bandes, les premières surtout, en débarquant sur le littoral armoricain, trouvèrent la péninsule aux trois quarts vide, couverte de forêts, de landes et de halliers, grandes steppes incultes sans maître, abandonnées au premier occupant. De puissance publique, après les ravages, les tueries, les incendies des barbares, il n'y en avait plus. Chaque bande émigrée s'arrêta donc dans le premier canton qui lui plut et s'y installa tranquillement, sous l'unique autorité du guerrier chef de l'émigration, sous la direction religieuse des prêtres ou des moines qui l'avaient suivie dans son exil. Chaque bande forma ainsi dans le principe une petite colonie indépendante, jouissant au double point de vue civil et religieux d'une complète autonomie. Voyons la chose en action. Après le passage cité plus haut (p. 250), où il montre les Bretons insulaires s'exilant en Armorique au moment où les Saxons se jetaient sur la Grande-Bretagne, Wrdisten, le biographe de saint Gwennolé, ajoute :

« En ce temps-là, il y eut un homme illustre du nom de Fracan, qui était cousin d'un roi breton très fameux selon le monde appelé Catoui..... C'est alors que Fracan, accompagné de ses deux agneaux, c'est-à-dire de ses deux fils Weithnoc et Jacut, et de leur mère Alba (ou Guen), s'embarqua avec une suite peu nombreuse, traversa l'océan britannique et vint aborder en Armorique, terre chargée d'ombrages où il savait devoir trouver la paix et le silence. Quand un vent soufflant doucement du Nord-Ouest le fit attérir au port de Brahec (1), le jour était à peu près à sa onzième heure. Parcourant aussitôt tous les environs, il découvrit un canton de belle étendue, assez grand pour y établir un *plou*, tout cerné de forêt et de halliers (2), aujourd'hui encore nommé du nom de celui qui l'avait découvert, et fécondé par les eaux d'une rivière appelée *Sanguis* (Goat ou Gouët).

---

(1) Bréhac, petit port et petit cours d'eau au fond de la baie de Saint-Brieuc, tout près du bourg de Langueux. Voir ci-dessous chapitre VI, § 1.

(2) « Fundum quemdam reperiens non parvum sed quasi *unius* PLEBIS *modulum*, silvis dumisque undique circumseptum, modo jam ab inventore nuncupatum. » (*Vit. S. Uinualoëi* auctore Wrdisteno, lib. I cap. 2, édit. A. de la Borderie, p. 10).

C'est là que Fracan entouré des siens fixa son habitation. Sans tarder, le nombre de ses compagnons s'accrut, et ils eurent des biens en abondance (1). »

Le territoire occupé par Fracan, sa famille et sa bande s'appelle encore aujourd'hui le *plou* de Fracan et par adoucissement *Plou-Fragan*. — Qu'est-ce qu'un *plou*?

Le mot existe avec quelques légères variantes dans tous les dialectes bretons (2). En gallois et en cornique c'est une paroisse au sens ecclésiastique, mais plutôt le corps des paroissiens que le territoire paroissial. Chez les Bretons du continent il a une signification spéciale. Le *plou*, c'est proprement et primitivement la petite colonie formée par la bande bretonne émigrée, s'établissant au sortir des barques fugitives dans un coin désert de l'Armorique sous la direction d'un brave guerrier chef temporel, d'un pieux moine chef spirituel de cette petite société formée sur la terre d'exil par la communauté du malheur. Sur cette terre le *plou* remplace le clan. Dans la terrible tourmente qui souffle sur l'île de Bretagne, le clan a été la plupart du temps brisé par les désastres de l'invasion, dispersé par les hasards de l'émigration. Le *plou* en est un dérivé, une image; c'est le clan modifié, relevé sur une nouvelle base, non plus les liens du sang mais ceux non moins forts de la souffrance, du péril et de l'exil bravés et supportés en commun.

Comme institution civile le *plou* subsiste encore très vivant au IXe siècle dans le Cartulaire de Redon; c'est là qu'il faut étudier les attributions du chef de *plou* (en latin *princeps plebis*, en breton *machtiern*), dignité héréditaire, spéciale à la Bretagne, d'un caractère très original. Son premier et principal privilège, c'est la puissance judiciaire dans toute l'étendue du *plou* et sur tous ses habitants; le titulaire y possède en outre certains droits spéciaux, péages, rentes ou redevances et aussi certaines terres formant la dotation de sa dignité. Tous les *plebenses* ou hommes du *plou* sont tenus envers le chef au devoir de fidélité et d'assistance comme envers leur seigneur-né; il peut réclamer d'eux main-forte s'il est attaqué dans ses biens ou sa personne, et pour assurer en cas de besoin l'exécution de ses jugements; quand il va à la guerre, il mène avec lui ses *plebenses*. Ceux-ci (les chartes de Redon le prouvent) peuvent s'engager à d'autres qu'au chef du *plou* par les liens de la *recommandation* ou du vasselage, d'ordinaire pour obtenir la jouissance de quelque terre à titre de *bénéfice;* mais si leurs obligations envers ce nouveau patron viennent à contrarier celles dues à leur chef de *plou*, celles-ci l'emportant sur tout, ils doivent d'abord y satisfaire et se délier des autres en renonçant au bénéfice. Trait essentiel, qui prouve que le lien existant entre le *princeps plebis* et ses *plebenses* ne résulte point d'un contrat ni d'une convention quelconque, mais d'un fait primitif et permanent, à savoir la fondation du *plou* ou de la tribu émigrée et la perpétuité des relations établies dès l'origine entre le chef et les membres de cette tribu, pour être continuées héréditairement de

---

(1) « Eodem tempore, crescente paulatim sociorum numero magnaque rerum copia inundante... » (*Vit. S. Uinualoëi*, I, 3, Cartul. de Landevenec, p. 10).

(2) En gallois *plwyf*, en cornique *plew*, en breton armoricain *ploué* et *plou*. Ancien cornique *plui*, ancien armoricain *plui*, *plwi*, *plué*, *ploi* (Cartul. de Redon), *plueu*, *plev* (Cartul. de Landevenec). En latin *plebs*, *plebis*, dans les deux Cartulaires; mais le sens de ce mot dans nos Cartulaires n'a rien de commun avec la *plebs* ecclésiastique mentionnée par les conciles du IXe siècle, qui n'était autre que l'archiprêtré ou doyenné rural; voir concile de Pavie de 850, can. XIII.

part et d'autre comme entre les membres du clan. — Sous le nom de *seniores,*
optimates, principes plebis, ou encore sous celui de *boni viri* (*gwr da* dans les lois
galloises), les anciens et les notables du *plou* forment une sorte de conseil, qui
prend part aux jugements rendus par le chef de *plou* et en rend même souvent
de fort importants sans son assistance (1).

Le *plou* doit donc être considéré comme la molécule élémentaire et aussi
comme le trait distinctif, original, de la société bretonne du continent. Il représente la petite colonie originairement formée sur le sol armoricain par la bande
émigrée. Aussi ce mot se retrouve encore aujourd'hui fixé, incorporé dans le nom
d'environ deux cents paroisses bretonnes (2).

Outre le *plou* qui est à proprement parler la colonie *civile*, il y avait aussi le
lann qui est la colonie ecclésiastique (3). Les moines arrivaient souvent par
troupes avec leurs amis, leurs clients, leurs serviteurs. A peine débarqués en
Armorique, ils édifiaient un *lann*, c'est-à-dire un monastère. Ce n'était pas bien
long à installer, cela ne ressemblait guère ni à nos couvents modernes ni aux
grandes abbayes du moyen-âge. Chaque moine fabriquait à son usage personnel
une cellule ou logette en gazon et clayonnage ou en planches légères si l'on était
en forêt ; en pierre sèche si le bois manquait et si le granit abondait, comme
c'était le cas sur plus d'un point de la péninsule. Au milieu du terrain où étaient
semées les cellules, on construisait de la même façon une chapelle, un bâtiment
pour le réfectoire et la cuisine, et c'était tout. On remparait souvent ce campe-
ment monastique d'un *vallum*, c'est-à-dire d'un fossé profond et d'un rempart
de terre pour se mettre à l'abri de toute surprise ; quand on y manquait, on
avait souvent affaire aux bêtes de la forêt, comme ce pauvre moine Jaoua dont
on a parlé plus haut (p. 259). — Qu'ils eussent pris ou non cette précaution,
sitôt leur établissement construit, tout en s'exténuant de jeûnes et de litanies, de
psalmodies et d'austérités extraordinaires, les bons moines se jetaient au travail
avec ardeur, remuant le sol de toute façon autour d'eux, bêchant, hersant, défrichant et labourant.

Beaucoup de paroisses bretonnes dont le nom commence en *plou* peuvent se
vanter de remonter aux premiers temps de la colonisation. Autant en peuvent
faire plusieurs de celles qui commencent en *lan* ou *lann*. On a vu plus haut le
premier *lann* fondé par saint Paul Aurélien, désigné dans sa Vie sous le nom de
Monasterium sive vulgato nomine LANNA PAULI *in plebe Telmedoviæ* (4), et qui existe

---

(1) Nous ne pouvons donner ici qu'une esquisse de l'organisation du *plou*, des droits et prérogatives
du chef de *plou* ou *princeps plebis*. Nous y reviendrons, dans la Troisième Époque de notre Histoire,
en parlant du *machtiern* et des autres institutions bretonnes mentionnées dans les chartes de Redon.
(2) Les noms propres dans lesquels le mot *plou* ou *pleu* est incorporé comme préfixe sont spéciaux
à la Bretagne armoricaine. On trouve dans le *Myvyrian Archaioly of Wales* (édit. 1870, p. 740-750)
des listes de paroisses du pays de Galles dressées à la fin du dernier siècle, et dans lesquelles plusieurs noms sont précédés du mot *plwyf* ou simplement d'un *P.* comme abréviation de ce mot ; c'est
un qualificatif placé là par l'auteur de la liste, mais ce n'est point une partie intégrante de ces noms
propres, car ces mêmes noms figurent sans ce préfixe sur les cartes de Camden, dans le *Dictionnaire*
topographique de la principauté de Galles de Nicolas Carlisle (1811), etc.
(3) *Lan, lann*, en ancien breton, église, monastère, *Lanna Pauli, Lan Iltud*.
(4) *Vit. S. Pauli Aurel.* lib. II, cap. 13, dans *Revue Celtique* V, p. 440. *Plebs Telmedovia*, ou *Plou*
Telmedou, est devenu *Plou Talmezau*, aujourd'hui Ploudalmézau, chef-lieu de canton de l'arr. de
Brest, duquel dépend la commune de Lampaul-Ploudalmézau.

encore aujourd'hui sous le nom de *Lampaul-Ploudalmézau*. Ici le *plou (Plou Telmedou)* et le *lann* remontent l'un et l'autre au commencement du VI⁰ siècle. Citons encore, pour l'exemple, un ou deux de ces monastères improvisés par les émigrés bretons :

« Saint Suliau (Sulia, Suliac) marcha deux lieues costoyant la rivière de Rance et s'arresta en un canton desert et solitaire, fort propre à son dessein pour estre retiré et sequestré du bruit et de toute humaine conversation. Lors il commença à travailler, et en peu de jours édifia une petite chapelle et quinze petites cellules pour se loger lui et ses religieux ; et ayant labouré de ses propres mains une piece de terre, il y sema du bled, lequel creut fort beau (1). » Mais les bêtes sauvages dévastèrent ou dévorèrent tout ce qu'il avait semé.

Saint Suliau appartient au VI⁰ siècle, saint Brieuc au V⁰ : il arrive en Armorique avec près de deux cents moines, et voici comme il s'installe au fond de la baie qui porte aujourd'hui son nom :

« Brioc et ses compagnons, parcourant une belle vallée couverte de bois, y rencontrent une claire fontaine pleine d'une eau limpide. Là Brioc s'arrête, adresse à Dieu sa prière, puis d'une main alerte donnant l'exemple, il entame la construction de l'église. Tous se mettent à l'œuvre : les arbres sont abattus, les buissons coupés, les ronces et les masses d'épines qui encombrent le sol, déracinées ; bientôt la forêt inextricable est devenue une campagne découverte. La grâce de Jésus-Christ venant en aide à ses serviteurs, tout marche à souhait et l'église ne tarde point d'être achevée. — Alors nuit et jour ils vaquent aux exercices spirituels, études, prières, jeûnes et veilles. Mais selon le précepte de l'apôtre, jamais non plus ils ne laissent le travail manuel. Les uns taillent des poutres et les équarrissent avec la hache ; les autres aplanissent des pièces de bois pour en faire les parois de leurs demeures ou les lambris de leurs toitures. Le plus grand nombre armés de houes retournent la terre, la divisent ensuite avec la bêche, y tracent avec la charrue de légers sillons, qu'ils finissent par convertir en belles planches (2). »

Jusque vers la fin du V⁰ siècle, les vides étaient si considérables dans la péninsule armoricaine que les colonies bretonnes, les *plou* comme les *lann*, devaient y être fort à l'aise et pouvaient s'y développer librement, sans se gêner, sans se toucher, dans une complète indépendance. Mais quand ces colonies se furent multipliées au point, sinon de couvrir entièrement le territoire, du moins de se trouver plus rapprochées, d'entretenir entre elles des relations fréquentes et obligatoires, alors l'intérêt pressant de la paix et de la sécurité générale les contraignit de se grouper pour former des associations plus étendues, des principautés, dont chacune mit à sa tête un souverain, juge suprême, chef militaire de son petit état, ayant autorité sur les chefs de *plou*, et que l'on appela tantôt roi, tantôt comte ou duc, ce qui semble avoir été à cette époque fort indifférent chez les Bretons.

Le plus sage pour ceux d'Armorique eût été certainement de n'avoir qu'un chef, de former un seul état, qui n'eût pas encore été bien considérable. Mais la

(1) Albert Legrand, *Vies des SS. de Bret.* édit. 1680, p. 479.
(2) Vit. S. Brioci, cap. 47-49 (texte antérieur à 850) dans *Analecta Bollandiana* II, p. 182-184.

passion du particularisme innée dans leur sang ne le permit pas. Ils se partagèrent en trois principautés :

La Cornouaille (*Cornubia*),

La Domnonée (*Domnonia*),

Le Bro-Weroc ou Vannetais breton (*Patria Weroci, pagus Veneticus*).

Encore y eut-il deux autres subdivisions :

Le Poher (*Pou Caer, Pagus Civitatis*),

Le Léon (*Pagus Leonensis*),

qui tout en se rattachant, le Léon à la Domnonée, le Poher à la Cornouaille,
eurent à certains moments, sous certains rapports, une existence à part.

La Domnonée comprenait tout le littoral nord de la péninsule armoricaine
depuis l'embouchure du Coësnon jusqu'à celle de l'Elorn. La limite nord, tout le
temps, c'était la mer; la limite sud, d'abord la grande forêt centrale ou forêt
de Brecilien et au-delà (vers l'Ouest) la ligne bornant au Sud (avant 1789) les diocèses
de Tréguer et de Léon. — Le pays de Léon, compris entre le Kefleut (rivière de
Morlaix) et l'Elorn, ne fit partie de la Domnonée que vers 530-540. — Au VIe siècle,
la grande forêt centrale fut peu entamée et son profond massif continua de
séparer — muraille infranchissable épaisse de quinze lieues — le Nord et le Sud
de la péninsule, la Domnonée et le pays de Vannes. Mais, au siècle suivant, la partie
Est de Brecilien comprise entre l'Out et le pays de Rennes commença d'être
percée, criblée de défrichements, de châteaux, de monastères, il s'y établit même
quelques *plou*, et tout ce territoire envahi (répondant au Sud des anciens diocèses
de Saint-Brieuc et de Saint-Malo) accrut la Domnonée, qui renferma ainsi au
moins la moitié de la région occupée à cette époque par les Bretons d'Armorique.

L'évêché de Cornouaille (*Cornubia*), créé vers l'an 500, devait comprendre
tout le territoire qui formait en 1789 le diocèse de ce nom. Mais le comté ou
royaume de Cornouaille avait-il la même étendue ? C'est possible, cela n'est pas
sûr. Vers 520, le bassin de la rade de Brest, qu'on appelait alors Pou-Caër ou
Poher, n'était point ou n'était plus aux mains des comtes de Cornouaille; il y
rentra trente et quelques années plus tard.

Le diocèse de Vannes avait à cette époque à peu de chose près la même
étendue qu'en 1789. Il fut jusqu'au IXe siècle partagé en deux régions : le Vannetais
breton et le Vannetais gallo-romain ou gallo-frank : celui-ci à l'Est, compris
entre la mer, la Vilaine depuis son embouchure jusqu'à Guipri, et une ligne
dont j'ai indiqué le tracé ci-dessus (p. 257 note 1) partant de Guipri et aboutissant
à l'Ouest de Vannes. Le reste du diocèse, formant environ les deux tiers de son
territoire, s'étendait à l'Ouest et au Nord-Ouest de cette ligne, et montait assez
avant dans la forêt centrale; cette région, ainsi que la presqu'île de Ruis située
au Sud de Vannes, fut occupée aux Ve et VIe siècles par l'émigration bretonne et
forma le Vannetais breton ou comté breton de Vannes, que du nom de l'un des
premiers comtes on appelait aussi Bro-Weroc (Pays de Ueroc ou Weroc), dont
on a fait plus tard Broërec.

Telles sont les divisions et les dénominations politiques que présente la
péninsule après les émigrations bretonnes. Elles ne ressemblent nullement, on
le voit, à celles de l'époque romaine. La Domnonée a envahi, à l'Est, le pays

compris entre la Rance et le Coësnon, c'est-à-dire l'angle Nord-Ouest de la cité
des Redons qui se trouve ainsi entièrement séparée de la mer, et à l'autre extrémité de la péninsule la Domnonée a de même absorbé l'angle Nord-Ouest de la
cité des Osismes appelé désormais le pays de Léon. — Le reste du territoire de
cette cité, soit environ les trois quarts, forme la Cornouaille (*Cornubia*). — La cité
de Vannes se trouve également scindée en deux : à l'Ouest le comté breton de
Vannes ou Bro-Weroc; à l'Est le Vannetais gallo-frank. — Ce Vannetais gallo-
frank; l'évêché et comté de Nantes *(pagus Namnetensis)*, toujours borné au Sud
par la Loire; l'évêché et comté de Rennes *(pagus Redonensis)*, c'est-à-dire ce qui
reste de l'ancienne cité des Redons après la rescision opérée sur elle vers le Nord-
Est, — tout cela formera, de la fin du V⁰ siècle au milieu du IX⁰, une zône frontière
assez dénudée occupée par les restes de la population gallo-romaine, soumise à
l'autorité des rois Mérovingiens, champ de bataille habituel des Bretons et des
Franks, et qu'on nomme la Marche franko-bretonne.

Les nouvelles dénominations topographiques qui apparaissent pendant ou
après l'émigration bretonne — Domnonée, Cornouaille, Léon, Poher, Bro-Weroc
— diffèrent autant de celles de l'époque romaine que les nouvelles divisions
diffèrent des anciennes cités. D'où viennent ces dénominations? — Nous avons
indiqué l'origine de Bro-Weroc. — Domnonée (*Dumnonia, Domnonia*) et
Cornouaille ou plutôt Cornubie (*Cornubia, Cornovia*), ce sont les noms de deux
grandes tribus de l'île de Bretagne — *Damnonii* ou *Dumnonii*, — *Cornabii, Cornavii*
ou *Cornovii*, — tribus dont nous parlerons bientôt plus amplement et qui
fournirent à la Domnonée et à la Cornouaille armoricaine la plus grande partie
de leur population bretonne. — Mais quoique le Léon, comme nous l'avons dit,
ait dépendu de la Domnonée au moins depuis 530, l'origine de sa population
semble différente; il reçut beaucoup de colons de la Cambrie, notamment du
Glamorgan, du pays de Gwent (Monmouthshire actuel) et des environs de la ville
de Caer-Léon : de là vient probablement son nom, car la prétendue histoire
d'une légion romaine qui restée en ce pays après la chute de l'Empire
lui eût fait donner celui de *pagus Legionensis*, et par contraction *Leonensis*,
cette histoire inventée de toutes pièces ne repose sur rien. Il n'y a nulle trace
de cette prétendue légion, nulle trace dans aucun document ancien du prétendu
nom *Legionensis*, — on ne trouve que *Leonensis*, pas d'autre forme. — Quant
à *Poher*, contraction de *Pou Caër*, c'est-à-dire *Pagus Civitatis* ou *Pagus
Urbis*, Pays de la Ville, de la Cité, — si les deux mots composant ce nom sont
bretons, le nom lui-même rappelle un fait notable de l'époque romaine, l'importance de la ville de Vorganium, sa qualité de chef-lieu de la cité des Osismes, car
le chef-lieu du Poher ou Pou-Caër, la ville, la cité que ce nom rappelle, c'est
Carhais (*Caër-Ahès*), héritière très diminuée mais néanmoins très certaine de
l'antique Vorganium.

Après les comtés ou principautés fondées en Armorique par les émigrés
bretons, disons quelques mots des évêchés.

Parmi les émigrants il y avait des évêques qui passèrent en Armorique avec leurs ouailles et continuèrent de les paître sur le continent comme ils le faisaient dans l'île. Mansuetus « *évêque des Bretons* » en est un exemple dès 461 ; sans doute il ne fut pas le seul. Tant que ces pasteurs émigrés vécurent, il ne dut pas être question de diocèses à limites fixes ; chacun de ces évêques insulaires continua à régir dans l'exil les hommes de sa tribu ou ses compagnons d'émigration partout où ils se portaient, sans que nul songeât à tracer à ces juridictions épiscopales des limites fixes sur un sol que l'on ne connaissait même pas. D'autant plus qu'au moment où s'accomplit l'émigration et depuis les ravages de l'invasion saxonne, les sièges épiscopaux dans l'île de Bretagne avaient été nécessairement bien mobiles, les limites diocésaines bien incertaines.

Quand ces évêques venus d'outre mer moururent, il fallut les remplacer. L'émigration s'étant assise était devenue colonisation, les principautés bretonnes s'étaient formées. L'organisation ecclésiastique tendait aussi à s'asseoir et à se consolider. Puis la discipline de l'église des Gaules, avec laquelle, sans la fréquenter beaucoup, l'église bretonne émigrée ne voulait pas se brouiller, cette discipline très favorable aux diocèses à limites fixes, poussa les Bretons dans ce sens. Mais quelles limites prendre pour leurs diocèses ? Celles des anciennes cités gallo-romaines ? Il n'y en avait plus, on ne les connaissait plus. La seule chose possible était de suivre pour les diocèses les limites des nouvelles principautés bretonnes. C'est ce qui fut fait. Les Bretons du Vannetais reconnurent, dans des conditions que nous indiquerons plus loin, l'autorité des évêques de Vannes, dont le siége d'origine gallo-romaine était un peu antérieur à l'émigration ou au moins tout à fait contemporain. — Il y eut pour le comté de Cornouaille un évêché breton, un autre pour le Léon qui lors de cette fondation n'était pas encore absorbé par la Domnonée. — Quant à la Domnonée proprement dite, en dehors du pays de Léon, c'était le pays des grands monastères, comme le Champ du Rouvre (Saint-Brieuc), Trécor, Dol, Gaël, Aleth. Chacune de ces maisons avait autour d'elle de nombreuses dépendances formant comme un petit diocèse, que l'abbé souvent revêtu du caractère épiscopal administrait ; la Domnonée resta longtemps sous ce régime. Quelques années après 550 seulement, elle fut constituée en évêché ayant pour siége le monastère de Dol, mais le régime malgré cela ne changea guère, le pouvoir des abbés-évêques dans l'arrondissement où chacun d'eux l'exerçait se maintint et tendit plutôt à se consolider, jusqu'au moment où (au IXe siècle) ces circonscriptions furent définitivement reconnues comme diocèses à limites fixes.

Nous n'insisterons pas, nous ne voulons donner ici que la physionomie générale — pour ainsi parler — de la colonisation bretonne. Nous reviendrons sur les faits particuliers dans le récit historique qui suivra ce chapitre.

Pour compléter cette physionomie, restent deux traits à fixer, deux points à examiner : les relations des émigrés bretons établis en Armorique

1º Avec leurs voisins, Romains, Gallo-Romains, Gallo-Franks et Franks ;

2º Avec les indigènes armoricains sur le territoire desquels s'établirent.

L'histoire de Riothime qui est de l'an 469-470 (ci-dessus p. 251) nous montre que les premiers émigrés bretons vivaient en bonne intelligence avec l'Empire. Mais l'Empire s'effondra six ans après, et les Bretons d'Armorique eurent bientôt pour voisine immédiate et pour limite la monarchie des Mérovingiens. Entre Clovis et les Bretons il n'y eut pas de choc, ou s'il y en eut, Clovis sur eux ne gagna rien. Cela résulte clairement du témoignage de Grégoire de Tours. Au livre IV de son *Histoire*, parlant des chefs des Bretons contemporains de Chlotaire (vers 550), il les appelle *comtes*, et il donne à leurs états le nom de *regnum* qui dans la circonstance répond au français « principauté » plutôt qu'à « royaume ; » et pour expliquer l'apparente contradiction de ces deux termes il dit : « *Depuis la mort de* » *Clovis*, les Bretons ont toujours été sous la suzeraineté des Franks, et le titre » de comte a remplacé chez eux celui de roi (1). »

Donc jusqu'à la mort de Clovis, nulle sujétion des Bretons envers les Franks. Après Clovis, et jusqu'en 560, on ne trouve encore nulle trace de guerre entre les Franks et les Bretons ; mais diverses circonstances de l'histoire intérieure de ces derniers amenèrent leurs princes, depuis 520 environ et pendant tout le VIᵉ siècle, à reconnaître la suprématie des Mérovingiens. Ils ne semblent pas leur avoir payé tribut, on n'en trouve nul indice ; ils se reconnaissent seulement obligés à être *fidèles* et *soumis (fideles, subjecti)* aux rois franks, à ne rien faire contre leurs intérêts (2), ce qui, d'après le contexte, implique surtout de leur part l'obligation de ne point ravager le territoire de la monarchie mérovingienne, particulièrement la Marche franko-bretonne, c'est-à-dire les pays de Rennes et de Nantes et la partie gallo-franke du Vannetais.

Cette obligation, les chefs bretons la reconnaissent volontiers, mais dans les vingt dernières années du VIᵉ siècle, de 578 à 600 environ, les comtes de Vannes en particulier ne cessent de la violer. Presque tous les ans ils envahissent les comtés de Rennes et de Nantes, dévastent les campagnes, pillent et brûlent les maisons, enlèvent des prisonniers pour avoir des rançons ; ils ne tuent pas ou du moins fort peu, ils n'agissent que pour le lucre. Après ces ravages (amplement rendus sinon même provoqués par les Franks), les Bretons confessent qu'ils ont eu tort, promettent de ne pas recommencer, de payer de grosses indemnités, — et ne tiennent rien de leurs promesses (3). — En ce qui touche Vannes, le comte du Bro-Weroc ou Vannetais breton déclare nettement que Vannes ne lui appartient pas et doit rester entre les mains du roi mérovingien, mais que si le roi veut bien lui en confier le gouvernement, il fera parvenir au trésor royal tous les impôts que cette ville doit fournir (4). — Ici il s'agit d'impôts payés par une ville faisant

(1) « Chanao (*vel Conoo*), Britannorum *comes*, *regnum* Macliavi (fratris sui) integrum accepit : nam semper Britanni sub Francorum potestate *post obitum regis Chodovechi* fuerunt, et *comites* non *reges* appellati sunt. » (Greg. Tur. *Hist*. IV, 4.)

(2) « Sacramento se constrinxit quod *fidelis* regi Chilperico esse deberet » (Greg. Turon. *Hist*. V, 27). « Obsides cum multis muneribus tradidit, promittens se *nunquam contra utilitatem Guntchramni regis esse venturum* » (Id. *Ibid*. X, 9).

(3) « Scimus et nos (disent les Bretons) civitates istas (les pays de Rennes et de Nantes) Chlotha-» carii regis filiis redhiberi et nos ipsis debere esse *subjectos*... Quæ contra rationem gessimus cuncta » componere non moramur... » *promittentes nunquam terminum civitatum illarum ultra se agressuros*... Oblitus sacramenti, omnia quæ promisit postposuit » (Id. *Ibid*. IX, 18).

(4) « *Venetos quoque civitatem (regi Chilperico) refudit*, sub ea conditione ut, si mereretur eam *per jussionem regis* regere, tributa vel omnia quæ exinde debebantur annis singulis, nullo admonente, dissolveret » (Greg. Tur. *Hist*. V. 27). — Il résulte clairement de là que Vannes était en dehors du territoire occupé jusqu'alors (578) par les Bretons, et qu'ils n'y avaient aucune prétention.

partie intégrante du royaume des Franks, un peu plus haut d'une indemnité pour ravages indûment perpétrés, mais nulle part d'un tribut de vassalité imposé aux Bretons d'Armorique par les Mérovingiens.

Au VII⁰ siècle, les Bretons de la Domnonée firent à leur tour une rude guerre aux Franks. Le roi Dagobert les menaça d'une expédition qui ne semble pas les avoir beaucoup effrayés ; mais son ministre saint Eloi, envoyé par lui comme négociateur près des Bretons, réussit mieux : il les amena à reconnaître de nouveau nominalement, sans tribut, la suprématie des Franks et fit conclure entre les deux nations un traité de paix et d'alliance (1). Ce traité est de l'an 635.

En 691, les Bretons avaient rompu le lien de vassalité nominale qui les unissait encore en 635 à la monarchie des Franks (2), et selon toute apparence ils restèrent en cet état d'indépendance complète jusqu'à la seconde année de la dynastie carolingienne en 753. — Mais depuis 520 environ jusque vers 650, leurs princes avaient reconnu la suprématie de la monarchie mérovingienne, reconnaissance sans tribut, purement nominale, qui ne portait nulle atteinte à leur existence nationale ni à leur indépendance effective, et ne les empêchait pas, nous le verrons, de faire souvent et rudement la guerre aux Franks.

La question des rapports entretenus par les Bretons émigrés avec les indigènes armoricains ou gallo-romains rencontrés par eux dans la partie de la péninsule où s'étendit avant le IX⁰ siècle l'occupation bretonne, cette question est tellement importante pour fixer le caractère, la véritable physionomie des origines nationales de la Bretagne, qu'on nous permettra de la traiter avec quelque développement et de discuter certaines objections plus ou moins spécieuses présentées sur ce point — les seules d'ailleurs qui méritent la discussion.

Il serait puéril de soutenir que, dans l'établissement successif des nombreuses bandes venues de la Grande-Bretagne en Armorique aux V⁰ et VI⁰ siècles, il n'y eut jamais entre les indigènes et les nouveaux venus aucun fait de violence. Toutefois, au moment des émigrations bretonnes — nous l'avons prouvé plus haut — il y avait dans la péninsule armoricaine assez de terres inoccupées pour loger les émigrés sans troubler les indigènes. Plus tard, quand les émigrations en se renouvelant eurent comblé la plupart des vides ; quand les bonnes places devinrent rares et que les rangs se pressèrent, alors il put, il dut y avoir çà et là quelques conflits entre les colons venus de l'île et les anciens habitants. Mais ces conflits durent être rares, purement locaux et accidentels, sans portée générale : à ce moment la supériorité de l'élément breton était déjà assez prononcée pour rendre une lutte impossible ; de plus, les deux races se connaissaient, leur fusion était déjà avancée ; enfin — ce qui est décisif — dans les anciens documents ni même dans les traditions un peu sérieuses on ne trouve l'indice d'aucun fait de ce genre. Impossible donc, en bonne critique, d'attribuer à la violence dans la colonisation bretonne de l'Armorique un rôle appréciable et de voir là à un degré quelconque le résultat d'une conquête.

---

(1) « Pacifice confœderavit. » *Vit. S. Eligii,* S. Audoëno auctore, dans Du Chesne, *Histor. Franc. Script.* I, p. 629 ; et Surius *de SS. Vitis* Dec. p. 4. Cf. Fredegarii *Chronic.* ad ann. 635.
(2) *Annal. Mettens.* ad ann. 691, dans Du Chesne III, p. 266 ; cf. p. 276.

Ici l'on nous arrête, et l'on cite contre notre thèse tous les faits de violence et de guerre que nous avons rappelés tout à l'heure, commis de 578 à 600 environ par les Bretons de Bro-Weroc contre les pays de Rennes et de Nantes, le Vannetais oriental, la ville de Vannes elle-même.

Ceci — qu'on nous passe le mot — est un pur sophisme. Ces faits sont en dehors de la question — tout comme les gens du Rennais, du Nantais, de la ville de Vannes et du Vannetais oriental étaient, avant le IXᵉ siècle, en dehors de l'occupation bretonne. Ils étaient pour les Bretons des étrangers, non moins que leurs maîtres les Franks dont un certain nombre se trouvaient même établis parmi eux. Or il ne s'agit pas des sentiments ni de la conduite des Bretons à l'égard des étrangers de race quelconque placés *en dehors des limites de l'occupation bretonne,* mais des sentiments et de la conduite réciproque des colons bretons et des indigènes armoricains *en dedans des limites de cette occupation.* En dedans de ces limites je défie qu'on trouve dans l'histoire un seul fait de guerre, un seul conflit entre ces deux éléments.

En vain par exemple l'on nous dit : « Écoutez l'évêque de Vannes Regalis entouré de son clergé et des habitants de la cité, s'adressant (en 590) à Ebracaire, l'un des généraux du roi Gontran envoyé pour soumettre le comte de Vannes : « Nous ne sommes nullement coupables (dit-il) envers nos seigneurs les rois » (mérovingiens) ; jamais nous n'avons eu l'audace de porter atteinte à leurs » droits ; mais tenus en captivité par les Bretons, nous sommes soumis à un joug » pesant (1). » — Vannes à cette époque ne faisait point partie du territoire occupé régulièrement et à demeure par les Bretons. Le comte de Bro-Weroc, nous l'avons vu tout à l'heure (p. 287), reconnaissait lui-même cette ville pour être aux Franks. Mais comme elle touchait immédiatement la frontière des Bretons, ceux-ci l'envahissaient de temps à autre pour vider les coffres contenant l'impôt dû au fisc mérovingien. L'évêque tient à se disculper, lui et les siens, à cet égard : en quoi il a d'autant plus raison que, quelques années auparavant, le roi Chilpéric avait châtié son prédécesseur Eunius, suspect de sympathie pour les Bretons (Greg. Tur. *Hist.* V, 27). Tel est le sens des paroles de Regalis : nous ne voyons pas comment cela peut prouver que les Bretons eussent eu besoin de violence et de conquête pour s'établir dans les territoires possédés par eux à l'Ouest et au Nord de Vannes. Au contraire, leurs incursions sur l'empire des Franks prouvent bien que chez eux ils vivaient en paix, qu'ils en sortaient quand bon leur semblait en toute sécurité, sans craindre de laisser derrière eux le champ libre à des ennemis domestiques : ce qui implique entre eux et les indigènes bonne entente ou au moins absence de lutte.

Voici un autre fait, ou plutôt un trait de mœurs, dans lequel on a cru trouver une preuve de l'établissement des Bretons en Armorique par la violence, et de la haine des indigènes contre eux. Il y a là, on va le voir, une simple méprise. Mais ce trait étant curieux par lui-même, on me permettra d'en parler ici, quoiqu'il appartienne à la troisième époque de notre Histoire, car il est de 851. C'était dans les commencements de l'abbaye de Redon, fondée par saint

_____

(1) Greg. Turon. *Hist.* X, 9.

Convoïon. Un méchant tiern ou seigneur breton du voisinage appelé Risweten, chicanant à ce monastère quelques pièces de terre dont on lui avait fait don, extorqua de Convoïon, à titre de dédommagement, une somme de 20 sols (1). Peu de temps après, en juillet 851, « le roi Charles le Chauve (dit un contem-
» porain) mit en marche toute son armée pour porter en Bretagne la guerre, le
» massacre, et soumettre tout ce pays à sa domination. Mais le roi Erispoë qui
» gouvernait alors la Bretagne l'ayant appris, fit préparer aussi son armée et manda
» à tous les siens de se mettre en point et d'aller à la rencontre de Charles *au delà*
» *du fleuve de Vilaine.* Aussitôt tous les Bretons s'élancent de leurs demeures.
» Alléchés par l'espoir du butin, Risweten et Tredoc (son cousin) se hâtent de
» marcher avec eux (2). Ils eurent leur poste près d'une église dédiée à saint
» Pierre, dans un village dit Jeneglina, qui trois ou quatre jours après fut tout à
» coup au milieu de la nuit envahi et ravagé par les Franks. Risweten et Tredoc
» se cachent alors, pour leur échapper, sous un tas de paille dans l'aire d'un pauvre
» homme. Mais un des habitants du village *(unus e populo)* dit aux Franks : « Si
» vous cherchez les Bretons, ils sont là sous la paille. »

Arrachés de leur cachette, les deux tierns sont massacrés ; leurs corps jetés sur la place du village restent sans sépulture, la tête d'un côté, le tronc de l'autre. Cette nouvelle ne tarde pas à arriver en Bretagne. Avant de partir pour la guerre, Risweten avait mis en mains sûres les vingt sols extorqués à Convoïon ; celui-ci l'ayant su cherche le dépositaire, afin de rentrer dans son argent. Un honnête homme appelé Beatus, qui l'avait reçu de Risweten, le rapporte à l'abbé. Ce Beatus était de la paroisse de *Poliac,* aujourd'hui Peillac sur l'Out, un peu à l'Ouest de Redon. Sur cette dernière circonstance, on a cru pouvoir placer à Peillac la mort de Risweten, et l'on a dit : Voyez comme ces indigènes détestaient les Bretons ! Mais on n'a pas pris garde au commencement du récit. Erispoë en convoquant ses guerriers leur indique un point de concentration situé *au delà,* c'est-à-dire à *l'Est de la Vilaine* (le passage traduit plus haut le dit nettement), soit un lieu situé dans le pays de Nantes, car l'armée franke arrivait par la frontière d'Anjou. L'armée bretonne pénétra même dans cette dernière province, et c'est en Anjou non loin de Juvardeil (3) qu'eut lieu, le 22 août 851, le choc des deux armées, déroute complète de Charles le Chauve. Quand se produisit l'épisode de Jeneglina, les têtes de colonne des deux partis venant se heurter entre elles, Franks et Bretons devaient être près les uns des autres, près du lieu où se donna la bataille. Jeneglina était donc certainement en Anjou.

Jeneglina en Anjou, Jeneglina même tout simplement à l'Est de la Vilaine, ne peut rien nous apprendre sur les relations des Armoricains avec les Bretons dans la partie de la péninsule occupée par ces derniers avant le IX⁰ siècle. Jeneglina n'a donc rien à voir dans la question.

(1) Valant 563 francs d'aujourd'hui s'il s'agit de sols d'argent, 1864 fr. si ce sont des sols d'or — ce que le texte ne dit pas. — Voir Guérard, *Polypt. d'Irminon,* I, p. 139-140.
(2) « Erispoë, qui tunc Britanniam regebat... mandavit ut omnes parati essent et præirent eum Carolum) *ultra Visnoniæ fluvium.* Statim Britones cuncti a sedibus suis surrexerunt. Tunc Riswetenus et Tredoc una cum eis properaverunt. » *(Actes des SS. de Redon,* dans D. Morice, *Preuves,* I, 239).
(3) Voir René Merlet, *Guerres d'indépendance de la Bretagne sous Nominoë et Erispoë,* p. 13. Juvardeil est aujourd'hui commune du canton de Châteauneuf-sur-Sarthe, arrondissement de Segré, Maine-et-Loire.

L'unique argument tel quel à invoquer par ceux qui attribuent à la violence l'établissement des Bretons en Armorique, c'est le passage du poème d'Ermold le Noir, où ce panégyriste de l'empereur Louis le Débonnaire et de ses guerres contre la Bretagne raconte à sa manière cet établissement. En voici la traduction :

« Cette race ennemie (la race bretonne), courant la mer sur ses barques, s'empara jadis par ruse du pays qu'elle occupe aujourd'hui. Ceux que la langue des Franks appelle Bretons vinrent jadis de l'extrémité du monde britannique. La terre leur manquant, battus par le vent et la tempête, ils s'installèrent sur ces bords et se préparèrent à payer le tribut. Les Gaulois possédaient ces campagnes quand ce peuple poussé par les flots s'y présenta. Comme il était marqué de l'huile du baptême, ils lui permirent de s'installer parmi eux, de cultiver la terre avec eux. Mais à peine ces Bretons ont-ils pris quelque repos qu'ils suscitent des guerres horribles et s'efforcent de remplir le pays de nouveaux maîtres. A leurs hôtes ils paient le tribut en coups de lance, pour les remercier de leurs terres ils leur offrent la bataille, ils répondent à leur bonté par l'arrogance (1). La nation franke *[Francia]* étendait alors son empire par des victoires qui lui offraient plus de périls ; c'est pourquoi elle négligea longtemps d'arrêter ces désordres. Pendant ce temps cette race bretonne croissant de plus en plus, remplit le pays entier, et non contente du sol où elle fut reçue dans sa détresse, gonflée d'orgueil elle attaque maintenant le royaume des Franks. »

Pour réduire ce lourd factum à sa juste valeur, il faut remarquer qu'Ermold, panégyriste attitré de la guerre contre les Bretons, les charge de parti pris dans tout le cours de son poème, souvent avec de grossiers mensonges, par exemple, quand il les accuse de n'avoir pas de tribunaux et de vivre habituellement dans l'inceste (2). Puis quoique son récit de l'expédition de 818 soit curieux, Ermold ne s'avança pas en Armorique au-delà de Rennes, et est mal renseigné sur bien des choses, au point de mettre la ville de Vannes à l'embouchure de la Loire. Son témoignage, surtout pour ce qu'il n'a pas vu et qui n'est pas de son temps, est donc sans autorité.

D'ailleurs ici, si on lui prête l'intention d'avoir voulu désigner comme victimes de la fureur guerrière des Bretons les indigènes de la partie de la péninsule couverte par l'occupation bretonne, les Curiosolites, les Osismes, les Vénètes occidentaux, il n'y a qu'une chose à répondre : il ment. Car ces guerres épouvantables (*horrida bella*) dont il nous parle, si elles avaient eu lieu, auraient laissé quelque trace dans l'histoire, dans les documents écrits, les traditions ou les monuments. Or on ne peut trouver nulle part, je le répète, rien absolument qui ait trait à un conflit de ce genre. Mais les vers d'Ermold ont, à mon avis, un sens plus vrai et plus simple. Cet auteur évidemment se souciait très peu des Osismes et des Curiosolites, dont il ne semble même pas connaître le nom. Une

(1) « Tempore nempe illo, hoc rus quoque Gallus habebat,
Quandoquidem populus fluctibus actus adest...
Ut requies sibi cessa, movent mox horrida bella,
Lancea pro censu, munus pro rure duelli
Redditur hospitibus, pro pietate tumor. »
Ermold. Nigel. *De rebus gestis Ludovici Pii*, lib. III, v. 17-18 et 21-23, dans Bouquet t. VI, dans Pertz t. II.
(2) Ermold. Nig. *Ibid.* v. 48-50 et 53-54.

seule chose l'inquiète, le préoccupe, les griefs des Franks contre les Bretons ; c'est le seul point auquel il songe et qu'il ait besoin de mettre en relief pour justifier l'expédition de Louis le Débonnaire. Or, quels sont ces griefs ? Dans le passé les ravages si fréquents des Bretons sur les pays de Rennes et de Nantes. Dans le présent le refus de payer le tribut imposé par Charlemagne. Aussi nul doute que les Gaulois (*Gallus*) contre lesquels il reproche aux Bretons d'avoir dirigé ces *horrida bella*, ne soient les Gallo-Franks de Nantes et de Rennes ; le *census*, le *tributum* repoussé à coups de lance par les Bretons, c'est le tribut mis sur eux par le grand empereur et qui avait toujours soulevé leur indignation.

Ainsi compris, le texte d'Ermold a une signification vraie, naturelle, parfaitement admissible ; s'il y fallait voir une lutte entre les émigrés et les indigènes de l'Ouest de la péninsule, ce ne serait plus qu'une calomnie contre les Bretons aussi mensongère que celle qui les peint vivant sans aucune règle de justice, honteusement livrés à la débauche et à l'empire de la force brutale.

Résumons ce chapitre en quelques lignes.

Les diverses bandes d'émigrés bretons successivement débarquées en Armorique forment d'abord de petites colonies entièrement autonomes, les unes civiles, les *plou*, les autres ecclésiastiques, monastiques, les *lann*. — En se multipliant, en se rapprochant, ces colonies se groupent en trois petits états ou principautés respectivement indépendantes : Domnonée, Cornouaille, Bro-Weroc. — Les évêchés modèlent leurs limites sur celles de ces principautés ; le clergé breton-armoricain est purement monastique. — De 520 environ à 650, les chefs de ces petits états reconnaissent la suprématie des rois mérovingiens, mais sans leur payer tribut, sans s'abstenir de fréquents ravages et hostilités contre leurs territoires. — Par contre, dans la partie de l'Armorique occupée par les Bretons émigrés, nulle trace d'un conflit quelconque entre eux et les indigènes : d'où il faut conclure que la colonisation bretonne de la péninsule armoricaine s'est faite pacifiquement par l'accord et la fusion des deux races.

Telles sont les lignes générales de l'établissement des Bretons sur le continent. Dans le récit qui va suivre nous en verrons les traits se préciser, se développer, s'animer, de façon à former un tableau qui ne manquera, nous l'espérons, ni d'originalité, ni de vie ni de couleur.

VI

LES ÉMIGRATIONS BRETONNES ET LES CITÉS ARMORICAINES

PENDANT LA DERNIÈRE PARTIE DU Vᵉ SIÈCLE.

§ 1ᵉʳ. — *Premiers émigrants bretons sur la côte nord de la péninsule armoricaine.*

E premier groupe d'émigrants bretons dont la présence sur le continent est bien constatée, c'est, nous l'avons dit, celui qui avait pour évêque Mansuetus en 461, pour roi Riothime en 470, et que Sidoine Apollinaire nous montre en 468 établi au-dessus de la Loire, c'est-à-dire, nous l'avons vu, dans la péninsule armoricaine. C'est tout ce qu'on peut affirmer de la situation de ce premier établissement. Pour préciser davantage on ne pourrait faire que des conjectures, auxquelles il serait toujours possible d'en opposer d'autres d'égale valeur. Jeu stérile, auquel il est inutile de perdre son temps (1).

Jetons les yeux sur le littoral nord de la péninsule. Là vers la même époque (de 460 à 500) nous assisterons à des fondations de *plou* et de *lann,* dont le détail n'est pas sans intérêt.

Revenons à Fracan (vers 460); nous avons vu plus haut (p. 280) qu'étant débarqué au port de Brahec à la onzième heure du jour, c'est-à-dire comme on comptait alors, à cinq heures du soir, il s'était mis aussitôt avec sa bande à parcourir tous les environs et ayant trouvé un lieu convenable sur le bord du Gouët, il avait de suite commencé à y habiter (2). Le sens naturel de ce passage, c'est que Fracan découvrit ce terrain et s'y fixa le jour même de son débarquement. Nos premiers historiens avaient imaginé de traduire *portus Brahecus* par l'île de Bréhat, qui, sans parler du bras de mer à traverser, est à une dizaine de lieues de Ploufragan, point d'arrivée de Fracan : de cinq heures à la chute du

---

(1) Si l'on admet que l'armée de Riothime ait été transportée en barques, par mer et par la Loire, de la côte armoricaine dans le Berri, il est naturel de placer la colonie bretonne d'où elle sortait sur le littoral sud de la péninsule, soit dans le Vannetais breton, soit en Cornouaille. Dom Le Gallois, dans ses Mémoires sur les origines bretonnes (Bl.-Mant. XLIV, p. 207), l'a mise dans ce dernier pays; choix très arbitraire : au demeurant comme il n'y a en tout cela que des conjectures, mieux vaut s'abstenir.

(2) « Delatus in portum qui Brahecus dicitur, statim proxima quæque perlustrans, hora diei quasi undecima, fundum quemdam reperiens non parvum... inundatione cujusdam fluvii qui Sanguis dicitur locupletem, fretus cum suis *inhabitare cœpit.* » (*Vit. S. Uinual.* lib. I, cap. 2.)

jour un pareil trajet est impossible. Plus tard on transporta le débarquement de Fracan dans la jolie baie de Bréhec, en Lanloup, qui au XV° siècle s'appelait encore *Brahecus*; cela épargnait aux pauvres émigrés la traversée du bras de mer et sur terre une douzaine de kilomètres; il leur en restait encore à faire au moins vingt-six avant de trouver leur gîte : dans un pays inconnu assez difficile à parcourir, impossible encore de faire à pied un pareil trajet avant la chute du jour. Mais on a découvert tout récemment au fond de la baie de Saint-Brieuc au bord de la mer, à une demi-lieue plein Ouest du bourg de Langueux, un lieu appelé dans les anciens titres « le clos de *Bréhac*, » et un filet d'eau dont l'embouchure fait comme un petit port nommé aujourd'hui encore le *rusé, russé* ou *ruisseau de Bréhat* (1). De là à Ploufragan il y a en ligne droite six kilomètres et demi; par une soirée d'été, Fracan et les siens n'eurent donc pas de peine à trouver leur gîte, ils eurent même du temps de reste pour dresser leurs tentes c'est-à-dire probablement des huttes de branchages coupés dans la forêt. A peu de distance de Brahec (*Bréhac*) existait aussi une voie romaine se dirigeant vers le Sud-Ouest, c'est-à-dire vers le Gouët; je doute que Fracan se soit soucié de la prendre, cela eût beaucoup allongé sa route (d'environ 5 kilomètres), puis ces chaussées antiques devaient être dès lors faute d'entretien en mauvais état.

Fracan aidé par sa famille, ses serviteurs, ses compagnons, défricha le territoire sur lequel il établit son *plou*, et qui lui donna de fort belles récoltes. Il semble avoir cultivé avec prédilection l'industrie pastorale, bravant l'intempérie des saisons, même les orages, pour surveiller en personne ses troupeaux et ses bergers, ce qui lui vaut d'être comparé par son historien à Abraham et aux anciens patriarches (2).

Il ne resta pas longtemps seul dans ces parages. Bientôt une autre bande d'émigrés, plus nombreuse que celle de Fracan, vint attérir également dans la baie actuelle de Saint-Brieuc mais à l'embouchure du Gouët; le chef de l'expédition qui s'appelait Rhigall (3) s'enfonça dans les terres en remontant pendant trois kilomètres environ la rive droite de ce petit fleuve toute couverte de bois. Arrivé là il fut séduit par l'aspect pittoresque de deux vallons traçant dans la forêt deux sillons abrupts qui venaient se réunir en pointe aiguë sous un énorme promontoire rocheux dominant tout ce site. Rhigall nomma ce lieu la Vallée-Double *(Bina Vallis)*; suivant l'une des branches de cette vallée (4) et marchant vers le Sud il arriva bientôt à une clairière dont le centre était ombragé d'un chêne antique aux rameaux tordus, au feuillage vert-foncé, de l'espèce appelée chêne-rouvre. C'est

(1) C'est l'érudit et ingénieux archiviste des Côtes-du-Nord, M. Tempier, qui a fait cette intéressante découverte ; les titres appliquant à cette localité le nom de *Bréhac, Bréhat, Bréha*, sont des XVII° et XVIII° siècles ; ce nom se trouve aussi dans des procès-verbaux, enquêtes et autres pièces officielles de 1833 à 1839 et de 1854. — *Rusé, russé, russel, ruissel, ruisseau*.

(2) « Illum cum pastoribus quadam die pascentem gregem terribilis corusci cœli perterruit fragor. » (*Vit. S. Uinaloëi* I, 3).

(3) *Chef puissant*, du breton (insulaire) *rhi*, roi, chef, *gall*, puissance, énergie, autorité, en latin *Rigalis*.

(4) Le regretté M. Arthur de la Villerabel, dans son beau livre *A travers le vieux Saint-Brieuc*, a bien fixé la vraie situation de la Vallée-Double, quand, écartant l'opinion qui prétend voir là les deux grandes vallées du Gouët et du Gouédic, il dit : « Ce terroir de la *Vallée-Double* se reconnaît dans les replis de terrain d'où sort, comme un éperon, le promontoire compris entre la *rue du Légué* et le chemin qui conduit à la *Fontaine Notre-Dame*. » (Edit. in-4°, p. 14).

là que Rhigall établit son manoir; on le nomma la Cour du Champ du Rouvre (*aula Campi Roboris*); ce nom de cour (*aula* en latin, *lis* en breton) indiquait le siège de l'autorité qui régissait la petite colonie. Les compagnons de Rhigall se répandirent sur le littoral entre le cours du Gouët et celui de la rivière d'Urne; ils finirent même par passer à l'Est de celle-ci et s'étendre jusqu'au Gouëssan, mais jamais plus loin. Ce territoire assez ample paraît avoir été divisé en deux *plou,* séparés entre eux par l'Urne mais relevant du même chef, Rhigall, honoré dans les documents anciens du titre de comte bien qu'il ne fût en réalité qu'un chef de *plou* (1).

Les Bretons de cette colonie demandèrent assez longtemps leurs moyens d'existence à la chasse, à la pêche, à l'industrie pastorale plutôt qu'à l'agriculture. Rhigall aussi, éleveur de chevaux, grand chasseur, respecta religieusement la verdoyante parure qui couvrait la Vallée-Double, les deux rives du Gouët et du Gouédic, et la plus grande partie du pays. Elles devaient pourtant tomber ces forêts altières, elles tombèrent bientôt mais sous d'autres mains.

La presqu'île de Tréguer commençait aussi à se peupler; on y voit vers le même temps, dans la vallée du Trieu, une colonie dont le chef appelé Conothec avait de grands troupeaux, exposés malheureusement à de grands périls en raison des nombreuses bandes de loups qui peuplaient ces grands bois. On nous a conservé l'histoire lamentable de Woedmon, le chef de ses bergers, qui vit un soir ses pauvres brebis dispersées de tous côtés par un orage et fut lui-même toute la nuit assiégé par des troupes hurlantes de fauves, auxquels il n'échappa que par miracle (2).

Voilà des *plou,* des colonies civiles. Les colonies monastiques, les *lann,* on n'en manquait pas non plus dans ces parages.

Sur un îlot qui touche l'île de Bréhat le plus ancien monastère de la Bretagne armorique fut fondé avant 470 par un savant et très austère abbé venu de la Grande-Bretagne, nommé Budoc, surnommé le docteur *très-élevé* (3). Ce qu'il y a de curieux, c'est qu'il reste encore de ce proto-monastère breton des ruines très reconnaissables et très caractérisées. L'îlot où elles se voient est appelé dans la Vie de saint Gwennolé *insula Lavrea,* l'île Lavré (aujourd'hui Lavret), à 250 mètres de la côte Est de Bréhat, espace qui assèche à toutes les marées pendant plusieurs heures, sauf deux jours par mois dans la morte-eau. Quand Budoc s'établit là ou peu après, Bréhat avait déjà un certain nombre d'habitants, en relations fréquentes avec les moines (4).

(1) Sur Rhigall voir *Vita S. Brioci,* éditée par dom Plaine dans *Analecta Bollandiana* t. II, p. 181 182, 185.
(2) « Ovium pastor Woedmonus sub duce suo Quonethetho gregem in pascuis *juxta silvam* uberrimis pascebat... Ictibus crebro fulmineis per cœlum micantibus, oves fugerunt. Custos pecudum, jam nocte omnia tegente, lupos circa se glomeratos vidit. » (*Vit. S. Uinualoëi,* lib. I, cap. 16.)
(3) « Magistrum Budocum cognomine *Arduum* » (*Vit. S. Uinual.* I, cap. 4).
(4) Jusqu'ici tous les auteurs bretons, hagiographes et historiens, ont placé le monastère de Budoc dans l'île Verte, située au N. de l'embouchure du Trieu, à 1.900 mètres dans l'O. de l'île de Bréhat. En faveur de cette assimilation l'existence d'un couvent de Cordeliers au XVᵉ siècle sur l'île Verte — seul argument qu'on puisse invoquer — est une raison de nulle valeur. A cette assimilation s'opposent au contraire plusieurs circonstances essentielles relatives à ce monastère mentionnées dans la *Vita S. Uinualoëi.* — 1° Le nom de l'île où il était situé *(insula Lavrea* ou *Laurea)* n'a aucun rapport avec celui de l'île Verte. — 2° La *Vita S. Uinualoëi* (lib. I cap. 7) suppose pour siège du monastère une île où les *discipuli* et *scholastici* pouvaient faire d'assez longues promenades : or l'île Verte a à peine

Ce n'en était pas moins une rude et inexpugnable clôture monastique, cette ceinture de roches abruptes hérissant tous les abords de Lavré, petite Trinacrie d'environ 400ᵐ de long sur 300 de large, contenant 8 à 10 hectares, découpée en trois pointes dont la plus élevée et la plus sauvage (Bec Ernot) aspecte le Nord, les deux autres formant la base du triangle regardent, l'une le le Sud-Ouest (Pen ar Hoadic), l'autre le Sud-Est (Roch-Ru).

Vers le milieu de cet îlot, en tournant vers le Sud-Ouest, près de la côte opposée à celle de Bréhat sont les ruines de l'église de saint Budoc, bâtiment rectangulaire long de 12ᵐ environ, large de 6, dont le grand axe est dirigé de l'Est à l'Ouest, et dont il reste encore deux beaux pans de mur de petit appareil gallo-romain à assises régulières en moëllons carrés, mélangées de quelques assises en arête de poisson : chacun de ces pans haut d'environ 2ᵐ et long de 3 à 4. La base des murailles subsiste encore à peu près partout à un ou deux pieds de hauteur au-dessus de terre. Cette ruine est évidemment celle d'un bâtiment ayant d'abord fait partie d'une villa gallo-romaine ; nous avons même la date de sa construction, car dans les fondations du pignon Est, à un mètre environ au-dessous de l'aire primitive de l'édifice, au fond d'une sorte d'entonnoir formé de briques romaines unies avec du ciment on a trouvé, placées avec soin entre deux tuiles romaines bien intactes, trois médailles romaines : un petit bronze de Crispus (317-326), un moyen et un petit bronze de Constant Iᵉʳ (337-361). Cette villa fut donc construite dans la première moitié du IVᵉ siècle.

Mais les fouilles à l'intérieur de l'édifice, particulièrement au pied des fondations, ont montré que sur plusieurs points la construction primitive a été réparée, remaniée, au moyen d'une maçonnerie en appareil assez barbare, fort ancien mais beaucoup moins régulier que celui des Gallo-Romains. Mélange de styles et d'époques qui se révèle encore dans celui des tuiles romaines *(tegulæ)* de la toiture du principal bâtiment avec des ardoises fort épaisses provenant de la couverture d'une sorte d'appentis appliqué contre la muraille nord et formant l'*exhedra* (ou sacristie) de l'église de Budoc.

Il est donc évident que ce pieux moine, débarquant à Lavré vers 460, y trouva cette villa gallo-romaine ruinée en partie par les barbares du Vᵉ siècle, la releva et y installa son monastère. Car au-delà du pignon Est (contre lequel on a trouvé les médailles) les substructions antiques de style mêlé se prolongent pendant une quinzaine de mètres.

C'est aussi de ce côté — c'est-à-dire à l'Est de l'église — qu'était le cimetière, dans un terrain qui porte encore aujourd'hui, non officiellement mais populairement, le nom breton de *Beret ar Chapel*, cimetière de la Chapelle, — quoique Lavret étant inhabité depuis un temps immémorial, les générations de notre

---

deux hectares de superficie, tandis que Lavret en a dix. — 3º Cette même *Vie* (lib. I cap. 11) implique l'existence de communications faciles et journalières entre le monastère de Budoc et les habitants soit du continent soit d'une grande île très voisine ; or l'île Verte est à 2,500ᵐ du continent, à 1,900ᵐ de Bréhat, et l'espace intermédiaire n'assèche jamais, si ce n'est une ou deux fois l'an aux très grandes marées, encore reste-t-il toujours un courant d'eau plus ou moins profond entre l'île Verte et l'île Biniguet. De Lavret à Bréhat les relations au contraire sont très faciles. — 4º On n'a jamais signalé à l'île Verte aucune ruine ancienne qui pût remonter à une époque antérieure au couvent des Cordeliers ; à Lavret, on va le voir, c'est tout le contraire. — Autant de raisons contre l'île Verte, autant de raisons pour Lavret.

siècle n'aient aucun souvenir d'y avoir vu aucune inhumation. Sans pousser très loin les fouilles, on y a relevé une soixantaine de squelettes tous inhumés tête à l'Ouest, pieds à l'Est (indice certain de sépultures chrétiennes), superposés par endroits en deux ou trois couches, tombant pour la plupart en poussière dès qu'ils voyaient le jour, dont quelques-uns pourtant ont pu être reconstitués, un entre autres de la taille de 1m85. Sépultures modestes comme il convenait à des moines : point de sarcophages, mais seulement de grandes pierres plates dressées sur le champ, séparant chaque mort de ses voisins. Très peu d'indices de sépultures guerrières : pourtant un ou deux squelettes ayant la boîte cranienne perforée, les os maxillaires brisés.

On a retiré, entre autres objets, de ces sépultures un fer de lance de forme fuselée, — un couteau ou un poignard en fer monté dans un manche d'os ou de corne de cerf et plusieurs autres manches semblables ; un peigne en os, dont le dos est formé par une double baguette semi-cylindrique, — une garniture d'aumônière aussi en os composée de quatre baguettes semi-cylindriques accolées deux à deux. La forme, le style de tous ces objets accuse nettement l'époque mérovingienne, particulièrement l'ornementation du peigne et de la garniture d'aumônière, figurant des X et de nombreux losanges gravés en creux sur les baguettes (1).

On a découvert aussi, dans le *Beret ar Chapel*, deux croix de granit dont le fût et les croisillons sont de forme carrée ; le développement des bras de croix est de 60 centimètres, le fût est brisé un peu au-dessous des croisillons. Enfin, au milieu du *Beret*, les fouilles ont révélé l'existence d'un beau puits large d'environ 2m sur 8 au moins de profondeur, tout rempli de terre, de tessons de poterie samienne, et surtout de débris de grands vases beaucoup plus grossiers, dont la décoration quadrillée dénote encore l'époque mérovingienne (2). Ce puits une fois nettoyé de la terre et des débris divers qu'il contenait, l'eau de source a paru au fond, excellente et sans aucun goût saumâtre. Il parait bien que c'était là le puits principal de l'établissement, quoiqu'on ait constaté l'existence d'un autre, mais moins important, au bout d'un sentier qui va vers le Nord du Beret ar Chapel à la falaise.

Tout confirme donc la prise de possession, la réparation et le remaniement, par les émigrés bretons du Ve siècle, des ruines d'une villa gallo-romaine appropriée par eux à une nouvelle destination.

Mais ce n'est pas tout.

Quand on se promène vers la fin de septembre dans l'île Lavret aux environs de Beret ar Chapel, entre les ruines et la côte qui regarde l'Est, on voit se dessiner sur le gazon des lignes formant des circonférences circulaires (ou à peu près) sur lesquelles l'herbe est déjà presque sèche, quand en dedans et en dehors de ces cercles le gazon est encore vert. La conclusion, c'est que les lignes circulaires marquées par ces herbes sèches indiquent l'existence de substructions

_____

(1) Décoration constante des objets similaires, comme on peut s'en convaincre au Musée de Saint-Germain.

(2) Ces fragments de poterie d'époques et de fabrications diverses, se trouvent d'ailleurs en terre un peu partout autour de l'édifice rectangulaire décrit plus haut et autour du *Beret ar Chapel*.

lapidaires recouvertes d'une couche de terre superficielle trop peu profonde
pour conserver au gazon, en cette fin d'automne, la fraîcheur de son teint et la
force de sa végétation.

Ces conclusions ont été, il y a quelques années, vérifiées et justifiées par des
fouilles faites sur ces emplacements circulaires, et qui ont mis à nu les fondations
de huit cellules ou logettes rangées en ligne à assez faible distance de l'édifice
gallo-romain (église de Saint-Budoc) et du Beret ar Chapel. — Ces fondations sont assez grossières et indiquent des constructions rapidement faites.
Quelques-unes ont déjà été exploitées, on en a enlevé des pierres pour bâtir des
maisons à Bréhat, enlèvement qui a altéré l'état primitif et la forme circulaire
des substructions. Pourtant elle est évidente, cette forme, dans la plupart des cas ;
on a même pu constater que le diamètre intérieur de ces cellules ou logettes est
le plus souvent d'environ 3 mètres, mais va quelquefois jusqu'à 5.

Ces cellules sont disposées sur une ligne qui se développe du Nord-Est au
Sud-Ouest, à 40 mètres environ dans l'Est de Beret ar Chapel. Trois d'entre elles
se touchent presque ; les autres sont séparées par des distances de 4, de 5, ou de
10 mètres. La dernière de toutes dans la direction du Nord-Est est à près de 40
mètres des autres. Mais dans cet intervalle, et même dans d'autres parties de
l'île, il a existé d'autres cellules qui, par suite de l'exploitation ou dévastation
signalée plus haut, ont disparu (1).

En tous les cas, par les faits bien constatés que l'on vient d'exposer, nous
connaissons maintenant la véritable physionomie de nos monastères bretons
primitifs du Vᵉ au VIIᵉ siècle. Une série de cellules ou logettes monastiques
groupées autour d'une église, d'un cimetière et de quelques autres bâtiments
d'utilité générale (réfectoire, cuisine, grange), voilà ce qu'on voit à Lavré et ce
qui date de Budoc, c'est-à-dire des premiers temps de l'émigration bretonne ;
c'est exactement ce qu'on voyait au VIᵉ siècle à Iona et dans tous les monastères scoto-bretons. Donc le régime monastique importé en Armorique par
les Bretons émigrés reproduisait dans son organisation matérielle et morale, dans
tous ses traits essentiels, cette vie cénobitique si curieuse, si bien connue par la
précieuse Vie de S. Columba, — régime dont nous pouvons voir, toucher encore
après quatorze siècles, dans cet humble îlot de Lavré, une relique vénérable, un
souvenir et un débris matériel toujours subsistant.

Fracan qui avait déjà deux fils, Weithnoc (ou Guéthenoc) et Jacut, quand il
débarqua en Armorique, en eut peu de temps après un troisième qu'il appela
Uinualoē ou Gwennolé, et qui devint l'un des patriarches de l'institut monastique
dans la péninsule bretonne.

C'est au *très élevé* maître et docteur Budoc que Fracan confia l'éducation de

_____

(1) Les fouilles de Lavret, auxquelles on doit toutes les découvertes sommairement signalées ici,
furent faites, à ma demande, en 1890 et 1891, par M. l'abbé Lasbleis, originaire de l'île de Bréhat,
professeur au séminaire de Tréguer, avec un zèle, une complaisance, une intelligence, dont je suis
heureux de lui témoigner toute ma gratitude. — Les détails donnés par la Vie de S. Gwennolé
(Vita S. Uinualoēi) sur le monastère de Budoc à l'île Lavré impliquent l'existence dans cette maison
d'une cinquantaine de moines tout au moins, tant anciens *(seniores)* que novices et écoliers *(discipuli
et scholastici).* Aussi M. Lasbleis m'écrivait en 1891 « qu'en automne, lorsqu'on coupe la fougère très
» abondante sur l'île de Lavret, les hommes qui ont l'habitude de ce travail disent qu'on voit claire-
» ment dans l'île toute une série de cercles d'herbe sèche » outre ceux qu'il a fouillés.

Gwennolé à peine âgé de sept ans. Il le conduisit lui-même dans l'île Lavré ; ils partirent du port de Brahec en barque, montant vers le Nord en suivant la côte occidentale de la baie de Saint-Brieuc. Ils essuyèrent dans cette traversée un affreux orage après lequel ils virent briller, radieusement illuminé par le soleil, le littoral du *pagus Uelamensis* — nom primitif du pays de Goëlo (1). — Le séjour de Gwennolé à Lavré, raconté par son biographe Wrdisten, abonde en curieux détails dont nous userons plus tard pour tracer le tableau de la vie et de la discipline des *lann* bretons primitifs.

Comme la plupart de ces *lann*, Lavré était à la fois école et monastère. Il y avait des écoliers, *scholastici*, et de jeunes moines, *discipuli, juniores*, non astreints à toutes les rigueurs de la règle, jouissant d'une assez grande liberté, sortant souvent de l'enceinte du monastère pour différentes causes, surtout pour visiter leur famille. Dans une de ces excursions Gwennolé, âgé alors de quinze à vingt ans, fut témoin d'un spectacle curieux.

Ploufragan n'est qu'à une lieue du Champ du Rouvre ; aussi des relations fréquentes et amicales s'étaient-elles établies de bonne heure entre Fracan et Rhigall. Ni l'un ni l'autre n'était grand agriculteur. Mais tous deux se livraient avec passion à l'élève des chevaux : des troupes de chevaux sauvages galopaient dans les forêts armoricaines ; avec des toiles, des barrières et divers autres engins, on prenait les plus jeunes, les mieux tournés de ces farouches quadrupèdes, on les dressait à force de patience. Chacun des chefs se fit ainsi un fort beau haras dont il était très fier, qu'il ne manquait pas de vanter à tout propos aux dépens de celui de son voisin. Cette petite guerre était le fond de leurs entretiens. Pour y mettre fin et voir qui avait raison, ils décidèrent de mettre aux prises leurs coursiers. Vers 480 plus ou moins — retenez cette date ! — fondation des concours hippiques en Bretagne (2).

Le lieu de la course, quelque belle grève sans doute de la grande baie dans laquelle le Gouët épanche son onde ; au bout, pour but un groupe de rochers. Tous les rivaux frémissants, hennissants, sont en ligne montés par des jeunes gens, des enfants qui ne pèsent pas une once (*levissimi pueri*) mais inaptes à gouverner leurs montures, lesquelles galopent à cœur joie en s'égaillant à droite et à gauche, sans souci du but. Un seul cheval, mieux tenu par son cavalier le jeune Maglus (ou Maël) fils de Conomagle qui avait été jadis gouverneur de Fracan, ce cheval ardent, bon premier, court au but droit comme une flèche ; les *plouëïs* de Fracan (les hommes de son *plou*) poussent des cris de victoire. Mais en approchant du but le cheval s'emballe et affolé se précipite sur le rocher où il s'assomme. Le cavalier roule inanimé, on le croit mort. Le cri de triomphe s'éteint en un gémissement lugubre. A ce moment on aperçoit Gwennolé qui était venu voir cette fête ; il avait déjà beau renom de vertu, de science, de charité, on le supplie de secourir le pauvre Maglus. Par ses soins et ses prières il réussit à le rendre à la vie. Il passa pour l'avoir ressuscité. Sa renommée, sa gloire en devint immense. On s'attendait à le voir succéder à Budoc dans le gouvernement du monastère de Lavré ou fonder lui-même en ces parages une grande maison religieuse. Mais à l'âge de vingt et un

(1) *Vit. S. Uinualoëi* lib. I, cap. 4.
(2) Voir *Vit. S. Uinual.* I, 18.

ans (vers 482) il quitta Lavré et passa en Cornouaille, où nous le retrouverons bientôt.

Le monastère que ce pays attendait de Gwennolé et qui lui était si nécessaire pour activer le défrichement des forêts et la renaissance de l'agriculture, ce monastère lui vint en effet vers ce temps-là, mais par un autre personnage qui a imprimé si fortement sa trace sur cette terre, que son nom y est resté pour jamais attaché, honoré et béni.

Un beau jour (vers l'an 485), une grande barque venant du Nord-Est et contenant plus de cent soixante personnes, aborda à l'embouchure du Gouët. Les passagers mettant pied à terre déchargèrent le navire de toutes ses provisions, de tous ses agrès, puis le tirèrent sur la rive et l'y laissèrent comme des gens qui ne songent plus à s'en servir. Ils portaient par dessus leur tunique un vêtement plus ample, sorte de manteau appelé coule *(cuculla)* fait de peau de chèvre, le poil en dehors et présentant un aspect rougeâtre, soit teinture, soit couleur naturelle (1). Pour chef, un homme vénérable d'environ soixante-dix ans, encore très vert. Ouvrant la marche d'un bon pas il suivit (comme autrefois Rhigall) la rive droite du Gouët pendant 3 kilomètres environ, puis là il s'éloigna de la rivière tournant ses pas vers le Sud, séduit lui aussi par la pittoresque Vallée-Double, toujours couverte de sa forêt de chênes reliés entre eux par des lianes, des ronces, des halliers très fourrés. Tous prirent la branche de la Vallée-Double dirigée vers le Sud-Ouest, où ils rencontrèrent bientôt une source très claire dont l'eau débordante faisait une petite nappe d'eau. Là le chef s'arrêta, s'assit, et invita tous ceux qui le suivaient à prendre en ce lieu si frais quelque repos (2).

Ce chef était un vénérable abbé appelé Brioc (saint Brieuc), les autres étaient ses moines.

Ils n'étaient pas là depuis longtemps, quand tout à coup, broussant par la forêt parut un cavalier, un chasseur (3), qui à la vue de cette troupe d'inconnus vêtus d'étrange façon s'effara, eut sur eux de mauvais soupçons et leur cria d'un ton rogue : — D'où venez-vous ? Que voulez-vous ?

— Nous venons d'outre mer, répondit Brioc ; nous ne voulons que servir et honorer le vrai Dieu.

Il eût ajouté sans doute des détails plus précis, si l'autre lui en avait donné le temps. Mais pressé de dénoncer cette invasion à Rhigall son maître, le chasseur détale au grand galop, sans vouloir écouter le reste.

Rhigall était souffrant, d'humeur chagrine. Indigné de voir une troupe d'étrangers s'installer sur ses domaines sans son autorisation, il donne l'ordre à quelques-uns de ses satellites d'aller de suite les expulser de la Vallée-Double. Sitôt après leur départ, les douleurs du comte redoublent. Il se reproche la rigueur de ses

---

(1) La *Vita S. Brioci* (§ 44 et 45) dit de ces émigrants : « Transmarinos quosdam, *rubeis ac pelliceis vestibus indutos,* advenisse » — et un peu plus loin : « Transmarinos homines esse, *rubeas ac hispidas habere vestes.* »

(2) *Vit. S. Brioci,* § 44, dans *Anal. Boll.* II, 181.

(3) « En discourant avec ses religieux, S. Brieuc fut fortuitement apperceu par un chasseur poursuyvant une beste, lequel appartenoit au comte Rigal, seigneur de ce pays, qui pour lors habitoit ceste coste, faisant sa demeure en une maison qu'il avoit fait bastir dans la forest pour jouir plus à souhait des contentemens de la chasse. » (La Devison, *Vie de S. Brieuc,* édit. de 1627, p. 84).

ordres et dépêche un exprès pour les changer. Au lieu de chasser de ses domaines ces étrangers, il veut qu'on les lui amène au Champ du Rouvre.

Pendant que cet exprès fait son message, disons quelques mots de l'époque, de l'origine, de la vie antérieure de saint Brieuc.

Ce qui fixe l'époque de sa naissance, c'est que saint Germain d'Auxerre, mort en 448, lui conféra la prêtrise, très probablement lors de son second voyage dans l'île de Bretagne en 447 : ce qui met la naissance de Brioc en 417 au plus tard (1).

Quant à son lieu de naissance, c'est incontestablement la Grande-Bretagne — dom Lobineau a cent fois raison de dire « qu'on n'a nulle raison de faire de l'Irlande la patrie de saint Brieuc (2); » — mais quelle partie de l'île de Bretagne ? Sa Vie nomme son pays natal *Coriticiana regio*, ce qui désignerait naturellement le pays de Cardigan nommé en gallois *Keretikiaun* (3). Mais il y a une objection très grave : d'après la Vie de saint Brieuc, le pays où il naquit était entièrement ou presque entièrement païen. Or en 417, non seulement le pays de Cardigan, mais toute la province romaine de l'île de Bretagne située au Sud du mur de Sévère était chrétienne ; s'il y restait encore dans quelques petits coins quelques païens, c'était tout à fait à l'état d'exception. Cela exclut absolument le pays de Cardigan. Pour la même raison doivent être rejetées les opinions qui, en modifiant plus ou moins l'épithète géographique *Coriticiana*, proposent pour la patrie de saint Brieuc soit la Cornouaille anglaise, soit la ville de *Corinium* (Cirencester) au comté de Glocester, soit le pays des *Coritani* dans le Lincolnshire.

Mais est-on, pour cela, réduit à ne trouver à cette date des païens qu'en Irlande ? En aucune façon. A ce moment, dans la partie de la Bretagne comprise entre le mur de Sévère et celui d'Antonin, formant la province appelée *Valentia*, depuis la fin du IVe siècle courue, ravagée, infestée par les Saxons, les Pictes et les Scots, — là certainement, en 417 et pendant tout le Ve siècle, le paganisme dominait. Il y existait bien encore quelques familles, même quelques tribus chrétiennes, mais à l'état d'exception. La règle générale, c'était le paganisme. Si donc on trouve là un nom qui se rapproche suffisamment de *Coriticiana*, c'est là certainement la patrie de saint Brieuc.

Or voici, là même, un nom presque identique : c'est la *civitas Coritiotar* ou *Coritiotan* (4), mentionnée par le Géographe de Ravenne, en laquelle les historiens anglais s'accordent à reconnaître la *Coria Otadenorum*, aujourd'hui la ville de Jedburg dans le Teviotdale. *Coria* ou *Coricia Otadena* se contracte naturellement en *Coritiotana regio*, qui est à deux lettres près le même mot exactement que *Coriticiana*. Rien de plus facile pour un scribe inattentif que de substituer *ci* à *ot*. Aussi peut-on dire que c'est le même nom, et affirmer hardiment que la véritable patrie de saint Brieuc est la *Coritiotana regio* ou *civitas*, la *Coria* ou *Coricia*

---

(1) En Gaule et en Grande-Bretagne, à cette époque, l'âge minimum requis pour recevoir le sacrement de l'ordre était trente ans.

(2) *Vie des SS. de Bret.*, édit. in-fol. p. 12.

(3) De *Keretic* ou *Caredig*, nom d'un prince de ce pays fort antérieur, selon les traditions galloises, au tyran *Corotic* correspondant de S. Patrice, auquel on a voulu l'assimiler.

(4) La confusion de l'*r* et de l'*n* est fréquente dans la lecture des écritures anciennes, surtout dans les noms propres, — le crochet de l'*r* descendant souvent aussi bas que le second jambage de l'*n*, et souvent aussi le second jambage de l'*n* un peu court ressemblant au crochet de l'*r*.

Otadenorum, principale ville du pays des *Otadeni* établis, on le sait, dans le Nord-Est du Northumberland et dans la partie de l'Ecosse comprise entre ce comté et le golfe d'Edimbourg.

De cette façon, la principale difficulté de la Vie de saint Brieuc disparaît.

Car si l'on fait naître le saint en Irlande, il faut supposer que des Irlandais *païens* s'en vont de but en blanc expédier leur fils en Gaule, à instruire, à un évêque *chrétien* dont jamais ils n'ont entendu parler : hypothèse que le bon sens repousse. On essaie de l'expliquer en disant que la mission de saint Germain dans la Grande-Bretagne en 429-431 put donner aux Hibernois une telle pensée et leur fournir en même temps une occasion plus facile de remettre leur enfant aux mains de l'évêque. Mais les Irlandais d'alors, c'est-à-dire les Scots, étaient justement les plus terribles ennemis des Bretons, qu'ils accablaient tous les ans de leurs incursions féroces : prêter à des Scots l'idée d'envoyer baptiser et élever leur fils chez les Bretons est donc une hypothèse non moins extravagante que la première.

Mais si saint Brieuc est né chez les *Otadeni* c'est-à-dire dans la Bretagne du Nord, dans l'ancienne *Valentia,* il en va tout autrement. Les Bretons du Nord sont les amis de ceux de la province romaine, théâtre de la mission de saint Germain ; si le paganisme domine dans la Valentia où la semence de l'Evangile avait été peu de temps auparavant jetée par saint Ninian, il y reste pourtant encore des chrétiens. Et comme les païens n'y sont nullement fanatiques, on peut admettre sans difficulté qu'à la demande de quelque chrétien de ses amis Cerpus, père de saint Brieuc, se soit décidé en 429-431, pendant la première mission de saint Germain, à envoyer son fils dans la province romaine pour être instruit par ce grand évêque.

Celui-ci retournant en Gaule emmena l'enfant avec lui. Seize ans plus tard quand il revint dans l'île de Bretagne (en 447), il l'y ramena, lui conféra la prêtrise et le renvoya dans son pays c'est-à-dire dans la Bretagne du Nord. Le voyage que le biographe de saint Brieuc lui fait faire de Gaule en Grande-Bretagne se borna en réalité à une traversée de l'un des ports de la Cambrie au golfe de Solway, embouchure de l'*Ituna* (1), par où il rentra dans la Valentia et regagna ses pénates.

Là il convertit sa famille, sa tribu, fonda un monastère appelé Grande-Lande qu'il gouverna environ quarante ans, c'est-à-dire jusqu'au moment où il passa en Armorique, vers 485. Historiquement, rien de plus admissible : car si la Valentia (la province entre les deux murs) fournit dès les premiers temps de l'invasion saxonne des émigrants bretons, cependant les tribus bretonnes qui l'habitaient, entre autres les *Otadeni,* disputèrent longtemps et énergiquement le terrain aux envahisseurs.

Dans la forme où nous l'avons, à côté de choses très anciennes et très curieuses, la Vie de S. Brieuc est déparée par des transpositions évidentes et des interpolations grossières. En tête de celles-ci il faut mettre la prétendue fondation attribuée à saint Brieuc du monastère de Trecor (Tréguer), absolument démentie par toutes les Vies de saint Tudual dont l'autorité sur cette question est beaucoup plus sûre,

(1) L'*Ituna* dans le Géographe de Ravenne s'appelle *Seuna,* nom qui répond au fleuve *Scene* de la Vie de S. Brieuc (§ 21, 22).

.

— d'autant qu'en cet endroit même le texte de la légende de saint Brieuc est visiblement très corrompu (1). Aussi croyons-nous que Brioc vint directement de la Grande-Bretagne avec tous ses moines, au nombre de 168, débarquer vers 485 à l'embouchure du Gouët.

Revenons à son entrevue avec Rhigall.

Sur le message précipitamment envoyé par celui-ci et contredisant ses premiers ordres, Brioc prend douze de ses moines et se rend aussitôt au Champ du Rouvre. Dès que Rhigall l'aperçoit :

— « Tiens, s'écrie-t-il, mais c'est Brioc mon cousin, le grand docteur chrétien, si renommé chez les Bretons d'outre-mer; Dieu l'envoie sans doute pour me guérir. »

Tous deux s'embrassent avec effusion. Brioc fait boire à Rhigall de l'eau fraîchement bénite à son intention, qui lui enlève aussitôt toutes ses douleurs. Rhigall, par reconnaissance et pour retenir Brioc auprès de lui, lui donne son manoir du Champ du Rouvre et tout le *plou* qui en dépendait s'étendant jusqu'à la rivière d'Urne. Lui-même se retire dans l'autre division de son domaine comprise entre l'Urne et le Gouëssan, formant le *plou* d'Helion (aujourd'hui Hilion). Rhigall avait là un autre manoir, élevé peut-être sur les ruines d'une ancienne villa romaine appelée *Vetus Stabulum* (Vieille-Etable). Quand le comte, chef du *plou*, y fixa sa résidence, le nom changea : ce lieu, devenant le siège de l'autorité qui régissait le *plou* d'Helion, fut nommé désormais la cour de justice d'Helion, *Aula Helioni*, en breton *Lis-Helion*. Ce nom subsiste encore dans un village de cette paroisse (2) et marque ainsi pour nous, après quatorze siècles, le séjour du vieux Rhigall.

A peine en possession du domaine dû à la libéralité de Rhigall, Brioc se mit à la besogne et se prépara à abattre, à défricher la forêt qui couvrait la Vallée-Double. Mais il fallait tout d'abord au centre de cet atelier agricole un lieu de prière, un point de ralliement pour les moines. Un peu à l'Ouest de la fontaine où il avait été surpris par le chasseur de Rhigall et un peu plus haut dans la vallée, Brioc trouva une autre source plus abondante encore, près de laquelle, pour donner l'exemple et animer ses moines au travail, il construisit de ses mains un modeste oratoire (3). Ce sanctuaire primitif devait occuper la place de celui que l'on vénère encore aujourd'hui sous le nom d'*Oratoire de saint Brieuc*, près de la fontaine Notre-Dame (4). Nous avons vu plus haut (p. 283) avec quel zèle, quelle vaillance, les moines de Brioc renversèrent la grande forêt qui couvrait alors, non seulement la Vallée-Double, mais tout le bassin du Gouët et celui du

(1) Au point de mettre le Jaudi, qui coule à Tréguer, dans le pays d'Ach, c'est-à-dire dans les environs de Brest. Voir *Vit. S. Brioci* § 40.

(2) L'orthographe en est seulement un peu altérée, on écrit habituellement *Licelion*, mais la prononciation est la même et l'identité n'est pas douteuse.

(3) « Mox ædificandi oratorium manibus exertis *ipse prior* imponit initium. » (*Vit. S. Brioci* § 47.)

(4) Il ne faut pas confondre cette fontaine avec celle près de laquelle Brioc et ses moines furent surpris par le chasseur de Rhigall. M. de la Villerabel les a très bien distinguées. Près de celle-ci, qui s'appelait originairement fontaine Orel, aujourd'hui *fontaine Notre-Dame*, se trouve l'*oratoire de S. Brieuc* qu'on vient de restaurer, mais elle ne s'est jamais nommée *fontaine de S. Brieuc*, nom réservé à celle où Brioc fut surpris par le chasseur. Cette *fontaine* ou ces *fontaines de S. Brieuc* (car en dernier lieu la source avait été divisée en deux) « bordaient le bas du chemin vicinal qui les surplombait, à l'extrémité de l'enclos de Montbareil, » et qui va du Légué à la fontaine Orel ou fontaine Notre-Dame. Ces fontaines de Saint-Brieuc ont été comblées vandaliquement en 1891 (Voir Villerabel, *A travers le vieux Saint-Brieuc*, édit. in-4°, p. 14-15.)

Gouédic, tout le pays depuis le Champ du Rouvre jusqu'à l'Urne. Cette forèt — du moins la plus grande partie — fit place à de belles prairies et à de magnifiques cultures. Alors Brioc, sur l'emplacement du manoir du Champ du Rouvre, éleva une église définitive *[basilica]*, autour de laquelle ses moines bâtirent un monastère à la mode bretonne c'est-à-dire, un village monastique composé d'environ deux cents cellules en ordre dispersé. Autour de ce village la population se groupa peu à peu ; c'est devenu la ville de Saint-Brieuc. Quant à l'église du monastère, c'est aujourd'hui l'église cathédrale de ce siège épiscopal, plantée sur le sol même ombragé au Vᵉ siècle par l'antique chêne-rouvre qui avait donné son nom au manoir du comte Rhigall.

En même temps, Brioc et ses moines évangélisaient tout le pays environnant et organisaient le service religieux dans les domaines de Rhigall, de Fracan et des autres petits chefs du voisinage. Ainsi s'établissait, se consolidait peu à peu sur des bases durables, dans l'ordre matériel et dans l'ordre moral, la colonisation bretonne. Nous entrons dans ces détails pour bien faire comprendre (si l'on peut parler ainsi) le mécanisme de cette colonisation.

Ce grand travail exerça longtemps sans les user les forces de la verte vieillesse de Brioc. Il arriva ainsi jusqu'à l'âge de quatre-vingt-dix ans, il passa même cette limite ; et dans cette extrême région de la vie, il ne se réduisit pas uniquement à la prière et à la contemplation. Il voulut continuer à inspecter, diriger le travail de ses moines. Mais son biographe nous avertit que la faiblesse et les infirmités de l'âge l'empêchant d'user de ses jambes, il était forcé de voyager en chariot (1). — Deux épisodes de cette époque de sa vie doivent être retenus par l'histoire.

Brioc avait eu beau raser et abattre de la forèt, il en restait encore, et dans la forèt des troupeaux de fauves. Un soir il revenait de visiter une dépendance de son monastère assez éloignée; assis dans son chariot il chantait des psaumes et à son chant répondait un peloton de moines qui marchait devant lui. Le soir tombait; tout à coup les moines se taisent, puis se dispersent en fuyant avec épouvante, et à leur place le vénérable abbé voit se dresser, se former en cercle autour de lui une bande de loups aux yeux brillants, à la gueule menaçante, prêts à se ruer sur les bœufs attelés au chariot. Le saint impassible lève la main, les loups tombent et se prosternent devant lui comme pour demander grâce. Mais quand les moines, remis de leur panique, veulent pour rejoindre leur maître franchir la ligne formée par les fauves, ceux-ci leur refusent passage et les tiennent en respect.

Cette étrange situation se prolonge toute la nuit qui d'ailleurs ne fut pas longue, car on était, ce semble, en été. Le matin, au lever du soleil, un autre incident se produit.

Un Breton insulaire appelé Conan venait de prendre terre au rivage voisin avec une bande d'émigrés, tous braves guerriers, débris d'une armée bretonne détruite par les Saxons (2). En cela rien d'étrange. Circonstance beaucoup plus singulière, ces Bretons étaient païens. Cela dit leur patrie. Chez les Bretons

---

(1) « Quodam igitur die, beato viro sedente in curru psalmosque decantante, non enim jam, præ senectute corporis, diu pedestris valebat incedere... » (*Vit. S. Brioci* § 38).

(2) « Regulum quemdam, Conanum nomine, cum exercitu suo. » (*Vit. S. Brioci* § 39).

insulaires il n'y avait plus de païens à cette époque que dans la Bretagne du Nord, dans l'ancienne Valentia. C'était donc des compatriotes de saint Brieuc. Récemment débarqués en Armorique, ils allaient devant eux cherchant — comme nous avons vu plus haut Fracan et sa bande — cherchant un lieu favorable pour y former un établissement. Tout à coup, Conan avise cet étrange spectacle : le vieillard à longue barbe blanche siégeant sur son chariot comme sur un trône, le cercle des fauves prosternés devant lui mais repoussant les moines qui les entourent.

— Voyez-vous ?... Voyez-vous ?... crie Conan à ses hommes avec stupeur.

— Nous voyons ! répondent ses compagnons non moins stupéfaits.

Et Conan qui a reconnu dans le vieillard un moine, un prêtre chrétien, peut-être même son compatriote, Conan saute à bas de son cheval et lui crie :

— Père ! père ! nous ne voulons d'autre Dieu que le tien. Il faut que tu nous baptises tous !

Comme s'il n'attendait que ce mot pour rompre sa prison, Brioc ordonne aux fauves de s'enfuir, tous disparaissent. Alors le vieillard joyeux s'entretient avec Conan ; il prescrit à lui et à ses hommes un jeûne de sept jours, pendant ces sept jours il les instruit et le huitième il les baptise (1).

Cependant le vénérable abbé approchait de son dernier terme ; le VIe siècle avait commencé, on était vers l'an 510. Tout à coup de Lis-Helion arrive au monastère du Champ du Rouvre un messager annonçant que Rhigall est fort malade et prie Brioc de le venir voir, car il est convaincu qu'il ne pourra ni guérir ni mourir avant cette visite de son vénéré cousin, et enfin s'il doit mourir il ne veut recevoir que de sa main le viatique sacré. A cet appel Brioc sans hésitation, malgré sa faiblesse, sa vieillesse, se fait hisser sur son chariot. Une troupe de moines le précède, une autre le suit. Pour se rendre du Champ du Rouvre à Lis-Helion ils traversent un plateau naguère chargé de forêts, maintenant de moissons plantureuses, d'où l'œil embrasse les belles grèves de la grande baie dominée par la falaise de Cesson. Comme d'habitude le vieillard du haut de son char chante des psaumes, les moines y répondent de temps à autre. Tout à coup une suave et aérienne musique descend d'en haut (2) ; ce n'est pas de la terre, c'est du ciel que vient la réplique, et ce sont les anges qui la donnent. Brioc fait faire halte ; en mémoire de ce prodige, au lieu même où l'on vient d'entendre les chants célestes, on taille et l'on plante une croix, qui fut honorée là pendant de longs siècles.

Enfin Brioc est à Lis-Helion ; les deux vieux amis se témoignent une dernière fois leur affection réciproque. Le moine donne au comte le pain céleste, lui dit non pas adieu mais au revoir, lui ferme les yeux. Rentré à son monastère, quelques mois plus tard en effet il va le rejoindre.

Avant de mourir Rhigall avait pris, pour assurer l'avenir de sa colonie, une disposition importante. N'ayant pas d'enfant, il la légua tout entière à l'ami

___

(1) *Vit. S. Brioci*, § 38 et 39. Ces deux chapitres, contenant l'épisode des loups et de la conversion de Conan sont manifestement transposés ; ils devraient être placés entre les § 50 et 51 de l'édition des *Analecta Bollandiana*.

(2) « Cum pergeret more solito psalmos decantans, antecedente illum et subsequente sui illius religiosi comitatus multitudine, audivit subito spiritualis organi sonum in cœlo. » (*Vit. S. Brioci* § 52.)

fidèle, au moine laborieux, infatigable, au pasteur vigilant qui en était autant que Rhigall le fondateur, puisque c'était lui Brioc qui l'avait défrichée, débroussée, fertilisée, munie de tous les instruments et de toutes les institutions de la vie et de la civilisation chrétienne. Les termes de la Vie de saint Brieuc sur cette donation sont à noter : « Au saint homme Brioc, à ses moines et à son monastère, » Rhigall donna à perpétuité son propre manoir, avec toute sa colonie et le » *plou* tout entier qui en dépendait (1). »

Le manoir, *domus propria*, c'est Lis-Helion; mais « toute la colonie, tout le *plou* » sur lequel cette colonie était établie, c'est à la fois Helion dépendant de Lis-Helion, et l'autre partie de ce vaste *plou* comprise entre l'Urne et le Gouët sous la dépendance du Champ du Rouvre. Les termes de cette donation font toucher au doigt la nature et l'étendue de l'autorité de Rhigall. Quoiqu'on lui donne souvent le titre de comte, c'était simplement un chef de *plou*, mais d'un *plou* fort vaste allant du Gouët au Gouëssan : car ces deux rivières bornaient tout son pouvoir. Par où on voit l'énorme erreur de ceux qui ont prétendu faire de lui un roi de toute la Domnonée (2).

Rhigall étant (on l'a vu) le cousin de Brioc devait être comme lui originaire de la *Coritiotana regio*, c'est-à-dire de la tribu des *Otadeni*. Le petit chef Conan baptisé par Brioc ne pouvant venir aussi que de la Valentia (territoire compris entre les deux murs), on voit que parmi les premiers émigrants établis sur la côte nord de la péninsule armoricaine bon nombre étaient partis de la Bretagne du Nord. Quant à Fracan, on ne sait de quelle région de l'île il sortait. Il était, selon Wrdisten, cousin d'un petit roi breton appelé Catoui ou Kadwy (3) dont il habitait le royaume, et le nom de ce royaume dérivait, dit Wrdisten, de celui du roi ; ce devait être quelque chose comme Bro-Kadwy ou Gwlad-Kadwy (4). On ne connaît plus aucun nom de ce genre ; c'était probablement quelqu'un des petits états bretons si peu connus, entre lesquels se partageait la région de la Bretagne insulaire s'étendant de la rivière de Dee au golfe de Solway, représentée aujourd'hui par les comtés de Lancastre, Cumberland, Westmoreland. — Quant à l'émigration des *Dumnonii* insulaires qui doit couvrir le littoral nord de la péninsule armoricaine et lui donner son nom, elle ne se produira que dans le commencement du VIe siècle, vers 515-520.

Reste la question de l'épiscopat de saint Brieuc, à qui, on le sait, sa Vie

---

(1) « Ipse vero Rigalis, domum propriam cum *tota colonia* et *plebe universa ad eam pertinente* sancto viro et ejus monachis perpetualiter habendam contradens, seque eorum humiliter commendans orationibus, in pace quievit. » *(Vit. S. Brioci*, § 52.)

(2) Mais d'autre part on a tort de vouloir enlever à la colonie de Rhigall et attribuer à celle de Fracan les paroisses de Langueux et Trégueux, sous prétexte qu'elles se seraient appelées au moyen-âge *Lan-Guethenoc, Tref-Guethenoc,* et que Guéthenoc était un fils de Fracan. En réalité ces formes *Lan-Guethenoc, Tref-Guethenoc,* n'existent dans aucun texte, c'est une invention des auteurs modernes. Dans l'immense recueil de D. Morice et dans celui des *Anciens Évêchés de Bretagne,* la seule forme qu'on trouve c'est, en 1129, *Tre-Guehuc* pour Trégueux *(Anc. Évêchés* IV, p. 309). Si *Guehuc* venait de *Guethenoc,* l'*n* de ce dernier mot aurait été conservée ; mais *Guehuc* vient en réalité de *Woeduc, Gwezuc, Guehuc,* et il n'y a aucun rapport entre Fracan et ces deux paroisses de Langueux et de Trégueux, qui appartenaient certainement à Rhigall, puisqu'il est démontré que le territoire de sa petite colonie s'étendait du Gouët jusqu'au Gouëssan.

(3) « Fracanus, Catouii regis Britannici consobrinus.... Cujus etiam prædicti regis terra nomine dicta. » *(Vit. S. Uinualoëi* lib. I, cap. 2.)

(4) *Gwlad* en gallois, comme *bro* en breton, signifie région, contrée, pays *Gwlad-Morgan,* Pays de Morgan, par contraction *Glamorgan.*

ancienne n'attribue ni le titre ni les fonctions d'évêque. Mais mieux vaut la réserver jusqu'au moment où sera examinée dans son ensemble l'organisation épiscopale de la Bretagne armorique avant le IXe siècle.

§ 2. — Premiers émigrants bretons sur la côte sud de la péninsule armoricaine.

On sait peu de chose des premiers émigrants bretons établis dans le Vannetais. Toutefois, d'après un document déjà cité (p. 204), organe autorisé de la tradition de l'église de Vannes sur ses origines, l'établissement des Bretons dans ces parages dut être tout à fait contemporain de la fondation de l'évêché, et se rapporte par conséquent aux environs de 465. Voici le début de ce document, qui est un sermon prêché dans la cathédrale de Vannes sur la fin du XIIe siècle à l'occasion de la translation solennelle des reliques insignes de cette église :

« Nous devons, nos très chers frères, nous surtout les fils de cette sainte église de Vannes, nous devons appliquer la force de notre esprit à louer la grandeur de la bonté divine, à glorifier de toutes nos forces par-dessus tout Notre Seigneur Jésus-Christ, qui sans être incité par nos mérites ni arrêté par nos fautes, poussé uniquement par sa bonté, a visité son Eglise et l'a miséricordieusement comblée de ses grâces. Bien plus, *dans la fondation et, on peut le dire, dans la création première de cette église-ci* éclata le comble de la grâce divine, puisque le bienheureux Patern, sollicité par l'ange du Seigneur, *obtint du roi Caradauc surnommé Brech-Bras ce lieu où s'élevait sa demeure royale pour y fonder le temple du Seigneur,* que ce prince fit construire à ses propres frais et dédier à Dieu en l'honneur de saint Pierre prince des apôtres. Quel heureux changement pour ce lieu, palais d'un prince de la terre, de devenir le palais du roi du ciel (1) ! »

Ainsi le premier chef des Bretons établis dans le Vannetais fut ce Caradauc. Quant à la donation faite par ce prince de ce qu'on appelle « son palais » pour y établir la cathédrale, la demeure de ce petit chef était sans doute peu de chose et le don n'eût pas été considérable; mais voici probablement ce qu'il y a sous ce fait : c'est que Caradauc avait d'abord établi dans Vannes le siège de sa petite principauté ; puis, à la demande de Patern qui peut-être trouvait ces Bretons un peu turbulents pour la paix de la cité, il l'avait quittée, l'abandonnant tout entière à l'autorité de l'évêque, et était allé se construire un logis bien remparé au milieu des bois : ce qui, vu le mépris des Bretons pour les villes, ne lui coûta guère. — Tout au moins, dans le don de Caradauc à Patern faut-il voir le souvenir traditionnel des bons rapports entretenus entre le comte et l'évêque, c'est-à-dire entre les Bretons émigrés et les indigènes armoricains.

(1) « *Circa hujus ecclesiæ fundationem, imo ut ita dicam, primam creationem,* major cumulus divinæ gratiæ in hoc apparuit quod beatus Paternus, a Domino per angelum sollicitatus, *a rege Karadoco cognomento Brech Bras locum istum, in quo præfati regis aula sita fuerat, ad fundandam domum Domino inibi impetravit,* quam præmemoratus rex et de propriis sumptibus fabricari et in honorem beati Petri, apostolorum principis fecit, Domino dedicari. » *(Descriptio reliquiarum et notabilis recommendatio ecclesiæ Venetensis,* Biblioth. Nat. ms. lat. 9093, n° 13.) — Cette pièce mentionne comme vivants Guéthenoc évêque de Vannes de 1183 à 1220 et Geoffroi évêque de Nantes de 1198 à 1213.

Vers la fin du IX⁰ siècle, quand le corps de saint Patern était encore dans la ville de Vannes (1), quelques Vannetais fuyant les invasions normandes passèrent dans la Cambrie et y portèrent la tradition encore très vivante des relations de leur Patern avec le Breton insulaire Caradauc. Les Gallois, très amateurs des vieilles histoires, l'accueillirent avec faveur. Et comme ils avaient eux aussi un saint Patern (ou Padarn) mais du VI⁰ siècle, ils fondirent en un seul, malgré l'anachronisme, ces deux personnages et brouillèrent ainsi toute l'histoire du Patern armoricain. Selon la légende qu'ils fabriquèrent, où l'on retrouve encore toutefois quelques traces de la vraie tradition vannetaise, selon cette légende Patern né en Armorique serait passé très jeune dans la Cambrie et y aurait été évêque pendant longtemps, jusqu'au jour où le roi Caradauc ayant joint à son royaume insulaire toute l'Armorique, les Armoricains lui dirent : — « Si tu ne nous rends pas Patern notre compatriote, tu n'auras jamais la paix avec nous (2). » Caradauc alors, maître et roi de l'île de Bretagne comme de l'Armorique, ramène d'autorité, bon gré mal gré, Patern sur le continent (3), l'installe comme évêque à Vannes et fait de son propre palais une église dédiée à saint Pierre.

Ici tout est fable : le séjour de Patern en Grande-Bretagne et son retour en Armorique, le discours des Armoricains à Caradauc, les conquêtes de celui-ci et son immense royaume, son rôle dans la fondation de l'évêché de Vannes, etc. Tout cela est faux ; mais aussi, on l'a vu, rien de tout cela n'a passé dans la tradition de l'église de Vannes concernant Patern et Caradauc. Puisque cette tradition rejette toutes ces fables, véritable caractéristique de la légende galloise, la tradition vannetaise n'est pas sortie de cette légende ; c'est au contraire cette légende qui a corrompu la tradition. Rejeter cette tradition sincère à laquelle on ne peut opposer aucun document, la rejeter à cause des fables de la légende qu'elle rejette, — est parfaitement illogique (4).

Le concile tenu à Vannes vers 465 pour la consécration de saint Patern (voir ci-dessus p. 203, 204) promulgua·divers canons où l'on trouve la trace des événements du temps. Le 15⁰, par exemple, prescrit énergiquement l'unité de liturgie et de psalmodie dans toute la province de Tours : les Bretons faisaient déjà dissonance. Les 6⁰ et 7⁰ sont dirigés contre les moines voyageurs et contre ceux qui allaient s'enclore en des ermitages sans l'expresse autorisation de leurs abbés : deux cas fréquents chez les moines bretons ; le 7⁰ fait même mention de cénobites vivant à la mode bretonne dans des cellules séparées. Le 8⁰ canon défend aux abbés de gouverner à la fois plusieurs monastères, mais leur permet

(1) Après avoir rapporté la première translation du corps de S. Patern à Vannes, la *Vita S. Paterni* ajoute ce renseignement qui n'avait pu être connu dans la Cambrie que par les Vannetais fugitifs : « *In urbe itaque Guenet* (Vannes) *expectant reliquiæ ejus diem judicii feliciter.* » (W. Rees, *Cambro-British Saints*, p. 196). Donc à ce moment les reliques de S. Patern étaient encore à Vannes ; or elles furent emportées dans le Berri avec celles de S. Gildas de 907 à 919 par les moines de Ruis (Mabillon, *Acta SS. O. S. B. Sæc.* I⁰, p. 148) ; mais il y avait eu des émigrations hors de la Bretagne armoricaine causées par les ravages des Normands avant que le corps de S. Patern eût quitté Vannes, dès 878-888 ; c'est alors que le renseignement ci-dessus avait été porté en Cambrie avec la tradition de l'église de Vannes sur Patern et Caradauc.

(2) « Armorici venerunt ad illum dicentes : Nisi Paternum nostratem ad nos revocaveris de Britannia, nos non placabiles poteris invenire. » (W. Rees, *Cambro-British Saints*, p. 193.)

(3) « Paternus, per apostolicum preceptum potestati resistere nolens, pergere (ad Letaviam, id est, Armoricam) consensit. » *Ibid.* p. 194.

(4) Cependant voyez *Revue Celtique* XIV (1893) p. 238-239, article de M. l'abbé Duchesne.

d'établir dans les villes des refuges pour leur communauté en cas d'incursion des ennemis : cela ne regarde pas les Bretons qui, nous l'avons vu, vivaient en bonne intelligence avec les indigènes armoricains; cela vise les hostilités et les ravages des Saxons cantonnés à cette époque dans les îles de la Loire d'où ils infestaient tous les environs.

Des Bretons du Vannetais avant la fin du Ve siècle nous ne savons rien de plus. Un certain Eusebius, qualifié roi ou duc de Vannes dans la Vie de S. Melaine, a été transformé par certains auteurs en chef breton, mais à tort : d'ailleurs nous le retrouverons dans le § 3 du présent chapitre, relatif aux cités armoricaines. Passons à la Cornouaille (1).

L'émigration bretonne qui a colonisé l'angle Sud-Ouest de la péninsule armorique a eu dans l'île de Bretagne, sinon une double origine, du moins un double point de départ.

Il y avait en Grande-Bretagne, dans la partie centrale de la province romaine, un peuple breton considérable, mentionné par Ptolémée sous le nom grec de Κορναύιοι répondant à la forme latine *Cornavii, Cornovii, Cornabii*, peuple qui a fourni évidemment la plus grande partie des émigrés établis en Armorique dans cette partie du territoire des Osismes à laquelle ils donnèrent le nom de *Cornubia, Cornau* ou *Kernaw*, mal traduit par le français Cornouaille (2). Ce peuple occupait la place où s'étendent aujourd'hui cinq comtés anglais : Chester, Shrewsbury (Shropshire), Worcester, Warwick, Stafford ; vaste territoire descendant de Chester jusqu'auprès de Glocester, compris entre la Saverne à l'Ouest, l'Avon (son affluent) au Sud-Est, au Nord le double estuaire de la Dee et de la Mersey. Dans ce vaste territoire Ptolémée mentionne seulement deux villes importantes : *Deva* ou *Deuna* (Chester) chef-lieu de la XXe légion, *Uriconium* (aujourd'hui Wroxeter non loin de Shrewsbury) chef-lieu de la peuplade ; en outre, sept ou huit stations secondaires mentionnées dans l'Itinéraire d'Antonin. Les peuples bretons limitrophes des *Cornavii* étaient, au Nord les Brigantes, à l'Est les *Coritavi* ou *Coritani*, au Sud les *Dobuni*, à l'Ouest les Ordovices et les Silures qui, avec les Demètes, couvraient le territoire de la Cambrie.

Le nom des *Cornavii* ou *Cornovii* se trouvait encore ailleurs dans l'île de Bretagne. Nous avons souvent parlé de cette grande ligne de défense construite par l'empereur Sévère à travers toute l'île, de l'embouchure de la Tyne au golfe de Solway. Le long de ce mur immense, outre les autres ouvrages, il existait dix-huit grandes forteresses ou stations militaires pourvues de grosses garnisons,

---

(1) Nous avons dit plus haut (p. 284) que la Cornouaille ou *Cornubia* primitive, dès le Ve et VIe siècle (au moins l'évêché), devait avoir à peu près les mêmes limites que le diocèse du même nom en 1789. Ces limites étaient : à l'Est le cours de la rivière d'Ellé ; au Nord le bas cours de l'Elorn, les montagnes d'Arez et celles du Mené jusqu'à Vieuxbourg-Quintin ; au Sud et à l'Ouest, de l'embouchure de l'Ellé à celle de l'Elorn, la mer. L'angle Nord-Est de ce territoire formait, en outre, une sorte de pointe descendant vers le Sud, comprise entre le Blavet (de Pontivi à Goarec) et l'Out en remontant d'Hémonstoir à peu près jusqu'à sa source : pointe fermée au Sud par une ligne courbe allant d'Hémonstoir à Pontivi.

(2) Cornouaille est le calque du nom latin *Cornu Galliæ*, qui signifie « l'angle de la Gaule » et est applicable non pas seulement à l'ancien diocèse de Quimper, mais à toute la péninsule bretonne.

à l'ombre desquelles s'étaient bâties des villes, dont plusieurs d'une importance réelle. La seconde de ces stations à partir de l'Est s'appelait *Pons Ælii*, à cause d'un pont construit en ce lieu sur la Tyne par ordre de l'empereur Adrien qui appartenait à la *gens* (famille) *Ælia*. La *Notice de l'Empire* nous apprend que cette forteresse avait pour garnison une cohorte de soldats Cornoviens : *Tribunus cohortis primæ* CORNOVIORUM, *Ponte Ælii* (1). De l'aveu de tous les antiquaires et de tous les historiens anglais, *Pons Ælii* s'élevait sur le terrain aujourd'hui occupé par la ville de Newcastle chef-lieu du comté de Northumberland, et quoique les ruines antiques soient difficiles à retrouver dans une cité de 50,000 âmes, on y a cependant découvert des traces non équivoques du mur de Sévère, de la forteresse qui constituait la station, du pont romain sur la Tyne, etc. (2). D'après ces découvertes, la commodité de ce pont et la protection de cette forteresse avaient amené sur ce point dès l'époque romaine une agglomération considérable, qui devait se composer surtout des familles des soldats Cornoviens, de leurs amis et de leurs compatriotes, car ces garnisons étaient, on le sait, de véritables colonies militaires.

Mais ce qui est fort curieux, c'est qu'à six lieues et demie vers l'Ouest de cette colonie des *Cornovii*, on trouvait un peu au Sud de la ligne du mur (à 3,800^m environ) une autre ville brito-romaine nommée dans l'Itinéraire d'Antonin CORISOPITUM (3), ce qui est exactement, on le sait, le nom latin de Quimper pendant tout le moyen-âge. — Ce *Corisopitum* insulaire est aujourd'hui représenté par la petite ville de Corbridge sise à 27 kilomètres Ouest de Newcastle, c'est-à-dire de *Pons Ælii;* la ville romaine était même à 500^m environ dans l'Ouest de Corbridge sur un mamelon aujourd'hui appelé Corchester, formant un promontoire défendu au Sud par la Tyne dont les rives sont en ce lieu assez escarpées, à l'Ouest par le vallon où coule un petit affluent de cette rivière nommé Corburn. Quoique la culture en ce terrain très fertile ait depuis longtemps détruit et nivelé toutes les constructions antiques, on a pu par des fouilles déterminer le périmètre de l'enceinte fortifiée, qui était de forme elliptique et ne renfermait pas moins de 9 hectares. Elle se trouvait tout au bord d'une des quatre grandes voies romaines de l'île de Bretagne, connue (depuis l'époque saxonne) sous le nom de *Watlinga Street*. Aussi, dans l'opinion des antiquaires anglais, cet établissement n'était point seulement une forteresse, une place militaire, mais une vraie ville, on peut même dire une ville importante, aussi importante apparemment que dans notre Armorique le chef-lieu des Redons, car l'enceinte gallo-romaine de Rennes n'était pas plus étendue que celle de ce Corisopitum. Sur l'emplacement de cette ville,

(1) Seeck, *Notit. dignit. Occid.* XL, p. 211.

(2) Voir Horsley, *Britannia Romana*, p. 132 ; Collingwood Bruce, *Hand-book to the Roman Wall*, 3e édit., p. 43-47, surtout p. 44.

(3) Le premier chapitre de l'Itinéraire d'Antonin concernant l'île de Bretagne est intitulé « A Limite, id est a Vallo, Prætorio usque, MP. CLVI, » et le premier article porte : « A Bremenio CORISOPITO MP. XX. » Un autre manuscrit de l'Itinéraire a *Coriosopito* qui est le même nom que *Corisopito ;* un troisième porte *Corstopilum*, un quatrième *Corstopitum*. Cette dernière leçon, ayant été adoptée par le premier éditeur de l'Itinéraire, a été servilement suivie par tous les autres — et à tort, puisque la leçon *Corisopitum* ou *Corisopito* se trouvant dans deux manuscrits est celle qui a le plus d'autorité. (Voir *Itinerar. Anton.* édit. Wesseling, p. 463 ; et *Monumenta historica Britannica* p. xx note 1.) — Bremenium est Richester, situé comme Corbridge dans le Northumberland, à une dizaine de lieues au Nord de cette dernière ville.

sans beaucoup creuser, on a trouvé et l'on trouve encore en abondance toute sorte de vestiges de l'époque romaine : tuiles à rebord, poteries de toute sorte, médailles remontant à l'empereur Hadrien, inscriptions remontant à Marc-Aurèle, curieuses sculptures, une entre autres assez étrange en double exemplaire : un lion de pierre en plein relief couvrant de son corps un autre animal qu'il semble protéger — symbole plus breton que romain ; enfin jusqu'à deux autels à inscriptions grecques, l'un dédié à Astarté, l'autre à l'Hercule tyrien (1). Toutes marques d'une ville ancienne, très fréquentée et qui avait dû être florissante.

Le voisinage des Cornoviens et de la ville de *Corisopitum* dans l'île de Bretagne sur les rives de la Tyne, voisinage que nous voyons peu de temps après transféré dans la péninsule armoricaine sur les rives de l'Odet; ce voisinage si fidèlement continué, perpétué de l'île sur le continent, ne permet pas de douter que la colonie cornovienne de *Pons Ælii* et les Corisopites insulaires n'aient émigré en même temps en Armorique, et cela très probablement d'assez bonne heure.

L'un des premiers actes du roi breton Vortigern après la conclusion de son alliance avec Hengist (en 450) avait été de mettre dans la Bretagne du Nord, entre les deux murs, une grosse armée saxonne, chargée du soin de repousser les Pictes quand ils voudraient franchir leur frontière (2). C'était là le but principal de l'alliance et aussi le poste le plus périlleux; on ne put manquer d'y placer tout de suite des forces saxonnes considérables. Lors de la trahison des Saxons, ceux d'entre eux qui gardaient ce poste firent alliance avec les Pictes (3) et de concert avec eux tombèrent sur les Bretons établis entre l'Humber et le golfe d'Edimbourg. Les populations bretonnes se défendirent énergiquement; mais celles qui, comme les Cornoviens de *Pons Ælii* et les Corisopites, occupaient sur le mur de Sévère ou au Nord de ce mur la zône voisine du littoral Est, pressées par les attaques combinées des Saxons et des Pictes, finirent par être contraintes de céder, et bon nombre prirent le parti de s'embarquer pour aller chercher une autre patrie sur le continent.

C'est vers 470-475 que l'on peut placer l'exode des Corisopites et des Cornoviens de la Tyne et leur arrivée aux bords de l'Odet. Avant eux si la pointe sud-ouest de la péninsule armoricaine avait vu quelques émigrés bretons, c'était des isolés, tout au plus des chefs de *plou*, comme sur la côte nord Rhigall, Fracan, Conothec. Ce sont probablement ces petits chefs que la liste informe dite *Catalogue des comtes de Cornouaille* représente par ses trois premiers noms : Riwelen Murmarc'hou, Riwelen Marc'hou, Congar.

Le quatrième nom — Gradlon Mur — a un tout autre caractère et une tout autre importance. Pour l'histoire comme pour la légende c'est celui du fondateur du petit royaume ou comté de Cornouaille, en qui l'on doit voir aussi le chef de l'émigration bretonne venue des bords de la Tyne et du mur de Sévère.

Cette émigration était nombreuse, pas assez cependant pour repeupler complè-

---

(1) Voir sur *Corisopitum*, Corbridge, Corchester et leurs antiquités, Horsley, *Britannia Romana* (1732), p. 111, 245, 247, 397, inscriptions et sculptures du Northumberland nᵒˢ c à cvi; et aussi Collingwood Bruce, *The Roman Wall* (1885) p. 76-78.

(2) Voir ci-dessus p. 240 et la note 3.

(3) « Tum subito (Saxones), inito ad tempus fœdere cum Pictis quos longius jam bellando pepulerant, in socios (Britones) arma vertere incipiunt » (Bède, *Hist.* I, 15).

tement la région sud-ouest de la péninsule armoricaine, mais assez pour y instituer les éléments essentiels d'une société et d'une civilisation, et pour fonder un pouvoir capable d'y maintenir la paix et la justice, sous un chef au bras vaillant d'une volonté forte et droite. Tel aussi, dans ce qui nous reste d'histoire et de tradition sérieuse, paraît Gradlon Mur (Grallon le Grand), fondateur, défenseur, organisateur de la *Cornubia* ou Cornouaille du continent.

Les Corisopites insulaires, gardant un doux souvenir de la situation de leur ville sur un promontoire baigné par le fleuve de Tyne et la petite rivière de Core (aujourd'hui Corburn), la relevèrent dans une situation semblable, au confluent de l'Odet et du Steir. Ils se gardèrent bien de la greffer sur la ville gallo-romaine *civitas Aquilonia*, alors agonisante et qui gît encore un kilomètre plus bas dans le faubourg de Locmaria de Quimper, malgré sa position avantageuse au bord du fleuve Odet déjà en cet endroit largement développé ; le souvenir du site natal l'emporta, ils voulurent un confluent pour le nouveau *Corisopitum*, dans lequel Gradlon établit sa résidence (1).

La colonie cornovo-corisopitaine et sa nouvelle ville eurent bientôt à subir un rude assaut capable de les ruiner s'il eût réussi, mais qui vigoureusement repoussé consolida, consacra par l'éclat d'une victoire le nouvel établissement.

Dans la seconde moitié du V⁰ siècle, aux temps de Childéric et de Clovis, la Loire, on l'a vu (ci-dessus p. 220), était infestée de pirates païens et saxons, semés dans les îles du fleuve depuis Angers jusqu'à Nantes, jusqu'à la mer, et qui plus d'une fois assaillirent et pillèrent ces deux villes. S'élançant de leur repaire, s'unissant aux flottes saxonnes que l'Elbe envoyait toujours courir les mers, ces « brigands de la Loire » ne cessaient d'infester les côtes de la Gaule. — Un jour, en force, ils remontent l'Odet et se jettent sur Corisopitum. Battus ils sautent dans leurs barques, volent vers la Loire à force de rames et de voiles, pour se sauver dans leurs antres. Mais les nécessités de l'émigration avaient rendu familières aux Bretons les choses de la mer. Les barques venues naguère de la Grande-Bretagne avec les dernières bandes d'émigrés étaient là ; ils y sautent à leur tour, suivent les pirates, les atteignent à l'entrée de la Loire et leur livrent une rude bataille : ils prennent cinq de leurs navires, tuent cinq de leurs chefs, font du reste un grand carnage, et Gradlon, chef de cette expédition, couronné de gloire par ce triomphe, trône dans Corisopitum comme le plus puissant des chefs de la colonisation bretonne. Voici sous quels traits son historien Wrdisten le peint après cette victoire :

« Le roi Gradlon gouvernait de son sceptre souverain le pays des Cornubiens situé vers l'Occident. Un grand état (2) dont il avait reculé les limites lui était soumis. Le front ceint d'un diadème, paré des richesses enlevées aux pirates du Nord, après les guerres cruelles où il avait accablé cette race ennemie il était plus puissant que personne. Il avait tranché la tête à cinq de leurs chefs, pris cinq de leurs bâtiments, brillé et triomphé dans cent combats. Témoin en est

---

(1) Wrdisten, l'historien de Gradlon, place la résidence de ce chef dans une ville fermée de murs et fondée par lui, quand il dit de lui : « *Mœnia* qui sceptro regnabat *condita* celso » (Cartul. de Landevenec, édit. A. de la Borderie p. 113). Cela ne convient qu'à *Corisopitum*.

(2) *Magnum regnum !* C'est en vers, cela souffre naturellement l'hyperbole.

le fleuve de Loire, car c'est entre ses rives brillantes que s'étaient livrées ces grandes batailles (1). »

Inutile d'insister sur l'exagération poétique d'un tel langage. Hyperbole à part, il reste que Gradlon avait soumis à son pouvoir tous les petits chefs établis à ce moment dans la *Cornubia* armoricaine et rassemblé toutes ces petites dominations locales, toutes ces tribus ou colonies isolées, en un mot tous les *plous,* en ce que le poète-historien appelle « un grand état, » *magnum regnum.* Grand, si l'on veut, par comparaison, car il embrassait à peu près toute la Cornouaille, nous y reviendrons plus loin. — Cet état, grand ou petit, renfermait des éléments variés, Bretons et Armoricains, païens et chrétiens, qui, en se mêlant, s'agitant, se heurtant parfois dans une société à l'état d'inchoation, ne pouvaient manquer de produire certaines dissonances, certains troubles. Il en paraît quelque chose dans l'histoire de saint Ronan. Si cette histoire nous avait été transmise par un récit plus sincère, plus rapproché de la relation contemporaine, nous serions sans doute très bien instruits. Même dans l'amplification verbeuse qui en a effacé, édulcoré la rudesse primitive sous ses pompeuses périodes (2), il est encore possible de retrouver quelques traits qui font entrevoir la vérité.

Ronan venait d'outre mer, mais non de l'île de Bretagne. Il arrivait d'Hibernie (Irlande), c'était un Scot ; c'était un des 350 évêques consacrés par saint Patrice (3). Profondément humble et simple, accablé sous le poids de cette dignité, il s'y était dérobé par la fuite. Sa barque poussée des vents le porta sur la pointe Nord-Ouest de la péninsule armoricaine. Il aborda à la côte occidentale du Léon actuel, au hàvre dit aujourd'hui Aber-Ildut, et remontant la vallée de la petite rivière qui s'y jette il arriva dans une région très sauvage, très déserte, où on montre encore un rocher avec une cavité en forme de corps humain appelé le lit de saint Ronan. Le pays était malsain, très marécageux (4), Ronan le quitta bientôt, et continuant de descendre vers le Sud en suivant la zône du littoral, il parvint dans la belle et vaste forêt de Nemée, Nemet ou Nevet, qui ombrageait les pentes du Menez-Hom, la large vallée de l'Aune, et couvrait en entier un grand canton de forme triangulaire compris entre le bas cours de ce fleuve, la montagne dite aujourd'hui de Locronan et le fond de la baie de Douarnenez ; canton que les Bretons appelèrent à cause de cela Porz-Coet (la Cour de la Forêt) et depuis, par

(1) Interea ad regem volitabat fama Gradlonum,
   Celsi qui summa tenuisset culmina sceptri
   Occiduæ partis, moderator Cornubiorum :
   Magnum cui suberat protracto limite regnum,
   Normannumque gazis, redimitus tempora mitra,
   Detractis fulget, cunctisque potentior, ipsa
   Barbara prostratæ gentis post bella inimicæ.
   Jam tunc, quinque ducum truncato vertice, cyulis
   Cum totidem, claret centenis victor in armis.
   Testis et ipse Liger fluvius est, cujus in albis
   Acta acriter fuerant tunc ripis prælia tanta.
               (*Cartul. de Landevenec,* édit. p. 78).

(2) Cette version de la *Vita S. Ronani* a été publiée en 1889 par les PP. Bollandistes dans leur *Catalogus codicum hagiographicorum Biblioth. Nation. Paris.* I, p. 438-458.

(3) Voir *Catalogus SS. Hiberniæ* dans Usher, *Britann. eccl. antiq.* p. 473.

(4) On l'appelait naguère Saint-Renan *ar Fank,* Saint-Renan *la Fange.* Le « lit de saint Ronan » est au bord de la rivière près du moulin de Chanan ; voir *Vies des SS. de Bret.* d'Albert Legrand édit. Kerdanet, p. 287 note.

adoucissement, Porzai. — Ronan installa son ermitage sur un des sommets les plus élevés de cette région silvestre, d'où par dessus les arbres il voyait la mer briller jusqu'à l'horizon.

Entre la limite Sud de la forêt et la ville de Corisopitum (Quimper) la campagne était peuplée de *ruricolæ* (paysans), qui semblent s'être principalement livrés à l'élève des troupeaux. Malheureusement les loups des grands bois de Nemet leur mangeaient beaucoup de bêtes ; Ronan, pour se rendre utile à ses voisins trouva moyen de mettre un terme aux ravages des loups, sans doute en apprenant aux *ruricolæ* à détruire ces fauves avec des fosses, des pièges et d'autres engins. Cela lui fit une popularité. Tout à sa vocation d'anachorète, il ne s'en allait point prêcher au dehors ; mais quand on venait lui demander des conseils, des instructions, il ne pouvait les refuser. Ceux qu'il instruisait ainsi étaient des païens ; on n'en peut douter quand on entend son biographe dire « que Jésus-Christ daigna se servir de lui *pour verser la lumière de la vérité aux habitants de ce pays*, — auxquels chaque jour il annonçait plus abondamment *le salut du Seigneur* ; — si bien que ceux qui obéissaient à ses instructions rendaient à Dieu mille grâces d'avoir fait, *dans la région de mort qu'ils habitaient, briller pour eux la lumière*, (1) » etc.

Si discrète que fût la propagande de Ronan, elle souleva l'opposition des païens ; le boute-feu — selon la légende — fut une femme jeune, belle, passionnée, dont le mari était le premier et le plus fervent disciple du saint, de chez qui il ne bougeait. Sa femme, appelée Keban, accusait l'ermite de lui avoir volé son mari :

— Je n'ai plus de mari, dit-elle, je n'ai qu'un moine. Ronan me le prend nuit et jour et fait de notre mariage un divorce (2).

On rit d'abord de Keban ; mais affolée de jalousie contre le saint, elle répandit partout le bruit que chaque mois à la nouvelle lune il se changeait en loup et sous cette forme égorgeait aussi bien les hommes que les moutons :

— Il faut le brûler vif, concluait-elle, ou lancer tous les chiens à ses trousses pour le chasser du pays.

Parmi les *ruricolæ* ou paysans auxquels elle débitait cette invention, les uns — les chrétiens sans doute — haussaient les épaules ; mais les autres étaient tout disposés à admettre ses effrontés mensonges. Pour achever son ennemi, elle s'avisa de séquestrer en un coin de sa maison une petite fille à elle et d'accuser Ronan le loup-garou de l'avoir tuée (3). — Notez que cette accusation de lycanthropie nous reporte tout à fait aux idées païennes et donne presque à Keban la physionomie d'une sorcière antique. — Acharnée à sa vengeance la légende nous la montre allant demander justice du prétendu meurtre de sa fille au roi Gradlon. Le rôle prêté à Gradlon en cette circonstance est fort curieux. Il connaissait Ronan, sa renommée et sa vertu ; il eût dû repousser, châtier même l'accusation comme une calomnie atroce. Il n'en fait rien. Parmi les conseillers et

---

(1) « Per te (Ronane) Jesus hanc terram incolentibus *veritatis lucem dignabitur infundere*. — De die in diem *salutare Dei* populo affatim annuntiabat. — Ejus monitis obedientes Deo gratias agebant non modicas. quoniam *habitantibus in regione mortis lux orta est eis.* » (*Vit. S. Ronani*, cap. 4 et 5, dans *Catal. Cod. hagiograph. Biblioth. Nat. Paris.* I, p. 440-442).

(2) *Ibid.* cap. 3, p. 441.

(3) *Ibid.* cap. 4 et 5, p. 442, 443 ; cf. ci-dessus p. 265 note 1.

les guerriers qui l'entourent, même partage, même division que chez les paysans : pour les uns Keban ment, pour les autres elle dit vrai et doit tout de suite obtenir justice (1). Gradlon entre les deux partis cherche à garder un juste milieu :

— Ton accusation, dit-il à Keban, me surprend fort ; jamais je n'eusse soupçonné Ronan de pareille chose. Cependant on va le faire venir, et tes dires seront soigneusement examinés.

Ronan arrive devant le roi. Quelle procédure suivre ? Quel moyen prendre pour connaître sa culpabilité ou son innocence ?

— Je possède, dit Gradlon, deux dogues terribles, d'une force extraordinaire, prêts à déchirer de leurs dents furieuses tout homme ou toute bête contre qui on les excite. Nous allons les lancer sur Ronan. S'il est innocent, son innocence le sauvera. Sinon, il est coupable.

Bien que cette procédure puisse être rapportée au système des épreuves judiciaires qui commençait alors à paraître, Gradlon parle là tout à fait comme un complice de Keban. L'épreuve tourne d'ailleurs à la confusion de celle-ci. Le saint, voyant les molosses s'élancer contre lui avec rage, lève la main, fait le signe de la croix et dit :

— Obéissez à Dieu (2) !

Aussitôt les deux monstres s'apaisent et viennent lui lécher les pieds.

Ce qui est caractéristique, ce sont les excuses que Gradlon stupéfait adresse au saint :

— « Puissant serviteur de Dieu (dit-il) ne t'irrite pas contre nous, je t'en supplie. Nous nous sommes follement émus contre toi, nous t'avons imposé une rude fatigue en te faisant venir jusqu'ici, nous t'avons livré comme un criminel à nos chiens furieux : c'est que nous étions aveuglé par les mensonges de cette femme maudite ! Heureusement, ta sainteté a réduit à néant la calomnie que nous avions admise, et la puissance de Dieu t'a sauvé du supplice que nous t'avions préparé (3). »

Le saint répond par des paroles de respect, en demandant que, pour achever d'éclaircir l'affaire, Gradlon envoie quelques-uns de ses familiers, de ses intimes, faire dans la maison de Keban une perquisition afin d'y retrouver sa fille ; il insiste pour que ces envoyés soient « des fidèles éprouvés de la vraie religion (4). » Ainsi, d'un bout à l'autre de cet épisode, tout révèle la lutte des deux religions, un essai de revanche du paganisme contre les conquêtes de l'Évangile.

La faveur de Gradlon pour le parti païen n'a, en y regardant de près, rien d'invraisemblable. Il venait de la Bretagne du Nord, tout à fait sur la limite de la province Valentia où, comme on l'a dit plus haut (p. 301), dominait le

---

(1) « Alii dicebant illam mentitam esse ; alii vero aiebant vera locutam esse, et injuriam sibi factam vindicandam esse quantocius censebant. » (Vit. S. Ronani, cap. 5, dans Catal. Cod. hagiograph. Biblioth. Nat. Paris. I, p. 444.)

(2) « Imperet vobis Dominus ! » (Ibid. cap. 6, p. 445.)

(3) « Summe Dei serve, ne irascaris adversus nos in te insipienter commotos, quod... in te velut in quemdam perversum nostros canes, errore cæcati, incitavimus... Verum nostrum commentum tua sanctitas redegit ad nihilum... per summi regis suffragium nostrum effugisti machinamentum. » (Ibid. cap. 7, p. 446.)

(4) « Rex jubeat ex his assistentibus quosdam sibi familiarissimos, in vera religione fidelissimos, in domum ire. » (Ibid. cap. 7, p. 447.)

paganisme, où les chrétiens étaient en petit nombre, sans organisation, sans évêque, presque sans prêtres. Gradlon pouvait donc bien être, quand il vint de là, un chrétien un peu rudimentaire. De plus, la nationalité de Ronan devait fortement lui nuire dans l'esprit de Gradlon. C'était un Irlandais, c'est-à-dire un Scot, et comme je l'ai rappelé plus haut (p. 302) à propos de saint Brieuc, les Scots et les Bretons se déchiraient alors réciproquement d'incursions furieuses ; peu de temps auparavant saint Patrice, au nom des Scots, avait chargé d'ana-thèmes le *tyran*, c'est-à-dire le *tiern* ou roi breton Corotic. Il fallait donc à Gradlon un certain effort pour reconnaître la sainteté d'un Scot. En tous cas, il était difficile à ce moment de deviner en ce prince le futur propagateur et organisateur de la religion chrétienne en Cornouaille. Mais une haute et salutaire influence allait changer son cœur.

Gwennolé fils de Fracan resta dans le monastère de Budoc jusqu'à sa vingt et unième année, c'est-à-dire jusque vers l'an 482, car il pouvait être né en 461 ou 462. En ce temps-là, la renommée du grand apôtre de l'Irlande saint Patrice mort depuis quinze ou seize ans (1) remplissait de son éclat tout le monde celtique. Ayant entendu un jour, au monastère de Lavré, raconter ses vertus et ses miracles, Gwennolé en fut enthousiasmé ; pendant la nuit son cœur fut brûlé du désir irrésistible d'aller en Irlande vénérer les reliques, les traces de cet homme illustre et recueillir de la bouche de ses amis, de ses disciples encore vivants, les sublimes enseignements de sa science et les pratiques de sa discipline. Avec l'impétuosité celtique, Gwennolé ne voulut pas remettre l'exécution plus tard qu'au lendemain et résolut de partir dès le matin avec des marchands dont le navire était mouillé dans le port de Bréhat, prêt à appareiller pour l'île des Scots (2). Mais avant la fin de la nuit la figure de Patrice illumina son sommeil de sa radieuse auréole ; le saint de sa propre bouche donna ses enseignements à Gwennolé, lui prescrivit de rester sur le continent et de se préparer à fonder bientôt une nouvelle colonie monastique.

Budoc, dans ces événements, vit une manifestation de la volonté de Dieu. Malgré la douleur que lui causait le départ de Gwennolé, il lui donna onze de ses disciples avec d'utiles et touchantes exhortations, bénit d'une main tremblante cet essaim sorti de sa ruche — et la séparation s'accomplit.

De l'embouchure du Trieu Gwennolé et ses onze compagnons se dirigèrent vers le Sud-Ouest, allant devant eux à l'aventure et cherchant, sans but certain, un lieu commode pour planter leur monastère (3). Rencontrant sur leur chemin la chaîne d'Arez ils la suivirent en marchant vers l'Ouest, descendant avec elle de plus en plus vers la mer, qu'ils finirent par rencontrer à l'embouchure de la rivière du Faou. En face de cette embouchure ils aperçurent un îlot qui

---

(1) En 466, selon les *Collectanea Tirechani de S. Patricio,* document de la première moitié du VII⁰ siècle, dans les *Analecta Bollandiana,* II, p. 36.

(2) « Cum mercatoribus transmarina negocia ausportantibus, ventum in portu serenum expectan-tibus, simul pergeret et transmigraret ad Scotos. » *(Vit. S. Uinaloëi,* lib. I, cap. 19).

(3) « Winualoeus, cum undecim fratribus, ignarus quanam in parte se verteret... » *(Ibid.* lib. II, cap. 1).

portait le nom singulier de Topepig *(insula Topepigia)*, aujourd'hui Tibidi. Sortis d'une île-monastère, ils ne concevaient la vie monastique que dans une île et protégée contre le contact du monde par la barrière des flots. En proie à cette idée, sans plus de réflexion ils se jettent sur cet îlot, y bâtissent un oratoire et alentour des logettes, bêchent et retournent le sol pour faire un jardin (1). Fonds ingrat s'il en fut : l'îlot est une table rase sans protection contre le vent, le sol une roche à peine couverte de terre, trop étroite pour sustenter les douze cénobites, dont la pêche pendant qu'ils étaient là fut souvent l'unique ressource. Très mal abrités et presque sans pain, ils passèrent là trois années fort dures. Enfin exténués de fatigue ils se décidèrent à quitter ce roc ingrat. De leur îlot, en regardant vers le Sud-Ouest, ils voyaient au-delà des flots une côte chargée de bois, ils y passèrent : difficile de trouver meilleur abri pour un nid monastique.

C'est une Chersonèse en miniature, baignée au Nord par la rade de Brest, à l'Est par la rivière du Faou, au Sud par l'Aune, dont les eaux rencontrant cette langue de terre jetée devant elles comme un barrage, sont obligées d'en suivre le contour pour arriver à la mer. Un isthme étroit relie du côté de l'Ouest à la grande péninsule de Crozon cette petite presqu'île, dont le centre se creuse en vallée courant de l'Est à l'Ouest : « Lieu très doux, très agréable » (dit Wrdisten qui le connaissait mieux que personne), « le premier dans le pays à voir chaque » année les fleurs s'ouvrir, le dernier à voir les feuilles tomber, séjour abrité » contre tous les vents sauf celui de l'Est, beau jardin émaillé de fleurs de toutes couleurs (2). » — Dans cette calme solitude, coupée d'eaux, de bois et de rochers, à l'entrée de cette vallée et presque au bord de la mer, Gwennolé s'établit avec ses disciples. Pour exprimer la paix profonde de ce séjour, il l'appela le Monastère bien abrité, *Lann Tevennec* (3), nous disons par euphonie Landevenec. C'est après Lavré la plus ancienne abbaye de Bretagne, et qui a sur Lavré l'avantage d'avoir duré jusqu'à la Révolution.

Quand Gwennolé aborda sur ce rivage, tout le canton était inhabité, inculte, couvert de bois et de halliers formant une vaste forêt (4). Ses moines commencèrent donc par s'armer de cognées pour jeter bas ces grands arbres et faire dans la forêt de larges clairières. Puis, de bûcherons charpentiers, les uns équarrirent avec la doloire les troncs abattus, dont ils firent les murailles de leur église et de leurs cellules monacales, pendant que d'autres cultivaient le sol nettoyé et le

---

(1) « Illic ergo, quibusdam casis et parvo oratorio instructis hortoque ad olera subministranda plantato, tribus habitaverunt in annis » (*Vit. S. Uinualoëi*, lib. II, cap. 3).

(2) *Vita S. Uinualoëi*, lib. II cap. 5. « *Locus apricus et amœnissimus* » etc. Je traduis littéralement.

(3) C'est l'étymologie donnée dans le *Dictionnaire breton* de dom Le Pelletier, pour qui *tevenn* est un lieu abrité du vent et exposé au soleil, *tevennec* l'adjectif exprimant cette qualité : étymologie qui semble simple et naturelle. Toutefois, suivant M. Loth, le nom *Win-waloë*, abrégé et modifié suivant certaines règles en usage chez les anciens Bretons, avait pour forme correspondante et familière *To-Win-noc* ou *Tewennoc*, en sorte que *Lan-Tewennoc* (Landevenec) est littéralement le *lann* de *To-Win-noc*, c'est-à-dire de *Winwaloë*. Deux paroisses de la Cornouaille anglaise (*Lan-Dewednac* pour *Lan-Tewennac*, et *Towednac* pour *Towennac*) portent également le nom ainsi abrégé et modifié de S. *Win-waloë*.

(4) « Et hymno dicto, ingredientes *silvam pergrandem super ora littoris sitam*, lustrantesque vallem, invenerunt quemdam in medio ejus fundum arcuatis utrinque montibus *et saltibus* intercisum, *silvis dumisque* rupibusque acerrimis ex uno latere circumseptum, ex altero mari et fluvio terminatum. » (*Vita S. Uinualoëi*, lib. II cap. 5).

préparaient à recevoir la semence (1). C'est le même spectacle que nous avons eu
au Champ du Rouvre (ci-dessus p. 283 et 303), aussi nous ne nous y attarderons
pas. Mais un point important à mettre en lumière, c'est que Gwennolé et ses
moines s'établirent là comme dans une terre vierge, inhabitée et sans maître, à
titre de premiers occupants. Cela ressort de tout le récit de Wrdisten : nul ne
leur en dispute la propriété, nul n'a la prétention de la leur concéder.

Dans les deux ou trois années qui suivirent la fondation de Landevenec, la
haute vertu de Gwennolé, l'ardeur de sa charité, les nombreuses guérisons
obtenues par ses prières, répandirent son nom au loin en Bretagne; il arriva
donc bien vite jusqu'à Corisopitum qui n'était qu'à neuf lieues de ce monastère, et
jusqu'au roi de Corisopitum — Gradlon. Quand ce nom toujours avec grand éloge
fut venu à plusieurs reprises frapper les oreilles du prince, celui-ci un beau jour,
très curieux de voir ce moine tant vanté, se rend immédiatement à Landevenec
et se présente devant l'abbé. — Mais laissons à Wrdisten le soin de peindre cette
scène, bornons-nous à traduire son récit :

« Donc, pressé d'un vif désir de voir Gwennolé, Gradlon s'avance tremblant
et tombe prosterné devant lui :

— « Quels présents pourraient t'être agréables? lui dit-il (2). J'ai de grands
» biens, une grande puissance, de vastes territoires, des coffres remplis d'or et
» d'argent, une abondante provision d'excellents vêtements, et beaucoup d'autres
» objets reçus en présent. Ce que je te donnerai, nul n'y touchera. Nul ne pourra
» rien changer à mes dispositions, tu jouiras à tout jamais de tous mes dons,
» comme s'ils étaient émanés du ciel lui-même. »

« Le saint lui tendant la main le relève et lui répond en souriant :

— « O roi, est-ce un piège que tu veux me tendre avec tes dons (3)? Si
» j'attachais quelque prix à toutes ces vanités, serais-je allé m'ensevelir dans le
» désert, dans le creux des vallées et jusqu'au fond des cavernes? N'aurais-je pas
» beaucoup mieux fait de rester vivre sur les domaines de mon père *(regnis*
» *paternis)* plutôt que de déchirer le sol avec la houe, le corps plié en deux, pour
» en tirer une maigre pitance?... Non, je ne me laisserai pas séduire par ces
» richesses périssables, si abondantes qu'elles soient; car celui qui s'y attache
» court grand risque d'être exclu des richesses éternelles. »

A toutes les offres magnifiques du roi le moine oppose un refus formel.
En retour il lui adresse un beau sermon qui ne tient pas moins de cinquante vers,
pas mal tourné en son genre, et dont le fond consiste à dire au prince avec une
grande énergie, parfois avec une vraie éloquence, que toute sa puissance n'est
rien, que toutes ses richesses l'aideront beaucoup.... à aller en enfer, qu'il y ira
certainement s'il fait le mal et n'évitera sa perte qu'en s'humiliant et se conver-
tissant au bien.

Ce fier désintéressement, ce souverain mépris des biens de la terre, la hauteur

_____

(1) « Omnes ad laborem amantissimum prodeunt, in omne opus monasteriale partiti. Nam quidam
cum sarculis terram proscindere, quidam cum securibus ligna concidere, dolatoriis planare, » etc.
(*Vita S. Uinualoëi*, lib. II, cap. 6).

(2) « . . . . . Quænam te munera placant? » (*Vit. S. Uinual.* lib. II cap. 15).

(3) « Mene tuis, ô rex, voluisti fallere donis? » (*Ibid.* II cap. 16).

de cette morale et la hardiesse de cette parole, renversèrent et conquirent l'âme de Gradlon ; tout ému, d'une voix entrecoupée à peine put-il répondre :

— « Ami du Christ qui est Dieu, ordonne tout ce qu'il te plaira pour le service du Très-Haut, je suis prêt à l'exécuter ! »

« Et depuis lors devenu très doux grâce aux bons conseils de Gwennolé, il exerça sa puissance avec la plus exacte justice (1). »

Telle fut, d'après Wrdisten, l'entrevue de Gradlon et de Gwennolé. On a là, condensée en un seul événement, en un seul récit, l'histoire des relations plus ou moins longues entretenues par ces deux personnages, lesquelles ne se bornèrent certainement pas à une seule rencontre. Sauf l'emphase inséparable du style poétique, il n'y a rien d'invraisemblable dans cet épisode, rien qui puisse autoriser à en rejeter les traits essentiels. Nous verrons tout à l'heure quelle influence il eut sur la seconde partie du règne de Gradlon.

Quant à la date de cette entrevue — Gwennolé ayant quitté Lavré vers 482, résidé trois ans à Topepig (de 482 à la fin de 484), et fondé Landevenec en 485, on doit mettre un ou deux ans plus tard (vers 486 ou 487) son entrevue avec Gradlon.

Le refus absolu opposé par Gwennolé à toutes les offres du roi prouve qu'au IXe siècle, quand Wrdisten composait son œuvre, l'abbaye de Landevenec n'avait pas un seul domaine qui fût regardé comme lui venant de Gradlon : jugez par là de l'authenticité des vingt à trente chartes du Cartulaire relatant les prétendues donations de ce prince à cette maison. Si l'histoire de l'entrevue de Gwennolé et de Gradlon prive radicalement ce dernier du titre de fondateur de Landevenec que tous les historiens lui accordent, elle est en revanche extrêmement précieuse pour nous apprendre comment se sont formées originellement les principautés bretonnes d'Armorique.

Quand Gwennolé et ses moines arrivent à Topepig, ils voient autour d'eux inculte, couvert de bois et sans maître, tout le pays de Crozon, tout le littoral de la rade de Brest. Par droit de premier occupant ils s'installent en Crozon, ils défrichent autour d'eux les meilleures terres et se les approprient par droit de culture, ils prennent possession de la forêt — jusque là complètement indépendants, leur *lann* gardant une entière autonomie. Mais voici que Gradlon, reconnu antérieurement pour chef par la plus grande partie des émigrés bretons fixés dans le Sud-Ouest de la péninsule, — Gradlon apprend l'importance du nouvel établissement formé sur la rade de Brest. Il s'y rend pour vénérer le saint fondateur et aussi sans doute pour le gagner à lui, l'attirer dans son parti, l'amener à reconnaître sa souveraineté. De là ses prévenances, ses offres magnifiques à Gwennolé. — Celui-ci les rejette, et cependant voyant Gradlon conquis par son ascendant, soumis à sa direction morale, il n'hésite pas à l'accepter pour souverain : le monastère de Landevenec entre ainsi par voie d'accession dans les états de Gradlon ; mais il y entre avec tous ses droits acquis, c'est-à-dire avec toutes les terres, tous les domaines que les moines se sont

_____

(1) « Sicque Dei famuli monito mitissimus actus,
    Culmina hinc solii recto cum jure tenebat. » (*Vita S. Uinual.*, lib. II, cap. 17).
Voir tout le récit de cette entrevue dans *Cartul. de Landevenec,* édit. A. de la Borderie, p. 78 à 81.

appropriés par la culture ou la prise de possession. Gradlon n'a rien là à confirmer, rien à reconnaître ; il accepte les choses en l'état, ni plus ni moins. Il le sait si bien lui-même que, pour se créer des droits plus efficaces, il offre les dons splendides que repousse Gwennolé.

Un des biographes de ce saint exprime bien, en quelques mots, le changement accompli dans l'âme du roi sous la douce et forte influence du fils de Fracan : « Dans les premiers temps de son règne (dit-il) Gradlon exerçait la » royauté d'un cœur farouche *(feroci animo)* ; mais étant venu chercher les ensei- » gnements de Gwennolé et ayant reçu sa bénédiction, il s'adoucit *(mitior factus)* » et gouverna très pieusement son royaume terrestre (1). »

Le principal résultat de cette influence fut la propagande du christianisme en Cornouaille et l'organisation religieuse de ce pays, notamment la fondation de l'évêché de Corisopitum.

Le premier titulaire de ce siège fut saint Corentin. Si nous avions de lui une bonne Vie, elle fournirait sur cette fondation de précieux renseignements. Celle qu'on a publiée depuis peu et qu'on dit du IXᵉ siècle, est tout au plus du XIIIᵉ (2) et reproduit simplement les lieux communs d'une légende très médiocre, très moderne, où l'on peut à peine relever quelques traces antiques plus ou moins défigurées. « La Cornouaille, *qui n'avait pas d'évêque* (dit cette légende), en » demanda un (3); elle choisit trois hommes renommés pour leur sainteté et » pour leur mérite, Corentin, Gwennolé et Tudi, et les envoya à saint Martin » archevêque de Tours pour qu'il donnât à l'un d'eux la consécration épiscopale » et le renvoyât gouverner le diocèse de Cornouaille. » Saint Martin consacra Corentin, qui fut en effet évêque de Corisopitum et qui donna (toujours selon la légende) la dignité abbatiale à Gwennolé et à Tudi, « *pour qu'ils l'aidassent à propager la foi catholique* (4). »

Ici deux bons traits : l'absence d'évêque en Cornouaille avant Corentin et la nécessité de propager la foi catholique, ce qui implique le paganisme d'une partie de la population. — Quant au reste, inutile d'insister sur toutes les faussetés entassées en ces quelques lignes. Saint Martin était mort alors depuis un siècle. Son successeur, en qualité de métropolitain, avait le droit de confirmer l'élection épiscopale faite par le peuple et le clergé d'un diocèse dépendant de sa métropole, nullement celui d'en élire l'évêque, et certainement les Bretons n'auraient pas déféré ce choix à un prélat qui n'était pas de leur race et qu'ils ne connaissaient pas. De ce récit erroné et mal venu on ne peut retenir qu'une chose : c'est que sur l'érection du diocèse de Cornouaille et le choix de son

---

(1) *IIᵃ Vita S. Winwaloëi*, dans Boll., Martii I, p. 225.
(2) Au chapitre xvi de cette Vie (*Bull. de la Soc. archéol. du Finistère*, XII, p. 148), il est question de fil de soie en peloton (*fili serici glomum*) mis en vente et volé sur le marché de Quimper ; or la fabrication de la soie en France, par conséquent la vente du fil de soie sur les marchés de Bretagne, n'est certainement pas antérieure au XIIIᵉ siècle. Voir Francisque Michel, *Recherches sur le commerce, la fabrication et l'usage des étoffes de soie* (1852) t. I, p. 87. Il ajoute même (p. 96), et il le prouve par des faits, que « la soie était encore très rare en France en 1345. »
(3) « *Cornubia episcopum, quem non habebat, postulavit.* » (*Bulletin de la Soc. archéol. du Finistère*, XII, p. 132).
(4) « *Eos in abbates benedixit, ut cum adjuvarent in fide catholica propaganda.* » (*Vit. S. Corentini* § 10, *Ibid.* p. 138.

premier titulaire il y eut accord entre les Bretons et le métropolitain de Tours. —
Quant à la dignité abbatiale soi-disant conférée par Corentin à Gwennolé et à
Tudi, en ce qui touche le premier du moins rien de plus faux. Gwennolé fut
institué abbé par son maître Budoc quand celui-ci mit sous sa direction onze des
moines de Lavré. Il était abbé avant l'épiscopat de Corentin et contribua
beaucoup plus à faire celui-ci évêque que Corentin à le faire abbé. — Qu'était
ce dernier avant son épiscopat? Là-dessus la légende est plus croyable, voyons
ce qu'elle dit.

Cette grande forêt de Nemet, dont il a été question plus haut dans l'histoire de
saint Ronan, avait deux sortes d'habitants : les loups, les cerfs, tous les fauves ;
puis une collection d'anachorètes cachés dans des trous de rochers, sous des
racines d'arbres, ou encore dans des cellules où l'on entrait en rampant.
Outre Ronan nous en connaissons quelques autres, notamment un vieux, un
jeune qui se faisaient des visites, Primaël et Corentin. Le vieux, Primaël, à barbe
blanche, n'ayant pas de source sur son terrain, était obligé d'aller traînant la
jambe chercher de l'eau très loin. Le jeune au contraire avait tout contre son
rocher une très belle fontaine et dedans un poisson merveilleux, dont pour se
nourrir il coupait chaque jour une tranche qui repoussait aussitôt : prodige dont
s'extasient nos hagiographes, et qui est simplement une figure de l'Eucharistie, car
chez les anciens chrétiens le poisson (ΙΧΘΥΣ en grec) est le symbole du Christ (1).
Gradlon poursuivant les fauves de cette forêt, s'étant exténué à gravir les pentes
du Menez-Hom et tout à fait égaré parmi ces fourrés inextricables, alla un jour
mort de faim et de fatigue demander l'hospitalité à l'ermitage de Corentin, qui
le nourrit, dit la légende, avec son poisson. Le roi par reconnaissance lui donna
un grand canton de la forêt, qui défriché devint bientôt la belle paroisse de
Plomodiern au pied du Menez-Hom. Et peu de temps après, s'étant résolu à doter
la Cornouaille d'un évêché, Gradlon pour le gouverner choisit l'austère anachorète
de Plomodiern, qui lui avait fait goûter la chair du divin poisson.

Dans un des chapitres en vers de la Vie de saint Gwennolé, il y a un bel éloge
de Corentin auquel sont associés et le roi Gradlon et le fondateur de Landevenec ;
c'est aujourd'hui le plus ancien texte concernant le premier évêque de Corisopitum,
en voici la traduction :

« Comme ils brillaient d'une triple lumière les sommets de la Cornouaille,
quand ces trois grands hommes — Gradlon, Corentin et Gwennolé — y tenaient
le premier rang ! — Gradlon avait pour sa part l'empire terrestre ; sagement il
gouvernait les campagnes et les rivages. — Corentin dans sa haute dignité, dans
la splendeur dont l'environnait le corps sacré du Christ, apaisait la soif du peuple
en lui distribuant le breuvage précieux de la foi. Il mérita d'être appelé le
premier des contemplatifs ; car voué à la plus profonde contemplation, à la vie
la plus austère, il fallait pour le tirer du désert les plaintes des églises ; avec
soin et diligence il les examinait, il rendait aux peuples une paix solide, puis
retournait à la vie d'où il s'était arraché. — Pour Gwennolé, le plus illustre de

(1) A cause des cinq lettres de ce mot grec qui sont les initiales et comme les abréviations des cinq
mots suivants : Ἰησοῦς Χριστός Θεοῦ Υἱός Σωτήρ, Jésus-Christ Fils de Dieu, Sauveur.

tous, son activité prodigieuse, la hauteur transcendante de ses vertus justifiaient sa prérogative de père des moines (1). »

Gwennolé prit une grande part à la christianisation de la Cornouaille ; on voit de tous côtés ses disciples, établis en de petits monastères dépendants de Landevenec, enserrer le pays environnant dans le réseau de leur propagande religieuse et civilisatrice. A Châteaulin nous trouvons saint Idunet que l'on appelait le frère de Gwennolé ; à Roscanvel les fils de Catmaël, brigands convertis ; à Beuzit près Landernau sur l'Elorn, Conogan qui fut plus tard évêque de Cornouaille ; à Irvillac, Balai et Martin (*Biabilius* et *Martinus*), saint Dei à Lothei, Wigon à Tregourez, Tanvoud et Rasian dans les cantons de Choroë (Corai), Scaër et le Faouët ; saint Rioc à Lanriec, etc. — Dans le même temps, saint Tudi fondateur d'un grand monastère à Loc-Tudi, dont malheureusement on ne connaît pas l'histoire, évangélisait le Sud-Ouest de la Cornouaille, et saint Gurthiern, établi à Anaurot (aujourd'hui Quimperlé), le Sud-Est.

Quelles limites peut-on assigner au diocèse de Corentin, qui devait être à peu près identique au royaume de Gradlon ? — Les chartes du cartulaire de Landevenec, fabriquées au commencement du XIe siècle, sont apocryphes comme actes ; mais les indications topographiques qu'elles contiennent sont bonnes, et les lieux marqués pour avoir appartenu au roi Gradlon peuvent être considérés comme ayant fait, aux temps les plus anciens, partie de la Cornouaille. — Landevenec, nous l'avons vu, entra par voie d'accession dans les états de Gradlon ; on attribue aussi à ce prince la possession de la paroisse d'Hanvec (2), et l'on peut tenir pour certain que dès l'origine la Cornouaille (au moins le diocèse) monta au Nord jusqu'au bas cours de l'Elorn et aux montagnes d'Arez. — A l'Est elle s'étendait jusqu'à l'Ellé, puisque Gradlon donna à ce malheureux prince saint Gurthiern le lieu d'Anaurot (3) au confluent de l'Ellé et de l'Isole, où est maintenant Quimperlé. Gradlon possédait aussi des terres au Nord d'Anaurot sur la rive droite de l'Ellé dans le territoire du Saint, de Gourin, de Langonnet (4). Sur la rive gauche de l'Ellé commençait le Bro-Weroc. — Mais dès lors, paraît-il, la Cornouaille faisait, vers le Nord-Est, cette pointe en retour assez singulière qui descend entre le Blavet et l'Out : car on attribue à Gradlon une terre considérable dans le *plou* de Neulliac (5). — En ce qui concerne Carhais et la région montagneuse qui l'entoure surtout vers le Nord, on ne peut douter que le diocèse ne s'étendit

---

(1) *Vita S. Uinualoëi*, lib. II, cap. 19. Les chapitres 19, 20 et 21 de ce livre II ont été interpolés au Xe siècle dans l'œuvre de Wrdisten ; ils n'en sont pas moins intéressants. — Après cet éloge de Gwennolé, de Corentin et de Gradlon, l'auteur de ces vers leur associe comme « *quatrième pilier de la Cornouaille* » un certain moine *Tutgualus* mort (dit-il) avant les trois autres personnages. — Un archéologue (M. Alfred Ramé), ayant confondu ce moine cornouaillais avec l'illustre saint Tudual de Domnonée abbé-évêque de Tréguer mort sous Childebert Ier vers 550, a conclu de là que Gradlon, Gwennolé et Corentin sont postérieurs à cette dernière date (Voir *Bull. du comité des travaux hist. et scientif.* sect. d'hist. d'archéol. et de philologie, année 1882, p. 433-434) ; conclusion parfaitement fausse : 1o parce qu'elle est démentie par les trois premiers chapitres de la *Vita S. Uinualoëi* de Wrdisten (voir ci-dessous p. 325 notre *Note sur la chronologie de la vie de saint Gwennolé*) ; 2e parce que ce *Tutgualus* cornouaillais n'a de commun que le nom avec le Tudual domnonéen évêque de Tréguer, ainsi que je l'ai démontré dans mon étude sur le *Cartulaire de Landevenec*, *Annales de Bretagne*, t. IV, p. 324-327, livraison de janvier 1889.

(2) *Chartes de Landevenec* no xxvi, dans *Cartul. de Landevenec*, édit. A. de la Borderie, p. 149.

(3) *Vit. S. Gurthierni* dans Blancs-Mant. vol. XXXVIII.

(4) et (5) *Chartes de Landevenec*, no xix, ibid. p. 151.

jusque-là; mais on n'a pas d'indice bien certain qu'il en fût de même de l'autorité de Gradlon; peut-être y avait-il là quelque tribu récalcitrante, jalouse de son autonomie. Nous y reviendrons plus tard, à propos du Poher.

Comme il arrive d'habitude pour les personnages qui ont joué dans l'histoire un rôle important, surtout pour les fondateurs, il s'est formé autour du nom de Gradlon un cycle légendaire. La plus ancienne branche de ce cycle est la légende représentée par le lai de *Graelent Meur* de Marie de France (XIIᵉ siècle). C'est la légende de la jeunesse de Gradlon. Il n'est pas roi encore, mais il est beau et brave, audacieux, irrésistible. Il conquiert l'amour de la plus belle femme du monde, mieux qu'une femme, une fée au sourire enchanteur, d'un charme et d'une générosité incomparable. Par un trait de vanité imprudente il perd ses bonnes grâces; elle le fuit, il la poursuit; légère comme un oiseau elle traverse un fleuve en prévenant Gradlon que s'il essaie de la suivre il se noiera; il se lance dans l'onde, le flot irrité l'engouffre. Au dernier moment la fée, touchée de pitié et prise d'un retour de tendresse, le repêche :

> Hastivement est returnée,
> A la rivière en est alée,
> Par les flancs saisist son ami,
> Si l'en amaine ensanble od li.
> Quant d'autre part sunt arivé,
> Ses dras mulliés li a osté,
> De sun mantel l'a afublé,
> En sa terre l'en ad mené.
> Encore dient cil du païs
> Que Graelent i est tous vis (1).

Gradlon pourtant, d'après la légende, n'y resta pas toujours, chez cette belle fée. Il finit par en sortir pour devenir le vénérable et puissant monarque de la splendide cité d'Is, aussi luxueuse, non moins corrompue que Sodome et Gomorrhe, et qui eut une fin semblable, sinon par le feu, par l'eau. Dans la catastrophe de la ville d'Is, le dénouement en ce qui touche Gradlon est imité du lai de Marie de France. Mais la fée bienfaisante est changée en la perfide Dahut, démon femelle qui entraîne Gradlon dans l'abîme, auquel l'arrache à grand peine la main puissante de saint Gwennolé.

Quant aux pompes de la ville d'Is et de son roi, on en peut bien trouver l'origine dans les chapitres en vers de la Vie de saint Gwennolé, par exemple dans le sermon que son biographe (Wrdisten) lui fait adresser au roi Gradlon, où le saint entre autres choses dit au prince :

« Tu brilles dans des vêtements de soie et de pourpre ornés de pierres précieuses. Tu remplis tes entrailles de festins magnifiques; ton corps, nourriture des vers de terre, se gonfle et se délecte aux excès les plus coupables de la bonne chère. Les flûtes et les tambours, les cithares, les lyres murmurantes sous l'archet, charment de leurs accords ton palais (2). »

Ce luxe sardanapalesque, prêté au chef de pauvres bandes émigrées, n'est qu'une hyperbole poétique (très invraisemblable) destinée, dans le style de Wrdisten,

---

(1) *Poésies de Marie de France,* édit. Roquefort (1819), t. I, p. 538.
(2) *Vit. S. Uinualoëi* lib. II, cap. 16.

à renforcer l'antithèse entre le faste du roi et l'austérité du cénobite. De là sans doute sont venues les légendes, les chants populaires qui peignent la cour de Gradlon comme perdue de luxe et de débauche, non par la faute de ce prince dont le nom est toujours respecté, mais par les débordements de sa fille Dahut — entièrement inconnue à l'histoire : récits qui, en se combinant avec la très banale tradition des villes englouties au fond des eaux, ont produit la fameuse légende de la ville d'Is moins vieille peut-être qu'on ne le croit et qui n'a à mon sens rien d'historique. De là aussi la réputation musicale du roi Gradlon, qui finit par donner lieu à la curieuse cérémonie de la Sainte-Cécile, où l'on présentait une coupe pleine de vin aux lèvres du vieux roi trônant sur son coursier de pierre au pignon de la cathédrale de Quimper entre les deux tours (1).

Les traces les plus curieuses de la légende de Gradlon sont celles que nous offrent certaines pièces du Cartulaire de Landevenec, où on ne les a jamais remarquées jusqu'ici, quoiqu'elles soient, on va le voir, bien apparentes. Pour en convaincre le lecteur il suffira de traduire littéralement l'une de ces prétendues chartes, le n° XX du Cartulaire ainsi conçu :

« Il y avait alors un homme noble appelé Warhen, intendant et échanson du roi Gradlon. Dans sa maison se trouvait Gradlon roi des Bretons, quand vinrent vers lui les ambassadeurs de Charlemagne (*Karolus Magnus*) roi des Franks. Ces ambassadeurs (*nuntii*) au nombre de trois, étaient Florent, Médard, Philibert, trois saints de Dieu de la plus haute piété (2), élus et prédestinés par Dieu pour être ambassadeurs près du roi Gradlon et pour le supplier, au nom du Dieu tout-puissant, du Fils et du Saint-Esprit, par sa chrétienté et son baptême, de venir le plus tôt possible soulager les Francs dans leur opprobre, leur captivité et leur misère, parce qu'il avait reçu de Dieu la force de détruire la race des païens avec le glaive du Seigneur. Et par l'ordre du roi ils vouèrent à Gradlon quatorze cités à lui donner dans le royaume des Franks (3) et ils affirmèrent ce vœu par serment. Comme ils avaient juré que ces cités appartiendraient héréditairement, à tout jamais, à lui et à sa postérité, Gradlon promit d'aller au secours des Franks. A l'entrevue des ambassadeurs avec le roi Gradlon et au traité fait entre eux assistaient saint Corentin et saint Gwennolé.

» Moi Warhen, homme craignant Dieu, en présence des témoins susdits je me recommande à saint Gwennolé avec tout ce que je possède, à savoir, mon corps, mon âme, mon esprit, mon patrimoine.

» Moi Gradlon, roi, je confirme et garantis pour toujours cette donation à saint Gwennolé. Quiconque voudra l'annuler ou l'amoindrir soit maudit et condamné par le Dieu du ciel. Amen. »

La pièce n° X du Cartulaire nous apprend qu'en attendant la délivrance des quatorze cités promises à Gradlon par les trois saints, ce roi reçut du fils de Charlemagne des sommes d'or et d'argent avec lesquelles il acheta des îles et des domaines dont il fit présent à Gwennolé.

---

(1) Voir La Villemarqué, notes sur le chant de la *Submersion d'Is,* dans le *Barzaz Breiz* (3ᵉ édit. 1845) t. I, p. 73.
(2) « Tres sancti Dei religiosissimi. »
(3) « Et vota voverunt illi xiiii civitates in terra Francorum. »

Non seulement ces pièces n'ont absolument rien d'historique, mais les grossiers anachronismes qui y abondent — par exemple celui des trois saints donnés pour ambassadeurs à Charlemagne — ne laissent aucun doute sur la source où les moines du XI⁰ siècle ont pris ces belles choses ; ce ne peut être qu'un roman, une chanson de geste ou quelque invention de cette sorte, dans laquelle un trouvère breton, trop bon patriote, se sera ingénié à rattacher les exploits de Gradlon au cycle carolingien, en humiliant le grand empereur des Franks devant le grand roi des Bretons.

Gradlon mourut dans sa gloire aux premières années du VI⁰ siècle, probablement vers l'an 505 (1). On a vu plus haut (p. 321) par les vers du X⁰ siècle contenant l'éloge de saint Corentin, quelle radieuse auréole entourait encore à ce moment son nom et son souvenir. Nous verrons toutefois qu'après sa mort sa succession ne passa pas, du moins immédiatement, à ses héritiers.

NOTE SUR LA CHRONOLOGIE DE LA VIE DE SAINT GWENNOLÉ
ET SUR LA DATE DE L'ÉMIGRATION DE FRACAN.

(Voir ci-dessus p. 280, 293, 298-299, 316 à 322).

L'importance de cette chronologie pour les commencements de l'histoire des Bretons en Armorique nous oblige à y consacrer une note spéciale.

Dans son premier chapitre, tout historique, Wrdisten auteur de la Vie de saint Gwennolé, établit que « la fille de l'île de Bretagne » (*parva soboles*) installée en Armorique se transporta sur le continent *tempore non alio quo gens barbara Saxonum maternum possedit cespitem*, (voir ci-dessus p. 250), — c'est-à-dire que l'émigration bretonne commença au moment où commença aussi la prise de possession de la Grande-Bretagne par l'invasion saxonne, après les premières victoires des Saxons sur les Bretons, de 455 à 460. Donc d'après Wrdisten, les débuts de l'émigration bretonne se placent vers 460.

Au moment où ces événements s'accomplissaient, où les Saxons entamaient la conquête de l'île de Bretagne, le chapitre II de Wrdisten nous montre Fracan émigrant en Armorique :

« *Inter hæc* (au cours de ces événements) Fracanus Armoricam, rate conscensa, aggreditur, enatato ponto Britannico, tellurem. In qua cum suis inhabitare cœpit. »

Donc cette émigration eut lieu aussi vers 460.

Le chapitre III, qui raconte la naissance de Gwennolé, poursuit sans interruption le récit du second chapitre en ces termes :

« *Eodem tempore* » (dans le temps même de l'établissement de Fracan en Armorique vers 460) « *eodem tempore*, tertius affore exoptatur filius. Fœmina optatum in utero habere se persensit conceptum. Quem genitum puro nomine appellant Uinualoëum. »

Ainsi Fracan étant arrivé en Armorique vers 460, Gwennolé naquit l'année suivante, c'est-à-dire en 461.

Il quitta son maître Budoc à l'âge de vingt et un ans, par conséquent vers 482. En voici la

---

(1) Gradlon fut, selon une tradition ancienne, enterré à Landevenec. Son tombeau ne put manquer d'être détruit comme l'abbaye elle-même par les Normands (en 914). Au moyen-âge à diverses époques, notamment au XV⁰ siècle, on le rétablit. Et comme on croyait alors que Gradlon avait succédé immédiatement au fabuleux Conan Mériadec mort soi-disant en 388, on mit sur ce tombeau comme date de la mort de Gradlon l'an 405. Selon toute apparence, le monument remplacé par celui du XV⁰ siècle portait la date de 505, que l'on vieillit de cent ans pour la mettre en rapport avec celle de la mort du prétendu Conan Mériadec.

preuve. — Ce départ est raconté au commencement du livre II de la Vie de saint Gwennolé par Wrdisten, et la préface de ce livre II porte :

« Hactenus in isto libello pauca de plurimis quæ *in teneriori ætate* peregerit signis... elucidare curavimus. Hæc autem quæ jam *robustior ætate* perfecerit, in subsequenti codice prosequemur. »

Ainsi, tant qu'il est resté sous la discipline de Budoc, Gwennolé était encore d'un âge tendre (*teneriori ætate*), ce qui implique au plus une vingtaine d'années. Mais Wrdisten a pris soin de nous dire exactement ce qu'il entend par *un âge plus robuste (robustior ætas)*. Dans la Vie en vers de saint Gwennolé dont il a fait suivre sa Vie en prose, il dit (chap. XVIII) :

> « Qualia *maturis* per tempora vixerit *annis*
> Hinc canere incipiam, repetens ab origine prima.
> Nam cum *septenos ter* ducere noverat *annos*,
> Æcclesiæ residens septis non agnitus ipse est. »

[Traduction] « Je dirai maintenant, en remontant à l'origine, comment il vécut dans son âge mûr (*maturis annis*); car *depuis qu'il eut vingt et un ans*, on ne le vit jamais s'asseoir à l'église. »

On ajoute qu'il disait souvent 150 psaumes à genoux ou les bras en croix, et autres exercices ascétiques. Mais il est évident que l'âge mûr (*maturi anni*) et l'âge plus robuste (*robustior ætas*), c'est la même chose : Wrdisten le fait commencer à vingt et un ans. C'est donc à cet âge, c'est-à-dire vers l'an 482, que Gwennolé quitta son maître Budoc et alla s'établir à Tibidi où il passa cette année et les deux suivantes (482 à 484).

Pour bâtir le monastère de Landevenec et donner à la renommée déjà grande de Gwennolé le temps d'aller à Corisopitum (Quimper) et aux oreilles de Gradlon, deux ans sont largement suffisants : cela met l'entrevue de ce prince et de Gwennolé vers 486, certainement avant 490 : preuve certaine que Gradlon appartenait à la fin du V⁰ siècle.

Quelques savants ont cru pouvoir rabaisser jusqu'au VIII⁰ siècle l'époque de saint Gwennolé et de Gradlon ; ils ont même prétendu que c'était là « la doctrine chronologique reçue à l'abbaye » de Landevenec du IX⁰ au XI⁰ siècle ; » et ils appuient ce dire d'une interprétation très contestable des documents apocryphes qui remplissent la seconde partie du *Cartulaire de Landevenec*. En revanche, ils ne discutent pas, ils ne citent pas, ils semblent même n'avoir pas lu les trois premiers chapitres de la *Vie de S. Gwennolé* de Wrdisten, qui placent manifestement (nous venons de le voir) l'émigration de Fracan et la naissance de Gwennolé à une date contemporaine des débuts de l'invasion saxonne dans l'île de Bretagne, c'est-à-dire vers l'an 460. Cependant c'est dans ces chapitres — *et nulle part ailleurs* — qu'est exprimée la doctrine chronologique de Landevenec au IX⁰ siècle et même au VI⁰, car Wrdisten qui écrivait avant 880 déclare s'appuyer sur les plus anciens titres et documents de ce monastère. Et tandis que l'on passe sous silence ces chapitres essentiels, on allègue complaisamment cette pièce ultra-fantaisiste du *Cartulaire* traduite par nous à la page 324, où Charlemagne *(mort en 814)* implore la pitié et le secours de Gradlon par la voix de trois ambassadeurs, qui sont saint Florent, mort *vers la fin du IV⁰ siècle ou le commencement du V⁰*, — saint Médard, évêque de Noyon *de 530 à 545*, — et saint Philbert, fondateur de Jumièges *en 654*. En citant cette belle pièce, on affirme gravement que « *le fond n'en offre rien de suspect !* » Inutile, je crois, de discuter plus longuement un système chronologique assis sur de tels fondements.

Voir *Collection des documents inédits sur l'histoire de France*, MÉLANGES HISTORIQUES, t. V, p. 547, et aussi le *Bulletin du Comité des travaux historiques et scientifiques*, Section d'histoire, d'archéologie et de philologie, année 1882, p. 433-434.

Voir aussi, à l'appui de la présente Note, une étude complète de la chronologie de la vie de saint Gwennolé publiée par nous dans un article intitulé *Le Cartulaire de Landevenec*, au tome IV des *Annales de Bretagne* (revue de la Faculté des Lettres de Rennes), livraison de Janvier 1889, p. 295 à 364.

§ 3. — *Les cités armoricaines à la fin du Ve siècle.*

Il s'agit ici, bien entendu, des cités armoricaines de notre péninsule dont le territoire ou au moins le chef-lieu ne fut pas occupé aux Ve et VIe siècles par les Bretons émigrés, c'est-à-dire, la cité des Redons et celle des Namnètes, la ville de Vannes et son territoire vers l'Est.

Depuis leur campagne de 451, dans laquelle elles avaient soutenu Rome contre Attila, les cités armoricaines restèrent fidèles à la cause de l'Empire même après la chûte de l'Empire d'Occident (476), l'empereur de Constantinople étant devenu depuis lors le chef de la monarchie impériale et le représentant de la puissance romaine aussi bien en Occident qu'en Orient. Elles continuèrent même à défendre cette cause de concert avec les cités septentrionales de la Gaule, lorsque ces cités eurent à soutenir les attaques des Franks.

Clovis, qui devait être le fondateur de la puissance des Franks dans la Gaule et par là — quoi qu'on en dise — de la monarchie française, Clovis commença de régner à Tournai sur un petit coin de la Batavie en 481. Cinq ans plus tard, en 486, sa victoire de Soissons lui livra toutes les cités de la deuxième Belgique restées jusque-là fidèles à l'Empire. Mais les cités de la Sénonaise, qui faisaient partie, on le sait, du *Tractus Armoricanus* (Pays Armoricain), lui résistèrent fermement pendant cinq ans. Enfin Paris, la principale de ces cités, ayant été pris en 491, les autres cédèrent, et la puissance de Clovis s'étendit jusqu'à la Seine. Il voulut l'étendre jusqu'à la Loire, et pour cela il attaqua les cités armoricaines situées entre la mer et ces deux fleuves, desquelles faisaient partie Rennes, Nantes, Vannes. Ces cités résistèrent vaillamment. L'histoire de cette guerre nous est rapportée par un auteur grave et intelligent, qui en avait pu recueillir le récit des contemporains eux-mêmes. En voici la traduction littérale (1) :

« Il se trouvait alors (vers 490) que les Aborykhes (les Armoricains) étaient devenus les soldats des Romains (2). Les Germains (les Franks) voulant mettre sous leur obéissance ces peuples qui étaient leurs voisins et qui avaient rejeté leur ancienne·forme de gouvernement, les pillèrent d'abord, puis poussés par l'amour de la guerre marchèrent en masse contre eux. Les Armoricains montrèrent leur valeur et leur dévouement pour les Romains; ils se conduisirent en braves dans cette guerre, et les Franks n'ayant pu les vaincre par la force voulurent s'en faire des amis et des parents. *Ces propositions, les Armoricains les accueillirent sans répugnance, parce qu'ils étaient chrétiens les uns et les autres :* ainsi réunis en un seul peuple, ils arrivèrent à un haut degré de puissance.

» *D'autres soldats des Romains* avaient été postés aux extrémités du pays des Gaulois pour les garder : comme ils ne pouvaient revenir à Rome *et qu'ils ne voulaient pas se joindre à leurs ennemis qui étaient Ariens*, ils se donnèrent, avec leurs enseignes *et le pays qu'ils gardaient depuis longtemps pour les Romains*, aux

---

(1) Procope, *Guerre des Goths*, trad. de M. Edm. Cougny, inspecteur de l'Académie de Paris, dans *Extraits des auteurs grecs concernant l'histoire des Gaules*, V, p. 354 à 357.

(2) C'est-à-dire, que les Armoricains joignaient leurs forces militaires à celles des Romains.

Armoricains et aux Franks; ils conservèrent leurs coutumes nationales et les transmirent à leurs descendants, qui aujourd'hui encore croient devoir les garder pieusement. »

De ces « autres soldats des Romains » qui se donnèrent « aux Armoricains et aux Franks » et leur donnèrent en même temps « le pays qu'ils gardaient depuis longtemps pour les Romains, » — c'est de ces soldats que certains érudits ont voulu faire la prétendue légion romaine dite des Maures Osismiens (voir ci-dessus p. 163, 164, 170) qui serait restée cantonnée dans le pays de Léon (1) et lui aurait donné le nom de *pagus Legionensis* (qu'il n'a jamais porté). Pour soutenir cette opinion il faut vraiment ne pas comprendre du tout le texte ci-dessus de Procope.

Car — s'ils remettent aux Armoricains le pays « qu'ils gardaient depuis longtemps pour les Romains, » c'est donc que ce pays n'appartenait pas encore aux Armoricains; or le Léon, situé au fond de l'Armorique, est et a été de tout temps tout ce qu'il y a de plus armoricain; donc il ne peut s'agir ici du Léon ni d'aucune partie de la péninsule armorique. — Et encore, puisque « ces autres soldats » en étaient réduits à se donner aux Franko-Armoricains ou à « se joindre aux Ariens leurs ennemis, » il faut de toute nécessité qu'ils aient été cantonnés auprès d'une nation arienne. Il n'y avait d'Ariens en Gaule que les Burgondes et les Wisigoths; donc les soldats en question étaient chargés de garder la frontière romaine qui touchait ces deux nations ou au moins l'une d'elles : donc ils ne pouvaient être ni dans le Léon ni dans la péninsule armorique, où jamais il n'y eut d'Ariens.

Cette chimérique légion du pays de Léon ainsi mise en fuite, revenons à la première partie du texte de Procope, et voyons quelle part les cités de la péninsule armorique (Rennes, Nantes, Vannes) prirent à la lutte contre les Franks de Clovis et au traité qui la termina.

Comme la guerre contre les cités de la Sénonaise, celle contre les cités armoricaines d'entre Seine et Loire dura aussi cinq ans, depuis la reddition de Paris en 491 jusqu'au moment où Clovis, dans le cours de l'an 496, prit la résolution d'embrasser le christianisme. — Grégoire de Tours conte un événement relatif à Nantes, qui ne peut se rattacher qu'à cette seconde guerre (2) :

« Au temps du roi Clovis (écrit-il) la ville de Nantes se trouva assiégée par les barbares, et elle avait déjà soutenu soixante jours de siège, lorsque vers le milieu de la nuit apparurent au peuple des hommes vêtus de blanc, portant des cierges allumés et sortant de la basilique des saints martyrs Rogatien et Donatien. En même temps une autre troupe toute pareille sortit de celle de l'illustre pontife Similien. Ces deux troupes s'étant jointes et saluées se livrèrent à la prière, puis chacune d'elles regagna le lieu d'où elle était venue. Aussitôt toute l'armée assiégeante fut saisie d'une telle panique qu'elle prit la fuite en toute hâte, et le lendemain matin il n'en restait pas devant Nantes un seul homme. Cette vision

---

(1) Voir l'*Armorique au Ve siècle* par M. E. Morin, dans le *Bulletin de la Soc. archéol. d'Ille-et-Vilaine*, t. V (1867), p. 189-190. — Ce long travail (environ 160 pages) repose tout entier sur des arguments de la force de celui que nous examinons ici.

(2) Greg. Turon. *De gloria Martyrum* lib. I cap. 60.

apparut, entre autres, au chef de l'armée barbare appelé Chillon, qui n'était pas
encore régénéré dans l'eau du baptême. Touché du coup jusqu'au cœur il se
convertit, reçut le baptême et proclama à haute voix que le Christ est le fils du
Dieu vivant. »

Les Franks étant païens, ce Chillon pouvait être le chef d'un corps de troupes
de cette nation lancé par Clovis sur le territoire des Armoricains. D'autres
préfèrent y voir un chef des pirates saxons cantonnés dans les îles de la Loire,
engagé, par l'espoir du gain et du butin, dans l'alliance de Clovis. J'inclinerais
volontiers vers cette idée. En tout cas, on peut choisir.

Nantes eut donc dans cette guerre le mérite de résister courageusement aux
barbares. Rennes en eut un d'une autre sorte, non moins glorieux, celui de
mettre fin à la lutte et de ménager le traité qui fit des Armoricains et des Franks
de Clovis une seule monarchie, une seule nation.

Procope nous a dit plus haut que les Armoricains acceptèrent volontiers
l'alliance des Franks parce que les deux peuples étaient chrétiens (1). La question
religieuse joua donc un grand rôle dans ce traité, et dès lors les chefs ecclésiastiques des cités armoricaines ne purent manquer d'exercer sur cet événement une
grande et décisive influence. D'autant qu'à cette époque l'autorité des évêques
dans la direction des affaires publiques était prépondérante.

« Les évêques n'étaient pas seulement alors les chefs de la milice sainte, les
pères de l'Eglise ; ils étaient les représentants, les défenseurs, les organes des
populations catholiques... Emanés du peuple par leur élection, appartenant
presque tous à l'aristocratie par leur naissance, les évêques réunissaient toutes
les conditions qui créent les influences fortes et durables... Aussi dans toutes les
contrées de la Gaule qui n'appartenaient point aux barbares (c'était le cas de la
région armoricaine d'entre Seine et Loire), l'autorité réelle était entre les mains
des évêques, chefs électifs des cités, et tous les intérêts publics se traitaient dans
leurs conciles provinciaux dont les assemblées étaient fréquentes (2). »

L'évêque de Rennes était alors Melanius que nous honorons aujourd'hui sous
le nom de saint Melaine (3). Or parmi les évêques des cités d'entre Seine et Loire,
on n'en connaît aujourd'hui que deux qui se soient entremis dans les événements
de 491 à 497 ou qui aient eu avec Clovis des relations intimes : Volusianus évêque
de Tours et Melanius évêque de Rennes. Voici comme, soixante ans environ après
sa mort, parle de ce dernier son biographe :

« Melanius (dit-il) regardait le fardeau de l'épiscopat, qu'on lui avait imposé,
comme l'obligeant à s'occuper des affaires publiques, à s'inquiéter des soucis de la
foule, des questions qui troublaient le monde, à se prêter dans une certaine mesure

---

(1) Il y a un Allemand appelé Junghans qui, dans un livre intitulé *Histoire critique de Childerich*
et de Chlodovech, donne un démenti au contemporain Procope et dit : « *Il est prouvé* que Chlodovech
(Clovis) régnait déjà sur ces contrées quand il se convertit au christianisme. » (Trad. franç. 1879,
p. 35.) Comme il se borne à cette affirmation tranchante sans alléguer *aucune preuve*, nous nous
permettons de préférer le témoignage du contemporain à la négation sans preuve de cet Allemand.

(2) Voir Pétigny, *Etudes sur l'histoire, les lois et les institutions de l'époque mérovingienne*, t. II,
p. 271, 273 et 342.

(3) Quoique la chronologie de la vie de S. Melaine ne soit point sans difficultés, deux points au
moins sont certains : c'est qu'il assista au concile d'Orléans de l'an 511, et d'autre part qu'il fut, pour
une période plus ou moins longue de son épiscopat, contemporain de Victurius II évêque du Mans
mort en 490. Voir *Gallia Christiana* XIV, p. 342-343.

aux mœurs du siècle. Parmi ses supérieurs, ses inférieurs, ses égaux, personne ne savait aussi bien que lui gagner par son éloquence tous ceux avec qui il s'entretenait. Ces précieuses qualités le firent connaître de Clovis, roi des Franks, qui trouva en lui un très utile conseiller (1). »

Ce charme d'esprit et de parole, qui gagnait tout le monde et gagna Clovis lui-même, ne révèle-t-il pas à coup sûr l'habile négociateur qui unit en un seul peuple, sous le sceptre catholique de Clovis, pour le plus grand bien de la Gaule et de l'Eglise, les Gallo-Armoricains et les Franks ? — Or cette union est peut-être l'événement le plus important des origines de l'histoire de France. Cette accession des cités armoricaines doubla la puissance de Clovis, et leur vaste territoire, joint à celui qu'il possédait dans le Nord de la Gaule, lui donna les forces nécessaires pour supplanter, détruire les deux monarchies ariennes, Wisigoths et Burgondes, et les remplacer par un état catholique, c'est-à-dire précisément, fonder la nation française qui sans cela n'aurait jamais existé.

Saint Melaine fut l'un des principaux agents de cet événement capital. Clovis le reconnut si bien, lui en garda une telle gratitude, que pendant tout son règne, surtout dans les affaires religieuses, il continua de demander et de suivre ses avis : « Par les conseils de Melanius (dit le biographe de ce saint) Clovis
» construisit beaucoup d'églises nouvelles, releva celles qui étaient en ruines,
» érigea nombre de monastères, combla d'honneurs les serviteurs de Dieu de
» quelque ordre qu'ils fussent, et travailla constamment à développer le culte.
» Par ses conseils aussi et sur ses exhortations, il soulagea très abondamment la
» misère des pauvres et rendit exactement la justice à ses peuples (2). »

Enfin, en l'an 511, quand Clovis maître de la Gaule, au faîte de la gloire, voulut couronner son œuvre en consacrant dans une solennelle assemblée l'alliance intime de l'Eglise catholique et de la monarchie des Franks; quand il convoqua pour cet objet tous les évêques de son royaume, le directeur, l'inspirateur, l'âme de ce grand concile national, qui pouvait-il être sinon l'ami, le conseiller toujours écouté de Clovis, c'est-à-dire saint Melaine ? En effet son biographe rapporte : « Le roi Clovis ayant réuni à Orléans un synode composé de trente-deux évêques

---

(1) *Vita S. Melanii* § 6, dans Boll. Janvier I, p. 328-329. — Il existe deux Vies anciennes de saint Melaine, l'une, la plus longue (*Vita major*) imprimée par Bolland dans les *Acta Sanctorum* au t. 1er de Janvier, l'autre (*Vita brevior*) qui est un abrégé de la première et a été récemment publiée par les modernes Bollandistes dans le *Catal. hagiogr. Biblioth. Nat., Paris.* 1, p. 71 et suiv. — La *Vita major* a subi quelques interpolations; néanmoins elle est la plus ancienne, car l'auteur déclare dans la préface que malgré les défectuosités de son style il s'est décidé à l'écrire, afin que les actes du saint ne périssent pas par l'oubli et la vétusté en attendant quelqu'un qui puisse les mettre en beau style : « Sanctissimi Melanii gesta qualicumque decrevimus exprimere charactere, ne forte (quod absit), *dum prœstolatur qui ea luculentius describat, materies* multipliciter *pro vetustate depereat.* » Cela veut dire clairement que la Vie du saint n'ayant pas encore été écrite, on craignait que le souvenir ne s'en perdît s'il n'était fixé par l'écriture : donc c'est ici la première rédaction des actes du saint. — De plus, si l'on compare le passage relatif à la sépulture du saint dans l'une et l'autre Vie, on voit que la *Vita brevior* suppose le tombeau abrité par un édifice religieux « où l'on adore Dieu, où l'on célèbre magnifiquement les louanges du Christ *(quo in loco colitur Deus et magnifice laudatur nomen Domini nostri J. C.).* » Dans la *Vita major*, au contraire, nul indice de l'existence d'une construction quelconque au-dessus du tombeau, nulle allusion à la *mira fabrica* élevée par les Rennais sur la sépulture du grand évêque, ni à l'incendie miraculeux (conté par Grégoire de Tours, *Gloria Confessorum*, LV) par lequel elle fut détruite (pour être relevée bientôt) : preuve que la *Vita major* est antérieure à la mort de Grégoire de Tours (593), à l'incendie et même à la construction de la *mira fabrica*.

(2) *Vit. S. Melan.* Ibid. p. 329.

» pour réfuter les objections des hérétiques (des ariens) et pour proclamer les
» véritables maximes de la foi catholique, *saint Melaine y brilla comme le vaillant*
» *porte-étendard de toute l'assemblée*, ainsi qu'en témoigne la préface de ce
» concile (1). » Et un antique catalogue des conciles tenus en Gaule jusqu'au
VIIIᵉ siècle dit : « Le dix-huitième fut celui d'Orléans (de 511), où trente et un
» pères décrétèrent des canons, *dont le principal auteur fut saint Melaine évêque*
» *de Rennes* (2). »

« Ce concile d'Orléans (dit un savant historien) fut un triomphe pour l'Eglise
catholique ; un de ses principaux objets était de régler les conséquences des
victoires récentes de la foi orthodoxe et de partager les dépouilles de l'arianisme
vaincu. Dans cette assemblée une union intime, cimentée par la reconnaissance
et la communauté des sentiments et des principes, rattache le clergé catholique
au roi des Franks, qui s'honore du titre de fils de l'Eglise. Le trône et l'autel ne
sont plus séparés ; les deux pouvoirs marchent d'accord vers un même but et
règlent de concert les intérêts moraux et les intérêts matériels des peuples (3). »

De cette union, de cet accord de l'Eglise catholique et du peuple gallo-frank
représenté et gouverné par Clovis, la France est née. L'œuvre politique, historique,
dans laquelle saint Melaine eut un rôle essentiel et capital, c'est donc simplement
— la *création de la France* (4).

Si saint Melaine fut l'un des principaux artisans de ce grand œuvre, tous les
évêques des Gaules y travaillèrent, et l'évêque de Vannes Patern ne fut pas des
derniers, à en juger par les excellentes relations avec Clovis que lui attribue
la tradition de son église déjà mentionnée plus haut (p. 204) et dont nous allons
reproduire le naïf langage :

« Dans les commencements de cette naissante église (de Vannes) la douceur
de la miséricorde divine se montra en ce que Clovis, d'heureuse mémoire, très
illustre roi des Franks, lui transmit, par l'intermédiaire de notre patron saint
Patern, un trésor des plus précieux, savoir, une partie de la bordure du vêtement
de Notre-Seigneur, une partie du vêtement de la sainte Vierge, une dent de l'apôtre
saint Pierre notre chef, des cheveux de la très glorieuse pécheresse sainte Marie
Magdeleine. Ce roi lui accorda encore par les mains du bienheureux Patern des
reliques de saint Maurice et de quatre de ses compagnons, Exupère, Candide,
Victor et Innocent. O que ces précieux vêtements sont bien propres à couvrir la
nudité de notre église ! O heureuse la nudité de notre église, qui a obtenu de si
précieux vêtements (5) ! »

Au point de vue historique, je l'ai déjà dit, dans cette donation de reliques
attribuée à Clovis il faut voir seulement le souvenir traditionnel des bons
rapports existant entre ce puissant roi et l'évêque de Vannes.

---

(1) *Vit. S. Melan.* § 7, dans Boll. Janv. I, 329.
(2) *Adnotatio de Synodis*, publiée par le Dʳ Woldemar Lippert dans *Neues Archiv.*, vol. XIV,
1ʳᵉ livraison, 1888, p. 28.
(3) Voir Pétigny, *Etudes sur l'époque mérovingienne* II, p. 552, 559, 560.
(4) Et ce grand homme, ce grand saint, aujourd'hui dans sa ville épiscopale n'a sous son patronage
qu'un autel, celui d'un hôpital. On l'a chassé de sa propre église, élevée primitivement sur son tombeau, rebâtie ensuite dans sa forme actuelle avec les dons faits au saint lui-même, toujours resté
son patron jusqu'à la Révolution ; aujourd'hui dans cette église il n'a ni une chapelle ni une statue !
C'est une scandaleuse ingratitude.
(5) Biblioth. Nat. ms. lat. 9,093 nᵒ 13. Voir ci-dessus p. 204.

Cette ville de Vannes avait d'ailleurs pour les Franks un intérêt et une importance particulière. Clovis vécut en paix avec les émigrés bretons établis dans la péninsule armorique, l'histoire n'a du moins gardé aucune trace de conflit entre eux et ce roi, et le texte de Grégoire de Tours déjà cité (p. 287) prouve qu'ils conservèrent au moins jusqu'à la mort de ce prince (en 511) leur pleine indépendance. Mais le roi des Franks devait tenir à surveiller de près des voisins qui pouvaient devenir gênants, et Vannes étant la place gallo-franke la plus avancée vers l'Ouest, la plus rapprochée du territoire occupé par les Bretons, il y avait lieu d'y placer un *duc*, c'est-à-dire un commandant militaire ayant sous son autorité toute la Marche franko-bretonne (Vannetais oriental, pays de Rennes et pays de Nantes) et chargé, s'il en était besoin, de tenir en bride les Bretons.

C'est aussi ce que fit Clovis. Au commencement du VIᵉ siècle, la Vie de saint Melaine nous montre dans le pays de Vannes un dignitaire du nom d'Eusebius portant le titre de duc et ayant toutes les allures d'un chef militaire, et même d'un chef fort cruel. — Un jour, nous dit-on, il sortit de la ville de Vannes *suivi de son armée* et se rendit en la paroisse de Comblessac, où il s'établit avec ses troupes dans un ancien camp romain, dit château de Marsac, dont on voit encore aujourd'hui les restes sur une hauteur abrupte qui domine la rivière d'Aff (1). Là, « étant fort irrité, on ne sait pour quel motif, » il fit arracher les yeux et couper les mains à beaucoup de gens du lieu. La nuit suivante, tout à coup il tombe malade, il est pris de douleurs atroces et se croit à la mort. Les médecins qu'il menait à sa suite (*medicos qui cum eo venerant*) déploient tout leur savoir sans lui donner aucun soulagement. Il était ainsi depuis trois jours ; le quatrième, sa fille Aspasie, qui l'accompagnait dans cette expédition, est prise à son tour de crises nerveuses, écumant, se roulant par terre comme possédée du diable. Désespéré, ne sachant où trouver secours, Eusebius apprend que tout près de lui existe un homme merveilleux, grand serviteur et grand favori de Dieu, le pieux Melanius évêque de Rennes, qui venait souvent se délasser des fatigues de son épiscopat dans un monastère bâti par lui « de ses propres mains » au bord de la Vilaine, sur son domaine patrimonial de Plaz (2).

Ce monastère était à six lieues seulement de Comblessac, ou plutôt du *castrum* de Marsac où Eusebius se trouvait alors ; et de plus entre Marsac et Plaz il devait y avoir une route commode, car lorsque l'évêque allait de sa ville épiscopale à ce monastère, il passait habituellement par Marsac. Un jour même, faisant ce trajet, il rencontra là, dit son biographe, tout près de la petite rivière d'Aff *[fluviolus Ava]*, le diable si habilement déguisé que d'abord il y fut pris et entama avec lui la conversation :

— Qui es-tu ? où vas-tu ? dit-il.

---

(1) « Castrum quod vocatur *Marciacus* super rivulum *Ava* nomine » (*Vita S. Melan. brevior*, § 17). Ce camp de Marsac est sur la limite commune des paroisses de Comblessac et de Carantoir.

(2) *Plaz* ou *Placet*, nom donné aujourd'hui encore à une partie du village de la Blandinaie, en la commune de Brain près Redon. « Devant les maisons de *Placet* est un grand domaine baigné par la Vilaine, où l'on trouve beaucoup de briques gallo-romaines et où l'on désigne encore l'emplacement du monastère de *Plaz*. » (Guillotin de Corson, *Pouillé de Rennes*, III, p. 495, cf. IV, 216 et suiv.)

— Je suis médecin, répondit l'autre avec impudence ; je vais au monastère de Plaz porter une potion aux moines (1).

Et rapidement il fila sans demander son reste. Melaine, au dernier moment l'ayant reconnu à ses cornes insuffisamment dissimulées, s'élança sur ses traces, pas accéléré, pour protéger ses religieux contre la médecine du malin.

La voie romaine que l'évêque suivait pour aller de Rennes à Marsac devait descendre ensuite vers Duretie (Rieux) pour rejoindre la grande ligne itinéraire marquée sur la Table Théodosienne (voir ci-dessus p. 94-96 et 147). Mais il y avait de plus une voie allant directement de Marsac vers Plaz, car aujourd'hui encore, du lieu que la tradition désigne comme l'emplacement de cet antique monastère (voir p. 332 note 2) part un sentier appelé *le chemin de saint Melaine*, se dirigeant par la paroisse de Saint-Just vers celle de Comblessac.

Eusebius envoya donc « fort humblement supplier l'évêque, » au nom de la charité, de daigner venir le visiter (2). Il lui fit rendre les plus grands honneurs *[cum summo honore]*, et préparer avec soin un logement dans la meilleure villa de Comblessac *[in Prima Villa]*.

Melaine peu de temps après arrive avec quelques-uns de ses moines, s'approche du lit d'Eusebius, reçoit sa confession, lui impose une forte pénitence, le frictionne trois fois avec de l'huile bénite, le guérit ainsi que sa fille. Puis, à la sollicitation de celle-ci, pour témoigner sa reconnaissance à son sauveur, Eusebius donne à l'évêque par une charte scellée de son anneau toute la paroisse de Comblessac, — et Melaine rentre ensuite en sa ville épiscopale de Rennes.

Dans les différentes versions de la Vie de saint Melaine, cet Eusebius est appelé tantôt *rex* tantôt *dux*, parfois même des deux façons alternativement (3) ; peu importe le titre, c'est un souverain ou quasi-souverain. Pour expliquer son rôle dans l'épisode rapporté ci-dessus, divers auteurs ont présenté diverses hypothèses et ont proposé, entre autres, de voir en lui : 1° un magistrat municipal de Vannes devenu le tyranneau de sa cité ; 2° le préfet de la légion des Maures-Venètes de la *Notice de l'Empire* (ci-dessus p. 163) ; 3° un roi ou comte des Bretons émigrés établis dans le Vannetais.

Mais : 3° les Bretons n'occupèrent pas Vannes avant le IXᵉ siècle (4) ; 2° à la fin du Vᵉ siècle vers 490-496, il n'y avait pas plus de Maures-Venètes à Vannes que de Maures-Osismiens dans le pays de Léon (voir ci-dessus p. 328) ; 1° l'histoire d'Eusebius datant d'une époque où saint Melaine était déjà très célèbre, doit être postérieure à ses relations avec Clovis, source principale de la grande illus-

---

(1) « En ad fratres vado, potionem eis dare volens. — Et addidit se medicum esse » (*Vit. S. Melan. maj.* § 10).

(2) « Suppliciter deprecabatur ut ad se caritatis gratia venire dignaretur. » *Vit. S. Melan. major* § 25.

(3) Dans la *Vita S. Melanii major* § 24, Eusebius est appelé *rex Venetensis*. Dans la *Vita brevior* § 17, il est nommé tantôt *rex*, tantôt *dux*; mais le nom de Vannes est ici altéré en « civitas *Venonica* » au lieu de *Venetica*.

(4) On ne pourrait pas échapper à cette objection en présentant l'expédition d'Eusebius comme une incursion violente dans la Marche gallo-franke, analogue aux razzias de Waroch, sur la fin du VIᵉ siècle, dans les pays de Rennes et de Nantes. La cruauté d'Eusebius à Comblessac était odieuse et coupable ; mais le principe de son autorité était légitime, puisqu'il donna régulièrement cette paroisse à saint Melaine qui l'accepta et la transmit à ses moines, lesquels l'ont possédée jusqu'à la Révolution.

tration de l'évêque de Rennes; Clovis était donc alors maître de Vannes, et les magistrats municipaux (s'il y en avait encore, ce qui est possible) ne pouvaient être que ses humbles serviteurs. Ces diverses hypothèses ne sont pas soutenables. L'opinion qui voit en Eusebius un chef militaire, un duc à la tête de son armée, c'est-à-dire, dans le pays soumis à son commandement un véritable vice-roi, cette opinion est, au contraire, très conforme à toutes les données de l'histoire et aux notions que nous avons sur le personnage.

Sous la domination franke, chacun des pays de Rennes, de Nantes et de Vannes devait en outre être régi par un comte, nommé par le roi et révocable par lui, chargé du gouvernement civil, du maintien de l'ordre, du recouvrement des impôts et de l'administration de la justice.

Telle était, au début de l'ère mérovingienne, la condition des territoires et des cités de la Marche franko-bretonne. Nous verrons plus tard quelles furent leurs destinées sous ce régime. En ce moment il nous faut reprendre le récit des émigrations bretonnes.

Ruines de l'église de S. Budoc à Lavré (p. 296)

VII.

LES ÉMIGRATIONS BRETONNES
PENDANT LA PREMIÈRE PARTIE DU VIᵉ SIÈCLE.

§ 1. — *Causes des principales émigrations du VIᵉ siècle.*

DANS la longue et douloureuse histoire de la conquête de l'ile de Bretagne par les Anglo-Saxons, l'une des invasions les plus importantes, l'une des plus cruelles et des plus funestes pour les indigènes et des plus fécondes en résultats pour les envahisseurs, fut celle de Cerdic, début d'une tenace, ardente, incessante lutte soutenue par ce chef pendant près de quarante ans (de 495 à 530) et qui aboutit à la fondation, à la consolidation du vaste royaume saxon de West-Sex. Cette invasion de Cerdic est celle qui contribua le plus, dans la première moitié du VIᵉ siècle, à pousser sur la péninsule armoricaine le flot des émigrations bretonnes. Il est donc nécessaire d'y revenir, pour en préciser autant que possible le théâtre, la nature et l'importance.

Cerdic et son fils Cynric (1) débarquèrent en 495 sur la côte bretonne avec une armée nombreuse portée dans cinq grands navires, en un lieu appelé plus tard par suite de cette circonstance (selon la Chronique Saxonnne) *Cerdices-ora,* c'est-à-dire Rivage de Cerdic, et qui est très probablement la pointe de Caldshot fermant à l'Ouest la baie de Southampton, autrefois appelée Caldshore et même *Cardshore,* contraction très admissible de Cerdices-ora. — En 501, une nouvelle armée saxonne commandée par Porta et ses deux fils Biéda et Mégla, vint renforcer celle de Cerdic ; elle débarqua un peu à l'Est de la baie de Southampton sur un point que cette circonstance fit nommer *Portes-Muthe* (Embouchure de Porta), aujourd'hui la ville célèbre de Portsmouth.

Assailli par les Bretons lors de son débarquement, Cerdic les avait repoussés et s'était maintenu sur son terrain contre toutes leurs attaques, mais n'avait guère étendu son occupation. Avec l'aide de Porta il prit l'offensive et s'empara bientôt de tout le territoire qui forme aujourd'hui le comté de Southampton (appelé aussi Hampshire ou Hantshire). Les Bretons alarmés par ces progrès firent appel aux chefs de la ligue nationale, dont l'armée après la victoire du mont Badon (493) s'était dispersée (voir ci-dessus p. 237-238). Natan-Léod, le vaillant roi breton chef de la ligue, arrêta pendant plusieurs années les progrès de Porta et

---

(1) Prononcez *Kerdic, Kynric.*

de Cerdic, qui menacés d'une destruction complète appelèrent à leur secours les autres hordes saxonnes installées en Grande-Bretagne, c'est-à-dire Esca roi des Saxons de Kent, et Ella roi du South-Sex. Toutes les forces des trois royaumes se réunirent et marchèrent contre les Bretons. Ils les trouvèrent en un lieu appelé Natanleag dont la situation montre les progrès de Cerdic depuis l'arrivée de Porta ; ce point, fort éloigné de la baie de Southampton, se trouve à l'extrémité nord du Hantshire tout contre la limite du Berkshire, par conséquent très avant dans l'intérieur des terres (1). Nous avons vu plus haut (p. 238) comment, dans la bataille livrée à Natanleag, les Bretons d'abord vainqueurs finirent faute de discipline par être complètement vaincus : ce fut un vrai désastre, 5.000 tués dont le roi Natan-Léod, toute l'armée en déroute, toute résistance des Bretons anéantie, tout l'île livrée aux hordes saxonnes. Les chroniques disent en effet : « Les Saxons, » par suite de leur victoire, restèrent pendant quelques années à l'abri de toute » attaque des Bretons et se virent renforcés par de nombreux auxiliaires (2). »

Si les Bretons laissaient les Saxons en repos, c'est qu'ils étaient, eux vaincus, en complet désarroi. Les Saxons en profitèrent pour se lancer à travers l'île de Bretagne et pousser, au milieu des tribus et des petits royaumes bretons accablés de leur défaite, incapables d'une résistance sérieuse, une de ces courses sanglantes qui détruisaient tout et devant lesquelles les clans bretons fuyaient affolés jusqu'à la côte, où ils se jetaient à la hâte, les uns après les autres, dans des barques pour mettre la mer entre eux et leurs ennemis. •

Les chroniques qui ont recueilli les anciennes traditions relatives à cette époque signalent en effet, après la bataille de Natanleag, en 510 ou 511, une expédition de ce genre :

« En l'an 511, dit l'une d'entre elles, les Saxons établis en Bretagne réunissent toutes leurs forces pour chasser les indigènes, et parcourant les provinces, où ils savaient ne trouver aucune résistance, ils ravagent presque toute l'île d'une mer à l'autre sans épargner les églises, et détruisent presque entièrement la religion chrétienne (3). »

Il est facile de se rendre compte de la direction dans laquelle se développa cette terrible expédition des envahisseurs. Partant de la région sud-est de l'île, région déjà occupée par eux, les Saxons devaient naturellement s'éloigner de leur base d'opération en marchant devant eux, c'est-à-dire en tendant vers le Nord-Ouest, et en suivant les voies de communication soit naturelles soit artificielles placées à leur portée. Natanleag se trouvait situé sur le bassin supérieur de la Tamise et au bord d'une des grandes voies romaines de la Grande-Bretagne,

---

(1) Il faut rectifier en ce sens la note 2 de la p. 238 ci-dessus, où Natanleag est assimilé à Netley sur la baie de Southampton. La carte de l'invasion anglo-saxonne, très bien faite, donnée dans l'édition de la *Chronique Saxonne* d'Edmond Gibson (1692), place au contraire Natanleag fort avant dans les terres, tout au N. du Hantshire, entre les villes de Basingstoke à l'O. et de Fernham à l'E. C'est sa véritable situation.

(2) « Saxones igitur prærogativa victoriæ potiti sunt, et quies data est eis annis non multis, adveneruntque adjutores fortes et multi » (Henric. Huntindon. *Hist. Anglor.* II, dans *Mon. hist. Brit.* p. 711).

(3) « Anno DXI. Saxones qui inhabitant Britanniam convenerunt omnes in unum, ut omnes insulanos expellerent a finibus suis. Perlustrantes itaque quasque provincias, cum neminem sibi resistere cognovissent, totam fere insulam a mari usque ad mare devastare cœperunt. Nec rebus ecclesiasticis parcentes, christianitatem pene totam in insula deleverunt » (Mathei Westmonast. *Flor. histor.*).

connue aujourd'hui sous le nom de *Devil's Causeway* (la Chaussée du Diable). Le bassin supérieur de la Tamise menait les envahisseurs tout droit à celui de la Saverne habité par les peuples bretons *Dobuni* et *Cornavii*. La Chaussée du Diable s'embranchait avec deux autres grandes voies (1) traversant le pays des *Cornavii*, et enfin avec la plus belle et la plus longue chaussée romaine de toute l'île, la fameuse *Watlinga Street*, qui allait droit à la capitale de ce dernier peuple, la cité d'*Uriconium* (aujourd'hui Wroxeter près Shrewsbury). La course dévastatrice des Saxons après Natanleag ne pouvait donc manquer d'atteindre et de ruiner les *Cornavii* et leur pays, et c'est à ce moment sans aucun doute que se produisit le grand mouvement d'émigration de ce peuple insulaire dont nous parlerons plus loin, qui remplit les vides nombreux encore existants sur le sol de la Cornouaille continentale même après l'établissement des Cornovo-Corisopites de Gradlon. — Les Saxons ainsi lancés passèrent même sur la rive droite de la Saverne et poussèrent des courses dans la Cambrie (pays de Galles); ils y furent mal reçus et forcés de rétrograder (2); néanmoins ces incursions semèrent dans ce pays jusque là paisible d'étranges frayeurs, d'où sortirent par contre-coup diverses émigrations que nous ne tarderons pas à rencontrer.

Après avoir promené leurs ravages d'une mer à l'autre, les Saxons rentrèrent dans leurs cantonnements, mais, surtout en ce qui touche Cerdic, pour préparer de nouvelles guerres. Il appela en effet de la Saxonie de nouveaux auxiliaires, et invita en particulier ses parents d'outre mer à venir partager sa fortune. Quelques années après, en 513 ou 514, une flotte commandée par deux de ses neveux, Stuf et Whitgar, vint débarquer au lieu même où vingt ans auparavant Cerdic avait abordé, à la pointe de Caldshore. J'ai dit plus haut (p. 238-239) comment les Bretons s'étaient en vain opposés à ce débarquement. Cerdic, ayant ainsi doublé ses forces, ne voulut pas recommencer à travers la Bretagne une nouvelle razzia qui eût pu encore lui donner beaucoup de butin, mais n'eût laissé après elle aucun résultat durable ni avancé en rien l'œuvre de la conquête. Il tenait à fonder un royaume : pour cela il fallait élargir la base territoriale sur laquelle son invasion était restée cantonnée autour de la baie de Southampton et qui comprenait au plus le Hantshire actuel; il fallait l'étendre, cette base, sur la côte sud en marchant vers l'Ouest, en refoulant ou subjuguant les peuplades indigènes qui barraient le passage, entre autres, les Belges insulaires, les Durotriges, les *Dumnonii*.

Les Belges, dépossédés par Cerdic du territoire du Hantshire, occupaient encore celui qui répond au Wiltshire et à la plus grande partie du Somersetshire. — Les Durotriges, tribu peu considérable, tenaient une partie du comté actuel de Dorset. — Le plus important de ces trois peuples, les *Dumnonii*, possédaient toute la pointe sud-ouest de l'île de Bretagne comprise entre l'estuaire de la Saverne (ou canal de Bristol) et la mer Britannique (aujourd'hui la Manche); leur territoire répondait à celui des comtés anglais actuels de Cornwall et de Devon, plus une partie de Dorset et de Somerset. Dans leur pays écarté, couvert de forêts, coupé de petites rivières et de vallées profondes — d'où ils tiraient

---

(1) *Fosse Way* et *Ryknield Way*; voir la carte de la Bretagne romaine des *Monumenta historica Britannica*.
(2) Voir *Liber Landavensis* édit. 1840, p. 116 et 361.

leur nom (1) — ils avaient vécu comme isolés, séparés en quelque sorte de la civilisation romaine. Point d'inscriptions antiques ni de pierres sculptées, très peu de ruines, très peu de traces de voies romaines dans cette région; Ptolémée n'y mentionne que quatre villes dont une seule un peu importante, *Isca Dumnoniorum* sur la rivière *Isca* (l'Ex) et qui est aujourd'hui Exeter (2).

La guerre de Cerdic sur la côte sud dans la direction de l'Ouest dura une dizaine d'années (514 à 525); assisté de toutes ses forces, de tous ses capitaines — Cynric son fils, Stuf, Whitgar, Porta, etc. — il vint facilement à bout des Durotriges, des Belges, et les poussa en désordre sur les Domnonéens. Certains noms géographiques témoignent encore aujourd'hui des conquêtes saxonnes : tels, dans le Dorset, le port de Charmouth *(Cerdices Muthe,* bouche ou anse de Cerdic), l'île de Portland (la terre de Porta), etc. L'habitude obstinée et déplorable des peuples bretons étant de rester chacun chez soi sans s'inquiéter de ce qui se passait chez le voisin, les Domnonéens furent pris à l'improviste par cette attaque, poussés vivement vers l'extrême pointe de l'île de Bretagne, et bon nombre d'entre eux pressés par le fer saxon se jetèrent dans des barques et s'en allèrent, au plus près, aborder sur la côte septentrionale de l'Armorique. Toutefois les *Dumnonii* ne tardèrent pas à se ressaisir et firent vaillamment tête à l'invasion; unis aux Belges et aux Durotriges ils reçurent si vertement les Saxons que bientôt ils les forcèrent à reculer; cinq ans après le début de cette guerre, en 519, ils les avaient refoulés dans le Hantshire, et c'est sur la petite rivière d'Aven, limite commune de ce comté et du Dorset, qu'ils vinrent cette année-là leur offrir la bataille. Les Saxons, après cinq ans d'efforts, se trouvaient donc ramenés à leur point de départ, car l'Aven tombe dans la mer tout près de la baie de Southampton, où, en 495, avait débarqué Cerdic. Le théâtre du combat fut un lieu appelé depuis *Cerdices-ford,* Gué de Cerdic (aujourd'hui Charford).

Les Saxons, se sentant très menacés, avaient de nouveau fait appel à tous leurs compatriotes établis dans l'île et réuni ainsi une très grosse armée. Le nombre l'emporta. Pour les Bretons cette journée fut un désastre, et pour les Saxons un plein triomphe, au point que Cerdic prit le soir, sur le champ de bataille, le titre de roi de West-Sex. Sans difficulté il s'empara du territoire des Durotriges et des Belges, les jeta de nouveau sur la Domnonée, y pénétra à leur suite et y fit beaucoup de mal. A ce moment sans doute (519-520) se produisit le plus fort courant des émigrations domnonéennes qui — en s'y amassant — peuplèrent et baptisèrent de leur nom le littoral nord de la péninsule armorique. Toutefois cette vaillante nation ne se soumit point aux Saxons et continua d'un cœur obstiné la lutte contre les envahisseurs. Les poésies bardiques vantent, entre autres, « Ghérent le chef d'armée, » l'ennemi des Saxons, l'ami des saints, le vaillant guerrier du pays boisé de la

---

(1) *Dumnon,* en breton insulaire *dufneint,* de *doumn, doun, dwfn,* profond ; *nan, nant,* vallée, pluriel *neint.* — Le nom breton est *Dufneint, Dwfneint, Dyfneint.*

(2) Les autres villes sont, à l'O. d'Isca : 1° *Tamara* vers l'embouchure de la rivière *Tamarus* (auj. Tamar), soit à Tamerton, soit à Saltash ; 2° *Voliba* à Grampount, au N. de Tregony, presque à l'extrémité de la côte sud du Cornwall. A l'E. d'Isca : 3° *Uxela* à Bridgewater (carte des *M. H. B.*) sur l'estuaire *Uexala* de Ptolémée, embouchure de la rivière Parret qui se jette dans le canal de Bristol ; 4° *Muridunum* (Itinéraire d'Antonin) auj. Seaton sur la côte sud du Devonshire, tout à fait sur la limite de ce comté et de celui de Dorset.

» Domnonnée » qui, après avoir longtemps défendu son pays, fut tué enfin « mais
» en tuant lui-même ceux-là qui le tuèrent (1). »

Les Domnonéens, s'obstinant dans la lutte malgré leurs échecs, parvinrent à
se débarrasser des envahisseurs (vers 525). Fatigué d'une résistance si dure, si
opiniâtre, Cerdic abandonna l'Ouest et se tourna vers le Nord, où il semble avoir
fait de rapides progrès. En 527 il était parvenu au delà de la Tamise, à Charslei
(*Cerdices-Leag*, Champ de Cerdic) — lieu sis dans le comté actuel de Buckingham
sur la petite rivière de Tame, un peu au Nord de la ligne qui marqua la frontière
définitive du royaume de West-Sex (2). De là il menaçait de nouveau les *Cornavii*
et la Cambrie. En cette année et en ce lieu (527 à Charslei) il livra aux Bretons
une grande bataille restée indécise, dans laquelle son armée souffrit tellement
qu'il rétrograda, rentra dans le Hampshire, où il fit pour dernier exploit (en 530) la
conquête de l'île de Wight restée jusque-là indépendante.

Malheureusement, à la même époque (527-530), de nombreuses bandes de Jutes
et d'Angles, frères ou cousins des Saxons, aussi brigands qu'eux, se répandaient
çà et là dans les contrées de l'île de Bretagne qui formèrent plus tard les deux
royaumes d'Estanglie et de Mercie : celui-ci situé au centre de la province
romaine, allant jusqu'à la Saverne frontière de la Cambrie et comprenant, entre
autres, tout le territoire des *Cornavii* (voir ci-dessus p. 309). Et ce dernier peuple
et la Cambrie, depuis l'arrivée de ces bandes, furent en butte à des attaques
fréquentes et à d'incessantes alarmes, qui continuèrent de pousser vers l'Armorique
le flot toujours renouvelé des émigrants bretons.

Telles sont les causes principales des émigrations bretonnes pendant la première partie du VIᵉ siècle. Venons aux effets et montrons les résultats.

§ 2. — *Premiers émigrants bretons dans le pays de Léon.*

Il nous reste à parler des premiers émigrants venus de l'île de Bretagne
dans la région qui forme l'angle nord-ouest de la péninsule armorique, région
aujourd'hui encore appelée le pays de Léon.

Les premiers Bretons qu'on y découvre ne semblent pas remonter au-delà des
premières années du VIᵉ siècle. Voici d'abord une famille insulaire de noble
race qui vient avec ses clients, ses serviteurs, coloniser cette curieuse langue
de terre noyée entre les vastes estuaires d'Aber-Vrac'h et d'Aber-Biniguet (ou Aber-
Benoît) et que l'on nommait originairement Plouédiner. Mais après s'y être
établis, les chefs de cette noble race se vouèrent tous, les uns après les autres, à
la solitude anachorétique. Le père appelé Tudoghilus ne quitta pas, il est vrai,
la péninsule de Plouédiner ; mais il s'y construisit un oratoire « entre les fleuves
Bazlananda et Doëna dont les flots mêlés aux flots marins baignent les deux rivages

_____

(1) Voir La Villemarqué, *Bardes bretons*, p. 4, 5, 7, 11.
(2) Le royaume de West-Sex comprenait alors le territoire des comtés anglais dits aujourd'hui
Hantshire, Berkshire, Dorsetshire, Wiltshire et Somerset. Au IXᵉ siècle seulement, les rois de West-
Sex étendirent leur domination sur Devon et Cornwall, c'est-à-dire sur le territoire des *Dumnonii*.

de ce *plou* (1). » Bazlananda ou Balanant est le nom primitif de la rivière d'Aber-Benoît, et Doëna celui de l'Aber-Vrac'h. L'oratoire de Tudoghilus, situé au bord sur la rive droite de Bazlananda, s'appelait Castel-Gollob *(Castellum Collobii)*; ce nom de *castel* indique un établissement plus important qu'un simple ermitage. Les trois enfants de Tudoghil, deux fils Goueznou et Majan, une fille Tudona, se vouèrent également à la vie solitaire et contemplative. Majan se contenta de passer le fleuve Bazlanant et se fixa sur la rive gauche en face de Castel-Gollob, en un lieu marqué encore aujourd'hui par la petite chapelle de Loc-Majan. Tudona alla à cinq lieues dans l'Est s'enfoncer dans la forêt *Douna* qui couvrait alors le territoire de Plouvien, Plabennec etc., et Goueznou descendit plus bas sur la lisière de cette forêt, une lieue au Nord de Brest : nous l'y retrouverons plus tard.

Un autre petit chef breton vint s'établir vers le même temps deux ou trois lieues au Sud de Loc-Majan, dans le territoire de la paroisse actuelle de Lanrivoaré. Il s'appelait Romelius ou Romalius et sa femme Lætitia ; ces noms n'impliquent nullement une origine gallo-romaine, car beaucoup de Bretons, on l'a vu plus haut (p. 271), portaient des noms latins ; Lætitia d'ailleurs n'est qu'une traduction du breton *Levenez*, et ce qui prouve que ce couple était breton c'est qu'il appela son fils *Guenhaël,* nom aussi breton que possible. Un jour que ce fils encore tout enfant, sept à huit ans au plus, jouait dans la cour *(atrium)* précédant la demeure de son père, le fondateur de Landevenec Gwennolé, faisant dans le Léon une expédition évangélique, vint à passer là avec plusieurs de ses moines; il s'arrêta devant ce bel enfant et avec un bon sourire :

— Très doux fils, veux-tu venir avec nous servir Dieu sous l'habit monacal?

— Très excellent père, je suis prêt à faire tout ce que tu m'ordonneras pour le service de Dieu.

Et l'enfant, sans rentrer à la maison, sans prévenir père ni mère, suit aussitôt Gwennolé. Celui-ci qui avait parlé par jeu à l'enfant, voyant sa constance à le suivre, veut le renvoyer à ses parents :

— Va, mon cher fils, je t'en prie, retourne dans la maison de ton père.

Mais Guenhaël s'y refusant absolument reste avec les moines. A la mort de Gwennolé (en 532), il fut abbé de Landevenec (2). Les chartes de cette abbaye disent qu'une terre appelée *Languenoc* (aujourd'hui Lanvenec), située au Sud de Lanrivoaré, était le patrimoine de Guenhaël (3), par conséquent le domaine de son père; c'est là que Gwennolé trouva l'enfant et exerça sur lui sans le vouloir ce phénomène d'attraction instantanée et irrésistible.

Ce ne sont là que des émigrations personnelles, particulières, dont chacune pouvait au plus donner lieu à la fondation d'un *plou*. En voici une autre plus

---

(1) « Oratorium edificavit in finibus *Plebe Denarii* (Plouédiner), inter *Bazlanandam* et *Doënam* fluvios, quibus parochia illa ex utroque latere circumfluitur marinis fluctibus intermixtis ; *Maianus* vero ex altera parte maris brachii, quod utrique loco interjacet, duobus fere stadiis a *Castello Collobii; Tudona* soror in *Plebe Abennoca...* *Goeznoveus* ultimus in loco qui *Landa (Lanna)* dicebatur » *(Vita S. Goeznovei,* dans A. de la Borderie, *L'Historia Britonum et l'Historia Britannica* (1883), p. 93-94).

(2) Voir *Vita S. Guenhaëli* dans Blancs-Mant. vol. XXXVIII, p. 721.

(3) *Chartes de Landevenec,* n° xxxix, dans *Cartulaire de Landevenec* édit. A. de la Borderie p. 163.

importante venue dans le Léon vers l'an 510, comprenant plusieurs bandes
groupées sous les ordres d'un *tiern* (1) de la Cambrie appelé Withur, qui débarqua
vraisemblablement dans l'estuaire de Bazlanant (Aber-Biniguet), et fonda immédiatement au Sud de cet estuaire un premier *plou* qu'on appela (je ne sais pourquoi)
Telmedou (aujourd'hui Ploudalmézau). Withur ne resta pas là longtemps ; il
marcha vers l'Est, ses compagnons le suivant et formant çà et là sur la zône du
littoral un certain nombre de *plou* jusqu'à la rivière de Morlaix ; là fut établi au
bord de la mer, dans un sol rocheux, un dernier *plou* nommé en raison de cette
circonstance le *plou* des Pierres, *Plou Meinin*, en latin *Plebs Lapidea* (2).
On ne connaît ni le nom ni la situation des *plou* intermédiaires ; mais ils furent
tous dès le principe placés sous l'autorité de Withur, formant ainsi une sorte de
principauté qui justifie le titre de comte donné à ce *tiern*. Lui-même, amoureux
du calme et de la solitude, s'installa dans l'île de Batz ; c'est de là qu'il gouvernait,
ou laissait se gouverner tout seul, son petit état.

Mais par quelles raisons, par quelles circonstances fut-il amené à mettre ce
petit état sous la protection, sous le patronage, en même temps sous la suprématie
du roi de Paris Childebert Ier ? Peut-être arriverons-nous à le savoir. Il serait
trop long de le chercher maintenant : ce qui est sûr (nous en aurons bientôt la
preuve), c'est que, sinon depuis son arrivée en Bretagne vers 510, du moins depuis
518 ou 520, Withur lui-même déclarait gouverner ce coin de terre sous l'autorité
et par la volonté de Childebert. Malgré toute la puissance de Childebert, si
Withur était resté dans son île de Batz sans recevoir la visite de l'homme dont
nous allons parler, nous ne saurions rien de lui, pas même son nom. Cet homme,
c'est l'apôtre et le premier évêque du Léon, saint Paul Aurélien ; nous l'avons
déjà nommé plus d'une fois ; plus d'une fois nous avons montré de profil sa
figure à nos lecteurs ; mais un personnage de notre histoire aussi intéressant,
aussi vénérable, doit être abordé et présenté de face.

Paulus Aurelianus naquit vers l'an 480 dans l'île de Bretagne, dans la Cambrie,
dans le Glamorgan, dans cette sorte de péninsule du Glamorgan formant la partie
méridionale de ce comté, comprise entre la rivière du Taf (vers Cardiff) et celle
de Neath, péninsule où existait une ville romaine appelée *Bovium* (aujourd'hui
Boverton) : en sorte que, cette presqu'île formant comme un large promontoire
en breton appelé *Pen* (tête), combinant ce mot avec le nom de la ville, on
appela cette région en latin *Caput Bovium* et en breton *Pen Ohen*, qui signifie à
la lettre Tête, pointe, promontoire des Bœufs.

Son père s'appelait Perphirius, deux de ses frères Potolius et Notolius, sa sœur
Sitofolla : notez le contraste de ces noms bretons avec *Paulus Aurelianus* tout
romain. — Elevé par saint Iltud dans le monastère de Lan-Iltud jusqu'à seize ans,
à cet âge, avec le consentement de son maître Paul Aurélien s'en va au désert

---

(1) *Tigern* ou *tiern*, seigneur, prince ou roi breton, du breton *tig, ti*, maison, comme du latin
domus vient *dominus*, le seigneur, le maître de la maison.

(2) Notre source pour tout ce qui regarde Withur et saint Paul Aurélien, c'est la *Vita S. Pauli
Aureliani* écrite en 884 par Wrmonoc, publiée en 1883 par M. Cuissart d'après un manuscrit de Fleuri
sur Loire dans la *Revue Celtique* V, p. 417 à 458. Il en existe un autre ms., écriture du XIII° siècle, à
la Biblioth. Nat. (lat. 12942), dans lequel le mot *Lapidea* est glosé en interligne par le mot *Meinin*
(fol. 123 col. 2), du breton *mein* ou *men*, pierre. M. Cuissart (*Ibid.* p. 441) indique par erreur pour
glose de *Lapidea* le mot *Amcinim*, qui, si je ne me trompe, n'aurait aucun sens.

mener la vie anachorétique jusqu'au moment où il reçoit la prêtrise, c'est-à-dire jusqu'à trente ans ; il forme alors un petit monastère composé de douze prêtres, dont il est le chef. Peu après il est appelé par le roi Marc Conomor à diriger le service religieux de son petit royaume (ci-dessus p. 277), et au bout d'un ou deux ans (*aliquanto tempore*), quand ce prince veut lui imposer l'épiscopat, il s'enfuit en Armorique (vers 512-513). Il ne débarqua pas d'abord sur le continent, mais à l'île d'Ouessant dans une baie appelée, dit sa Vie, *Portus Boum* (Port aux Bœufs, aujourd'hui en breton *Pors al Eugenn*). Il est intéressant d'examiner la composition de la bande émigrée qui accompagnait saint Paul. En premier lieu, les douze prêtres de sa communauté dont l'hagiographe a même soin de nous donner les noms (1). Quant aux moines non pourvus de l'ordre sacerdotal, saint Paul ne pouvait manquer d'en avoir avec lui, car il s'en trouvait toujours beaucoup dans les monastères bretons, mais comme ils étaient de moindre importance, on ne les mentionne pas (2). On se garde bien, au contraire, d'oublier les laïques : dans la compagnie de saint Paul il y en avait douze, nous dit-on, tous très nobles, tous neveux ou cousins du saint. Chacun des douze était évidemment un père de famille menant avec lui tous les siens : vrai clan dont le saint était le chef. Enfin ces émigrants avaient à leur suite pour leur service bon nombre d'esclaves, de familiers (3) : au bas mot, la bande entière devait comprendre une centaine de personnes.

Suivant l'hagiographe, les douze et même les quatorze disciples de saint Paul dont il donne les noms ont tous été célèbres par leurs vertus, tous ont mérité d'avoir des églises sur leurs tombeaux *(memorias)* et sous leur patronage *(basilicas)*. Malheureusement, il ne nous dit à peu près rien de l'organisation de la communauté, si ce n'est que l'abbé avait sous lui une sorte de lieutenant qui exerçait en son absence ou par son ordre la maîtrise *(magisteriale officium)* sur tous les autres religieux, office analogue à celui du prieur claustral dans l'ordre de saint Benoît ; ce maître des moines, lors du séjour de saint Paul dans l'île d'Ouessant, n'était pas prêtre, il s'appelait *Quonocus* ou *Toquonocus* (4), nom où l'on ne peut méconnaître saint Tégonnec, très honoré encore dans le Léon.

Saint Paul choisit pour y établir son *lann* un lieu arrosé par une belle source entourée de roseaux ; là il éleva un petit oratoire muni d'un autel de pierre *(cum altari lapideo)* autour duquel ses moines improvisèrent leurs modestes logis *(tuguria)*. Cette place s'appelle aujourd'hui encore Lampaul (le *Lann* de Paul) ; c'est le bourg chef-lieu de l'île d'Ouessant. Paul n'y resta pas longtemps, quelques

(1) Voici ces noms qui pour l'histoire et pour la philologie celto-bretonne méritent d'être recueillis : il y en a quatorze parce que, outre les 12 prêtres, Wrmonoc nomme un diacre appelé *Decanus* et le maître des moines qui n'était pas prêtre et dont le nom avait une double forme : *Quonocus-Toquonocus*. Trois des prêtres avaient également des noms à double forme, savoir *Woednovius-Towoedocus,* — *Toetheus-Tochicus,* — *Hercanus-Herculanus.* Un quatrième possédait un nom et un surnom : *Toseocus cognomine Siteredus.* Les huit autres se contentaient d'un seul nom, les voici dans l'ordre où la Vie de saint Paul les range : *Jahoevius* (Jaoua), *Tigernmaglus, Gellocus, Bretowennus, Boius, Winniavus, Lowenanus, Chielus.* (*Vit. S. Paul. Aurel.* cap. xi, *Revue Celtique* V, p. 437).

(2) L'hagiographe d'ailleurs le dit nettement : « Præsbyterorum vero tantum in hoc loco vocabula censuimus esse describenda. » (Id. *Ibid.*)

(3) « Ratem conscendit (S. Paulus) cum omnibus suis comitibus, id est, duodecim præsbyteris totidemque laïci ordinis nobilissimis viris sibi propinquitatis affinitate conjunctis, quorum alii nepotes, alii consobrini erant, præter sufficiens mancipium. » (*Vit. S. Paul Aurel.* xi, *Ibid.* p. 436).

(4) « ...*Quonoco quem alii Toquonocum vocant, qui et ipse, jubente Paulo, propter vitæ meritum et sapientiæ doctrinam, in aliis magisteriale gestabat officium.* » (Id. Ibid. p. 437).

mois, un an au plus *(aliquantulam temporis)*. Une voix divine vint bientôt lui ordonner de passer sur le continent pour y prêcher la foi chrétienne à un peuple nombreux qu'il devait amener dans la voie de la vérité, dont il devait être le chef et le guide (1). Paul obéit de suite à cette voix et vint prendre terre sur la côte opposée à l'île d'Ouessant, au plus près du *plou* Telmedou. Il dut par conséquent aborder dans l'anse de Porsal et accosta d'abord un rocher appelé alors *Amach Du* (2) qui pourrait bien être le *Roch Du* de Porsal. — Il établit son monastère dans les bois qui couvraient Telmedou, au lieu appelé aujourd'hui Lampaul-Ploudalmézau; nous avons vu plus haut (p. 259), à propos de ce monastère, la curieuse histoire du buffle de saint Jaoua. En même temps les laïques faisant partie de l'émigration s'établissaient çà et là aux alentours dans les sites qui leur plaisaient davantage; un d'entre eux appelé Pierre, cousin du saint, installa son manoir, son domaine et son exploitation agricole dans le *plou* Telmedou sous le nom de la Villa de Pierre, en latin *Villa Petri*, en breton *Ker-Ber*, nom qui subsiste encore aujourd'hui, toujours attaché au lieu de ce primitif établissement (3).

Paul Aurélien aimait fort son *lann* du *plou* Telmedou; aussi y demeura-t-il plus qu'à Ouessant *(aliquanto tempore)*, soit deux ans ou environ. Mais pour remplir la mission où l'avait appelé la voix divine, il fallait, s'il était possible, s'entendre avec le prince, le pouvoir quelconque qui régissait ce pays. Où trouver ce pouvoir? Pour le découvrir saint Paul entreprend ce voyage dont on a déjà parlé, qui le mène tout le long du littoral du Léon jusqu'à l'extrême limite de ce pays sur l'Océan, vers l'Est, c'est-à-dire, jusqu'à l'embouchure de la rivière de Morlaix, où il trouva le *plou* rocheux, *Plou Meinin*, et dans ce *plou* un guide pour le conduire près du comte Withur (voir ci-dessus p. 259-260 et 341). Withur se trouvant alors dans l'île de Batz, Paul était allé trop loin vers l'Est, il lui fallut revenir sur ses pas; aussi sa Vie nous dit-elle qu'en partant de Plou Meinin pour se rendre vers Batz, il suit un chemin public qui se dirige vers l'Occident (4). On a vu plus haut (p. 260) en quel état il trouva la forteresse romaine dans laquelle il devait établir plus tard le siège de son évêché. A ce moment il n'y fut pas longtemps et suivit son guide, avec qui il traversa en barque, entre Roscoff et l'île de Batz, le bras de mer nommé alors le gué de Golban (5).

(1) *Vit. S. Paul. Aur.* cap. XII, Ibid. p. 438. Cf. ci-dessus p. 263, où par suite d'une faute d'impression, l'arrivée de saint Paul à l'île d'Ouessant est placée en 525, au lieu de 512-513.

(2) « Accedit primum ad quamdam rupem quam vicini proprio nomine dicunt *Amachdu* » (*Vit. S. Paul. Aur.* cap. XII, *Rev. Celt.* V, p. 438). Les nombreuses indications topographiques de la Vie de saint Paul par Wrmonoc, faites avec précision, sont précieuses pour l'ancienne géographie.

(3) *Id.* Ibid. p. 439, Kerber est en la commune de Lampaul-Ploudalmézau, mais à 600 mètres seulement au Nord du bourg de Ploudalmézau.

(4) « Iter arripiens per *viam publicam* quæ a loco ecclesiæ plebis prædictæ (i. e. plebis Lapideæ) *ad solis occasum* ducit. » (*Vit. S. Paul. Aur.* cap. XV, *Revue Celt.* V, p. 442).

(5) « S. Paulus suique comitatus post transitum vadi quod intererat, cui vocabulum *Golban* portitor dicit, introgressi in insulam (Batham) » etc. (*Id.,* cap. XVII. Ibid. p. 445). Les deux éditions de la Vie de saint Paul ont plus ou moins altéré ce passage; celle des *Analecta Bollandiana* (I, 243) porte : « cui vocabulum Golban *promontorium dicitur.* » Ainsi il s'agit d'un *gué,* cette variante en fait un *promontoire;* pour combler la mesure, le commentaire ajoute qu'il s'agit ici du « promontoire *Gobæum* » (!). La *Revue Celtique* imprime seulement *portitor dicitur* au lieu de *dicit,* ce qui rend la phrase incompréhensible. Le sens est cependant bien clair : il s'agit d'un gué, auquel le nocher, le passeur qui fait la traversée *(portitor)* donne le nom de Golban. Entre l'île de Siek et l'île de Batz, il y a un rocher de *Coulouan,* qui rappelle quelque peu ce nom.

Le comte Withur, prince breton comme Gradlon, ne ressemblait guère à celui-ci ; beaucoup plus christianisé et plus civilisé que lui, il vivait davantage par l'esprit ; le tracas du monde le lassait, il s'était aménagé dans l'île de Batz une petite retraite qu'il appelait son *Secret*. Paul l'y trouva occupé à faire une belle copie des Evangiles. Withur le reçut d'autant mieux qu'après s'être envisagés ils se reconnurent pour parents et s'embrassèrent avec effusion (vers l'an 518) (1). Preuve évidente que Withur et la grosse émigration venue à sa suite sortaient de la Cambrie et avaient probablement quitté l'île sous le coup des ravages et de l'épouvante semée de tous côtés par les incursions saxonnes qui suivirent la catastrophe de Natanleag (ci-dessus p. 336-337).

Il convient de noter ici les principales émigrations cambriennes qui ont colonisé le pays de Léon. Dans le premier quart du VIᵉ siècle nous en trouvons une autre presque aussi importante et tout à fait de la même origine, ayant pour chef un cousin de Paul Aurélien appelé Carenkinal, sorti lui aussi du pays de Penohen (2), « homme très puissant qui passa la mer avec multitude d'autres (3). » Outre les laïques qui suivaient Carenkinal, cette émigration comprenait une nombreuse troupe de moines ayant à sa tête un pieux abbé appelé Arthmaël *(Arzmaël)*, nom qui est devenu en breton *Arzaël* ou *Arzel*, et en français *Armel*. Elle débarqua sur la côte ouest du Léon dans l'estuaire de la rivière Bazlananda ou Aber-Biniguet (Aber-Benoît), et de là descendant au Sud fonda un *plou* important, au centre duquel Arzmaël établit son *lann*, ce qui fit donner à cette colonie bretonne le nom, encore subsistant, de *Plou Arzel*.

Pendant que Paul Aurélien et Withur échangeaient leurs impressions, leurs souvenirs, un curieux incident se produisit. Le gardien de la pêcherie établie par Withur sur la côte de l'île de Batz entra dans la demeure du comte et pénétra jusqu'à lui pour exhiber la double pêche merveilleuse qu'il venait de faire, tenant d'une main un saumon de taille monstrueuse, de l'autre une cloche en bronze d'un très bon travail qui avait fait sous les flots un long séjour, car l'anneau destiné à la pendre était tout plein de vers marins et notablement rongé, altéré, soit par ces animalcules soit par l'eau de mer (4). Paul ayant examiné cette cloche ne put retenir un sourire, Withur lui en demanda le motif :

— Le roi Marc Conomor (dit Paul), comme je vous le contais tout à l'heure, m'avait confié la direction du service religieux de son royaume (voir ci-dessus p. 277). Il avait dans son logis sept jolies cloches d'un son très doux, dont il usait pour appeler aux repas ses convives. Quand je le quittai pour venir en

---

(1) Paul Aurélien ayant quitté l'île de Bretagne en 512-513, séjourné à Ouessant environ un an (514), puis deux dans son *lann* de Telmedou (515, 516), ensuite erré quelque temps sur le littoral du Léon, cette entrevue avec Withur peut être placée vers 517 ou 518.

(2) La Vie de saint Armel, tirée de l'ancien bréviaire de Léon et publiée dans la *Notice sur Ploërmel* de M. Ropartz (p. 165-166) confond le point d'arrivée du saint en Armorique avec son point de départ dans l'île de Bretagne. Mais le P. Albert Legrand, écrivant d'après le légendaire local et paroissial de Plouarzel, distingue très bien l'un de l'autre : « Saint Armel, qu'en breton on nomme Arzel, nasquit en l'isle de Bretagne, *en la province de Pennohen*, pays de S. Paul Aurelian.... et vint aborder à la coste de Léon en un havre nommé *Aber Benniguet*. » (*Vie des SS. de Bret.* édit. 1680, p. 373).

(3) Le Baud, *Hist. de Bretagne*, p. 65.

(4) « Clocam valde mir.ficam, cujus annulus, marinis plenus sanguisugis, perforatus atque ambesus erat. » (*Vit. S. Paul. Aur.* cap. xvii. *Rev. Celt.* V. p. 445.)

Armorique, je lui en demandai une à titre de bon souvenir. Il me la refusa...
Eh bien, la voici. C'est Dieu qui me l'envoie par vous.

Withur s'empressa de la lui offrir. « Chez tous les peuples du continent latin,
» ajoute le biographe de saint Paul, cette cloche est connue sous le nom de *Longue-*
» *Fauve*, en breton *Hirglas* (1) et, grâce aux mérites du saint, elle a par son appli-
» cation guéri bien des malades. » Ainsi s'exprimait, en 884, Wrmonoc. Mille ans
après, c'est-à-dire aujourd'hui, la cloche existe encore. Elle est d'un alliage de
cuivre rouge mêlé de beaucoup d'argent ; non fondue au moule mais battue au
marteau ; en forme de pyramide quadrangulaire avec deux grands côtés et deux
petits ; hauteur 24 à 25 centimètres ; son ouverture dessine un quadrilatère long de
16 centimètres 1/2 dans le sens des grands côtés, large de 11 centimètres dans le
sens des petits (2). Relique vénérable de l'apôtre du Léon, elle est toujours à Saint-
Pol, dans sa cathédrale.

La générosité de Withur envers saint Paul ne se borna pas au don de cette
cloche et du texte des Evangiles qu'il venait de calligraphier dans sa retraite du
Secret. Il lui donna aussi toute l'île de Batz et sur le continent la forteresse
romaine en ruine. Paul mit dans l'île son monastère principal, et dans la
forteresse (que l'on commença alors à appeler *Castel Paul*) une succursale indispensable pour mener à bien la tâche — entamée de suite, longtemps poursuivie
par lui, — d'extirper de cette terre le paganisme qui y avait conservé de fortes
racines. Œuvre ardue : Paul y dépensa d'abord beaucoup de temps et d'efforts
pour un résultat médiocre. N'ayant pas le caractère épiscopal, l'autorité lui
manquait pour rallier en faisceau toutes les forces chrétiennes et leur imprimer
une direction unique ; elle lui manquait de même pour tracer aux laïques des
règles de conduite et condamner les superstitions païennes.

L'une des Vies de S. Paul Aurélien nous montre le Léon habité par deux races
diverses (3) ; pour réunir ces deux races une grande autorité morale était nécessaire. L'autre Vie écrite par Wrmonoc n'a pas ce mot des « deux races, » elle a
mieux, car elle les met en face l'une de l'autre quand elle dit : « *Tous les habitants*
» *du pays*, voyant que *la religion chrétienne n'existait pour ainsi dire pas dans cette*
» *contrée*, allèrent avec leur chef Withur supplier Paul d'accepter l'épiscopat,
» afin de lui donner la force nécessaire pour convertir à la vérité tous ceux qui
» étaient dans l'erreur, pour leur imposer les mœurs prescrites par la vraie
» religion, et pour rétablir les droits de l'Église et du sacerdoce (4). » — Si « tous les
habitants du pays » faisaient une telle démarche, il est bien clair que la religion
chrétienne « existait » et même fortement « dans la contrée. » Mais ici « tous les
habitants du pays » veut dire « tous les Bretons, » et si « la religion chrétienne
n'existe presque pas dans ce pays, » c'est que les Armoricains indigènes sont
presque tous païens : c'est le *populus diversi generis* de l'autre Vie de saint Paul.

(1) Hæc cloca per cunctos Latinorum populos *Longifulva* (au-dessus de cloca, *Hirglas*) nomine
noto vocitatur (*Id*. Ibid. p. 446).
(2) Voir pour cette description *Vies des SS. de Bret.* d'Albert Legrand, édit. 1837, p. 194, note 2.
(3) « Populus diversi generis » dans *Boll*. Mars II, p. 116.
(4) « Cunctis præfatæ regionis visum est populis ut — quia eadem patria totius pene Christianæ
religionis expers erat — ipsum (Paulum) venerabilem virum una cum Withure implorarent ut,
pontificatus gradum accipiendo, omnes ab erroribus suis ad viam veritatis converteret, » etc. (*Vit.*
S. Paul Aur. cap. xviii, *Rev. Celt.* V, p. 450).

Mais on eut beau prier, insister, supplier, conjurer le saint : il fut inflexible. Comme au roi Marc il répondit à Withur : — Avant d'accepter l'épiscopat, je suis décidé à quitter ce pays. — Grand déboire pour toute la colonie bretonne, mais devant cette déclaration on n'insista pas. Withur, très fin avec sa douceur et sa piété, gardait encore un espoir. Un jour il alla trouver le saint et se prosternant devant lui comme Gradlon devant Gwennolé :

« Homme de Dieu, dit-il, depuis que le roi Childebert m'a donné, sous sa suprématie, le gouvernement de cette région, soit négligence, soit défaut d'envoyés dignes de confiance, soit toute autre cause, je n'ai eu avec lui, même par correspondance, aucune relation. Cependant pour régler plusieurs affaires j'aurais besoin de ses conseils. Je te donnerai une lettre contenant l'objet de mon message, close du scel de son anneau qu'il m'a remis comme marque de sa confiance. En voyant ce sceau il le reconnaîtra de suite, et tu me rapporteras fidèlement ce qu'il aura répondu soit de vive voix soit par écrit. »

Paul Aurélien ne voulut pas refuser ce service à Withur. Le message de celui-ci insistait sur la nécessité d'imposer l'épiscopat à Paul Aurélien et priait le roi de le renvoyer avec la dignité d'évêque de Léon. Peut-être Childebert n'avait-il pas un grand zèle pour la conversion des Armoricains. Mais comme ce nouvel évêque devait être sous la dépendance du métropolitain de Tours tout dévoué aux princes mérovingiens, le roi de Paris pensa qu'il aurait par là un moyen de plus de tenir les Bretons émigrés dans la ligne la plus convenable aux intérêts des Franks. Il entra donc dans les vues de Withur, et sans faire connaître au saint le message du comte, il lui adressa sous forme de reproches des plaisanteries un peu lourdes sur son défaut de charité et son avarice, qui le portaient à enterrer son talent sans en faire profiter son prochain. Le pauvre Breton prenant ces reproches au sérieux ne savait où se mettre; se jetant à genoux devant le roi, il se déclara prêt à toutes les satisfactions qu'on voudrait lui imposer.

— Alors, dit le roi, tu accepteras l'épiscopat.

Et mandant trois évêques qui se trouvaient de passage à Paris, il lui fit immédiatement donner, malgré ses protestations et ses larmes, la consécration épiscopale (1).

La juridiction du nouvel évêque, créée à la requête de Withur, comprit naturellement toute la région gouvernée par celui-ci, du Kefleut ou rivière de Morlaix jusqu'à l'Elorn; ses limites furent précisément celles gardées par le diocèse de Léon jusqu'en 1789. Cela résulte d'une tradition mentionnée par Wrmonoc, d'une forme aussi suspecte, je le crains, que les chartes de Gradlon du Cartulaire de Landevenec, mais dont il n'y a pas lieu de contester les indications géographiques. Selon cette tradition, Childebert aurait donné à saint Paul, pour sa mense épiscopale, cent trèves (*centum tribus*) ou domaines ruraux d'une contenance déterminée, répandus dans le pays de Léon proprement dit (*pagus Leonensis*) et dans le pays d'Ach (*pagus Achmensis* ou *Agnensis*), qui ensemble formaient précisément l'ancien diocèse de Léon. — Selon Wrmonoc, les chartes constatant ces donations étaient en 884 déposées sous la tête du saint dans son

_____

(1) Tout le récit relatif à la consécration épiscopale de saint Paul Aurélien est dans la *Vita S. Pauli* de Wrmonoc, cap. xix, *Rev. Celt.* V, p. 450-452.

tombeau, et elles contenaient non seulement les noms des trèves données par Childebert mais tous leurs débornements (1). Si elles existaient encore, çes chartes n'enrichiraient peut-être guère la diplomatique mérovingienne ; mais pour la géographie historique et pour la philologie bretonne ce serait un trésor.

Après cette histoire de la fondation de l'évêché de Léon, que l'on peut placer vers l'an 530 (2), il n'est plus question de saint Paul jusqu'à sa mort, sinon pour dire qu'il détruisit les temples des idoles (ci-dessus p. 263 note 5), et il n'est plus du tout question de Withur. Celui-ci mourut probablement peu après la fondation de l'évêché, et sa petite principauté fut absorbée par le royaume voisin de Domnonée, beaucoup plus considérable, dont nous allons tout à l'heure voir l'origine.

Saint Paul maintint dans l'île de Batz son principal monastère ; mais pour la facilité des relations il dut placer sur le continent le siège de l'évêché. Ce siège fut précisément son second monastère, enclos dans les remparts de terre relevés, réparés, de la forteresse gallo-romaine que les Bretons appellent encore *Castel-Paol*; c'est aujourd'hui Saint-Pol de Léon.

Le rôle de Paul Aurélien fut essentiellement celui d'un apôtre et d'un fondateur d'église. Apôtre il détruisit les sanctuaires, les simulacres de la superstition idolâtrique, il convertit tout ce qui restait de païens. Il organisa dans tout son diocèse le service religieux, construisant de tous côtés des églises et des monastères (3). Car la forme de son action, de son apostolat, de son organisation religieuse, fut constamment et complètement monastique ; s'il était évêque une fois, il était deux fois abbé (de Batz et de Castel-Paul) ; les fondations qui remontent à lui, qui portent son nom et dont le souvenir nous a été conservé, sont toutes des *lann* ; Lampaul d'Ouessant, Lampaul-Ploudalmézau, Lampaul-Plouarzel, Lampaul-Guimiliau, ou des *mouster* ce qui est la même chose : Mouster-Paul en Plougar, etc.

Quoique la mission de saint Paul ait eu avant tout un caractère de propagande et d'organisation religieuse très déterminé, cet apôtre n'était nullement indifférent aux progrès de la civilisation matérielle. — Au milieu de la forteresse gallo-romaine dont on a souvent parlé, s'élevait un gros arbre creux renfermant une énorme quantité d'abeilles : saint Paul, quand il vint là pour la première fois, prit soin de diviser cette masse d'abeilles en essaims, qu'il lança dans différentes directions

(1) « Ex duobus *pagis Agnensi Leonensique* centum numero *tribus* in perpetuam diocesim eidem consecravit sancto... quas per nomina atque circuitus, quia in aliis plurimis kartis ad ejusdem sancti caput depositis habentur, in hoc noluimus inserere loco. » (*Vit. S. Paul. Aur.* cap. xix, Ibid. p. 452). — Le *pagus Agnensis* ou *Achmensis* (pays d'*Ach*) répondait à ce qui fut plus tard l'archidiaconé de ce nom, allant de l'Elorn à l'Aber-Vrac'h, comme on peut le voir sur notre carte de la *Bretagne ecclésiastique au moyen-âge*. Le *pagus Leonensis* dont il est ici question répondait aux deux autres archidiaconés figurés sur cette carte et comprenait le district qui a formé depuis la *Commendatio Ili* ou archidiaconé de Kemenet-Ili. Dans d'autres textes le nom de *pagus Leonensis* s'applique à tout le territoire du diocèse de Léon.

(2) Après son entrevue avec Withur en 518, le saint dut employer une dizaine d'années à fonder et consolider ses deux grands monastères de Batz et de Castel-Paul, à en créer d'autres, et à combattre laborieusement le paganisme, en résistant d'autre part aux instances faites près de lui pour l'élever à l'épiscopat, — ce qui met la fondation de l'évêché de Léon vers 528 ou 530 au plus tard.

(3) « *Destructis vero templis in cultu dæmonum fabricatis,* diversas in circuitu ecclesias atque monasteria cultu divino mancipata construere jussit..... Et quosdam volentes clementer ac benigne persuadens, quosdam autem nolentes districte feriendo corripiens, *omnes tandem convertit ad veræ fidei unitatem.* » (*Vit. S. Paul. Aur.* cap. xx, Ibid. p. 452). — Le fameux dragon vaincu par saint Paul symbolise la défaite du paganisme.

pour envoyer ces agiles fabricantes de cire et de miel porter leurs dons sur tous les points du pays. — Il chassa et renvoya aux forêts l'ours et le buffle qui menaçaient et grognaient parmi ces ruines, et dont il désespérait de réduire la férocité. Mais il n'en fut pas de même d'une truie sauvage ou plutôt d'une laie (*sus silvatica*) qui couchée en ce vieux *castellum* romain allaitait toute sa portée pendue à ses trayons. Touché sans doute de ses vertus maternelles, le saint se plut à la caresser; sous ces caresses la sauvagerie de la bête s'amollit et fit place à la douceur des mœurs domestiques. De cette laie domptée par saint Paul sortit une espèce superbe, longtemps connue en Bretagne sous le nom de *race royale des porcs* (1).

En face de Paul Aurélien débutant par quatorze ans passés au désert, puis toujours itinérant, toujours agissant et, tout en gardant pour base de son action l'institution monastique, prêt à accepter tous les fardeaux, toutes les exigences, pour remplir le but assigné d'en haut à ses efforts : le triomphe de l'Évangile dans le Léon à demi païen ; — en face de cette grande figure dont le mouvement et l'activité chrétienne sont la loi, plaçons comme contraste, en ce même pays, un de ces vieux anachorètes fixés toute leur vie à la même place, absorbés dans la prière et dans la contemplation, les yeux perdus dans les profondeurs célestes, ignorant l'existence de la terre sur laquelle portent leurs pieds. Encore allons-nous voir ceux-là même, malgré leur extase, prendre leur part de travail même matériel dans l'œuvre de la colonisation bretonne.

Rappelons-nous (p. 258-259) un couple d'émigrants bretons abordant, aux premières années du VIe siècle sur la côte du Léon encore déserte, et la pauvre jeune femme mettant au monde un enfant sans même avoir une goutte d'eau pour apaiser sa soif. Un riche Breton venu en ces parages quelques années après trouva le poupon si aimable qu'il en voulait faire son héritier; mais Goulven (c'était l'enfant) dès qu'il eut l'âge de raison se tourna tout entier vers Dieu. — Tout jeune encore il se retire au désert (2); ce désert n'est autre que la plage couverte de bois où ses parents (Glaudan et Gologuen) avaient abordé. Là il bâtit une cellule de pierre basse et carrée, ce que les Bretons nomment un *Peniti*, pour y faire pénitence toute sa vie. Il s'enferme comme un reclus dans l'étroite enceinte de cette cellule (3), où il prie nuit et jour, — d'où il ne sort que pour processionner et faire de longues prières à trois stations et trois croix dressées par lui dans les profondeurs de sa forêt (4), — où il n'a pour toute

---

(1) « Sus silvatica, cum suis natis circa ejus ubera lac suggendo suspensis, per manum ejus una cum suis delinita, ita fuit cuncto jure antiquæ feritatis expulso edomita, quasi ab annis prioribus fuisset domestica. Ex qua ejusque progenie innumera *porcorum regii generis* seges multos postea per annos est procreata. » *(Vit. S. Pauli* cap. xv, *Rev. Celt.* V, p. 443).

(2) « Locum juxta littus paludosum in solitudine, inter fructeta et vepres condensos. » *(Vit. S. Golveni* ou *Golvini,* § 7, dans *Mém. de la Soc. d'Émul. des Côtes-du-Nord,* XXIX p. 219.)

(3) « Ædificavit ibi domunculam quadrangulam in forma oratorii, quæ lingua Britonum *Peniti* dicitur, hoc est *Pœnitentiæ* vel *Pœnitentii* domus... » *(Id.* § 7 et 8, *Ibid.* p. 219, 220). Ce Peniti est représenté aujourd'hui par une chapelle de ce nom située à 700 mètres environ à l'Ouest du clocher de la paroisse de Goulven.

(4) Selon M. de Kerdanet (édit. des *SS. de Bret.* d'Albert Legrand, p. 371 notes) l'emplacement des trois stations de saint Goulven était encore marqué en 1837 par trois croix dites en breton *Croaz Prat ar Vern, Croaz a Draon* et *Croaz ar Gouerven*

société qu'un seul serviteur ou plutôt un compagnon de pénitence, saint Maden, qui ne cesse de prier et se macérer avec lui. — A ses autres macérations il joint le travail manuel et, comme tous les saints bretons de ce siècle, il tourne l'effort de son travail contre les bois, les halliers qui obstruent et stérilisent le sol. Quoique, livrés à leurs propres forces, Maden et son maître fussent pauvrement outillés pour une telle besogne, à force de temps et de patience ils finirent par nettoyer et mettre en culture un grand canton de la forêt voisin du Péniti, qu'on appela *Minihi sant Golven*, Asile ou Domaine de saint Goulven (1).

La fertilité de ce sol y appela bientôt des habitants qui continuèrent le défrichement de la forêt — car peu à peu arrivaient les émigrés bretons. Mais Goulven ne sortit pas pour cela de sa solitude et ne lia de relations qu'avec un paysan appelé Ioncor (2), rude laboureur qui remuait profondément le sol d'un *plou* voisin dit Plou-Enéour récemment fondé dans le voisinage. Un jour Goulven s'adressant au fidèle Maden :

— Va trouver Ioncor notre ami, tu lui diras : Voici ce que Goulven te dit : « Pour marque de bonne et pieuse amitié, envoie-moi en présent la chose même » que tu auras sous la main quand mon messager t'abordera. » Toi Maden (continua Goulven), quoi que te donne Ioncor, tu l'en remercieras, et tu reviendras ici sans jeter un coup d'œil sur son présent avant d'être de retour au Péniti.

Maden trouva Ioncor défonçant la terre et conduisant sa charrue. Il fut d'abord fort embarrassé, n'ayant rien sous la main qui lui parût digne d'être envoyé à Goulven. Tout à coup se décidant : « Au nom du Père, du Fils et du » Saint-Esprit, » dit-il ; en même temps, prenant de chaque main sous le soc de sa charrue trois pleines poignées de terre, il les déposa dans le giron de Maden et lui dit de les porter à son maître. Maden part et se hâte. Bientôt il faut ralentir le pas. Sur sa poitrine il sent un poids qui l'oppresse et fait craquer sa tunique. Il n'y tient plus, il jette sur le présent de Ioncor un coup-d'œil furtif. Les trois doubles poignées de poussière étaient devenues un gros lingot d'or. — Juste et véridique symbole des bienfaits portés à l'Armorique par les moines et les émigrés bretons. En détruisant les forêts, les brousses, les halliers, en défrichant et cultivant le sol, ils en tiraient des trésors. Vile poussière tant qu'elle demeurait inerte, inculte, — sous le soc de leur charrue cette terre devenait or.

Goulven le solitaire était-il prêtre ? Rien dans sa Vie ne porte à le croire. Selon cette Vie, il est vrai, on le fit dans sa vieillesse évêque malgré lui ; mais on a, aux Vᵉ et VIᵉ siècles, beaucoup d'exemples de laïques promus à l'épiscopat sans avoir passé par la prêtrise. Et d'ailleurs il fut si peu évêque. A peine eut-il ouï le bruit du monde, — assourdi par ce vacarme, effaré de la responsabilité de sa charge, il se démet et s'enfuit. Crainte d'être rattrapé par ses diocésains, il quitte le Léon et même la Bretagne d'alors, gagne d'un trait la Marche gallo-franke, se cache dans un coin perdu de l'évêché de Rennes le plus solitaire possible (3),

(1) Dans cet Asile était un domaine donné par Goulven à son fidèle serviteur et représenté aujourd'hui par le village de Ker-Maden, situé à un quart de lieue au Sud du bourg de Goulven.

(2) « *Ioncorus*, quod nomen sonat *Mirans* » (Vit. S. Golv. § 14, Ibid. p. 223). Ce nom subsiste encore en Bretagne sous la forme *Joncour* et *Le Joncour*.

(3) On voyait naguère encore les ruines de son ermitage dans le bois de la Motte-Mérioul, paroisse de Saint-Didier (Ille-et-Vilaine) ; voir d'Argentré, *Hist. de Bret.* édit. 1618, p. 40-41, et Guillotin de Corson, *Pouillé historique de l'Archevêché de Rennes*, III, p. 517-518, cf. I, p. 323.

construit un autre péniti et recommence dans une autre forêt sa rude — et délicieuse — vie d'ascète, d'anachorète, dont il ne saurait se passer.

Quant à Arzmaël, il ne fit guère que traverser le Léon. A peine fondé le *plou* qui porte son nom (Plou-Arzel), il en laissa le gouvernement à Carenkinal et partit pour les rives de la Seine, mandé à Paris, dit sa légende, sur la réputation de ses vertus par le roi Childebert. Assertion bien peu croyable. Comment le nom d'un pauvre moine échoué aux extrémités de l'Occident et qui n'avait jusqu'alors accompli (même d'après sa légende) aucun acte célèbre, serait-il arrivé jusqu'à Paris? Très probablement, Arzmaël fut envoyé vers Childebert soit par Withur soit par Paul Aurélien, pour quelque mission relative à l'administration religieuse ou temporelle du Léon. Sa sainteté et sa simplicité charmèrent le roi, qui lui donna une paroisse située au diocèse de Rennes où Arzmaël — connu là sous le nom d'Armel — vécut assez longtemps et où nous le retrouverons.

§ 3. — *Grande émigration domnonéenne.*
Fondation du royaume de Domnonée.

On a vu plus haut (p. 337-339) la guerre poussée par Cerdic, de 514 à 525, le long du littoral sud de l'île de Bretagne dans la direction de l'Ouest, guerre dont les coups les plus redoutables tombèrent sur la grande tribu des *Dumnonii* insulaires, qui par sa résistance attira sur elle les attaques réitérées des envahisseurs et ne réussit à garder une partie de son territoire qu'à force d'obstination, après avoir subi bien des désastres. Il y a donc *à priori* lieu de croire que cette lutte cruelle poussa un grand nombre des Domnonéens à émigrer sur le continent. Et en effet les chroniques de la petite Bretagne portent :

« En l'an 513 (pour 511), à Clovis succédèrent Clothaire, Théoderic, Clodomir » et Childebert ses fils. Du temps de ce Clothaire, les Bretons d'outre-mer vinrent » dans la petite Bretagne (1). »

Prenant à la lettre les termes très généraux de cette note, on pourrait croire que sous le règne de Clothaire tous les Bretons insulaires envahirent la petite Bretagne ; ces termes indiquent au moins une émigration très considérable, sans marquer toutefois sur quels points de la péninsule armorique elle s'établit. Voici une généalogie princière rédigée au IXe siècle, appuyée sur des documents du VIe et du VIIe, qui pourra nous fournir quelque lumière :

« Riwal prince de Bretagne (Grande-Bretagne) fut fils de Déroch... Ce Riwal, venant de la Bretagne d'outre-mer avec une multitude de navires, posséda la petite Bretagne *au temps de Clothaire roi des Franks fils du roi Clovis.* Ce Riwal engendra Déroch, qui engendra Riatham et Iona, qui engendra Judwal. Judwal

---

(1) « DXIII. Clodoveo successerunt Lotharius (Clotharius) et Theodericus filii ejus, Chlodomiris et Childebertus. Tempore hujus Clotharii, venerunt transmarini Britones in minorem Britanniam. » (*Chronic. Britannic.* dans D. Morice, *Preuves,* I, 3 ; *Chron. Montis S. Michaelis* dans Labbe, *Biblioth. nova manuscriptorum* I, p. 349.

engendra Juthaël et Juthaël engendra le roi saint Judicaël qui régna en Bretagne au temps de Dagobert (1). »

On sait de façon certaine, et l'on en verra la preuve au cours de notre récit, que Déroch fils de Riwal, Iona fils de Déroch, Judwal, Juthaël, Judicaël, régnèrent, non sur toute la Bretagne armoricaine, mais sur cette région dont nous avons plus haut (p. 284) indiqué les bornes, comprenant le littoral septentrional, de l'embouchure du Coësnon à celle de l'Elorn, et connue dans notre ancienne histoire sous le nom de Domnonée. Voilà donc aussi les bornes du royaume de Riwal, et par conséquent du territoire sur lequel se répandit l'émigration dont il était le chef. Notre historien Pierre Le Baud, qui avait sous les yeux toutes nos vieilles chroniques et en avait fait une étude approfondie, réduit formellement les possessions de Riwal à « la *Donnonense* (2). » Encore Riwal ne possédait-il pas le Léon qui était alors, on l'a vu, aux mains de Withur. D'ailleurs le synchronisme établi par la généalogie ci-dessus entre Clothaire et Riwal ne laisse pas de doute sur l'identité de l'émigration conduite par ce dernier avec celle que les chroniques bretonnes placent également sous le règne de Clothaire sans en indiquer le chef.

Il résulte de là :

1º Que Riwal, chef des rois de la Domnonée brito-armoricaine, vécut sous Clothaire ;

2º Donc l'émigration conduite par lui en Armorique était composée de *Dumnonii* ou Domnonéens insulaires chassés de leur pays à la même époque, c'est-à-dire au temps de Clothaire, par les guerres de Cerdic, de 514 à 525 environ ;

3º Cette émigration domnonéenne, composée probablement d'une série d'émigrations successives par bandes très rapprochées dans un espace de temps assez court (huit ou dix ans au plus), jeta sur le continent une masse très considérable d'insulaires : — car nos chroniques, on l'a vu, en parlent comme si tous les Bretons de l'île eussent envahi de ce coup l'Armorique, et ces nouveau venus en tous les cas furent assez nombreux pour imposer le nom de leur patrie d'outre mer à la région continentale où ils s'établirent, c'est-à-dire à tout le littoral nord de la péninsule armoricaine, qui s'appela depuis lors la Domnonée (3).

(1) « Riwalus Britanniæ dux filius fuit Derochi... Hic Riwalus, a transmarinis veniens Britanniis cum multitudine navium, possedit [totam] minorem Britanniam tempore Chlotarii regis Francorum, qui Chlodovei regis filius extitit. Derochus genuit Riatham et [Riatha genuit] Ionam, et Iona genuit Juduualum, et Juduualus genuit Juthaelum. Juthaelus autem genuit sanctum Judicaëlum regem... Hic autem rexit Britanniam tempore Dagoberti filii Clotharii. » Ex. Cod. ms. S. Vedasti, dans D. Morice, *Preuves* I, 211 ; Mabillon, *Acta SS.* O. S. B. sæc. II. — Ne pas tenir compte des mots entre crochets.

(2) « Puis print Ruiuallus congé de Clotaire et s'en retourna en Bretagne, *c'est à sçavoir en Donnonense*, que par la manière dessus dite il avoit acquise. » (Le Baud, *Hist. de Bretagne* p. 65).

(3) C'est à partir de ce moment, c'est-à-dire de 515 environ, que le nom de Domnonée fut introduit en Armorique et appliqué à la région septentrionale de notre péninsule ; plusieurs auteurs suivant l'usage de leur temps le lui ont attribué avant cette date par anticipation, par exemple, Wrdisten qui dans sa *Vie de S. Gwennolé* (I, 18) donne très abusivement le titre de chef de la Domnonée à Rhigall du Champ du Rouvre. Le Léon n'ayant été uni à la Domnonée que vers 530, un peu après la fondation de l'évêché de Léon, c'est aussi par anticipation que Wrmonoc (*Vie de S. Paul,* chap. XII), au moment où S. Paul passe de l'île d'Ouessant dans le *plou* Telmedou (en 515), fait du pays d'Ach, où ce *plou* était situé, une partie de la Domnonée. Ces auteurs parlent à la mode de leur temps, c'est-à-dire du IXe siècle, où le nom de Domnonée s'étendait du Coësnon à l'Elorn. Néanmoins l'introduction de ce nom en Bretagne n'est pas antérieure à 515, et son extension au pays de Léon à 530.

Telles sont sur cette émigration importante les notions authentiques fournies par les chroniques et par la Généalogie domnonéenne. Il en est d'autres provenant de documents moins certains, les uns toutefois organes de traditions sérieuses, les autres de légendes assez anciennes où la trace de la vérité historique n'apparaît plus qu'à travers les broderies les plus fantaisistes.

Ainsi, suivant un auteur du commencement du XIe siècle, la Létavie (1), c'est-à-dire la Bretagne Armorique, aurait été envahie, conquise avant l'an 509 par des hordes de Frisons, qui après avoir chassé les habitants, dévasté le pays, s'y installèrent à la place des indigènes (2). Le roi de ces Frisons s'appelait Corsold et sa femme Aletha : noms d'où l'on pourrait induire que, dans l'idée des inventeurs de la légende, le siège principal de cette colonie frisonne se trouvait vers Corseul et Aleth. Voici comment l'Armorique fut débarrassée de ces envahisseurs. Le métier de Corsold était celui d'écumeur de mer; il avait un lieutenant appelé Coarchion, marinier habile, pirate intrépide, marchand retors et subtil, qui dans toutes les expéditions dont il était chargé, faisait et procurait à Corsold des gains considérables. Corsold pour se l'attacher en avait fait son beau-frère. Le beau-frère malheureusement s'éprit de la belle-sœur Aletha merveilleusement belle, et un jour que le roi des Frisons était allé diriger sur mer une grande expédition piratique, Aletha et Coarchion prirent leur volée sur une nef des plus rapides et allèrent mettre en sûreté leurs amours chez « Glotinerius roi des Romains » /sic/ — Quand Corsold rentra de son expédition, il fut très désappointé de ne plus trouver la belle Aletha et très molesté du tour que lui avait joué le perfide beau-frère. Il jura de ratrapper les coupables et de s'en venger. Comme on ne savait où ils étaient passés, il fallait chercher partout; Corsold, pour faire cette recherche, mobilisa et emmena avec lui à peu près toute la nation frisonne; il lança tous ses limiers sur la terre ferme tandis que les fugitifs avaient pris la route de mer, si bien que ni lui ni sa horde ne trouvèrent rien, et comme ils s'entêtèrent dans cette poursuite inutile, ils ne revinrent jamais en Armorique.

L'auteur du XIe siècle qui rapporte cette légende se moque un peu de l'histoire de la belle Aletha et de Coarchion ; il dit avoir tiré cela des fables (a fabellis). Mais il admet le reste, c'est-à-dire la dévastation de la péninsule armorique par une horde de Frisons qui aurait tué ou chassé les indigènes, ravagé le pays, et après un séjour plus ou moins long l'aurait quitté, le laissant plein de ruines et de désolation et presque vide d'habitants. Puis il ajoute :

« Quand le départ de Corsoldus et des Frisons avec la désolation de Donnonense (Domnonée) furent par les mariniers de la Bretagne armoricane nuncez aux Bretons de l'isle, sur lesquels regnoient trois ducs nommez Urbienus, Donothus et Ruivallus, les trois fils de Derochus, — Ruivallus, ces choses oyes, print la tierce partie de ses compagnons tant masles que femelles et vint par navires deçà la mer en la moindre Bretagne avecques tres-grant multitude de citoyens... Les

_____

(1) *Letau, Lydaw,* sous la forme latine *Letavia ;* c'est le nom que les Cambriens donnent à la petite Bretagne. L'auteur ici indiqué est Ingomar, moine de Saint-Méen, qui avait écrit une Vie de S. Judicaël précédée d'une histoire des rois de Domnonée ses prédécesseurs : ouvrage fait avec discernement, aujourd'hui perdu, mais dont l'historien breton Pierre Le Baud, qui l'avait sous les yeux, nous a conservé beaucoup d'extraits.

(2) Ingomar, dans Le Baud, p. 63.

Bretons d'Armorique (les Armoricains) et les Bretons insulaires ensemble congregez erigerent en roy Ruivallus issu du royal lignage de la Grand Bretagne, et incontinent firent bataille champestre contre partie des Frisons demourez au païs et les compellèrent à fuir... Et Clotaire qui lors regnoit en France, quand il entendit la venue de Ruivallus en Bretagne armoricane et la destruction et expulsion des Frisons, il le desira voir et avoir son amitié et alliance. Si (ainsi) lui envoya ses messaiges, le priant qu'il allast sûrement devers lui. Ruivallus s'y transporta avec noble compagnie, fit reverence honorable audit Clotaire, et Clotaire de sa part le receut benignement. Et apres plusieurs parlements d'entre eux, firent assemblément mutuelles confederations et s'entrepresentèrent plusieurs dons. Puis print Ruivallus congé de Clotaire et s'en retourna en Bretagne, c'est à sçavoir en Donnonense (Domnonée), que par la manière dessusdite il avoit acquise (1). »

Si l'entrevue de Riwal et de Clotaire s'était passée exactement ainsi et eût eu une telle issue, le puissant Mérovingien et le petit prince breton à peine établi en Gaule auraient traité d'égal à égal sur le même pied, ce qui semble un peu trop beau pour la situation et la puissance de ce dernier. Il y a un autre récit moins triomphant mais peut-être plus vraisemblable, dû à Ingomar, cet auteur du XIᵉ siècle cité plus haut, qui résume les relations les plus anciennes relatives à l'évènement et qui dit :

« Ruivallus, *comte royal*, pria Clotaire qu'il lui laissast posseder et exercer en paix ladite province (de Donnonense) avecques tous ceux qu'il avoit amenez deçà la mer, et Clotaire lui donna congé de l'habiter, cultiver, posseder, donner et vendre *sous sa parole*, domination et puissance, et de ses successeurs après lui, tant que les hommes y pourroient habiter (2). »

Ce récit, qui ménage mieux les distances, a une physionomie très historique et très vraisemblable. En présence de cette grande émigration domnonéenne venant vers 515-520 couvrir de ses flots tout le littoral nord de la péninsule armoricaine, les Franks s'étaient émus ; les comtes de la Marche franko-bretonne, entre autres celui de Rennes, avaient prévenu Riwal que pour vivre en paix avec eux, pour gouverner tranquillement la colonie importante qu'il était en train de fonder, il lui serait fort utile, même indispensable, de se mettre sous la protection d'un des Mérovingiens héritiers de Clovis. Pourquoi Clothaire plutôt qu'un autre? On ne sait, mais le nom de ce dernier roi est trop mêlé à l'histoire de Riwal et de la grande émigration domnonéenne pour qu'il puisse y avoir doute à cet égard. Quant à la formule de sujétion acceptée par Riwal, elle a un aspect très historique. Vis-à-vis de Clothaire il se réduit au titre de *comte*, ce qui est parfaitement conforme au texte de Grégoire de Tours (*Hist.* IV, 4), mais toutefois de « *comte royal*, possédant et exerçant tant que les hommes y pourront » habiter (c'est-à-dire gouvernant en souverain héréditaire) la Domnonée « sous

---

(1) P. Le Baud, *Hist. de Bretagne* (p. 64, 65), d'après diverses chroniques bretonnes, entre autres, d'après le *Chronicon Briocense* qui porte : « Clotarius regem Rivallum videre voluit, deprecans per suos legatos quatenus ad eum secure accederet. Rivallus accessit, et Clotario reverentiam exhibuit. Clotarius ipsum honorifice recepit. Deinde, post multa colloquia inter eos habita, mutuas confederationes adinvicem fecerunt. Quibus actis, Rivallus ad suum regnum remeavit » (Biblioth. Nat. ms. lat. 9888, f. 35). Nous avons émondé le style ultra-prolixe de ce verbeux chroniqueur.

(2) Le Baud, p. 65.

la parole (*sub verbo*) » du prince mérovingien : expression usitée dans les lois et les formules de ce temps pour désigner la protection particulière, appelée *mundium*, dont le roi couvrait ceux qui se *recommandaient* à lui et se mettaient en son vasselage spécial (1). Dans cette reconnaissance de la suzeraineté mérovingienne par les princes bretons il n'est d'ailleurs (comme nous l'avons déjà dit p. 287) nullement question de tribut.

Mais que faut-il penser de cette horde de Frisons qui au commencement du VIe siècle se serait installée sur le littoral nord de la péninsule armorique, l'aurait habité plusieurs années et puis tout à coup abandonné en n'y laissant après soi que ruine et désolation ? Le fait ne serait pas impossible s'il s'agissait d'un territoire restreint, par exemple vers l'embouchure de la Rance entre Aleth et Corseul, occupé temporairement par une bande de pirates, d'autant plus que pour beaucoup d'auteurs du moyen-âge Frison est synonyme de Saxon. Mais — outre l'épisode d'Aletha et de Coarchion qui donne à ce récit le caractère d'une légende fabuleuse, — il s'agit ici d'une occupation embrassant tout le pays de « *Donnonense*, » c'est-à-dire tout le littoral nord de la péninsule armorique ; on retrouve même en Cornouaille (nous le verrons au § 4 du présent chapitre) cette histoire de Corsoldus et de la dévastation du pays par ses Frisons : d'où il faudrait conclure que cette horde frisonne aurait occupé et dévasté au commencement du VIe siècle toute la péninsule, ce qui est tout à fait inadmissible.

En réalité, la légende de la désolation de la Bretagne armorique par les Frisons de Corsoldus est la forme sous laquelle la tradition populaire conserva, en l'altérant, le souvenir poignant de la dévastation de la péninsule par les barbares du Ve siècle, notamment par les pirates saxons (ci-dessus p. 219-221) que l'on confondait alors avec les Frisons (ci-dessus p. 255). Quand les grandes émigrations du VIe siècle, entre autres celles de Domnonée et de Cornouaille, abordèrent en Armorique, toutes ou presque toutes les marques et les navrants témoignages des désastres du Ve siècle subsistaient encore : partout sur les ruines gallo-romaines les traces d'incendie, partout la forêt, la brousse ou la lande, partout l'inculture et la dépopulation. Les rares indigènes que les émigrés bretons rencontraient dans ces steppes désertes leur dirent que cette désolation était l'œuvre d'odieux pirates, Frisons ou Saxons (c'était pour eux la même chose), qui après avoir ainsi dévasté le pays avaient disparu. Voyant des ruines encore fraîches, les Bretons crurent la catastrophe récente, et pour expliquer la disparition de ceux qui en étaient les auteurs ils imaginèrent des contes bizarres dans le genre de l'histoire de Coarchion. Chaque siècle à cette légende ajouta sa broderie : ainsi la Chronique de Saint-Brieuc, avant d'introduire Riwal en Armorique, fait succéder à la dévastation et au départ des Frisons une nouvelle invasion et dévastation des Goths — tout à fait invraisemblable, car si les Frisons avaient aussi bien nettoyé le pays qu'on le dit, les Goths n'y pouvaient plus trouver rien à faire.

Enfin — peut-on au moins admettre avec la légende que Riwal en débarquant se soit heurté sur quelque point de la côte à quelque petite bande de pirates dont

(1) Voir Le Huërou, *Institutions Carolingiennes*, liv. I chap. 9, surtout aux p. 134, 135, 141 ; et Pardessus, *Loi Salique* p. 488.

il aurait nettoyé le pays? Le fait, je le répète, serait possible : puisque les Saxons de la Loire étaient allés attaquer Corisopitum, ils pouvaient bien envahir Corseul, —auquel fait nécessairement songer le nom de Corsoldus. Mais ce nom, je le répète aussi, est mêlé à des fables si extravagantes, qu'on ne peut regarder comme sérieux aucun trait particulier de la prétendue histoire de ce personnage.

De toute cette légende il n'y a qu'une conclusion à tirer, qui n'est pas sans intérêt : c'est qu'au VIe siècle les traces de la dévastation de la péninsule armorique par les barbares du siècle précédent étaient encore partout évidentes, désolantes, et partout l'aspect des ruines sous leurs couches de cendres et de charbons était si navrant, qu'on les croyait volontiers toutes fraîches, c'est-à-dire toutes chaudes encore du feu qui les avait faites.

Quant à Riwal, outre ce qui précède, on ne sait rien de lui. Quand il passa sur le continent à la tête de l'émigration domnonéenne, il devait être déjà avancé en âge, sans quoi, au lieu de guider dans l'exil ses compatriotes, il eût fait intrépidement tête aux Saxons ; il ne survécut guère au traité passé avec les Franks et mourut probablement vers 520. Pour consacrer sa mémoire son titre de fondateur du royaume domnonéen d'Armorique suffit ; je dis royaume, car s'ils étaient *comtes* au dehors pour les Franks, les princes bretons n'en étaient pas moins souverains chez eux ; les chroniques, les documents historiques, les hagiographes les nomment indifféremment comtes et rois.

Le second roi domnonéen, Déroch fils de Riwal, eut un règne plus long que son père (de 520 à 535 environ). Sous ce règne la Domnonée armoricaine continua de recevoir des émigrés bretons, parmi eux plusieurs personnages célèbres qui eurent sur ses destinées une grande influence, en tête desquels il faut nommer saint Tudual.

Tudual appartenait à la race royale de Domnonée ; on ignore le nom de son père, sa mère appelée *Pompœa* ou *Pompaia* (dont les Bretons ont fini par faire *Copaia* et *Coupaia)* était la sœur de Riwal, chef de la grande émigration domnonéenne dont nous venons de parler (1). Né dans l'île de Bretagne au pays des *Dumnonii* vers la fin du Ve siècle, Tudual se voua de bonne heure à la profession monastique et devint bientôt chef d'une nombreuse communauté. Par suite des relations fréquentes et pacifiques qui existaient alors — surtout dans l'ordre religieux — entre la Grande-Bretagne et l'Irlande, il visita ce dernier pays et y vécut assez de temps pour avoir été parfois regardé comme un Scot ou Irlandais (2).

(1) Nos sources pour l'histoire de saint Tudual sont les trois Vies anciennes de ce saint, publiées par nous en 1886-1887 dans les *Mémoires de la Soc. archéol. des Côtes-du-Nord,* 2e série, t. II, p. 77 à 122, suivies d'un *Commentaire historique,* p. 284 à 365 : texte et commentaire réimprimés en 1887, en un vol. in-8o de 134 pages intitulé : *Les trois Vies anciennes de S. Tudual, texte latin et commentaire historique* (Paris, Champion). La première de ces Vies a été écrite au VIe ou au VIIe siècle par Louénan disciple de Tudual ; la seconde est de la fin du IXe siècle (888 à 907) ; la troisième, de la seconde moitié du XIe.

(2) Jusque vers l'an 975, le nom *Scotia* (en anglo-saxon *Scotland*) fut appliqué exclusivement à l'Irlande, mère-patrie de la race *Scotique,* quoiqu'il existât, au moins depuis la fin du Ve siècle, une petite colonie de Scots dans le Nord de la Grande-Bretagne sur le territoire actuel du comté d'Argyle appelé alors *Dalriada.* C'est seulement au cours du XIe siècle que le nom *Scotia, Scotland,* quitta l'Irlande pour devenir la propriété de l'Ecosse actuelle. Voir William Skene, *Celtic Scotland* (Edimbourg, 1876), t. I p. 1 à 5.

Peut-être s'y trouvait-il quand commença de se produire vers 515 la grande
émigration des *Dumnonii* en Armorique, à la tête de laquelle étaient les chefs
de sa famille : circonstance qui, jointe à la continuation des hostilités anglo-
saxonnes, le détermina (vers 525-530) à aller rejoindre ses compatriotes sur le
continent. Il emmena avec lui une grande partie de sa famille monastique, au
nombre, dit-on, de soixante-douze religieux, sans compter les serviteurs du
monastère et les laïques qui se rallièrent à cette troupe sacrée, comme on l'a
vu dans l'émigration de saint Paul Aurélien. Ici on ne nous en dit pas le
nombre, mais on donne le nom de trois femmes faisant partie de la bande de
Tudual, sa mère Pompaia, sa sœur Seua ou Seva, et une pieuse veuve appelée
Maëlhen qui lavait le linge et les habits des moines.

Les barques émigrantes abordèrent vers la pointe sud-ouest du Léonais dans
l'anse des Blancs-Sablons, et sans s'écarter beaucoup, à une demi-lieue tout au
plus de cette anse vers l'Est, Tudual établit son *lann* au bord d'une des petites
rivières qui tombent dans le port actuel du Conquet, et on l'appela *Lann-Pabu,*
— ce mot de Pabu répondant à *Pab* ou *Pap,* père, titre qu'on donnait alors aux
évêques et aux abbés des grands monastères, mais qui, dans l'usage s'est tout
spécialement lié au nom de Tudual, fréquemment appelé dans les anciens
documents *Pabu* Tudual et même par contraction *Pabu Tual.* Ce *lann,* représenté
aujourd'hui par une église paroissiale nommée Trébabu (pour *Tref-Pabu,* était
compris dans un *plou* assez étendu dit Plou Macoër, aujourd'hui Ploumoguer (1).
A ce moment, le pays où Tudual débarqua était sous l'autorité de Déroch fils de
Riwal, second roi de la Domnonée armoricaine, ou il y passa très peu après (2),
soit que le comte Withur fût déjà mort, soit que n'ayant ni héritier ni ambition,
il eût volontairement accepté la suzeraineté des rois domnonéens : toujours est-il
que depuis Déroch, le pays de Léon fit constamment partie de la Domnonée.
Le *plou* de Macoër était situé dans la région sud-ouest du Léon désignée sous le
nom de *pagus Achmensis* ou *Agnensis,* pays d'Ach (voir ci-dessus p. 346, note 2).
Deroch confirma, en tant que besoin, la possession de Lann-Pabu à son cousin,
mais celui-ci n'y resta pas longtemps. Quand ce nouveau monastère, qui devait
être en quelque sorte la base de ses opérations, fut bien assis, il conçut le projet
de parcourir tout le territoire sur lequel depuis dix à quinze ans s'était répandue
l'émigration domnonéenne, pour en étudier la situation religieuse, y propager de
plus en plus l'institut monastique et surtout pour y répandre, là où elle n'avait
pas encore pénétré, la lumière de l'Evangile.

Dans le pays de Léon l'œuvre évangélique, déjà avancée, était confiée
à un ouvrier vaillant, Paul Aurélien, qui n'avait nul besoin d'aide. Aussi
Tudual se borna-t-il à accepter dans ce pays le don de quelques domaines /*prædia/*
pour la dotation de son monastère : dans le territoire dit alors *pagus Dondur* (ou
Daoudour) compris entre le Kefleut (rivière de Morlaix) et le bas cours de l'Elorn,

---

(1) Trébabu (à 3 kilom. N.-E. du Conquet) et Ploumoguer sont aujourd'hui deux communes du
canton du Saint-Renan, arrondissement de Brest (Finistère).

(2) « Fundavit primum locum qui vocatur Lan Papbu in plebe Macoer. In tempore illo regnabat
Derochus comes, sancti Tutguali consobrinus, cui plures parrochias ipse dedit in tota Domnonia. »
(*Vita I*ᵃ *S. Tuduali,* § 1, dans A. de la Borderie, *Les trois Vies anciennes de S. Tudual* (1887), p. 12).

et répondant à ce qu'on nomma plus tard l'archidiaconé de Léon (voir ci-dessus p. 346 note 2), on lui donna trois domaines dont un, *Trepompac*, est encore très reconnaissable dans le village de Trépompé en la paroisse de Sainte-Sève près Morlaix (1). Mais quand il fut passé sur la rive droite du Kefleut, il se livra tout entier avec ardeur à la mission qu'il s'était donnée et dont un de ses biographes trace cette esquisse :

« Accompagné d'une troupe de saints hommes, Tudual, *semant partout la parole de Dieu*, parcourut presque toutes les provinces de la région armoricaine et y devint célèbre par les nombreux miracles que Dieu daigna faire pour lui. En vaillant soldat du Christ il se dépensa bravement à remplir le ministère qui lui était confié : aussi les puissants de la petite Bretagne, *éclairés des lumières de la foi par sa parole*, frappés d'étonnement par ses miracles, lui donnèrent-ils en aumône d'innombrables domaines, et dans tous il construisait des monastères et il installait des moines, en sorte que par toute cette contrée, de l'Orient à l'Occident, il n'y avait guère de paroisses où l'on ne trouvât des disciples de Tudual. Enfin, par la volonté de Dieu il vint dans le lieu appelé la *Vallée de Trecor* et y bâtit son grand monastère, où beaucoup de fidèles, renonçant aux séductions du monde, se consacrèrent à la vie religieuse sous la conduite de cet illustre patron (2). »

L'auteur qui parle ainsi n'était pas contemporain de Tudual, il écrivait seulement au XIe siècle, mais il avait sous les yeux ce que l'on pourrait nommer le journal de la grande campagne de propagande religieuse si vaillamment entreprise par ce grand moine. A propos des nombreux domaines donnés à Tudual, ce biographe dit : « Si l'on en désire savoir les noms, ainsi que ceux des donateurs » et des témoins, on peut recourir au volume composé sur cette matière par saint » Louénan, un des disciples de saint Tudual. » Ce mémorial des donations faites au saint en relatait nécessairement les principales circonstances et surtout les causes, que l'hagiographe a résumées dans les lignes qui précèdent. Ce précieux document n'est malheureusement pas venu jusqu'à nous. Il nous en reste seulement ce que l'on pourrait appeler la préface, l'introduction écrite par Louénan, consistant en une Vie de saint Tudual, beaucoup trop courte puisqu'elle n'a que deux pages, toutefois encore fort intéressante et qui nous fournit, entre autres, la liste de tous les principaux cantons ou districts (en latin *pagi*) dans lesquels se déploya la mission apostolique du saint. En voici mot pour mot la traduction. Après avoir mentionné les domaines du Daoudour dont on a parlé plus haut, Louénan continue :

« Ensuite Tudual vint dans le *pays du Château (Pagus Castelli*, en breton *Pou » Castel*) et il y reçut en don beaucoup de paroisses. Ensuite il vint dans le *pays » de la Cité (Pagus Civitatis*, en breton *Pou Caer, Poher*) et il y reçut en don » beaucoup de paroisses. Ensuite il vint dans le pays de *Treher* (Treguer) et il y » reçut en don beaucoup de paroisses, il en fonda plusieurs autres, et là il

---

(1) Les deux autres domaines s'appelaient *Sant Seguo* et *Tregurdel*; voir les explications que nous avons données à ce sujet dans nos *Trois Vies anciennes de S. Tudual* (1887), p. 63-65.

(2) *Vita III S. Tudnali*, § 6, *Ibid.* p. 27.

» fonda aussi le grand monastère appelé le *Val Trechor* » (1). Louénan ajoute,
en usant exactement des mêmes termes, que Tudual visita successivement les
pays de *Guoelou* (Goëlo), de *Penteur* (Penthièvre), un second pays appelé
Daoudour (ou *Pou Dour*), un dernier dit *Racter* (Ratel), et que dans chacun de ces
pays « il reçut en don beaucoup de paroisses. »

Les sept pays ou *pagi* ainsi énumérés formaient entre eux, abstraction faite du
Léon, toute la Domnonée, de la rive droite du Kefleut à la rive droite de la Rance.
— Le *Pou Castel*, plus tard archidiaconé de *Pougastel*, s'étendait entre la rivière
de Morlaix et celle de Lannion ; le *castellum* ou château qui lui donnait son nom
n'était autre que la forteresse de Mannatias (ou le Yaudet) qui, bien que fort
ébréchée, dominait encore fièrement toute la région. — *Pou Caër* ou *Poher* c'était
les environs de Carhais, c'est-à-dire la partie supérieure du bassin de la rade de
Brest, dont la zône septentrionale dépendait de la Domnonée tandis que le reste
se rattachait à la Cornouaille. — *Treher* ou *Trecor*, pays de Tréguer, allait de la
rivière de Lannion au Trieu ou au Leff ; — *Guoelou*, le *pagus Uelamensis* de la
Vie de S. Gwennolé (le Goëlo) s'étendait du Trieu ou du Leff jusqu'à la mer et au
Gouët, — *Penteur* (Penthièvre), du Gouët à l'Arguenon, — *Daoudour* (ou *Poudour*)
de l'Arguenon à la Rance, — enfin *Racter*, *Ractel* ou *Ratel*, placé sur la rive droite
de la Rance s'enfonçait jusque vers Dol (2). — Ces sept *pagi*, ces sept cantons ou
districts, c'est le champ où s'exerça la mission de Tudual, — vaste champ puisqu'il
embrasse, sauf le Léon, toute la Domnonée, mais qui aussi n'embrasse qu'elle.
Et quand l'hagiographe du XIᵉ siècle écrit que « Tudual sema la parole de Dieu
dans presque toutes les provinces de l'*Armorique*, » il y a là une hyperbole
évidente, le témoignage de Louénan le prouve. Tudual est essentiellement le saint,
l'apôtre, l'organisateur religieux de la Domnonée ; c'est là son caractère, sa mission
propre, mission qu'il tient de son zèle et dans laquelle il fut aussi confirmé par
le chef de ce nouveau royaume breton, son cousin Deroch.

Mais qu'est-ce que ces nombreuses paroisses reçues en don par Tudual dans
tous les cantons de la Domnonée qu'il visite successivement? C'était pour la
plupart des *plou* fondés récemment par la grande émigration domnonéenne,
où le service religieux n'était pas encore organisé et dans lesquels, avec les dons
en argent et en terres qu'on lui faisait, il bâtissait des églises, de petits monastères et installait quelques-uns de ses moines pour entretenir le culte et subvenir
aux besoins spirituels de la population. Lui-même dans les domaines mis à sa
disposition fonda souvent de nouvelles paroisses, de nouvelles agglomérations
chrétiennes, surtout au profit des indigènes armoricains arrachés par lui au
paganisme ; car, son biographe nous le dit, beaucoup de ces domaines lui furent
donnés par ceux mêmes « que sa parole avait éclairés des lumières de la foi. » A

---

(1) « Deinde venit ad *pagum Castelli* et ibi invenit multas parrochias. Deinde ad *pagum Civitatis*,
ibique multas parrochias invenit. Deinde venit ad *pagum Treher* et ibi invenit multas parrochias,
plures alias fundavit ubi magnum monasterium Vallis Trechor » (*Vit. Iª S. Tuduali* § 2, dans *les Trois
Vies de S. Tudual*, p. 12-13). — *Invenire* dans la bonne latinité a, entre autres sens, celui d'acquérir ;
ici il signifie spécialement acquérir par donation, recevoir en don ; voir ce que j'ai dit à ce sujet dans
les Trois Vies de S. Tudual, p. 73.

(2) Sur la situation et l'étendue des *pagi* mentionnés par Louénan, voir nos *Trois Vies anciennes
de S. Tudual* (Commentaire historique, chap. IV), dans les *Mém. de la Soc. archéol. des Côtes-du-
Nord*, 2ᵉ série, t. II, p. 295-305.

cette époque en effet, il ne faut pas l'oublier, dans la Domnonée comme dans toute la Bretagne armorique, il existait deux populations : les indigènes Armoricains, païens pour la plupart ; les émigrés venus de l'île de Bretagne, presque tous chrétiens. Lors des prédications de saint Tudual les émigrations bretonnes duraient depuis plus d'un demi-siècle, et depuis le début de la grande transmigration domnonéenne dix ans s'étaient déjà écoulés ; il devait donc y avoir en Domnonée beaucoup de groupes chrétiens ; c'était là les *plou*, les paroisses bretonnes que de tous côtés on lui remettait pour y organiser le service religieux ; d'autre part il y avait les indigènes convertis par lui, pour lesquels il créait de nouvelles paroisses sur les terres que lui offraient les nouveaux convertis.

Bref, Tudual nous apparait comme le grand apôtre, le véritable créateur de l'organisation religieuse non pas seulement dans le pays de Tréguer, mais dans toute la Domnonée depuis la rivière de Morlaix jusqu'à la Rance. Avant lui cette longue zóne du littoral nord n'offre au regard de l'histoire d'autres groupes chrétiens que la double colonie de Rhigall et de Fracan au fond de la baie de Saint-Brieuc, faisant en tout cinq ou six paroisses, puis encore, sous l'action du monastère de Lavré, l'île de Bréhat et probablement quelques points de la côte voisine du *pagus Uelamensis* ou pays de Goëlo. Dans ce vaste territoire, à part ces deux petits groupes, le fondateur du christianisme, le créateur de la vie religieuse, c'est saint Tudual. Il avait même commencé à répandre sa propagande à l'Est de la Rance, dans le pays de Ractel ou Ratel répondant plus ou moins à ce qui fut plus tard la grande seigneurie de Châteauneuf de la Noë ; mais ses travaux de ce côté furent interrompus par des événements qui occuperont notre prochain chapitre, — et dans la partie orientale de la Domnonée comprenant Aleth et Dol, comprise entre la Rance et le Coësnon, l'extinction du paganisme et la création de la vie chrétienne sont dues, nous le verrons, aux Samson, aux Malo, à leurs disciples.

L'œuvre de Tudual n'en reste pas moins grande, la plus grande même, si je ne me trompe, la plus étendue et la plus importante de toutes celles de ce genre dévolues à nos vieux saints bretons. Il lui fallut pour la mener à bien de nombreux auxiliaires marchant sous sa direction, sous l'inspiration de son zèle ardent et de sa ferme intelligence. Son biographe nous le montre entouré d'un cortège de saints hommes (1), et les hagiographes lui attribuent grand nombre de disciples. Les plus certains sont : son historiographe Louénan qui le suivit en quelque sorte pas à pas, Ruilin qui à la mort de Tudual lui succéda dans le gouvernement de l'abbaye du Val-Trecor, Kirec et Briac dont nous parlerons tout à l'heure, Paulus et Mactronus enterrés tous deux aux pieds de leur maître ; et avec moins de certitude Maudez, Efflam, Goneri, qui tout au moins sont de la même époque et agirent dans le même esprit.

Kirec, appelé aussi Guévroc, ne suivit pas longtemps Tudual dans sa mission. Peu après avoir passé le Kefleut, étant encore dans la partie Est du Pou-Castel,

---

(1) « Sanctorum comitante cœtu virorum, verbum Domini disseminans. » (*Vita III S. Tuduali* § 6).

son maître lui confia le soin de construire et desservir une église au bord de la mer à l'embouchure du Douron appelé alors *Menuvius flumen*, port très fréquenté. Kirec établit là un petit monastère appelé de son nom *Loc-Kirec* (1), bientôt centre d'une paroisse importante qui attira beaucoup de monde; si bien que saint Kirec, tourmenté comme tant d'autres moines bretons de la passion de la solitude, quitta son *loc* un beau jour, repassa dans le Léon et là, s'enfonçant au plus profond de cette forêt *Douna* qui couvrait l'intérieur du pays — notamment Plouvien, Plabennec, Ploudaniel, — « il s'arrêta (dit Albert Legrand) en une petite vallée » fort sombre située au pied de cette épaisse forêt, lequel lieu fut depuis de » son nom appelé *Traoun Guevroc*, c'est-à-dire le Val-Guévroc, où il édifia » premièrement une petite chapelle de rameaux d'arbres et auprès une petite » chambrette, et demeura en ce lieu vivant en une admirable abstinence et » solitude. » Mais le guignon poursuivait le pauvre Kirec, il se croyait bien caché dans ce trou à tout l'univers; quelques années après, Paul Aurélien parcourant son diocèse l'y découvrit et l'emmena avec lui pour être son conseiller (2).

Saint Briac suivit Tudual un peu plus loin que saint Kirec. Après avoir parcouru et évangélisé la région de Pou-Castel, l'apôtre avait parcouru la zône septentrionale du Poher semée de *plou* domnonéens, puis il entra dans le pays de Treher ou Treguer pour aller rendre visite à son cousin le roi de Domnonée Déroch, qui résidait alors tout à fait au Sud de cette région au milieu des terres et même au milieu des bois ou du moins sur la lisière septentrionale de la grande forêt centrale, que les Bretons appelaient *Brecilien*. Là Déroch s'était fait construire une demeure, rafraîchie pendant l'été par les ombres profondes de cette forêt immense, et qui le mettait en toute saison au milieu des plus belles chasses qu'on pût rêver. Les bâtiments de ce manoir royal étaient de bois suivant l'usage du temps mais protégés par des remparts de terre, et la tour principale s'élevait sur une butte factice qui existe encore aujourd'hui et s'appelle le château Déroch (3) Cette butte se trouve à un quart de lieue environ du bourg de Bourbriac dans un petit vallon très vert. C'est — ou c'était — un cône tronqué assez régulier ayant de hauteur environ 13 à 14 mètres et dont le diamètre à la base en mesure 20 à 30. Quand je l'ai vu, un sentier tournant bordé de charmilles conduisait jusqu'au sommet dont la plate-forme était garnie de bancs de gazon. Autour de cette butte, un fossé à demi comblé facile à remplir de l'eau du ruisseau voisin. Malgré son arrangement en promenade qui l'a un peu trop civilisé, cet énorme gâteau de terre habillé de gazon répond bien à l'idée qu'on se peut faire du « chasteau et manoir de plaisance » (comme dit un vieil auteur) d'un prince breton de ce temps.

C'est dans ce château que Tudual fut reçu par Déroch et qu'il le sollicita de

(1) C'est-à-dire le lieu, la cellule de Kirec, de *locus* lieu, en breton *Loc*, qui s'applique de préférence aux ermitages ou aux monastères moins importants que les *Lann*. Locquirec est aujourd'hui commune du canton de Lanmeur, arrondissement de Morlaix, Finistère.

(2) Albert Legrand *Vie des SS. de Bret.* édit. 1680, p. 43 ; édit. 1837, p. 34 et note 3.

(3) Je l'ai visité, il y a une quinzaine d'années, c'est à cette époque que se rapporte la description ci-dessous.

faciliter, de favoriser par sa puissance l'exécution de la grande entreprise à laquelle il s'était voué ; Déroch, en vue d'une œuvre aussi haute ne put rien refuser. Mais voulant, avec juste raison, en bénéficier lui-même comme ses sujets, il lui demanda un de ses disciples pour fonder un monastère près de son manoir et organiser dans le pays le service religieux. Tudual lui donna Briac, moine très parfait et qui lui était très cher, qu'il avait tiré d'Irlande et dont il n'avait pu depuis lors se séparer. Briac se mit de suite à la besogne et commença par faire dans la forêt, à un quart de lieue du château de Déroch, une large brèche, une jolie clairière, où il bâtit un oratoire « et dressa, tout joignant, nombre de » *petites chambrettes* (logettes) pour les religieux que Tudual lui envoya. » Comme le lieu était marécageux, on l'appela *Poul-Briac* (Trou, mare ou marais de Briac) ; les Français en ont fait Bourbriac. Le marais fut bientôt desséché, le monastère florissant ; l'attrait qui en émanait, joint à celui du manoir royal si proche, fit abonder dans la campagne voisine les colons qui dirigés par les moines défrichèrent tout à l'entour la forêt (1). — Briac enfin, ce bon Scot contemplatif qui avait suivi Tudual uniquement pour prier, méditer et jeûner, Briac enfin n'y put tenir et fit comme Kirec : il abandonna son monastère trop fréquenté des fidèles, mais il se sauva moins loin. Il se contenta d'aller construire, sous les premiers arbres où maintenant commençait la limite assez reculée de la forêt, un farouche ermitage dans le genre de celui de Goulven (ci-dessus p. 348), sur l'emplacement duquel il existe encore, à une bonne lieue de Bourbriac, une chapelle dite *Peniti Briac* ou *Chapel ar Peniti*. Malheureusement elle est toute moderne (2).

Je doute beaucoup — quoi qu'en disent certains modernes — qu'Efflam ait été disciple de saint Tudual ; je doute même beaucoup, malgré sa légende latine, qu'il soit venu d'Irlande, car son cantique breton, pour le fond aussi ancien que la légende, le fait venir non d'Hibernie mais de Démétie, région de l'île de Bretagne et du pays de Galles, ce qui est beaucoup plus vraisemblable. — Mais il vivait, selon toute apparence, dans la première partie du VIe siècle, le *plou* et le *lann* ou *loc* qu'il fonda contribuèrent à la colonisation du littoral domnonéen ; c'est donc ici qu'il faut mettre ce que l'histoire peut glaner d'intéressant dans la tradition à son sujet.

En ce temps une bande d'émigrés bretons venant d'outre mer dans des barques de cuir appelées *curuchs* ou *curachs* — familières aux habitants des îles Britanniques — aborda au rivage nord de l'Armorique, les uns prenant terre sur la Lieue de Grève, les autres à l'embouchure du Léguer sous les ruines de la forteresse gallo-romaine du Yaudet, où il semble (selon la légende) que s'était cantonné un petit chef païen appelé par elle *tyrannus Civitatis*, le tiern ou seigneur de la Cité. — A la tête de cette bande était un jeune tiern, Efflam, avec sa toute

---

(1) Ce défrichement finit par former tout un grand canton appelé *Minihi Briac* (Asile ou domaine de Briac), qui devint au moyen-âge la châtellenie de *Minibriac*, contenant cinq paroisses : Bourbriac et Saint-Adrien sa trève, Coadout et Magoar sa trève, et une partie de Plésidi.
(2) Voir *Vie des SS. de Bret.* d'Albert Legrand, édit 1837, p. 827 note 2.

jeune femme Enora dont la barque alla s'échouer entre les murs d'une pêcherie gallo-romaine encore subsistante à cette époque sous la pointe du Yaudet. Touchés de la grâce, Efflam et sa femme se consacrèrent au service de Dieu. Tout le rivage, sur le bord de la Lieue de Grève et aux alentours, était une forêt et une solitude complète (1). Efflam s'établit dans cette forêt, y fonda un monastère qui défricha et christianisa le pays; il eut pour auxiliaire dans cette mission un autre moine appelé Gestin, dont le nom fut donné au premier *plou* fondé en ces parages, aujourd'hui encore représenté par la paroisse de *Plou-Gestin, Plou-Estin* ou *Plestin* (2). — Quant à Enora, elle construisit une cellule, un oratoire dans la forêt près de la demeure de son mari; tous les jours elle allait à la porte de cette demeure recevoir ses instructions. Jamais cette porte ne s'ouvrait, jamais les deux époux ne se voyaient; ils se parlaient, mais toujours à travers la muraille de la cellule d'Efflam (3). C'était en effet chez les moines bretons du VIe siècle, un point de discipline des mieux marqués, des plus accusés dans nos documents hagiographiques, de ne laisser absolument sous aucun prétexte pénétrer dans les monastères d'hommes aucune femme. Efflam finit même par envoyer la sienne fonder un couvent de son sexe en Cornouaille.

Cette histoire fournit encore d'autres traits caractéristiques du monachisme breton au VIe siècle. L'hagiographe rapporte qu'Efflam ayant trouvé dans la forêt, au bord d'un ruisseau, à peu de distance du rivage, une logette ou cellule abandonnée de construction antique en un lieu appelé *Donguel*, il s'y établit et en fit le centre de son *lann* ou colonie monastique. Mais (ajoute la légende) les compagnons d'Efflam, « pour jouir plus librement de la solitude et de la vie » contemplative, voulurent avoir chacun leur retraite séparée. Laissant donc » Efflam seul en sa demeure ils se dispersèrent autour de lui et construisirent » leurs cellules (*habitacula*) à peu de distance de la sienne, de façon à se réunir » à lui pour prier les jours de fête et pour prendre leur réfection (4). » — On le voit, tous nos documents hagiographiques s'accordent à nous montrer toujours et partout ces traits constituant la physionomie originale des monastères scoto-bretons du Ve au VIIe siècle : chaque moine ayant sa cellule, sa logette séparée, et tous se réunissant pour la prière et les repas. La légende d'Efflam n'a été mise dans sa forme actuelle qu'au XIIe siècle, et quel moine bénédictin ou cistercien de ce temps aurait pu imaginer pareil régime? Il faut donc que l'hagiographe l'ait trouvé dans les vieux écrits, les vieilles traditions dont il s'inspirait.

Ils ne se gênaient pas beaucoup il est vrai, ces bons légendaires du XIIe siècle, pour ajouter de belles broderies à ces vieilles traditions. C'est ainsi que la Vie d'Efflam nous montre sur la Lieue de Grève le grand héros des Bretons, le fameux roi Arthur, attaquant impétueusement, avec sa terrible épée, sa massue

(1) « Quoddam monstrum *a silva exiens... In tam vastis* et horribilibus *solitudinibus.* » (*Vit. S. Euflami* § 5 et 6, dans *Annales de Bretagne* VII, p. 289).

(2) « Sicque a nomine *Jestini Plestina* vocatur pagus. » (Id. § 19, *Ibid.* p. 298).

(3) Stabat foris juxta parietem, et cum famulo Dei loquens, *non eo viso*, ad proprium revertebatur domicilium. » (Id. § 17, *Ibid.* p. 296).

(4) « Euflamum in domum sibi dilectam relinquunt, et in adjacentibus ei plagis habitacula sibi præparaverunt, unde in festivis diebus ad eum conveniebant et ad tempus refectionis. » (Id. § 11, *Ibid*, p. 293).

à trois têtes, son bouclier en peau de lion, surtout avec son bouillant courage, un monstre, un dragon dont il ne peut venir à bout, et que le moine Efflam, avec une petite prière, terrasse et précipite dans les flots du sommet du Roch-Ru ou Roche-Rouge de la Lieue de Grève. Miracle aujourd'hui encore sculpté en granit rose sur la porte méridionale de la belle église romane de Perros-Guirec.

Saint Maudez (1), lui, était certainement originaire d'Irlande et, dit-on, fils d'un petit roi de ce pays ; on ne sait comment il passa en Armorique. Les hagiographes modernes font de lui un disciple de Tudual et, ce semble, avec raison : d'abord ils étaient contemporains, vivant tous deux sous les rois Childebert et Déroch ; puis on nous montre Maudez évangélisant les régions septentrionales de la petite Bretagne, traînant à sa suite des foules de peuple (2) ; or, la mission de Tudual s'étendant, nous l'avons vu, à toute la Domnonée et ayant par la parenté du saint avec Déroch un caractère quasi-officiel, il n'est guère possible que des prédications comme celles de saint Maudez, se développant elles aussi dans une grande partie du même territoire, aient pu se produire sans entente entre les deux apôtres, ce qui implique naturellement la subordination de Maudez à Tudual. Après ces ardentes prédications, Maudez voulut se reposer dans la vie contemplative et fonda un monastère sur une île inculte, très petite, placée devant l'embouchure du Trieu et qui s'appelait alors l'Ile Sauvage, en breton *Gueld-Enès* ; c'est aujourd'hui *Enès-Modez*, en français l'Ile Modez. Cependant Maudez fonda là non pas un ermitage mais un monastère, une communauté, et il l'établit (sa Vie ancienne l'atteste) suivant les règles bretonnes : des cellules ou logettes séparées pour lui et ses disciples, puis quelques bâtiments pour l'usage commun, entre autres, un oratoire ou église qu'il construisit avec un grand soin (3) et consacra avec beaucoup de solennité, invitant à cette cérémonie tous les évêques de Bretagne. Ce qui est curieux, c'est qu'il existe encore dans l'île Modez, à l'état complet, une des cellules de ce monastère et de plus les fondations d'une seconde montant à deux pieds de terre. Ces deux cellules sont construites en granit (il n'y a pas d'autres matériaux dans l'île) et elles concordent tout à fait, par leurs formes, leurs dimensions, avec celles découvertes sur l'île Lavré dont on a parlé plus haut (p. 298).

La cellule qui demeure entière est connue sous le nom breton de *Forn Modez*, en français Four de saint Maudez, à cause de sa forme qui figure une *tourelle* circulaire de 3m 20 environ d'élévation, coiffée d'une *calotte* ou cône un peu arrondi haut de 2m 95 ou 3m, ce qui donne à ce petit édifice une hauteur totale au-dessus de terre d'un peu plus de 6m. Actuellement il n'y a pas dans cette

(1) En latin *Maudetus* et *Mandetus*, en français *Maudet* et *Mandé*, en breton *Maudez* et *Modez*.
(2) « Peragratis minoris Britanniæ superioribus partibus, magna populi caterva comitatus qui salubribus ipsius sermonibus obtemperabat. » (*Vita Iª S. Maudeti* § 5, dans *Mém. de la Soc. d'Emul. des Côtes-du-Nord*, XXVIII, p. 203).
(3) « Sibi suisque discipulis diversa receptacula fundavit ; hospitiis vero paratis, ad ædificandum oratorium, in quo orationes suo Creatori ac laudes debitas præsentaret, æstuabat et invigilabat. » (*Id.* § 5 et 6, Ibid. p. 203-204).

construction apparence de fenêtre (1), ni autre ouverture qu'une porte à linteau horizontal, assez étroite, de la hauteur d'un homme, regardant l'Est, placée à 1ᵐ 50 au-dessus du sol et à laquelle on accède par un escalier de granit, massif, étroit, composé de douze marches et d'une sorte de petite plateforme tout aussi étroite que l'escalier allant de la dernière marche à la porte du Forn Modez : escalier non moins ancien que la tourelle.

Les murs de cette tourelle sont en granit et en appareil irrégulier. Le diamètre intérieur mesure environ 3ᵐ ; l'épaisseur de la muraille, prise au jambage de la porte, 0ᵐ 75 ; soit, pour diamètre total de dehors en dehors, 4ᵐ 50. A la hauteur de la porte existe un plancher (en assez mauvais état) séparant la tourelle en deux étages. L'étage inférieur, placé sous ce plancher, n'est nullement une crypte, comme on l'a dit, car il ne descend pas au-dessous du sol; il a de hauteur 1ᵐ 50, on y a déposé depuis assez longtemps des ossements trouvés sur divers points de l'île. L'étage supérieur de la tourelle a 2ᵐ de hauteur depuis le plancher jusqu'à la naissance de la *calotte* ou voûte de pierre qui recouvre la tourelle. En face de la porte, contre la paroi ouest de la tourelle et ayant sa base sur le plancher, est un petit autel dont la table est faite d'une dalle de schiste mal dégrossi sans aucun style et portant cinq croix de consécration (une au centre et les autres aux quatre angles) d'une forme et d'une gravure très ordinaire, peu profonde et même assez négligée (2) ; cet autel absolument insignifiant ne remonte certainement pas au-delà du XVIᵉ siècle et sans doute il n'en remplace pas un plus ancien; il n'y avait point lieu d'en mettre là, le Forn Modez n'étant ni chapelle ni oratoire, mais simplement la cellule de l'un des moines.

La voûte qui surmonte la tourelle et couvre l'édifice est faite de pierres noyées en tout sens dans un mortier de chaux et de sable. Elle a la forme d'un cône tronqué terminé en calotte ; sa hauteur verticale à l'intérieur ne dépasse guère 2ᵐ 20, soit, avec l'épaisseur de la maçonnerie qui forme cette calotte, environ 3ᵐ. Cette voûte est portée sur deux arcs doubleaux se coupant à angle droit au sommet de ladite voûte et formés par des plates-bandes larges de 25 à 26 centimètres, d'une saillie d'environ 4 centimètres, retombant sur quatre corbelets très simples en forme de console. Les lignes de ces corbelets et de ces plates-bandes sont très pures, très simples mais nullement grossières. Il est admis qu'on n'a pas fait de voûtes sur arcs doubleaux avant le XIIᵉ siècle ; on aurait donc à cette époque rétabli cette voûte dans la forme actuelle ; mais le reste du Forn Modez (la tourelle, la porte, l'escalier) est de l'époque primitive, c'est-à-dire du VIᵉ siècle. Cela ressemble bien d'ailleurs aux cellules monastiques de même époque des environs de l'île d'Iona, dessinées par le Dʳ Reeves dans son édition de la *Vie de saint Columba*.

(1) M. Gaultier du Mottay, dans son *Répertoire archéologique des Côtes-du-Nord* (p. 288) constate l'existence d'une « barbacane étroite percée à 2ᵐ de hauteur pour éclairer cet édicule. » Je n'en ai trouvé trace ni dedans ni dehors. Je ne sais pas pourquoi M. du Mottay veut que la porte soit « plus moderne ; » elle est aussi ancienne que le reste de la tourelle.

(2) M. Gaultier du Mottay a vu dans ces croix de consécration des chrismes, et il part de là pour attribuer à cet autel une antiquité extraordinaire « antérieure au Xᵉ siècle » *(Répertoire archéol. des Côtes-du-Nord*, p. 288). Le chrisme est un monogramme formé du X et du P grecs liés ensemble; il n'y a rien de semblable sur cet autel, pas même des X, mais de simples croix grecques en forme ordinaire dont les deux branches, longues chacune de 5 à 6 centimètres, se coupent à angle droit.

A quelques pas au Nord-Est du Forn-Modez, à droite de l'escalier extérieur, on voit l'enceinte circulaire d'une autre cellule, dessinée en partie par des substructions assez apparentes, en partie par des ruines de muraille montant à deux pieds environ au-dessus du sol. Cet édicule ressemblait sans doute beaucoup au Forn-Modez, le diamètre est à peu près de même dimension, 4ᵐ 50 pour la cellule encore entière et 5ᵐ pour celle-ci (1). Mêmes dimensions dans les cellules de Lavré (ci-dessus p. 298).

Je regarderais volontiers le Forn-Modez comme ayant été la cellule de l'abbé, non seulement à cause du nom de Modez attaché à cet édicule, mais parce que, d'après la Vie si curieuse de saint Columba (2), la cellule de l'abbé était toujours, autant que possible, placée dans une situation dominante afin de lui faciliter la surveillance de son troupeau. Le Forn-Modez est placé au point culminant de l'île, ce qui en assure aujourd'hui la conservation parce qu'il sert de signal pour les marins. De ce point l'œil embrasse presque toute l'île, surtout il domine en plein la pente douce mais très caractérisée qui s'étend de ce sommet jusqu'au portail encore subsistant d'une église romane, construite au XIᵉ siècle à l'usage d'un prieuré remplaçant le monastère primitif. Et, quand on connaît l'esprit du moyen-âge, le respect professé alors pour les traditions locales si méprisées aujourd'hui, impossible de douter que l'on ait mis l'église du XIᵉ siècle exactement sur les ruines de l'oratoire antique fondé par saint Maudez. D'après cela, la plupart des cellules des moines de Gueld-Enès ou Enès-Modez devaient s'étager sur cette pente descendant du Forn-Modez à l'église romane. Mettant le nez à sa porte, debout sur la petite plate-forme placée devant cette porte au sommet de l'escalier extérieur, Maudez pouvait inspecter d'un regard tout son troupeau, puis se tournant vers le Sud surveiller aussi très facilement les cellules des quelques moines isolés dispersées de ce côté.

Nous insistons sur tous ces détails, car ces vénérables reliques des moines bretons primitifs méritent bien — et pour leur insigne rareté et pour leur vénérable origine — d'être décrites et conservées dans l'histoire. Puis, sans ces détails qui font voir, toucher au doigt les choses de ce lointain passé, que serait l'histoire sinon une ennuyeuse litanie de dates et de noms insignifiants ?

La plus importante des fondations de saint Tudual fut, on le sait, le *grand monastère du Val-Trecor*, en breton *Traoun-Trecor*, aujourd'hui Tréguer. A cet égard, les trois Vies de ce saint sont entièrement concordantes. La première, celle de Louénan dit : « Il vint dans le pays de Treher (Tréguer), il y reçut en don » beaucoup de paroisses, il en fonda plusieurs autres, parmi lesquelles il fonda » aussi le grand monastère appelé le Val-Trecor (3). » La seconde Vie écrite vers la fin du IXᵉ siècle porte : « Par le conseil et la volonté de Dieu, Tudual arriva

_____

(1) M. G. du Mottay n'ayant mesuré qu'à vue d'œil dit 6ᵐ ; c'est un mètre de trop.
(2) Abbé de l'île d'Iona, dans les Hébrides, au VIᵉ siècle.
(3) « Deinde venit (Tutgualus) ad pagum Treher, et ibi invenit multas parrochias, plures alias fundavit *ubi magnum monasterium quod vocatur Vallis Trechor.* » (*Vit. Iᵃ S. Tudual.* § 2, dans A. de la Borderie, *Les trois Vies de S. Tudual*, p. 13). Le monastère du Val-Trecor est donc mis formellement dans la catégorie des fondations de Tudual.

» enfin au lieu dit le Val-Trecor, et pour lui et ses disciples il y fonda une église et oratoire, où il se tint très souvent (1). » Ce que la troisième Vie répète, on l'a vu plus haut (p. 357) presque dans les mêmes termes (2). Par ce triple témoignage Tudual est proclamé sans hésitation comme premier auteur du monastère de Trecor ; nulle allusion à la qualité de fondateur de cette maison attribuée à saint Brieuc dans un chapitre interpolé de sa légende (ci-dessus p. 302-303) : interpolation absurde condamnée par la chronologie, par la tradition constante de l'église de Tréguer, par le témoignage contemporain de Louénan. Nous n'insisterons pas en ce moment sur le caractère particulier, l'importance exceptionnelle du monastère du Val-Trecor, appelé aussi *Lann-Tregher* (au moyen-âge *Lantreguer*). Nous aurons lieu d'y revenir dans un prochain chapitre en parlant de la seconde partie de l'histoire de Tudual.

Quand on s'éloigne de Tréguer pour se rapprocher de la Rance, les traces de la mission de Tudual, de son action personnelle et de celle de ses disciples deviennent plus difficiles à saisir ; notre but n'est pas d'ailleurs de les relever toutes, mais seulement les principales. Tudual a cependant parcouru tout ce pays, on en trouve encore des preuves sensibles : ainsi par exemple le territoire de la paroisse de Saint-Lunaire s'est d'abord appelé *Pontual*, qui est resté jusqu'à la Révolution le nom féodal, celui de la seigneurie dominante, et dans la nomenclature ecclésiastique la paroisse même a été nommée longtemps Saint-Lunaire *de Pontual*. Tudual, quand il y était passé, n'avait fondé là ni église ni monastère, par la raison que le pays était entièrement désert et tout couvert d'une épaisse forêt, au milieu de laquelle il rencontra devant lui un fluviole où la mer remontait assez haut et qui, s'épanchant au loin sur ses bords, se transformait tantôt en torrent et tantôt en marécages d'une traversée fort difficile. C'est le ruisselet qui s'embouche encore dans la grève de Saint-Lunaire et dont le nom bizarre rappelle les fantaisies primitives ; c'est le *Crévelin*, aujourd'hui microscopique, qui se permettait ces folles gambades. Tudual — dans l'intérêt de sa mission et pour la plus grande utilité de tous les voyageurs — imposa à ce fantasque et orgueilleux filet d'eau un joug, c'est-à-dire un pont, puis il passa outre, et le pont s'appela désormais tout naturellement le Pont de Tudual et par contraction *Pont-Tual*.

Le pays fut défriché, rendu habitable et enfin peuplé, quelques années après (vers 535), par une bande venue de la Grande-Bretagne sous la conduite d'un abbé-évêque disciple de saint Iltud, appelé Léonorius, ayant pour père un insulaire dit Eloc ou Beteloc, et pour mère Alma Pompa : pittoresque mélange de noms bretons et romains, mais race toute bretonne sortie du pays des Démètes

---

(1) « Tandem, nutu et consilio Dei, *ad illum locum qui Vallis Trecor nuncupatur* pervenit, atque *sibi et suis discipulis illic ecclesiam in oratorium fundavit*, ac diligenter multo tempore frequentavit. » (*Vit II^a S. Tuduali*, version du *Vetus breviar. Brioc.* § 4, *Ibid.* p. 132 et p. 15).

(2) « Tandem, Dei dispositione, *ad locum qui Vallis Tregor dicitur* veniens (Tutgualus), *magnum ædificavit monasterium*, in quo multi, temporalibus mundi illecebris abrenunciantes, ac sanctæ conversationis se habitui mancipantes, tanti patroni monitis usi sunt. » (*Vit. III S. Tuduali* § 6, *Ibid.* p. 27).

dans la Cambrie, où à cette époque les Angles — établis en force depuis 527 au centre de l'île de Bretagne — faisaient des courses fréquentes produisant par contre-coup de nouvelles émigrations sur le continent. En suivant ce courant, ou même, dit-on, tout spécialement attiré par l'espoir de convertir les débris du paganisme encore existants en Armorique, Léonorius (que nous appellerons désormais Lunaire) y passa avec une assez forte bande de moines (1) et de laïques, qui vint débarquer sous la pointe du Décollé, sur la grève où le Crévelin déversait capricieusement son onde échevelée. Toute la côte à une grande profondeur était couverte d'une forêt des plus sauvages. Les moines commencèrent par fabriquer hâtivement leur monastère ; nous savons comment ils s'y prenaient, nous n'y insisterons pas. Les laïques dégoûtés par cette forêt broussailleuse d'où l'on ne pouvait tirer aucune subsistance, s'en allèrent pour la plupart chercher fortune ailleurs. Les religieux, leur monastère bâti, se voyaient condamnés à rester là, d'autant que leur chef trouvait quelque goût à ces austérités forestières. Mais encore il fallait vivre. La chasse? pour des religieux pas possible. La pêche? ressource bien pauvre, bien incertaine. Lunaire commençait à être inquiet et à faire à Dieu des prières de ce genre :

— « Je vous supplie, Seigneur Jésus, de conforter le cœur de mes frères et de les soutenir contre la misère qui nous presse (2) ! »

Un jour, étant à prier ou méditer dans un coin de la forêt, il vit se poser près de lui un oiseau tenant au bec le reste d'un épi de blé. A cette vue, le cœur de Lunaire sauta, sa main fit d'elle-même un signe de croix, son âme cria :

— Seigneur Dieu tout-puissant, je vous adore, je vous bénis, je vous glorifie ! Fasse votre miséricorde que ceci ne soit pas une tentation du diable !

Pourquoi cette joie débordante? C'est que l'épi ainsi becqueté par l'oiseau disait clairement à Lunaire : — Sous ces bois sauvages il y a un sol où le blé peut croître, un lieu où il en croît encore, là est le salut ! — Avec la confiance des cœurs grands et humbles, Lunaire ayant appelé un de ses moines, dit à l'oiseau :

— Au nom de Jésus-Christ mon maître, conduis ce serviteur de Dieu au lieu où tu as pris cet épi (3).

L'oiseau part, le moine suit : bientôt il arrive à une clairière où s'était conservé en se ressemant de lui-même un petit champ de froment — dernier reste d'une riche culture depuis longtemps disparue avec les cultivateurs. A cette nouvelle toute la communauté chante un solennel cantique d'actions de grâce, et le lendemain tous les moines, Lunaire en tête, se mettent en devoir de jeter bas la forêt.

Ce fut un rude labeur : ils étaient mal outillés pour abattre cette masse d'arbres, ils eurent souvent recours à l'incendie, puis restait à enlever de là tous ces troncs

---

(1) Avec 72 moines, dit sa Vie latine, ce qui signifie simplement qu'il était suivi d'une troupe nombreuse, le chiffre 72 étant évidemment copié sur celui des disciples du Christ ; c'est aussi celui qu'on donne à la bande monastique qui émigra avec saint Tudual ; on le retrouve encore ailleurs.

(2) « Domine J. C., precor tuam misericordiam ut confirmes corda fratrum meorum in tua fide, *ne deficiant pro egestate in ista incognita terra.* » (Breviar. Maclov. impress. an. 1537., f. 196 v°; Boll. Jul. I, p. 125).

(3) « *Et conversus ad avem et convocans unum de famulis suis, dixit volucri :* — In nomine J.-C. magistri mei, præcipio tibi ut antecedas istum Dei famulum usque ad locum unde abstulisti spicam. — Avis autem volabat, frater vero secutus est usque ad locum ubi frumentum erat. » (*Brev. Macl. Boll. ibid*).

renversés, leurs racines, leurs branchages à demi-brûlés. Voici d'ailleurs quelle était leur vie : « Au chant du coq ils célébraient matines et laudes (1), au petit jour ils entraient en obédience et retournaient au travail, c'est-à-dire à la forêt. Sans laisser l'ouvrage ils disaient là les heures canoniales, prime, seconde, tierce et sexte. Un peu avant none (trois heures du soir) ils quittaient la forêt et gagnaient leur oratoire, louant le Père, le Fils, le Saint-Esprit et chantant : *Benedicite omnia opera Domini Domino, laudate et superexaltate eum in sœcula.* Enfin ils célébraient leur office et allaient ensuite prendre leur réfection. » Au bout de quatre semaines d'un tel travail, les pauvres moines n'en pouvaient plus. La forêt, il est vrai, était gisante, presque entièrement détruite par le fer et le feu, mais maintenant il fallait délivrer le sol de tous ces cadavres d'arbres amoncelés : travail non moins rude que l'autre. Les moines exténués, perdant courage, vinrent supplier Lunaire de quitter cette terre rétive pour chercher une autre plage où il fit moins dur gagner sa vie. Mais le maître inflexible :

— Ceci, dit-il, est une tentation du diable ! Prenez courage et fortifiez-vous en Dieu ! (2).

Les malheureux obéirent et pour prix de leur constance, peu de temps après allant un beau matin à l'ouvrage, ils virent la forêt entière tombée dans la mer flotter sur l'eau (3). Sans doute une violente tempête, comme il s'en lève souvent sur ces côtes, une pluie abondante survenue pendant la nuit, une rageuse inondation du pétulant Crévelin, avaient ébranlé cette masse ligneuse et délayé la couche supérieure du sol, qui avait glissé le long de la pente avec sa charge, d'abord dans la torrentueuse rivière et de là dans les flots.

Suivant un ancien récit, la forêt ainsi précipitée, violemment agitée par les vagues, se brisa en îlots arborescents qui nageaient les uns après les autres sur la mer comme une troupe de canards sur une rivière (4). Jugez de la joie de la communauté. Mais tout n'était pas fini. Ce sol dégagé des arbres, des halliers qui l'étouffaient et rendu à l'air libre, il fallait maintenant l'ouvrir, le retourner, en un mot le préparer à recevoir et à féconder la semence. Privés de bêtes de trait ou de somme et de tous animaux domestiques, les moines devaient tout faire de leurs mains avec des bêches, des pioches et autres outils très insuffisants : travail écrasant, horrible. Une seconde fois ils perdirent courage, et comme leur première requête à leur abbé n'avait pas réussi, cette fois-ci ils résolurent de ne rien dire, de se sauver pendant la nuit et de le laisser seul en tête à tête avec son infernal défrichement.

Lunaire eut vent du complot : doucement il réconforta ses moines, puis chercha le remède où il était, c'est-à-dire dans les forêts voisines, où depuis la disparition de l'homme les animaux domestiques, ses aides naturels, étaient

---

(1) « Galli cantu, celebrabant nocturnas vigilias et matutinas laudes » (*Vit. S. Leonor.* Biblioth. Nat. ms. lat. 5317, f. 69 v°).

(2) « Tentatio diabolica est : confortamini in Domino et induite armaturam Dei. » (Brev. Macl. 1537, f. 197 ; Boll. Jul. I, p. 125).

(3) « Repererunt totam silvam in mari funditus jactatam, et nichil in eodem campo remansit nec spinarum neque tribulorum aliquid quod impedimentum fecisset sarculo nec aratro » (*Vit. S. Leon.* Bibl. Nat. ms. lat. 5317, f. 70).

(4) « Viderunt (monachi) natantem silvam et coagitatam super mare, sicut anseres flante vento in flumine » (*Vit. S. Leonor.* Ibid.).

retournés et devenus à demi-sauvages. A force d'adresse et de patience, Lunaire parvint à se rendre maître d'une douzaine de bêtes de la race bovine qu'il dressa à porter le joug et à tirer la charrue. La Vie de saint Lunaire veut voir dans ces animaux des cerfs d'une taille extraordinaire *(cervos grandissimos)* et dans leur docilité un miracle (1). A notre sens, le plus grand miracle était la patience du saint. Même avec ces nouveaux aides il lui fallut plus de cinq semaines pour faire ses labours, tant le sol de ce défrichement était rude et malaisé à ouvrir.

Après les labours les semailles. Lunaire voulut les faire de sa main, du moins pour une grande part et présida jusqu'au bout à ce dernier travail (2). Le grain en terre, il continua de surveiller diligemment ses cultures, d'inspecter avec sollicitude l'état et la croissance de ses blés. Un jour, avec trois de ses moines il revenait de faire une de ces tournées. Appuyé sur son bâton il se reposait un peu au bout d'un champ, suivant de l'œil non sans ennui les traces de la taupe à travers les sillons. Dans cette terre remuée il vit luire un point brillant : c'était une statuette d'or massif figurant un bélier : curieux débris en ce désert du luxe gallo-romain, et même débris d'importance qui valait bien 3,000 sols d'argent (3) :

— L'or est pour les rois, non pour les prêtres (4), dit Lunaire tout en mettant ce morceau en réserve. — Nous verrons ailleurs ce qu'il en fit.

Les taupes n'empêchèrent pas la moisson de venir au centuple la première année et de rendre ensuite, bon an mal an, soixante fois la semence. De proche en proche, grâce aux sueurs de Lunaire et de ses moines, tout le territoire de la paroisse qui porte son nom fut bientôt défriché, cultivé, repeuplé soit par les émigrés venus avec lui de la Cambrie soit par ceux que la Domnonée insulaire continuait d'envoyer à l'Armorique. — Non content d'avoir dressé dans ce sol, comme un phare, la croix qui avant lui n'y avait pas été plantée, Lunaire eut aussi la gloire de contribuer à extirper le paganisme : nous le retrouverons plus tard sur ce terrain.

Cette histoire des défrichements de saint Lunaire est un des plus curieux épisodes de la colonisation bretonne en Armorique : on nous pardonnera de nous y être un peu arrêté.

A l'Est de la Rance, la seule trace du passage de saint Tudual c'est une paroisse placée sous son patronage et nommée de son nom *Saint-Thual* ou mieux *Saint-Tual* près Evran, dont la situation concorde avec celle du *pagus Racter* ou *Ractel* (pays de Ratel), dernière région vers l'Est comprise, selon Louénan, dans la

---

(1) « Cervi numero xii, appropinquantes aratris, deprimunt colla ut super ea ponantur juga... Pari progressione et retractatione arando traxerunt tota die usque ad horam congruam a labore dissolvendi boves. » (*Vit. S. Leonor.* ex ms. Atrebat. Boll. Jul. I, p. 121).

(2) « Leonorius sparsit in campum semen primus, et post eum omnes fratres illius, senes similiter cum junioribus, ceperunt campum seminare. » (*Vit. S. Leonor.* Bibl. Nat. ms. lat. 5317, f. 70).

(3) Sur la valeur du sol d'argent, voir ci-dessus p. 290 note 1.

(4) « Quadam die, cum vellet scire qualiter messis proficeret, sumptis tribus discipulis, ad agrum vadit. Dum autem in capite campi super baculum requisceret, apparuit forma aurei arietis in terra, quem talpæ, ex more fodiendo terram in circuitu, discooperuerant. Quo extracto a loco, ait : Aurum convenit regibus, non sacerdotibus. » (*Vit. S. Leonor.* ex ms. Atreb., Boll. Jul. I, 121.)

mission du saint (1). Peut-être cette mission monastique trouva-t-elle là quelque obstacle d'un genre spécial, car la partie de la Domnonée comprise entre la Rance et le Coësnon offre la seule trace connue d'un clergé séculier venu de l'île de Bretagne avec les émigrés et essayant d'exercer une action religieuse en Armorique. Trace faible, peut-être unique : raison de plus pour en tenir compte.

La cité des Redons étant, au témoignage de César, un des peuples *maritimes* dits Armoriques « dont le territoire touche l'Océan, » le diocèse de Rennes formé de cette cité dut avoir primitivement pour limite au Nord la mer, de l'embouchure du Coësnon à celle de la Rance (2). L'émigration domnonéenne envahit ce littoral à une assez grande profondeur ; l'étendue de la colonisation bretonne entre ces deux rivières comprend, sur la carte de *la Bretagne ecclésiastique au moyen-âge,* le Pou-Alet, l'ancien diocèse de Dol et le doyenné de Bécherel. Tout ce territoire finit par être enlevé à la juridiction des évêques de Rennes; mais eux, au contraire, dans le principe, prétendirent l'exercer sur cette population étrangère venant d'outre mer combler les vides nombreux de leur diocèse. Il reste de cette prétention une preuve curieuse dans une lettre adressée (vers 515-520) par trois prélats de la province de Tours, — le métropolitain Licinius, Eustochius évêque d'Angers et Melanius (saint Melaine) évêque de Rennes, — à deux prêtres portant les noms essentiellement bretons de *Louocat* et *Catihern.* Voici un extrait de cette lettre :

    « *Aux bienheureux seigneurs et frères en J.-C.* LOUOCAT *et* CATIHERN, *prêtres,*
            LICINIUS, MELANIUS *et* EUSTOCHIUS, *évêques* (3).

    « Nous avons appris, par un rapport du vénérable prêtre Sparatus, que vous ne cessez de colporter dans les cabanes de vos compatriotes certaines tables sur lesquelles vous célébrez le divin sacrifice de la messe avec l'assistance de femmes auxquelles vous donnez le nom de commensales *[conhospitæ]* (4) et qui, pendant que vous distribuez l'eucharistie, administrent au peuple le sang du Christ (5). C'est là une nouveauté, une superstition inouïe; nous sommes profondément contristés de voir reparaître une secte abominable qui n'avait jamais été introduite dans les Gaules (6); les Pères Orientaux l'appellent

---

(1) Le *Ratel*, je l'ai dit, répondait en grande partie au territoire de la seigneurie de Châteauneuf de la Noë ; Saint-Tual (aujourd'hui commune du canton de Bécherel, Ille-et-Vilaine) est limitrophe de Pleugueneuc qui faisait partie de cette seigneurie.

(2) César, *Comment.* II, 34 ; cf. ci-dessus p. 80 et p. 64 note.

(3) Cette lettre a été publiée, traduite et commentée par M. l'abbé Duchesne dans un article intitulé : *Lovocat et Catihern, prêtres bretons du temps de S. Melaine,* — *Revue de Bretagne et de Vendée,* année 1885, livraison de Janvier, p. 5 à 21. — Selon M. Emile Ernault, l'un de nos meilleurs celtistes, la forme exacte du nom du premier prêtre breton n'est pas *Lovocatus* mais *Louocatus* (*Ibid.* p. 20-21), c'est pourquoi nous l'adoptons. — L'époque de cette lettre est déterminée : 1° par le début de la grande émigration domnonéenne vers 515; 2° par les dates de l'épiscopat de Licinius qui occupa le siège de Tours de 507-508 à 519-520; voir abbé Duchesne, *Ibid.* p. 9, et *Catalogues épiscopaux de la province de Tours,* p. 25.

(4) *Conhospita* signifie précisément « celle qui vit sous le même toit; » nous n'avons pas de mot français qui y réponde. On trouve dans S. Paulin de Nole *cohospes, cohospitans,* celui ou celle « qui partage l'hospitalité ».

(5) « Cognovimus quod vos gestantes quasdam tabulas per diversorum civium vestrorum capanas circumferre non desinatis et missas, ibidem adhibitis mulieribus in sacrificio divino quas conhospitas nominastis, facere præsumatis, sic ut, erogantibus vobis eucharistiam, illæ vobis positis calices teneant et sanguinem Christi populo administrare præsumant. » (*Revue de Bret. et de Vend.* ibid. p. 6).

(6) Erreur : un concile de Nîmes de 394 condamne l'immixtion des femmes dans le service de l'autel ; voir abbé Duchesne, *Lovocat et Catihern, Ibid.* p. 14-15.

Pepundienne (1) du nom de Pepundius, auteur de ce schisme, qui osa s'associer des femmes dans le ministère de l'autel ; ils ont décidé que les partisans de cette erreur doivent être exclus de la communion ecclésiastique. Aussi avons-nous cru devoir vous avertir et vous supplier pour l'amour du Christ, au nom de l'unité de l'Eglise et de notre commune foi, de renoncer, aussitôt que cette lettre vous sera parvenue, à ces abus des tables en question (que nous ne doutons pas, sur votre parole, avoir été consacrées par des prêtres) et de ces femmes que vous appelez *conhospitæ,* d'un nom qu'on n'entend ni ne prononce sans un certain tremblement, nom détestable propre à diffamer le clergé et à jeter la honte, l'horreur sur notre sainte religion. »

Les évêques ordonnent ensuite aux deux prêtres bretons de cesser immédiatement d'employer des femmes dans l'administration des sacrements et de n'en admettre aucune à habiter sous leur toit qui ne soit leur aïeule ou leur mère, leur sœur ou leur nièce, « les contrevenants devant être excommuniés conformément aux canons. » Et en effet ils ajoutent : « Ne vous obstinez pas dans cet abus, sans quoi vous vous exposerez à une plus grande confusion, et nous serons obligés de venir à vous tenant en main la verge apostolique et de vous livrer à Satan (2). Livrer quelqu'un à Satan, c'est l'exclure pour faute grave du troupeau de l'Eglise et le laisser dévorer par les démons comme par des loups rapaces. » Ils terminent enfin leur lettre, en s'adoucissant un peu et adressant aux Bretons cette invitation : « Rentrez avec zèle dans la voie royale dont vous avez quelque peu dévié ; vous recueillerez le fruit de votre obéissance, et nous nous réjouirons de vous avoir sauvés par nos prières (3). »

Les deux prêtres bretons portent des noms peu ecclésiastiques : *Louocat* signifie « qui se bat comme un lion, » *Catihern* « qui se bat avec le fer. » Deux batailleurs de la sorte durent, j'imagine, s'inquiéter assez peu de l'opinion de ces évêques étrangers qu'ils ne connaissaient pas ; ils avaient les leurs, venus avec eux de la Grande-Bretagne, et ne reconnaissaient que ceux-là. Les Gallo-Romains étaient d'ailleurs bien pointilleux : dans ces messes dites à domicile sur des autels de bois, quel crime y avait-il ? Les autels portatifs de bois ou de pierre n'étaient point interdits ; la messe à domicile, sinon de cabane en cabane, du moins de village en village, était une nécessité causée par la pénurie des émigrés bretons et leur dispersion dans les campagnes. Aussi, comme le dit un éminent ecclésiologiste, ce qui blesse les évêques dans cette pratique, ce qui excite surtout leurs réclamations, c'est que « en agissant ainsi on néglige le clergé établi, les églises épiscopales et paroissiales fixes, qui sont en possession de l'autorité religieuse dans le pays ; on élève — c'est le cas de le dire — autel contre autel. Il semble que les nouveau venus entendent se ségréger des églises dans le territoire desquelles ils se sont fixés, constituer un diocèse dans le diocèse (4). » — C'était

---

(1) Il faudrait dire *Pepudienne* ou *Pepuzienne,* du nom de la ville de Pépuze où elle fut professée, et non d'un prétendu Pepundius qui, paraît-il, n'a jamais existé ; voir abbé Duchesne, *Ibid.* p. 14.

(2) « Nec vos pertinacitas hujus obstinationis ad majorem confusionem exhibeat, nec nobis necesse sit *cum virga ad vos venire apostolica et tradere Satanæ.* » *(Rev. de Bret. et de Vend.* Ibid. p. 6). Ces menaces n'étaient pas très propres à attirer les Bretons dans l'obédience des Gallo-Romains.

(3) « Ut et vos fructum *de obedientia* capiatis, et nos vos *per orationem nostram* congaudeamus esse salvandos. »

(4) Abbé Duchesne, *Lovocat et Catihern.* Ibid. p. 11.

bien là en effet leur prétention, et qui fut suivie d'un plein succès parce qu'elle était motivée, justifiée par la force des choses : comment le clergé gallo-romain aurait-il pu diriger une population, dont il ignorait la langue et les mœurs ?

Quant aux *conhospitæ* si odieuses aux trois évêques et qui concouraient à administrer les sacrements, leur concours en cette matière n'était certainement pas régulier ; il semble toutefois avoir été usité en Irlande au temps de saint Patrice, d'après un document fort curieux du commencement du VIII° siècle, intitulé *Catalogue des saints d'Hibernie selon l'ordre des temps*, qui retrace les principaux traits des trois états de l'église d'Irlande aux trois siècles précédents. Dans la description du « premier ordre des saints catholiques contemporains de saint » Patrice, » qui se rapporte à un clergé séculier et non à une église monastique, on lit : « Les saints de cet ordre ne repoussaient pas l'administration ni la » compagnie des femmes, parce que fondés sur le Christ comme sur un roc ils ne » redoutaient pas le vent de la tentation (1). » Dans la description du second ordre des saints, c'est-à-dire du second état, de la seconde période de l'église d'Hibernie — description évidemment relative à un clergé régulier, à une église monastique, — on lit au contraire : « Les saints » du second ordre repoussaient l'administration des femmes et les excluaient des monastères (2). »

Dans ces deux textes les mots *mulierum administratio* ne peuvent guère s'entendre que du concours des femmes dans l'administration des sacrements : le clergé séculier d'Irlande l'admettait, mais le clergé régulier qui prévalut ensuite le repoussait. Il en fut de même en Grande-Bretagne, car sauf quelques différences dans les dates, l'église bretonne passa par les mêmes phases que l'église scotique ou irlandaise. En Bretagne la mission de saint Germain (V° siècle) activa le développement du monachisme ; néanmoins le clergé séculier disputa le terrain assez longtemps encore dans le VI° siècle. C'est à ce clergé évidemment qu'appartenaient Louocat et Catihern, car si l'on veut connaître la pratique des moines bretons dès la fin du V° siècle dans la question du concours et de la fréquentation des femmes, Wrdisten par exemple nous dira qu'à Landevenec, depuis la fondation de cette maison (485) jusqu'au moment où il écrit (vers 880), jamais femme n'entra dans ce monastère ni dans aucune de ses dépendances (3). Et cette exclusion existe partout.

Outre le concours très irrégulier des *conhospitæ* dans l'administration des sacrements, faut-il croire leur présence auprès de Louocat, de Catihern et de leurs collègues aussi scandaleuse que le déclarent les trois évêques ? Le vénérable prêtre Sparatus en faisant son rapport n'aurait-il pas quelque peu forcé la note, par suite de ses préventions contre ces étrangers dont il ne comprenait pas la langue et qui ne tenaient aucun compte de la hiérarchie ecclésiastique gallo-romaine ?... Si Louocat et Catihern s'étaient souciés de la semonce des prélats, ils leur auraient répondu sans doute, avec le premier ordre des saints hibernois, « qu'ils ne

---

(1) « Primus ordo catholicorum sanctorum erat in tempore Patricii... Unum ducem Patricium habebant... *Mulierum administrationem et consortia non respuebant*, quia super petram Christum fundati ventum tentationis non timebant. » (Usher, *Brit. eccl. ant.* p. 473).

(2) « Secundus ordo catholicorum presbyterorum... habebant diversas regulas... *Abnegabant mulierum administrationem, separantes eas a monasteriis.* » (Usher, *Ibid.* p. 474).

(3) *Vit. S. Uinualoëi* lib. II, cap. 7 dans *Cartul. de Landevenec*, édit. A. de la Borderie, p. 65 ; cf. ci-dessus p. 362.

» redoutaient pas le vent de la tentation. » Ils eussent bien fait pourtant de s'en méfier, car le clergé séculier de Grande-Bretagne était fort avarié, et c'est lui exclusivement que Gildas foudroie de ses brûlantes satires et de ses véhémentes imprécations. Heureusement, ce clergé séculier, la Bretagne armorique le connut à peine; Catihern et Louocat sont l'unique échantillon qu'en offre son histoire. L'église bretonne d'Armorique fut, je le répète, jusqu'au IX⁰ siècle purement monastique, et sur le territoire même enlevé par les émigrés bretons à l'évêché de Rennes, où les malheureuses *conhospitæ* blessaient les regards de saint Melaine, nous verrons bientôt les Samson, les Malo, les Magloire, semer de tous côtés l'Évangile et couvrir le sol de monastères.

Après ce long séjour en Domnonée, où nous ne serons pas sans revenir bientôt, voyons ce qui, dans le même temps, se passait en Cornouaille.

§ 4. — *Nouvelles émigrations en Cornouaille.*

Après le désastre des Bretons insulaires à Natanleag en 508, les Saxons ravagèrent pendant plusieurs années la Grande-Bretagne, surtout dans la direction du Nord-Ouest, c'est-à-dire vers le haut cours de la Saverne et le territoire de la grande tribu des *Cornabii, Cornavii* ou *Cornovii* (p. 336-337 ci-dessus). C'est à ce moment (vers 509-510) que commença de la part de ce peuple un mouvement d'émigration analogue à celui des *Dumnonii* relaté dans le § 3 ci-dessus et qui, se portant sur la région sud-ouest de la péninsule armoricaine, occupa les espaces vides encore nombreux dans ce pays et imposa définitivement son nom insulaire *(Cornavia, Cornovia, Cornubia)* à toute cette grande contrée que les Français appellent encore aujourd'hui *Cornouaille*, et les Bretons plus régulièrement *Cornau* ou *Kernaw*. Cette émigration cornavienne est relatée dans les documents traditionnels de notre histoire en des termes assez semblables à ceux qui concernent l'émigration des *Dumnonii* :

« Il y eut chez les Bretons d'outre-mer (disent ces documents) un homme noble appelé *Iaun* (1) surnommé *la Loi* ou *la Règle*. Ce personnage issu de race royale possédait beaucoup de terres, de serviteurs et de trésors. On l'avait appelé la Loi ou la Règle, parce qu'il appliquait très justement aux individus de l'un et de l'autre sexe les préceptes de la loi divine. Ayant appris que par suite de la désolation causée par les ravages des Frisons et de leur duc Corsold, notre Cornouaille d'Armorique était déserte, habitée presque uniquement par les bêtes sauvages, et toutefois féconde en miel, en chevaux, en bétail et en gibier, cet homme traversa la mer avec une très grande flotte ; il occupa ce pays, s'y installa avec ses compagnons et le mit en culture. »

Il importe de bien fixer le nom de ce personnage. La Vie de S. Meloir rédigée au XII⁰ siècle, d'où est tiré ce passage (2), transforme naturellement *Iaun* en Jean ;

---

(1) Le texte latin traduit ou plutôt défigure ce nom breton en Jan, *Joannes.*
(2) D. Morice (*Preuves* I, 223-225) a publié cette Vie de S. Meloir, mais avec quelques lacunes. Je rétablis ici la partie supprimée du texte traduit ci-dessus : « Is (i. c. Lex vel Regula) post desolationem Frixonum et Corsoldi ducis, nostram audiens desertam Cornugalliam nullique nisi feris ac bestiis vacantem, melle vero, equis, pecudibus ac sylvaticis fertilem, classe mare cum maximo comitatu transmeavit, regnum accepit, habitavit, excoluit. » (Bl.-Mant. XXXVIII, p. 625, copie du P. du Paz).

mais la liste de noms historiques dite *Catalogue des comtes de Cornouaille* donne à celui-ci une meilleure forme : *Iahan Reith.* En breton insulaire (1) *iaaun, iaun* ou *iawn* signifie adjectivement « juste, droit, équitable, » et substantivement « le droit, la règle, *rectum.* » L'autre terme, *reith* ou *rhaith* veut dire « loi ou verdict. » Droite-Loi, ou si l'on veut la Règle et la Loi, *Lex et Regula,* en breton *Iaun Reith,* tel est le véritable nom de ce chef.

Une autre version de la Vie de S. Meloir donne à la figure d'Iaun Reith une physionomie particulière curieuse à relever :

« Après la conversion de la gentilité à la foi du Christ, beaucoup de croyants, renonçant aux affaires du siècle et aux pompes du monde, s'attachèrent spécialement à Dieu et brillèrent par leurs vertus. De ce nombre, comme nous l'apprend une antique tradition, fut un homme très chrétien appelé Jean (lisez *Iaun*), noble et Breton de race, qui par une disposition de Dieu et sous la conduite d'un ange, vint des pays d'outre-mer dans la Cornouaille. Plus tard *(postea),* ferme dans sa foi, il exerça noblement et utilement pendant un temps assez long la principauté de cette nation (2). »

Les deux versions de la Vie de saint Meloir s'accordent à dire que d'Iaun Reith cette principauté passa successivement à son fils Daniel, à Budic fils de Daniel, enfin aux fils de Daniel, Meliau et Rivod, dont le premier fut le père de saint Melar ou Meloir. Ainsi voilà toute une série de princes ou comtes de Cornouaille, que rien ne semble rattacher au roi Gradlon. Cette circonstance étonna tellement les Bénédictins Bretons pères de notre histoire qu'ils prirent pour en sortir le parti héroïque d'identifier Gradlon et Iaun Reith, d'en faire un seul personnage, Iaun Reith étant pour eux un surnom attribué à Gradlon (3). L'autorité de ces critiques m'avait d'abord entraîné dans leur opinion; en y regardant de près, cette identification me semble impossible. Les caractères des deux personnages dans nos traditions et nos documents historiques, loin de s'accorder, font contraste. Iaun Reith n'est pas seulement vertueux au point d'être considéré comme la règle de la justice; c'est un chrétien accompli, un saint véritable, et Dieu lui donne comme aux saints un ange pour guider sa course sur les flots et le conduire en Armorique. Gradlon, quand il arrive sur le continent, avant son entrevue avec Gwennolé, ne ressemble guère à cela; il est à peine chrétien (ci-dessus p. 314-315), il se livre dans l'exercice de son pouvoir aux emportements d'un cœur farouche, même féroce, *feroci animo* (p. 320) : comment eût-on pu l'appeler Droite-Loi ou Règle de la justice ? Contraste d'ailleurs qui s'explique très bien par la diversité

---

(1) Voir tous les dictionnaires gallois.

(2) Ce texte curieux est inédit ou autant vaut puisqu'il n'est que dans le bréviaire de Saint-Malo de 1537, dont on connaît un seul exemplaire : « Tunc ad fidem gentilitas et ad credulitatem Domini nostri J. C. est conversa. Multi autem credentes, secularibus negociis abrenunciantes, pompatica et mundana relinquentes et specialiter Deo adherentes, visis miraculis virtutum effulsere ovantes. De quorum collegio quondam, antiqua ut didicimus relatione, fuit vir christianissimus Johannes nomine, nobilis, ortus Britannorum genere, quem Dominus de ultramarinis partibus ductu angelico in Cornubiam disposuit transmeare. Qui postea principatum ipsius gentis, armatus fide, prolixo in tempore nobiliter ac salubriter videbatur tenere. Et expletis annis vite sue, regnavit filius ejus Daniel pro eo » (Breviar. Maclov. impress. an. 1537, f. 277, Bibliothèque de la ville de Saint-Malo).

(3) Voir dom Le Gallois, Mémoires critiques sur les origines bretonnes, Biblioth. Nat. ms. Bl.-Mant. XLIV, p. 165-166 ; D. Lobineau, *Vies des Saints de Bretagne,* édit. in-fol. p. 61. — Cf. mon *Annuaire hist. de Bret.,* année 1862, p. 9.

d'origine. Gradlon sort de la Bretagne du Nord, aux trois quarts païenne et dont les chrétiens, le peu qui s'y en trouve, sont mal dégrossis. Iaun Reith au contraire sort du centre de la province romaine, d'une contrée limitrophe de la Cambrie et où le christianisme était aussi florissant que dans ce dernier pays. Il faut donc renoncer à identifier les deux personnages (1) et se borner à expliquer les circonstances qui amenèrent l'avènement de la dynastie d'Iaun Reith.

Quand la grande émigration cornavienne conduite par ce dernier aborda en Cornouaille, Gradlon devait être mort depuis plusieurs années. Il n'avait pas laissé d'héritiers directs, car les documents et les traditions ne lui attribuent qu'un fils, Riwelen, mort avant lui (2), et sa succession était l'objet d'ardentes compétitions. Parmi ceux qui se la disputaient, le principal des prétendants se nommait Budic, fils d'un personnage appelé Kybydan tenant de plus ou moins près à la famille de Gradlon. Il allait l'emporter sur ses rivaux, quand tout à coup abordèrent en Cornouaille et se répandirent dans les territoires inoccupés les nombreuses bandes formant la grande émigration cornavienne conduite par Iaun Reith. Les adversaires de Budic cherchèrent des alliés contre lui dans ces nouveau venus, dont le nombre toujours croissant ne tarda pas à accabler son parti et le contraignit lui-même à fuir. Il se réfugia en Grande-Bretagne, dans la Cambrie, au pays des Demètes, d'où nous le verrons revenir plus tard. L'émigration cornavienne restée maîtresse du terrain donna tout naturellement à son chef Iaun Reith la principauté de la Cornouaille d'Armorique (vers 510-512). De son règne nous ne savons rien. De ses deux premiers successeurs, Daniel son fils, Budic son petit-fils, nous ne savons que des fables. Les voici à défaut de mieux, comme Le Baud les rapporte :

« Selon la *Chronique* intitulée *des rois Bretons Armoricans*, regna sur les Bretons Daniel surnommé *Drem-ruz* (3), qui signifie en langue gallique (française) *Visage rouge*; et rapporte ladite chronique que celui Daniel, homme caut (habile) en ses faits et ès armes vaillant et batailleur, deffendit son païs et ses sujets des invasions des étrangers. Et combien qu'il fust roi de Bretagne armoricane, par ses engin, puissance et vaillance il se fist roi des Allemans et espousa à Pavie la fille de l'empereur des Romains, puis de là retournant en Bretagne l'amena à grands pompes avecques lui. Dit aussi celle chronique que, selon aucunes

(1) Le seul argument donné à l'appui de cette identification, c'est que chacun des deux personnages figure dans l'histoire comme premier roi de Cornouaille, tige des comtes ou rois de ce pays : qualités qui ne peuvent appartenir qu'à une seule personne. Cette assertion n'est pas tout à fait exacte. Gradlon, premier chef de la Cornouaille selon Wrdisten, n'eut qu'un fils mort avant lui (voir *Chartes de Landevenec* n° XIV) et n'est désigné dans aucun document ancien comme tige des comtes de Cornouaille. D'autre part, Iaun Reith ayant régné en Cornouaille « *après* la désolation des Frisons de Corsold, » que les traditions bretonnes placent (à tort ou à raison) dans les premières années du VIᵉ siècle (voir ci-dessus p. 352), cela ne peut — au point de vue des traditions bretonnes — nullement empêcher un autre prince breton, Gradlon par exemple, d'avoir régné en Cornouaille dans la fin du Vᵉ siècle et par conséquent avant Iaun Reith, — qui n'en reste pas moins la tige de la dynastie cornubienne partant de lui pour finir à saint Meloir. — Conclusion : nulle nécessité d'identifier Iaun Reith et Gradlon.

(2) « Hæ litteræ narrant quod mortuus est filius meus amantissimus Rivelenus, et ego ideo Gradlonus gratia Dei rex do et concedo sancto Wingualoeo » etc. (*Chartes de Landevenec* n° XIV, dans *Cartul. de Landev.* p. 149). L'acte est supposé, mais cela n'infirme point la tradition qu'il relate concernant le fils de Gradlon.

(3) Dans le *Catalogue* dit *des comtes de Cornouaille* on trouve en effet le nom de Daniel suivi de ce surnom.

histoires, celui roi Daniel eut en dot Tuscanne et Lombardie et fut en son temps le plus superbe et le plus puissant des rois d'Occident (1). »

Inutile de rapporter ce qui regarde Budic (2). La citation précédente, surtout si on la rapproche de la charte fabuleuse de Gradlon traduite ci-dessus p. 324, suffit à montrer qu'il a dû exister au moyen-âge un roman ou chanson de geste des rois et comtes de Cornouaille, dont quelques lambeaux se sont glissés dans les chroniques et dans les actes apocryphes des cartulaires.

Des trois règnes d'Iaun Reith, de Daniel et de Budic, sauf le fait très important de l'émigration cornavienne dont nous venons de parler, rien n'est venu à la connaissance de l'histoire ; ces règnes ne furent pas d'ailleurs de longue durée, tous trois ensemble s'étendant de 510 environ à 530. Budic eut deux fils, Meliau et Rivod. L'aîné Meliau épousa Aurilia (Aurélie) fille d'un prince de la famille royale de Domnonée appelé Winnoc. Il régna sept ans (de 530 à 538), et selon la tradition son règne fut pour la Cornouaille une époque d'abondance et de grande prospérité. Pendant tout ce temps, assure-t-on, on ne vit en ce pays ni grêle ni neige ni pluie, ni froid glacial en hiver ni chaleur ardente pendant l'été, mais toujours une douce température et une fraîche rosée, qui arrosant copieusement la terre lui donna une fertilité sans pareille dont tous les pays voisins étaient jaloux (3).

Sous ce règne toutefois la Cornouaille fit une grande perte, par la mort d'un de ses meilleurs serviteurs, regardé à juste titre comme l'un des fondateurs de la nation, saint Gwennolé abbé de Landevenec. Cette abbaye, première et principale source des institutions monastiques en Bretagne, étendait sa renommée dans toute la péninsule. Par les dons qu'elle avait reçus, surtout par le rude travail des moines qui avaient défriché, débroussé, mis en culture tout le pays environnant, cette maison était devenue fort riche non en trésors monétaires, car Gwennolé comme Lunaire disait : « L'or ne convient pas aux moines, » mais en richesses agricoles, beaux champs et belles prairies, beau bétail, surtout belles moissons, dont les récoltes annuelles, s'entassant dans les magasins de l'abbaye, faisaient de cette maison le grenier d'abondance de la Cornouaille. On en jugera par le trait suivant.

A la pointe nord-ouest de la presqu'île de Crozon au milieu des rochers existait un véritable nid de brigands habité par quatre frères, dont le père s'appelait Catmaglus, très bons marins et meilleurs larrons, embusqués à l'entrée du goulet de Brest, pillant sur terre et sur mer. Ayant souvent ouï parler de la richesse des moines de Landevenec et croyant qu'il s'agissait d'or et d'argent, ils résolurent d'aller faire au trésor monacal une petite saignée. Ils arrivent en

---

(1) Le Baud, Hist. de Bret. p. 91.

(2) La Vie de S. Meloir du bréviaire de Saint-Malo de 1537 appelle le fils de Daniel *Fortunatus* : « Mortuo quoque Daniele, *Fortunatus* filius ejus successit in regno. » (Brev. Maclov. f. 277 v°). La version de cette Vie publiée par D. Morice (*Preuves* I, 224.) porte *Budic*, dont Fortunatus est la traduction latine. En breton insulaire (gallois) *budd* signifie gain, profit ; *buddug* ou *buddig*, celui qui fait du gain, du profit, par extension, celui qui gagne la bataille, le vainqueur.

(3) « Nec pluviæ gutta defluxit, nec terram nix infecit, nec gelu excoxit, nec tellus tamen proferre copiosissime fructus desiit, sed ros divinitus quadam temperie terram temperabat ut... plus solito quam in circumadjacentibus regionibus fœcundaretur » (*Vit. S. Melor.* copie du P. du Paz, dans Bl.-Mant. XXXVIII, p. 625).

barque tous quatre devant le monastère à l'heure de minuit(1); l'un d'eux reste pour garder le bateau, les autres escaladent lestement les clôtures du monastère, forcent la porte des magasins, furètent partout, bien étonnés de ne trouver là que du blé et surtout des monceaux d'orge dont on venait de faire la récolte. A défaut de mieux ils en remplissent tant et plus leurs sacs jusqu'à la gorge, et veulent regagner le rivage pour se rembarquer. Mais le premier, trop chargé, tombe sous le faix et se casse la jambe, un autre s'enfonce dans un bourbier et n'en peut sortir, le troisième perdu dans la nuit tourne le dos au rivage et au lieu de gagner la barque va se heurter contre la porte du monastère. Le quatrième resté dans le bateau ne voyant pas revenir ses frères, et croyant qu'ils l'ont abandonné pour se partager sans lui tout le trésor, crie et maugrée contre eux à tue-tête. Le jour arrive, Gwennolé qui en inspectant les magasins avait deviné le vol et voulait voir s'il découvrirait trace des voleurs, — Gwennolé après l'office de prime fait avec quelques-uns de ses religieux une promenade vers la grève. Ils trouvent les trois misérables tombés sous leurs sacs, accablés, c'est le cas de le dire, sous le poids de leur crime. Après les avoir remis sur pied, le bon abbé les gronde un peu :

— « Pourquoi avoir agi si sottement ? Pourquoi n'être pas venus de bonne amitié (*hilariter*) demander à nos frères une part des fruits de leur travail ? Ils vous auraient donné ce qu'il vous fallait, vous l'auriez emporté de leur consentement. Vous pouviez avoir ainsi très facilement tout ce dont vous aviez besoin. Au lieu de cela vous avez préféré violer la clôture de notre maison et vous rendre coupables de vol, en dépit de la loi de Dieu qui dit : *Tu ne voleras point.* Mais pourquoi s'en étonner ? A qui écoute le diable tout péché semble agréable. »

Et comme les voleurs confus ne répondaient rien :

— « Allons, leur dit-il, retournez chez vous, emportez vos sacs et ce qu'ils contiennent, et quand vous aurez quelque besoin, adressez-vous à nous; avec l'aide de Dieu nous y satisferons sur le champ (2). »

Non pas seulement greniers d'abondance, mais magasins-généraux de la charité, ces monastères où dans leurs nécessités tous pouvaient puiser, où nul n'était refusé pas même le larron.

Gwennolé mourut en 532 (3). La nuit précédente durant son sommeil une voix d'en haut l'avait averti de sa mort prochaine. Le matin venu, il réunit tous ses moines et leur fait ses adieux; ceux-ci à travers leurs larmes se plaignant de l'abandon où il les laisse, il indique l'un d'eux pour lui succéder, mais à titre

---

(1) « Hora erat quasi noctis media. Dum vero hæc ita agebantur, in basilica cum suis *nocturnabat* Uuinualoëus ; cumque nocturnas debite percelebrasset vigilias, fratribus una congregatis, » etc. *[Vit. S. Uinualoëi*, lib. II, cap. 23, dans *Cartul. de Landevenec* édit. A. de la B. p. 86.)

(2) « Tollite hinc vobiscum onera vestra, et quoties necesse fuerit petite a nobis, et nos incunctanter, Deo præstante, tribuemus. » *[Vit. S. Uinual.*, lib. II, cap. 24, *Cartul. de Landevenec* édit. A. de la B., p. 90). Les trois brigands se convertirent et devinrent moines de Landevenec *[Ibid.* cap. 25); ils donnèrent à cette abbaye leur domaine dit *Ros-Catmaël*, aujourd'hui *Roscanvel :* sur la synonymie de ces deux formes voir deux chartes du XIIe siècle de l'abbaye de Daoulas dans D. Morice *Preuves* I, 669 et 708. En la paroisse de Roscanvel le souvenir de ce nid de voleurs se conserve encore dans le nom d'un village appelé *Caër Laër* aujourd'hui Kerlaër *(Villa Latronis),* sur la côte nord de cette paroisse, à 2500m environ dans le Sud-Ouest de la pointe des Espagnols.

(3) Le 3 mars, mercredi de la première semaine de Carême ; cette triple indication chronologique permet de fixer l'année ; la date de 532 a été adoptée par D. Lobineau (*Vies des SS. de Bret.* in-fol. p. 46 et par le R. P. de Smedt dans Boll. Novemb. I, 670-671, cf. *Analecta Bolland.* VII, p. 248-249.

de conseil sans vouloir contraindre leur libre choix (1), et il ajoute : — « Préparez-vous, car aujourd'hui même quand j'aurai chanté la messe, Dieu me rappellera à lui. » Il continue de leur donner ses suprêmes instructions jusqu'à l'heure de tierce (neuf heures du matin). Alors tous vont à l'église chanter l'office ; après tierce le vénérable abbé célèbre la messe et reçoit ensuite solennellement le corps du Christ. Puis debout devant l'autel, appuyé sur deux de ses moines, il entonne le psaume d'actions de grâces, chantant avec ses religieux « en présence du chœur des anges » (dit Wrdisten) : son âme monte à Dieu avec ce chant (2).

Pour succéder à saint Gwennolé ses moines, confirmant le choix fait par lui, élirent unanimement Guenhaël, fils de Romélius mentionné plus haut (p. 340), qui se défendit de son mieux en alléguant son insuffisance et sa jeunesse (3), mais fut contraint d'accepter la dignité abbatiale ; il ne devait pas faire à Landevenec un séjour aussi long que saint Gwennolé ; vers la fin du VI⁰ siècle nous le rencontrerons assez loin de cette abbaye.

Saint Corentin ne survécut guère à saint Gwennolé, il mourut certainement avant le comte Meliau, c'est-à-dire avant 538. Les grandes lumières s'éteignaient sur la terre de Cornouaille, les grandes vertus disparaissaient. Le règne des ténèbres et des crimes allait commencer.

Meliau était aimé de son peuple, et digne de l'être ; dans une assemblée des principaux tierns ou seigneurs de Cornouaille ayant pour objet quelque affaire d'état que l'histoire ne nous fait point connaître, entre lui et son frère Rivod une querelle s'éleva ; Rivod fou de colère porta à Meliau un coup mortel : véritable assassinat. Le comte laissait un fils — Meloir ou plutôt Melar, — héritier de son père dans la principauté de Cornouaille. Mais comme il n'avait que sept ans, le pouvoir pendant sa minorité devait être exercé par son oncle Rivod. Pour que ce pouvoir temporaire se changeât en pouvoir définitif, pour que Rivod, de simple régent de Cornouaille pendant quelques années, devînt comte héréditaire et incommutable de cette principauté, le seul obstacle était la vie de Melar. Rivod songea aussitôt à supprimer l'obstacle ; dans l'assemblée des principaux tierns, clercs et moines de Cornouaille réunie après la mort de Meliau pour régler les affaires du pays (4), il eut même l'impudence de laisser percer cet effroyable dessein ; une protestation unanime et indignée empêcha ce nouveau crime et arrêta Rivod, qui néanmoins donna cours aux exigences de son ambition furieuse et enragée en faisant couper le pied gauche et la main droite de son neveu. Ainsi mutilé, Melar ne pouvant plus tenir le glaive ni monter à cheval devenait incapable de régner.

Outrée de cette odieuse mutilation, craignant tout pour la vie du jeune

(1) « Pastorem ego vobis apposui (dit Gwennolé à ses moines) : videte vosmetipsi. » (Vit. S. Uinual. II, 28, Ibid. p. 100).

(2) « Missa expleta, Dominici corporis et sanguinis refectione vegetatus, stans ante altare inter duos monachos sustentatus, una cum fratribus psallens cum angelicis choris astantibus, sanctissimam Deo reddidit animam. » (Id. II, 29, Ibid. p. 101).

(3) « Invitus (Guenaëlus) eligitur et repugnans trahitur ad abbatem (i. e. ad S. Uinualoëum), tam ætatis quam insufficientiæ lacrymabiliter excusationem prætendens. » (Vit. S. Guenhaeli, dans Bl.-Mant. XXXVIII, p. 721.)

(4) Selon la version de la Vie de saint Meloir suivie dans le bréviaire de Saint-Malo de 1537 (f. 278) cette assemblée se réunit « in terra Cornubie, in loco qui vocatur Gobroidus. » Il est assez difficile, mais non peut-être impossible, de déterminer ce lieu.

prince, l'assemblée nationale de Cornouaille retira à Rivod la garde de son neveu et la confia à l'évêque de Corisopitum, qui l'emmena avec lui dans un monastère fondé jadis par saint Corentin (1), où il fut instruit aux lettres divines et humaines ; il y resta sept années. Au bout de ce temps, l'abbé qui gouvernait cette maison comme délégué de l'évêque *(procurator pontificis)* remit le prince aux mains d'un gouverneur laïque *(nutritius)* chargé de compléter son éducation dans l'ordre des choses mondaines, et qui s'appelait Kerialtan. Mélar alla demeurer chez lui ; il y reçut quelques visites, fit dans les environs des courses, des promenades, en un mot communiqua avec le monde du dehors un peu plus qu'il n'avait pu jusque là le faire dans le cloître. Alors se répandit en Cornouaille un bruit étrange, merveilleux. Après sa cruelle mutilation, les amis de son père avaient fait adapter à Mélar une main d'argent et un pied d'airain : tout à coup on raconta que ces membres artificiels croissaient, fléchissaient régulièrement comme des membres naturels, rendant au jeune prince les mêmes services qu'un pied et une main en chair et os. Sans doute les bourreaux chargés de cette exécution, gagnés à prix d'argent ou touchés de pitié, avaient épargné la victime et trompé le tyran par quelque ruse. On contait même de Melar des traits d'adresse et de force très notables. Ainsi l'incapacité physique de combattre et de commander n'était plus une objection à son règne ; bien mieux, tous ceux qui le voyaient, charmés de sa bonne grâce, de son aimable humeur, de sa modestie, de son intelligence, revenaient gagnés à sa cause. Bientôt Rivod comprit qu'il allait voir se lever un parti puissant pour le sommer de restituer la principauté à l'héritier légitime, le fils de Meliau, et de répondre de l'assassinat du père.

Le tyran alors mande Kerialtan, lui sert un dîner copieux et après l'avoir bourré de viandes et de boisson, lui propose un marché diabolique. Qu'il se charge d'exterminer Melar, et Rivod le comblera de biens, de terres, de troupeaux, et le fera juge-souverain de Cornouaille. Jusque-là assez honnête, même, ce semble, sincèrement affectionné à Melar, Kerialtan commence à être ébloui ; cependant il ajoute cette condition, qu'il espère peut-être voir repoussée :

— Pour que je fasse la chose, il faut m'accorder ceci. Je monterai sur la plus haute montagne de Cornouaille : tout le pays que je verrai de là sera à moi et à mes héritiers.

— Soit, dit le tyran, grimpe au haut du mont Scoci, tout ce que ton œil embrassera de là je te le donne (2).

Kerialtan est conquis ; pourtant avant d'accepter définitivement le marché, il réserve le consentement de sa femme. Il vient donc lui rendre compte. Celle-ci ne fait nulle objection, au contraire :

---

(1) « Beati Corentini summus minister (c'est l'évêque occupant le siège de saint Corentin) eum in finibus regionis suæ in cœnobio secum adduxit. » (D. Morice, *Preuves* I, 224). « A religiosis viris in monasterio sancti Corentini in patria Cornubiæ honorifice est susceptus. » (Breviar. Maclov. an. 1537. f. 278).

(2) « Dabo tibi quidquid de fastigio montis *Scoci* videre poteris » (*Vita S. Melori*, Bibl. Nat. ms. lat. 13789, f. 53 vº). — Une autre version de la Vie de S. Meloir porte « de monte *Cuti* » au lieu de *Scoci* ; on a voulu voir là le mont *Frugi* qui domine la ville de Quimper. Non seulement le nom n'est point le même, mais le mont Frugi est loin d'être une des plus hautes montagnes de Cornouaille. On a là probablement (en *Scoci* ou *Cuti*) le nom ancien, primitif, soit du Menez-Hom soit du mont Saint-Michel de Braspartz ou peut-être même des deux ; voir ci-dessus p. 15 et 17.

— Ne faut-il pas bien, dit-elle, songer à l'intérêt de ses enfants? Et puis il ne fait bon résister aux volontés des princes. Va donc chez Rivod, achève ton marché le plus avantageusement possible.

Il part emmenant avec lui son fils aîné appelé Justan, pour servir de témoin et s'engager avec lui dans ce pacte de sang. Ils restent huit jours chez le tyran à débattre minutieusement tous les articles de cet infâme contrat, toutes les clauses de son exécution par les deux contractants, je veux dire, par les deux vils assassins. Pendant que les misérables sont là longuement occupés à vendre et acheter le sang innocent, la femme de Kerialtan est tout à coup prise de remords. La vue de ce doux enfant, de ce bel adolescent, si aimant, si confiant et si tendre envers ceux qui nourrissent sa jeunesse et se préparent lâchement à l'immoler, cette vue et ce contraste réveillent dans le cœur de la gouvernante tous les instincts féminins de tendresse et de pitié. Elle a horreur maintenant de ce pacte de sang. Elle veut y soustraire Melar. Elle le prend avec elle, franchit les montagnes d'Arez, l'emmène rapidement en Domnonée, va le cacher dans la demeure d'un puissant prince dont la protection le mettra, espère-t-elle, à l'abri de tout péril.

Mais pour comprendre l'intervention de ce prince, il faut prendre son histoire dès le principe, ce que nous pourrons faire seulement dans le prochain chapitre. Là donc aussi nous verrons le dénouement de cette tragédie.

§ 5. — *Les émigrés bretons dans le Vannetais.*

Le Vannetais, nous l'avons vu (p. 307), reçut de bonne heure des émigrés bretons; de quelle région de l'île de Bretagne venaient-ils? Sur ce point nous sommes fort peu renseignés. Quelques indices m'inclinent à les croire originaires de la Bretagne du Nord. Par suite des incursions des Pictes dans le cours du Ve siècle et de l'alliance conclue dès 455 entre ces Pictes et les Saxons chargés de les combattre, la *Valentia* ou province entre les deux murs et la zône de la *Maxima Cæsariensis* (1) la plus rapprochée du mur de Sévère durent être les régions de l'île de Bretagne où sévit le plus tôt et plus furieusement l'invasion barbare, celles aussi par conséquent d'où partirent les premières émigrations.

D'ailleurs, entre Caradauc contemporain de saint Patern vers 465 (ci-dessus p. 307) et la fin du Ve siècle, l'histoire n'a gardé aucun souvenir des émigrés bretons établis dans le Vannetais. Cependant il s'y en amassa peu à peu un assez grand nombre, et au commencement du VIe siècle nous voyons à leur tête un comte Weroc qui semble un personnage important, dont l'autorité s'étend de l'Ellé à la presqu'île de Ruis (sauf bien entendu la ville de Vannes) descendant

(1) La partie de l'île de Bretagne soumise aux Romains fut, dans sa plus grande extension, partagée en cinq provinces : 1º *Britannia Prima*, bornée au S. par la mer Britannique (la Manche), au N. par la Tamise et par l'embouchure de la Saverne (canal de Bristol), — 2º *Flavia Cæsariensis*, bornée au S. par la *Britannia Prima*, à l'O. par la Saverne, à l'E. par l'Océan germanique, au N. par l'Humber, — 3º la *Britannia Secunda*, bornée à l'E. par la Saverne, au N., à l'O. et au S. par la mer, répondait au pays de Galles actuel, — 4º *Maxima Cæsariensis*, comprenait l'île dans toute sa largeur entre l'Humber et le mur de Sévère, — 5º la *Valentia*, embrassait toute l'île entre le mur de Sévère et celui d'Antonin.

au Sud jusqu'à la mer et montant au Nord assez avant sous les profondeurs de Brécilien, — car ainsi depuis l'ère bretonne nommait-on la grande forêt centrale de la péninsule armoricaine.

Le règne de ce Weroc, — que j'appelle Weroc Ier pour le distinguer d'un second Weroc ou Waroch célèbre dans notre histoire à l'autre bout du VIe siècle, — le règne de celui-ci paraît avoir duré environ une cinquantaine d'années, de 500 à 550 environ, et c'est la longueur de ce règne qui finit par faire donner à la région si longtemps gouvernée par ce prince le nom breton de *Bro-Weroc,* en latin *Patria Weroci,* en français Pays de Weroc. L'époque initiale de ce règne est déterminée par les rapports de Weroc avec saint Gurthiern contemporain de Gradlon, ce qui marque les premières années du VIe siècle.

Gurthiern était le fils d'un petit roi de la Bretagne du Nord. Dans une rude bataille, par suite d'une méprise ou d'un accident qu'on n'explique pas, il tua le fils de sa sœur qu'il aimait vivement, et pour se punir de ce meurtre involontaire il se condamna à une pénitence perpétuelle. Il alla se cacher dans une gorge abrupte où coulait une rivière glacée, dans laquelle chaque jour, chaque nuit, il se plongeait, puis restait pour se sécher dire ses litanies sur une grande pierre qui bordait le torrent. Un guerrier de sa nation le découvrit là et voulut le ramener chez son père. Gurthiern s'enfuit effaré, traversa dans sa longueur toute l'île de Bretagne et ne s'arrêta qu'à la pointe sud-ouest du Cornwall actuel, au bord de la rivière de Tamar, où il reprit ses exercices pénitentiaux. Mais voulant s'exiler plus loin encore et voyant un jour une barque prête à quitter la Grande-Bretagne en cinglant vers le Midi, il y obtint passage, et ce bateau, qui gagnait la péninsule armoricaine, avant d'y aborder, le débarqua dans l'île de Grois. Ses vertus, ses austérités extraordinaires firent l'admiration des Bretons établis sur la côte vénétique située en face, qui s'appelait peut-être déjà et en tous cas s'appela peu après Kemenet Heboë.

Les hommes de ce pays vantèrent ce merveilleux ascète à leurs voisins de Cornouaille, et le roi Gradlon, qui depuis son entrevue avec Gwennolé s'ingéniait à faire fleurir dans son royaume la religion et la vertu chrétienne sous toutes les formes, trouva moyen de tirer Gurthiern de son île et de l'amener à se reposer dans la fraîche et verdoyante solitude enclose par le confluent des deux jolies rivières Ellé et Isole, où s'élève aujourd'hui la gracieuse et pittoresque ville de Quimperlé : lieu alors appelé Anaurot, autour duquel Gradlon donna au prince-anachorète une étendue de terrain d'un rayon de mille pas (1480 mètres) ou environ et de plus le petit *plou* de Bei qui touchait ce domaine vers l'Ouest. Là le bon Gurthiern se relâcha un peu de son terrible ascétisme, et s'appliqua de plus en plus à soulager les maux de ses semblables. Que de guérisons obtenues par ses prières! C'était le refuge de tous les malheureux. Aussi, une année que le Vannetais breton se vit menacé de disette par le fléau des vers blancs qui dévoraient tout, le comte Weroc envoya à Gurthiern trois nobles hommes, Wdwal, Catuoth et Cadwr, pour lui demander aide et assistance. Le saint s'en alla lui-même asperger d'eau bénite tous les cantons infectés par cette vermine, qui périt ou disparut aussitôt. Pour le remercier de ce bienfait, Weroc donna à Gurthiern un *plou* appelé Venéac, situé sur la rive gauche du Blavet vers son embouchure, où le saint établit sans doute un petit monastère et qui est aujourd'hui la paroisse de Kervignac près Hennebont (1).

Pendant ce temps, d'autres Bretons attaquaient la partie de la grande forêt centrale la plus voisine du Vannetais et travaillaient avec zèle à la défricher et à la christianiser. En voici un, par exemple, qui débarque sur la côte nord de la péninsule, venant peut-être de la Domnonée, car une tradition plus ou moins fondée fait de lui un disciple de saint Tudual. Au lieu de s'arrêter dans le Nord de la péninsule, où il y avait pour le défrichement et l'évangélisation bien de l'ouvrage à faire mais où les émigrés commençaient à abonder, — aussi au lieu d'y rester, notre moine appelé Goneri, possédé de la passion de la solitude, s'enfonce dans l'intérieur des terres, puis sous les ombrages touffus de Brécilien, jusqu'à ce qu'il arrive au cœur, au quartier le plus épais et le plus sombre de la grande forêt, canton resserré entre le haut cours de l'Out et celui du Blavet, et qu'on appelait alors Brenguili. Là il se construit une hutte et un petit oratoire de branchages, il se met à prier, se macérer et défricher petit à petit le terrain environnant. Il se croyait là bien seul, bien libre, bien tranquille. Il se trompait.

Non loin de là une tribu païenne et armoricaine, qui était allée sans doute dès le V⁰ siècle chercher dans la forêt un refuge contre les invasions barbares, s'y était approprié un territoire étendu appelé *Noala,* lequel forma depuis l'immense paroisse dite Noial-Pontivi (2). A la tête de cette tribu était un chef très fier, d'humeur farouche, appelé Alvandus qui se prétendait maître souverain de toute la forêt. Un jour, chassant, il aperçut ce petit moine qui, le nez en terre, caché dans son capuchon, disait des prières, et qui ne l'ayant pas vu ne le salua pas. Choqué de cette prétendue insolence il s'enquiert du moinillon :

— Il habite là, lui dit-on, depuis quelque temps et il cultive un coin de la forêt.

— Quoi ! rugit Alvandus, sans ma permission ! Et le malotru ne me salue pas quand je passe ! Allez lui donner ce qui lui est dû.

Une troupe de ses gens s'en va rouer de coups le pauvre Goneri, qui se vengea en rendant le bien pour le mal et par sa douceur, ses bienfaits, ses bonnes exhortations, finit par convertir Alvandus et toute sa tribu (3). Mais ce ne fut pas sans peine, car on raconte qu'un jour, après la conversion d'Alvandus, Goneri disant une messe de fiançailles en pleine campagne sur les landes de Brenguili, des suppôts du diable vinrent briser son autel fait d'une table de pierre naturelle dite *Auter Calet* (Dur-Autel). Sur le territoire défriché par lui se forma un *plou* (4), dont les habitants ainsi que ceux de Noala, l'accablaient d'hommages. Le bon moine trop honoré se sauva de sa forêt et remonta vers la côte nord, où il retrouva sa mère menant une vie sainte et solitaire dans un îlot verdoyant près de l'embouchure

(1) Voir la *Vita S. Gurthierni* dans les Bl.-Mant. XXXVIII, p. 755, 756, extraite du Cartulaire de Quimperlé, et dans l'*Histoire de l'abbaye de Quimperlé* de D. Placide Leduc (publiée vers 1860), p. 17-21 et 578-581.
(2) Immense surtout avec ses quatre trèves (devenues aujourd'hui communes) de Gueltas, Kerfourne, Saint-Géran et Saint-Thuriau, le tout ayant actuellement environ 8,000 âmes de population.
(3) Voir la *Vita S. Gonerii* dans Bl.-Mant. XXXVIII, p. 745 à 748 ; elle a été publiée dans la *Revue historique de l'Ouest* par M. l'abbé Yves-Marie Lucas, avec un excellent travail sur les reliques et sur le culte du saint ; voir aussi mon *Examen de la Vie ancienne de S. Goneri,* dans cette même *Revue hist. de l'Ouest,* année 1888.
(4) C'est aujourd'hui la paroisse et commune de *Saint-Goneri,* canton et arrond. de Pontivi, Morbihan.

de la rivière de Tréguer (1). Lui-même vécut et mourut sur la côte voisine, où l'on voit encore son sarcophage et son ermitage, qui est devenu sa chapelle, près du bourg de Plougrescant.

Ce quartier de la grande forêt centrale appelé Brenguili, dans lequel les défrichements de saint Goneri avaient pratiqué une trouée assez large pour loger tout un *plou*, — ce quartier était situé sur la rive droite de l'Out. Huit lieues plus bas dans le bassin de cette rivière, mais sur la rive opposée, à toucher la limite nord du diocèse de Vannes, la grande forêt eut à subir vers le même temps une autre trouée plus considérable encore, due à l'initiative d'un moine cambrien que nous avons vu plus haut (p. 344 et 350) aborder dans le Léon, puis s'en aller à Paris près de Childebert comme envoyé de Withur et de saint Paul Aurélien. C'est Arzmaël nommé aussi, nous l'avons dit, Armel et Arzel. Cette mission le retint plusieurs années sur les rives de la Seine. Les affaires auxquelles elle avait trait étant réglées, il voulut revenir dans la Bretagne armorique. Mais Childebert, auquel la vertu simple et forte du Breton plaisait beaucoup, lui donna à quatre lieues au Sud de Rennes un domaine situé au bord de la rivière de Seiche et couvert de bouquets d'arbres, appelé à cause de cela *les Boschaux*, afin qu'Armel pût vivre dans ses états et moins loin de sa royale personne. Armel établit là un monastère qui combla le pays de bienfaits spirituels et temporels; mais sa longue résidence à Paris lui avait donné une soif de solitude que le voisinage d'une ville comme Rennes ne satisfaisait guère, surtout quand il voyait à quelques lieues de lui l'immense forêt centrale, ou forêt de Brécilien, lui offrir la séduction de son verdoyant désert, où l'on ne courait guère risque de rencontrer d'autres habitants que des fauves.

Armel ne put résister à cette tentation : un beau jour, laissant ses moines aux Boschaux, il se précipita avec ravissement dans la forêt. Une fontaine qu'il fit sourdre, dit la tradition, au lieu appelé aujourd'hui Loutehel, marque sa première étape. Puis il reprit sa course vers l'Ouest et ne s'arrêta que sept lieues plus loin, devant l'obstacle opposé par la rivière d'Ivel, aujourd'hui contenue, emmagasinée dans l'immense nappe d'eau de l'Étang au Duc (voir ci-dessus p. 32), mais qui alors libre de tout frein courait en vagabondant et en inondant ses rives dans la partie basse de son cours jusqu'à l'Out. Le saint s'arrêta à l'Est de l'Ivel, en dehors de la zône inondée, et y établit un monastère où il goûta quelque temps toutes les délices du désert. Mais ce désert, il s'en aperçut bientôt, n'était point aussi désert qu'il en avait l'air. Il y avait, dans certains coins de la forêt de Brécilien, des familles gallo-romaines qui s'étaient retirées là au V⁰ siècle pour échapper aux désastres des invasions barbares et y étaient restées depuis lors, vivant des maigres ressources que ces bois leur offraient et continuant de croupir dans leur paganisme. Armel, chrétien zélé, moine ardent, ne pouvait manquer d'être provoqué à l'action par le voisinage de ces païens. Il attaqua leur idolâtrie et réussit à les convertir (2).

(1) La mère de saint Goneri se nomme sainte Eliboubane, et l'îlot est l'île Loaven, dépendant de la paroisse de Plougrescant, près Tréguer.

(2) « Timens ne populari favore vitam sanctam macularet, *ad deserta loca Britanniæ erupit, et antiqua paganorum commenta idolorumque figmenta destruens*, omnem vitiorum labem extinguere conabatur. » (*Vita S. Armagili*, cap. 5, dans Ropartz, *Notice sur Ploërmel*, p. 173).

Cédant à une attraction très naturelle, ces nouveaux convertis vinrent habiter dans le voisinage de leur apôtre ; tous ensemble ils attaquèrent la forêt, y firent de larges défrichements, et en fin de compte Arzmaël — qui dans ce pays-là s'appelait Armel — se trouva avoir fondé non pas seulement, comme il avait l'intention, un *lann*, une colonie monastique, mais aussi une colonie civile, un *plou*, qui prit le nom de *Plou Arthmel, Plou Armel*, aujourd'hui Ploërmel.

Le pieux abbé ne renonça pas d'ailleurs à son monastère des Boschaux ; non seulement les moines de cette maison, mais tous les habitants de ce pays le réclamaient, pour ses vertus d'abord il faut le croire, et aussi pour les nombreux services que le saint leur rendait, entre autres, pour son zèle et son adresse à soigner et guérir le bétail, les chevaux, toutes les bêtes rustiques (1). Armel se partageait donc entre ces deux maisons ; mais il préférait le séjour de son monastère de Brécilien, et l'on croit qu'il y mourut (2). En lui la ville de Ploërmel salue son fondateur (3).

Nous voici maintenant en face de l'une des grandes figures de l'histoire des deux Bretagnes au VIe siècle. Tout à l'heure nous allons voir débarquer en Armorique Gildas, — Gildas le saint, Gildas le sage, le docteur, l'historien par excellence de la race bretonne. La partie la plus longue de sa carrière, et peut-être la plus importante, s'était accomplie dans l'île de Bretagne ; comme nous écrivons l'histoire non de la Grande-Bretagne mais de la Petite, nous ne pouvons raconter en détail la période insulaire de la vie de Gildas, mais il est indispensable d'en faire connaître les principaux traits (4).

Il naquit en 493 dans la ville d'Arcluyd ou Dunbritton (aujourd'hui Dumbarton) située à l'embouchure de la Clyde, limite extrême vers le Nord du territoire occupé alors par la race bretonne. Son père, Caun ou Caunus, roi des Bretons du Strat-Cluyd (voir ci-dessus p. 241 note 4, p. 244, 246), était chrétien, mais le pays environnant, situé entre les deux murs romains, ne l'était guère. C'était en effet cette province Valentia, souvent citée par nous, où les incursions des Pictes et des Scots au cours du Ve siècle, particulièrement de 420 à 447, et plus tard depuis 455

---

(1) « Beatus vir non solum homines a demonibus liberans, sed etiam animalia bruta, utpote Domini creaturas, diversis languoribus ad vitæ sanitatem revocabat. » (*Vita S. Armagili*, cap. 5, dans Ropartz, *Notice sur Ploërmel*, p. 173).

(2) Voir Ropartz, *Notice sur Ploërmel*, p. 7.

(3) Le *Dictionnaire de Bretagne* d'Ogée (nouv. édition) prétend que « *bien avant le temps où saint* » *Armel vint s'établir en ce lieu, il s'y était déjà formé une certaine agglomération d'habitants* » (t. II, p. 310). C'est une imagination sans fondement. La tradition relative au quartier de Ploërmel appelé Gui-bourg, nom d'où l'on voudrait conclure qu'un certain Gui aurait été le premier fondateur de Ploërmel, cette tradition remonte tout au plus au XVIe siècle (Ropartz, *Ibid*. p. 6) et est par conséquent sans valeur : d'autant que ce nom de *Gui*, n'étant ni breton ni gallo-romain, mais purement germain, n'a pu pénétrer dans ce pays breton que longtemps après saint Armel, c'est-à-dire, tout au plus au IXe siècle.

(4) Il y a deux Vies anciennes de saint Gildas, l'une concernant exclusivement son existence *insulaire*, écrite probablement au IXe siècle mais interpolée au XIIe, publiée en 1838 par Stevenson en tête de son édition du *de Excidio Britanniæ* ; le plus ancien ms. de cette Vie provient de l'église de Durham, c'est pourquoi on peut l'appeler *Vita Dunelmensis* ou *Vita Ie S. Gildæ*. — L'autre *(Vita Ruiensis* ou *Vita IIe S. Gildæ)*, qui relate principalement l'existence *armoricaine* de Gildas, a été rédigée au XIe siècle avec sérieux et candeur par un moine de Ruis sur les traditions et les documents anciens de cette abbaye. Elle a été publiée par Bolland, Janvier t. II, et plus complètement par Mabillon, *Acta SS. Ord. S. Benedicti*, sæc. I, p. 139-147.

les ravages des Saxons, avaient désorganisé et presque entièrement détruit l'église fondée là même, sur la fin du IVe siècle, par saint Ninian. Caun qui avait plusieurs autres fils, voulant assurer à Gildas une forte éducation chrétienne, une sérieuse instruction religieuse et littéraire, fut obligé de l'envoyer tout jeune loin de lui, dans la Cambrie, au célèbre monastère et école de saint Iltud où il demeura jusqu'à quinze ans.

Outre la foi chrétienne et la passion de la vie monastique, Iltud planta profondément au cœur de Gildas l'amour de la science, le désir inextinguible d'apprendre pour soi et pour autrui. Chercher, étudier, savoir, puis répandre son savoir autour de lui, telle fut toute la vie de Gildas. « Après quelques années passées sous l'enseignement d'Iltud (écrit un de ses biographes), il dit adieu à son maître, à ses condisciples, et se mit en marche pour recueillir curieusement les doctrines des autres savants sur la philosophie et les divines lettres. Puis ayant fréquenté les écoles d'un grand nombre de docteurs et cueilli comme une diligente abeille les sucs de toutes ces fleurs, il vint cacher son butin dans la ruche maternelle de l'Église pour le répandre ensuite sur les peuples avec les paroles de l'Évangile (1). » — L'autre biographe de Gildas nomme le pays où il accomplit cette pérégrination scientifique, c'était la Gaule; il y demeura sept ans et rapporta de là en Grande-Bretagne, avec une masse de savoir, une masse de livres (2).

Aussi les écoliers accouraient de toutes parts à ses leçons. Dès qu'il eut reçu la prêtrise (à vingt-cinq ans par anticipation, vers 518), il entama la guerre contre les vices dans des prédications véhémentes qui faisaient trembler les rois (3). Bientôt il porta son éloquence dans son pays d'origine, la Bretagne du Nord (4) où le christianisme, on l'a vu, était presque anéanti; il le raviva au feu de sa parole et y convertit beaucoup de païens.

Sur l'appel de l'illustre sainte Brigide, morte en 523, il passa en Irlande, où depuis la mort du grand Patrice et de ses principaux auxiliaires la discipline religieuse ayant subi une lamentable décadence, la foi chrétienne s'était affaissée et le paganisme avait reconquis beaucoup de terrain (5). Ce fut l'action, l'intervention des évêques, des docteurs, des missionnaires de l'île de Bretagne qui releva la cause chrétienne en Irlande, surtout en y relevant, par la propagation de l'institut monastique, la discipline religieuse. L'église bretonne était dès cette époque presque entièrement monastique; il n'en était point de même de celle d'Irlande, où le monachisme au temps de saint Patrice s'était fort peu développé. Mais à partir de ce moment (vers 525-540) l'église scotique se mit sous ce rapport à l'unisson de l'église bretonne, et depuis lors la forme des institutions religieuses, surtout des institutions monastiques, fut tellement semblable dans les deux églises, qu'on peut les considérer comme n'en faisant qu'une — l'église scoto-bretonne (6).

(1) *Vita II^a S. Gildæ* § 6, édit. Mabillon, p. 141.
(2) « In termino septimi anni, cum magna mole diversorum voluminum remeavit ad majorem Britanniam. » *(Vit. I^a S. Gildæ*, § 2, édit. Stevenson p. xxxi).
(3) *Id.* Ibid. « Reges timebant timendum » p. xxxii et xxxiii.
(4) « Aquilonalem plagam insulæ Britanniæ. » *(Vit. II^a S. Gild.* § 8, édit. Mab. p. 141).
(5) Voir Skene, *Celtic Scotland* II, p. 39, 40, 51.
(6) Voir sur cet objet Skene, *Celtic Scotland*, II, tout le chapitre II, de la p. 41 à 84, particulièrement p. 45 à 50 et 66 à 74.

Gildas, qui était passé en Irlande vers 525, doit être placé au premier rang parmi les Bretons dont les travaux contribuèrent à ce grand résultat. Son action se manifesta sous trois formes : apôtre, maître, docteur. — Apôtre, il combattit de sa puissante parole le paganisme et lui enleva beaucoup de ses conquêtes (1). — Docteur, il prit une part active à la réforme de la législation canonique d'Irlande (2). — Maître, il installa son enseignement au centre de l'Irlande, à Armagh, et là pendant plusieurs années il distribua sa doctrine à de nombreux disciples (3) : c'est par cet enseignement qu'il contribua le plus à relever le christianisme en Hibernie. Un moine hibernois, Finnian, formé par l'enseignement des Bretons, fonda en Irlande un grand monastère appelé Clonard (en langue scotique *Cluan-Iraird*), où il réunit jusqu'à 3.000 moines, parmi lesquels il s'en trouva douze qui, en raison de leur zèle et de l'efficacité de leurs efforts pour la régénération religieuse de leur pays, méritèrent d'être appelés *les douze apôtres de l'Irlande*. Or, Finnian, le maître de ces douze apôtres, était un des disciples les plus dévoués, les plus assidus de Gildas (4) ; l'enseignement qu'il leur transmit était précisément celui de Gildas : c'est donc l'enseignement de Gildas qui donna à l'Irlande ses douze apôtres, c'est cet enseignement qui, par eux, releva en Irlande le christianisme.

Après les laborieuses années de sa mission irlandaise, Gildas repassa dans l'île de Bretagne (vers 530) où il résida quelque temps avec deux autres saints bretons, Dewi ou David, évêque de Menévie, et Cado abbé de Nant-Carban : tous trois composèrent une messe à l'usage des monastères scotiques (5). Puis il reprit dans celui de Nant-Carban son enseignement si substantiel et si attractif, et c'est là aussi qu'il écrivit vers la même époque la première partie de son livre DE EXCIDIO BRITANNIÆ (*la Ruine de la Bretagne*), — celle qui porte spécialement le nom d'HISTORIA (*Histoire*), et qu'il faut bien distinguer de la seconde d'un tout autre genre (dont nous parlerons plus loin) désignée habituellement sous le titre d'EPISTOLA (*Epître*). Cette première partie, malgré sa brièveté, est fort importante pour notre histoire. Sur la conquête romaine de l'île de Bretagne Gildas, il est vrai, est mal renseigné ; sur les commencements du christianisme, sauf les martyres des saints Alban, Aaron, Julien ou Jules de Caër-Léon, il ne sait rien de précis. Mais depuis la chûte de la domination romaine en Grande-Bretagne (409) jusqu'au temps où il écrivait (vers 530), le récit de Gildas est une pièce capitale dont rien ne pourrait tenir lieu ; il a toute la valeur d'un témoignage contemporain : les événements que l'auteur rapporte, ou il les a vus lui-même, ou il les tient de personnages — de saint Iltud, par exemple, — qui y ont assisté. Ce récit nous l'avons plus haut reproduit et commenté (p. 230 à 236) ; s'il manquait, on n'aurait pour y suppléer que des fables, ou plutôt dans l'histoire des Bretons tout le

(1) « Sanctissimus prædicator Gildas transivit ad Hiberniam, ubi innumerabiles convertit ad fidem catholicam » *(Vit. I* S. Gild.* § 5, éd. Stevenson, p. xxxiv) ; cf. *Vit. II* S. Gild.* § 11, 12, édit. Mab. p. 142.
(2) Voir les Canons hibernois publiés par d'Achéry dans son *Spicilège* édit. in-fol. 1, 492 à 507, et Biblioth. Nat. ms. lat. 3182 et 12021.
(3) « Gildas, Britonum historiographus, tunc remanens in Hibernia, studium regens et prædicans in civitate Ardmaca. » *(Vit. I* S. Gild.* § 5, Ibid. p. xxxv).
(4) Voir *Vit. S. Finniani*, dans Colgan, *Acta Sanctorum Hiberniæ*, p. 395 et 401 ; et Skene. *Celtic Scotland* II. p. 50 à 52.
(5) *Catalogus SS. Hiberniæ*, dans Usher, *Brit. eccl. antiq.* p. 474.

V⁰ siècle serait en lacune : dur siècle pour eux hélas! mais plein d'événements tragiques, décisifs, d'une suprême importance.

On a parfois reproché à cette œuvre d'être moins l'histoire que la satire des Bretons, souvent une satire injuste, exagérée. C'est méconnaître entièrement les intentions de l'auteur et le caractère de son livre. Gildas est un moraliste, un docteur et même un prédicateur. Dans sa conviction les désastres de la Bretagne ont pour cause première les vices des Bretons. Dans le passé comme dans le présent il les dénonce, il cherche des armes pour les combattre. Mais son inspiration reste toujours hautement patriotique, et s'il flagelle ces vices jusqu'au sang, c'est qu'à ses yeux ils ont perdu la Bretagne et qu'il veut, en s'efforçant de les détruire, préparer par la réforme des mœurs, des esprits et des cœurs, le relèvement de la patrie. Sa préface le dit nettement :

« Ce livre, dit-il, fait de pleurs plus que de phrases, écrit en mauvais style mais sans malice, où je déplore avec des réprimandes mêlées de larmes la ruine commune de nos biens et le comble de nos maux, — n'allez pas croire que je l'aie ainsi composé parce que je méprise les autres et me préfère à tous. Non : ma seule inspiration c'est ma douleur en face des misères et des fléaux de la patrie, ma joie si je pouvais la voir guérir! Mon but d'ailleurs n'est pas de peindre ici la vaillance de nos guerriers intrépides dans les terribles périls de la guerre ; c'est de flétrir la couardise des lâches (1)! »

Si ce livre n'est point un panégyrique de la race bretonne, si même avec sa véhémente éloquence l'auteur outre parfois jusqu'à l'excès et la réprimande et la satire, il n'y a donc pas à s'en étonner. Mais méconnaître le patriotisme de son inspiration, le sentiment national vif et profond dont il est animé, serait une souveraine injustice. Son amour de la patrie bretonne n'éclate-t-il pas dès le début, dans cette description de l'île de Bretagne, par laquelle s'ouvre son livre ?

« En s'épandant largement autour de la Bretagne, en l'enveloppant d'un cercle infranchissable, l'Océan est son rempart. Deux nobles fleuves, la Tamise et la Saverne, dont les estuaires, comme deux bras, lui apportaient jadis toutes les délices du continent, et plusieurs autres rivières l'enrichissent. Vingt-huit cités, nombre de châteaux, des murs, des tours closes, des portes monumentales, des édifices solides dont le faîte monte à une effrayante hauteur, la décorent. Des plaines largement ouvertes, des collines propres à la plus riche culture et offrant des sites charmants, des montagnes où le bétail peut changer aisément de pâturages et sur lesquelles des fleurs aux couleurs variées impriment une plaisante peinture, sont les joyaux qui la parent comme une épouse choisie. Et pour l'arroser elle a de limpides fontaines, dont les flots pressés poussent des cailloux blancs comme neige ; des ruisseaux qui brillent, qui serpentent avec un doux murmure et promettent un doux sommeil à ceux qui se couchent sur leurs bords ; des lacs laissant déborder des torrents d'eau fraîche et vive » etc.

Après avoir écrit ce livre, Gildas se retira, pour pleurer ses péchés et ceux de toute sa race, dans un îlot rocheux de l'embouchure de la Saverne, appelé alors Echin ou Echni, aujourd'hui Flatholme, en face de la pointe sud-est du Glamorgan. Il bâtit là un petit oratoire dédié à la Trinité et auprès une cabane pour s'abriter; le soir il couchait dans le creux d'une roche où il dormait jusqu'à minuit. A cette heure il se levait, veillant et priant en plein air à genoux sur la pierre de façon à être bientôt transpercé de froid, et alors tout grelottant il allait

_____

(1) « Non tam fortissimorum militum enuntiare statui virtutem quam desidiosorum ignaviam. » (Gildas, *Liber de Excidio Brit.* ms. du Mont Saint-Michel, *alias* d'Avranches, f. 1 col. 1).

dans son oratoire achever l'office de la nuit. Il vivait des poissons pris dans ses filets, des œufs d'oiseaux de mer nichant dans les sables et les récifs (1). Pour tous compagnons des serpents aux morsures dangereuses, des oiseaux aux cris cacophoniques, des puces d'une ténacité insupportable (2), qui le gênaient fort dans ses études; son disciple Finnian l'étant venu voir le délivra de ce triple fléau, et Gildas calligraphia en paix un texte des Evangiles.

Pendant ce temps, l'un des plus fidèles et des plus actifs collaborateurs de Gildas dans ses missions d'Irlande, saint Cado, menait une vie pareille sur un îlot tout voisin appelé Ronec, aujourd'hui Stepholme; les deux saints se visitaient entre eux de temps à autre.

Gildas resta là, dit-on, plusieurs années. Un jour une bande de pirates — de pirates saxons sans doute bien qu'on les fasse venir des Orcades — côtoyant la Grande-Bretagne s'abattit sur l'île d'Echni et détruisit brutalement ce petit nid d'ascète, enlevant les quelques compagnons de Gildas et le laissant, après l'avoir maltraité, seul en face des ruines fumantes de son ermitage. Il héla la première barque bretonne passant à sa portée, mais il ne voulut pas rentrer dans l'île de Bretagne. Il connaissait, pour les avoir pratiquées, toutes les branches de la race celtique répandues alors soit dans cette île soit en Irlande; il voulut faire connaissance avec cette branche nouvelle qui édifiait sur le continent une nouvelle Bretagne. Il se fit conduire en Armorique (vers 538); au lieu d'aborder sur le continent il débarqua dans une île de la côte vénétique, à Houat (3), où il reprit immédiatement sa vie ascétique d'Echni. Défendue par une ceinture continue de roches abruptes, inabordables, lourdement battues par les longues lames de la sombre mer de l'Ouest, Houat était encore plus isolée du monde qu'Echni, et Gildas comptait bien y pouvoir prolonger longtemps sans trouble son tête à tête avec Dieu.

Il se trompait. Sa renommée et sa personne tenaient trop de place dans le monde celtique d'alors pour lui permettre de se dérober longtemps. On sut qu'il avait quitté la Grande-Bretagne, on chercha sa retraite, on ne tarda pas à la découvrir. Les Bretons d'Armorique vinrent à la file saluer l'illustre docteur de la Bretagne et de l'Irlande, beaucoup lui amenant leurs fils et le suppliant de les nourrir de sa doctrine (4). Il ne résista pas à cet appel. C'était un militant. Sa retraite dans la solitude ne pouvait être qu'une halte entre deux combats. Embrassant de son regard haut et pénétrant la nouvelle société bretonne en train de s'édifier sur le continent, il comprit bien vite que le ciment indispensable pour en lier et en harmoniser les éléments divers, c'était l'idée religieuse, seule capable de fournir au patriotisme brito-armoricain une base solide. L'action religieuse ne s'exerçant alors efficacement chez les Bretons que par les institutions monastiques, il fallait tendre tout d'abord à les développer en Armorique,

---

(1) « Pisciculos trahebat a reti et ova a nidis volucrum, unde vivebat. (*Vit. I*ᵃ *S. Gild.* § 9, édit. Stevenson p. xxxviii).

(2) *Vita S. Finniani*, cap. 7, dans Colgan, *Acta SS. Hiberniæ*, p. 393.

(3) *Vit. II*ᵃ *S. Gild.* § 16 et 28, édit. Mabillon, p. 143 et 146.

(4) « Cœperunt hinc et inde venire ad eum et ejus magisterio et doctrinæ commendare filios suos erudiendos; quos omnes libenter suscipiens spirituali eos eruditione erudiebat. » (*Vit. II*ᵃ *S. Gild.* § 16, édit. Mabillon, p. 143).

particulièrement dans le pays de Vannes qui déjà possédait un certain nombre de *loc* et de *lann* d'ordre secondaire, mais aucun monastère de premier ordre exerçant sur tout le pays une capitale influence, comme Landevenec et Loctudi en Cornouaille, le Val-Trecor et le Champ du Rouvre en Domnonée, Castel-Paul et Batz dans le Léon.

Gildas ni en Grande-Bretagne ni en Irlande ne s'était préoccupé de fonder des monastères, laissant ce soin à ses amis et disciples, Dewi de Ménévie, Cado de Nant-Carban, Finnian de Clonard, lui se bornant à prêcher, à enseigner. Ici sa première œuvre fut de donner au Vannetais breton un grand établissement monastique dans le genre de ceux dont nous parlions tout à l'heure. De son île de Houat, à quatre lieues dans le Nord-Ouest il voyait se dresser les hautes falaises couronnées de verdure de la presqu'île de Ruis, terre fertile et plantureuse alors en grande partie couverte de bois, rudement assaillie au Sud par l'Océan grondeur, doucement caressée au Nord par le calme Morbihan. Gildas y vint débarquer sur le rivage méridional. A deux pas de la côte, sur une colline qui domine les flots, il rencontra au milieu des bois ce que la *Chronique de Ruis* appelle un antique *castrum* (1), c'est-à-dire les ruines d'une ancienne forteresse romaine comme à Castel-Paul, tout au moins le mur de terre ou *vallum* qui avait formé jadis l'enceinte d'un camp romain. Dans cette enceinte il établit, avec tous les bâtiments et développements utiles, son premier et principal monastère (2) qui était en même temps une école, qui en moins de rien regorgea de moines et d'écoliers. Bientôt la presqu'île de Ruis, sauf le rideau de bois nécessaire pour rompre le vent de mer, fut défrichée. Bientôt sous l'inspiration et la direction de Gildas, ce nouveau *lann* devint, à peine né, pour tout le Vannetais breton sinon pour toute la Bretagne, un ardent foyer de propagande religieuse et de haut enseignement chrétien (3).

Quoique Gildas goutât plus que personne les délices de la vie contemplative, jamais il ne s'y abandonnait longtemps — toujours poursuivi, toujours rappelé à l'action, si pénible qu'elle fût, par le sentiment du devoir et de la charité envers Dieu et les hommes. — A peine le monastère de Ruis solidement installé, il partit pour visiter, étudier cette nouvelle société bretonne d'Armorique, à laquelle il se sentait pressé, par son devoir de chrétien et de Breton, d'apporter le concours zélé de sa science et de son éloquence, et de cette flamme inextinguible qui le poussait sans relâche dans la bataille éternelle entre le bien et le mal, la vérité et l'erreur. Marchant vers l'Ouest pour explorer les colonies bretonnes du Vannetais, il se vit arrêté par un large fleuve, le Blavet, dont la vallée très ouverte, coupée en pentes pittoresques, le séduisit. En le remontant pour trouver un passage, il entra bientôt dans la forêt de Brécilien, très éclaircie sur les pentes rocheuses et maigres de cette vallée, et bientôt il vit devant lui se dresser, dans sa sauvage nudité, la montagne de Sulim ou de Castel-Noëc (aujourd'hui Castennec) dont nous avons parlé plus d'une fois (ci-dessus p. 28, 97, 180).

(1) « Locum sancti Gildæ, *in antiquo castro Ruyensi* situm. » (D. Morice, *Preuves* I, col. 150).

(2) « Veniens itaque ad quoddam castrum, in monte Reuisii in prospectu maris situm, ibi *potioris fabricæ construxit monasterium*. » (*Vit. II* S. Gild.* § 16, édit. Mab. p. 143).

(3) « Sapiens tam in doctrina quam in actione erat Gildas. Eleemosynis peccata redimere prædicabat, esurientes satiare, sitientes potare, nudos vestire, nulli malum pro malo reddere. Sic clericos, sic monachos, sic etiam laïcos doctor egregius instruebat, nihilque aliis quam quod ipse faceret præcipiebat. » (*Vit. II* S. Gild.* § 18, éd. Mab. p. 144).

Cette solitude morne, abrupte, silencieuse, aux pentes escarpées, aux lignes âpres et dures mais hautes et fuyantes qui font de toutes parts monter le regard vers le ciel, ce site étrange et grandiose lui donna la nostalgie de l'anachorétisme. Il résolut d'en faire son *Désert*.

Nous avons souvent parlé de la passion de solitude et d'ascétisme transcendant, si fréquente chez les moines bretons des Vᵉ et VIᵉ siècles. Pour y donner satisfaction sans rompre le lien qui attachait à la communauté monastique les cénobites trop ardemment travaillés de ce besoin, on avait imaginé d'établir à quelque distance des monastères, en dehors du *vallum* ou retranchement qui leur servait d'enceinte, une ou plusieurs très petites cellules en pierre, habituellement en forme de ruche, avec une entrée fort basse, véritables *pénitis* où les anachorètes se retiraient pour suivre en toute liberté les inspirations de leur zèle ascétique sans échapper complètement à la surveillance de leur abbé. Ce ou ces ermitages s'appelaient le Désert (*Desertum*) d'un monastère. — Gildas éprouva le besoin de se créer, pour lui abbé, une retraite de ce genre, où il pût échapper aux mille soins, aux mille affaires qui l'obsédaient dans sa maison de Ruis, conséquence forcée de la grande mission qu'il s'était imposée.

Dans le lieu où le Blavet, après avoir étreint dans sa boucle étroitement resserrée la montagne de Castennec, court quelques instants vers l'Ouest avant de tourner définitivement au Sud, Gildas trouva un énorme contrefort rocheux, haut d'une centaine de pieds, descendant droit à pic sur le fleuve, et dont la base à quatre mètres au-dessus du sol s'avance en surplomb comme suspendue, formant ainsi un auvent qui fait saillie de six ou sept pieds. Gildas, partant de la face ouest du contrefort creusa en arrière de cet auvent une cavité qui s'enfonçait sous la roche d'une dizaine de pieds en profondeur (1). Il obtint ainsi une sorte de galerie couverte allant de l'Ouest à l'Est, longue de 20 et quelques pieds, large de 16 à 18, parallèle dans le sens de sa longueur au cours du Blavet, et qu'il ferma du côté du fleuve par un mur montant jusqu'à la rencontre de la roche en auvent ou saillie dont nous avons parlé. La plus grande partie de cette grotte formait oratoire ; en un coin logeait l'anachorète. Au XVIIᵉ siècle elle était encore à peu de chose près dans son état primitif, « en forme de chapelle taillée dans le roc, *voirement en quarré mais un peu plus longue que large* (2), » dit un auteur du temps, c'est-à-dire longue de 22 à 23 pieds, large de 18 à 20. On voyait alors à nu, au fond de la chapelle du côté nord, la roche creusée par Gildas. Aujourd'hui la chapelle a juste la même longueur, mais de largeur dix pieds seulement parce que, dans l'une des prétendues restaurations (?) dont on l'a affligée, on a stupidement caché sous un gros mur la paroi de la roche taillée, aplanie de la main même du saint ! On n'a pas assez d'indignation pour une telle ineptie maintenue contre toutes les protestations.

---

(1) « Tunc denique construxit Gildas parvum oratorium super ripam fluminis Blaveti sub quadam eminenti rupe, ab Occidente in Orientem ipsam concavans rupem, et ad latus ejus dextrum erigens parietem, congruum fecit oratorium » *(Vit. IIᵃ S. Gild.* § 17, éd. Mabillon p. 143). *Latus dextrum* marque la droite de Gildas pendant qu'il était occupé à creuser le rocher en allant de l'Ouest à l'Est. A gauche (c'est-à-dire au Nord) il avait la masse du rocher, à droite (au Sud) le fleuve.

(2) *Hist. de Saint-Gildas de Ruis*, écrite en 1668 par un Bénédictin, auj. à la Biblioth. Nat. ms. fr. 16822, p. 255.

Cet austère et pittoresque ermitage s'appelle dans l'histoire de saint Gildas
« l'oratoire de *la Roche sur Blavet.* » — Accompagné d'un de ses moines, Bieuzi
ou Bihi, Gildas s'arrêta là quelque temps dans sa course d'exploration à travers
la Bretagne. Il n'y resta pas oisif, nous l'y retrouverons, nous verrons sortir de là
son œuvre la plus célèbre, et nous l'en verrons sortir lui-même pour continuer,
en frappant de grands coups, sa mission à travers la nouvelle Bretagne.

En attendant, pendant qu'il était là, il vit arriver en Armorique et s'y installer
à huit lieues de lui seulement un saint des plus connus de la Grande-Bretagne,
l'un de ses collaborateurs les plus assidus dans ses grandes missions d'Irlande,
l'ami dont le monastère avait été, dans l'île de Bretagne, son asile ordinaire et le
principal siège de son enseignement (ci-dessus p. 386), — en un mot saint Cado.
Ce personnage fut au VI° siècle une des figures les plus originales de l'église britannique. Mais la Vie la plus ancienne qu'on ait de lui, écrite cinq siècles plus
tard, est si défigurée qu'à peine y peut-on reconnaître les grandes lignes de
son rôle et de sa physionomie. L'un de ses traits caractéristiques ce sont ses
nombreux voyages; il est toujours en mouvement et perpétuellement itinérant. Il
parcourt tous les coins de l'île de Bretagne et de l'Irlande, visite la Gaule, l'Italie
et Rome, même (à en croire sa légende) la Grèce et Jérusalem. Il devait bien une
visite en Armorique à son ami Gildas, qui en Grande-Bretagne lui avait fait
présent d'un texte des Evangiles écrit de sa main et d'une belle cloche doux-
sonnante fondue de sa main également, car Gildas était très bon et très expert
ouvrier en l'art métallique.

C'est dans une petite île située vers le Sud-Est de la lagune d'Etel (1) que saint
Cado aborda avec ses disciples. Selon sa légende latine, il revenait à ce moment
d'Italie, il voulut visiter la nouvelle Bretagne, et côtoyant en barque avec ses
disciples le littoral vannetais, cherchant un lieu où planter un monastère, il ouït
parler de cette île peu éloignée de la côte, sans habitant et sans maître, et par
suite abandonnée au premier occupant. Il alla y débarquer avec ses disciples et
l'ayant trouvée plaisante quoique sauvage, il leur dit :

— Avec l'aide de Dieu et sous votre bon plaisir, mes frères, c'est ici que je
veux demeurer.

— Maître, tout ce qui vous plaira nous agrée.

Et promptement ils installèrent là un petit monastère. Ce qui rendit cette
fondation notable, selon la Vie de saint Cado, ce fut l'église, élégante construction
de pierre, et surtout le pont aussi en pierre par lequel Cado unit l'île à la terre
ferme. De la légende du pont du diable, qu'on trouve dans tous les *ana* et tous
les *guides* pittoresques, nulle mention; elle est très banale et très moderne.
L'hagiographe du XI° siècle se borne à dire : « Cado fit construire par des maçons
» un pont de pierre porté sur un ingénieux système de voûtes, dont les arcs étaient
» fortement liés avec du ciment (2). » Un très bel ouvrage sans doute, mais dans
sa construction rien de surhumain.

(1) Commune et canton de Belz, arrondissement de Lorient (Morbihan).
(2) « Construxit quidem illô (S. Cadocus) basilicam lapidibus elegantem. Postea vero pontem lapi-
deum artificiose fornicco opere compositum, arcus cemento conglutinatos habentem, a cementariis
fabricari fecit. » *(Vita S. Cadoci* cap. 32, dans W. Rees, *Cambro-British Saints*, p. 68).

Cependant Cado, qui ne peut longtemps tenir en place, reçoit d'en haut, dans son sommeil, l'ordre de retourner en Grande-Bretagne. Il part, laissant dans son île son petit monastère, auquel il donne un abbé appelé Cadwalar. Les pauvres moines très chagrins vont le lendemain pleurer leur maître à l'entrée du pont par lequel il est parti. O prodige ! plus de pont. Grande désolation des moines, grandes prières à Dieu pour être tirés de peine. Le lendemain le pont est rétabli — mais par Dieu non par le diable, dont il n'est nullement question dans l'antique légende de saint Cado. Quant à ce dernier prodige, il est facile à interpréter historiquement : il signifie que le premier pont construit par Cado finit par s'écrouler et fut rétabli par les moines du prieuré existant dans l'île, cela probablement au XIe siècle, car les parties romanes de la chapelle aujourd'hui située en cette île sont de ce temps. Quant au pont qui existe encore, c'est une chaussée en pierres de taille, remarquable par la grossièreté et la solidité de sa construction, percée à l'une de ses extrémités de deux arches très étroites en plein cintre, aussi dans le style du XIe siècle. Si ce n'est l'œuvre de saint Cado (1), c'en est, nous pouvons le croire, un fac-similé.

Ainsi, en cette première partie du VIe siècle (500 à 540 environ) — comme la Domnonée, le Léon et la Cornouaille — le Vannetais breton recevait de nouveaux habitants, se couvrait d'églises et de monastères, en un mot, grâce aux Bretons émigrés, renaissait peu à peu à la vie sociale, à la civilisation morale et matérielle.

(1) Le nom de ce saint a en breton plusieurs formes : *Catmaël, Catuod, Catoc* ou *Cadoc;* en français, *S. Cado* et *S. Cast.*

Forn-Modez (pp. 363-365).

VIII.

LES BRETONS ARMORICAINS
AU MILIEU DU VIᵉ SIÈCLE.

§ 1ᵉʳ. — *Les commencements du comte Conomor.*

E 515 à 520, dans les commencements de la grande émigration domnonéenne, un des émigrants appelé Hoarvian ou Harvian, au lieu d'aller avec le gros de ses compatriotes s'échouer sur le littoral nord de l'Armorique, fut porté par un heureux hasard à la cour du roi de Paris Childebert. Cet Hoarvian n'était point un homme ordinaire. Son historien l'appelle « un chanteur de fictions, un inventeur de poèmes ou de chansons nouvelles bien rythmées et mises sur des airs que l'on n'avait jamais entendus. » Il parlait plusieurs langues et avait beaucoup de ressources dans l'esprit; il réussit très bien chez les Franks, il fit la joie de Childebert, celle de ses *leudes* et de tous les gens de son palais en chantant lui-même ses compositions (1), sans doute en s'accompagnant de cette rote britannique *(chrota Britanna)* dont, selon Fortunat, les oreilles frankes trouvaient les accords charmants (2).

Il pouvait vivre là gorgé de richesse et de plaisir; mais ce barde avait une âme d'ascète, il voua à Dieu son célibat et au bout de quelques années il obtint du roi (vers 520) la permission de retourner dans sa patrie pour aller s'ensevelir en quelque monastère célèbre par l'austérité de sa discipline. Toutefois en regagnant l'île de Bretagne il voulut visiter la Bretagne nouvelle née depuis un demi-siècle et qui s'élevait peu à peu à l'extrémité occidentale des Gaules. Childebert le traita avec faveur, il le combla de dons à son départ, le munit de lettres royales appelées *tractoriæ*, qui lui donnaient le droit d'être conduit et hébergé d'étape en étape dans toutes les villas royales *(per regias sedes)*. Enfin il donna l'ordre à un chef breton appelé Conomor, que l'hagiographe qualifie « *préfet du roi des Franks* (3), »

_____

(1) « Harvianus, magnæ industriæ plurimarumque linguarum peritus, sed cantor figmentarius : novos enim fingebat cantus rythmycis compositionibus, quibus imponebat neumatum modos antea inauditos. Qui quamvis in voluptuosis regum degeret curiis et inter aulicos delectabilis et jocundus jocularis, tamen metuebat semper Dominum... a supradicto rege (Childeberto) invitatus et aliquandiu cum eo acceptabiliter conversatus. » (*Vita S. Hervei*, § 1, dans *Mém. de la Soc. d'Emul. des Côtes-du-Nord*, XXIX, p. 256).

(2) Fortunati *Carmina* lib. VII, carm. 8, v. 64.

(3) « Cum ad patriam remearet multis onustus donariis, transmissus est cum regalibus litteris ad *Commorum, præfectum regis*, ut eum navigio transveheret ad terram suæ nativitatis : brevis est transitus maris inter nostram Domnoniam et ulteriorem Britanniam. Qui dum abiret per regias sedes ad Commorum », etc... (*Vita S. Hervei*, § 2, Ibid.)

de préparer des embarcations pour ramener le barde dans son île natale, « car, ajoute-t-il, entre notre Domnonée et la Bretagne d'outre-mer le trajet est » court. »

Pendant qu'Harvian s'avançait d'étape en étape vers la pointe occidentale des Gaules et vers la demeure de Comorre, il eut un songe qui l'émut profondément. Trois nuits de suite il vit durant son sommeil se lever devant lui une douce figure de jeune fille, dont la vue remplit son cœur d'une telle tendresse que tous ses projets antérieurs en furent renversés. Il se roidit contre cette émotion où il voyait un piège du malin, alors une voix d'en haut se fit entendre :

— « Hoarvian, dit-elle, tu avais résolu de préserver ton corps de toute caresse féminine. Non loin d'ici une jeune fille vouée à la prière et au chant des psaumes (1), appelée Rivanone, avait de même résolu de garder jusqu'à la mort sa virginité. Dieu en a décidé autrement, et il m'a chargé de te le faire savoir. Demain tu rencontreras cette vierge au bord d'une fontaine près de la voie royale que tu dois suivre (2). Demande-la sans hésiter pour obéir à l'ordre de Dieu. Il veut faire naître de vous un fils, un élu, qui procurera le salut d'un grand nombre d'hommes. »

Hoarvian conta ce songe à Conomor, et le lendemain tous deux marchant ensemble un peu en avant de leur escorte rencontrèrent une jeune fille près d'une fontaine aux environs d'un lieu nommé Lan-Nuzan, aujourd'hui Landouzan, situation très concordante avec l'indication d'une voie publique *[via regalis]*, c'est-à-dire sans aucun doute d'une ancienne voie romaine, dans le voisinage du lieu où se ferait cette rencontre (3). La jeune fille interrogée déclara se nommer Rivanone, avoir perdu ses parents et vivre présentement sous la tutelle de son frère appelé Rigour *[Rigurius]*. On chercha le frère afin d'obtenir de lui, pour Harvian, la main de sa sœur. On le trouva, on le fit venir à la demeure d'un important personnage qui devait donner ce jour-là l'hospitalité à Conomor et à toute sa suite : personnage appelé Malo ou Malot (dans la Vie de saint Hervé), qualifié « le père de famille (*pater familias*), » sans doute le chef du clan ou du *plou* auquel appartenait Rigour, car c'est par le conseil de ce Malo que le frère accorda à Harvian la main de sa sœur (4). Les noces furent célébrées et bénies le soir même. De cette union naquit l'un des saints les plus célèbres, les plus populaires de la Bretagne armorique, saint Houarné, Houarvé ou Hervé, dont nous verrons bientôt la figure paraître dans notre histoire. — Mais d'abord,

(1) « Quædam psalmista puella » (*Vit. S. Hervei*, § 3, *Ibid.* p. 257).

(2) « Hanc enim virginem super fontem, juxta viam regalem qua perrecturus es, cras videbis. » (*Id. Ibid.*)

(3) « Invenerunt virginem super fontem inter Lannam Nusani et meridiem » (*Id.* § 4. *Ibid.* p. 257). Les meilleurs romanistes qui se sont occupés de la péninsule armoricaine, entre autres, MM. de la Monneraye, Kerviler et de Courson, admettent tous l'existence d'une voie romaine allant de Carhais à l'embouchure de l'Aber-Vrac'h, port anciennement très fréquenté, ou à Plouguerneau qui en est très voisin. Si l'on trace la voie directement de Carhais à l'Aber-Vrac'h, Landouzan est justement sur la ligne ; si on la trace de Carhais à Plouguerneau, Landouzan est tout au plus à une demi-lieue. — Landouzan, ancienne trève, aujourd'hui simple village et manoir de la commune du Drenec, canton de Plabennec, arrondissement de Brest (Finistère).

(4) « Perrectum est igitur ad Rigurium fratrem puellulæ, qui adductus est ad domum Maloti, ubi præfectus (Commorus) cum suis satellitibus ea nocte hospitabatur. Rigurius vero, accepto consilio patris familias Maloti, cognita sponsi ingenuitate, quod petebatur unanimiter concessit » (*Vit. S. Hervei*, § 4, Ibid. p. 257).

disons quel est ce Conomor, ce puissant personnage dont l'importance se révèle ici, sous un jour très favorable, par son patronage bienveillant envers l'aimable et sympathique barde père de saint Hervé.

Le titre de préfet du roi des Franks, que lui donne la Vie de saint Hervé, n'a rien d'historique (1), il indique simplement une sujétion plus ou moins étroite vis-à-vis de Childebert. Grégoire de Tours, le plus ancien auteur qui ait parlé de Conomor, lui attribue la dignité de *comte* et le met positivement au nombre des comtes ou petits chefs souverains de la Bretagne armoricaine (2). Où était situé le comté, la petite principauté de Conomor? Nous l'avons vu tout à l'heure dans le pays de Léon où se trouve situé Landouzan, mais il agissait là pour remplir une mission spéciale de Childebert et non comme comte ou prince de cette région, dont le chef breton à ce moment (vers 520) était Withur. Conomor, lui, à cette époque, avait sa résidence dans les ruines de l'antique cité de Vorganium, dite alors Caër-Haès, aujourd'hui Carhais (3). Son comté, son petit état, c'était donc le pays qui environnait cette ville, le Pays de la Cité, *Pou Caër* ou *Poher*, c'est-à-dire la partie septentrionale du bassin de l'Aune, bornée à l'Est par les premiers sommets des Montagnes Noires et couvrant les deux versants des monts Arez, région aride, nue, soulevée en pics ardus, en roches escarpées, çà et là hérissée de bois, où les groupes armoricains, refoulés là par les invasions barbares du V⁰ siècle, devaient être assez nombreux, tandis que les colonies bretonnes étaient sans doute venues en ces lieux un peu sévères assez tard, pas avant la grande émigration domnonéenne. — Il y a lieu de croire en effet que le Poher fut principalement colonisé par les *Dumnonii* insulaires. Plus haut (p. 358), dans l'histoire des missions de saint Tudual, nous avons vu qu'une partie au moins de cette région était considérée comme dépendant de la Domnonée. Voici un autre indice qui s'ajoutant au premier semble décisif, et est assurément fort curieux : on s'est demandé souvent d'où pouvait venir le nom de *Carhais*, substitué au nom antique de *Vorgium* ou *Vorganium* avec lequel il n'a nul rapport; impossible de s'arrêter aux fantaisies étymologiques de La Tour d'Auvergne qui veut voir là très mal à propos le nom d'Aétius, pas davantage à la princesse Ahès purement fabuleuse et qui est née au contraire du nom de la ville décomposé en Caër-Ahès. Mais ce que l'on n'a jamais signalé, c'est que ce nom de Carhais existe dans le comté anglais de Cornwall, au pays des *Dumnonii* insulaires, avec la même forme

---

(1) Dans la nomenclature officielle de la monarchie mérovingienne, le chef des domestiques du palais est appelé parfois *præfectus palatii*, synonyme de *major palatii* ou maire du palais ; l'intendant d'un domaine ou d'une maison royale, *præfectus domus regiæ* : fonctions essentiellement domestiques. Nulle part le titre de *præfectus* n'est appliqué à un dignitaire chargé par le roi d'administrer un comté ou une province. Voir à ce sujet Jules Tardif, *Etudes sur les institutions politiques et administratives de la France, Période mérovingienne*, p. 54.

(2) Après avoir parlé de Canao ou Conoo, comte du Vannetais breton qui voulait tuer son frère Macliau, comme nous le verrons au chapitre IX, Grégoire de Tours dit que celui-ci, pour échapper à la mort, « post *alium comitem regionis illius* fugit, nomine *Chonomorem* » (Greg. Tur. *Hist. Franc.* IV, 4).

(3) « En Legionense le comte dessus nommé, celuy Comorus, *duquel le siège estoit à Krhoès (Kerhaès)* selon Ingomarus, avoit assailly Iona », etc. (Le Baud, p. 73). — Nous verrons tout à l'heure pourquoi Le Baud appelle ici Conomor comte de *Legionense*, c'est-à-dire de Léon.

qu'en Armorique : *Car-Hays* dans Borlase, *Carhays* et *Carhayes* dans Davies Gilbert et dans les cartes actuelles (1). C'est une assez grosse paroisse située vers l'extrémité occidentale du Cornwall, sur la côte méridionale, à 12 milles (19 à 20 kilom.) Nord-Est de la ville de Falmouth, tout au bord d'une petite baie dite baie de Verian, fermée au Nord par la pointe Dodman. Comme on ne trouve nulle part ailleurs ce nom de *Carhays* — absolument identique au nôtre, — on ne peut douter que le nôtre ne soit venu de là; et puisqu'on l'a appliqué à la capitale même du Poher, c'est la preuve que cette région avait reçu bon nombre d'émigrés de ce Carhays insulaire ou de ses alentours, c'est-à-dire bon nombre de *Dumnonii* de la Grande-Bretagne.

Conomor en tout cas était Breton, son nom le prouve, et chrétien, car dans les commencements de sa carrière il se montra fort dévot aux saints et très secourable aux moines : témoin, quand il était encore enfermé dans son maigre Poher, témoin ce jour où on le vit, au milieu d'une chasse sous les ombrages de Brécilien, mettre pied à terre pour reconnaître les ruines du péniti d'un pieux anachorète saint Hernin ou saint Harn, et pour vénérer sa tombe sur laquelle il fit construire une église, aujourd'hui la paroisse de Loc-Harn (2). Mais il étouffait dans son étroit Poher, la plus humble des principautés bretonnes, il grillait d'en sortir et d'étendre ses limites. Afin d'accroître son importance et se donner un protecteur dans la réalisation de ses rêves ambitieux, il se mit sous le *mundium*, dans la *truste* ou vassalité directe du roi Childebert et accepta vis-à-vis de lui une sujétion telle que certains auteurs l'appellent, nous l'avons vu, le « préfet » et d'autres le « lieutenant » de ce roi. Pour sortir du Poher Conomor avait devant lui la route toute tracée, il suffisait de descendre la chaîne d'Arez, de passer sur le versant nord, il arrivait à l'Elorn et trouvait à l'embouchure de cette rivière l'antique forteresse de Gesocribate (aujourd'hui Brest). Conomor suivant cette route s'étendit peu à peu jusqu'à Brest, appelé *Ocismus* par les légendaires du XI⁰ siècle, qui nous montrent ce comte « maître du pays des *Ocismes :* » par où — en vertu d'une synonymie assez hasardée entre *Ocismus* et *pagus Achmensis* ou *Achimensis* — ils entendent seulement le pays d'*Ach,* c'est-à-dire la région méridionale du Léon dont Brest est la capitale naturelle (v. ci-dessus p. 347 n. 1).

Nous avons parlé plus haut (p. 340) de saint Goëznou, fils de Tudoghil, l'un des premiers émigrants débarqués en Léon (3). Suivant une Vie très ancienne de ce saint, c'est Conomor qui lui donna, à deux lieues au Nord de Brest, le lieu où il bâtit son *lann* (4), et autour de ce *lann* un territoire (asile ou minihi) assez

---

(1) Borlase, *Antiquities historical and monumental of the county of Cornwall*, Londres, 1769, n-fol. voir les cartes jointes à cet ouvrage. — Davies Gilbert, *The parochial history of Cornwall*, 1838, 4 vol. in-8⁰, voir la table des noms de lieux. — Carte d'Angleterre de Stanford publiée en 1874, où *Carhays* figure à 9 milles (14 à 15 kilom.) E. S. E. de la petite ville de Truro et 3 milles 1/2 (5 kilom. 1/2) du bourg de Tregony.

(2) Ou Locarn, à 3 lieues Nord-Est de Carhais, aujourd'hui commune du canton de Maël-Carhais Côtes-du-Nord. — Voir Albert Legrand, *Vie des SS. de Bretagne* édit. de 1680, p. 542. — Le P. Albert semble attribuer ce trait à un autre comte du nom de Comorre ou Conomor; mais dans l'histoire de Bretagne il n'y en a pas d'autre que celui dont nous parlons ici.

(3) Le *Propre* de Léon (assez moderne) donne au père de saint Goëznou le nom de Tugdon ou Tudon; en la paroisse de Guipavas près Brest, existe une chapelle dite de *Saint-Tudon* ou, comme d'autres écrivent, *Saint-Hudon.*

(4) Devenu plus tard l'église paroissiale de Lan-Goueznou, aujourd'hui Goueznou.

étendu formant un carré de quatre *stades* ou environ 800 mètres de côté (1); de plus il pourvut en grande partie aux frais de construction du monastère (2). Enfin, selon cette Vie, Conomor avait très près de Lan-Gouëznou un manoir (dont les ruines subsistaient encore aux premières années du XIe siècle), où il était attiré par les chasses de la forêt *Douna* qui descendait aussi de ce côté (3). A tous ces traits on ne peut méconnaître la prétention de Conomor de joindre à son comté de Poher une grande partie du Léon; aussi le titre de comte de Léon lui est-il donné par plusieurs anciens auteurs, entre autres par Ingomar (p. 395 n. 3). Les faits relatifs à saint Goëznou se placent convenablement vers la fin du règne de Déroch, second roi de Domnonée, environ 530-535. Conomor avait sans doute affiché beaucoup plus tôt ses convoitises à l'égard du Léon; mais Withur ayant eu l'habileté de se mettre avec sa principauté sous le patronage du roi Childebert (ci-dessus p. 341), l'ambitieux voisin, impuissant contre un pareil protecteur, avait dû ajourner ses entreprises. Environ l'an 530, la mort de Withur ayant fait passer le Léon sous l'autorité de Déroch roi de Domnonée qui n'était pas dans la clientèle de Childebert mais dans celle du roi Clothaire (ci-dessus p. 353), Conomor ne craignant plus de se heurter à son puissant patron, se mit en campagne et de façon ou d'autre s'empara alors de Gesocribate (Brest). Déroch, nous l'avons vu par l'histoire de saint Tudual (ci-dessus p. 356 n. 2), regardait certainement le pays d'Ach comme faisant partie de son royaume de Domnonée. Il y eut donc nécessairement trouble et conflit à ce sujet entre les deux princes bretons. Nous n'en connaissons pas le détail, mais ce fut là sans aucun doute la semence de querelle et de haine dont paraîtront, sans beaucoup tarder, les fruits.

Revenons, en attendant, à saint Hervé dont nous avons vu plus haut (p. 394) la naissance précédée de circonstances intéressantes. Il en est une encore, oubliée par nous : c'est que Rivanone qui avait voué à Dieu sa virginité, épouse et mère malgré elle, ne cessa pas de protester contre la violence morale, venue de Dieu lui-même, qui l'avait obligée de rompre son vœu, — et quand le lendemain matin Hoarvian son époux lui dit :

— « Tu es la première femme que j'aie eue, la seule que j'aie aimée entre

---

(1) Le stade étant pris pour 125 pas géométriques, chaque pas de 5 pieds ou de 1m 62cm : c'est la computation ordinaire et nous y tenons, quoiqu'il y ait des calculs un peu différents. — C'est la légende de l'ancien bréviaire de Léon qui donne 4 stades de côté à ce minihi et indique comme formant l'angle nord-est de ce carré le lieu dit *Caput Nemoris* ou *Penhoat*, voisin du bourg de Gouëznou; voir Bl.-Mant. XXXVIII, p. 733.

(2) Selon Albert Legrand, ce monastère aurait eu pour architecte saint Maian frère de Goëznou; cela n'est guère sérieux, les *lann* du VIe siècle se passaient bien d'architecte. Ce qui vaut mieux ce sont deux traits de cette légende, certainement anciens, qui prouvent avec quelle rigueur l'entrée des *lann* bretons était interdite aux femmes; voir Albert, *SS. de Bret.* édit. 1680, p. 535.

(3) « *Erat tunc temporis Comorus comes habens temporale dominium in finibus Occismorum*, qui habebat domum quasi tribus stadiis distantem ab *Antello* a parte australi, cujus domus adhuc vestigia restant. Qui locum sancto Goeznoveo aptum monasterio et amplum concessit, et expensas structuræ monasterii pro parte maxima erogavit. » *(Vita ined. S. Goeznovei*, auctore Guillelmo presbytero Leonensi, anno 1019). *Antellum* est aujourd'hui le village de Lantel, situé à environ 800m dans le Nord-Ouest du bourg de Gouëznou. — Selon la légende de l'ancien bréviaire de Léon, tout ce pays était couvert de landes et de bois où venait chasser Conomor : « *Qui venandi studio landam et nemus in quo vir sanctus (Goeznoveus) latebat, propter ferarum copiam quæ ibidem habebantur, frequentare gaudebat.* » (Bl.-Mant. XXXVIII, p. 733).

toutes parce que Dieu t'avait choisie, parce que Dieu m'a ordonné de m'unir à toi et a promis de me donner par toi un fils qui sera à jamais le secours du peuple de Dieu ; »

Rivanone aussitôt lui répondit : — « Si tu as engendré en moi un fils, puisse-t-il ne jamais voir la lumière terrestre ! Voilà ce que je demande pour lui au Dieu tout-puissant (1). »

En effet le fils de cette union, saint Hervé, par la volonté et la prière de sa mère, fut aveugle toute sa vie.

Dans cette prière cruelle de Rivanone vibre la passion ardente, absolue de la virginité, qui nous reporte aux premiers âges du christianisme ; en même temps cette vengeance impitoyable du vœu violé, exercée par la mère sur son fils pauvre enfant encore à naître, est un trait de férocité où respire absolument l'antique barbarie. Aussi tous les légendaires, sauf un, ont reculé devant l'odieux de ce trait : une mère par ressentiment infligeant au fils encore dans ses flancs une infirmité cruelle ; la cécité de saint Hervé ayant pour cause la vengeance de sa mère, — et cependant cette mère tenue pour sainte !

Hervé étant né, Rivanone ne voulut pas même lui jeter un regard ; Harvian de son côté s'étant retiré au désert, le pauvre petit aveugle s'éleva comme il put. De sept à quatorze ans il suivit l'école d'un moine nommé Arzian, où il apprit les éléments des connaissances sacrées et profanes, entre autres, la grammaire et les chants ecclésiastiques *(ecclesiasticos cantus et summam grammaticæ).* Puis en bon fils, sa préoccupation fut de chercher sa mère qu'il n'avait jamais vue, dont il ignorait la résidence. Il alla trouver un cousin appelé Urfoëd, honoré aujourd'hui par les Bretons sous le nom de saint Urfol, qui dans un coin de la forêt Profonde (ou forêt *Douna,* descendant de Plouvien et Plabennec jusqu'au bas cours de l'Elorn) s'était voué à la solitude ; et cependant pour travailler à l'œuvre de Dieu autrement que par ses prières, ce cousin avait ouvert une école bientôt très fréquentée, qui fit à sa solitude un fort échec. En sondant le désert de tous côtés *(heremum perscrutans),* Urfoëd finit par découvrir non loin de lui, dans une autre vallon de la forêt Profonde, menant la vie la plus austère, Rivanone. Avant de lui amener son fils, il s'enquit anxieusement si elle voudrait le recevoir. Malade et proche de sa fin, la mère sentit se réveiller ou plutôt s'éveiller dans son cœur *in extremis* l'amour maternel. Elle accueillit son fils avec joie et reçut de lui quelques jours après les sacrements de la mort.

Alors Urfoëd, passionné pour l'anachorétisme, s'enfuit seul dans les profondeurs de la forêt, léguant à Hervé avec son oratoire et son ermitage *(Lanna Urphoedi)* son école et tous ses écoliers. Pendant trois ans Hervé distribua à Lan-Urfoëd son enseignement, dont les nombreux adeptes groupés autour du jeune maître formaient une communauté d'une sorte particulière. Mais lui n'avait pas, comme son cousin, la vocation anachorétique ; il sentait en lui un esprit actif, militant, qui le poussait à sortir de la solitude et à rentrer dans le monde des vivants. Toutefois, apprenant la mort d'Urfoëd, il veut avant de quitter la forêt aller prier sur sa tombe. Mais dans cet immense désert silvestre où le jour pénétrait à peine,

---

(1) *Vit. S. Hervei* § 5, dans *Mém. de la Soc. d'Emulation des Côtes-du-Nord,* XXIX, p. 258.

où sous la feuillée nulle trace n'était perceptible, comment trouver la dernière demeure du pauvre ermite ? Des porchers menant leurs troupeaux à la glandée parmi ce labyrinthe inextricable dont seuls ils connaissaient les détours, conduisirent Hervé et ses disciples à l'ermitage d'Urfoëd. La toiture de la cellule démolie par les fauves jonchait le sol de ses débris, les murs de l'oratoire écroulé couvraient la terre. Dans ces ruines nulle trace du tombeau d'Urfoëd. Hervé se jette à genoux et prie ; la terre tremble, s'entr'ouvre et laisse voir le sarcophage contenant les restes de l'anachorète. Après avoir rendu grâces et prié encore, Hervé dit à ses disciples :

— « Chers amis, apportez-moi de grandes pierres et plaçons-les autour du tombeau, afin qu'on ne puisse méconnaître le lieu où reposent ces saintes reliques (1). »

Après ce suprême devoir rendu à la mémoire d'Urfoëd, Hervé avec ses disciples traverse la forêt en remontant vers le Nord, c'est-à-dire vers le littoral — la contrée la plus fertile du Léon, — et quand il se trouve en pleine campagne hors de la région arborescente :

— « Prions Dieu, mes frères, dit-il à ses compagnons, pour qu'il nous indique un lieu où je puisse me reposer et consommer ma vie à son service, car je m'ennuie de mener sans cesse une vie errante. »

Une voix d'en-haut lui répond :

— « Marche droit vers l'Orient, et là où tu entendras deux fois ce mot : *Repose-toi ici !* là même tu construiras ta demeure, là même tu rendras un jour tes os à la terre et ton âme à Dieu. »

Hervé ordonne à son guide de marcher droit vers l'Est, toute la troupe des disciples le suit. On marche tant qu'on se lasse, le saint fait sourdre une fontaine pour étancher la soif de sa bande. Enfin on franchit une rivière appelée alors Lissem (aujourd'hui la Flèche), sur l'autre bord on se trouve dans un champ de froment ; la troupe le traverse et quand elle est au milieu, du ciel descend le cri : *Repose-toi ici ! Repose-toi !* On fait venir le maître du champ, un brave laboureur appelé Innoc ; on le prie de céder son terrain pour y établir un *lann*, puisque c'est là que Dieu ordonne au saint de s'arrêter :

— « C'est bien dur pour moi, proteste Innoc, de perdre un aussi beau champ de froment. »

— A cela ne tienne, répond Hervé. Ton blé est en herbe, nous allons mettre en petites gerbes tout celui qui croît sur ce terrain : au temps de la moisson je te rendrai autant de gerbes mûres.

Marché fait. Au temps de la récolte, toutes les gerbes de blé coupé en mai

(1) « Discipulis et porcariis dixit : Huc mihi apportate, karissimi, ingentes lapides, quibus limbos hujus circumdem tumuli, ne tam sacræ reliquiæ tradantur oblivioni » (*Vit. S. Herv.* § 16, Ibid. p. 263-264). — Dans la paroisse actuelle du Bourgblanc (ancienne trève de Plouvien ou Plouyen, commune du canton de Plabennec, arrondissement de Brest), à un kilomètre au N. du clocher du Bourgblanc, il y a un village de Saint-Urfol (nom populaire de Saint Urfoëd) et en ce village une chapelle sous ce même vocable, laquelle renferme le tombeau de ce saint, sarcophage uni sans inscription qui semble fort ancien (voir Kerdanet, dans *Vies des SS. de Bretagne* d'Albert Legrand, édit. 1837, p. 514, notes). Saint Urfoëd, d'après la Vie latine de saint Hervé, ayant été enterré dans son ermitage de la forêt *Douna*, il en résulte que cette forêt montait au N. jusqu'au Bourgblanc et Plouvien : on sait par ailleurs qu'elle descendait jusqu'au bas cours de l'Elorn.

se trouvèrent parfaitement mûres, et chacune d'elles contenait trois fois plus d'épis que chaque gerbe de même grosseur faite avec le blé resté en terre et coupé à la moisson (1). — Souvenir traditionnel, ici comme dans la Vie de saint Goulven (p. 349 ci-dessus), de l'admirable fertilité donnée au sol par les travaux agricoles des premiers moines bretons.

Le monastère d'Hervé (fondé vers 540) est aujourd'hui l'église de Lan-Houarné ou Lan-Houarneau. Il devint promptement célèbre, et c'est là, je crois, un genre spécial d'institut monastique digne d'être noté, cette famille cénobitique formée librement par une sorte de germination spontanée, écoliers qui se transforment en moines, qui suivent leur maître partout où il lui plait d'aller : monastère vagabond ne se fixant qu'après avoir longtemps erré à travers les forêts et les landes, ayant un laïque pour chef qui ne fut jamais prêtre et jamais ne voulut franchir l'ordre mineur d'exorciste (2).

Cependant les événements politiques avaient marché. Déroch roi de Domnonée, mort vers 535, avait eu pour successeur son fils Iona (3), marié à une princesse de Cornouaille fille du comte Budic, sœur de Meliau et de Rivod. Entre Iona et Conomor, le conflit résultant des prétentions contradictoires de Conomor et de Déroch sur le Léon avait continué. — Puis tout à coup, vers 540, un bruit sinistre s'était répandu dans toute la Bretagne annonçant la mort d'Iona. Mort étrange, soudaine, mystérieuse; un accident de chasse... mais où quelques-uns prétendaient voir un assassinat. L'assassin — s'il y en avait un — quel était-il? qui avait armé sa main? Nul ne le savait, personne du moins ne le nommait... Plus tard, le peuple et ensuite les historiens accusèrent très vivement Conomor. Les événements ultérieurs et les mœurs du personnage donnèrent assez de vraisemblance à cette accusation : toutefois aucun témoignage précis et contemporain ne l'attaque directement, et même au moment de cette mort nul soupçon sérieux ne semble s'être élevé contre lui.

Iona ne laissait qu'un fils du nom de Judual et tout jeune, cinq ou six ans à peine. D'où grand trouble en Domnonée, — divers membres de la famille royale prétendant à la régence, d'autres à la main de la veuve avec jouissance du pouvoir pendant la minorité. Entre ces derniers le comte Conomor se mit sur les

---

(1) Sur la fondation de Lan-Houarné voir *Vit. S. Hervei* § 17 à 19, dans *Mém. de la Soc. d'Emul. des Côtes-du-Nord* XXIX, p. 264-266.

(2) « Ad sanctum pontificem patriæ decrevit Hoarveus properare... Majori autem ordine noluit sublimari quam exorcista fieri. » (*Id.* § 17, *Ibid.* p. 264).

(3) La Généalogie des rois de Domnonée, dans la forme où nous l'avons aujourd'hui (voir ci-dessus p. 351 note 1), fait d'*Iona* le fils de *Riatham* et de Riatham le fils de Déroch, ce qui — de Riwal père de Déroch en 514, à Iona arrière-petit-fils du même Riwal vers 535 — formerait un entassement absolument impossible de quatre générations en vingt ans. Le règne de Riatham n'est mentionné dans aucun document historique, donc il n'a pas régné, et l'on doit voir en lui simplement un fils aîné de Déroch mort en bas âge, dont les derniers rédacteurs de la Généalogie domnonéenne — pour *meubler* leur document et y multiplier les *genuit* à l'instar des généalogies bibliques — ont jugé à propos de faire le père d'Iona tandis qu'il était en réalité son frère, dont la mort prématurée fit succéder directement Iona à Déroch vers l'an 535. Pour tout remettre en ordre, il suffit de supprimer dans la Généalogie les deux mots *Riatha genuit* placés entre crochets dans la note 1 de la p. 351 ci-dessus. Avec cette correction très légère toute difficulté disparaît.

rangs et offrit son alliance. On pourrait même dire qu'il l'imposa (1); car sa puissance personnelle comme prince du Poher et d'une partie du Léon, son grand crédit auprès de Childebert, l'élevaient au-dessus de tous les autres concurrents qui nécessairement rentrèrent dans l'ombre. Cette alliance, ayant d'ailleurs l'avantage de mettre fin aux difficultés existant entre le Poher et la Domnonée, dut être bien accueillie dans ce dernier pays. Il est du moins certain que, lors du mariage de Conomor avec la veuve d'Iona et plusieurs années après, nul ne lui imputa le meurtre de ce dernier prince. Plus tard seulement, par suite de diverses circonstances, l'opinion à tort ou à raison en vint à lui appliquer le proverbe : *Is fecit cui prodest,* « A la façon dont tu exploites le crime, tu dois être l'assassin. »

§ 2. — *Conomor régent et usurpateur de la Domnonée.*

Conomor, nous l'avons vu, dans la première partie de sa carrière avait gardé les dehors les plus corrects ; mieux que cela, par ses largesses et sa bienveillance envers les hommes de vertu et de sainteté il s'était approprié une part de leur bonne renommée. Dans les premières années qui suivirent son avènement au trône de Domnonée, sa conduite ne changea pas.

Aussi est-ce près de lui que s'était rendue la femme de l'odieux Kerialtan, quand elle s'était résolue à faire ses efforts pour arracher le jeune prince Melar à l'effroyable complot tramé contre lui (voir ci-dessus p. 380). Conomor, par sa femme sœur de Meliau, était oncle de Melar ; la gouvernante ne doutait pas de l'indignation de ce prince ni de son zèle à défendre efficacement, comme il en avait le pouvoir, la tête de l'orphelin. Selon la Vie de saint Meloir, Conomor résidait alors dans le Pou-Castel en un château appelé *Bocidus* ou *Boccidus* et plus régulièrement *Buxidus,* en breton *Beuzit,* situé à un quart de lieue à l'Ouest de la ville de Lanmeur, et dont on voyait encore il y a soixante ans des vestiges très reconnaissables, consistant en esplanade et rejets de terre, avec une grande enceinte de fossés (2). Lanmeur étant en pleine Domnonée, la situation du château du Beuzit suffit à prouver que Conomor était alors maître de ce pays. D'ailleurs, la Vie de saint Meloir dit formellement que la gouvernante s'enfuit avec son pupille de Cornouaille en Domnonée (3). Conomor et sa femme reçurent très bien leur

(1) Ç'est en ce sens seulement qu'on peut admettre ce que dit la Vie de saint Lunaire, qui n'accuse point Conomor d'avoir tué son prédécesseur, mais seulement d'avoir épousé sa veuve par force pour s'emparer de la principauté : « Invasit ducatum *et uxorem illius violenter duxit.* » *[Vit. S. Leonor.* § 13, dans Boll. Jul. 1, p. 123 édit. d'Anvers, p. 109 édit. de Paris). — Cette prétendue violence contre la veuve est démentie par la Vie de saint Meloir, où l'on voit Conomor et sa femme vivre ensemble en bonne intelligence, et par la Vie de saint Lunaire elle-même dont une circonstance, que nous relèverons plus loin, témoigne d'une confiance même excessive de la femme envers le mari.

(2) En 1837, M. de Kerdanet en a donné une description sommaire dans son édition de la *Vie des SS. de Bret.* d'Albert Legrand, p. 619 note 1. Ces vestiges situés près de la ferme de Ruvare, étaient alors appelés par le peuple *Douvéjou* (les Douves) ; mais le nom ancien fourni par les titres est Beuzit, correspondant exact de la forme latine *Buxidus, Boxidus, Boccidus,* et du français *la Boissière,* le tout venant du latin *buxus,* buis.

(3) « Nutrix autem ejus, ne innocens a nocentibus occideretur, interim dum conjunx ejus apud Rivodum moraretur, *de Cornubia* cum alumno suo *in Dompnoniam* fugit, ubi ejus amita, filia Budici, cum Commoro comite, viro suo, morabatur in *Pago Castelli* [in castello] suo quod *Bocidus* appellatur » (*Vita S. Melor.* Bibl. Nat. ms. lat. 13789, f. 53 v°).

neveu ; il était si naturellement aimable que toute la maison fut en fête pour le recevoir. Prévenu sans doute par la gouvernante des périls que Melar courait de la part de Rivod, Conomor s'empressa de lui dire :

— Tu vois bien ce château que j'habite, mon cher neveu. Il est pour toi, je te le donnerai, et en attendant ta majorité, je te ferai élever ici avec grand soin.

Rivod, en apprenant cela, tomba (dit le biographe de saint Meloir) dans une tristesse noire. Il rappela près de lui Kerialtan, redoubla de séductions et de promesses et le conjura de tenir sa parole. Kerialtan, furieux maintenant de voir ses rêves de grandeur s'en aller en fumée, jura de faire de son mieux et se rendit chez Conomor. La gouvernante, tout en s'efforçant de sauver Melar, ne voulait pas perdre les siens. Elle avait tout rejeté sur Rivod et peint son mari comme servant les projets de son maître par crainte et à contre-cœur. En arrivant au Beuzit Kerialtan prit ce masque, et se montra en apparence enchanté de pouvoir échapper à l'odieuse contrainte que lui imposait Rivod. Avec sa femme il fut comédien parfait, exprimant une profonde aversion pour les projets homicides qu'elle et lui avaient naguère accueillis. Quant à Melar, sa gouvernante, tout en lui représentant la fuite en Domnonée comme nécessaire pour le soustraire à un grave péril, lui avait entièrement laissé ignorer l'abominable rôle accepté dans le complot par Kerialtan et Justan son fils, que le pauvre Melar aimait tendrement, autant ou plus que s'ils eussent été son père et son frère naturels. Aussi dès qu'il les vit arriver au Beuzit, il leur sauta au cou, les couvrit de caresses, et protesta que dès le soir il coucherait avec eux — la plus grande preuve d'affection que l'on pût, dans les mœurs du temps, se donner entre parents et amis.

Malgré toutes les assurances de conversion que Kerialtan lui avait prodiguées, la gouvernante bien avisée empêcha Melar, le premier soir, de partager la couche de son mari, crainte de mettre celui-ci à trop forte épreuve. Le lendemain elle s'y opposa encore. Le troisième jour, Melar redoubla d'instances, Kerialtan de protestations de repentir, d'horreur même pour l'attentat auquel Rivod avait voulu le contraindre : — Pourquoi refuser à ce cher enfant Melar une satisfaction qui le rendrait si heureux ? La pauvre gouvernante, assaillie de droite et de gauche, céda, non sans crainte et tremblement. Avant de laisser l'enfant sortir de ses mains :

— Va, lui dit-elle, je te mets sous la garde de la sainte et indivisible Trinité ; Dieu fasse de toi, cher enfant, ce qui lui plaira !

Melar se couche entre le père et le fils, et après les avoir caressés s'endort profondément. Le père et le fils ne dorment pas. Ils veillent, ils écoutent, ils inspectent à pas de loup toute la maison, ils s'assurent que le sommeil règne partout. Ils reviennent à Melar, toujours dormant lui aussi d'un souffle pur et joyeux. Le père lève la hache, le fils tient le cou de la victime. Un seul coup... et la tête roule comme celle d'un agneau (1).

Il faut maintenant, selon les articles arrêtés avec Rivod, pour avoir droit au

_____

(1) « Agnus inter lupos accubat, inter tigridem et leonem... mitissimus Melarius dormiebat, quem secum dormientem, ut jumentum nihil mali suspicantem, decollaverunt » *(Vita S. Melarii*, dans D. Morice *Preuves* I, 225).

salaire, lui porter de suite ce chef sanglant. Ce n'est pas chose facile, le château de Conomor est bien fermé, toutes les portes sous bonne garde : qui serait pris avec un tel fardeau laisserait certainement sa tête près de celle de Melar. Justan, jeune, alerte, se fait fort de tromper les gardes et de descendre dans le fossé par dessus les remparts. Il glisse en effet au fond des douves, mais se casse le cou dans la chûte (1). Kerialtan, le lendemain de grand matin sortant du château, voit le cadavre de son fils et auprès l'horrible sac contenant la tête de Melar, il s'en saisit avidement comme d'un trésor, part de suite, et au pas accéléré mais non sans peine s'encourt chez Rivod et jette à ses pieds cet affreux trophée :

— Bien, dit le tyran, tu recevras ta récompense. Va-t'en sur le mont Scoci, tout ce que tes yeux verront de là est à toi.

Il monte au faîte de la montagne, il ouvre les yeux avec effort pour voir davantage... il ne voit rien. Jamais il ne verra plus rien... il est aveugle. Un coup de sang, si vous voulez. Mais ce coup en amène un autre : Kerialtan tombe comme une masse. Il est mort.

Rivod épouvanté par cette catastrophe survit quelques jours, traînant l'effroyable poids d'un crime atroce absolument vain. Lui aussi se sent frappé aux sources de la vie. Il expire dans les affres du crime, avec le désespoir d'un damné.

Conomor et sa femme manifestèrent par leurs larmes une profonde douleur de la mort de Melar, et comme le tronc décapité du pauvre jeune prince était resté gisant, tout sanglant, au château du Beuzit, ils tinrent à honneur de l'y conserver comme le corps d'un martyr et lui firent en ce lieu même de très belles funérailles (vers 544). Plus tard, on le transféra à Lanmeur, dont l'église fut mise sous son vocable et où sous cette église on édifia, pour recevoir le tombeau du saint, une crypte à trois nefs qui existe encore.

A la suite de cette affreuse tragédie le Beuzit étant devenu un lieu sinistre, le régent de Domnonée se hâta de le quitter, et pour dissiper un peu ces émotions lugubres, il s'enfuit à l'autre bout de ses états, entre l'Arguenon et la Rance, dans une résidence que nous croyons être l'ancienne forteresse gallo-romaine voisine de Corseul, placée dans un site dont la configuration avait pour les hommes des hauts siècles du moyen-âge un attrait irrésistible : un mamelon de forme ovale défendu sur trois faces par des vallons très profonds aux pentes abruptes, accessible d'un seul côté par un isthme étroit, facile à garder et à couper ; c'est le site de Montafilant à 1,600 mètres Nord-Ouest de Corseul, qui avait été occupé par les Romains et ne put manquer de l'être ensuite par les Bretons émigrés. Conomor vint là en bon père de famille, cherchant à se remettre, à se rafraîchir le sang par la vue des belles vallées de la Rance et de l'Arguenon. Il avait avec lui sa femme et son beau-fils le jeune prince Judual, contre lequel il ne semblait nourrir aucun mauvais dessein, et en voyant la vive sympathie de son mari pour l'orphelin Melar, la mère de Judual s'était dit sans doute que

---

(1) « Cujus (Melari) sanctum caput, secum asportantes, dum per abruptas oppidi fossas fugientes se præcipitarent, natus nomine Justanus collum fregit » *(Id.* Ibid.).

Conomor n'aurait pas d'autres sentiments pour son orphelin à elle quand le temps serait venu pour lui de recueillir l'héritage paternel.

Une nuit que cette princesse était couchée auprès de son époux, agitée de maternelles sollicitudes, elle eut un songe singulier. Elle vit son fils siégeant au haut d'une montagne, où il recevait les hommages des seigneurs bretons, chacun d'eux venant tour à tour lui offrir un sceptre, symbole de la royauté, en le saluant profondément. Après avoir pris ces sceptres Judual se leva, passa en tête de la troupe et tous le suivirent, lui faisant par leurs acclamations un cortège triomphal. Très émue de ce songe, la princesse s'éveille, réveille son mari, et sans se douter que ce rêve puisse lui causer le moindre déplaisir, elle le lui conte en détail et lui demande naïvement ce qu'il signifie (1)? Conomor en grand courroux, les dents serrées :

— Ce beau rêve veut dire apparemment que ton fils me fera la loi et règnera sur ce pays? Vraiment non, il n'en sera rien ! Demain matin je lui couperai le cou : ta vision de royauté sera pur néant !

Puis le sommeil le reprend. La pauvre mère aussitôt court à pas de loup faire lever son fils, lui dit la mort qui l'attend, le presse de fuir sur le champ avec une femme attachée à son service. Fuir, mais où? Le monastère de Lunaire dont on a parlé plus haut (p. 366-369) n'était pas loin (2), le jeune prince y va demander asile. Malgré le péril qu'il traîne sur ses pas, Lunaire l'accueille avec effusion, le console avec une tendresse toute paternelle :

— Ayez confiance en Dieu, cher enfant, il vous délivrera de votre persécuteur. En attendant ne craignez rien, vous êtes en sûreté ici.

Le jour venu, Conomor cherche sa victime; quand il la sait échappée, il rugit de rage comme un fauve auquel on a enlevé sa proie. Il parvient à découvrir son asile et envoie aussitôt sommer Lunaire de lui remettre l'enfant :

— Que Conomor vienne ici demain à la troisième heure du jour (neuf heures du matin), il aura satisfaction, je lui ferai voir Judual.

Le lendemain, le comte arrive avec un grand train, une grosse troupe de guerriers. Il trouve Lunaire dans le pourpris qui entoure son monastère du côté de la mer :

— Moine, dit-il, tiens ta promesse. Je veux voir Judual, où est-il?

— Comte, tu peux le voir d'ici. Le voilà, c'est lui qui est debout au milieu du pont (3).

Et Lunaire allongeant le bras, montre du doigt une grande barque qui dans ce moment sortait de la baie à toutes voiles, vers la hauteur de la pointe du Décollé. — Conomor affolé lance au moine en plein visage un furieux coup de poing, puis plonge ses éperons jusqu'aux talons dans le ventre de son cheval, qui se cabre en un bond désespéré et retombe brisé, accablant de son poids son

---

(1) « Mater Juduali evigilans, ignara quid portenderet somnium, sigillatim aperit viro suo Commoro » (Vit. S. Leonor. ms. Atrebat. Boll. Jul. I, p. 123 édit. d'Anvers). Cette confiance excessive de la femme de Conomor envers son mari dément nettement la prétendue violence que celui-ci aurait exercée contre elle.

(2) A quatre lieues environ de Montafilant.

(3) « Respice illam navim et vide qui in medio stat juvenem ; hic est quem tu quæris. » (Vit. S. Leonor. Ibid. p. 124).

cavalier, qu'on retire de là mourant, qu'on rapporte chez lui broyé, la cuisse cassée. Longtemps il demeura sur sa couche entre la vie et la mort. Pendant ce temps, Judual abordant en Gaule était accueilli avec honneur à la cour de Childebert, — d'où il finira bien un jour ou l'autre par revenir en Domnonée.

Cette histoire fit éclater, connaître par toute la Bretagne les véritables sentiments et les secrets desseins de Conomor, entre autres, sa résolution de s'approprier le trône domnonéen en spoliant le légitime héritier, même en s'en débarrassant par un crime. Cette révélation fit un tort énorme à Conomor. Jusque-là son ambition toujours en éveil avait paru tempérée ou, si l'on veut, relevée par des sentiments honnêtes et généreux : respect pour les personnes vénérables et pour les choses saintes se manifestant par des largesses et des fondations pieuses ; symphathie active pour la faiblesse et pour l'infortune, dont il venait de donner des preuves au pauvre jeune Melar. Mais quand on sut qu'il avait voulu tuer Judual pour assurer son pouvoir ou pour mieux dire son usurpation, on ne vit plus dans ses beaux sentiments, dans les actions les plus louables de sa carrière, qu'une fourberie hypocrite masquant le fond réel de son âme, c'est-à-dire une complète scélératesse, et l'on ne douta plus que la mort d'Iona père de Judual, sur laquelle planait toujours un mystère, ne fût un assassinat secrètement commandé et payé par Conomor. Cette absolue sévérité de l'opinion, qui a fini par s'imposer à l'histoire, me semble excessive. La culpabilité du comte de Poher dans la mort d'Iona n'est point démontrée, et rien ne prouve qu'il n'ait pas été sincère dans le bien comme dans le mal, les impulsions contrastées, les actions contradictoires n'étant point rares en ces âges de trouble et de barbarie. Mais comme un brochet dans un étang finit par dévorer tous les petits poissons, la passion dominante de Conomor, l'ambition, finit par absorber chez lui toutes les autres et surtout par annuler tous les bons sentiments, tous les scrupules.

Avant son invasion au monastère de saint Lunaire pour s'emparer de Judual, —poursuite odieuse qui divulgua ses projets d'usurpation et ses sinistres desseins contre le jeune prince, — la situation de Conomor en Domnonée était bonne ; on ne l'appelait pas roi, mais duc ou chef *(dux Domnonicæ regionis)* destiné à garder le dépôt du pouvoir royal jusqu'à la majorité de l'héritier légitime. En attendant, on respectait son autorité, on lui savait gré de l'exercer fermement dans l'intérêt du pays. Quand on ne vit plus en lui qu'un usurpateur doublé d'un assassin, il en fut tout autrement. Sans doute il eut des séides, il garda des partisans ; les gens au pouvoir quand ils ont bonne poigne n'en manquent point ; mais la masse de la nation domnonéenne, surtout tous les cœurs honnêtes et fiers se détachèrent de lui, appelant de tous leurs vœux, de toutes leurs prières la fin de sa domination. Il n'y eut pas de révolte ouverte, mais une haine sourde, générale, montant peu à peu, n'attendant qu'une occasion pour déborder. Conomor, sentant autour de lui cette atmosphère hostile, voulut prendre l'offensive, frapper et intimider ses ennemis ; cette hostilité demeurant latente, ses coups furent assez mal dirigés. Saint Lunaire, bien entendu, se vit accablé d'ennuis. Saint Tudual devenu le chef de la famille royale de Riwal, le seul membre de la dynastie resté en Domnonée, eut l'honneur d'une persécution spéciale. En face de la vénération universelle, de l'universelle popularité dont ce saint était comblé, le tyran n'osa pas tenter contre lui une violence directe; il chargea l'un de ses pires affidés appelé Ruz (1), c'est-à-dire *Le Rouge,* de faire en quelque sorte le siége de l'abbé du Val-Trecor.

Suivi d'une bande d'estafiers, Ruz alla s'installer dans un domaine voisin du monastère, avec mission de soulever, s'il était possible, les gens du pays contre Tudual, en tous cas de lui faire, à lui et à ses moines, le plus d'ennuis et de vexations possible. Ce brigand s'acquitta de sa tàche en conscience. Personnellement, Tudual méprisait absolument ces indignités ; mais il dut avoir égard au trouble qu'elles jetaient dans le pays, aux misères qu'elles causaient à ses églises et à ses religieux. Il quitta le Val-Trecor et alla au loin visiter ses monastères dans la région méridionale de la Domnonée, espérant par son absence amortir pour les siens cette persécution, dirigée principalement contre lui. Se trouvant dans une petite église appelée Le Hart (2), au Sud-Est de Bourbriac en un pays fort désert sur la lisière de la grande forêt centrale, il lui sembla entendre une voix d'en haut lui ordonnant de quitter la Domnonée et même la Bretagne armoricaine. Aussitôt il s'enfonça sous les ombrages de Brecilien, traversa l'immense forêt dans toute sa largeur, du Nord-Ouest au Sud-Est, en suivant la vallée de l'Out (3), et sorti des bois se trouva dans le pays de Vannes à peu de distance de cette ville. Là, le vénérable abbé rencontra un illustre enfant de la race vénétique, d'origine gallo-romaine, Albinus, que nous appelons aujourd'hui saint Aubin et qui était évêque d'Angers. Ayant appris les motifs qui forçaient Tudual à s'expatrier, il lui offrit un asile près de lui dans sa ville épiscopale — et ils s'y rendirent ensemble.

Saint Lunaire n'eut pas autant de patience que Tudual en face des mauvais traitements de Conomor et de ses agents, qui venaient chaque jour le troubler dans la jouissance du territoire conquis, défriché par lui, et incitaient ses voisins à le fatiguer de leurs chicanes et de leurs usurpations. Il songea à réclamer la protection du roi Childebert ; mais comment se la concilier ? Alors lui revint en l'esprit ce beau gros bélier d'or déterré par les taupes dans ses labours. Il pensa avec raison que le Mérovingien ne serait point insensible à cet opime présent, et avec quelques-uns de ses moines il partit pour Paris.

Il alla passer la Rance à Mordreuc (4). Comme il traversait ce village situé sur

---

(1) « Quemdam iniquum prefectum, *Ruhutum* nomine, qui satelles et minister erat Conomori regis Francorum prefecti. » *(Vita II* S. Tuduali § 5) — « Commorum regis Francorum prefectum ejusque satellitem *Ruhudum* (alias *Ruthum) »* (Vit. III* § 18, dans *Mém. de la Soc. archéol. des Côtes-du-Nord,* 2ᵉ série, II, p. 91 et 108).

(2) Aujourd'hui Senven-Lehart, canton de Bourbriac, arrondissement de Guingamp, Côtes-du-Nord.

(3) Nous suivons son itinéraire à travers la grande forêt centrale et dans la vallée de l'Out depuis Senven-Lehart jusqu'à Credin (aujourd'hui commune du canton de Rohan, arrondissement de Ploërmel, Morbihan ; la 3ᵉ Vie de S. Tudual porte § 19 : « Cumque per Venetense transiret territorium, in parochia que *Cherdin* dicitur hospicium sumpsit. » *(Mém. de la Soc. archéol. des C.-du-N.* 2ᵉ série II, p. 109). — C'est ici que les légendes placent un prétendu voyage de saint Tudual à Rome pour se soustraire aux persécutions de Ruz, voyage dans lequel Tudual devint pape et occupa le Saint-Siège pendant deux ans, non sous le nom de Léon V comme le disent certains auteurs, mais sous celui de *Leo Britigena :* inutile de réfuter une telle fable.

(4) « Cum autem devenisset ad fluvium *Rentium,* in villa *Mortruc* vocata » *(Vit. S. Leonor.* ms. Atrebat. § 5, Boll. Jul. I, p. 121 édit. d'Anvers, p. 107 édit. de Paris). Le manuscrit employé par les Bollandistes porte *Rhenum* et *Mortrue* ; aussi ne comprennent-ils rien à ce passage et ne savent où prendre *Mortrue* ou plutôt *Mortruc,* qui est en réalité le village de *Mordreuc* en la paroisse de Pleudihen près Dinan, situé au bord non du Rhin mais de la Rance *(Rentius)* et qui a donné son nom à une partie de cette rivière dite « plaine de Mordreuc. »

la rive droite du fleuve, deux aveugles sachant sa venue en ces lieux et la sainteté
de sa vie, le supplièrent de leur rendre la vue en appliquant sur leurs yeux de
l'huile consacrée et invoquant le nom du Christ :

— Êtes-vous chrétiens ? leur demanda-t-il.

Question qui montre bien clairement l'existence en cette contrée, à cette
époque, de païens encore nombreux. — Les deux aveugles se dirent chrétiens, et
Lunaire sur leurs instances consentit à tenter leur guérison. Le premier sur lequel
il opéra recouvra la vue des deux yeux immédiatement sans difficulté. Pour le
second, un seul de ses yeux s'ouvrit, l'autre resta obstinément fermé :

— Cela vient sans doute, dit Lunaire, de ce que vous êtes un mauvais chrétien.
Confessez-moi vos péchés.

— Je ne suis encore que catéchumène, reprit le borgne, je n'ai pas été baptisé.

L'ayant interrogé sur la foi, Lunaire le baptisa et son second œil s'ouvrit.
Épisode qui, dans ce grand défricheur, montre aussi un apôtre des gentils.

Lunaire fut reçu avec honneur à Paris, où son nom était déjà connu par les
relations du jeune prince Judual. Childebert lui fit très bon accueil, lui offrit de
riches présents :

— Je te remercie, ô roi, lui dit le moine, mais je ne veux rien de tout cela.
C'est moi au contraire qui viens t'apporter de l'or.

Et il exhiba le précieux bélier, que les courtisans interrogés par le roi
estimèrent, comme nous l'avons dit, trois mille sols d'argent (1). Le roi alors de
s'extasier, de recommencer ses offres de présents :

— Tout ce que je te demanderais, dit le saint, serait de me donner en terre la
valeur de ce bélier et de m'assurer la tranquille possession de ce que j'ai acquis
par mon travail, possession qui m'est contestée par des méchants.

Le roi lui donna ou plutôt lui garantit de suite en propriété incommutable
tout le territoire défriché par lui autour de son monastère, et il ajouta :

— Quand tu seras de retour chez toi, va sur le point le plus élevé de ce territoire
et là sonne ta cloche : aussi loin qu'on l'entendra la terre sera tienne.

Le saint revint muni de cette garantie, abrité par cette royale protection, contre
laquelle personne désormais, Conomor ni autre, n'osa lever le doigt.

Tudual apprit sans doute le succès du voyage de Lunaire ; lui aussi se décida
à aller invoquer la protection de Childebert, d'autant plus que son hôte, l'évêque
d'Angers Albinus, bien vu du roi, offrait de l'assister dans cette démarche. Pour
la faire connaître, je me bornerai à traduire littéralement le récit très court mais
très caractéristique de Louénan, disciple de Tudual :

« Tudual, dit-il, se rend au palais du roi Childebert que l'on appelle Paris,
avec lui douze disciples par lui choisis entre les siens, et le seigneur Albinus
[dominus Albinus] : et là il fit plusieurs miracles. Il ressuscita un mort. Et l'on
annonça au roi qu'il y avait un tel homme dans son palais, et le roi lui envoya
un messager. Et saint Tudual vint, ses compagnons avec lui. Et pendant qu'ils se

---

(1) « Rex autem accipiens de manu S. Leonorii arietem aureum ait ad illos qui in circuitu ejus
erant homines : « Dicite mihi quid valet ille aureus aries. » Illi autem adpreciaverunt eum pro
tribus millibus solidis argenteis. » *(Vit. S. Leonor.* Bibl. Nat. ms. lat. 5317, f. 73 v°). Vingt sols d'argent
valant environ 560 francs de nos jours (voir ci-dessus p. 290 note 1), cela met le bélier à 84.000 francs.

tenaient debout, une colombe d'une nature angélique descendit du ciel sur l'épaule droite de Tudual. Alors le roi comprit que cet homme était un saint, et devant lui se prosternèrent le roi, la reine et les autres hommes qui étaient là. Et le roi Childebert lui demanda ce qu'il voulait. Et Tudual dit :

— « Je ne veux rien qu'obtenir ton agrément pour conserver ces paroisses que les comtes et les nobles hommes m'ont données, à moi et à mes moines venus avec moi. »

« Alors le roi lui donna, à lui et aux saints venus avec lui, l'épiscopat et la prélature (*episcopatum et præsulatum*) sur leurs paroisses, et de suite il le fit ordonner évêque (1). Et le jour même Tudual chanta la messe. Alors le roi Childebert lui fit beaucoup de présents et d'honneurs : il lui offrit un bloc de cristal, un calice d'or, sa couronne d'or, et avec cela beaucoup de paroisses. Ensuite avec honneur et joie Tudual vint dans sa patrie, dans son grand monastère au pays de Trechor, où il fonda pour lui et pour ses disciples plusieurs couvents (*cœnobia*). Là même il passa sa vie jusqu'à sa mort. »

Conomor ne put voir sans un vif dépit le retour en Domnonée de deux hommes tenus par lui pour ennemis principaux, et que la faveur de Childebert mettait désormais hors de ses atteintes. Mais le roi de Paris s'en inquiétait peu, le jeune Judual, depuis qu'il l'avait en son pouvoir, lui semblant un gage certain de la complète obéissance du duc de Domnonée. Le Mérovingien paraissait même se complaire à molester et contrecarrer ce dernier, dont peut-être soupçonnait-il le grand dessein politique. Ce grand dessein devenu bientôt évident par son second mariage dont nous allons parler, n'était rien moins que la réunion en sa main, sous un seul sceptre, des diverses principautés bretonnes, en d'autres termes, l'unité politique et nationale de la Bretagne armorique. Idée par elle-même grande, haute et essentiellement patriotique, mais qui devait peu sourire aux Mérovingiens, car, si tous les habitants, indigènes et émigrés, de la presqu'île brito-armoricaine arrivaient à constituer un seul corps de nation, de là sortiraient tôt ou tard pour le royaume des Franks de graves embarras. Cette idée, Conomor paraît l'avoir eue de bonne heure, dès l'heure sans doute où il s'immisçait dans les affaires du comté de Cornouaille en couvrant de sa protection le malheureux Melar; elle était, je le crains, entrée en lui non sous sa forme supérieure et désintéressée, mais sous celle de l'ambition personnelle : il rêvait l'unité de la Bretagne pour en être le seul roi. L'idée, pour cela, je le répète, n'en était pas moins haute et grande.

De la première femme de Conomor, sœur de Budic de Cornouaille, veuve d'Iona, mère de Judual, après le malencontreux songe qui jeta ce dernier prince en exil, l'histoire ne fait plus mention, et pourtant — il importe de le dire —

---

(1) « Et ille (Tudualus) dixit : « Nihil quæro, nisi ut inveniam tuam gratiam ad conservandas illas parrochias quas dederunt mihi comites aliique homines nobiles et meis monachis qui venerunt mecum. » Tunc rex dedit illi episcopatum et præsulatum super suas parrochias et sanctis qui cum eo venerunt, et ibi eum ordinare fecit in episcopali gradu. » (*Vit. I* S. Tud.* § 3-4 dans *Mém. de la Soc. archéol. des C.-du-N.* 2* série II, p. 88). Nous examinerons ailleurs la nature et l'effet de l'*episcopatus et præsulatus* donné à S. Tudual sur les *paroisses* qu'il possédait déjà.

l'histoire et la légende, si zélées pour charger à tout propos Conomor, ne lui imputent contre cette princesse aucun mauvais procédé. Mais il ne fut pas longtemps sans chercher une nouvelle alliance, dans laquelle il considéra exclusivement l'intérêt politique (vers 546). Weroc Ier comte du Vannetais breton avait six enfants, cinq fils et une fille Trifine parfaitement bonne et belle ; vu l'âge avancé du père, bientôt allait s'ouvrir là une succession princière ; si Conomor était de la famille, il pourrait sans doute tirer de cette circonstance quelque avantage pour la poursuite de son grand dessein. Il fit demander à Weroc la main de sa fille. Weroc refusa (1). La légende donne de ce refus une raison odieuse pour Conomor, mais tellement invraisemblable qu'il n'y a pas lieu de s'y arrêter.

On représente le régent de Domnonée comme un débauché, un voluptueux raffiné et cruel, au point de se dégoûter de toute femme dès qu'elle était enceinte, et s'il s'agissait de sa femme légitime, de s'en débarrasser par un meurtre : en un mot, tout l'original de Barbebleue. Avec un homme absolument adonné, comme Conomor, aux ambitions politiques, cette légende est de tout point inadmissible. Les ambitieux de ce genre peuvent être débauchés, mais ils séparent soigneusement, dans leur conduite, les plaisirs et les affaires. Un mariage pour eux est une affaire, celui-ci était pour Conomor une affaire politique au premier chef, et il lui fallait un héritier né de Trifine pour en tirer profit. Enfin, je l'ai déjà remarqué, on n'a jamais reproché au *tyran* aucun mauvais procédé envers sa première femme.

Écartons donc cette légende. Le motif du refus de Weroc était plus simple. Suivant l'opinion très répandue alors en Bretagne, il regardait Conomor comme ayant fait tuer Iona et voulu tuer Judual ; même sans la légende de Barbebleue, cela suffisait amplement pour que Weroc, homme paisible, ne se souciât nullement d'introduire dans sa famille un individu aussi porté aux moyens sommaires d'exécution, et qui pouvait être tenté de les appliquer à son beau-père si celui-ci avait l'indélicatesse de lui faire attendre trop longtemps son héritage.

Bref, Weroc refusa. L'autre revint à la charge d'un ton pressant. Nouveau refus ; réponse finale de Weroc : — Conomor n'aura ma fille que si le saint homme Gildas vient me la demander pour lui (2).

Gildas séjournait depuis huit ou dix ans dans la Bretagne armorique ; sa vertu, sa science, son éloquence lui avaient fait un renom, attiré un respect souverain, universel. Nous l'avions laissé dans son ermitage de la Roche sur Blavet (ci-dessus p. 390-391); depuis lors, il avait beaucoup marché, prêché, enseigné, travaillé de toute façon à propager le règne de Dieu ; nous le retrouvons au même lieu (vers 546), mais il n'y était pas pour se reposer. Au contraire, sur les prières instantes des hommes les plus intelligents et les plus sages, des moines les plus vertueux et les plus austères de la Grande-Bretagne, il écrivait en ce moment cette terrible imprécation appelée son *Épître* (Epistola), dans laquelle, d'une plume aussi brûlante qu'un fer rouge, guidée par le plus pur et le plus profond amour de la Bretagne, il dénonce, il stigmatise les vices et les crimes qui achevaient de

(1) *Vit. II⁴ S. Gild.* § 20, édit. Mabillon, p. 145.
(2) *Vita II⁴ S. Gildæ*, § 20, édit. Mabillon, p. 144-145.

perdre la grande patrie bretonne, frappant intrépidement sur les têtes les plus élevées, les rois, les prêtres, les évêques. Impossible de passer devant ce brasier sans en tirer quelques étincelles pour éclairer, réchauffer ces pages. Mais comment avec une traduction rendre cette flamme ? Voici le début de « l'Invective contre les rois » *(Increpatio in reges)* qui forme la première partie de l'*Epistola* :

> « La Bretagne (1) a des rois, elle a des juges ; mais ces juges sont impies et ces rois sont des tyrans. Ils ne pillent et ne foulent que les innocents ; ne vengent et ne patronnent que les scélérats et les voleurs. Ils ont beaucoup de femmes, mais ce sont des courtisanes et des adultères. Ils jurent souvent, mais se parjurent, font des vœux et les rompent immédiatement, prennent les armes mais toujours contre leurs concitoyens et contre la justice. Ils poursuivent volontiers les voleurs à travers champs ; mais les larrons qui siègent à leur table, ils les aiment et les comblent de présents (2). » Etc.

Il ne se borne point à ces généralités, il prend à partie nominativement plusieurs de ces rois, entre autres le plus puissant de tous, Maglocunus :

> « A toi maintenant, dragon insulaire, qui as chassé tant de tyrans du trône et de la vie, dernier nommé dans cet écrit, premier dans le mal ; supérieur à beaucoup d'autres en puissance et en malice ; plus abondant en largesses et plus fécond en péchés ; fort dans les combats et plus encore dans les forfaits qui tuent l'âme. Pourquoi, Maglocun, tout dégouttant de vin sodomitique, te roules-tu comme un idiot dans la noirceur envieillie de tes crimes ? Puisque le Roi des rois t'a élevé, par ta puissance, par l'origine de ta race, au-dessus de presque tous les chefs de la Bretagne, tu devrais te montrer meilleur que les autres : pourquoi te montres-tu pire ? Écoute l'authentique déclaration de tes crimes, de ceux-là seulement (car j'omets les autres) dont le bruit court partout (3). »

Ainsi cela ce n'est que l'exorde. Jugez par là du réquisitoire. — Voici comment Gildas passe de l'Invective contre les rois à son « Aigre réprimande contre le clergé » *(Acris correctio in clerum)* :

> « Comme le marin ballotté des vagues qui entre à force de rames au port désiré, que volontiers, devant la honte qui m'accable, je m'arrêterais ici ! Mais je vois que, dans notre ordre aussi, la malice des évêques, des prêtres, des clercs, dresse contre Dieu des montagnes d'iniquité : selon la loi il me faut, de toute ma force et sans acception de personnes, lapider avec les durs cailloux de ma parole d'abord ceux que je viens d'accuser, puis le peuple rebelle aux préceptes de la loi (4), non pour faire périr les corps mais pour faire vivre en Dieu les âmes, mortes aux vices. J'implore donc de nouveau la permission de ces justes, dont la vie est non seulement digne de louange mais au-dessus de tous les trésors de la terre, telle enfin que je veux, que j'ai soif de la pouvoir partager avant ma mort (5). — Maintenant donc, nos deux flancs étant munis des invincibles boucliers des saints, notre dos appuyé contre la muraille de la vérité, notre tête couverte du casque de la protection divine, lançons à toutes volées les cailloux de nos véridiques invectives (6). »

L'espace nous manque pour faire voler ici sous les yeux de nos lecteurs la terrible pluie de cailloux si pittoresquement annoncée. Disons que cette effroyable

---

(1) L'île de Bretagne.
(2) Gildas, *de Excid. Brit.* édit. Stevenson et Mommsen, § 27.
(3) Gildas, édit. Stevenson et Mommsen, § 33.
(4) « Populum qui non legitimis sanctionibus inhæret » (Gildas, ms. du Mont Saint-Michel). Version très préférable à celle des éditions qui portent toutes : « Populum, si tamen sanctionibus inhæret. »
(5) Cette vie est celle des saints moines dans leurs monastères.
(6) Gildas, édit. Stev. et Momm., § 65. Je traduis la fin de ce chapitre en tenant compte des variantes du ms. du Mont Saint-Michel, la leçon des éditions étant absolument incompréhensible.

avalanche est dirigée tout entière contre ce qui restait encore du clergé séculier de la Grande-Bretagne. Les moines n'y sont même pas nommés, tandis qu'ils figurent avec éloge dans la première partie de l'*Epistola* (1). Le pamphlet de Gildas est donc un épisode de la lutte de l'église monastique bretonne insulaire contre le clergé séculier, c'est le glas funèbre de celui-ci.

A peine Gildas avait-il lancé sa virulente apostrophe aux tyrans de la Grande-Bretagne, qu'il allait se trouver contraint de prendre part aux querelles mues entre les petits princes de la Bretagne armorique. Il vit bientôt en effet les envoyés de Conomor envahir son ermitage, le priant d'aller demander au comte Weroc la main de sa fille pour leur maître :

— Votre maître, répondit Gildas, est très rusé, très despote et très cruel (2). Si je lui remets cette jeune fille et qu'il l'égorge, c'est moi qui l'aurai tuée. Tout ce que je puis faire c'est de me rendre avec vous auprès des deux princes qui sont ensemble en ce moment, et de voir si l'on peut les concilier.

Il les trouve en effet en conférence, Weroc lui dit : — Il n'aura jamais ma fille que de ta main.

Peut-être Gildas craignait-il de voir sortir d'un refus une guerre atroce. Peut-être aussi avait-il de Conomor moins mauvaise opinion qu'on ne pourrait le croire d'après les paroles transcrites ci-dessus que lui prête son biographe. Après avoir réfléchi il dit à Weroc :

— Donne-moi ta fille, avec l'aide de Dieu je te la rendrai saine et sauve (3).

Les noces faites, Trifine fut assez longtemps très bien traitée (4). Des nuages se levèrent, d'où vinrent-ils ? Du moment où l'on écarte, comme je n'hésite pas à le faire, ce que j'ai appelé plus haut la légende de Barbebleue, les difficultés ne purent venir que d'une source, — la question politique. Conomor n'était pas homme à laisser le grain dans la paille, il entendait tirer de son alliance avec le comte du Vannetais breton un profit certain et promptement réalisable. Weroc était vieux, il avait cinq fils ; s'il mourait sans avoir disposé de sa succession, ce serait une guerre sans fin entre les cinq fils, l'émiettement de la principauté brito-vénétique, l'anéantissement des espérances de Conomor. Celui-ci s'allia avec l'un des fils du comte appelé Macliau (5) et il pressa le vieux Weroc de partager son petit état entre Macliau et lui Conomor, se réservant sans doute de se faire adjuger ou de s'adjuger lui-même la plus grosse part. Soupçonnant sous cette proposition une intrigue destinée à dépouiller sa famille, Weroc repoussa énergiquement les instances réitérées de Conomor, qui, impatient de toute résistance, furieux de voir échouer un plan si bien combiné, conçut une haine mortelle contre Weroc. Celui-ci, qui connaissait Conomor, se gardait bien. Mais Conomor avait entre les

(1) Gildas (§ 34 de l'*Epistola*, édit. Stev. et Momm.) appelle les monastères « des grottes sûres et rafraîchissantes habitées par les saints, » *sanctorum magnopere fidas speluncas refrigeriaque.* — Cf. A. de la Borderie, *Etudes histor. bretonnes,* 1re série (1884) p. 312-313.

(2) « Dominus vester callidissimus est et tyrannica feritate perversus « (*Vita IIa S. Gildæ* § 21, édit. Mabillon, p. 145).

(3) *Vit. IIa S. Gild.* § 21, édit. Mab. p. 145.

(4) « Peractis nuptiis, cœpit tyrannus sponsam fovere dilectam » (*Id.* § 22, Ibid.).

(5) L'alliance de Conomor avec Macliau n'est point explicitement rapportée par les historiens ; mais ils constatent entre eux des relations d'amitié incontestables qu'on verra dans le chapitre suivant.

mains un précieux ôtage ; il savait toute la tendresse de Weroc pour Trifine et
que la mort de celle-ci serait au comte de Vannes un coup cent fois plus cruel
que sa propre mort. Sa fureur contre le père se tourna en rage contre la fille.
C'est la seule explication plausible de son crime.

Voici comme la légende de Gildas (la Vie de Ruis du XI⁰ siècle) raconte cette
tragédie. Trifine dans les regards de son mari pleins d'une colère concentrée,
terrible, aurait lu son sinistre dessein. Affolée de peur, elle s'évade de la forteresse
où résidait alors Conomor, elle fuit droit devant elle sans savoir où, elle rencontre
une voie publique, elle la suit. Bientôt lancés en quête derrière elle, le tyran et
ses satellites sont sur ses talons. La route traverse une forêt, Trifine se jette sous
le couvert, *brousse* comme une biche par les halliers et se tapit haletante à bout
de forces sous un buisson (1). Trop fort chasseur pour se laisser dépister,
Conomor bat le bois, découvre sa proie. La rage aux yeux, il lui abat son glaive
sur la tête, la laisse pour morte sur la place et regagne son château.

Le théâtre de l'événement. Conomor devait alors habiter une forteresse étrange,
inexpugnable, sur les confins du Poher et de l'évêché de Vannes, bien placée pour
surveiller les événements de ce dernier pays, plantée sur la montagne de Castel-
Finans (2), long promontoire à trois lieues et demie Nord-Ouest de Pontivi,
enserré de trois côtés par le Blavet, défendu par des pentes abruptes de cent à
à deux cents pieds de profondeur, le sommet formant un long rectangle bordé
par des murs de grosses pierres brutes entassées à froid les unes sur les
autres dont aujourd'hui encore les longues lignes noires, éboulées, dessinent le
périmètre de la forteresse. Le tout, actuellement couvert par la forêt de
Quénécan, était alors en plein cœur de la grande forêt centrale armoricaine ou
forêt de Brecilien. D'après MM. de la Monneraye, Kerviler, particulièrement
d'après la carte de M. Gaultier du Mottay, la voie romaine de Rennes à
Vorganium (Carhais) passait à Mur, Caurel, Gouarec, Rostrenen, c'est-à-dire que
de Castel-Finans à Gouarec elle suivait par la rive gauche la vallée du Blavet.
Enfin, à 4 kilomètres au Nord de Gouarec il y a une église tréviale (aujourd'hui
paroissiale) dite *Sainte-Tréfine* (3), qui a retenu le nom et gardé la sépulture de la
douce victime, et que l'on doit considérer par conséquent comme marquant le
lieu où elle fut frappée par son bourreau. — D'après cela, Trifine dans sa fuite
dut commencer par mettre le Blavet entre elle et Conomor, puis monter au Nord
l'espace d'une lieue vers Caurel pour trouver la voie romaine de Rennes à Carhais,
qu'elle suivit dans la direction de l'Ouest pendant environ deux lieues et demie,
c'est-à-dire jusqu'aux approches de Gouarec. Alors voyant derrière elle ses persé-

(1) « Quam (Trifinam) cum invenisset *juxta viam* latentem *sub frondibus* » (*Vit. II⁰ S. Gildæ*, § 22,
édit. Mabillon, p. 145). L'antienne de *Magnificat* de l'ancien office de saint Gildas dit aussi que Trifine
fut frappée par le tyran *in pascuis sylvarum ;* voir A. de la Borderie, *Etudes historiques bretonnes*,
1⁰ série (1884), p. 323.

(2) Sur la rive droite du Blavet, commune de Saint-Aignan, canton de Cléguérec, arrondissement
de Pontivi, Morbihan. Dans la constitution définitive des diocèses bretons, la rive droite du Blavet
appartenait à celui de Vannes, par conséquent au Vannetais. Mais au VI⁰ siècle, la grande forêt
centrale était encore presque partout un territoire neutre où s'installait qui voulait. Conomor n'avait
pu manquer de fortifier à son profit Castel-Finans, où la tradition conserve son nom et qui était pour
la défense de son Poher un bastion sans égal.

(3) Orthographe officielle et populaire du nom de cette paroisse — pour Trifine, bien entendu,
qui est la forme ancienne.

cuteurs, elle se jeta dans la forêt à droite de la voie, monta de nouveau vers le Nord pendant 3 à 4 kilomètres, jusqu'au moment où atteinte par le tyran vers le lieu où se trouve aujourd'hui le clocher de Sainte-Tréfine, elle y reçut le coup fatal (1).

Dès qu'il apprit le crime, Weroc abîmé de douleur envoya dire à Gildas :

— C'est par toi que j'ai perdu ma fille, rends-la moi !

Sur ce message Gildas, qui se trouvait probablement à la Roche-sur-Blavet, « Gildas très ému, dit son biographe, se rendit en toute hâte à la forteresse qu'habitait le tyran, pour savoir de lui si réellement, comme le bruit public l'en accusait, il venait de massacrer sa femme (2). » Gildas avait peine, on le voit, à admettre ce bruit, son opinion antérieure sur Conomor étant, comme je l'ai dit, moins mauvaise que celle du public. Il eut beau frapper, crier à la porte de Castel-Finans, on ne lui ouvrit pas, on ne lui répondit pas; bien abrités derrière leurs murailles de pierre, les satellites du tyran lui lancèrent de mauvaises plaisanteries (3). Gildas fit alors le tour de la place, prit une poignée de terre et ayant prié Dieu il lança en signe de malédiction cette terre sur les murailles de la forteresse — qui s'écroulèrent aussitôt, dit la légende, mais le tyran n'eut aucun mal. — A Castel-Finans ou aux environs, le moine s'informa du lieu où Trifine avait reçu la dernière accolade de son mari, et il y alla de suite. Sur la bruyère tachée de sang gisait le corps de la princesse, à la tête une plaie horrible, au front et aux joues le marbre de la mort. Malgré cette plaie effroyable — avec l'aide de Dieu et le secours des antiques secrets de la médecine druidique qu'il tenait de son maître saint Iltud (4) — Gildas ne désespéra point de ramener la princesse à la vie. Combien dura cette cure merveilleuse, désespérée? On ne sait. Mais un jour vint où le moine dit :

— Au nom de Notre Seigneur Jésus-Christ, Trifine, je te l'ordonne, lève-toi et marche (5) !

Et l'épouse assassinée de Conomor, que le tyran jurait avoir égorgée, que toute la Bretagne croyait morte, Trifine se leva, Trifine marcha, elle suivit Gildas qui la ramena à son père et la tenant par la main dit à Weroc :

— Voici le dépôt que tu m'avais confié, c'est ta fille, garde-la et nourris avec grand soin, quand elle l'aura mis au monde, l'enfant qu'elle porte dans son sein.

On devine l'immense émotion qui souleva toute la Bretagne à cette nouvelle. Pour le peuple, dont l'imagination pousse tout à l'extrême, il ne s'agissait point d'une guérison prodigieuse, exceptionnelle, mais d'une vraie résurrection. Cette

---

(1) Le P. Albert Legrand et après lui presque tous les historiens et hagiographes de Bretagne placent la scène du meurtre tout près de Vannes, « sur le chemin qui conduit de cette ville au Bondon. » J'ai réfuté complètement cette opinion dans mes *Etudes historiques bretonnes*, 1ʳᵉ série (1884), p. 323-324.

(2) « Concitus venit ad munitiunculam ubi præfatus tyrannus habitabat, *volens ab eo audire utrum ipse conjugem suam, sicut rumor ferebat*, intercemisset. » *(Vit. IIᵃ S. Gild.* § 23, p. 145).

(3) « Cum diu pulsasset ad portam et nullus ei aperiret, *sed potius ab his qui erant intus derideretur.* » *(Id.* Ibid.)

(4) Iltud dans la Vie de saint Samson est appelé *magicus sagacissimus (Acta SS. O. S. Bened.* Sæc. I, p. 168). *Magicus* au VIᵉ siècle dans l'île de Bretagne indique ou la qualité de druide, ou au moins une descendance druidique.

(5) « In nomine D. N. J. C., Trifina, tibi dico : surge et sta super pedes tuos. » *(Id.* § 24, Ibid. p. 145).

résurrection, triomphe de l'innocence et de la justice en Trifine, triomphe de la vertu et de la sainteté en Gildas, fut pour le tyran une sanglante défaite, une condamnation irrémédiable qui ne permit plus de voir en lui que le suppôt de Satan. Jaloux de racheter l'imprudence commise par lui en livrant la pure colombe aux griffes du vautour, l'abbé de Ruis se donna la mission de publier partout, de flétrir avec son éloquence de feu, l'infamie de l'assassin. Il réussit tellement dans cette croisade que, peu de temps après la guérison de Trifine (vers 548), au milieu de la Domnonée, c'est-à-dire des états du tyran, sur le haut du Menez-Bré, venant de tous les coins de la Bretagne, s'assembla un jour une foule énorme, gens de tout âge et de toute condition, paysans, tierns, chefs de *plou*, clercs, moines, abbés, et pour présider la réunion le groupe sacré des évêques. Conomor, déclaré là coupable d'avoir assassiné le prince Iona, la princesse Trifine et sans doute de bien d'autres crimes, fut solennellement anathématisé par les évêques d'abord, puis par le peuple entier, excommunié, condamné comme tel à la perte de tous ses droits et de tous ses biens spirituels et temporels, civils et religieux.

Restait à exécuter la sentence ; cette exécution, on le verra, ne tarda guère.

A cette grande assemblée du Menez-Bré — nommée par les hagiographes et les anciens chroniqueurs « le concile du Menez-Bré » — non seulement saint Hervé, ni prêtre, ni diacre, simple exorciste, assista et prit place tout à côté des évêques, mais malgré sa cécité, ses haillons, sa mauvaise mine, on lui rendit les plus grands honneurs, on ne voulut pas prononcer la sentence sans lui, on l'attendit tout un jour... Ces hommages ne s'adressaient pas sans doute à l'exorciste, mais à l'un des chefs les plus renommés de l'ordre monastique. Preuve éclatante de l'importance capitale du monachisme dans l'église bretonne du VI⁰ siècle (1).

§ 3. — *La chûte de Conomor.*

L'exécuteur de la sentence du Menez-Bré était encore, quand elle fut rendue, en Grande-Bretagne, sans se douter nullement du rôle qui allait lui échoir.

Vers le milieu du VI⁰ siècle, il vint de la Cambrie en Armorique une série assez nombreuse d'émigrations ayant principalement un caractère ecclésiastique. Les causes de ce mouvement ne sont pas très nettement connues. Après 545, époque de la mort d'Arthur chef de la ligue bretonne contre les Saxons (2), la sécurité du territoire cambrien dut être moins bien assurée, d'autant que son successeur Maglocun semble avoir été en querelles fréquentes avec les clercs et

---

(1) *Vila S. Hervei*, § 27-29. dans *Mém. de la Soc. d'Émul. des Côtes-du-Nord* XXIX, p. 269-270. La présence de S. Hervé à l'assemblée ou concile du Menez-Bré est importante pour fixer la chronologie de l'histoire de Conomor. L'assemblée du Menez-Bré ne peut être plus récente que 548-550 (nous en verrons le motif dans le développement de notre histoire). S. Hervé, chef d'un *lann* important et déjà lui-même renommé en Bretagne, ne pouvait, quoique jeune encore, avoir moins d'une trentaine d'années, ce qui reporte sa naissance vers 520 ; or la première mention de Conomor se rapportant, comme nous l'avons vu (ci-dessus p. 393-394) au mariage des parents de S. Hervé, se place nécessairement dans le même temps.

(2) Sur l'Arthur historique, voir ci-dessus p. 240 et p. 245 note 2.

les moines. Il y eut aussi une épidémie, la *peste jaune*, qui débuta en 547 et ravagea la Cambrie pendant sept ans. Les hagiographes attribuent en outre la plupart du temps à leurs héros, comme motif de leur émigration, le désir de se sanctifier dans la solitude et de travailler à l'évangélisation de la nouvelle Bretagne : raisons qui entrèrent sans doute plus d'une fois en ligne de compte, mais qui parfois aussi dans les documents hagiographiques ressemblent un peu à un lieu commun. Enfin l'impulsion donnée par les grandes émigrations du commencement du VIᵉ siècle et de la fin du Vᵉ avait créé un courant qui, par la force acquise, par la simple force de l'exemple, ne pouvait manquer d'attirer des groupes d'émigrants plus ou moins fréquents, plus ou moins nombreux, des diverses régions de la Grande-Bretagne exposées éventuellement aux courses désastreuses des Anglo-Saxons.

Parmi ces groupes dont l'émigration se place vers le milieu du VIᵉ siècle (548-550), il en est un particulièrement remarquable à la tête duquel figure un abbé-évêque, appelé Samson (1), déjà célèbre dans l'île de Bretagne, destiné à le devenir plus encore sur le continent, par son rôle dans l'histoire de Conomor. A sa suite, la bande émigrante qui l'accompagne comprend, comme presque toujours en pareil cas, des prêtres, des moines, des laïques (2), et parmi eux plusieurs personnages dont les noms sont encore aujourd'hui connus et vénérés des Bretons, entre autres, Maglôr ou Magloire cousin de Samson, Meuen ou Mewen que nous appelons saint Méen suivi de son ami Austel ou Austole, Suliau devenu chez nous à tort saint Suliac, et encore Maclow ou Macut qui est notre saint Malo et qui, s'il n'accompagna, suivit de très près Samson dont il était parent. Samson et Magloire étaient originaires de la Démétie (aujourd'hui Penbrokeshire), Suliau du pays de Powis (Merioneth, Montgomeri, Shropshire), Mewen et Malo du pays de Gwent (Monmouthshire).

Samson naquit vers l'an 480 d'une race noble, antique, exerçant à la cour des rois de Démétie des fonctions importantes (3) ; ses parents l'envoyèrent tout jeune

(1) Il existe trois Vies anciennes de saint Samson : la première *(Vita Iᵃ)* écrite au commencement du VIIᵉ siècle, publiée par D. Mabillon, *Acta SS. Ord. S. Benedicti* Sæc. I, p. 165 à 185, et par les Bollandistes au 28 juillet ; — la seconde, écrite vers la fin du IXᵉ siècle ou tout au commencement du Xᵉ, avant 907, publiée dans les *Analecta Bollandiana*, t. V, mais sans les prologues en vers qui s'y rattachent, ce qui oblige de citer les manuscrits, savoir le ms. lat. 5323 de la Biblioth. Nationale, le ms. 719 de la Biblioth. d'Angers du XIᵉ siècle, le meilleur pour le texte, et enfin la très bonne copie exécutée par les Bénédictins Bretons, Biblioth. Nat. Bl.-Mant. XXXVIII, p. 799 à 848 ; — la troisième Vie, qui pour le fond reproduit la précédente, est celle qui fut écrite par Baudri de Bourgueil, archevêque de Dol de 1107 à 1130, et dont un fort beau ms. existe à la Biblioth. Nat. sous le nᵒ 5350 latin.

(2) « (S. Samson) valefaciens plebi suæ, inde simul cum beato Maglorio et quorumdam *tam clericorum quam laïcorum collegio* recessit, et mare transfretavit, properans finibus territorii Dolensis » *(Vita S. Maglorii § 3*, dans Mabillon, *A SS. Ord. S. Bened.* Sæc. I, p. 223). « Navigationem citra mare, *comitantibus cum illo plerisque monachis*, destinavit. » *(Vita Iᵃ S. Samsonis* lib. I § 52, Ibid. p. 178).

(3) « *Parentes eorumdem conjugum* (i. e. *Ammonis* patris et *Annæ* matris S. Samsonis) altrices *(leg. altores) regum utriusque provinciæ (Demetiæ* scilicet et *Gwentiæ* regionis) pro certo scimus. » Un peu plus loin on dit du père de S. Samson : « *utpote qui semper minister terreni regis fuisset, quique reges nutrire deberet.* » *(Vita Iᵃ S. Samsonis,* § 6 lib. I § 1 et 6, édit. Mabillon, p. 166 et 167). Cette fonction qui consistait à *nourrir les rois* c'est-à-dire à présenter la nourriture, les mets, sur la table royale, répondait à ce qu'on a appelé plus tard l'office de maître d'hôtel, office mentionné sous le nom de *distein* dans les lois galloises du Xᵉ siècle, notamment dans le Code de Vénédotie ou pays de *Gwyned*, liv. I, chap. 9 ; dans celui de *Démétie* I, ch. 11 ; dans celui de *Gwent* I ch. 12. (Voir *Ancient laws and institutes of Wales,* édit. 1841, t. I, p. 18, 360, 638).

pour son instruction au célèbre monastère de Lan-Iltud, sur lequel la Vie du saint nous fournit des renseignements très curieux. Il se distingua de bonne heure par une haute intelligence, à ce point que saint Iltud le consultait sur les difficultés rencontrées par lui dans l'interprétation des livres saints (1). Il resta longtemps à Lan-Iltud, au moins jusqu'à trente ans puisqu'il y reçut la prêtrise des mains de Dubric ou Dubrice, principal évêque de la Cambrie méridionale siégeant à Caër-Léon (voir ci-dessus p. 278). La passion de la solitude commençant à percer chez Samson, Lan-Iltud abbaye très importante et très fréquentée lui parut trop bruyante et trop mondaine (*monasterium tumultuosum et expandiosum*); il espéra trouver plus de calme et plus de silence dans une île-monastère, et avec l'agrément de saint Iltud il émigra à *Inis-Pir*, Ile de Pir, ainsi nommée de l'abbé Piron ou Pir fondateur de cette maison : aujourd'hui *Caldy island*, îlot voisin de la côte du comté de Penbroke, à l'entrée de la baie de Caermarthen, un peu au-dessous de la ville de Tenbye. Quelque temps après, Piron étant venu à mourir, les moines d'Inis-Pir choisirent Samson pour abbé, mais ils trouvèrent, ce semble, son gouvernement un peu sévère, car ils lui reprochaient de vivre plutôt en *ermite* qu'en cénobite et en moine (2). Après un an et demi d'abbatiat, il passa en Irlande. C'était dans le temps de la mission de Gildas en cette île ou un peu après; il prit part aux travaux si méritoires des moines bretons pour la restauration religieuse de l'Hibernie, où il resta longtemps, où il fit (dit son biographe) beaucoup de miracles et convertit beaucoup d'âmes (3). Son dernier exploit fut de délivrer du diable un abbé hibernois qui en était possédé et fut si charmé de sa délivrance qu'il donna son monastère à Samson, et suivit celui-ci dans l'île de Bretagne.

Après le retour de Samson en Grande-Bretagne, les moines d'Inis-Pir le prièrent de reprendre le gouvernement de leur monastère; mais de plus en plus épris de solitude et d'anachorétisme, il refusa. Entre temps il avait fait entrer dans la vie monastique toute sa famille : son père, sa mère, ses cinq frères, son oncle, sa tante, ses cousins. Il envoya son oncle Umbrafel gouverner en Irlande le monastère que l'abbé hibernois délivré du diable lui avait donné. Puis prenant avec lui Ammon son père, cet abbé hibernois, et un moine de Lan-Iltud qui l'avait suivi, tous quatre s'enfoncèrent dans un immense désert (*vastissimum eremum*) semé de roches et de forêts qui avoisinait la Saverne, et près de ce fleuve ils découvrirent les restes d'une petite enceinte fortifiée (*castellum delicatum*) où avec quelques branchages coupés dans la forêt ils se firent des huttes et s'établirent. Mais Samson voulait mieux, il lui fallait une caverne sous un rocher. A force de chercher dans cette forêt il en trouva une où il s'enferma tout seul, venant seulement chaque dimanche visiter ses compagnons et leur dire la messe. Pour inaugurer cette précieuse caverne, il vécut pendant huit jours avec un peu de pain sec et sans boire, car sa grotte n'avait point d'eau, mais plus tard il y trouva une source (4).

---

(1) « Quadam autem die, dubium incurrerunt ambo in quadam alta quæstione : quam quæstionem ego novi, sed insinuare prætermitto, etc. » *(Vita I^a S. Sams.* I, 11, édit. Mabillon p. 168).
(2) « *Eremitam* se plus quam cœnobitam monachum fratres judicabant. *(Id.* I, 36. Ibid. p. 175).
(3) « Plerosque de via erroris salvavit. » *(Id.* I, 36. *Ibid.* p. 175). C'est par erreur que le texte de Mabillon porte en cet endroit : « *non* multum demorans » — *non* doit être supprimé.
(4) *Vit. I^a S. Samsonis* I, § 40, 41, édit. Mabillon p. 175-176.

Samson s'était si bien caché dans ce désert qu'on avait perdu sa trace, on ne savait où il était. Il vécut longtemps ainsi dans une solitude complète sans être troublé. Cette absence prolongée finit par inspirer à ses compatriotes beaucoup d'inquiétude, on craignait sa mort; c'était pour toute la Cambrie méridionale une cruelle anxiété. Le synode ecclésiastique de cette province s'étant assemblé (voir ci-dessus p. 277-278) ordonna une battue générale pour retrouver le fugitif. On finit par découvrir sa cachette; aussitôt le synode lui envoya une lettre très affectueuse, très sympathique mais très pressante, le sommant de venir le plus tôt possible prendre dans cette assemblée la place qui lui appartenait. Samson n'osant résister vint à contre-cœur, et comme on craignait de le voir s'éclipser une seconde fois, le synode lui imposa malgré lui le gouvernement d'un grand monastère dont l'abbé venait de mourir et qui passait pour avoir été fondé par l'illustre saint Germain (1). — Peu de temps après, les évêques de la Cambrie méridionale étaient, ainsi que le synode, de nouveau réunis en ce monastère au jour fixé par l'usage pour consacrer les évêques dont le pays avait besoin, en la fête de la Chaire de saint Pierre, 22 février. Mais l'antique usage de l'église bretonne, nous l'avons dit (p. 278), quand il y avait un évêque à ordonner, était d'en ordonner deux autres avec lui, de façon qu'il sortît toujours de cette cérémonie trois nouveaux évêques. Cette fois, les prélats avaient à consacrer deux sujets, il leur fallait faire choix d'un troisième, ils en devaient délibérer avec le synode. Mais Dubrice dans son sommeil crut entendre un ange qui lui désignait Samson, et le synode acclama ce choix avec transport (2).

La consécration épiscopale changea brusquement la direction de la vie du nouvel évêque. Jusque-là il avait répudié l'action, s'était de plus en plus enfoncé dans la solitude, l'anachorétisme, la vie ascétique et contemplative. Maintenant il la rejette pour ainsi dire. Évêque-abbé, il accepte vaillamment la vie active et y prend goût de plus en plus. Il reste encore un temps assez long en Grande-Bretagne, soutenant facilement sans se plaindre, sans chercher aucunement à s'y dérober, ce double fardeau. Enfin ce champ ne suffit plus à son zèle, il lui en faut un autre, il ira le chercher en Armorique.

A une fête de Pâques, après avoir chanté dans son monastère la messe de la nuit, resté seul devant l'autel pour prier jusqu'au jour, une radieuse figure surgit devant lui et lui dit :

— « Écoute-moi sans crainte. Le Seigneur m'envoie vers toi. Ne reste pas plus longtemps dans ce pays-ci. Il te faut voyager et t'en aller outre mer; là tu seras le premier dans l'Église et dans l'ordre épiscopal (3). »

(1) Voir ci-dessus p. 278.

(2) « Venientibus illis episcopis ad diem condictum consuetumque, duos apud illos ad ordinandum deferentibus, tertium, *secundum morem antiquitus traditum*, ordinare volentibus sed quis esset adhuc ignorantibus, nocte insecuta adest angelus Dei ad sanctum papam Dubricium (ut ipse postea referebat) in somnium Samsonem summum sacerdotem fore firmans. Dubricius omnes *optimos consiliarios congregationis* in unum convenire fecit, ovanter explanans eis quod viderat et audierat et quod jam in mente ejus retinebat sacerdotem eum ordinare... Tum *omnes consiliarii* sine ullo disjunctu episcopum eum fieri acceptè firmaverunt... atque ordinatus est episcopus. » (*Vit. Iª S. Samson.* I § 43-44, édit. Mab. p. 176). *Congregatio* est évidemment synonyme de *synodus*. Pour refuser à Samson la qualité d'évêque, il faut n'avoir pas lu ce texte.

(3) « Non debes in hac patria diutius immorari. Peregrinus enim destinatus es, atque *ultra mare in Ecclesia maximus futurus es*, maximo sacerdotali honore condignus » *(Id.* § 45, *Ibid.* p. 177). Dans cette Vie de S. Samson, le mot *sacerdos* est toujours pris dans le sens d'évêque.

Après la célébration des fêtes de Pâques il se mit en route vers l'estuaire de la Saverne pour obéir à cet ordre. Mais il avait à remplir dans la Cambrie des devoirs qui lui imposèrent d'assez longs retards. Il lui fallait voir et confirmer en leur bon propos tous les membres de sa famille engagés par lui dans la vie religieuse : frères, cousins, mère, tante. Chacune de ces deux dernières avait à son instigation bâti une église près de laquelle elle s'était retirée pour suivre les règles imposées aux veuves vouées au service du Seigneur; elles lui avaient demandé de consacrer ces églises et il ne put s'y refuser (1). Enfin il se mit en mer et traversant le bras de mer où se décharge la Saverne (*Sabrinum mare*), il alla aborder vers la pointe occidentale du pays des *Dumnonii* insulaires, à l'embouchure de la rivière de Camel (dite *Alan* et *Cambalan* selon Camden) qui forme aujourd'hui le port de Padstow. Tout près se trouvait un monastère appelé Dochori où il eut un entretien avec un moine regardé comme le plus sage du pays et même doué de l'esprit prophétique. Uiniau, c'était son nom (2), l'engagea à traverser par terre cette pointe de la Domnonée insulaire, lui prédisant qu'il trouverait dans ce pays même, avant de s'embarquer pour le continent, une grande œuvre à faire. Samson chargea donc sur un chariot ses livres et son bagage, se mit lui-même sur un char traîné par deux chevaux qu'il avait amenés d'Irlande, car il était dès lors avancé en âge, (*longævus viator*, dit son biographe, ce qui implique au moins soixante-dix ans), et il se dirigea vers le Sud pour gagner la côte méridionale. Chemin faisant il vit une pierre levée *[lapidem stantem]*, à laquelle les gens du pays paraissaient rendre en dansant une sorte de culte idolâtrique. Ce n'était pourtant pas des païens, car ils avaient été baptisés et se bornaient à danser autour de leur pierre pour continuer un usage qui leur venait de leurs aïeux. Le saint proscrivit cet usage suspect, rebaptisa les hommes pour plus de sûreté (3) et traça sur cette pierre le signe de la croix, afin que les hommages de ces pauvres gens s'adressassent désormais à ce symbole sacré (4). Puis il reprit sa route vers la côte.

Ce qui est véritablement curieux, c'est que dans les noms de lieux actuels du comté anglais de Cornwall, c'est-à-dire de la pointe occidentale de l'ancien pays des *Dumnonii*, on trouve des traces évidentes de l'itinéraire suivi par saint Samson. Sur la côte sud de ce comté, dans la direction sud-est du hàvre de Padstow, se jette dans la mer la rivière de Fowey; à trois milles en amont de son embouchure, il y a sur la rive droite une paroisse de *Saint-Samson*, et en face sur la rive gauche une autre église dite *Saint-Winau*; comme si ce n'était pas assez, à 8 milles et à 6 milles de Saint-Samson on trouve deux paroisses sous les vocables de *Saint-Mewan* et de *Saint-Austell* ou *Austole*. Voilà donc la trace de Samson et de deux de ses plus chers disciples, Mewen (Meen) et Austole, et vis à

---

(1) « In via, matrem materteramque visitans *earumque ecclesias jam ædificatas consecrans.* » *(Id. Ibid.)* Nouvelle preuve de l'épiscopat de S. Samson.

(2) Mabillon écrit ce nom *Iuniavus*, mais le ms. d'Angers nᵒ 719 porte *Uiniaus* et *Uinaius*, qui est la bonne leçon.

(3) Tout cet épisode est raconté avec détail dans *Vita Iᵃ S. Samson.* I, 48 à 50, édit. Mab. p. 177-178. Le nom du pays où la scène se passe est *pagus Tricurium* c'est-à-dire *Tricur* qui semble un équivalent de *Trecor;* ce dernier nom aurait donc été apporté directement de la Domnonée insulaire dans la Domnonée armoricaine.

(4) Voir *Vit. Iᵃ S. Sams.* I, 48, 49, édit. Mab. p. 177-178.

vis de lui le sage moine de Dochori, Uinau ou Uiniau, qui sans doute l'avait accompagné jusque-là. Ces détails, un peu minutieux peut-être et que l'on n'a jamais relevés, me semblent pourtant dignes de l'être, pour faire toucher au doigt, à travers les siècles et dans sa réalité, l'histoire des émigrations bretonnes.

— Saint Samson traversa cette pointe de la Domnonée insulaire porté sur son char, précédé et suivi de tous ses moines divisés en deux bandes (1) parmi lesquels s'avançaient au premier rang les trois compagnons de sa retraite dans le désert de la Saverne (son père, l'abbé irlandais, le moine de Lan-Iltud), renforcés d'un cousin appelé Hénoc auquel le saint conféra le diaconat et qui l'ayant suivi sur le continent laissa de son existence continentale un historique où son biographe a pris tout ce qu'il a bien voulu nous en apprendre. Samson avait en outre avec lui, je l'ai déjà dit, bon nombre de laïques. Mais il ne voulut pas exposer son père déjà accablé par l'âge aux fatigues de l'exil, il le laissa dans la Domnonée insulaire à la tête d'un monastère construit au lieu d'où il avait extirpé le culte superstitieux, semi-idolâtrique, rendu à la pierre debout (2).

Samson s'embarqua définitivement pour l'Armorique dans le port appelé aujourd'hui Fowey, formé par l'embouchure de la rivière de ce nom. Nous avons déjà dit comment il aborda (vers 548) dans la péninsule armoricaine sur le rivage qui sépare le Coësnon de la Rance, à l'embouchure de la petite rivière du Guioul, et comme il fonda son *lann,* destiné à devenir si célèbre sous le nom de monastère et évêché de D o L, dans un canton entièrement désert, à côté d'un puits ruiné plein de broussailles, habité par des sauterelles (ci-dessus p. 260-261). Dès qu'il eut mis le pied en Armorique, Samson proclama hautement la mission qu'il avait reçue, à laquelle il s'était voué. A toute question sur ce point il répondait :

— « Je suis venu en ce pays envoyé par Dieu pour prêcher l'Évangile de Jésus-Christ, pour retirer les hommes de l'erreur et du péché, pour apprendre aux peuples et aux nations qu'il n'y a pas d'autre dieu que mon Dieu (3). »

Sur la manière dont s'accomplit cette mission nous savons peu de chose. La Vie la plus ancienne se borne à dire : « Samson sema autour de lui des œuvres » admirables et fonda dans presque toute la province nombre de monastères; s'il » fallait tout raconter en détail, cela ne finirait pas. » En conséquence elle ne raconte rien. L'autre biographe, en plus de mots n'en dit guère davantage : « Il ne » cessait de prêcher l'Évangile; il reçut de nombreuses donations, fonda beaucoup » de monastères et établit dans chacun d'eux ses disciples (4). » Son action s'exerça donc par les mêmes procédés ou à peu près que celle de saint Tudual (ci-dessus p. 357-359), mais en sens inverse. La mission de Tudual, partie de la rivière de Morlaix, s'avança de l'Ouest à l'Est vers la baie de Saint-Brieuc et jusque vers

(1) « Præcedentibus se choris fratrum, aliis retro insequentibus, ipse in medio solus, ut decebat, Deum diebus ac noctibus incessanter deprecabatur. » (*Id.* § 47, Ibid. p. 177). C'est tout à fait le même ordre de marche que nous avons vu dans l'histoire de S. Brieuc, ci-dessus p. 304-305.

(2) *Id.* § 52, Ibid. p. 178.

(3) « In hac patria a Deo patre missus sum ad Evangelium Christi prædicandum, ut convertantur homines de erroribus et peccatis suis et cognoscant gentes et populi quia non est deus alius præter Deum meum. » *(Vita II^a S. Samsonis,* ms. d'Angers 719, f. 93 v°). Cf. p. 264 ci-dessus. La Vie de saint Meen parlant de l'arrivée en *Létavie,* c'est-à-dire en Bretagne Armorique, de Samson et de tous ses moines dit : « Quorum adventu patria (Letavia) lætatur, dæmonumque cultibus quibus subdita erat expulsis, amissum gaudet recipere lumen » (*Vit. S. Meven.* § 5, dans *Anal. Bolland.* III, p. 144).

(4) *Vita I^a S. Sams.* I, 52, édit. Mabill. p. 178-179; *Vita II^a* lib. II cap. 2, Ms. d'Angers 719, f. 95.

l'Arguenon; celle de Samson s'étendit aussi jusqu'à l'Arguenon, mais en partant du Coësnon et en marchant de l'Est à l'Ouest. Sur la rive gauche de cette dernière rivière, à une lieue environ de son embouchure, sur l'extrême limite de la Bretagne et de la Normandie, il existe encore un monument, antique et vénérable témoin de la mission apostolique de saint Samson : c'est une cuve baptismale en granit destinée au baptême par immersion, énorme bassin de forme circulaire de 1^m 50^c de diamètre sur une profondeur de plus de 3 pieds, et dont la face extérieure, sensiblement diminuée à sa base, est ornée de huit croix grecques (c'est-à-dire à branches égales) sculptées en relief, encadrées chacune dans une moulure circulaire et séparées l'une de l'autre par une cannelure gravée en creux. Ornement dont le style et le caractère dénotent incontestablement l'époque mérovingienne. Cette cuve existe dans un village de la commune de Pleinefougère appelé encore aujourd'hui l'*Ile Saint-Samson*, qui longtemps fut paroisse au moyen-âge et posséda même dans le principe, comme cette cuve le prouve, la dignité supérieure d'église baptismale. D'où pouvait lui venir ce nom et cette dignité? Un savant archéologue, qui a signalé et décrit ce curieux monument, n'hésite pas à répondre et nous répondons comme lui : « On n'en voit qu'une seule cause, c'est que cette église a dû être à son origine l'une des fondations faites par saint Samson (1). »

Je n'entends pas, évidemment, renfermer les travaux et les prédications de Samson dans l'espace compris entre le Coësnon, ou plutôt, entre la limite orientale de la Bretagne et l'Arguenon; ce fut là le théâtre principal de son action, mais ses enseignements, ses missions évangéliques, ses fondations et celles de ses disciples s'étendirent sans doute beaucoup plus loin dans différentes directions, sans peut-être toutefois beaucoup sortir de la Domnonée. Au cours de ces pérégrinations, Samson ne manqua pas de s'enquérir de la situation non seulement religieuse mais civile et politique du pays. Question d'un grand intérêt pour sa mission, et que d'ailleurs suscitait forcément la physionomie troublée, inquiète, morose de la plupart des habitants. La cause de cette affliction générale c'était la tyrannie de Conomor : honni et détesté de tous depuis la sentence du Menez-Bré, il faisait sentir de plus en plus le poids de son joug. Les Domnonéens contèrent à Samson que leur prince naturel héréditaire, Iona, avait été tué par un chef étranger *(externum judicem)*, car maintenant on ne doutait plus du tout de la culpabilité de Conomor, et comme on le voyait protégé par le roi Childebert et par sa femme la reine Ultrogothe, on faisait assez naturellement, mais à tort, le roi et la reine complices de ce meurtre. On n'eut garde d'oublier le crime le plus récent de l'usurpateur, l'assassinat de Trifine. Quant à l'héritier du trône domnonéen dépouillé par Conomor, le jeune prince Judual, il était, disait-on, retenu en exil chez le roi de Paris; mais il vivait encore et l'on suppliait

_____

(1) *Cuve baptismale de l'Ile Saint-Samson*, article de M. Alfred Ramé, dans les *Mélanges d'histoire et d'archéologie bretonnes*, t. II (Rennes, 1858), p. 51 à 55. — Nous nous faisons un devoir d'attirer l'attention du public sur ce curieux et vénérable monument qui, le croirait-on? sert aujourd'hui d'*auge* dans la ferme de l'Ile Saint-Samson. Nous le recommandons, autant qu'il est en nous, à toute la sollicitude des autorités civiles et religieuses, pour qu'elles en assurent la conservation en le tirant de là le plus tôt possible et le faisant déposer avec honneur dans un édifice public, par exemple, dans la cathédrale de Dol.

Samson de s'interposer pour obtenir son retour en Bretagne, qui entraînerait la chûte du tyran (1). Samson, très ému par ce récit, très désireux de prêter secours au jeune Judual et d'aider la Domnonée à se délivrer du joug oppresseur, voulut cependant agir avec mesure et prudence, et seulement après s'être assuré, d'abord de la réalité des faits, puis de la possibilité de trouver en Bretagne, pour la lutte où l'on voulait l'engager, des alliés sérieux. Essaya-t-il de voir Conomor lui-même? Nous l'ignorons, aucun souvenir de relations directes entre ces deux personnages n'est venu jusqu'à nous. Mais à ce moment même un autre missionnaire breton, sinon disciple immédiat de Samson du moins l'un de ses auxiliaires, émigré dans le même temps en Armorique, se trouva avec le duc de Domnonée en rapport personnel; la relation de cette entrevue est intéressante.

Cet auxiliaire, beaucoup plus jeune que Samson mais son voisin car il sortait lui aussi de la Cambrie méridionale, prêtre et malgré sa jeunesse (trente ans au plus) chef d'une communauté en Grande-Bretagne, passa en Armorique vers 550 avec une trentaine de disciples, aborda dans l'île de Césembre occupée alors par une école monastique dont le chef nommé Festivus invita le nouvel arrivant — dont le nom avait deux formes, *Macut* et *Maclow*, aujourd'hui saint *Malo* (2) — à donner à ses disciples un enseignement dont la profondeur et l'éloquence charmèrent les auditeurs (3). Mais il n'était pas venu dans la nouvelle Bretagne pour tenir école; c'était lui aussi un militant s'il en fut; il était venu combattre pour le Christ, c'est-à-dire contribuer de tout son pouvoir à convertir les débris du paganisme (4) et à semer avec la parole évangélique les institutions propres à relever en Armorique et à y faire prospérer la civilisation chrétienne, matérielle et morale. A peine arrivé, il se mit à parcourir les campagnes aléthiennes et curiosolites, les sillonnant de ses prédications énergiques, éclatantes, qui eurent tout de suite un grand retentissement.

Il résolut d'aller célébrer les fêtes de Pâques à Corseult et d'y chanter, pendant la nuit sacrée du samedi-saint au dimanche, la messe de la Résurrection. Ce n'est point sans dessein que, pour cette grande solennité si émouvante avec ses pompes mystérieuses, ses lumières rayonnant dans les ténèbres, il avait choisi l'antique chef-lieu des Curiosolites qui retenait encore une part de son importance et devait être, par son vaste et célèbre *Fanum Martis* (temple du Haut-Bécherel, ci-dessus p. 115-116 et 178), la dernière citadelle de l'idolâtrie en cette

(1) « Cum omnes regiones in maximo mœrore deprehendisset, causamque ab eis sedule percunctasset, dicunt ei injustum super eos ac violentum externumque judicem venisse atque eorum præsulem Ionam nomine, hereditario ritu illorum terram tenentem, per iniqua munera in manu regis et maxime malæ ejus reginæ inique data, morti tradidisse necnon et filium ejus Judualum captivitati dedisse et morti, sed adhuc vivere confirmabant. » *(Vit. Iᵃ S. Samson.* I, § 53, édit. Mab. p. 179).
(2) Né au pays de Gwent (aujourd'hui Monmouthshire) vers 520. Les deux Vies les plus anciennes de saint Malo ont été mises l'une et l'autre dans leur forme actuelle vers la fin du IXᵉ siècle. L'une (*Vita Iᵃ*) a pour auteur un diacre de l'église d'Aleth appelé Bili; l'autre (*Vita IIᵃ*) est anonyme. Ces deux Vies sont imprimées l'une et l'autre dans le *Bull. de la Soc. archéol. d'Ille-et-Vilaine*, XVI (1884), la *Vita Iᵃ* de p. 167 à 256, la *Vita IIᵃ* de p. 267 à 293.
(3) *Vit. Iᵃ S. Maclovii* lib. I, cap. 35, 39, dans *Bull. Soc. arch. d'I.-et-V.*, XVI, p. 192 et 194.
(4) « Tunc cœpit Machlouus antistes docere populum et ad viam veritatis adducere; sanctus vero Samson eadem sua in urbe agebat, qui copsanguineus Machloui atque Maglorii existebat. » (*Vita IIᵃ S. Maclov.*, dans *Bull. de la Soc. Archéol. d'Ille-et-Vil.*, XVI (1884) p. 282-283 .

région. Les clercs qui accompagnaient Malo, faisant les préparatifs de la fête, s'aperçurent qu'ils n'avaient dans leurs bagages ni vin ni calice pour la consé-cration eucharistique. Pendant que l'on en cherchait dans la ville de Corseult, Conomor avec une suite nombreuse, par hasard semble-t-il plutôt que de dessein formé, arriva là (1) et y rencontra un convoi funèbre qui venait enterrer un jeune homme de noble race avec des pleurs, des sanglots dont le duc de Domnonée fut ému. Plusieurs personnes lui montrant l'église où Malo devait célébrer la messe :

— « Il y a dans cette église, lui dit-on, un saint prêtre de vie immaculée appelé Malo qui a fait beaucoup d'œuvres admirables. Si tu le lui demandais, seigneur, il pourrait, en invoquant son Dieu, ressusciter ce mort. »

Le duc de Domnonée entrant dans l'église « fit semblant de prier Dieu » (2) et dit :

— « Où est l'homme dont vous m'avez parlé ?

— » Le voici, il gît prosterné en terre priant son Dieu.

— » Qu'il se lève et qu'il vienne devant nous. »

Malo vint, mais il ne salua pas le comte, et le comte ne lui demanda pas sa bénédiction (3). Tous ceux qui étaient là supplièrent Malo de ressusciter le mort.

— « Ce n'est pas moi, c'est le Dieu tout-puissant, dont je suis le serviteur, qui peut le ressusciter. »

Emu de leurs supplications il ajouta :

— « Apportez le cadavre dans l'église, qu'on célèbre devant lui l'office des morts. »

« Beaucoup tournaient la chose en dérision (4), les autres attendaient l'événement. Le cadavre entré dans l'église, Malo fit sortir tout le monde excepté les clercs et se prosterna auprès du cadavre priant Dieu du fond du cœur. Quand il se leva de terre, le mort se leva de son cercueil. »

Dans « cette foule innombrable /innumerabiles populi/ » rassemblée par le désir de contempler les grandes cérémonies pascales (5), il y avait certainement bien du mélange; les païens attirés par la pure curiosité, très portés à se moquer des moines, y étaient au moins aussi nombreux que les chrétiens. Mais tous, les uns et les autres, appelaient avec impatience la messe solennelle que Malo devait célébrer. L'office retardé par ces divers incidents commence; après l'Évangile, au moment de la consécration, tout s'arrête. On n'a pu trouver dans tout Corseul ni vin ni coupe propre à servir de calice : impossible de ne pas voir là un refus concerté entre les païens de cette ville pour mettre les chrétiens dans l'embarras et faire échec à Malo. Le comte Conomor et le peuple murmurent, se plaignent

---

(1) « Interea, dum populus expectabat, comes advenit nomine Cunmor, qui tunc dux erat Domnonicæ regionis (Vit. Iª S. Maclov. I. 74) dans Bull. de la Soc. arch. d'Ille-et-Vilaine, XVI, p. 213-214. — Dans notre texte, tous les passages entre guillemets sont traduits littéralement.

(2) « Orationem simulans » (Id. I, 75, Ibid. p. 214).

(3) « Ille venit, nec comitem salutavit nec comes benedictionem postulavit » (Id. Ibid. p. 214-215).

(4) « Multi deridebant. » (Id. Ibid.) Ils se moquaient de Malo évidemment ; il y avait donc là beaucoup de païens.

(5) « Innumerabiles populi erant expectantes missarum solemnia... et precabantur omnes ut ille (Machutus) illo die missam celebraret » (Vit. Iª S. Macl. I, 74 et 76, dans Bull. Soc. Arch. d'Ille-et-Vil. XVI, p. 213 et 215).

hautement de cette interruption (1). Le saint sort de cet embarras en faisant d'une pierre de l'autel un calice et en changeant de l'eau en vin (cf. ci-dessus p. 121) : et ainsi il put achever la messe.

Cette entrevue d'un moine très saint, très vénéré, et du duc de Domnonée est caractéristique. Comment reconnaître ici ce Conomor qui se jetait à bas de son cheval pour vénérer la tombe de saint Hernin et qui comblait de dons saint Goëznou ? Son langage envers Malo est rogue et insolent, mais il n'ose pas lui demander sa bénédiction ; Malo de son côté évite de le saluer et le comte n'ose s'en plaindre. Il se sent excommunié, maudit, écrasé sous l'anathème du Menez-Bré. Il semble venu là pour faire alliance avec les païens de Corseult qui se plaisent à tourner le saint en dérision.

La scène étrange de Corseul, lorsque Samson en eut connaissance, ne put que le persuader davantage de la nécessité d'arracher au joug de Conomor la malheureuse Domnonée. Avant de prendre un parti définitif et d'entrer dans l'action, il voulut connaître avec certitude et exactitude complète l'histoire de Trifine et savoir quelles seraient, en cas de lutte, les dispositions du comte Weroc ; il envoya donc à ce prince un de ses disciples fort intelligent, fort éloquent (2), en qui il avait grande confiance, nommé *Meuen*, *Mewen* ou *Mewan* et que nous appelons saint Meen, né dans la Cambrie au pays de Gwent comme Malo, et du même âge environ (3).

Pour aller du pays de Dol à celui de Vannes, il fallait traverser dans toute sa hauteur du Nord au Sud l'immense forêt de Brecilien. Mewen avec quelques compagnons se lança bravement dans ce désert inconnu, où il ne s'attendait à voir que des cerfs et des loups. Pourtant il y fit une autre rencontre. Un Breton émigré appelé Caduon s'était avec sa famille enfoncé sous ces ombrages jusqu'au bord de la rivière du Meu, vers les lieux qu'occupe aujourd'hui le bourg de Gaël ; il s'était taillé là un vaste domaine que nul ne lui disputait. Mais la mort lui ayant ravi ses enfants, ses héritiers naturels, il avait perdu le courage nécessaire pour continuer ce laborieux défrichement, et maintenant uniquement voué à une vie pieuse, il passait une grande partie de son temps à se promener dans ses bois, surtout sur les bords de sa rivière, pour y découvrir les étrangers, les pèlerins plus ou moins fourvoyés dans ces parages et leur offrir l'hospitalité. Dans une de ces promenades il rencontra Mewen et l'invita ainsi que ses compagnons, de la façon la plus pressante, à prendre gîte chez lui. Comme les moines s'excusaient, craignant de gêner, d'encombrer le logis de Caduon :

---

(1) « Tunc magna perturbatio inter clericos erat, pro confusione comitis videntis et populi adstantis » (*Id.* I, 76, *Ibid.* p. 215).

(2) « Affluentis eloquentiæ doctrina insignis. » *(Vit. S. Mevenni* § 6 dans *Analecta Bollandiana* III, p. 145). Cette Vie, sérieuse, sincère, peu chargée de miracles, doit avoir été mise dans sa forme actuelle au IXe siècle, comme beaucoup d'autres Vies de nos vieux saints bretons.

(3) C'est-à-dire, né en 520 environ. Il avait deux noms *Conaidus Mevennus,* sous la forme bretonne *Conaiz Meuen* ou *Mewen* — sa Vie nomme son père *Gerascenus,* forme bretonne *Gherasken.* Il était né dans un canton du pays de Gwent que sa Vie appelle *Orcheus pagus,* et qui semble répondre à un district appelé anciennement *Erkyc,* puis *Ergyng,* et aujourd'hui *Archenfield,* au Sud de la Wye dans le comté actuel d'Hereford, mais limitrophe du Monmouthshire, et qui devait faire partie du royaume breton de Gwent ; voir *Liber Landavensis,* édit. 1840, p. 67 et 311.

— Du tout, du tout, dit le bon tiern. Ma maison d'habitation est très grande, et *j'ai beaucoup de paille et de foin* pour coucher mes hôtes (1).

A la fin ils acceptèrent, Caduon les régala plantureusement (2), les moines payèrent leur écot en chantant pendant une partie de la nuit les louanges de Dieu. Caduon charmé supplia Mewen de venir à son retour s'établir près de lui :

— Mon domaine, insista-t-il, est fort étendu et il est presque entièrement désert, ainsi tu pourras avec tes moines servir Dieu en toute tranquillité. Pendant ma vie vous l'habiterez avec moi, et comme je n'ai pas d'héritiers, après ma mort il sera à vous pour toujours.

Mewen lui promit de le venir voir en retournant à Dol. Puis il se rendit chez le comte Weroc qui le reçut fort bien et le combla de présents pour son maître Samson : quant à l'objet spécial de sa mission nous en parlerons plus loin. Lorsque Mewen repassa ensuite chez Caduon, celui-ci redoubla d'efforts pour le retenir :

— Allons, homme de Dieu, promène-toi dans ce domaine, fais-en le tour, tu verras comme il est grand et de bonne qualité ; il s'étend des deux côtés du Meu ; des deux côtés il sera à toi ; en un mot, je te donnerai tout ce qui compose cette terre, qu'on appelle Tréfoss (3).

Mewen, touché des pressantes et affectueuses instances de Caduon, promit enfin de s'y rendre, sous la condition, bien entendu, d'en obtenir l'agrément de son maître. Revenu à Dol il commença par rendre compte à celui-ci de sa mission. L'hagiographe a gardé sur ce point un silence complet, mais comme nous verrons Samson s'engager tout à l'heure dans la lutte contre Conomor, il est clair que les réponses faites par le comte Weroc devaient être de nature à exciter et encourager le vaillant évêque dans cette voie. Mewen lui ayant ensuite fait part des offres de Caduon, obtint de Samson et de toute la communauté l'autorisation de les accepter et partit, avec la bénédiction de son maître et de tous ses moines, pour retourner près de son hôte. Samson partit de son côté non pour la grande forêt mais pour Paris. Il allait demander au roi Childebert la liberté de Judual, afin de l'opposer à Conomor et de renverser le tyran.

Laissons-lui le temps de traverser la Gaule et d'arriver à Paris — et voyons son disciple Mewen fonder, parmi les antiques futaies et les halliers séculaires de Brecilien, un *lann* non d'un nouveau genre mais d'un nouveau site. Jusque-là tous les monastères importants fondés par les Bretons en Armorique se trouvaient soit au bord de la mer soit au moins dans la zône littorale ; aucun n'était enfoncé comme celui-ci dans l'intérieur des terres et sous les voûtes ténébreuses des bois interminables. Ce *lann* est le premier effort puissant tenté par la colonisation bretonne pour entamer, disloquer la grande forêt centrale de la péninsule armoricaine ; cet effort sera suivi de plusieurs autres, et nous verrons

---

(1) « Palearum quippe et feni plurimum habeo, et est mihi spatiosa domus ad manendum. » *(Vita S. Mevenni* § 6 dans *Analecta Bollandiana* III, p. 146). La naïveté de ces mœurs reporte le fond de cette Vie à une haute antiquité.

(2) « Benignus hospes, grande convivium faciens, caritativum amorem famulo Dei exhibuit. » *(Id.* § 7, Ibid.).

(3) « Perambula et gyra circa istam terram, famule Dei. *Cis enim fluvium Modonem et ultra eam* posside. Terrula quam tibi do Transfossa nominatur. » *(Id.* § 7, Ibid.).

bientôt du côté de l'Est cet immense réseau silvestre longtemps invulnérable, infrangible, percé de nombreuses clairières comme une écumoire, s'ouvrir et se désagréger peu à peu. Fixons d'abord d'une façon précise — du moins autant que possible — la situation du monastère fondé par Mewen sur le domaine de Tréfoss à lui donné par Caduon. Cette situation ne pouvait être le lieu occupé depuis le XIᵉ siècle par l'abbaye de Saint-Meen dont l'église existe encore dans la petite ville de ce nom. Caduon habitait immédiatement les bords du Meu (1); le domaine donné à Mewen était traversé par cette rivière. Or le Meu coule à 5 kilomètres de l'abbaye et de la ville actuelle de Saint-Meen : ce n'est donc pas là qu'habitait Caduon ni que pouvait se trouver la terre de Tréfoss où Mewen bâtit son *lann*. Le territoire de Gaël répond au contraire très bien à la situation décrite dans la Vie de saint Meen ; aussi la tradition donne-t-elle le nom de Saint-Jean *de Gaël* au monastère primitif du saint (2). S'il n'occupait pas le lieu même du bourg actuel de Gaël (ce que l'on ne peut affirmer) il était quelque part tout près du Meu sur le sol de cette paroisse.

Nous pouvons d'ailleurs ici constater une fois de plus la fidélité des moines bretons à leurs usages et, entre autres, au système original de leurs constructions monastiques. Mewen commence par choisir un lieu désert, ce n'était pas difficile à trouver; celui-ci était à souhait, il n'avait absolument d'autres hôtes que des bêtes sauvages : *Desertus locus, ferarum habitatio tantum.* En ce lieu les moines bâtirent d'abord leurs petites logettes à part les unes des autres et quelques bâtiments légèrement construits pour l'usage commun (*cellulas et parva tuguria*) : au milieu de ce village monastique Mewen fit sourdre une fontaine. Puis il chercha un terrain plus large et plus découvert pour y installer l'oratoire, c'est-à-dire l'église de la communauté qui fut mise sous le patronage de saint Jean-Baptiste (3). La vertu du fondateur, la renommée de son éloquence, la situation de cette maison dans une région où il n'existait aucun autre établissement important de ce genre, y attirèrent grand nombre de disciples et d'écoliers, en sorte que le monastère prit vite un grand développement (4).

Avec ce personnel foisonnant le fondateur attaqua résolûment la forêt, y fit de grands défrichements, y installa de belles cultures qui promettaient d'opulentes moissons. Mais des voisins incommodes, cerfs, daims, loups, sangliers, tous les fauves de Brecilien, brisèrent les clôtures et se ruèrent sur les champs où le blé verdoyait gaîment et croissait à plaisir. Les uns le broutaient à belles dents, les autres le foulaient, le dévastaient misérablement. Les pauvres moines allèrent se plaindre à l'abbé et, selon la légende, il suffit à celui-ci de gronder sévèrement les ravageurs pour en débarrasser ses cultures. Quant aux disciples, ils s'ingénièrent à faire bonne garde, à tendre des pièges (5), ce qui leur réussit bien

(1) « Caduonus usque ad Modonem fluvium quotidie deambulabat. » *(Vit. S. Meven.* § 6, dans *Anal Bolland.* III, p. 186).

(2) Voir Lobineau, *Vie des SS. de Bret.* édit. in-fol. 1725, p. 140 et 151.

(3) « Deinde, circumspectis undique locis, apertiorem cæteris elegit, ubi in honore S. Joannis Baptistæ oratorium Domino consecravit. » *(Vit. S. Meven.* § 10, dans *Anal. Boll.* III, p. 148).

(4) « Majus monasterium (Mevennus) construxit. » (*Id. Ibid.*).

(5) « Excubiæ et insidiosa retinacula per gyrum construi deberent (disent les disciples), quatinus tanti laboris fructum salvum habere valeremus. » (Id. § 14, dans *Anal. Boll.* III, p. 151).

De façon ou d'autre on arrêta la fureur de ces voraces, et les cultures s'étendirent
de plus en plus autour du monastère.

Cependant Samson était à Paris. Il se rendit au palais de Childebert; en y
entrant il vit un seigneur frank d'un rang élevé se débattre dans une de ces
crises étranges, effrayantes, que l'on regardait comme causées par l'obsession
diabolique. Samson trouva le moyen de l'apaiser, de le délivrer de son mal, et
le comte ainsi guéri se fit l'ami, le champion, l'introducteur de l'évêque breton.
Samson avait besoin d'un fort auxiliaire ; il allait trouver devant lui de terribles
obstacles. Conomor, avisé de la démarche de l'évêque, avait semé l'or chez les
Franks pour se faire des amis et comblé de présents la reine Ultrogothe elle-
même, qui excita à faire échouer l'entreprise de Samson tous ses *fidèles*, tous ceux
qui s'étaient placés sous sa recommandation et sa protection particulière. Dans
les idées du temps c'était un devoir pour les fidèles, les recommandés, les clients,
de servir avec ardeur toutes les volontés, toutes les passions de leur patron, et
quand celui-ci était puissant, quand c'était comme ici une personne royale, le
zèle des clients devenant très volontiers excessif allait souvent fort au-delà des
désirs du patron. Il n'y a donc pas trop à s'étonner des mauvais traitements,
même des attentats auxquels Samson fut en butte parmi les Franks ; ils n'étaient
pas sans doute, quoi que dise l'hagiographe, commandés directement par la
reine ; ils étaient le fait de patronnés, de serviteurs trop zélés qui espéraient se
rendre agréables et se croyaient au moins sûrs d'être couverts, soutenus en tout
ce qu'ils feraient pour seconder le ressentiment de leur maîtresse.

Le roi lui-même, un peu hésitant à certain moment dans ses sympathies pour
Conomor (voir p. 408), semblait redevenu maintenant très zélé pour sa cause.
Quand Samson lui exposa sa requête, lui remontra l'injustice faite à Judual par
la captivité et l'exil dans lequel on le retenait et conclut en priant Childebert
de rendre la liberté au jeune prince et de le remettre entre ses mains, ce prince
répondit brutalement que jamais Samson ne verrait Judual en vie (1). L'évêque
avec son obstination bretonne reprit ses arguments, en donna de nouveaux,
insista sur la justice de sa cause, et toujours d'un ton très doux. On lui répondit
par un nouveau refus plus sec, plus amer, plus violent. Le sentiment de la
justice méconnue et méprisée fit bouillir le sang du moine breton : il se leva en
courroux pour sortir, maudissant tous ceux qui lui refuseraient la liberté de
l'innocent, et il sortit en effet dans une sainte colère, le comte qu'il avait guéri
l'accompagnant et criant aussi haut que lui (2).

(1) « Volente illo cum rege fabulari ac de Judualo ut sibi dimitteretur sermocinante, negatio
impudens adfuit, ita ut nunquam eum vivum videre dicebant » (*Vita I* S. Sams.* 1, § 55, édit. Mab.
p. 179).

(2) « Sanctus autem Samso, videns ejus sermonem eos in nihilum ducere, iratus voluit ab eis
discedere, minans degenerari eos a suis seminibus si quem rogabat donare ei noluissent, furibunde
egrediens clamante cum illo comite a quo dæmon fuisset ejectus, et multis hortantibus regem ne
sanctus Dei offenderetur. » (*Id.* Ibid.) — Cette scène est très vivante et, étant donné le caractère peu
commode des saints bretons quand ils voyaient la justice foulée aux pieds, elle n'a rien d'invraisemblable ; je suis porté à croire seulement que le *furibonde*, qui a scandalisé Lobineau, se rapporte
plutôt au comte qu'à l'évêque.

La plupart des seigneurs franks présents à cette scène engagent alors vivement le roi à ne pas irriter davantage le serviteur de Dieu. Childebert pour l'apaiser l'envoie chercher et lui offre de communier (*communicare*) avec lui, c'est-à-dire de boire et manger ensemble en signe d'amitié. Le saint accepte ne pouvant faire autrement ; quand on lui présente la coupe, il fait dessus le signe de la croix, le verre se brise et l'on découvre que la boisson était empoisonnée (1).

Cet attentat — que l'hagiographe impute à la reine — indigne tous les assistants ; le roi s'en montre très mécontent — et ainsi se termine la première entrevue de Childebert et de Samson.

Celui-ci, on le pense, ne lâcha pas prise. Il revint à la charge, et Childebert consentit enfin non à lui rendre Judual mais à lui permettre de le voir. C'était quelque chose : aussitôt la reine et ses fidèles de recommencer, de redoubler leur opposition. L'hagiographe rapporte de leur part toute une série de complots contre Samson : quand il veut se rendre au lieu où est gardé Judual, on lui donne pour monture un cheval furieux ; un autre jour on lâche un lion contre lui, puis on l'envoie combattre un dragon, etc. Le saint, bien entendu, se tire à son avantage de tous ces périls. Mais ce qu'on doit retenir de là, c'est qu'il lui fallut longtemps lutter, longtemps rester à Paris, subir et écarter de nombreux obstacles avant de mener à bien son entreprise.

Enfin, grâce à la ténacité bretonne, à l'énergie invincible de son cœur, à la puissance de sa vertu quand il s'agissait de combattre pour la justice, Samson triompha de toutes les résistances. Même le charme de sa sainteté, la force de sa volonté s'imposèrent tellement à Childebert que le roi, soumis à son ascendant, pour s'assurer sa présence fréquente à sa cour ou dans son voisinage, lui donna un vaste et beau domaine vers l'embouchure de la Seine sur la rive gauche de ce fleuve, et voulut y faire construire à ses frais un monastère à l'usage de l'abbé-évêque breton. Ce monastère fut établi sans doute à la mode bretonne, car Samson l'appela son Peniti, ce que les latinistes du temps traduisirent par *Penitale monasterium*, et d'autres ne comprenant rien à ce *Penitale* en firent ensuite *Pentale monasterium*, ce dont on a fini par faire en français monastère *de Pental*, prenant ce mot de Pental pour un nom de lieu, contre-sens de la plus belle eau, car le nom primitif émanant de saint Samson signifiait simplement que quand l'évêque était chez les Franks cette maison était son *penili*, c'est-à-dire le lieu où il se retirait pour vaquer à ses austérités. Autour de ce monastère on éleva plus tard plusieurs églises sous le patronage de saint Samson, et le domaine lui-même forma, sous le nom de Saint-Samson de la Roque, une belle seigneurie que les évêques de Dol, successeurs de saint Samson, conservèrent jusqu'au XVIIIe siècle, époque où ils finirent par la vendre (2).

Ce qui importait bien plus à Samson — Childebert lui remit entre les mains

(1) « Tunc S. Samso, non spontaneo sed necessario ritu *communionem* subiit » (*Id. Ibid.*) Cette *communio* est définie par Du Cange *mensa communis*, boire et manger ensemble, mais on ne buvait pas à la même coupe. Notre texte nous montre Samson et le roi assis côte à côte : *Samsone juxta regem sedente*. On apporte au roi un vase à boire *(vasculum)*, et à S. Samson un autre, en verre *(vitrum)*, où, selon l'hagiographe, la reine avait fait mettre du poison. C'est la reine aussi, selon lui, qui avait eu l'idée de cette « communion. »

(2) Les paroisses de cette seigneurie au nombre de quatre — Saint-Samson de la Roque, Saint-Samson sur Risle, Conteville et le Marais-Vernier — relevaient au spirituel de l'évêque de Dol.

le jeune Judual et l'autorisa à le ramener en Bretagne. La plus ancienne Vie du saint est extrêmement brève sur les événements très importants qui suivirent la délivrance de ce prince ; tout se borne à une phrase dont voici la traduction :

« Sur le désir du roi, Samson laissa des moines dans son monastère de la Seine, puis se rendit par mer avec Judual dans les îles Lesia et Angia (1). Dieu donna à celui-ci [pour soutenir sa cause] un grand nombre d'hommes bien connus de Samson et qui tous d'accord entre eux vinrent, sur son appel, avec lui et Judual, en sorte que d'un coup celui-ci abattit Conomor, violateur de toute justice, et ensuite régna lui-même, ainsi que sa postérité, sur toute la Domnonée (2). »

Du moins voit-on en ce peu de mots le dessin des événements qui mirent fin à la domination de Conomor et qui se trouvent sur certains points mieux précisés dans la seconde Vie de saint Samson. L'archipel du Cotentin était à cette époque tout peuplé de Bretons émigrés (3) en relations directes et fréquentes avec la Domnonée. Judual et Samson se trouvaient là hors des atteintes de Conomor et cependant très bien placés pour organiser et exciter leur parti. Cela demanda probablement quelques mois. Quand on sut en Domnonée que le jeune prince était si près, l'opinion soulevée contre Conomor éclata, de toutes parts on manda à Judual :

— Viens venger ton père, nous te soutiendrons !

Mais il fallait qu'il parût d'abord avec une force capable de servir d'appui et de point de ralliement à ses partisans ; sans quoi ceux-ci, dépourvus de chef, de centre, d'organisation, craignant de rester isolés à la merci de l'armée de Conomor, n'osaient éclater. Judual forma dans les îles un corps de troupes peu nombreux mais très solide et débarqua sur le continent, probablement dans le pays de Dol où l'influence de son protecteur Samson était très puissante. A peine débarqué, autour de lui accoururent ses partisans, en très peu de temps il fut à la tête d'une armée nombreuse (4). Conomor prévoyant qu'elle irait toujours en grossissant, voyant la Domnonée entière soulevée contre lui, s'empressa de marcher contre son rival et de l'attaquer. Il fut successivement, dans deux combats, vaincu, mis en fuite (5). Une troisième bataille, qui fut une troisième défaite, mit fin à la lutte ; Judual tua le tyran d'un coup de javelot, la première Vie le dit nettement : « *Commorum uno ictu prostravit.* » La seconde est

---

(1) *Angia* est certainement Jersel, et *Lesia* ou *Resia* probablement Guernesel, — quoique certains auteurs appliquent ce nom à une île autrefois, selon eux, assez étendue et dont il ne reste plus que le groupe de rochers dit plateau des Minquiers.

(2) « Volente itaque S. Samsone cum Judualo ad Britanniam remeare et rege libenter concedente... fratresque inibi (in monasterio) cum regis hortatu ad opus Dei exercendum dimittente, Lesiam Angiamque, marinas insulas, prospero navigio petierunt, atque homines multi (*sic*, multos) S. Samsoni satis cogniti (cognitos) ejus hortatu unanimes secum et cum Judualo Deus dedit, ita ut Commorum injuste violantem uno ictu prostraverit, et ipse postea in tota cum sua sobole regnaverit Domnonia. » *(Vit. I*ᵃ *S. Sams.* § 59, édit. Mab. p. 180).

(3) Nous en verrons la preuve au chapitre suivant, à l'occasion de S. Magloire.

(4) « Multi viri ex tota provincia ad Judwalum veniebant dicentes : « Veni et vindica patrem tuum, et nos ibimus tecum. » Tunc demum, multis ut iret deprecantibus, cum licentia et benedictione S. Samsonis perrexit, et quanto per regionem longius pergebat, tanto amplius multiplicabatur ejus exercitus. » *(Vit. II*ᵃ *S. Sams.* lib. II cap. 17, dans Ms. d'Angers 719, f. 105).

(5) « Conmorus cum toto exercitu suo obviam ei (Judualo) occurrit. Duobus preliis fugit Conmorus, multis de parte ejus occisis. Tertio demum prelio commisso, Conmorus victus uno jaculo ex manu Judwalli defossus fuit. » *(Id. Ms. d'Angers, ibid.)* Un autre ms. porte : « Uno jaculo ex manu Juduali perculsus, defunctus est. » (Bl.-Mant. XXXVIII, p. 842).

encore plus explicite : « *Conmorus victus, uno jaculo ex manu Judwali perculsus, defunctus est.* »

Albert Legrand donne sur cette bataille des détails entièrement fantastiques (1), mais quant au lieu du combat, il a recueilli une tradition réellement populaire, conservée jusqu'à nos jours, suivant laquelle cette action se serait livrée « en la » plaine qui est (écrit-il) entre la forest de Gerber (lisez *Gouerbeg)* où de present » est l'abbaye de Nostre-Dame du Releq, et l'entrée de la montagne d'Aré, en la » paroisse de Plounéour-Menez, diocese de Léon (2). » Cette tradition a été constatée de nouveau il y a un demi-siècle par un homme d'un esprit distingué, fort au courant des choses populaires du pays de Léon, M. Guillaume Le Jean : « Les détails, dit-il, donnés par Albert Legrand (sur le lieu de la bataille) sont conformes à la tradition locale, qui place le théâtre du combat à *Brank-Halleg* (Branche de saule), grande lande voisine du couvent du Releq. Il y a trente-cinq ans, on voyait encore au village voisin de Mengleuz (1900ᵐ au N.-O. du Releq) une grande pierre plate (schiste ardoisier de Plounéour) appelée dans le pays *Men-Bez-Comor* (Pierre tombale de Comorre). Les noms des lieux voisins de Mengleuz et de Brank-Halleg (ces deux localités se touchent) sont très significatifs : *Roc'h Conan* (la Roche du chef), *Ban Lac'h* (la Butte du massacre), *Rosarc'han* (le Coteau de la bataille) etc. (3). » — Cette localisation concorde bien avec toutes les indications, toutes les convenances historiques et stratégiques. Judual vient débarquer de Jersei sur la côte de Dol ; Conomor accourt au devant de lui *(obviam ei)*, la première bataille se livre tout à fait dans l'Est de la Domnonée, probablement sur la Rance. Le tyran vaincu recule et va chercher vers le milieu de ses états une seconde ligne de défense, par exemple derrière le Trieu. Vaincu de nouveau il recule encore, il recule vers le Poher qui est son lieu d'origine, sa province la plus dévouée, où il espère trouver de nouvelles ressources, en même temps une vraie forteresse avec ses montagnes ; à ces montagnes il s'adosse pour livrer la lutte suprême : derrière le Releq se dressent les sommets de Tredudon le Moine et de Roc ar Feunteun avec 303, 347, 364 mètres d'altitude. La vieille tradition qui place là cette dernière lutte doit donc être regardée comme très sérieuse, et il semble naturel de donner à cette action le nom de bataille de Brank-Halleg. Elle eut lieu en 554 ou 555, nous reviendrons tout à l'heure à cette chronologie.

Ainsi finit Conomor. Il a beaucoup occupé l'histoire et encore plus la légende qui l'a tout particulièrement maltraité, qui en a fait le type du tyran scélérat, l'a flétri du nom de *Comorre le Maudit* et s'est refusée à lui accorder aucun mérite, pas la moindre bonne action, pas le moindre bon sentiment, au point que le P. Albert Legrand, dernier représentant de la légende, trouvant dans les documents historiques quelques actes pieux, généreux ou charitables inscrits au nom de Comorre ou Conomor, n'a pas hésité à créer, pour les lui attribuer, un second Comorre qui n'a jamais existé, dont il n'y a trace nulle part, et qu'il fait fils du

(1) Albert Legrand, édit. 1680, p. 305, Vie de S. Samson § xiv.
(2) Plounéour-Menez est absolument sur la limite du Léon et du Poher.
(3) Ces renseignements sont consignés dans une note que M. Le Jean avait rédigée à ma demande et que j'ai imprimée tout entière dans mon article DOMNONÉE de la *Biographie Bretonne* (1852) I, p. 531 note 1.

premier, celui-ci étant déclaré radicalement incapable de tout ce qui n'est pas crime, vice ou péché (1). Les anciens chroniqueurs, malgré leurs préventions, sont plus justes envers lui ; la *Chronique de Saint-Brieuc,* par exemple, avoue que « ce Conomor, le plus méchant des hommes, donna cependant de grandes » franchises et de grands domaines au saint moine Goëznou et à son église située » dans le pays d'Ocismor, comme il est dit plus au long en la légende de ce saint » conservée à Lan-Gouëznou (2). » — A force de noircir Conomor, d'en faire une sorte de *bête du Gévaudan* étrangère à tout sentiment humain, à force de lui refuser toute justice, même les moindres circonstances atténuantes, on a fini par le rendre dans une certaine mesure « intéressant. » Un forfait épouvantable, une horrible tache de sang demeurera à tout jamais sur son nom, l'attentat contre Trifine ; mais c'est le seul crime prouvé contre lui. Pour ses péchés d'ambition, d'usurpation, cela est malheureusement de tous les temps et cela fleurit dans les siècles les plus civilisés.

Si d'ailleurs on le regarde par ce côté, c'est celui qui lui sera le plus favorable. Il n'a pas seulement eu de l'ambition, ce qui est à la portée de tout le monde, mais son ambition lui a inspiré un plan, une idée, une idée haute et grande pour son temps, d'une importance capitale pour la nation bretonne d'Armorique : l'idée d'unir en un seul état toutes les petites principautés éparpillées dans la péninsule par les émigrés bretons. Maître de la Domnonée, du Poher et du Léon il possédait la moitié de la Bretagne ; joignant à cela le Vannetais, il en eût eu les trois quarts, il eût enveloppé, enserré de toutes parts la Cornouaille qui au premier moment favorable ne pouvait manquer de tomber entre ses mains. La résistance de Weroc remit tout en question, ajourna la solution indéfiniment. Cet obstacle imprévu, surgissant au moment même où il croyait toucher à la réussite, mit Conomor dans une colère folle. Car il était très irritable et, comme les demi-barbares, ne savait pas contenir son courroux. Grande infériorité chez un ambitieux, dont la première qualité est un flegme imperturbable doublé de la faculté de manifester ou de simuler la colère seulement quand cela peut servir ses intérêts (3). Déjà une fois cette colère aux éruptions soudaines, furieuses, incompressibles, lui avait joué un très mauvais tour quand, en face du malencontreux songe de sa première femme, il avait révélé à tout le monde sa résolution

---

(1) D'autres, aussi choqués que le P. Albert des quelques bonnes actions attribuées à Conomor, ont imaginé une autre explication plus alambiquée et non moins fausse : selon eux, Conomor ou *Con-Mawr* n'est pas un nom propre, c'est un titre qui signifie *grand chef* et que prenaient pour se rehausser les petits chefs bretons. (Voir Kerdanet, *Vies des SS. de Bret.* d'Albert Legrand, édit. 1837, p. 659, notes). C'est là une pure invention dont il n'y a aucune trace dans les documents ; Conomor est un nom propre d'homme usité dans l'une et l'autre Bretagne et nullement un titre de dignité.

(2) Voici tout ce passage de la *Chronique de Saint-Brieuc,* qui est bon à citer : « Et primo videamus gesta Conomori tyranni. Iste enim Conomorus erat in Britannia præfectus pro et nomine Childeberti Francorum regis : qui tyrannice per spatium XIII annorum Britanniam post mortem Ionæ usurpavit... Postquam enim Conomerus tyrannus occidisset Ionam pestifera cupiditate ductus, in se gubernaculum regni, tanquam princeps licet pseudo, assumpsit, majoremque partem patriæ in sua gubernatione retinuit et occupavit, usque ad deliberationem et adventum Juduali. Quo tempore durante, *quamvis fuisset homo pessimæ conditionis, quamplurimas possessiones et franchisias religioso viro sancto Goueznovio et ejus ecclesiæ,* in territorio Ocysmorensi sitæ, *concessit et donavit,* ut plenius in legenda ipsius apud ecclesiam Lande Goueznovii continetur. » (Biblioth. Nat. ms. lat. 9888, f. 35 vº et 36 rº ; et D. Morice, *Preuves* 1, col. 15-16).

(3) Si l'on veut connaître, étudier un maître en cet art, il faut lire le livre si curieux de M. Huon de Penanster, sénateur, intitulé : *Une Conspiration en l'an XI et en l'an XII.*

formelle d'usurper même par un meurtre le trône de Domnonée. La seconde
éruption de cette insensée colère lui fut encore plus fatale : tombant comme une
avalanche sur la tête la plus innocente, la plus pure, la plus touchante, elle fit
du tyran, pour tous les Bretons, un maudit, un monstre marqué au front du
signe des damnés. Et pourtant même dans ce forfait peut-être entrait-il moins de
corruption scélérate que de fougue et de fureur barbare. Je n'insiste pas ; loin
de moi de me constituer l'avocat de Conomor ; je veux seulement garder même
envers lui la règle de justice impassible et impartiale qui est le devoir de
l'histoire. Justice qui ne permet pas de méconnaître qu'avant Nominoë Conomor
est à peu près le seul chef breton qui ait eu une idée politique, celle de faire des
tribus brito-armoricaines éparses dans la péninsule une seule nation. Idée
capitale : sans cela il n'y aurait pas eu de Bretagne.

La première action de Judual après la mort et la défaite du tyran fut de
témoigner hautement à Samson toute sa reconnaissance et toute sa vénération,
qu'il ne cessa de manifester jusqu'à sa mort par une pleine déférence pour ses
désirs et pour ses conseils. Il fit plus, il lui donna le pouvoir épiscopal sur toute
la Domnonée, et cet acte est à proprement parler la création de l'évêché de Dol ;
voici comme s'exprime à ce sujet la seconde Vie du saint :

« Judual se réjouissait de l'affection de Samson envers lui et, se sentant aimé
comme un fils, il se plaisait à augmenter au profit du saint et du service de Dieu
les possessions de son monastère. Le saint de son côté s'appliquait à le diriger, à
travers les difficultés de la royauté, vers la patrie céleste. Alors Judual, pour
lui-même et pour toute sa postérité, adopta Samson pour père et pour mère
jusqu'à sa mort, et il lui donna, à lui et à tous ses successeurs, l'autorité pontificale sur toute la Domnonée (1). »

Quelle modification résulta de là dans l'organisation religieuse de ce pays ?
Nous examinerons cette question dans le second volume de notre *Histoire de
Bretagne*. Pour traiter d'ensemble l'origine et l'organisation des évêchés fondés
dans la péninsule armoricaine par les émigrés bretons, il faut attendre d'être
arrivé au milieu du IX° siècle et à la révolution ou réforme ecclésiastique accomplie
à cette époque. Disons seulement que l'autorité pontificale attribuée à Samson
par Judual n'ôta rien sans doute à celle que les chefs des grandes abbayes
(Val-Trecor, Lavré, Champ du Rouvre, Gaël et peut-être dès lors Aleth) exerçaient

---

(1) Voici la dernière phrase de ce texte : « Tunc Judwalus recepit eum (S. Samsonem) in patrem
et in matrem usque ad finem vitæ suæ et semini suo post se, et *totam dominationem totius
Domnoniæ hereditario pontificali tradidit illi* » (*Vit. IIª S. Samson.* Ms. d'Angers 719, f. 106 v°).
Littéralement : « Il lui donna pleine autorité (*totam dominationem*) sur toute la Domnonée en
vertu d'un pontificat ou d'un droit pontifical héréditaire (*hereditario pontificali*), c'est-à-dire
héréditairement transmissible à tous ses successeurs. » Samson évêque en même temps qu'abbé
exerçait déjà l'épiscopat dans son monastère de Dol et dans toutes les dépendances de ce monastère.
Ici Judual établit, au profit de Samson et de ses successeurs, un diocèse à limites fixes comprenant toute la Domnonée, sauf le Léon déjà constitué en diocèse territorial. Judual en agissant
ainsi n'avait aucunement l'idée de créer un archevêché, une métropole bretonne ; le biographe le
proclame nettement, quand un peu plus loin (*Vit. IIª S. Sams.* lib. II cap. 24) cette même Vie attribue
(faussement et absurdement) la création de cette métropole bretonne au roi Childebert, toujours au
profit de Samson, lors du second voyage de celui-ci à Paris dont nous parlerons tout à l'heure :
« Tunc vero S. Samson, de manu Hilberti imperatoris et verbo et commendatione, *archiepiscopatum
totius Britanniæ* recipiens... multas virtutes in itinere faciens... cum magna lassitudine ad Dolum
pervenit » (Ms. d'Angers 719, f. 109).

dans leur monastère-chef et dans tous les domaines, églises et monastères secondaires qui en dépendaient. Il faut bien prendre garde aussi, comme nous le marquons dans la dernière note, que cette création de Judual n'est nullement une métropole bretonne ; c'est seulement et tout au plus l'institution d'un diocèse territorial à limites fixes comprenant la Domnonée, moins le Léon constitué depuis longtemps (vers 530) en diocèse de ce genre au profit de saint Paul Aurélien (voir ci-dessus p. 346).

Quand Samson avait quitté Paris pour ramener Judual en Domnonée, Childebert lui avait exprimé vivement le désir de le revoir (1), et le gouvernement de son monastère ou Peniti de la Seine faisait à l'évêque de Dol une obligation de ce retour. Nous le voyons effectivement, après le rétablissement de Judual, résider dans cette maison, comblé d'honneurs, de terres et de privilèges par le roi Childebert (2). Il était là en 557, car on trouve sa signature au pied des canons du troisième concile de Paris qui fut tenu cette année même (3). Comme on ne le voit plus figurer dans aucun événement postérieur à cette date, Mabillon conjecture avec raison qu'il dut mourir vers l'an 565.

Samson est un des grands hommes du premier âge historique de la Bretagne : les documents qui le concernent sont malheureusement bien défectueux ; son biographe nous en dit assez toutefois pour nous permettre de voir avec certitude qu'il rencontra dans sa mission à Paris d'énormes difficultés surmontées par lui à force de vaillance, d'audace, de ténacité et de volonté infrangible dans la défense du droit et de la justice. Pour triompher de Conomor il lui fallut une prudence, une énergie peu communes ; car, malgré ses crimes, malgré son impopularité, l'usurpateur de la Domnonée était si habile, sa domination si fortement établie depuis quatorze ans sur la moitié de la Bretagne que, dans la lutte hardiment engagée par Samson, les meilleures chances étaient pour son adversaire. L'évêque pourtant triompha du prince, le moine du chef de guerre ; il eut la gloire de chasser le crime du trône de la Domnonée, où bientôt viendra s'asseoir un saint couronné, le roi Judicaël.

Résumons en quelques dates toute cette histoire. On voit paraître pour la première fois en 520 Conomor, déjà vassal dévoué de Childebert (p. 393 et 414 n. 1) mais confiné encore dans Carhais et le *Pou-Caër* (Poher), d'où il ne sortira pas

(1) *Vit. IIª S. Sams.* II, cap. 14, Ms. d'Angers 719, f. 103.

(2) « Denique ita S. Samson a rege Hildeberto honorifice exceptus est, ut omnia quæcumque vellet, non solum largiter sed libenter daret ei, et familias et possessiones et prærogativas largiens. Nam quodam tempore, cum esset in domo sua in Romania etc. » (*Vit. Iª S. Sams.* I, 59, 60, édit. Mab. p. 180). *Romania,* c'est la Gaule, soumise aux Franks où l'on parlait le latin vulgaire (*lingua Romana*) par opposition à la Bretagne (*Britannia*) où on parlait le breton. — Voir à la fin du volume dans les *Éclaircissements* une note critique sur les Vies anciennes de saint Samson.

(3) La souscription est ainsi conçue : *Samson peccator, episcopus, consensi et subscripsi.* Sur 15 souscriptions inscrites au pied de ces canons, il y en a 11 où, comme ici, le siège épiscopal du signataire n'est pas indiqué. On a cru pouvoir tirer parti de cela pour révoquer en doute l'attribution de cette signature à l'évêque de Dol. Ce nom de Samson, a-t-on dit, étant très commun en Gaule, bien d'autres évêques pouvaient le porter. — Assertion complètement inexacte : le nom de Samson était si rare au contraire que, si l'on parcourt les tables onomastiques des trois volumes in-folio de D. Bouquet (*Recueil des historiens des Gaules*) concernant l'époque mérovingienne, tables qui contiennent des milliers de noms, on n'y trouvera en tout et pour tout que trois *Samson,* le nôtre, le jeune fils du roi Chilpéric mentionné au livre V chap. 23 de l'*Histoire* de Grégoire de Tours et un abbé tout à fait inconnu de *Limonicum* près du Rhône dans le diocèse de Vienne. Quant à un autre évêque du nom de Samson, il n'y en a pas trace. On peut donc tenir pour certain que le Samson du concile de Paris de 557 est bien notre Samson de Dol.

avant la mort de Withur vers 530. Alors il s'empare de Gesocribate (Brest), du pays d'Ach, et dispute le reste du Léon aux rois de Domnonée, Deroch et Iona. La mort de ce dernier vers 540 et le mariage de sa veuve avec Conomor donnent à celui-ci comme régent le gouvernement de la Domnonée, et c'est en cette qualité qu'il prend sous sa protection le jeune prince de Cornouaille Melar (vers 544). Peu de temps après (545), il chasse de Bretagne Judual l'héritier de la Domnonée (âgé de dix à quinze ans) et usurpe la souveraineté de ce pays. Son mariage avec Trifine, ainsi que la catastrophe qui le termine, répond aux années 546-548; — l'assemblée du Menez-Bré, l'arrivée en Domnonée de Samson et de toute l'émigration venue à sa suite, à 548-550. Avant d'aller à Paris réclamer la liberté de Judual, Samson, selon tous ses biographes, fonda le monastère de Dol, parcourut ensuite « toute la province, » c'est-à-dire au moins tout le Nord de la Bretagne, en semant la parole divine, fondant des monastères, des paroisses, s'enquérant de la situation du pays, préparant son périlleux voyage : cela emporte bien trois ou quatre ans; il ne fut donc pas à Paris avant 552-553. Sa requête à Childebert concernant Judual ayant rencontré, nous l'avons vu, les plus grands obstacles, il lui fallut à tout le moins plus d'un an pour les surmonter et il ne put regagner la Bretagne avec le jeune prince qu'en 554-555. Après la chûte et la mort de Conomor il resta quelque temps près de Judual, occupé avec lui à remettre partout l'ordre et la paix en cette Domnonée troublée si profondément et depuis si longtemps. Enfin vers la fin de 556 il se rendit dans son monastère des bords de la Seine, vit le roi Childebert, et l'année suivante prit part au troisième concile de Paris.

Cette chronologie, conforme à celle de dom Lobineau, se concilie avec tous les documents historiques et concorde avec la tradition immémoriale recueillie dès le XIe siècle par Ingomar, plus tard par la *Chronique briochine*, suivant laquelle Conomor régna quatorze ans en Domnonée après la mort d'Iona (voir p. 430 n. 2).

S. Gildas (p. 387).

IX

LES BRETONS ARMORICAINS

PENDANT LA DERNIÈRE PARTIE DU VIe SIÈCLE.

§ 1er. — *Les Bretons de Cornouaille.*

PAR la déplorable mort du prince Melar et la mort terrible de l'infâme Rivod son oncle sans héritier (en 544 ou 545) prit fin la dynastie des comtes de Cornouaille issus d'Iaun Reith (ci-dessus p. 374 et 376) et ce pays resta sans souverain. On se souvint alors de cette branche collatérale de la famille de Gradlon dont les représentants, Kybydan et Budic son fils, avaient été évincés et chassés de Cornouaille vers 510-515, par la grande émigration cornavienne dont Iaun Reith était le chef (ci-dessus p. 375). Ces proscrits étaient allés se réfugier en Grande-Bretagne, dans la Cambrie, en ce pays de Démétie (aujourd'hui Penbrokeshire) d'où nous avons vu sortir récemment saint Samson, saint Magloire et plusieurs autres. Là Budic, fort jeune encore lors de son exil, s'était établi, avait grandi, pris femme et eu des enfants. Sa femme appelée Anauved n'était point la première venue, ayant pour frère Teliau évêque de Landaf au pays de Glamorgan, qui un peu après 540 succéda à Dubric comme principal évêque de la Cambrie méridionale (1) et qui avait fait entrer dans sa communauté monastique Ismaël, le fils aîné de sa sœur; un second fils appelé Tyfei était mort très jeune par accident; mais Budic et Anauved étaient encore bien en âge d'en avoir d'autres.

Après la mort de Rivod l'assemblée des tierns et des chefs de *plou* de la Cornouaille brito-armoricaine choisit pour chef de cette principauté ce Budic fils de Kybydan, comme issu d'une race qui avait déjà régné sur le pays. Peu de temps après (en 545) une députation arriva en Démétie et au nom de l'assemblée nationale offrit le trône de Cornouaille à Budic qui ne se fit pas prier pour

---

(1) Du Ve siècle au commencement du VIIe, il y eut dans l'île de Bretagne deux évêques du nom de Dubrice, Dubric ou Dibric. Les *Annales Cambriæ* sous l'an 612 portent : « Conthigirni obitus et *Dibric episcopi.* » Impossible que le Dibric mort en 612, dont on ne sait absolument que le nom, soit le Dubrice contemporain de saint Iltud, — celui-ci (Iltud) ayant été ordonné prêtre par saint Germain d'Auxerre, ce qui reporte sa naissance au plus tard à 420, — ni le Dubrice, qui selon la *Vita Ia* de S. Samson conféra à celui-ci le diaconat. — Ce nom de Dubric n'était pas rare dans l'île de Bretagne, on le trouve plusieurs fois parmi les témoins des chartes anciennes du *Liber Landavensis*, édit. 1840. p. 200, 202 (édit. 1893, p. 209, 210, 211).

l'accepter (1). Les députés cornouaillais, qui venaient chercher pour leur pays non seulement un nouveau prince mais une nouvelle dynastie, furent d'abord un peu déçus en voyant que Budic avait un seul fils et encore prêtre et moine, incapable de succéder au comté ; en jetant les yeux sur la nouvelle comtesse de Cornouaille, ils se rassurèrent : Anauved annonçait devoir bientôt donner un héritier au comté. Budic — qu'il faut appeler Budic II de Cornouaille pour le distinguer du Budic petit-fils d'Iaun Reith, père de Meliau et de Rivod (ci-dessus p. 374, 376), — Budic fréta une flotte où il embarqua toute sa famille, ses serviteurs, une nombreuse suite de clients, de parents et d'amis ; toute cette émigration passa en Cornouaille et Budic vint débarquer, selon toute apparence, à Corisopitum (545). La comtesse peu de temps après donna le jour à un fils, très bel enfant, que l'on appela Oudocée (2) ; les Cornouaillais enchantés saluèrent en lui leur futur chef, croyant par lui la succession de leurs princes bien assurée : ils se trompaient, ce n'est pas encore sur celui-là qu'ils devaient compter.

Il y avait en effet un grand parent, un oncle, l'illustration de la race, saint *Teliau, Teilo* ou *Télo* (3), l'évêque nommé plus haut, qui semble avoir voulu confisquer à son profit toute la lignée de sa sœur Anauved. Non content d'avoir pris pour son monastère les deux aînés, il avait fait promettre à Budic dans l'île de Bretagne de lui abandonner aussi l'enfant qu'Anauved portait alors (4). C'était avant que les gens de Cornouaille fussent venus chercher le père de cet enfant pour en faire leur comte : circonstance qui modifiait les choses et semblait même de nature à annuler la promesse. Budic pourtant, esclave de sa parole, se résigna à la tenir. Peut-être toutefois y aurait-il mis moins de scrupule si Teilo n'était venu en personne en demander l'exécution. Son voyage il est vrai avait une autre cause plus importante, plus pressante. En 547 commença de se répandre dans la Cambrie une épidémie qui dura plusieurs années ; les chroniqueurs l'appellent la *peste jaune* et en donnent de terribles descriptions ; elle fit en effet de très grands ravages, au point que dans les régions les plus dévastées les populations prises d'effroi ne virent d'autre moyen d'échapper au fléau que de mettre la mer entre elles et lui. Une émigration nombreuse fuyant cette affreuse peste s'embarqua sous la conduite de l'évêque Teilo, et le gros de la flotte alla aborder en Armorique, attiré naturellement par tous les Bretons qui y étaient déjà, parmi lesquels les nouveaux émigrants ne pouvaient manquer de trouver parents, amis et connaissances en grand nombre (5).

Teilo débarqua entre la Rance et le Coësnon (vers 549) et vit venir à sa

---

(1) « Fuit vir Budic filius Cybydan, natus de Cornugallia, qui in Demeticam regionem venit cum sua classe, *expulsus patria sua...* Qui cum moraretur in patria (Demetica), missis legatis ad eum de nativa sua regione Cornugallia ut ad recipiendum regnum veniret, *defuncto rege eorum,* illum volebant recipere *natum de regali progenie, facto ab illis consilio* » (*Vita S. Oudocei* dans *Liber Landavensis,* édit. 1840 ; édit. 1893, p. 130).

(2) Forme bretonne *Oudocui,* en latin *Oudoceus,* nous conservons le calque français de cette dernière forme qui est consacré par l'usage.

(3) Forme latine *Teliavus* ou *Teliaüs* ; forme galloise *Teilo,* forme bretonne armoricaine *Télo* ou *Teleau.*

(4) Voir *Vit. S. Oudocei* dans *Lib. Landav.* édit. 1840, p. 123 ; éd. 1893, p. 130.

(5) *Vita S. Teliavi* dans *Lib. Landav.* édit. 1840, p. 101 à 103. édit. 1893, p. 107 à 109. Cette épidémie est dite en latin *Flava pestis,* en breton gallois *Y gall velen,* en gaëlique *Crom conaill.*

rencontre saint Samson (1) qui l'avait beaucoup connu dans l'île et l'accueillit avec joie dans son monastère de Dol récemment fondé. Saint Teilo venu sur le continent pour se refaire, lui et les siens, des atteintes du fléau et des fatigues de la maladie, ne pouvait accompagner Samson dans ses courses incessantes pour semer la parole de l'Évangile et créer de nouveaux centres religieux. Il n'en travaillait pas moins au bien du pays. Il fit entre autres une vaste plantation d'arbres fruitiers — des pommiers apparemment — couvrant plus d'une lieue de terrain autour de Dol, depuis le grand monastère (presque aussi étendu qu'une petite ville) jusqu'à un lieu nommé *Cai*, où il fit couler une fraîche et limpide fontaine dont l'eau avait de merveilleuses propriétés. Cette grande et bienfaisante plantation subsistait encore au XIIe siècle et s'appelait *les Vergers de Teilo et de Samson* (2). Puis il alla aussi visiter son beau-frère Budic comte de Cornouaille et s'enquérir de son neveu Oudocée, fort jeune encore et qu'il voulait emmener avec lui à son retour en Grande-Bretagne. Justement, comme il était là, il apprit la fin de la peste jaune dans l'île de Bretagne (3), il prit ses dispositions pour y rentrer et envoya porter cette nouvelle à ceux de ses compatriotes qui s'étaient avancés plus loin en Gaule, les invitant à venir le rejoindre pour partir tous ensemble.

Mais voici, à cette nouvelle, pendant qu'il attendait un bon vent pour prendre la mer, voici que Budic et une foule de Bretons armoricains viennent le trouver éplorés, le suppliant à mains jointes de ne pas partir, de rester les protéger contre un horrible fléau dont ils se disent menacés, contre un énorme et affreux serpent, *ingens vipera*, qui a déjà commencé ses ravages et qui, si Teilo ne s'y oppose, ne peut manquer de les dévorer tous. Etant données, en ce qui touche les serpents et les dragons, les habitudes métaphoriques de la légende, il est facile de reconnaître dans cette « immense vipère, » *ingens vipera*, la cruelle tyrannie de Conomor qui alors, au lendemain de l'anathème du Menez-Bré, se voyant en

_____

(1) On borne ordinairement à l'an 547 l'épidémie de la fièvre jaune, parce que sous cette date les *Annales Cambriæ* portent : « *Mortalitas magna*, in qua pausat Mailgun rex Genedotæ » (Maëlgoun ou Maglocun roi de Vénédotie ou North-Wales). Mais elle persista pendant plusieurs années, car les *Annales* irlandaises de *Tigernach*, sans parler de Maëlgoun, disent sous la date de 550 : « Mortalitas magna quæ dicebatur *Crom conaill* vel *Flava Scabies*. » Ainsi 547 marque seulement le début de l'épidémie, qui se prolongea jusqu'en 550 et peut-être plus tard. D'après la Vie de S. Teliau, ce saint quitta la Cambrie assez longtemps après le début de l'épidémie, notamment après la mort de Maëlgoun. C'est dans un moment où le mal semblait céder mais pour reprendre bientôt que Teliau passa sur le continent : « Ira Dei ad tempus pacata, cœlitus admonitus est, et cum his qui residui fuerant de gente recessit in longinquas regiones » (*Vit. S. Teliavi* dans *Lib. Land.* éd. 1840, p. 102 ; éd. 1893, p. 108). D'après la Vie de S. Oudocée, il semble même que S. Teilo émigra assez peu de temps avant la fin de l'épidémie : « Et antequam (*flava pestis*) omnino *extirparetur*, venit divina vox ad S. Teliaum ut cum suis clericis et populo iret Cornugalliam quæ postea vocata Cernin Budic » (*Lib. Landav.* éd. 1893 p. 131. L'édit. de 1840 a ici une fausse lecture). — L'épidémie ayant duré au moins jusqu'à la fin de l'an 550, Teilo ne dut passer en Armorique qu'en cette année-là ou tout au plus en 549. En tout cas il n'y arriva qu'après l'établissement de S. Samson à Dol. — Remarquons aussi que, d'après sa Vie, Teilo demeura en Armorique, sur les instances de Budic et de Samson, longtemps après avoir reçu la nouvelle de la cessation de la peste jaune ; son séjour qui (selon sa Vie) dura plus de sept ans, dut donc se prolonger assez longtemps après 550.

(2) « Ipse enim (Teliavus) et predictus Samson plantaverunt magnum nemus arboreti fructiferi, quasi ad tria milliaria, id est, a Dol usque ad *Cai*, et decorantur ipsa nemora ex eorum nomine usque in hodiernum diem : vocantur enim Arboreta Teliavi et Samsonis (*Vit. S. Teliavi* dans *Lib. Landav.* édit. 1840, p. 103 ; éd. 1893 p. 109). — *Cai* est représenté aujourd'hui par le village de Lairgué à 3 kilom. de Dol, appelé jusqu'au XVIIe siècle *Ergaé, Argai*, formes qui ont dû être précédées de *Ar-Cai, Er-Cai*.

(3) *Vit. S. Teliavi*, ibid. édit. 1840, p. 104 ; éd. 1893, p. 110 et 361.

butte à la haine générale, essayait de se maintenir par la terreur et faisait trembler tout le monde. Ce qui ne permet guère d'en douter, c'est le rôle joué par saint Samson en cette affaire, l'expédient trouvé par lui pour décider saint Teilo à rester en Armorique : expédient consistant à le supplier de prendre le gouvernement de l'église de Dol (1). Avec Samson, Budic et tous les Bretons armoricains conjurent Teilo de remplacer sur ce siège celui qui l'avait fondé ; Teilo accepte mais temporairement (2), et après un séjour total de sept ans et demi (3) en Armorique, il retourne en Grande-Bretagne.

Or si Teilo est venu sur le continent en 549, comme nous le disons plus haut, ces sept années de séjour s'étendent jusqu'à 555, c'est-à-dire jusqu'au rétablissement de Judual en Domnonée et au retour de Samson dans son monastère, d'où il avait été absent trois ans au moins (voir ci-dessus p. 433) pendant tout le temps de son voyage et de ses négociations à Paris et pendant la lutte contre Conomor jusqu'à la mort de celui-ci. Durant cette absence, pour gouverner le monastère de Dol et ses nombreuses dépendances, pour les défendre contre les attentats du parti de Conomor il fallait une main ferme, un nom vénéré : Teilo était cela ; il rendit un grand service à Samson en consentant à le remplacer durant son absence ; et nous pouvons ainsi rattacher d'une façon précise à des événements historiques certains ce voyage de Teilo en Armorique, contre lequel les broderies fantaisistes des légendaires seraient de nature à inspirer quelque défiance (4).

Il reste encore sur le sol, dans les monuments religieux de la petite Bretagne, des traces irrécusables du séjour de Teilo. Outre un certain nombre de chapelles, quatre paroisses importantes lui sont dédiées et marquent probablement des étapes de ses pérégrinations armoricaines : l'une en Cornouaille, Landeleau *(Lan-Teleau)*, rappelle les relations de Teilo et de Budic. Deux autres, sur la rivière d'Out, étaient alors en pleine forêt de Brecilien : Montertelot *(Monter-Télo)* au Sud de Ploërmel, *Saint-Télo* au Nord de Loudéac. Une dernière en Domnonée : Pledeliac près Lamballe, qui au XIIIᵉ siècle s'appelait Pludeliau *(Plou-Teliau)* (5).

Avant de quitter l'Armorique, Teilo voulant reconnaître le bon accueil qu'il y avait reçu demanda à Dieu pour les guerriers de ce pays le privilège d'être, dans le combat à cheval, plus forts, plus vaillants que les cavaliers de toutes les autres nations. Selon la Vie latine du saint, écrite au XIIᵉ siècle, ce privilège était encore

(1) « Rex et pontifex cum multitudine populorum obviaverunt ei *ut illum deducerent ad episco-patum Dolensem*, ut sublimarent illum in pontificalem sedem. » *(Lib. Landavensis*, édit. 1840, p. 105-106 ; édit. 1893, p. 112). — Dol n'était pas encore un diocèse ; mais c'était un monastère épiscopal ayant pour chef un évêque-abbé.

(2) Cette acceptation temporaire, *par intérim*, du gouvernement de l'église de Dol est nettement marquée dans la Vie de S. Teilo : « Hoc audiens pius pater (Teliavus) quod tale consilium inierant pontifex Samson et rex Budic ut illum cum eis *ad tempus* precibus retinerent, grave tulit. » Mais l'ange dans son sommeil lui ordonne d'accéder à leurs demandes et lui dit : « Accepturus es quod ab eis tibi oblatum fuerit *ad tempus.* » *(Id. Lib. Landav.* éd. 1840, p. 106 ; éd. 1893, p. 112).

(3) « Peractis *septem annis ac septem mensibus* quos S. Teliaüs duxerat in Armoricorum patria. » *(Id. Ibid.* édit. 1840, p. 107 ; éd. 1893, p. 114).

(4) Des faits rapportés par la Vie de S. Teliau, notamment du bon accord qu'elle nous montre entre Samson et Budic II, il y aurait lieu, ce semble, de conclure que dans sa lutte contre Conomor Samson fut soutenu plus ou moins ouvertement par le comte de Cornouaille.

(5) Formes successives : *Pludeliau, Pludelia, Pledelia,* pour aboutir à la mauvaise forme actuelle *Pledeliac* ; absolument comme de *Saint-Suliau,* forme primitive *(Suliavus)* on est arrivé à Saint-Suliac. Voir Loth, *La Vie de S. Teliau,* dans *Annales de Bretagne* IX, p. 83.

en vigueur à cette époque, en ce sens du moins que les Bretons passaient pour
être sept fois plus redoutables comme cavaliers que comme piétons (1), et le
savant doyen de la Faculté des Lettres de Rennes, M. Loth, fait observer avec
raison que « cette légende a un fonds de vérité, car c'est à cheval que les Bretons
» ont livré les grands combats pour leur indépendance et qu'ils ont notamment
» remporté la décisive victoire de Ballon sur Charles le Chauve (2). »

Teilo emmena avec lui en Grande-Bretagne son neveu Oudocée (ou Oudocui)
encore fort jeune, qui annonçait un beau naturel et qui, sous la direction de
son oncle ayant crû en science et en vertu, devint plus tard évêque de Landaf
dans la Cambrie, au pays de Glamorgan. De son côté, la comtesse Anauved,
pour se mettre en règle avec ses sujets de Cornouaille, donna un héritier au
comté en la personne d'un autre fils appelé Teudiric ou Teudric (*Theodericus*),
dont nous parlerons plus loin.

Le comte de Cornouaille Budic II régna longtemps, il paraît avoir vécu
jusque vers 570. Dans la seconde partie de son règne (de 555 environ à 565) il vit
saint Gildas développer très activement en Cornouaille ses courses, ses travaux
apostoliques, ses fondations de monastères. Cette partie de la mission de ce grand
homme est restée jusqu'ici très oubliée, on peut dire absolument méconnue.
Raison de plus pour la mettre en lumière.

La Vie de ce saint atteste cependant l'importance des fondations faites par
lui en ce pays, car après sa mort (en 570) elle nous montre près de son corps les
disciples venus de ses maisons de Cornouaille, plus nombreux même que les
moines de Ruis, et prétendant emmener avec eux, inhumer chez eux la précieuse
dépouille, qui finit toutefois, on le sait, par rester sur les bords du Morbihan.
Mais une telle prétention proclame hautement quelle place tenaient alors en
Bretagne les fondations cornouaillaises de saint Gildas (3).

Voici d'abord un trait de cet illustre moine qui nous le montre poussant ses
courses évangéliques au fond de la Cornouaille et défendant, là comme partout,
les opprimés contre les oppresseurs et les faibles contre les brigands.

« Nous croyons devoir relater (dit son biographe) le prodige que Dieu daigna
accomplir par la main de son serviteur Gildas dans le *plou* de S. Démétrius (4).
Dans ce *plou* était un étang, dont le port servait de retraite à des bandits. Quand
des marins y venaient chercher un refuge, ces brigands les dépouillaient, les
battaient et ne les lâchaient qu'à demi-morts. Leurs crimes causaient aux
gens du pays une violente indignation, mais n'étant pas de force à les chasser ils
implorèrent le secours du saint. Gildas vint jusqu'à l'embouchure de l'étang, et
là il pria le Seigneur d'en fermer la communication avec la mer. Sa prière finie,

---

(1) « Et illud privilegium quod S. Teliavus impetravit a Domino usque hodie permanet. Sunt enim
Armorici amplius victoriosi in equitando septies quam ut essent pedites. » *(Vit. S. Teliavi*, dans
Lib. Landav. éd. 1840, p. 107 ; éd. 1893, p. 113).

(2) *Annales de Bretagne* IX, p. 85.

(3) « Discipuli vero (Ruienses) tollentes corpus ejus, fecerunt sicut (Gildas) præceperat ; sed hi *qui
de Cornugallia venerant, qui plures erant,* conabantur eum tollere et in patriam suam transferre. »
(Vit. II S. Gildæ § 30, édit. Mabillon. p. 147).

(4) « In plebe S. Demetrii. » *(Vit. II* S. Gild. § 26, édit. Mabill. p. 146).

un grand monceau de sable boucha cette entrée, c'est-à-dire le lieu même où les brigands tendaient leurs embûches. »

Le miracle consista probablement dans le courage inspiré par Gildas aux honnêtes gens du pays qui se rebellèrent contre ces brigands et sous sa conduite fermèrent d'une digue leur repaire de façon à le rendre impraticable, — ou bien encore, une tempête poussant dans le goulet des masses de sables, l'obstrua. Quant au théâtre de l'événement, il est fort aisé à découvrir : il n'y a en Bretagne qu'une seule paroisse, qu'un seul *plou* sous le patronage de S. Démétrius ou, comme disent les Bretons, S. Demet ou Devet. C'est *Plou* ou *Plo-Zevet* (1) sur sur la baie d'Audierne, paroisse dite anciennement *Plou-Devet* et (au Xe siècle) dans le Cartulaire de Landevenec *vicaria Demett*. Or *Plou-Devet* ou *Plou-Demett*, c'est littéralement sous forme bretonne la *Plebs Demetrii* de la Vie de saint Gildas. Et justement il existe aujourd'hui encore en cette paroisse de Plozévet, près d'un village dit Graohinit, à un kilomètre d'une chapelle de Saint-Démet, un étang de 400 mètres de long sur 200 de large, tout près du bord de la mer dont il reste séparé par un étroit cordon de sable, et répondant ainsi tout à fait à la description de l'étang bouché par saint Gildas.

Tout près de là ce saint avait un monastère, car immédiatement après avoir conté cette histoire, son biographe continue ainsi (et nous, nous continuons de le traduire) :

« Dans la même contrée *(in eadem regione)* est un oratoire *(oratorium)* que les gens du pays appellent *Coël Lann*, c'est-à-dire Monastère de la Forêt (*Monasterium Nemoris*). Les hommes qui se disaient héritiers de cette terre cherchaient souvent noise aux serviteurs de Dieu établis là pour mener la vie contemplative, en soutenant qu'ils cultivaient autour de l'oratoire une étendue de sol plus considérable que celle marquée par Gildas. Voulant garder la paix envers tous, l'homme de Dieu vint au bord de la mer et se jetant à genoux ainsi que les moines ses compagnons, il pria avec zèle le Seigneur... Alors une claire fontaine jaillit du lieu où Gildas avait prié, et le ruisseau qui en sortit forma désormais la limite irrécusable des domaines du monastère (2). »

C'est donc bien là un monastère de Gildas ; nous n'en connaissons pas la situation précise ; mais puisqu'il était dans la même région que Plozévet, il devait être aux environs de la baie d'Audierne, à l'entrée du Cap Sizun, c'est-à-dire vers l'extrémité sud-ouest de la Cornouaille.

Ce n'est pas tout. Il y a dans la haute Cornouaille une région étendue formant une sorte de triangle, dans laquelle abondent sous diverses formes les souvenirs de Gildas et de ses disciples. La base de ce triangle, regardant l'Est, s'étend de la paroisse de Laniscat (formant l'angle sud-est) jusque vers Quintin (angle nord-est). La pointe, dirigée vers l'Ouest, est formée par la paroisse de Carnoët près Carhais (3). A l'intérieur de ce triangle les traces de la mission de Gildas se

(1) Plozévet, aujourd'hui commune du canton de Plogastel Saint-Germain, arrondissement de Quimper, Finistère. — *Devet*, en composition, devient *Zevet*.

(2) *Vit. IIe S. Gildæ*, § 27, édit. Mab. p. 146.

(3) Laniscat, aujourd'hui commune du canton de Gouarec, arrondissement de Loudéac; Quintin, chef-lieu de canton, arrondissement de Saint-Brieuc; Carnoët, commune du canton de Callac, arrondissement de Guingamp : le tout, département des Côtes-du-Nord.

retrouvent sous forme de chapelles et de traditions populaires dans une dizaine de paroisses, entre autres, Botoha (aujourd'hui représentée par Saint-Nicolas du Pelem), Canihuel, Lanrivain, Lan-Hermoët (aujourd'hui La Harmoie), Saint-Bihi, Saint-Gildas du Pré (ancienne trève de Pligeau), Saint-Gildas trève de Vieuxbourg-Quintin, Maël-Pestivien, etc. Les deux points où les traces de la mission gildasienne sont le plus importantes, c'est Laniscat et Carnoët.

A Laniscat, non seulement Gildas est le patron paroissial, non seulement l'église est tapissée de peintures qui retracent son histoire; il y a de plus sur le territoire de cette paroisse une chapelle à lui spécialement dédiée et une grotte au sujet de laquelle la tradition raconte que le saint, semant ses prédications dans la contrée, avait pris ce lieu pour retraite et y passait la nuit couché sur une pierre en forme de lit qu'on voit encore dans la grotte, à laquelle on continua jusqu'à la fin du XVIIᵉ siècle de faire en l'honneur de saint Gildas des processions paroissiales (1).

Mais la principale des fondations gildasiennes dans cette région est représentée aujourd'hui par la chapelle Saint-Gildas au village du même nom, à 1,500 mètres Nord-Ouest du bourg de Carnoët. Il y a là d'abord une fort belle église du XVᵉ siècle de dimensions notables, bien plus remarquable que celle de la paroisse. Cette chapelle est située près de la voie romaine de Carhais au Yaudet, ce qui indique une origine très ancienne, et tout auprès d'elle sur un mamelon très dominant existe une grande enceinte circulaire formée de rejets de terre considérables et de fossés de sept mètres de profondeur; or, on le sait, les monastères bretons primitifs de quelque importance devaient toujours être, comme ceux des Scots, clos d'un rempart de ce genre, soit que le fondateur l'élevât lui-même, soit qu'il s'établît (comme à Ruis) dans un fort barbare ou un camp romain préexistant.

Enfin ce qui est tout à fait curieux et vraiment décisif, c'est qu'il existe dans cette chapelle un monument qui porte, qui a toujours porté le nom de *Tombeau de saint Gildas*, et qui est un cercueil monolithe en granit de l'époque mérovingienne, long de 2ᵐ 10, large à la tête de 0ᵐ 76ᶜᵐ, lequel se trouve enfoncé en terre à fleur du sol, dans la nef, à la hauteur de la croisée du côté de l'Evangile. En cette auge sépulcrale actuellement vide on couche les petits enfants malades pour qu'ils reprennent des forces, et d'après une tradition immémoriale, ce cercueil a contenu longtemps les restes de saint Gildas. Le corps de ce saint, nous l'avons dit plus haut, fut inhumé à Ruis; mais les moines cornouaillais, qui d'abord voulaient se l'approprier, trouvèrent sans doute moyen d'en avoir quelques ossements — soit par une concession bénévole, soit par un de ces pieux larcins que les mœurs du temps tenaient pour œuvre pie; on les confia à ce sarcophage encore décoré du nom de Tombeau de saint Gildas, qui nécessairement fut déposé, conservé, dans le principal monastère fondé par le saint en haute Cornouaille.

Gildas ne restreignit donc point ses travaux évangéliques au pays de Vannes. De son ermitage de la Roche sur Blavet il pénétra dans le Nord-Ouest de la

_____

(1) Voir abbé Luco, *Histoire de S. Gildas de Ruis*, p. 63.

grande forêt armoricaine et y fonda sous forme de monastères des colonies chrétiennes et civilisatrices, qui commencèrent de ce côté le défrichement du sol. Mais il ne borna point son action à ce canton intérieur de la Cornouaille voisin de son ermitage ; il porta, nous l'avons vu, sa parole et son zèle à l'autre extrémité de cette région, le long du littoral sauvage, druidique, qui va de la Torche de Penmarch à la pointe du Raz. Et comme sa présence en ce lieu implique — étant parti de Ruis — qu'il avait précédemment traversé, c'est-à-dire évangélisé toute la partie sud de la Cornouaille, il en résulte que les missions, les fondations de Gildas embrassèrent toute la côte méridionale de la Bretagne et pénétrèrent fort avant dans l'intérieur. Si Paul Aurélien, Samson, Tudual sont les apôtres du Nord de la Bretagne, Gildas est l'apôtre du Sud.

A soixante-douze ans (en 565 ou 566) encore plein de sève et d'ardeur, son activité infatigable l'enleva tout à coup à l'Armorique, l'emporta d'un bond jusqu'en Irlande où il réussit à pacifier de fâcheuses discordes ; puis il revint sur le continent, où il trouva enfin le repos c'est-à-dire la mort — pour lui il n'y en avait pas d'autre — dans l'île d'Houat son premier asile en Armorique, qui lui était toujours restée chère, et où il mourut le 29 janvier 570 (1).

Vers le même temps, sans qu'on puisse fixer l'année précise, mourut aussi le comte de Cornouaille Budic II. Il avait régné sans troubles, sans événements dont l'histoire ait gardé le souvenir. Craignant de laisser par sa mort son fils Teudric encore jeune à la merci de quelque usurpateur, il fit — après l'an 560 — avec Macliau, comte du Bro-Weroc ou Vannetais breton dont nous parlerons tout à l'heure, un traité d'alliance, par lequel chacun des deux s'engageait à défendre et protéger comme ses propres enfants les fils de celui des deux qui trépasserait le premier. Budic mourut tranquille sur cette assurance confirmée par un serment solennel.

A peine était-il en terre que Macliau, coutumier du fait, se parjura sans vergogne, chassa de Cornouaille le jeune Teudric et s'empara de cette principauté. Longtemps (*multo tempore*, dit Grégoire de Tours) longtemps l'orphelin erra fugitif, sans espoir et sans appui. Toutefois il ne perdit point courage, et après plusieurs années étant parvenu à réunir une petite troupe d'amis dévoués et résolus, il se jeta à l'improviste sur Macliau, le tua ainsi que son fils Jacob ou Jacut et se remit en possession de son comté de Cornouaille. Ces événements sont de 577, date certaine (2).

Là se borne tout ce que nous savons, non seulement de Teudric, mais aussi de l'histoire de Cornouaille avant le IXe siècle.

---

(1) « In amabili sibi insula *Hoiata*, ubi olim eremiticam duxerat vitam. » *(Vita IIª S. Gildæ*, § 28, édit. Mabillon, p. 146). — « 570. Gildas, Britonum sapientissimus, obiit. » *(Annal. Cambriæ* dans *Monum. hist. Britann.* p. 831). — « 570. Itea de Cluan Credil et Gillas (Gildas) quievere. » *Annal. Tigernachi* dans O'Connor, *Rer. Hibern. Script.* II, p. 151.

(2) Grégoire de Tours, *Hist. eccl. des Franks*, livre V, chap. 16.

§ 2. — *Les Bretons du Bro-Weroc.*

Le comte Weroc père de Trifine n'eut pas la satisfaction de voir la chûte de Conomor, l'assassin de sa fille. Il mourut vers l'an 550, certainement avant 552, laissant cinq fils, Macliau dont on a déjà parlé (ci-dessus p. 411), Conoo (ou Canao) et trois autres dont on ignore les noms. Partager le Vannetais breton en cinq morceaux, cela faisait des parts bien petites pour les gros appétits. Conoo, le plus gourmand, simplifia ce partage en mettant à mort trois de ses frères. Il allait se débarrasser par le même moyen de Macliau quand celui-ci déjà en prison, le cou sous la hache, trouva moyen d'intéresser à sa cause l'évêque de Nantes Félix, entouré d'une vénération universelle qui lui donnait dans l'Ouest des Gaules une grande influence. Conoo relàcha son prisonnier qui s'engagea par serment à lui demeurer soumis. Peu de temps après ayant cru trouver une occasion favorable, Macliau se rebella : Conoo marcha contre lui avec des forces qui rendaient toute résistance impossible.

Prêt à tomber entre les mains de son frère, Macliau passa en Domnonée et alla demander secours à Conomor. Il aurait été plus naturel de le voir chercher un refuge dans le diocèse de Nantes où l'évêque Félix lui aurait sans doute témoigné encore sa bienveillance ; du côté de Conomor probablement il espérait mieux, il comptait pouvoir le décider à reprendre, en soutenant sa cause, ses projets sur le Vannetais breton. Mais depuis le concile du Menez-Bré Conomor se sentait trop frappé par la malédiction publique, et depuis quelque temps surtout trop menacé par les projets suggérés à Samson de Dol dont le bruit commençait à courir, bref sa situation présente était trop mauvaise pour lui permettre de songer à de nouvelles conquêtes et de se mettre sur les bras de nouveaux ennemis. Il n'en reçut pas moins Macliau comme un ami, un allié, et ne pouvant faire mieux pour le moment il le mit en sûreté et lui sauva la vie.

Les envoyés de Conoo dépêchés à Conomor pour réclamer la personne de Macliau arrivaient sur les talons de celui-ci. Le duc de Domnonée n'eut que le temps d'enfermer le fugitif dans un caveau funéraire muni d'un soupirail qui lui permettait de respirer ; au-dessus il éleva à la hâte un tombeau, et quand les gens de Conoo le sommèrent de lui livrer Macliau :

— Impossible, leur dit-il, car il est mort, et même voici où il est enterré.

Grande joie des envoyés qui trinquent allègrement sur le tombeau du faux mort et retournent annoncer à leur maître cette bonne nouvelle. Quelque temps après Macliau, voyant que Conomor ne pouvait le rétablir, alla à Vannes, se fit tondre, laissa sa femme, reçut la prêtrise et fut promu à l'épiscopat (en 552). Preuve évidente que cette ville n'était pas aux Bretons, sans quoi Macliau n'y eût guère été en sûreté (1).

(1) Les événements ci-dessus, rapportés par Grégoire de Tours au chapitre 4 du livre IV de son *Histoire* sont placés par lui entre la mort d'Injuriosus évêque de Tours et celle de son successeur Baudin, c'est-à-dire de 546 à 552.

Huit ans après environ, Conoo (1) vit à son tour arriver dans son comté un prince fugitif poursuivi par des haines domestiques, mais qu'il avait lui-même provoquées. C'était Chramne, fils du roi de Soissons Clothaire Ier, révolté contre son père et qui, ayant l'année précédente (558) perdu son oncle et allié Childebert Ier, se voyait forcé d'aller au fond de la Bretagne chercher un refuge contre la colère paternelle. Entre les Bretons de Vannes et Clothaire il y avait déjà eu probablement quelques hostilités, car l'ennemi de ce roi fut très bien reçu. Chramne et Conoo n'attendirent pas l'attaque du Mérovingien, ils prirent l'offensive, envahirent la Marche gallo-franke et y firent de grands ravages (2). Clothaire, pour repousser cette agression et pour en finir avec son fils qui le fatiguait de ses révoltes, fit une grosse armée et du pays de Soissons, sa résidence ordinaire, marcha vers l'Ouest. Les documents hagiographiques nous le montrent traversant le Maine du Nord au Sud, s'abouchant à *vicus Celciacus* (aujourd'hui Ceaucé, 15 kilomètres au Sud de Domfront) avec un ermite saint Ernée qui lui prédit la victoire, et descendant de là jusqu'à *Hebron* (aujourd'hui Evron, 71 kilomètres au Sud de Ceaucé), où un autre saint homme appelé Constantien lui fait la même prédiction (3). Cet itinéraire montre que Clothaire avait pour objectif le Sud de la péninsule armoricaine ; sans quoi il ne fût pas venu chercher Evron (4).

Où se rencontrèrent les deux armées? Du théâtre de la bataille on ne sait avec certitude qu'une chose : c'est qu'il était voisin de la mer. Probablement les Bretons qui étaient allés avec Chramne piller les territoires de Rennes et de Nantes se retirèrent à l'approche de Clothaire derrière la Vilaine, et la rencontre eut lieu dans quelque grande lande entre cette rivière et Vannes. Le jour même où les deux armées se trouvèrent en présence, il y eut un engagement qui fut interrompu par la nuit (5). Alors le chef breton vint dire à Chramne :

— « Je ne trouve pas juste que tu sois obligé de marcher contre ton père ; laisse-moi cette nuit fondre sur lui et l'accabler avec toute son armée. »

Chramne refusa, voulant prendre part à la lutte et combattre à la clarté du jour. Grégoire de Tours voit là un aveuglement causé par Dieu, et il a raison, car très probablement dans cette attaque de nuit à la sourdine, où les Bretons connaissant bien le terrain auraient eu tout l'avantage, l'armée de Clothaire eût été défaite. Le lendemain les deux armées de nouveau en bataille marchèrent

(1) Grégoire de Tours l'appelle aussi Cono-Ber; nous nous expliquerons à ce sujet dans la note sur *Conomor et Conober* que l'on trouvera aux *Éclaircissements*.

(2) Quoique les historiens modernes ne mentionnent pas ce fait il est incontestable, et affirmé par un chroniqueur de grande autorité, Marius d'Avenches, dont la Chronique porte : « (Anno 560). Chramnus, post sacramentum quod patri dederat, ad Britannos petiit, et *moliens regnum patris invadere, adversus ipsum cum Britannis movere ausus est, multaque loca graviter depraedavit. Ad cujus insaniam reprimendam pater cum exercitu properavit...* » (*Chronicon Marii episcopi Aventicensis* dans D. Bouquet, *Histor. des Gaules et de la France*, I, 17.

(3) D. Bouquet III, p. 455 et 449. Ceaucé, aujourd'hui commune du canton et arrondissement de Domfront (Orne), autrefois du diocèse du Mans, doyenné de Passais. Le Cointe *(Annal. eccl. Franc.* ad ann. 532 n. 16) assimile à tort le *vicus Hebron* au *territorium Gabronense* qui est Javron commune du canton de Couptrain, arrondissement de Mayenne (Mayenne). *Hebron* diffère sensiblement de *Gabron*. Au contraire c'est une forme du nom d'*Evron* (aujourd'hui chef-lieu de canton de l'arrondissement de Laval, Mayenne) dans les anciennes chartes de cette abbaye; voir dans Gérault (*Notice hist. sur Evron*, 1840, in-8°, p. 130, 134, 135) les formes *Ebron, Ebroniense monasterium*.

(4) Je fais cette remarque parce qu'il y a un système qui met la bataille dans le Nord de la Bretagne, aux environs de Dol.

(5) « Incumbente nocte, a bello cessatum est. » (Greg. Turon. *Hist.* IV, 20).

l'une contre l'autre. Clothaire pleurait, se comparait à David et son fils à Absalon, demandant à Dieu de juger en ce jour comme il l'avait fait jadis entre cet autre père et cet autre fils. — Il y aurait beaucoup à dire là-dessus.

Les deux partis combattirent d'abord, dit Grégoire de Tours, avec un succès égal. Mais le nombre était du côté des Franks. Conoo très pressé « tourna le dos et à l'instant fut tué. » Chramne soutint encore pendant quelque temps le combat. Sous le nombre grossissant des ennemis « enfin il se prépara à fuir ; il avait sur la mer des vaisseaux tout prêts. » Il aurait pu s'y sauver, mais il voulut délivrer sa femme et ses filles tombées aux mains des Franks, « il fut écrasé par l'armée de son père, saisi et enchaîné. On l'annonça à Clothaire, qui ordonna de le brûler avec sa femme et ses filles. On les enferma dans la cabane d'un pauvre homme ; Chramne étendu sur un banc fut étranglé avec un mouchoir ; puis on mit le feu à la chaumière, et ainsi avec sa femme et ses filles il périt (1). »

Quel bon père que ce Clothaire ! Il a l'humanité de faire étrangler son fils pour lui épargner le supplice du feu. Mais la femme et les filles de Chramne, pauvres innocentes, il les fait brûler vives... L'Absalon de Grégoire de Tours n'est pas bien intéressant, mais son David est hideux. — Ces événements sont de l'an 560.

Quand Macliau, l'évêque malgré lui, apprit à Vannes la mort de son frère Conoo, tout aussitôt il se défroqua misérablement, laissa son évêché, reprit sa femme, ses cheveux, s'empara du Bro-Weroc. Les évêques de la province l'excommunièrent sans rien tirer de lui. Il fit alors, on l'a vu (p. 441), avec Budic II de Cornouaille une sorte de société d'assurances pour garantir aux enfants de chacun d'eux la jouissance de leur principauté respective, et dès que Budic fut mort (vers 570), il s'empressa de dépouiller son héritier. Ce dernier exploit tourna mal pour lui ; nous avons dit plus haut (p. 441) comment Teudric, le fils de Budic II, au bout de quelques années (en 577) tira de cette perfidie une juste vengeance en tuant Macliau et l'un de ses fils Jacut, celui apparemment que son père voulait faire comte de Cornouaille. Mais il ne tenta pas de représailles et n'essaya pas de s'emparer du Bro-Weroc, qui eut pour comte depuis ce temps l'autre fils de Macliau appelé Weroc, qu'il faut nommer *Weroc II* (2). Celui-ci est le héros de la race, le *Waroch* célèbre dans l'histoire du VIe siècle, et bien que Waroch ne soit pas la meilleure forme du nom, comme elle est consacrée par les récits de Grégoire de Tours, nous la garderons dans le nôtre.

Ce prince a guerroyé contre les Mérovingiens pendant près de vingt ans (577 à 594). L'histoire de ces guerres mérite d'être étudiée avec attention, — d'abord parce qu'elle est racontée par un contemporain, l'évêque de Tours, digne de toute confiance, — puis parce que cette histoire nous montre, pour ainsi dire, sous toutes leurs faces les relations des Bretons avec les Mérovingiens et les Gallo-Franks.

Quand on représente les hostilités entre ces deux nations comme continuelles,

(1) Tout ce qui est entre guillemets est traduit littéralement de Grégoire de Tours, *Hist.* IV, 20.
(2) Voir Greg. Turon. *Hist.* lib. V, cap. 16.

incessantes, se reproduisant au moins tous les ans, on va, je crois, beaucoup trop loin. Grégoire, cet excellent chroniqueur, cet admirable peintre de l'âge barbare, ne mentionne pas sans doute tous les conflits entre les deux races, il se borne à ceux dont le retentissement venait jusqu'à lui. Mais apparemment aussi les incidents de ce genre dont le bruit n'arrivait pas de la Bretagne à Tours devaient être des incidents secondaires, de ces querelles, de ces rixes qui se produisent presque inévitablement sur toutes les frontières et que l'on peut appeler « le petit courant. » En nous référant aux récits de Grégoire, nous trouvons dans une période de dix-sept années (577-594) six ans occupés par des hostilités partagées en trois périodes : 1º en 578-579 ; — 2º de 587 à 590 ; — 3º en 594.

Après la défaite de Conoo, les Franks avaient dévasté le Vannetais breton (1) et s'étaient fortement établis à Vannes. Macliau plus rusé que vaillant les y laissa parfaitement tranquilles et ne leur disputa rien. Waroch d'une tout autre nature, très fin mais violent et audacieusement brave, à peine investi du Bro-Weroc par la mort de son père, dès 577, s'empara de Vannes par surprise (2). Chilpéric pour la reprendre dirigea l'année suivante (578) une expédition contre lui. L'armée royale était composée principalement de milices levées dans la Touraine, le Maine, l'Anjou, le Poitou ; le Bessin y avait envoyé un corps de ces Saxons-Baïeusins (*Saxones Bajocassini*), vieille colonie de pirates du Vᵉ siècle auxquels les exploits de leurs pères avaient donné un grand renom de bravoure. Waroch se porta à l'encontre de l'armée royale jusqu'à la Vilaine, résolu d'en défendre le passage. L'armée franke s'arrêta en face, sur l'autre bord. Waroch, enclin aux combats nocturnes comme son oncle Conoo, passa la Vilaine à la sourdine la nuit suivante et tombant sur les fameux Saxons en fit un grand carnage (3). Voilà l'armée royale éclopée, car c'était sa meilleure troupe, et si Waroch se fût jeté sur elle, elle n'eût guère tenu. Mais peut-être il en fût venu une autre plus redoutable... et Waroch préféra un bon traité.

Il remit donc sans difficulté la ville de Vannes aux généraux du roi Chilpéric « à condition que si le roi daignait lui en donner le gouvernement, il lui » paierait chaque année, sans qu'on eût besoin de les lui demander (*nullo admo-* » *nente*), tous les tributs que devait cette cité. *Ce qui ayant été ainsi fait*, l'armée » quitta ces lieux. » Notez ces quatre mots du récit de Grégoire : *Quod cum factum fuisset*, c'est-à-dire : Quand on eut accepté la demande de Waroch, quand on l'eut investi au nom du roi du gouvernement de la ville de Vannes, — l'armée royale partit. L'affaire ne finit pas là. Lorsque l'armée fut partie, qu'elle eut quitté le Vannetais et eut été licenciée, comme il arrivait alors de toute armée après la fin d'une expédition, — alors Waroch se plaignit d'avoir fait un marché de dupe, demanda des modifications au traité et envoya l'évêque de Vannes Eunius porter ces demandes à Chilpéric. Que demandait le Breton ? Grégoire ne

---

(1) « ... Ad cujus (Chramni) insaniam reprimendam pater (Chlotarius) cum exercitu properavit et interfecto comite Britannorum, Chramnum vivum cepit incensumque cum uxore et filiis, *totius regionis incidit excidium.* » (*Chronicon* Marii episcopi Aventic. dans D. Bouquet, *Historiens des Gaules et de la France,* I, 17).

(2) Il fallait bien qu'il eût pris cette ville et qu'il en fût le maître, puisqu'on dit l'année suivante (578) qu'il la remit aux Franks : « *Venetos civitatem refudit.* » (Greg. Tur. *Hist.* V, 27).

(3) « Ille dolose super Saxones Baïocassinos ruens, maximam exinde partem interfecit. » (Id. *Ibid*).

le dit pas. Sans doute une part des tributs, car le roi se mit fort en colère ; colère qui tomba sur le pauvre évêque, très innocent : comment eût-il résisté à Waroch ? Il n'en fut pas moins frappé d'exil, relégué à l'autre bout de la Gaule, — et Waroch n'en garda pas moins Vannes. Et cet incident rouvrit les hostilités entre les Bretons et les Franks.

La Marche franko-bretonne dès l'année suivante s'en aperçut. Grégoire de Tours mentionne, avec quelques détails, quatre ou cinq razzias faites par les Bretons de Waroch sur les cités gallo-frankes de Rennes et de Nantes en 579, 587, 588, 590. Voici d'après cet historien le détail des ravages, des mauvais traitements infligés par les Bretons en ces circonstances aux habitants de ces cités :

1° *Præda*, le pillage des objets mobiliers ;

2° *Captivitas*, enlèvement des habitants comme prisonniers pour en tirer des rançons ;

3° *Vinearum vindemia*, la cueillette du raisin dans le pays de Nantes ; quand le temps manquait pour faire le vin sur place, les Bretons emportaient la vendange dans le Vannetais ;

4° *Agrorum, culturarum vastatio*, la dévastation des champs cultivés, la destruction des cultures ;

5° *Incendium*, l'incendie.

On ne trouve qu'en une seule rencontre (en 579) cette dernière accusation (d'incendie) portée contre les Bretons. Et ce qui est très notable, c'est que nulle part Grégoire de Tours, ni de près ni de loin, ne leur reproche de massacrer les habitants. Il en était autrement des Franks. Grégoire, et pour cause, s'est tu la plupart du temps sur le mal qu'ils faisaient aux Bretons. Il en parle en deux endroits : « Beppolen, dit-il, détruisit divers cantons de la Bretagne par le fer et » le feu, *ferro incendioque opprimit* » *[Hist.* V, 32). Et de deux généraux franks, dirigeant (en 590) une nouvelle expédition contre Waroch, il dit : « Partout où ils passaient ils se livraient aux incendies, aux meurtres, aux pillages et à mille sortes de crimes (1). » — Les plus barbares, d'après cela, n'étaient pas les Bretons, et l'on doit comprendre qu'ainsi traités ils devaient considérer leurs razzias dans la Marche gallo-franke comme des représailles très naturelles.

En 579, outré du refus opposé à ses demandes par Chilpéric et du mauvais traitement fait à son envoyé par ce roi, Waroch envahit le pays rennais, incendiant, pillant, enlevant les habitants *[incendio, præda, captivitate]*, poussant ses ravages jusqu'au bourg de Cornuz *(Cornutium vicum]* à quatre lieues de Rennes. Beppolen, général frank, qui n'avait pas cherché à combattre l'invasion de Waroch, attend qu'il ait quitté la Marche franko-bretonne, et au lieu de le poursuivre il va ruiner en Bretagne par le fer et le feu quelques cantons sans défense (2). Ce qui attire tout naturellement, à quelques mois de là, une invasion plus cruelle, plus désastreuse que la première, dirigée à la fois contre les pays de Rennes et de Nantes, dans laquelle les Bretons, non contents d'enlever un immense butin et nombre de prisonniers, font de grands ravages dans les vignes et dans les champs

(1) « Per viam qua abierunt, incendia, homicidia, spolia ac multa scelera egerunt » (Greg. Tur. *Hist.* X, 9).
(2) Greg. Tur. *Hist.* V, 30.

cultivés. L'évêque de Nantes, Félix, toujours prêt à prendre en main la cause des malheureux, engage avec Waroch une négociation pour obtenir de lui des indemnités en faveur de ses pauvres diocésains les plus maltraités. Waroch reçoit bien ses envoyés, leur fait de bonnes promesses, mais, dit Grégoire de Tours, il se dispensa de les tenir (1). Félix ne se décourage pas, il sollicite, il presse le comte du Bro-Weroc de renoncer à ces fatales incursions que les armes des Franks ne pouvaient arrêter. Là où les lances des Franks avaient échoué, sa charité, son éloquence réussissent (2) : Waroch renonce à ces razzias périodiques, et même après la mort de l'évêque (8 janvier 583) il s'abstient encore de toute hostilité pendant quatre ans.

Saint Félix avait sans doute trouvé moyen de rétablir la paix entre Chilpéric et Waroch, grâce à quelques concessions faites à celui-ci, qui dans tous les cas continua de gouverner la ville de Vannes au nom du roi des Franks. Par la mort de Chilpéric survenue en 584 et par la minorité de Clothaire II, le pouvoir effectif passa aux mains de Gontran, qui peut-être voulut modifier cet état de choses. Toujours est-il qu'en 587, après huit ans de calme, Waroch recommence tout à coup les hostilités et fait dans le pays de Nantes une incursion marquée surtout par de grands pillages et de nombreux enlèvements de prisonniers. Avant de mettre son armée en marche contre les Bretons, le roi Gontran envoie un messager leur porter des menaces terribles s'ils ne consentent à réparer tous les maux commis par eux : ce qu'ils promettent aussitôt. Alors, pour arrêter les termes du traité, Gontran et son neveu Clothaire envoient une solennelle ambassade composée de Namatius évêque d'Orléans, Bertramn évêque du Mans, de plusieurs comtes et de plusieurs hommes du rang de *magnifiques* [*viri magnifici*].

L'entrevue de ces illustres personnes avec les Bretons eut lieu dans le pays nantais. Waroch et un autre chef son complice (nommé dans Grégoire de Tours *Vidimacle*) (3) reconnurent sans hésiter que les cités envahies par eux (c'est-à-dire Nantes et Rennes) appartenaient aux rois franks, et ils ajoutèrent :

— « Nous savons bien que nous-mêmes nous devons leur être soumis ; aussi composerons-nous sans retard pour tout ce que nous avons fait contre le droit. »

En effet, continue Grégoire de Tours, « ils donnèrent des répondants, souscrivirent des garanties, promirent de payer à chacun des rois Gontran et Clothaire mille sols d'or de composition, assurant qu'ils n'attaqueraient plus jamais le territoire des cités en question. Les choses ainsi arrangées, les envoyés du roi s'en retournent et viennent lui rendre compte de ce qu'ils ont fait. Mais Waroch, oubliant son serment et ses engagements, n'accomplit aucune de ses promesses. Il envahit les vignes des Nantais, en fait la vendange, et emporte le vin dans le

---

(1) Id. *Ibid.* V, 32.
(2) Fortunat, dans une de ses pièces de vers, dit à saint Félix :

Insidiatores removes vigil *arte* Britannos :
Nullius arma valent quod *tua lingua facit.*

Carmina III, 8, v.

Des derniers mots du second vers il y a lieu de conclure que Félix obtint ce résultat si important à la suite d'une entrevue personnelle avec Waroch.
(3) On ne sait rien de ce *Vidimacle* ; il n'est même pas très sûr que ce nom avec cette orthographe soit écrit comme il doit l'être.

Vannetais. Gontran sachant cela entra de nouveau en fureur, donna l'ordre de faire marcher l'armée — mais il s'apaisa (1). »

Il s'apaisa — parce que sans doute la saison était trop avancée pour qu'on pût entreprendre une campagne. Mais cette impunité excita les Bretons à recommencer. L'année suivante (588), « ils exercèrent de nouveau de grands pillages sur les territoires de Nantes et de Rennes, vendangeant les vignes, détruisant les cultures, emmenant captif le peuple des campagnes, au mépris de toutes leurs promesses (2). »

Au commencement de l'an 590, les Bretons renouvelèrent leurs dévastations dans les pays de Rennes et de Nantes. Le roi Gontran ne se contenta pas cette fois de se mettre en colère, d'envoyer des messages comminatoires ou de pompeuses ambassades. Il leva une grosse armée et la lança aussitôt contre la Bretagne sous les ordres de deux généraux, deux ducs, Beppolen et Ebrakher. Tout le long de sa route cette armée, même en pays gallo-frank, fit plus de mal que les Bretons, semant partout sur son passage le feu, le massacre, le pillage, tous les crimes. Elle arrive enfin sur la Vilaine qu'elle traverse au-dessus de son confluent avec l'Out, peu de temps après les Franks rencontrent cette seconde rivière et la passent sur un pont de bois fait avec des matériaux pris dans des cabanes voisines détruites à cette fin. — Au delà de l'Out, probablement vers les marais appelés aujourd'hui marais de Glénac, Waroch retranché avec ses Bretons dans une position d'un abord difficile, attendait. Il s'agissait donc pour l'armée franke de le découvrir et d'arriver jusqu'à lui : quand elle en serait là, sa grande supériorité numérique lui assurait d'avance la victoire.

Heureusement pour les Bretons les deux ducs se divisèrent. Ils se détestaient de vieille date. Beppolen cher à Gontran affectait une sorte de primauté. Ebrakher ne doutait pas que si Beppolen battait Waroch, lui Ebrakher paierait les frais de la campagne : son collègue lui ferait enlever son duché, c'est-à-dire son commandement militaire pour rester seul chef de l'expédition, seul triomphateur. Quand Beppolen parla d'aller chercher Waroc dans les marécages, les bois, les ravins où il était embusqué, Ebrakher de protester vivement : c'était mener l'armée à sa perte, il ne suivrait pas ce mouvement... Et de fait il ne bougea pas : la plus grande partie de l'armée (*major manus*) demeura avec lui.

Beppolen, avec ses amis et toute la partie de l'armée qui voulut le suivre, persista à attaquer Waroch ; le difficile était de le découvrir et de le joindre dans la position inabordable où il s'était retranché. Un prêtre, un habitant du pays, donc un Gallo-Frank (car sur l'Out on n'était pas à cette époque en pays breton) un indigène enseigna à Beppolen un chemin praticable pour pénétrer jusque-là. Là il y eut une bataille acharnée trois jours de suite, mais pas une bataille rangée ; on se battait non en ligne, mais — nous dirions aujourd'hui — en tirailleurs, par petits groupes, en profitant contre l'ennemi de toutes les difficultés, de toutes les embûches d'un terrain accidenté et perfide. Les deux premiers jours Beppolen eut l'avantage ; il tua, dit Grégoire de Tours beaucoup de monde

(1) Greg. Tur. *Hist.* IX, 18. — Tout les passages entre guillemets dans notre texte sont traduits littéralement.
(2) Id. *Ibid.* IX, 24.

à Waroch (1). Mais les Bretons, qui connaissaient parfaitement le pays, avaient pendant ces deux jours manœuvré de façon à pousser leurs adversaires dans des gorges sans issue et des marécages impraticables. Une fois pris dans ce traquenard, ils furent facilement exterminés le troisième jour. Il périt plus de Franks, croit-on, par la fange que par le glaive : c'est du moins ainsi que les rares survivants contèrent la chose et que Grégoire de Tours la rapporte. Beppolen qui se battait bravement fut tué d'un coup de lance, et son corps d'armée anéanti.

Pendant ce temps, Ebrakher descendait tranquillement un peu au Sud du confluent de l'Out et de la Vilaine ; il trouvait là l'antique voie romaine tracée sur la Table Théodosienne, allant de *Portus Namnetum* (Nantes) à *Duretie* (Rieux) et de là à Vannes. La chaussée en était sans doute moins bien entretenue que sous l'Empire, mais elle fournissait encore la meilleure route qu'on pût suivre le long du littoral sud de la péninsule armoricaine. Evitant ainsi le choc avec Waroch, Ebrakher arriva sans encombre devant Vannes. Là l'évêque de cette cité Regalis envoie au-devant de lui à une certaine distance hors des murs les croix, les prêtres des diverses églises de la ville, et les clercs chantant en chœur de leur plus belle voix des hymnes et des psaumes appropriés à la circonstance. Le duc entre dans la ville : c'était le moment, ce semble, où devant la principale porte l'évêque Regalis devait l'attendre pour — suivant un usage continué jusqu'à nos jours et dont l'origine se perd « dans la nuit des temps » — adresser un discours officiel de bienvenue à ce haut représentant du pouvoir souverain. Regalis, on peut le croire, était prêt. Mais Ebrakher en ce moment ne semblait pas disposé à l'entendre. Il avait d'autres soucis. On ne savait ce qu'était devenu Waroch ; si tout à l'heure il allait surgir avec ses Bretons vainqueurs de Beppolen, — quelle figure feraient devant lui les braves qui pour l'éviter s'étaient ralliés au pennon du très prudent Ebrakher ?... Mais non : au contraire, selon le bruit public, Waroch s'était réfugié dans les îles vénétiques (Houat, Hedic, Belle-Isle); on ajoutait que le navire chargé de ses trésors avait sombré dans cette fuite. Grand sujet d'angoisse pour Ebrakher, car il espérait bien que pour obtenir une bonne paix Waroch lui ferait dans ces trésors une bonne part. Le plus urgent était d'en avoir des nouvelles sûres. Comme il était dans ce souci, Waroch arriva à Vannes et comblant l'espoir du duc mérovingien, il lui offrit de riches présents, lui remit des ôtages, et lui promit de ne rien faire désormais contre l'intérêt des rois Franks. C'était peut-être la dixième fois qu'il faisait cette promesse; mais comment mettre en doute la sincérité d'un homme aussi généreux ?

Waroch, cet arrangement fait, quitte le duc. L'évêque alors est admis à l'audience d'Ebrakher, qui maintenant avait le loisir d'écouter sa harangue. Grégoire de Tours malheureusement n'en reproduit pas le texte complet; du moins il donne la phrase principale et caractéristique. En son nom et en celui de son clergé et de tous les habitants de Vannes *[pagenses urbis]*, Regalis dit au duc :

— « Sache que nous ne sommes nullement coupables envers les rois nos

---

(1) « Il tua beaucoup de Bretons et de Saxons, » dit Grégoire de Tours. Car, suivant cet auteur, la reine Frédégonde mère de Clothaire II, par haine contre Beppolen, avait envoyé à Waroch, pour renforcer ses troupes, un corps de ces Saxons du Bessin mentionnés ci-dessus (p. 445), dont elle avait essayé de déguiser la nationalité en les faisant tondre et habiller à la mode bretonne (*Hist.* X, 9).

» maîtres. Jamais nous n'avons eu l'arrogance de prendre parti contre leurs
» intérêts. Mais, captifs des Bretons, nous sommes soumis à un joug pesant. »

La situation politique de Vannes à l'époque mérovingienne, du VIᵉ au
IXᵉ siècle, est bien caractérisée par les vers d'un poète contemporain de Louis
le Débonnaire, qui dit :

« Vannes tient son nom des Gaulois; le poisson et le sel font sa richesse. Trop
» souvent la horde malfaisante des Bretons la visite à main armée et en revient
» chargée de butin (1). »

Au temps de Waroch, à l'Ouest de Vannes tout le pays appartenait aux
Bretons, et à l'Est il y en avait encore dans la presqu'île de Ruis. Vannes était
donc une ville gallo-franke entourée de Bretons, que les Bretons envahissaient
fréquemment pour y faire du butin, surtout pour vider les caisses du fisc :
entreprises particulièrement sensibles aux rois mérovingiens et dont les habitants
de Vannes (*pagenses urbis*), sujets avoués de ces rois, avaient grand intérêt à n'être
pas rendus responsables. C'est là tout ce que signifie le discours de l'évêque.
Impossible d'y voir, je l'ai déjà dit (p. 289 ci-dessus), l'indice d'une lutte
quelconque entre les émigrés bretons et les indigènes armoricains.

La paix fut ensuite conclue et jurée en forme solennelle par Ebrakher et
Waroch, et alors celui-ci dit au duc frank :

— « Partez maintenant, et faites savoir que j'aurai soin d'accomplir de
moi-même tout ce que le roi ordonnera ; pour que l'on n'en puisse pas douter, je
vous donnerai mon neveu en ôtage. »

Waroch avait déjà tant de fois fait de pareils serments sans les tenir, que pour
y être pris encore il fallait le vouloir. Cependant sur cette assurance on lui
laissa le gouvernement de Vannes. Ebrakher quitta cette ville et s'en alla
avec son armée passer la Vilaine au-dessous de Redon, très probablement à
Duretie (Rieux), où sur la voie romaine de *Portus Namnetum* (Nantes) à *Darioritum*
(Vannes) il existait, nous l'avons vu (p. 95-96 ci-dessus), un gué artificiel
pour faciliter le passage du fleuve. Les plus forts *(robustiores* dit Grégoire de Tours)
et aussi sans doute les riches « passèrent d'abord » soit à cheval soit en bateau ;
« mais les faibles et les pauvres (*inferiores et pauperes*) qui étaient avec eux ne
purent traverser en même temps, et comme ils restaient sur le bord de la Vilaine
(rive droite), Waroch oubliant son serment et les ôtages qu'il avait livrés, envoya
son fils Canao avec des troupes, qui s'emparant de ces retardataires les chargèrent
de chaînes et tuèrent ceux qui résistaient; quelques-uns ayant voulu passer le
fleuve à cheval furent entraînés jusqu'à la mer par le courant. » Tel fut l'épilogue
de cette nouvelle paix si solennellement jurée. On accusa Ebrakher et le comte
Williakher d'avoir reçu de l'argent de Waroch pour lui abandonner, comme on
vient de le dire, les trainards de l'armée; le Breton avait rendu au duc un si grand
service en le débarrassant de Beppolen qu'il pouvait bien lui faire ce plaisir,

---

(1) Veneda, cui nomen Galli dixere priores,
     Pisce repleta, salis est quoque dives ope.
   Sæpius infestans Brittonum hanc turba nocentum
     Visitat, et belli munera more vehit.
Ermoldi Nigelli *De rebus gestis Ludovici Pii*, lib. III, v. 253-256, dans Bouquet, *Rec. des histor. des
Gaules et de la France* VI, p. 42.

surtout s'il était payé. Aussi, quand le duc après cette expédition se présenta au roi Gontran, celui-ci l'accabla d'injures et le chassa de sa présence. Dans toute cette campagne il périt, selon Grégoire, une grande multitude d'hommes (*multitudo magna*) tant de l'armée royale que des Bretons (1).

On ne saurait contester à Waroch non seulement une bravoure, une audace à toute épreuve, mais aussi un sens politique et militaire très développé. Par ailleurs son caractère prête beaucoup à la critique ; surtout il ne brille pas par la bonne foi. Les Franks, certes, n'en avaient pas plus envers lui, il leur rendait simplement « la monnaie de leur pièce. » Grégoire, qui tenait tous ses renseignements des Franks, n'a garde de les charger ; toutefois, quand on se rappelle le brutal procédé de Chilpéric envers l'ambassadeur de Waroch (en 578), la féroce cruauté de Beppolen dans son invasion contre les Bretons (en 579) ; quand ensuite on voit ceux-ci, sur l'intervention bénévole de saint Félix rester en paix près de dix ans, on est bien fondé à voir dans leurs violences et leurs manques de foi, la réponse à des provocations du même genre de la part des Franks.

Du détail des guerres de Waroch que nous venons d'exposer il ressort aussi qu'on n'a nullement le droit de les invoquer à l'appui de prétendues hostilités entre les indigènes armoricains et les Bretons émigrés dans la partie de la péninsule occupée par ceux-ci. Le théâtre des hostilités de Waroch, c'est exclusivement les pays de Rennes, de Nantes, et la ville de Vannes, ville et pays gallo-franks soumis aux Mérovingiens, et qui restent à cette époque tout à fait en dehors de la colonisation bretonne. Mais dans le *Veneticum*, qui est le Vannetais breton, Waroch ne guerroie contre personne ; il s'y retire au contraire après ses expéditions comme en un refuge tranquille, où il peut fabriquer et savourer à son aise le vin fait avec la vendange des vignes nantaises.

Toutefois dans ces guerres de Waroch, le cours de la Vilaine paraît être la première ligne de défense des Bretons armoricains contre les Franks, quand ils redoutent une attaque de la part de ceux-ci. Cela ne veut point dire que la colonisation bretonne occupât dès lors tout le terrain compris entre ce fleuve et la ville de Vannes ; le contraire résulte de l'histoire de l'abbaye de Redon et de son curieux cartulaire. Mais cela semble impliquer l'existence dans ce territoire, à l'époque de Waroch, de quelques avant-postes de cette colonisation sur lesquels s'appuyaient les Bretons quand ils allaient combattre sur la Vilaine : avant-postes qui faisaient de la ville gallo-franke et mérovingienne de Vannes une sorte d'enclave, situation parfaitement concordante avec le mot de l'évêque Regalis à Ebrakher : « Nous sommes ici les prisonniers des Bretons. »

On ne connaît pas la date de la mort de Waroch. Probablement il vivait encore en 594 quand fut livrée une nouvelle bataille entre Franks et Bretons, ainsi mentionnée, non par Grégoire de Tours qui venait de mourir mais par son sec continuateur Frédégaire :

« Dans la deuxième année après que Childebert (Childebert II) eut pris le » gouvernement du royaume de Bourgogne, l'armée des Franks et celle des

---

(1) Tout ce récit des événements de 590 est tiré de Grégoire de Tours, *Hist.* X, 9.

•

» Bretons se livrèrent une bataille, dans laquelle l'une et l'autre perdirent
» beaucoup de monde (1). »

De la part d'un chroniqueur très porté à louer et exalter les Franks, cela
ressemble fort à l'aveu d'une défaite. La date si voisine des exploits de Waroch
oblige en quelque sorte à voir dans cette bataille un dernier épisode des guerres
vénétiques contées par Grégoire de Tours. Quant au lieu du combat, nous n'avons
là-dessus qu'une tradition mais assez curieuse. La voici comme notre vieil historien Pierre Le Baud nous l'a transmise (2) :

« En celle bataille y eut merveilleuse occision d'une part et d'autre... Et dient aucuns, aussi
le tesmoigne la renommée, que ce fut au territoire de Rennes, sur un petit fleuve [un ruisseau]
appelé Noironde, qui lors estoit et est encore environné de bois et de forests, où l'exercite
(l'armée) des Bretons se reposoit. Et là le vint celui des François (des Franks) assaillir : dont le
lieu qui est au bas sur ledit fleuve est jusques aujourd'hui nommé l'Assaut. Mais ledit exercite
François, de prime face par celui des Bretons reculé (repoussé) jusqu'au haut de la montagne
(colline), y resista par merveilleux hardement (par merveilleuse audace) et fut l'occision en ce
lieu, lequel s'appelle encore le Champ de bataille : auquel champ a esté depuis fondé un prieuré
de l'ordre de S. Augustin qu'on appelle Allion [aujourd'hui Rallion], pour ce que, si comme on le
dit, les fuyans s'y rallièrent. — Et encore, pour autre tesmoignage de celle merveilleuse desconfi-
ture, en fouissant audit lieu et à l'environ, jaçoit ce que (quoique) il n'y ait apparence d'avoir eu
aucune habitation sauf ledit prieuré, l'on trouve en terre multitude de tumbeaux de pierre de
diverses couleurs et diversement ordonnez, èsquels les corps des occis furent inhumez. »

D'Argentré rapporte la même tradition, mais en y donnant un développement
qui me semble pris dans son imagination. Quant aux tombeaux il dit : « De
» present se trouvent par les champs de grandes tumbes de pierre de toutes
» couleurs, couvertes de terre, lesquelles sont pleines d'ossemens, ce que je puis
» dire pour en avoir faict ouvrir aucunes (3). »

Les noms de lieux cités par Le Baud comme rappelant cette bataille
mérovingienne existent encore au bord de la forêt rennaise : le prieuré d'Allion
est devenu la ferme de Rallion, le ruisseau de Noironde a conservé son
nom ainsi que la pièce de terre dite le Champ de bataille, etc. Tout cela se
trouve en la commune de la Bouëxière (4) près Rennes. — Il est difficile de
préciser la valeur de cette tradition, mais à coup sûr elle est très ancienne puisque
Le Baud, dont la bonne foi est irrécusable, la proclame telle au XVᵉ siècle. — On
peut très bien admettre qu'une razzia de Waroch (ou de son successeur) dans le
pays de Rennes ait été poussée jusque-là, et que les Bretons, qui d'habitude
exécutaient très rapidement ces sortes d'incursions, surpris par une armée franke
se soient vus forcés de livrer combat. On peut donc, sans aucune invraisemblance,
regarder cette rencontre comme la dernière bataille de Waroch.

Le règne de Waroch ne se signala pas seulement par des guerres. Le pays du
Bro-Weroc ou Vannetais breton fut dans le même temps le théâtre d'événements

(1) « (An. 594). Anno IIᵒ cum Childebertus regnum accepisset Burgundiæ, exercitus Francorum
et Britannorum invicem præliantes, uterque nimium gladio trucidatur. » (Fredegarii, Scholastici
Chronicon, dans le Grégoire de Tours de D. Ruinart, p. 601).
(2) Pierre Le Baud, Histoire de Bretagne, p. 80.
(3) D'Argentré, Hist. de Bretagne, 3ᵉ édit. p. 141.
(4) Canton de Liffré, arrondissement de Rennes, Ille-et-Vilaine.

d'un autre genre dignes d'être notés. On vit alors s'y établir et y finir sa carrière un personnage plusieurs fois déjà rencontré par nous et dont la vie est assez exceptionnelle pour mériter une mention spéciale : saint Guenaël, successeur de Gwennolé dans le gouvernement de l'abbaye de Landevenec, mais successeur malgré lui. Rien de plus antipathique à son tempérament que de rester longtemps à la même place. Il était moine pourtant et même chef de moines jusqu'à la moëlle, mais avec cela un pérégrinant, un itinérant infatigable presque de la force de saint Cado (p. 391 ci-dessus). Après un septennat de gouvernement abbatial à Landevenec il en eut assez, donna sa démission, et avec onze moines de cette maison partageant son goût pour les voyages, il partit (539 ou 540).

Sa première étape fut, paraît-il, les îles de la Manche, où au XIVe siècle le souvenir de son passage vivait encore dans des traditions, des chapelles, des prieurés où on l'invoquait sous le nom très reconnaissable de *Vinal* ou *Vignal* (1). De là il s'élança dans l'île de Bretagne. Les Bretons insulaires en sortaient pour venir en Armorique ; lui, remontant le courant, passa au contraire du continent dans l'île, puis de cette île dans une autre, c'est-à-dire en Irlande. Selon la plus ancienne version de sa Vie, il ne consacra pas moins de trente-quatre ans à ces missions insulaires (2). Il fonda dans ces deux îles deux ou trois monastères considérables ; mais ses principaux efforts furent consacrés à maintenir dans sa pureté, à ramener à sa ferveur primitive l'institution monastique : dans la Grande-Bretagne et en Irlande, cinquante couvents, dit-on, lui confièrent le soin de réformer leur discipline (3). Après ces trente-quatre ans de courses réformatrices, il éprouva le besoin de revoir sa patrie. Selon une de ses Vies, il revint seul dans une barque d'osier (couverte de cuir) fabriquée de ses propres mains, rapportant avec lui pour tout bagage un précieux amas de livres et de reliques. Selon d'autres, il était suivi de cinquante disciples. Il débarqua en Cornouaille, où il fonda trois monastères (qu'on ne nomme pas) et passa de là dans l'île de Groie. A son arrivée toutes les cloches sonnèrent d'elles-mêmes. Cette île renfermait alors beaucoup de petits monastères qui avaient besoin de règles et de réformes, cela donna beaucoup d'occupation à Guenaël qui y resta plusieurs années (4).

Né au commencement du VIe siècle, il avait alors environ quatre-vingts ans ; malgré son activité infatigable il lui fallut prendre quelque repos. Il quitta Groie

---

(1) Gerville, *Recherches sur les îles du Cotentin* (1846), p. 30-31.

(2) « Transacto autem septennio, cum undecim fratribus mare peragrat, ter denos et quatuor annos in Britannia et Scotia peregrinans. » (*Vita Ia S. Guenaëli*, Bl.-Mant. XXXVIII, p. 721). — Il y a trois Vies de saint Guenaël : 1o *Vita Ia*, provenant de l'ancien *Légendaire de l'église de Vannes ;* elle est reproduite, mais avec quelques lacunes, en partie dans le bréviaire de Vannes de 1589, en partie dans la collection bretonne des Blancs-Manteaux, vol. XXXVIII (Bibl. Nat. ms. fr. 22321), p. 721-722 ; cette Vie est du commencement du IXe siècle, peut-être même plus ancienne ; — 2o *Vita IIa*, provenant de l'abbaye de Saint-Victor, publiée par les PP. Bollandistes dans les *Acta Sanctorum*, Novembre I, p. 674-679 ; c'est une élégante paraphrase de la *Vita Ia*, plus complète que ce qui nous reste de celle-ci ; l'éditeur, l'illustre P. de Smedt, la regarde comme du IXe siècle ; la *Vita Ia*, étant certainement antérieure, pourrait bien être alors du VIIIe ; — 3o *Vita IIIa*, abrégé fidèle de la *Vita IIa*, composé par Gui de Châtres, abbé de Saint-Denys de 1326 à 1343 suivant Félibien, *Hist. de l'abb. de St-Denys*, p. 269 et 274 ; cet abrégé a été publié par Hugues Ménard dans son *Martyrolog. SS. ord. S. Benedicti*, p. 368-370.

(3) « Quinquaginta cœnobiorum conventus, sanctitatis ejus suaveolenti fragrantia exciti, institutionibus et patrocinio famuli Dei sese commiserunt. » (*Vita IIa S. Guenaëli*, Boll. Novemb. I, p. 676).

(4) « Cum in eadem insula multos exegisset annos et plurimis congregationibus monachorum institutiones salutiferas præscripsisset » etc. *(Id.* § 14, Boll. Nov. I, 677).

et s'arrêta à l'entrée du Blavet, rive droite, sur une langue de terre bordée à l'Est par le fleuve, à l'Ouest par les sables et le petit bras de mer du Rohu. Il y avait encore des bois sur cette côte, car il y trouva une louve et ses petits qui lui obéirent avec une docilité exemplaire quand il leur commanda de quitter la place (1). Il avait grande familiarité avec les fauves. Un jour étant allé visiter l'un de ses moines appelé Caradec (2), retiré à quelques lieues de son monastère pour vivre en anachorète et dont l'oratoire est représenté aujourd'hui par l'église de Saint-Caradec d'Hennebont, — comme il était là, un cerf ardemment chassé, à bout de souffle, vient se réfugier sous son manteau, et les chiens s'arrêtent la queue basse aux pieds de Guenaël. C'était la chasse du comte Waroch qui courait dans la vallée du Blavet. Quand le comte apprit ce fait, il manda près de lui le saint homme, le combla d'honneurs, le laissa à regret et difficilement retourner à son monastère, enfin — pour le salut de son âme *et pour celui du pays* — il donna à Guenaël deux beaux domaines destinés à l'entretien de sa maison (3).

Guenaël mourut peu de temps après (vers 585-590) dans son monastère du Blavet. Sa mort fut marquée par deux traits fort caractéristiques. Quand ses moines le voyant près de mourir vinrent le prier de désigner son successeur, alors, dit son biographe, « par le vœu de tous fut nommé abbé l'un des disciples » de Guenaël qui lui était *uni en droite ligne par le sang.* » Or c'est un point essentiel de l'institution monastique scoto-bretonne aux VIe et VIIe siècles, que l'on élisait de préférence pour abbé un membre de la famille du fondateur; dans le célèbre monastère d'Iona, sur les douze successeurs immédiats du fondateur saint Columba, un seul est d'une autre famille. Enfin le saint « prescrivit que » tous les ans, au jour anniversaire de sa mort et pour le salut de son âme, *on » servit un festin à la communauté (4).* » C'est encore là un trait de la vieille discipline scoto-bretonne : en toute occasion solennelle, on se départait quelque peu au réfectoire de l'austérité quotidienne, on ajoutait au menu un plat ou deux, quelquefois même un plat de viande ; on appelait cela *consolatio cibi* (5).

Objet de la faveur de Waroch, le *lann* de saint Guenaël sur le Blavet prit nécessairement au VIe siècle une grande importance. Plus tard, surtout

---

(1) « Navem conscendens, ad loca quæ tunc temporis inculta erant pervenit. Ubi catulos una cum matre lupa mansuetius accedentes ad genua sua videt procidere, licentiam in illis commanendi locis a sancto quasi postulantes. Quibus sanctus : « Vobis remanere non licet ; ad desertas et hominibus inaccessas migrate sedes. » Jussionibus feræ parentes, in illis amplius locis non comparuerunt. »*(Vit. IIa S. Guen.* § 15, Boll. Nov. I, p. 677).

(2) La *Vita IIa S. Guenaëli* (Boll. Nov. I, 677) appelle ce moine *Chaloletus* ou *Calotherus,* altération évidente, nom qui n'a rien de breton et qui tendrait prouver que cette Vie n'a pas été écrite en Bretagne.

(3) « Dei sanctus ad regem (Guerocum) in pacis osculo receptus est, tantamque in conspectu ejus gratiam adeptus est quod ad ejus desideria opere prosequenda omnes inclinantur. Petenti licentiam Guenaëlo ut ad gregem suum reverteretur, dedit rex optimas duas villas, *pro salute* sua *et patria,* cœnobitarum usui in perpetuum profuturas »*(Vita Ia S. Guen.* Bl. Mant. XXXVIII. p. 722). — Ce texte nous montre Waroch sous un nouveau jour, mais, dans ses effusions religieuses non plus qu'ailleurs, ne perdant jamais de vue les intérêts de la patrie bretonne *(pro salute patriæ).* La *Vita IIa* omet ce trait si breton et si caractéristique.

(4) « Communi voto omnium quidam discipulus ejus (Guenaëli), *et in rectitudine sanguinis ei junctus,* assumitur in abbatem. Præcepit quoque Guenaëlus in die transitus, propter animæ suæ remedia, singulis annis convivium præparari »*(Vit. Ia S. Guen.* Bl. Mant. XXXVIII, p. 722).

(5) Voir Reeves, *Life of S. Columba,* (édit. 1874) Introduction, p. cvi, cxvii ; et A. de la Borderie, *Les Monastères celtiques aux VIe et VIIe siècles d'après les usages de l'île d'Iona* (1895), p. 19 et 33.

pendant l'asservissement de la Bretagne sous le joug carolingien (de 786 à 843), le monastère chéri de Waroch associé à la mauvaise fortune de la patrie bretonne tomba en décadence. Mais vers le milieu du IX⁰ siècle le roi Nominoë (843-851), qui alliait toujours aux manifestations de sa piété sa sollicitude pour la Bretagne, tint à honneur de relever la fondation patriotique de Waroch et bâtit sur le tombeau de Guenaël un très beau et très grand monastère (1). Au X⁰ siècle, l'invasion normande le détruisit. Ce qui en pouvait rester après les désastres de cette invasion devint au XI⁰ siècle un prieuré dépendant de l'abbaye de Saint-Gildas de Ruis (2). Aujourd'hui cet antique *lann* est encore représenté par une très vieille chapelle de Saint-Guenaël, au village du même nom en la paroisse de Caudan près Lorient, sur le Blavet, dans la situation indiquée plus haut. Un savant archéologue qui a étudié avec grand soin les monuments du département du Morbihan dit de ce monument :

« *Chapelle Saint-Guenaël.* Restes d'une très ancienne construction. Appareil mélangé. Forme rectangulaire, chevet plat. Dimensions dans œuvre : 15ᵐ sur 4ᵐ50 environ. Petites fenêtres à plein cintre très étroites et très évasées à l'intérieur [caractère irrécusable de l'architecture du XI⁰ siècle]. — Près de la chapelle de Locunel [village très proche], *lec'h* bas, arrondi ; c'est à cette pierre, suivant la tradition du pays, que saint Guenaël venait prier. Près de la chapelle Saint-Guenaël, autre *lec'h* de même forme (3). »

Le souvenir de cet important monastère de l'âge primitif, complètement oublié par nos historiens et hagiographes, méritait d'être remis en lumière.

Dans le même temps que la mort de saint Guenaël (vers 585-590) débarqua sur la côte du Bro-Weroc une émigration fort intéressante venue, non de la Cambrie ou pays de Galles, comme le disent nos hagiographes, mais de la *Cumbrie,* c'est-à-dire de la Bretagne du Nord et même probablement du Strat-Cluyd, car son point de départ devait être, nous le verrons, très voisin des îles Hébrides. Là vers le milieu du VI⁰ siècle, d'un roi appelé Brochan et de sa femme Meneduc (4), naquit une vierge, Ninnoc, baptisée par saint Columba, l'illustre abbé d'Iona, et qui venue à l'âge nubile, déclarant à son père sa ferme volonté de n'avoir d'autre époux que Dieu, obtint de Brochan la permission de s'exiler en des contrées lointaines

(1) « Post multos annos, Nomenoius, Britannorum rex, meritorum tam sublimium confessorem in tam humili jacere monasterio indignum arbitratus, religiosa ductus voluntate, monasterium ibidem propriis sumptibus amplissimum et pulcherrimum effecit » (*Vita II⁰ S. Guen.* § 17, Boll. Nov. I. p. 678).

(2) Voir abbé Luco, *Hist. de l'abbaye de Saint-Gildas de Ruis,* p. 331, et *Pouillé du diocèse de Vannes,* à l'article de la paroisse de Caudan.

(3) Rosenzweig (archiviste du département du Morbihan), *Répertoire archéologique du département du Morbihan* (1863), col. 50. — *Lec'h* est une sorte de menhir taillé, quelquefois très peu élevé, monument funéraire des Bretons insulaires et des Bretons armoricains du V⁰ au IX⁰ siècle.

(4) « Quidam vir nobilis fuit in *Combronensi* regione, *Brochan* nomine, ex genere Gurthierni, rex honorabilis in tota Britannia... Ipse Brochanus accepit uxorem ex genere Scotorum, filiam Constantini regis, *Meneduc* nomine » (*Vita sanctæ Ninnocæ,* § 6, dans Boll. Jun. I, p. 408). — *Combronensis regio* est certainement, non point la Cambrie mais la *Cumbrie,* nom qui dans sa plus grande extension put s'appliquer à la partie occidentale de l'île de Bretagne comprise entre la Clyde et la Dee, mais qui dans la seconde moitié du VI⁰ siècle embrassait au plus l'espace compris entre le golfe de Solway et la Clyde, et au sud du Solway, le Cumberland *(Cumbra-land)* actuel. Voir d'ailleurs, sur la signification des noms *Cumbrie* et *Strat-Cluyd* à diverses époques, les pages ci-dessus : p. 241 noté 4, p. 244, 245, 246.

pour servir plus parfaitement dans la solitude cet unique époux (1). Le père ne se rendit point sans une vive résistance et beaucoup de larmes, mais sous l'influence d'un saint évêque irlandais appelé Gorman *(Germanus)* il finit par se résigner et même s'appliqua avec grand zèle à tout préparer pour le long et périlleux voyage de sa fille.

Si Ninnoc allait chercher la solitude, elle n'allait pas la chercher solitairement. Dès qu'on connut ce projet d'émigration, nombre de Bretons insulaires accoururent pour prendre part à cet exode, entre autres, « quatre évêques, » quantité de prêtres, de diacres, de vierges, et une grande multitude de personnes » des deux sexes. » Cette foule remplit sept grands navires, et le roi Brochan (2) mit à la tête de l'expédition un couple d'une prudence et d'une vertu consommée, Gwrkentelu surnommé Ilfin et sa femme Guenargant, qui avaient eu l'honneur d'élever la jeune princesse.

Quant au lieu où devait aboutir l'émigration, nulle hésitation, ce semble, dans l'esprit des émigrants : la flotte cingla droit vers les rivages de la Bretagne armorique que les Bretons insulaires appelaient volontiers *Lydaw* ou *Lédan* (forme latine *Letavia*) et, ce qui est très notable, au lieu de débarquer sur la côte nord ou sur la côte ouest de la péninsule qui s'offraient les premières devant eux, ils contournèrent ce double rivage sans y descendre et continuèrent de côtoyer le littoral sud en revenant vers l'Est jusqu'à l'embouchure de la Laita, limite séparative de la Cornouaille et du Bro-Weroc. Arrivés là ils s'arrêtèrent, un peu au Sud-Est de cette embouchure, pour débarquer dans une jolie baie intérieure qu'ils appelèrent du nom de leur chef *Poul Ilfin* (Baie d'Ilfin), et qui forme aujourd'hui l'étang de Lan-Nennec (3). Leur circumnavigation autour des côtes de la péninsule, leur empressement à sauter à terre sur la rive gauche de la Laita, prouvent nettement leur dessein arrêté de s'établir non en un lieu quelconque de la Bretagne armorique mais sur le territoire du Bro-Weroc. Pourquoi là plutôt qu'ailleurs, sinon parce qu'ils savaient y devoir rencontrer

(1) « Venit quidem vir religiosus nomine *Columchille*, ex progenie Scotorum, ad colloquium Brochani regis... Qui sanctus Columchille eam (filiam regis) baptizavit et imposuit ei nomen, id est. *Ninnoc Guenngustle* » *(Vita sanctæ Ninnocæ,* § 9, dans Boll. Jun. I, 409). — Columkille est incontestablement l'illustre saint Columba, abbé de l'île d'Iona, l'une des Hébrides : donc le royaume de Brochan ne devait pas être éloigné de ces îles. Columba, qui jusque-là n'était pas sorti d'Irlande, vint à Iona seulement en l'an 563 (Reeves, *Life of S. Columba,* édit. 1874, introd. p. xxxvii) : donc la naissance de Ninnoc ne peut être antérieure à cette date ; on peut la mettre de 565 à 570, et son émigration en Armorique vingt ans après, de 585 à 590.

(2) *Brochan,* c'est évidemment, à peine modifié dans sa forme, le nom que les Gallois écrivent aujourd'hui *Brychan.* Mais le Brochan père de Ninnoc n'a rien de commun que le nom avec le Brychan des légendes galloises, roi du pays de Brycheniauc (Brecknockshire), et qui de trois femmes aurait eu 50 enfants, 24 fils et 26 filles, tous 50 saints et saintes. — Mais : 1° Brychan règne en *Cambrie* et notre Brochan en *Cumbrie* ; 2° Brochan a une seule femme, *Meneduc* ; Brychan (dans les légendes) en a trois, *Eurbrawst, Rhybrawst* et *Peresgri,* mais point de Meneduc (voir Robert Williams, *Eminent Welshmen,* p. 49) ; 3° parmi les 26 filles de Brychan aucune ne s'appelle Ninnoc (Rice Rees, *Welsh saints,* p. 136-152). — M. Le Men, dans son édition de l'*Histoire de Sainte-Croix de Quimperlé,* livre d'ailleurs très intéressant, a donc eu tort (p. 23 note 2) d'assimiler le Brochan père de Ninnoc au Brychan gallois.

(3) « Prospero vento navigantes, *ac fines Letaviæ circumeuntes,* gubernante Deo, cum septem instrumentis navium applicuerunt in locum cui, ex ejus adventu, usque in præsentem diem *Pull Ilfin* vocabulum est. » *(Vit. Sæ Ninnocæ* § 14, Boll. Jun. I, p. 410). — *Poul,* trou d'eau, étang, baie fermée. La baie de Poul-Ilfin, au VIe siècle, communiquait avec la mer par un goulet ; aujourd'hui, de l'étang de Lan-Nennec à la mer il n'y a plus qu'un ruisseau. — *Lan-Nennec,* forme adoucie de *Lan-Ninnoc.*

en plus grand nombre qu'ailleurs, comme nous l'avons dit ci-dessus (p. 380), leurs proches compatriotes venus comme eux du Nord de l'île de Bretagne ?

En cette fin du VIᵉ siècle, il n'en était pas comme aux débuts des émigrations bretonnes où chaque émigrant pouvait s'emparer du premier terrain vide qui lui plaisait, bien sûr de n'y être pas troublé parce que ce terrain n'avait pas de maître. Maintenant il fallait tout au moins compter avec le prince breton, comte ou roi, chef de la petite principauté sur laquelle les émigrés s'installaient. Aussi, bien que la plage où venaient de débarquer les émigrés Cumbriens fût inoccupée (1), le chef de l'expédition Gwrkentelu, prenant parmi ses compagnons deux vénérables évêques Morhèdre et Gwrgalon, alla avec eux demander au comte Weroc II ou Waroch l'autorisation d'établir sur ce terrain un monastère (2) : ce que le prince leur permit de grand cœur.

La Vie de sainte Ninnoc, rédigée au XIIᵉ siècle dans la forme où nous l'avons aujourd'hui d'après un récit plus ancien et en général fort vraisemblable abondant en renseignements sur la naissance, la jeunesse de Ninnoc et sur son émigration, — cette Vie, à partir d'ici, perd le guide qu'avait suivi son récit et tombe successivement dans la sécheresse, dans le vague, dans les inventions grossières. Rien de net ni de précis sur la fondation et l'organisation du monastère de Ninnoc ; à certaines expressions de l'hagiographe, il semblerait qu'il y eût là deux communautés, l'une d'hommes, l'autre de femmes, coexistant l'une près de l'autre avec des relations fréquentes (3). L'auteur du XIIᵉ siècle, qui voyait de son temps cette conception réalisée dans l'ordre de Fontevraud, l'a reportée à six siècles en arrière ; mais rien n'était plus antipathique à la discipline bretonne du VIᵉ siècle, qui repoussait énergiquement des monastères d'hommes tout rapport avec les femmes. L'établissement monastique fondé à Poul-Ilfin s'appelle *Lan-Ninnoc* parce que c'est la vierge royale qui en est la fondatrice, mais à en juger par le langage de l'hagiographe, il semble n'y avoir là qu'un monastère d'hommes. Après avoir parlé de l'église construite par Ninnoc, il nous montre près de cette église des tentes *(tabernacula)*, c'est-à-dire des logettes, des cellules, construites non pour les *servantes* mais pour les *serviteurs* du Christ, et il ajoute que de son temps (au XIIᵉ siècle) on voyait encore les ruines de ces cellules *(monasteriola)* occupées jadis par les *religieux* qui avaient habité là avec Ninnoc (4). Enfin cet établissement monastique a à sa tête non une abbesse, car ce titre n'est nulle part donné à Ninnoc, mais un abbé, Gwrkentelu lui-même, séparé de sa femme soit par la mort soit par un pieux divorce.

---

(1) « Locum desertum in plebe quæ dicitur Plueu Mur, ad australem plagam juxta mare. » *(Vit. S. Ninn.* § 14, Ibid.).

(2) « Exeuntes autem de navibus, consilio habito, miserunt ad principem terræ, Gueroc nomine, nuntios, Morhedrum videlicet et Gurgalonum episcopos atque Gurkentelum cognomine Ilfin, sanctæ Ninnocæ patronum et consiliarium. » *(Vit. S. Ninn.* § 14, Ibid.).

(3) Quand Weroc II vient à Lan-Ninnoc (monastère de Ninnoc), — « dux in ecclesiam intravit... *in medio* psallentium tam episcoporum et abbatum *necnon monachorum et sanctimonialium choro.* » *(Id.* § 17, Ibid. p. 410).

(4) « Quo in loco (Ninnoca) ædificavit ecclesiam, pluraque *servis* [et non *ancillis*] Christi tabernacula... *Religiosorum virorum* monasteriola *secum manentium,* ibidem constructa, semirutæ maceriæ posteris usque hodie ostendunt. » *(Vit. S. Ninn.* § 14, Ibid. p. 410). Plus loin (§ 20, Boll. Jun. I, p. 411), c'est sur la demande de Ninnoc que Weroc II fait bénir Gwrkentelu comme abbé de Lan-Ninnoc.

Les monastères de femmes étaient fort rares à cette époque chez les Bretons soit du continent, soit de l'île; je ne sais si l'on en pourrait citer d'exemple bien authentique. On y trouvait pourtant des femmes, surtout des veuves, qui se voilaient et faisaient vœu de suivre une vie de jeûne, d'austérités et de prières en se conformant à telle ou telle règle monastique. Souvent elles vivaient isolément, près de quelque église dont elles entretenaient le linge, balayaient le pavé, paraient les autels. Parfois aussi elles se réunissaient au nombre de quatre ou cinq, formant un petit groupe, d'habitude à peu de distance d'un monastère d'hommes dont le voisinage leur servait de protection, mais sans communication avec lui. Telle était la situation d'Enora à l'égard du monastère d'Efflam (p. 362 ci-dessus), et l'on voit de même en Irlande, dans la Vie de saint Finnian, un groupe de ce genre composé de la mère et de la sœur de ce saint, de la mère de saint Kieran, de celle de saint Coulman, et de quelques autres recluses, établies à peu de distance du monastère de Finnian (1). Telle était aussi, croyons-nous, la condition de Ninnoc et de ses compagnes : ce n'était point un grand couvent de religieuses; c'était un troupeau de brebis choisies peu nombreuses, dix, quinze au plus, groupées autour de la vierge royale, et paissant sous sa houlette dans un bercail établi à l'ombre du monastère de Gwrkentelu, mais — sauf des cas très exceptionnels — sans communication avec lui.

Chose étrange, l'auteur de la Vie de Ninnoc venue jusqu'à nous était un moine de l'abbaye de Quimperlé appelé Gourheden, vivant vers 1130 : il abonde en renseignements sur l'existence insulaire de son héroïne, mais sur sa vie dans la Bretagne armorique qui était, ce semble, beaucoup plus à sa portée, il ne sait pour ainsi dire rien. La tradition populaire ne lui a transmis que deux traits (2) : d'abord, la bienfaisante influence de la pieuse vierge, qui pendant toute sa vie, dans le pays qu'elle habitait (la province de Kémenet-Héboi, comprise entre le Blavet et l'Ellé), ne cessa de multiplier en abondance les grains et les fruits par les campagnes et le poisson dans les filets des pêcheurs, d'où joie et prospérité à tous les habitants; — puis, une histoire de cerf ou de biche venant chercher un refuge aux pieds de la princesse, histoire, je le crains bien, copiée sur la Vie de saint Guenaël (bien plus ancienne que celle de Ninnoc), et qui seule conserve encore dans la mémoire du peuple le nom de la douce filleule de saint Columba. Entre le Blavet et l'Ellé, on croit que la biche de sainte Ninnoc n'est pas morte ou du moins qu'elle revient sur terre de temps en temps. Les fiancés redoutent son apparition. Si l'un d'eux, un soir, à la tombée de la nuit, voit à l'orée d'un bois cette blanche forme, qui court sans bruit vive comme un éclair et rentre aussitôt dans la forêt, c'est pour les amoureux un signe déplorable : Ninnoc veut que la fiancée reste vierge, et le mariage ne se fera pas.

---

(1) « Rignach, soror S. Finniani, venit ad cellam ubi mater ejus cum aliis sanctis mulieribus, scilicet matre Kierani et matre Colmani erat. » (Vita S. Finniani § 21, dans Colgan, Acta SS. Hiberniæ, p. 395 ; et dans Smedt et Backer, Acta SS. Hib. ex Cod. Salmant. col. 201).

(2) Je ne parle pas ici de la charte absurde datée de 458, par laquelle Weroc II, transformé en duc de Bretagne, est censé faire diverses donations à Ninnoc. Cette pièce, qui avec ses dépendances remplit les trois derniers paragraphes de l'édition des Bollandistes (Juin, I, p. 411), cette pièce est une ridicule invention du XIIe siècle, en complet disparate avec le reste de la Vie qui, comme je le dis plus haut, semble dans le reste de son texte reproduire honnêtement et sérieusement un récit venu d'outre mer et beaucoup plus ancien.

Après Waroch, après Ninnoc, l'histoire et même la légende des Bretons du Bro-Weroc pendant l'ère mérovingienne est close. Nous ne les retrouverons désormais que dans les grands combats de l'indépendance bretonne contre les Carolingiens.

§ 3. — *Les Bretons de la Domnonée.*

Judual, rétabli par saint Samson sur le trône de Domnonée en 555, vécut jusque vers l'an 580. Quelques années avant la fin de son règne, il assista à Castel-Paul à une grande cérémonie, qui le mit en face de l'apôtre du pays de Léon. Saint Paul Aurélien, très vieux et très fatigué, tout en se réservant le gouvernement de ses monastères et la direction de son diocèse, avait été obligé de se faire remplacer dans les fonctions actives de l'épiscopat. C'était à son fidèle disciple Jaoua qu'il les avait confiées; mais un an après Jaoua mourut. Pareil fut le sort de Tighernomagle, que saint Paul avait substitué à Jaoua et qui mourut également après une année d'épiscopat. Le saint essaya alors de reprendre ses fonctions, mais au bout de quelques mois il dut y renoncer. Il choisit un autre de ses disciples appelé Ketomeren, non pour le suppléer mais pour le remplacer dans l'épiscopat, car il voulut lui abandonner le siége même de l'évêché, c'est-à-dire la résidence de Castel-Paul. Le sacre de Ketomeren et son intronisation sur le siége de Léon donnèrent lieu à des fêtes très solennelles; le roi de Domnonée y assista, il vit même saint Paul rendre la vue en sa présence à un malheureux aveugle qui le suppliait d'avoir pitié de sa misère. Judual frappé de ce prodige donna au vénérable apôtre du Léon, autour de Castel-Paul, un vaste territoire comprenant le hàvre de Penpoul, les paroisses de Roscoff, de Santec, de Trégondern, et que l'on appela désormais le domaine, l'asile, en breton le Minihi de saint Paul (1).

Saint Paul Aurélien se retira ensuite en son monastère de l'île de Batz, où il mourut dans une vieillesse très avancée. Aux derniers temps de sa vie, sa chair s'était en quelque sorte desséchée, les os de ses doigts étaient devenus translucides; à travers la paume de sa main la lumière passait comme à travers le verre le plus clair (2). Selon son biographe, il vécut cent quarante ans; les Bollandistes d'après une ancienne chronique placent sa mort en 572 ou 573, ce qui lui donnerait quelques années de moins de cent ans. — Sur la fin du IXe siècle (en 884), son corps était encore dans son tombeau intact et sans corruption.

A l'autre bout de la Domnonée, l'église, ou si l'on veut le monastère-évêché de Dol, avait déjà eu, depuis la mort de son fondateur en 565, plusieurs

---

(1) « Judwalus, cognomine Candidus, Domnonensis patriæ dux nobilissimus, ut Paulum in carne videret et se ejus orationi commendaret, advenerat. Viso tali miraculo, illud *territorium quod modo dicimus Pauli*, sub consecratione, in perpetuam oblationem eidem tradidit sancto » *(Vit. S. Paul. Aurel.*, auct. Wrmonoco, cap. 20, dans *Revue Celtique* V, p. 453). — Le Minihi Saint-Paul comprenait tout ce qui forme actuellement le territoire des communes de Roscoff et de Saint-Pol de Léon.

(2) « Ita per palmæ ejus interiora, quasi per lucidissimum vitrum, solis radios splendescere videres » *(Id. Ibid.)*.

chefs. Le premier avait été Magloire, cousin de saint Samson, qui l'avait amené avec lui en Armorique et qui sur son lit de mort le désigna pour le remplacer dans sa double dignité d'abbé et d'évêque. Rien de plus naturel : un des traits caractéristiques du monachisme scoto-breton n'était-il pas — nous l'avons vu tout à l'heure (p. 454 ci-dessus) — de maintenir autant que possible la dignité abbatiale dans la famille du fondateur? Mais Magloire, par tempérament, était un contemplatif; s'il n'avait eu à régir qu'un monastère, il s'y fût prêté, car il aurait pu n'en pas sortir; un diocèse, c'est le monde avec ses embarras, ses soucis, ses dissipations, ses bagatelles, tout ce train terre à terre qui coupe les ailes à l'âme et l'oblige de ramper dans la fange quand elle voudrait planer dans les cieux. Mais pourtant comment se soustraire à un fardeau imposé par la suprême volonté de saint Samson? Dans les embarras de ce genre nos vieux saints bretons avaient une ressource qui, à en croire les hagiographes, leur faisait rarement défaut. Un ange se montrait à eux dans leur sommeil et leur traçait, par ordre d'en haut, la marche à suivre. L'ange ordonna à Magloire d'abandonner le siége de Dol et d'aller vivre dans la solitude. Son successeur saint Budoc — nanti d'une très belle légende parfaitement fabuleuse, œuvre d'un clerc d'une très brillante imagination — n'a pas d'histoire. Quant à Magloire, il se retira en un lieu désert faisant partie d'un domaine donné au siége de Dol par le roi Judual (1). Bientôt la vénération publique venant le chercher et le troubler dans sa retraite, il songea à fuir plus loin encore et à abandonner son ancien diocèse; Budoc lui fit un devoir d'y rester. Dieu en avait décidé un peu autrement; Magloire resta dans le diocèse de Dol — car alors les îles du Cotentin en faisaient partie, — mais il quitta le continent.

Un chef breton puissant et riche, appelé Loïescon, auquel on donne le titre de comte, possédait souverainement trois de ces îles, dont l'une, très fertile, très agréable, s'appelait *Sargia*, aujourd'hui Sark ou Serk (à peu de distance de Guernesei dans l'Est), où il y avait alors la plus belle pêche, la plus belle chasse d'oiseaux de mer qu'on pût rêver. Ce comte était depuis sept ans affligé de la lèpre; après s'être fait soigner inutilement par tous les médecins, il vint implorer le secours de Magloire, qui employa généreusement à cette cure tous les remèdes divins et humains : prières, jeûnes, bains, frictions (2), etc. Il guérit le comte, et celui-ci pour reconnaître ce bienfait donna à Magloire la moitié de l'île de Serk, gardant pour lui l'autre moitié. Dès lors, au-dessus de la moitié réservée par le comte pas un oiseau, dans les eaux qui baignent ses rivages pas un poisson, tous les poissons et tous les oiseaux émigrant dans la moitié attribuée au

---

(1) « In quadam terra, quam aliquando rex *Judgualus* in augmentum episcopatus dederat. » (*Vita S. Maglorii*, Bibl. Nat. ms. lat. 5283, f. 168). Mabillon, qui a publié la Vie de saint Magloire dans les *Acta SS. Ord. S. Benedicti*, Sæc. I^o, p. 223-231, imprime ici *Raddualus* au lieu de *Judualus*; faute évidente car quatre manuscrits de la Bibliothèque Nationale, contenant cette Vie de saint Magloire, portent *Juddualus*, et *Judgualus* ce qui est certainement le nom de Judual, et aucun n'a *Raddualus*; voir sur ce point A. de la Borderie, *Miracles de saint Magloire* dans *Mém. de la Soc. archéol. des Côtes du Nord*, 2e série, IV, p. 225 et 302 n. 2. — Cette *Vita S. Maglorii* a été écrite au milieu du IXe siècle, de 840 à 850, voir sur cette date A. de la B. *Miracles de saint Magloire*, Ibid. p. 295-296. Outre les chapitres publiés par Mabillon, il faut voir ceux par lesquels nous avons complété cette Vie dans la publication ci-dessus, *Miracles de saint Magloire*, Ibid. p. 224 à 293.

(2) « Indixit jejunium... cum letaniarum obsecratione, in balnearium dolium jussit imponi. » (*Vit. S. Maglor.* § 12, édit. Mabillon, p. 225.

saint. Loïescon, qui avait des biens à revendre, qui possédait, nous dit-on, en abondance « de l'or et de l'argent, des esclaves et des servantes, des chevaux, du » bétail, d'excellentes terres et jusqu'à des vignes (1), » — Loïescon d'abord s'inquiéta peu de l'aventure et ne songea pas à revendiquer les fuyards. Mais sa femme fut piquée de cette petite disgrâce qu'elle attribuait peut-être aux machinations du saint ; pour lui en faire perdre le fruit, elle persuade à son mari de reprendre à Magloire sa moitié et de lui céder l'autre : aussitôt tous les oiseaux et tous les poissons de repasser dans cette dernière. Loïescon, homme de sens et de cœur, prit le parti, malgré sa femme, de donner au saint l'île entière. Alors tout rentra dans l'ordre, et Magloire y établit un grand monastère, où il résida jusqu'à sa mort (2).

Ce monastère fut dans la Manche un grand phare rayonnant sur les flots et sur les îles, jetant de tous côtés la lumière, la chaleur et la flamme de la civilisation chrétienne, matérielle et morale. Mais Magloire ne jouit pas longtemps sur son rocher de Serk de la paix qu'il avait rêvée ; il ne put rester longtemps cloîtré et confit dans les ivresses extatiques de la vie contemplative. Pour éclairer les ténèbres idolâtriques qui couvraient encore en grande partie cette mer, pour combattre le mal sous toutes les formes, il dut faire de Serk une place d'armes, une citadelle chrétienne et la remplir d'une milice robuste qui sous sa direction accomplit la conquête évangélique de l'archipel. Ce caractère d'apôtre des îles du Cotentin, la tradition l'a reconnu, honoré en Magloire pendant tout le moyen-âge et jusqu'à nos jours (3). Il se retrouve dans les miracles que sa Vie lui attribue, accomplis pour la plupart en faveur des îlois et des gens de mer, et offrant presque tous, si l'on peut dire, un caractère maritime.

Ainsi, il ressuscite un pêcheur qui s'est noyé en mer. Un autre, qui avait perdu à la pêche non la vie mais seulement son couteau tombé dans les flots par accident, le retrouve le lendemain, grâce à Magloire, dans le ventre d'un poisson (4). — Sur l'appel des habitants de Jersei, il va dans cette île et la délivre d'un dragon, c'est-à-dire du paganisme ; les Jersiais reconnaissants lui offrent tout leur territoire ; il n'en accepte qu'une petite partie, où bientôt s'établit un monastère, colonie de l'abbaye de Serk perpétuée à travers tout le moyen-âge sous le titre de prieuré de *Saint-Mannelier,* nom qui subsiste encore aujourd'hui et n'est qu'une altération de Saint-Magloire (5). — Une flotte de pirates saxons s'étant jetée sur l'île de Serk pour tout piller, Magloire rend courage aux habitants, leur fournit des armes, se met à leur tête, et les brigands sont exterminés, sauf douze qui ont grand peine à se sauver (6).

La puissance de saint Magloire, même de son vivant, n'était point bornée aux

(1) « Erat idem comes copiosarum rerum, videlicet, auri et argenti, servorum et ancillarum, jumentorum ac diversorum pecorum, *vinearumque* insuper et optimarum terrarum possessionibus locupletatus. » (*Id*, § 13, éd. Mab. p. 226.) — Faut-il en conclure qu'il y avait alors des vignes dans les îles de la Manche ?

(2) *Vit. S. Maglor.* § 12 à 15, édit. Mabill. p. 225-226.

(3) Voir Gerville, *Recherches sur les îles du Cotentin et sur la mission de S. Magloire,* Valognes, 1845, in-8º de 45 p.

(4) *Vit. S. Maglor.* § 18, 19, édit. Mabill. p. 227.

(5) *Miracles de S. Magloire,* dans *Mém. de la Soc. archéol. des C.-du-N.* 2ᵉ série, IV, 233-234 ; et Gerville, p. 12.

(6) *Miracles de S. Magloire,* Ibid. p. 232-233.

îles, à l'Océan si vaste qu'il soit ; comme l'Océan elle pénétrait dans les terres et remontait les fleuves avec le flot. — Sur la rive droite de la Rance, au bord d'une grande plaine d'eau, un disciple de Samson, appelé Sulin, Sulian ou Suliau, avait fondé dans la seconde moitié du VIᵉ siècle un grand monastère au lieu marqué par l'église qui garde encore aujourd'hui son nom un peu altéré — Saint-Suliac. Si nombreux était le personnel du monastère que son alimentation exigeait, non un simple cuisinier *(magirus)*, mais tout un service dirigé par un chef supérieur *(archimagirus)*, nous dirions aujourd'hui un maître-queux. Ce haut serviteur, un laïque, investi de toute la confiance de Suliau, devait avoir des distractions dans son office, car il aimait une jeune fille qui demeurait de l'autre côté de la Rance, et souvent dans les ténèbres, à l'insu de tous, en nageant il passait le fleuve large en ce lieu comme un bras de mer. Une nuit d'orage, au cours de ce trajet, un congre énorme, vengeur de tous ses frères immolés dans la cuisine des moines, saisit et étreint à l'étouffer le hardi nageur, qui appelle à son aide tous les saints, dont nul ne semble l'entendre. Alors le malheureux éperdu invoque Magloire qui pourtant vivait encore, mais déjà tout enveloppé d'une auréole de sainteté dans son monastère de Serk. Le pauvre maître-queux voit se dresser sur les flots la figure radieuse du saint qui le reprend amicalement de sa faiblesse :

— Allons, mon fils, lui dit-il, défends-toi mieux que cela ! Reprends courage, songe que tu as à ton côté un couteau, plonge-le au cœur de ton ennemi ; demain à dîner tu serviras ce monstre sur la table des moines et tu retrouveras ton couteau dans son ventre.

Le cuisinier — qui dans sa frayeur avait oublié l'arme dont il était nanti — suit ce conseil ; le congre lâche prise, et le nageur va aborder heureusement de l'autre côté de la Rance. Mais il alla ensuite jusqu'à Serk rendre grâce à son sauveur (1).

Serk n'était pas seulement un monastère ; c'était une école florissante, c'était aussi, comme Landevenec (p. 376 ci-dessus), un grenier d'abondance ouvert à tous.

En 585, sévit dans la Bretagne armorique et dans une grande partie de la Gaule une cruelle famine (2). L'île de Serk, riche de pêche et de chasse, bien cultivée par ses moines qui possédaient d'ailleurs outre cette île d'autres domaines dont ils entassaient prévoyamment les moissons dans leurs granges, — Serk d'abord souffrit peu de la famine ; des bords voisins on y vint chercher un refuge contre le fléau. Au bout d'un certain temps l'affluence des réfugiés finit par épuiser les ressources des moines ; l'intendant et le doyen du monastère (œconomus et decanus) signalèrent le péril à Magloire, lui exposant la nécessité de renvoyer les étrangers et de disperser la communauté, en laissant seulement au monastère le vénérable abbé et quelques anciens, auxquels on réserverait le reste des provisions et qui attendraient là, avec la fin du fléau, le retour de leurs frères. — Magloire repoussa cet avis, sa charité voulant jusqu'au bout prodiguer aux réfugiés le pain du monastère, et sa foi intrépide comptant sur la Providence pour le renouveler.

---

(1) *Miracles de S. Magloire*, Ibid. p. 230-232.
(2) On rattache avec raison la famine mentionnée dans la Vie de S. Magloire à celle dont parle Grégoire de Tours *(Hist.* VII, 45) et qui est effectivement de l'an 585.

Après un dîner qui avait mis à peu près à sec les greniers de l'abbaye, « un groupe de petits moines (*parvuli monachi*), c'est-à-dire d'écoliers, se jettent à terre et embrassent les pieds de Magloire en s'écriant :

— « O bienheureux père, permets-nous de descendre au port et d'aller sur le rivage ; ainsi le gazouillement de nos voix ne troublera point le sommeil des vénérables moines qui ont besoin de repos, et nous pourrons à notre aise lire nos leçons tout haut, de façon à les retenir plus facilement.

— « Allez donc, leur dit Magloire, mais soyez raisonnables, ne vous conduisez pas comme des enfants, et rentrez à l'heure prescrite. »

Enchantés, nos écoliers descendent joyeusement au *Creux*, qui était, qui est encore le port de Serk. Là ils trouvent un vieux navire depuis longtemps hors d'usage qui avait été remonté sur les galets hors de l'atteinte de la marée. Ils y entrent et y jouent, courant d'un bout à l'autre, imitant les manœuvres des marins. Pendant leurs jeux, sans qu'ils y prennent garde, la mer monte rapidement ; c'était une des plus hautes marées de l'année ; une lame énorme poussée par le vent envahit la grève, soulève le vieux navire et en se retirant l'entraîne au large avec tous ses passagers..... Heureusement le vent était doux et poussa l'embarcation sans encombre jusqu'à la prochaine côte neustrienne. Là, on ne souffrait plus de la famine ; ce pays qui était riche avait pu tirer des secours d'autres régions plus favorisées. Quand on y apprit la détresse du monastère de Serk, on chargea le navire de grains et de farine ; trois jours après son départ il était de retour dans l'île et si chargé de provisions qu'il fallut pour les enlever six paires de bœufs (1).

Saint Magloire mourut peu de temps après (en 585 ou 586).

Judual, mort depuis quelques années (vers 580), avait eu, selon nos vieux chroniqueurs , cinq fils — Judaël, Haëlon, Deroch, Doëthwal, Archaël — dont l'aîné lui succéda dans le royaume de Domnonée. De Judaël on ne sait guère que l'histoire de son mariage. C'était dans les dernières années de la vie de son père. Judaël était encore très jeune (2). Il avait chassé toute la journée dans cette forêt couvrant jadis tout le rivage de Plounéour-Trez à Plouescat, forêt contre laquelle s'étaient escrimés le bon solitaire Goulven et son ami Ioncor (ci-dessus p. 349), dont ils avaient défriché une bonne partie sans pouvoir toutefois en venir complètement à bout. Le soir, Judaël était rentré au gîte recru de fatigue. Ce gîte voisin de la forêt était le manoir d'un noble tiern breton appelé Ausoch qui possédait, sous l'autorité du roi de Domnonée, un canton assez considérable détaché du *pagus Leonensis,* s'étendant de la rivière de Lissem (aujourd'hui la Flèche) à celle de Bazlanant (l'Aber-Benoit) et que l'on appelait en breton *Kemenet Ili,* en latin *Commendatio Ili,* c'est-à-dire territoire confié au

---

(1) Voir toute cette histoire dans *Vita S. Maglor.* § 21 à 28, édit. Mabill. p. 228 à 230.

(2) Son père Judual n'avait pu se marier qu'après son rétablissement en Domnonée, c'est-à-dire en 555 ou 556 ; Judaël devait donc être né en 556 ou 557. La Vie de Judicaël par Ingomar, dont il y a des extraits dans le ms. lat. 9889 de la Biblioth. Nat. dit de lui à l'époque du songe dont nous allons parler : « *Prociales* annos faciens » (f. 122), et le *Chron. Brioc.* (ms. lat. 9888, f. 51) : « *Puericiales* annos ferens. »

gouvernement d'Ili, parce que cet Ili, peut-être le père d'Ausoch, était le premier qui eût formé ou obtenu du roi de Domnonée ce vaste domaine. Le manoir d'Ausoch se trouvait situé à l'angle Nord-Est du Kemenet-Ili, au bord de la mer, dans le territoire de la paroisse actuelle de Treflez, tout à fait sur la rive droite de la Flèche (1). Judaël revient de la chasse ayant grand appétit; la faim, la fatigue, le boire et le manger, un intense besoin de repos absorbent toutes ses facultés pensantes; cependant à travers cette ombre épaisse pesant sur son âme, il entrevoit une jeune et gracieuse figure qui tourne autour de lui, qui lui présente les plats et remplit sa coupe. C'était la vierge Prizel, la fille d'Ausoch, que celui-ci avait chargée de servir le prince (2). Le prince après le repas se jette sur sa couche et s'endort aussitôt. Mais voici qu'un songe frais comme l'aurore illumine son sommeil. Il est assis dans une chaire d'ivoire au sommet d'un mont, sur lequel se dresse une haute et brillante colonne chargée d'emblèmes divers. Pendant que le prince se travaille à en chercher la significa-tion, le ciel s'ouvre et il en sort la plus belle des vierges qui s'avance vers lui; en elle il reconnaît la fille d'Ausoch, la douce Prizel qui le salue modestement et sollicite de lui la faveur de garder cette brillante colonne (3). Avant que le prince puisse lui répondre, un nuage se lève et le songe s'évanouit. Que voulait-il dire? Judaël ne serait pas embarrassé pour répondre à cette question, car son cœur est plein de tendresse pour la belle vierge. Mais avant de prendre un parti, son père, plutôt que lui sans doute, veut consulter les sages. Juste en ce moment il s'en trouvait un en Armorique, des plus célèbres de l'île de Bretagne, Taliésin, l'illustre barde, le devin pénétrant connu de tous les Bretons, qui était venu lui aussi, attiré par la curiosité, visiter cette nouvelle Bretagne et qui résidait alors à l'abbaye de Ruis (4). Taliésin fit honneur à sa sagesse :

— Judaël doit épouser Prizel, répondit-il, voilà ce que veut dire le songe!

Ainsi fut fait. Neuf mois après naquit le roi Judicaël dont nous parlerons bientôt. Il fut suivi de vingt autres frères ou sœurs, mais non tous enfants de la belle Prizel, car Judicaël bien jeune encore avait déjà une marâtre.

Le règne de Judaël se prolongea jusqu'aux premières années du VIIe siècle, vers 605.

Le principal événement de ce règne, dont le souvenir nous ait été transmis, c'est la fondation par ce prince de l'évêché d'Aleth, dont le premier titulaire fut saint

---

(1) « Quadam nocte, cum Judaelus, prociales adhuc annos faciens, post venationem suam fatigatus se sopori in domo Ausochi sui clientis, in Tribu Lesie (Tref-Lès), in capite littoris magni a parte Occidentali, in confinium pagi Leonum et Commendationis Ili, dedisset, vidit somnium, » etc. (De S. Judicaële historia, Bibl. Nat. ms. lat. 9889, f. 122).

(2) « Cum ibi princeps regalis Judaelus exerceret venationem, videns eam puellam pulcherrimam (Pritella mnomine), in conspectu suo ministrantem, concupivit. » (D. Morice. Preuves I, 204. Princeps regalis indique bien que Judual, père de Judaël, vivait encore. Certains chroniqueurs toutefois donnent ici à Judaël par anticipation le titre de rex.

(3) « Apertum est ci (Judaëlo) cœlum, et continuo vidit juxta se filiam Ausochi clientis sui, Pritellam nomine, » etc. (De S. Judicaële hist. Bibl. Nat. ms. lat. 9888, f. 51).

(4) « Protinus misit quemdam sibi fidelem ad Provinciam Guerochi (Bro-Weroc) ad locum Gildæ, ubi erat peregrinus et exul transmarinus Taliosinus bardus, filius Donis, fatidicus presagissimus per divinationem presagiorum » (Id. Ibid. f. 51 v°).

Malo. Nous avons déjà rencontré devant nous cet homme illustre ; nous l'avons vu arriver en Armorique à peu près en même temps que saint Samson (vers 550) et soutenir une entrevue des plus curieuses avec Conomor (ci-dessus p. 421-423). Depuis lors il n'avait cessé de poursuivre ses travaux évangéliques dans le pays d'Aleth, et quand il fut honoré de la dignité épiscopale (vers 585-590), il comptait déjà sur la terre d'Armorique, spécialement dans le pays d'Aleth, quarante ans d'apostolat. Cet apostolat avait porté des fruits nombreux et changé véritablement la face du pays. Sur ce point les deux Vies anciennes du saint sont complètement d'accord. Suivant la Vie anonyme, « l'évêché de la cité de » Bretagne qu'on nomme Aleth fut converti par Malo, » du moins tout ce qui restait, en ces parages, d'habitants à convertir (1). — La Vie écrite par Bili est encore plus explicite : « Le prêtre de Dieu dont nous parlons (dit-elle) gouverna » l'église du Christ dans la cité d'Aleth pendant quarante ans. Et durant le même » temps, par la puissance de la doctrine catholique, il convertit à la sainteté de » la foi chrétienne une multitude de peuple (2). » Et plus loin il ajoute : « Comme » nous le redisons souvent, ils sont innombrables les hommes que Malo retira » de l'erreur et du culte sacrilège des idoles pour les amener à la connaissance » de Jésus-Christ vrai Dieu, fils unique du Père, les arrachant au péril de leur » péché envieilli, les plongeant dans l'onde sacrée du baptême, et les conduisant » ainsi à une vie nouvelle parfaite (3). »

D'après ces textes la mission de Malo paraît avoir été restreinte aux environs d'Aleth, à ce que ses deux Vies appellent le *pagus civitatis Alethensis,* assez difficile à déterminer, car dans certains passages (nous le verrons plus loin) cette expression s'applique seulement à ce qu'on appela au moyen-âge le *Pou-Aleth* ou Clos *Pouleth;* ailleurs, elle a une signification plus large, sans jamais embrasser à beaucoup près tout le territoire qui forma depuis le IXᵉ siècle le diocèse d'Aleth ou Saint-Malo. D'autre part il ne serait point impossible que Malo eût butiné parfois sur celui de Dol ; car il ne faut point se représenter sa mission, non plus que celle de la plupart de nos apôtres bretons, comme s'étendant sur un territoire

---

(1) « Mansit sacerdos (Machlouus) cum monacho Aaron tamdiu, *donec episcopatus civitatis Britanniæ quæ vocatur Aleta eidem divinitus extitit conversus.* Non enim erat eadem civitas longe ab insula Aaronis. Super litus maris sedebat, habens ex uno latere fluvium nomine Rinctus, ex altera vero parte mare aderat. *Quibus in locis nondum Britanni erant penitus christiani. Tunc itaque cœpit celeberrimus Machlouus antistes docere populum et ad viam veritatis adducere »* [Vita IIᵃ S. Maclov. cap. 15, dans Bull. de la Soc. archéol. d'Ille-et-Vilaine, XVI, p. 282-283). — Cette Vie écrite en Saintonge comprend sous le nom de *Britanni* tous les habitants de la Bretagne armoricaine, indigènes et émigrés ; ici ce nom ne peut s'appliquer qu'aux Gallo-Armoricains.

(2) « Rexit præfatus Dei sacerdos (Machutes) ecclesiam Christi *in civitate pagi Aletis* annis quadraginta sub magna evangelicæ predicationis devotione. Ac per idem tempus *multitudinem populi catholicorum dogmate ad christianæ fidei convertit sanctitatem »* [Vita Iᵃ S. Maclov. I, 90, Ibid. p. 223-224). — Bili ayant placé ce chapitre 90 et le suivant 91, comme résumé des travaux de S. Malo, vers la fin de sa Vie, après sa promotion à l'épiscopat, immédiatement avant son exil en Saintonge, parle ici de lui comme s'il avait toujours été évêque ; mais évidemment la conversion des païens du pays d'Aleth dut, au moins pour la plus grande part, précéder et, on peut le dire, préparer son épiscopat.

(3) « Qui (sanctus Machu), ut sæpe dictamus, *innumerabiles homines ab errore et profana idolorum cultura ad agnoscendum Deum verum Jesum Christum,* unigenitum Dei Patris filium, a præteritis vetustatis peccati periculis *in sacris baptismalis fontibus* ad novitatem perfectæ vitæ perduxit » [Id. I, 91, Ibid. p. 225). — A propos de ce texte, où Bili affirme si positivement que les païens convertis par saint Malo étaient innombrables (*innumerabiles populi*), un docte commentateur dit : « Il résulte de » ce passage que Malo a trouvé *quelques* idolâtres sur sa route, à Aleth, mais *ils ne devaient pas être* » *nombreux* » (Bull. de la Soc. arch. d'I.-et-V. XVI, p. 225 note 3).

compact et continu strictement délimité. Là où ils pouvaient ils fondaient un monastère, y mettaient quelques disciples, par le moyen desquels autour de cette petite citadelle chrétienne l'évangélisation rayonnait et s'étendait. Mais entre les points ainsi conquis il restait souvent bien des terrains en friche, dont il n'était nullement défendu à d'autres missionnaires de tenter la culture.

Ce qui est certain, c'est que Malo fonda à Aleth et autour d'Aleth grand nombre de ces monastères. La Vie de Bili le dit formellement ; après l'avoir montré débarquant dans l'ile de Césembre et restant quelques mois à enseigner dans l'école de Festivus (ci-dessus p. 421), Bili continue : « De là il vint à la cité appelée » Aleth, située sur le fleuve de Rance, qui était depuis longtemps abandonnée » par ses habitants. Mais grâce au secours efficace de la miséricorde divine » agissant par la main de son fidèle serviteur Malo, dans cette cité d'Aleth, dans » les îles et dans les lieux qui en étaient les plus proches, furent construits des » monastères et des cellules, dans lesquels de nombreuses communautés de » moines vaquaient au service de Dieu (1). » — Ainsi, ici encore comme partout dans la Bretagne armorique, il n'y a que des moines, nulle mention du clergé séculier. C'est grâce aux monastères fondés par Malo dans la ville d'Aleth et qui y attirent autour d'eux une foule chrétienne, que cette ville se repeuple, et aussi les îles, les environs. C'est grâce aux moines, disciples de Malo, c'est par leurs travaux et leur ministère que cette nombreuse population païenne dont parle Bili est baptisée, convertie, christianisée.

Ce n'est pas qu'il n'y eût déjà des moines avant Malo dans le pays d'Aleth ; mais ils y étaient très clairsemés, ils y exerçaient très peu d'action : aussi tout ce qu'il y en avait n'hésita pas à s'enrôler dans l'armée de ce chef vaillant, actif, hardi, qui sans trembler, sans fléchir, sans s'arrêter, combattait contre le mal et l'erreur au nom de la vérité et de la justice. Bili nous conte entre autres, une curieuse histoire d'un bon moine Domnech, qui s'était d'abord bâti une pauvre cellule d'ermite où il vivait à la garde de Dieu. Un jour, vient par là un puissant tiern appelé Meliau (2) qui possédait dans le pays d'Aleth une grande seigneurie sous l'autorité du roi de Domnonée, absolument comme Ausoch à l'autre bout de ce royaume. Passant près de la cellule de Domnech, Meliau se met à causer avec lui et lui demande s'il a, pour vivre, quelque bien, quelque domaine.

— Las ! répondit l'ermite, je n'ai rien au monde que ma cellule.

— Eh bien, reprit Meliau, voici deux bœufs qui n'ont pas encore travaillé ; mets-les sous le joug, attelle-les à une charrue, pousse-les devant toi : tout le terrain qu'ils pourront enclore dans le sillon tracé par eux pendant un jour, du lever au coucher du soleil, tout ce terrain je te le donne à tout jamais, et je te permets de lancer ta malédiction sur quiconque voudrait te l'enlever.

---

(1) « Exinde ad civitatem quæ vocatur Alet perrexit, quæ a longo jam tempore habitatoribus erat derelicta. Sed, divina misericordia procurante, per fidelem famulum suum Machutem, tam in ipsa civitate quam et per insulas et loca viciniora, monasteria et cellulæ, ubi non modicæ monachorum congregationes Deo servire videbantur, constructa esse noscuntur. » (*Vit. Iª S. Macl.* I, cap. 40, Bull. de la Soc. arch. d'Ille-et-Vilaine XVI, p. 195.)

(2) « Princeps qui tunc regnabat in pago Alet, nomine Meliau. » (*Id.* I, 44, Ibid. p. 197-198. — Rien de commun que le nom entre ce Meliau aléthien et le comte de Cornouaille dont nous avons raconté l'histoire ci-dessus p. 376, 378.

Ainsi doté, Domnech transforma son ermitage en un *lann*, en un petit monastère appelé *Lan-Dounec*, c'est-à-dire apparemment le *lann* de Domnech : c'est là, ce semble, l'origine de la paroisse de Saint-Domineuc. Or Malo, visitant les monastères occupés par ses disciples, rencontra Domnech, et celui-ci, après leur entrevue, s'empressa de donner à Malo et son *lann* et son domaine (1).

Malo, comme tous nos vieux saints, ne bornait pas sa mission aux conquêtes et aux travaux spirituels. Il se livrait, lui aussi, au travail de la terre. Voici à ce sujet une jolie anecdote :

« Saint Malo ayant trouvé une vigne en ce pays-là, était allé un jour lui donner ses soins. Il fallait la tailler, couper toutes les branches inutiles, et bêcher la terre partout. Pour travailler plus à l'aise il ôta son vêtement monastique, sa coule (*cucullam*), et la pendit à un chêne qui était proche. Alors un petit oiseau, un roitelet, vint pondre dans la coule un œuf. Le soir, son travail achevé, Malo alla à l'arbre pour reprendre son vêtement. Il vit l'œuf et dit : « Dieu tout puissant, » c'est vous qui avez inspiré à ce petit oiseau d'user ainsi de ma coule. Si je l'ôte » de là, le pauvre oiseau perdra son œuf. » Il renonça à la reprendre et il la laissa sur l'arbre tant que l'oiseau n'eût élevé toute sa nichée (2). »

Après quarante ans consacrés par saint Malo à la conversion des païens, à l'amélioration matérielle et religieuse du pays dans tous ses éléments, à la pratique de toutes les vertus et surtout de la charité la plus dévouée envers toutes les misères physiques et morales, — il ne faut point s'étonner qu'un cri de reconnaissance envers cet apôtre infatigable se soit élevé de toutes parts, peuple, seigneurs, laïques, clercs, prêtres, moines — tous demandant au roi de Domnonée de faire conférer à l'apôtre la dignité épiscopale. C'était aussi le désir de Judaël ; il appela donc près de lui Malo et le pria de vouloir bien se rendre au vœu universel. Malo, à la différence de quelques autres saints bretons, n'opposa à ce vœu nulle résistance. Il voyait là en effet une facilité plus grande, un moyen plus efficace, de mener à réussite sa mission, d'achever le bien qui restait à faire, de consolider celui qui était fait. Il se rendit donc à Tours avec les envoyés de Judaël chargés de le présenter au métropolitain et de demander pour lui la consécration épiscopale. Il n'y a point à s'étonner de voir ce Breton aller chercher son ordination à Tours ; pendant toute la période mérovingienne, on ne voit nulle trace de conflit entre l'église brito-armoricaine et l'église gallo-franke, ce qui implique forcément la reconnaissance (plus ou moins complète) par la première de l'autorité du métropolitain de Tours.

Le métropolitain de son côté ne fit aucune opposition ; saint Malo fut ordonné

---

(1) « Cum ille (S. Machu) monasteria amore discipulorum circumiens, transiret per viam juxta cellulam unius servi Dei nomine *Domnech*, et ipse erat serviens die ac nocte secundum suam imbecillitatem Deo. » Voir *Vit. Iª S. Maclov.* I. cap. 44, 45, dans *Bull. de la Soc. archéol. d'Ille-et-Vil.*, XVI, p. 197-198. — Si *Lan-Dounec* est Saint-Domineuc, le *pagus Alet* mentionné dans ce chapitre de la Vie de S. Malo dépassait nécessairement le Clos Pouleth.

(2) « Et nisi aves nutriti fuerint, cuculla commota ex illa arbore non fuit « (*Vit. Iª S. Maclov.* I. cap. 73, *Ibid.* 212-213). Selon toutes les autres Vies de saint Malo, tant que la coule du saint resta sur l'arbre, la pluie en tombant ne la mouilla pas ; Bili, cela est notable, se prive de ce miracle. On a dit que cette histoire de l'œuf pondu dans le manteau d'un moine est tirée ou imitée de la Vie de saint Cado. Dans la Vie de saint Cado publiée par W. Rees, qui passe pour la plus complète, je ne me rappelle rien de semblable ; en tous cas, la rédaction de cette Vie est très postérieure à l'œuvre de Bili.

évêque et revint à Aleth (1). Quel changement résulta-t-il pour lui et pour les autres de cette ordination épiscopale? Le plus sensible d'abord fut celui-ci : jusque-là quand, dans son grand monastère d'Aleth ou dans quelqu'une de ses dépendances, Malo avait eu besoin de faire administrer les sacrements de l'ordre, de la confirmation ou de faire célébrer quelque autre fonction réservée aux évêques, il avait dû s'adresser soit à celui de Dol soit à quelque autre personnage revêtu du caractère épiscopal ; désormais il y administra ces sacrements et il y fit ces fonctions lui-même. Rien de plus ; car on ne trouve rien dans les documents qui permette d'attribuer au roi Judaël l'idée de fonder en cette circonstance un diocèse territorial à limites fixes. Malo avait été jusque-là *prêtre-abbé* (*presbyter abbas*) comme le fut toute sa vie saint Columba; désormais il fut *abbé-évêque*, c'est-à-dire l'évêque de son principal monastère et de tous les monastères secondaires, églises et domaines qui en dépendaient : dignité qui dut passer à ses successeurs. Ce monastère principal était le siège et la source de la juridiction, même épiscopale, de ses abbés; aussi Aleth, considérée comme établissement ecclésiastique, s'appelait-elle précisément *Lann-Aleth*, Monastère d'Aleth : nous en verrons bientôt une preuve notable. Mais autour d'Aleth, les monastères et autres dépendances relevant de Lann-Aleth étaient (nous l'avons dit plus haut) en grand nombre et devaient former dans le voisinage de la ville un territoire presque continu ; c'est ce que Bili appelle parfois la *parochia*, visitée, administrée par Malo, laquelle (en tant que territoire continu) ne consistait que dans le Pou-Aleth (Clos Pouleth) : faible germe qui se développera plus tard et fera attribuer de bonne heure aux évêques d'Aleth un diocèse à limites fixes. Question renvoyée, je l'ai déjà dit, à notre second volume.

Judaël n'eut pas moins de seize fils et cinq filles, dont nos anciens chroniqueurs, pleins d'admiration pour cette nombreuse lignée, ont conservé avec soin les noms. D'abord les seize fils :

Judicaël, l'aîné, l'héritier présomptif du trône de Domnonée :

Eoc	Worhaël
Eumaël ou Emmaël	Largaël
Judoc ou Judganoc	Riwas
Doëthwal	Riwal

_____

(1) Sur tout ce qui concerne l'élévation de saint Malo à l'épiscopat, voir *Vita I^a S. Maclov.* l. cap. 47 à 52, dans *Bull. de la Soc. archéol. d'Ille-et-Vilaine* XVI, p. 199-202. — Par suite d'une erreur provenant d'un ancien copiste, aux chapitres 47 et 52, le roi de Domnonée qui demande pour saint Malo l'épiscopat est appelé *Judichaël* au lieu de *Judhaël*. Si l'on prend Judicaël pour la bonne leçon, toute la Vie de saint Malo devient une série d'anachronismes. Mais la bonne leçon est *Judaël* ou *Judel* : c'est celle qu'on trouve dans la Vie de saint Malo du légendaire de Marmoutier, qui est manifestement un abrégé de la *Vita I^a* et qui porte : « Princeps patriæ, *nomine Judelus*, ex consensu sacerdotum et habitatorum illius terræ, eum (Machutum) in honorem episcopatus sublimavit. » (D. Morice, *Preuves* I, 192). La *Vita I^a* elle-même, aux chapitres 58 et 60 du livre Ier, donne le nom de *Judel* et *Juduel* (pour *Judaël*) au même personnage, au même prince qui avait élevé Malo à l'épiscopat *(Bull. de la Soc. arch. d'Ille-et-Vilaine* XVI, p. 204 et 206), et qui est nommé de même aux passages correspondants de l'abrégé de Marmoutier (D. Morice *Ibid.* 192, 193). Le texte de la Vie écrite par Bili (ou *Vita I^a*), tel qu'il est dans l'édition de la Société archéologique d'Ille-et-Vilaine (t. XVI, p. 199), doit donc être corrigé par la substitution du nom de *Judel* ou *Judael* à celui de *Judicaël* : là-dessus pas de doute possible.

Judworet

Haëloc ou Hailoc, que l'on
  appelle aussi Haëlon;

Judon

Puis, les cinq filles, savoir :

Urielle ou Eurielle (cela semble bien venir d'*Aurelia*)

Onenna

Bredwen

Winnoc ou Wennoc

Wenian

Wenmaël

Judaël, posthume;

Cléor

Prwst.

Tel est l'ordre suivi dans les anciennes listes : sauf Judicaël, qui est certainement l'aîné, et Judaël certainement le dernier en sa qualité de posthume, rien ne prouve que cet ordre soit exactement celui des naissances. Plusieurs de ces enfants devinrent saints : Judoc ou Judoce, que les Français ont fini par nommer saint Josse, alla cacher ses vertus dans les forêts du Ponthieu, tandis que saint Winnoc, des siennes, illustra la Flandre. Parmi les filles, Eurielle est encore invoquée de nos jours comme patronne de la paroisse de Sainte-Urielle; Onenna est honorée en la même qualité à Tréhorenteuc, petite paroisse perdue sur la lisière de la forêt de Penpont, où se trouve un champ semé de briques romaines que la tradition appelle *Château de sainte Onenne*. Mais le plus grand, le plus renommé de toute cette troupe, dans le ciel comme dans le siècle, c'est le premier, l'illustre Judicaël, roi et saint, moine et guerrier, dont nous dirons les exploits dans le prochain chapitre.

Judaël mourut en 605 ou très peu après.

S. Samson (p. 427).

X.

LES BRETONS ARMORICAINS

AUX VIIe ET VIIIe SIECLES.

§ 1er. — *Les Bretons de Domnonée. — L'usurpation d'Haëloc.*

Judicaël, le fils aîné de Judaël, revenait après la mort de son père le trône de Domnonée. Un complot sanglant l'en écarta.

Les comtes ou petits rois bretons de la péninsule armoricaine, comme ceux de l'île de Bretagne, avaient l'usage de donner à chacun de leurs enfants une sorte de patron et père nourricier *(nutritor, nutritius)*, nous dirions aujourd'hui un gouverneur, chargé de veiller sur le jeune prince et de faire son éducation militaire. Haëloc, l'un des frères puînés de Judicaël, avait pour *nutritius* un certain Rethwal, qualifié d'hérétique dans la Vie de saint Malo et en tout cas fort mauvais chrétien. Pensant régner sous le nom de son pupille, Rethwal résolut de le porter au trône et en homme d'exécution adopta, pour en venir là, le parti le plus radical et le plus sûr, consistant à tuer tout de suite tous les frères de son pupille : il y en avait quinze. Judicaël n'eut que le temps de se jeter dans le monastère de Saint-Jean de Gaël et de s'y faire moine sous la houlette de l'abbé Mewen (saint Meen) pour se soustraire à la mort. Sept autres échappèrent aussi, on ne sait comment. Sept furent massacrés. Parmi ces derniers il y en eut un, un tout jeune enfant, que son *nutritius* enleva aux égorgeurs et courut cacher dans le monastère d'Aleth, dans la cellule même de saint Malo. Les monastères, les églises étaient alors, on le sait, de par la loi religieuse, d'inviolables asiles dont les contempteurs encouraient de terribles anathèmes. Rethwal l'hérétique s'en moquait bien. Dès qu'il sut le fait, au milieu de la nuit, il courut à la cellule de Malo, enfonça la porte, saisit le pauvre petit éperdu et l'emporta avec lui. Malo prévenu vole sur la trace de Rethwal, le rejoint, le suit, le supplie avec larmes et sanglots d'épargner cet innocent. Pour se débarrasser de ces ennuyeuses jérémiades, Rethwal fait tuer le jeune prince, et quelques instants après, les pieds de l'évêque heurtent le petit cadavre tout sanglant, auquel il fit le lendemain de solennelles funérailles. Quelques jours plus tard, Rethwal mourut subitement (1).

(1) *Vita I^a S. Maclov.* I, 60, *Bull. de la Soc. arch. d'I.-et-V.* XVI, p. 206-207 ; cf. *Vit. S. Maclov.* du légendaire de Marmoutier, dans D. Morice *Preuves* I, 193.

Mais le règne d'Haëloc était dès lors assuré, et il se montra d'abord le digne élève de son *nutritius*. Comme plusieurs autres princes de la dynastie domnonéenne, il avait un goût marqué pour les résidences forestières, notamment pour les ombrages de Brecilien ; il possédait à Gaël un manoir fortifié, où il séjournait souvent. — D'autre part, autour du monastère de Saint-Jean de Gaël dont il a été question plus haut (p. 424-425), il y avait dans la forêt quelques cellules isolées, où les moines de cette abbaye tourmentés par la passion de l'anachorétisme pouvaient la satisfaire sans sortir de l'obédience de leur abbé, qui les y visitait de temps en temps. — Un jour cet abbé, qui n'était autre que le fondateur Mewen bien connu de nous, faisait une tournée de ce genre. Passant près de la résidence d'Haëloc, il entend d'un coin de cette forteresse monter jusqu'à lui des cris lamentables. C'était un esclave enfermé dans un cachot, qui venait d'être condamné à mort pour faute légère, et qui ne se résignait pas. Mewen touché de pitié entre dans la demeure du prince et implore d'Haëloc la vie de ce malheureux. L'insolent tyranneau le met à la porte. Mewen continue son chemin en priant et recommandant à Dieu son protégé, puis il revient à Saint-Jean de Gaël. Quelques instants après arrive l'esclave, qui avait trouvé moyen de s'évader et venait lui demander asile. A peine l'a-t-il fait entrer dans « l'oratoire, » c'est-à-dire dans l'église de l'abbaye, survient une troupe d'hommes armés envoyés par Haëloc pour réclamer le fugitif. Mewen, au lieu de le livrer, les conduit lui-même dans le lieu saint et leur dit :

— « De par la sainte Ecriture, il est interdit d'arracher de l'église qui que ce soit, même un coupable digne de mort. Il faut donc avant toute chose une enquête judiciaire, pour voir si celui que vous réclamez est justement poursuivi. »

On rapporte cette réponse à Haëloc. Furieux, avec une troupe d'estafiers il vole au monastère. Malgré les supplications de Mewen il brise les portes, il tire l'esclave de l'église. Mewen lui annonce alors que Dieu va le frapper rudement. Il n'en fait que rire et repart avec sa victime, poussant de l'éperon son cheval qui se cabre et le précipite sur le sol, la cuisse cassée. Il fut longtemps et gravement malade. Même selon certaines légendes, il en mourut ; mais comme nous allons le voir tout à l'heure commettre un autre exploit du même genre certainement postérieur à celui-ci, il est certain qu'il finit par se rétablir (1).

Malo, nous l'avons dit, semait les environs d'Aleth de petits monastères où il plaçait des moines pour remplir auprès des populations le ministère religieux. Il venait d'en construire un nouveau appelé *Raux*, dit son biographe, et qui était peut-être Roz sur Coësnon. Pourquoi cette *cellula*, avec sa *basilica* qui était, ce semble, fort modeste, encourut-elle la disgrâce d'Haëloc ? On ne sait ; probablement quelque familier du prince convoitait le petit domaine où elle se trouvait. Bref, à peine Malo l'avait-il construite qu'Haëloc annonça hautement l'intention de la démolir. Malo se rendit aussitôt près de lui avec quelques-uns de ses moines :

(1) Voir sur cet épisode *Vita S. Mevenni* § 12, 13, dans *Analecta Bolland.*, III, p. 149-151. — Dans la Vie de S. Méen, le prince est nommé Haëlon, nom que lui donne aussi le *Chronicon Briocense* dans la liste des enfants de Judaël (D. Morice *Preuves* I, 17) ; mais c'est certainement le même qu'Haëloc.

— Prince, dit-il, je t'en supplie, « ne permets à personne de détruire ce monastère que les serviteurs de Dieu ont eu grand peine à construire (1). »

Il y avait donc quelqu'un, quelque favori, qui poussait le prince à cette destruction, qui offrait de s'en charger lui-même. Malo, soupçonné d'avoir eu part à la mort de Rethwal au moins par l'effort de ses prières, n'était pas en faveur près d'Haëloc. Aussi n'en obtint-il rien ; la ruine du monastère de Raux fut même consommée en sa présence, et devant cette œuvre d'iniquité, prosterné avec ses moines en face du prince, il élevait sa protestation vers Dieu. Quelques jours après, Haëloc avait une taie sur les yeux et n'y voyait plus. Mais les yeux de sa conscience s'ouvrant enfin, il se rend au monastère de Malo, se prosterne devant lui et s'écrie :

— Impose-moi en expiation de mon forfait toutes les pénitences que tu voudras, je les accepte de grand cœur.

Malo, touché de ce repentir profond et sincère, lave les yeux du prince, prie pour lui, lui rend la vue. — Cette fois la conversion d'Haëloc (vers 610) fut sincère et durable. Jusqu'à sa mort advenue vers 615, il ne cessa de vivre en bon chrétien et de se conduire par les conseils de Malo ; l'un des premiers que l'évêque lui donna fut sans doute de restituer à l'héritier légitime, Judicaël, le trône de Domnonée. Haëloc, du consentement de son aîné, garda en apanage le pays d'Aleth et la région de Brecilien entourant Gaël. Il vécut encore cinq ou six ans, pendant lesquels il ne cessa d'être l'énergique et libéral défenseur des pauvres, des églises, et se montra aussi bon qu'il avait été mauvais (2).

Mais sa conduite pendant la première partie de sa carrière, sa brutale hostilité contre saint Malo — semence détestable jetée dans une terre disposée à la recevoir — avaient produit une amère moisson. Les mauvais sujets, les vicieux, les scélérats, harcelés, fouettés par les enseignements, les réprimandes, les censures de l'évêque, se voyant ainsi encouragés par l'exemple du prince, avaient lâché la bride à tous leurs ressentiments, qui se traduisirent en injures contre l'homme de Dieu, en mauvais traitements contre ses disciples, ses amis, ses serviteurs. Un jour entre autre, un mécréant du nom de Worgucan, associé à quelques drôles de son espèce, se saisit d'un vieux moine, un pauvre frère convers appelé Riwan, qui accompagnait Malo depuis son arrivée en Armorique et était

---

(1) « Vide ne unquam cellulam, quam servi Dei in magno labore construxerunt, destruendi licentiam alicui reddas. » (Vit. Iᵃ S. Macl. I, 58, Bull. de la Soc. arch. d'I.-et-V. XVI, p. 205). Le ms. de la Vita Iᵃ S. Maclovii édité par la Société archéologique donne au prince qui détruisit le monastère de Raux le nom de Rethwaldus ; c'est encore une faute du copiste, car : 1° il n'y a pas de Rethwald parmi les enfants de Judaël ; — 2° la Vita IIᵃ rapportant le même fait donne au destructeur du monastère le nom d'Hailoc (cap. 19. Bull. Soc. arch. I.-et-V. XVI, p. 285) ; — 3° la Vie abrégée de Marmoutier porte Heloch, et il suffit de la comparer à la Vita Iᵃ pour voir que cet abrégé est fidèlement calqué sur l'original. En effet la Vita Iᵃ porte : « Tunc filius Juduel (Judael), Rethwaldus nomine, nequitia inquinatus, perversitate deceptus, nitebatur locum sancti, quem laborans sanctus construxerat, destruere. » (Id. Ibid. p. 204), et la Vie abrégée reproduit ainsi ce passage : « Tunc filius Judeli, nomine Heloch, nequitia iniquitatis perversus, nitebatur destruere locum quem sanctus Dei construxerat. » (D. Morice Preuves I, 192). Cet abrégé, pour les chapitres qu'il donne, suit donc très exactement l'original ; or toutes les Vies de saint Malo donnent au prince destructeur du monastère le nom d'Haëloc, il est donc sûr que la Vie écrite par Bili contenait le même nom et que Rethwaldus est simplement une faute de copiste.

(2) « Ille (princeps Haëloc) accepit illuminationem cordis, petitione sancti, cum lumine oculorum ; hic (sanctus) principis sævitiam convertit ad modestiam. » (Vita Iᵃ S. Macl. I, 59, voir aussi I, 58, Bull. de la Soc. arch. d'I.-et-V. XVI, p. 204-206 ; cf. Vita IIᵃ cap. 19. Ibid. p. 285).

devenu pour lui un ami plutôt qu'un serviteur. Ces braves lièrent solidement les bras et les jambes du bon vieillard avec des brins d'osier, puis le déposèrent ainsi *ligotté* sur une grève que la marée montante allait envahir. Quand on crut qu'il était trop tard pour le sauver on avertit Malo, et devinant qu'il prendrait tous les moyens de courir vers Riwan, on ne laissa à sa portée, pour lui faire injure, qu'une méchante cavale indigne d'un tel personnage, sur laquelle il se hissa sans hésiter, sans se soucier des railleries ni des quolibets de ces misérables. Il arriva à temps pour arracher Riwan à la mort, mais il lança une solennelle malédiction contre Worgucan le chef du complot, et contre tous ses descendants jusqu'à la neuvième génération. Puis quittant cette terre ingrate, il alla (vers 609) au monastère de Luxeuil visiter saint Colomban (1).

Peu de temps après son retour eut lieu la destruction de Raux suivie de la conversion d'Haëloc (610) qui, depuis lors jusqu'à sa mort c'est-à-dire pendant quatre ou cinq ans, assura la tranquillité de Malo, le respect de sa personne, de son autorité et de ses œuvres. Mais Haëloc à peine mort (vers 615), toutes les mauvaises passions se déchaînèrent de nouveau contre l'évêque. — Jugez-en par quelques traits.

Très sévère dans les questions de mœurs, il tonnait contre les mariages entre parents aux degrés prohibés par l'Église : législation alors très désagréable aux Bretons comme aux Franks, et qui soulevait de leur part bien des réclamations, bien des révoltes. Certain habitant du pays d'Aleth violateur de cette loi, marié à une proche parente, était fréquemment en butte aux réprimandes de Malo. Personnage important, renommé pour sa richesse et sa bravoure, il était horripilé par ces censures; il avait tenté, pour s'en venger, de tuer ou de faire tuer l'évêque (2), et un jour dans un festin où siégeaient beaucoup de nobles, s'étant emporté contre Malo en injures, en calomnies infâmes, l'un des convives lui demanda :

— S'il était ici, que lui ferais-tu?

— Je le frapperais de cette main, s'écria-t-il.

« Un autre jour, Malo (dit son biographe) était dans le pays d'Aleth sur les bords de la Rance se hâtant pour rentrer dans la cité. Devant lui se présente un mauvais drôle qui se met à l'insulter, disant que si l'évêque marche si vite ce n'est point pour aller prier Dieu, mais bien pour courir près de sa belle (3). En même temps il le menace de son bâton, lui arrache son manteau et en fait une couverture de nuit pour soi, sa femme et sa fille. »

Ces injures, ces attentats furent punis du ciel, affirme le biographe; ils n'en montrent pas moins à quelles haines cruelles, basses, implacables, Malo était en butte. Toutes les violentes convoitises, tous les vils instincts se coalisent alors contre lui. Pendant que ceux de la chair grincent, l'avarice et la cupidité hurlent.

(1) *Vita I⁰ S. Maclov.*, I, 55 et 56, dans *Bull. de la Soc. arch. d'Ille-et-Vilaine*, XVI, p. 203, 204. Bili (I, 56, p. 204) dit formellement que les deux saints s'entretinrent ensemble à Luxeuil pendant plusieurs jours; or Colomban quitta Luxeuil, pour n'y plus revenir, en l'an 610.

(2) « Sæpissime a sancto viro increpatus, insidias tetendit pontifici, aut per se aut per aliquem interimi cupiens, clam aut manifeste » (*Id.* I, 88, *Ibid.* p. 222).

(3) « Obviavit ei vir malignus, qui irridebat eum et dicebat eum non causa orationis sed causa mulieris ambulare » (*Id.* I, cap. 79, *Ibid.* p. 217).

On lui reproche les lambeaux de terrain à lui concédés ici et là par la piété des fidèles, où il avait établi ses petits monastères *(cellulæ)* et ses moines pour assurer le service religieux du pays :

— Demain (crient ces envieux, ces rapaces) toutes nos terres seront à lui, il ne nous restera rien pour vivre, à nous ni à nos enfants : il faut qu'il parte (1)!

Et les mauvais traitements, les vexations, les violences de se multiplier contre ses moines, ses biens, ses serviteurs, les plus infâmes calomnies de circuler et de grossir contre lui. Hypocritement on gardait encore envers sa personne un semblant de respect; Malo n'en était pas dupe :

« — Ce peuple, dit-il, m'honore des lèvres, mais dans son cœur il me hait. Le Seigneur Jésus s'éloigna des Juifs pour fuir leur perfidie ; abandonnons donc, à son exemple, cette génération impie, allons vivre dans une autre région (2). »

Il laissa toutefois beaucoup de ses moines dans le pays d'Aleth aux postes où il les avait établis, leur donna ses instructions, — et en retenant une trentaine près de lui il s'embarqua avec eux, contourna tout le littoral de la péninsule brito-armoricaine, et alla aborder en Aquitaine, dans le pays de Saintes, où il fut très bien accueilli par l'évêque Léontius (615). Mais avant de partir il avait frappé de l'anathème canonique le peuple ingrat d'Aleth et les crimes odieux commis par lui (3). On en vit bientôt l'effet. Le pays d'Aleth fut frappé d'une sécheresse torride: pas une goutte de pluie, toujours un soleil cuisant, brûlant les herbes, les arbres, toutes les plantes, grillant toutes les fleurs, dès lors plus de fruits, plus de moissons, bêtes et gens le ventre vide sans rien à y mettre, crevées ou crevant, morts ou mourant de faim. Après quelques années d'un tel régime, les plus féroces ennemis de Malo en eurent assez; d'ailleurs le roi Judicaël, qui dans l'intervalle avait pris posssession du trône de Domnonée, tenait à faire cesser un tel scandale et, sur son initiative, une députation solennelle se rendit à Saintes (4) pour supplier Malo de pardonner aux Aléthiens et de venir lever lui-même la malédiction qu'il avait portée contre eux. Au récit de la détresse de son peuple, l'évêque fut ému de pitié; toutefois avant de répondre à cette ambassade, il voulut (c'était convenable) consulter son hôte, le bon évêque Léontius qui l'avait si bien reçu. Celui-ci, dont le cœur saignait à l'idée de perdre Malo, lui dit :

(1) « Post mortem Hailoc ducis qui beatum antistitem Machlouum cum omni honore custodivit, surrexit impia generatio adversus sanctum virum, invidia omnique dolo ardentes pro eo quod homo Dei possideret terram a fidelibus sibi Deoque largitam... cupientes sanctum fugere regnumque illud penitus deserere » (*Vita II*. cap. 21, Ibid. p. 286).

(2) *Vit. I* S. *Macl.* I, 92, Ibid. p. 225 ; *Vita II*, cap. 21, Ibid. p. 287.

(3) « Maledicto et excommunicato populo per suas eum illuderant invidias » (*Vit. I* S. *Macl.* I, 92, Ibid. p. 225). Dans un pontifical écrit au VIIIe ou au IXe siècle pour l'église d'Aleth et qui existe aujourd'hui à la bibliothèque de Rouen, on trouve la formule d'une excommunication portée par « l'évêque du monastère de Lann-Aleth, *Lan-Aletensis monasterii episcopus,* » — formule qui répond assez aux circonstances dans lesquelles Malo jeta l'anathème sur les Aléthiens. Nous ne croyons pas toutefois que l'on doive attribuer au saint cette formule, dont nous aurons occasion de parler ailleurs, dans ce volume ou dans le suivant. Mais nous signalons dès à présent ce document parce qu'il donne très explicitement à l'évêque d'Aleth le titre de *Lan-Aletensis monasterii episcopus,* ce qui prouve (comme nous l'avons dit) que primitivement le caractère essentiel de l'église d'Aleth, c'était d'être un monastère, et celui de son évêque, d'être un abbé-évêque.

(4) « Sacerdotes ex Britannia missi a rege et a senioribus populi ad eum (S. Machutum) accesserunt... quia terra eorum fere spatio septem annorum infructuosa propter maledictionem ejus remanserat » (*Vit. I* S. *Macl.* I, 101, Ibid. p. 230-231).

— Nous allons tous deux jeûner et prier pendant trois jours, pour obtenir que Dieu nous fasse connaître à ce sujet sa volonté (1).

Comme d'habitude un ange vint — ordonnant à Malo d'aller à Aleth lever son anathème et tirer de peine les pauvres Aléthiens parfaitement repentants, mais lui prescrivant de revenir ensuite à Saintes mourir près de Léontius. Pour abréger son itinéraire, au lieu de contourner la péninsule brito-armoricaine, Malo alla débarquer à Nantes et monta de là par terre vers Aleth. On sait qu'il traversa les deux *plou* de Plerguer et de Miniac ; là il n'était pas encore dans le pays d'Aleth *(pagus Alet)* proprement dit ; il y entra en sortant de cette dernière paroisse pour passer sur le territoire actuel de Châteauneuf (2).

« Avec lui, dit son biographe, la pluie entra aussi dans le Pou-Aleth ; elle ne voulait pas le précéder, mais à mesure qu'il marchait, elle s'étendait arrosant tout le territoire entre la Rance et la mer. Tous les habitants se précipitaient à sa rencontre et se prosternaient par terre pour lui rendre honneur. Lui il se hâtait de traverser le pays pour visiter sa cité d'Aleth et aussi l'île d'Aaron ; mais la foule groupée autour de lui était si considérable qu'elle l'empêchait presque de toucher terre. — Ayant béni les hommes et la terre, stérile depuis son départ, il fit ses adieux à son peuple et reprit sa route, comme il l'avait annoncé, pour aller rejoindre l'évêque Léonce. Il partit au milieu des gémissements de la foule qui lui témoignait ainsi son amour. Grâce à sa bénédiction, le ciel donna désormais de la pluie à ce pays, la terre lui donna ses fruits, et le peuple eut en abondance de quoi se nourrir (3). »

Quant à Malo, une fois retourné en Saintonge il y mourut quelques mois après, le dimanche 16 décembre 621, âgé d'environ cent ans (4).

---

(1) *Vita II* S. Macl.* cap. 28, Ibid. p. 291.

(2) Le texte de la *Vita I* est très clair là-dessus : « In quo itinere, dum veniebat ad *plebem* propriam nomine *Arcar,* vir bonus Bili nomine villam dedit illi. Inde procedens, aliam in plebe quæ vocatur *Meniac* villam, Deo donante, invenit. *Inde in pago Alet illo ingrediente,* pluvia cum eo ingrediebatur, nolens illum præcedere, sed sicut magis ac magis pergebat, pluvia de mari usque ad fluvium quod vocatur Renc se spargebat » (*Vit. I* S. Maclov.* I, cap. 102 et 103, dans Bull. de la Soc. arch. d'Ille-et-Vilaine XVI, 231-232). *Plebs Arcar* c'est évidemment le *Plo-Argar* de l'Enquête de 1181 (D. Morice, *Preuves* I, 682), c'est-à-dire Plerguer, appelé ici *plebs propria* sans doute parce que Malo y avait un monastère, tandis que cette épithète *propria* n'est point donnée à *plebs Meniac* (Miniac-Morvan). Mais ni l'une ni l'autre de ces deux paroisses ne faisait partie du *pagus Alet,* comme Bili l'entend ici. Ce *pagus Alet* n'était autre que le Pou-Aleth ou Pouleth, borné à l'O. par la Rance, au N. et à l'E. par la mer, au S. par le Bié-Jean depuis Saint-Benoît des Ondes jusqu'à la mare Saint-Coulban, et de là par une ligne allant rejoindre la Rance en enveloppant les paroisses de Saint-Guinou et de Châteauneuf (Châteauneuf de la Noë), y compris la Ville-ès-Nonais.

(3) *Vita I* S. Macl.* I, cap. 103, 104, Ibid. p. 232.

(4) Selon ses biographes, Malo serait mort à 133 ans ; les hagiographes bretons sont sujets à user de chiffres de ce genre pour indiquer simplement une vieillesse très avancée. Saint Malo (*Maclow, Macut,* en latin *Maclovius, Macutus* et *Machutes*) était né vers 520 (voir ci-dessus p. 421) ; il passa en Saintonge quand Léontius y était déjà évêque, c'est-à-dire en 615, puisque le prédécesseur de Léontius, l'évêque Audoberthus, assistait en 614 au concile de Paris. Malo resta, suivant Bili, six à sept ans en exil avant de revenir à Aleth où il ne fut très peu de temps, et à peine revenu à Saintes il y mourut. La *Vita I* le fait mourir un dimanche, et la *Vita II,* le XVII des Calendes de décembre, c'est-à-dire le 15 novembre. Pour que le 15 novembre soit un dimanche, l'année courante doit avoir pour lettre dominicale D ou E D ; 621 a pour lettre domin. D ; tout concourt donc à désigner cette année 621 comme celle de la mort de saint Malo.

§ 2. — *Les Bretons de la Domnonée.* — *Le règne de Judicaël.*

Le roi Judicaël est certainement l'une des figures les plus sympathiques de
l'âge primitif de la Bretagne : un bras fort, un cœur vaillant et patriotique,
aussi patriote, aussi vaillant que Waroch ; toutefois, entre ces deux héros
grande différence : Waroch est un batailleur infatigable, acharné à la lutte, sans
grands scrupules ; chez Judicaël au contraire, ce qui domine c'est le sentiment
de la justice, la loyauté, la générosité, en un mot un large développement du
sens moral et chrétien.

La carrière de Judicaël commença et finit par le cloître ; nous l'avons vu
(p. 470) contraint de s'y réfugier pour échapper à la mort. Il n'y a point à
s'étonner qu'il en soit sorti quand Haëloch converti par saint Malo lui rendit la
couronne (610 à 615). Après les troubles, les attentats de cette usurpation, il y avait
beaucoup à faire pour rétablir l'ordre en Domnonée, et le devoir de Judicaël
l'appelait à rentrer dans le monde pour assurer la paix et la sécurité du peuple
dont il avait la charge (1). Toutefois ses biographes nous ont transmis, de sa
première période monacale, quelques anecdotes qui montrent son âme profondément religieuse facilement soumise à la discipline du cloître.

Il fut chargé pendant quelque temps du jardin du monastère. Par une froide
nuit d'hiver, l'abbé de Gaël (c'était encore saint Meen), ayant prolongé sa veille
dans l'oratoire, traversait ce jardin pour rentrer à sa cellule ; il lui semble
entendre un fort claquement de dents, il s'approche de la rivière qui baigne
l'enclos, il aperçoit à demi-plongé dans l'eau glacée, grelottant et priant, le
prince Judicaël, qu'il croyait depuis longtemps endormi dans son lit se reposant
des fatigues de la journée. Cet ascétisme hydrothérapique était, on le sait, un
exercice favori des moines bretons (2).

Un autre jour, selon l'antique légende, de jardinier le prince était devenu
cuisinier, car chacun des moines à tour de rôle était pendant une semaine
chargé de la cuisine. Judicaël ayant rempli de légumes ses marmites, les avait
mises sur le feu pour faire la soupe des moines ; forcé de sortir un instant, il est
en rentrant fort étonné d'entendre l'eau ronfler, de la voir se soulever en gerbes
bouillonnantes, et bondir en cascades sur les charbons. Il lève le couvercle, il
aperçoit le diable qui s'était pendant son absence logé dans la grande marmite du
monastère, où il faisait tout ce tapage. Judicaël indigné saisit la barre de fer avec
laquelle on fermait intérieurement l'huis de la cuisine, et frappe sur le maudit à
tour de bras. Celui-ci se sauve lestement en laissant sur le pavé des traces de son
passage. En revanche la marmite est démolie et tout le dîner des moines dans
les cendres. Judicaël va battre sa coulpe aux pieds de l'abbé, qui pour le punir

(1) « Inimici enim Domini sonuerunt, et super populum ejus malignantes caput extulerunt.
Debilitantur ubique jura regalia. Cornua peccatorum attollebantur ; in virtutum culmine stantes
deprimebantur. Tandem ergo (Judicaëlus) deponit clericatum, ad sæcularem redit habitum ; fecit
hoc dispensatoria compulsus necessitate, non inductus qualibet inconstantis animi ambitiosa cupiditate. » (*Vita S. Judoci ined.*, ex monasterio Jodocensi, Bl.-Mant. XXXVIII, p. 640).

(2) *Vita S. Judicaëlis*, Biblioth. Nat. ms. lat. 9889, f. 134.

de cet excès de zèle et de la perte du dîner, l'envoie à jeun conter sa mésaventure aux moines d'un couvent un peu écarté (1).

On voit déjà par ce trait qu'il ne craignait pas de livrer bataille à n'importe quel ennemi. Aussi quand il est rentré dans le siècle, voyez ce que dit ou plutôt ce que chante de lui son historien Ingomar, car cela ressemble fort à un chant bardique intercalé dans les fragments de son histoire venus jusqu'à nous :

« Doux et aimable pour ses amis, Judicaël était terrible pour ses ennemis, surtout pour les Franks : souvent il les combattit en pleine campagne (*bello campestri*) et les mit en déroute, pour défendre la Bretagne qu'ils s'efforçaient de subjuguer.

» Tout jeune encore il accomplit des exploits où n'avaient pu réussir des guerriers dans la force de l'âge, et quand il fut lui-même à l'âge d'homme, on le vit souvent au milieu de nombreuses bandes d'ennemis, de ses mains agiles et robustes, terrassant seul tous ces bataillons.

» Comme le laboureur qui bat son blé sur l'aire, partout où Judicaël, le guerrier puissant et intrépide, frappait dans la mêlée, son javelot courait s'abattre au but marqué d'avance.

» Quand il allait au combat, ses écuyers marchant sur ses pas se partageaient joyeusement les chevaux richement harnachés dont il avait tué les maîtres. Et de ceux qui combattaient à sa suite, beaucoup venus à pied à la bataille s'en retournaient chez eux riches des dépouilles qu'entassait son bras et changés en cavaliers.

» Et des cadavres qu'il couchait sans sépulture sur le sol, les corbeaux, les pies, les milans, les vautours se rassasiaient. Et les nombreuses veuves qu'il avait faites hurlaient longtemps par les chemins ou au seuil de leurs maisons.

» Comme un taureau vaillant se rue sur un troupeau de bœufs, un robuste verrat sur une bande de porcs, un aigle sur des oies, un faucon sur des grues et une hirondelle sur des abeilles, ainsi sur les ennemis dans la mêlée, prompt, agile et rude champion, frappait avec la lance Judicaël (2).

» Et il fit souvent (comme on l'a dit) de grands massacres des Franks qui voulaient mettre la Bretagne sous le joug. »

Après cette vieille poésie — dont les strophes saccadées, les métaphores étranges, donnent une grande idée du héros, — voyons l'histoire, voyons ce qu'elle dit des luttes et des relations de Judicaël avec Dagobert. Il y a deux récits, nous allons les citer et les traduire tous les deux, car à certains égards il ne se ressemblent guère ; nous les comparerons et tirerons nos conclusions. Ces deux récits se rapportent aux mêmes faits, à la même année, 636. L'un est du chroniqueur Frédégaire, l'autre d'un personnage contemporain aussi, mais autrement important, le référendaire de Dagobert, plus tard archevêque de Rouen, Audoënus, que nous appelons aujourd'hui saint Ouen. — Voici d'abord l'extrait de Frédégaire :

_____

(1) *Id. Ibid.* f. 134-135.
(2) « Et ex cadaveribus, de post se super terram inhumatis jacentibus, canes, vulturi, milvi, picæve saturabantur. Et plurimæ super vicis in domibus ululantes viduæ manebant mulieres. — Quoniam, sicut fortis taurus inter boves incognitos, et robustus verris inter porcos alienos, aquilaque inter anseres, falco inter grues, yrundo inter apes, ita Judicaëlus rex Britonum velox et agilis, durus bellator, in bello hastabat inter inimicos in agonem contra se insurgentes. (*Chronic. Brioc.* Bibl. Nat. ms. lat. 6003, f. 49, v°, 50 r° ; et lat. 9888, f. 52 v°).

« Le roi Dagobert, faisant sa résidence à Clichi (1), envoya des députés aux Bretons pour leur enjoindre de réparer sans délai le tort qu'ils avaient fait [à lui et à ses sujets] et de reconnaître sa domination ; faute de quoi l'armée de la Burgondie, qui revenait de Gascogne, irait immédiatement envahir la Bretagne. Au reçu de ce message, Judicaël roi des Bretons se rendit en toute hâte à Clichi auprès de Dagobert avec des présents considérables, et là demandant grâce, il promit de réparer tous les dommages causés aux leudes franks par ses sujets bretons et de demeurer pour toujours, lui et son royaume, dans l'obéissance de Dagobert et des rois franks. — Toutefois comme Judicaël était un prince d'une grande piété, rempli de la crainte de Dieu, il refusa de se mettre à table avec Dagobert ; au moment où celui-ci s'apprêtait à dîner, il sortit du palais et alla prendre son repas chez Dadon, le référendaire, dont il connaissait la vie saintement religieuse. Le lendemain, il fit ses adieux au roi des Franks et repartit pour la Bretagne, comblé des dons de Dagobert (2). »

Voyons maintenant le récit de saint Ouën, inséré dans sa Vie de saint Eloi [Eligius], dont il était l'ami :

« Eligius (saint Eloi), prié par le roi Dagobert d'aller en ambassade en Bretagne, partit aussitôt, avec d'autant plus de hâte qu'il avait pour le soutenir un motif de charité. Arrivé en ce pays, il se rendit auprès du prince des Bretons, arrêta les bases d'un arrangement et reçut des ôtages pour la paix. De cette manière, au lieu des querelles et des guerres que beaucoup de gens s'attendaient à voir éclater entre le roi frank et le prince breton, Eligius sut manier celui-ci avec tant de douceur et de bienveillants ménagements, qu'il lui persuada sans peine de l'accompagner à la cour de Dagobert. Après avoir passé quelque temps en Bretagne, Eligius s'en retourna, emmenant avec lui le roi des Bretons suivi d'un nombreux cortège de sa nation, le présenta au roi des Franks en sa villa de Creil (3), et fit conclure entre les deux princes un traité de paix et d'alliance. Le Breton offrit de grands présents à Dagobert ; mais il en reçut de plus grands encore, quand il s'en retourna dans son pays (4). »

Au fond, dans les deux récits les faits essentiels sont identiques. Chez saint Ouën comme chez Frédégaire, il y a trois faits principaux :

(1) *Clippiacum*, Clichi-la-Garenne, aujourd'hui commune du canton de Neuilli, arrondissement de Saint-Denys, Seine.

(2) Fredegarii Scholastici *Chronicon*, dans Ruinart, édit. de Grégoire de Tours, col. 650 ; D. Bouquet, *Rec. des histor. des Gaules et de la France*, II, p. 443 ; D. Morice *Preuves de l'hist. de Bret.* I, 203.

(3) Creil, aujourd'hui chef-lieu de canton. arrondissement de Senlis, Oise. — Frédégaire, on l'a vu, place l'entrevue des deux rois à Clichi la Garenne.

(4) Les éditions de la Vie de S. Eloi par S. Ouën étant beaucoup moins nombreuses que celles de la Chronique de Frédégaire, et le texte relatif à Dagobert et Judicaël n'ayant pas été publié par D. Morice, nous croyons utile de le donner ici :

[An. 636.] « Aliquando rogatus a rege (Dagoberto) legatione fungi partibus Britanniæ. nihil ille (S. Eligius) cunctatus perrexit tam ocius quam Christi caritate securus. Quo cum pervenisset, (a) Britannorum principem adiit, causas pacti indicavit, pacis obsidem recepit. Et cum nonnulli jurgia eos vel bella mutuo indicere æstimarent, tanta præfatum principem benignitate et mansuetudine ac lenitate attraxit, ut etiam secum adducere facile suaderet. Commoratus ergo ibidem aliquandiu, rediens demum perduxit secum regem cum multo exercitu generis sui, eumque Crioilo in villa regi Francorum præsentans, pacifice confœderavit. Qui copiosa munera intulit, sed uberius muneratus ad propria rediit. » *(Vita S. Eligii* cap. 13, dans Surius *de SS. Vitis*, Decemb. p. 4 ; Du Chesne, *Histor. Franc. Scriptor.* I, 629 ; D. Bouquet, *Rec. des histor. de Fr.* III, 554). *(a)* Dans Du Chesne : « *Judicurium* Britannorum principem » et en marge « alias Judicaëlem. »

1º Une ambassade de Dagobert à Judicaël,

2º Un voyage de Judicaël à la cour de Dagobert,

3º Un traité de paix entre les deux princes.

Mais sur les circonstances accessoires, sur le détail de ces faits, il règne entre les deux récits un tel désaccord, que selon qu'on lit l'un ou l'autre le caractère politique de l'événement change tout à fait.

Dans Frédégaire les envoyés du roi frank n'agissent que par la menace *(alioquin, exercitus in Britannos deberet irruere)*, — dans saint Ouën, par la modération et la douceur.

Dans Frédégaire, au reçu du message Judicaël prend la poste pour ainsi dire *(cursu veloci ad Dagobertum perrexit)*. — Dans saint Ouën, au contraire, Eloi l'ambassadeur frank séjourne d'abord quelque temps en Bretagne, ménage la paix entre les deux princes, et c'est ensuite seulement à force de bons procédés *(benignitate, mansuetudine ac lenitate)* qu'il persuade à Judicaël de l'accompagner chez Dagobert. Et quand le Breton s'y décide, il se présente à la cour du roi des Franks avec une escorte si nombreuse que l'écrivain l'appelle « une armée » *(cum multo exercitu generis sui)*.

Aussi, tandis que dans Frédégaire Judicaël s'abaisse, demande grâce (*veniam petens*), promet dans les termes les plus humbles de rester soumis à la domination des rois franks (*semper se et regnum subjectum ditioni Dagoberti et Francorum regibus esse promisit*), — saint Ouën nous le montre concluant avec Dagobert un traité de paix et d'alliance sur un pied de réelle égalité (*eum præsentans, regi Francorum pacifice confœderavit*).

Chez saint Ouën, Judicaël est un souverain inférieur en puissance, confessant lui-même par son attitude cette infériorité, mais un souverain respectable et respecté, fier de sa force, qui consent à reconnaître par des démarches obséquieuses la suprématie au moins nominale du roi des Franks, mais qui ne sacrifie rien de son indépendance effective et ne s'engage même pas à un tribut.

Chez Frédégaire, Judicaël a au contraire toute la tournure d'un humble vassal. Toutefois, même chez Frédégaire, il n'est nullement question de tribut imposé aux Bretons, et malgré l'attitude déprimée que ce chroniqueur lui impose, Judicaël est représenté par lui comme un vassal très peu respectueux : il dédaigne l'invitation de Dagobert, il refuse de s'asseoir à sa table par un motif qui n'a rien de flatteur pour le roi frank, — parce qu'il avait trop de piété et de vertu pour vouloir manger avec ce prince, dont les mœurs, on le sait, laissaient fort à désirer.

Fuyant ainsi la table royale, où s'en va dîner Judicaël? Il va chez l'un des principaux dignitaires qui était comme le chancelier de la cour mérovingienne, qui avait charge de surveiller la rédaction de tous les édits et diplômes, de tous les actes importants émanant de la royauté, qui devait les sceller de l'anneau royal et les authentiquer par sa signature; il va chez le référendaire Dadon. Or ce référendaire avait deux noms, il s'appelait aussi Audoënus; en un mot, c'est justement saint Ouën, plus tard archevêque de Rouen, ami d'Eloi ou Eligius dont il a écrit la Vie, et c'est de cette Vie qu'est tiré le récit, cité plus haut, des relations de Judicaël avec Dagobert. Composé par un témoin oculaire acteur dans l'événement, ce récit a une autorité très supérieure à celui de l'inconnu Frédégaire qui n'était même pas à la cour en ce moment-là. — C'est donc le témoignage de saint Ouën qui doit faire foi, et d'après ce témoignage, le roi breton joua en cette occasion un rôle très honorable.

Quels événements avaient amené cette négociation et ce traité entre les deux rois ? Là-dessus nous sommes très peu renseignés. Il y avait eu certainement entre Franks et Bretons de vives hostilités, dont ceux-là avaient eu à souffrir plus que ceux-ci, car (selon Frédégaire) Judicaël, sur les réclamations de Dagobert, « promit de réparer tous les dommages causés aux leudes franks par ses sujets » bretons. » Peut-être s'agissait-il d'incursions dans la Marche franko-bretonne, particulièrement dans le pays de Rennes, analogues à celles de Waroch dont il a été question plus haut (p. 446-448). Toutefois, suivant les anciennes chroniques bretonnes, les Franks auraient été au contraire les agresseurs, ils auraient envahi la Bretagne à deux reprises pour l'obliger à payer tribut ; deux fois ils auraient été battus. Dagobert aurait voulu alors diriger contre les Bretons une troisième expédition plus considérable avec cette formidable armée de Bourgogne commandée par douze ducs, qui avait l'année précédente (635) réduit les Vascons, et saint Ouën l'en aurait empêché en s'offrant à obtenir des Bretons une satisfaction convenable et à conclure la paix avec eux (1).

A prendre les choses dans ces termes généraux, il n'y a en cela rien d'invraisemblable. Mais les chroniques qui donnent ces détails sont trop récentes pour inspirer grande confiance, et d'autres plus modernes encore enchérissent sur ces premières données par des fables ridicules. Le plus sûr est donc de s'en tenir à ce que l'on peut tirer des témoignages combinés de Frédégaire et de saint Ouën. L'armée de Bourgogne, dont Dagobert menaçait les Bretons, était très nombreuse et très redoutable, mais déjà passablement disloquée par la campagne de Gascogne dans laquelle quelques-uns de ses corps avaient été écharpés. Les chefs n'eussent pas été très flattés, après une campagne si rude, si laborieuse, d'en recommencer une autre tout aussi dure, et les marécages bretons aidant, cette expédition eût bien pu tourner comme celle d'Ebrakher et Beppolen. — Quoi qu'il en soit, la paix faite et Dagobert étant mort deux ans après (en 638), la guerre ne se réveilla pas entre Franks et Bretons.

Judicaël doit compter parmi les princes de la dynastie domnonéenne qui se sont tout particulièrement délectés aux ombrages de la forêt de Brecilien et qui, par suite, ont le plus fortement entamé la trame de cet immense réseau silvestre ; car pour y établir leurs résidences, ces princes étaient obligés d'y pratiquer de larges défrichements et de vastes clairières. Nous connaissons dans la forêt trois manoirs ou châteaux de Judicaël. L'un était tout à fait sur la lisière orientale, sur la rive droite du Meu, à Talensac. Pierre Le Baud, d'après Ingomar, dit : « Cestui roi Judicaël avoit une ville (une villa) tres noble en Thalensac, où il » faisoit sa principale résidence, de laquelle l'on voit uncore au jour de huy les

---

(1) Voir Le Baud, *Histoire de Bretagne inédite*, Biblioth. Nat. ms. fr. 8266, f. 103 rᵉ et vᵉ.

» demourans (les restes), et l'ont la longueur du temps et la forcenerie des guerres
» qui dempuix ont esté en Bretagne, destruicte et vuidée de touz ses habitans (1). »
Il en reste encore maintenant des ruines très visibles au lieu dit *le Châtellier*, à
l'Est du bourg de Talensac, tout contre la rive droite du Meu. On y voit une
grande motte ou butte de terre artificielle sur laquelle était perché, comme à
Bourbriac (p. 360), le donjon principal de la forteresse, et autour de cette motte
une double enceinte de larges fossés, dans lesquels s'épanchait la rivière qui
formait même un étang au Nord de cette résidence (2). Nous verrons au IXe siècle
Erispoë roi de Bretagne tenir aussi sa cour en ce lieu.

Judicaël avait un autre château en pleine forêt, à Penpont, près du lieu où
se trouvent aujourd'hui l'étang et le bourg de ce nom. On connaît cette résidence
par un trait curieux de la vie de ce roi. Une année, il y passait la nuit de Pâques.
Tout à coup, au chant du coq, au milieu des plus profondes ténèbres, le prince
est réveillé en sursaut par un vacarme strident, cris violents, jurons, coups de
fouet, chevaux lancés au galop, roues grinçant avec des bruits de ferrailles, etc.
Aussitôt il appelle un des gardes qui veillaient à la porte de sa chambre et lui
demande d'où vient ce bruit insupportable :

— Seigneur, dit le garde, ce sont les colons de ce domaine, ils t'apportent leurs
redevances qui doivent être rendues ici cette nuit. Comme le pont sur la rivière
à la sortie du grand étang est étroit, les colons s'y rencontrent avec leurs chariots
et cherchent à passer les uns devant les autres : de là des querelles, des rixes,
tout ce tapage (3).

— Quoi ! s'écrie Judicaël, on profane ainsi cette nuit sacrée, où l'on ne devrait
entendre que les louanges de Dieu, où toute œuvre servile doit cesser. J'abolis
dès à présent toutes ces servitudes ; j'affranchis de ces redevances tous mes colons,
tous mes serfs, pour qu'ils puissent se réjouir avec nous de la résurrection de
Notre-Seigneur.

Ainsi fut fait, et depuis lors les habitants de la forêt de Penpont, des villages
qui la peuplent et qui la bordent sont restés — jusqu'à la révolution de 1789 —
exempts de toute taxe et de toute corvée par la libéralité de Judicaël.

Voici un autre trait célèbre de la vie de ce prince qui eut aussi pour théâtre la
grande forêt centrale de la péninsule. J'emprunte ce pittoresque récit à notre
vieil historien Pierre Le Baud, qui l'a traduit d'Ingomar :

« Une fois advint que le roy Judicaël, apres my nuict, retournoit ò sa com-
paignie d'une expedition faicte en sa ville (sa villa) appellée Plaisir (4) oultre la
forest. Si descendit ignelement (promptement) dessus son cheval vers l'eglise
du *Peuple Mioci*, ainsi nommée, pour illecques faire prières à Nostre Seigneur.

___

(1) P. Le Baud, *Hist. de Bret. inédite*, Bibl. Nat. ms. fr. 8266, f. 104.
(2) Voir *Dict. de Bret.* d'Ogée, nouv. édit. (1853), t. II, p. 904 col. 2 ; et Oresve, *Hist. de Montfort*
(1858), p. 18. — « Aula Talensac. » Cartul. de Redon, dans D. Morice, *Preuves* I, 294.
(3) « Regalis fisci vectatores cum cadris, quadrigis, redis et lecticis, aliisque diversi generis
vehiculis *ad pontem prope aulam regiam* situm de diversis partibus conglobati, *in ipso pontis
ingressu* dum alii alios antecedere festinant cum strepitu rotarum mugituque animalium, clamore
mixto convitiorum atque hortatione, ingenti sonitu loca etiam secreta confundunt » (*Vita S. Judic.*,
Biblioth. Nat. ms. lat. 9889, f. 129).
(4) Le passage correspondant du Le Baud imprimé (*Hist. de Bret.* p. 87) porte : « en sa ville *de
plaisir* oultre la forest. »

Et comme ses gens s'avançassent de chevaucher, ilz parvindrent jusques à un gué de chariotz, près le chastel sur le fleuve *Ynnano,* sur la rive duquel ils trouvèrent un meseau (un lépreux) qui à voix enrouée requeroit passage, car lors y avoit si grant habundance de eaue que nul homme à pié sans perill ne le peust trespasser (1). »

Pendant que Judicaël, avec un ou deux amis, s'était arrêté à prier en cette église, tout son cortège et ses compagnons de chasse, veneurs, piqueurs, tierns et machtierns, avaient pris les devants, se dirigeant vers le château où l'on allait coucher, et ils étaient arrivés au gué, voisin de cette demeure, qu'il fallait traverser pour s'y rendre. En vain le pauvre lépreux assis sur la rive supplie humblement, avec larmes, ces beaux cavaliers de le prendre en croupe et de le passer de l'autre côté. Tous le repoussent durement et même, dit Le Baud, « avec abhomination » à la vue des plaies hideuses qu'il étale. Tout le cortège a déjà traversé le gué, le lépreux reste seul sur le bord. Quelque temps après paraît le roi Judicaël (2) : le pauvre homme « en voix basse et enrouée » recommence ses gémissements, ses prières. Le prince s'arrête aussitôt, s'approche du malheureux, l'invite à monter en croupe, tient son cheval par la bride pour qu'il puisse s'installer commodément, traverse la rivière et le dépose doucement sur l'autre bord. Cette sublime charité envers cette extrême misère excita l'admiration des contemporains, et peu de temps après l'on racontait qu'au moment de quitter le roi, le lépreux, radieusement transfiguré en Notre-Seigneur, lui avait dit :

— « Tu es bienheureux, Judicaël, et plus encore le seras-tu, car pour m'avoir honoré sur terre, tu seras exalté et honoré en la terre et au ciel. »

Quant au théâtre de cet acte admirable, grâce au passage inédit de Le Baud cité ci-dessus, il est possible de le déterminer. Le *Peuple Mioci,* c'est une demi-traduction de *Plebs Mioci,* c'est-à-dire le *plou* de Mioc, qui au XVe siècle s'appelait encore *Ploué-Miouc,* puis *Plu-Mieuc,* aujourd'hui *Plumieux* (paroisse du canton de La Chèze, arrondissement de Loudéac, Côtes-du-Nord). Le fleuve *Ynnano* ou *Niniano* — car on peut lire l'un et l'autre (3), — c'est un affluent de l'Out, le Ninian, (voir ci-dessus p. 32), qui borne vers l'Est le territoire de Plumieuc. La « *ville [villa) appelée Plaisir* » ou « *ville de plaisir* oultre la forest, » c'était un de ces quartiers de bois aménagés pour la chasse que l'on nommait *plexitium* (un *plessis*) à cause de la haie vive, fourrée, faite de branches entrelacées (4) dont ils étaient clos pour empêcher le gibier d'en sortir ; ce *plessix* devait être à l'Ouest ou Nord-Ouest de Plumieuc, vers les situations actuelles de La Chèze ou de Loudéac. Reste à découvrir le « chastel » c'est-à-dire la résidence royale où Judicaël, après sa chasse en ce plessix, revenait prendre son gîte. Elle était nécessairement à l'Est de Plumieuc et sur la rive droite du Ninian, puisque le gué qu'on traversait se trouvait tout près du château. Il faut donc chercher, dans cette direction et pas trop loin de Plumieuc, quelqu'une de ces grandes enceintes

---

(1) P. Le Baud, *Hist. de Bret. inédite,* Bibl. Nat. ms. fr. 8266, f. 104 col. 2.

(2) « Rex autem, ut fieri solet, aliis præcedentibus, cum paucis post terga suorum sequebatur » (*Vita S. Judic.,* Bibl. Nat. ms. lat. 9889, f. 131).

(3) L'*y* initial, composé de deux jambages, ressemble beaucoup à une *n,* de sorte qu'avant l'*a* il *y* a six jambages, et qu'on peut très bien lire *niniano.*

(4) *Plexitium — u plectendo, plectere,* ployer, participe *ple xus.*

fermées de profonds fossés et de gros retranchements, dont les hommes de ce temps aimaient à entourer leurs palais de bois, et surtout, s'il est possible, une de ces buttes artificielles sur lesquelles ils plaçaient volontiers leur principale défense.

A deux petites lieues Sud-Ouest de Plumieuc, tout à fait sur le bord du Ninian, en face de la forêt de Lanouée, au village de Bodieuc en Mohon (1), il existe une importante fortification de ce genre. Elle se compose d'une vaste enceinte elliptique contenant environ 5 hectares, dont le grand axe est dirigé du Nord au Sud, bordée par une douve de 4 à 5ᵐ de largeur et de 5 à 6ᵐ de profondeur. Au centre de cette grande ellipse s'élève une motte ou butte artificielle, cône tronqué fortement réduit dans sa hauteur (qui est d'environ 7ᵐ) pour établir au sommet un jardinet de 30 à 35ᵐ de diamètre. — De plus, cette enceinte elliptique est armée, à son extrémité sud, d'une sorte de bastion, c'est-à-dire d'une autre enceinte de forme pentagonale, beaucoup plus petite puisqu'elle tient seulement un demi hectare (2), mais beaucoup mieux défendue par un retranchement (quelque peu affaissé) qui a encore 7 à 8 pieds de hauteur, précédé d'un énorme fossé profond de 10ᵐ, large de 15ᵐ et même par endroits de 20 à 22ᵐ. Forteresse très importante, comme on voit. On n'y a jamais absolument rien trouvé de romain ; d'ailleurs dans les camps romains il n'y a pas et ne peut y avoir de butte artificielle. D'autre part, au moyen-âge, à l'époque féodale (XIᵉ-XIIᵉ siècles) on n'a trace d'aucune seigneurie ayant son siège à Bodieuc (3), le fief dominant de la paroisse de Mohon était Bodégat. Cette fortification a donc dû être érigée entre l'époque gallo-romaine et l'époque féodale, c'est-à-dire dans l'âge breton primitif. Le nom s'y accorde. Depuis longtemps on ne parle plus le breton à Mohon, mais jadis on l'y a parlé ; les Mohonnais d'aujourd'hui appellent tout ce système de retranchements le *Camp des Rouëls* (4) : en français cela ne veut rien dire, en breton cela veut dire littéralement le Camp du Roi, *Kamp d'er Roué*, — le camp ou château du roi Judicaël.

L'immense forêt centrale de la péninsule bretonne fut, on le voit, sérieusement attaquée par la dynastie domnonéenne. Déroch l'avait entamée dans le Nord-Ouest par son manoir établi aux sources du Trieu et surtout par la fondation du monastère de Poul-Briac (ci-dessus p. 360-361) ; Caduon, Mewen, Haëloc en avaient défriché un grand quartier autour de Gaël (p. 424-425) ; Judicaël descendit de Talensac à Penpont, où il fonda près de son château et de son étang une belle abbaye (5). A Bodieuc aussi il éclaircit largement la forêt autour de lui, puisque sur l'autre rive du Ninian s'étaient établis une église et un *plou* fort étendu (6).

(1) Aujourd'hui commune du canton de la Trinité-Porhoët, arrondissement de Ploërmel, Morbihan.
(2) La circonférence de cette seconde enceinte a, selon Cayot-Delandre, environ 250ᵐ de développement, et sa surface, selon M. Bizeul, un demi hectare. — Sur les enceintes de Bodieuc, voyez Cayot-Delandre, *Le Morbihan* (1847), p. 336-337 ; Bizeul, *Voies romaines du Morbihan* (1841) p. 23-24 ; Rosenzweig, *Répertoire archéologique du Morbihan* (1863), col. 166.
(3) Il y avait simplement à Bodieuc un petit prieuré dépendant de l'abbaye de Saint-Jacut. Voir *Cartul. de Redon*, p. 476.
(4) La butte artificielle qui domine l'enceinte elliptique s'appelle dans le pays le *Trohanier*, nom inexpliqué mais qui semble aussi venir du breton.
(5) Sur la fondation de l'abbaye de Penpont par Judicaël, voir Lobineau, *Vies des SS. de Bret.* édit. in-fol. p. 146-147 ; et D. Morice, *Preuves* I, 570.
(6) Le *Dict. de Bret.* d'Ogée, nouv. édit. attribue à Plumieux une superficie de 7317 hectares et une population de 3400 habitants (en 1843).

Il se plaisait en outre à jeter dans ces vertes solitudes des ermitages, de petits monastères dont les habitants, travaillant le sol autour d'eux afin d'en tirer leur subsistance, faisaient dans la carapace feuillue de Brecilien autant de trous qui, dans un avenir lointain encore, devaient finir par se rejoindre en laissant seulement çà et là sur le sol breton, comme souvenir du passé, quelques grandes îles de verdure. Ainsi dans les environs de la paroisse actuelle de Mauron, sur la petite rivière de Doueff (1) (voir ci-dessus p. 32), le roi avait installé un austère anachorète appelé Elocau, qui y vécut quelque temps et commença à défricher ce canton. Mais ayant appris de Bili, chapelain de la reine de Domnonée, que plus loin, à une douzaine de lieues vers l'Ouest, il y avait dans la forêt un quartier plus enfoncé, montueux, broussailleux, sauvage, dont les rares habitants étaient privés de tout secours religieux, il voulut se rendre utile à ces pauvres gens (2), et abandonnant son ermitage de la Doueff il alla s'établir dans cette contrée, où apparemment il se trouva bien, car il y resta et y mourut, — sans prévoir qu'un millier d'années après (en 1656) on construirait sur sa tombe une plus vaste et plus belle chapelle que bien des églises (3).

Mais pendant qu'il faisait là une nouvelle trouée dans Brecilien, la première exécutée par lui n'était point abandonnée et ne retournait point en friche. Un successeur s'était trouvé tout de suite pour hériter de son ermitage. Celui-ci venait du Bro-Weroc et s'appelait Leri (en latin *Laurus*); il promenait à sa suite un chariot traîné par des bœufs et dans ce chariot un cercueil de pierre à son usage, afin d'être toujours sûr — n'importe où la mort le prit — d'un bon et solide vêtement pour sa dépouille jusqu'au jugement dernier. Celui-ci agrandit la petite installation d'Elocau ; d'un simple ermitage il en fit un petit monastère occupé par une petite communauté (4), dont les habitants s'appliquèrent activement à cultiver le sol, car Leri, très bien vu de Judicaël et des seigneurs du pays, était aussi, dit son historien, très populaire chez les laboureurs et les pauvres gens du Poutrecoët (5). Il mourut là et fut enterré dans le fameux cercueil témoin de sa vie entière ; de son oratoire est née une paroisse qui porte son nom et qui existe encore (6).

Pour achever la physionomie de Judicaël, empruntons quelques traits à son meilleur historien Ingomar et à quelques écrivains très rapprochés de ce grand prince.

(1) « Secus fluvium nomine Doma (*vulgo* Doueff) » *Vita S. Lauri* dans Bl.-Mant. XXXVIII, p. 612.

(2) « Ad lucrandas Deo animas cupiens alium construere locum, invitante illum Bili, capellano Moronoë uxoris ducis Judicaëli » (*Id.* Ibid.)

(3) La chapelle de *Saint-Elouan* (c'est une des formes du nom d'Elocau), qui s'élève sur la paroisse de Saint-Guen, ancienne trève de Mur, aujourd'hui commune de ce canton, arrondissement de Loudéac (Côtes-du-Nord).

(4) « Ibi exercens vitam regularem, cellulam fabricavit quæ ejus nomine vocatur, ibique Deus adoratur usque in præsentem diem » (*Id.* Ibid.). *Vita regularis* implique l'existence d'une communauté monastique ; d'ailleurs, la Vie du saint, écrite un siècle environ après sa mort, est adressée « omnibus fratribus in *monasterio sancti Lauri* Deo degentibus » (*Id.* Ibid. p. 611).

(5) « Ille sanctus, quamvis amabilis haberetur a Judicaëlo et ab omnibus optimatibus *et agricolis ac gentibus Transilvaticis*, in humilitate tamen permanens, » etc. (*Id.* Bl.-Mant. XXXVIII, p. 609). *Pagus Trans Silvam*, en breton *Pou-tre-Coët*, nom donné par les Bretons au territoire occupé par la grande forêt centrale ; voir ci-dessus p. 43.

(6) « Sepultusque est in concavata [petra], quam sibi in vita præparavit et detulit à Patria Guerochi (*Bro-Weroc*) in plaustrum, ut seniores ferunt, super duos juvencos boves usque ad locum supradictum » (*Id.* Ibid. ; cf. Lobineau, *Vies des Saints de Bretagne*, édit. 1725, p. 158).

« Il fut doux et amiable à toutes gens (dit Ingomar), de grande et belle stature, la face plaisante, le regard débonnaire et doux parler... Avec le saint homme Maclou (saint Malo) avoit grande familiarité ; étoit très-ententif consoleur des desolez, hospital et bienfaicteur des pauvres, hoste des pèlerins, defenseur des veuves, père des peuples, releveur des miserables et fracteur des orgueilleux (1). » Selon un autre auteur qui écrivait au VIIIe siècle, Judicaël était « l'œil de l'aveugle, le pied du boiteux, le père de l'orphelin ; » et « quiconque avait perdu dans sa patrie ses parents ou ses biens, les retrouvait sur la terre étrangère en trouvant Judicaël (2). » Nous avons vu d'ailleurs éclater sa vive et tendre charité pour les pauvres, les petits, les misérables, dans ces belles histoires de la nuit pascale de Penpont et du lépreux de Plumieuc.

Il avait l'âme haute, vraiment royale. Son hospitalité, par exemple, était grandiose. « Rien (dit Ingomar) ne pouvait se comparer à l'abondance de ses festins. Nobles ou plébéiens, pauvres ou étrangers, il faisait à tous joyeux accueil. Jamais dans son palais on ne demanda à un hôte : « D'où es-tu ? Que viens-tu faire ici ? » Mais tout ce qu'il désirait on le lui donnait aussitôt, et on ne le laissait point partir sans lui faire un présent.

« Il accordoit par belles et doulces paroles les discords et contencions qui sourdoient entre les nobles de son royaume, et les renvoioit joyeux à leurs maisons. » Justicier exact, incorruptible, jamais on ne le vit faire acception de personne, encore moins céder à la menace, à l'arrogance. Nul prince ne se donnait plus de soins pour assurer la sécurité publique et réprimer énergiquement les perturbateurs. « La seule crainte de son nom détournait les brigands du » brigandage, car Dieu l'avait fait fort et vaillant dans les combats, et plus d'une » fois, seul, armé de son glaive, il mit en fuite des troupes d'ennemis et de » malfaiteurs (3). »

Peut-être y a-t-il dans ces éloges quelque exagération : cela montre d'autant mieux quelle trace vive, quelle impression profonde avaient laissée dans le cœur des anciens Bretons la vaillance, la vertu, la grande figure de Judicaël.

Il fut en relation (Ingomar vient de le dire) avec l'illustre apôtre des Aléthiens ; toutefois Malo ayant passé dans l'exil les dernières années de sa vie, les rapports de Judicaël avec lui durent être assez rares. Ils furent, au contraire, fréquents et nombreux avec son successeur sur le siège d'Aleth, saint Maëlmon. Ce pontife enrichit son diocèse de fondations nombreuses : d'abord un monastère important dit Lan-Maëlmon, situé dans la région nord-est de la Domnonée, à peu de distance du Coësnon ; puis un hôpital [xenodochium] auquel il donnait de grands soins : d'après la Vie de saint Judicaël, cet établissement était situé en un lieu dit « Talredau, au pays d'Orkh ; » jusqu'à présent on n'a pas réussi à identifier avec des noms de lieux modernes ces deux dénominations. C'était à

---

(1) Ingomar traduit par Le Baud, *Hist. de Bret.* p. 82, et *Hist. inéd.* f. 104 v°.

(2) « Oculus cæco, pes claudo , pater orphano... Non amisit parentes nec opes in propria terra, qui invenit Judicaëlum in aliena » (*Vit. S. Lauri*, Bl.-Mant. XXXVIII, p. 612).

(3) Dans ces deux derniers paragraphes nous traduisons ou résumons une ou deux pages où l'auteur du *Chronicon Briocense* reproduit évidemment, mais d'un style trop verbeux, divers passages d'Ingomar ; voir *Chron. Brioc.* Bibl. Nat. ms. lat. 6003, f. 55 v° et 56 r°, aussi Le Baud, *Hist. de Bret. inéd.* B. N. ms. fr. 8266, f. 104 v°.

l'hôpital de Talredau, lieu consacré spécialement à la pratique de la vertu de charité, que se rencontraient le plus souvent pour s'entretenir et prier ensemble le roi et l'évêque; on dit même qu'ils y goûtèrent plus d'une fois les charmes anticipés et enivrants de la vision béatifique (1).

Ces pieux entretiens, ces délectations mystiques montrent bien vers quelles idées se tournait de plus en plus l'âme de Judicaël. Entré dans le cloître malgré lui au commencement de son règne, jeté là par un cas de force majeure, il avait pu en sortir très légitimement; bien mieux, il avait dû le faire pour accomplir, envers le pays et le peuple dont il avait charge, son devoir de roi. Néanmoins il semble avoir été durant tout son règne poursuivi par une sorte de remords ou plutôt de nostalgie monastique. Pendant son passage dans le cloître il s'était plié sans peine à la vie religieuse, son âme même s'y était sentie attirée par un penchant naturel, par un charme doux et fort. Rentré dans le siècle, il avait pleinement, vaillamment fait son devoir de roi et de capitaine, de chef d'armée et de chef de nation. Les hautes vertus dont ces devoirs imposent l'exercice, en maintenant son âme dans une sphère élevée, dans une activité incessante et généreuse l'avaient défendue contre la fatigue, l'ennui, le dégoût invincible causé par le spectacle des mesquines intrigues, des passions viles ou odieuses, des misères de toute sorte qui le plus souvent forment le train quotidien des affaires du siècle.

Mais quand il vit le royaume de Domnonée solidement affermi dans la voie de l'ordre et de la justice; l'existence, l'indépendance, la sécurité de la patrie bretonne bien assurées par l'heureuse issue de sa lutte contre Dagobert, — son devoir de roi lui paraissant pleinement accompli, la nostalgie du cloître se réveilla avec une telle force, que les amis et les familiers du prince en prévirent dès lors le prochain triomphe. La vie du roi, mondaine et royale en apparence, était déjà en réalité celle d'un moine. Même dans les nuits d'hiver il dormait souvent sur les dures et froides dalles de sa chambre, au lieu de reposer mollement dans sa couche princière sous les chaudes fourrures conquises sur les fauves de Brecilien. Depuis sept ans il ne buvait que de l'eau, à l'insu de tous, sauf son échanson qui la versait, au lieu de vin, dans la coupe royale finement ciselée, mais fermée d'un beau couvercle cachant soigneusement le contenu (2). Il redoublait ses œuvres de piété, de charité, souvent il allait servir, soigner de ses propres mains les pauvres toujours nombreux près de sa résidence.

C'était vers 640. Judicaël aspirait de plus en plus à reprendre la vie monastique qu'il avait menée jadis à Saint-Jean de Gaël; rentrant dans le cloître il devait nécessairement faire choix de cette abbaye, que l'on commençait à appeler Saint-Mewen ou Saint-Meen, du nom de son vénérable fondateur ravi de la terre au ciel (presque centenaire) depuis un peu plus de

---

(1) « Chara in Christo fraternitas conjunxerat sanctum Judicaëlum et beatum Maëlmonem, Aletis civitatis episcopum. Qui in *Talredau*, in fundo *Orchei pagi*, apud *xenodochium Maëlmonis*, divinis cultibus jejunando, vigilando, orando, una die, dum liberas mentes ad Deum contemplatione levarent, illico aperti sunt cœli ad eorum orationem « (*Vita S. Judicaëlis*, Bibl. Nat. ms. lat. 9889, f. 135 v°).

(2) *Vita S. Judic.* Bibl. Nat. ms. lat. 9889, f. 130; et Le Baud, *Hist. de Bret. inéd.* f. 104 v°.

vingt ans (1). Son successeur vers 640 dans le gouvernement de son abbaye se nommait Caro. C'est à lui, comme cela devait être, que Judicaël s'ouvrit de son projet (2), et Caro ne put que l'y encourager. Mais avant de passer à l'exécution, avant de quitter le trône, Judicaël devait de toute nécessité prendre une mesure préalable : c'était de régler après lui le gouvernement de la Domnonée.

Rentré dans le siècle, Judicaël avait épousé une noble fille du pays d'Ach appelée Moronoë, qui lui donna plusieurs enfants des deux sexes ; il se maria, semble-t-il, assez tardivement (3) ; aussi quand il voulut retourner au cloître, aucun de ses fils n'étant en âge d'exercer personnellement le pouvoir souverain, il fallut pour la régence et la garde de l'héritier présomptif songer à l'un de ses frères. Malgré les massacres de Rethwal il en restait encore quelques-uns ; par le conseil de l'abbé Caro, le roi Judicaël (4) résolut d'investir de la régence, c'est-à-dire du souverain pouvoir, son frère Judoc qui avait été élevé, instruit aux lettres dans l'abbaye de Lan-Maëlmon, mais n'avait jusque-là manifesté aucune velléité de se retirer du siècle. Judicaël lui annonça qu'il allait lui remettre le pouvoir. Judoc, sans accepter ni refuser positivement, demande un délai de huit jours, et se retire pour en jouir dans le monastère qui avait abrité sa jeunesse, à Lan-Maëlmon. Un matin étant devant la porte de cette maison, il voit s'avancer en troupe sur la route onze voyageurs :

— Où allez-vous ? dit-il.

— A Rome.

— Je vous suis.

Sans rentrer au monastère, sans autre bagage que son bâton et ses tablettes, il part. Peu de temps après son départ, les douze pèlerins rencontrent le Coësnon et traversent cette rivière. A peine hors de Bretagne, c'est-à-dire à peine passé sur la rive droite du Coësnon, Judoc, simple laïque jusque-là, se fait donner par ses compagnons la tonsure cléricale, et peu de temps après il devint prêtre (5).

Judicaël ne pouvait beaucoup s'étonner de cette fuite ; Judoc se bornait à suivre son exemple ; seulement avec Judoc c'était le futur gouvernement de la

(1) Lobineau met la mort de saint Meen en 617 (le 21 juin) ; date très acceptable ; voir *Vies des SS. de Bret.* édit. 1725, p. 142. — S. Austole ou Austèle, filleul de S. Meen et qui lui était très cher, mort de douleur huit jours après son parrain (le 28 juin), fut inhumé dans le même cercueil que lui (*Vita S. Mevenni* § 20, dans *Anal. Boll.* III, p. 156).

(2) « Sicque factum est ut ad *Dei servum nomine Caroth* Judicaël veniens, consilium ab eo de hac re devotus quæreret. » *(Vita S. Judoci,* dans D. Morice, *Preuves,* I, col. 206).

(3) « Cum autem ad ætatem maturam Judicaëlus pervenisset, accepit uxorem ex sorte sua nobilissimam, è pago Aghra *(sic, recte* Aghna), cognomento *Moronoë,* cum qua moratus per plurimos annos, filios et filias ex ea accepit, de quibus nunc fulget tota natio Britonum. » (Ingomar dans *Chronic. Brioc.* Bibl. Nat. ms. lat. 6003, f. 55 v°, et ms. lat. 9888, f. 58).

(4) Nous donnons constamment à Judicaël le titre de roi : d'abord, c'est celui que les documents attribuent le plus souvent à tous les souverains de la Domnonée ; puis, dans le texte de Frédégaire traduit ci-dessus (p. 478), ce chroniqueur n'en donne pas d'autre à Judicaël qu'il intitule par deux fois *rex Britannorum.* Les Franks avaient donc eux-mêmes renoncé à maintenir contre les petits souverains bretons l'interdiction du titre royal dont parle Grégoire de Tours, voir p. 287 ci-dessus.

(5) « Judocus præ foribus monasterii quod Lan Maïlmon nominatur, adstans, vidit quosdam undecim iter agentes... Absque ulla dilatione secutus est eos et viam pariter carpebant unam. Pergentibus autem eis, ventum ad fluvium Cosnun : quo citius transito, Judocum attondentes clericum fecerunt. » *Vita S. Judoci,* D. Morice *Preuves* I, 206 ; Mabillon, *A. SS. ord. S. Bened.* Sæc. II°, p. 567). Selon Mabillon (Ibid. p. 565), cette Vie doit être du VIII° siècle. — On voit par le texte ci-dessus que Lan-Maëlmon était, comme nous l'avons dit, très voisin du Coësnon.

Domnonée qui s'enfuyait. Comment Judicaël para-t-il à cet inconvénient et à qui laissa-t-il le pouvoir ? Nous l'ignorons. Mais il persista dans son dessein et rentra dans le cloître, c'est-à-dire dans l'abbaye de Gaël ou de Saint-Meen. La date de son abdication n'est pas connue, celle de 640 ou environ semble très probable, car cet événement fut postérieur de quelques années à son traité avec Dagobert.

Judicaël mourut dans le monastère où il s'était retiré. On sait le nom du moine qui reçut sa dernière confession, Leoclawmar (1), — le jour de sa mort, un dimanche 16 décembre, — quant à l'année, elle est incertaine, c'est probablement 647 ou 652 (2).

Après Judicaël dans l'histoire de Bretagne il n'est plus question de la Domnonée. Pour le Bro-Weroc après Waroch et pour la Cornouaille après Teudric (p. 441 et 459 ci-dessus), il y a aussi dans les documents historiques une longue lacune qui dure jusqu'à la fin de l'époque mérovingienne ; au IXe siècle on voit reparaître le comté de Vannes et celui de Cornouaille ; d'où l'on peut conclure, malgré le silence des documents, que pendant cette lacune ils continuèrent d'exister. Mais de la Domnonée, comme division politique de la Bretagne, il n'en est plus question désormais. Judicaël, selon Ingomar, ayant eu plusieurs fils, ces fils apparemment dépecèrent entre eux l'héritage paternel, car le droit d'aînesse n'existait point d'une façon fixe en Bretagne, et le royaume de Domnonée, qui contenait la moitié de la péninsule, s'émietta en quatre ou cinq minuscules principautés dont l'histoire n'a pas tenu compte. Vers la fin du IXe siècle nous rencontrerons une mention vague de deux de ces principautés, le Léon et le Goëlo, et au Xe siècle un comté de Léon bien constitué (3), — mais plus de Domnonée.

Quant aux enfants de Judicaël, on ignore leurs noms ; on a cependant cru trouver l'un d'entre eux et même toute la descendance de ce roi jusqu'au IXe siècle dans un acte du Cartulaire de Redon de l'an 869, où une noble dame appelée Roitandreh, n'ayant plus de fils, adopte et institue pour son héritier le roi Salomon qui régnait alors sur toute la Bretagne. A la fin de l'acte se trouve une généalogie de cette dame remontant jusqu'au huitième degré, représenté par un personnage du nom de *Jedechael* (4), dans lequel certains historiens veulent voir le roi Judicaël. Mais à cette époque le souvenir de ce grand prince était en

(1) *Leochus Laomarius*, Le Baud, *Hist. de Bret. inéd.* . 106 v°, — *Leocus Laumarius*, Le Baud imprimé, p. 89, — *Leocus Laumorinus*, Vita S. Judicaëlis, Bibl. Nat. ms. lat. 9889, f. 139.

(2) La concordance du dimanche et du 16 décembre implique, pour l'année courante, la lettre dominicale G ou A G ; de 636 à 660, la lettre dominicale des années 647 et 658 est G, celle de 652 AG.

(3) Le premier comte de Léon, dont l'existence soit certaine depuis Withur, est Even le Grand, qui au Xe siècle chassa les Normands et dont on a eu tort de faire un comtemporain de S. Goulven ; voir à ce sujet notre Commentaire historique sur la *Vita S. Golvini*, dans les Mém. de la Soc. d'Emulation des Côtes-du-Nord, t. XXIX, p. 233-237 et 242-244.

(4) Voici cette généalogie : « JEDECHAEL genuit *Urbien*, Urbien genuit *Judon*, Judon genuit *Custentin*, Custentin genuit *Argant*, Argant genuit *Judwal*, Judwal genuit *Louenan*, Louenan genuit ROIANTDREH. » (D. Morice *Preuves* I, 304 ; *Cartulaire de Redon* n° 109, p. 83). Si, comme on l'a prétendu, Roiantdreh, en insérant dans son acte de donation sa généalogie, avait eu l'intention de justifier par sa descendance royale l'audace qu'elle avait d'adopter elle-même un roi pour fils, il est bien évident qu'on n'eût pas pu oublier de donner à Judicaël son titre royal. Mais la cause de l'insertion est tout autre : Roiantdreh voulait simplement prouver par là qu'elle n'avait point en ligne collatérale de parent assez proche pour contester légalement la donation de tous ses biens, faite par elle à son fils adoptif le roi Salomon.

profonde vénération et comme roi et comme saint (1) ; s'il s'était agi de lui on n'eût certes pas manqué de lui donner ce double titre ; or il n'en est rien, il n'y a que le nom tout sec ; dès lors ce ne peut être lui qu'on a voulu désigner, mais un autre Judicaël ou Jedecaël quelconque, car le nom n'était pas rare chez les Bretons. Donc, avec l'ami de saint Ouën, le vaillant défenseur de la Bretagne contre les Franks de Dagobert, avec ce roi et ce saint finit — glorieusement mais sans retour — l'histoire de la Domnonée et des princes domnonéens.

§ 3. — *Saints bretons du VIIe siècle.*

On connaît assez bien la suite des évêques-abbés de Dol depuis Samson jusque vers le milieu du VIIe siècle. Nous avons parlé (p. 459-460) de Magloire qui se démit promptement, et de Budoc son successeur qui dut tenir le siège de 570 à 600 ou environ. Dans le commencement du VIIe siècle paraît l'évêque Leucher, mentionné dans la plus ancienne Vie de saint Samson (2), puis Tighernomaël ou Tighernomagle qui fit rédiger cette Vie et à qui elle est dédiée. L'auteur de ce document — lui-même nous l'apprend dans son prologue — était séparé de Samson par une seule génération mais par une génération entière : il tenait ses renseignements d'un vieillard qui avait connu la mère du saint (3). Cet auteur écrivait donc tout au plus un demi-siècle après la mort de Samson, c'est-à-dire vers 615 ; c'est donc là aussi l'époque de Tighernomaël. Or celui-ci, dont le nom se contracte en Tiernmaël, est évidemment l'évêque Tiermaël ou Tiarmaïl mentionné dans la Vie de saint Turiau, dont il fut le prédécesseur immédiat sur le siège de Dol. Ainsi Turiau que l'on plaçait très arbitrairement, sans aucun motif plausible — Lobineau le reconnaît (4), — dans le VIIIe siècle, appartient à la première moitié du siècle précédent.

Le culte de ce saint, même hors du diocèse de Dol, est fort répandu en Bretagne et plusieurs pays se disputent l'honneur de lui avoir donné naissance. Presque toutes les versions de sa Vie lui attribuent pour lieu d'origine un territoire renfermant un monastère appelé *Vallon* ou *Ballon*, voisin ou même dépendant du diocèse de Dol (5). Dans ce monastère de Vallon plusieurs auteurs ont voulu voir Lanvollon parce que cette paroisse était jadis une enclave doloise. C'est là une raison bien faible, d'autant qu'une des versions de la légende le fait naître formellement dans le Poutrécoët, non loin d'un monastère de Balon. Ce ne peut être Ballon près Redon qui était dans le diocèse de Vannes. Mais ce doit être

---

(1) Même chez les Franks, voir la charte de 816 de l'empereur Louis le Débonnaire, dans D. Morice *Preuves* I, 225.

(2) *Vita I^a S. Samsonis*, lib. II § 15, édit. Mabillon, p. 185.

(3) Voir à la fin du volume, aux *Notes et éclaircissements*, la Note sur les Vies de S. Samson.

(4) *Vies des SS. de Bret.* édit. de 1725, p. 177 col. 1.

(5) « Turianus (Turiavus) ex pago continente monasterium nomine *Vallone* enituit oriundus. Adjacet idem cœnobium potestati sancti Samsonis. » *(Vita S. Turiavi* § 1, Boll. Jul. III, p. 617.) « Monasterium Vallone nuncupatum, quod subditum est potestati monasterii Sancti Samsonis. » *(Vit. S. Turiavi*, Bibl. Nat. ms. lat. 11750, f. 197). — Les Bollandistes ont adopté pour le nom de ce saint la mauvaise forme *Turianus;* nous rétablissons partout la seule forme régulière qui est *Turiavus*, en breton *Turiaw* ou *Turiau.*

Baulon situé vers la lisière Est de la grande forêt centrale, c'est-à-dire justement dans le Poutrécoët, et limitrophe d'une paroisse de Saint-Turial ou Saint-Turiau, aussi dans le Poutrécoët, et qui a encore ce saint pour patron. C'est donc là qu'il faut fixer le lieu de naissance de Turiau.

Son père Lelian, sa mère Mageen, étaient venus comme Caduon (ci-dessus p. 423) s'établir sous les ombrages de Brecilien pour s'approprier un beau quartier de cette forêt; ils se livraient principalement à l'industrie pastorale et employaient le jeune Turiau à la surveillance de leurs troupeaux. Il n'y a point à s'en étonner; n'avons-nous pas vu que Fracan père de Gwennolé, chef de *plou*, riche tiern, gardait ou tout au moins inspectait ses troupeaux lui-même très soigneusement (p. 294 ci-dessus). Mais le jeune Turiau, doué d'une intelligence très ouverte, se sentait fortement attiré par les choses de l'esprit; il rêvait de suivre les écoles du grand monastère de Dol; c'était un peu loin, et en attendant, une voix d'en-haut lui ordonna de profiter du voisinage de celui de Baulon et d'aller y commencer ses études : on voit par là que les petits monastères, comme les grands, avaient des écoliers et des disciples. Turiau ayant fait connaître à son père ce que lui avait dit « la voix du Seigneur, » Lelian s'empressa de s'y conformer (1).

Le jeune écolier se jeta au travail avec ardeur, et son biographe pour peindre son zèle rapporte qu'il absorba d'un seul coup et jusqu'au fond, « comme une boisson délicieuse, » la science grammaticale (2). Outre les sciences et les lettres il cultiva les arts, principalement la musique. Il avait une voix très claire, très douce et très belle, qui donnait aux mélodies ecclésiastiques un charme pénétrant. L'évêque de Dol Tiernmaël, quand il visitait le monastère de Baulon, se délectait à entendre les chants de Turiau. Il y prit un tel goût, un tel plaisir, que ne pouvant plus s'en passer il emmena le jeune artiste à son monastère de Dol (3). L'esprit et le caractère de Turiau n'étaient pas moins agréables que son chant; l'évêque s'éprit pour lui d'une vive affection et voulant le faire parvenir aux grandes dignités,

---

(1) « Beatissimus Turianus *(recte* Turiavus) in regione Britanniæ fuit in Pago Trecoit *(Poutrecoët)* oriundus ; pater vero ejus Lelian nomine, mater vero Mageen, nobili genere editi. Quadam die, cum (Turiavus) esset in agro ad custodiendum gregem patris sui, ecce vox Domini ad eum ait : « Turiave, non oportet te hunc gregem custodire, sed vade in Balon monasterium ad discendum litteras. » Ille autem statim, relicto grege, pergens ad patrem, indicavit ei qualiter angelus nuntiavit. Pater respondens ait : « Deo gratias, fili, et ego ita in animo meo habeo sicut revelatum est per angelum. » *(Vita S. Turiavi* ex Breviar. ecclesiar. Claromontis et S. Flori, impr. Tierni anno 1557, 3e partie du vol., Sanctorale, f. xxxvii vo). — Cette version de la Vie de S. Turiau est beaucoup plus naturelle et semble plus ancienne que toutes les autres. Dans les autres, en considération de la *noble origine* des parents de Turiau, on a eu honte de lui faire garder les troupeaux de ses père et mère. et comme l'ancienne tradition cependant le faisait berger, on a inventé, pour expliquer cela, tout un méchant petit roman. Turiau, encore enfant, est saisi d'un invincible désir d'aller à Dol visiter le tombeau de S. Samson ; il paraît (quoiqu'on ne le dise pas explicitement) que ses parents lui refusent cette satisfaction ; il se sauve de chez eux pour aller à Dol, mais avant d'y être rendu, il est obligé pour vivre d'entrer au service d'un particulier quelconque *(quidam vir christianus)* qui l'emploie comme bouvier. Pendant qu'il garde les vaches, un clerc du voisinage fait son éducation, y compris la musique. L'évêque Tiernmaël un jour passant par là l'entend chanter et l'emmène. Tout cela on le voit est très invraisemblable et assez ridicule ; la version du bréviaire de Clermont vaut beaucoup mieux. Malheureusement on n'en connaît jusqu'ici que le commencement, reproduit ci-dessus.

(2) « Artem denominatam grammaticam efficacissime, uti amabilem haustum, epotavit. » *(Vit. I S. Turiavi*, § 1, Boll. Jul. III, p. 617).

(3) « Cum vox ejus (Turiavi) dulcisona oblectasset præsulis aures tunc aulam regentis Dolensem, idem pastor nomine Tyarmaïlus in adoptivum sibi filium elegit tirunculum » *(Vita Ia S. Turiavi*, § 2, Boll. Jul. III, p. 617).

il lui fit donner une forte et complète instruction théologique. Puis l'âge venant, Tiernmaël, qui comme tous les successeurs de saint Samson était à la fois évêque du diocèse et abbé du monastère de Dol, trouva ce double fardeau trop lourd et se déchargea sur Turiau des fonctions abbatiales. Quelques années après, de plus en plus accablé sous le poids des années, il se démit de l'épiscopat et fit encore de Turiau son successeur (1). — Cette histoire est curieuse : elle montre à quelle haute fortune pouvait dès le VIIe siècle mener une belle voix, doublée, il est vrai, d'une haute vertu, d'une grande science et d'un grand caractère.

Turiau, artiste, homme d'imagination et d'une imagination toujours tournée vers le ciel, eut de belles et splendides visions. Sa Vie rapporte, entre autres, qu'un jour des Rogations, pendant qu'il prêchait son peuple, il vit au ciel une large ouverture (*fenestram*), par laquelle il aperçut dans une radieuse auréole le Christ sur son tribunal et devant lui une procession angélique portant l'Arche d'alliance (2). Dom Lobineau — qui avait beaucoup de qualités mais que l'imagination ne gênait pas — déclare ne pas pénétrer le sens de cette vision. Cependant, dans une cérémonie destinée à implorer les faveurs du ciel pour les biens de la terre indispensables à la vie des hommes, l'apparition de cette Arche qui symbolise l'alliance entre l'homme et Dieu était pour des chrétiens pleine d'espérances, et Turiau l'expliqua par des paroles qui firent un grand effet sur son peuple.

L'homme d'imagination, le mystique aux belles visions, devenait au besoin un homme de résolution et d'un grand courage. — Parmi les monastères relevant de Dol, un des plus importants était celui fondé jadis par un des principaux disciples de saint Samson appelé Maoc. Un puissant tiern du nom de Riwallon, qui possédait sous l'autorité du roi de Domnonée une partie du pays de Dol et d'Aleth, alléché par les richesses de cette maison, dirigea un jour contre elle une véritable expédition de bandit : il chassa les moines, mit le feu à l'église, s'empara des vases sacrés et du trésor, puis avec son butin reprit tranquillement le chemin de son manoir. — Il est très facile d'identifier le monastère incendié par Riwallon, car le nom existe encore et s'applique à une église qui à la vérité n'est plus un important monastère mais une toute petite paroisse comprise jusqu'à la Révolution dans le diocèse de Dol, située à quatre lieues au Sud de cette ville, paroisse dite au XIe siècle *Tref-Mahuc, Tre-Mahou* (3) et aujourd'hui *Tre-Meheuc*. Or *Mahuc, Mahouc, Mahoc*, c'est exactement le nom de saint *Maoc*, fondateur du monastère mentionné dans la Vie de saint Turiau.

Celui-ci apprenant le brigandage de Riwallon ne se résigna pas à le subir sans protestation. Accompagné de douze de ses moines il partit à pied, sans plus attendre, pour visiter l'église incendiée, où il pensait trouver encore l'incendiaire. Il n'eut pas besoin d'aller si loin : à mi-chemin à peu près entre Dol et Tref-Maoc, existait un autre petit monastère appelé *Lan-Camfrout*, c'est-à-dire le *lann* du Ruisseau Courbe (4) ; il devait se trouver au lieu actuellement occupé

(1) Præsul Tiarmaïlus jam senuerat ; ordinavit Turiavum pro se sacerdotem summum, ut vice sua archiepiscopatus [*recte* episcopatus] sede, potestate, prædicatione fungeretur » (*Id.* § 3, *Ibid.*).

(2) *Vita I^a S. Tur.* § 4, Bol. Jul. III. p. 617.

(3) Chartes de 1053, dans le Livre Noir de l'abbaye de Saint-Florent de Saumur, f. 64, 65, et le Livre Blanc, f. 93, aux Archives départementales de Maine-et-Loire.

(4) En breton *frout*, ruisseau, torrent ; *cam*, courbe, *Curvus Rivulus*.

par le château des Ormes qui fut longtemps un domaine des évêques de Dol et près duquel la petite rivière du Bié-Jean fait une courbe très prononcée. Riwallon demeurait dans les environs. Quand il vit l'évêque avec ses moines, qui marchait sur lui résolument, toute son audace tomba. Humble et presque tremblant :

— Pourquoi donc, dit-il, pourquoi le seigneur évêque a-t-il pris la peine de venir nous trouver à pied ?

— Affreux impie, atroce scélérat, c'est toi qui m'y obliges par ton odieux sacrilège. Dis, réponds, pourquoi as-tu incendié le monastère de saint Maoc ? C'est un forfait aussi monstrueux que si tu avais broyé le bras droit de saint Samson (1) !

Riwallon fut écrasé sous cette apostrophe ; on n'était plus au temps de Conomor ni d'Haëloc ; Judicaël régnait sur la Domnonée : si l'évêque outragé, pillé, allait lui demander justice, le tiern comprit fort bien qu'il serait châtié cruellement. Aussi s'humiliant encore plus bas :

— Seigneur évêque, ne t'emporte pas contre moi. Non seulement je rétablirai l'église de saint Maoc, mais je m'engage à en construire sept autres dans ton diocèse. Tout ce que j'ai pris ou détruit dans ce monastère, je t'en rendrai sept fois autant.

— Et ce beau texte des Evangiles qui était sur l'autel de saint Maoc, que les flammes ont saisi et lancé dans le jardin à demi-brûlé ?

— Je t'en rendrai sept aussi, répliqua le tiern (2).

L'évêque sous ces conditions pardonna, et grâce à son énergie le patrimoine de saint Samson fut désormais à l'abri de tout outrage.

Une tradition qui paraît ancienne et dont l'existence est constatée par les bréviaires malouins imprimés au XVIᵉ siècle, donne à saint Malo pour successeur comme évêque-abbé saint Gurval, qui après avoir siégé pendant un an et quelques mois aurait passé à son archidiacre Coalfinit le fardeau de l'épiscopat, se serait enfui avec quelques prêtres dans une solitude de la forêt de Brecilien, là où s'élève aujourd'hui la petite ville de Guer, et y aurait fondé un petit *lann*, puis au bout de quelques années se serait enfoncé plus loin encore, pour mener dans une caverne *(in speluncam)* une vie absolument solitaire et anachorétique. Cette tradition, qui existe à Guer sous une forme populaire, n'a rien d'invraisemblable. Ce qui est inadmissible, ce sont les leçons de la fête de saint Gurwal (6 juin) fabriquées au XVIIᵉ siècle pour le bréviaire de Saint-Malo, d'après lesquelles on serait allé, à la mort de Malo et sur sa désignation, chercher en Grande-Bretagne ce successeur qui, pour comble d'invraisemblance, aurait été (bien jadis !) son condisciple sous saint Brendan. Inventions ridicules au-dessous de toute discussion (3).

Une question plus difficile est celle de l'identité que plusieurs auteurs modernes

---

(1) « Impie et atrocissime, cur incendisti archisterium *(vel monasterium)* sancti Maoki ? Sic egisti quasi conterores beati brachium Sampsonis ! » *(Vit. Iᵃ S. Tur.* § 5, Boll. Jul. III, p. 617-618).

(2) Voir toute cette histoire dans *Vita Iᵃ S. Turiavi*, § 5, 6, 7, Ibid.

(3) Voir ces leçons dans Boll. Jun. I, 716, édit. de Paris. La fin de ces leçons reproduit la tradition de Guer, très admissible.

veulent établir entre saint Gurval, successeur de saint Malo, et un saint Gudwal, Guthwal ou Goal, qui a une Vie ou légende très longue, très verbeuse, mise en sa forme actuelle au XIIIe siècle. J'ai peine à admettre cette identité : 1° parce qu'il me semble difficile, phonétiquement, de réduire le nom de *Gurval* à *Gudwal* ou à *Goual*; 2° parce que la légende, tout en disant que Goual fut évêque peu de temps, ne fait aucune allusion ni à Aleth ni à Guer, ce qui pour Aleth surtout serait bien étonnant s'il y avait exercé les fonctions épiscopales.

Mais saint Goal se recommande à nous par une autre singularité. Sa légende le dit né en Bretagne (*Britanniæ finibus*) sans marquer si c'est en Petite ou en Grande-Bretagne, et sans que l'auteur probablement en sût rien lui-même — moine flamand qu'il était, délayant fastidieusement, comme un écolier qui broche une amplification, des documents où il ne comprenait à peu près rien. D'après cette légende, bien ou mal interprétée, tous les hagiographes, tous les auteurs modernes ont fait jusqu'ici vivre et mourir ce Gudwal, Goual ou Goal, en Grande-Bretagne, — encore bien qu'on trouve en Petite-Bretagne, par les traditions locales et les noms topographiques, des traces irrécusables de son existence dans la péninsule brito-armoricaine. En la rivière d'Etel, où nous avons vu plus haut (p. 391) saint Cado établir un monastère, il existe, tout au fond et au Nord-Est de la lagune, une île beaucoup plus grande que celle de saint Cado, curieusement découpée en trois pointes, dite île de Locoal, c'est-à-dire *Loc-Goal,* Ermitage ou Monastère de Goal. Là dans la tradition locale les traces de l'existence du saint sont encore vivantes, et dans la disposition même des lieux, des anses, des rochers, on trouve la plus grande analogie avec certaines descriptions originales de la légende du moine flamand. Un excellent enquêteur-archéologue qui a habité autrefois ce pays, M. Charles de Keranflec'h, a relevé soigneusement toutes ces traces et exposé les résultats complets de son enquête dans un mémoire qui malheureusement est encore inédit. Il a bien voulu nous en communiquer une analyse dont nous lui sommes fort reconnaissant et que nous insérons ici (1) :

« La petite troupe — composée de Gudwal ou Goal et de quelques moines ou prêtres qui l'accompagnaient — la petite troupe arriva sur la rive d'Etel dans la presqu'île du *Plec* (en français de l'Anse) ainsi nommée à cause de la baie qu'elle limite au Nord, en la commune de Mendon. On y montre encore une éminence nommée le *Verdon,* dont la signification française m'échappe, où Goal séjourna, une fontaine que, d'après la tradition locale, son bâton fit jaillir pour ses besoins, et une chapelle dédiée à sainte Brigitte, la grande thaumaturge celtique, avec un petit lerc'h sur lequel on lit en caractères antérieurs au XIe siècle le vieux nom breton de IAGU. C'est de là, — *toujours d'après la tradition populaire consignée dans un manuscrit rédigé il y a un demi-siècle par un ancien recteur et conservé au presbytère de Locoal,* — que, voyant en face de lui, dans l'anse du Plec, une terre dont la base d'une solidité marmoréenne semblait défier l'effort des flots (2), et

---

(1) M. de Keranflec'h, je dois le dire, identifie S. Gudwal avec S. Gurval évêque d'Aleth, et c'est de Guer qu'il le fait venir dans la lagune d'Etel ; mais cette identification est une question à part, entièrement étrangère à tout ce qui concerne le séjour de Gudwal dans la lagune d'Etel.

(2) Rupem vastam prominentem, instar habitabilis insulæ... hanc ergo marmoreæ soliditati innitentem, cum mare in gyro concludat, nullo inter se compugnantium fluctuum turbine quassat » (*Vita S. Gudwali* § 6, Boll. Jun. I, p. 720, édit. de Paris).

dont la situation insulaire devait le garantir des importunités du monde tout en charmant les yeux par sa belle garniture de chênes, il put croire avoir enfin trouvé cette île merveilleuse si longtemps cherchée, dit-on, par saint Brandan et plusieurs autres saints de la race celtique.

» A défaut de barque, il traversa pour s'y rendre avec un seul compagnon (le *socius* habituel de tout chef de communauté), à cheval sur un vieux timon de charrette mis à flot, le détroit de deux cents mètres qui l'en séparait, et se logea dans une grotte naturelle de la côte, s'y mettant à l'abri des eaux qui y pénétraient d'une anfractuosité voisine par une ingénieuse construction *(machina*, dit la légende du moine flamand). Ses autres frères laissés sur la terre ferme l'y rejoignirent, et se creusèrent à coups de pic, des cellules à proximité dans le granit (1), dont les veines tendres se prêtaient merveilleusement à cette sorte d'excavation et malheureusement aussi à l'érosion par les lames de la mer qui les a fait disparaître, sans laisser de vestiges, depuis bien des siècles.

» Bientôt la prospérité spirituelle du nouvel établissement y attira des recrues si nombreuses que les terres de l'île, alors couvertes de forêts, ne suffirent plus à les faire vivre, et le saint y pourvut en prenant sur les lais de mer des « escluses » *(exclusœ]*, en faisant élever des endiguements (2), employés probablement à l'établissement d'un moulin à eau de mer (lors de la substitution de la mouture mécanique aux meules à bras) dont on voit encore les restes dans une crique, dite *l'Étang*, de la côte méridionale de l'île, où les grottes des moines du VIIᵉ siècle devaient également se trouver, s'ouvrant à l'Est et au Sud, c'est-à-dire aux vents les moins fréquents et les plus doux du climat.

» Sur la terre ferme et la rive opposée du bras de mer la séparant de l'île de Locoal, au Sud, dans le territoire de la commune de Mendon, s'enfonce une petite crique, dont le fond laisse voir, à marée basse, des substructions jonchées des briques à rebords (caractéristiques des édifices antérieurs, chez nous, au XIᵉ siècle) permettant d'y reconnaître les restes d'une de ces antiques « escluses » dont le Cartulaire de Redon et plusieurs documents historiques attestent l'usage courant dans les temps les plus anciens, et dont la submersion peut, dans bien des cas, être aussi bien attribuée à la rupture des digues qu'à un affaissement géologique.

» Cette fois, rien ne semblait manquer à la réalisation des aspirations ascétiques de l'ancien évêque. Tout porte à la paix de l'âme et à la méditation dans cette île à trois branches, se mirant à marée haute et toujours baignée dans les eaux calmes de cette petite mer intérieure entourée de riants coteaux, perdue en dehors des voies fréquentées. Le légendaire de Gand, d'accord avec la tradition locale encore vivante lors de ma première visite, fait un ravissant tableau

---

(1) « Angustam sibi in petra mansiunculam Gudwalus excidit. » (*Id. Ibid.*) Plus loin il appelle cette cellule *sacer specus ille* (*Id.* § 10, Ibid. p. 721), ce qui semble désigner une grotte naturelle. — « Tunc discipuli ejus (S. Gudwali) speluncam ferreis sarculis scindunt et habitacula satis Christo famulantibus sufficiuntia struunt. » (*Id.* § 6, Ibid. p. 720). Selon sa Vie latine, S. Goal aurait eu là, logés dans ces grottes, plus de 180 moines (*Id.* § 10, Ibid. p. 721).

(2) « Hujus sanctæ multitudinis conventum (les 180 moines de Gudwal) cum angustia loci iniquo concluderet spatio, vir Dei, pastoralis virgæ radio pulverem depingens, cum magna constantia dixit : « Tibi Dominus termini hujus interdicit transgressum. » Et mox elementum insensibile imperio paruit divino : videres indomabile pelagus potestatem coercere, impetus retinere tumores deponere » (*Id.* § 10, Ibid. p. 721).

de la vie de notre colonie monastico-agricole favorisée de toutes les grâces du ciel, spirituelles et temporelles.

» Ce ne fut cependant pas assez pour Guthwal. Poussé par l'insatiable aspiration des saints de la race celtique vers le mieux spirituel, il prit de nouveau son bâton de voyage et s'en fut, accompagné de sept de ses disciples, chercher une solitude encore plus profonde à quatre lieues au Nord de Locoal, dans l'immense lande de Lanvaux, sur la lisière méridionale de la forêt actuelle de Camors, qui faisait alors partie de la grande forêt centrale de la péninsule.

« Ayant appris que le domaine inoccupé sur lequel il désirait s'établir avait pour propriétaire un tiern breton du nom de Mevor qui avait émigré en Cornouaille *(in Cornuviam)* à la suite de querelles violentes avec les habitants du pays, et ne voulant pas usurper le bien d'autrui, Gudwal envoya une députation vers ce personnage, qu'elle trouva probablement dans le territoire de la paroisse actuelle de Plouguernevel (près Rostrenen), où il existe encore aujourd'hui deux villages de Locoal jadis pourvus l'un et l'autre d'une chapelle de Saint-Goal. Mevor octroya de grand cœur à Gudwal toute liberté d'occuper sa terre de Camors et d'y établir un monastère (1). — Saint Goal mourut là, dans une grotte qui lui servait de cellule et qu'on voit encore à Locoal-Camors. A la suite de diverses difficultés, son corps finit par être rapporté et inhumé dans son monastère de la lagune d'Etel, en cette île qu'on nomme aujourd'hui de son nom Locoal-Mendon, mais que l'on appelait auparavant l'île du *Plecit* (2) ou mieux *Plecic* (Petite Anse), à cause de l'anse qui la baigne au Sud et qui la sépare de la terre ferme, — par opposition manifeste avec l'anse beaucoup plus considérable qui, au Nord, la sépare de la presqu'île du Plec. »

Cette substantielle et intéressante notice de M. de Keranflec'h suffirait assurément pour démontrer le long séjour de saint Gudwal dans la Bretagne armorique. On peut y ajouter une preuve d'un autre genre qui me semble irrécusable, tirée de la Vie écrite au XIIIᵉ siècle par le moine flamand, sur des documents (je l'ai déjà dit) qu'il ne comprenait guère. Il écrit, pour l'avoir lu dans ces documents (où l'aurait-il pris ailleurs ?) que ce Mevor, auquel le saint s'adressa pour avoir la permission d'établir son monastère en terre ferme, habitait à ce moment-là un pays appelé *Cornuvia* (3). Les Bollandistes et les autres hagiographes à leur suite voient là la Cornouaille anglaise, mais il y a un malheur : jamais avant le Xᵉ siècle le comté anglais actuel de Cornwall n'a porté ce nom ni aucun autre analogue (4); toujours avant cette époque il a été considéré comme formant avec le Devonshire, la Domnonée insulaire, le pays des *Dumnonii*, et il a été nommé de ce nom. D'après cela au VIIᵉ siècle, époque de Gudwal, ce nom de *Cornuvia* ne peut désigner qu'un seul pays : la Cornouaille brito-armoricaine.

Ainsi, grâce aux recherches de M. de Keranflec'h il est désormais acquis que

---

(1) La Vie latine de S. Gudwal indique bien que son second monastère, celui qu'il fonda en sortant de son île, était situé près ou dans une forêt : « De loco agresti, *de habitaculo belluarum* fit locus orationis, locus divinæ contemplationis (*Id.* § 19, Ibid. p. 723). Et quand les moines de S. Guwdal vont trouver Mevor en Cornouaille, « contigit eos *per vastissimam silvam* transire » (*Id.* § 24, Ibid. p. 724).

(2) « Insula cui nomen *Plecit* » (*Id.* § 49, Ibid. p. 729).

(3) *Vita S. Gudwali* § 20 et 21 dans *Boll. Jun.* 1, p. 723, édit. de Paris.

(4) Ce fait est établi dans mon *Annuaire historique de Bretagne* pour 1861, p. 168 à 171.

Gudwal a vécu, est mort, non en Grande-Bretagne, mais sur le continent. Notre Bretagne ne manque certes pas de saints ; elle n'en aura jamais trop, jamais assez : c'est pourquoi nous tenons à faire rentrer celui-ci dans le paradis brito-armoricain.

Tenenan ou Tinidor, le patron de la ville de Landernau, naquit en Grande-Bretagne dans la province dite *Vallis Æquorea* ; encore jeune, il passa en Armorique au commencement du VIIe siècle. Sa barque pénétra dans le goulet de Brest, de là dans l'Elorn, et à trois lieues environ en amont de l'embouchure de ce fleuve, sur la rive droite, il établit un petit *lann* qu'on appela de son nom Lan-Tinidor, et auquel succéda plus tard Landernau. « Ce lieu (dit son hagio- » graphe) était inconnu, jusqu'alors inaccessible aux hommes, inculte, tout entouré » d'un épais rempart d'arbres et de halliers que la forêt de Beuzit, au milieu de » laquelle il se trouvait, produisait en abondance. En face, de l'autre côté de » l'Elorn (sur la rive gauche) s'étendait la forêt de Talamon, non moins fourrée » et non moins épaisse. Aujourd'hui encore ces deux forêts sont peuplées d'une » quantité innombrable de bêtes sauvages (1). » Mais les habitants d'un *lann* ne tardaient guère, nous le savons, à éclaircir autour d'eux le réseau silvestre, si épais qu'il fût. Ils avaient beau s'enfermer dans leurs cellules et dans le fond de leurs bois ; leurs vertus, leur charité secourable à toutes les misères, les nom- breuses guérisons dues à leurs prières et à leurs soins, finissaient toujours par apprendre aux populations voisines le chemin de leurs retraites. Ici toutefois Tinidor s'ingénia si bien à se cacher, à se tenir loin des hommes, à dissimuler les traces de son existence, qu'il se déroba assez longtemps et resta de longues années, avec ses rares compagnons, dans une solitude presque complète. Enfin, les secours, les bienfaits que sa charité ne pouvait refuser aux malheureux le firent connaître dans le voisinage, et bientôt, de tout le Léon, hommes et femmes vinrent en foule à son ermitage solliciter l'aide si efficace de ses conseils et de ses prières.

L'évêque de Léon étant venu à mourir, le peuple et le clergé tout d'une voix élevèrent à l'épiscopat Tinidor. Il fit une résistance héroïque ; en face des prières, des instances toujours plus vives, il se résigna à accepter ce fardeau, mais il revenait souvent se délasser, se retremper dans son ermitage de l'Elorn, et l'on croit qu'il y mourut. — On ignore le nom de l'évêque auquel il succéda, ce qui prouve que ce n'était point le successeur de saint Paul, Ketomeren, dont le nom est bien connu dans la tradition ecclésiastique du Léon, mais tout au plus le successeur de celui-ci, ce qui met l'épiscopat de Tinidor au milieu du VIIe siècle (2).

---

(1) « Tenenanus heremum petiit et ædificavit cellulam in loco qui ob ejus memoriam *Lan-Tinidor* appellatur, non procul ab alveo Ylornæ fluminis quem implet quotidie maris fluxus..... Erat quidem locus incognitus, inaccessibilis hominibus et incultus, circumdatus dumis et arboribus, quas densitas *forestæ Beuozedi* (Beuzit), in cujus medio erat, præstabat ; habebatque ex opposito, ex altera parte Ylornæ, *silvam Talamonis* consimili vepresitate confertam. Unde utrumque nemus innumerabilium ferarum copiam semper habet » (*Vita S. Tenenani*, ex mss. P. du Paz, dans Bl.-Mant. XXXVIII, p. 723).

(2) Il a existé au moins trois saints Tenenan : 1° un Irlandais contemporain de saint Patrice, c'est-à-dire du Ve siècle ; 2° notre Tenenan-Tinidor qui est du VIIe ; 3° un autre qui vivait au temps des invasions normandes. Albert Legrand les a amalgamés tous les trois en un seul personnage, ce qui fait un écheveau indébrouillable.

Nous voici arrivés, non pas peut-être au dernier des émigrés bretons dans l'ordre des temps, mais certainement au dernier des saints venus de l'île de Bretagne en Armorique. Il s'appelle Ivi, et son émigration se place de 685 à 687, c'est-à-dire tout à la fin du VIIe siècle. Une autre raison de le mentionner, c'est de prévenir une erreur dont il est trop fréquemment l'objet et qui consiste à le confondre avec saint David, évêque de Ménévie, en breton *Dewi, Devi* et *Divi*, personnage du VIe siècle très honoré des Bretons de l'Armorique quoiqu'il n'y soit jamais venu et beaucoup plus célèbre qu'Ivi, en sorte que ce dernier se trouve presque toujours sacrifié ou pour mieux dire supprimé au profit de son quasi-homonyme. Cependant son existence est certaine et sa personnalité entièrement distincte de celle de saint David.

On sait de lui peu de chose. Il était originaire du diocèse de Lindisfarne (1) institué vers l'an 635, dont la juridiction s'étendait sur le Nord du royaume saxon de Northumbrie et aussi sur les Bretons du Strat-Cluyd. Ivi appartenait donc à la Bretagne du Nord, à ce territoire compris entre le mur de Sévère et celui d'Antonin, qui avait formé au temps des Romains la province Valentia. Il fut moine sous la discipline du célèbre saint Cudberct (2) au monastère de Lindisfarne, et quand le saint devint évêque de ce siège (en 685), il prit Ivi avec lui et lui conféra le diaconat. Cudberct, évêque malgré lui et très fatigué par l'âge, résigna l'épiscopat à la fin de 686 et mourut quelques mois après (687). Il vivait, il était même, croit-on, encore sur son siège quand Ivi passa en Armorique. Quelle pouvait être la cause de cette émigration, qu'il semble avoir accomplie sans consulter son évêque? Sa Vie très brève n'a là-dessus que des lieux communs. Ivi était, ce semble, très attaché aux usages de la liturgie bretonne ; Cudberct appartenait par son origine à l'église scoto-bretonne d'Iona et de saint Columba; quoiqu'il eût fini par se rallier (en 664) aux usages romains, il était resté à cet égard très indulgent et très conciliant (3). Mais on pouvait prévoir après lui (comme il arriva) un tout autre régime : l'accaparement par les clercs anglo-saxons du gouvernement ecclésiastique, la proscription rigoureuse des usages bretons. Ivi, voyant Cudberct décliner rapidement, prit le parti d'émigrer avant sa mort (4).

De son existence armoricaine nous ne connaissons qu'un fait, la guérison d'un paralytique Mais en examinant les paroisses de la Bretagne continentale placées sous son patronage, il est possible de reconstituer approximativement les étapes successives de son itinéraire et de son existence dans notre pays.

---

(1) Lindisfarne, siège de cet évêché, est une île située sur la côte du Northumberland, tout à fait vers le N.-E. de ce comté, et qui se nomme aujourd'hui *Holy Island*.

(2) C'est la véritable orthographe de ce nom, qu'on écrit ordinairement, à tort, *Cuthbert*.

(3) Voir Skene, *Celtic Scotland* II, p. 209-210.

(4) En fait de documents écrits, il ne reste sur saint Ivi qu'un abrégé de sa Vie composé au XIVe siècle par Jean de Tinemouth, inséré au siècle suivant par Capgrave dans sa *Nova legenda Angliæ*, publié au 6 octobre par les Bollandistes. — Voici le passage relatif à l'émigration du saint : « S. Ywius patriam omnino suam fugiendo relinquere disposuit et ad portum quemdam iter direxit. Appropinquante autem eo septimæ stationi navium *(sic)*, quæsierunt ab eo nautæ quo tenderet. Cumque responsum « quo Dominus eum vocare dignaretur se pergere » eis dedisset, dixerunt : « Nisi nostrum ventus impediret cursum, jam diu Minorem applicuissemus Britanniam, et si illuc tendere cupis, quoadusque ad votum afflaverit aura, tibi necessaria ministrabimus. » Vir sanctus, vultu lætitiam prodens, ait : « Descendamus ergo, fratres, et quæ necessaria sunt præparemus. » Et cum subito ventus desideratus fieret et navigare inciperent, orta tempestate » etc. (Boll. Oct. III, p. 405, édit. de Paris).

Voici quatre églises qui sans doute possible lui appartiennent, savoir :

1º *Saint-Ivi*, ancienne trève de la paroisse d'Elliant en Cornouaille, sur le chemin de Rosporden à Quimper, bien connue des archéologues bretons par son élégant ossuaire gothique ;

2º *Pont-Ivi*, la ville de Pontivi, l'ancien chef-lieu du duché de Rohan sur le Blavet. On a prétendu pourtant attribuer à saint Divi le patronage primitif de cette ville, dont le nom, dit-on, s'écrivait autrefois *Pont-Divi*. Cette prétendue forme ancienne n'existe nulle part ; dans toùs les actes du moyen-âge on trouve *Pontivi* (1), et cette ville possède encore une chapelle dédiée formellement, d'après les titres les plus authentiques (2), non à saint Divi, mais à saint *Ivi ;*

3º et 4º, *Loguivi*-Plougras et *Loguivi* lès Lannion (3). — On a voulu aussi introduire là saint Divi pour patron ; erreur évidente. *Loguivi* n'est qu'un adoucissement de *Loc-Ivi ;* si le nom primitif était *Loc-Divi*, la forme adoucie ne serait pas *Leguivi*, mais *Lodivi* ou *Lotivi.*

Loguivi-Lannion est situé sur la rive gauche du Léguer, tout près de l'embouchure de cette rivière, entre Lannion et le Yaudet. C'est donc là le point d'arrivée et le premier établissement, le premier *loc* ou ermitage de saint Ivi. Après un séjour plus ou moins long il se met en marche remontant la vallée du Léguer et sur le haut cours de cette rivière, il fait une seconde étape à Loguivi-Plougras. Il était là tout à fait sur le bord de la grande forêt centrale de la péninsule armóricaine ; attiré, comme tous les moines, comme tous les solitaires, par ce grand désert silvestre, Ivi s'y enfonce en descendant la vallée du Blavet et s'arrête au point où ce fleuve tourne vers le Sud, un peu au-dessus de Castennec. Là il établit un pont, — principe, cause efficiente, première origine de la ville qui garde encore, unis en son nom, celui de ce pont et celui de son fondateur : *Pont-Ivi.* Le passage du Blavet sous la domination romaine s'effectuait à Sulim (Castennec) par le pont existant sur la voie de Vannes *(Darioritum)* à Carhais *(Vorganium) ;* depuis la chute de l'Empire il était tombé en ruine ; celui qui fut établi quelques lieues au-dessus par saint Ivi devint le passage de tous les voyageurs ; auprès de ce pont se forma un village, dont les Rohan firent plus tard (au XIIᵉ siècle) la capitale effective de leur principauté.

Dans la grande famille des saints bretons, Ivi appartenait à la variété des itinérants (nous en avons vu plusieurs de cette sorte) ; il ne pouvait rencontrer plus belle, plus verte et plus profonde solitude que la large vallée et l'immense forêt qui entouraient son pont. Il trouva probablement que ce pont lui amenait trop de monde ; tirant vers le Sud-Ouest, il sortit de la forêt, se rapprocha de la côte et se fit un nouvel ermitage au lieu qui porte son nom (Saint-Ivi) entre Rosporden et Quimper : c'est là, selon la tradition, qu'il mourut à la fin du VIIᵉ siècle ou aux premières années du VIIIᵉ.

---

(1) Notamment dans tous ceux des XIIᵉ et XIIIᵉ siècles depuis 1160 ; voir D. Morice, *Preuves* I, col. 638, 697, 801, 1063, 1069, 1075, 1097, etc.

(2) « En la ville de Pontivy il y a le nombre de sept églises, de la fondation et dotation des seigneurs de Rohan, sçavoir : . . . 6ᵉ la chapelle de *Saint Yvy* » (*Déclaration du duché de Rohan* fournie au roi par Marguerite duchesse de Rohan le 22 déc. 1682, Arch. de la Loire-Inf. Ch. des Comptes de Bret. *Déclarations, Domaine de Ploërmel*, t. VI, nº 1, p. 18).

(3) Ces deux communes font auj. partie de l'arrond. de Lannion, la première du cᵗᵒⁿ de Plouaret, la seconde du cᵗᵒⁿ de Lannion (Côtes-du-Nord).

Dernier anneau de la chaîne sacrée qui unit les deux Bretagnes, à l'exemple de tous ses devanciers venus de la Grande sur le continent pour fonder la Petite, Ivi marqua son séjour par des bienfaits dont les Bretons d'Armorique profitent encore, entre autres, par l'établissement dans un pays perdu, dans la grande forêt centrale, d'une voie de communication si utile, si bien placée, qu'il en est sorti une ville.

§ 3. — *Les Bretons à la fin du VIIe siècle.*

Sauf quelques renseignements hagiographiques, les documents historiques offrent, en ce qui concerne les Bretons armoricains, une lacune complète depuis Judicaël (636) jusqu'à l'époque carolingienne (752) ; pour les Bretons du Vannetais et de la Cornouaille cette lacune s'ouvre même, on l'a vu (p. 441 et 459), dès les dernières années du VIe siècle. En ce qui touche le VIIe, il nous reste seulement à signaler une note inscrite dans les *Annales de Metz* sous l'année 691, quoiqu'elle se rapporte en réalité (comme on l'a remarqué depuis longtemps) à l'année 688, — note dont voici l'objet et l'occasion.

Pépin de Herstal, le premier de cette lignée de maires du palais qui devait bientôt supplanter la dynastie mérovingienne, après avoir établi son pouvoir sur les Franks d'Austrasie ses compatriotes, l'étendit ensuite sur le reste de l'empire frank par la bataille de Testri (près Saint-Quentin) où il défit complètement Thierri III roi de Neustrie et son maire Berthaire, en 687 ; et quoiqu'il laissât encore à ce pauvre Thierri son titre royal, il n'en fut pas moins depuis lors le chef, le maître incontesté de la monarchie mérovingienne. Aussi immédiatement après avoir narré la bataille de Testri, l'*Annaliste de Metz* ajoute :

« Pépin s'étant ainsi rendu seul maître du gouvernement des Franks, réforma tous les abus depuis longtemps introduits par la cupidité et par l'injustice des princes et fit fleurir dans tout le royaume la paix et la religion. Désormais ce ne fut plus pour s'emparer du pouvoir qu'il eut à combattre ; ce fut pour réduire diverses nations — savoir, les Saxons, les Frisons, les Alemans, les Bajuvares, les Aquitains, les Vascons et LES BRETONS — qui avaient été autrefois sujettes aux Franks et dont, par suite de l'inertie des derniers rois, *les chefs s'étaient* injustement, arrogamment, *rebellés et soustraits à leur suprématie [dominio]*. Parmi ces chefs, le très excellent prince Pepin en avait déjà soumis quelques-uns, mais les autres persistaient dans leur rébellion (1). — Ayant ainsi réglé avec sagesse tout ce qui regardait le gouvernement de la Neustrie, il rentra plein de gloire dans l'Austrasie, siège de son empire, et y passa, par la grâce du Christ, le reste de l'année dans la prospérité et dans la joie. »

(1) « Anno ab Incarnatione DCXCI, Pippinus singularem Francorum obtinuit principatum..... Ex hoc ergo tempore, jam non de principatu Francorum sed de diversarum gentium adquisitione, quæ quondam Francis subjectæ fuerant, invicto principi certamen instabat, id est, contra Saxones, Frisiones, Alemannos, Bajowarios, Aquitanios, Wascones atque *Brittones*. Harum enim gentium duces, in contumaciam versi, a Francorum se dominio per desidiam præcedentium principum iniqua se præsumptione abstraxerant. E quibus quosdam excellentissimus princeps Pippinus jam subegerat ; quidam adhuc rebelles exstiterant. » *(Annales Francorum Mettenses*, dans D. Bouquet, *Rec. des histor. de France* II, p. 680).

Ainsi en 688 (ou 691) les Bretons d'Armorique étaient tout à fait indépendants des Franks. Pépin guerroya contre les Frisons, les Alemans et quelques autres nations d'outre Rhin, jamais contre les Bretons. Depuis 688 jusqu'au règne de Pépin le Bref, nulle part on ne trouve aucune mention de guerre entre Bretons et Franks. Donc ceux-là restèrent pendant tout ce temps dans l'état d'indépendance où nous les montrent à la fin du VIIe siècle les *Annales de Metz.*

§ 4. — *Ce qu'on sait des Bretons pendant la première moitié du VIIIe siècle.*

On en sait malheureusement bien peu de chose. Voici cependant un épisode curieux, instructif, d'autant plus intéressant qu'il se relie à l'histoire du grand évêque d'Aleth, saint Malo.

Il était, on se le rappelle, mort à Saintes (en 621), il y avait été inhumé; l'église élevée sur sa sépulture était très visitée, l'intercession du vieil évêque breton contre toutes les infirmités humaines passant pour très efficace. Cette église ornait un faubourg de Saintes qui, bien qu'elle soit détruite depuis le XVe siècle, en garde encore le nom, — le faubourg Saint-Macout. On avait même institué pour la desservir une communauté de moines ou de prêtres, riche, et qui fonctionnait régulièrement. Les pauvres Aléthiens finirent par être ennuyés d'ouir sans cesse parler des merveilles opérées à Saintes par leur évêque, qui chez eux ne faisait rien, vu qu'ils n'avaient pas de ses reliques le plus petit morceau. — Dieu, disaient-ils, nous prive complètement du bénéfice des vertus de notre saint, cela n'est pas juste ! — Et ils poussaient des plaintes lamentables. Après avoir bien gémi ils convoquèrent une grande assemblée, où les bonnes têtes du pays firent adopter la résolution d'envoyer à Saintes une solennelle députation demander au moins quelques fragments, quelques ossements du précieux corps. Pour composer cette députation ils choisirent vingt-quatre hommes importants *(viros optimos)*, « douze du *pays d'Aleth,* douze du *Poutrécoët;* » dans le nombre il y avait sept prêtres, trois du Poutrécoët et quatre du pays d'Aleth, enfin le chef de la députation, Roiantworet, et son assistant Riwoëd étaient de ce dernier pays (1).

Le Poutrécoët et le pays d'Aleth sont donnés ici comme deux cantons, deux circonscriptions d'une importance à peu près égale, faisant partie l'une et l'autre d'un même diocèse. Ils représentent évidemment les deux archidiaconés qui divisèrent jusqu'à la Révolution le diocèse d'Aleth ou Saint-Malo : l'archidiaconé du Nord descendant un peu au-dessous de Bécherel (jusqu'à Plumaugat, Landujan, Saint-Gondran) dit archidiaconé de *Dinan,* et celui du Sud (descendant jusqu'à Josselin, Ploërmel, Comblessac, Saint-Ganton) appelé archidiaconé de

---

(1) « Exin congregati sunt XXIV viri, XII ex *pago Aletis* et alii duodecim ex pago quem vocamus *Pagum trans Silvam* » etc. *(Vita Ia S. Maclov.* lib. II, cap. 6, dans Bull. de la Soc. arch. d'Ille-et-Vilaine, XVI, p. 240). L'éditeur de cette Vie écrit le nom du chef de la députation *Rociantworet,* faute évidente : dans le Cartulaire de Redon, auquel il fait appel, il y a beaucoup de noms débutant par *Roiant, Roeant,* aucun par *Rociant ;* il faut donc écrire au moins *Roeiantworet,* aucun nom de ce temps ne ressemblant à *Rociant.*

Porhoët, nom qui est, on le sait, une contraction de celui de Poutrécoët. Probablement dès cette époque (commencement du VIII° siècle), le *pagus Aletis* ici mentionné représentait assez exactement l'archidiaconé de Dinan ; mais le Poutrécoët du VIII° siècle, considéré comme subdivision de l'évêché d'Aleth, devait être moins étendu que l'archidiaconé de Porhoët, parce qu'il ne pouvait comprendre que les parties défrichées et habitées de la grande forêt centrale dans cette direction. Il n'en est pas moins vrai que, d'après le texte ci-dessus, l'évêché d'Aleth s'offre à nous, de 700 à 710, non simplement comme un évêché monastique dont la juridiction se borne à l'abbaye qui en est le siège et à ses dépendances, mais comme un diocèse territorial embrassant la totalité d'une région déterminée, quelle que soit la nature des établissements religieux contenus dans cette région, dépendants ou non de l'abbaye, centre du diocèse, — car l'église brito-armoricaine reste toujours essentiellement monastique : tous les évêques y sont en même temps chefs de monastères ; mais les uns ont, comme on vient de le dire, un diocèse territorial à limites fixes, et leur juridiction épiscopale déborde leur juridiction abbatiale ; les autres sont évêques seulement dans leur abbaye et dans toutes ses dépendances, et chez eux la juridiction épiscopale et la juridiction abbatiale ont exactement la même mesure.

Nous n'avons aucun détail sur le voyage des vingt-quatre délégués du diocèse d'Aleth. Une fois à Saintes on les voit se rendre immédiatement dans l'église qui possédait le tombeau de saint Malo, et après avoir lancé à Dieu cette ardente prière :

— Dieu tout-puissant, donnez-nous le trésor opime que nous venons chercher !

ils interpellent les clercs qui desservent cette église :

— Dites-nous donc qui peut nous rendre le corps de notre évêque. Il avait été ordonné évêque uniquement pour notre diocèse, il le quitta à tort, et maintenant nous venons le chercher ici chez lui. Inutile de nous fatiguer de vos refus, car nous ne nous en irons pas sans lui (1).

Les Saintongeois, qui ne connaissaient pas la ténacité bretonne, répondent en levant les épaules :

— Vous êtes fous, n'est-ce pas ? Qui vous a mis cette sottise en tête ? Allez-vous en et tâchez de ne pas vous égarer.

Douze des délégués restent dans l'église gardant à vue le tombeau. Les douze autres, Roiantworet en tête, se dirigent vers la demeure du roi, qui justement se trouvait à Saintes en ce temps-là. Ce roi est un des nombreux Mérovingiens fainéants, dont les noms sont à peine connus de l'histoire. Celui-ci, nommé Childebert III, était fils du Thierri III roi de Neustrie, battu à Testri en 687 par Pépin de Herstal. Il régna, ou plutôt il porta le titre de roi de mars 695 à avril 711. Ce prince était fort pieux, et Pépin lui laissant toute liberté dans ses dévotions, il en avait profité pour venir à Saintes vénérer les reliques de saint Malo. Les

---

(1) « Quis potest nobis reddere corpusculum nostri episcopi, qui propriam ad nostram parochiam ordinationem accepit, et inde *illicite eam reliquit ?* Et nos cum quærentes ad suum apud vos venimus proprium. Sed nos fatigare nolite, quia nunquam ibimus nisi illum inveniamus. » *(Vita I° S. Maclov.* II, cap. 6, dans Bull. de la Soc. arch. d'Ille-et-Vilaine, XVI, p. 240-241).

douze Bretons eurent la chance de le rencontrer au moment où il se rendait à l'église Saint-Macout. Roiantworet se prosternant à ses pieds lui demande audience au nom de Dieu, le roi consent à l'écouter. Le chef des Aléthiens expose alors avec sagesse et prudence sa requête, terminée par ces paroles :

« Notre saint évêque nous ayant quittés, les vents et les flots qui obéissent à Dieu le poussèrent dans le royaume des Franks, où il mourut. Maintenant nous sommes ici envoyés par tous nos compatriotes, qui bien qu'absents parlent par notre bouche et qui implorent, seigneur roi, ta miséricorde afin que, s'ils ont été privés de leur évêque pendant sa vie, il n'en soit pas de même après sa mort. »

La supplique des Aléthiens (1), grâce à l'habile parole de Roiantworet, toucha le roi :

— Justement, répondit-il, nous nous rendons en ce moment à l'église de Saint-Macout ; nous allons réunir la communauté (*conventum*) qui la dessert. Si votre requête plaît à Dieu, nous trouverons moyen d'y satisfaire. Sinon, vous retournerez chez vous comme vous êtes venus. »

Le roi fit assembler la communauté, qui sans aucun doute le supplia de faire immédiatement exécuter aux Aléthiens ce retour « comme ils étaient venus, » dont il venait de leur offrir l'alternative. Mais Childebert III, conquis par Roiantworet, voulait faire quelque chose pour les Bretons. Sur son ordre on commença par un grand et solennel triduum. Toute la population de Saintes, sauf les enfants et les malades, dut être trois jours entiers sans manger, faisant des prières toute la journée. Les vingt-quatre Bretons, outre ce jeûne, passèrent ces trois jours et ces trois nuits sans dormir, chantant ou faisant chanter tout le temps des prières dans l'église Saint-Macout. Au bout de ces trois jours le corps du saint ayant été tiré de son sarcophage et placé sur l'autel, les Bretons lui adressent cette prière :

— Saint Macut (à Saintes on ne le connaissait que sous ce nom), s'il vous plaît de retirer votre corps d'ici ou de nous en rendre quelque partie, venez à notre aide et manifestez votre volonté !

Toute l'assistance, y compris le roi, fait devant les reliques une profonde prosternation, et l'un des moines d'Aleth s'étant placé à l'angle droit de l'autel dit à haute voix :

— Dieu tout puissant, toi qui fis justice entre Suzanne et les vieillards ses accusateurs, daigne manifester ici ta volonté sur ce corps sacré.

— Amen ! s'écrie le roi, et toute l'assistance répéte : Amen !

Le moine reprend :

— Plaise au roi que quatre des délégués d'Aleth se placent devant l'autel et essaient de soulever le saint corps ; alors Dieu fera le partage comme il lui plaira entre ce qu'il veut garder ici et ce qu'il permet de transporter ailleurs.

Quatre des clercs d'Aleth se mettent en devoir de soulever le corps. Aux mains de l'un d'eux demeure la tête du saint, en celles d'un autre sa main droite. Quant au reste des précieux ossements, les Bretons malgré tous leurs efforts ne réussissent

---

(1) Voici un mot de cette supplique qui mérite d'être relevé : « Domine mi rex (dit Roiantworet) *civitatem habebamus episcopo liberam* ; unus sacerdos misericordia plenus adveniens... ordinationem episcopatus illius civitatis quæ vocatur Alet accepit. » (*Id.* II, cap. 7, Ibid., p. 241). « Civitatem *episcopo liberam* » signifie nettement : « une cité *qui n'avait pas encore eu d'évêque.* » Si l'on avait voulu dire « une cité privée de son évêque par la mort, » on eût écrit : « civitatem *episcopo orbatam.* »

pas à les faire bouger d'une ligne; ils semblent inséparablement scellés à l'autel. Par ordre du roi, la communauté de Saint-Macout remet aux Bretons la main droite et la tête de saint Malo, enveloppées de linge fin, Saintes garde tout le reste, les Aléthiens partent aussitôt joyeux avec leur trésor (1).

Nous ignorons leur itinéraire. Probablement ils se rendirent par eau jusqu'à Nantes et de là montèrent au plus court vers la frontière bretonne. Leur première station en Bretagne eut lieu dans le *plou* de Guipri : c'était là probablement que s'arrêtait alors la limite méridionale du Poutrécoët aléthien. *Le machtiern* ou chef de ce *plou* était depuis longtemps tellement souffrant qu'il ne pouvait bouger dans son lit sans l'aide de ses serviteurs; en raison de sa dignité, les prêtres qui escortaient le saint corps allèrent lui demander l'hospitalité, et il mit à leur disposition, comme ils le désiraient, un bâtiment complet de sa villa (2). Ils y dressèrent un autel, et après l'avoir paré y déposèrent les reliques du saint et se mirent à chanter vêpres. Le machtiern, entendant ces chants, demanda ce que c'était :

— C'est la tête et la main droite de saint Malo que nous avons avec nous.

— Si c'est vrai, dit le tiern, j'en tirerai grand profit, car le saint me guérira (3).

Et de suite il donne au saint sa villa et tout son patrimoine. Le lendemain il se leva bien portant comme s'il n'eût jamais été malade. Ce lieu qui s'appelait *Fellit* se nomme aujourd'hui Saint-Malo de Fili (4).

Les saintes reliques traversèrent triomphalement tout le diocèse d'Aleth, recueillant en route beaucoup de dons. Quand elles arrivèrent au Pou-Aleth proprement dit (c'est-à-dire au Clos Pouleth), une pluie bienfaisante se mit cette fois encore à tomber (voir ci-dessus p. 475) et s'étendit peu à peu à mesure que s'avançait le cortège sacré. On ne porta point les reliques à Aleth, mais dans l'île d'Aaron, où il existait déjà une église; on les plaça sur l'autel et elles y furent exposées trois jours et trois nuits au milieu des chants, des prières, de tous les témoignages d'une vénération universelle. C'est là qu'elles furent désormais conservées et honorées : circonstance qui amena d'abord le changement du nom de l'île appelée depuis lors île de *Saint-Malo* (5) et ensuite sur cette île, autour du sanctuaire, l'établissement d'habitations de plus en plus nombreuses dont l'ensemble se nomma aussi *Saint-Malo*. Voilà la cause, l'époque, les circonstances de l'établissement de cette ville célèbre, sortie aux premières années du VIII° siècle des os desséchés, mais vivants, féconds encore, de son vieux patron.

(1) Toute cette curieuse histoire de l'ambassade envoyée d'Aleth à Saintes pour en rapporter des reliques de saint Malo est tirée textuellement de la *Vita I* S. Maclovii, lib. II, cap. 6, 7, 8, 9, 10, dans le Bull. de la Soc. archéol. d'Ille-et-Vilaine, XVI, p. 240 à 243.

(2) « Primam in Britanniæ partibus habuerunt mansionen *in plebe quæ vocatur Wicbry*, in una villa in qua erat nobilis vir... ad quem venerunt quærentes hospitium ab illo, quia illis nobilior et princeps cunctis habitatoribus illius villæ erat. Qui dedit illis vacuam domum sicuti volebant » etc. (*Vit. I* S. Maclov., lib. II, 9, Ibid. p. 244.)

(3) « Meritum fieret si verum fuisset » (*Id*. Ibid.) littéralement : « Si c'était vrai, il en résulterait grand profit *(meritum)* [pour moi]. »

(4) *Id.* Ibid. — Guipri et Saint-Malo de Fili, auj. comᵐᵉˢ du cᵗᵒⁿ de Pipriac, arrond. de Redon, Ille-et-Vilaine.

(5) *Id.* II, 10, Ibid. p. 245-246.

Il convient de placer ici une pièce qui se rapporte à la fois au VIIIᵉ siècle et à l'église d'Aleth.

C'est la formule d'excommunication dont nous avons dit un mot plus haut (p. 474 n. 3). Elle se trouve à la fin d'un pontifical manuscrit considéré par les Bénédictins comme écrit dans la seconde moitié du VIIIᵉ siècle ou les premières années du IXᵉ; il a été, semble-t-il, composé à l'usage d'une église anglo-saxonne, peut-être de Lindisfarne car il contient dans la litanie des saints le nom de saint Cudberct (1); mais on y a transcrit çà et là des pièces d'une autre origine, celle entre autres qui nous occupe, et dont la provenance bretonne n'est pas douteuse puisque le nom d'Aleth s'y trouve à la première ligne. C'est là sans aucun doute le plus ancien document liturgique de l'église brito-armoricaine venu jusqu'à nous; l'objet en étant d'ailleurs intéressant, nous devons le faire connaître à nos lecteurs, en voici la traduction :

« *C'est la forme dans laquelle doit être maudit, par la bouche de saint Pierre prince des apôtres et de tous les saints évêques ses successeurs, quiconque résiste à la volonté du Dieu tout-puissant et de la sainte Eglise de Dieu.*

« Par la permission divine, nous évêque du monastère de Lann-Aleth faisons savoir à tous les fidèles de la sainte Eglise de Dieu que certains hommes, possédés de l'esprit de rapine, poussés par une cupidité perverse et rejetant loin d'eux la crainte de Dieu, ont osé envahir les possessions de presque toutes nos églises. Maintes fois, joignant les prières aux menaces, nous leur avons interdit d'usurper dorénavant les biens ecclésiastiques et enjoint de se repentir de leur présomption perverse. Mais dédaignant tous nos ordres, ils n'en continuent pas pas moins de ravager ces biens avec une férocité comparable à celle des loups. Nous cependant, résolus à les supporter avec patience, nous les avons fréquemment sommés de s'amender et leur avons commandé de venir à résipiscence. Puis donc que malgré nos sommations deux et trois fois répétées, ils n'ont pas craint de continuer à outrager Dieu et à mépriser les prescriptions canoniques, et puisqu'aujourd'hui encore ils persévèrent dans leur rébellion, — nous, par l'autorité que nous tenons de Dieu, au nom de Dieu le Père, de son Fils et de son Saint-Esprit, appuyés sur les vertus de la Vierge Marie, les suffrages des anges, l'assistance des apôtres et des prophètes, les mérites des martyrs, des confesseurs et des vierges, sur l'exemple universel des évêques et les prescriptions des saints canons, nous les proclamons, eux et tous les fauteurs de leurs crimes, excommuniés. Nous les bannissons de la sainte Eglise de Dieu; nous les chassons de la société des chrétiens !

» Et s'ils ne se hâtent au plus tôt de venir à résipiscence et de donner satis-

---

(1) A la ligne 2 de la note 3, p. 474, on a dit par mégarde que ce pontifical avait été écrit pour l'église d'Aleth. Il est certainement d'origine anglo-saxonne : on y trouve un extrait des canons d'Egbert, archevêque d'York en 766; et la litanie contient, entre autres, les noms de S. Birin, S. Erkenwald, S. Cudberct (ce dernier, il est vrai, d'origine scoto-bretonne). Ce précieux manuscrit, provenant de l'abbaye de Jumiéges, est aujourd'hui conservé à la Bibliothèque publique de la ville de Rouen. La formule d'excommunication de Lann-Aleth occupe le fol. 181 de ce manuscrit.

faction à notre médiocrité qu'ils ont offensée, nous les frappons d'une malédiction éternelle, et par un perpétuel anathème nous les condamnons.

» Que sur eux tombe la colère du souverain Juge ! Qu'ils perdent tout droit à l'héritage de Dieu et de ses élus ! Qu'ils soient en ce monde exclus de la communion des chrétiens, et en l'autre de celle de Dieu et des saints ! Que le diable et ses suppôts soient leur société, les tourments de la flamme vengeresse et les sanglots éternels leur jouissance ! Qu'ils soient en exécration au ciel et à la terre, et dès ce monde-ci en proie au supplice de la géhenne !

» Maudits soient-ils dans leur maison, maudits dans leurs champs ! Maudite la nourriture, maudit aussi le fruit de leur ventre ! Maudit soit tout ce qu'ils possèdent, depuis le chien qui aboie pour eux jusqu'au coq qui pour eux chante ! Qu'ils partagent la destinée de Dathan et d'Abiron que l'enfer engloutit vifs ! celle de Saphira et d'Ananias, qui ayant osé mentir aux apôtres du Seigneur périrent sur le champ ! et celle encore de Pilate et celle de Judas qui trahit Notre-Seigneur !

» Qu'ils n'aient d'autres sépultures que celle des ânes, et qu'au milieu des ténèbres ainsi s'éteigne leur flambeau (1) ! »

Et l'évêque, prenant une torche des mains d'un clerc en écrasait la flamme sous ses pieds ; et tous ses moines armés de torches formant cercle autour de lui en faisaient autant, criant *Amen !* Sentence terrible, mais que l'Eglise — cette formule le prouve — ne portait jamais qu'après avoir épuisé les avertissements, les exhortations, tous les moyens de douceur.

§ 6. — *Les Bretons au milieu du VIIIe siècle.*

La deuxième Epoque de l'Histoire de Bretagne ayant pour terme la fin de la dynastie mérovingienne, s'arrête au milieu du VIIIe siècle, en 752. Depuis 688 jusqu'à cette date on ne trouve le nom des Bretons dans aucun texte d'histoire ou de chronique. Aussi pour donner idée de leur situation au milieu du VIIIe siècle, nous emprunterons, par une légère anticipation, aux *Annales de Metz* une note de l'an 753 qui les concerne et forme une transition naturelle entre la seconde et la troisième Epoque de notre Histoire. En voici la traduction :

« En l'an de l'Incarnation 752, le roi Pepin (le Bref) conduisit son armée dans » le pays des Saxons, détruisit leurs forteresses, défit en bataille beaucoup d'entre » eux... Puis à son retour, apprenant que Grippon son frère [et son ennemi] s'était » réfugié en Gascogne et y avait été tué, Pepin mena son armée en Bretagne, prit » la place de Vannes et soumit toute la Bretagne à l'autorité des Franks (2). »

De l'aveu des Franks eux-mêmes, nous le verrons dans notre troisième Epoque, cette prétendue soumission n'était pas sérieuse. Il n'y a ici qu'un fait certain, précis, sur lequel on puisse raisonner : c'est la prise de Vannes par les

---

(1) Voir aux *Notes et éclaircissements* le texte latin de ce document.
(2) « Pippinus rex... exercitum in Brittanniam duxit et Venedis castrum conquisivit totamque Brittanniam subjugavit partibus Francorum. » *(Annal. Francor. Mettenses,* dans D. Bouquet, *Rec. des histor. de France* V, p. 336).

Franks en 753. Avant cette prise, avant 753, les Bretons étaient donc maîtres de
Vannes. Conclurons-nous de là que, depuis Waroch (fin du VIe siècle) ou même
seulement depuis 688, ils ont toujours possédé cette ville? Cette conclusion me
semblerait fort hasardée. Malgré le silence des textes historiques pendant un siècle
et demi, la situation réciproque des Bretons et des Franks ne permet pas de
douter que durant ces cent cinquante ans ils n'aient dû assez souvent guerroyer
les uns contre les autres, — tantôt les comtes franks de Nantes et de Rennes se
jetant sur le territoire breton, tantôt les Bretons du Vannetais infestant de leurs
razzias la Marche franko-bretonne. Selon que dans ces rencontres les Bretons
étaient vainqueurs ou vaincus, ils gagnaient ou perdaient Vannes. Il n'était
point d'ailleurs dans leur génie de s'enfermer dans une ville et d'y tenir garnison;
probablement leur domination sur Vannes se manifestait le plus souvent par
des expéditions de pillage, surtout de pillage du fisc, rapides et passagères.
D'autre part, dans la décadence de la monarchie mérovingienne peu de comtes
ou autres fonctionnaires royaux, quel que fût leur titre, devaient se soucier de
garder une place enveloppée presque de tous côtés par les Bretons et dont la
défense était par là même très périlleuse. Nous reviendrons d'ailleurs sur ce
point dans notre dernier chapitre, concernant la Marche franko-bretonne du
VIe au VIIIe siècle.

S. Malo (p. 467).

XI

LES MONASTÈRES BRETONS

DU Ve AU VIIIe SIÈCLE.

Dans les dix chapitres qui précèdent et qui contiennent le récit de l'établissement des Bretons en Armorique, c'est-à-dire de la fondation de la nation bretonne-armoricaine, à chaque page pour ainsi dire il est question des moines, parce que ce sont eux qui ont eu dans cette fondation la part principale, capitale, prépondérante. Aussi pour l'intelligence de notre histoire et de leur rôle dans cette histoire, il est indispensable de réunir sous un coup d'œil, dans une forme systématique, tout ce que l'on sait de précis et d'essentiel sur l'institut monastique du Ve au VIIIe siècle dans les deux Bretagnes : d'autant plus que les documents fournis par la Grande-Bretagne et par les Scots d'Alban et d'Irlande éclairent et complètent bien des notions, bien des traits épars dans nos récits. Dans ces récits, il est vrai, nous avons déjà touché bien des points de l'organisation et de la discipline des antiques monastères celto-bretons. Si nous avons besoin d'y revenir, — pour éviter les longueurs et les doubles emplois, — nous nous bornerons à renvoyer aux pages où il en est question. Moyennant cette précaution, nul, nous l'espérons, ne contestera l'utilité du présent chapitre, l'intérêt du sujet dont il traite.

§ 1er. — *Les bâtiments monastiques.*

Il est aujourd'hui constant — nous l'avons dit plus haut (p. 385) — que chez les Scots d'Hibernie l'institut monastique, au VIe siècle, se développa sous l'influence directe et prédominante des moines de la Bretagne insulaire. Donc rien ne devait tant ressembler à un monastère breton qu'un monastère scotique, — sauf, bien entendu, les liens spéciaux qui rattachaient ce dernier à l'organisation de la tribu et n'existaient qu'en Irlande. Pour le reste, entre les institutions monastiques des Hibernois, des Bretons insulaires et de ceux du continent il y avait identité, ce qui est prouvé à l'évidence par le diplôme de Louis le Débonnaire constatant que jusqu'en l'an 818 les moines bretons d'Armorique gardèrent, non pas seulement la tonsure, mais aussi la discipline des Scots (1).

Pour restituer la physionomie des monastères d'Armorique au VI⁶ siècle, nous pouvons donc nous aider des traits qui nous sont fournis et par ceux des Bretons insulaires et par ceux des Scots : secours précieux, en raison des nombreux renseignements venus jusqu'à nous sur les monastères d'Irlande et plus encore sur celui de l'île d'Iona, fondé près des côtes d'Alban par le Scot S. Columba ou S. Coulm, qui est encore aujourd'hui le patron de plusieurs de nos paroisses (2).

Un monastère breton ou scotique du VI⁶ siècle renfermait presque toujours une population nombreuse : au moins cent cinquante personnes, souvent bien plus ; dans le monastère de S. Cado (Nant-Carban ou Lancarvan) il y en avait trois cents ; plus de deux mille dans celui de Bangôr au pays de Galles ; en Irlande jusqu'à trois mille à Clonard sous la direction de Finnian ; et tout autant un peu plus tard à Clonfert sous celle de S. Brendan (3). Il est vrai que ces phalanges monastiques comptaient, comme nous le dirons plus loin, bien des degrés et des classes diverses.

En se bornant à cent cinquante personnes, s'il avait fallu loger cette troupe dans des édifices de pierre, comme on le fit plus tard au moyen-âge, créer un monastère eût été au VI⁶ siècle une longue et bien difficile affaire. Mais alors presque toujours tous les bâtiments monastiques, y compris *l'église (ecclesia, oratorium, monasteriolum)*, étaient en bois. Chez les Scots, la *cellule de chaque moine formait une loge ou cabane séparée ;* toutes ces loges — sortes de baraques en planches ou même quelquefois simplement en clayonnage, beaucoup plus rarement en pierre — se trouvaient rangées en file les unes à côté des autres, sauf la cellule de l'abbé, de dimension un peu plus considérable, placée dans une position que nous indiquerons tout à l'heure.

Les moines mangeaient en commun ; pour cela il leur fallait un assez grand bâtiment, le *réfectoire (refectorium, prandii tectum),* auprès duquel s'en trouvait un autre contenant la *cuisine (coquina).* Enfin il y avait aussi le logis destiné à recevoir les étrangers *(hospitium).*

Ces divers bâtiments, ainsi que l'église et les petites loges des moines, étaient placés plus ou moins régulièrement autour d'une cour qui formait le centre du

(1) « Hludouuicus Imperator Augustus etc. Notum sit quia, dum Matmonocus abba ex monasterio Landeuinnoch (Landevenec) nostram adiisset presentiam, et illum sive de conversatione monachorum illarum partium monasteriis consistentium sive de tonsione interrogassemus, et ad liquidum nobis qualiter hæc forent patefecisset, *cognoscentes quomodo ab Scotis sive de conversatione sive de tonsione capitum accepissent,* dum ordo totius sanctæ apostolicæ atque Romanæ ecclesiæ aliter se habere dinoscitur, placuit nobis ut sive de vita seu etiam de tonsura cum universali ecclesia. Deo dispensante nobis commissa, concordarent. » *(Vit. S. Uinualoei* lib. II cap. 13, dans Cartul. de Landevenec édit. A. de la Borderie p. 75-76). La règle de S. Colomban, fondateur de Luxeuil, étant à peu près la seule règle scotique dont le texte authentique soit venu jusqu'à nous, on a cru que les mots *ab Scotis* du diplôme ci-dessus désignent cette règle. C'est une erreur. Il y avait des moines chez les Scots bien avant S. Colomban, et ce texte constate seulement d'une façon incontestable l'identité de la tonsure *(tonsio)* et de la discipline monastique *(conversatio)* chez les Bretons d'Armorique et les Scots d'Irlande ou d'Alban, sans se référer d'aucune façon au célèbre fondateur de Luxeuil.
(2) Entre autres, Plougoulm (Plou-Coulm) près Morlaix dans le Finistère, et Saint-Coulomb près Saint-Malo dans l'Ille-et-Vilaine.
(3) Voir pour Nant-Carban *Vit. S. Cadoci* § 15, dans W. Rees, *Cambro-British Saints,* p. 45; — pour Bangôr, Bède, *Hist. eccl. Anglor.* lib. II, cap. 2; — pour le reste, M. Skene, *Celtic Scotland,* II, p. 60 et 61.

monastère et qu'on nommait le placis ou le préau *(plateola)*. La *cellule de l'abbé* *(cella, domus)*, construite en forts madriers, s'élevait un peu en arrière dans une situation dominante, parfois sur un monticule, de façon à embrasser, surveiller toute la communauté (1).

L'ensemble de ces constructions était environné d'un *vallum*, c'est-à-dire d'un rempart de terre ou de pierre précédé d'un fossé, de forme circulaire le plus souvent, clôture et rempart du monastère. Aussi en Irlande quand un chef voulait fonder un établissement de ce genre, il donnait d'ordinaire à l'abbé un fort *(rath)*, dans l'enceinte duquel on élevait les bâtiments (2). On voit pourquoi Gildas débarquant dans l'île de Ruis était allé se caser dans un camp romain.

En dehors du *vallum* se trouvaient les dépendances du monastère : l'étable, l'écurie, le grenier, le four à sécher le grain, et s'il y avait là quelque cours d'eau, le moulin. Quant à la forge et à l'atelier de charpenterie, indispensables l'un et l'autre, on incline à croire qu'ils étaient, du moins à Iona, dans l'intérieur du *vallum*, mais ce point est douteux. Si le monastère était placé au bord de la mer, il avait habituellement un petit port garni de barques pour son service (3) : on ne peut douter qu'il n'en fût ainsi à Ruis, puisque Gildas entretint toujours de fréquentes relations avec les îles vénétiques, surtout avec Houat.

Enfin les chefs monastiques de ce temps, en Irlande et en Bretagne, durent tenir compte du goût qui — comme l'exposait Finnian à Gildas — pressait souvent leurs moines de quitter la vie commune pour s'imposer dans la vie érémitique de plus rudes austérités. En dehors du *vallum*, à quelque distance du monastère, on construisait une ou plusieurs très petites cellules en pierre, en forme de ruche d'abeilles, avec une entrée fort basse, où les anachorètes se retiraient pour suivre en toute liberté les inspirations de leur zèle, sans échapper complètement à la surveillance de leur abbé. Ce ou ces ermitages s'appelaient le désert, *desertum* (4).

Tels sont les principaux renseignements venus jusqu'à nous sur l'installation des monastères scotiques; nous allons les rapprocher de quelques autres qui sont d'origine bretonne.

Quand saint Cado voulut construire son monastère de Nant-Carban, il trouva dans cette vallée un sanglier, qui le voyant venir s'enfuit sans se presser et s'arrêta trois fois sous ses yeux avant de disparaître. « Le saint (dit sa Vie) planta trois » branches d'arbres pour marquer les trois stations du sanglier. Sur la première » il éleva une belle église *(monasteriolum)* bâtie en bois, sur la seconde un réfec- » toire, sur la troisième un dortoir *(dormitorium)* (5). » Un peu plus loin, revenant à la construction de cette maison, la *Vie* ajoute : « Saint Cado éleva un grand talus » de terre dont il entoura un beau cimetière dédié en l'honneur de Dieu pour » enterrer les corps des fidèles et situé tout autour de l'église. Puis il fit ouvrir

---

(1) Voir Skene, *Celtic Scotland*, II, p. 57-59; et Reeves, *Life of S. Columba*, édit. 1874, Introd. p. cxix et cxx.

(2) Skene, *Celtic Scotland*, II, p. 67.

(3) Reeves, *Life of S. Columba*, 1874, Introd. p. cxx, cxxi.

(4) Id. *Ibid.* p. cxxiv, cxxv ; et Skene, *Celtic Scotland*, II, p. 245, 246.

(5) « Beatus vir ternas apri stationes trium virgularum afflxione notavit : in prima statione insigne *monasteriolum* ex lignorum materie, in secunda *refectorium*, in tertia demum *dormitorium* ædificavit » (*Vita S. Cadoci*, dans W. Rees, *Cambro-British Saints*, p. 34).

» quatre routes immenses se coupant à angle droit et descendant jusqu'au pied
» des monts qui environnent son monastère (*cellam*). Enfin il fit dresser un autre
» rempart en terre détrempée comme le rempart d'une ville, et de forme
» circulaire, que l'on nomme en langue bretonne *Castel Cadoc* (1). »

Ici, au lieu d'une enceinte il y en a deux, l'une autour du cimetière et de
l'église, l'autre enveloppant le reste du monastère, et qui a tout à fait le caractère
d'un *castel* (puisqu'on lui en donne le nom), c'est-à-dire d'une fortification.
L'existence d'une telle enceinte paraît avoir été habituelle dans les monastères
bretons de ce temps, grands ou petits. La Vie de saint Cado en fournit un autre
exemple :

« Cado (dit-elle) construisit une église pour Macmoil, son disciple, il l'entoura
» d'un rempart et y dressa un autel ; il voulait pouvoir se reposer là quand il se
» rendrait au pays de Gwent et qu'il en reviendrait ; il laissa toute l'administra-
» tion de ce lieu à Macmoil (2). »

Dans notre Bretagne, Gildas avait bien soin d'établir ses monastères dans
d'anciennes enceintes romaines, nous en avons cité deux exemples notables ; saint
Paul Aurélien de même (3).

Quant aux matériaux dont on usait pour les diverses constructions monastiques, sans excepter les églises, en Armorique tout comme en Irlande la plupart
du temps c'était du bois : cela résulte clairement, entre autres, des détails donnés
sur l'établissement des monastères de saint Brieuc et de saint Gwennolé par les
Vies de ces deux saints (4). Toutefois dans les îles de la côte, dans certaines
parties de la péninsule où le granit abondait, les moines en usaient pour leurs
cellules : exemples, Lavré, l'île Modez (ci-dessus p. 296-298, 363-365).

Parmi les renseignements d'origine bretonne qu'on vient de citer, un seul trait
semble s'écarter des usages scotiques ; c'est — dans le premier extrait de la Vie de
saint Cado — la mention d'un dortoir (*dormitorium*), c'est-à-dire d'un bâtiment
unique divisé intérieurement en cellules pour la demeure des moines, au lieu de
loges séparées pour chacun d'eux. Mais il y a lieu de croire que l'introduction en
ce lieu du mot *dormitorium* est le fait du scribe peu intelligent du XIe siècle qui
retoucha malheureusement cette Vie en plusieurs de ses parties au lieu de la
copier fidèlement.

Quant à l'usage très formel, très constant, des moines bretons de loger et
coucher chacun dans une logette séparée, nous en avons vu dans les pages qui
précèdent maints exemples qu'on n'a pu oublier, mais auxquels pour plus de

---

(1) « Dehinc cœpit vir venerandus vastum acervum de terra erigere, atque in eodem pulcherrimum cimiterium in honore Dei dedicatum facere, quo fidelium corpora circa templi ambitum
sepelirentur. Completo denique acervo necnon in eodem cimiterio confecto, quatuor immensas
calles in transversum per declivia montium suam cellam ambientium ex avis pervias fecit... Item,
alium sibi locum elegit, et in illo alium tumulum in modum urbis rotundum de limo terræ exage-
rari ac in tumulum erigi fecit, quod Brittonum idiomate *Kastil Cadoc* nuncupatur » (*Ibid.* p. 34-35).

(2) « Sciendum est quod Cadoc construxit ecclesiam Macmoillo discipulo ejus, eamque munimine
vallavit ac in eadem altare composuit, quatinus illo hospitaretur cum iret ad Guent et cum rediret ;
dimisitque Macmoillum in ea priorem atque administrationis totius procuratorem » (*Ibid.* p. 88).

(3) Voir ci-dessus p. 345, 389, 440.

(4) « Mox ædificandi oratorium manibus exertis prior ipse (S. Briocus) imponit initium. Accin-
guntur omnes operi... Incidebant quidam trabium moles ; securibus dedolabant alii domorum parie-
tibus ligna ; levigabant plurimi tectorum laquearia » (*Vit. S. Brioci* dans *Analecta Bollandiana*, II,
p. 183). Voir aussi ci-dessus p. 318 note 1.

sûreté nous renvoyons le lecteur (1). — Joignons-y encore celui-ci tiré de l'île de Bretagne, où nous voyons saint Samson, alors au monastère d'Inis-Pir, se retirer tous les soirs « dans sa maison, » un flambeau à la main, pour consacrer sa nuit à l'étude : *lucernam suæ mansioni portans* (2), dit sa Vie : mots qui marquent clairement une demeure séparée.

§ 2. — *Personnel des monastères bretons.* — *Vêtement et tonsure.*

Nous n'avons pas la preuve directe que la population des monastères bretons d'Armorique ait atteint les chiffres si élevés signalés plus haut dans ceux de l'Irlande et de la Bretagne insulaire.

Le monastère de saint Brieuc renfermait 168 moines. Saint Tudual et saint Lunaire abordèrent l'un et l'autre aux côtes d'Armorique avec 72 disciples; mais, nous l'avons déjà remarqué, ce nombre imité de celui des disciples de Jésus-Christ, a pour but d'indiquer une grosse troupe de moines plutôt qu'un chiffre précis. Saint Magloire en emmena 62 pour fonder son monastère de l'île de Serk. Saint Paul Aurélien en débarquant dans notre péninsule était accompagné de 14 prêtres. Saint Gwennolé n'en avait eu que onze pour fonder Landevenec. Mais ces chiffres — en particulier les deux derniers — sont ceux de la première fondation, qui ne purent manquer de s'accroître beaucoup dès que les établissements auxquels ils se rapportent furent solidement assis. En outre, ces chiffres ne s'appliquent qu'aux moines plus ou moins engagés dans les ordres ; or en Grande-Bretagne et en Irlande, les communautés ou familles monastiques comprenaient des laïques en grand nombre, et l'on n'a aucun lieu de douter qu'il n'en fût de même en Armorique.

Ainsi, selon la Vie de saint Cado, on défrayait d'ordinaire à Nant-Carban 100 clercs, 100 chevaliers (c'est-à-dire 100 laïques de condition libérale), 100 ouvriers (*operarios*), autant de pauvres. « C'était là, ajoute la Vie, le nombre » de la *famille* de Nant-Carban, sans compter les serviteurs et les hôtes journaliers, » dont le nombre était incertain (3). » Laissant de côté les pauvres, il reste que le chiffre des moines-clercs représente à peine le tiers de la *famille* monastique.

Suivant l'esquisse de la règle de saint David contenue dans la Vie de ce grand évêque, quiconque voulait entrer dans une des communautés fondées par lui devait se tenir, dix jours durant, devant la porte du monastère, en butte aux risées et aux injures de tous les passants, sans en excepter les moines. S'il sou-

---

(1) Voir ci-dessus p. 259, 282-283, 297-298, 317, 362, 363-365, 392, 425, 457, 466, etc.

(2) Totum diem operibus manuum et orationibus ducens, totam vero noctem in mysticis sanctarum Scripturarum intelligentiis, lucernam suæ mansioni portans, ut ad legendum intentus aut aliquid scriberet, aut de spiritualibus theoriis meditaretur. (*Vit. I* S. Samsonis* lib. I cap. 21, dans A. *SS. O. S. B.* Sæc. 1º p. 171.)

(3) « S. Cadocus veniebat Nant-Carban, cotidie pascens centum clericos et centum milites et centum operarios, centumque pauperes. Hic numerus erat familiæ, exceptis ministris servientibus et hospitibus, quorum numerus erat incertus et quorum multitudo ad illum crebro veniebat. » (*Vit. S. Cadoci* cap. 15, dans *Cambro-British Saints*, p. 45).

tenait cette épreuve avec patience, il était admis dans l'intérieur du couvent, et placé sous les ordres d'un « ancien ; » mais avant d'être agrégé définitivement à la communauté, il traversait un temps de probation plus ou moins long, pendant lequel on l'abreuvait de mille dégoûts (1).

Dans les monastères scotiques, notamment à Iona, les *frères* qui constituent la famille monastique sont divisés en trois classes : 1° les anciens, *seniores*, voués uniquement à la prière et aux œuvres de piété ; 2° les frères ouvriers, *operarii fratres*, principalement appliqués aux travaux manuels ; 3° les jeunes, novices et écoliers, désignés sous le nom de *juniores, alumni,* ou *pueruli familiares* (2).

En Armorique, la distinction est très nette entre les moines proprement dits, *monachi, patres, majores*, et les écoliers, *scolastici, juvenes, minores, parvuli monachi* (3). Mais nulle part on ne trouve les moines partagés en *seniores* et en *operarii fratres :* sauf impossibilité résultant de la maladie ou de l'âge, le travail manuel était une obligation pour tous. Dans la Vie de saint Samson on rencontre une autre division en *monachi, discipuli, famuli ;* l'hagiographe rapporte que Samson, retournant de Dol à Paris (vers 556-557) pour visiter le roi Childebert, était accompagné de sept *moines*, de sept *disciples* et de sept *serviteurs* (4). Disciple ne peut être ici synonyme d'écolier, le jeune âge des écoliers ne permettant point de les exposer aux fatigues d'un tel voyage. Les disciples étaient probablement des novices.

Le chef de la famille monastique était l'abbé, appelé *abbas, — abba pater, — pater spiritalis, —* ou simplement *pater, —* et encore *patronus, magister,* très souvent *senex* (5).

Il habitait à part, un peu à l'écart du reste du monastère. Ses moines ne l'abordaient qu'en se prosternant devant lui et ne lui parlaient qu'après en avoir reçu la permission (6). Tous ses ordres devaient être obéis pleinement et immédiatement ; sa volonté était tenue pour la volonté de Dieu même ; y contrevenir était une offense contre Dieu plus que contre l'abbé (7).

Il avait sous lui, pour l'assister, un officier appelé *œconomus*, souvent men-

---

(1) « Qui sancti propositi conversationem desiderans fratrum inire consortium postularet, prius decem diebus præ foribus monasterii quasi reprobatus necnon et verborum opprobriis confutatus remanebat » etc. *(Cambro-British SS.* p. 128). Pareille coutume existait dans les monastères d'Egypte, au témoignage de Cassien *(de Institutis monachorum* IV, 3) : « Ambiens quis intra cœnobii recipi disciplinam non ante prorsus admittitur quam diebus decem præ foribus excubans, prætereuntium fratrum genibus provulutus, injuriis et exprobrationibus multis affectus, experimentum dederit constantiæ suæ. »

(2) V. Reeves, *Life of S. Columba,* éd. 1874, p. CVII.

(3) Voir, entre autres, Wrdisten, *Vit. S. Uinualoei* lib. I cap. 7, 11, dans Cartul. de Landevenec édit. A. de la Borderie, p. 16-18 et 25-27 ; — *Vit. S. Maglorii* cap. 24, dans *A. SS. O. S. B. Sæc.* I° p. 228, 229 ; — *Vit. S. Maclovii*, dans Ms. lat. 12404 (Bibl. Nat.), f. 239 v° et 240 ; etc.

(4) « S. Sanson in Franciam ad regem visitandum, septem *monachis* cum eo comitantibus, totidemque *discipulis* et totidem *famulis*, iter direxit. » — « Omnibus *discipulis monachisque* cunctis ac *famulis* lacrimas una effundentibus. » *(Vit. II° S. Samson.* lib. II cap. 20 et 26, Bl.-Mant. XXXVIII, p. 843).

(5) Voir surtout Wrdisten, *Vita S. Uinual* lib. I, 7 et 11, dans Cartul. de Landevenec, édit. A. de la B. p. 16, 18, 26, 27.

(6) « At ille (Uinualoëus) cellulam ubi ipse (magister Budocus) solus dormiebat atque meditabatur, adorans adiit, petita primo benedictione et data dicendi licentia. » *(Id.* lib. I, 20, Ibid. p. 48). « Toto in terram prostratus corpore, ad talem adorans accessit patronum. » *(Id.* lib. I, 5, Ibid. p. 13).

(7) « Non solum præceptorem nostrum contempsimus, sed illum cujus per id quod ei obeditur mandatum completur ; quia peccavimus in sanctum Dei, hoc in se reputat Deus. » *(Id.* lib. I, 7, Ibid. p. 17).

tionné dans les Vies des saints bretons, notamment dans celles de saint David, saint Cado et saint Samson (1). L'économe dirigeait — par délégation de l'abbé — toute l'administration temporelle du monastère; il suppléait l'abbé en son absence, il était le premier après lui, aussi appelait-on sa charge *magisteriale officium*. Dans la communauté dont saint Paul Aurélien était le chef, à son arrivée en Armorique cette charge était confiée à saint Tegonec (2).

Au-dessous de l'économe était le *pistor* (boulanger), dont l'office ne se bornait point, comme on pourrait le croire, à fabriquer le pain de la communauté. Il avait la garde et la disposition de toutes les provisions, en particulier de tous les vivres, et était chargé, comme on dirait aujourd'hui, d'assurer et diriger le service de l'alimentation de la famille monastique. Saint Samson investi de cet office à Inis-Pir fut accusé d'avoir gaspillé le miel du couvent; il l'avait donné aux pauvres; mais quand l'évêque Dubrice, chargé de vérifier l'accusation, vint visiter le magasin des vivres, Samson avait réparé ce vide et toutes les ruches étaient pleines, on n'eut que des louanges à donner à son administration (3).

Les autres offices d'ordre inférieur ne sont guère mentionnés, sauf le cuisinier (*coquus*) et même le cuisinier-chef (*archimagirus*) chargé du double soin d'apprêter les mets et de faire toutes les dépenses pour la cuisine. C'était parfois un laïque, comme dans le monastère fondé (vers 560) sur les bords de la Rance par saint Suliau ou Suliac, disciple de saint Samson (4).

C'est l'abbé, bien entendu, qui choisissait et changeait à sa volonté les titulaires de tous ces offices. Il semble que celui de *pistor* fût une corvée imposée à tour de rôle (5). Pour l'abbé, il était élu à vie par les moines; mais parfois, avant de mourir, lui-même désignait son successeur; cette désignation, surtout venant du fondateur, était presque toujours respectée. Quand au nombre de ses moines l'abbé comptait des parents, c'est parmi eux qu'on prenait de préférence le successeur, surtout s'ils étaient de la lignée du fondateur; c'est là un trait très marqué et très caractéristique du monachisme scoto-breton (6).

Les moines irlandais ou scots — du moins ceux de S. Columba — étaient habituellement vêtus d'une tunique (*tunica*) et d'une coule (*cuculla*) : la tunique,

(1) *Vita S. Cadoci*, cap. 9; *Vita S. Aidui* (alias *Maidoci*), dans *Cambro-British Saints*, p. 38, 131, 125. — *Vit. Iᵃ S. Samsonis* lib. I, 16; *Vita S. Maglorii*, § 22 et 23, dans *Acta SS. ord. S. Bened.* sæc. Iᵒ, p. 170, 228, etc. — La Vie de S. Magloire mentionne, outre l'économe, le *doyen* du monastère. « Tunc œconomus cum decano monasterii. » (Ibid. § 22, p. 228). C'est, croyons-nous, la seule mention de cet office dans les monastères bretons de ce temps que nous ayons rencontrée.

(2) Voir ci-dessus p. 342 note 4.

(3) *Vit. Iᵃ S. Samson.* lib. I cap. 35, dans A. SS. O. S. B. Sæc. Iᵒ, p. 174; cf. cap. 16 et 17, Ibid., p. 170.

(4) Voir *Miracles de S. Magloire* dans Mém. de la Soc. arch. des Côtes-du-Nord, 2ᵉ série, IV, p. 230-232, et ci-dessus p. 462.

(5) « Frater autem ejusdem presbyteri, vicissentibus se per ordinem cæteris monachis hujus monasterii (S. Eltuti), *pistor* effectus est. » (*Vit. Iᵃ S. Samson.* lib. I, c. 16, dans A. SS. O. S. B. Sæc. I, p. 170).

(6) Cela résulte clairement de l'histoire des deux neveux de S. Iltud moines dans son monastère, et dont l'un surtout en voulait à S. Samson, « metuens ipse ne propter S. Samsonem *à suo hereditario privaretur ac destitueretur monasterio*, quod post suum avunculum sperabat possidere. » (*Vit. Iᵃ S. Samson.* Ibid.) Voir aussi ce que nous avons dit du successeur de S. Guenaël, ci-dessus p. 454, texte et notes 4 et 5.

vêtement de dessous, parfois de couleur blanche ; la coule, qu'on appelait aussi *cappa* ou chape, surtout épais fait d'une grosse étoffe de laine laissée dans sa couleur naturelle et muni d'un capuchon. Par le froid ou le mauvais temps, on substituait à la coule un véritable manteau, plus ample et d'étoffe plus chaude, appelé *amphibalus*. Les moines scots étaient chaussés de sandales, qu'ils ôtaient ordinairement avant de se mettre à table (1). On parlera tout à l'heure de leur tonsure.

Le costume des moines bretons ressemblait presque entièrement à celui des Scots. Ils portaient, eux aussi, la coule et la tunique. La coule figure, entre autres, sous le nom de *cocula*, dans la Vie de S. Cado qui atteste formellement sa ressemblance avec le vêtement des moines d'Hibernie (2), et sous celui de *cappa* dans un curieux épisode de la Vie de S. Malo. On trouve aussi la tunique (*tunica*) dans la Vie inédite de S. Lunaire (3). Mais le texte le plus curieux, pour l'objet qui nous occupe, est celui de la Vie de S. Gwennolé, où l'on voit jusqu'au IX° siècle les moines de Landevenec vêtus nuit et jour d'une tunique, d'un surtout de peau de chèvre le poil en dehors (*melote*), munis d'une chaussure dont on ne dit ni le nom ni la forme, et en voyage d'un manteau (*palliolum*), représentant l'*amphibalus* des Scots, comme leur peau de chèvre reproduit la coule, sauf la matière (4). De même, quand S. Brieuc et ses moines abordent à l'embouchure du Gouët, un cavalier qui les aperçoit rapporte qu'ils sont vêtus d'habits de peau, velus et de couleur rouge (5) : ce qui se rapporte apparemment à la teinte fauve de certain poil de chèvre ; possible même, mais peu probable, qu'on prit la peine de le teindre. Les disciples de S. David étaient aussi vêtus de peaux (6).

Sauf la peau de chèvre, détail secondaire mais cependant assez caractéristique, le costume des moines bretons et celui des moines scots était le même, ainsi que leur tonsure, — qui donna lieu à de grandes discussions et dont il faut dire quelques mots.

La tonsure de l'église grecque, que l'on appelait tonsure de saint Paul, consistait à raser entièrement toute la chevelure, au lieu que la tonsure romaine, dite

(1) V. Reeves, *Life of S. Columba*, 1874, p. cxviii.

(2) Selon son biographe, S. Cado aurait reçu cette promesse : « Quot cirri sive jube in tua *coccula* (quod vulgariter vocatur genus indumenti quo Hibernenses utuntur deforis, plenum prominentibus jubis seu villis) in modum crinium sunt contextæ, tot homines per te a pœnis perpetuis eruentur. » (*Vit. S. Cad.* c. 14, *Cambro-British SS*, p. 44).

(3) « Vir almus (S. Machlouus), pariter cum aliquantis suis monachis in agrum causa putandi vineam [veniens], quatinus posset facilius operari deposuit *cappam* in quolibet vineæ locello. » (*Vit. II° S. Macl.* dans *Mém. de la Soc. arch. d'I.-et-V.* XVI, p. 286.) Mais la *Vit. I° S. Macl.* I, 73 (Ibid. p. 212-213) nomme ce vêtement *cuculla*. — « Tunc S. Leonorius *tunicam* accepit suam. » (*Bibl. Nat.* Ms. lat. 5317, f. 77 r°).

(4) « Quibus (monachis de Landevennec) præbebatur indumentum, id est, una tantum *tunica cum melote* et *pedum indumento* tam in die quam in nocte, atque *palliolo*, si tamen proficiscendi necessitas urgeret, addito. » (*Vit. S. Uinual.* II, cap. 12, dans *Cartul. de Landevenec* édit. A. de la B. p. 75). *Melote* peut aussi bien signifier peau de mouton que peau de chèvre, mais Gurdestin ayant dit un peu plus haut que Gwennolé fondateur de Landevenec était vêtu de peaux de chèvres (*caprinis pellibus*), cela fixe ici le sens de *melote*, confirmé d'ailleurs par de nombreux textes monastiques cités dans du Cange. — Dans une des plus anciennes Vies de S. Malo on trouve aussi mention, non du *palliolum*, mais du *pallium* des moines bretons. *Bibl. Nat.* Ms. lat. 12404, f. 239 v°).

(5) « Reversus eques nuntiat transmarinos quosdam rubeis indutos ac pelliceis vestibus advenisse... rubeas vero ac hispidas vestes habere. » *Vit. S. Brioci* § 44 et 45 dans les *Analecta Bollandiana* t. II, p. 181, 182.

(6) « Vilibus induebantur vestibus, maxime pellinis. » *Vit. S. David*, dans *Cambro-British SS*. p. 128.

de saint Pierre, réservait autour du crâne dénudé une bande de cheveux en forme de couronne.

La tonsure des Bretons et des Scots — qu'on peut appeler la tonsure celtique — différait des deux autres. Elle partageait le crâne en deux portions, suivant une ligne allant d'une oreille à l'autre. Sur la partie antérieure les cheveux étaient entièrement rasés, sur l'autre on les laissait croître (1). Dès la fin du IVe siècle ou le commencement du Ve, au témoignage de saint Paulin de Nole, cette tonsure existait en Gaule dans quelques monastères, à l'état exceptionnel (2). Elle fut sans doute portée de là dans l'île de Bretagne, puis au Ve siècle, de Bretagne en Irlande par saint Patrice, et pendant qu'elle disparaissait promptement de la Gaule, elle devenait d'un usage universel dans les îles britanniques.

Quand les missionnaires envoyés de Rome par saint Grégoire le Grand eurent converti les Anglo-Saxons, ils ouvrirent une campagne contre certains usages de l'église scoto-bretonne qui s'écartaient des usages romains, entre autres, contre la tonsure celtique. L'Irlande du Nord l'abandonna pour prendre la romaine vers 634, le reste de l'Irlande en 692; les Pictes en 710; les Bretons du Strad-Cluyd en 688; ceux de la Cambrie en 768 et 777. Les moines bretons de l'Armorique la conservèrent quarante ans plus tard; il fallut, pour les réduire à la tonsure romaine, une ordonnance impériale de Louis le Débonnaire rendue en 818 et qui établit nettement l'identité de cette tonsure avec celle des Scots.

§ 3. — *Les trois obligations essentielles de la vie monastique :*
obéissance, pauvreté, chasteté.

Les trois obligations fondamentales de la vie monastique — obéissance, pauvreté, chasteté — étaient strictement pratiquées par les moines bretons.

Nous avons vu tout à l'heure quel était leur respect, leur profonde et religieuse soumission à l'égard de leur abbé. Leur obéissance à tous ses ordres devait être, dit la Vie de saint David, sans aucune défaillance (3). Suivant des Statuts pénitentiaux attribués à Gildas, un moine breton qui négligeait d'exécuter de suite l'ordre de son supérieur était, le jour même, privé de dîner; coupable d'oubli seulement, on le réduisait à la demi-portion. — S'il communiquait avec

---

(1) C'est ainsi que l'on décrit d'habitude la tonsure scoto-bretonne; toutefois, d'après la lettre de l'abbé Céolfrid au roi des Pictes reproduite par Bède, il semble qu'autour de la partie du crâne mise à nu par le rasoir cette tonsure ménageait sur le devant du front une demi-couronne de cheveux. Voici ce qu'en dit Céolfrid : « Quæ (tonsura) aspectu in frontis quidem superficie coronæ » videtur speciem præferre; sed ubi ad cervicem considerando perveneris, decurtatam eam, quam » te videre putabas, invenies coronam. » (*Hist. eccl. Angl.* lib. V, C. 22.)

(2) Cette remarque fort ingénieuse est de M. Skene qui dit : « S. Paulinus of Nola (Ep. 7) says of some monks of his time in Gaul, that they were « casta informitate capillum ad cutem cæsi et inæqualiter semitonsi et fronte præ'rasi. » (*Celtic Scotland, II,* p. 24 note 47.) S. Paulin de Nole vivait de 353 à 431.

(3) « Indeficiens obedientia ad patris imperium. » (*Cambro-British SS.* p. 128). — Ajoutez aux titres que l'on donnait à l'abbé celui de *præceptor*, qui est très fréquent, cf. ci-dessus p. 512 l. 21-23 et note 7.

quelqu'un que l'abbé avait retranché de sa communion (1), il devait observer pendant 40 jours un régime de pénitence que nous ferons connaître tout à l'heure (à l'article de la chasteté). Enfin quand un moine voyait un de ses confrères transgresser les ordres de l'abbé, il devait avertir le délinquant et, si celui-ci persistait, prévenir l'abbé afin de ne point conniver à la violation de la règle (2).

Sur la question de propriété Gildas était très sévère : non seulement il refusait aux moines la faculté d'avoir rien en propre ; mais un canon qu'on lui attribue ne leur concède, même en usage, en fait de biens temporels, que le strict nécessaire pour ne pas tomber de besoin (3). Dans les monastères soumis à la règle de saint David, s'il arrivait à un frère de dire d'un livre, d'un objet quelconque : Ceci est à moi, il était soumis à une très rude pénitence (4). Le principe de la communauté de tous biens entre tous les membres de la famille monastique se trouve aussi souvent exprimé, sous une forme ou sous une autre, dans les Vies des saints bretons d'Armorique, particulièrement dans celle de saint Paul Aurélien qui, ayant demandé à l'un de ses moines de lui céder sa cellule (*tuguriolum*), en reçoit cette réponse : « A votre volonté, mon très doux » maître : car tout ce que j'ai est à vous, et tout ce que vous avez est à moi (5). »

Sur le précepte de la chasteté les moines bretons n'étaient pas moins sévères. Les Statuts pénitentiaux de Gildas punissent de peines graves les fautes contre cette vertu. Si le coupable était prêtre ou diacre et avait fait le vœu monastique, il devait faire pénitence durant trois ans dans les conditions suivantes : « A tous les offices (*omni hora*) il lui fallait implorer le pardon de sa faute. Chaque semaine, il jeûnait un jour entier, sauf pendant les 50 jours qui suivent la Passion. Le dimanche il avait du pain à discrétion et un plat assaisonné au beurre ; les autres jours du pain biscuit dont on fixait le poids, avec quelques œufs ou quelques légumes du jardin ou un morceau de fromage. Pour boisson une hémine de lait, un setier de petit lait, et en cas de travail manuel un peu d'eau si la soif le tourmentait. Très peu de foin dans son lit. Pendant le Carême il devait ajouter, de sa bonne grâce, quelque austérité. Il devait toujours pleurer sa faute de tout son cœur et accepter avec empressement toutes les corvées qu'on lui imposait. Pendant la première moitié de sa pénitence, il ne recevait point l'Eucharistie, il ne donnait point la paix aux autres moines ni ne chantait les psaumes avec eux. Mais au bout d'un an et demi, cette triple privation cessait.

» Si le coupable était un moine de l'ordre inférieur (*monachus inferiore gradu*

---

(1) Il ne s'agit pas ici de l'excommunication comme censure ecclésiastique ; il s'agit seulement d'une peine disciplinaire appliquée aux moines pour certaines fautes, et qui consistait à les exclure soit de la table commune, soit de l'office religieux, parfois à les séparer complètement de la communauté pour un temps plus ou moins long. Ce genre de peine existait aussi dans la règle de S. Benoît, voir les chap. XXII à XXVI.

(2) V. Præfatio Gildæ de Pœnitentia, cap. IX, XI, XX, dans D. Martène, *Thesaur. Anecdot.* t. IV, col. 8 ; et Bibl. Nat. Ms. lat. 3182, p. 281.

(3) « Quod necessitate, non voluntate, habere (monachus) compellitur ut penuria cadat, non illi ad malum reputabitur. » (D'Achéry, *Spicileg.* in-fol. I, p. 500, Bibl. Nat. ms. lat. 3182, p. 107, et ms. lat. 12021, f. 91 v°).

(4) Vit. S. David, dans *Cambro-British SS.* p. 128. « Omnia communia, nichil meum vel tuum. » (Ibid.).

(5) « Magister benignissime, omnia quæ mea sunt vel esse possunt tua sunt, et tua mea. » *Vit. S. Pauli Aurel.* cap. XIII, dans Bibl. Nat. Ms. lat. 12942, f. 123. Leçon préférable à celle du Ms. d'Orléans qui porte : « et mea tua. » *(Revue Celt.* V, p. 440).

positus) — c'est-à-dire ni prêtre ni diacre — ou si, étant prêtre ou diacre, il n'avait pas encore fait le vœu monastique, la pénitence était également de trois ans, mais un peu moins dure. La ration de pain était augmentée, on donnait au pénitent un setier de lait au lieu d'une hémine, outre le setier de petit lait, et durant son travail on lui permettait de boire autant d'eau qu'il lui en fallait pour étancher sa soif.

» Si, au lieu de commettre la faute, le coupable s'en était tenu au désir, la pénitence devait durer un an et demi ; mais l'abbé avait le droit de la modérer, en raison des bonnes dispositions du pénitent (1). »

Nous avons déjà cité (p. 372 note 2) le texte de l'antique *Catalogue des Saints d'Hibernie* qui, décrivant les états successifs de l'église scoto-bretonne, signale comme trait notable et caractéristique de la seconde époque, c'est-à-dire de l'église exclusivement monastique chez les Bretons et les Scots, l'interdiction absolue aux femmes d'entrer dans les monastères : *separantes mulieres a monasteriis.* La Vie de saint Columba, qui raconte tant d'épisodes de l'existence journalière des moines d'Iona, ne montre pas une seule femme pénétrant dans cette abbaye. Dans certains monastères non seulement l'intérieur de la maison, les lieux réguliers, leur étaient interdits, mais même l'église ; il en était ainsi à Landevenec dès la fin du Vᵉ siècle, et cette interdiction subsistait encore quatre cents ans plus tard au temps de Wrdisten (2). A la fin du VIᵉ siècle nous la voyons également en vigueur dans le grand monastère de saint Magloire, à Serk. Rappelons-nous aussi l'histoire d'Efflam et d'Enora (ci-dessus p. 362). Donc rien de plus certain que cette exclusion absolue des femmes hors des monastères bretons. Quelques-uns allaient même plus loin, car Malo, entre autres, n'y voulait laisser entrer aucun laïque, pas plus homme que femme. (3).

§ 4. — *Les trois occupations essentielles des moines bretons :* *étude, travail manuel, et prière.*

La vie des moines de race celtique se partageait tout entière entre : — l'étude, — le travail manuel, — la prière. C'était là le principe essentiel, le fond commun des règles, variées d'ailleurs dans le détail, qui régissaient les vieux monastères bretons et scots. Doctrine très bien formulée dès la fin du Vᵉ siècle par Budoc

(1) Gild. de Pœnit. I, II, III, dans *Thes. Anecd.* IV, 7 ; et Bibl. Nat. Ms. lat. 3182, p. 280. Nous traduisons de très près, toutefois en abrégeant un peu.

(2) Après avoir raconté l'arrivée et le premier établissement de Gwennolé et de ses disciples à Landevenec, Wrdisten (qui écrivait vers 880) ajoute : « Hoc quoque (ille locus) ex eo die privilegium semper usque nunc habet, quod nunquam femineus eumdem locum, cum omnibus septis ejus late per circuitum — quasi lege ex ore sancti Uinualoei sancita — temeravit introitus. » *(Vita S. Uinualoëi* lib. II cap. 5, dans Cartul. de Landevenec, édit. A. de la B. p. 66).

(3) « S. Maglorius prima tentamenta diaboli esse cognoscens accessus mulierum intra claustra monachorum, consensu fratrum præcepit femineum sexum ab ingressu suæ ecclesiæ in perpetuum esse suspensum. » (Bibl. Nat. Ms. lat. 15436, f. 68 vᵒ). — « (S. Machutus) monasteria construxit et discipulos, non solum a conspectu mulierum sed etiam a colloquio virorum separare volens, per illa distribuit. » *(Vit. S. Machuti,* dans Capgrave, *Nova legenda Angliæ,* f. 220 ; cf. *Vita Iᵃ S. Maclov.,* lib. I cap. 40, dans Bull. de la Soc. arch. d'Ille-et-Vilaine, XVI, p. 195).

l'abbé de Lavré, le maître de saint Gwennolé, quand il dit à ses disciples :

« Vaquez à l'étude *(lectioni)* avec humilité, sans vous enorgueillir de votre science, car c'est Dieu qui vous la donne et non vous qui vous la donnez vous-mêmes. — Soumettez-vous au travail manuel *(operi manuum)* avec abaissement et contrition de cœur, sans rechercher la louange des hommes dans l'exercice de votre art, sans mépriser celui qui l'ignore. L'ignorant, tout comme l'ouvrier habile, est la créature de Dieu ; souvent par la permission divine tel qui excelle dans un art a pour une autre besogne besoin d'autrui, et réciproquement ; car je ne crois pas que Dieu crée un homme sans aptitude pour aucun métier. Que si au lieu d'un seul vous en savez deux, trois ou davantage de façon à bien gagner votre vie, en cela comme en tout c'est Dieu qu'il faut glorifier. — Enfin insistez sans cesse sur la prière accompagnée de jeûnes et de veilles *(orationi cum jejuniorum vigiliarumque continuata moderatione)*, suivant l'antique et régulière tradition des Pères. Rien de plus à vous dire. Les trois recommandations que je viens de vous faire embrassent, si vous les comprenez bien, tous les avantages de la vie à laquelle vous aspirez, que ce soit la vie active ou la vie contemplative, ou même un mélange des deux (1). »

Sur l'étude et les études dans les monastères bretons nous ne dirons rien ici, nous y reviendrons plus loin en parlant des écoles.

Quant aux arts manuels, on remarquera le soin tout particulier mis par Budoc à prémunir ses disciples contre l'orgueil qu'ils en pourraient tirer. L'habileté en ce genre était donc celle qui exposait le plus à la vaine gloire. Dans la ruine presque complète de la civilisation romaine qui avait couvert la péninsule armorique de friches et de halliers, le travail manuel était le premier facteur, l'agent indispensable d'une société nouvelle, et spécialement le travail agricole. Maintes fois déjà en d'autres occasions nous avons mis en lumière les travaux civilisateurs de nos vieux saints, nous n'y reviendrons pas en ce moment. Relevons seulement, dans les Statuts pénitentiaux de Gildas, cet article qui montre avec quel soin on veillait, dans les monastères bretons, à la conservation des ustensiles agricoles : « Quiconque, ayant reçu une houe *(sarculum)* en bon » état, la brise, en doit payer la valeur au moyen d'un travail extraordinaire, » ou jeûner un jour entier (2). »

Aucune supériorité intellectuelle, si haute qu'elle fût, n'exemptait alors les moines bretons de l'exercice obligatoire d'un art manuel : Gildas, le docteur de la Bretagne et de l'Irlande, était un excellent fondeur en métaux (ci-dessus p. 391.) — Dans les monastères de l'île de Bretagne créés par saint David, les moines devaient « travailler des pieds et des mains *(pede manuque)*, porter le » joug sur leurs épaules, enfoncer dans la terre d'un bras infatigable la houe, la » pioche, la bêche, trancher le bois avec la scie, fabriquer de leur propre » industrie tous les objets nécessaires à la communauté. Ils n'avaient pas même » de bœufs pour labourer, eux-mêmes en faisaient l'office (3). » — En Armorique,

---

(1) *Vit. S. Uinualoei,* lib I, c. 20, dans Cartul. de Landevenec, édit. A. de la Borderie, p. 49-50.
(2) Gild. de Pœnit. c. XIX. *Thes. Anecd.* IV, 8 ; Ms. lat. 3182, p. 281.
(3) « Divitias detestantur, boum nulla ad arandum cura introducitur : quisque sibi et fratribus divitiæ, quisque et bos. » *(Vit. S. David,* dans *Cambro-Brit. SS.* p. 127).

Gurdestin (dans la Vie de S. Gwennolé) témoigne formellement que jusqu'au IXe siècle chaque moine de Landevenec devait savoir un métier avec lequel il fût capable de gagner sa vie (1).

Passons à ce qui regarde la prière et le jeûne dans les monastères bretons.

§ 5. — Ordre des offices dans les monastères bretons.

Nous avons cité et traduit plus haut *in extenso* le passage de la Vie de saint Brieuc qui le montre avec ses disciples attaquant vaillamment la forêt de la Vallée-Double, défrichant, fécondant ce sol stérile avant lui, bâtissant son monastère, son église (ci-dessus p. 283 et 303), et au milieu de ce tableau si animé du travail manuel des moines, l'hagiographe ajoute : « Nuit et jour ils » vaquent aussi avec zèle aux exercices spirituels, étude, prières, jeûnes et « veilles. » Un peu plus loin cette Vie donne sur l'ordre des offices suivi dans ce monastère les détails suivants :

« A des heures déterminées ils se réunissaient dans l'église pour célébrer le service divin. Après l'office de vêpres (c'est-à-dire après six heures du soir), ils restauraient leur corps en prenant en commun une nourriture qui était la même pour tous. Ensuite, ayant dit complies (*post completorium*), ils revenaient dans un profond silence et se mettaient au lit. Vers minuit, avec même zèle ils se levaient et allaient chanter très dévotement des psaumes et des hymnes à la gloire de Dieu. Après quoi ils retournaient se coucher. Mais au chant du coq, dès qu'ils entendaient le bruit du signal (2), ils sautaient promptement du lit pour chanter laudes (*matutinis laudibus*). Depuis la fin de cet office jusqu'à la deuxième heure, ils consacraient tout leur temps aux exercices spirituels et à la prière. Puis ils retournaient gaiement à leur travail manuel. Ainsi en usaient-ils tous les jours, luttant comme de généreux athlètes pour obtenir, par leurs œuvres vertueuses, le prix de la vie éternelle (3). »

La « deuxième heure, » pour nous, c'est huit heures du matin ; les moines partaient alors pour aller à l'ouvrage, c'est-à-dire à leur atelier agricole, et ils étaient de retour dans leur église le soir entre cinq et six heures seulement, soit environ dix heures de travail : ce n'était pas des paresseux.

Avant de commenter ce texte au point de vue des offices, il faut produire ici un passage fort analogue de la Vie de saint Lunaire déjà cité par nous mais incomplètement, et ainsi conçu :

« Au chant du coq, les moines de saint Lunaire célébraient matines (*nocturnas*

---

(1) « Talis autem ars unicuique eorum dabatur, ut ex opere manuum cotidiano, sicut Ægyptii monachi, se posset in victu necessario contineri. Jam non solum monachorum sed etiam heremitarum currebant per semitam. » *(Vit. S. Uinual.*, lib. II, c. 12, dans Cartul. de Landevenec, édit. A. de la B. p. 75).

(2) Ce signal devait être le son d'une cloche ou d'une clochette, car le texte porte « cymbali voce hausta, » et *cymbalum* est proprement une cloche ou clochette. Le révérend éditeur des Actes de S. Brieuc exprime pourtant quelque doute sur le sens de *cymbalum* en ce lieu ; ce scrupule nous semble excessif ; car si, vers la fin du Ve siècle, les cloches étaient encore assez rares et de petites dimensions, l'usage commençait à s'en répandre, et il était certainement connu dans l'île de Bretagne.

(3) *Vit. S. Brioci*, § 47, 48, 29, dans *Anal. Bolland.* II, 182-184.

vigilias) et laudes (*matutinas laudes*). Dès que le jour paraissait (*mane facto*), ils entraient en obédience en retournant à leur travail (le défrichement de leur forêt). Sans désemparer ils disaient là les heures canoniales, savoir, prime, seconde, tierce et sexte. Un peu avant l'heure de none (trois heures du soir), ils quittaient l'ouvrage et se rendaient à l'église, louant le Père, le Fils et le Saint-Esprit en chantant : *Benedicite, omnia opera Domini, Domino et superexaltate eum in secula,* jusqu'à la fin du psaume. Enfin ils célébraient leur office et ensuite allaient prendre leur réfection (1). Mais avant de se mettre à table, ils prélevaient la dîme de leur repas et la jetaient aux animaux et aux oiseaux du ciel, car il n'y avait point de pauvres parmi eux, tout entre eux étant commun, suivant le conseil du Seigneur (2). »

Citons encore la règle de saint David. Ses disciples, éveillés au chant du coq, faisaient la prière, la génuflexion, puis allaient aux champs ou dans les ateliers vaquer au travail manuel. Après quoi, regagnant l'enceinte du monastère (on ne dit point à quelle heure), chacun d'eux dans sa cellule étudiait, écrivait ou priait jusqu'à l'office de vêpres. Dès qu'on donnait le signal de cet office (3) ils devaient immédiatement cesser leurs occupations, les écrivains laissant au besoin à demi-formée la lettre qu'ils traçaient, pour se rendre tous en grand silence à l'église, où ils chantaient les psaumes et où, le chant fini, l'abbé restait tout seul en prière quelque temps après les autres. Puis ils prenaient leur repas (*cœna*) et après l'action de grâces retournaient à l'église, où ils restaient encore trois heures en veilles, en oraisons, en génuflexions, — et enfin allaient se coucher. Toutefois, du samedi au dimanche ils passaient la nuit entière en prières et en veilles, et prenaient seulement une heure de repos après la célébration des matines (4).

D'après les textes qu'on vient de résumer ou de traduire, les moines bretons récitaient les heures canoniales, soit en commun à l'église du monastère, comme matines, vêpres, complies et probablement none, soit en particulier et au cours de leurs travaux, comme il est dit fort explicitement des disciples de saint Lunaire pour les autres heures. Ceux de saint David prolongeaient les complies par une veille de trois heures, et du samedi au dimanche ne se couchaient qu'une heure. Ceux de saint Brieuc se relevaient toutes les nuits, à minuit pour chanter matines, puis se recouchaient et prenaient un peu de repos avant laudes. Les moines de saint Lunaire semblent avoir chanté de suite matines et laudes immédiatement avant le point du jour.

La première partie de la journée de nos moines, jusque vers none (trois heures de l'après-midi), était consacrée au travail manuel ; la seconde partie,

---

(1) « Demum celebrabant eorum *missas*, et postea exibant ad refectionem. » Si nous ne traduisons pas ici *missa* par messe, ce n'est pas à cause de l'heure, car alors on disait souvent des messes aussi tard (Mabillon, *De liturgia Gallicana* lib. I c. 6, p. 54 ; et Bona, *Rerum liturgicarum* lib. I c. 21, § 6 et 7, p. 183 et suiv.) ; mais à cette époque, dans les monastères, on ne disait de messe que les dimanches et fêtes (Bona, *Ibid.* l. I c. 18 § 3, p. 143). Quant au sens d'*office* ou heures canoniales que nous donnons ici au mot *missa*, il est fort connu des liturgistes, comme on le peut voir dans Bona, *Ibid.* l. I c. 2 § 3 et 4, p. 9-10 ; et dans Mabillon, *Liturg. Gallic.*, de Cursu Gallic. § 17, p. 393.

(2) *Vit. S. Leonorii*, Bibl. Nat. ms. lat. 5317, f. 69 v°.

(3) C'est encore avec une cloche ou clochette qu'était donné ce signal : « Cum *nolæ* pulsus audiebatur, » dit la Vie de S. David (*Cambro-British SS.* p. 127) ; mais la rédaction de cette Vie, dans la forme actuelle, est moins ancienne que celle de la Vie de S. Brieuc.

(4) *Vit. S. David.* dans *Cambro-Brit. SS.* p. 127-128.

entre none et vêpres, à l'étude, à la transcription des livres, à la méditation.

Les moines de saint Lunaire ne prenaient rien avant none et observaient ainsi tous les jours (sauf les dimanches et fêtes) ce qu'on appelait anciennement le demi-jeune. Régime sévère, assez général dans les monastères scots et bretons (1) : les Statuts pénitentiaux de Gildas, entre autres, ne mentionnent jamais qu'un repas, appelé *cœna*. Il y avait cependant des exceptions, même assez notables : les moines de Lan-Iltud, par exemple, selon la Vie de saint Samson, se munissaient dès le matin après tierce d'une boisson fortifiante (2). Il en était de même, sans aucun doute, des disciples de saint Brieuc et de ceux de saint David : on ne peut croire qu'ils fissent toute l'année le jeune plein, en restant sans aliments jusqu'à six heures du soir ; avant d'aller au travail ils devaient prendre, eux aussi, au moins sous forme liquide, une légère réfection.

Sur les jeûnes observés dans les monastères bretons (sauf ce qu'on en vient de dire) nous manquons de renseignements précis. Les Vies des saints mentionnent en ce genre, à l'actif de leurs héros, des austérités extraordinaires, mais qu'ils donnent pour faits exceptionnels. Quant aux monastères où l'on ne mangeait pas avant none, ils pouvaient se passer, ce semble, de jeûnes spéciaux.

Les Statuts pénitentiaux de Gildas ont quelques dispositions relatives à l'observance du service religieux. « Le moine qui n'était pas rendu à l'église avant la fin du premier office devait réciter à part huit psaumes de suite. Si ayant été réveillé, il ne venait qu'après la collecte (3), il devait répéter de suite tout ce que les moines avaient chanté jusque-là. — S'il n'arrivait qu'à la deuxième heure (4), il était privé de dîner.

« Celui qui (en célébrant l'office) changeait par erreur quelqu'une des paroles sacrées là où il y a péril à le faire (5), était puni d'un jeûne de trois jours consécutifs ou de trois jeûnes d'un jour chaque. Le moine qui par négligence laissait tomber à terre la sainte hostie, était privé de dîner. »

Si, toujours par négligence, il l'avait perdue, abandonnée en un lieu où elle pût être dévorée par les bêtes sauvages ou les oiseaux, il était condamné à suivre pendant trois quarantaines le régime de pénitence décrit plus haut (6).

§ 6. — *Nourriture des moines bretons.*

Du pain, parfois du pain biscuit, et avec le pain du lait, des œufs, du poisson, de la chair de veau marin, tel était le régime habituel des moines Scots.

(1) Ratramne de Corbie qui florissait sous Louis le Débonnaire, au livre IV de son traité *Contrà Græcos*, dit : « Scotorum natio, Hiberniam insulam inhabitans, consuetudinem habet, per monasteria monachorum seu canonicorum vel quorumcumque religiosorum, omni tempore præter dominicam festosque dies jejunare, nec nisi vel ad nonam vel ad vesperam corpori cibum indulgere. » Cité dans Usher, *Brit. eccl. Antiq.* p. 382; cf. Reeves, *Life of S. Columba*, 1874, p. cxvii, cxviii.

(2) *Vit. Iª S. Samson,* l. I c. 16 dans *A. SS. O. S. B. Sæc.* I, p. 170 ; voir ci-dessous p. 523.

(3) « *Post missam.* » (Gild. de Pœnit. c. XIV, dans *Thes. Anecd.* IV, 8 ; et Ms. lat. 3182, p. 281). Ici *missa* doit désigner une des parties de l'office, soit l'oraison ou la *collecte*, soit la *leçon* ou lecture d'un passage des Ecritures qui alternait avec le chant des psaumes ; voir les passages de Bona et de Mabillon indiqués p. 520 note 1.

(4) « *Ad secundam.* » (Gild. de Pœnit. Ibid).

(5) « *Si quis errans commutaverit aliquid de verbis sacris ubi periculum adnotatur.* » *(Id.* Ibid).

(6) *Id.* c. vi et xiv, ibid.

Le dimanche, les jours de fête, et quand un hôte venait s'asseoir à leur table, cette chère monastique, en qualité comme en quantité, s'améliorait quelque peu ; on faisait à ce maigre ordinaire une addition appelée dans les documents de ce temps *consolatio cibi* ou *refectionis indulgentia*, et qui le plus souvent consistait en un plat de viande de bœuf ou de mouton (1).

Le régime des moines bretons devait se rapprocher beaucoup de celui des Scots. A la vérité, Gwennolé et Gildas, d'après leurs Vies, ne voulaient pas toucher de viande et ne mangeaient avec leur pain, dont la farine était mêlée de cendre, que des légumes ou du cresson de fontaine (*fontanœ herbœ*) ; Gildas s'abstenait de lait et de miel, et si dans son îlot de la Saverne il se nourrissait de poisson et d'œufs d'oiseaux de mer, c'est sans doute parce qu'il n'avait pas autre chose ; de son côté, Gwennolé n'usait de fromage et de poisson que le samedi et le dimanche, en l'honneur de la résurrection de Notre-Seigneur. Saint Paul Aurélien mangeait aux jours ordinaires son pain trempé dans de l'eau ou sec avec un peu de sel, aux jours de fête il y joignait quelques petits poissons (2). Mais ces abstinences extrêmes étaient des austérités individuelles, et ceux qui les pratiquaient ne songeaient point à en faire la règle de leurs monastères. Toutefois celle de saint David, suivant l'esquisse incomplète qui nous en reste, n'admettait avec le pain d'autres mets que des légumes assaisonnés au sel (*oleribus sale conditis*), sauf à accorder par exception un régime plus fortifiant aux malades, aux vieillards et aux moines fatigués d'une longue route (3).

D'autre part, les Statuts pénitentiaux de Gildas prouvent — nous l'avons vu — que l'usage du beurre, du lait, du fromage, des œufs et des légumes était permis même aux pénitents : à plus forte raison entraient-ils dans le régime ordinaire des monastères, et le poisson aussi sans doute, puisque saint Paul, saint Gildas, S. Gwennolé, en dépit de toute leur austérité se le permettaient. Les moines du *Monasterium Penitale* fondé par saint Samson vers l'embouchure de la Seine dans le domaine que lui avait donné Childebert (4), ces moines — des Bretons sans aucun doute — usaient de miel, et même ils avaient tant de ruches qu'ils en faisaient des échanges avec leurs voisins (5).

Quant à la viande, en certaines maisons on en usait, en d'autres non. Les Statuts pénitentiaux de Gildas parlent de communautés regorgeant de chair et de cervoise, mais à côté ils en mentionnent d'autres où l'on vivait maigrement (6). Les monastères commençaient presque toujours dans l'austérité et le dénument, devenus riches par les dons des fidèles ils se relâchaient. Ainsi fit celui d'Inis-Pir, (en Grande-Bretagne), où Samson avait cherché un refuge contre le bruit qui

---

(1) Reeves, *Life of S. Columba*, 1874, p. cxvii.

(2) *Vit. S. Uinualoei*, l. II, c. 11, dans Cartul. de Landevenec, édit. A. de la B., p. 74 ; Vit. I^a S. Gild. cap. 3, en tête du *de Excidio Britanniœ* édit. Stevenson, p. xxii ; — Vit. S. Pauli Aurel., c. 7, dans *Revue Celt.* V, p. 431.

(3) *Vit. S. David*, dans *Cambro-British SS.* p. 128.

(4) La paroisse de Saint-Samson de la Roque sur les bords de la Seine, rive gauche (auj. com^me du c^ton de Quillebeuf, arr. de Pontaudemer, Eure) représente cet ancien monastère. Voir ci-dessus p. 427 et la note 2 de cette page.

(5) *Vit. II^a S. Samson*, lib. II, c. 11, dans Ms. de la Bibl. d'Angers n° 719, f. et Bl.-M. XXXVIII, p. 836.

(6) « Si cervisa et carne habundat cœnobium... Si vero pauperem victum habet... » Gild. de Pœnit. c. XV, *Thes. Aned.* IV, 8 ; et Ms. 3182, p. 281.)

envahissait Lan-Iltud. Il finit par en devenir abbé, mais il ne satisfit point les moines qui l'avaient élu et qui lui reprochaient de vivre plutôt en ermite qu'en cénobite. « En effet, nous dit son biographe, au milieu des mets abondants, des » torrents de boisson dont ce monastère regorgeait, il était toujours jeûnant, » gardant sa faim et sa soif (1). »

Le chapitre des boissons monastiques ne manque pas d'intérêt. « L'eau mêlée au suc des arbres ou au jus des pommes sauvages, » tel était le breuvage de Gwennolé et de ses disciples. Cela ressemble assez au cidre ; la Vie de saint Gwennolé ajoute que jamais on ne vit entrer à Landevenec ni vin ni autre liqueur capable d'engendrer l'ivresse (2). Aujourd'hui cependant le cidre a ce pouvoir, mais le saint apparemment y mettait tant d'eau qu'il était inoffensif.

Quant à la liqueur de Lan-Iltud, — « on avait coutume dans cette maison » d'exprimer le jus de certaines herbes très utiles à la santé, cultivées dans le » jardin du monastère, et de mêler cet extrait à la boisson des moines en le » versant avec un petit siphon dans la coupe de chacun d'eux : si bien que quand » ils revenaient de chanter tierce, ils trouvaient ce mélange tout fait dans leur » boisson par les soins du *pistor* (3). » Cette liqueur devait être un cordial, plus ou moins analogue à la *chartreuse*.

Si les boissons fermentées étaient bannies de Landevenec et de quelques autres monastères, elles ne l'étaient pas de tous. La colonie monastique bretonne établie par saint Samson sur la Seine échangeait le superflu de son miel contre du vin que lui fournissaient les religieux d'une autre maison fondée par saint Germain de Paris (4).

Les Statuts pénitentiaux de Gildas témoignent qu'en certains couvents on buvait de la cervoise, et prévoient le cas où un moine viendrait à l'église en état d'ivresse, stupide, incapable de se servir de sa langue et de chanter l'office avec les autres : en ce cas il était privé de dîner (5). Quoique fort rare dans les monastères bretons, l'ivresse n'y était pas absolument inconnue. La Vie de saint Samson raconte l'histoire de ce malheureux abbé Piron, qui après une vie fort sainte, parvenu à un âge avancé, se laissa surprendre un soir par une boisson forte, et durant la nuit étant sorti de sa cellule tomba dans la citerne du monastère où il se noya (6).

Quant au coucher — le lit (*lectulus*) du moine breton consistait en un sommier bourré de foin, sur lequel il s'étendait sans quitter ses habits de jour (7) et sans autre couverture.

---

(1) « Inter dapes abundantes et pocula inundantia. » *Vit. I⁶ S. Samson.* l. I c. 36, dans *A. SS. O. S. B.* Sæc. I⁰, p. 175.

(2) *Vit. S. Uinual.* l. II c. 12, dans D. Morice, *Pr.* I, 227. Mais D. Morice a tronqué ce passage, il omet notamment, après le mot « nesciebant » de la dernière ligne col. 227, ceci : « Necnon et cetera potationum genera quis inebriari solet quasi venenum respuebant : unde ergo isti tales liquores audiri in monasterio S. Uinualoei nec tamen unquam videri vel degustari potuerunt. » (Bibl. Nat. Ms. lat. 5610 A, f. 51 v⁰.)

(3) *Vit. I⁶ S. Samson.* l. I, c. 16, dans *A. SS. O. S. B.* Sæc. I, p. 170.

(4) *Vit. II⁶ S. Samson.* l. II, cap. 11, Ms. d'Angers 719, f. 101 v⁰.

(5) Gild. de Pœnit. c. VII, *Thes. Anecd.* IV, 7 ; Ms. 3182, p. 280.

(6) *Vit. I⁶ S. Samson,* l. I, c. 36, dans *A. SS. O. S. B.* Sæc. I, p. 174.

(7) Dans les Statuts pénitentiaux de Gildas (cap. I), il est dit du moine condamné au régime de pénitence : « Lectum non multo feno instructum habeat. » *Thes. Anecd.* IV, 7 ; Ms. 3182, p. 280. — Et la Vie de S. Gwennolé dit que les moines gardaient leurs vêtements jour et nuit, voir ci-dessus, p. 514 note 4.

§ 7. — *Les écoles dans les monastères bretons.*

Nous terminerons notre esquisse des monastères bretons du VIe siècle par quelques mots sur les écoles, qui y étaient presque toujours attachées.

A côté du monastère, dans le monastère même si l'on veut, mais sans se confondre avec lui, non seulement pour les novices et les futurs moines, mais pour tous les enfants, tous les jeunes gens confiés aux religieux par leurs parents, il y avait un institut d'éducation et d'instruction scolastique où s'enseignaient les sciences sacrées et profanes et que les anciens documents appellent *scolasticorum collegium*, dont la discipline — on va le voir — était tout autre que celle du monastère.

Pour la faire connaître, au lieu de disserter, mieux vaut reproduire ou extraire quelques récits de nos vieilles légendes.

On se rappelle l'histoire curieuse des écoliers de saint Magloire en 585 (ci-dessus p. 463). Un siècle plus tôt, celle des écoliers du monastère de Lavré (*insula Laurea*) est peut-être encore plus instructive. Vers 468-470, Gwennolé tout jeune encore fut confié, nous l'avons vu (p. 298-299), par son père Fracan au chef de cette école le vénérable abbé Budoc que sa science avait fait surnommer *Arduus*, c'est-à-dire le docteur *très élevé*.

Dès que l'enfant fut en présence du vieux et illustre maître, frappé de respect à la vue de cette imposante figure, il tombe à ses pieds et d'instinct le salue avec prosternation, comme les moines devaient le faire d'après la règle (1). Le vieillard le reçoit avec bonté, l'instruit avec soin.

A quelque temps de là, Budoc va passer quelques jours sur le continent « en recommandant, en ordonnant aux disciples qu'il laisse dans l'île, — particulièrement aux écoliers — de ne pas se livrer à des jeux immodérés. » Mais voilà que les plus jeunes, les plus alertes, se mettent à courir comme des fous dans la campagne et l'un d'entre eux se casse la jambe. Grande alarme dans toute la communauté, les *majores* et les *minores*, les *patres* et les *fratres*, en d'autres termes, les moines et les écoliers sont consternés : « Que faire ? s'écrient-ils, que » devenir ? où fuir ? Nous avons violé le décret de notre père (*pater spiritalis*); » nous n'avons pas seulement méprisé notre maître (*præceptor*), mais Celui au » nom duquel il commande ; nous avons péché tout à la fois contre le saint de » Dieu et contre Dieu ! » Gwennolé trouva moyen de guérir le jeune étourdi et le remit sur pied (2).

Tout le loisir que l'étude et l'office divin laissaient à Gwennolé, il le consacrait aux pauvres ; à défaut d'argent il leur donnait de bonnes paroles, d'excellents conseils, plaignait leurs peines, leur montrait de toute façon sa sympathie. Aussi

---

(1) « Uinualoeus, ac si jam plurimis imbutus in annis, nemine docente, toto in terram prostratus corpore ad talem adorans accessit patronum. Hunc magister cernens sic patrem alloquitur : « Puerum quem michi commendas » etc. *Vita S. Uinualoei* l. I, cap. 5, dans le *Cartul. de Landevenec*, édit. A. de la Borderie, p. 13.

(2) *Vit. S. Uinual.* l. I c. 7, Ibid. p. 16 à 18. — Les citations à faire seraient trop longues, nous ne pouvons que renvoyer au texte de Wrdisten, qu'on trouvera dans l'édition du Cartulaire de Landevenec. — *Præceptor* (comme on l'a dit plus haut p. 515 note 3) est un des titres de l'abbé.

chaque jour les voyait-on de tous les coins de l'île se rassembler devant la porte du monastère pour l'attendre ; de son côté, dès qu'il était libre il venait s'entretenir avec eux. La reconnaissance qu'ils lui en témoignaient excita la jalousie d'un autre écolier (*quidam de scolasticorum collegio*), qui un jour le voyant au milieu de ces malheureux le railla ainsi :

— « Te voilà donc encore à raconter aux pauvres de Dieu ta prétendue compassion ? Tous les jours les vagabonds se rassemblent pour venir t'entendre : ils te regardent comme un profond docteur ! Et toi tu passes tes journées à feindre pour eux une pitié que tu ne ressens pas. Si tu la ressentais, au lieu de tant de paroles tu leur donnerais quelque argent ou tu guérirais leurs maux par la vertu de ton ombre. Mais comme tu ne peux rien pour eux, tes paroles ne sont que de sottes vanteries. »

Gwennolé, non sans aigreur, répondit :

— « Je te bénis, très aimable frère, toi qui me dis des choses si justes. Les
» autres me louent mais ils sont aveugles, car je ne suis qu'un roseau brisé. Toi
» seul y vois clair et me juges comme je le mérite (1) ! »

En même temps prenant parmi les mendiants un pauvre aveugle, il l'introduisit dans le monastère, le mena à sa cellule, lui rendit la vue et le renvoya ensuite rejoindre les indigents attroupés devant la porte, où il publia la merveille de sa guérison. Budoc l'apprit bientôt ; il fit alors réunir les écoliers (2), ordonna à l'ex-aveugle de lui désigner son bienfaiteur, et celui-ci ayant montré Gwennolé, l'enthousiasme des écoliers ses condisciples éclata, ils lui firent une ovation et improvisèrent en son honneur un chant, dont le souvenir nous a été conservé sous la forme d'une pièce de vers qui débute ainsi :

Cantemus sancto, cantemus Uinualoeo :
Dulcis per famulum laus resonet Domino ! (3)

Ces traits, curieux pour l'histoire des mœurs, montrent nettement la différence existant entre le monastère proprement dit, c'est-à-dire la communauté des moines, et le collège d'écoliers (*scolasticorum collegium*) qui en dépendait. Cette distinction se manifeste surtout par la différence de discipline, car il semble que, en dehors de leurs leçons, de l'assistance au service divin et de l'obligation de demeurer dans le monastère, les écoliers jouissaient d'une grande liberté.

Un autre trait de la Vie de saint Gwennolé (ce sera le dernier) donne quelque lumière sur l'organisation intérieure des écoles monastiques.

Saint Gwennolé profita si bien des enseignements de Budoc qu'il passa très jeune encore du rang des écoliers à celui des maîtres, et Budoc lui confia pour les instruire plusieurs de ses disciples. De ce nombre était Tethgon, à qui Gwennolé enseignait la science des saintes Ecritures. Elève très zélé, Tethgon mettait par écrit les leçons de son maître, puis s'en allait dans les champs, son manuscrit en main, les lire et relire pour les bien fixer dans sa mémoire (4). Un

---

(1) *Vit. S. Uinual.* I, 11, Ibid. p. 25.
(2) « Senex ergo jussit omnes congregare scolasticos. » (*Id.* Ibid. p. 27).
(3) *Id.* Ibid.
(4) « Quadam die, dum quidam ex discipulis (Budoci) huic (Uinualoeo) commendatis, nomine Tethgonus, divina cum prædicto sancto ediscens eloquia, sibi tradita ab eodem solus cum codice relegeret dicta » etc. *(Id.* l. I c. 15, Ibid. p. 34).

jour étudiant de la sorte le sommeil le prit, pendant son somme un reptile venimeux lui mordit le pied, à son réveil le poison gonflait déjà tous ses membres. Il alla demander secours à « son maître, » c'est-à-dire à Gwennolé, qui lui fit d'abord un petit sermon :

— « C'est grâce au sommeil que l'antique ennemi de l'homme t'a frappé. Je t'avais cependant prescrit, à toi et aux autres, de ne point manger, de ne point boire, de ne point dormir en dehors des heures autorisées par la règle (1). »

Ainsi les écoliers étaient partagés par petits groupes, dont chacun se trouvait placé sous l'autorité d'un moine, qui en était à la fois dans l'ordre intellectuel le professeur, le maître, et dans l'ordre religieux le directeur comme délégué de l'abbé.

Les principales écoles monastiques dont nous ayons connaissance parmi les Bretons armoricains sont celles de Budoc et de saint Gwennolé, de Gildas à Ruis, d'Hervé dans le Léon, de Festivus dans l'île de Césembre, de saint Magloire dans l'île de Serk, de Dol, de Baulon (2), etc.

Reste une question, qui semble presque insoluble : quel était, en dehors des lettres sacrées, l'enseignement des écoles monastiques bretonnes ?

La Vie de Gildas écrite dans l'île de Bretagne nous dit qu'il fut instruit dans les sept arts libéraux : *Studuit studiosus in artibus septem*, et que lui-même, quand il revint de la Gaule, donna aux nombreux disciples pressés autour de sa chaire le même enseignement, *septem disciplinarum scientiam* (3). Au premier abord ce terme des *sept arts*, qui rappelle le *trivium* et le *quadrivium* si en vogue au moyen-âge, semble bien moderne pour le siècle de Gildas. Il n'en est pas moins vrai que l'enseignement des sept arts — c'est-à-dire, de la *grammaire*, de la *dialectique*, de la *rhétorique* (4), de la *géométrie*, de l'*arithmétique*, de l'*astronomie* et de la *musique* — régnait en Italie et en Gaule dès le V⁰ siècle et s'y conservait encore florissant à la fin du VI⁰. Martianus Capella, auteur des *Noces de la Philologie et de Mercure*, où il a, dans un cadre poétique assez étrange, tracé les préceptes des sept arts, écrivait au moins au V⁰ siècle, puisqu'en 534 son texte était commenté et émendé par un maître qui professa tour à tour en Gaule et à Rome (5). Cassiodore, au milieu du VI⁰ siècle, résuma ce programme dans un traité plus succinct (6). Et vers la fin de ce même siècle, Grégoire de Tours, au dernier chapitre de son *Histoire*, nous montre les sept arts formant toujours l'enseignement des écoles de la Gaule (7). — L'assertion de l'hagiographe insulaire,

(1) *Id.* Ibid. p. 35.
(2) « S. Hoarveus in Lanna Urphoedi aliquandiu commoratus Juvenibus scolas largitus est. » *(Vita S. Hoarvei,* dans Bl.-Mant. XXXVIII, p. 853) ; voir ci-dessus p. 398 à 400. — « Illi igitur (S. Machutus et discipuli ejus) pervenerunt ad insulam quæ vocatur September, ubi sacerdos, fidelis Deo serviens, Festivus nomine, cum scola plurima habitabat. » *(Vita I⁰ S. Maclov.,* lib. I, cap. 35, dans Bull. de la Soc. arch. d'Ille-et-Vilaine XVI, p. 192) ; voir ci-dessus p. 421. — Quant aux écoles de Budoc, de Gwennolé, de Magloire, nous en avons assez parlé ; sur celles de Gildas à Ruis, de Dol, de Baulon, voir ci-dessus p. 388-389 et 490.
(3) *Vit. I⁰ S. Gildœ* cap. 1 et 2, dans Stevenson, p. xxxi.
(4) Ces trois premières sciences formaient ce qu'on appela plus tard le *trivium ;* l'ensemble des quatre dernières constituait le *quadrivium.*
(5) Securus Melior Felix ; voir à ce sujet Vossius, *de Histor. latin.* édit. de 1651, p. 713 ; et *Hist. litt. de la France* par les Bénédictins, nouv. édit., III, p. 173.
(6) Dans son traité *des Arts libéraux ;* Cassiodore, né en 470, mourut vers 562.
(7) *Hist. eccl. Francor.* l. X, cap. 31, tout à fait à la fin de l'ouvrage.

suivant laquelle saint Gildas étudia et enseigna les sept arts, est donc très acceptable.

D'autant que si l'on examine les sciences dont la Vie de saint Samson attribue la connaissance à saint Iltud premier maître de Gildas dans l'île de Bretagne, on voit qu'elles ressemblent fort aux sept arts (1). Ce sont la grammaire, la rhétorique, l'arithmétique, la géométrie, et la philosophie de tous les arts (*philosophia omnium artium*), laquelle renferme certainement la dialectique et peut bien comprendre aussi l'astronomie et la musique.

Il est certain que malgré les invasions, malgré les malheurs des temps, toutes relations littéraires n'étaient pas rompues au VIᵉ siècle entre Rome et les Bretons. D'après la Vie de saint Cado, un professeur d'humanités, un rhéteur célèbre appelé Bachanus, venu d'Italie dans l'île de Bretagne, y ouvrit une école où l'on apprenait à parler, à écrire le latin comme à Rome, et en tête de ses disciples fut saint Cado (2). — Gildas n'avait pas seulement, comme son livre en témoigne, une érudition sacrée incomparable, il connaissait aussi les lettres profanes, car il cite Virgile. Il traduisait directement la version des Septante, et M. C.-G. Schœll, après examen minutieux de la question, le déclare très fort en grec (3).

On est donc en droit de conclure qu'au VIᵉ siècle les écoles monastiques maintenaient chez les Bretons le goût des lettres et entretenaient dans les deux Bretagnes une culture intellectuelle très appréciable.

§ 8. — *Conclusion sur les monastères bretons.*

Les couvents et séminaires de nos jours — grandes et belles maisons, lieux vénérables, mais clos, discrets, silencieux, où n'entre même pas l'écho des bruits du dehors — ne peuvent donner aucune idée des monastères bretons de l'âge primitif (Vᵉ-VIIᵉ siècle).

Ceux-ci comme architecture ne sont pas remarquables. Au centre l'église, la construction la plus importante ; à côté quelques bâtisses d'un seul étage, sortes de grands hangars clos pour les usages communs, réfectoire, cuisine, cellier, magasins. Autour du placis bordé par ces bâtiments, toute une série de petites loges ou cellules monastiques séparées, puis divers ateliers pour les industries indispensables à la maison, forge, charpenterie, maçonnerie, et surtout les bâtiments agricoles : étables, écuries, grange, grenier, pressoir, etc. Tout cela formant un village mal aligné et assez irrégulier mais foisonnant, touffu, fourmillant et vivant ; le plus souvent défendu par un retranchement en terre et par un fossé.

---

(1) *Vit. Iᵃ S. Samsonis*, l. I cap. 7, dans *A. SS. O. S. B.* Sæc. I, p. 168.

(2) « Acceperat (S. Cadocus) quemdam famosum rhetoricum, cui nomen Bachanum, nuper de Italia ad illas oras advenisse. Ut autem Cadocus famam ipsius scientiæ auditu percepit, ab illo Romano more latinitate doceri non minimum optavit. » (Vit. S. Cadoci cap. 8, dans *Cambro-British SS.* p. 36).

(3) « Ex Græco multos locos tam Novi quam Veteris Testamenti Gildas latine vertit. Prophetas minores ex LXX versione accuratius quam alii reddidit... Sequitur autem ex his Gildam ipsum locos supra enumeratos ex Græco vertisse, *unde illam Græcæ linguæ*, ut istis temporibus, *peritissimum fuisse* cognoscimus. » (C.-G. Schœll, *De Ecclesiasticæ Britonum Scotorumque historiæ fontibus*, p. 17).

Et de fait ces monastères bretons sont de véritables forteresses érigées pour la défense de l'idée chrétienne, munies de garnisons braves et nombreuses ; sans cesse assiégées par les désordres moraux, intellectuels, matériels du monde ambiant ; sans cesse exécutant contre ce monde de vaillantes sorties sous diverses formes, moins en le combattant de front qu'en cherchant à le gagner et à le diriger vers le bien.

Dans l'ordre moral et religieux, le premier et très grand service rendu par les moines fut de combattre, de convertir, d'extirper, dans la partie de la péninsule armoricaine où s'établirent les Bretons, tout ce qui restait de païens et de paganisme, — et l'on a pu voir par nos récits qu'il en restait encore plus ou moins un peu partout (1).

Même chez les chrétiens, dans ce monde barbare du Ve au VIIIe siècle, éclataient souvent bien des violences et bien des désordres. Les moines s'y opposaient avec une fermeté inflexible, et surtout jamais ils n'hésitèrent à prendre résolument la défense de la justice, de l'innocence, de la faiblesse opprimées par la force brutale. Tous nos vieux saints bretons ont possédé à un haut degré cette vertu, mise par le biographe de saint Gwennolé au premier rang entre celles de son héros qui sut si bien en user envers le roi Gradlon : « *La liberté de la parole » en face des puissants de la terre* (2). » Ils ne s'en tenaient pas à la parole ; contre le crime, contre l'iniquité triomphante, sans craindre la persécution qui pouvait les atteindre, ils agissaient, ils combattaient vaillamment : inutile de rappeler ici les luttes généreuses des Lunaire, des Tudual, des Samson, des Malo, des Mewen, des Gildas, contre Haëloc, Conomor, et tous les tyrans des deux Bretagnes.

L'organisation de la vie religieuse, c'est-à-dire la création et le service des paroisses sur tous les points du pays, par la fondation d'églises, de *plou* et de *tref* (subdivision du *plou*), de *lann* et de *loc,* desservis par des religieux, fut exclusivement aussi l'œuvre des moines, surtout de ces moines illustres, Brioc, Gwennolé, Corentin, Paul Aurélien, Tudual, Samson, Magloire, Malo, Gildas, Hervé, Guenaël (3), etc., dont nous avons rappelé les glorieux travaux.

Enfin, après ou plutôt avec l'évangélisation de la péninsule et l'organisation de la vie religieuse dans la Bretagne Armorique, la grande œuvre des moines bretons fut la résurrection de cette terre à la civilisation matérielle par le défrichement des forêts interminables, des halliers, des brousses, des landes dont elle était couverte et par la mise en culture du sol. Cette œuvre ne fut pas moins grande ni moins méritoire que les deux autres ; peut-être fut-elle plus difficile et surtout plus décisive pour déterminer la fondation de la société brito-armoricaine et en assurer l'avenir.

Les Bretons émigrés venant de l'île de Bretagne, quand ils débarquaient en Armorique, rencontraient devant eux une nature sauvage, stérile, une terre ingrate et rétive couverte de bois et de ronces, qui repoussait le soc pour ainsi dire et payait maigrement les plus rudes fatigues. Pour nettoyer, soumettre,

---

(1) Voir ci-dessus, entre autres, les pages 263 à 266, 305, 314, 322, 343, 345, 347, 357-359, 382, 383, 407, 419, 422, 461, 465.

(2) « Uinualoëus... in vocis libertate contra terrenas potestates strenuus » (*Vit. S. Uinual.* lib. II, cap. 2, dans Cartul. de Landevenec, édit. A. de la Borderie, p. 60.)

(3) Voir ci-dessus p. 304, 321, 322, 347, 358-359, 400, 419-420, 438-441, 453-455, 466, 471, etc.

féconder ce sol rebelle, il fallait une lutte pénible, incessante, coupée de mille déceptions, de mille échecs, — et pour soutenir cette lutte sans fléchir, un courage patient, à toute épreuve. Où nos pauvres émigrés, accablés par les désastres de leur patrie, par les douleurs de l'exil, abattus déjà par tant de souffrances, où auraient-ils pu par eux-mêmes puiser ce courage? Aussi voyons-nous les chefs bretons débarqués en Armorique chercher des ressources dans la chasse, la pêche, l'industrie pastorale, et aussi dans les courses sur leurs voisins de la Marche franko-bretonne, — mais point dans l'agriculture. La fatigue de cette lutte les rebutait. Et cependant pour fonder une société, une nation, il faut que la race prenne fortement possession du sol, qu'elle y enfonce ses racines en remuant la terre, en tirant de la terre, à force de la piocher, de la charruer, de la tourmenter, son pain et sa nourriture. Les races qui vivent de chasse, de troupeaux, de ravages sur le voisin, peuvent engendrer des hordes nomades, pillardes, dont l'existence est errante, mobile, temporaire, mais une nation jamais.

Devant les émigrés bretons le problème se posait ainsi : être une nation ou une horde. Pour qu'ils devinssent une nation, le défrichement, la mise en culture du sol armoricain était nécessaire, et de cette tâche les émigrés bretons, du moins les laïques — par les raisons indiquées plus haut — étaient incapables. La situation des moines était autre. Leurs règles, nous l'avons vu, leur prescrivaient le travail manuel quotidien, incessant; la force des choses, c'est-à-dire la nécessité de vivre les poussait à appliquer ce travail manuel à la culture de la terre. Ils travaillèrent donc la terre pour obéir à leurs règles. Ils ne se demandèrent pas si ce travail serait long et difficile : à quoi bon? Leurs vœux, leurs règles prescrivaient à chacun d'eux de travailler toute la vie comme au premier jour : à cela ou autre chose, peu leur importait. Le succès? Le succès pour eux était de faire germer la vertu en leur âme plutôt que les moissons sur le sol. Ils travaillaient pour travailler, non pour réussir. Donc l'insuccès ne pouvait rien contre leur persévérance; dès lors le succès ne pouvait leur manquer. Bientôt autour de chaque monastère fleurirent, comme nous l'avons dit, de vastes cultures.

Non pas assurément que les moines seuls aient tout fait. Mais ils prirent l'initiative, ils donnèrent vigoureusement l'impulsion, les autres la suivirent. Ranimés par leur exemple, fortifiés par leurs exhortations, les émigrés laïques s'établirent le plus souvent auprès d'eux, et sous leur direction, guidés par leur expérience et leurs conseils, ils poursuivirent l'œuvre du défrichement hardiment entamée par les cénobites. Chaque monastère grand ou petit devint le centre d'un nouveau village, d'une colonie agricole — nos plus vieilles paroisses ne portent-elles pas le nom de nos vieux saints? — et ainsi de proche en proche la majeure partie des solitudes armoricaines se trouva remise en culture. Au lieu de dégénérer en horde pillarde forcément destinée à se dissoudre et à s'effacer bientôt, nos ancêtres s'attachèrent énergiquement à ce sol fécondé par tant de fatigues. A ce prix ils furent une nation.

Dans l'œuvre civilisatrice qui fonda cette nation, la première part revient à l'idée chrétienne et à la discipline monastique; les promoteurs, les conducteurs, les premiers agents de cette œuvre sont les évêques et les moines venus d'outre-

mer. Aussi dans l'âme de cette nation l'idéal chrétien sous toutes ses formes, le
signe divin de la Croix a été gravé par eux à une telle profondeur que depuis
quatorze siècles bien des révolutions ont passé et bien des vicissitudes de toute
sorte, sans pouvoir affaiblir cette empreinte sacrée.

Bref, la fondation du peuple breton d'Armorique est l'œuvre de nos vieux
saints et de nos vieux moines bretons. Dans l'histoire des choses humaines cette
œuvre leur assure une gloire ineffaçable, et dans le cœur de tout Breton une
reconnaissance mêlée de respect et de tendresse, toujours vivante.

S. Budoc (p. 295, 524).

XII

LA MARCHE FRANKO-BRETONNE

DU VIᵉ AU VIIIᵉ SIÈCLE.

E N ce dernier chapitre il nous reste à esquisser l'histoire de la partie de la péninsule qui au VIIIᵉ siècle n'était point encore occupée par les Bretons, mais devait au siècle suivant s'unir inséparablement à la Bretagne armorique : le pays de Rennes, le pays de Nantes, Vannes et le Vannetais situé à l'Est de cette ville. Ces territoires formaient une sorte de province, appelée *Marca Britanniæ, Limes Britannicus, Marca contra Britones,* c'est-à-dire, Marche de Bretagne (pour nous Marche franko-bretonne), laquelle, outre les comtes préposés à chacune des cités, avait un chef ou commandant militaire supérieur titré *préfet* de cette Marche bretonne (1).

§ 1ᵉʳ. — *Les pays de Rennes et de Nantes au VIᵉ siècle.*

Nous avons signalé plus haut (p. 329-331) le grand rôle de l'évêque de Rennes saint Melaine, à la fin du Vᵉ siècle et au commencement du VIᵉ, dans la fondation de la monarchie franke de Clovis. Son rôle dans l'ordre spirituel ne fut pas moins glorieux; il convertit en effet bon nombre de païens, non seulement de ceux du diocèse de Vannes aux environs de son monastère de Plaz sur la Vilaine,

---

(1) « Wido comes *qui in Marca Brittanniæ præsidebat* » (*Annal. Francor. Loisel,* dans D. Bouquet, *Rec. des histor. de France* V, p. 52). « Wido comes ac *præfectus Brittannici limitis* » (*Eginhardi Annal.* Ibid. p. 214). « Wido comes *qui Marcam contra Brittones tenebat* » (*Annal. Francor. Mettens.* Ibid. p. 349). La Chronique d'Adon intitule ce Wido « *marchensis* » (Ibid. p. 320.) Herman Contract et Sigebert l'appellent *dux* (Ibid. p. 365 et 378.) Ici, *Marca Britanniæ, Limes Britannicus* désignent certainement une province ou un commandement militaire comprenant les comtés et territoires de l'empire frank limitrophes du pays occupé par les Bretons. Mais dans la Chronique de Frédégaire, sous l'an 600, à propos du territoire cédé par Clothaire II à Théoderic II « *inter Sigonam et Ligerem, usque mare Oceanum et Britannorum limitem* » (dans le *Grégoire de Tours* de Ruinart, col. 603), cette expression *limes Britannorum* ne désigne point une province; c'est simplement la ligne frontière séparant le territoire des Bretons de l'empire des Franks, en dehors duquel, par ce passage même de Frédégaire, ce territoire est placé, puisqu'il n'entre dans le partage d'aucun des rois franks.

(ci-dessus p. 265 et 332 note 2), mais encore les derniers idolâtres de son propre diocèse de Rennes (1).

Il fut ravi à l'amour, à la vénération universelle de ses diocésains et de tous les chrétiens de la région armoricaine vers 530-535. Il mourut dans sa retraite chérie de Plaz ou Placet où il allait se cacher avec bonheur toutes les fois que son ministère épiscopal n'exigeait pas sa présence à Rennes. Le bruit de sa mort promptement répandu amena aussitôt à Plaz les évêques des diocèses voisins liés de respect et d'affection avec le défunt, tels qu'Albinus (S. Aubin) d'Angers, Lauto (S. Lô) de Coutance, Victurius du Mans, et une foule de prêtres du diocèse de Rennes, entre autres Marsus, disciple cher à saint Melaine, son compagnon habituel dans ses voyages (2). Y eut-il conflit, comme le prétend une des Vies du saint, entre le clergé rennais et les moines de Plaz qui auraient voulu retenir dans leur maison le corps de leur abbé ? Cela semble peu probable. En tous cas, Rennes à bon droit l'emporta. Après la veillée funèbre solennellement célébrée à Plaz par les évêques et le clergé, on déposa le lendemain matin le corps du pieux pontife dans une grande barque, où entrèrent les trois évêques et le prêtre Marsus. D'autres barques suivaient, chargées de peuple, chargées de prêtres, chargées des moines de Plaz chantant des psaumes et des litanies. Tout ce funèbre cortège remonta la Vilaine jusqu'à Rennes et vint prendre terre au Sud de l'agglomération qui formait alors cette ville, vers le point aujourd'hui occupé par l'escalier du Cartage ou le bas de la rue de Rohan.

Là était la muraille de l'enceinte gallo-romaine, avec sa base et ses neuf cordons de briques qui avaient valu à Rennes le nom de *Ville Rouge* (3). Là contre cette muraille se dressait une tour, dans cette tour douze voleurs attendant la mort se lamentaient. — Au bruit des chants et de la procession funèbre, informés que cette pompe solennelle se déploie autour du corps du bon évêque Melanius, ces malheureux lui adressent une ardente prière, sollicitant de sa miséricorde — en ce jour où il triomphait au ciel — leur délivrance sur la terre. Tout à coup un bruit sourd et fort comme un coup de tonnerre se fait entendre, le mur de la tour se frange du haut en bas, par cette brèche les voleurs sautent vivement, et sans doute ils vont grossir le cortège funèbre de leur libérateur (4). La procession, contournant l'enceinte murale de la ville, se

---

(1) « Sæpe (S. Melanius) lustrabat ecclesias et municipia sibi commissa prædicando... Unde aucta est, eo desudante, per cunctum diœcesis illius pagum fides christianorum, *et miserabilis error gentilium ab eodem radicitus evulsus* » (*Vita Iᵃ S. Melanii*, § 8, dans Boll. Jan. I, p. 329). « Evangeliorum assertionibus augebat fidem christianorum *et crebro miserabilium gentilium errorem nitoribus felicis ammonitionis ejiciebat* ». (*Vit. IIᵃ S. Melan.*, § 5, dans Boll. *Catal. codic. hagiograph. Bibl. Nat. Paris.* I, p. 73). — Si l'on veut savoir quel tribut de reconnaissance est aujourd'hui payé à ce saint apôtre du diocèse de Rennes par ceux qui ont la garde de son sanctuaire, qu'on veuille bien relire la note 4 de la p. 331 ci-dessus.

(2) La *Vita Iᵃ S. Melanii*, par suite d'une rédaction vicieuse (§ 31), semble faire de Marsus un évêque ; mais, selon la *Vita IIIᵃ* qui exprime au sujet de ce saint la vraie tradition de l'église de Rennes attestée par son ancienne liturgie, Marsus était « un membre du collège de S. Melaine, *unus ex collegio sanctissimi Melanii*, » c'est-à-dire, un prêtre du clergé de Rennes ou un religieux de l'abbaye de Plaz, et il avait reçu le baptême de la main du saint, « quem isdem vir (Melanius) tinxerat in lavacro sacræ purificationis » (*Vita IIIᵃ S. Melan.* § 13, Catal. codic. hagiograph. etc. Ibid. II, p. 536).

(3) Voir ci-dessus, p. 133 note 5 et p. 134, la description de Rennes à l'époque gallo-romaine.

(4) *Vita Iᵃ S. Melan.* § 33, Boll. Jan. I, p. 332 (édit. d'Anvers) ; *Vita IIᵃ* § 19, Boll. Catal. cod. hagiogr. Bibl. Nat. Par. I, p. 77 ; *Vit. IIIᵃ* Bibl. Nat. ms. lat. 5666, f. 205 vᵒ, et Ibid. II, p. 540.

rendit au cimetière public, situé alors sur le terrain occupé aujourd'hui par la partie de la promenade du Thabor dite carré du Guesclin, la place Saint-Melaine, le jardin de la Préfecture. Le corps du grand évêque fut inhumé au lieu où se dresse aujourd'hui l'église qui naguère portait son nom. Pendant longtemps le tombeau, entouré de la vénération publique et des incessantes prières du peuple implorant l'intercession du saint, ne fut recouvert d'aucune construction. Vers la fin du VIe siècle, les fidèles élevèrent au-dessus un édicule d'une prodigieuse hauteur mais tout en bois avec une toiture de tuiles. Un jour, on ne sait comment, le feu prit dans la charpente qui s'abattit sur le sol tout embrasée avec grand fracas. Une des poutres en flammes tomba sur le sépulcre de saint Melaine qui était recouvert d'un voile de lin. Sous un tel choc cette légère tenture aurait dû être dix fois brûlée, pulvérisée. Cependant, dit un contemporain (Grégoire de Tours), « quand l'incendie s'apaisa, le peuple jetant de grands cris courut au sépulcre, et écartant un amas de tisons enflammés on trouva, à la stupéfaction universelle, le voile de lin intact (1). »

Après un tel prodige, l'église du tombeau de saint Melaine fut bien vite relevée, plus solide qu'auparavant ; on y mit des clercs, des moines pour la garder, bientôt il y eut là un monastère qui s'appela naturellement l'abbaye de Saint-Melaine. Nos hagiographes se sont tourmentés à en chercher l'origine, elle semble pourtant bien évidente : ce sont les moines de Plaz qui se transportèrent à Rennes pour garder le tombeau de leur fondateur. En voulez-vous une preuve sans réplique ? Le duc Eusebius guéri par saint Melaine comme nous l'avons vu plus haut (p. 333) lui donna, pour l'entretien de son monastère de Plaz, la paroisse de Comblessac (2) : jusqu'à la Révolution cette paroisse continua d'appartenir à l'abbaye de Saint-Melaine de Rennes.

Nantes, à la même époque (vers 530), avait un évêque, Eumère, dont un contemporain, le prêtre et poète Fortunat, a célébré les vertus (3). Mais Eumère n'était que l'aurore qui précède le soleil. Le soleil, c'est saint Félix, pour qui Fortunat épuise toutes les formules de la louange, et qui pour nous reste encore, après ce déluge d'hyperboles, une belle figure historique.

Né en Aquitaine d'une des plus illustres races de la Gaule, successeur d'Eumère en 550 sur le siége épiscopal de Nantes, il y soutint noblement la tradition de ces grands évêques gallo-romains qu'on avait vus, aux deux siècles précédents, allier dans une mesure si aimable, si digne, si harmonieuse, le génie et la politesse de Rome aux plus hautes vertus chrétiennes.

Son premier acte fut tout chrétien. Il obtint par ses prières la vie de Macliau, alors prisonnier de son propre frère Conoo, comte de Bro-Weroc, qui le voulait faire mettre à mort (en 550-552). On a vu plus haut (ci-dessus p. 442) comme Macliau répondit mal, par la suite, à l'intérêt que lui avait montré

---

(1) Greg. Turon. *Gloria Confessorum*, cap. 55.

(2) « Eusebius dedit illi (S. Melanio) totam parochiam Cambliciacum nominatam, per anulum suum, *ad suos monachos alendos* (*Vita I* S. Melan*. § 27, Boll. Janvier 1, p. 332).

(3) Fortunati *Carmina*, lib. 1, carm. 1, édit. et traduction de Charles Nisard (1887), p. 111.

Félix. Celui-ci tourna désormais toute sa sollicitude sur son peuple, son diocèse et son église. Eumère avait commencé à construire une cathédrale, dont le bâtiment était fort avancé (1). Restait à l'achever et le décorer. Félix y mit tout son soin. D'après la description qu'en donne Fortunat, c'était un vaste temple à trois nefs, au centre duquel s'élevait une tour carrée, portée sur voûtes et couronnée d'une coupole. Le toit, d'étain poli, brillait au soleil comme de l'argent. On voyait à l'intérieur trois autels : le principal dédié aux apôtres saint Pierre et saint Paul, celui de droite à saint Hilaire et à saint Martin, celui de gauche à saint Ferréol martyr. Les murailles étaient ornées de vives peintures, et l'édifice tout entier éclairé pendant la nuit de lampes ardentes (2). La consécration de cette cathédrale, célébrée vers l'an 560, fut une grande fête qui réunit à Nantes, autour de Félix, le métropolitain de Tours et les quatre évêques de Rennes, d'Angers, d'Angoulême, du Mans (3).

Aux détails que Fortunat nous donne sur la construction de ce monument, il est aisé de reconnaître les goûts artistiques du constructeur. Aujourd'hui encore on peut se convaincre que le poète sur cet article ne disait rien de trop. Le Musée archéologique de Nantes conserve un chapiteau de marbre (4) provenant de la cathédrale de saint Félix, qui est l'un des plus beaux morceaux de l'art mérovingien. En outre, dans le même musée on voit deux autres chapiteaux du VI⁰ siècle (5), provenant du monastère de Vertou construit au temps de saint Félix et, sinon dans son diocèse, du moins sous son influence directe. Quoique inférieurs au premier, ces deux morceaux sont encore fort remarquables. Ainsi, l'influence de saint Félix sut maintenir sur les deux rives de la Loire, contre le flot montant de la barbarie, les saines traditions de l'art.

Il s'efforça aussi de restituer à sa ville épiscopale la prospérité qu'elle avait eue aux beaux temps de l'Empire, et dont témoignent encore les ruines, les antiquités et les inscriptions venues jusqu'à nous (ci-dessus p. 84-86). La prospérité de Nantes, alors comme aujourd'hui, dépendait uniquement de son commerce, et son commerce de son port. Ce port était en un triste état. La Loire coulait toujours à une petite distance des remparts, — car si la Loire n'était venue trouver la ville, c'est la ville évidemment qui serait allée chercher le fleuve ; — mais le lit du fleuve si facile à ensabler, sans curage depuis un siècle, était obstrué. Les navires, n'y trouvant plus assez d'eau, s'arrêtaient un peu plus bas, de l'autre côté de la Loire, sur la rive pictavienne, devant la ville de *Ratiatum* (aujourd'hui Rezé), où le commerce s'était fixé. Il s'agissait de rétablir le port de Nantes. Félix ne s'amusa pas à nettoyer le lit de la Loire ; il le combla au contraire, et il en creusa au fleuve un nouveau, qui, le rapprochant encore de la ville, le porta immédiatement au pied des murailles : tout le monde, à Nantes, connaît

---

(1) « Extulit ecclesiæ culmen ; quod restitit unum
    Venit ad hæredem qui cumularet opus. »
                                    Fortunati *Carmina* Ibid.
(2) Fortunati *Carmina*, III, 7, Ibid. p. 90-92.
(3) Id. *Carmina*, III, 6, Ibid. p. 89-90.
(4) Décrit dans le Catalogue de ce Musée sous le numéro 93 *bis*, et dans la 2⁰ édition de ce Catalogue publiée en 1869, p. 37 n° 39 et planche 8.
(5) Dessinés dans le volume intitulé : *Congrès archéologique de France, 23⁰ session tenue à Nantes en 1856*, p. 103 et 104 ; ils sont aussi décrits et gravés dans le Catal. du Musée édit. 1869, n° 40 et pl. 8.

le canal Saint-Félix. Le port rétabli, tout était gagné ; car Nantes, ville close et cité épiscopale, offrait dès lors au commerce bien plus de sécurité et d'avantages que Ratiatum, dont à ce moment commença le déclin sans retour. Un tel résultat justifie bien au moins la moitié des métaphores poétiques de Fortunat : il voit, dit-il, « les eaux travailler à la subsistance du peuple ; il » voit du fleuve sortir une nouvelle moisson d'hommes, que le fleuve même » nourrit (1). » Cela est si vrai que saint Germain de Paris, étant venu à Nantes peu de temps après, n'y trouva, ce semble, que des commerçants, et des commerçants en fort grande prospérité, car — la preuve est sans réplique — on les voit jeter à l'envi leur argent au saint pour qu'il en fasse des aumônes (2).

Saint Félix n'épargna rien pour assurer à son peuple les bienfaits de la paix et de la sécurité matérielle. Les Bretons sur ce chapitre lui taillèrent souvent une rude besogne, surtout le fils de son ancien protégé Macliau, qui était, comme nous le savons, Waroch II. En 579, ce dernier, nous l'avons vu, fit dans le pays Nantais une terrible razzia (ci-dessus p. 446). Félix, toujours sur la brèche, engagea des négociations avec lui : non seulement il en obtint la promesse de se retirer, mais même celle de réparer le dommage commis ; selon Grégoire de Tours, cette dernière ne fut pas tenue. Mais les Bretons, plus fidèles à la première, respectèrent scrupuleusement le comté Nantais jusqu'à la mort de l'évêque (en 582) et même quatre ou cinq années après. Aussi Fortunat a-t-il bien raison de lui dire : « Ce que nul ne sait faire avec le glaive, ta langue le fait : » ta vigilante adresse est parvenue à écarter de nous les coups perfides des » Bretons (3). » Service important assurément, car le même encore dit à Félix : « Sauveur de la patrie, défenseur du peuple, tu as rendu à notre terre les » garanties publiques, à notre âge la joie des âges anciens ; tu nous as sauvés » du naufrage en renversant, par la seule vertu de la croix, les droits des Bretons » fondés sur la guerre (4). » Le poète nous révèle ainsi le secret des succès de l'évêque : il parlait au nom du Christ, et ce nom arrêtait le glaive des Bretons. Ces Bretons n'étaient donc pas si sauvages.

D'après ce qui précède, on pourrait croire saint Félix uniquement préoccupé des intérêts matériels de ses diocésains, et plus occupé lui-même de bien remplir les fonctions de son office de comte que celles de son ministère épiscopal : car on ne peut guère douter qu'il n'eût à la fois l'une et l'autre charge. Pourtant, ce serait une erreur. L'évêque Félix possédait toutes les vertus comme tous les talents de son caractère : l'éloquence, la charité sous toute forme, l'humilité, la piété.

Souvent on le voyait abandonner sa cité épiscopale pour visiter deux pieux solitaires, Friard et Secondel, qui se livraient aux plus austères pratiques de la vie érémitique dans une île déserte, perdue au milieu des grands marais où la

---

(1) Fortunati *Carmina* III, 10, édit. et trad. Ch. Nisard, p. 95.
(2) « Reddat hic testimonium nobilis facti urbs Namnetum. Quò vir Dei (S. Germanus) accedens, occurrit ei Tecla, Damiani matrona, hominis prompti negotiis..... Quo facto, negotiatores civitatis Namneticæ, quisque sui pecuniam, ut potuit, sancto viro dispensandam pauperibus devote vel obtulit vel direxit. » (*Vita S. Germani Paris,* auctore Fortunato, c. 47 et 48, dans Mabillon, *A. SS. Ord. S. Bened.* Sæc. I, p. 241).
(3) Voir ci-dessus p. 447, note 2.
(4) Fortunati *Carm.* III, 5, ibid. p. 89. C'est ici un résumé plutôt qu'une traduction textuelle de cette pièce.

Loire se débordait sur sa rive droite, vers la partie inférieure de son cours. Grégoire de Tours nomme cette île en son latin *Vindunita;* les gens du pays l'appelaient *Bethenez;* c'est aujourd'hui la paroisse de Besné (1), qui a encore pour patrons les deux solitaires du VIe siècle. Secondel était diacre, Friard simple laboureur. L'évêque, le comte, le patricien Félix ne voulait point que Friard le laboureur l'appelât autrement que « son frère » (2).

Il y avait encore alors dans le diocèse de Nantes — non au Croisic, comme on l'a prétendu sans aucune preuve, mais dans les îles de la Loire — des restes de ces bandes saxonnes, que Gradlon à la fin du Ve siècle était venu combattre jusqu'entre les rives de ce fleuve. Ces Saxons étaient restés païens. Félix travailla avec ardeur à leur conversion, et il eut le bonheur d'y réussir. Lui-même, à la fête de Pâques, dans sa ville épiscopale, il administra le baptême à toute une petite peuplade saxonne. Fortunat nous montre cette armée de néophytes vêtus de robes blanches, sortant par longues files des ondes baptismales : « Moisson » opime née de la ronce, grâce à la douce éloquence de l'évêque Félix, le Saxon, » peuple farouche et vivant à la manière des fauves, de loup qu'il était se change » en brebis (3). »

Excité par ce succès, Félix voulut tenter d'autres conquêtes. Tout près de Nantes, dans le pays d'Herbauge ou de Retz — que représente assez bien la partie du département de la Loire-Inférieure située au Sud de la Loire — les païens abondaient. Ainsi qu'on l'a déjà dit, ce pays était alors du diocèse de Poitiers. Mais, si proche voisin de ces malheureux, saint Félix pensa sans doute que la charité lui prescrivait de tout faire pour les sauver. Il envoya outre Loire un de ses prêtres, Nantais de naissance, appelé Martin, qui probablement l'avait aidé à convertir les Saxons. Martin entreprit cette œuvre avec zèle, mais sans succès. On conte même qu'étant allé prêcher dans la capitale du pays d'Herbauge, — riche ville, prétend-on, appelée *Herbadilla,* — il n'y recueillit qu'insulte et mépris; Dieu, ajoute-t-on, châtia cette ville en l'abîmant sous les eaux qui font aujourd'hui le lac de Grandlieu.

Cette tradition est ancienne, étant déjà consignée dans une Vie de ce saint Martin, écrite vers la seconde moitié du Xe siècle. Mais elle est si servilement calquée jusque dans le détail sur l'histoire de Sodome et de Gomorrhe, qu'elle inspire *a priori* une forte défiance. Il y a plus : la base première fait défaut, je veux dire cette prétendue ville d'Herbadilla, dont l'existence, combattue par des objections très fortes, ne peut trouver une seule preuve où s'appuyer. Il n'y a pourtant pas, nous le savons, de tradition sans cause. La cause de celle-ci, c'est apparemment l'inondation par les eaux de Grandlieu de quelque petit village, où Martin prêchant s'était vu moqué. Sur ce simple fond, l'imagination du peuple, habile brodeuse s'il en fut, ou peut-être seulement celle d'un clerc, retraça le sombre tableau de la légende biblique.

Quoi qu'il en soit, après son échec Martin alla, dit-on, retremper son

---

(1) Auj. c^{ne} du dép. de la Loire-Inférieure, arr. de Savenai, c^{on} de Pontchâteau. Il est probable que, tout en écrivant *Bethené* (au xie siècle), on prononçait *Bezené.* Voyez D. Morice, Pr. I, 473 et 548.

(2) Sur S. Friard et S. Secondel, voyez Grég. de Tours, *Hist. Franc.,* IV, 37, et *De vitis Patrum,* X, 1 et 2. Cf. les *Vies des SS. de Bret.* d'Albert Le Grand et de D. Lobineau.

(3) Fortunati *Carmina,* III, 9, édit. et trad. Ch. Nisard, p. 95.

cœur au tombeau des apôtres : il vit Rome ; il vit aussi, au Mont-Cassin ou ailleurs, les premières applications de la fameuse règle bénédictine. Puis il revint dans les Gaules et même encore dans le pays d'Herbauge, non plus en apôtre cette fois, mais en humble solitaire, caché sous une cabane de feuillage au cœur de cette grande forêt qui jadis couvrait une vaste étendue de terrain dans le Sud-Est de Nantes, au-delà de la Loire. Le moyen-âge la nomma forêt Nantaise et forêt de Touffou ; au VIe siècle, selon les légendes, on l'appelait *Dumen*. Bientôt on connut à Nantes le retour et la retraite de Martin : riches dons aussitôt de pleuvoir au seuil de sa pauvre hutte. On voulait lui voir reprendre la lutte contre le paganisme, et chacun selon ses moyens se piquait de l'aider.

Saint Martin ne refusa point la tâche proposée, mais il changea de tactique. Avant de se mettre en campagne, il bâtit une citadelle, je veux dire une abbaye à Vertou, sous le vocable de saint Jean, où il mit en pleine vigueur la règle de saint Benoît. Les vertus de cette sainte règle et aussi celles de l'abbé attirèrent en cette maison une foule de moines, jusqu'à trois cents, dit-on. Alors, avec cette armée, il reprit sa lutte contre l'enfer, dont le résultat fut la conversion de toute la partie orientale du pays d'Herbauge (1).

Saint Martin de Vertou mourut vers la fin du VIe siècle ou le commencement du suivant (2). Saint Félix, mort lui-même le 8 janvier 582 (3), l'avait précédé au moins d'une vingtaine d'années. Après lui, la paix qu'il avait obtenue des Bretons fut encore gardée par eux envers les Nantais pendant environ cinq ans. Mais les Rennais étaient moins tranquilles.

Ce n'est pas des Bretons, c'est des Mérovingiens et de leurs agents qu'ils avaient à se plaindre. Le roi Gontran, l'un des fils de Clothaire Ier, s'étant brouillé avec Frédégonde mère de Clothaire II, voulait enlever à celui-ci une partie de ses cités, entre autres Rennes. En 586, le duc Beppolène — le même qui devait quatre ans plus tard tomber sous les coups de Waroch (ci-dessus p. 449) — se présenta devant cette ville avec une force imposante pour y établir l'autorité de Gontran. Mais les Rennais lui fermèrent leurs portes. Ils durent singulièrement s'en féliciter en voyant la conduite de ce personnage à Angers, où il était allé ensuite pour remplir la mission dont l'avait chargé Gontran. « Là, dit Grégoire de Tours, il fit beaucoup de mal. » Il courait la campagne, brisant les portes des habitations qu'il rencontrait, pillant blé, foin, vin, tout ce qu'il trouvait de bonne

(1) La preuve de ce fait, c'est qu'au moyen-âge presque toutes les paroisses de cette partie du pays d'Herbauge appartenaient à l'abbaye de Vertou, dont le siège, depuis les incursions des Normands, avait été transféré dans une de ses anciennes dépendances, St-Jouin de Marne, en Poitou. Or, d'après les anciens pouillés de St-Jouin, cette abbaye possédait, entre autres, dans le pays de Nantes, les cures et paroisses de Vertou, Boussai, St-Jacques et la Trinité de Clisson, Gestigné, Mouzillon, Gorges, St-Hilaire du Bois, St-Etienne du Pallet, Haute-Goulaine, la Chapelle-Heulin, Monnières, la Haie-Fouacière, le Loroux-Bottereau, Château-Thébaud, St-Fiacre, le Bignon, Pont St-Martin, Rezé, St-Pierre de Bouguenais, St-Sébastien, St-Jacques de Pirmil (prieuré), Vue, Prigny, St-Lazare de Machecoul (prieuré), etc. (BI-M. XXXIX, p. 409).

(2) Sur saint Martin de Vertou, voir les deux Vies latines publiées par Mabillon, *A. SS. Ord. S. Bened.* Sæc. I, p. 371 et 681, et les notices que lui consacrent, dans leurs *Vies des SS. de Bret.*, Lobineau et le P. Albert.

(3) Ou 583. D. Morice dans son *Catalogue des évêques et abbés de Bretagne* dit 583 (*Hist. de Bret.* II, p. xiii) ; le *Gallia Christiana* (XIV, col. 800) porte 582, qui semble plus exact.

prise, battant et foulant aux pieds les habitants. Arrivé à Angers il continua ces méfaits; mais il y éprouva un accident. Un jour qu'il était à banqueter dans une maison à trois étages, les combles s'enfoncèrent sur les planchers inférieurs, presque tous les convives furent blessés et Beppolène retiré de dessous les décómbres à demi-mort. Cependant il retourna à Rennes et (ajoute Grégoire), « désirant soumettre cette ville au roi Gontran, il laissa en ce lieu son fils, sur lequel peu de temps après les Rennais s'étant jetés, le tuèrent et avec lui beaucoup de personnes de distinction (1). » Ce qui veut dire que, Beppolène ayant installé son fils en observation avec un corps de troupes dans les faubourgs de Rennes pour tâcher de s'introduire dans la place, les Rennais firent une sortie hors de leurs murs et s'en débarrassèrent. Ces événements sont de l'an 586.

Dans les trois ou quatre années suivantes, 587, 588, 590, les incursions bretonnes dans les pays de Rennes et de Nantes, surtout dans ce dernier, recommencèrent avec une nouvelle violence (p. 447-448 ci-dessus). C'est à l'une de ces années, probablement à 588, qu'on doit rapporter le fait suivant, épisode très bien peint et très caractéristique de ces razzias.

Le théâtre de l'événement est un bourg situé au pays de Nantes sur la Loire, où il existait alors, dit Grégoire de Tours, des reliques de saint Nazaire, et qui en avait déjà pris le nom conservé jusqu'à nos jours; en un mot c'est Saint-Nazaire, sur la rive droite et à l'embouchure du fleuve. Il y avait là, dans la seconde moitié du VI⁰ siècle, une église plus importante, ce semble, qu'une simple paroisse : Grégoire donne au prêtre qui l'administrait le titre d'abbé, quoiqu'il n'y ait par ailleurs nul indice de monastère en ce lieu; mais dans les églises desservies par plusieurs ecclésiastiques séculiers, ce titre était parfois attribué plus ou moins régulièrement au chef du clergé (2). — « Un jour, rapporte notre historien, un homme pieux déposa sur l'autel dans la basilique de ce lieu un baudrier de l'or le plus pur, avec sa garniture d'un travail admirable, en priant le martyr (saint Nazaire) de l'assister dans ses affaires de toute sa puissance. A peine était-il parti, arrive un Breton, un satellite de Waroch comte des Bretons, et même le premier auprès de lui. Il arrache violemment la garniture et veut prendre ensuite le bouclier. » Le prêtre de cette église, que Grégoire de Tours·en ce lieu appelle l'abbé, s'y oppose :

— « Ces choses, dit-il, appartiennent à Dieu. Elles ont été données au martyr pour la nourriture des pauvres et pour empêcher ceux qui desservent pieusement cette église de périr de male faim. Tu devrais donc y offrir quelque chose, plutôt que d'en rien enlever. »

Loin d'amadouer le pillard, ce discours de l'abbé l'exaspère :

— « Si tu ne lâches pas ce baudrier tout de suite, tu ne mourras que de ma main!»

L'abbé alors met le baudrier sur l'autel qui recouvrait les reliques de saint Nazaire, en disant :

_____

(1) « Ipse quoque ad Redonicos rediens, et eos regi Guntchramno subdere cupiens, filium suum in hoc loco reliquit Qui non multo intercedente tempore, inruentibus Redonicis, interemtus est cum multis honoratis viris » (Greg. Tur. _Hist. Franc._ VIII, 42). Ce texte pourrait être plus explicite, on en a donné diverses interprétations, celle que nous adoptons est la seule qui s'accorde logiquement avec la situation respective des Rennais et de Beppolène.

(2) Du Cange édit. Didot, I, 10.

— « Voilà l'objet que tu veux. Prends-le si tu ne crains pas le pouvoir du martyr. Mais, je t'en préviens, si tu l'emportes le martyr va te juger et te punir à l'instant même. »

Le Breton se moque de cette menace, prend le baudrier et ordonne qu'on lui amène son cheval devant le porche de la basilique, dans la clôture qui précède l'église. Le prêtre l'avertit encore :

— « Jamais personne n'a osé monter à cheval en ce lieu sacré. Rends honneur à Dieu et respecte le martyr, sans quoi il va t'arriver malheur. »

L'autre s'entête, monte à cheval dans l'enceinte sacrée et pousse son cheval pour partir. Cette enceinte avait un portail couronné d'un linteau de pierre; le cheval follement lancé lance son maître dans le linteau où il se casse la tête. Il tombe à la renverse le crâne brisé, on le porte dans la cabane d'un pauvre homme, il meurt de suite.

« Quand Waroch apprit cette tragédie, saisi d'effroi il rendit au saint martyr tout ce que son satellite lui avait pris et y ajouta beaucoup du sien (1). »

§ 2. — *Les pays de Nantes et de Rennes au VIIᵉ siècle.*

A Nantes en l'an 610 on vit un jour arriver en barque, venant de Nevers par la Loire, un personnage dont le nom remplissait alors la Gaule, une illustration de la race et de l'église scoto-bretonne, l'éloquent, pieux, austère Colomban, fondateur de l'abbaye de Luxeuil située dans le royaume de Burgondie (Bourgogne) gouverné alors par le roi Thierri II, gouverné lui-même par son aïeule la fameuse Brunehaut qui, pour garder sur son petit-fils tout son empire, se plaisait à le livrer jusqu'à l'abrutissement à de viles courtisanes. Colomban ayant repris le prince à ce sujet avec une grande force, Brunehaut le fit bannir par Thierri, qui lui ordonna de quitter la Gaule et de retourner en Irlande. Les agents de ce roi le conduisirent jusqu'à Nantes avec quelques-uns de ses moines et là le laissèrent en liberté attendre qu'un vaisseau pût le reconduire dans sa patrie. L'évêque de Nantes Suffronius, intimidé par la colère du roi contre Colomban et craignant de se compromettre « aux yeux de l'autorité, » traita l'illustre moine comme un galeux, se gara de lui comme d'un pestiféré, lui refusa tous vivres, toutes provisions même à prix d'argent; si bien que Colomban et ses disciples restèrent trois jours sans manger. Ce pleutre n'eut même pas le cœur de les secourir dans leur détresse; il laissa cet honneur à deux pieuses femmes plus braves que lui, Procula et Doda (2). En revanche, d'accord avec le comte de Nantes Theudoald,

(1) Greg. Turon. *Gloria Martyrum,* cap. 61. — Croirait-on que certains auteurs ont cité cet épisode pour prouver que Saint-Nazaire faisait partie à cette époque du comté de Vannes régulièrement possédé par Waroch? Je n accuse la bonne foi de personne; mais il faut bien le dire pourtant, Grégoire de Tours commence par déclarer que l'événement s'est passé dans le territoire dépendant de la ville de Nantes : « *In territorio urbis Namneticæ,* in vico quodam supra alveum Ligeris beati Nazarii reliquiæ continentur. »

(2) Les fidèles de Nantes firent honte de sa pleutrerie à ce triste sire, mais il y persista : « Quæ causa maximam verecundiam urbis illius pontifici excitavit, nomine Suffronio; a quo cum (S. Columbanus et socii) nihil muneris impetravissent, nec quicquam commutando capere potuêre » *(Vita S. Columbani* auctore Jona, § 46, dans Mabillon, *Acta SS. ord. S. Bened.* Sæc. IIᵉ, p. 24).

il s'ingénia à découvrir un moyen d'expédier le plus tôt possible en Irlande cet hôte compromettant.

Ils trouvèrent au port de Nantes un bâtiment qui après y avoir déchargé des marchandises du pays des Scots retournait en cette région (1). Les compagnons de Colomban avec leur bagage s'embarquèrent sur ce navire qui descendit la Loire. L'abbé suivait dans une petite barque et devait rejoindre ses moines sur leur bord quand on serait en pleine mer. Mais le navire ayant été rejeté à la côte par les lames furieuses, les agents du roi Thierri conclurent de là que le ciel s'opposait au retour de Colomban en Irlande, et ils le laissèrent à Nantes parfaitement libre : ce dont il profita pour rentrer en Gaule, aller en Austrasie jusqu'à Metz, de là plus loin encore, et enfin en Italie, où il fonda (en 612) à Bobbio un autre monastère aussi célèbre bientôt que celui de Luxeuil.

Sous le règne de Dagobert (628-638), autre incident curieux à la porte de Nantes, au monastère de Vertou. Ce roi fort généreux envers ses leudes, leur ayant distribué une bonne partie des terres de la couronne, eut l'idée — bien des fois depuis mise en pratique — de rétablir son domaine aux dépens des gens d'église : rien de facile comme de piller ceux qui par état ne peuvent se défendre. Dagobert était poussé dans cette voie par son maire du palais *(princeps aulicus)* appelé Centulfe, qui chargé d'exécuter ces spoliations y faisait bien entendu de beaux bénéfices. Le roi d'ailleurs était bon prince, il se bornait à soulager les maisons ecclésiastiques de la moitié de leurs biens et leur laissait l'autre. Les moines de Vertou en face de cette mesure générale, se voyant traités ni mieux ni pis que leurs confrères, ne crièrent pas trop haut. Centulfe, les trouvant de si bonne composition, persuada au roi de les tondre de nouveau et de les réduire au tiers de leur domaine primitif :

— Qu'ont-ils besoin de tant de terres, disait-il, puisque leurs vœux les obligent à se contenter de vivres et de vêtements modestes ? Il leur restera encore bien de quoi s'entretenir, et nous qui faisons la guerre au service du seigneur roi, ils nous laisseront ainsi quelque petite chose.

Le roi le renvoie à Vertou pour achever son pillage. Les moines lui font bon accueil, il n'avait pas été trop gênant à sa première visite. Il proteste encore cette fois de ses bons sentiments pour eux, mais alléguant la nécessité inéluctable d'exécuter les ordres du roi, il se prépare à les raser jusqu'à l'os. Les moines se fâchent à la fin ; livrant à Centulfe les bâtiments extérieurs du monastère, ils se retirent très marris dans leur clôture et passent la nuit à prier contre leurs persécuteurs. Centulfe et les bons vivants ses compagnons n'en font que rire et commencent par se mettre sur la conscience, aux frais des moines, un excellent dîner où le vin coule à flots. Puis le maire du palais s'en va dans un beau lit *(pulcherrimo lectulo)* cuver ce vin moëlleusement. — Au milieu de la nuit on l'entend jeter des cris lamentables. On va à son secours ; il est là se tordant convulsivement sur sa couche, avec un trou au ventre par où s'échappent ses entrailles :

(1) « Reperta ergo navi quæ Scottorum commercia vexerat » etc. *(Id.* § 47, Ibid.) Voir tout le voyage de Colomban à Nantes dans cette même Vie, § 45, 46, 47, Ibid. p. 23-24.

— Je vois! crie-t-il, je vois les deux patrons de l'abbaye, saint Martin de Vertou et saint Jean-Baptiste; celui-ci me laboure les côtes à coups de pieds, l'autre me casse la tête à coups de crosse!

Avant le matin il était mort, ses compagnons en fuite. Nul ne toucha plus aux terres de l'abbaye de Vertou (1). — Conclusion : les biens d'église s'avalent aisément, la digestion est plus difficile.

Une vingtaine d'années après la mort de Centulfe, un concile se tint à Nantes en 658, dont les canons nous ont été conservés. Trois de ces canons sont curieux pour les mœurs du temps.

Le 15e prouve qu'il existait à cette époque grand nombre de confréries, collèges ou associations de laïques (2), où la religion jouait sans doute un rôle important, mais dont le but principal semble avoir été une sorte de garantie ou d'assistance mutuelle dans l'ordre civil. Quelques auteurs ont cru trouver là le germe des communes jurées du moyen-âge. Sans aller si loin (d'autant qu'il n'y eut jamais guère de communes jurées dans l'Ouest de la France), on peut à bon droit y voir le principe des corporations d'arts et métiers si répandues depuis, et peut-être même de nos corps ou *généraux* de paroisses rurales.

Le 19e canon défend aux femmes d'intervenir et de parler dans les assemblées publiques et les tribunaux. Cette éloquence féminine n'a pas de quoi nous étonner beaucoup, d'autant qu'elle était, nous dit-on, encouragée par les hommes. Mais il est intéressant de constater la nature des délibérations où elle se produisait : il ne s'y agissait point d'intérêts privés, de petites affaires, mais bien, dit le concile, « des intérêts de la nation et des affaires du royaume (3). » Voilà ce que discutaient librement et publiquement, en assemblées solennelles les hommes, même les femmes du VIIe siècle. Et les congrès *féministes* tonnent contre la barbarie du moyen-âge : ô ingratitude !

Enfin le 20e canon condamne comme idolâtrie les restes des superstitions druidiques encore très vivantes dans l'Ouest de la Gaule, le culte rendu aux pierres antiques, aux arbres sacrés. Il ordonne de déraciner ceux-ci, de renverser celles-là et de les enfouir là où leurs dévots ne pourront les retrouver (4). Ce canon a dû faire détruire bien des monuments mégalithiques. Du moins n'était-ce pas pour empierrer des chemins vicinaux.

La fin du VIIe siècle fut marquée par la fondation d'une belle abbaye bénédictine près de Nantes, sur la Loire.

L'histoire de cette fondation est curieuse à étudier ; elle manifeste bien la

---

(1) « Quo ita patrato, defuit qui eo tempore res S. Martini invaderet, vel fratribus ejus loci molestiam inferre tentaret. » *Miracula S. Martini Vertavensis*, § 6, dans Mabillon, *Acta SS. ord. S. Bened.* sæc. I, p. 376.

(2) « De *collectis* vel *confratriis* quas *consortia* vocant... » D. Morice, *Pr.* I, 218.

(3) « Mirum videtur quod quædam mulierculæ placita generalia et publicos conventus indesinenter adeant et negotia regni utilitatesque reipublicæ magis perturbent quam disponant... Senatoriam sibi usurpant auctoritatem. » Id. *Ibid.*, 219.

(4) Id. *Ibid.*, 220.

situation différente, au point de vue religieux, de la Bretagne armoricaine et des cités gallo-frankes qui en étaient limitrophes. L'évêque de Nantes Pasquier (vers 675) déplore la disette de monastères existant dans ces parages, particulièrement dans son diocèse. En Bretagne, au contraire, il n'y avait que cela. Mais aux environs de Nantes, en pays gallo-frank, on n'en peut à cette époque citer que trois, — Saint-Florent de Glonne, Vertou, Noirmoutier tout fraîchement né, — et pas un de ces trois n'était dans le diocèse nantais. Pasquier donc dans sa prédication ayant décrit la perfection de l'état monastique, ses auditeurs fort impressionnés par cette peinture, le sollicitent vivement d'établir dans leur territoire *(in eorum prædio)*, c'est-à-dire dans son diocèse, une colonie de moines (1). Fort de leurs vœux, l'évêque alla demander à Lambert, abbé de la célèbre maison de Fontenelle (2) au pays de Caux, quelques religieux pour fonder près de Nantes un nouveau monastère. Lambert (675 à 680) lui en donna douze, à la tête desquels il mit un moine appelé Hermeland, Frank de noble race né à Noyon, qui avait quitté pour le cloître le poste d'échanson royal à la cour mérovingienne.

A peine arrivé à Nantes, Hermeland prit une barque et descendit la Loire, cherchant un site propre à son dessein. Deux lieues au-dessous de la ville, il vit dans le fleuve même, vers la rive droite, une île au milieu de laquelle une haute colline couverte de bois touffus s'encadrait dans une ceinture de vignes, de prés et de jardins. La beauté du lieu le tenta, il débarqua ; l'ombre et le silence des bois le déterminèrent ; et pour exprimer la paix dont il comptait jouir dans cette solitude, il appela l'île *Antrum*, antre ou grotte écartée, dont on a fait Aindre ou Indre, aujourd'hui Basse-Indre (3). Vis-à-vis cette île et vers le milieu du fleuve, il en aperçut une autre à peu près semblable mais un peu plus petite, où il ne trouva qu'une chapelle dédiée à saint Martin et, autour, quelques bergers paissant leurs troupeaux. Il l'appela *Antricinum*, petit antre, dont on fit ensuite le nom d'Aindrette ou Indrette.

L'évêque de Nantes lui donna très volontiers ces deux îles, et de suite dans la plus grande, grâce aux libéralités de ce prélat et de ses bons diocésains, un monastère tout entier s'éleva, dont la sainteté d'Hermeland fit bientôt une abbaye des plus florissantes. Cette création doit être de 680 ou 681 au plus tard, car en 682 Taurinus, successeur de Pasquier sur le siège de Nantes, assistait au concile

_____

(1) L'abbé Travers, plus chicanier que critique, part de là pour attaquer violemment l'autorité de la Vie de S. Hermeland ; selon lui l'hagiographe aurait dit ou fait dire à l'évêque Pasquier que jusque là les Nantais « n'avaient jamais entendu parler des moines », et là-dessus Travers s'écrie : « Un auteur, qui s'est si fort égaré *en assurant que les moines n'étaient point connus* » *à Nantes avant l'évêque Pasquier*, égare tous ceux qui le suivent et est suspect sur tous les » autres points qu'il traite » *(Hist. de Nantes, I, p. 97-98).* — L'auteur *qui égare tous ceux qui le suivent,* ici, c'est Travers, car la Vie de S. Hermeland n'a jamais contenu l'absurdité qu'il lui prête et qu'il invente pour la décrier ; elle dit même le contraire, car elle porte « qu'il existait jusque-là » fort peu de moines sur la côte occidentale de l'Océan : *gradus monachorum qui eatenus incolis* » *occidui littoris Oceani* PENE EXPERS *habebatur* » (Boll. Mart. III, 575, édit. de Paris). Et cela c'est la vérité pure, puisque Travers lui-même n'y trouve à citer que les trois monastères ci-dessus indiqués dans notre texte. La Vie de S. Hermeland conserve donc, malgré cette mauvaise chicane, toute son autorité. Voir aux *Eclaircissements* une note sur la Vie de S. Hermeland.

(2) Appelée depuis abbaye de Saint-Wandrille. Lambert fut abbé de ce monastère de 673 à 684, voir Boll. Mart. III, p. 573 édit. de Paris, *Commentar. præv.* § 7 ; ce *Commentaire* est d'Henschen.

(3) Comᵐᵉ du dép. de la Loire-Inférieure, cᵗᵒⁿ et arrond. de Nantes.

de Rouen (1). Sur la requête de ce successeur, aux dernières années du VIIᵉ siècle, le roi Childebert III (qui régna de 695 à 711) prit le nouveau monastère sous sa sauvegarde et lui accorda une charte d'immunité (2). L'époque de la fondation est bien établie par ces synchronismes.

L'établissement matériel de l'abbaye d'Aindre fut une opération plus compliquée que celui d'un *lann* breton. Chaque moine breton fabriquait lui-même sa cellule tellement quellement ; les bâtiments d'usage commun n'étaient guère, nous l'avons dit, que de grands hangars clos ; on prenait plus de soin de l'église, d'habitude pourtant assez modeste puisqu'on lui donnait seulement le nom d'*oratoire*. Ici tout a un aspect plus solennel : pour satisfaire aux besoins des moines, il faut plusieurs édifices, il faut des cloîtres ; on ne se contente pas d'une seule église, il en faut deux tout de suite, l'une en l'honneur de saint Pierre, l'autre en l'honneur de saint Paul. Ce ne sont pas les bras des moines qui érigent toutes ces constructions ; pendant que les ouvriers travaillent, ils prient ; on requiert en outre le concours de tous les voisins (3) ; car ici on n'est point, comme chez les Bretons armoricains, dans le fond d'une forêt, on est près d'une ville très commerçante, dans un pays déjà bien peuplé. Ces églises ne sont point de modestes oratoires, mais des basiliques à trois nefs avec plusieurs chapelles ; dans celle dédiée à saint Paul l'abside de la nef méridionale avait un autel placé sous l'invocation de saint Wandrille (4). L'évêque avec tout son clergé *(episcopus cum suis canonicis)* vint solennellement en faire la dédicace.

Cette abbaye abritée sous la faveur royale eut de suite des possessions considérables. Les deux paroisses nantaises encore existantes sous le vocable d'Hermeland (Saint-Herblain et Saint-Herblon), l'une près de Nantes, l'autre près d'Ancenis, nous montrent ses domaines se déployant le long de la Loire ; d'après la Vie du saint en effet la paroisse de Pouillé *(Pauliacum)* en faisait aussi partie. Hors du diocèse de Nantes, tout près de Rennes, autre domaine marqué aujourd'hui par la paroisse de Saint-Erblon. Plus loin, dans le Cotentin, des donations considérables faites à Hermeland l'obligèrent d'établir à Orglandes (5) une *cella* ou monastère dépendant de son abbaye. Au Sud de la Loire, en Aquitaine, il avait aussi plusieurs *cellæ* ou monastères secondaires, deux entre autres appelés Créon et Colon. Toutes ces possessions étaient assurées à la

(1) Catalogue des évêques et abbés de Bretagne, dans D. Morice, *Hist. de Bret.* t. II, p. xiv. — Il y a il est vrai quelque doute sur la date de ce concile, (voir Héfélé, *Hist. des Conciles*, trad. franç. t. IV, p. 199) ; nous nous en tenons à la date adoptée par Sirmond.

(2) « Æternæ retributionis intuitu, Francorum rex (Childebertus) suum præceptum beato Ermelando de eodem monasterio et rebus ejus fecit, ut nulla dominatio alicujus potestatis monachis in eo constitutis aliquam inquietudinem ingerere præsumeret, sed regali perpetua freti defensione, absque alicujus impedimento, libere pro eo totiusque regni ejus pace Christi deprecarentur clementiam » (*Vit. S. Hermel.* § 17, dans Boll., Mars III, édit. de Paris, p. 577). Sur l'histoire de la fondation de cette abbaye, voir cette même *Vit. S. Hermelandi*, § 12 à 17, ibid. p. 576-577 ; et dans Mabillon, *Acta SS. ord. S. Bened. Sæc.* III, 1ʳᵉ part. p. 384-391.

(3) « Cœpit *fundamenta domorum ad necessaria sufficientia* fratrum jacere et *duarum ecclesiarum*, quarum unam in honorem beati Petri, aliam in honore beati Pauli apostoli, *cum omnibus claustris monasterii* brevi explevit tempore... plurimorum *illius terræ incolarum auctus juvamine* » (*Vita S. Hermelandi* § 16, 17, Boll. Mart. III, p. 577).

(4) C'est là que S. Hermeland fut d'abord inhumé : « in basilica S. Pauli apostoli, juxta oratorium S. Wandregisili in absida meridiana » (*Id.* § 35, Ibid. p. 581).

(5) Auj. comⁿᵉ du cᵗᵒⁿ de Sᵗ-Sauveur sur Douve, arrond. de Valognes (Manche).

maison d'Aindre par des chartes fort en règle (1). Nous sommes, on le voit, en présence d'une création quasi-administrative bien alignée, bien régulière, bien correcte. Nos *lann* bretons ne sont pas si bien *peignés* que cela ; ils semblent plus fourmillants, plus agissants, plus vivants.

Voici un trait de mœurs, bien minuscule, mais qui tranche nettement la différence entre moines franks et moines bretons. Saint Hermeland avait érigé dans son monastère, en dehors de ses deux basiliques, un oratoire, nous dirions une chapelle, en l'honneur de saint Léger, martyr de fraîche date (678) très populaire chez les Franks. Un jour d'été le pieux abbé lisait les saintes Ecritures à l'ombre d'un bel arbre voisin de cet oratoire, dont les feuilles étaient couvertes de chenilles ; ces misérables insectes, tombant à chaque instant sur le divin texte, interrompaient de la façon la plus désagréable la lecture du bon père, qui prenant cet ennui en patience se bornait à secouer tranquillement le feuillet du livre pour se débarrasser des collantes bestioles. Mais un moine accompagnant l'abbé comme c'était la règle, très agacé par les chenilles, dès qu'il en voyait à terre les écrasait rageusement. Hermeland réprima ce zèle, sous prétexte que cet ennui leur était envoyé par la volonté de Dieu (2). — On n'a pas affaire là, on le voit bien, à des moines agriculteurs comme l'étaient par vocation professionnelle tous nos Bretons. Pour ceux-ci les chenilles, toutes les vermines dévorant les herbes, les blés, les feuilles, étaient des ennemis capitaux, irréconciliables, entièrement exclus de leur charité, qu'ils auraient maudits et écrasés plutôt deux fois qu'une.

Hermeland fut heureux d'avoir obtenu du roi Childebert un diplôme solennel incommutable, plaçant son monastère et tous ses biens sous la sauvegarde royale. Car après l'évêque Taurinus, l'église de Nantes tomba sous la domination d'un intrus appelé Agatheus, comte de Rennes et de Nantes, qui s'empara du titre épiscopal de ces deux villes pour jouir du temporel des deux sièges, sans songer, bien entendu, à faire aucune fonction religieuse (3) puisqu'il était purement laïque et même, dans son administration, un laïque brutal, cruel, injuste. S'il n'avait été tenu en respect par l'immunité royale, cet intrus cumulard n'eût pas manqué d'étendre ses griffes sur les beaux domaines de l'abbaye d'Aindre. Il y vint même un jour flairer cette proie opime, sous prétexte de rendre visite à l'abbé, dont la vertu, la sainteté étaient vénérées de tous si ce n'est d'Agatheus, qui mettait dans cette démarche plus de sceptique curiosité que de respect. Le saint le reçut avec courtoisie, lui offrit au réfectoire le vin du monastère, mais il le réprimanda vertement sur ses usurpations, ses injustices et ses cruautés. Cette nature barbare *[bruta mens]* fut émue, domptée par la hauteur, la fermeté de cette parole qui, sans crainte, sans ménagement, le menaçait, le jugeait au nom de Dieu. Il s'inclina, il subit avec patience et respect cette leçon, et même il en profita : il ne lâcha pas pourtant les biens

---

(1) « Per cartarum largitatem. » Voir *Vit. S. Hermel.* § 24, 25, 28, Ibid. p. 579, 580.

(2) *Id.* § 20, Ibid. p. 578.

(3) « Temporibus sancti viri, erat quidam vir inclytus nomine Agatheus, duarum urbium. Namneticæ scilicet et Redonicæ comes, locumque episcopatus in prædictis occupans urbibus » (*Id.* § 17, Ibid. p. 579. — L'ancien Catalogue des évêques de Nantes dit de lui : « Agatheus, *vocatus sed non episcopus.*»

ecclésiastiques dont il jouissait indûment ; mais il montra désormais dans l'exercice de son pouvoir moins de brutalité et plus de justice (1). Grand triomphe pour Hermeland et grand bienfait pour les peuples.

A Rennes, dans tout le VIIᵉ siècle, on ne rencontre d'autre personnage notable que l'évêque Desiderius ou Didier, qui assista au concile tenu à Rouen en 682. D'après sa Vie il était originaire de Rennes (2) ; il fut, nous dit-on, parfait en vertu, en austérité, en charité, père des pauvres, des veuves, des orphelins, des captifs. Nous ne savons de lui que ces généralités ; le seul détail que nous ayons de sa vie regarde sa mort, dont le théâtre se trouve fort loin de son diocèse. Ce prélat, voulant faire un pèlerinage *ad limina apostolorum*, partit pour l'Italie (3) ; beaucoup de ses diocésains l'accompagnèrent, entre autres son archidiacre nommé Rainfroi *[Regnifridus diaconus]*. En chemin l'évêque colligea force reliques dont il comptait enrichir sa cathédrale. A Rome sa collection s'augmenta beaucoup ; il visita là tous les sanctuaires et se livra à toutes les inspirations, à toutes les effusions de sa piété. Enfin la chaleur estivale devint si forte que tous ses compagnons tombèrent malades, et le seul remède efficace fut de fuir le climat torride de Rome. Afin de trouver de la fraîcheur, toute la bande des pèlerins rennais remonta au Nord par les montagnes, les Apennins, les Alpes, le Jura, les Vosges (4). Mais cette fraîcheur quasi-hibernale succédant aux ardeurs de l'été romain produisit une réaction déplorable : tous les pèlerins moururent, sauf l'évêque, Rainfroi et deux ou trois autres. Ils continuèrent à remonter la chaîne des Vosges ; dans un lieu appelé Morvau (selon la légende) saint Didier rencontra un évêque qui par ignorance prêchait une doctrine fausse, hétérodoxe ; il le reprit, le ramena à la vérité catholique lui et son peuple. La vénération publique obligea l'évêque de Rennes de s'arrêter pour célébrer la messe en un lieu écarté ; la beauté, la richesse des ornements avec lesquels il la célébrait et que lui avait donnés un prince du pays, excita la convoitise de quelques brigands barbares embusqués dans ces montagnes. Ils attendirent l'évêque dans une gorge abrupte, sauvage, absolument déserte, et le massacrèrent avec Rainfroi et leurs compagnons. Le corps du pontife fut porté et enseveli dans l'oratoire où il avait célébré la messe, et le lieu depuis lors s'appela de son nom Saint-Dizier (5).

(1) « Ex eo tempore minus crudelis apparuit » (*Id.* Ibid. p. 580).
(2) « Beatissimus Desiderius, Rhodonis civitatis indigena. » (Boll. Sept. V, p. 789). Quelques critiques ont voulu enlever ce saint à Rennes pour en doter l'évêché de Rodez. — Mais de *Rhodonis* à *Rhedonis* il n'y a qu'une voyelle et chacun sait combien l'échange est facile entre l'e et l'o : pour Rodez, il faut de *Rhodonis* faire *Rhutenis* ou *Rhutenensis civitas*, ce qui est beaucoup plus éloigné. Cette simple comparaison décide la question en faveur de Rennes. On pourrait ajouter d'autres arguments, ils semblent superflus.
(3) « Sumpsit ille consilium bonum, scilicet ut Apostolorum limina visitaret. » (*Id.* § 2, Ibid.).
(4) Cet itinéraire du retour de Didier suffit à prouver qu'il n'était point évêque de Rodez : comment croire que, pour revenir d'Italie à Rodez, on s'en aille chercher les Vosges ?
(5) Voir *Vita S. Desiderii* episcopi Rhodonensis (Rhedonensis), dans Boll. Sept. V, p. 789-791. — Saint-Dizier, auj. comᵐᵉ du cᵗᵒⁿ de Delle, territoire de Belfort. Le lieu où fut tué l'évêque s'appelle Croix, *Ad Crucem* dans la Vie de S. Didier ; c'est auj. une comᵐᵉ qui touche celle de Saint-Dizier au Sud et qui fait aussi partie du cᵗᵒⁿ de Delle.

§ 3. — *Rennes, Nantes, Vannes au VIIIᵉ siècle.*

Après la mort de Desiderius l'église de Rennes eut à subir, comme celle de
Nantes, l'intrusion oppressive du comte Agathéus. Mais tandis qu'à Nantes, le
comte successeur de celui-ci, appelé Amito ou Amélo, continuait cette intrusion
dans l'évêché de cette ville, l'église de Rennes délivrée de l'oppression se vit,
au commencement du VIIIᵉ siècle, consolée, régénérée par un pieux évêque dont
la vertu s'éleva jusqu'à la sainteté, *Moderamnus,* qu'on appelle aujourd'hui saint
Modéran. Plusieurs auteurs graves (1) placent le début de son épiscopat dès 703.
Malheureusement les seules circonstances de son histoire venues jusqu'à nous
concernent l'abandon fait par lui de l'église de Rennes. Lui aussi il voulut faire
le pèlerinage de Rome (vers 717), mais il commença par aller à Reims vénérer
le tombeau de saint Remi et obtint du trésorier de l'abbaye qui en avait la
garde quelques morceaux de l'étole, du cilice et du suaire de ce grand évêque.
Arrivé en Italie il campa une nuit au pied d'une montagne des Apennins dite le
mont Bardon, au territoire de Plaisance vers les limites de la Ligurie. Il avait
suspendu ses reliques à un chêne vert, le lendemain matin il partit sans songer
à les reprendre. Quand il s'aperçut de cet oubli — vraiment singulier — il avait
déjà fait plus d'une lieue. Il expédie en grande hâte un de ses clercs appelé
Wulfad pour aller chercher ce trésor. Wulfad le trouve là intact, pendu à
l'arbre ; mais quand il veut le saisir, la branche qui le porte s'élève, s'élève
encore, toujours hors de la portée de sa main. Le clerc va conter à son évêque
sa déconvenue. Modéran revient sur ses pas, s'installe sous le chêne et prie une
partie de la nuit, mais en vain : la maligne branche se joue de lui comme de son
clerc. Désespéré il va dire la messe à un monastère voisin appelé Bercetto, et il a
l'idée de promettre au patron de cette maison (saint Abundius) d'y laisser, s'il
peut les recouvrer, une partie de ses reliques. La branche alors devient raisonnable, Modéran reprend son trésor et le laisse en dépôt à Bercetto pendant son
voyage à Rome. Le roi des Lombards Luitprand, fondateur de cette maison, ayant
ouï cette histoire des reliques de saint Remi et par la même occasion appris toutes
les vertus de Modéran, lui donne ce monastère. L'évêque rentre en France, va
d'abord à Reims pour soumettre Bercetto à l'abbaye de Saint-Remi, — puis à
Rennes où il se démet de son épiscopat, fait nommer son successeur, et de là
court en toute hâte (en 720) s'établir à Bercetto, où il vécut encore une dizaine
d'années (2).

Ce faible attachement pour ses ouailles n'était pas pour toucher le cœur des

---

(1) Entre autres Baillet, *Vies des SS.* édit. 1739 in-4°, VII, 345 ; Le Cointe, *Annal. eccl. Franc.* IV,
p. 467.

(2) Sur S. Modéran voir Mabillon, *A. SS. Ord. S. Bened.* Sæc. III, part. 1, p. 517-521 ; Boll.
Oct. IX, 619-622 ; Baillet, *Vies des SS.* 1739, VII, p. 344-346 ; Lobineau, *Vies des SS. de Bret.* édit.
in-fol. p. 174-175. — Ce qui fixe l'époque de S. Modéran, c'est que selon Flodoard (*Hist. eccl. Remensis*
I, 20) il vécut au temps du roi de Neustrie Chilpéric II et obtint même de ce prince l'autorisation
d'aller à Rome ; or Chilpéric II régna de juin 715 à décembre 720 (*Art. de vérif. les dates* I, 549).

Rennais, qui cependant en 1845 firent de belles fêtes pour célébrer le retour en leurs murs des reliques de ce prélat fugitif.

Selon certains auteurs, l'église de Nantes se serait vers le même temps relevée des souillures de l'intrusion d'Agathée et d'Amito, par une épopée splendide. En 725, son chef légitime l'évêque Emilien serait allé, avec une armée de ses diocésains, porter secours à la ville d'Autun attaquée par une invasion des Sarrasins, et après plusieurs victoires sur les mécréants, accablé sous le nombre, il serait tombé glorieusement à trois lieues de la cité autunoise, en un lieu dit alors Saint-Jean de Luze et qui s'appelle depuis lors Saint-Emiland. On s'est efforcé, il y a une quarantaine d'années, de raviver cette légende et de lui donner une réalité historique. Tout bien pesé, on n'y a guère réussi. Pour tout document écrit on n'a qu'un office composé au XVIe siècle, pure amplification de rhétorique avec des discours à la Tite-Live, où les chefs sarrasins portent des noms de roman, Eustragéus, Nymphéus, etc. On ne trouve dans aucune chronique ce nom d'Emilien lié à aucune invasion sarrasine quelconque, il faut donc l'y introduire arbitrairement pour donner quelque apparence à cette légende. Mais on se rejette sur la tradition et l'on s'étaie de la grande autorité de Mabillon qui a constaté et accepté, dit-on, cette tradition au XVIIe siècle. Constaté oui. Accepté? on va en juger. Dans son *Voyage de Bourgogne* de l'an 1682, il dit :

« De Couches (1) nous nous rendîmes (2) au bourg de Saint-Emiland ; à l'entrée de ce bourg s'offrit à nous un cimetière au milieu duquel était une chapelle, et autour de cette chapelle une innombrable quantité de cercueils de pierre dont le couvercle s'élevait au-dessus du sol. Etonnés du fait, nous interrogeâmes des paysans : « Le patron de ce lieu, nous dirent-ils, est saint *Milan* (ainsi le nomment-ils), par la vertu duquel sont descendus ici du ciel tous ces cercueils de pierre pour servir de sépultures aux chrétiens tués par les Sarrasins. » — Nous entrâmes ensuite dans la chapelle où nous vîmes la figure d'un évêque armé de toutes pièces. Sur les questions que nous lui adressâmes, le curé de la paroisse nous répondit que l'on regardait saint Emilien (S. *Æmilianus*) comme un évêque de Nantes, qui à la tête d'une armée chrétienne ayant poursuivi les Sarrasins jusqu'en ce lieu leur livra une bataille où périrent un grand nombre des siens que l'on ensevelit, comme lui, dans des cercueils de pierre venus du ciel à cet effet. C'est là ce que disait la tradition, et il n'en savait pas plus. Tous les gens du pays ont le plus grand respect pour les reliques de ce saint, dont la fête, célébrée tous les ans dans l'octave de la Saint-Jean-Baptiste, attire un grand concours de fidèles. Le lieu nommé Saint-Emiland depuis la mort du saint s'appelait auparavant Saint-Jean de Luze. — Cela dit, le curé nous introduisit dans son église, où il nous présenta et nous fit vénérer le chef de saint Emilien, et il ajouta qu'à Saint-Pierre de l'Etrier (3), tout près d'Autun, on voyait aussi

---

(1) Couches-les-Mines, auj. ch.-l. de c*on de l'arrond. d'Autun, Saône-et-Loire ; Saint-Emiland est une com** du c*** de Couches les Mines.

(2) D. Mabillon, dans son voyage de Bourgogne, avait pour compagnon de route D. Michel Germain.

(3) S. Petrus *de Strada* ou *de Strata via.*

une grande quantité de cercueils de pierre semblables à ceux de sa paroisse.

» Nous remerciâmes le curé et en poursuivant notre route, nous cherchâmes quelle relation pouvait exister entre ces cercueils et ce qu'on nous avait conté de saint Emilien. Evidemment (1) ce saint est l'Emilien martyr d'Autun mentionné dans le Martyrologe de Gellone (imprimé au tome XIII du *Spicilège*) sous la date du XI des Calendes de septembre (22 août), en ces termes : « *A Autun fête de Médard*, EMILIEN *et Symphorien, martyrs.* » Cet Emilien aura été inhumé à Sain-Jean de Luze, et les chrétiens des anciens temps auront voulu par piété se faire inhumer auprès de son sépulcre. C'est le même motif qui a donné naissance au cimetière de Saint-Pierre de l'Etrier, où (selon Etienne Ladonne dans son poème des *Antiquités Autunoises* tout à fait sur la fin) se trouvent les tombeaux des saints évêques d'Autun *Réticius, Cassianus, Simplicius, Egemonius* et autres (2). »

Mabillon, on le voit, ne s'arrête même pas à discuter la légende d'un Emilien évêque de Nantes venant de l'autre bout de la Gaule, on ne sait ni quand ni comment, batailler contre les Sarrasins dans les environs d'Autun : légende parfaitement incohérente et qui ne se peut rattacher à aucun texte ancien. En revanche, Mabillon indique très bien l'origine authentique et beaucoup antérieure de ces cimetières chrétiens, — l'existence de l'Emilien, martyr autunois des premiers siècles étant certaine puisqu'il est mentionné dans le Martyrologe hiéronymien (3). Plus tard, après les invasions sarrasines, pour expliquer cette agglomération de tombeaux dont ils ignoraient la véritable origine, les paysans du lieu imaginèrent cette croisade, dont le martyr inhumé au centre de toutes ces sépultures devint naturellement le chef. Quelque autre méprise analogue à la première en fit un évêque de Nantes, *antistes Nanthensis*, dit la légende latine. *Antistes* pourrait être un abbé, *Nantensis* ressemble beaucoup à *Nantuensis* : *Nantensis* ou *Nantuensis antistes* peut se traduire par abbé de Nantua tout aussi bien et même mieux que par évêque de Nantes : et Nantua, abbaye fondée vers l'an 700, n'est qu'à trente lieues d'Autun (4).

Quant au saint Emilien honoré à Saint-Emiland, c'est un vénérable martyr autunois sans relation avec l'église de Nantes. Voilà la vérité (5).

---

(1) « Indubiè is est Æmilianus martyr Æduensis, de quo Gellonense Martyrologium in tomo XIII *Spicilegii* editum sic habet ad XI Kal. Septemb. : *Augustoduno, Medardi, Æmiliani, Symphoriani mart.* Hic ergo sepultus fuerit Æmilianus iste, ad cujus tumulum se devotionis causa sepeliri voluerunt pii priscorum temporum christiani. Eadem ratio de cœmeterio S. Petri de Strada, ubi esse *divorum præsulum Augustodunensium Rœticii, Cassiani, Simplicii, Egemonii* aliorumque monumenta canit Stephanus Ladoneus in *Antiquitatibus Æduorum*, omnino sub finem. » (Mabillon. *Itinerar. Burgundic.* dans ses *Œuvres posthumes*, II, p. 15).

(2) *Itinerarium Burgundicum anni* MDCLXXXII dans les Œuvres posthumes de D. Mabillon et D. Ruinart publiées par D. Vincent Thuillier, 1724, t. II, p. 14-15. — Le poème latin d'Etienne Ladonne (*Augustoduni antiquitates*) fut imprimé à Autun en 1640.

(3) « XI Kl. Sep. In Gall. civ. Augustiduno natale scorum Medardi et *Emeliani cum filiis VIII* et sci Symforiani mar. » (Boll. Nov. II, p. [109].

(4) Un critique fort ingénieux a proposé de voir dans la prétendue croisade du prétendu Emilien nantais une translation de reliques de S. Similien. S'il y avait trace de cette translation, soit. En attendant, c'est au moins très spirituel.

(5) Dans le temps où l'on s'efforça de remettre en honneur la prétendue croisade du prétendu Emilien nantais, j'étais à Nantes et je cédai à l'opinion courante qui menait alors grand bruit. Depuis, ayant étudié de près la question, il m'est impossible d'y persister. — Le chicanier Travers, qui avale sans difficulté le S. Émilien nantais et sa fabuleuse croisade, n'a pas assez d'un évêque croisé : il lui donne un successeur du même genre, Salvius, qu'il a le premier inventé et dont il dit : « Cet

S'il était bien sûr que saint Vital (appelé aussi Vial ou Viau) fût venu vers 725, comme l'affirment les auteurs modernes, s'établir de la Grande-Bretagne dans l'Outre-Loire, une lieue environ au Sud de la ville actuelle de Paimbeuf, ce serait là un fait notable à double titre. L'émigration d'un Breton insulaire au VIIIe siècle est déjà par elle-même un cas singulier ; la singularité est plus grande quand on voit cet émigrant tardif aller s'établir, non dans l'Ouest de la péninsule armoricaine parmi ses compatriotes, mais au Sud de la Loire au milieu des Gallo-Franks dont la langue lui devait être inconnue. Cette dernière singularité pourrait s'expliquer par l'extrême passion des anachorètes bretons pour l'extrême solitude : c'est une double solitude de vivre solitairement chez un peuple dont on ignore la langue. Les auteurs modernes ont ajouté une troisième singularité plus forte encore : ils envoient cet ermite breton se faire moine dans la grande abbaye bénédictine, gallo-franke, de Noirmoutier. Un Breton insulaire émigré en Gaule pour y faire, si l'on peut ainsi parler, une débauche d'ascétisme, ne pouvait avoir une telle idée. Aussi n'y en a-t-il pas trace dans les documents anciens concernant Vital venus jusqu'à nous : documents hélas ! peu explicites se bornant à résumer la légende traditionnelle passablement vague qui a traversé le moyen-âge. Vital était bien originaire de la Grande-Bretagne, suivant sa Vie ancienne, mais on n'y trouve nul indice du temps où il a vécu, et il y a lieu dès lors de le placer plutôt dans le VIe siècle, à l'époque du grand courant des émigrations bretonnes : c'était aussi, au XVIIe siècle, l'opinion qui prévalait dans le pays (1).

Ce bon ermite breton s'établit sur une hauteur qu'on appelait alors le mont Scobrith (2), il y bâtit d'abord une petite cellule, il y ajouta un petit oratoire, et avec le concours de la population voisine, encore peu nombreuse, il agrandit ensuite cette église qui devint le centre d'une paroisse ; il y mourut pieusement et après sa mort la paroisse prit son nom, qu'elle porte encore : c'est Saint-Viau. — Le saint fut enterré là. Au IXe siècle, lors des invasions normandes, les moines de Noirmoutier emportèrent son corps avec les reliques de leur abbaye et mirent le tout en sûreté dans l'abbaye de Tournus en Bourgogne. Cette circonstance fit croire qu'il avait été moine de Noirmoutier, mais il n'en est rien, il n'en est pas question dans sa Vie, et le fait n'est aucunement vraisemblable.

Le souvenir du vieil ermite est encore très vivant dans sa paroisse. A peu de distance du bourg il existe un rocher appelé aujourd'hui la Pierre-Cantin ; Viau s'y retirait, dit-on, dans une grotte pour prier solitairement ; les gens du lieu

» évêque ne nous est connu que par l'auteur du *Livre des Etats, empires et principautés du monde*, » qui nous apprend que Salvius, évêque de Nantes, se trouva à la bataille que Charles Martel » donna en octobre 732 aux Sarrasins entre Tours et Poitiers, et qu'il y fit très bien de sa personne » (*Hist. de Nantes* I, p. 109-110). — Ce *Livre des Etats du monde* est une ridicule compilation que Travers ne fait pas connaître autrement. Sur la seule autorité de cette rapsodie il n'hésite pas à admettre ce nouvel évêque, cela n'étonne point de sa part. Mais on est surpris de voir Dom Morice et ensuite M. Hauréau (*Gall. Christ.* XIV, 802) accepter sans aucune difficulté cet évêque purement imaginaire.

(1) C'était du moins celle d'un vénérable recteur maître François Merlet, vivant en 1638, qui recueillit et transcrivit l'ancienne Vie latine de son saint, auquel il fit quelques additions plus ou moins autorisées. Les Bollandistes ont publié le tout au 16 octobre (Boll. Oct. IV, p. 1096-1099), en distinguant avec soin les additions et le texte primitif.

(2) Ce nom a un aspect breton. Peut-être y avait-il sur la colline, près de la cellule de l'anachorète, un buisson de sureau (*scao*) qui l'annonçait de loin et que l'on appelait *Scao Brith*, le Sureau du Breton ?

y retrouvent l'empreinte de ses pieds, de sa tête, de son bâton, de son bréviaire. On y a planté une croix et l'on y fait de nombreux pèlerinages (1).

Reste à parler de la situation de Vannes et du Vannetais oriental ou gallo-frank (situé entre Vannes et la Vilaine) avant 753.

Dom Lobineau, trouvant dans le *Catalogue des Évêques de Vannes* du P. Albert Legrand le nom d'un certain *Ogerius* qui aurait été comte de Vannes en 622-627 (2), conclut du caractère germanique de ce nom « qu'après la mort de Guérech II (Waroch) et de Canao (son fils) la ville de Vannes rentra sous l'obéissance des Francs (3). » Conclusion mal assise, car l'existence de ce comte Ogerius ne reposant absolument sur rien sinon sur ce méchant Catalogue qu'Albert a pris on ne sait où et retouché encore à sa façon, cette existence n'a aucune réalité. On ne peut que répéter ce qui a été dit plus haut (p. 506) : en droit, la ville de Vannes appartenait toujours à la monarchie des Franks; en fait, quant à sa possession effective, elle était ballotée entre les Franks et les Bretons selon que, dans les courses faites par ceux-ci et par ceux-là sur le territoire de leurs voisins, ceux-là ou ceux-ci étaient vainqueurs. De 600 à 753, Vannes fut ainsi, sans aucun doute, plusieurs fois prise, perdue, reprise et abandonnée par chacune des deux nations. Nous avons lieu de croire, par exemple, que dans le premier quart du VIIIe siècle elle était sous l'autorité des Franks. Il y a un saint, un Emilien authentique, originaire du pays de Vannes et que nous nommerons dès maintenant saint *Emilion*, puisque son nom sous cette forme est connu du monde entier ; sous sa forme régulière *(Æmilianus)* ce nom le rattache évidemment à la race gallo-romaine ; né à Vannes dans une humble condition, il s'éleva bientôt au-dessus de son origine par sa vertu, son instruction, son intelligence, — à ce point que le comte de Vannes *(Venetensis comes)*, dont il avait d'abord été serviteur, lui donna l'intendance de toute sa maison (4).

Arrêtons-nous ici. Ce comte de Vannes mentionné là, dont on ne nous dit point le nom, ne peut être qu'un fonctionnaire gallo-frank, administrant le pays régulièrement, pourvu de sa charge par le roi mérovingien. Si c'était un Breton, on eût nettement désigné sa nationalité, on l'aurait appelé *Brito*. En outre, il n'aurait pas pris pour intendant, pour homme de confiance, un personnage aussi pacifique, aussi vertueux que le bon Emilion : ces Bretons toujours plus ou moins enclins à guerroyer voulaient pour agents des ferrailleurs. La Vie de S. Emilion prouve donc, à mon sens, que de 700 environ à 730 (c'est l'époque que l'on assigne à son existence en Armorique) Vannes fut aux mains des Franks ; cette ville en sortit ensuite puisqu'en 753 elle était, nous l'avons vu, en celles des Bretons.

Quant à Emilion, si l'on est curieux de savoir comment — bien que né à

(1) Voir J.-L. Boyer, *Notices sur le dépt de la Loire-Inférieure*, 3e édit. (1832), p. 179.
(2) *Vies des SS. de Bret.* édit. de 1680, *Catal. des Evêques*, p. 136.
(3) *Hist. de Bret.* I, p. 21.
(4) « Præcipuum ejus studium fuit in sustentandis pauperibus... ita ut cum omnibus *concivibus* suis gratissimus (Æmilianus) foret, tum præcipuè *Venetensi comiti*, qui virum sanctum evocavit in domum suam, ut domesticis omnibus præesset et rem familiarem universam procuraret » (*Vita S. Æmiliani*, dans Guadet, *Saint-Emilion, son histoire et ses monuments* (1841), p. 264.

Vannes peu renommé pour ses vins — il est devenu le patron de l'un des meilleurs crus de France célèbre dans tout l'univers, nous le dirons en deux mots. Sa vertu très parfaite excitait l'envie, et bien qu'il eût facilement raison des envieux quand il était forcé de les combattre, homme de paix et de prière il préférait fuir la lutte. C'est là ce qui le fit quitter Vannes et l'Armorique ; comme Malo au siècle précédent, il s'enfuit en Saintonge, il se fit moine en un monastère dit Salignac, voisin de Saintes (1). L'envie encore le chassa de ce monastère ; il descendit vers le Sud droit devant lui jusqu'à la Dordogne ; arrêté par ce fleuve, trouvant sur ses bords une belle et ombreuse forêt — la forêt de Combes (2) — il résolut de s'y cacher en quelque trou bien obscur, bien reculé, bien inconnu, pour y vivre en solitaire dans l'unique contemplation de Dieu. Un rocher qui s'élevait parmi ces bois lui offrit une humble grotte, dans laquelle il s'enferma et qui existe encore au centre de la petite ville portant aujourd'hui son nom (3). Le renom de sa vertu s'étendit dans la contrée : les oiseaux du ciel voletaient sans crainte sur ses mains, sur ses épaules ; sur le bruit des guérisons obtenues par ses prières la foule affluait ; nombre de saints hommes venaient le supplier de diriger leur vie ; bref, bon gré mal gré, d'ermite il devint le chef d'une grande communauté monastique, et le petit oratoire creusé par lui au flanc de la colline près de son ermitage se changea en une vaste église souterraine entièrement découpée, taillée dans le roc, véritable monument monolithe.

« Église *la plus singulière de France et comme unique dans le monde* (4), » longue de cent vingt pieds sur soixante de large et autant de haut ; divisée dans le sens de sa longueur en trois galeries ou trois nefs, dont les voûtes à plein cintre reposent d'un côté sur les parois de l'édifice, de l'autre sur deux lignes de forts piliers ménagés dans la masse du rocher. « Six croisées pratiquées dans la façade extérieure, trois dans la partie basse et trois dans la partie supérieure, projettent dans les trois longues nefs de ce vaste souterrain une froide lumière qui ne parvient que fort affaiblie dans les parties reculées du monument. » Plusieurs sculptures bizarres, grossièrement exécutées en décorent l'intérieur : figures allégoriques, — anges, monstres, centaures, animaux divers, signes du Zodiaque — dont le sens est difficile à déterminer.

Cette église étrange et grandiose est l'œuvre d'Émilion et de ses premiers disciples. Plus tard, sur la colline où elle est enfouie et dans les campagnes environnantes furent plantées des vignes, source immortelle du nectar dont la renommée est universelle. Tout cela sortit de la cellule du pauvre ermite vannetais, bien oublié aujourd'hui dans son pays (5) et que je me suis plu à

---

(1) « Cœnobium Saligniense quod apud Santones est situm. » (Id. *Ibid.* p. 265). Probablement Salignac, gros village de la com⁰ᵉ de Pérignac, c⁰ⁿ de Pons, arrond. de Saintes, Charente-Inférieure.

(2) Il y a encore une com⁰ᵉ dite Saint-Laurent des Combes, à une demi-lieue Est de Saint-Émilion.

(3) Saint-Émilion, auj. com⁰ᵉ du c⁰ⁿ et arrond. de Libourne (Gironde) peuplée de deux à trois mille habitants.

(4) L'expression est du comte de Laborde, dans son rapport à l'Académie des Inscriptions sur le concours des Antiquités nationales de 1838. Voir sur cette curieuse église Guadet, *Saint-Émilion*, p. 15 à 21.

(5) Il a cependant en Bretagne une très belle église du XVIᵉ siècle : chose étrange, elle n'est point au pays de Vannes mais dans l'ancien diocèse de Tréguer, en Loguivi-Plougras. — Voir sur cette église Gautier du Mottay, *Répertoire archéologique des Côtes-du-Nord* (1884) p. 323-324 ; et B. Jollivet, *Les Côtes-du-Nord* (1859), t. IV, p. 323-324.

rappeler ici, car, dans l'ordre temporel et dans l'ordre spirituel, son histoire, son église aussi, est comme son vin — elle a du bouquet.

Nous voici au terme de la deuxième Époque de nos annales, qui est, à vrai dire, la première de l'histoire des Bretons Armoricains, puisque cette époque vit s'accomplir leur établissement en Armorique. La nation bretonne possède tous ses éléments, tous ses organes, elle est fondée; mais elle n'a point encore sa forme définitive. Elle l'acquerra, à travers bien des épreuves, dans l'époque qui va suivre.

S. Melaine (p. 532).

NOTES ET ÉCLAIRCISSEMENTS.

I. — *Les voies romaines de la baie du Mont Saint-Michel.*

Nous avons vu p. 9 que personne jusqu'à présent n'a fourni la preuve certaine de l'existence d'un tronçon de voie romaine se dirigeant nettement du Sud au Nord jusqu'à la grève de la baie de Cancale ou du Mont Saint-Michel et ne pouvant continuer sa marche en ligne droite qu'en entrant dans la mer. En revanche, on a essayé de prouver, par des textes plus ou moins anciens et plus ou moins sûrs, l'existence de voies de ce genre persistant jusque dans le moyen-âge. Pour qu'on puisse juger de la valeur et de la signification de ces textes, nous allons citer ici les deux principaux allégués à ce sujet.

Le premier est une charte de l'an 1242, contenant certaines donations faites à l'abbaye normande de Montmorel, et dans laquelle on rencontre une délimitation ainsi exprimée : « Tria jugera terre, que sita sunt inter clausum eorumdem canonicorum (B. Marie de Montmorelli) quod dicitur de Malo Pertuso et viam petrosam *que ducit inter mare et rocam de Redonis* et que etiam dicitur *Via de sub mari* (1). » On n'a pas manqué de tirer parti de ce nom *(Voie sous la mer)* pour conclure qu'il s'agit là d'une voie romaine recouverte par les flots, mais la ligne précédente nous montre cette route filant le long du rivage entre un rocher dit la Roche Rennaise et la mer, — si près de la mer qu'elle en était quelquefois couverte : c'est là tout ce que signifie le nom *Via de sub mari*, qui n'indique nullement l'existence d'une ancienne voie romaine traversant la baie.

Il y avait cependant à travers la baie des routes ou plutôt des chemins d'usage, mais qui n'étaient point des voies romaines, comme on en jugera par l'extrait suivant d'une charte ou diplôme épiscopal de l'an 1249 :

« Petrus Dei gratia Kalinensis episcopus (2)...... Hinc est quod crucem recolimus in arenis Montis Sancti Michaelis de Periculo maris fuisse positam, peregrinis et aliis transeuntibus valde necessariam, *quia et tenende vie*, suborta nebularum (prout ibi frequenter accidit) caligine, *signum erat* et preoccupatis equoris impetu tutum receptaculum et salubre : quam (jam diu est) radicitus in mari evulsam religiosi abbas et conventus ejusdem Montis, precavere viatorum periculis cupientes, reficere de novo sumptibus non modicis prout esset, vellent... Anno millesimo cc° quadragesimo nono (3). »

Il s'agit ici simplement d'une route, d'une direction habituellement suivie par les pèlerins à travers les grèves de la baie là où elles offraient le moins de danger, direction dans laquelle la vue de cette croix qu'il s'agissait de relever les aidait à se maintenir. — Selon un ancien historien de

---

(1) Abbé Desroches, note *Sur les paroisses de la baie du Mont Saint-Michel* (in-4°, 1846), page 9, et *Rapport à la Société d'archéologie d'Avranches*, p. 18.

(2) Evêque de *Calinum* ou *Calenum*, délégué du Saint-Siège. L'antique *Calenum* répond à une petite ville de la Terre de Labour, roy. de Naples, voisine du golfe de Gaëte, appelée *Carinola*, siège d'un évêché suffragant de l'archevêché de Capoue et à 6 lieues environ au Nord-Ouest de cette ville, — sans aucun rapport avec le bourg de *Cerignola*, qui est sur l'autre côte de l'Italie, vers la mer Adriatique, 9 lieues au Sud de Manfredonia. Voir Bruzen de la Martinière, *Grand dict. géograh.* II, p. 169 et 285 ; Moréri, *Dict. hist.* édit. 1759, III, p. 249 et 403 ; Gams, *Series episcop. Eccl. cathol.* p. 869-870.

(3) Desroches, note *Sur les paroisses* etc., p. 11.

l'abbaye, Thomas Le Roy, « cette croix était placée entre le dortoir des religieux et le rocher de Tombelaine, environ à la quatrième partie du chemin plus près du dortoir que du rocher. » Dans une lettre écrite à l'abbé Desroches en 1846, le vicomte de Guiton rapporte « avoir lu un titre où il était dit que le soubassement de cette croix destiné à servir de refuge aux pèlerins surpris par les marées, avait soixante pieds de hauteur (1). » — La reconstruction de cette croix devant être fort dispendieuse, les lettres de « Petrus Kalinensis episcopus » de 1249 avaient pour but de stimuler la générosité des visiteurs du Mont en accordant des indulgences à ceux qui feraient des aumônes dans ce but.

Tout cela est assurément curieux pour l'histoire du Mont Saint-Michel, mais n'établit pas du tout l'existence de voies romaines traversant jadis la baie et noyées sous les sables.

II. — *La ville de Nasado.*

Rectification à la p. 10 du présent volume, ligne 2 — où *Nasado* est mise dans la catégorie des villes fabuleuses « noyées sous les flots. » Selon Habasque *(Notions sur les Côtes-du-Nord* III, p. 117 (1836), les habitants d'Erqui prétendent qu'il existait jadis au village de Pussoir une ville appelée *Nasado* qui « fut détruite à cause de la dépravation des mœurs de ses habitants. » Le hameau du Pussoir, très voisin d'Erqui, étant situé à un kilomètre de la mer, la prétendue Nasado aurait été en terre ferme. — Mais d'autre part, d'après l'abbé Manet et Denoual de la Houssaye, des vieillards d'Erqui auraient affirmé à ce dernier en 1807 que, « dans les marées » basses, ils avaient encore aperçu certaines ruines de la vieille ville » (Habasque, *Ibid.* note 3) — ce qui la ferait rentrer dans la classe des villes noyées. En telle matière les contradictions n'ont rien d'étonnant.

III. — *Textes historiques invoqués pour étendre le pays des Vénètes jusqu'à la Loire.*

Voir ci-dessus p. 81, 82 et note 4 de cette dernière page. — Le texte que l'on cite comme le plus décisif est extrait d'un récit des miracles de saint Aubin, évêque d'Angers *(Miracula S. Albini)*, le voici :

« Nec vero terra nativitatis sancti præsulis munificentiæ virtutum ejus extitit immunis. In *Venetensi nempe territorio vicus quidam* est in littore Oceani maris situs, *quem Britannica lingua Gueuran* (recte *Guenran)* vocat, ob plurimum commercium salis valde populosus » etc. *(Mirac. S. Albini,* cap. III, Bolland. Martii I, p. 56, édit. de Paris).

Ici la ville de Guérande est formellement mise dans le pays de Vannes. Ce récit des Miracles de saint Aubin est l'œuvre d'un moine de l'abbaye de Saint-Aubin d'Angers qui déclare lui-même vivre et écrire sous deux abbés, Gautier *(Walterius)* et Otbran, qui gouvernèrent ce monastère, le premier de 1036 à 1055, le second de 1060 à 1082 (voir *Gall. Christ.* XIV, 607-608 et 609-610). Ainsi cet auteur écrivait dans la seconde moitié du XIe siècle. Il était grossièrement ignorant de la géographie de la Bretagne, non seulement aux temps anciens mais à son époque. Les documents authentiques contemporains prouvent en effet qu'aux XIe et XIIe siècles Guérande et tout le pays environnant faisaient partie, sans aucun doute possible, du diocèse et du comté de Nantes. Exemples :

Guérande et *Piriac.* — En 1112, donations à l'abbaye de Redon en Guérande et en Piriac sous l'autorité de Brice évêque de Nantes *(Cartul. de Redon,* p. 324, 325, 390). Dans la charte de 1123 pour l'église de Nantes attribuée au roi Louis le Gros, Piriac sous le nom de *Cariacum* est mentionné parmi les possessions immémoriales de l'église de Nantes (D. Morice *Preuves* I, 548). Nous parlerons plus loin de Guérande au IXe siècle.

Escoublac. — En 1073, Quiriaque évêque de Nantes confirme à l'abbaye de Saint-Florent de Saumur la possession de l'église d'Escoublac. (D. Morice, *Pr.* I. 440).

Saint-Nazaire. — Au VIe siècle, Grégoire de Tours met formellement Saint-Nazaire *in territorio urbis Namneticæ* (voir ci-dessus p. 539 note 1). Au XIe siècle, vers 1080, Saint-Nazaire

(1) Desroches, *Rapport à la Soc. d'arch. d'Avranches*, p. 17.

faisait partie de la seigneurie de Donge, laquelle relevait certainement du comté de Nantes. (D. Morice, *Pr.* I, 435 et 453.)

La Roche-Bernard. — Deux actes, l'un de 1063 à 1076, l'autre de 1093, nous montrent une terre située *ad Rocam Bernardi*, donnée à l'abbaye de Redon sous l'autorité du comte et de l'évêque de Nantes *(Cartul. de Redon*, p. 279-280 et 314-315).

Allant un peu plus vers l'Est sans sortir de cette presqu'île formée par le bas cours de la Loire et celui de la Vilaine, que l'on appelle presqu'île de Guérande et que le système combattu par nous attribue aux Venètes, nous allons voir qu'à l'époque où le moine de Saint-Aubin d'Angers met Guérande dans le pays de Vannes tout ce pays était certainement dans le comté et dans le diocèse de Nantes.

Saint-Gildas des Bois. — Cette abbaye fut fondée en 1026 en un lieu dit Lampridic, dont la donation au premier abbé Helogon et à ses moines fut faite par Simon seigneur de la Roche-Bernard, avec l'autorisation du comte et de l'évêque de Nantes et sous le sceau de l'église cathédrale de cette ville (D. Morice *Pr.* I, 363).

Pontchâteau. — Vers 1090, fondation du prieuré de Pontchâteau dépendant de l'abbaye de Marmoutier. L'acte de la fondation porte à la troisième ligne : « Ecclesia de Ponte Castro *in episcopatu Namnetensi sita.* » (D. Mor. *Ibid.* 471).

Besné. — Grégoire de Tours dans sa Vie de saint Friard mort avant saint Félix, c'est-à-dire avant 582, parle deux fois de Besné sous le nom de *Vindunita insula* et met cette île très formellement dans le territoire de Nantes : « Insulam *Vindunittam urbis Namneticæ*..... — *Vindunitensem Namnetici territorii* insulam. » *(Vitæ Patrum* cap. X, § 1 et 2). En 1116, Brice évêque de Nantes donne la paroisse de Besné *(Beené insula)* aux moines de Redon *(Cartul. de Redon*, p. 391). En 1123, la charte attribuée à Louis le Gros met « *Vindunitam insulam Brivatæ fluminis* » au nombre des plus anciennes possessions de l'église de Nantes (D. Morice *Pr.* I, 548).

Donge. — De 1064 à 1079 (sous Barthélemi abbé de Marmoutier), fondation du prieuré de Donge dépendant de Marmoutier par Friold vicomte de Donges, avec l'autorisation du comte et de l'évêque de Nantes (D. Morice, *Ibid.* 435, 436).

Inutile d'insister. En mettant dans le Vannetais la ville et le pays de Guérande, l'auteur des *Miracula S. Albini* n'a prouvé qu'une chose : sa parfaite ignorance de la géographie ecclésiastique et politique de son temps en ce qui touche la Bretagne ; son texte a tout juste la même valeur que celui d'un élève primaire d'aujourd'hui qui mettrait Guérande dans le diocèse de Vannes et dans le département du Morbihan.

Mais le système de l'extension territoriale des Venètes jusqu'à la Loire invoque un texte plus ancien, celui d'Ermold Nigel qui dans son poème à la louange de Louis le Débonnaire dit :

> Est urbs fixa maris Ligeris quô fluminis unda
> Æquor arat late ingrediturque rapax,
> *Veneda* cui nomen Galli dixere priores :
> Pisce repleta, salis est quoque dives ope.
>
> (Ermoldi Nigelli lib. III, v. 251-254.)

« Là où l'onde de la Loire entrant impétueusement dans la mer y trace un large sillon, est
» située une ville à laquelle les Gaulois donnèrent le nom de Vannes *(Veneda)*, et dont le poisson
» et le sel font la richesse. »

On dit : Cette ville *Veneda* d'Ermold Nigel n'est point le Vannes du Morbihan, car celui-ci n'est pas situé à l'embouchure de la Loire. Puisque cette *Veneda* est enrichie par le sel, elle était évidemment dans la presqu'île de Guérande. — Soit, mais alors trouvez-la, montrez-nous cette *Veneda* guérandaise. Le pays de Guérande au IXe siècle est fort connu, le Cartulaire de Redon contient bien une cinquantaine de chartes qui s'y rapportent et le décrivent. S'il y avait eu en ce pays une ville importante appelée *Veneda*, on trouverait au moins son nom dans ces chartes. Or il n'y est point, il n'en est nullement question, on n'y trouve d'autre localité faisant figure de ville que Guérande. — Mais, dit-on, c'est justement Guérande qui est *Veneda*. — En aucune façon : Guérande a son nom bien accusé et toujours le même, *Wen-Ran*, nom breton, nullement gaulois, et qui ne peut être représenté par *Veneda* (1).

_____

(1) Quant au nom d'*aula Quiriaca* attribué à Guérande, très à tort, par un document du XIe siècle, voir ci-dessus p. 87 note 6.

Alors comment expliquer le texte d'Ermold ? Par ce fait, qu'Ermold connaissait la géographie de la Bretagne au IX° siècle tout aussi mal que l'auteur des *Miracles de S. Aubin* au XI°. Ermold, qui ne s'était pas avancé en Bretagne au-delà de Rennes, avait ouï dire que Vannes (ville et pays) n'était pas bien loin de la Loire ; sans plus s'informer il la mit dans ses vers tout contre ce fleuve, n'ayant point la prétention de faire une géographie didactique de la Bretagne et avec cette excuse, qu'à cette époque *urbs* ne se disait pas seulement d'une ville, mais du territoire qui en dépendait ; ainsi, plus haut (à l'article de *Besné*), nous avons vu Grégoire de Tours dire que l'île Vindunita faisait partie de la *ville* de Nantes (« Vindunitam insulam *urbis* Namneticæ. ») Or la limite du pays de Vannes sur la Vilaine n'est qu'à cinq ou six lieues de l'embouchure de la Loire. — Pertz, qui dans son édition d'Ermold Nigel (*Monumenta Germaniæ historica*, II, p. 494) traduit sans hésitation *Veneda* par Vannes du Morbihan, cite dans les chroniques du IX° siècle des exemples de villes situées à plus de quatre lieues de l'Elbe et que les chroniques disent assises sur le bord de ce fleuve *(super Alb'am fluvium sedebat)*. Le texte d'Ermold ne prouve donc nullement qu'il y eût une ville *Veneda* contre l'embouchure de la Loire ni que le pays de Guérande eût fait partie de la cité des Venètes.

— Cependant, dit-on, au IX° siècle ce pays de Guérande appartenait au diocèse de Vannes, car dans les actes du Cartulaire de Redon on voit les évêques de ce siège y faire acte d'autorité.

Dans une certaine mesure cela est vrai ; mais cela ne se rattache nullement à l'extension primitive de la cité vénétique ; l'origine de cette situation est un fait très connu du milieu du IX° siècle. A la suite des victoires de Nominoë sur les Franks de 843 à 846, les Bretons du pays de Vannes débordèrent sur la rive gauche de la Vilaine, colonisèrent le pays situé entre cette rivière et la Loire, et c'est alors justement qu'ils fondèrent Wen-Ran (voir p. 87 ci-dessus). L'évêque de Nantes Actard, tout dévoué aux Franks et très hostile aux Bretons, ayant été chassé par Nominoë (846-848), fut remplacé par un Breton appelé Gislard que la partie gallo-franke du diocèse de Nantes regarda comme un intrus, tandis que son autorité était acceptée par les Bretons de Guérande. Après la mort de Nominoë Gislard fut obligé de se retirer, mais les Bretons de Guérande, repoussant l'autorité du Frank Actard, reconnurent celle des évêques de Vannes, Bretons comme eux. Toutefois Actard maintint (avec raison d'ailleurs) autant qu'il le put sa juridiction sur le pays de Guérande, et c'est pourquoi, dans beaucoup de chartes du IX° siècle, on trouve pour ce pays deux évêques concurremment indiqués comme y exerçant leur juridiction, parce que sans doute les habitants de cette contrée, selon qu'ils étaient Bretons ou Franks, reconnaissaient l'un ou l'autre des deux prélats. Ainsi dans une charte de 857 concernant la saline Barnahordisca « *in plebe Wenran,* » l'indication de l'autorité ecclésiastique en exercice à Wenran est ainsi formulée : « Ettardo episcopo *in Namnetica civitate,* Courantgeno episcopo *in Venedia* » (Cartul. de Redon, p. 22), c'est-à-dire, Actard évêque de Nantes et Courantgen évêque de Vannes. On retrouve ces deux prélats en concurrence dans plusieurs autres actes de 857 à 870 (*Ibid.* p. 57, 78, etc.).

Les prétentions des évêques de Vannes sur ce territoire, quoique fort peu canoniques, furent longtemps tolérées, peut-être même soutenues, par les princes bretons qui se défiaient des sentiments anti-bretons des évêques gallo-franks. Mais vers la fin du IX° siècle, sous l'épiscopat de Foucher évêque de Nantes, le roi Alain le Grand fit cesser cette anomalie et rentrer sous la juridiction nantaise tout ce qui en avait été soustrait.

Il n'y a rien là dont puisse s'autoriser le système qui veut étendre jusqu'à la Loire le territoire de la cité des Venètes. Ce système ne peut donc s'étayer d'aucun texte, d'aucun document historique de quelque valeur, tous au contraire le repoussent. Quant aux arguments d'un autre genre produits en sa faveur, nous les avons appréciés plus haut, p. 81 à 83.

IV. — *Le texte de Procope relatif aux émigrations bretonnes.*

Voir ci-dessus p. 255, texte, et notes 2 et 3. — Procope, un des plus célèbres historiens byzantins, né à Césarée en Palestine, vivait dans la première moitié du VI° siècle et mourut vers 565, après avoir occupé dans l'administration de l'Empire des situations très élevées, entre autres, celles de sénateur et de préfet de Constantinople. Précédemment attaché comme secrétaire au fameux Bélisaire, il avait suivi ce général dans ses campagnes d'Asie, d'Afrique, d'Italie, dont il écrivit le récit sous le titre d'*Histoires* comprenant huit livres, deux livres sur la guerre Persique, deux sur celle des Vandales, quatre sur celle des Goths. Toutefois le IV° livre de la *Guerre des Goths* est une sorte de supplément embrassant divers sujets. C'est là qu'il est question des émigrations bretonnes. Voici le texte qui les concerne, avec la traduction latine donnée dans le *Recueil des historiens de la Gaule et de la France* de dom Bouquet, tome II, p. 42.

PROCOPII DE BELLO GOTHICO, *lib. IV, cap. 20.*

« Βριττίαν δὲ τὴν νῆσον ἔθνη τρία πολυανθρωπότατα ἔχουσι, βασιλεύς τε εἰς αὐτῶν ἑκάστῳ ἐφέστηκεν· ὀνόματα δὲ κεῖται τοῖς ἔθνεσι τούτοις Ἀγγίλοι τε καὶ Φρίσσονες καὶ οἱ τῇ νήσῳ ὁμώνυμοι Βρίττωνες. τοσαύτη δέ ἡ τῶνδε τῶν ἐθνῶν πολυανθρωπία φαίνεται οὖσα, ὥστε ἀνὰ πᾶν ἔτος κατὰ πολλοὺς ἐνθένδε μετανιστάμενοι, ξὺν γυναιξὶ καί παισὶν ἐς Φράγγους χωροῦσιν· οἱ δὲ αὐτοὺς ἐνοικίζουσιν ἐς γῆς τῆς σφετέρας τὴν ἐρημοτέραν δοκοῦσαν εἶναι. καὶ ἀπ' αὐτοῦ τὴν νῆσον προσποιεῖσθαι φασιν. ὥστε ἀμέλει οὐ πολλῷ πρότερον ὁ Φράγγων βασιλεὺς, ἐπὶ πρεσβείᾳ τῶν οἱ ἐπιτηδείων τινὰς παρὰ βασιλέα Ἰουστινιανὸν ἐς Βυζάντιον στείλας, ἄνδρας αὐτοῖς ἐκ τῶν Ἀγγίλων ξυνέπεμψε, φιλοτιμούμενος, ὡς καὶ ἡ νῆσος ἥδε πρὸς αὐτοῦ ἄρχεται. »

« Brittiam insulam nationes tres numerosissimæ suo quæque sub rege habitant, appellanturque Angli, Frisones, cognominesque insulæ Brittones. Tanta est illas apud gentes hominum multitudo, ut inde singulis annis multi numero proficiscentes cum uxoribus liberisque migrent ad Francos; qui in suæ ditionis solo quod desertius videtur sedes illis adscribunt. Ex quo fieri dicitur ut sibi quoddam jus in insulam arrogent. Certe Francorum rex, non ita pridem, cum nonnullos ex intimis Byzantium legatos ad Justinianum Augustum mitteret, quosdam Anglos illis adjunxit, ambitiose ostendens se huic etiam insulæ dominari. »

Quoique Procope désigne ici la Grande-Bretagne d'un nom insolite *(Brittia)*, et que même, quelques lignes plus haut, il prétende distinguer cette île *Brittia* de celle qu'il nomme *Brettania*, tout ce qu'il raconte de *Brittia*, des Angles et des Bretons qui l'habitent, des prétentions des rois Franks, tout cela ne peut évidemment se rapporter qu'à la Grande-Bretagne. La situation qu'il lui donne en face des bouches du Rhin convient aussi, tandis qu'il met sa *Brettania* devant les côtes d'Espagne. L'origine de cette confusion géographique de Procope est aisée à découvrir. Les Franks lui avaient parlé sans doute de deux Bretagnes, — l'une, île, bien connue de l'antiquité mais peu connue des Franks malgré leurs prétentions, — l'autre, presqu'île, bien connue des Franks mais jusqu'alors inconnue à Constantinople, et dont Procope abusé a fait une seconde île; car on ne peut nier que la situation par lui assignée à sa *Brettania* ne soit précisément celle de notre péninsule.

Certains auteurs modernes voudraient voir dans la *Brittia insula* l'Irlande et même le Jutland. Pures visions : ni l'Irlande ni le Jutland n'ont jamais porté de noms ressemblant de près ou de loin à *Brittia*; puis, la synonymie avouée du nom des Bretons avec celui de l'île elle-même prouve bien qu'il ne se peut agir que de la Grande Bretagne, la seule île où se soient jamais rencontrés ensemble ces trois peuples, Angles, Frisons (Saxons) et Bretons.

Quant à l'ambassade des Franks à Constantinople qui fournit à Procope ce curieux renseignement sur les émigrations annuelles venant de l'île de Bretagne dans la Gaule, elle est très authentique et l'on en peut aisément fixer la date. En 534 ou au commencement de 535, l'empereur Justinien se préparant à attaquer Théodat roi des Ostrogoths qui possédaient l'Italie et la Provence, envoya une ambassade chargée de remettre aux rois franks, Clothaire Ier, Childebert Ier et Théodebert, des présents considérables et de demander leur alliance offensive contre les Ostrogoths. Selon Procope *(Bell. Goth.* I, 5 dans Bouquet II, 29) ces princes lui promirent très volontiers leur concours, et Grégoire de Tours nous montre, en ce temps même, Mummole seigneur frank d'importance se rendant à Constantinople près de Justinien pour ratifier ce traité :

« Mummolus autem cùm, Theodeberti regis tempore ad Justianum pergens, Constantinopolitani itineris viam navali evectu sulcaret, ad urbem Patras appulsus est » etc. *(Glor. Martyr.* cap. 31, cf. Daniel, *Hist. de Fr.* I, p. 128-129).

Les renseignements recueillis par Procope sur les émigrations bretonnes en Gaule lui venaient donc d'une source très autorisée.

V. — *Sur les Vies anciennes de saint Tudual.*

Voir ci-dessus p. 355 note 1. — L'auteur de la 3e Vie de S. Tudual déclare à la troisième ligne de sa préface qu'il a puisé à trois sources pour composer son œuvre : 1° les écrits anciens (quæ prolata *legendo* reperi), — 2° la tradition orale (quæ honestarum *relatione* personarum didici), — 3° la connaissance personnelle qu'il a de certains faits qui se sont passés de son temps (quæ *nostris temporibus* tanti patroni *patuere miracula*). — Le fait le plus récent contenu dans son récit est un miracle attribué aux reliques de S. Tudual, dans lequel joue un rôle Martin évêque de Tréguer au XIe siècle. Puisque l'auteur déclare que son récit contient des faits qui se sont passés de son temps, ce fait, le plus récent de tous ceux qu'il raconte, est nécessairement du nombre, et dès lors, nécessairement aussi, l'auteur de la 3e Vie était contemporain de l'évêque Martin. — Un critique (1), n'ayant pas lu la déclaration de l'auteur rappelée tout à l'heure ou du moins n'en tenant nul compte, veut que l'hagiographe soit postérieur à l'évêque Martin, par la raison qu'il appelle Martin « un évêque d'une grande autorité » et « ce langage (assure-t-on) » suppose le rédacteur assez éloigné du personnage en question » (*Bull. Crit.* X, 227). En d'autres termes : dire de quelqu'un « qu'il est d'une grande autorité, » supposerait nécessairement qu'il est mort ! Ne dit-on pas cependant tous les jours de telle ou telle personne, de l'auteur même auquel je réponds : C'est un homme, c'est un critique de grande autorité, — ce qui ne l'empêche pas, grâce à Dieu, de se porter très bien, mais ce qui ôte toute valeur à son argument.

D'après les meilleurs auteurs, Martin fut évêque de Tréguer un peu après 1047, il l'était certainement avant 1082, il ne l'était plus en 1086 (D. Morice, *Hist. de Bret.* II, Catal. des Ev. de Bret. p. LXXIV; *Gallia Christiana* XIV, col. 1121). Ainsi il y a lieu de placer la rédaction de la 3e Vie S. Tudual vers le milieu du XIe siècle. On ne peut même la rajeunir davantage : car on y trouve le récit d'un accident survenu à l'architecte Goéder qui reconstruisit la cathédrale de Tréguer quand les Bretons rentrèrent en Bretagne après l'expulsion des Normands, vers 940-950, et l'hagiographe ajoute : « Goéder vécut encore plusieurs années après cet accident, comme » l'attestent présentement ceux qui l'ont connu : *pluresque postea,* UT PERHIBENT QUI EUM VIDERUNT, *vixit annos* » (Vit. IIIa S. Tuduali, § 30, dans *Mém. de la Soc. Arch. des Côtes-du-Nord,* 2e série II, p. 114). Il y avait donc encore à cette époque des contemporains de Goéder : impossible de prolonger au-delà de 1050 l'existence des contemporains d'un homme vivant en 950. Donc la 3e Vie de S. Tudual ne peut être plus récente.

Or son auteur nous atteste à deux reprises différentes, d'une façon très positive, l'existence d'un écrit émané d'un propre disciple de S. Tudual, appelé Louénan, contenant sur la Vie et la mission de Tudual en Domnonée des renseignements de première main ; il cite même un passage de cet écrit témoignant sans aucun doute possible que le petit récit hagiographique désigné pour nous sous le nom de *Vita Ia S. Tuduali* faisait partie de l'œuvre de Louénan et est par conséquent du VIe siècle. Aussi M. Anatole de Barthélemy, bien connu par ses savantes études sur l'histoire de Bretagne, en publiant pour la première fois la *Vita Ia* en 1884, lui avait très formellement, sans aucune hésitation, attribué cette époque (2). Cela n'empêche point notre contradicteur de s'écrier : « Je ne vois pas *l'ombre d'une raison* en faveur de la date (du VIe siècle) » (3). Il se contredit d'ailleurs immédiatement, car il ajoute : « Il est vrai que le 3e biographe attribue la 1re Vie à » Louénan, *disciple du saint.* » — Or cela c'est au moins « l'ombre d'une raison, » c'est même une raison des plus sérieuses tant qu'on n'aura point à y opposer un témoignage ou un fait contradictoire ; ainsi en avait jugé avant nous M. de Barthélemy. Voici comme notre contradicteur prétend détruire cette raison :

« ... Louénan, disciple du saint. — Oui, mais disciple à quelle génération ? *On était disciple* » *de S. Tudual du moment que l'on vivait dans son monastère de Tréguier.* Rien n'empêche que » cette pièce ait été écrite *plusieurs siècles* après S. Tudual » (*Revue Celt.* X, 254).

Si l'on pouvait alléguer un seul exemple de ces prétendus moines ou clercs de Tréguer qui « *plusieurs siècles après S. Tudual* » se disaient « *disciples de S. Tudual,* » cela ne serait pas décisif, mais cela aurait quelque portée. Comme on ne le peut pas, cet argument si tranchant reste une affirmation purement arbitraire, par conséquent sans valeur. D'autant plus qu'on prouverait aisément, s'il était nécessaire, que la 3e Vie de S. Tudual, quand elle parle des disciples de ce saint, entend positivement parler de disciples immédiats et non de moines vivant à une époque quelconque dans le monastère de Tréguer. Il n'y a donc pas là vraiment « l'ombre d'une raison. »

Pour rabaisser jusqu'au IXe siècle la rédaction de la 1re Vie de S. Tudual, le critique prétend qu'elle a pour but : 1o de légitimer l'origine de l'évêché de Tréguer (récemment fondé par Nominoë)

---

(1) M. l'abbé L. Duchesne. L'acharnement de M. Duchesne contre les Vies anciennes de S. Tudual et contre l'étude que je leur ai consacrée, acharnement qui a exigé pour se satisfaire deux articles passablement vifs dans deux revues différentes (*Revue Celtique,* X (1889), p. 253 ; *Bulletin Critique,* X (1889), p. 226), — ces attaques répétées m'obligent, non sans regret de ma part, à défendre ici contre elles ces documents si importants pour notre vieille histoire.

(2) A. de Barthélemy, *Etude sur une Vie inédite de S. Tudual attribuée au VIe Siècle,* § II, insérée dans le t. XLIV des *Mémoires de la Société des Antiquaires de France.*

(3) *Revue Celtique,* t. X, p. 253-254.

en attribuant cette origine au roi des Franks Childebert ; — 2º de légitimer l'origine des nombreux domaines temporels possédés par cet évêché dans toute la Bretagne du Nord.

Le règne de Nominoë fut, on le sait, d'un bout à l'autre, une lutte ardente, violente, passionnée contre les Franks et contre leur influence sous toutes les formes : en face de cela, prétendre que Nominoë, ses amis, les soutiens et les partisans de son œuvre aient pu songer à la légitimer en rapportant aux Franks l'origine de cette œuvre, c'est une hypothèse des plus bizarres, tellement opposée aux vraisemblances historiques les plus élémentaires, qu'il semble inutile de s'y arrêter.

Quant aux domaines temporels de l'évêché de Tréguer, ils n'ont jamais consisté qu'en dix ou onze paroisses groupées autour de la ville épiscopale, et sur lesquelles la 1ʳᵉ Vie de S. Tudual n'a rien de spécial. Dans les autres *pagi* énumérés par Louénan (*pagus Civitatis, pagus Goelou, Penteur, Daoudour, Racter,* etc. voir p. 357-358 ci-dessus), l'évêché de Tréguer n'a jamais possédé aucun domaine ; ce n'est donc pas pour en légitimer l'origine qu'a pu être écrite la 1ʳᵉ Vie de S. Tudual. Cette Vie ne mentionne effectivement que trois domaines *(prædia)* donnés à saint Tudual *(Trepompac, Santseguo* et *Tregurdel)* : domaines attribués non à l'abbaye de Trecor qui n'existait pas encore, mais au premier monastère de saint Tudual, c'est-à-dire à Lann-Pabu dans le Léon. Toutes les autres donations faites à Tudual ne sont point des domaines, *prædia,* mais des *parochiæ,* et puisque dans les *pagi* nommés ci-dessus l'évêché de Tréguer n'a jamais eu de domaines temporels, ces *parochiæ* ne peuvent être que des paroisses, au sens spirituel, que l'on confiait à Tudual pour qu'il y organisât le service religieux. — Cette seconde hypothèse du critique n'est donc pas plus efficace que l'autre pour prouver que la 1ʳᵉ Vie de saint Tudual n'a pu être écrite avant le IXᵉ siècle.

Au reste, quand on a étudié avec soin les documents de l'hagiographie bretonne, on ne saurait être tenté d'assigner cette date à l'œuvre qui porte le nom de Louénan. Au IXᵉ siècle en effet ces documents ont pour caractère constant, essentiel, une prolixité, une verbosité extraordinaire, que les étrangers appelaient *garrulitas britannica* et dont on a de beaux spécimens dans les Vies de saint Gwennolé par Wrdisten, de saint Paul Aurélien par Wrmonoc, dans celle de saint Guenaël récemment publiée par les Bollandistes (Nov. I, 674), etc. C'est par l'excès contraire, c'est-à-dire par une trop grande brièveté, que pèche la première Vie de saint Tudual, dans laquelle on n'a pu signaler d'ailleurs aucune expression qui ne soit entièrement d'accord avec le style habituel des documents du VIᵉ siècle. Il y a donc lieu de lui laisser cette date, qui lui a toujours été donnée, et que l'on a combattue que par des hypothèses absolument arbitraires, dont on vient de voir le peu de fondement.

Le critique attaque aussi la 2ᵉ Vie de saint Tudual. J'en avais placé la rédaction sur la fin du IXᵉ siècle. Nécessairement cela ne lui convient pas. Il veut la rabaisser au XIᵉ ; mais la 3ᵉ Vie étant certainement de cette époque et tout le monde s'accordant à regarder la 2ᵉ comme antérieure, cela rend déjà impossible la date proposée par le critique. Il ne serait pas difficile de répondre à ses objections ; je ne le ferai pas parce qu'il faut se borner et parce que l'importance historique de cette 2ᵉ Vie est moindre que celle des deux autres. Je me bornerai à exposer un de ses arguments ; on verra que c'est toujours la même méthode. On voit paraître dans la 2ᵉ Vie, pour la première fois, la fable du souverain pontificat de saint Tudual, ainsi exprimée :

« Plebs exultans beatum Tutgualum in apostolicæ sedis pastorem intronizat, et mutato nomine ipsum LEONEM BRITIGENAM nominat, *ut Romanus catalogus narrat.* ...Tutgualus duorum annorum curriculo sedem illam divina dispositione gubernavit. » *(Vit. IIᵃ S. Tuduali* § 6, dans Mém. de la Soc. arch. des Côtes-du-Nord, 2ᵉ série, II, p. 89).

Cela veut dire évidemment, et tout simplement, que dans un catalogue quelconque (très apocryphe) des pontifes romains, l'auteur de la 2ᵉ Vie a trouvé un pape appelé *Leo Britigena* avec lequel il a cru pouvoir identifier saint Tudual ; et il est bien naturel à une telle fable d'avoir pour origine un document apocryphe. Mais pour soutenir la date assignée par lui à la 2ᵉ Vie de saint Tudual, le critique prétend que cette fable a été tirée de l'article du *Liber Pontificalis* consacré au pape Léon V qui siégea en 903, article ainsi conçu :

« LEO iste forensis fuit, *natione* ARDEATINUS, de loco qui appellatur Priapi (1). »

Ainsi, la 2ᵉ Vie de saint Tudual dit : Le pape Léon dont je parle, dans le catalogue où j'ai lu son nom est appelé *Britigena.* — Celui de mon catalogue, répond le critique, se nomme *Ardeatinus,* c'est tout à fait la même chose (2).

Les yeux qui ne percevront pas cette identité semblent cependant assez excusables, — bien qu'elle soit tout aussi évidente que celle du Tudual domnonéen et du Tudual cornouaillais, admise avec non moins d'empressement par le critique.

(1) *Liber Pontificalis,* édit. L. Duchesne, II, 234.
(2) *Ardeatinus,* natif d'*Ardée,* l'ancienne capitale des Rutules au bord de la mer Tyrrhénienne, aujourd'hui *Ardea* ou *Ardia,* bourg de la Campagne de Rome, à 6 lieues environ au S. de cette ville, et 5 lieues S.-E. d'Ostie.

Dans un chapitre (interpolé) de la Vie de saint Gwennolé se trouve mentionné un saint Tutual ou Tudual caractérisé par ces trois traits : 1° avec Gradlon, Gwennolé et Corentin, il est célébré comme l'un des fondateurs et même l'un des fondements de la nation cornouaillaise (1), mais on ne lui prête aucune sorte de relation avec Tréguer ni avec la Domnonée ; — 2° on le donne comme le type du moine, du simple moine, on ne le nomme même pas abbé ; — 3° pour miracle essentiel on lui attribue d'avoir porté du feu dans son sein sans être brûlé. — Le Tudual de Tréguer au contraire : 1° n'a aucune relation avec Gradlon, Corentin et Gwennolé, aucun rapport avec la Cornouaille ; il consacre toute sa vie, tous ses efforts à la Domnonée, il est entièrement et exclusivement domnonéen, comme l'autre exclusivement cornouaillais ; — 2° on lui donne toujours le titre d'évêque et d'abbé de Tréguer ; — 3° parmi ses nombreux miracles aucun n'a le moindre rapport avec celui du feu (2). — Le nom de Tutual ou Tudual n'étant pas rare chez les nations celto-bretonnes, vous conclurez de là naturellement que ces deux Tudual sont deux personnages distincts ; le critique sans hésitation conclut qu'ils sont un même personnage. — Oui sans doute, comme blanc et noir sont la même couleur.

VI. — Sur les Vies anciennes de saint Samson et sur son épiscopat.

Il y a, comme nous l'avons dit plus haut (p. 415 note 1), trois Vies anciennes de saint Samson : la Vita Iᵃ, du VIIᵉ siècle, publiée par Mabillon dans les Acta SS. ord. S. Bened. sæc. I, p. 165 à 185, et par les Bollandistes, Juillet VI, p. 573 et suiv., édit. de Paris ; — la Vita IIᵃ, de la fin du IXᵉ ou des premières années du Xᵉ siècle, publiée dans les Anal. Bolland. VI, existant dans le ms. 719 de la Biblioth. d'Angers et dans les Bl.-Mant. XXXVIII, p. 799 ; — la Vita IIIᵃ composée par Baudri de Bourgueil, archevêque de Dol de 1107 à 1130, dans le ms. lat. 5350 de la Biblioth. Nationale. — Je parlerai d'abord de la Vita Iᵃ.

La première Vie de S. Samson. — Son auteur était un moine du monastère-évêché de Dol. Voici ce qu'il dit de la mort de saint Samson :

« Toutes les merveilles que Dieu voulait faire par lui en Bretagne (Petite-Bretagne) et en Romanie (en Gaule) étant accomplies, son âme, par une heureuse mort, monta heureusement auprès du Christ, laissant son corps embaumé au monastère de Dol et en son tombeau sacré, dans l'attente de l'éternelle résurrection ; et nous avons chez nous le gage de sa béatitude dans ces miracles que Dieu fait chaque jour par lui. »

Voici le texte : « Perfectis itaque omnibus, tam in Britannia quam in Romania, virtutibus quas per eum (S. Samsonem) Deus fecit..., felici exitu, in Dolo monasterio corpusculum cum unguentis conditum in sacro tumulo suo spei æternæ resurrectionis dimittens, sua felix anima feliciter perrexit ad Christum, signumque beatitudinis ejus apud nos habemus in his scilicet signis quæ quotidie per eum Deus facit (3). »

« Chez nous, apud nos, » c'est le lieu qu'habite l'hagiographe, c'est aussi celui où repose dans son tombeau le corps de saint Samson et où il fait tous ces miracles, et ce lieu, on nous le dit en toutes lettres, c'est le monastère de Dol. Ailleurs, s'adressant aux moines de sa communauté (fratres carissimi), l'auteur appelle Samson « notre prélat, notre chef, » antistes noster (4) ; or Samson était abbé-évêque de Dol. Cet auteur était donc bien évidemment un moine de Dol.

En quel temps écrivait-il et d'après quelles sources ? Lui-même nous l'apprend. Il dit dans son prologue :

« Avant toutes choses, je veux que vous soyez persuadés que les récits recueillis par moi ne sont point le produit de mon imagination téméraire ni l'écho de rumeurs informes et mal ordonnées. Je les tiens d'un vénérable vieillard qui, ayant mené pendant près de quatre-vingts ans, dans une maison fondée par Samson de l'autre côté de la mer, une vie monastique très orthodoxe,

_____

(1) Ast igitur fulcris tunc eminet alta quaternis
    Cornubiæ patria.
                              (Vita S. Uinualoei, II, 19, dans Cartul. de Landevenec,
                              édit. A. de la Borderie, p. 83).

(2) On trouve, il est vrai, un miracle analogue dans la Vie de S. Malo, et c'est, paraît-il cette circonstance (il n'en cite point d'autre) qui détermine le critique à admettre si fermement l'identité des deux Tudual (Rev. Celt. X, 254). — Comment une similitude quelconque entre S. Malo et le Tudual cornouaillais peut-elle prouver que celui-ci et le Tudual domnonéen sont la même personne ? Il ne serait pas superflu de l'expliquer.

(3) Vita Iᵃ S. Samsonis, I, § 61, édit. Mabillon, p. 180.

(4) « Intercedente antistite nostro Samsone, cujus hodie est grata solemnitas » (Id. II, § 3, Ibid. p. 181).

et me rapportant avec une grande complaisance beaucoup des admirables actions de ce saint, m'affirmait positivement que, dans le temps même du très pieux saint Samson, tout cela avait été conté par la mère du saint à un très saint diacre, oncle de ce vénérable vieillard et cousin lui-même de saint Samson. — Et non seulement cela : mais ce diacre appelé Hénoc avait porté outre mer une relation élégante, en beau style, des plus merveilleuses actions accomplies par le saint de ce côté-ci de la mer, en Bretagne (Petite-Bretagne) et en Romanie (en Gaule) ; et cette relation le vénérable vieillard dont je viens de parler la faisait sans cesse, avec un soin pieux, lire devant moi dans le monastère où je habitait. »

Voici le texte latin ; il est, comme beaucoup d'autres du VIIe siècle, très tordu, très enchevêtré ; néanmoins, grâce à quelques variantes tirées des manuscrits de la Bibliothèque Nationale, la version qui suit présente un sens suffisamment clair et dont la signification n'est pas contestable :

« Primo autem omnium, credi a vobis me volo (1) quod, non juxta adinventionis meæ temeritatem nec juxta inordinata et incomposita audita, hæc verba collecta sunt, sed juxta hoc quod a quodam religioso ac venerabili sene audivi (2) (in ejus domo, quam ultra mare ipse solus Sanson fundaverat, ille per octogenarios fere annos catholicam religiosamque vitam ducens) piissimique (3) temporibus ejusdem supradicti S. Sansonis, matrem (4) ejus tradidisse avunculo suo sanctissimo diacono (qui et ipse diaconus consobrinus esset sancto Sansoni) mihi veraciter affirmabat, multaque de ejus admirabilibus gestis misericorditer referens (5). Et non solum hoc : sed etiam quamplura ac delicata, de ejus prodigiosioribus actibus quæ citra mare in Brittannia ac Romania mirabiliosè fecit, verba supradictus diaconus, Henocus nomine, congruis stilis polita ultra mare adportavit, et ille, de quo nuper prefati sumus, venerabilis senex semper ante me, in isto monasterio commanens, pie legere ac diligenter faciebat (6). »

Ainsi — pour la seconde partie de l'histoire de Samson, c'est-à-dire son passage en Armorique, sa vie sur le continent, la *Vita Iª* reproduit (incomplètement hélas, *pauca de multis*) la relation écrite par le diacre Hénoc, contemporain, témoin oculaire et qui, comme on le voit par la *Vita Iª* (lib. I, § 52, édit. Mabillon, p. 178), avait accompagné le saint dans son émigration. En ce qui touche la première partie, c'est-à-dire l'existence de Samson avant son passage en Armorique, la source d'information de la *Vita Iª*, ce sont les récits de la mère de Samson au même diacre Hénoc, transmis par celui-ci au « vénérable vieillard » qui vécut 80 ans dans une abbaye fondée par le saint, et par ce vieillard à l'auteur de la *Vita Iª*. La mère de Samson ayant fait ses communications au diacre du vivant de son fils *(piissimi temporibus S. Sansonis)*, il n'y a entre l'hagiographe et son héros qu'une génération intermédiaire, représentée par le « vénérable vieillard », qui à la vérité vécut longuement ; mais puisqu'il fut dans une partie de sa carrière le contemporain du diacre Hénoc, il dut survivre au saint à peine un demi-siècle ; par conséquent la composition de la *Vita Iª*, faite sur ses récits, dut avoir lieu quarante à cinquante ans après la mort de Samson advenue vers 565, c'est-à-dire tout au plus tard vers 610-615. — Tout cela se déduit avec certitude du témoignage formel de l'auteur dans son prologue ; et il semble difficile d'imaginer source plus sûre pour un récit historique, puisqu'il émane des deux personnes de la famille de Samson qui ont dû le mieux connaître son existence, l'une (sa mère) dans l'île de Bretagne, et l'autre (Hénoc) sur le continent.

Les renseignements fournis par la *Vita Iª* sont donc sans comparaison ce qu'il y a de plus ancien et de plus authentique sur l'histoire de saint Samson, et peuvent être en toute sécurité opposés aux erreurs et aux divagations par lesquelles tantôt les légendaires et tantôt les critiques fantaisistes se sont plu sous diverses formes et en divers temps, ou se plaisent encore à obscurcir cette histoire.

(1) Mabillon a imprimé : « credi *à me vos* volo » qui est incompréhensible. La variante que je donne est fournie par trois mss. de la Biblioth. Nat. lat. 16.734, f. 60 — 17.005, f. 54 — 11.758, f. 60 — celui-ci du XIIIe siècle, les deux autres du XIIe. — *Volo me credi à vobis quod* : « Je veux moi être cru par vous [quand je dis] que. »

(2) Dans Mabillon *audivi* manque, mais il est dans les trois manuscrits ci-dessus indiqués.

(3) Mabillon : *propissimisque*. Les trois mss. portent : *piissimique*.

(4) Mabillon a *mater*, la syntaxe exige forcément *matrem*, mais elle était souvent au VIIe siècle outrageusement violée, en tout cas nul doute sur le sens ni même sur la construction.

(5) La difficulté de ce texte gît dans les excessives inversions des cinq lignes qui commencent à *audivi* et finissent à *referens* ; il ne faut pas trop s'en étonner, Gildas dans le *De excidio Britanniæ* en a d'aussi fortes ; voici la phrase mise dans son ordre logique :

« ...Sed juxta hoc quod audivi a quodam religioso ac venerabili sene et [quod] ille, — ducens per octogenarios fere annos catholicam religiosamque vitam in ejus domo quam ultra mare S. Sanson fundaverat, multaque de ejus (S. Sansonis) admirabilibus gestis misericorditer referens, — mihi veraciter affirmabat matrem ejus (S. Sansonis), piissimi ejusdem S. Sansonis temporibus, tradidisse avunculo suo, sanctissimo diacono, qui et ipse diaconus consobrinus esset sancto Sansoni. »

(6) *Vit. Iª S. Samson.* præfat. § 2, édit. Mabill. p. 165.

H. DE B. — T. I.   37

L'hagiographe qui avait reçu du « vénérable vieillard » ces précieux renseignements, voulut les compléter et les contrôler en visitant lui-même les lieux habités par saint Samson et relevant avec soin les traces, les souvenirs qu'il y avait laissés. Il visita ainsi, entre autres, le monastère de Lan-Iltud où Samson avait passé toute sa jeunesse, et celui d'Inis-Pir dont il avait été le chef; il s'enfonça dans le désert voisin de la Saverne où le saint s'était caché pendant longtemps et il y vénéra l'oratoire où il disait la messe tous les dimanches; il vit et lut la lettre que le synode écrivit à Samson quand on l'eut découvert dans sa caverne; il vénéra aussi, dans le pays des *Dumnonii* insulaires la croix gravée par le saint de sa propre main sur le menhir ou pierre debout, autour de laquelle les natifs du *pagus Tricurium* célébraient leurs danses semi-païennes(1), etc. A moins d'être, comme la Confession de saint Patrice, une autobiographie, il n'y a guère, ce semble, de document hagiographique mieux autorisé que cette Vie de saint Samson. Non seulement, comme Mabillon et les Bollandistes l'ont proclamé avant nous (2), l'auteur a tiré ses renseignements de témoins oculaires, mais il s'est efforcé de les contrôler par des renseignements pris sur le théâtre même des événements. Aussi semble-t-il juste d'accorder à son œuvre, à très peu de chose près, la valeur d'un récit contemporain. — Ce qui ne veut pas dire qu'on doive tenir pour vrais à la lettre tous les prodiges que cette Vie rapporte; mais quant aux faits naturels purement historiques, il n'y a aucun motif de les contester.

Quant à la forme de cette Vie, si Mabillon et les Bollandistes ont publié, dans leurs éditions, les deux livres dont elle se compose comme étant les deux parties d'un même tout, ils y étaient autorisés par les manuscrits qui donnent cette division. Toutefois, en réalité il y a là deux œuvres diverses, dont l'objet est le même, mais dont le genre et la forme sont assez différents. Le livre Ier est bien une Vie, une biographie de saint Samson comme on comprenait alors ces sortes d'ouvrages, commençant par la naissance du héros, finissant par sa mort, développant entre l'une et l'autre les principales circonstances de sa vie dans l'ordre chronologique de son existence. Mais le livre II n'est point la suite du premier; c'est un véritable sermon à la louange du saint, pour être prêché le jour de sa fête, dans lequel, à travers de prolixes considérations sur le culte des saints, l'auteur (le même que celui de la Vie) rapporte divers traits et miracles de saint Samson omis par lui dans son premier ouvrage, et qu'il présente ici sans s'astreindre à l'ordre chronologique. Il faut noter aussi que le § 1 du livre II, dans les éditions imprimées, appartient en réalité au livre Ier et en forme l'épilogue : l'auteur dit en effet qu'il touche à la fin de son travail *(operis prope finem)* et remercie Dieu de lui avoir permis, à lui pécheur, d'achever une œuvre aussi importante en raison du grand saint et du grand homme auquel elle se rapporte : « quod tantum opus, de tam sancto atque egregio viro, per me peccatorem vero stilo tamen tradere Deus dignatus est (3). »

LA DEUXIÈME VIE DE SAINT SAMSON. — Cette Vie a été publiée par dom Plaine dans les *Analecta Bollandiana* t. VI (1887), p. 79 à 150. Elle existe dans divers manuscrits, notamment dans celui de la Bibliothèque d'Angers no 719, (f. 74 ro à 110 vo) écriture du XIe siècle, c'est le meilleur texte; — Biblioth. Nat. ms. lat. 5323, f. 120 à 128; — Bl.-Mant. XXXVIII, p. 799 à 850, copie d'un manuscrit du XIIe siècle de l'abbaye de la Couture du Mans. — L'édition imprimée laissant quelque peu à désirer, il est bon de la conférer avec les manuscrits.

Il est facile d'établir l'époque de cette deuxième Vie. Elle est, comme la *Vita Ia*, partagée en deux livres. Chaque livre possède un prologue en vers et l'œuvre est suivie d'un épilogue aussi en vers latins (4). Le prologue du second livre et l'épilogue attestent que cette Vie a été écrite par ordre d'un évêque de Dol appelé Louénan :

> Quæ prius in prosa resonant ex tempore prisco,
> Me resonare jubet Louenan episcopus, amplas
> Samsonis per metrum virtutes venerandi
> Decantare jubet (5).

---

(1) « In qua insula (Inis-Pir) ego fui » — « Quod indiculum (la lettre du synode) ego audivi lectum » — « In monte et ego fui, signumque crucis quod S. Samson sua manu cum quodam ferro in lapide stante sculpsit, adoravi et mea manu palpavi : » ainsi parle l'auteur de la *Vita Ia S. Samsonis*, I, § 20, 42, 48, édit. Mabillon p. 171, 176, 177; voir aussi § 7, 11, 41, Ibid. p. 168 et 176; cf. dans le présent no les p. 416, 417, 418, 513 note 6, et 523.

(2) « Vita illa (S. Samsonis) cæteras omnes longe antecellit, quod citra dubium omne antiquissima sit, *a scriptore nimirum ferme æquali seu prope synchrono concinnata*, ut qui ita loquatur acsi omnia quæ narrat ab oculatis testibus acceperit, nonnunquam eo progressus ut ipsomet tempore se ferme vixisse insinuet quo res ab ipso commemorata contigerit » (*De S. Samsone Commentar. præv.* § 25, dans Boll. Jul. VI, p. 572).

(3) *Vit. Ia S. Samson.* II, § 1, édit. Mabill. p. 181. Les Bollandistes avaient remarqué que, dans quelques manuscrits, le livre II porte le titre de *Sermo seu recapitulatio de virtutibus S. Samsonis*; voir Boll. Jul. VI, p. 587.

(4) Cet épilogue n'existait que dans le ms. de la Couture, il n'est point dans l'édition des *Analecta Bollandiana*, on ne le trouve que dans la copie des Bl.-Mant. vol. XXXVIII, p. 850.

(5) Le premier de ces quatre vers manque dans l'édit. des *Anal. Boll.*, mais on le trouve dans Bl.-Mant. XXXVIII, p. 849.

Cela ne veut point dire, comme on l'a imaginé, que Louénan ait fait composer une Vie complète de saint Samson en vers, mais seulement qu'il demanda à l'auteur de la *Vita II*, composée déjà depuis quelque temps *(ex tempore prisco)*, d'y ajouter un éloge poétique des vertus de saint Samson : ordre auquel déféra cet auteur dans les deux prologues et l'épilogue qu'il joignit à son œuvre, et qui constituent une sorte de panégyrique du saint comptant en tout aujourd'hui cent quarante vers, mais qui au complet pouvait bien aller jusqu'à deux cents, — car dans la copie des Blancs-Manteaux, qui seule contient l'épilogue, plusieurs suppressions sont indiquées par des points. Jusqu'à présent, aucun catalogue, aucun auteur ne mentionne Louénan parmi les évêques ou archevêques de Dol, et pourtant il l'était certainement, car dans l'épilogue l'auteur de la *Vita II* lui dit :

> Louuenan, lætus, largitor, longanimisque,
> Princeps pacificus patriæ, defensor egentûm,
> Samsonis sedis venerandæ pastor haberis (1).

Mais voici un document qui permet de fixer avec une approximation suffisante l'époque de cet évêque et par conséquent celle de la rédaction de la *Vita II*. C'est une lettre de Rohbod, prévôt, c'est-à-dire chef du chapitre de Dol, où il rappelle à Athelstane, roi d'Angleterre, qu'autrefois, « *quand la tranquillité*, dit-il, *régnait encore dans notre pays* (2) » (c'est-à-dire en Bretagne), le roi Édouard Ier père d'Athelstane s'était adressé à l'archevêque Louénan pour être admis dans la fraternité des prières et des bonnes œuvres de l'église de saint Samson et de son clergé, ce qu'il avait obtenu. Mais quand Rohbod écrivait sa lettre, Louénan ne vivait plus, le prévôt et les chanoines de Dol étaient « *en France, en exil et en captivité* (3) » par suite des invasions normandes. Ils continuaient de prier tous les jours pour l'âme du roi Édouard alors défunt et pour son fils Athelstane; c'est pourquoi Rohbod supplie celui-ci de secourir leur détresse.

Athelstane régna en Angleterre de 924 à 940, et son père Édouard Ier de 900 à 924. Les rapports de celui-ci avec Louénan ayant eu lieu « quand la tranquillité régnait encore en Bretagne, » étaient antérieurs à 907, date de la mort du roi breton Alain le Grand, mort qui marque le commencement des invasions normandes du Xe siècle en ce pays. Donc de 900 à 907 Louénan était archevêque de Dol, et c'est alors que dut être composée la deuxième Vie de saint Samson, ou peut-être un peu avant l'an 900, car nous ne connaissons pas la date initiale de l'épiscopat de Louénan.

Cette deuxième Vie est incontestablement un *rifazimento* de la première, ayant pour objet de la mettre en meilleur style, de faire disparaître les nombreux barbarismes, solécismes, constructions vicieuses, tordues, ténébreuses qui dans la 1re Vie dénoncent si manifestement les habitudes littéraires du VIIe siècle. On a aussi partagé l'œuvre très méthodiquement en deux parties : le livre Ier contenant toute la vie de Samson dans l'île de Bretagne, le livre II son passage et sa vie sur le continent ; aussi a-t-on fait rentrer dans le livre Ier certains épisodes du livre II de la *Vita I*, (c'est-à-dire du sermon pour la fête de saint Samson) parce qu'ils se passent en Grande-Bretagne, et reporté au livre II les dix derniers paragraphes du livre Ier de la 1re Vie (§ 52 à 61, édit. Mabill. p. 178-180). Le livre II de la *Vita II* contient aussi quelques chapitres et quelques développements qui ne sont pas dans la *Vita I*; de ces additions, les unes sont manifestement erronées ou tout au moins sans valeur, les autres pourraient être extraites de la relation du diacre Hénoc dont l'auteur de la *Vita I*, il le dit lui-même, n'avait pris que quelques traits, *pauca de multis*. Ce qu'il importe surtout de relever dans la *Vita II*, c'est l'affirmation plusieurs fois répétée, non seulement que saint Samson avait été inhumé au monastère de Dol comme le dit la *Vita I*, mais que son corps y était toujours resté, y avait toujours été honoré, jusqu'au moment où écrivait l'auteur de la *Vita II*. Outre les passages déjà publiés dans l'édition des *Analecta Bollandiana* (t. VI, p. 117 et 149), voici quelques vers encore plus explicites, tirés de l'épilogue inédit :

> Ante diem mortis Samson venerandus in orbe
> Egregiis laudem meruit decerpere factis...
> Quinis Augusti migravit ad astra kalendis,
> Et carnem terris, animam cœlo dedit alto,
> *Felix ille Doli locus, in quo carne quiescit,*
> *Exspectat in quo spem vitæ membra sepulta!*
> *Non nos in terris orbavit pignore carnis (4).*

---

(1) Bl.-Mant. XXXVIII, p. 850.
(2) « Manente adhuc stabilitate nostræ regionis. » (Willelmi Malmesbiriensis *Gesta regum Anglorum*, édit. Th. Duffus Hardy, I, p. 221, note ; et Migne, *Patrologie Lat.* vol. 179, col. 1105).
(3) « Ego et duodecim canonici mei..... in exulatu et in captivitate in Francia commoramur. » (Ibid.).
(4) Bl.-Mant. vol. XXXVIII, p. 850.

On trouve aussi dans la *Vita II*ª une attestation formelle de la règle interdisant aux femmes l'entrée, non seulement du monastère de saint Samson, mais même de son église (1).

LA TROISIÈME VIE DE SAINT SAMSON. — Elle a pour auteur on le sait Baudri de Bourgueil, archevêque de Dol de 1107 à 1130 ; elle se recommande par les qualités littéraires de cet auteur si célèbre en son temps ; quant au fond et au point de vue historique, elle suit presque entièrement la deuxième Vie.

L'ÉPISCOPAT DE SAINT SAMSON. — Jusqu'ici personne n'avait mis en doute l'épiscopat de saint Samson ; personne ne s'était arrêté aux mensonges intéressés de la Chronique de Nantes, rédigée au milieu du XI⁰ siècle dans un sens tout à fait anti-breton, et suivant laquelle l'évêché de Dol ne serait pas antérieur aux réformes ecclésiastiques de Nominoë (846-848). En face de la Vie du saint remontant aux premières années du VII⁰ siècle, plus vieille de quatre siècles et demi que cette Chronique, l'autorité de celle-ci est néant : ainsi en avaient jugé jusqu'ici tous les historiens, tous les critiques.

Mais M. l'abbé Duchesne, qui prend de temps à autre le titre de *clericus Aletensis* (*Revue Celtique*, XI, 22), a entrepris de donner au diocèse d'Aleth, dans l'histoire ecclésiastique de Bretagne, une importance exceptionnelle, une situation dominante, et pour commencer il essaie de confisquer au profit d'Aleth l'évêché de Dol et de supprimer l'épiscopat de saint Samson. Nous aurons plus tard à examiner son système sur Aleth. Pour l'instant nous nous bornerons à défendre contre ses négations l'épiscopat du vénérable fondateur de l'église de Dol.

Le procédé de M. Duchesne est très simple. Il ne tient aucun compte de la Vie de saint Samson, la traite comme une quantité tout à fait négligeable ; puis il exhibe une version du Martyrologe hiéronymien de l'an 772 : « C'est là, dit-il, le texte le plus ancien (?) et le plus authentique (?) qui nous soit resté sur saint Samson. Or ce texte le qualifie simplement abbé, donc il n'était pas évêque » (2). — C'est l'application à la critique historique de l'axiome de la politique radicale : Débarrassons-nous de ce qui nous gêne. — Voyons donc comment le critique croit se débarrasser de la *Vita Iª S. Samsonis* :

« Cette Vie de saint Samson, dit-il, est sûrement, dans l'état où nous l'avons, postérieure au
» VI⁰ siècle. » [Soit, mais elle est du commencement du VII⁰, ce qui vaut à peu près autant]. « Il
» est difficile de savoir *où* et *quand* elle a été composée, et si les deux prélats qu'elle nomme
» étaient des évêques de Dol *ou d'Alet* ou ailleurs. Espérons qu'une édition nouvelle *et de
» main compétente* nous mettra un jour à même d'étudier mieux cette question (3). »

Le critique est vraiment bien difficile : il y a deux éditions de la Vie de saint Samson, l'une de Mabillon, la grande lumière de l'érudition bénédictine, l'autre des Bollandistes avec un commentaire historique très développé ; il ne trouve pas que ces éditions soient « de main compétente. » Et de fait il les traite comme si elles n'existaient pas ; les deux éditeurs s'accordent à dire que cette Vie a pour auteur un quasi-contemporain du saint (« auctore anonymo *subæquali* »), les Bollandistes en particulier donnent à l'appui de fort bonnes raisons (ci-dessus p. 562 note 2). Le critique n'en prend pas connaissance, ne les réfute pas, et sans même mentionner l'opinion des Bollandistes ni celle de Mabillon, il prononce magistralement (p. 94) que tout ce qu'on peut accorder à cette Vie de saint Samson, c'est qu'elle « remonte *probablement* au IX⁰ siècle. »

Eh bien, pour dire que la 1ʳ⁰ Vie de saint Samson est tout au plus du IX⁰ siècle, pour dire qu' « il est difficile de savoir *où* et *quand* elle a été composée, » il faut n'avoir jamais lu ou avoir complètement oublié le prologue et le dernier chapitre du livre Iᵉʳ de cette Vie.

Dans ce dernier chapitre l'hagiographe dit formellement que saint Samson est inhumé » *dans le monastère de Dol*, CHEZ NOUS, où il fait ses miracles (4). »

Où ? Chez nous, à Dol — cela est assez clair. L'auteur de la 1ʳ⁰ Vie est donc un moine de Dol, nous l'avons déjà prouvé.

Quand ? Cela n'est pas moins facile à savoir. Dans le prologue tel que Mabillon l'a publié, malgré quelque obscurité résultant des constructions vicieuses et des fautes de syntaxe, il y a un point très clair, très clairement exprimé par l'hagiographe : c'est qu'il tient ses renseignements d'un vénérable vieillard, qui lui-même les avait reçus du diacre Hénoc, cousin, disciple et compagnon de saint

_____

(1) « Mulier invidiosa ad monasterium pergens, *ubi nulla mulier in basilicam S. Samsonis intrare audebat* » etc. (*Vit. IIª S. Sams.* II, cap. 13, dans *Anal. Boll.* VI, p. 134-135).
(2) L. Duchesne, *Les Catalogues épiscopaux de la province de Tours* (1890), p. 95 note.
(3) *Id.* Ibid.
(4) « *In Dolo monasterio corpusculum* in sacro tumulo suo dimittens, signumque beatitudinis ejus APUD NOS habemus in his scilicet signis quæ quotidie *per eum* Deus facit » (*Vit. Iª S. Samson.* I, § 61, édit. Mabill. p. 180).

Samson dans son émigration en Armorique (1). Par conséquent, entre la génération du saint (à laquelle appartenait Hénoc) et le biographe du saint, il n'y avait que ce « vénérable vieillard, » c'est-à-dire une seule génération. On compte d'ordinaire trois générations par siècle, soit 30 à 35 ans pour chacune, mettons-en 40 : de la mort de saint Samson (vers 565 selon Mabillon) cela nous mène à 605-610 : c'est là l'époque de l'auteur de la *Vita I*[a] ; le Martyrologe de 772 se trouve distancé de plus d'un siècle et demi.

Et sur l'épiscopat, dans la *Vita I*[a], les témoignages abondent. — D'abord il y a le récit de son ordination épiscopale (p. 415 ci-dessus note 2) ; puis il consacre les églises bâties par sa mère et par sa tante (p. 416 note 1). Ailleurs, il donne les ordres à un diacre ; à un autre diacre il confie « le saint-chrême dont il se servait lui-même dans les fonctions épiscopales (2). » — Ce caractère d'évêque qui lui avait été conféré en Grande-Bretagne, il ne le laissa pas dans l'île apparemment, il le porta avec lui sur le continent et dans son monastère de Dol, il en exerça le ministère aussi bien sur le continent que dans l'île ; aussi saint Iltud qui avait le don de prophétie avait-il dit de lui quand il était entré à son monastère : « En *pontifex summus* multis *citra ultraque mare* profuturus, en egregius Britannorum sacerdos (3). » En Armorique il faisait porter devant lui une croix enrichie d'or, d'argent, de pierres précieuses (4).

Après cela, que le Martyrologe de 772 donne ou non à saint Samson le titre d'évêque, peu importe ; s'il y manque, il pèche par omission, faute vénielle ni rare ni étonnante.

Le Martyrologe de 772 porte en effet au V des Calendes d'août (28 juillet) : « *Dolo monasterio depositio S. Samsonis abbatis* (5). Selon M. Duchesne, « ce fait » (*Samsonis abbatis* au lieu de *Samsonis episcopi* « est d'autant plus notable que le manuscrit en question provient de l'abbaye » de Fontenelle ou Saint-Wandrille sur la basse Seine rive droite, tout près du monastère de » Saint-Samson à Pental de l'autre côté du fleuve. Les renseignements que les moines de Saint- » Wandrille consignaient au VIIIe siècle dans leurs livres liturgiques *leur venaient évidem-* » *ment, en ce qui regarde saint Samson, des religieux bretons leurs voisins.* Or ceux-ci savaient » apparemment ce que c'était que Dol et quel titre il convenait de donner à leur patron. » (*Cata-logues épiscopaux de la province de Tours*, p. 95 note.)

En 772, à Saint-Samson de la Roque ou Pental (voir ci-dessus p. 427), il ne devait plus y avoir un seul Breton, car le premier effet des hostilités rouvertes par les Franks contre la Bretagne en 753 et continuées jusqu'à la conquête de ce pays par Charlemagne en 799, fut nécessaire-ment de chasser les Bretons de leur monastère de la basse Seine. Que si, par impossible, ils parvinrent à s'y maintenir, eux et les moines franks de l'autre rive devaient être forcément comme chien et chat ou, si l'on veut, comme les moines bretons et les clercs saxons de la Grande-Bretagne, — d'autant que, dès le VIe siècle (on le voit par la 2e Vie de saint Samson), les Franks enviaient déjà les beaux domaines accordés à ces intrus bretons par la générosité de Childebert, — et de là contre les Bretons une antipathie très naturelle les portant à décrier, à rabaisser tout ce qui tenait à cette race y compris ses saints, antipathie qui explique parfaite-ment la réduction de saint Samson au titre d'abbé opérée par les moines de Fontenelle. C'était là un excellent tour qu'ils prétendaient jouer à ces Bretons encombrants, qui, la Vie de saint Samson du VIIe siècle à la main, ne cessaient de les rebattre des mérites, des vertus et de la dignité épiscopale de leur fondateur. Voilà la véritable cause du *Samsonis abbatis* des Fontenel-liens. Cet argument tel quel n'a donc nullement l'importance qu'on veut lui attribuer. Et d'ail-leurs, quelle que soit l'explication qu'on en donne, elle ne peut détruire la preuve de l'épiscopat de saint Samson, abondamment fournie par les témoignages réitérés et quasi-contemporains de la *Vita I*[a].

Enfin — contre la preuve de ce même épiscopat tirée de la présence du saint au concile de Paris de 557, M. Duchesne produit encore l'objection que nous avons déjà exposée et réfutée ci-dessus dans la note 3 de la p. 432, à laquelle nous renvoyons le lecteur.

(1) « Et non solum hoc, sed etiam quamplura de ejus (S. Samsonis) actibus citra mare verba supradictus *sanctus diaconus Henocus nomine, consobrinus sancto Samsoni*, ultra mare adportavit, et ille, de quo nuper præfati sumus, *venerabilis senex semper ante me legere faciebat* » (*Id.* prol. § 2, Ibid. p. 165). Voir plus haut p. 561 la citation com-plète de ce texte, où l'on voit que ce diacre Hénoc, cousin de S. Samson, était en même temps oncle du *venerabilis senex*.

(2) « Recepto itaque suo consobrino (Henoco) atque *in diaconatus officium excepto* (*Vit. I*[a] *S. Sams.* I, § 52, édit. Mabill. p. 178. — « S. Samson suum chrisma, *unde officium episcopatus adimplebat*, diacono (Morino) præcepit dari » (*Id.* II, § 7, Ibid. p. 182).

(3) *Vit. I*[a] *S. Samson.* I, § 9, édit. Mabill. p. 168.

(4) « Post ejus obitum, imago crucis quæ ante eum (Samsonem) ferri solebat quamque benedixerat, quæ denique auri atque argenti gemmarumque venustatibus circum fuerat solidata, a quodam malefico ac pessimo homine furtim detecta est ac dehonestata » (*Id.* II, § 10, Ibid. p. 183). — On cite quelques évêques qui faisaient porter la croix devant eux, entre autres, S. Porphyre évêque de Gaza au Ve siècle, S. Willebrord évêque d'Utrecht au VIIIe.

(5) Voir Martyrolog. Hieronym. dans Boll. Nov. II, p. [97].

En somme, il y a trois évêques de la Bretagne Armorique nommés dans la 1re Vie de saint Samson. Selon M. Duchesne, « il est difficile de savoir si ces prélats étaient des évêques de Dol ou d'Aleth ou d'ailleurs » (Catal. de la prov. de Tours, p. 95). C'est ce que nous allons examiner. On ne voit pas en effet ce qu'Aleth pourrait prétendre en cette matière et dans la Vita Ia S. Samsonis il n'en est pas question le moins du monde. Dol c'est différent, on en parle beaucoup. D'abord, quand Samson arrive sur le continent en plein exercice de ses fonctions épiscopales et abbatiales, il fonde le monastère de Dol qui devient le siège de ce double ministère; il y vit, il y meurt, il y est inhumé comme le déclare, entre autres, le Martyrologe de 772 (1) : il n'y a donc nul embarras, nulle difficulté sur sa qualité d'abbé-évêque de Dol.

Les deux premiers successeurs de saint Samson — Magloire et Budoc — ne sont pas mentionnés dans la Vita Ia S. Samsonis. Mais parmi les traits divers dont se compose le sermon formant le 2e livre de cette Vie, il est question d'un troisième appelé Leucher, voici ce qu'on en dit :

« Un jour, en ce lieu excellent et très éminent où repose en paix saint Samson (2), un violent incendie éclata tout à coup dans une construction élevée par les moines (fratres) pour abriter le four à cuire le pain de la maison ; on voyait de grandes flammes monter en l'air qui dévoraient ce bâtiment. Les serviteurs de Dieu étaient alors à l'église à chanter nones. Dès qu'ils sont prévenus, ils se précipitent sur le lieu du sinistre avec le saint et vénérable évêque Leucher (3), ils font sortir de l'église la croix et le bâton (la crosse) de saint Samson et les approchent autant que possible de l'incendie, invoquant d'une foi constante le secours du saint et criant : « Saint Samson, élu de Dieu, nous vous en supplions, défendez votre maison contre le feu (4) ! » — Aussitôt un nuage énorme chargé de pluie creva et éteignit l'incendie. »

Leucher était donc évêque dans le lieu où saint Samson avait sa sépulture, c'est-à-dire à Dol : là-dessus pas de doute possible.

Venons à l'autre évêque, Tighernomal. C'est à lui que l'auteur de la première Vie dédie son œuvre, il lui parle ainsi dans sa préface :

« Tighernomal, bienheureux évêque du siège apostolique, je tremble devant toi, me sentant incapable du travail que tu me demandes. Cependant, très doux évêque, puisque tu me commandes d'écrire quelques pages sur la mémoire et les merveilles de saint Samson, ne voulant pas me rendre coupable de désobéissance, j'essaierai avec l'aide de Dieu de satisfaire à ton invitation (5). »

Et après avoir achevé sa tâche, s'adressant de nouveau à l'évêque, l'hagiographe dit :

« Bienheureux pape Tighernomal, voilà que, conformément à ta volonté (te volente), nous avons parcouru, autant que nous l'a permis notre faiblesse, la vie illustre de cet homme si grand, si excellent, saint Samson (6). »

Ainsi l'évêque Tighernomal était le chef, le supérieur immédiat de l'auteur de la Vita Ia ; quand il commandait, celui-ci devait se soumettre ou il tombait dans le péché de désobéissance (inobedientiæ lapsum). L'hagiographe étant, nous le savons, moine du monastère de Dol, le chef de ce monastère pouvait seul avoir sur lui une telle autorité. Tighernomal était donc abbé-évêque de Dol.

Le siège des trois évêques mentionnés dans la Vita Ia ne peut donc être l'objet d'aucun doute, car nous avons levé plus haut toutes les difficultés opposées à l'épiscopat de saint Samson.

Nous regrettons d'avoir été obligé de soutenir cette discussion contre un auteur dont nul n'estime plus que nous la haute érudition ; mais quand on s'efforce d'ébranler la doctrine historique de Lobineau et des Bénédictins bretons ses confrères, dont nous nous honorons d'être le disciple, nous ne pouvons nous dispenser de la défendre.

---

(1) « Dolo monasterio depositio S. Samsonis. » Ibid.

(2) « In illo eminentissimo atque optimo loco in quo S. Samson quiescit in pace » (Vit. I S. Samson. II, § 15, édit. Mabill. p. 185).

(3) « Statim vero ut hoc compererunt servi Dei qui in ecclesia ad Nonam celebrandam convenerant, una cum sancto ac venerabili episcopo Leuchero irruentes, crux sancti Samsonis et ejus baculus forinsecus ecclesiam porrecta sunt. » (Id. Ibid.)

(4) « Electe Dei sancte Samson, defende, quæsumus, domos tuas. » (Id. Ibid.) M. l'abbé Duchesne insinue que cet épisode est interpolé et pourrait être postérieur à l'archevêque de Dol Festinien, c'est-à-dire à 866. Il n'en donne absolument aucune preuve, et il n'y a pas le moindre prétexte pour supposer une interpolation. Puis, ce qui s'accorde assez mal avec la date proposée (sans nul motif à l'appui) par M. Duchesne, c'est que l'auteur de la Vita Ia, séparé de S. Samson par une seule génération, déclare tenir d'un témoin oculaire le récit de cet incendie : « Res valde opinata (dit-il) referenda est... quam a quodam egregio fratre, qui interfuisse se testabatur, ego didici » (Id. Ibid.) : c'est donc deux siècles et demi de différence.

(5) « O beatissimo sedis apostolicæ episcopo Tigerinomale..... jubes, ò dulcissime, ut pauca de S. Samsonis mentione atque oraculis verba pertractem..... inobedientiæ lapsum præcavens, id ad quod invitor omipotentis Dei inspiratione aggrediar » (Vit. Iæ S. Sams. præfat. § 1, édit. Mabill. p. 165).

(6) « Eia, jam tanti ac talis viri Samsonis effamatam conversationem, per quantam potuimus parvitatem, ò beatissimo papa Tigerinomale, te volente ac suggerente, explanavimus » (Id. II, 2, Ibid. p. 181).

VII. — *Sur la Vie ancienne de saint Hermeland.*

La Vie de saint Hermeland semble destinée à mettre aux prises le clergé régulier et le clergé séculier. — Deux religieux célèbres, Henschen et Mabillon, y voient une pièce très autorisée, écrite par un auteur quasi-contemporain de son héros : *auctor antiquus et coœvus* dit Henschen, — *auctore gravi fere œquali*, reprend Mabillon. — Deux séculiers au contraire (l'abbé Travers et l'abbé Duchesne) en font peu de cas et la proclament « postérieure de plusieurs siècles aux faits » qu'elle raconte » (abbé Duchesne, *Catal. de la prov. de Tours*, p. 73), peut-être même pas antérieure au XIVe siècle (Travers, *Hist. de Nantes* I, 97). Les séculiers n'appuient leur opinion d'aucune raison, sauf une fausseté produite par Travers et que j'ai réfutée ci-dessus p. 542 note 1. Les réguliers donnent des arguments que nous allons examiner.

1o L'auteur de cette Vie dit en son prologue : « Cum ex beati viri virtutibus Hermenlandi » quædam, *quœ visu relationeque fratrum didici*, scripto paginis tradenda decernerem... » (Boll. Mart. III, p. 573-574 édit. de Paris ; Mabillon, *A. SS. ord. S. Bened.* Sæc. III part. 1, p. 384). Ainsi l'hagiographe connaissait certains traits de la vie d'Hermeland pour en avoir été témoin *(visu)*, d'autres pour les avoir appris par les récits des moines *(relatione fratrum)* — ce qui implique naturellement qu'il s'agit ici de moines contemporains du saint.

2o Dans l'avant-dernier chapitre de la Vie, l'auteur se fait à lui-même une critique : il a parlé des miracles d'Hermeland plus que de ses vertus, cependant ce sont les vertus qui engendrent les miracles, il aurait donc dû parler des vertus de son héros plus longuement qu'il ne l'a fait, mais voici son excuse : étant donné le peu de temps écoulé depuis la mort d'Hermeland, le souvenir de sa vie et de ses vertus vit encore dans la mémoire de beaucoup de personnes : « Magis » de sancti patris (Hermenlandi) morum virtutibus scribenda esse viderentur, *nisi quod recen-* » *tiori tempore ejus sancta emicans conversatio in multorum adhuc retinetur mentium memo-* » *ria.* » (*Vit. S. Hermel.* § 47, Boll. ibid. p. 583 ; édit. Mabillon, p. 403.) — Quand l'hagiographe écrivait, il existait donc encore beaucoup de gens qui avaient connu le saint et qui gardaient vivant en leur cœur le souvenir de ses actions et de sa personne.

3o Sous l'administration de David, le premier abbé qui gouverna Aindre depuis la mort d'Hermeland (1), le corps de ce saint, qui avait d'abord été inhumé en cette abbaye dans l'église de Saint-Paul près de la chapelle dédiée à saint Wandrille, fut transféré dans l'église Saint-Pierre. L'hagiographe rapporte diverses circonstances de cette cérémonie et ajoute qu'au moment où il écrivait tous ceux qui y avaient assisté vivaient encore : « *Nam omnes qui illic tunc interfue-* » *runt, qui luce adhuc utuntur data mortalibus*, testantur » etc. (*Vit. S. Hermel.* § 36, Boll. Ibid. p. 581 ; édit. Mabillon, p. 399). Cette translation dut avoir lieu une dizaine d'années au plus après la mort du saint.

Ces textes justifient l'opinion des réguliers en ce qui touche la Vie de saint Hermeland : loin d'être « postérieure de plusieurs siècles aux faits qu'elle raconte, » elle fut écrite très peu de temps après la mort du saint et comme l'estimait D. Mabillon, elle est historiquement digne de toute confiance. C'est un point important, car lorsqu'on voudra étudier de près ce document, on en tirera, croyons-nous, de curieux renseignements sur l'histoire et les mœurs du pays nantais (2).

La seule objection formulée contre cette Vie, c'est qu'en ce qui touche l'époque de l'évêque Pasquier sa chronologie ne s'accorde pas avec celle de l'ancien Catalogue des évêques de Nantes. Le beau malheur ! Ce Catalogue remonte au plus à 1041, c'est-à-dire au milieu du XIe siècle ; c'est donc lui qui est de plusieurs siècles postérieur aux choses et aux hommes du temps d'Hermeland. La Vie de ce saint y porte d'ailleurs fort peu d'atteinte ; elle oblige, non à ôter de cette liste aucun des noms qui s'y trouvent, mais à en modifier un peu l'ordre ; ce n'est pas une si grosse affaire, et l'on comprend mal le respect superstitieux professé envers ce Catalogue très critiquable par des critiques d'ordinaire moins timorés.

---

(1) Hermeland s'étant démis de la dignité abbatiale et ayant vécu encore assez longtemps après sa démission, deux abbés, Adalfred et Donatus, gouvernèrent le monastère avant sa mort ; mais après cette mort le premier abbé qu'on y rencontre est David.

(2) On découvrit à la Basse-Indre, en 1860, une dalle tumulaire ornée de sculptures de l'époque mérovingienne, qui avait dû recouvrir jadis le cercueil de l'un des premiers moines de l'abbaye d'Aindre, probablement celui du « vénérable *Sadrevertus*, » mentionné au § 35 de la Vie de S. Hermeland. Voir l'intéressante notice publiée à ce sujet par M. Stéphane de la Nicollière dans le *Bull. de la Soc. archéol. de Nantes*, t. I, 323-329 (4e trim. de 1860).

VIII. —·Conoo, Conober, Conomor.

Voir ci-dessus p. 443 note 1. — Grégoire de Tours mentionne, au chapitre 4 du livre IV de *l'Histoire des Franks*, un comte breton appelé *Canao* frère de Macliau, et qui dès lors est nécessairement un comte du Vannetais breton. Plus loin, au chap. 20 du même livre, il est question d'un chef breton que les éditions imprimées nomment *Conober* et qui est l'allié de Chramne contre son père le roi Clothaire Ier.

Nous allons prouver, par les plus anciens manuscrits de Grégoire de Tours, que *Canao* et *Conober* sont le même personnage. Les trois manuscrits les plus anciens sont le ms. de *Corbie*, écrit au commencement du VIIe siècle (auj. Biblioth. Nat. ms. lat. 17665), — le ms. de *Beauvais* (Biblioth. Nat. lat. 17654), — le ms. de *Cambrai*, VIIe-VIIIe siècle (Biblioth. de Cambrai ms. 624) (1).

Dans le chap. 4 du livre IV de Grégoire de Tours, on trouve trois fois le nom de *Canao*, deux fois au nominatif, une fois à l'ablatif. Le ms. de Corbie porte pour le nominatif *Chanao*, et pour l'ablatif *Chonoone* (2) dont le nominatif serait *Chonoo* (3) : donc, pour le plus ancien des manuscrits de Grégoire de Tours, *Conoo* et *Canao* sont deux formes d'un même nom.

Dans le chapitre 20 du livre IV de Grégoire de Tours, on rencontre deux fois le nom du comte breton allié de Chramne, une fois au nominatif, une fois à l'ablatif. La plupart des éditions imprimées écrivent au nominatif *Chonober*, à l'ablatif *Chonobro*. Mais les ms. de Corbie, de Beauvais et de Cambrai écrivent indéclinablement, pour les deux cas, *Chonoo* (4). C'est donc tout à fait le même nom qu'au chap. 4, et ce nom n'étant pas de ceux qu'on rencontre fréquemment dans l'histoire, l'identité de nom doit naturellement ici faire conclure à l'identité de personne, — d'autant que l'époque, le caractère, la situation, la physionomie du *Conoo* du chap. 4 conviennent parfaitement au *Conoo* du chap. 20. Donc, au témoignage des trois plus anciens manuscrits de Grégoire de Tours, il y a identité entre le frère de Macliau (liv. IV chap. 4) et l'allié de Chramne (liv. IV chap. 20); donc le prince breton, comte du Vannetais breton, mentionné en ces deux chapitres, s'appelait *Conoo*.

Mais comment de ce nom a-t-on pu passer à celui de *Conober*, qui existe dans un assez grand nombre de manuscrits de Grégoire, tous il est vrai plus récents que les trois précédents et écrits du IXe au XIIe siècles? Remarquons d'abord que plusieurs de ces manuscrits portent, non *Chonober*, *Chonobro*, mais *Chonoo-ber*, *Chonoo-bro* (5), et le ms. de Cambrai déjà cité établit l'identité du nom exprimé par cette forme et par la forme *Conoo*, car il porte à quelques lignes de distance, en parlant certainement du même personnage, *Chonoo* au nominatif et *Chonoo-bro* à l'ablatif (6). Donc, incontestablement, *Canao*, *Conoo*, *Conoo-ber* sont trois formes du même nom. La dernière forme ne se distingue de *Conoo* que par l'addition d'une syllabe qui doit être une épithète, un surnom quelconque ajouté au nom principal. — Dans les dialectes bretons *ber* ou *berr* signifie court, bref : Conoo *le Court* comme Pepin *le Bref*. Les divers chroniqueurs, parfois le même chroniqueur tantôt nomme Pepin par son nom seul *(Pippinus)* sans lui donner son surnom, et tantôt il le lui donne *(Pippinus Brevis)* : de même pour le comte breton, tantôt on l'appelait *Conoo-Ber* et tantôt simplement *Conoo*.

Avec ou sans cette épithète, il reste établi que Conoo ou Conoo-ber, l'allié de Chramne, c'est justement Conoo ou Canao le comte du Vannetais breton frère de Macliau.

Dès lors, impossible de le confondre, comme l'ont fait plusieurs historiens bretons, avec le célèbre Conomor régent et usurpateur du royaume de Domnonée, mais qui jamais ne posséda le Vannetais breton; — qui d'ailleurs fut vaincu ou tué sous le règne de Childebert Ier, c'est-à-dire avant 558, tandis que Conoo-ber succomba en défendant Chramne contre Clothaire après la mort

---

(1) Sur ces trois manuscrits voir l'*Histoire des Francs* (livres I-VI), édition Omont (donnée d'après le ms. de Corbie), p. xiv, xv.

(2) Voir Grég. de Tours édit. Omont, p. 107 ; — édit. Guadet et Taranne, t. I, p. 187 note 1, et p. 211 note 3.

(3) L'*h* est une aspiration ajoutée à ces noms par les scribes franks, mais qui n'a rien de breton ; on n'en doit pas tenir compte.

(4) Voir Grég. de Tours, *Histor. eccl. Francor.* édit. Ruinart, col. 160 note *h* ; — édit. Guadet et Taranne I, p. 211 note 3, et p. 212 note 2 ; — édit. Omont lib. I-VI, p. 117. — Cependant, comme on le verra plus loin, le ms. de Cambrai n'emploie la forme *Chonoo* que pour le nominatif.

(5) Entre autres le ms. de *Dubois* ou de *Bruxelles*, du IXe siècle (voir Grég. de Tours édit. Guadet I, p. 211, note 3 ; et édit. Omont, p. xiv) et le ms. coté *Reg. B.* dans l'édit. Guadet, *Ibid.* p. 212 n. 2, indiqué comme existant alors à la Biblioth. Roy. suppl. 808, voir même édit. p. xiii, xiv et xv de la préface des éditeurs.

(6) Grég. de Tours édit. Guadet, I p. 211 note 3 et p. 212 note 2.

de Childebert, en 560 seulement (1), — et dont au reste le nom, si on le décompose, signifie à peu près le contraire de Conoo-ber — car *Cono* est *Conoo* contracté, et *môr* veut dire grand : donc Cono-*môr* c'est *Conoo le Grand*, et Cono-*ber*, c'est *Conoo le Court* ou *le Petit*. Il est donc tout à fait inadmissible que Grégoire de Tours, qui dans son IV⁰ livre parle positivement de Conomor et l'appelle très régulièrement (à l'accusatif) *Chonomorem* (IV, 4) — ait pu quelques chapitres plus loin, quand il veut désigner le même personnage, lui donner un nom tout différent tant par sa signification que par sa forme.

Conclusion : 1⁰ Impossible d'admettre l'identité de Conomor et de Conoo-ber ; 2⁰ nécessaire, au contraire, d'après les plus anciens manuscrits de Grégoire de Tours, d'admettre celle de Conoo ou Canao frère de Macliau, et de Conoo ou Conoo-ber allié de Chramne. Aussi, pour faire cesser l'équivoque née de ces formes diverses, nous avons dans notre texte constamment donné à ce prince le nom de Conoo.

IX. — *L'abbaye de Saint-Jacut.*

Je n'ai rien dit de la fondation de Saint-Jacut à l'embouchure de l'Arguenon. Il y a une légende de saint Jacut et de saint Guéthenoc, tous deux fils de Fracan et frères de saint Gwennolé. Cette légende écrite au XII⁰ siècle porte la trace d'emprunts faits à celle du célèbre fondateur de Landevenec. Elle donne au territoire où l'abbaye fut fondée le nom primitif de *Landoac* et non Landouar comme on le dit habituellement (2). Elle ne parle nullement de l'intervention du roi Gradlon dans cette fondation, qui depuis le XV⁰ et le XVI⁰ siècle lui a été attribuée par toutes les légendes. En réalité, la fondation de ce monastère doit être regardée comme une œuvre de propagande religieuse uniquement due à la colonie de Fracan, fondée comme nous l'avons vu dans la seconde moitié du V⁰ siècle sur les bords du Gouët.

Tout auprès de cette abbaye, à l'Est, sur la même côte, la paroisse de Lancieux, régulièrement *Lan-Sieu*, paraît avoir eu pour origine le *lann* ou petit monastère de saint Sieu, mentionné sous le nom latin *Siviaus* comme disciple de saint Brieuc dans la vie de ce saint (3). — La paroisse de Saint-Briac, à l'Est de Lan-Sieu, et celle de Saint-Maudez, trois lieues à l'Ouest de Dinan, portant les noms de deux disciples de saint Tudual, attestent le développement de la mission du grand apôtre dans cette région. — Quant à celle de Saint-Cast, à l'O. de l'abbaye de Saint-Jacut, comme son patron a toujours été appelé *Catuodus*, ce qui est une des formes du nom de saint Cado, elle marque peut-être sur les côtes de l'Armorique une seconde étape de ce grand itinérant, étape qui ne le retint pas sans doute plus longtemps que ne l'avait fait la jolie petite île de la lagune d'Etel (voir ci-dessus p. 391). — Joindre ces observations à ce qui est dit plus haut p. 366 sur la mission de saint Tudual du côté de la Rance.

(1) Quelques auteurs voudraient que Conomor, renversé en Domnonée par Judual avant 558, eût vécu cependant jusqu'en 560. C'est absolument contraire aux Vies anciennes de saint Samson ; dans tous les cas, après sa défaite, sa puissance étant réduite à néant, comment aurait-il pu soutenir Chramne contre toute la monarchie des Franks ? De quel secours aurait-il été à ce prince ? Cette idée est inadmissible.

(2) « Monasterium *Landoac*, ita insula vocabatur » (Biblioth. Nat. ms. lat. 5296, f. 62).

(3) *Vita S. Brioci*, § 55, 56, 57, dans *Analecta Boll.* II, p. 186-187 ; mais on a imprimé à tort (croyons-nous *Simaus* au lieu de *Siviaus* ou *Stuiaus*.

TABLES DU VOLUME.

TABLE GÉNÉRALE ANALYTIQUE.

HISTOIRE DE BRETAGNE.

NOTES & ÉCLAIRCISSEMENTS.

Croix de l'île Lavré (p. 297).

TABLE CHRONOLOGIQUE
DES CHEFS BRETONS ARMORICAINS
DU Vᵉ AU VIIIᵉ SIÈCLE.

I. — *Dynasties des trois principautés bretonnes.*

COMTES DU VANNETAIS BRETON OU BRO-WEROC.

Caradauc (vers l'an 465), p. 307-308, 380.

Weroc Iᵉʳ, père de Trifine, de Conoo, de Macliau et de trois autres fils (500 à 550 environ), p. 380-381, 409, 411-413, 423-424, 442.

Conoo, fils de Weroc Iᵉʳ (550 à 560), p. 442-444 et 568-569.

Macliau, fils de Weroc Iᵉʳ (560 à 577), p. 441, 442, 444.

Weroc II ou *Waroch*, fils de Macliau (577 à 594 environ), p. 444 à 452, 454-455, 457, 459, 538-539.

Canao, fils de Waroch (en 590), p. 450.

ROIS OU COMTES DE CORNOUAILLE.

Gradlon Mur (470-475 à 505 environ), p. 311 à 325.

Iaun Reith (venu de l'île de Bretagne vers 510), p. 373-375.

Daniel, fils d'Iaun Reith, p. 375.

Budic Iᵉʳ, fils de Daniel, p. 375.

Meliau, fils de Budic Iᵉʳ (530 à 537 environ), p. 375, 378.

Melar ou *Meloir*, fils de Meliau (538 à 544), p. 378-380, 401-403.

Rivod, fils puîné de Budic Iᵉʳ, régent de Cornouaille pendant la minorité de Melar (538 à 544), p. 378-380, 401-403.

Budic II, parent et héritier de Gradlon Mur (chassé de Cornouaille vers 510, rétabli vers 545, meurt vers 570), p. 434-438.

Teudric, fils de Budic II (dépouillé du comté de Cornouaille après la mort de son père, rétabli en 577), p. 441 et 444.

ROIS, DUCS OU COMTES DE DOMNONÉE.

Riwal (515 à 520 environ), p. 350-355.

Deroch, fils de Riwal (520 à 535 environ), p. 355-356, 360-361, 397.

Iona, fils de Deroch (535 à 540 environ), p. 400-401.

Conomor, régent et usurpateur de la Domnonée (540 à 554-555), p. 393-397, 400-409, 411-414, 420-423, 426-431, 433.

Judwal, fils d'Iona (chassé par Conomor vers 545, rétabli en 554-555, mort vers 580), p. 400, 404-405, 420-421, 426-428, 431, 459.

Judaël, fils de Judwal (580 à 605 environ), p. 463-464, 467, 468-469.

Haëloc, fils puîné de Judaël (usurpateur de la Domnonée de 605 à 610 environ, meurt vers 615), p. 470-473.

Judicaël, fils aîné de Judaël (610 à 640 environ, abdique vers 640, meurt vers 650), p. 476 à 488.

II. — Chefs et Tierns bretons isolés sur divers points de la péninsule armoricaine, en dehors des dynasties ci-dessus,

SUR LE LITTORAL SUD DE LA PÉNINSULE.

Riothime (en 469), p. 251-253, 293.

SUR LE LITTORAL NORD DE LA PÉNINSULE.

Fracan (vers 460), p. 280, 293-294, 298-299, 306, 325.
Rhigall (470 à 510 environ), p. 294-295, 299, 300, 303, 305-308.
Conothec (vers 480), p. 295.
Conan (500 à 510), p. 304, 305, 306.
Loïescon (vers 570), p. 460-461.
Meliau (dans le pays d'Aleth vers 580), p. 466.
Riwallon (dans le pays de Dol vers 630), p. 491-492.

EN CORNOUAILLE.

Riwelen MurMarc'hou (vers 470), p. 311.
Riwelen Marc'hou,   Id.   Ibid.
Congar,   Id.   Ibid.
Conomor, comte de Poher (520 à 554-555), p. 393-396, 429. — C'est l'usurpateur de la Domnonée ; après sa mort en 554-555, le Poher disparut comme comté ; la plus grande partie de son territoire fut absorbée par la Cornouaille ; une zône septentrionale fut rattachée à la Domnonée.
Mevor (VIIe siècle), p. 495.

DANS LE LÉON.

Tudoghil (vers 500), p. 339-340.
Romelius,   Id.   Ibid.
Withur, comte de Léon (510 à 530 environ), p. 341, 343-347, 397. — Après sa mort, le Léon fut réuni à la Domnonée. Conomor s'empara du pays d'Ach vers 535, et quelques auteurs lui donnent le titre de comte de Léon ; mais comme il devint vers 540 régent de la Domnonée, le Léon resta désormais uni à ce royaume.
Carenkinal (520 à 525 environ), p. 344.
Ausoch (vers 580), p. 463-464.

DANS LA FORÊT DE BRECILIEN.

Alvandus (vers 530), p. 382.
Caduon (vers 550), p. 423-424.
Lelian (VIIe siècle), p. 490.

III. — Comtes et Ducs de la Marche franko-bretonne.

Eusebius, duc à Vannes (commencement du VIe siècle), p. 332-334.
Beppolen, duc à Rennes (en 579 et 586), p. 446, 537-538.
Ebrakher et *Beppolen*, ducs envoyés par Gontran dans le Vannetais contre Waroch (590), p. 448-450.
Theudoald, comte de Nantes (610), p. 539.
Centulfe, maire du palais, envoyé par Dagobert à Vertou (628-638), p. 540-541.
Agathéus, comte-évêque de Nantes et de Rennes (commencement du VIIIe siècle), p. 544-545.
Amilo ou *Amélo*, comte-évêque de Nantes (VIIIe siècle), 546.
Comte de Vannes ayant pour intendant saint Emilion (vers 720), p. 550.

TABLE ALPHABÉTIQUE DES SAINTS BRETONS

MENTIONNÉS DANS CE VOLUME [1].

(1) Les noms précédés d'une astérisque sont ceux de personnages ecclésiastiques qui n'ont pas le titre de saints.

OBSERVATIONS

SUR LES CARTES GÉOGRAPHIQUES.

 ce volume sont jointes cinq cartes géographiques qui doivent être réunies et placées à la fin dans l'ordre suivant :

I. — *La Péninsule armoricaine à l'époque gallo-romaine.*

II. — *L'Ile de Bretagne à l'époque des émigrations bretonnes, du Vᵉ au VIIᵉ siècle.*

III. — *La Bretagne armoricaine et la Marche franko-bretonne à l'époque mérovingienne.*

IV. — *Archipel de Bréhat, île Lavré, monastère de saint Budoc.*

V. — *La Bretagne au moyen-âge. — Divisions ecclésiastiques.*

I.

La Péninsule armoricaine à l'époque gallo-romaine.

Cette carte indique d'abord la situation respective et, autant que possible, les limites des cinq cités gallo-romaines de la péninsule armoricaine, comme nous les avons décrites ci-dessus p. 80, 81, 64.

.·.

On y a marqué seulement les deux lignes de voies romaines portées sur la Table Théodosienne ou Carte de Peutinger, celle de *Portus Namnetum* à *Gesocribate* venant de Tours, et celle de *Sipia* à *Reginea* venant de *Juliomagus* (Angers). Il y en avait sans doute beaucoup d'autres ; si l'on veut bien se reporter à la p. 147 ci-dessus, on concevra sans peine les motifs qui nous ont empêché de les tracer. — A partir de *Vorganium* ou *Vorgium* (Carhais), la voie venant de *Portus Namnetum* se bifurque en deux lignes sur notre carte. La ligne conforme à la carte de Peutinger serait, croyons-nous celle qui va à Brest (voir ci-dessus p. 108-109). Nous avons tracé l'autre (dont l'existence comme voie romaine est certaine) allant de Carhais à Plouguernau ou si l'on veut à Castel-Ach, parce que son tracé montre clairement les situations de Castel-Ach et de la borne de Kerscao dont il est beaucoup question dans notre texte (p. 102 à 106), et aussi parce qu'un romaniste très distingué, M. de la Monneraye, voit dans cette ligne la continuation de la voie venant de *Portus Namnetum*.

.·.

Par ailleurs il y a deux ordres de noms et de lieux portés sur cette carte : on a mis en caractères romains tous les noms qui existent dans les documents de l'antiquité (1), ceux des cités et de leurs capitales sont en majuscules romaines. Tous les autres noms, écrits en *italique* ou en caractères penchés, sont (sauf celui de *Ratiatum*) des noms modernes. Ceux qui accompagnent

_____

(1) Toutefois le nom de *Vicenonia* ne paraît qu'au VIᵉ siècle et celui de *Semeno* au IXᵉ.

un petit cercle rouge désignent des localités où l'on a découvert des ruines ou des antiquités romaines d'importance notable, et dont on ne connaît pas le nom antique.

.•.

Pour justifier l'étendue et les limites données dans cette carte à la *Grande forêt centrale* de la péninsule armoricaine, voir ci-dessus le chap. V de la *Topographie générale de la Bretagne*, p. 42 à 47. Quant aux autres massifs silvestres portés sur cette carte, qui figurent les forêts existant à l'époque gauloise et en partie à l'époque gallo-romaine, sur la méthode employée pour les tracer, voir p. 65-68 ci-dessus.

II.

L'Île de Bretagne à l'époque des émigrations bretonnes.

On n'a pas eu l'idée de représenter ici tous les lieux ni toutes les circonscriptions qui ont existé dans l'île de Bretagne du V⁰ au VII⁰ siècle et dont le souvenir nous a été conservé. Le format de cette carte, fixé par celui du volume, ne le permettait pas. On a voulu y figurer seulement tous les lieux principaux et toutes les circonscriptions anciennes de la Grande-Bretagne dont il est question dans le présent volume, particulièrement aux chapitres I, IV, VII de la *Deuxième Epoque*, et aussi, dans leurs situations respectives, toutes les tribus ou peuplades bretonnes du V⁰ siècle (même celles qui ne sont pas nommées dans ce livre). Toutefois, il a été impossible — sans arriver à la confusion — d'inscrire sur cette carte les limites et les noms des sept royaumes de l'heptarchie anglo-saxonne, dont nous parlons nécessairement de temps à autre dans notre texte. Mais il est facile d'en indiquer la situation et l'étendue par la comparaison de ces royaumes avec les tribus bretonnes sus-mentionnées.

.•.

Ainsi : 1° le royaume de KENT répondait au territoire de la tribu des *Cantii;* — 2° le royaume de SOUTH-SEX, aux *Regni;* — 3° le royaume d'EST-SEX comprenant *Londinium*, aux *Trinobantes;* — 4° WEST-SEX aux *Belgæ, Durotriges, Atrebates*, partie Est des *Dumnonii;* — 5° l'EST-ANGLIE aux *Iceni;* — 6° le royaume de MERCIE occupait tout le centre de l'île entre l'Humber au Nord, le royaume de West-Sex au Sud, la limite de la *Britannia Secunda* à l'Ouest, la tribu des *Iceni* à l'Est; — 7° le royaume de NORTHUMBRIE comprenait toute la partie Est de l'île depuis l'Humber jusqu'au mur de Sévère, la partie ouest restant occupée (de la Dee au golfe de Solway) par divers petits royaumes bretons, *Reghed, Cumbria*, etc. Dans la *Valentia*, c'est-à-dire dans la partie de l'île située entre les deux murs, l'Ouest appartenait aux Bretons; on y trouvait, entre autres, les royaumes bretons de *Strat-Cluyd* et d'*Argoëd*. L'Est de la Valentia, jusqu'à la fin du VI⁰ siècle, fut disputé entre les deux races : les Bretons y dominaient par leur royaume de *Gododin* (voir p. 241 note 4); mais ce royaume ayant été détruit vers 590 (p. 241), les Anglo-Saxons northumbriens possédèrent désormais l'Est de la Valentia, l'Ouest restant encore aux Bretons.

.•.

Plusieurs noms de lieux de cette carte sont accompagnés d'un chiffre, qui est la date d'une bataille livrée en ce lieu entre les Bretons et les Anglo-Saxons. Dans ces chiffres il s'est glissé deux erreurs : la date jointe au nom de lieu *Maserfeld* est 635; ce devrait être 642, la date de 635 devant être réservée pour le nom d'*Hexham* (voir ci-dessus p. 243-244). Sous le nom de *Caldshore* (contraction de Cerdices-ora) sont inscrites deux dates, 495 et 501 : au lieu de 501 il faut 514 (voir ci-dessus p. 238 et 338).

.•.

Quant aux noms de cette carte écrits en rouge pour attirer davantage le regard du lecteur, ce sont : 1° ceux des peuples et des villes qui (à notre connaissance) ont fourni en majorité les Bretons insulaires émigrés en Armorique, savoir, (peuples) les *Cornavii* et les *Dumnonii*, (villes) *Corisopitum* et *Pons Ælii;* — 2° les principaux royaumes bretons existant dans l'île au V⁰ et VI⁰ siècles, savoir : (dans le Nord, entre la Dee et la Clyde) *Reghed, Cumbria, Argoëd, Strat-Cluyd* et sa capitale *Arcluyd* (auj. Dumbarton), *Gododin* et sa capitale *Coria Otadenorum* ou *Coritiotan* (auj. Jedburgh); voir ci-dessus p. 301-302; — (dans la Cambrie, au Sud de la Dee) *Gwyned* ou *Vénédotie, Powys, Démétie, Gwent, Glamorgan;* — 3° deux grands et illustres monastères souvent nommés dans ce volume, *Lan-Iltud* dans la Cambrie au pays de Glamorgan, et l'*Île d'Iona*, l'abbaye de saint Columba dans l'une des Hébrides, au Nord-Ouest du mur d'Antonin.

* * *

Dans la partie de l'île de Bretagne située au Nord du mur d'Antonin, notre carte indique, comme occupants, à l'époque romaine, les *Caledonii*, *Attacotti*, *Horesti*, etc. Tous ces peuples disparurent au V° siècle et furent remplacés par les *Pictes*.

III.

La Bretagne armoricaine et la Marche franko-bretonne à l'époque mérovingienne.

Les circonscriptions marquées sur cette carte ne sont point celles des évêchés (quoiqu'elles concordent en partie avec elles), mais bien celles des principautés bretonnes et des comtés de la Marche gallo-franke *alias* franko-bretonne. — On a indiqué la limite du pays de Léon, parce qu'il ne fut réuni à la Domnonée que vers l'an 530 et conserva, même après cette date, une sorte d'autonomie à cause de son évêché particulier : toutefois depuis 530 il doit être considéré comme partie de la Domnonée.

* * *

La ligne rouge, qui sur cette carte sépare le Bro-Weroc ou Vannetais breton du Vannetais gallo-frank, n'implique aucune division dans le diocèse de Vannes, qui dans l'ordre ecclésiastique embrassait à titre égal le Vannetais gallo-frank et le Vannetais breton. Seulement la frontière du Vannetais gallo-frank était un peu plus élevée vers le Nord que ne le fut plus tard celle du diocèse de Vannes ; Comblessac y était certainement compris, ce qui oblige d'attribuer au Vannetais gallo-frank un petit territoire triangulaire dont les angles sont marqués par Comblessac, Guipri (1), Saint-Ganton, et qui forma plus tard l'extrémité sud-est du diocèse d'Aleth ou de Saint-Malo.

* * *

Etant donné le format obligé de nos cartes, nous avons dû, pour éviter la confusion, renoncer à figurer sur celle-ci les forêts existant dans notre péninsule, principalement sur le littoral, au moment de l'arrivée des Bretons émigrés, et que nous avons énumérées ci-dessus p. 258 ; si nous avions essayé de les indiquer, la carte serait devenue illisible ; mais en suivant sur cette carte les indications topographiques de la p. 258, on suppléera aisément à cette omission forcée. Pour le même motif, c'est-à-dire pour ménager le terrain et pour éviter l'encombrement, nous avons dû parfois remplacer les noms latins par les noms bretons actuels, qui d'ailleurs se rapprochent souvent des noms primitifs plus que les formes latines, par exemple, *Lampaul* au lieu de *Lanna Pauli*, — *Lan-Nuzan* au lieu de *Lanna Nusani* (p. 394), etc.

IV.

Bréhat, Lavret ou Lavré, et le monastère de Budoc.

Cette carte a été dressée pour l'intelligence de la description du monastère de Budoc donnée dans le présent volume aux pages 295 à 298. Le meilleur commentaire, c'est cette description, complétée par les culs-de-lampe p. 334 et 379. Pour la comparaison de l'île Lavré avec l'île Verte (indiquée sur notre carte) il faut voir en particulier la note 4 de la p. 295.

Le « *Plan détaillé des ruines du monastère de saint Budoc* » est rapporté sur un calque du plan cadastral ; nous avons laissé subsister les numéros des parcelles qui peuvent être utiles pour l'étude de ces ruines. Les noms *Garan an Huel* et *Crech an Avalen* désignent au cadastre de grandes pièces de terre dans lesquelles sont découpées ces parcelles.

V.

La Bretagne au moyen-âge. — Divisions ecclésiastiques.

La division de la Bretagne en neuf diocèses, comme elle est représentée sur cette carte, n'appartient pas à la *deuxième Epoque*, mais seulement à la *troisième* de notre histoire, c'est-à-dire au

---

(1) Guipri toutefois était en pays breton. Voir ci-dessus p. 257 note 1 et p. 503 note 2.

IXe siècle. Nous avons cru utile de la publier par avance dans ce volume parce que, pour indiquer des situations, des circonscriptions, des limites antérieures au IXe siècle, nous nous référons souvent, dans ce volume même (voir entre autres p. 44, 257, 284, 309), aux circonscriptions et aux limites des neuf anciens diocèses de Bretagne.

.*.

Pour quatre de ces diocèses, *Rennes, Nantes, Cornouaille, Aleth* ou *Saint-Malo*, il nous a été impossible de représenter sur la carte les circonscriptions dites *archidiaconés*, placées dans la hiérarchie ecclésiastique au-dessus des doyennés. Nous allons en indiquer le nom et l'étendue. Dans le diocèse de RENNES, deux archidiaconés : 1º celui de *Rennes*, comprenant le doyenné de Vitré et le doyenné de Fougères et Vendel ; 2º l'archidiaconé du *Désert*, comprenant les doyennés d'Aubigné, de Châteaugiron, de La Guerche et de Bain ; chacun des deux archidiacres possédait en outre un territoire spécial, portant le titre de son archidiaconé, où il faisait fonction de doyen. — Diocèse de NANTES, deux archidiaconés : 1º *de Nantes*, comprenant les doyennés de Nantes, de Retz, de Clisson ; 2º *de la Mée*, doyennés de la Roche-Bernard et de Châteaubriant. — Diocèse d'ALETH, ensuite SAINT-MALO, deux archidiaconés : 1º *de Dinan*, comprenant le territoire de Pou-Aleth (Clos-Pouleth) et les doyennés de Poudouvre (Poudour), de Plumaudan, de Bécherel ; 2º *de Porhoët*, doyennés de Montfort, Lanouée, Beignon, Lohéac. — Diocèse de CORNOUAILLE, deux archidiaconés : 1º *de Cornouaille*, comprenant un territoire autour de Quimper n'ayant d'autre doyen que l'archidiacre, plus les doyennés de Gourin et Quimperlé, de Conc, de Cap-Caval et de Cap-Sizun ; 2º *de Poher*, comprenant les doyennés de Poher, du Faou et de Porzai. — Quant au diocèse de VANNES, il formait un seul archidiaconé. — Les quatre autres diocèses (Dol, Saint-Brieuc, Tréguer et Léon) n'avaient pas de doyennés, les archidiacres, chacun dans son archidiaconé, faisaient fonction de doyen.

.*.

Ces cinq cartes ont été exécutées à Rennes dans la maison Oberthür et dessinées par M. Charles Rihet, graveur lithographe, sur nos indications.

Oratoire de saint Kirec à Ploumanach (p. 359).

ERRATA,
CORRIGENDA, ADDENDA.

Page 19, ligne 17-18, *au lieu de* « entre le vieux donjon tréflé de Solidor, » *il faut* « contre le vieux donjon, » etc.

— 36 — 6-7 — « les bois de Saint-Pierre de Chevré, » *il faut* « de Saint-Pierre, de Chevré. »

— » — 28 après le mot « Ponceau » *il faut ajouter* « (1), » renvoi de la première note qui a été omis.

— 96 — 14-15, *au lieu de* « une centaine de mètres, » *il faut* « une centaine de pieds. »

— 151 — 10 — « la rivière » *il faut* « la rivière d'Aurai. »

— 166 — 28 — « Le chapitre V, » *il faut* « Le chapitre V de la Notice de l'Empire. »

— 171, sous le fleuron on a omis : « *Déesse-mère, d'après une statuette trouvée à Rennes.* »

— 178, ligne 12, *au lieu de* « 30 mètres, » *il faut* « 30 pieds. »

— 185 — 16-17 — « la main droite s'appuyait sur la lance, la droite sur le bouclier » *il faut* « la main droite s'appuyait sur la lance, la gauche sur le bouclier. »

— 230 — 13 — « au point de pouvoir s'unir » *il faut* « au point de *ne* pouvoir s'unir. »

— 237, note 1, l. 4. — « Pemsey, » *il faut* « Pevensey. »

— 238, ligne 13-14 et note 2. — Erreur géographique sur la situation de Natanleag (en Grande-Bretagne), rectifiée à la p. 336, l. 6-8 et note 1.

— 242 — 24, *au lieu de* « Fethenbeag, » *il faut* « Fethenleag. »

— 263 — 30 — « vers 525, » *il faut* « vers 512-513. »

— » note 5, l. 2 — « Boll. Mars, p. 119, *il faut* « Boll. Mars II, p. 119. »

— 265 ligne 17-18 — « diocèses de Vannes et Rennes » *il faut* « de Vannes et de Rennes.

— 274 — 35 — « considérable, » *il faut* « notable. »

— 287 — 10-11, supprimer les guillemets placés *au milieu* de ces deux lignes.

— 288 — 9 et 11, *au lieu de* « 635 » *il faut* « 636. »

— 289 — 18 — « le comte de Vannes » *il faut* « le comte de Bro-Weroc. »

— 321 — 12 — « sont celles » — « sont peut-être celles. »

— 333 — 31 *modifier ainsi cette ligne* : « 3° les Bretons avant le IXᵉ siècle ne prétendirent jamais à la possession régulière et légitime de Vannes, tandis qu'Eusebius (comme le prouve la donation de Comblessac) s'en portait possesseur régulier ou représentant du possesseur régulier ; — 2° » etc.

— 336 — 9, *après* « la bataille livrée à Natanleag, » *ajoutez* « en l'an 508. »

— 340 — 2, *au lieu de* « situé au bord sur la rive droite de Bazlananda, » *il faut* « au bord *et* sur la rive droite, » etc.

— 350, dernière ligne : « *Judwal.* » Page 400, ligne 28 et dans les § 2 et 3 du chap. VIII (p. 401 à 433) *Judual* »; et ailleurs encore « *Judwal.* » C'est le même personnage, dont le nom est écrit tantôt d'une façon tantôt de l'autre dans les documents anciens, dont j'ai suivi, trop fidèlement peut-être, les variantes.

— 356 ligne 28 *au lieu de* « p. 346 note 2, » *il faut* « p. 347 note 1. »

— » — 40 — « le bas cours de l'Elorn, » *il faut* « le haut cours » etc.

— 359 — 41 — « Est, » *il faut* « Ouest. »

Page 360, ligne 10, sur le nom « *Traoun Gévroc* » on a omis une note ainsi conçue :
« Situation indiquée auj. par le village de *Guévroc*, à mi-chemin ou
à peu près entre les clochers de Ploudaniel et de Kersaint-Plaben-
nec. Voir Carte de France de l'Etat-major, n° 57, feuille de *Brest.* »

— 362 — 16, *après* « Efflam finit même, » *ajouter* « croit-on. » Car la chose, en un
certain sens, semble douteuse.

— 363 — 33 — « Forn-Modez, » *ajouter* « voir le fleuron de la p. 392. »

— 372, note 1, « Mulierum *administrationem* et *consortia* non respuebant. » — *Consortia
mulierum* désignant évidemment l'usage et l'emploi des femmes
dans le service domestique, — *mulierum administratio,* rapproché
surtout de la dernière ligne du texte cité ci-dessus p. 370 note 5,
semble devoir naturellement s'entendre du concours des femmes
dans l'*administration* des sacrements; toutefois le silence des autres
documents sur l'existence au temps de saint Patrice d'une pratique
aussi anormale, est propre à laisser quelque doute.

— 374 ligne 19 *au lieu de* « aux fils de Daniel, » *il faut* « aux fils de Budic. »

— 375 — 16 — « adversaires de Budic, » *il faut* « adversaires de Budic et de
Kybydan. »

— » — » — « contre lui, » *il faut* « contre eux. »

— » note 1, l. 3 — « une seule personne, » *il faut* « une seule et même personne. »

— 378, ligne 10, *au lieu de* « élirent » *il faut* « élurent. »

— 380 — 1-2 — « il ne fait bon, » *il faut* « il ne fait pas bon. »

— » — 4, *supprimez* « avec lui. »

— 381 — 6 — « environ. »

— » — 21, *après* « Tamar, » *ajoutez* « ou Tamer. »

— 382 — 6 — « Domnonée, » *ajoutez* « insulaire. »

— 388, ligne 14, *au lieu de* « compagnons, » *il faut* « serviteurs » (de Gildas).

— 389 — 16 — « ce que la *Chronique de Ruis* appelle, » *il faut* « ce que la
Chronique de Ruis et la 2ᵉ Vie de saint Gildas (§ 31, édit.
Mabill. p. 147) appellent *antiquum Reuvisii* ou *Ruyense
castrum.* »

— 395 — 5 — « Comorre, » *il faut* « Conomor. »

— 399 — 30 — « une autre vallon, » *il faut* « un autre vallon. »

— 401, note 2, ligne 2, *après* « Ruvarc, » *ajoutez* « ou Rumarc. »

— 412, ligne 17, *au lieu de* « les événements, » *il faut* « les choses et les hommes. »

— 415 — 21 — « son ami Austèle, » — « son filleul Austèle. »

— 418 — 32 — « dans la direction S.-E. du hàvre de Padstow, » *il faut*
« dans la direction S.-E., en venant du hàvre de Padstow. »

— » note 3, « *Tricurium, Trecor.* » La ressemblance plus ou moins grande de ces
deux noms ne suffit pas néanmoins à prouver que le second
procède du premier.

— 426 — 27, à la fin de cette ligne, *au lieu de* « ce prince, » *il faut* « le roi. »

— 439 — 21-23 et 33-34. Ce n'est pas un *erratum* que nous plaçons ici, mais une
véritable *correction* à notre texte. — Il s'agit du monastère de Coët-Lann
fondé par saint Gildas, que la Vie de ce saint appelle formellement
monasterium Nemoris, monastère de la Forêt, et qu'elle met dans le
même pays *(in eadem regione)* que le *plou* de saint Démétrius, auj.
Plozévet : d'où nous avons conclu que le *monasterium Nemoris* « devait
» être aux environs de la baie d'Audierne, à l'entrée du Cap Sizun. »
Mais l'expression *in eadem regione* peut être interprétée dans un sens
plus large et appliquée à toute la principauté bretonne où se trouvait
Plozévet, c'est-à-dire à la Cornouaille. Or il y a en Cornouaille, sur la
côte Sud, un lieu fort anciennement connu sous le nom de *la Forêt :*
c'est la baie et l'ancienne trève de ce nom un peu à l'Est de l'embouchure de l'Odet, lieu assez voisin de Plozévet puisqu'il n'y a pas dix
lieues de l'un à l'autre. C'est la situation la plus probable qu'on puisse
assigner au *monasterium Nemoris* de la Vie de saint Gildas.

— 443, n. 2, l. 6, *au lieu de* « D. Bouquet, *Histor. des Gaules et de la France*, I, 17, » *il faut*
« II, 17. »

— 445, n. 1, l. 4 — Id.

Page 456, n. 2, l. 4, *au lieu de* « Mais, » *il faut* « Car. »
— 457, note 1, « In plebe quæ dicitur *Plaeu Mear.* » C'est Ploemeur près Lorient,
    paroisse dans laquelle se trouve encore auj. Lan-Nennec, au lieu
    même où exista Lan-Ninnoc. — Au sujet de ce monastère, on peut
    trouver une apparence de contradiction entre la ligne 19 et la ligne
    27 de cette page 457. En réalité, la contradiction est dans le langage
    de l'hagiographe ; toutefois un seul passage de la Vie de S. Ninnoc
    semble impliquer la coexistence de deux communautés, l'une
    d'hommes, l'autre de femmes ; partout ailleurs, au moins dans
    quatre passages, l'hagiographe parle seulement d'un monastère
    d'hommes.
— 462, ligne 37, *au lieu de* « au monastère, » *il faut* « dans l'abbaye. »
— 465, n. 3, l. 5   —   « *innumerabiles populi,* » il faut « *innumerabiles homines.* »
— 467, ligne 33   —   « on ne voit, » *il faut* « on ne trouve. »
— 477   —   2   —   « un peu écarté, » *il faut* « assez éloigné. »
— 491   —   32, *après* « aujourd'hui Tre-Meheuc, » *ajoutez* « ou Trémeheuc, com^ne du
    c^ton de Combour, arrond. de St-Malo (Ille-et-Vilaine). »
— 499   —   7, *au lieu de* « § 3, » *il faut* « § 4. »
— 500   —   7   —   « § 4, »   —   « § 5. »
— 505   --   31   —   « En l'an... 752, » *il faut* « 753. »
—   » note 1. — Le texte de la formule d'excommunication de Lann-Aleth, dont la
    publication est annoncée dans cette note, sera imprimé dans notre
    second volume.
— 512, ligne 22, *après* « *magister,* » ajoutez « *præceptor.* »
— 519   —   1, *au lieu de* « Gurdestin, » *il faut* « Wrdisten. »
— 538   --   31   —   « bouclier, »   —   « baudrier. »
— 574   —   32   —   « Rapports des Bretons d'Armo- » *il faut* « Rapports des
    Bretons d'Armorique. »
—   »   —   35   —   « Riweten, » *il faut* « Risweten. »
— 581   —   23, *après* « Tudoghil (vers 500), p. 339-340, » *ajoutez* « p. 396. »

TABLE DES SAINTS BRETONS
(p. 582 à 584).

I. — *Noms omis.*

Eumère, évêque de Nantes, p. 533.
Finnian, p. 386, 508, 509.
Friard, p. 535-536.
Mahoc, Maoc, p. 491-492.
Rainfroi, p. 545.
Secondel, p. 535-536.
˙ Taurinus, év. de Nantes, p. 542, 544.
Tethgon, p. 525.

II. — *Renvois à ajouter aux noms ci-dessous.*

Brieuc, p. 520, 528.
Cado, p. 386, 388, 513, 514, 526.
Columban, p. 508.
Columba, p. 365, 454-456, 468, 508.
Corentin, p. 528.
David, p. 386.

ADDITION A L'AVERTISSEMENT.

Un de mes amis, qui a lu sur la bonne feuille l'Avertissement du présent volume, m'y signale un grave oubli. — J'ai fait connaître, à la dernière page (ci-dessus p. IV), un grief porté contre moi; mais il en est un autre que j'ai omis et que l'on pourrait m'accuser d'avoir célé à dessein, ce qui serait fort injuste. Je tiens à réparer cet oubli.

Si les hypercritiques me reprochent d'avoir trop de confiance dans les antiques documents de nos traditions historiques bretonnes, les critiques de l'école opposée, celle qui admet tout, ne me sont pas, je dois l'avouer, plus favorables : envers ces mêmes traditions ils me reprochent un scepticisme outré, une scandaleuse irrévérence. Pour avoir combattu certaines prétentions à l'origine apostolique, j'ai été en certain lieu mis à l'index ; ailleurs, dénoncé comme une sorte de parpaillot pour ne vouloir pas admettre, à la lettre, *tous* les miracles de nos légendes de basse époque, et avoir donné de quelques-uns d'entre eux des explications moins merveilleuses, qui ne font d'ailleurs que rehausser les vertus de nos vieux saints.

Il est donc vrai : je me trouve placé entre deux feux. Mais loin de songer à dissimuler cette situation, je tiens au contraire à la bien constater. Car ces accusations contradictoires se détruisent évidemment les unes par les autres, et si une méthode historique, critique, a chance d'être la voie de la vérité, n'est-ce pas celle qui se tient à distance égale de la négation à outrance et de la crédulité sans limite ?

ACHEVÉ D'IMPRIMER

A RENNES

PAR HIPPOLYTE VATAR

LE XXXIᵉ JOVR D'AOVT

M. DCCC. IVC.

CARTES GÉOGRAPHIQUES.

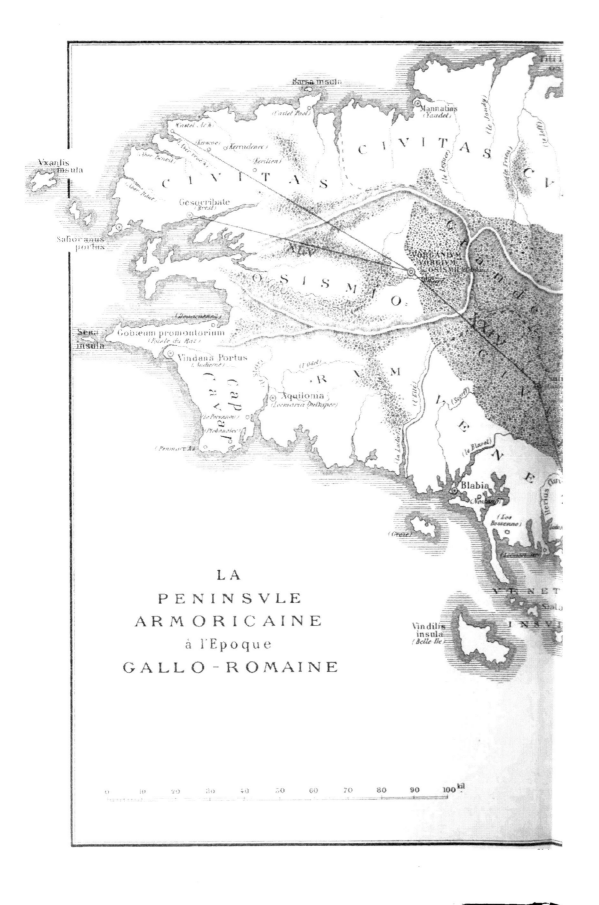

LA
PENINSVLE
ARMORICAINE
à l'Epoque
GALLO-ROMAINE

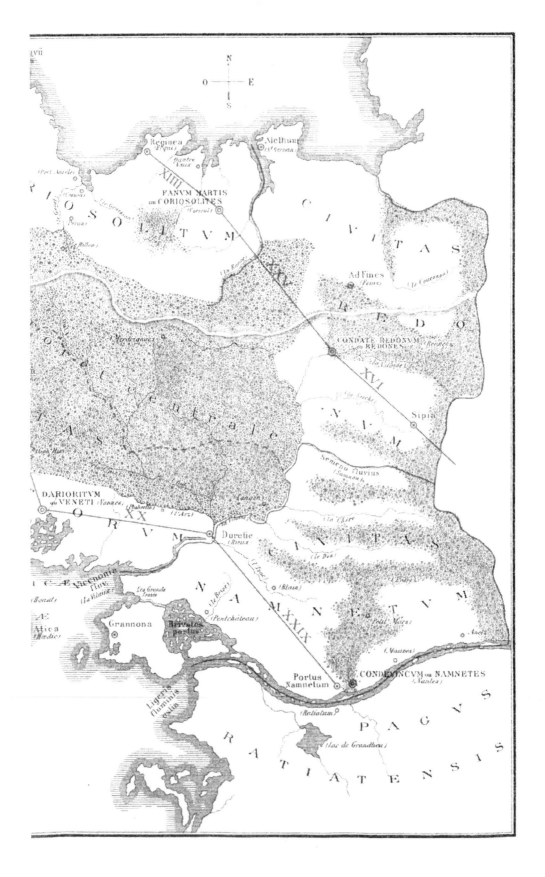

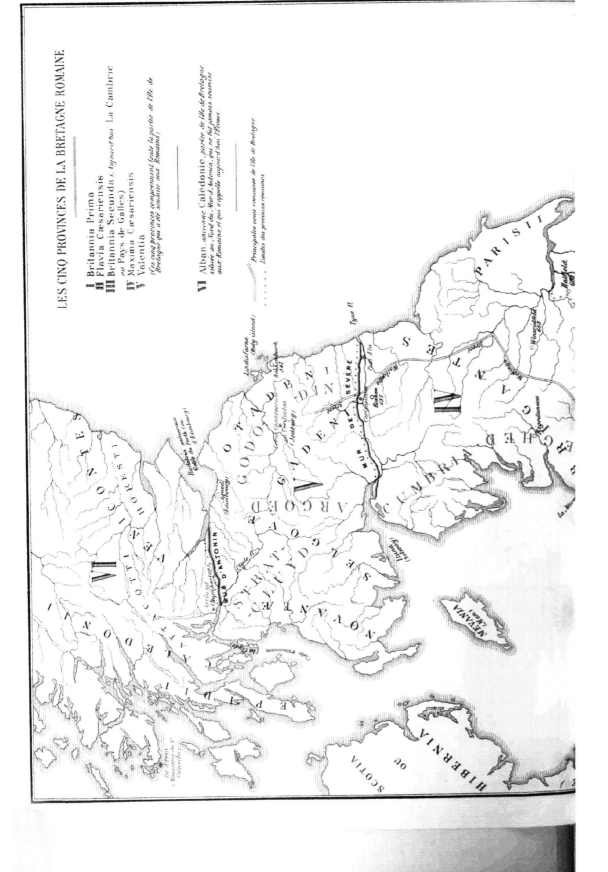

LES CINQ PROVINCES DE LA BRETAGNE ROMAINE

I Britannia Prima
II Flavia Cæsariensis
III Britannia Secunda (*aujourd'hui* La Cambrie *ou* Pays de Galles)
IV Maxima Cæsariensis
V Valentia

(Ces cinq provinces comprennent toute la partie de l'île de Bretagne qui a été soumise aux Romains)

VI Alban *ancienne* Calédonie, *partie de l'île de Bretagne située au Nord du Mur d'Antonin, qui ne fut jamais soumise aux Romains et qui s'appelle aujourd'hui l'Écosse.*

—·— *Principales voies romaines de l'île de Bretagne.*

········ *Limites des provinces romaines.*

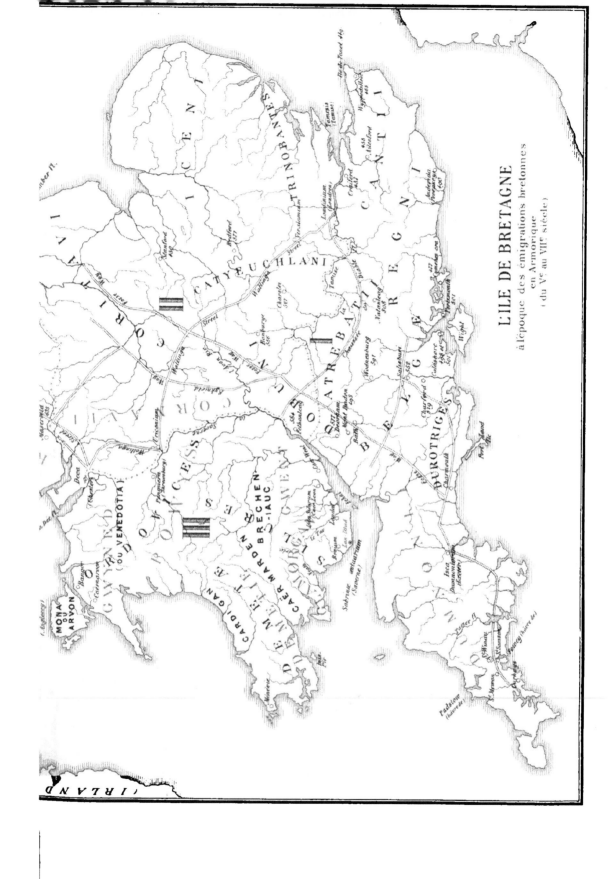

L'ILE DE BRETAGNE
à l'époque des émigrations bretonnes
en Armorique
(du Ve au VIIe siècle)

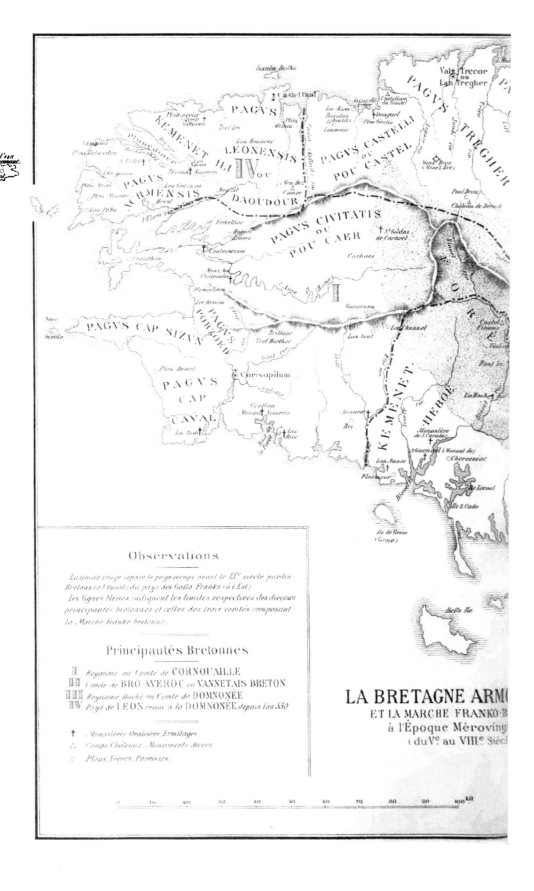

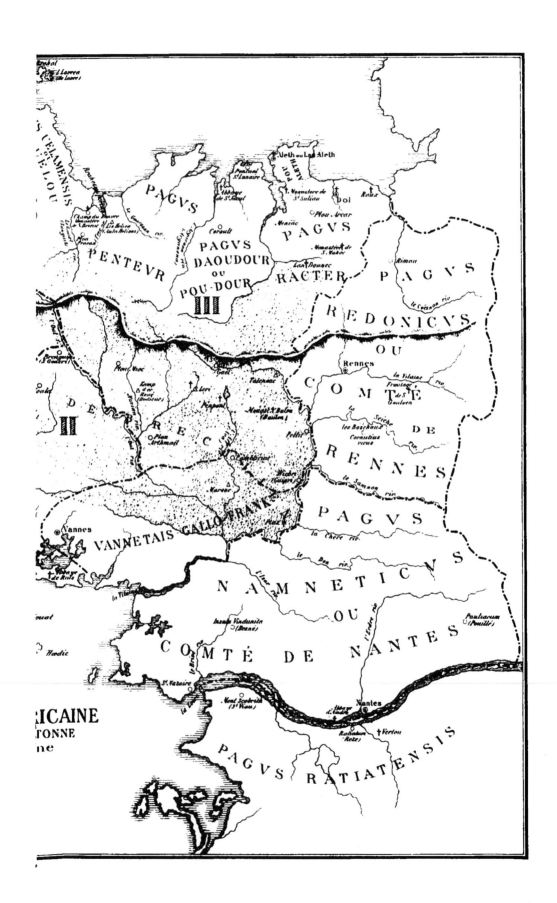

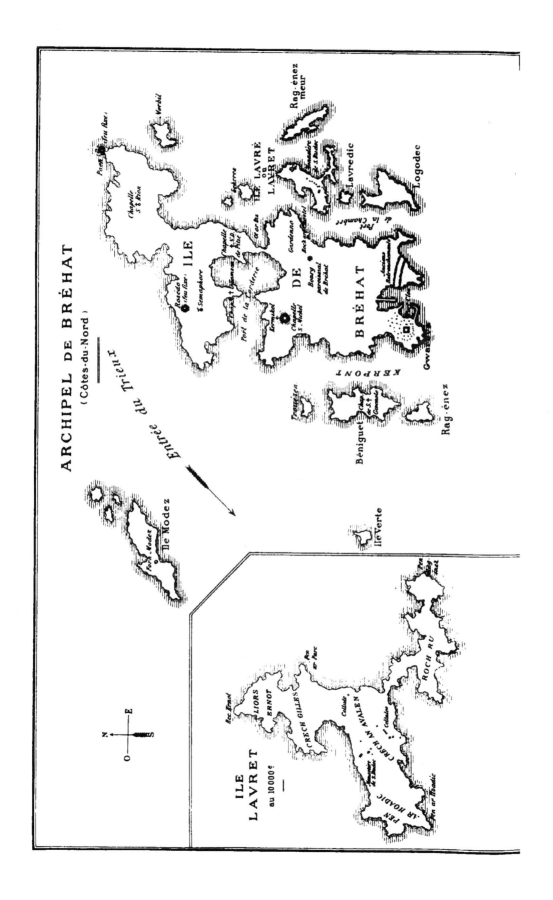

ARCHIPEL DE BRÉHAT
(Côtes-du-Nord)

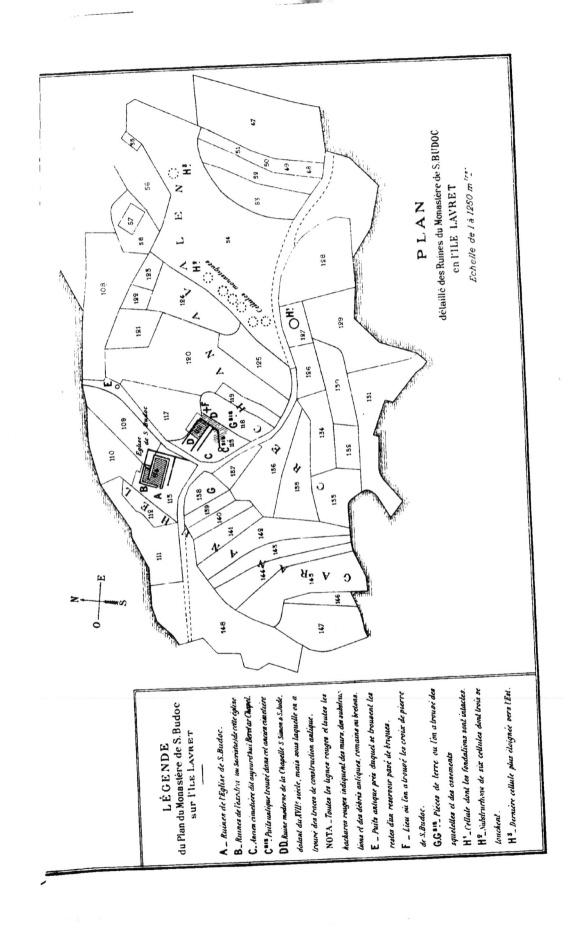

PLAN

détaillé des Ruines du Monastère de S. BUDOC
en l'ILE LAVRET

Echelle de 1 à 1250 m.tres

LÉGENDE

du Plan du Monastère de S. Budoc
sur l'ILE LAVRET

A _ Ruines de l'Eglise de S. Budoc.

B _ Ruines de l'oratoire (ou Sacristie de cette église.

C _ Ancien cimetière dit aujourd'hui Bered ar Chapel.

C.bis _ Puits antique trouvé dans cet ancien cimetière

DD. Ruine moderne de la Chapelle S. Simon & S. Jude,
datant du XVIII.e siècle, mais sous laquelle on a
trouvé des traces de construction antique.

NOTA _ Toutes les lignes rouges et toutes les
hachures rouges indiquent des murs, des subchru-
tions et des débris antiques, romains ou bretons.

E _ Puits antique près duquel se trouvent les
restes d'un reservoir pavé de briques.

F _ Lieu où l'on a trouvé les croix de pierre
de S. Budoc.

G.G.bis _ Pièces de terre ou l'on a trouvé des
squelettes et des ossements

H.1 _ Cellule dont les fondations sont intactes.

H.2 _ Substructions de six cellules dont trois se
touchent.

H.3 _ Dernière cellule plus éloignée vers l'Est.

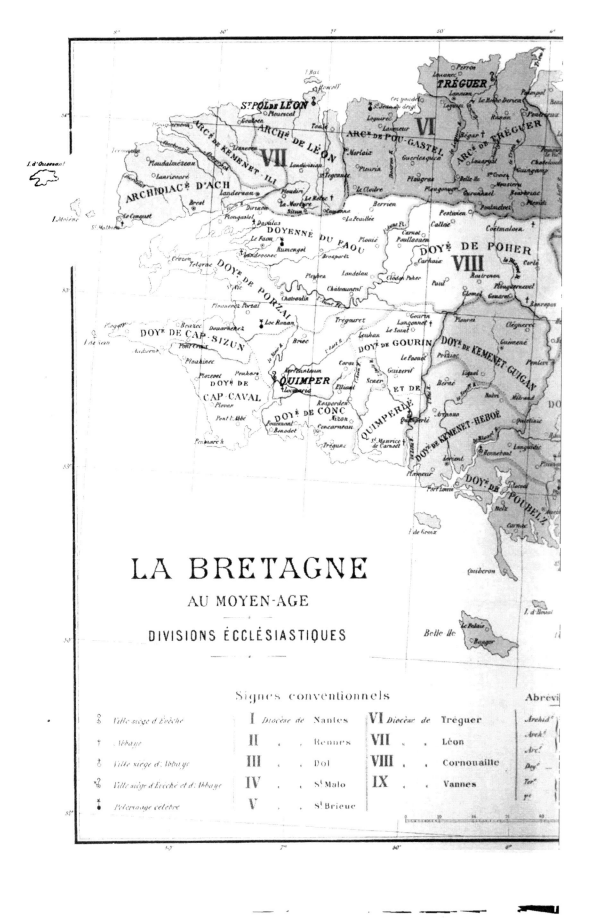

LA BRETAGNE

AU MOYEN-AGE

DIVISIONS ÉCCLÉSIASTIQUES

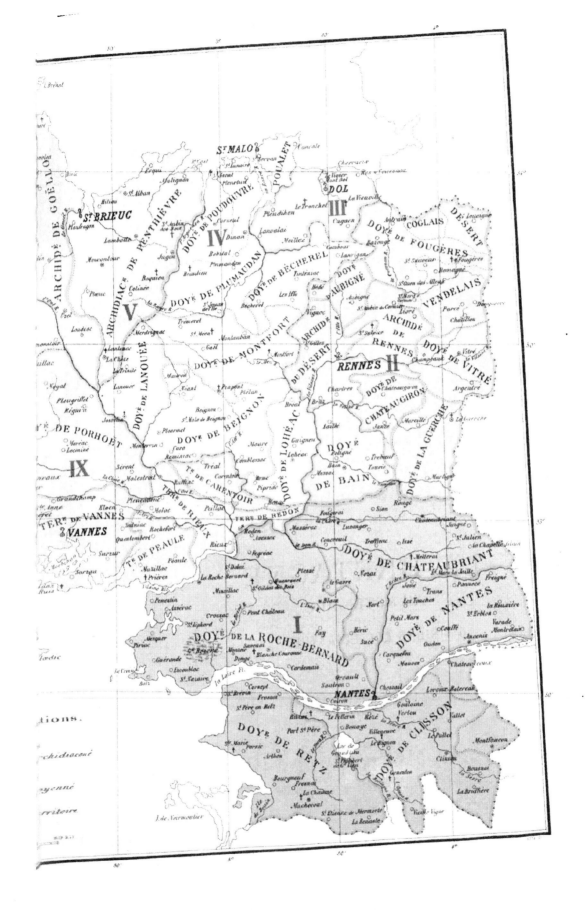

CPSIA information can be obtained at www.ICGtesting.com
Printed in the USA
BVOW07s1422310314

349299BV00008B/694/P